U0137866

**内容提要**

  本书按年谱长编体例编写,客观、完整和系统地记录晚清著名人物刘鹗各个时期的生平历史。正谱包括家庭生活、求学经历、社会政治经济活动、学术思想发展、友朋交谊等,谱后附录谱主相关资料、参考文献、人名索引等。全书取材宏富,考订细密,品评公允,是迄今为止最为翔实的刘鹗资料的荟萃,对于展现谱主丰富多彩的人生,对于研究近代政治史、经济史、文化史,都有重要的学术价值。

## 图书在版编目(CIP)数据

刘鹗年谱长编/刘德隆,刘瑀编著. —上海:上
海交通大学出版社,2019
ISBN 978-7-313-16808-5

Ⅰ.①刘⋯　Ⅱ.①刘⋯　②刘⋯　Ⅲ.①刘鹗(1857—1909)—年谱　Ⅳ.①K825.6

中国版本图书馆 CIP 数据核字(2017)第 055626 号

**刘鹗年谱长编**

编　　著:刘德隆　刘　瑀
出版发行:上海交通大学出版社
邮政编码:200030
印　　制:当纳利(上海)信息技术有限公司
开　　本:710 mm×1000 mm　1/16
字　　数:676 千字
版　　次:2019 年 1 月第 1 版
书　　号:ISBN 978-7-313-16808-5/K
定　　价:350.00 元

地　　址:上海市番禺路 951 号
电　　话:021-64071208
经　　销:全国新华书店
印　　张:53.25
印　　次:2019 年 1 月第 1 次印刷

刘鹗像

刘鹗像（1902）

成忠公

文定公子字子恕行二生於嘉慶戊寅年十二月初
四日寅時邑廩生中式道光二十六年丙午科
本省鄉試舉人三十年考取覺羅官漢教習考
取國子監學正學錄引　　見記名丁未庚
戌兩科會試挑取謄錄咸豐二年壬子三年
科會試中式進士改翰林院庶吉士三年散館　恩
授職編修歷充　　　國史館
協修纂修四年十二月蒙　恩賞江紬袍料
一件六年七月奉　旨記名御史八年三月
補福建道監察御史八年克戌午科順天鄉試
同考官九年八月克巳未科順天鄉試外監試

《江苏丹徒刘氏族谱·刘成忠》

刘成忠《韩文百篇编年》手稿

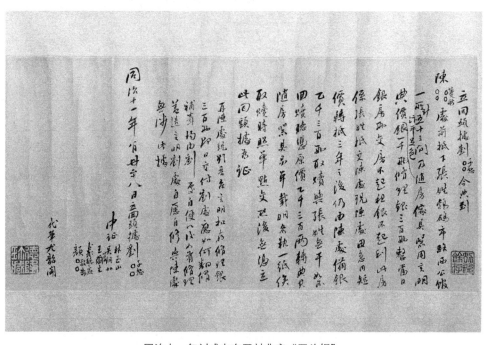

同治十一年刘成忠在开封典房"回头据"

刘鹗生母朱太夫人　　　　　　　　刘鹗夫人茅氏
（1822—1893）　　　　　　　　　（1868—1917）

刘鹗（左）与长兄刘味青

刘鹗抚琴图（左吹箫者为刘鹗四子刘大绅，右弹琵琶者为刘鹗琴师张瑞珊）

太谷学派第二代传人李光炘（中）、第三代传人黄葆年（右）、蒋文田（左）

王孝禹、罗雪堂、方药雨、刘铁云（左起）

刘鹗著《弧角三术》手稿

刘鹗《治河五说》

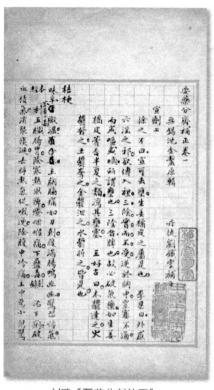

刘鹗《要药分剂补正》

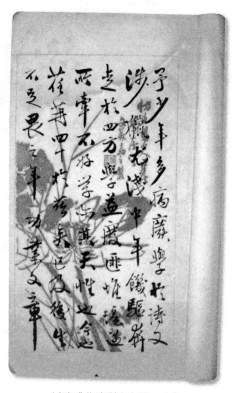

刘鹗《芬陀利室存稿·序》

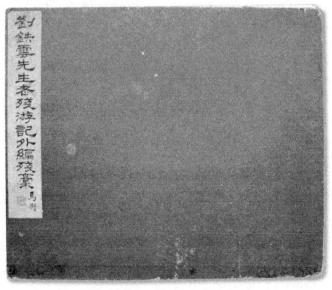

刘鹗《老残游记·外编》手稿封面

《铁云藏龟》

《铁云藏陶》

刘鹗跋《春山融雪图》

荐季直表世推華氏真賞齋本為第一攷莭岡齋本次之其餘皆不足道矣乙巳四月廿八日予既得此本取真賞齋岡本詳校一過仙凡迥隔此本民字不缺筆係從真蹟上石彼二本民字缺筆可證其墨蹟為唐臨本矣

刘鹗跋《荐季直表》

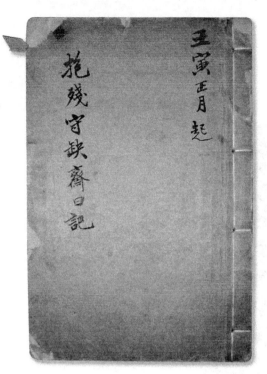

刘鹗《抱残守缺斋·壬寅年日记》
上册封面

刘鹗在流放途中给
四子刘大绅的信

# 序

周汝昌

## 奉题铁云先生年谱长编

稗史出乙部，虞初百可数。　汉志虽具存，黄车半委土。
唐宋皆零篇，明清续绝缕。　脂粉筑红楼，英雄聚水浒。
意气何风发，悲欢已凄楚。　元人善作剧，关王汤洪伍。
花落水流红，倾倒王实甫。　桥亭沁方溪，崇拜曹芹圃。
后来更谁何，叹慨膺常抚。　丹徒刘铁云，天生异灵腑。
老残游四方，为民问疾苦。　大道本无名，大师本无属。
所究际天人，所通变今古。　先生生咸同，阅世光宣止。
光绪三十四，奇葩绽文府。　游记作自序，石破天可补。
屈庄史杜王，以泪带笔楮。　红楼归结穴，警幻携手语。
梦里赏茗茶，千红泪如雨。　脂砚尚未传，先生已先悟。
此为大智慧，慈悲同佛祖。　当时几个知，讶笑惊迂腐。
至今历百年，卓识谁敢忤。　齐瘖悲万马，麟凤降何许。
鸿都百炼生，守缺古斋主。　我作此歌时，新秋尚余暑。
眼前佳节至，笙歌乐三五。　宝婺晴孤洁，银蟾气吞吐。
乾坤接素彩，东坡又起舞。

2010 - 8 - 30

　　德隆兄见示，他正为其先德曾大父铁云先生撰作年谱长编，欲我为制一短序，以结因缘。我常谓，清季异才我所崇拜者唯有二家，前者曹公子雪芹，后为刘大师铁云先生，此二人者皆属前无古人，后无来者之圣贤。龚定庵有诗云："万人丛中一握手，令我衣袖三年香。"这是说他极为佩服常州派学者宋翔凤先生，如今我愿借来以表我对曹、刘两大奇士之衷心膜拜。然自觉为年谱长编制序者，学力、精力已然难以如愿，不得已为赋二诗奉达德隆兄，不知可否以此俚句代序，望以酌量。当此之际，我本有万千言语，于此发我狂言拙见，但如今既不能遂我心愿，只得以俟异日再为补作，并望德隆兄多谅，而不以为罪。

庚寅中秋佳节之上午周汝昌拜书于燕京之东皋

**附：**

本书完稿前周汝昌先生于 2012 年 5 月 31 日逝世于北京，享年 95 岁。悲痛之余，将 2012 年 5 月 3 日得奉周汝老 2012 年 4 月 26 日作《风入松》一阕录于此，以志怀念：

## 风 入 松

赞《老残游记》寄德隆兄

雪芹之后属何人，游屦记津门。抱残守缺听来旧，又谁知、化腐生新。公子尼庵情话，郎中湖畔知音。　　天公抖擞忒辛勤，威凤与祥麟。鸿都应作丹徒读，化指柔、百炼成云。心识千红一窟，神伤万马齐喑。

壬辰四月初六

# 前　　言

为刘鹗编纂年谱的念头萌生于 20 世纪 80 年代初期。经过了三十多个寒暑资料的积累和研究实践，又逢上海交通大学出版社提供的难得机会，使这本《刘鹗年谱长编》能顺利地出版、呈现在读者面前。

《刘鹗年谱长编》是"晚清以来人物年谱长编系列"（上海交通大学出版社策划、组织并出版）中的一环。

《刘鹗年谱长编》是笔者及父辈、兄弟姐妹两代人搜集、整理、研究刘鹗资料的一个小结。

《刘鹗年谱长编》力图在前人研究刘鹗及其著作的基础上能够有所拓展、进步。

据我所知，述刘鹗生平最早的文章是罗振玉的《刘铁云传》，写于 1915 年。以"年谱"形式记述刘鹗生平之著作有两本，一是蒋逸雪先生的《刘鹗年谱》，一是刘蕙孙先生的《铁云先生年谱长编》。

蒋著《刘鹗年谱》，1980 年 1 月由齐鲁书社出版。全书 58 页，37 千字，无序文，有"后记"。其"后记"全文照录如下：

> 丹徒刘鹗，富有才艺，于版本、碑帖、音律、医药、水利，均能涉其藩而通其义，于古器物能鉴别真伪，于古文字亦能粗探其源。世但称其《老残游记》文笔隽永，似未足以尽之也。

> 鹗生当清季，国事日非，外侮之入侵，主政之颠顸。迷阳却曲，士多忧虞。鹗则机敏有余，端谨不足。如筑路、开矿，岂可厚非，惟多为权变之谋，竟忘经常之道，于是议论纷然矣。其间见仁见智，好恶不同：好者有溢美之嫌，恶者不免深文之诮，掩长护短，厥失维钧。本谱务在据事直书，不隐恶，不藏善，力避高下随心，庶几褒贬自见。鹗固怨尤丛集，观其日记，与全然自欺者似尚有别。死已七十年，迄无定论，阐微探幽，权衡当理，仍将有待于来哲。

> 鹗籍标丹徒，而实居淮安，余少曾旅食淮壖，中年移家京口，于鹗之事迹略有所闻。又承王献唐先生暨刘蕙孙、魏绍昌、卞孝萱诸君以所知益我；近复蒙

齐鲁书社提示修订意见。缅维成书经过,不能不深感他山之助也。一九七九年六月,蒋逸雪记于扬州师范学院北舍。

《铁云先生年谱长编》,1982 年 8 月由齐鲁书社出版。全书 178 页,133 千字,有"引言"和照片及附录多篇。其"引言"一述该书写作经过、二述刘鹗家世及刘鹗个人简历。"引言"全文 8 000 余字,不赘。

《刘鹗年谱》叙事简练,文字典雅;《铁云先生年谱长编》叙事详尽,文字通俗。两书风格不同,但尽显撰述学者之风,是编著者研究刘鹗及其《老残游记》的"启蒙读物"。《刘鹗年谱长编》是在前两部"刘鹗年谱"的基础之上的继续之作,我们尽力多角度地将自 20 世纪 80 年代至今发现的材料梳理、研究、编辑。可以这样说,此书是站在前人的肩膀上的新成果,亦是缅怀前人之作。

《刘鹗年谱长编》欲以蒋逸雪先生"据事直书,不隐恶,不藏善,力避高下随心,庶几褒贬自见"之精神贯注于全书。全书尽量将各种资料有机地编录,或一语概括之,或据实简述之,均为一家之言,以为研究者提供真实的论著依据。

刘鹗是一个颇多争议的人物。刘鹗生前,褒贬毁誉如影伴随,至盖棺亦未论定。1909 年,刘鹗病逝于新疆迪化(今之乌鲁木齐),至今一百余年,对其一生的作为及思想探讨、争论仍绵延不绝。有关论著有数十种,论文则以千计,研究者仍然在继续发掘新的材料,希望将这一复杂的人物,呈现给感兴趣的读者。《刘鹗年谱长编》希望以真实的资料、客观的阐述,给读者一个真实的刘鹗。但是因处世之不同、立场之不同,甚至根据相同的资料,站在不同的角度,人们也会有不同的结论。见仁见智,自有个人的看法。

笔者以为,刘鹗是个普通的人。是晚清大动荡社会里的一个有思想而身上又交织着各种矛盾的极具特征的人。

刘鹗认识社会的第一任教师是自己的父亲刘成忠。在《刘鹗年谱长编》中,特别是"年谱"中的前二十年,收入了刘成忠的部分诗稿和文稿。这些诗词文稿从未被人所知,是研究刘鹗的第一手资料。刘成忠写下了自己对河流治理的心得,成书《河防刍议》;刘成忠点评了韩愈的文章,成书《韩文百篇编年》;刘成忠实录了自己与捻军作战的经过,存留了部分书信诗词,有《刘成忠杂稿》《吹台随笔》等未刊稿……年幼的刘鹗、青年的刘鹗,跟随着父亲从河南到江苏。父亲的耳提面命,潜移默化地影响着刘鹗。刘鹗的河工事业、刘鹗的文学著作、刘鹗对革命的理解与对义和团的评价，无不强烈地带有刘成忠的思想烙印。

对刘鹗人生观形成有重大影响的是太谷学派。太谷学派是清代道咸光宣间儒家思想的一支暗流，其学人或达官贵人，或贩夫走卒，最盛时期，有万人之多。太谷学派的思想代代相传，刘鹗就是太谷学派的第三代传人之一。在《刘鹗年谱长编》中，记录了太谷学派的基本思想、太谷学派的社会活动、太谷学派的人际渊源以及刘鹗与太谷学派从思想学术到生活经济方面的多种关系。了解了太谷学派才能理解刘鹗的人生观及其作为，才能了解刘鹗的桀骜不驯性格的形成以及他与周围社会错综复杂的关系。

近代历史、近代小说的研究者评价刘鹗为"畸人""通才"……

从政治的角度而言，刘鹗关心国事是，忧心民生，以养民为己任，对时局他不时地发出感慨，提出建议，以主人翁的姿态关心着自己的祖国。

从实践的角度而言，刘鹗参与治理黄河，实践与理论并重，非但亲身河工且能著书立说，为后世所传诵。

从经济的角度而言，刘鹗参与引用外资、创办银行、开矿筑路、创建工厂，虽屡战屡败，但屡败屡战，毫无畏惧退缩。

从学术的角度而言，刘鹗精于岐黄，善于算学，既能继承前人之精华，又能不拘一格而有所发展。

从文化的角度而言，刘鹗有小说、诗词的创作，有文字、音乐的研究。其著作面之广、角度之新颖，颇具特色。

《刘鹗年谱长编》将刘鹗以上多方面的成就，形诸文字，以给读者一个完整的刘鹗。

笔者以为，刘鹗是"畸人""通才"之说并不为过。

社会是刘鹗活动的宽广舞台。没有为了生活而四处奔波的经历，就没有刘鹗的医学著作、文学著作；没有黄河的泛滥和治理黄河的实践，就没有刘鹗的河工著作、数学著作；没有晚清社会的大变革，就没有刘鹗开矿筑路的行为；没有了义和团的风云，就没有刘鹗慈善事业、文物收藏等种种轶事……大动荡、大变革的社会，成就了刘鹗的多方成就；新旧思想的交锋，使旧文化熏陶的刘鹗滋长了新的思想；中西文化的碰撞，使在一个较为开放的封建官宦人家出生的刘鹗，身上融合了多方的元素，接受了新的文明。于是传统文化菁华熏陶下的刘鹗作为一个"特立独行的现代知识者"诞生了。

在编著《刘鹗年谱长编》的过程中,我深觉有三难:

其一,正史不录,资料匮乏。

刘鹗活跃在中国近代历史的舞台上。李鸿章、王文韶、张之洞、张曜、程文炳等朝廷栋梁、封疆大吏与之相往来;梁启超、宋伯鲁、汪康年、吴德潇、吴保初等维新派风云人物与之相往来;吴汝伦、马建忠、罗振玉、乔树楠、廉泉等文化界的领军人士与之相往来。所不同者,以上人物均是有实际职务的官员,奏稿、电稿、信稿留存较多,且多已辑录成集。而刘鹗虽有所捐之功名,亦有所谓"太守""观察"等虚衔,但从无实职。因此在《刘鹗年谱长编》中更少了许多"官方文件"的来往,只能使用刘鹗本人的叙述和存在于近代报刊杂志的历史记录。

刘鹗所拜从的隐于民间的太谷学派,曾有弟子万余人,甚至其中部分有相当职务,如曾任军机大臣、学部尚书的荣庆;曾任北洋大臣的杨士骧、曾护理陕甘总督的毛实藩等位高权重者亦成为其信徒。但百余年隐于民间,缺乏正史之记录,因此难于一一叙述清楚。

其二,资料零散,难于搜集。

刘鹗生活的时代是中国近代印刷业大发展之时期,书刊报纸浩如烟海。刘鹗及其民间的师友虽正史所不载,但又时时披露于书报杂志。如周太谷之论述《红楼梦》、严复之评论《老残游记》、沈荩之埋葬大刀王五、张荫桓记录缉捕刘鹗……只词片语,足可证明其活动的时间、地点及其意义。但这只是点点滴滴、蛛丝马迹都极难于搜集以串联成线。

刘鹗的一生,有许多至今无法解开之"谜"。刘鹗与马建忠之关系亲密,但至今未见任何实例;刘鹗与王国维有亲缘关系,至今竟未见有只字往来;刘鹗与袁世凯之龃龉缘由,至今未能确实;刘鹗与赵凤昌之挚友亲情,至今无法解释。凡此种种虽已搜罗爬剔,仍有诸多谜团纠缠不解。这些遗憾,只能留于后人去探索、去解决了。

其三,褒贬不一,难于尽录。

百年来对刘鹗的争论时起时伏。2007年笔者在《刘鹗集·前言》中罗列了如下评价:

"刘鹗是洋务派"。

"刘鹗是保皇派"。

"刘鹗是汉奸"。

"刘鹗是反动政客"。

"刘鹗是文学家"。

"刘鹗是小说家"。

"刘鹗是行动的人"。

"刘鹗是好心的政治家,伟大的艺术家"。

"刘鹗是失败的改革者,成功的文艺、学术领域的开拓者,理论和实践相结合的晚清新型的知识分子"。

"刘鹗是小说家,诗人,哲学家,音乐家,医生,企业家,数学家,藏书家,古董收藏家,水利专家和慈善家"。

"刘鹗是甲骨学家,印学家,碑版学家,文字学家,钱币收藏家,旅行家,改革家,太谷学派研究家"。

"刘鹗是一个有益于人民的人、多才多能的文学家,收藏研究和整理古代文物的专家,百折不回的实业家"。

"刘鹗是一个失败的中国早期资本主义新式工商实业家,中国文化遗产杰出的保存者和开拓者"。

"刘鹗的主要贡献不在政治或文学方面,而在于学术方面。刘鹗是个畸人,他在中国学术史上是个大有贡献的人物"。

"刘鹗是个杂家。在国势垂危的清末,刘鹗与所有爱国知识分子一样,怀有一颗炽热的爱国爱民之心。他毕生以探索寻求救国之路、强民之法为己任,殚精竭虑,呼号奔走,虽屡屡失败,但他那种矢志不渝、百折不挠、为国为民奋斗终生的精神,是值得我们后人永远缅怀和继承的"。

2007年《刘鹗集》出版之后又有不少评论文章发表于各种报刊,主要有《重现晚清通才传奇人生》《再现"通才"全貌》《重新认识清末狂士刘鹗》《特立独行的现代知识者》为题的十余篇,于是刘鹗又有了"通才""狂士""现代知识者"等评价。

以上略述前人撰写"刘鹗年谱"之沿革和编著撰写本"年谱"之点滴思考作为"前言"以供读者参考。

# 编 著 说 明

关于刘鹗的生平资料,世传有《刘鹗年谱》《铁云先生年谱》《刘鹗小传》等专著多种、论述文字数百篇。《刘鹗年谱长编》是在前人著作的基础上发展而来。

有关编著事项说明如下:

一、本书所录资料采自:① 谱主家族、本人及其父兄、师长的遗存文献、书札、诗文,② 各种有关书籍,③ 诸多报纸杂志,④ 谱主家族后裔口传。

二、本书所录资料凡属于逸闻轶事者均与谱主事业、生活有关。

三、本书全书由:① 序,② 前言,③ 正文,④ 附录,⑤ 主要引用书目,⑥ 后记,共六部分组成。

四、本书正文部分由:① 时代背景,② 谱主父兄、太谷学派主要人物、相关主要人物年龄,③ 谱主事迹,④ 谱主事迹按语,共四部分组成。

五、"谱主事迹"用 5 号字排印。"谱主事迹按语"用"▲"标出,用小 5 号字排印。

六、用"▲"标出"谱主事迹按语"分为两类:① 有文字记录为根据者,直接引用在"▲"之后。用( )说明出处系于引文之末。② 编著者综合谱主事迹或家族口传谱主事迹者,在"▲"之后,有"编著者按"四字。

七、现保存有谱主 1901 年、1902 年、1905 年、1908 年部分日记。故此四年基本以日记为主。注解说明日记保存情况。有日记未记之内容均以"▲"标出。

八、凡原文献字迹不清,无法辨识者,以"□"代之。

九、本编采用简体字。个别简体字无法表达原意者用繁体字。

十、本编陈述谱主事迹,以年、月、日日期为序。凡年份不详者,据事迹推断,用"约是年"系于某年之后;凡月份不详者,用"约是年"系于全年之后;凡日期不详者,用"约本月"系于本月之后。

# 目　　录

# 1857年(丁巳　咸丰七年)　1岁

10月　石达开因遭洪秀全猜忌带十万太平军擅自离天京出走。

12月　英法联军攻陷广州。

是年　太平天国起义与清政府之围剿成胶着状态。李秀成、陈玉成掌握太平天国朝政。

父亲刘成忠(1818—1883)40岁、兄刘味青(1850—1905)8岁。太谷学派学人：张积中(1806—1866)52岁、李光炘(1808—1885)50岁、蒋文田(1843—1909)15岁、黄葆年(1845—1924)13岁、毛庆藩(1846—1924)12岁。

**9月29日(九月初一日)**　生于江苏六合。谱名震远,字云抟,考名鹗。行七。

▲ 编著者按：族中排辈为文、成、远、大、厚、德、宽、弘。刘鹗为远字辈。

▲ 震远公：成忠公次子,字云抟,考名鹗,行七。生于咸丰丁巳年九月初一日□时,殁于宣统元年七月初八日午时。配王氏,生于咸丰戊午年九月二十九日□时。姜衡氏,生于同治□年□月□日□时。姜茅氏,生于同治□年□月□日□时。生子大章、大年、大缙、大绅、大经、大纶。生女二。(《刘氏族谱·震远公》)

▲ 吾家本属保安军籍,世为将家。保安军,今陕西榆林肤施附近之保安县。《宋史》卷三百五十七《刘延庆传》、卷三百六十九《刘光世传》及《西夏纪事本末》均记之。……光世祖于南宋高宗之世,驻军江淮间。节钺所临,时而庐州,时而楚州(即今之淮安),时而镇江。又光世祖三子,一住北平,一住庐州,一住镇江。吾宗则居镇之一支也。

又吾宗居镇者,其后又分三支：一迁庐州,一迁东台,一仍留镇江。此留镇江之一支,至先祖(刘成忠)时迁淮安。今则子孙散居四方,镇江已无近支矣。(《关于老残游记》手稿)

▲ 九月初一日寅时,即公元九月二十九日生于江苏六合寓宅,父子恕公第二子。时与第三姑母卞氏同居。

先父季英先生《关于老残游记》："先君……清咸丰七年九月初一生于六合,男女兄弟五人，先君齿最小。"继祖母郑氏说："老祖（刘鹗）自己说生在六合，和卞家住在一起。那时候正在闹'长毛'（太平天国农民起义），六合先后被破城两次，朱氏老太太就举家北上逃难。"按与卞氏同住，先曾祖子恕公《因斋诗存》中亦记有这件事。

因母朱氏梦大鹏而生，乳名鹏鹏，字梦鹏，字云抟，亦作赟湍。谱名震远，后来自己改名"鹗"，字铁云，又字公约。

按据家谱，我家原籍是陕西延安府的保安军人。远祖刘延庆及次子迁镇江——始祖刘光世均宋西边将领，种师道的部下。1127年，金兵围东京，延庆公守开封东壁，屡败金兵，金兵放弃东壁不攻。城破，突围，死在乱军中。同年光世公与韩世忠率兵勤王，与宗泽等共扶立了宋高宗赵构于前邱德府。扈从南渡，先后守庐州、镇江等地，招揽两淮豪杰，图谋回复。所部无所属，号"太尉兵"。为投降派所忌，在张浚面前馋劾他军纪不严，自请罢去兵权，提举宫观，封雍国公，后进封鄜王，卒，谥"武禧"。《宋史》卷三六九有传。对于他的评价，赵鼎说："光世将家子孙，将卒多出门下，罢之恐失士心。"岳飞说："刘太尉世为将家，能得士卒心。"元末农民大起义时，红巾军领袖刘福通还称是光世的后人，以资号召。光世当时的作风对赵宋政权不免有些跋扈，但在广大军民眼中还是有威望的爱国将领，尤其是在两淮一带。我家迁镇江，就在光世公守镇江时。同时南渡的赵家子孙和刘家的人，都住在属于镇江而实际是江中心的沙洲上开垦。一直到清末还有"新洲刘，老洲赵"的说法，洲上赵、刘两姓还是大户。从光世公到我曾祖子恕公共二十二世，多住在镇江，多数也是作自耕农。子恕公名成忠，因家贫，年青时住在姑母家读书。后来联捷与李鸿章同年成进士，殿试授御史。历在河南作官，从祥符县知县，而汝宁府知府，开封府知府，南汝光道，开归陈许道等。河南几个实缺道几乎都做过，但至退休时才加了布政使衔。一时颇有廉能之名，但也长期充当清朝统治者的帮凶，参加过镇压捻军起义。

本世纪二十年代，我父亲因事去河南，住在开封一家客店里。晚间无事在柜房闲坐，谈起先辈做过开封地方官。当时有一位须发皓然的老者问是谁，我父亲就说出曾祖的名字。老者肃然起敬说："原来是刘老父台的孙少爷。"因而说起往事。说他今年已经八十五岁，十几岁时从祥符县来了一批捻军围攻，一共有好几万人。各地救援官兵到了城外，因众寡异势不敢进攻。我曾祖其时正任某县县官，也率领了县兵二百余人来援开封。谒见大府，问为什么不抚不剿，大府说待援进击。我曾祖说这都是国家的好百姓，可以理谕遣散，并请自己去劝谕。大府笑他迂腐，劝他不要冒险。他一再力请，也就只好让他自去。他一人一骑直去捻营，要见义军领袖。接见后自责官贪吏残，以至于官逼民反，又大讲所谓"朝廷德意"，要他们解散归农，保证无事。义军领袖笑他迂阔，但也感他诚意，正好其中有二人是他的治民，知他平日的为人，向同伴介绍并商量了一阵。最后回答他说："你老爷是好官，我们也是好百姓，天下官都像你，我们也不会铤而走险。现在你不但保不了我们，也保不了你自己。但你敢相信我们是好百姓，孤身来我军中谈话，这点诚心是可感的。为了报答你的好意，你来开封，我们不打开封好了。"说罢，老先生还要再说话，就被几位义军领袖架上马，恭送出营。当夜开封就解了围。因此大府就调他署祥符县首县。老人说他家世代开客店，现在的店东，已是他的孙子。当时家住县衙旁，捻军解围，新官到任，人言啧啧，传为美谈，所以印象深刻，数十年记忆犹新。这虽是齐东野人之语，不可尽信。也可见他自人道主义出发的对人民的同情心是有的，只是被阶级所局限，不能自拔就是了。所以晚年家居时常说："我德既不足感格愚顽，就应早日告退，恋栈数十年，实在是负国负民。"又一再告诫子孙不要做刑名司寇之官，老人家是有自咎的心了。

我祖父是子恕公的第二个儿子。我伯祖名梦熊，字渭卿，后又作孟熊，字渭清、味青。三位祖姑母适高氏、包氏和虞氏。

子恕公曾在一位姑母家读书的事，儿时听苏、沪里中长老均这样说，亦均未言姑母为谁氏。请于先父，亦未能详。《长编》脱稿，质诸居住扬州的从兄安石（厚磬），蒙告：子恕公父鹤桥公一名文寿，生有四子：成立、成忠（子恕公）、成仪、成信及二女。二女先后均嫁镇江王杏坪先生。王为新洲巨富。成立、成忠均曾住于其家。成忠乡、会试川资，均亦由其资助。是姊妹，非姑母也。民国后水灾，王氏田庐均成泽国，家始中落，已十余年不通音问云。（《铁云年谱》第 2 页）

▲ 九月初一日（阳历九月二十九日）生于江苏六合。

原名孟鹏，字云抟；后更名鹗，字铁云。又字公约。刘氏本保安军籍（今陕西保安县），世为将家，《宋史》有《刘延庆传》（卷三五七）。此其远祖之可考者。延庆有子光世（《宋史》亦有传，见三六九卷），于南宋初，驻军江淮间，时往来庐州、楚州（今之淮安）、镇江。丹徒，清为镇江府治。刘氏徙丹徒，远在南宋，光世即其始迁之祖。至二十二世至成忠，字子恕，以御史出官河南。娶六合朱氏，生二子：长孟熊，字渭卿，鹗其次也。是年，洪秀全定都南京已五载。（《刘鹗年谱》第 1 页）

▲ 编著者按：关于刘鹗最早使用的名字，《族谱》记载为"字云抟，考名鹗"。刘大绅记载为"原名孟鹏，字云抟，后字铁云，又号蝶云"。刘德馨记载："在淮安旧居还有一块牌位，下款是'胞弟梦熊、梦鹏立'。"

**是年**　父亲刘成忠 40 岁。曾往返于江苏一带，存诗《邳州道中》等三题三首。

▲《邳州道中》：行路难如此，冲寒又远游；冻泥坚似石，疲马缓于牛。粗粝儒

生饭,蒙茸客子裘;征轺何日卸? 遥指帝王州。(《刘鹗集》第 595 页)

《峰县阴平道中》:千里青徐道,驱车莽苍中;沙埋西下日,人饱北来风。汉治名犹袭,秦碑迹已空;前程邹鲁近,佳气郁葱葱。(《刘鹗集》第 595 页)

《项王坟(用壁间周岷帆同年韵)》:五年霸业付斜曛,剩有崔嵬三尺坟;日暮白杨风飒飒,墓门飞集黑鸦军。(《刘鹗集》第 595 页)

**是年** 刘鹗长兄刘味青 8 岁。

▲ 明远公:成忠公长子,字味清。考名梦熊。行四。附监生。生于道光三十年六月十五日□时,殁于光绪三十一年三月十八日。配庞孺人生于道光二十八年六月初八日寅时,殁于光绪六年二月初一日午时。配朱氏生于咸丰七年七月十八日子时。生子大镛、大临、大猷、大钧,生女长适淮安林念堂,名正祺。(《刘氏族谱·明远公》)

▲ 刘味青著有《琐历日记》《毗耶居士梦痕录》等对刘鹗的行迹有所记录,在刘蕙孙先生的《铁云先生年谱长编》中还能见到有关的记录。惜"文革"后刘味青的著作再未出现。(《刘鹗集》第 4 页)

▲ 编著者按:刘味青精算学、外文。1895 年罗振玉曾打算在淮安开设"西学书院,教算学、舆地、时务、外国语文,聘刘渭清授算学、外文。先生授舆地、时务,以无从筹费而止。"(《罗振玉年谱》第 16 页)

约是年冬或其前,太谷学派第二代传人张积中作《题〈红楼梦〉后》。这是目前我国发现的红学研究史上第一篇完整的有关《红楼梦》的评论文章。

▲ 编著者按:刘鹗是太谷学派第三代传人之一。太谷学派创始人为周太谷,其弟子张积中、李光炘为第二代传人。刘鹗是李光炘的弟子。

▲ 太谷形貌古厚,身修五尺有奇,河幕海口,眉垂覆睫,颔须亦不甚长。筋骨道鍊,宛如松柏。常历十数昼夜不眠亦不倦。或请休息,则解衣就枕,鼻息三驹而兴,精神益足。(《龙川夫子年谱》第 22 页。《太谷遗书》第一辑第三册)

▲ 刘蕙孙《太谷学派遗书·序》:太谷学派是清朝嘉庆、道光年间,安徽池州石埭人周太谷所创立。太谷名穀,字星垣,号太谷学,又号崆峒子。太谷学派初无其名,太谷和门弟子最初都自称为"圣功弟子"。"圣功"之意,出于《周易·蒙卦》:"蒙以养正,圣功也。"意思是说,宇宙与人都是秉赋自然界的生机而产生、发展和作用的。一般的人则是随生机而生而没而转化。能够养得其正者,则可以与"天地合德",与"日月共明",这就是所谓"圣功"。"圣功"也就是《大学》所说的"明德",《论语·颜渊》中"视听言动"之"视听"作用。视听的作用在于认识客观存在,所谓"视思明,听思聪"。但所谓"耳目聪明",并不是一般所说的眼睛亮,耳朵尖,而是《周

易·系辞》所说:"寂然不动,感而遂通天下之故。"换句话说,就是"视听"本能的感应作用。经过这样"视听"的本能,以"言动"支配客观一切,使其尽美尽善,即《大学》所谓:"在止于至善。"《庄子·天下篇》称前者,即"视听"的作用为"内圣",后者命令支配的成果为"外王",此就是"内圣"与"外王"之学。而"内圣"和"外王"又是相互作用的,这种相互作用是通过养正而取得。千古儒家的学问根本就在于此。由于后世儒者不理解"内圣""外王"的相互作用,而把"内圣""外王"分成为两截,专以人知用事,"内圣"之功遂不存在于人世。只有《大学》所说:"致知在格物""欲正其心者,先诚其意",进而达到"齐家治国平天下",才是儒家学说一贯之道理。因其关键在于修身,故曰:"自天子以至于庶人,壹是皆以修身为本。"(《太谷学派遗书·序》第 1 页。《太谷遗书》第一编第一册)

　　▲ 编著者按:太谷学派对《红楼梦》的研究代有传人。如刘鹗本人在《老残游记·序》中就认为"曹雪芹寄哭泣于《红楼梦》","名其茶曰'千芳一窟',名其酒曰'万艳同杯'者:千芳一哭,万艳同悲也"。第三代弟子王伯沆终生嗜爱研读《红楼梦》,曾于 1914—1938 年这二十多年的时间里,反复阅读自己收藏的王雪香评本百二十回《红楼梦》,并先后用朱、蓝、紫、黑、黄、绿六色笔进行评点。一共留下了一万二千余条评语。前后历时 25 年。从时间上看,王伯沆先生研读《红楼梦》在胡适和俞平伯之前,从成果上来看,王伯沆先生也绝不逊色于早期的任何一位红学家。第三代弟子刘大绅有诗《空传》四首记录,记录有关大观园的位置。第四代弟子刘蕙孙著《名园忆旧》考察大观园的位置。著名红学家周汝昌先生将这些文字都收入他的《芳园筑向帝城西》。

　　▲ 张积中《题〈红楼梦〉后》:

《石头记》一书,议者多谓其有所讥也,失愈远矣。作者之意,托于空空,通于玄玄,其辞曰:"满纸荒唐言,一把辛酸泪。都云作者痴,谁解其中味。"《易》曰:"作《易》者其有忧患乎?"古之才人,《三百篇》而后于《离骚》;逮乎汉魏,泊乎六代,近自唐宋,下及元明,得其说于斯者,莫不意有所悲,情有所寄。才者之所以为才,旷千秋而独立也。

《红楼》之旨,尽于首篇;首篇之旨,尽于一楔。楔曰:梦幻说通灵,风尘怀闺秀。通灵也而梦幻说之。正如天宝宫人,垂垂白发,闲话玄宗,言者何如,闻者何如!况南内西风,上皇之自按淋铃乎!闺中况味,已令人思,至于闺秀,则窈然矣。尘土淹渍,已令人憎,至于风尘,则皇然矣。闺秀风尘,两无所涉,落花自谢,流水自东。天固相忘,人焉何怨。乃花飞水面,辗转相因,怀闺秀者,即记所谓风尘中人也,岂不痛哉!

其言宝玉,怪奇诡谲,一往情深,盖自况也。其言黛玉,窈窕幽闲,空山独步,意中人也;其言宝钗,清淑有余,空超未足,亦意中人也。妙玉孤高,若近若远;湘云豪迈,似亲非亲;袭人婉顺,惜失其清;晴雯妖娆,惜失其雅。凡诸艳质,莫匪同心。若宝琴则丽而不痴,探春则俊而未韵,五儿情以暂合,正复无聊,惜春交以淡成,亦非有意。更若香菱、平儿辈,又皆脂粉丛中,闲闲著意而非莫逆也。

朝生锦绣之场,暮入荒凉之舍,思玉人而不见,悄今夕其何如!待将尽数生平,总不过脂香粉气,转欲一空。往事再休提,花影钗声,且也霜鬓侵人,一身如寄;青山笑我,万壑争哀。情中景,景中情,春风老矣;画中人,人中画,秋风凄。其便将唤醒痴人,一回头又归蝶梦;只是集成韵语,细看来偏断花魂。

燕喜莺嗔,深闺琐事;花遮叶护,密室真心。试看兴寄无端,青衫泪落;益信音难自择,碧血心飞。为不得已之言,声声雁冷;作无如何之想,字字鹃冤。化身在莲藕身中,也是甘心万死;结队在鸳鸯队里,任教苦趣三生。人笑其诬,总谓枝言八九;我怜其拙,居然实录二三。不堪为外人道也,意其为我辈设耳!

千里怀人,一灯听雨。霜风四壁,冻墨半池。聊寄数言,顾影独叹。(张积中《白石山房文钞》第 1 页,《太谷遗书》第二编第一册第 71 页)

# 1858 年(戊午　咸丰八年)　2 岁

1月　两广总督叶名琛被英法联军俘虏。

6月　英法联军进犯广州。《中法天津条约》签订。

11月　太平军在安庆大破湘军。陈玉成、李秀成合解安庆之围。

是年　康有为生于广东南海。

父亲刘成忠41岁、兄刘味青9岁。太谷学派学人:张积中53岁、李光炘51岁、蒋文田16岁、黄葆年14岁、毛庆藩13岁。

**是年**　家住北京。父亲刘成忠任顺天乡试监试官。

▲ 父子恕公充顺天乡试监试官,家住在北京。《因斋诗存》题宝佩蘅(銎)司农纪游草诗注:"时充顺天乡试监试官。"(《铁云年谱》第5页)

▲ 刘成忠四十岁。八月充戊午科顺天乡试同考官。(《刘氏族谱·成忠公》)

**是年**　刘成忠存诗六首。

▲《除夕住河间之二十里铺,和壁间韵六首》:琵琶声里换支干,新旧年光指一弹;只有冰衔寒似昨,春明六载作闲官。去年今日治河干,儿女团栾共手弹;玉璏才周人又去,不知何苦恋微官。渐喜南量咏戢干,佩来长铗不须弹;云台功业兰台笔,毕竟铺陈属史官。曾觐尧阶见舞干,圣恩特许比蕉弹;去来且免徒行苦,莫笑前程七品官(时余已记名御史)。由来直节数逢干,凛凛霜威白简弹;漫道升平无一事,千秋责备在言官。敝庐预似筑江干,不是惊弓畏射弹;我与前贤同一癖,浮生只办十年官。(《刘鹗集》第595页)

# 1859年(己未　咸丰九年)　3岁

1月　英军进攻广州三元里,被乡民击退。

4月　洪秀全封洪仁玕为太平天国干王,总理朝政。陈玉成、李秀成晋封英王、忠王。

7月　英、法在广州沙面建立英法租界。英人李泰国被两广总督任命为"总税务司"。

父亲刘成忠42岁、兄刘味青10岁。太谷学派学人:张积中54岁、李光炘52岁、蒋文田17岁、黄葆年15岁、毛庆藩14岁。

**是年**　家住北京。刘成忠任福建监察御史。

**4月27日(三月二十五)**　刘成忠致函陕西巡抚曾卓如谈论太平天国石达开的行踪与人才储备等。

▲ 刘成忠《致曾侍郎(己未)》:二十五日奉三月十五日手示,敬承一切。刘荫渠捷于承州,湘军之气稍扬,当可从容布置。石逆近入浙闽,其成就可概见。湘中人才百倍他省,来书钞寄左公二件,均得其情矣。又察石逆近年好骑岭而为可东可西之计,利进钝走预自为地,而习知界连二三省,则疆吏之气不能贯注,观望推诿,可乘此求逞边地。如人身手足,指如耳鼻□。特处寒气人中先受其病。石逆之计在此,而其中情之怯懦则亦可究知其底蕴矣。冀地马群弥山漫谷,只四两八钱,沿途杂费到鄂,须费至四两,遣弁往购,所领官照价十六两,此一得二,承办之人以为美利,亦刘度支加算船料之意也。秋闻当有以奉命求才,如相马得千里马而人不识之矣,而不能用云。且乐驽骀之便安,而斥骐骥之英骏,使彭韩英鄂不遇沛公,□泰王乏亦奚以自展。使彭韩英鄂更易姓名,即日在人前而人亦不识,人才奚以振拔?考军中少志气轩昂之人,日久或□然衰矣。朱子言:是真虎必有风。然则虎之不啸,非风之不从,能无自愧?李朝斌才力可用,然决不可调也。其顶已丹与舟久习政而为,而为陆劳逸回殊必不堪也。杰人之军如赤子失慈母,呼号无依。鄂不能代西江人,清逋欠西江人,亦无心清偿如何,如何!

刘成忠《致曾卓如中丞望颜(己未)》：奉三月十五日手谕,感仰何似。方今关中以一省之力,远供数省饷需,吁何可愧? 所自信者,此军人才殄于三河,志气骨力或逊于前,规模肃括,质地朴谨,尚较东南各省为优。数月之后,仍可奋发有为耳。石逆窜郴桂,势颇张大,吁公以左生谋,召发壮士三万人。鄂中复派马队、水师及步兵四营以助之。湘人连战于外,壮士替代假归者,踵接肩摩。即倦将之栖迟故里者,不下数百人。呼之即出,期月成军。设石逆挟此众以窥江右,鄂中则扰攘倾侧,不知所届矣。豫州来此请兵,鄂力无以应之。关中天府以三面守而一面战。此奉春留侯所以御天下之至计也。回汉相争二百年锢习,闻引用马百龄,其人才力高下不可知,要其列仕途,顾廉耻而敬。国法,当可信矣。欲为长久之计,当遴委三五干员,周行访察,取国民中读书识字,有身家职事而稍明白、顾公义加以礼貌,或调至省城接见以宠之,异日地方有事即可责成其人,以使之自戢其类。幕府办事乃有纲领脉络之可寻绎,或亦愚者之得乎。某在郏城得将领数人,以饷节尚迟,添募均置左右,好爵以縻之而已,使我多财,军事尚可为也。秦中良吏极多。沈左守已经跋擿,又闻有顾淳庆、余赓杨、龚衡龄、陈煦、曹士鹤均有才品,道路所采,未知其详。一闻长者衡鉴以定其能否。幸赐示闻不宣。(刘成忠手稿)

▲ 编著者按：刘厚泽先生生前保存刘成忠手书杂稿一册,名之《刘成忠杂稿》。《刘成忠杂稿》共二十余篇,或书信,或杂论,字迹潦草,多不署年月。至今未做整理。书信如《致左季高(宗棠)姻丈》《致左(宗棠)京卿》,《致署黎平府正子祥(兴仁)》《复李香雪太守映棻》等;杂稿如《与官中堂、都将军、曾侍郎、杨军门论兵事机宜书》《条陈东路情形》《禀贵州插话情形》《致清查总局》等,多反映刘成忠本人的思想认识并涉及晚清官员及史实。

**8 月(七月)** 讲求"内圣外王"的太谷学派第二代传人李光炘收第一弟子谢逢源。

▲ 咸丰九年己未,秋七月,溧阳谢逢源来(注：太谷学派中凡用"来",均表示正式拜从,成为弟子)。……逢源,初名麐。师曰：学人最不宜吝,乃改名逢源。后并示以诗曰：才出龙门便不清,光摇银海浪层层,要知夜气消亡候,只在鸡鸣第二声。又曰：何得逢源,盖原于平山也。(《龙川夫子年谱》第 47 页。《太谷遗书》第二编第三册)

**9 月(八月)** 刘成忠任顺天乡试外监试官。

**11 月(十月)** 刘成忠任顺天武闱乡试监射官。

**12 月(十一月)** 刘成忠协理京畿道御史。

**是年** 刘成忠存诗一题四首。

▲《题宝佩蘅司农纪游草(时充顺天乡试监试官)》：司农清望冠卿曹,帝遣衔文拥绛旌;使者辎轩千里远,诸生声价一时高。堂前鉴朗悬秋月,笔底澜回涌暮涛;三月程途诗百首,元龙意气古今豪。　燕齐仆仆送征骖,胜境烟霞次第探;早有才名倾日下,饱看山色过江南。定知裁剪非刀尺,行见搜罗尽梓楠;枨触平生钓游地,编中一一我曾谙。　网得珊瑚海上来,帝乡咫尺望中开;归袋但有新诗卷,结习依然旧秀才。果敢早蒙明主鉴,贤劳欣见使臣回;文章报国由来重,长傍薇垣列上台。　今年衔命棘闱中,管领群英集至公;阶下文光齐射斗,门前关节不通风。槐阴觅句千条绿,松火煎茶五夜红;惭愧骚坛叨侍从,邯郸学步总难工。(《刘鹗集》第596页)

# 1860 年(庚申　咸丰十年)　4 岁

8 月　太平军第一次攻占上海。

9 月　英法联军进攻天津、北京。咸丰帝自北京圆明园逃往热河。

10 月　英法联军纵火焚毁圆明园。英法强租天津紫竹林一带为英法租界。

是年　清政府先后签订《中英北京条约》《中法北京条约》《中俄北京条约》。

父亲刘成忠 43 岁、兄刘味青 11 岁。太谷学派学人:张积中 55 岁、李光炘 53 岁、蒋文田 18 岁、黄葆年 16 岁、毛庆藩 15 岁。

**5 月(四月)**刘成忠任京畿道御史。家住北京西河沿。

**12 月 9 日(十一月九日)**　刘成忠奉旨到北京天坛视察祭祀准备工作。乘车时背诵唐代韩愈《祭河南张署员外文》。

　▲ 刘成忠《祭河南张署员外文》评语:咸丰十年庚申冬,西夷受款,外患中息。予时掌京畿道印,以故事,冬至前一日,恭脂:圜邱视宰牲。车中无聊,背诵此文。自西河沿寓而东,甫一遍,举首见天坛外垣而止,不诵。(《韩文百篇编年》下册第 17 页)

　**约是年**　刘成忠撰《条陈东路情形》。

　▲ 刘成忠《条陈东路情形》:

敬禀者:下游情形殆哉岌岌。姑即愚陋之所及知者而言之,已不下十数事。

麻阳船户、辰沅水手皆强悍有力,镇远以上驮路脚夫,亦游荡不羁。两三月来客商裹足不前,无所得食,人心皇皇,殆不可支。夫以官养民,不如使民自养。为盗而死,忍饥而死,等死耳。犯法则可以将赊死,忍饥则将立弊,可虑一也。

各府各厅之寨苗,大者一二百家,小者三五十家,连年盗劫积蓄一光。为良则畏盗而又畏官畏差,为盗则一无所畏,是将迫之使为盗,可虑二也。

良苗终日采芒为食,四时不能得一粟入口。耕种所入,遇青黄不接之际,借谷一石,一月之内,还至二石三石不等,名为断头谷。借钱借米亦然。甚至一酒一肉积至多时,变抵田产数十百金者。心怨之而口不敢言。其黠者则怨憾所积,引群盗以仇之,而汉奸终不自悟。方且失之于盗劫,而取债于盘剥,可虑三也。

苗产尽入汉奸,而差徭采买仍出原户。当秋冬催比之际,有自掘祖坟银饰者,嵩目痛心,莫此为甚。各厅并无钱粮赢余,专恃差徭采买,一切陋规,以为公私之用。近年民力日绌,官位日多,即令如数收纳,尚呼瘠苦,何能禁令而强以不情。且力役粟米之征,一概停止,则苗民脱身化外,不及知有上下之分,是禁之固难,将继之而任其多取乎则穷愁怨叹。苗民日见其蹙,将更法而归于受田之汉民乎,则差徭采买,有已成之俗例,而非征赋役之正供。苗寨本无钱粮,汉民岂肯领受。讦告纷纷,上下其手,为虑四也。

官取于苗者十之三,土司、通事、差役之取于苗者十之七,取良民之精血以供其宴,如酖毒之资。台拱丹汇,右州八寨清平,其弊尤深,可虑五也。

汉奸恐呵苗民无所不至。即于上年十月,倡言某人带兵,见黑便杀,虽大张晓谕,开诚布公,其造言恐呵之人,即平日盘剥之人,即异日倡乱之人,欲藉以快其私耳。人心思乱无理可喻,可虑六也。

官兵数万,已成发□器,即令千人为营,而贼可破。凡有血气,莫不痛心。屯军九千余名,布置各堡本极周密,然虚籍徒存,实政无补。数十年之积弊,不能一旦挽回。今日之食屯田者,半是刁生劣监,一旦绳之以法,则捏造黑白,勾焰愚苗,其祸且益速。操之太急是晁错峭直之弊,委心任运是胡广中庸之诮,可虑七也。

邪教之兴,随地皆是。根柢既深,萌芽已露。惟大臣持正而不阿,小臣奉公而洁己,则无隙可乘,尚可不即举发。黔中近年,大宪兢兢业业,察吏颇严。在上有震动恪恭之心,在下有得过且过之意。未经患难不知恐惧。公牍所到,寓目已忘,可虑八也。

天下治乱之机,义利二字。人心嗜利则乱,人心嗜义则治。近年嗜利之人岂惟官哉,凡在官之人皆然也,即在野之人亦然。用人而不得所养,虽尧禹之忧勤不能以治天下,则耗财多处,已乱将乱之时,则赏不得不重,罚不得不轻。故耗财尤多,度支已竭,仰屋共嗟,可虑九也。

祸积于萧墙,势处于危急,而不能不资成案,秉旧例。绛侯之乞怜于牍背,魏尚之见屈于刀笔吏。古今同慨,必至于决裂不可收拾。例案一无所施而后节目踩调,则事已不可为,可虑十也。

勤王事者食于友,举义旗者食于民。舍穑事而割正,夏汤是也。孰敢不箪食壶浆以迎将军,诸葛之言是也。南阳太守稽留义师,斩一守而人皆奉令,孙坚是也。天下非鄙俗之人,不能聚财,非抑勒不能散鄙吝之财,明怀宗之劝谕而不助军饷,李自成之脑箍而尽数以献叔季,人心大抵类是。粤逆入鄂,括取民财计逾千万。设官为董,劝则十万亦难,不至此时,不知悔惧,人心又大抵类此。黔中官兵,仰给于藩库,藩库又仰给于邻省。转运则有所不能,抑勒则有所不敢。畏首畏尾,势必致友危而民亦不安,可虑十一也。

兼弱攻昧取乱侮之言,道紊者疑之,而英君贤相之方略,实不外此。自强者天道之所取自弱者,《洪范》谓之极。帝王驭世之□,必取强桀之人,预为驾驭,为我用而不为人用。世庙募武力绝伦之人,令史相国统领驻防。岂为驻防□? 所以消天下之英杰而不竟耳。□□圣督浙闽,署中岁费以百万计,不数年而海澄公施侯归于麾下。今欲震慑边陲,必须日日练兵。贵东一路,幅员至大,非挑拣精兵八百人分防分捕,且战且守,则不足以摄奸萌而资防范。一年之费又将安出? 可虑十二也。

黔□设令不继,则兵民皆困,祸不旋踵,将任其自乱而自已乎? 将养壮士而去老弱,核名实而察□旷也。非常之原黎民所惧。行之不善,是明季裁卒之事;行之而善,是商鞅变法之事。成者为怨府,败则为祸阶,可虑十三也。

保甲、团练,实救时之善政。委员之办事,其时甚暂,恐民不信;其势相隔,恐民不亲,则非牧令不为功矣。然而□广文者无实意,察小害者忘大利。大宪之□戒不啻颖秃而唇焦,各属之奉行,惟有禀覆与告示,可虑十四也。

大江东去,望风瓦解,刺背奸细,反来黔地。即是逃匿之余,亦恐勾煽之祸,可虑十五也。

以上十五事,姑即东路而言之。然而言易行难,病多药少,非一手一足之力所能挽回,亦非怒言剿说所能补救。约而言之则亦不外练兵、求才、察吏、筹饷四事耳。已乱易治也,未乱易治也,而将乱难治。林翼之愚陋即使殚精竭力亦无补于万一,况一人之精力哉! 何一人之才识又几何? 如石填海,如蚍负山,固自知其不堪矣!（刘成忠手稿）

**是年**　从包氏姊读书。

▲ 从包氏姊识字。鹗有姊三人:适高、适包、适虞。鹗四岁即从包氏姊识字、诵诗。题旧诵诗本云"阿姊停针每见怜,小时指授绣灯前;而今此本犹传世,回首沧桑四十年。"诗作于庚子,由庚子逆推至庚申,正四十载也。包氏姊名素琴,有《题勺湖莲隐图应周石君刺史之嘱》两绝句,附录于后:勺湖身处最清幽,一片红莲好荡舟;闻道高人殊恋此,湘纨一幅画中收。数间茅屋绕秋蒲,抛掷长征叹到迁;记取湖边好风景,归来岂让鹿门图。(《刘鹗年谱》第 2 页)

▲ 从次姊识字,诵《唐诗三百首》。《关于老残游记七》:"先君……生而歧疑,颖悟绝人,初从适包氏先姑母识字,未久即能背诵唐诗三百首。故先君感旧口号中有阿姊指授之语。"

又注三:"先君辛丑出都时,行次乡村旅舍。检行箧携书惟《唐诗三百首》一部。

因感而题其封面。第三首云：'阿姊停针每见怜，小时指授绣灯前，而今此卷犹传世，回首沧桑四十年。'"

按诗末原来题的是："庚子八月初再不死人蝶隐题。"应是庚子北上办贩时在津京旅舍所题，并非辛丑出都时题，我父写此稿时，原书在天津我长妹厚端手中，未暇检查，故有此误。庚子年我祖父年四十四岁，四十年前，当在三四岁之间。（《铁云年谱》第5页）

▲ 编著者按：刘鹗有姐三。蒋逸雪《刘鹗年谱》云"适高、适包、适虞"。刘德馨纠正为"其实，三姑老太太适庄，并非适虞。况且适庄三姑老太太的牌位我们一直供奉着，直到1966年破四旧才去掉。我的弟弟和妹妹都见过，而且都记得十分清楚""我家还有一座牌位，淮安的骑墙亲戚目之为怪的，就是把已经出嫁的适庄三姑老太太的牌位立在我家供奉。原文是'三姐适庄之位'，下款是'胞弟梦熊、梦鹏立'"。（《刘鹗资料》第344页）

**约是年前或其后** 随母亲去外婆家，见有奇异现象。

▲ 先君幼年从先祖母归宁外家。晚间久谈未睡，见有妇人蓝衫簪花，搴帘而立，迟回不前，若听室中人语者。先君初以为外家仆妇，继又疑其不类，向之凝视。忽为先祖母觉，询何视？先君指告先祖母及室中人均随指而顾，则妇人已不知何往，搜之亦不得云。（刘大绅《刘鹗所语之异事》手稿）

# 1861 年(辛酉　咸丰十一年)　5 岁

1 月　天津开埠。清政府设立"总理各国事务衙门"。

6 月　英国人赫德代办中国海关总税务司。

10 月　清廷上东西两太后为慈安太后、慈禧太后。

11 月　慈禧太后一行回京。改年号为"同治",行太后听政。

12 月　曾国藩设立安庆内军械所。

父亲刘成忠 44 岁、兄刘味青 12 岁。太谷学派学人:张积中 56 岁、李光炘 54 岁、蒋文田 19 岁、黄葆年 17 岁、毛庆藩 16 岁。

**5 月(四月)**　父亲刘成忠奉旨被任用为知府,并被皇帝召见一次。

**6 月 15 日(五月八日)**　奉旨任河南汝宁府知府,赴热河召见。

**是年秋**　父亲刘成忠赴河南汝宁任知府。刘鹗随任。

▲ 随父河南汝宁府任所。刘成忠《因斋诗存》有《西平县三空桥入境诗》,中有句云:"三空桥边秋水波,十年此地又经过。"自注:"咸丰十一年出守汝南。"(《刘鹗年谱》第 2 页)

▲ 父子恕公出任河南汝宁府知府,随任。《因斋诗存·西平县三空桥入境诗》:"三空桥边秋水波,十年此地又经过。"句自注:"咸丰十一年出守汝南。"又有《携眷赴汝宁府任宿广平用壁间鄂生二作韵》《御史三年俸满据例截取知府五月赴热河引见车中作》《腊月二十七日汝宁城上作》等诗。可以考知子恕公出守汝南在这一年的秋冬间,是携眷同往。(《铁云年谱》第 5 页)

**是年**　刘成忠存诗等五题八首。

▲ 《御史三年俸满,循例截取知府。五月赴热河引见,车中作》:干戈半天下,领郡欲何之?婚嫁渐相逼,饥寒良可悲。折腰事官长,拄腹傲妻儿;或者胜株守,长贫无尽期。

《宿三十里铺,和壁间赵宝仁作》:怜君六载阻鹏程,空向骚坛作主盟;阮瑀才高终有合,谢公墼小不须争。浮云纵使经千变,好月终难到五更;看遍人间兴废理,未坊谋事百无成。　底事浮踪滞帝乡，蹉跎赢得泪千行；人间春梦朝朝幻，客路秋风处处凉。骥有一毛才孰见？虫非百足死先僵；为君借箸无他策，直驾飞车到梓桑。　我亦辞家千里遥，十年兵燹隔迢迢；忧时有志头先白，救火无方额已焦。未必□栌堪大用，可怜圭角已全销；好将宋玉悲秋意，同向长空问沉寥。　如此诗才尚布衣，徘徊歧路竟安归；极知荐称心原切，无那推袁力太微。世上何尝少寒谷，天心毕竟有春晖；朝来抄得新诗去，一朵红霞出海飞。

《承德道中》：途中何所见？郁郁唯杨枝；绿杨令人怜，白杨令人悲。

《携眷赴汝宁府任，宿广平（用壁间鄂生二作韵）》：太行支麓尽，莽莽但平原；狂兜易出柙，哀鸿尚满村。惊心新战骨，回首旧巢痕；世事只如此，微官何处论。见说妖氛逼，微茫月不明；妻孥犹在道，将帅早休兵。岁俭无村酿，风高有角声；插貂恩信渥，何日报功成？（《刘鹗集》第596页）

## 1862 年（壬戌　同治元年）　6 岁

1 月　英、美、法三国擅自在宁波城外划定外国租界。

2 月　英、法军洋枪队袭击太平军。

5 月　捻军张宗禹入陕与太平军陈得才等联合。

8 月　在北京设立同文馆，设英、汉教习培养翻译人才。

是年　山东淄川刘德培起义。

父亲刘成忠 45 岁、兄刘味青 13 岁。太谷学派学人：张积中 57 岁、李光炘 55 岁、蒋文田 20 岁、黄葆年 18 岁、毛庆蕃 17 岁。

**1 月 2 日（咸丰十一年十二月初三）**　刘成忠接河南汝宁知府印。是年刘鹗随父亲到河南汝南任所，全年生活于战乱之中。

▲ 本年刘成忠四十五岁。十二月初三日到任接印。（《刘氏族谱·成忠公》）

**2 月 14 日（咸丰十一年十二月二十七日）**　晚刘成忠率兵巡城并存诗《腊月二十七日汝宁城上作》一首。

▲《腊月二十七日汝宁城上作》：独携小队夜登城，雪虐风饕逼五更；挂堞疏灯寒有影，乘墉疲卒阒无声。罗胸敢诩孙吴略，戮力终凭子弟兵；安得官民同敌忾，尽驱狐鼠乐升平。（《刘鹗集》第 597 页）

**2 月（正月）**　刘成忠公布《保甲条款》并在汝宁府城实行戒严。

▲《保甲条款》：

一、每户除妇女不计外，凡男子无论老少，逐名开列，注明年几岁，系何处人。

一、每户男子注明以何为业，不得但注家主一人，其有作店伙佣工者，须注明在某街某店某家，以便核对。

一、每户有职官、生监、首事、兵丁、民壮、辣勇等人，均注明于本名之下。

一、每户男子有在外省、外府、县及城外营生者，于本名之下，注明现在何处，作何营业。

一、每户男子有残疾者，注明残废二字。

一、府县各署吏胥,凡卯簿内有名者注明是吏役,在何衙门,不得泛写公门二字,其卯簿无名者,不准妄注。

一、店铺有店号者,将店号注明。

一、住户、店铺,凡伙针、佣工均将姓名、年岁、籍贯逐一开列,其有家住城内者,无论本籍、寄籍均注明家住某门某街,以便核对。

一、店铺内住有家眷者,凡男子一律开列,如住户之例。

一、城内僧、道照住户之例,一律将年岁、籍贯开列,并将是何庙宇注明。

(刘厚泽《捻军资料零拾》1958 年《近代史资料》第三期第 34 页)

**2 月 12 日(正月十四日)到 2 月 19 日(正月二十一日)** 捻军陈大喜部三四万人进攻汝宁府城。刘成忠督率清兵六七千人守城。

**2 月 21 日(正月二十三日)** 清兵击退捻军围城。

**2 月 22 日(正月二十四)** 捻军再次从汝宁府城东北角攻城。

**2 月 23 日(正月二十五日)** 清兵杨协戎副将赶到。捻军撤退。

**2 月 26 日(正月二十八日)** 杨协戎副将奉札调槐店。刘成忠上禀挽留杨协戎部。

▲ 编著者按:刘厚泽整理刘成忠有关的资料,辑为《捻军资料零拾》。其中有两篇"禀稿"未表明日期,亦未标明上禀何人。初步断定为同治二年上李鸿章或曾国荃。笔者反复推敲禀中所叙述事实与文中两次出现"胜帅"及所述事实并根据刘成忠的三篇《汝宁府府谕》断定此为同治元年刘成忠上胜保的禀稿。此时胜保正以兵部侍郎身份督办直隶、河南、山东的"剿捻"。刘成忠的禀稿全文如下:

敬禀者:窃汝宁府城自戒严以来,经卑府督率在城官绅昼夜防守,复随同张藩司派勇出剿,贼始稍退,适值杨副将一军来,郡城围渐解,业经节次驰禀在案,谅邀宪鉴。二十八日,因杨副将接奉帅札,调赴槐店,阖城百姓当惊魂甫定之余,一闻此信,均甚骇惧,奔告乞留,填塞街道。伏思军营调度,自有机宜,卑庭何敢冒昧渎宜请。惟地方情形,实有非增兵不可者,不得不据实道陈,恭候宪鉴。查陈逆自二十五日败窜之后,去城业已渐远,即酌撤援兵似亦无关轻重。惟该逆凶狡异常,自正月以来,张藩司激励兵勇民团,屡战屡捷,而该逆积忿思逞,复纠张凤林、国宝善以及正、新、息、项等捻,愈聚愈多,每官兵大捷一次,则贼必更增数倍,而扑城亦必更进数步。初八日官兵败贼于城东李旗屯一带,平毁贼垒甚多,而十四至二十一等日,贼又由西至东,乘夜蔓扰,直逼城关。二十三日,官兵败贼于去城二里之东关寨外,斩获颇众,而是夜四鼓,仍有数百贼潜至濠畔,意欲偷渡,幸残月已升,窥见人影。卑府督率在城文武并力击退。二十四日五鼓,贼又至东北城角,列炬如林,至晓始退。若非二十五日杨副将兵到则城围仍难遽解。该逆自知计穷力竭，惟有多其党羽毛，以为极力抗拒之计，勾结既多，蔓延愈广，辄敢分扑营盘，断截饷道，以致高平寺等营，节节隔阻。即使自今以后，逐渐开通，亦但能找出围困之营盘，断不能歼尽勾结之丑类。蜂屯蚁聚，所在皆然。以六七千之兵，剿三四万之贼，扫穴擒渠，尚无把握，若更撤去其半，窃恐官兵朝去，贼众必夕至城下。张营兵力甚单，府城大营，势难兼顾。蕞尔一城，将何以守，此府城不可无兵之实在情形也。至于所属州县，确山南乡，诸捻勾结，城中练勇，时有内溃之虞；正阳五里以外，到处皆贼；信阳罗山被围屡次，迄未解严；而新蔡县自十四日被贼四面急攻，情形岌岌，两遣人改装赍到棉纸草禀赴张营告急，张藩司以杨副将一军急须会合，以解大营之围，不能分顾新蔡，业由卑府飞禀大帅另请拨兵驰救在案。孤城受困，今已半月，引领东望，无涕可挥。此所属各州县，不可不救之实在情形也。通计汝宁一府，有贼者居其大半，而新蔡、罗山二县，信阳一州与府城及大营两处，均在十分吃紧之际。往日之民，其所以忍死须臾不致离畔者，以为救援可望，必不忍置此一方民命于度外也。乃请兵不下数十次，始则云有周凤山之兵，继则云有穆翼长之兵，望眼欲穿，皆成画饼。兹幸节旄莅豫，戎马甫临，贼踪便退，一时百姓感激涕零，方拟先解大营之围，次救新蔡之念，然后并力攻克平舆老巢，再行分兵往救信阳、罗山，并将正阳、确山之贼节节扫荡，使一州八县之民，复见天日。今则劲旅甫来，又复北去，窃恐民心失望，贼势愈张，府城危亡在即，而新蔡、信阳、罗山，更无论已。应调应留，非卑府所敢妄拟。至于郡城及所属州县实在需兵情形，不敢不据实沥陈，恭请胜帅将杨协戎一军留于汝郡，万民幸甚，恭候训示。肃此具禀，恭叩勋安。卑府成忠谨禀。

**2月27日(正月二十九日)**　刘成忠连续发出三次《府谕》要求并督促城中百姓参与府城的防御以及奖罚方法。

▲《汝宁府府谕》(一)：谕各街首事知悉：现在寇氛未靖，欲防外患，先去内奸，必须严查户口，使奸细无从藏匿，始可万全无患。昨本府已出示晓谕，令委员绅士逐户编查，惟委具人数无多，除分防各门外，业已无员可委。仰各街首事，先将各人所住街巷挨户编查。凡属丁男，逐名开列，按照本府所开条款一一载入清册。务须遍告各烟户，令其从实呈报。如有隐匿一名者，即是奸细，除本户从重惩办外，其经手之本街首事，亦复自干未便。务各秉公办理，毋得瞻徇遗漏以及迟延观望。毋违！切切此谕。正月二十九日府正堂谕。

《汝宁府府谕》(二)：谕各局委员、首事知悉：日来月落甚早，夜深昏黑，俯视不见城外，贼若攀垣，无人知者。屡次谕令各牌户将灯悬挂堞外。阳奉阴违，殊深痛恨。自今日为始，晚间各牌户赴局领油时，仰各委员将灯留下，若无阴云，不必遽挂。先检点绳索,均以二丈为度。不足者,仰各首事,即日买细绳接续。俟月欲落时,由委员督带局勇书油灌满携至城头,按照应挂之处,垂灯堞外,愈低愈善。点毕之后,面谕各牌户:一,不准将灯吹灭。二,不准提灯上城。三,不准剪断绳索或将绳捆绕竿上,致长绳变作短绳。如有犯者,定责二十板。黎明时,或委员或首事,带勇上城,将灯收回,仍存局内。前此城头之灯所以不能如法者,总由各灯皆存牌户之家,牌户利于偷油,或竟不燃火,或旋燃旋灭,或携至城头棚内吸烟聚赌,百弊丛生,如有紧急,误事不小。今收发皆由各官绅,于牌户毫无干涉,断不敢再蹈前辙。倘各委员不亲往悬挂,不面为吩咐,或不待月落,以致徒耗灯油,此则委员之过,本府断不能代为隐讳。至于添买绳索,为费无多,一局数绅,壹岂无能佃千文之人,事在必行,毋得推诿。此事虽小而关系颇大,务望遵照办理勿误。此谕。

《汝宁府府谕》(三):为严定轮班守垛章程,以重城守事:照得各垛牌户,专为守城而设,贼已至则合力堵御,贼未至则留心瞭望,自宜通宵看守,不容稍有疏懈。惟念戒严日久,各牌户皆疲困已极,欲其彻夜不睡,未免太劳。本府俯念下情,曲为体恤,设为论班瞭望之法:每一牌分为五班,每一班站立一更。十人在城,则以二人为一班;五人在城,则以一人为一班。各按牌户名册,第一日,以第一第六人为第一班;第二日,以第二第七人为第一班,余可类推。一更时第一班立于垛口,注目外视,不但不准安睡,并不准进棚。至二更时,此一班牌已立多时,换第二班出棚站立,所有第一班及三四五班之人,均准其入棚安睡,但不准解脱衣裤,尤不准私自下城。三四五更一律照办,每阅一更,更换一次,以锣为号,不问城下之鼓,但听城头之锣。仰各局预备更香匀分,五更初点第一节,着城勇二人上城敲锣,由两头敲至中间。第一班闻第一更锣声出立垛口,点至第二节再敲锣一遍,第一班进棚,第二班出立。自此以后,逐更递换,如未闻锣声,即入棚偷睡者,重责四十棍,愿罚者罚钱四千;其虽未睡而入棚闲坐者,重责二十棍,原罚者罚钱二千;仍责令守垛一夜,以昭炯戒。切切此谕。

**3月9日(二月初九日)** 刘成忠得到胜保的批复:本大臣于汝防情形亦时萦怀抱,不得已,勉从所请。已批饬该副将暂留数日,迅解前敌营围,并平毁附近最要贼卡后,仍即遵照迭次严札,拔队星夜赶行,前赴槐店,听候调遣。

▲ 胜保对刘成忠请求副将杨协戎留守汝宁禀稿的批复:据禀已悉,所陈自系实在情形。惟本大臣奉命援颍,需兵甚急。查颍郡被围已四十余日,粤逆交乘不下数十万众。贼势之重,望援之迫,实属危急万分。汝防虽为吃重,究未围困。陈大喜匪党虽多,亦不过数万之众。孰援孰急,孰重孰轻,不待智者而知。况本大臣军营为皖豫两省锁钥,关系中原大局,更非汝防一隅可比。现在援颍前敌各军业已深

入至太和一带，后路空虚，粤捻各逆麇集，沈项淮鹿大营三面贼氛，急需厚集兵力，分头堵剿。若以一隅牵制，遂置大营于不顾，无此机宜，亦无此办法。且杨副将一军，系奉旨调援颍郡，更不容稍有稽延。是以本大臣迭次催调前赴槐店听候调遣。本日复派令戈什哈长瑞持令提催，严札申饬，并札饬张藩司在案。原欲迅解颍围，俟颍围解后，再当回军他顾，彼时或令杨副将仍回汝宁协剿，再行酌度情形，相机办理。此时则先其所急，断不能听其留汝也。惟据该守为民请命，情词迫切，本大臣于汝防情形亦时廑怀抱，不得已，勉从所请。已批饬该副将暂留数日，迅解前敌营围，并平毁附近最要贼卡后，仍即遵照迭次严札，拔队星夜赶行，前赴槐店，听候调遣。不得以平舆贼巢尚未攻拔，恐贼复来猖獗为词，再事迁延，重干罪戾。彼时该守，亦不得再行渎请也。切切此檄。

**3 月中旬**（同治元年二月中旬）　刘成忠禀胜保筹划军费，增加兵力。

▲ 敬禀者：窃卑府自正月戒严以后，节经请兵援救，并禀留杨协戎在郡，另请拨兵驰救新蔡在案，谅邀宪鉴。伏查汝宁一府，自陈逆滋事以来，地方百姓蹂躏不堪，一切情形，久已上廑滋注。今年正月，贼氛益炽，张藩司奋督各军，战无不捷，而贼之蔓延如故。阖城百姓，当风声鹤唳之时，恭闻大帅建牙，无不欣然色喜，咸以为汝水东西本往日棠阴之所荫，儿童竹马，今已成人，必不忍使昔年阶下之民，悉化为异日沟中之骨，是以虽当困迫之余，而其心犹隐有所恃。既而被围拜并急，而杨协戎之兵，果蒙宪恩剋期驰赴，既声威之大振，遂魑魅之潜逃，城内绅民，同深顶祝。及至胜帅屡檄催调，初九日杨协戎决意北上，前队于辰刻甫行，而贼匪即于巳刻窜至距城十余里之白龙王庙，人心大骇。幸值帅札到郡，杨协戎中途折转，贼始逋窜回巢。迭次恩施，悉符民愿，兵燹遗黎，从此渐有生全之望，莫不谓非大帅之德不至此。惟是军务情形，难以预料，万一此后，各府州复有如颍州杞县之告急者，羽书再至，势必移营，小民之心，不能无虑。卑府伏思：中州百邑，咸隶帡幪，何重何轻，在宪意原无厚薄，然受害有浅深，则需兵有援急，敢求俯念汝南一郡，被兵已及三年，较之地处甫经贼扰者，其颠沛流离，实增十倍，愿留节制之师，永作干城之固，则感荷鸿慈，愈无既极矣。

抑卑府更有请焉者，先在张、杨两营之兵共六千名，由前敌至府城，节节布置，仅能使贼不攻城而已，至于扫穴擒渠，则非增兵三四千不可。卑府非不知豫省之兵，仅有此数，断无均集汝郡之理。若欲另行添募，则现有之饷，尚不足供现有之兵，安有余资，再募新勇。此种支绌情形，卑府未尝不久为扼腕。惟是地方光景，受害已深，今年贼势蔓延，二麦均未能种。若贼匪一日不荡平，则田野一日不耕作，穷民无食，势将安归？即似饷项而论，汝宁一郡，地丁银共十九万有零，岁若不登，银从何出。但使陈逆迟灭一年，则不独使府境增数万之贼，亦且藩库少十万之银，此中关系，良非浅鲜。伏查豫省目下支款，僧、胜两营及袁、田两营兵饷每月共二十万两，军需紧急，诚无可减。此外新旧京饷及东三省、甘肃河工等饷，虽皆应发之银，容有可缓之款。再彰、卫、陕、汝均尚完善，若严催丁银，不准丝毫短少，再委廉能之员前往此数处劝捐抽厘，或借富商，或拨杂款，但使每月能增入项三四万两，便可添勇一万名。兵力既厚，逐节扫荡，与其处处相持，不如专攻一处，一处之贼既灭，即一处之田有收，所征之银，不难偿所靡之饷。即如陈逆一股，久困老巢，今年虽到处掳掠，多为勾结之贼取去，若四面合兵，断其打粮之路，数月之间，准可破灭。然后再攻陡沟、明港等巢，亦不过数月，便可肃清。肃清之后，每年汝郡兵饷可省二三十万，汝郡丁银又可增十余万。一出一入共计得银五六十万，以增兵为灭贼之方，即以灭贼为生财之法，办理机宜，似觉不无裨益。卑府不揣冒昧，敬陈管见，是否可行，恭候训示。敬请勋安。卑府成忠谨禀。

**4月（同治元年三月）** 刘成忠获悉信阳马牧和罗山管令禀报的捻军各村寨名称及各股捻军领导人名单。

▲ 编著者按：刘成忠存留的捻军资料中收有《同治元年正月信阳马牧禀》《罗山管令禀》及《捻寨目录》。《捻寨目录》中开列村寨名及各寨捻军人物。在部分人物姓名之后还注明此人在捻军中的地位和这一姓名的来源。其全文如下：

《同治元年正月信阳马牧禀》：萧曹店、新店、三官庙、梅黄店、严家湾、长台关总捻头：严金怀，小捻头：王书沅、刘金安、耿金华、赵金声、李稳、曹益、黄恩。

又《罗山管令禀》：栏杆铺、子路河、江大个子。息捻，岳开铺。

捻寨目录：张冈寨、彭玉升寨、方家寨、蓝青店、信阳萧曹店春、陡沟、永兴铺、段家寨（即霍光玉寨）、两吴家寨、孙九门、王国栋寨、王伦寨、梁心恬四寨、王化国寨、刘新良寨、鲍进朝寨、徐文田寨、周文学两寨、时寨、白土店、郭寨、李寨。

张岗寨：张凤林（首逆）、曹魁（著名）、张沟（著名）、单景尚（著名）、张聚德（姚煜言）张世琴（姚煜 雷振坤言）、张连光（姚煜 雷振坤言）、张明庸（姚煜 雷振坤言）、张明德（姚煜 雷振坤言）、张明星（姚煜 雷振坤言）、杨栋（姚煜 雷振坤言）、王结子（姚煜 雷振坤言）、张仲山（姚煜 雷振坤言）、张从恒（雷振坤言）、姚之亲（雷振坤言）、张名魁（雷振坤言）、陶魁（雷振坤言）、林万青（雷振坤言）、吴重山（雷振坤言）、刘邦治（雷振坤言）、王二山（雷振坤言）、张采芹（雷振坤言）。

彭玉升寨：卓要山（著名）、王赞文（著名）、鲁小四（公呈）、彭印章（公呈）、彭大安（公呈）、李明山（公呈）、石璞玉（公呈）、孙连璧（公呈）、刘薄饼（公呈）、陈三奇（公呈）、陈三虎（公呈）、彭云章（杨絜亭控）。

方家寨：张振全（著名）、张正行（甘鹤鸣　雷振坤）、张凤亭（同上）、邵玉亭（同上）、何清（雷振坤言　公呈）、张士俊（同上）、张老怪（同上）、张德儿（甘鹤鸣言　公呈）、王正文（甘鹤鸣言）、黄全（铜钟公呈）。

蓝青店：夏廷渠（著名）、夏廷渠妻（胡玉成言）、王化成（沈典史言、铜钟公呈）、李大成（沈典史言、铜钟公呈）、李小成（沈典史言、铜钟公呈）、沈纪德（铜钟公呈）、李光祖（胡玉成言）、李文灿、方文功、占车、李大眼、李理、李学恩、李嘮、李保义、李毛、李逢祥、郑时、周逢安、李继培、李继万、李马祥、梁三棍、李诗文、工化东、吴进修、李老八、杨大山、杨小山、郑逢时、李元非、李元桀、李元秀、李道顿、李节子、李元功、王化辰、程既德、程道顿、王全心、马靠、周天河、立从人、李既万、李秀子、李丙。

萧曹店：王学亮、王学贵、王新春、张小文、张南文、周熙、张西山、王家启、王自红、王早、刘文润、刘文蔚、白士贯、喻廷桂、阎景心。

陡簿寨：萧文信、熊次山（公）、陈万选、闵茂（闵公）、闵宗圣（闵承会言）、范金华（闵）、李山（闵）、陈守福、高八、宗连茹、周姚、余老代、戴宸、田衡、萧文义、陈炳、陈方、陈马、萧进恭、毕狮子、田哲、田虎、田士。

永兴铺寨：周天保（铜钟公呈）、周应山（同上）、周应召（同上）、周应宣（同上）、蒋万秋（公）、蒋体仁、尤殿元（公）、蒋年、陈凤池（公）、陈金山（公）、徐凤祥（公）。

土扶桥段寨：霍光玉（逃）、霍张非、霍金章（逃）、霍群。

两吴家寨：吴景峰、吴仰魁、吴明贵、吴云、吴志颜、吴景国、吴仰德、吴景尚、吴景赘、吴仰茂。

孙九门寨：涂道宇、温黑子。

王国栋寨：王希天、王国宝、李公一、混天王、郑牙子、李士和、李过宝、王国立、叶应朗、常万福（田守备禀）、刘小猛、刘登鸿。

冯家寨：梁心恬、梁周士、梁朝一、梁全义、梁心存、梁心太、梁七十、梁米贵、梁东领、梁西元、梁磨、梁六十、梁得元、梁横、梁平天、梁义、梁靠墙、梁三行、梁应贵、梁元东、梁东国、梁魁元、梁麻子、梁保安、梁荣桂、梁小狗、梁长松、梁双贵、梁拐狗、梁复、梁西山、梁狗拐、梁玉俭、梁小气、梁山雾、梁利拄、梁玉贵、梁东山、梁应山、梁士一、梁田、梁小顺、戚小顺、戚小恒、代伦、代璜、代马、李东明、李相见、王狼、王苯、何吉祥、何进升、何进道、房长松、何和尚、范占华、范小神、高振西、冯定、阎玉林、陈万春、赵世荣、郭明远、陈祥。

鲍寨：鲍进朝（著名）、鲍攘子（雷振坤言）、刘驴、郑茂林、傅大嘴、王顺名、鲍月（尤殿拔控）。

谭寨：徐文田（著名）、徐心田（雷振坤言）、徐西田、周建国（王谦山、雷振坤言）。

周小湾寨：周文学（著名）、周得升（著名）、周恒言（雷镇坤言）、周灵、周四印、商大、商四、王封、王瑶、刘玉红、王仲、王瑄。

王寨：王化国、王廷干、王振清、王步廷。

刘寨：刘心广、刘心良、张贯一（雷永龄控）、王顺明、王大水、李采文、王华国、刘德行、杜光优。

郑寨：郑继祖、郑毛奔（王廉山言）。

时寨：时中旭（雷任权言）。

白土店：盛德秀（雷任权言）、余世英。

郭寨：郭玉华。

李寨：李光策。

**9 月 29 日（八月初五日）**　刘成忠捕获李天麟。呈未拿获的捻军人物名单。

▲ 计开未获捻匪姓名：陈咬巾、朱尾八、赵老冏、刘大绪、谢天顺、谢天平、李红江、顾天宝、殷大富、王天一、陈黑毛、蒋明礼、吴庚、耿麻子、黄金正、黄金发、徐文礼、曹妮子、张大毛。（刘厚泽注：本件系红纸抄件，旁注"八月初五李天麟开"。）

**11 月 30 日（十月二十八日）**　刘成忠原定率部进攻捻军陈大喜部，"因各队均未调齐，兼闻帅节将临"故未能按计划进行。

▲ 编著者按：刘成忠此处所说"帅节"是指督办团练的礼部侍郎毛昶熙。毛昶熙是中国近代史上一个被研究者忽视的人物。在围剿捻军起义的整个事件中，他是一个关键人物。

同治元年，毛昶熙以军事密疏上《制捻要策》"年来剿捻未得要领，其误有二：一在专言防堵。河南、安徽一带平原千里，无险可扼，捻数路同发，分而愈多。官军分堵则兵单，合堵则力疏，犹之院无墙垣，徒守门户，不能遏盗也。一在无成算而轻战。贼众数倍于我，马则十倍过之。我无必胜之术，侥幸一战，一旦败溃，贼焰愈张。至会师捣老巢，实为平贼要策。皖捻虽以张洛行为主，而陈、宋、颍、寿、淮、徐方数千里，无处非贼巢，即无处无贼首。官军即能次第扫除，势难刻期净尽。若绕过小捻，径捣大捻老巢，舍近攻远，而近贼袭我于后，我必不支，此会捣老巢之难以奏效也。然捻匪与粤匪不同，粤匪蜂屯蚁聚，其势合；捻匪散处各圩，其势分。其出窜也，必须装旗纠合各圩贼目，约期会举，常十余日始得出。其窜山东者，每集合于保安山、龙山；窜汴梁者，集合于小奈集、大寺集；窜陈州者，集合于南十字河、张信溜；地皆逼近亳州，亳州者，贼窝也。计莫若择重臣素有威望者，统步队数万、马队数千，屯军于此。用伍员多方误楚之法，分所部为数起，此归彼出，此出彼归，循环驰突在各捻贼圩之间，使大捻无从勾结，小捻声息不通，惴惴焉日防官兵之至，自不能装旗出窜，四出打粮。俟其饥困，然后以重兵次第围剿。贼无外援，则小股胆落，大股易平，招抚兼施，立可解散，不必尽烦兵力矣。夫防贼于既出之后，何如遏贼于未出之先？剿贼于既聚之后，何如蹙贼以难聚之势？而又无劳师袭远之危、轻进损威之失，所谓不战而屈人之兵者是也。今日大计，以卫畿辅固根本为先。豫东者，畿辅之门户也。亳州者，豫东之贼源也。亳州之贼不除，则豫东之匪难绝，即畿辅之地不安。重兵驻豫，不能兼顾东省，驻东亦不能兼顾豫防。唯亳为诸捻汇处之区，拔本塞源，实在于此。"毛昶熙在世时，给自己规定有一个"三不留原则"：一不留下墨迹；二不留下文稿；三不留下钱财。因此其人其事所知甚少。研究刘成忠给毛昶熙的禀稿，当是研究中国近代史和毛昶熙其人的重要材料。

**11 月（九月）**　太谷学派第二代传人李光炘在泰州建"龙川草堂"作为讲学之所。

▲《李光炘评传》1848 年，李光炘开始接纳门徒。在南京，王启英、王启俊是他最初的学生。……1859 年，李光炘收谢逢源为徒。……1860 年李光炘又收谢逢源的弟弟谢希善为学生。1861 年，又收顾占江为徒。1862 年 10 月，因门徒日众，李在泰州建造"龙川草堂"作为讲学之所。大厅里悬挂的楹联是："开一瓣青莲，犹是濂溪遗爱；望千秋紫气，依然柱下风流。""至精至变至神，胥归简易；不惑不忧不惧，悉本中庸。"（《周太谷评传》第 143 页）

**12 月 24 日（十一月初四日）**　时任汝宁知府的刘成忠连续两次禀告当时督办团练的礼部侍郎毛昶熙镇压捻军情况。

▲ 十一月初四日（12 月 24 日）刘成忠禀毛昶熙（刘厚泽注：毛昶熙当时以礼部侍郎在河南督办团练）全文。

大帅麾下：

敬禀者，窃成忠叠奉帅谕，欣悉旌麾西指，莫名雀跃。前奉抚帅札委，赴正阳一带，办理剿抚事宜，本拟十月二十八日南发。因各队均未调齐，兼闻帅节将临，冀得面承指示，是以师期屡易，迄今尚未出队。前日承谕将汝郡地图寄呈。成忠自视事以后，即令各属将舆图寄郡，而信阳、罗山、新蔡三处，文报久阻，至今尚未寄到。其余五属所绘，亦系旧图，于军务毫无所益。今春与主事余本初等商酌，邀集各寨首事，绘成一图，详于堡寨，略于村镇，贼势多寡，一目了然。近日陈巢（刘厚泽注：陈巢指陈大喜根据地）垂克，招抚渐多，情形又复稍异。成忠按照原图，略加增减，其著名之贼寨及民寨，皆已略备，惟里数猝难知悉，仅于扼要之地注明，其余仍从盖阙，谨先绘呈，伏惟凯鉴。

　　成忠伏查汝郡之贼向分二股，东为陈大喜，南为张凤淋。汝、新、息、项皆陈逆之党，正、确、信、罗皆张逆之党，近日陈巢久困，所有陈大喜白旗之寨二十余，均已投首，所存不过三四寨。而其东刘兴、时纯一、宋丕基、马丙等寨，往时党于陈逆者，尚存观望，迄未投首。自陈巢以至新蔡，节节阻滞，而正阳张凤淋一股，其在汝正之交者，历经余比部（刘厚泽注：余比部指户部主事余本初）等收抚颇多，惟其心尚怀反侧，未尽薙发，而张逆又率其丑类，不时攻扑，以此人心不定，时向时背。熟察大局情形，由汝阳至平舆，此六十里间，经张余两军，剿抚兼施，大局业已渐定，仅余陈逆一巢未克；其淮南之罗山县，经楚北周镇剿抚后，所余贼寨亦复无几，自淮而南，略已蒇事。此时贼势，惟正阳、新蔡两处之贼为最多，而此两处，亦均有就抚之意，大兵一到，当可以次戡定。新蔡之贼，股数虽多，其中并无著名凶悍之贼。两载以来，蜂蚁屯聚，从未见官兵到彼，是以游魂假息，罔知顾忌。今年自春夏至今，新蔡以东之贼，经兵练攻克四五寨，又收复十有七寨。新蔡东南与阜阳相接之路业已疏通，而北路自韩赵集而南三十里之内，各寨均已就抚。自韩赵集而北，直至沈邱县，均共五六十寨，虽未反正，均已与韩赵集有约。其负嵎不下者，惟平舆以东，新蔡以西之数十寨，然皆各立门户，不相统一。前此皆以陈大喜为盟首，若此后陈巢攻克，移得胜之师东下，自可收破竹之势，此时似不妨暂援征讨。至于正阳一邑，民寨仅存五处，其余皆为贼踞。而确山以南，贼巢亦复不少。

　　通升淮河以北，汝河以南，其间贼寨，除正阳东北，张凤淋老巢外，惟正阳西南之陡沟，信阳正北之明港，西北之邢集，此三处贼寨为最大。明港已于前月就抚，由明港而南，驿站已通。惟明沟之北，尚余四五寨，为邢集之贼所胁，不肯投诚。陡沟虽经李军屡攻，迄今亦未得手。若官军攻开陡沟，则淮河北岸之贼，均当瓦解。即明港以北之寨，虽视邢集为进退，若陡沟已克，亦必闻风胆落，不患其不就抚。所有大帅一军，若与李军会攻陡沟，自属胜算；若欲为开通驿路起见，则当先攻明港以北之蓝店、李存店等寨。此数处皆系小寨，以空言招之则难，以重兵压之则易。彼之所畏者邢寨，若官兵既到，则将以其畏邢寨之心，移而为畏官军之心，必可望风稽颡。似此数寨，均已投首，豫楚之路大通，然后移师东指，夹攻陡沟。彼时成忠或已将正阳东南北各寨招抚大半。张凤淋隔于正阳之东北，必不敢越界以救陡沟，所有陡沟一寨，南无信罗之援，西则无邢寨之助，北则无张逆之救，孤危已极，何患不克。陡沟既克，再将陡沟以东，铜钟以西之寨，一律收复。然后合全力以攻张逆之老巢，如伐树然，先去其枝叶，后其本根。此贼本无狡谋，亦无大志，若陈逆已抹，而确、正两邑，又渐就肃清，则蠢尔鲸鲵，必不能久稽天讨也。成忠管窥所及，谨附呈大略，伏候训示，敬请捷安，恭惟凯鉴。职刘成忠谨禀。

## 禀毛昶熙

敬禀者:

窃成忠昨将攻克围寨七处详细情形禀陈在案,谅邀帅鉴。今日卯刻,复派令署正阳把总守备王文行、军功雷镇坤导引赵镇、陈副将向东路进剿。行至刘夹道寨、鲁店等处,晨雾迷漫,见东路约有贼骑十余,王文行、雷镇坤纵辔急追,两矛并举,速刺三贼落马,其余皆骇走。我军直巡至相近汝南埠之地始回。途经张凤淋老巢,其时赵镇所部别迤南一带进剿,计破水围三处。副将陈禄兴一军,仅余百骑。张寨附近之贼,趁势出追,势甚凶猛。陈禄兴左右冲突,连斩数贼。旋复下马地斗,愈战愈奋,贼遂大败而去,我军全胜而归。是日杀贼约六七百人,所获牛马亦多。三日之内,两获大捷,足使鼠辈闻之心胆皆裂,此皆仰仗福威所致。凡在官民,无不欣感。

成忠前在郡时,军功雷镇坤禀称:有二十六寨,具心归顺。当经成忠给予谕帖,准令自新。自成忠抵正之后,雷镇坤寄信各寨,即日薙发。昨又新收三寨,共补得二十九寨,皆雷镇坤之所纠约,应俟薙发已齐之后,由成忠委员验看,陆续办理。兹先将牌所收寨名,开单呈览。此皆胁从之寨,本欲反正,近日军威大振,益可坚其向化之心。尤可喜者,今日张凤淋寄信与正阳总局,又张凤淋之伪军师单某寄信与县内书吏,皆有投献之意。成忠玩其辞气,尚涉含糊,当即置而不答。晚间又有县民袁玉来者面谒成忠,具言伊之一子一甥于前月在田间被张贼之党掳去。嗣将其子放回寄信与袁玉来,令其至张凤淋处一行,否助将其甥杀害。袁玉来遂至张凤淋处与张贼会面。张贼邀伊至密室之内,款以烟酒,自言其心归顺,愿将所属各寨,一律薙发纳粮,并设法擒拿陈大喜以求恩宥等情。成忠因夏间蒯道(刘厚泽注:蒯道指当时河南南汝道蒯贺孙)亲入张贼老巢推诚劝谕,予以四品值戴,而该逆反种种要索,欲收钱粮,欲充总练,譬如骄子愈养则愈骄,其心终不可测。今日陈逆既衰,我军又两获全捷,此贼真如几上之肉,不值与之迁就。因告以两大帅统带雄兵,指日南下,本欲必除此贼,并欲加以招抚之意,姑念崑岗玉石,延及无辜,予以一条生路,如擒获其一,本府即为之禀请大帅,准其投首,但能宥其一死,断不准充当总练,亦不准妄求官职。如陈逆果为所擒,或者帅恩宽大,予以空衔,此则意外之事,非本府所能预许。据袁玉来禀称:张逆救死情切,并无妄想,以上所言,似属可行。成忠业已令其寄信回复,俟有定问,再行禀陈。

成忠伏思,张贼之罪,诚无可逭,然正阳贼寨多至八九十处,除已收二十九寨之外,尚有三分之二,若张贼一投,则皆可不血刃而下。推大帅好生之心,亦未始非保境安人之一法。然此辈性情有如鬼蜮,稍事俯就,即不可成。夫惟示之以不欲抚,而后始可使之就抚。昔赤眉以百万之众降于光武,光武但言待汝以不死耳。成忠之于张逆，也只此一语，此外不得稍有干请也。是否当如此办理，恭候训示。敬请捷安。

**是年**　见奇异现象。

▲ 先祖守汝宁时，值乱初定，夜禁方严。先君等居署内，每闻衙后有击柝售宵食者思购之，而署门已钥不得出。一夕忽得逾垣计，呼僮梯登垣。遥见灯火在巷外，呼之不应，出垣从之。行至巷半，见一青衣女子冉冉于前似少艾，以为购食者，未之异，亦未注视，急趋而过。

追及售食者，则其人为府署退役之老兵，固识先君。见而骇曰：公子为何从此巷出？先君语以故。老兵愈骇，曰：若然，公子宜速由署前归。此间非善地也。先君诘故，且曰：署门久扃，不然安得逾垣！老兵闻语，搔首若无所有为计。促之，仍不答。先君以为有宵小潜伏耳，亦不再问。购毕，仍返原巷行。老兵从后呼曰：此巷不可行也！速返！速返！

先君置不理，趋入巷，又睹女子行于前。先君忽自念，在巷外与老兵问答颇久，未见其出何。以此时仍在。好奇心起，欲观究竟。遂缓步蹑之。女子似觉，行忽疾。先君亦疾追之。过巷之半，至一家门前而没。迫观之则双扉咸掩，未闻启闭声而人已不见。愈讶之。复返巷外，追老兵借其灯。老兵见先君惊讶，仍前状，且谓：以为已归，不虞仍在巷中。且言且以灯授先君，嘱速返。先君接灯并语以故。老兵曰：吾固疑必遇之，今果然矣！此鬼物也。向不语者，恐公子怖耳。此巷无人敢行，行亦多不免。公子速从他道返，勿再履险。先君笑曰：即鬼亦佳。吾与汝共二人，可同往一观其如何入门。且鬼入人家，若不呼告，设有祸，汝心能安耶？老兵曰：彼宅，空屋也。即鬼生前居，无人住久矣。不惟吾不敢往，即公子亦不宜去。先君曰：汝不去耶？吾行矣。言已，复折入巷。犹闻老兵呼于后。

行至女所入门，举灯瞩之，果无人。迫而叩之，亦无应者。忽睹门板上似有人影，回顾无所见。以灯近门而烛，则门扉有女子背立形，若淡墨所绘。先君大异，以灯光不足，急返署后，隔垣呼僮多持烛来。烛至仍依稀可辨。僮询故，先君不答。归后翌日，语于幕友之老于斯土者，不知其所以然。访之土著亦无告者。昼再往视，则无有矣。（刘大绅《刘鹗所述之异事》手稿）

# 1863 年(癸亥  同治二年)  7 岁

3 月　僧格林沁攻陷捻军根据地雉河集。太平天国沃王张乐行战败被俘。

6 月　石达开兵败大渡河,被杀害于成都。

6 月　上海道承认位于苏州河北岸的七千八百五十六亩土地为美租界。

7 月　洪秀全号召太平军将士战斗到底。

父亲刘成忠 46 岁、兄刘味青 14 岁。太谷学派学人:张积中 58 岁、李光炘 56 岁、蒋文田 21 岁、黄葆年 19 岁、毛庆藩 18 岁。

**是年**　随父在河南汝南任所,生活于战乱之中。

**1 月 4 日(十一月十五日)**　刘成忠连续向当时督办团练的礼部侍郎毛昶熙禀告镇压捻军情况。

▲ 敬禀者:窃成忠昨将三日两捷并续抚十有七寨如情禀陈在案,谅邀帅鉴。通计张逆所属之寨,十已投其六七,惟张寨东南之徐真扬寨、彭玉升寨,张寨西北之鲁店寨、刘夹道寨,此四寨尚尔负固。十四日,守备王文行、军功雷镇坤导引赵镇各与骑进攻城东之徐真阳寨。该寨惟东面有一门,赵镇分军为二,一由西而北而东,一由西而南而东,该贼胆敢于墙上开四枪一炮,我军毫无退缩,整队径进,贼亦出巢抗拒,有悍贼十余在前,王文行、雷镇坤两骑当先,叠刺数贼落马。贼皆身着小棉袄,矛刺不死。雷镇坤拔刀乱砍,连毙七人,所用刀芒刃皆顿〔钝〕,前队之贼始却,后队复蜂拥而上,赵镇指挥各军奋呼冲压,贼遂大败而逃。我军追至门畔,王文行呼贼与语,劝以速降,贼欣喜从命,遂遣已薙发之寨民一人随赵镇回城。该寨在张寨之南,彭寨之北,该寨投则彭张之信不通,而彭寨亦将不守矣。今日驻扎铜钟之都司田映唐来城禀称:有铜钟附近之黄寨、皮寨、陈寨、老店寨、王家台寨乞恩反正。成忠今夏曾驻铜钟,此五寨早有投诚之说,嗣因军返,其议复寝,此时自应静其投首。

计五日以来所抚已五十二寨,均在正阳东、南、北三面,而西路则尚无动静。今日有正阳西南陡沟东北之周家寨,因游击唐金凤以来请抚,该寨长周玉鼎旧与唐游击在宋州相识,本非真捻,成忠业已加恩应允。此为西路投诚之始,自此以往,当必有闻风而至者。该寨距正阳三十五里,距陡沟约三十里,陈大喜现窜至陡沟西南小水围内,张凤淋亦常在陡沟来往,陡沟客商辐凑,是以陈、张二逆均欲倚此为一窟。如我军将陡沟北面之寨一律收抚,则陡沟势成孤立,捻首萧文杏必将授首,而两逆首亦然可遁逃矣。张凤淋自前日来信后,本城绅士今日始给回信,尚须两三日,方有定问。此贼罪恶贯盈,若将陈逆及息县戕官之霍光玉缚献其一,庶几尚可自赎,否则宽大受降,实恐无以儆后。有今日之兵威,有今日之兵力,与其多抚一贼而遗孽犹存,不如多杀一贼而祸根可绝。成忠所抚养之寨,强半胁从,惟正阳东南,铜钟东北之方寨,其中真捻颇多,成忠本不欲遽予招抚,因该寨墙高人众,为迤南第一大寨,又有已革廖令所散之勇在内,其人习兵,攻之猝不易下。此时所必欲诛者,不过张霍等数贼,方寨虽有真捻,并然首逆,拒之则必劳兵力,且方寨以东之寨,亦恐因此愈怀观望。为此勉强收受,俟大局已定后,凡属旧勇,均应令仍入营,庶可不致再变。

此外,著名起反之或并未投首,或虽欲投,而无人为之先容,成忠曾听其自处,绝不有心招致。若张逆则穷凶极恶,虽寸磔市曹,不足以泄万民之愤。成忠身任地方,当为久远计,尤不肯稍为迁就也。成忠通计所受各寨,有本有成约者,有近日始投者,此时威声丕振,操纵之权在我,诚不患其不从命。然成忠体察其情,抑亦犹有所惧,一则恐官府意存染指,一则恐兵勇入寨掳掠,一则恐既投之后又加诛讨,是以翰冻(刘厚泽注:疑为"寒冻集"之误。地属正阳)以南之杨庄陈寨因主事余本初所留之三百勇仰食于彼,遂致已降复叛;而雷镇坤所招之寨,当成忠未至正阳之先,望之如岁,绝不肯在他处投诚。甘鸣鹤身居县署,亦必待成忠至正,始肯由县回寨。成忠谬为正民所信向,不敢不兢兢自矢,既已示以洁清,又复加之要约,凡兹各寨,不投则已,投则既往不咎。至将来入寨查验之时,不得不带兵,要必严加约束,不得因系新投之寨,遂鱼肉视之。照此办理,或可无虞变动。惟此时军需孔亟,将来所收各寨供给刍束外,所有大户应劝令将本年之粮完纳,其余贫民,一概蠲免。哀此遗黎,甫离水火,示以帅恩之浩荡,庶几知今日之始登乐土也。所有赵收复徐寨及招抚各事宜,谨具禀缕陈,敬请捷安,伏惟钧鉴。

原注"禀十四日赵镇收复徐寨并续抚六寨由"。

《十五日附禀》(一):陈大喜踪迹无定,此时既在陡沟附近,成忠已设法谕令陡沟寨民将该逆缚献,许以破格之赏,不知能得手否。张凤淋自前日来信后,本城士绅颇有愿与袁玉来均赴张巢者。成忠以该绅等若往张寨,则迹近说降,于体统不顺,且恐因此转增其骄志。此时兵威既振,该逆之投与不投,无关轻重,不直为之迁就。因谕令不必前往,但寄信张巢,唤其羽党一二人来城面议。此信今日方去,大约两三日后方有回音也。

连日所抚各寨,薙发者已居大半,悉争请成忠委员验看。又,息县之贼,时至东面各寨滋扰,亦须请兵堵剿。成忠所部太单,难以远出。城内马队虽多,然新抚之处断不敢纵之入寨,设有骚扰,于大局不能无碍。陈副将之骑较少,且系旧部,约束稍易,或尚可偕之前往。而该副将又因疮卧病,只可待之数日,再作计较。所有赵镇收复徐寨并续抚六寨各情,谨具禀缕陈,敬请捷安,伏惟钧鉴。

《十五日夹单》(禀毛昶熙):敬再禀者:都司衔候补守备署正阳把总王文行,身握千战,力敌百人,忠义本于性生,机警不由学得,从戎数年,从未一挫,王小五之名,贼中无不闻而畏之者。正阳四面皆贼,蕞尔一城,其所留至今日,大约皆此人之力。成忠夏间带兵铜钟,见其谋勇兼备,辄以为可方之嘉庆时之罗思举、咸丰时之张国梁,惜所部仅有三十骑,不足以展其骥足。该守备去年曾练有步队三百,皆正阳土著,因无口粮,后遂散遣。前月成忠因有正阳之行,禀请中丞(刘厚泽注:指河南巡抚郑元善),招其旧部,随同成忠进剿。至今未奉批回。诚知筹饷维艰,增一队增一队之饷,原未可轻议及此。然如尹嘉宾之叔及石三元等,各有步勇五百,尹军则但解虐民,石勇则从不杀贼,诸如此者,实繁有徒,度支方绌,安可用此有损无益之兵焉。若裁汰其一,而使该守备王文行自成一营,则三五百人足抵一二千人,在此时既可剿正、确两邑之贼;即将来全境肃清之后,汝郡势必留兵,该守备威名素著,汝人之所共知,若使之驻守郡城,居中援应,譬之猛虎在山,豺狼自然躩迹,于地方实属大有裨益。再,成忠前承示谕,拟于豫省增添马兵,易步为马,则追剿有资;化勇为兵,则骚扰可免。卓识鸿议,非所浅见能窥及,如此时招勇不便,或即以新设马兵归该守备管带尤属得力。此人可骑可步,攸往咸宜,敢求大帅俯念人才难得,鉴核施行。敬请崇安。

《十五日附禀》(二):敬再禀者:正在发禀间,祗奉钧函,所谕张逆投诚及军营各事宜,尽虑周详,至精至当。成忠往时,但知陈逆罪无可宥,尚未知张逆之不赦,亦复奉有谕旨。今承慈训,益得有所遵循,私情曷胜欣忭。此贼罪大恶极,即寸磔不足蔽辜,成忠之心,实不愿其漏网,其所以犹开一面者,不过俯顺舆情,为稍省兵力起见,然祸根不去,今日之所省有限,异日之所费犹多。成忠身任地方,非侨寓可比,断不能存暂顾目前之见。今既承谕以生擒陈逆及献出陡沟、邢集二事,然后始可宥其一死,自当遵照办理。至带同各寨薙发一事,此系袁玉来述张逆之言如此。若成忠之谕袁玉来所云薙发纳粮及擒献陈逆以自赎各情,皆指张逆本身本寨而言。此外各寨情罪有轻有重,或不必纳粮而可消,或虽欲纳粮而不宥。张逆果擒献陈逆,亦只能赎自己之罪,宥与不宥,均当别论,诚如钧谕,断不容张逆得持操纵之权。此中关键,自应审慎。至于充总练、受职官,则尤其不待再计者已。成忠抵正以来,所抚之寨虽多,然如蓝青店寨、王国栋寨、李寡妇寨、彭玉升寨、彭大寺寨、孙九门寨、霍光玉寨、陡沟大寨,此八寨未尝无求抚之意,因其中皆有著名之贼,且与居民怨仇太深,成忠均未允许,将来必须缚献逆首,始可受其投首,否则惟有加兵而已。陈副将脑后生疮,两日均不见客,此人系一武夫,所言各情,或出自一时喜怒,未必竟与赵镇(刘厚泽注:指总兵赵鸿举)有固结不解之处,而赵镇昨又自行出队,并未专倚陈副将,该副将闻之,当亦可释然。且此次两战两捷,在该副将亦只谓分所应然,而大帅即拟为之入告,微劳必录,至于如此,该副将自必感恩图报。成忠明日往存,拟以帅指告之,当可使之和衷共济也,肃复,敬请钧安。

**1月5日(十一月十六日)** 刘成忠派把总王文行随毛昶熙派来总兵赵鸿举的骑兵进攻捻军。

**1月9日(十一月二十日)** 刘成忠向毛昶熙禀告镇压捻军情况。

▲ 敬禀者:窃成忠昨将十四日赵镇收复徐寨,拜奉到钧谕附陈张逆及军营各事宜,谅邀帅鉴。十六日,赵镇进攻西南之蓝青店,店中之贼未出,其东面水围有贼百余出拒。赵镇叱令投戈归顺,该贼竟敢举矛相向,赵镇枪毙二贼,余遂骇走,围而戮之,百余贼无一脱者。自十三日之后,副将陈碌兴疮伤大发,至今尚在床榻。王文行亦因初十日攻烧孙家楼,砖伤左胫左膊,连日旧伤忽发,不能跨马持矛,十六日虽亦裹伤出阵,然已非复往时之剽悍。计自大帅调遣赵镇赴正以来,八日之中,四战四捷,为向来所未有,声威实已大振。现在两枭将皆为伤病所阻,大约须休兵数日方可再出。

成忠所抚各寨,其初投之二十余寨,发已薙毕;此后所抚各寨,如徐寨、杨寨均距张岗极近,尚有未尽薙发者。首逆张凤淋昨□王杨两寨首事诣成忠处禀称,情愿即日薙发并擒拿陈大喜,如不见信,请先委员赴寨验看薙发。成忠斥以该逆罪大恶极,大帅现统大兵即日来正,专欲剿除此贼,断不令其漏网。如尔等必欲为之乞命,惟有捕送陈大喜,再将陡沟、邢集献出,庶尚可代乞帅恩宥其一死。此时陈逆既尚未擒,发之薙与不薙,无庸委员往验。至于此外各寨,或剿或抚,均由大帅按其情罪之重轻分别酌办,尤非张贼所得过问。各首事闻言,唯唯而去。

成忠思张逆此时势已日蹙,欲其薙发甚易,至缚献陈大喜则恐未必。所云擒拿陈大喜乃系搪塞之词,不过于既投之后,带同数百人随官兵之后以为助捕而已。其实陈逆之所在,该逆虽知之亦断不捕是也。该逆与陈逆消息相通,如欲诱致,亦复何难。今若先准其投,后责其获,则既已薙发助官,杀之则近于失信,纵之又适以养奸，惟有仰遵帅谕，先将陈逆缚献，然后再网开一面，此为至当不易之办法。现在附近张巢之寨，终有畏惧之心，惟愿宽大受降，目前便可免害。而城内官绅如王文行等又恨不诱而致之以泄其忿。此二说均非全策。大帅成算在胸，自必筹之至当，应如何处置之处，仍望随时指示，俾得有所遵循。

至将来进兵机宜，莫如首攻张逆。张逆附近之寨，除东面外，其余三面，均已归顺，距张寨不过数里，官兵即可分屯此数寨，以驻防之兵为围剿之兵。其东面再立数营，则张寨自归掌握。张贼积蓄之富，视陈逆尤甚，足以延至食新之月。然陈逆被围时，此外贼寨甚多，犹有待援之望；张逆则羽翼已摧，一经合围，便成孤注，揆度其情，当可内溃。该逆若见及于此，势必奔逃陡沟，官军便可毁其巢穴，使附近各寨得以安生，然后再与李镇合而围之，终亦必授首于我矣。

惟成忠伏思：现在汝郡军务约有四事，一追捕陈逆，一攻取张逆，一开通驿道，一扫除零贼，此皆今日应办之事。陈逆踪迹无定，东捕则西窜，俟各贼皆尽，此一贼自无所逃，此时姑可从缓。零贼惟正阳、新蔡尤甚。新蔡已有张镇进剿，正阳十抚六七，其必不可抚者，俟大兵进逼张巢，然后分兵压之，必有缚献寨中捻首者，亦可不致十分费手。惟张贼究系渠魁，求抚不得，势必逞其螳臂。如果寨中内溃，自属大幸；否则援虽绝而粮不尽，恐亦不免有旷日持久之患。惟开通驿站一事，似尚易办。李镇现已进据明港，所部约有三千人，若大帅以大队逼张岗，姑示以将欲合围之势，以安附近各寨之心。另分千兵助李镇劫取明港以北之蓝店等寨，此皆小寨，理应投首，俟其既投之后，命李镇留兵驻扎，以防邢集之贼，其余帅麾所部均各撤回赴张巢为合围之用。如此则当张逆未歼之先，且得先了此一事，于大局似属有益。是否有当，恭候训示。

再，近日有彭玉升、王国栋等寨，均欲投首。此系著名捻首，成忠均拒而未许。其余各寨，无甚动静。谨将赵镇获胜并张逆投诚尚难作准等情觇具陈，并附呈正阳地图一纸，敬请捷安，伏惟凯鉴。

**1 月 10 日（十一月二十一日）**　刘成忠向毛昶熙禀告镇压捻军情况。

▲ 大帅麾下，敬禀者：本日发禀之后，奉到钧函，荷蒙指示一切机宜，并欣悉调集诸军，分道并进，为会攻张逆之举，苫画精详，莫名钦幸。惟正邑以南铜钟一寨，贫窭不堪。今夏成忠驻军于彼，因无粮可买，是以旋返。该首事等昨曾面禀：此后进军恳请改由他寨，良由粮无所出，非独畏骚扰也。所有赵镇骑兵，如欲由铜钟以攻陡沟，计程虽止三十里，其间尚有二三小寨，尚须扫除，乃可进逼。核计赵镇兵数，战虽有余，攻尚不足，似可移回西路，先将明港以北蓝店等寨，与李镇续煮两面夹攻。此一路多系小寨，或剿或抚，似尚不难勘定。既定之后，所有豫楚文报，从

此便可无绕道阻滞之嫌,各省脉路皆通,于大局至为有益。邢集虽称悍贼,驿道已通,移兵西指,则该寨隔于驿道之西,业已断其左臂,东南不能通陡沟,东北不能通张逆,援绝势穷,终必授首。成忠管窥所及,恭候训示。

陡沟为客商辐凑之区,陈、张二逆,往往经由于此,陡沟下则淮河两岸之寨自下,是亦扼要必争之地,如此时必欲劫取陡沟,则由沟东之铜沟进,不如由县西之胡寨进。胡寨之南为周寨,前此虽经投顺,昨有言其为真捻者,成忠尚未给予谕帖。如欲前抵陡沟,则将周寨与其北实系胁从之胡冲店均予招抚。自此而南,仅有黄鲁店一寨,或剿或抚,便可道至陡沟寨畔,而北路无甚阻隔矣。是否有当,恭候鉴定。至成忠此次收复各圩,皆由军威已振,是以易如破竹。赵镇一军,其功实非浅鲜。而大帅发纵指使,不后不先,虽兵数仅有五百,而忽东忽西,纵横出入贼中。但见处处皆有兵到,互相传播,以为城内现有精兵万余。各寨之输诚以此,张逆之破胆亦以此。硕画讦谋,洵非浅见所能窥测。成忠因人成事,方自愧之不暇,乃竟得与身历行间者,同登奏牍,惭咸之诚,尤非楮墨所能馨陈。除再肃丹祗叩外,谨先附陈蚁悃,敬请捷安,恭惟钧鉴。

**1月12日(十一月二十三日)** 刘成忠派把总王文行随毛昶熙派来的总兵赵鸿举的骑兵进攻捻军。刘成忠向毛昶熙禀告镇压捻军情况。

▲ 敬禀者:窃成忠昨得探闻张逆装旗薙等因,附片禀陈,谅邀帅鉴。两日以来,未见动静。探得张逆仍居本寨,前日派令其党李春道等未经薙发之数百人前赴淮南萧王店等语。成忠复查陈逆现据萧王店,所有铜钟附近之寨,凡著名之捻,陆续前赴萧王店者甚多。张逆之装旗渡淮,名为助官剿贼,未必非助贼抗官,鬼蜮性情,殆不可测。惟现在军威甚盛,该逆之真心畏惧,此则毫无疑义者。前数日,成忠曾谕令距城较近之新投各寨,捐输刍秣。今日张逆忽托新投之寨,代该逆担送草料若干径至公局,自言业已薙发,办案理应出差等语。当经成忠令公局将草掷还,并告以陈逆不获,则虽易草为金,亦不能赎该逆之罪,谕令公局毋得迁就。

现在正阳各寨,其已投者,薙发固十居八九,其未投及不准其投者,薙发亦十居二三。我方视之为贼,彼已自附于民。人心知悔,诚亦可喜。惟其中实有必应诛抚殛者,未便因其自行薙发,遂予宽纵。通计此数日中,未尝无艘续投之寨。其来投者,如属良民,成忠则令其将寨中捻首设法擒获。其来投者,如属其贼,则惟有拒之而已。将来大兵进剿之时,虽极小之寨,居民亦不下数百,玉石俱焚,断有不忍,若能内外勾结,以寨民而捕献寨贼,自属最善;否则以从贼而擒首嫉,亦属必不可少之箸;然非至极其困迫之时,则蛋巨相依,虽欲禽之而不得。经此一番扫荡,汝郡之贼,约可去其大半。恢恢之网,不敢谓其不漏,只可于善后事宜中,设法安插,俾不致余烬复炽而已。

陈大喜窜据萧王店已非一日,较之前半月之东西飘忽者,情形颇异。若再阅旬时,负魄嵎不去,则是平舆之外,又增一窟,所有我军攻剿事宜,届期又当稍变。荩画精详,自必筹之至当。现在陡沟之贼,妄谓十日中必能擒陈逆,而张逆亦自言能诛陈逆,又有文生姚某者,欲使张逆之心腹单景尚诱擒张逆而已再擒单逆。纷纷献策,不一而足。譬之治病之偏方,未尝不有时而效,然皆不得谓之正办。惟有分道进兵,围攻首逆,此则堂堂正正,虽韩白无以易之者也。节旌在望,足慰孺私,除俟面禀外,所有张逆及各寨情形,谨先禀陈,敬请勋安,伏惟霁鉴。

**1月14日(十一月二十五日)**　刘成忠派守备田映唐等进攻捻军。向毛昶熙禀告镇压捻军情况。

**1月17日(十一月二十八日)**　攻占捻军多处村寨。至此攻占村寨65处。

**1月19日(十二月一日)**　攻占陡沟。

**1月28日(同治元年十二月十日)**　是年初刘成忠拜见礼部侍郎、督办团练大臣毛昶熙后于是日返回汝宁。

**1月29日(同治元年十二月十一日)**　刘成忠出发到各村寨,并向毛昶熙禀报自己的行程和捻军首领陈大喜行踪。

**1月30日(同治元年十二月十二日)**　刘成忠开始到雷堰。

**1月31日(同治元年十二月十三日)**　刘成忠分验各村寨。

▲ 同治元年腊月十三日刘成忠禀毛昶熙:敬禀者:窃成忠于初十日叩辞后,即于十一日黎明会同副将陈碌兴,带同署正阳方令、委员从九品钱汝鉴、庙湾巡检沈桂等向东路进发。出城二十里之内,田野荒芜,村舍荡尽,惟见断垣数百堵,矗立于荒烟蔓草之中而已。二十里之外,渐入贼境,城市篱落,依然如昨,居民皆避居寨中,途间寂然一人。又数里至赵家寨,寨民坚请入寨献茶。又数里至距城三十五里之余寨,陈碌兴自此而北,成忠自此而东。又经熊寨、张寨,寨曹土垣,无雉堞,惟濠水颇满。凡所经及所不经之寨,其寨中首事,无不衣冠来送,兼派团练,分段护送。前者去,后者续,途间彼此相望。

成忠所带小队,有善火枪者,沿途击取树间田间乌鹊,枪无虚发,凡获野鸟十余头。枪铳之声与旌旗之影,一路络绎不绝。所过之寨,寨民皆出寨跪接,愈东则接待之礼愈恭,墙上道旁,观者如堵。成忠带同方令,便道入寨,传见各首事,谕以:尔等各寨,既经从贼,皆应诛殛,今奉大帅之命从宽赦宥,自今以往,洗心反正,毋抗粮,毋擅杀,毋萃逋逃,毋怀反侧。府县今日之来,所以安戢尔等。如有兵勇吏胥骚扰需索者,本府即行严办,断不动尔等一草一木。一时听者皆点头太息,大有不图今日复睹司隶威仪之感。

通计正阳以东，由二十里外至四十里，种麦者十居五六，四十里至六十里，种麦者十居八九，车马所经，两旁田中隐隐皆有青意，寨外小村落，被毁者不过百中之一。据云由雷堰而东，因为鲍进朝、廖景章、于三麻所扰，其荒凉亦与近城之地相等。惟雷堰以西，新丰集以东，此三四十里之地，既因从贼之多，未遭焚掠；又以报官之早，得免诛夷，其气象竟与完善地方无异。所见人民，大都村朴，绝无桀傲之气，察看情形，实系被胁，竟不必以宽大受降为疑。

十二日，饬令方令、钱从九、沈巡检分三路前往验察，各带成忠小队十名。方令验堰东之王寨、易寨，钱从九验北路之孺寨、甘寨，沈巡检验南路之三李寨，共七寨。成忠各给条款一纸，令其将户口、人数、器械、濠垒、田地逐一开单存记。大约正阳以东之寨，皆非坚垒，或雉堞不全，或有墙毋隍，固不足以拒贼，亦不足以抗官，其所以遇贼则从贼，见官则从官者以此。经此番验看之后，寨之大小，人之强弱，成忠皆已胸有成竹者，即或再有反复，而形势虚实，已为我所洞悉，不难立即剪除。至雷堰东北岳城及息县各寨，积贼尚多。王文行昨日攻打白土店十五里之何寨未克，受伤者五人。陈副将现驻汝南埠南十二里之李家楼，军威甚盛，投者接踵，明日拟以全队攻何家寨。所有成忠十一日行抵雷堰，十二日分验各寨情形，滋先缕陈，敬请捷安。

**1月中下旬（同治元年十二月中下旬）** 刘成忠向河南巡抚郑元善禀告镇压捻军的情况。

▲ 敬禀者：窃成忠昨将汝宁军务大局及正阳剿抚得手情形禀陈在案，谅邀钧鉴。十一月十六日、二十三日，经成忠饬委署正阳把总王文行随同毛帅派来总兵赵鸿举骑兵，进攻西南之周寨、蓝青店寨，均获全胜。周寨畏惧乞降。二十五日，复经成忠饬委驻扎铜钟之守备田映唐、千总杨继才会同铜钟首事王贞卿、龚大观等擒斩涂寨捻首胡守庸、胡守中。二十八日，该将弁、首事复会攻彭大寺寨，斩贼首李三保、黄守等凡二十一级。四日之内，两歼巨捻，复收抚铜钟附近之皮店寨、饶寨、涂店寨、傅双楼寨、小王寨、李寨，合之涂、彭两寨，计铜钟所复凡九寨。益以成忠抵正以来所抚之寨，计已六十五寨，而陡沟大捻萧文信亦有投诚之请。二十七日，有陡沟生监五人由副将陈碌兴导至成忠处求抚，成忠以陡沟所属之寨最多，谕令擒献从贼数人，始准自赎。该生监已允于初一日来献。初三日，李镇续焘差官来正，始知李镇于初一日已将陡沟收抚。陡沟为必争之地，李镇图之已久，近因军威大震，遂乃唾手得之，机宜凑合，是诚可喜。而陡沟以西，明港以北之蓝店、李存店亦经确山王令先时收抚，邢集亦有求抚之说。豫楚之路大通，客商络绎。其规取张逆之余镇

际昌一军,前数日已将刘夹道寨收复,李存道先期远飏,戮其同教之匪数人,并将濠垒铲削。惟逊北有小王寨者,忽降忽畔,负固未下。初二日晨,余镇以全力攻之,血战三时,始屠其寨。由此进攻张岗,当可无后顾之虑。张逆心胆久寒,所云投诚一事,近已渐有成局。然终恐其为缓兵之计,余镇各营,仍择于初六日移扎距张寨四里之鲁店,扼其咽喉,使不得出。而新附之陡沟,则令副将陈碌兴以一营驻之。若获营于寨内,则不独萧逆不能反复,而张逆亦从此愈难西窜,投与不投,均不足虑。

　　陈逆昨已窜至信阳以西,淮源以北之固县集。此集旧系官卡,未必即能久踞。毛帅现派吴编修元炳带队西下,而李镇留驻白马坡之三营,亦可移以并力。该逆母妻兄弟皆已伏诛,孑然一身,所裹不过二三千人,大兵四集,断难抗拒,难保不亡命他乡以延残喘。若得一军,由桐柏绕出其前,以绝其西走之路,则于藏事尤易。昨已禀商毛帅,俟明日总兵张曜来正,合筹兵数,再行分拨。通计汝郡及正阳各贼,一月以来,实已瓦解冰泮,无论大股小股之贼,莫不奔走乞降,绝无敢萌抗拒之念者。两载之中,诚不易得此气象。惟各寨由剿而得者十之一二,由抚而得者十之八九,良莠杂居,根株均在,火烧不尽,风吹又生,此意中必然之势。成忠所取各寨多至六十余,安敢谓其尽无伏莽。然凡著名起反之寨,成忠皆勒令缚献捻首。半月之中,所收之寨甚少,求者愈哀,拒者愈峻。在成忠之意不过谓多戮一起反之贼,即可少留一复反之贼,衡之事机,原应如此。然其中竟有难以固执者,姑勿论总兵李续焘、主事余本初此两军博采兼收,本非成忠所能过问。即以成忠所不收之一二十寨言之,每寨之中,居民千百,概予骈诛,断无此理;且寨寨而攻之,亦有攻不胜攻之患,舍缚献捻首之外,实亦别无他法。无如诣官请抚之人,往往即为贼乞命之人,既已自投,而又欲其自缚,势实有所不能。不得已,降格以求,则用以贼攻贼之法,甲降则使之缚乙,乙降则使之缚甲。若辈蛮巨相依,为时已久,欲其自相吞噬,亦复甚难。此外良懦之民,平时久为贼所挟制,权既不属,党又无多,虽有自拔之心,竟然相图之力,以贼捕贼固难,以民捕贼尤难,是以缚献首逆之一说,成忠虽守之至坚,而将来恐亦有不得不从宽假者。事势使然,虽知其害而然如何也。

　　成忠再四筹思,豫南之贼,其技勇实远逊于官军,其所以留至今日,无非因堡寨之故。欲为善后之图,以平毁贼寨为第一事。我之所长者战,彼之所恃者守。夫惟夺其所恃,而后可以用我所是而使之不敢动。此合郡绅民之所共知,与之言及,未有不以为首肯者。然非借兵力以摄之,则虽欲为此而不得。此时反侧未安,姑且仍旧,俟将来两逆已平,官军将撤,然后举所有贼瘵,除陡沟、寒冻,向系客商所集,不得不酌留一二外,其余悉举而平之。渊薮既空,萌芽自净,即间有因此而激变者,亦必坚持定见,不以一隅而害全局,约计一两月间,当可扫荡。以言乎补偏救弊,在今

日实已仅此一着。若更惮其劳而存之,则延袤千余里间,小之则为狐鼠,大之则为
豺虎,既已留此害人之物,而苦于不能尽矣;而又予豺虎以山林,假狐鼠以窟穴,使
之有所凭依,以逞其毒,虽有龚黄亦无以善其后也。成忠管窥所及,昨已面陈毛帅,
因系善后中第一大事,是以不敢不豫为禀呈,恭候训示,敬请勋安。(1958 年《近代史
资料》第三期第 27 页)

**2 月 19 日(正月初二)**　捻军陈大喜部在随州与清军激战。

▲ 刘成忠《陈大喜由楚回军始末纪略》:同治二年正月初二日,逆首陈大漃在
楚北随州之四十里疃为楚省兵练所败,伤亡甚重。(刘厚泽注:陈大漃即陈大喜。
原稿或在喜字旁加三点水旁,以示污蔑。河南人,原是豫南农民起义的领袖,后来
隶属东捻军赖文光部下,骁勇善战,为东捻军中原部队的著名领袖)(1958 年《近代史
资料》第三期第 5 页)

▲ 编著者按:刘鹗的父亲刘成忠作为清政府的官吏,除要管理民生、治理地
方外,又参与对朝廷叛逆者的镇压。刘成忠撰写的《陈逆大喜由楚回宷始末纪略》
真实地记录了同治二年(1863)刘成忠参与对捻军陈大喜部的作战情况。刘鹗珍藏
这份记录并传给后代。1961 年,刘鹗文孙刘厚泽将此原件捐献给南京博物院。
1958 年,刘厚泽整理了这份记录,其编辑前言说明"《陈大喜由楚回军始末纪略》原
题名为《陈逆大喜由楚回宷始末纪略》。所记是清同治二年(1863)正月初二日(2
月 19 日),陈大喜自随州进入河南确山时起,到同年二月初九日(3 月 27 日)渡淮入
光州为止,凡一个月零七天的活动情况。"刘厚泽并说明此文涉及捻军的重要人物
张凤林、张宗禹、陈大喜等人。文中的人物姓名多有变化,反映真实的人际关系。
比如陈大喜的"喜"字,张凤林的"凤"字旁都加"三点水旁"以示污蔑。文中的"刘太
守""刘守""刘"都指刘成忠本人。人生的第一老师就是自己的父母。刘成忠居官
河南,年幼的刘鹗跟随在身边,虽然他不可能参与镇压捻军的活动,但是耳濡目染
且亲见这些有关的记录并珍藏之,足见其对刘鹗的影响。

**2 月 21 日(正月初四日)**　捻军陈大喜部回到确山。

▲ 刘成忠《陈大喜由楚回军始末纪略》:初四日陈大喜由固县集回宷至汝郡
所属确山县西南四十里之石滚河。(1958 年《近代史资料》第三期第 5 页)

**2 月 22 日(正月初五日)**　清军将领张曜将诱捕到的捻军首领张凤林押解到
汝宁府城。

▲ 刘成忠《陈大喜由楚回军始末纪略》:正月初五日经明港之北至确山东南
五十里之新安店。是日,张镇军曜率马步各军械送张逆凤林入汝宁府城。(刘厚泽
注:原稿张凤林或张凤淋。加三点水旁表示封建统治者对其污蔑。张凤林河南

人,为东捻军中原部队的著名领袖。清同治二年二月被张曜诱捕,牺牲于汝宁)(1958年《近代史资料》第三期第5页)

▲ 编著者按:本日记录“张镇军曜”,名张曜(1832—1891),字朗斋。祖籍浙江上虞。是刘成忠的同僚。本年刘成忠与张曜一起参加镇压捻军。1889年,任山东巡抚时调刘鹗任山东黄河提调。与此已经相隔26年。

**2月23日(正月初六日)**　捻军陈大喜的部队进入正阳县。时河南巡抚郑元善也在汝宁府。

▲ 刘成忠《陈大喜由楚回军始末纪略》:初六日陈逆由新安店入正阳县境。(1958年《近代史资料》第三期第5页)

**2月24日(正月初七日)**　张曜以汝宁府为出发地率军追击捻军陈大喜部队。

▲ 刘成忠《陈大喜由楚回军始末纪略》:初七日(2月24日),至正阳东南七十里之土扶桥,途经正阳东南六十里之铜钟寨,为寨中民练及守备田映唐等所截,小有斩获。是日,李镇军续焘由明港经正阳,入汝宁府城谒抚帅,张镇军由府城赴正阳。(1958年《近代史资料》第三期第5页)

**2月25日(正月初八日)**　捻军陈大喜部队返回汝宁府地区。

▲ 刘成忠《陈大喜由楚回军始末纪略》:初八日张营骑将刘游击自顺先驱至铜钟,铜钟寨长县丞甘鹤鸣等率团练数百人往攻陈逆于土扶桥,孤军力战,不胜而返。是夜,陈逆袭破桥北之小王寨踞之。陈逆之初返也,其众犹五千人,入汝境,陆续归其家,所余不足千人,骑不满百,兵械不全,途间劫夺楚客车(刘厚泽注:楚客车是湖南行商的载货物车子)数辆,得其红鞞靰羽毛,旗帜始具。奔走日久,人皆病肿,胫大如腰,不能复驰逐。土扶桥有霍光玉所踞之段寨,陈逆往依之,途得袭破小王寨掳数百人,皆村农不娴战斗者。(1958年《近代史资料》第三期第5页)

**2月26日(正月初九日)**　张曜回兵汝宁府。刘成忠不同意后一天围攻陈大喜军的意见。

▲ 刘成忠《陈大喜由楚回军始末纪略》:初九日(2月26日)正阳东路练总雷任权、陈凤云等集千余人往攻土扶桥,官兵不出,未至数里而返。是日张镇军率马队及步队三营,益以余营马队及步队四营,由正阳县城至铜钟寨。寨长甘鹤鸣等调集各练请随官兵后,以初十日围攻陈逆,不许。(1958年《近代史资料》第三期第5页)

**2月27日(正月初十日)**　陈大喜率领捻军东去。

▲ 刘成忠《陈大喜由楚回军始末纪略》:初十日又请自以寨中民练往围陈逆,亦不许。陈逆在土扶桥休息三日,是日薄暮,小王寨所立之红旗尽易旧旗。民咸曰,贼将窜矣。铜钟寨长等请以骑马兵伏寨外,不许。既暮,陈逆在土扶桥外纵火,

附近三四十里内火光照灼,夜未半,陈逆果东窜。(1958 年《近代史资料》第三期第 5 页)

**2 月 27 日(正月初十日)** 清军张曜等部队追击捻军陈大喜军并激战。

▲ 刘成忠《陈大喜由楚回军始末纪略》:王守备文行于十一日黎明率所部及民练赴土扶桥会剿,贼已夜遁,追至白土店粮尽,越日遂返。当是时,张镇军驻铜钟在土扶桥西十五里。赵镇军鸣举、陈副戎碌兴、张牧桐、王守备等胜驻正阳东九十里息县所属之郑楼,在土扶桥东北约六十里。张、赵两镇相去约七十里。赵镇军侦知陈逆已窜,偕陈副戎率骑二百向东南急追及贼于息县之包辛里,贼方袭破一水围煮饭毕始行,是以赵陈等及之。贼无火器,我军亦无火器,刀矛短接,小有斩获,贼仍悉众东窜。

张镇军于是日追贼至赵陈等所驻之郑楼宿一夜。十二日晨由北折而东南,遇贼于息县之贾寨外,小有斩获。陈逆通入新蔡县南十二里汝河南岸之袁安愚寨。张镇军营于寨外。(1958 年《近代史资料》第三期第 5 页)

**3 月 1 日(正月十二日)** 清军紧追捻军。刘成忠亦随军队行动。

▲ 刘成忠《陈大喜由楚回军始末纪略》:余镇军于十一日至铜钟,十二日(3 月 1 日)亦追至息县。是日刘守成忠至郑楼,其夜刘守、张牧复命王守备随赵镇军及陈副将之子陈游击正文率骑兵裹粮东追,以追及陈逆为期。(1958 年《近代史资料》第三期第 6 页)

**3 月 2 日(正月十三日)—3 月 8 日(正月十九日)** 清军围攻捻军陈大喜部,捻军张总愚部亦随之而至。清军处于劣势。

▲ 刘成忠《陈大喜由楚回军始末纪略》:十三日陈逆由袁寨东窜入江南阜阳县境。十五日陈逆由阜阳之华家集等交绕渡汝河至新蔡县东陈二常寨东北三里之邵庄。张镇军于十四日由息县袁寨北渡至新蔡县东三十里之华庄。余镇军营于种寨,尹参将嘉宾营于贼秦宣寨外,赵镇军、陈游击、王守备骑兵营于顿家岗以北。余营距陈逆最近。十七日陈副将所部步兵三营奉帅命由郑楼西之武家庙移正阳城东八里之王家塘。十八日亳州贼张从羽(刘厚泽注:张从羽即张总愚,原名张宗禹,安徽涡阳人,太平天国封为梁王,是当时西捻军的总领袖)等万余人窜至化庄。十九日余镇军方攻陈逆,亳匪大至,余军势孤小挫。贼别以一队攻余营,左营失守,士卒死者二百余人,陈牧学仁、靳秦雨守备皆阵亡。(1958 年《近代史资料》第三期第 6 页)

**3 月 9 日(正月二十日)** 刘成忠率军队驻扎在雷堰。

▲ 刘成忠《陈大喜由楚回军始末纪略》:二十日刘守移驻正阳城东七十里之雷堰。(1958 年《近代史资料》第三期第 6 页)

▲ 编著者按:雷堰是村名。现在是河南驻马店地区垒寨乡雷堰村。

**3 月 10 日（正月二十一日）—3 月 18 日（正月二十九日）** 清军与捻军继续激战。清军略胜。捻军陈大喜、时旭东"号召其众"对清军造成威胁。

▲ 刘成忠《陈大喜由楚回军始末纪略》：二十一日张牧回郡，赵镇军步兵二营赴新蔡。二十二日陈逆以亳匪西窜，谋复据平舆。是日，王守备移营雷堰。二十三日移营汝南埠。二十三四两日贼全数由新蔡窜至汝阳县境，屯踞汝河以北。汝北寨大且坚，贼不能陷，仅诱踞黄岩，袭踞史胡二寨。张镇军由新蔡北驰出贼前，营于韩岭、张湾等处。余、赵二镇追贼而西，二十五日，咸集汝南埠与贼隔河而军。二十七日，余军由汝埠回郡，王守备孤军北渡杀贼百余人，获胜而返，河北人心利固。二十八日（3 月 17 日）复渡，贼攻余店正急，兵到困始解。二十九日，赵镇军由汝埠西去，营于正阳东北六十里之寒冻集。张凤林之叔及妻冀借亳捻之势，以胁张岗旧时所有之寨，遂潜约陈逆亳捻南渡。汝埠寨大而空，闻贼且至，居民逃徙。陈逆遣其党时东旭潜回白土店号召其众，凡四十寨皆岌岌欲动，汝南人心益骇。（1958 年《近代史资料》第三期第 6 页）

**3 月 19 日（二月初一日）** 刘成忠驻扎雷堰，命新降之刘延藤往招时东旭。

▲ 刘成忠《陈大喜由楚回军始末纪略》：二月初一日（3 月 19 日）王守备耀兵于汝北，旋复返营雷堰。是时刘守犹驻雷堰，命新降之刘延藤往招时东旭。（1958 年《近代史资料》第三期第 7 页）

**3 月 20 日（二月初二日）** 刘成忠成功招降时东旭。

▲ 刘成忠《陈大喜由楚回军始末纪略》：初二日贼南渡岌寝多，由堰东渡者窜踞汝南埠，由堰西渡者窜踞张凤林旧所踞之张岗及寒冻集以西之陈寨。陈协戎奉帅命以是日移驻正阳东三十里逼近张岗之刘夹道寨。贼寻至，我军已入，得不陷。赵镇移营正阳城东八里之王家塘。其夜贼袭取雷堰西北之余冯二寨。时东旭寄抚其父及弟，偕刘延碌来觅刘守于雷堰。是夜王守备分兵复按埠。（1958 年《近代史资料》第三期第 7 页）

**3 月 21 日（二月初三日）** 捻军主动出击，包围部分清军。

▲ 刘成忠《陈大喜由楚回军始末纪略》：初三日（3 月 21 日）王守备攻贼于冯寨外。复冯寨。午后，贼围雷家桥刘姓小水围，王守备救之。贼踞正阳东四十里之油坊店攻张震寨。（1958 年《近代史资料》第三期第 7 页）

**3 月 22 日（二月初四日）** 刘成忠在雷堰调合团练配合清军作战。双方军队驻扎于雷堰四周。

▲ 刘成忠《陈大喜由楚回军始末纪略》：初四日刘守调集东路各练随王守备救张寨。是日，贼悉众南渡，约万余人曹向西南行。会各寨练民皆出，互有杀伤。

王守备贼力战。以两骑败贼二千余,杀百人,生擒六人。贼大队踞张岗以东,其余分布于刘守所驻之雷堰西北各小庄内。余镇军于是日由汝郡东渡汝河,与余主事本初均营雷堰西北六十里之寒冻集外。是夜火光犹炽,雷堰外面皆火,由正阳以东,由汝河以南,大小凡七八十寨,寨多力分,濠垒浅薄,然一寨能自守者,人心为之大震。(1958 年《近代史资料》第三期第 7 页)

**3 月 23 日(二月初五日)—3 月 25 日(二月初七日)** 捻军增加军力与清军对峙,后主动撤退,入息县。

▲ 刘成忠《陈大喜由楚回军始末纪略》:初五日堰东之贼西去,王守备追之,雨大旋止。初六日岳城之贼王伦、徐心田等率六七百人自东而西,将赴张岗助贼,营于汝南空埠,驻堰之兵,不能西出。初七日汝埠贼去。王守备以兵西下,适贼悉数南窜,及之于王雾桥,杀数百人。自初四日至此,雷堰后路均断,消息阻绝,是日贼去始知堰西四十余里之马、庞、段、赵四寨因近张冈为贼所陷,凡陷土寨水圩八处,马寨被害尤惨,惟雷堰附近各寨方圆数十里幸然无恙。是夜贼宿于王雾桥东南。初八日(3 月 26 日)贼入息县境。(1958 年《近代史资料》第三期第 8 页)

**3 月 27 日(二月初九日)** 捻军撤退渡过淮河,进入光州地区。汝宁地区之战斗告一段落,恢复平静。

▲ 刘成忠《陈大喜由楚回军始末纪略》:初九日王守戎追贼至息县之郑楼。贼已于是日由息县之南渡淮入光州境,汝郡解严。(1958 年《近代史资料》第三期第 8 页)

**5 月(四月)** 太谷学派第二代传人李光炘在泰州的"龙川草堂"建成。收蒋文田等为弟子。蒋文田后为太谷学派传人之一。

▲ 二年癸亥……四月朔,草堂成,初以瓜祭祀太谷。来游者海陵陈士毅、蒋文田、曹嘉福、王锦章、甘泉吴大全……士毅字建安、文田字子明,泰州茂才,建安因吴仰斋获闻师道,故海陵诸子,先后踵至。嘉福字履成、锦章字玉相、大全字育才。(《龙川夫子年谱》第 55 页,《太谷遗书》第二编第三册)

**约 7 月(六月)** 蝗灾,刘成忠脱去官服与百姓一起捕捉蝗虫并以《捕蝗四首》记之。

**8 月 28 日(七月十五日)** 对捻军的围攻告一段落,清军撤出汝宁府。刘成忠有诗《偶成(时七月望后,官军凯撤,汝郡奏报肃清)》记录此时情况。

**是年** 刘成忠为提督张曜镌"目不识丁"闲章一枚。

▲ 编著者按:1862 年 12 月刘成忠挚友张曜任河南布政使并代理藩台公务。后山东御史刘毓楠弹劾张曜"目不识丁,不应涉文职大员"。上据刘之所奏即有旨

开缺，张曜遂改补总兵。1863 年张曜加提督衔“委挚友汝宁知府刘成忠镌‘目不识丁’四字之闲章一枚，佩带于身，钤于牍稿草末或书法下款，一以自励，一以自警也。”（《张曜年谱》第 10 页）

**是年**　刘鹗从丹徒赵君举读书。

▲ 从同邑赵君举读。过目成诵，但不喜制义。赋性脱略，不规规于小节，时人未之奇也。（《刘鹗年谱》第 3 页）

▲ 赵彦俌字君举，号声庵。道咸间屡科房荐，未售。文名甚为一时士大夫推许。以诸生历充学幕十余年，所取多绩学成名士。生平重品谊，非礼者不与苟同，且怒目相加，不稍宽假。此尤为士林所争道者。著述甚丰，经粤乱散失过半，仅存《积微精舍遗著》五种，曰《学小辩斋笔记》，曰《辛安语》，曰《丹徒碎语》，曰《三愿堂古文仅存》，曰《三愿堂古近体诗》。与邑人柳兴恩、张崇兰、杨□、法之瑞辈日以明经提倡后进。曾文正国藩尝称其诗文得力于经学者多。子徵禾、勋禾。徵禾字聘山。光绪戊子举人，同知衔，注册本班先知县。敦品好义，一秉大公。岁壬辰，王守仁堪□嘱整顿育婴、恤嫠两善堂事。徵禾力辞充董。不得已，约暂理一年，不领薪水。凡一切章程，悉心规定。创刊《征信录》，昭示来兹，乡人敬焉。初就南京将军魁幕。嗣襄校江阴南菁书院课卷，经学湛深，克继父志。著《思位轩》共四种。徵禾子申伯，候补中书科中书。勋禾子鸿谦。（《丹徒县志摭余·儒林文苑》）

▲《关于老残游记》七：“稍长从同邑赵君举先生读，过目成诵，惟不喜时艺。”

《因斋诗存跋》：“岁甲子以业师赵君举先生言乃始存稿。”按赵君举先生甲子年既然已经在汝宁课读，我祖父入学最晚不过是年。（《铁云年谱》第 6 页）

▲ 赵彦俌（1818—1881），字纪楼。一字辛举，又字庚举、叔举，号君辛，别号辛庵、声庵。

▲ 曾祖精于易，更精于小学，旁及六书、八法、泉镜彝鼎碑板文字。书法得力于《道因碑》，笔法近包世臣，意境近何道州。行楷小如蝇头者亦无懈可击。至光绪中，其子森甫公居鄂时，以其手迹付装池，杨惺吾见之乃大惊异，谓其书奄有包慎伯、何子贞之胜，而非包非何，洵豪杰之士而海内无人知此名手也。先生著述甚丰，经乱散失过半，仅存精舍遗著五种：曰：《学小辩斋笔记》，曰《辛庵语》，曰《丹徒碎语》，曰《三愿堂古文仅存》，曰《三愿堂近体诗》，待梓。重孙　凤来识　一九九一年九月。（《三愿堂印谱》第 27 页）

**约是年**　刘鹗长姊出嫁给淮安的读书人高德铭。

▲ 刘怀玉《刘鹗及〈老残游记〉资料摭拾》：《老残游记》续集第七回，写到老残

的一个姊丈叫高维,字摩诘。这是一个真实的人物。不过他本名不叫高维,而是叫高德铭,字维之。是淮安府山阳县的一个读书人。书中说他"读书虽多,不以功名为意义。家有田原数十顷,就算得个小小的福翁了。"好种花,好作诗,奉佛。高德铭连秀才都不是,志在隐逸,居城西北勺湖东北,名小辋川园,颇具山水田园之乐。高维之爱好楹联,"平时好古帖,爱书法,动撰联语,集古诗句,书以赠人。"他曾从其所撰联语中,选"其对仗工整者录之,刻为《楹联约录》一书"(此处引文均见该书汪达钧序与自序)。此书光绪二十二年刊,仅存淮安市图书馆,题为《求志居楹联约录》,不分卷。求志居,盖其书室名。该书中还有许多关于他自己的思想和生活的楹联,如:"扫径迎知己,读书怀故人""此第有泉石情,其人无烟火气""不借科名惊俗众,但求文字惬通儒""心偕猿鹤山林去,身似蛟龙湖海游""得长生法何取富贵,有小园景足悦性情"等。因此,高维之是《老残游记》中高维的原型。(《明清小说》2001年第3期第85页)

**是年** 刘成忠存诗《东门行》等八题十五首。

▲《东门行》:步出瓠城东,荒榛塞途路;广莫渺人烟,行行安所驻。皎日悬孤光,百里无一树;荒凉村堡中,时有遗民聚:肉销皮仅存,扶杖不能行。岂无陌与阡,守望不遑顾。螟蝻叠若云,重之以蟊兔;嗟彼小民力,持此毕朝暮。奈何饱异类,空代输租赋;惭愧为长官,掩袂对黎庶。行当挂吾冠,不待投劾去。

《感遇》:人生遗适意,毋论贱与贫;跬步苟自由,何必在辚辚。寥寥天壤内,眇眇寄此身;日月去不息,迅若风中轮。今此不为乐,笑杀栢下人。簿书昏吾目,冠盖丧吾真;急极辄自哂,碌碌终何因。瓦缶当列鼎,乌藑胜重茵;不见严子陵,垂钓富春滨。

行行策驽马,去去越陌阡;缓辔长途中,如砥复如弦。忽见后来骑,翩翩新少年;隋珠为衔勒,蜀锦为鞍鞯。腾骧一何迅,倏忽逾我前;顾此颇心动,思欲一加鞭。尘沙眯人目,荆棘齐人肩;康庄与邪路,交错何纷然。所懼一失足,终身愧者贤;无为守迟钝,坐观他人先。苦乐何所受?受者身与心;身乐乐有极,心苦苦独深。桃源世无有,枳棘森成林;奈何郑卫地,奏此箫韶音。方柄而圆凿,直尺而枉寻;何不待时动,高歌梁父吟。

兵戈去不息,何处为吾家? 一纪两离乱(自壬寅至癸亥,京口失守者再),髑髅生齿牙。回首旧亲串,一一为虫沙。邵平岂不贵,学种东门瓜;而我独无恙,十载蠹京华。居然又领郡,五车耀使车;营已诎不足,世事良可嗟。昏昏宦海内,扰扰正与邪。堂前种桃李,屋后栽桑麻;桑麻信有用,不及桃李花! 吾道有舒卷,舒卷若云霞;终终返邱壑,一龙而一蛇。

《金乡铺壁间，有前汝阳令廖云台庆谋留别诗四首》：廖以酷吏称，余按其行事良然。然汝阳、正阳诸父老，至今实歌思之。太史公以《酷吏传》中诸人为称其职，余于廖亦云。读其诗，悲其志，因遂和之。

一鞭归去谢同袍，无复雄心系锦涤；台谏但知持论议，庙堂愿不靳恩膏。果然父老讴思切，难得将军壁垒高；自古论人全璧少，不妨贬处更求褒。

十年擐甲效微忠，毁誉都归百战中；李广纵然多隐恨，陈汤未必尽微功。若非伏鼠搜城社，多恐长蛇满沛丰；有志未终星已谪，剧怜辛苦枉从戎。

我昔承明赋子虚，也曾学战学兵书；匡时有愿章空上，除莠无方术总疏。易地始知人是鉴，储材敢忘水资车；一言助子韦弦佩，甘要能含苦要茹。

此去苍梧是主人，好从物外寄闲身；中愿钲鼓三年震，南海莺花千里春。毕竟从军有何乐？须知为吏不如民；多君更有椿萱健，日日鸡豚会四邻。

《捕蝗四首（仍用廖韵）》：暂脱乌纱解锦袍，芒鞋为履草为绦；出门无复长官体，对案弥惭百姓膏。狼籍黍苗经蝝少，离披蒿叶比人高；将军刘猛尔何事，愧杀须眉鄂与褒。

区区职守讵为忠，徒步奔驰烈日中；自昔有荒皆有救，只堪言罪不言功。叶间已镂隶科密，雨后还愁毛羽丰；遍地蠕蠕何世界，更无奇计隔华戎。

秋成转盼又成虚，休道登台大有书；唐帝吞来原是伪，姚崇补处尚嫌疏。三年积有捐躯血，千里频添载鬼车；戾气总从兵气始，可怜荼蓳也难茹。

未必天心不爱人，挽回气数在修身；但教戢戢一时灭，坐见熙熙万物春。捐廉且喜有大吏(张中丞首捐白金一百两为捕蝗费)，惜力无烦罪小民；安得有神异炎火，羔羊春酒西村邻。

《桃源铺南小村二首》：旋车过桃源，夹道双流泻；遥看一簇云，如玦抱平野。云里有人家，云外行车马；一喧与一寂，彼此不相假。我行经村旁，息驾修条下；竹影间桑阴，益以梧与槚。翳如百堵墙，蔽此千间厦；似当卜筑时，预避问津者。欣然惬我愿，便拟同杯斝；望望不知门，衣袂何由把？唯有读书声，飞出鳞鳞瓦。

桃源不可见，春水年年生；谁知耳目前，乃复有其名。商贾四奔辏，南北通车行；相反顾相袭，笑齿胡卢呈。得母累世前，犹有太古泯；垦田变斥卤，筑室披榛荆。野花烂漫放，好鸟间关鸣；勤勃习耕稼，淡泊对公卿。人心固稚鲁，世运又承平；朝朝醉春酒，处处热秋秔。强壮庇弱小，子弟敬父兄；是亦一乐国，足以愧秦嬴。风俗有时异，溪山终不更；试观铺南村，至今水犹清。

《偶成(时七月望后，官军凯撤，汝郡奏报肃清)》：文书行罢夕阳斜，独立闲阶待晚衙；今日方知秋色好，西风开遍玉簪花。

《夜雨》：出宿北郊外，萧萧雨声秋；感此不成寐，茫然使心愁。自从释褐来，岁星十二周；清班与俗吏，前后迥不侔。倾水置平地，日向低处流；滔滔天下是，谁复知回头？且轩但乘鹤，楚冠皆沐猴；区区厕其间，尚得自异不？所愧曾识字，粗读坟典邱；展卷见古人，皎然判薰莸；譬之平旦气，犹有恶与羞。多恐更数载，此念行亦休。

《遣怀》：莫向官场叹积薪，萋萋贝锦已生尘；纵然楚市能箝我，毕竟曾参不杀人。自有文章惊俗吏，惭无膏泽活斯民；由来直道无今古，合与桐乡结比邻。

曾住蓬莱兜率宫，九天吹下落花风；一麾出守兵戈际，三载劳心剿抚中。朱邑他年终食报，介推自古耻言功；始知诸葛真名士，赏罚从来秉至公。

# 1864 年(甲子 同治三年) 8 岁

6月 洪秀全病逝于天京。后天京陷落。李秀成被杀害。

6月 广州同文馆成立。

10月 《中俄勘分西北界约记》在新疆塔城签订。

父亲刘成忠 47 岁、兄刘味青 15 岁。太谷学派学人：张积中 59 岁、李光炘 57 岁、蒋文田 22 岁、黄葆年 20 岁、毛庆藩 19 岁。

**是年** 随父亲刘成忠居河南汝宁府衙中。

**9月(八月)** 太谷学派第二代传人李光炘收黄葆年为弟子。黄葆年后为太谷学派传人之一。

▲ 三年甲子……泰州黄葆年来。……葆年字隰朋，泰州姜堰人。黄葆年后为太谷学派传人之一。(《龙川夫子年谱》第 60 页,《太谷遗书》第二编第三册)

**11月(十月)** 刘成忠巡视所属辖区,曾宿平舆故城并赋诗词为张曜改官鸣不平。

▲《宿平舆故城,有怀张朗斋方伯改官事感赋》：凄凉败壁少更筹,此地曾悬妖鸟头(土匪陈大喜之弟陈五据此,张方伯攻之半年,卒破擒之);寒夜星河光黯淡,空村人鬼哭啁啾。先攻窟穴谋非左(时土匪麻起,方伯建议先攻首逆陈大喜寨。久不下,言者蜂起。十月克之,余匪皆不战降),早列屏藩笔忽投(陈寨未下,方伯奉旨改总兵。淮西功藏,官遂不复);太息升沉尽如此,岂唯李广不封侯。

**是年** 刘成忠与当时督办团练的礼部侍郎毛昶熙、塾师赵君举有诗唱和。毛昶熙赞"对我每陈黔首苦,谈兵真是白眉良",誉之为"循吏"。

▲《清查各寨述怀四首》：一官承乏此岩疆,烽火连年四野荒;扫净妖氛劳将帅,深谙民气待循良。泮桑零落鸦难集,田草离披兔易藏;从此生涯成道长,不论寒暑总周行。

岂有威名著一麾,只凭恩信服群黎;狼胆落前旌影,雀鼠心平判牍辞。能懔四知奸如戢,纵成三窟术奚施;安良除莠谈非易,两字清勤是我师。

炎风朔雪鲜安居,茅舍桑田此驻年;五尺儿童知姓氏,百年荆棘拔根株。锄奸幸少萑苻惊,敦本宜刊耕织图;买犊卖刀今急务,不堪满目尚莱污。

唾壶击碎且高歌,欲赋无衣可奈何;忍使鸥鸢啄鸠鸢,所期弦诵靖干戈。塞途揽迹良规在,易俗移风遗憾多;安得便宜如渤海,坐令淮汝永无波。

附和韵诸作:汝南名郡忽巉疆,烽燧凄迷草树荒;周室爱民劳鸿雁,汉廷策吏付贤良。淮流曲曲波无沸,山薮深深疾漫藏;争颂一钱名太守,清勤两字式周行。

太守传来一羽麾,万家欢笑遍巷黎;生如有路终原死,狱至无情敢尽辞。威詟萑苻惊股栗,恩周苈蔀戴肤施;衢谣巷说言堪记,□□书为后者师。

安饱无求食与居,平生志愿岂虚车;源逢左右才由学,事彻中边守不株。兵案成书探旧略,区田著说启新图;一班窥处真心忭,诵说差非阿好污。

略述诗怀作啸歌,此中真识冀谁何;诚通求赤官为母,德讫丰财武止戈。难假便宜时贫贫,未完心事恨多多;欲将深处从头写,愧我枯毫墨不波。(同邑赵彦俦君举)

依旧淮流绕旧疆,万家井里几家荒,朝廷尽使儒为吏,草野终看莠化良。五马何迟来御史,一经未足验行藏;胸中无限怜才意,珍重新词十二行。

出字何须怨一麾,亲除侍从为苍黎;军中久重陆公议,淮上重看吏部辞。九邑风雷清悍俗,万家雨露荷恩施;祭诗又读新诗草,岛瘦从今得所师。

三年避寇面城居,长物全无不独车;天外自怜寻幕燕,花中原有傲霜株。每闻节义添诗草,为问家山指画图;试把客衣濯汝水,此中宁有点尘污。

屠苏尊里和高歌,剪烛良宵奈短何;顾我终惭巴里曲,愿公力返鲁阳戈。十年民气凋残甚,一片婆心感慨多;欲识恩深深几许,长淮天际又春波。(正阳叶曾堉葛民)

频年烽火照南疆,九邑桑麻半已荒;太息斯民皆赤子,缅怀前代几贤良。若教神雀真能下,岂有妖狐得自藏;吏治不纲民散久,知君对此泪千行。

貔虎丛中白羽麾,躬亲矢石为苍黎;郑侨尚猛有深意,随会告神无愧辞。天以艰危资动忍,人从盘错验敷施;斧柯倘许他年假,敢信家庭自得师。

勤犹恐失肯深居,终岁劳劳按部车;客有吞舟因漏网,断无疑狱致连株。棠阴已沛召公泽,菜色犹麈郑侠图;何幸汝坟来父母,从今旧染定难污。

六年两地陟冈歌,久别相逢喜若何;过眼韶华都老大,惊心天地尚干戈。尘销淮甸昇平易,书上侯门感慨多;安得鸰行联雁序,汝南千顷尽恩波。(弟成仪 子敬)

五马亲巡偏井疆,衙斋花径已全荒;常将棒喝惊聋瞆,不惜箴言劝善良。水底鳄鱼教远去,林中鸥鸟敢深藏;最难风雨驰驱处,朝夕追随有雁行。

破壁颓垣走节麾，蒿莱满目有遗黎；呼天为吁蠲租诏，伏地争陈悔罪辞。恩被部民称父母，政传邻境仰声施；弄兵无复潢池惊，从此将军罢出师。

执简曾闻向帝居，分符又见雨随车；北门谏草寻前梦，南国甘棠长旧株。渤海千年应合传，幽风一幅定成图；今看淮水清如镜，不受尘埃半点污。

高唱如赓白雪歌，使君才思继阴何；囊中旧置书云笔，境上新挥挽日戈。杜老哀时同调少，春陵作牧咏怀多；拈毫欲和惊人句，只恐难濡墨沼波。（安徽叶运斗枢）

故人频岁守危疆，戎马纵横井邑荒；对我每陈黔首苦，谈兵真是白眉良。波涛已喜长鲸戮，窟穴仍防狡兔藏；料想召公巡历处，甘棠嘉荫已成行。

安集嗷鸿赖指麾，周行墟落抚苍黎；星言出入躬忘倦，风谕殷勤情见辞。欲化飞鸮凭德意，尽除害马即恩施；汝坟孔迩歌声起，不愧人称慈惠师。

回首长安忆共居，忝将臭味托同车；木天起草商新句，棘院看槐咏古株（己未京兆闱中与君同赋贡院古槐诗）。循吏如君端赖学，流民从此不须图；中兴原是吾曹责，世界何容寇盗污。

爱君政绩诵君歌，自顾疏庸愧若何；满目烽烟惭节钺，侧身天地尚干戈。淮西汝北尘氛净，碧落青蒿寇骑多；何日中原消战伐，河清海晏不扬波。（覃怀毛昶熙旭初）

长淮如带控荆疆，一片斜阳战垒荒；十万户怜民荡析，二千石起汉贤良。天中要郡方资治，事业名山未许藏；自古功成儒者手，使君辛苦出鹓行。

河山影里见旌麾，比似文翁化蜀时；民渐爱身生有路，盗犹知感死何辞。田庐无恙平恩怨，玉石能分妙措施；始信当年龚渤海，单骑弭患不烦师。

曾向蓬莱顶上居，绣衣铁柱走霜车；只今谏草留千纸，那计臣桑种百株。汉代守官皆大将，军前筹笔悉良图；汪洋万顷湔难浊，不许元规尘土污。

酒酺斫地起悲歌，满目疮痍可若何；今日斯民某卖剑，频年几辈倒持戈。高楼春尽青山在，荒陇人耕碧血多；二百余年生意息，淮流从此定无波。（海盐吴保清 子珊）（《刘鹗集》第 599 页）

**是年** 继续从同邑赵君举先生读书。

**是年** 刘成忠另存诗《忆京口南郊》等三题。

▲《忆京口南郊》：城南七八寺，梵宇郁岧峣；红叶连千嶂，黄鹂自六朝。旧游唯梦左，胜迹付烟销；为语儿孙辈，童山莫浪嘲。

《读〈明史·刘诚意伯传〉》：一代奇才绝等夷，阴符不愧帝王师；早年帷幄真无比，末路功名只自危。幸未韩彭同菹醢，可怜巢许愧襟期；青田山下称民日，记否西湖云起时？

《闻李寨为亳捻所屠感赋》：寨在新蔡县接壤处，去年余经宿于此。正月张总禹等贼过此，屠焉。

浩劫尘沙血尽红，去年曾此宿秋风；但知地少重门险，谁识身眠众鬼中。已兆杀机悲蠢蠢，频来噩梦怪重重（李寨墙甚卑，余宿时得梦甚奇，有戒心焉）；徙薪曲突吾曹责，惭愧当年渤海龚。

# 1865 年(乙丑　同治四年)　9 岁

4 月　英国香港汇丰银行在上海开设分行。

5 月　捻军在山东击毙清政府钦差大臣僧格林沁。

9 月　曾国藩、李鸿章在上海设立江南机器制造局。

父亲刘成忠 48 岁、兄刘味青 16 岁。太谷学派学人：张积中 60 岁、李光炘 58 岁、蒋文田 23 岁、黄葆年 21 岁、毛庆藩 20 岁。

**6 月(五月)**　刘成忠调任开封府。随父亲到任所。

▲ 同治四年五月,调署开封府印务。十二月,调补归德府事务。(《刘鹗集》第 584 页)

▲ 生祖母茅氏的母亲茅老太太对我说:"你爹爹(淮人称祖父)自己说小时候很淘气,在开封府任上散了晚学,常常弄一个蒲包套在头上,画上眼睛鼻子,骑在府后墙头吓唬过路的人。"因而知道当时随任在开封府。(《铁云年谱》第 6—7 页)

**是年**　刘成忠与毛昶熙有诗唱和,并有赠张曜诗。

▲《题毛旭初节帅临淮洗马图(次自题七律一章韵)》:淮右烟尘指顾空,三军此日喜櫜弓;试看狐兔千年穴,都付骅骝一扫中。飒爽丰姿名将度,雍容裘带大臣风;何当更染昌黎笔,百尺丰碑勒汉东。

声华冀北久群空,诏许专征锡矢弓;愿竭股肱桑梓地,全消髀肉棘荆中。西征已见敲鞭镫,南伐犹然栉雨风;赢得英雄真事业,铜琶合唱大江东。

张角诛来薮已空,射狼无事挽天弓;一星火起遗灰里,百战功成仗策中(同治二年七月,官军克张汧林老巢,汝郡肃清。八月汧林之族张勾等窜入息县之谈圩,趁官军东去,复出勾结,息贼群应之,汝东南大震。节帅督诸军攻之,凡半载始以悉定)。岂有长鲸能跋浪,闲看骎骎此嘶风;支祁锁罢淮流静,从此回澜总向东。

自愧韬铃腹本空,拈毫无力矧弯弓;何图下乘驽骀质,也在深恩剪拂中。附尾定知难逐电,奔驰有幸得乘风;翻虞裴相还朝速,无计追随马首东。

《和旭初节帅见赠之作》:三载驱驰莅节麾,得刊任使敢言疲;惭无虞诩安民略，愧读元公劳士诗。伏蛰预防雷起后，栖鸟犹惊月来时；岩疆赖有长城在，万丈红霞照大旗。

《赠前方伯张朗斋统帅（用清查各寨原韵）》：元戎拥旆历南疆，战垒犹存野草荒；同制六卿皆将帅，汉家再造庆明良。割鸡岩邑刀曾试，射隼频年弓未藏；高密威名骠骑略，有谁金鼓抗颜行。

回首平舆驻节庞，中宵雨立为苍黎；气吞虎穴谋先定，身受蝇营谤不辞。至今元凶巢果覆，但余小丑计安施？试看传檄同时下，汝北从兹罢出师（汝郡东北，贼巢二百余。方伯倡议，先攻逆首陈大喜老巢，则其余自下。师既进，陈逆弃寨而遁，逆弟陈五坚守不下。秋大雨，官军乏食援，贼踵至，议者咸谓巢必不克。冬十一月，百计攻克之，陈五授首。其余各寨，或剿、或抚，不逾月咸定。果如方伯所料）。

米贼虽除有故居，公然螳臂敢挡车；浊流漫诩环三垤，恶木终看斩万株（汝南贼首张沨林既戮，其党霍光玉、王报牙等，絜其众窜入张冈老巢，奉沨贼之妻以守。巢外有二濠，贼持以为固。方伯从地道徙其濠水，寨始破。群贼歼焉，汝郡平）。宛洛移肺瞻胜算，荆襄逐寇展雄图；最难百战袍如血，不受缁尘半点污。

仗钺重临夹道歌，垂髫黄发喜如何；但教韩范长持节，定见岐丰咏止戈。九邑遗民熏德久，三年属吏受恩多；欲知蔀屋无穷感，淮水春来千顷波。

**是年**　刘成忠另存诗四首。

▲《题正阳叶葛民诗集后》：水流花放两无心，妙处原非迹象寻；淡极自羞牢豕味，空中都作凤鸾音。信阳人远风流在，汝上年来感慨深。不是围炉一披卷，几从交臂失牙琴（集置案头年余，以军务不暇览，去年除夕始一读）。

《题刘午庄今吾故吾图》：人生上寿唯百年，百年亦复如去烟；何况形存神已隔，鸡皮鹤骨剧可怜。试从衰老忆老壮，梦中寻梦都茫然；落花辞条不复返，缺月坠海何时圆？镜台无情丹鼎伪，不有妙手谁为延？忽然身处有身见，笔补造化天何权！一吾含颦倚排几，一吾挥箸坐未起；两吾相视不相知，尔非我兮我非尔！一秋一室思已奇，一人两身尤非夷；今月古月鉴一帷，前水后水流一陂。才人游戏固非戏，我知君图有深意：为周为蝶达士观，惜寸惜分贤者志。君不见，太白对月成三人，东坡临水化百身。若从水月论迹相，影自为幻形为真；若将形影辨真膺，影固非真形亦幻。前身之吾不可追，后身之吾知是谁？独有今吾今见在，即今即故何成亏。朱颜凋谢君勿惜，所贵修名能早立；愿君无失赤子心，愿君无忘素丝泣。甘棠之树何青青，待君捧檄宿驿亭。眉间黄气见有日，肘后金印悬如星；鱼龙变化挟风雨，鲲鹏搏击腾沧溟。功名德业古不朽，寿如金石延千龄；为君更觅曹将军，凌烟阁上图君形。

《瓶梅》：圃西一株梅,杂莳百卉中;年年春正月,小朵缀疏红。枝卑地僻过者少,自开自落随东风。今年气独寒,春半花尤难;夭桃秾李寂无语,此梅独涌千枝珊。园丁奔走奚奴舞,不惜名花试斤斧。自分常居灌莽间,安知忽与琴樽伍;勿愁风雨来无时,自有重帷能护持。回头却笑去年日,绿叶成阴子满枝。

《望雨》：深秋盼断雨潺潺,但有云生便倚栏;晨醒浪欣窗纸暗,夜眠空讶布衾单。烟腾矮屋蓬蓬远,叶坠荒庭片片干;为想遗黎当此际,几人贫未涕汍澜。

# 1866 年(丙寅　同治五年)　10 岁

1 月　太平军康王汪海洋牺牲,偕王谭体元殉难。南部太平军战斗结束。

6 月　闽浙总督奏设最早的海军学校"船政学堂"于福建。

10 月　捻军分为东、西两支。东捻军活跃在中原地区,西捻军进军陕甘。

11 月　山东巡抚阎敬铭围剿山东黄崖山。太谷学派第二代学人张积中率弟子举火自焚。

是年　孙中山生于广东香山。

父亲刘成忠49 岁、兄刘味青17 岁。太谷学派学人:张积中61 岁(去世)、李光炘59 岁、蒋文田24 岁、黄葆年22 岁、毛庆藩21 岁。罗振玉(1866—1940)1 岁。

**1 月(四年十二月)**　父亲刘成忠调任归德府。途中曾宿朱仙镇。

**6 月 7 日(四月二十五日)**　祖母氏太夫人逝。

**8 月 9 日(六月二十八日)**　罗振玉生于江苏淮安。

▲ 罗振玉《集蓼编》:予家自先曾祖由上虞侨寄淮安,至予凡四叶。同治丙寅六月二十八日子时,予生于淮安南门更楼东寓居,乳名玉麟。稍长,先府君名之曰宝钰。后赴绍兴应童子试,乃改名振钰,字之曰式如。入学后又改名振玉,字叔蕴。(《罗振玉集·十一》第19 页)

▲ 罗振玉生。

按振玉是我的外祖父。浙江上虞人。本名振钰,字式如,后改振玉,又字叔耘、叔言,号雪堂。和我祖父至交,本来是西席和东家,后来又成为儿女亲家。所著《五十日梦痕录》中有刘铁云传,是传世的铁云先生的第一篇传记。(《铁云年谱》第 7 页)

**11 月 1 日(九月二十四日)**　山东青州府阎佩廷、益都县何毓福逮捕太谷学派弟子冀宗华等,并令居于黄崖山的太谷学派第二代传人张积中到案。张积中"深藏山寨,闭匿不出"。

**11 月 2 日(九月二十五日)**　黄崖山寨堵塞山路。

**11 月 3 日(九月二十六日)**　黄崖山上"遍立旗帜,击鼓聚人"。

**11 月 4 日(九月二十七日)**　太谷学派弟子与黄崖山民"头裹红巾"准备对抗清兵。

**11 月 5 日(九月二十八日)**　山东巡抚阎敬铭以"聚众谋反"为罪名派兵四千五百人围剿黄崖山。

**11 月 12 日(十月六日)**　张积中在黄崖山祭祀厅率领儿子张绍陵及李素心、张静娟等亲属、弟子举火自焚。从难弟子及黄崖山民数以千计。太谷学派北宗学人几乎全部死难。学派活动转入地下。

▲ 太谷学派张石琴(积中)讲学山东黄崖,山东巡抚阎敬铭率兵进剿,石琴举火自焚,死者数千人。

按张石琴名积中,是太谷学派周太谷的大弟子,其时讲学山东长清、肥城间的黄崖山。山东巡抚阎敬铭忌之,说他与捻军和盐枭勾结,阴谋起义,率兵进剿,屠杀了无辜数千人,称其事为黄崖教匪案,载入《山东军兴记略》。一时民间称冤的很多,如利津李佐贤的《焚桃源新乐府》、汪宝树的无题诗、《说库》中《大狱记》(虞山黄人著)及其他清末笔记记这件事的很多。但人言人殊,莫衷一是。我曾据太谷学派内部的传说和故宫旧档等写过一篇《同治五年黄崖教匪案质疑》,一篇《同治五年黄崖教匪案质疑补》,分别发表在旧北平研究院史学集刊二、三两期,详考其事。1957年山东人民出版社出版的《山东近代史资料》第一分册,又发表了大批有关史料,均可参考。近代史资料里有刽子手阎敬铭的亲笔供状,说死了二千数百人。(《铁云年谱》第 7 页)

▲ 山东巡抚阎敬铭焚黄崖山,张积中死。

自清嘉、道以后,百余年中,有所谓太谷教者,盛行于江湖间。此教创于周毂。毂,安徽石埭人,字星垣,一字太谷,世以名其教(谢逢源《李龙川年谱》谓毂原名申,字中元)。周氏之书,尝录明永乐中秋浦人周鼎之文,盖其来已旧,特至毂其说始显耳。及门有洪州陈一泉少华、福州韩仰瑜子俞、婺源汪全泰子纯及真州张积中石琴、李光炘晴峰,而张、李称大弟。张性高明,务为恢奇,以致不容于俗。李性沉潜,务为敛抑,其义转赖繁衍,刘鹗、黄葆年、蒋文田、王启俊、吴慕渠、赵明湖号为高足。鹗所著之《老残游记》,不少说理谈玄之处,皆阐述太谷教义者也。毂著有《十三经或问》稿,但非及门不得闻。生徒达千余人。两江总督百龄恐酿巨变,收系之,旋释出。道光十二年(1832)卒于扬州,葬仪征西乡清山。

毂既殁,张积中、李光炘以肩负斯道为己任,而积中犹悍然无稍顾忌。兄积功游宦山东,积中乃携妻孥远遁黄崖。黄崖在肥城西北六十里,峰峦环拱,地势险峻,积中居其中,以《论语》《孟子》《大学衍义》《近思录》讲贯,间以《参同契》《道藏大全》

《仙灵宝箓》《云霄指掌》诸书,时亦援引释典。一时知名之士兵,如马远林、周韬甫、钱东平、吴雪江、杨蕉隐辈皆与结纳。积中又有中表吴某,由历城知县升首府,亟称积中之学于巡抚清盛,清盛复为之延誉,于是山东官民争奉之为师。黄崖地本偏僻,荒落少人烟,积中来后,数年成聚。置文学房以待宾客,设武备房以讲守御,著作《指南针》以示规范。于肥城之孝里铺、东阿之滑口、利津之铁门关、海丰之埕子口与济南之城内外,以及安丘潍县诸处,皆辟市肆,取名泰运、泰通、泰来、泰亨等号。千里之外,呼吸相通。人知有张七先生(积中兄弟行居七)而不知有地方官,其威望竟如此。

同治四年九月,潍县人王小花变产治装,率全家谋徙黄崖,知县靳昱拘小花究询,省复派员与肥城令郑馨往察虚实,见积中须眉鬙鬙,言谈娓娓,比户耕读相安,遂禀复无事。五年,益都知县何毓福风闻县民冀宗华等纠众谋乱,搜检得兵仗文告,捕鞠宗华,供认师事积中不讳。巡抚阎敬铭恐日后为患,调兵围剿,黄崖居户达数千家,焚剿以后,存者寥寥。此同治五年十月六日事也。《山东军兴纪略》云:"所存之妇女幼稚四百余,妇有形色洒然笑语如平常者。获弟子韩美堂等数辈,皆愿从师死。讯无他词。吁!可异矣!"敬铭于奏章亦有"生为倾家,死为致命,不知操何术以至此"之叹。

李光炘,字晴峰,号平山,学者称龙川先生。曾助讲于黄崖。事起,积中勉其以道自任,力促南归,光炘乃只身走还泰州(光炘籍仪征,而居泰州之时日为多),独衍太谷之绪,李门大第,黄、刘并称。鹗学务广博,不以一端名,故谈太谷之学者,以葆年为特显,而鹗亦心折焉。其于晚岁致黄书云:"弟既深自信,以能窥见公之一般,故谤言满天下不觉稍损,誉言满天下不觉稍益;独一事不合龙川之法与公之所为,辄怏怏终夜不寐,改之而后安于心,此又不足为外人道也。"鹗一生言行,受太谷教影响甚巨,爰不惮辞费,述其梗概于此。(《刘鹗年谱》第3页)

**11月20日(十月十日)** 山东巡抚阎敬铭上《围剿黄崖山奏折》。叙述"为肥城县黄崖山匪徒聚众焚掠,据寨抗兵,经臣亲督并勇,围山剿办,登时全行歼灭"情况,详细介绍围剿黄崖山经过并请赏。

▲ 何圣生《檐醉杂记》卷三《黄崖山冤案》:"道咸之间,石埭周太谷星垣讲学于扬州。其学尊良知,尚实行,于陆王为近,又旁通老佛诸说。弟子记其遗言,号'太谷经',故世又称为太谷教。以仪征李晴峰、张石琴,福建韩子俞,安徽陈子华为高弟。太谷殁,传道于晴峰,世称龙川先生,再传于泰州黄隰朋葆年。后在苏州讲学颇久,及门多显达者。当咸同之际,张石琴则讲学于山东,四方来归者甚众,所居黄崖山俨成都市,其徒用古衣冠祭孔子,蜚语由是大作。巡抚阎文介公敬铭以檄召石

琴，且曰：'不来当加以兵。'石琴挥涕，谢遣学者，欲子身出而自白，众攀之不得出。狱益急，乃与其徒阖户自绝。兵至，死者数千人，当时称奇冤焉。光绪三十二年，泗州杨文敬公巡抚山东，奉寄谕有人奏同治五六年间黄崖山教匪一案，至今人言尚有异词，请饬查访等语，着杨士骧将此案详细情形确查具覆，文敬属余草奏，其略云：'此案缘未具载官书，据奏报之文，几成铁案。采稗官所记，诚有异词，但骈戮士民至千百人之多，在当日自关信谳。至平反疑狱于四十年以后，在今日只取舆评，自非略迹原心，知人论世，盖不能议是狱也。同治初年，山东捻乱方炽，黄崖山当肥城西北，为贼踪所不到。积中即张石琴由省城徙居是山，避地自娱，弦诵不辍。一时东南士绅，下至贩夫厮养，遭乱离而相附约数十百家。积中同是侨寓，度不过泛然相值，当无所用其勾结之谋。至匪徒王小花被获于潍县，冀宗华被获于益都，皆供有勾通黄崖山之事，虽讯无确据，而事属可疑。其时前抚臣阎敬铭督兵东平州，剿匪正急，究办不容不严，于是有驰檄黄崖山之举。山中之人本为避乱而来，则平日增市兵仗，练团习战，亦为御寇而设。翕集既众，品类自不能齐，至闻大兵骤临，群情急迫，其中桀悍不驯之辈，遂起铤而走险之心，于是有黄崖山匪徒抗官之事。积中之在黄崖，雅负物望，阎敬铭亦深知之，屡经派员招致，实不忍其窜身匪党，玉石难分。积中自信无他，初亦拟奋身表白，而山中徒众以死攀留，不得自出。相持既久，疑忌交乘，陷逆就歼，被兵而伤，亡者至于无算，于是积中几被黄崖匪首之名。是案详细情形，博访周咨，隐曲略具。大抵黄崖山实有抗官之举，而积中委无悖逆之形。闻其当年避乱入山，优游讲学，人皆比于魏禧之在翠微峰，孙奇逢之居五公山，声称至今未沫。即其发明性理，尊尚良知，亦以儒先陆王为来，而不可与邪说惑民同日而语。拟恳准照原奏雪除积中叛逆之名，以顺舆情而伸幽抑。'既脱稿，自谓尚属平允，文敬宅心忠厚，以案情过重，恐与文介身后以非常之谴，阁置未发，枢府亦未催询也。"

《肥城县志》之《黄崖纪事略》："黄崖居群山之中，上平坦，而四围险峻，其麓有村落三，曰北黄崖庄、中黄崖庄、南黄崖庄，北隶长清，中与南则隶肥城。积中者，江苏仪征人也，少时颇读书，为诸生，有声庠序，既而以贡就教职。道光中，扬州风物繁盛，有术者周星垣，号太谷，能练气辟谷，符箓役鬼，遨游士商间，门徒寝盛，颇招摇。两江总督百龄恶而收之，毙于狱。积中为太谷高足弟子，神其师，诡称尸解不死，现居庐山，益修师术，晓风角、鸟占，候雨旸颇验，人多惑焉。积中夜寝馈于道藏释典诸书，乃取以附会《六经》及诸子语录，以文其术，闻者惊为创论。粤西军兴，督兵大臣周天爵以奇才荐，而两江各军戎幕，积中亦往来其间。咸丰四年，兄积功知临清州，阖门死粤匪之难。积中以子绍陵为之嗣，遂徙家而北。会中表吴载勋亦官山东,因依焉。既而以会城为不可居,有戚某居长清之马山西,积中亦卜居牛山后之书堂峪。肥城生员刘耀(曜)东者,世居中黄崖,见积中而大悦,执弟子礼焉,割宅以居积中,积中遂迁中黄崖。既而博山有邀之者,又迁博山。十一年二月,捻匪至博山,积中复回黄崖故宅。先是,山岭有石寨,土人筑以避难者,积中踵而修之,益市弓弩兵仗,习战事,闻者以为可恃,互相汲引,来归者数十百家。是年八月,匪又至长境,凡入山避难者,山上设粥,山下设汤,来者皆得饮食。又设立医药局,施药治病,远近感其惠,归附益众。于是于山巅筑堂,为祭祀堂。旁列两庑,重檐回廊,崇阶复户。阶下为池,有桥间之,如泮池。池南筑台,曰咏归台。左右二门,一曰天根,一曰月窟。门外石径纡折,为采药径。山半置亭,为对松亭。礼神恒以深夜参拜,升降礼节繁缛,旁列女弟子二,曰素馨(心)、曰蓉裳。素馨(心)者,太谷孙妇,早寡。蓉裳者,积中女甥,适吴姓,皆依积中以居者也。每祭祀,素馨(心)、蓉裳盛装挟剑而侍,旃檀燎烛,熏赫霄汉,十余里外望其光。乡愚辄称:'张圣人夜祭,顾非其徒,不能入窥也。'黄崖地颇荒僻,自积中居之,大兴土木,屋宇鳞次。积中以神自畜,不轻觌人,其自远方来者,舍之文学房,令高弟赵建、刘耀(曜)东等,转相授受,读所刊《指南箴》。五日一听讲,进谒者泥首九拜,积中高座不答。凡入山者,不得私其财,纳其半立籍,由积中左右之,故自肥城之孝里铺,济南会城内外,东阿之滑口、利津之铁门关、海丰之埕子口、安丘、潍县诸位处,皆列肆贸易,千里间指挥使令,奉若神明,远近称张七先生而不名。同治四年九月,潍县民王小花者,忽治装尽室徙黄崖,知县靳昱怪之,掩捕小花穷究其事,上言台司。巡抚阎敬铭及臬司先后委员孙禧、赵国华,会同肥城令邓馨密查,复称:'积中年高德劭,远近之人,咸愿亲承教诲,并无不法之事。'事遂寝。洎五年,益都县令何毓福,诇民冀宗华、冀兆栋等纠众谋乱,以告青州守阎廷佩,相与率役掩获宗华等,讯言:'同师黄崖张七为师,命集人马,九十月间举事。'毓福索城内藏兵仗处,得刀矛若干事,及四言逆示。临朐令何惟埏又捕获宗华同党郭似圊(嗣清)、刘洪鳌等八人,讯言同宗华,复称:'尚有同党刘名教等十二人,均结盟,师张七,期以十月十九陷济南,再陷青州。'惟埏复掩获数人,廷佩讯之,皆实报闻。布政使丁宝桢檄巡捕官唐文箴,单骑诣长清、肥城,会同知县陈恩寿、邓馨,谕积中入省自白。二十日,文箴等三人同至孝里铺,邓馨以他事留。是夜,文箴与恩寿先入山,吴载勋方治装将发,文箴等以见积中告,载勋言积中游五峰未回,留少待。俄一人入,持细字书授载勋,载勋色变,促文箴、恩寿行。文箴等上马绝尘而驰,尾追者杀恩寿之从者黄升。邓馨甫入山,闻炮声驰回。时巡抚驻军东平,得报疑之。"(《张积中年谱》第 161 页)

**11 月(十月)** 父亲刘成忠丁忧回镇江守制。

▲ 本年刘成忠49岁。(同治四年)十二月,调补归德府事务。五年四月二十五日在任丁王太夫人忧,十月回籍守制。(《刘鹗集》第584页)

**是年** 刘成忠准备定居淮安,购买淮安房产。

▲ 刘成忠于同治五年(1866)叫自己女婿、淮安人高维之托"中人"和"官牙"以"歌风堂"的名义,先买了廖姓的花园。同治十年(1871)又买下了廖姓其余的房屋。光绪三年(1877),刘成忠退休后,就来此屋定居。(《刘鹗故居》第16页)

**是年** 在归德任见奇异现象。

▲ 先祖守归德时,传署之官厨后屋有怪异,门常扃钥,历任皆不启。一日,幕友与先君等谈及此,有不信者。先君与先族叔丙申先生谋恐之,约以二柳斗各墨绘眼耳口鼻,夜间俟不信者如厕时,戴首上,邀佈之。

入夜先君如约,戴斗彳亍于不信者所居室通厕路中。月光下见短墙垣际亦坐一戴斗人。先君以为是先族叔,不之异。行近厕前,又见一戴斗者蹲踞墙隅,仍以为是先族叔。返身行,复见墙坐者,如是三四。先君忽念及先族叔何以能屡行于己前,时方近墙隅即迫视,欲与语,人忽不见。先君诧甚急,返短墙前视,则垣坐二人俱戴绘斗。先君大笑,呼先族叔曰:汝奈何作狡狯,多一人欲怖我耶。速告我,彼为谁?且言且跃登垣上,则二人者已从彼端下矣。先君亦下,逐之不得。返至先族叔居屋观之,则卧已久。呼起,询之不承。强其持烛觅之,亦不肯去。且坚谓未赴约云。(刘大绅《刘鹗所语之异事》手稿)

**是年** 刘成忠存诗《由汝宁府调署开封,旋调补归德》等十题十首。

▲《由汝宁府调署开封,旋调补归德。于役许州,宿朱仙镇题壁(用壁间杨幼安太守韵)》:征帆旋挂亦旋收,又领岩疆待白头;但说龙图堪作尹,安知燕颔始封侯。曾无补救甘藏拙,尚有疮痍忍乞休;想见南邦诸父老,几多清泪落淮流。

《秋怀》:霜华几日染丹枫,秋气萧然一室中;兀坐自伤千里马,好音谁寄九霄鸿?灰当劫后心难热,松到年深腹亦空;漫向岁寒夸气骨,输他桃李占东风。

《感赋》:事亲已贫终身咎,报国空怀摩顶思;八口元归罢官日,一长莫奏中兴时。春风桃李花千树,秋雨鸳鸿水满陂;剩有陈编犹在眼,名山事业是我师。

《近况》:有愿犹思跨马鞍,无家何处著渔竿?灯昏中夜支颐坐,云起遥天注目看。但觉身如枯树在,行将心与老僧安;风尘未息乡关阻,炀炀秋风大将坛。

《往日》:秋来心事不堪听,徒倚无聊又夕曛;觅树晚鸦时起落,受风寒蝶剧伶俜。此生竟向闲中老,噩梦曾从往日经;有璞不雕君莫恨,且欣璧未碎秦庭。

《书怀》:希文中岁居忧日,蒋琬初年作吏时;侷促偏隅才小试,轮囷大木竟安施。立言非为一时计,励志当几百世师;乌狗土龙何足道,桑田沧海不胜悲。

《归计》：安得南阳诸葛庐，傍山买宅枕江居；困抛余粒来群雀，琴有遗音出大鱼。浮世何能同好恶，此生未肯掷居诸；六经尚有朝闻日，莫笑中年自补苴。

《夜坐》：寒气重重袭敝氅，静闻钟鼓响谯楼；霜中鸦鹊噤无语，风里狼狐动不休。千古几曾天可问？九州独少地埋忧；不妨便作荷锄叟，所愿兵销岁有秋。

《寒夜》：寒夜气寒过四更，参棋井络纵且横；寂寥老屋时人语，断续前村互犬声。冷入破窗百感集，愁侵短鬓二毛生；安期少日绝可笑，妄思入海屠长鲸。

《冷月》：一庭冷月骨都寒，四壁酸风梦欲阑；储药未妨无病疗，抱琴何忍傍门弹。功名有数烟尘远，飘泊无家衣食艰；不是逆流能挽舵，早年飞下古严滩。（《刘鹗集》第603页）

# 1867 年(丁卯　同治六年)　11 岁

　　1月　清政府以李鸿章为湖广总督督办"剿捻"事宜。任命左宗棠为陕甘总督督办陕甘军务。

　　是年　清政府与东、西捻军战斗呈胶着状态。

　　是年　阿古柏在新疆建立"哲德沙尔汗国",自称为汗。

　　父亲刘成忠 50 岁,兄刘味青 18 岁。太谷学派学人:李光炘 60 岁,蒋文田 25 岁,黄葆年 23 岁,毛庆藩 22 岁。罗振玉 2 岁。

　　**是年**　因祖母王夫人前一年逝世,随父亲刘成忠守制于镇江。

　　**是年**　刘成忠欲迁移其父亲文定公的墓地,因见坟被紫藤缠满而未敢动。

　　▲ 震远按:同治六年　父亲同哲夫四叔欲迁葬。山已购就。因破堆见紫藤缠满未敢动。(《刘氏族谱·文定公》)

　　**是年**　刘成忠撰写《因斋札记》叙述家世。

　　▲ 刘成忠《因斋札记》[①]:

　　吾家读书自高祖讳惟曜始。高祖初为贾人,而伯高祖习举业,屡应童子试,迄不售。年既已长矣,一日方应试归,又报罢。高祖祖母春秋高,生平最重读书人。望子之心甚迫,闻又黜,愤甚,涕泗横流,不能自已。时高祖在侧,自请于高祖祖母,愿弃商为儒。遂自取所执之秤折之,从此不复作贾人。凡三年,苦心诵读,岁补弟子员。余幼时见家中壁间悬一横幅,其文为《焦山古鼎考》,盖高祖所撰文而陈天锡所书。书甚古劲,非时辈所能作,壬寅夷乱失去。今其文已不复记忆,但识大略,谓此鼎为周宣王时物耳。此与渔洋山人兄弟所论略同。殆博古之士所见,自不相径庭也。高祖之手泽,幼时所能见惟此,今又失去,悲夫! 往时见旧刻《京江耆旧集》内,有高祖、曾祖诗各一首,此书或尚可得,当购而录知,亦存什一于千百也。

　　曾祖讳行芳,字姜田,乾隆时以岁贡生等庚□寿榜举人,邑人谓之姜田先生。余为诸生时,与乡先辈游,犹有知姜田先生名者。生平所作时文甚多,皆以白连纸楷书缮之，凡十余年。幼时屡于书簏中见之。时余年少学浅，不能辨其工拙也。有岁贡卷一，盖刻以问世者，壬寅后犹存。其题为《道之以德》一节，文如古程墨，然有宏深肃括之致。粤匪之乱，遂复失之，今已经不能记一字矣。乾隆间，文以才气相尚，而公独为大名家之文，所以终老于明经欤！既登寿榜，入都应礼部试，邀恩以光禄寺署正。归年既高，又以品学为乡人所钦，每里中有丧，多请公题其主。有所服蟒袍一件，又补褂一件，皆纱也。纱其薄如纸，今之世所罕见。自曾祖以来，常宝而藏之。每子孙应试，则去其补绣，而取其褂服之，以为吉祥。夏日必曝之，以防虫蠹。盖阅三世，百有余年矣。余补诸生，时方六月，暑甚，犹着此褂以应试。试毕，解而叠之以出，一外褂如一手帕然，其轻且薄如此。壬寅之乱，此服遂失之矣。惜哉！

二叔祖②绥斋公，以嘉庆庚申领乡荐，此题为《宗庙之礼》四句。其文即姜田公旧作也。是时刘端临先生为丹徒广文，以文见重于时。绥斋公所得试卷，皆端临先生所易，而次艺则仍其旧。余少时检旧箧，得绥斋公中式文原本，以仿纸书之。文凡七百余字，甚邕茂。端临先生以草书易于其旁，仅六百字，即试卷所刻是也。其文以神韵胜，信非名手不办。次于次艺，竟不能易一字。余尝于姜田公稿中，见是题文一首，核之试卷所刻，无毫发异，而诸文中亦常有言此事者。鸣呼，公之文即此可知矣！皓首穷经，所著文章几盈尺，其精且勤如此，卒以诸生终。悲已！古之文人，不得志于时，则传其所书于后。余家累世贫困，公文遂不付梨枣，遭经西夷之乱，又只字不复存焉，尤可悲已！公即贫甚，以教读为业，四方慕其名，不远数百里聘焉。一日岁暮，解馆归，携其脩脯之金，归以为卒岁资。中途遇一妇人，盖孀而贫者，子幼不能自存，将沉于河。公慨然悲之，尽取囊中金与焉，空手而返。时曾祖母方待公归以度岁，厨馔肃然，家无一物。闻之怡然，即脱簪珥以质库。此事余母及诸父皆尝道之。

祖父讳克巍，字寄山，兄弟三人。伯祖讳克岐，字起山；叔祖讳克嶔，号玉崖。伯叔祖皆业儒。伯祖食饩于庠，为廪膳生；叔祖为附生。惟吾祖独为商贾业，无资本，受聘于他商而为之助焉。其后又自为一包头铺，盖包头铺小者，每岁所得不过数十金，甚贫困。有一女六子，祖母徐抚之，艰苦不可名状。兄弟相友爱，家门之内，怡怡如也。伯祖性最严，子弟皆见而畏之。吾祖则稍和易矣。伯祖无子，吾祖使二叔父绥斋公嗣焉，兼以吾姑母嗣之，凡一子一女。伯祖性俭约，人丁少，所得馆金稍有所余，置房一所于西门外，每月可得市租一千余文。道光十年，此房犹存焉。伯祖即殁，家道盖不支，二叔父即除服，补诸生。既以次年登乡榜，盖年甫弱冠也，于是门庭焕然改观矣。贫如故，而吾祖之心差慰焉。

　　吾家世习《易经》，故所存《易经》文独多。字兼习五经之令出，始不专习《易》，而旧所存文犹累累然也。此外又有《文海》一部，皆时文，循四子之序而为之，醇疵什出，殊不足观。盛以方木箱，其箱但有三面而缺其盖。凡十余箱皆制举文及破书废帖。相传此箱为韡䡅箱，吾祖肆中所遗也。幼时颇厌之，盖房屋既少，而又有是箱，藏此无轻重之物以碍之。欲焚者屡矣。以先世所遗，终不忍。壬寅之乱，荡然泯然，今虽欲一见之，不得矣。可慨也夫。

　　吾家自祖父以来皆贫甚，未尝有先人之蔽庐以自处也。数世以前事，不可考矣。以余所闻，吾父少时所住陆家巷，其后吾前母来归，以屋小不能容，则又住柴罂巷。余所生何处，今已不自知。稍长则住上河边，此则镇江府西门外地也。上河边之宅，凡九间一厢，其外三间北向，以中一间为见客处，以东一间为读书处，以西一间为四叔父房，而闭其门以别内外焉。其中二间南向，皆小屋。东一间为出入处，西一间祖母居焉。其后四间东向，东一间别出，三叔父居焉，院中有枯杏一株。其余三间，东三间吾父居焉，中一间空之为饮食处，截其半以为厨房。西一间五叔父焉，亦截其半以为积薪之所。其前有厢房一间，皆湫溢卑湿，所谓筚门圭窦者也。然犹半典半租焉，每月租金一千八百文。先君尝有书与二叔云："一十八口之家，嗷嗷待哺；九间一厢之房，月月催租。"可想见已。此房本王姓产，有正宅，有旁宅，余家所住，盖其旁宅也。出西门不半里即至，其为前街，街之南有数家居焉，皆背河为宅。西行十余丈，街南之屋乃尽，为河所碍故也。镇江为漕运要道，江浙粮艘于此出江而达清江浦，邪许之声，初秋前后，不绝于耳。盖一年之中。河中有漕艘者七八月焉。余少时有句云"夜雨城头听觱篥，秋风屋上过帆樯"，纪其实也。

　　先严鹤桥公，生而颖异，然困于童子试。二叔父已领乡荐，先君始补诸生，年已二十七矣。生平所为文，经乱散失，幼时所见，惟乡试落卷，文甚瑰丽，以才气见称，然不拘一格。周石芳系英使，论文极严，首以理法为主，试士镇江，先君以诸生应岁试，初试擢一等第三名。及复试，题为《敢问何为浩然之气曰难言也》。先君文清空如话，竟体不着一字，又为七律四首，以此遂易第一，其食饩于庠。有汪氏符者，先授业弟子也，尝言有此文稿存于家，往时曾索之，未见予。兵燹后，虽汪亦失之矣。惜哉！公于兄弟戚友间谊最笃，三、四、五叔皆同居一处，未尝分爨。三叔父远贾于外，所得少而寄归者尤少，五叔父亦然，先君皆以身任之。上而祖母之甘旨，下而诸母之日用，虽极困迫，犹勉强为之，未尝分畛域，诸父亦深感焉。

　　先君在时，家政皆先君为之主，及后则四叔父继焉。延及今日，余兄弟犹守此意，皆先君之教也。先君殁时，余时年十四，童呆无所知，然家庭之内，自长至少无不哀极者，咸曰："栋梁颓矣，为之奈何！"盖以一门之内，皆恃先君之庇也。先君之殁，家无一钱而负债不下数百金，皆为家用所累耳，悲夫！事祖母犹至孝，祖母八十余乃殁，食贫数十年，生六子一女，皆抚而有之，勤苦殆不可言。及晚年乃食其报，家虽至贫，然甘旨之奉未尝有缺。八十寿辰，演剧于家，余时七龄，甚以为乐。姻族间皆疑余家之富，而不知其贫甚也。祖母晨起，则一妪负之出，尝坐三婶母屋内，或闲话，或为叶子戏。自晨至暮，未尝有拂意声入其耳。虽甚艰难，不肯以上闻也。祖母所欲无不得者，所言无不从者。先君首孝倡，诸父诸母，莫敢违焉。

先严好博览，于书无所不读，下至医、卜、六壬、子平、堪舆之学，皆采其奥。晚年嗜堪舆犹甚。祖母未殡，卜地于东乡，遂以疾终。哀哉！余兄弟皆钝鲁，不能步武前人。然大兄及三、四弟皆知医，余亦兼晓天文、周髀之学，盖犹得前人之一体焉。惟堪舆、占卜，今竟失传。惜哉！

先严于子平最精，常为六妹之父李然章推算，谓某年必薨。李大笑不信。先严曰："眵汁都掩日月之光，安得不薨。"及先君殁后，目果以是年薨。至今述之，犹以为神。先君之食饩也，是年应岁试，自占之，以为必擢。其时廪缺仅余其一，非首擢则不能。及试毕榜发，先严往观焉。旧例科岁试，皆书所坐号，不书名，状如圆规，惟第一名高出一字，余皆平列。先君往至榜下，但阅第一名，见非己名，怒而返，此下遂不复问，以为文与命皆无凭也。既而太谷学派友人来告，始知为第三名。及复试，竟易第一，时人深奇之。先君尝言，科名有命，信不诬也。余食饩时，初试列第二，及复试易第一。惟此一事，或可继武耳。

吾家三叔祖，名克嵚，字玉崖，乃朱竹楼布衣之婿也。竹楼少贫，得米书《天马赋》，终岁临之，遂以书名。其孙云门比部龙光，以进士致官刑曹，洊升郎中，以薨废。其次孙黻庭，尝于家检其祖手迹，得一纸，曰："吾乡刘姜田署正家藏宋拓《圣教序》，今观此本……"其文遂止，盖未成稿也。吾家之有宋拓《圣教序》，于此知之，愿后之人留意焉。全家尝于周芝台师相家，见宋拓《圣教序》，不知是吾家旧物否？观其印章或可得之。念念！③……

注：①《因斋札记》又名《吾家旧事》，为刘鹗父亲刘成忠所撰记叙家史的文献。据刘厚泽先生考证，此文写时，刘鹗仅十岁左右，虽与刘鹗无直接关系，但是可正前人记述中的不正确之处，亦可看到刘鹗博览群书，好杂学，喜藏碑帖文物等事，均有其家学渊源。刘成忠原稿据刘蕙孙教授回忆，是写在一红格本上，原文未完，动乱中已佚。这里转抄自刘厚泽先生的过录件。这个过录近也已经残缺，这只能表示遗憾了。②过录件如此，疑有误。因从本文及家谱可知，刘成忠祖父本身行二，仅有一兄一弟。③过录件至此而止，未完。（《刘鹗资料》第320页）

**11月中旬** 刘成忠连续与捻军作战。

▲ 编著者按：从刘成忠所撰写的《军务日记》中可以了解，是年 11 月中旬（十月中旬）已经回到其任所，但刘鹗是否随任则无从了解。对这阶段的生活刘成忠撰写有《贼渡西河后军务日记》。这份日记与刘成忠 1863 年所写的《陈逆大喜由楚回窜始记略》等原稿曾由刘鹗保存，足见刘鹗对其的重视，也可以想象到它对刘鹗的潜移默化作用。1958 年刘厚泽将其整理后全文发表在《近代史资料》。1961 年捐献给南京博物院。刘厚泽的编辑前言"《军务日记》原题名为《贼渡西河后军务日记》。所记为清同治六年（1867）整个东捻军由陕西渡河、进入中原后，自十一月二十二日到同治七年（1868）正月十八日，将近两个月的活动情况。这一部分材料，正好和江世荣同志所编辑的李鸿章'军报''军情'等资料基本上相互衔接的。文内虽泛称为'贼'，没有说明是那部革命力量，但在十二月十二日的眉批中就曾写出赖文光，原文为：'是日赖逆被擒'。又在十一月廿六日的眉批中写出：'与张贼大战，张贼走绛州之龙泉镇'。这时，张凤林早已在 1863 年牺牲了，考据史实，则是指太平天国所封为梁王的西捻军领袖张宗禹。"文中提及程文炳等人，是刘成忠的同僚。刘成忠去世后，刘鹗走向社会，与之多有联系。《贼渡西河后军务日记》文跨 1867 年与 1868 年。按照年谱惯例，按日期编辑，所以此日记内容收录在 1868 年，不再说明。

## 军 务 日 记

同治六年十一月二十二日（1867 年 12 月 17 日） 回捻股匪由陕西延（宜）川对岸山西吉州之七郎窝渡口，履冰过河，防兵败退。先是十月中，贼由宜川、延长北窜绥德，有由草地及包头河口过河援银条梁之说。是时山西臬司陈湜防河之兵均在保德州南北路，兵少天暖河未冰，陕甘总督左使湜分所部兵，率赴北路助守。初十日陕军复绥德，贼北走榆林、米脂，旋折回南下。十一月十六七日，贼至洛川，河冰渐结。贼窥西河，为防兵所部。二十日，贼攻吉州之龙王汕。廿一日，贼攻壶口对岸，皆经陈镇（原注：总兵陈必友）以利字两营击退。廿二日，贼攻吉州之七郎窝，时兵贼相持已三日，是时天寒，冰益厚，计长二三十里。贼分八股力攻，至亥子之交，贞利等营皆败，贼遂渡河入山西。前所调赴北路之陈臬司闻贼南下，由交城回救不及。

十一月廿三日（12 月 18 日） 贼陷吉州，城中民已逃徙，贼分窜永和、大宁山内。

十一月廿四日（12 月 19 日） 老湘、卓胜两军（刘厚泽注：老湘、卓胜两军——老湘是当时广东陆路提督刘松山的部队，称老湘营。卓胜是当时皖南镇总兵郭运昌的部队，称卓胜营。）由石楼县渡河入晋。

十一月廿五日（12 月 20 日） 贼分三股，一由乡宁之三官峪扑太平，一由乡宁之马丕玉口、五龙宫等处抚稷山，一由稷山西界至河津。稷山间约计马步有数万人，边马（刘厚泽注：指捻军的前哨部队）距运城不及二百里。平阳以南，无一兵帮办河防，知府陈赓福、蒲州府李庆翔皆函请豫省守晋沟之马军门（刘厚泽注：指提督马德昭）赴援晋省。（眉批）：左帅奏廿六日老湘、卓胜军至吉州大胜，贼弃城遁。廿七日返，贼又胜。廿八日，卓胜军解河津围。廿九日，卓胜至稷山，见贼攻城甚急，与张贼大战，张贼走绛州之龙泉镇。晋抚所奏亦同。

十一月廿七日（12 月 22 日） 晋兵由平阳南六十里之史村回平阳，捻贼至绛州。此数日，太平之古城、车店，绛州之崔、张村，河津迤南之月村皆有贼，而夏县、临晋闻亦有之，并有太平、曲沃已陷之谣。

十一月廿八日（12 月 23 日） 老湘、卓胜入吉州境，此两军并汾而南，老湘在汾西，卓胜在汾东。

十一月廿九日（12 月 24 日） 贼弃吉州。老湘、卓胜军复吉州。贼大股由绛州城西绕向城北而去。

十一月三十日（12 月 25 日） 贼北行出绛州境，湘、卓军至绛州获胜。是日晋抚赵（刘厚泽注：指山西巡抚赵长龄）奏贼渡西河，略言：已檄臬司陈湜由隰州回剿，又饬陈赓福以福字两营由平阳回剿，又调泽潞兵防东面之岳阳及东坞岭（岭在浮山东南沁水西北）。晋抚于发折后出省驻韩侯岭（岭在灵石东南）。

十二月初一日（12 月 26 日） 贼由平阳南之史村驿向东北窜去，临汾南之赵曲已见贼火，太平之东毛西毛亦有贼。马军门奉抚帅咨调赴援晋省。是日以安勇四营由关外风陵渡赴晋，适左帅亦禀调马军防运城，遂由蒲赴解。湘、卓军是日至高集（此集不知所在，应即曲沃北绛州之高县镇也）。

十二月初二日（12 月 27 日） 贼由曲沃之蒙城驲（驲在平阳南九十里）高县旗（在蒙城南曲沃北）北走。马军门抵蒲州，探闻贼在河、稷、绛、万等处，守晋沟之段道（刘厚泽注：指当时营务处道员段喆），分精锐一营赴太阳渡（在、□州上河头对岸属平陆）会兴镇（亦□地其对河为茅津渡）防河。湘、卓军抵平阳。

十二月初三日（12 月 28 日） 老湘军及贼于平阳之尧庙，大获胜仗。贼败走至洪洞之天井镇。陈臬司兵至灵石南四十里之仁义镇，将南赴平阳。连日闻贼在曲亭（亭在洪洞东南）蒙城候马驿（驿在史村南闻喜北）。（眉批）：探其云：初三日，贼由曲沃度汾向高平、阳城。或云：初三日，贼由洪洞之曲亭东窜，经平阳镇兵击毙二百人，贼折向西南。

十二月初四日（12 月 29 日） 马军门抵运城，探闻捻匪全数渡河，一在太平北之古城，一在吉州。

十二月初五日（12 月 30 日）　左帅咨：贼窜河西，已具奏，自请帅师入晋，以陕事委之刘臬司与高军门连升。闻喜县西卅里之东镇见贼边马。

十二月初六日（12 月 31 日）　有旨命宋庆、程文炳赴山西剿贼，使张曜回河北。（眉批）：初六日，绛州、曲沃、翼城皆见贼。

**是年**　刘成忠存诗《赵季梅广文邀游焦山》等八题十七首。

▲《赵季梅广文邀游焦山，晤吴次垣观察、王守愚司马，留三日》：双峰一别几星霜，舣棹重来正夕阳；千古大江流浩渺，十年往劫感苍茫。金山楼观春烟散，铁瓮人家秋草荒；旧日游踪余此地，不胜兴废叹沧桑。

自然庵傍焦岩麓，隔岸数峰相对闲；一榻兼收山水胜，六时都在烟云间。江鱼白白晚犹送，径竹青青秋不删；二十年来两留宿，拟将心进证禅关。

昔年武汉远传烽，贼舰随流直向东；锁钥全凭两山险，艨艟横截一江中。余羶幸不污灵迹，壮观于今擅梵宫；犹有老兵闲戍守，呜呜画角起西风。

故国扁舟意寂寥，偶然胜境得招邀；吴兴老去才思在，季重归来酒兴消。几日山灵如有约，一时身世共无聊；何当更著王乔舄，直上峰颠看海潮。

《三层楼看江》：三层楼势耸参差，千里长江一览时；风起乱帆争港口，云开短树识江湄。中泠水好人来远，顾渚茶甘市散迟（贾人于此卖茶）；瞥见雄关高百尺，不知何地隔华夷（英国筑关江畔，以收船税）。

《题樊川王某携儿折桂图四首》：一堆黄霭压肩寒，宴罢霓裳仔细看；为语郎君须记取，折花虽易种花难。

樊川一水接珠湖，中有仙人聚族居；除却读书唯抱瓮，门前红杏又千株（此首接种花说下，又隐以杏林春宴期之。用意浑然不觉。）

回首秋风二十年，木樨香味尚依然；而今老去成何事？剩有甘棠诗一篇。

乌衣子弟最风流，才苗兰芽迥不犹；我亦庭前双树在，可能李郭便同舟。

《舟过露筋祠四首》：犹忆计偕北上时，晚烟小泊露筋祠；祠北楼头眺湖水，春风面面绿差差。

重来楼屺但梯存，俯见遗民秋树根（余之第三女聪颖过人，读此诗谓"遗"字非是，不觉为之首肯。甫嫁而夭，悲夫）；三面湖光余一面，夕阳衰草遍平原。

增冰峨峨梗舟航，疆臣虔祷祠之旁；一夜好风三尺水，直送云帆到太仓（嘉庆间，安化陶文毅公巡漕江南，会粮艘回空阻冰高邮，公祷于祠，一夕冻解。奏膺封祀，公立碑于祠以祀之）。

污洁唯凭一念间，只今大节重如山；清淮女儿不知耻，箫管祠前日往还。

《将赴豫省有作》：摩娑宝剑百忧煎，欲买扁舟倍怆然；尚有人思何武惠，可能天假贾生年。西悬太白光芒动，北走黄河波浪连；蛇豕蔓延行不易，睡余空自梦凌烟。

《题吴朗如大令读礼图》：朔风何凛冽，庭树惨不绿；此时衔恤子，羁旅坐空屋。抆泪展君图，泪绝不可续：君游良亦苦，少壮违乡曲；犹幸十年来，迎养沾寸禄。显扬愿已遂，此外何荣辱？岂如薄祜者，俯仰皆踏踢；欲出墓无庐，欲留甑无粟。哀哀鸿雁飞，有礼不遑读。

《题陈道南循陔采兰图》：男儿有志排天阊，岂期蹭蹬走四方，毛锥三寸足自藏，一朝弃去参戎行。中原烽火连邻疆，朝喂猛虎夕饲狼；有田不得储斗粮，掘濠筑垒何奔忙。君于其间着裲裆，视刳蛇豕如犬羊；幕中得君过平良，坐使太白收光芒；忽然登高见故乡，白云飞处心彷徨。自从出门经几霜，南陔之兰萎不芳；悬知二老寿且康，其如倚闾旦夕望。儿欲归兮羞空囊，谁饮贫米关山长；儿不归兮泪满眶，亲南子北成参商。但从画中识梓桑，安得趋走亲之旁？有时仰天见鸷鸽，恨不生翼同飞翔；参天老树遮榕樟，梦所不到云茫茫。我展君图重感伤，羡君堂上皆吉祥。方今大帅威棱扬，蛟鳄已远淮之阳；行膺懋赏书旗常，板舆千里相扶将。椿叶碧兮萱草黄，朝朝兰室春风香。问君何物娱高堂？但见肘印悬辉煌；披图更献诗百章，且为吾亲晋一觞。

《和康麦生寒夜同人小集韵》：纵横磈石闲湘甆，坐语浑忘更鼓迟；留客炉煨新旧火，冲寒花放短长枝。愁中乡井连宵檄(时秦贼渡河入晋，麦生晋人)，老去生涯满箧诗；安得欃枪今夕坠，拥衾醉卧日高时。

《和康麦生夜饮虎卿斋，兼调虎卿(是夜实元酒，曰夜饮者，示索酒也)》：寒宵幕府簉同人，高致谁如谷口真；贫甚难赊刘季酒，兴豪犹召孔融宾。待飘柳絮开陈酿，且对梅花梦洛滨；独有老饕叨异数，背人满酌瓮中春(越日，虎卿以药酒见贻)。(《刘鹗集》第605页)

# 1868 年（戊辰　同治七年）　12 岁

1 月　太平天国遵王赖文光殉难。东捻军失败于江苏。东捻军斗争结束。

4 月　江南制造局设立翻译馆。翻译出版以近代科学技术知识为主，兼及各国政治历史。

8 月　在清政府与英、法军队的共同围攻下，西捻军被围困于黄河、运河、徒骇河之间，全军覆没。捻军起义失败。

父亲刘成忠 51 岁、兄刘味青 19 岁。太谷学派学人：李光炘 61 岁、蒋文田 26 岁、黄葆年 24 岁、毛庆藩 23 岁。罗振玉 3 岁。

**是年**　随父亲刘成忠居河南。

**是年**　刘成忠继续参与围攻捻军的作战。

▲（接 1867 年《军务日记》）

十二月初七日（1 月 1 日）　贼次绛县东南之横岭关，领水师强字营兵之周某败走。贼至垣曲北之皋落寨。是日得十一月二十九日山东官兵大捷，赖逆投水捷书，函商李宫保（刘厚泽注：指李鸿章）使张翼长（刘厚泽注：指总兵张曜）回军河北。左帅所调吉林、黑龙江马队一千七百名抵潼关。

十二月初八日（1 月 2 日）　左帅由陕西率兵出省赴晋旋返。田参将庆和以精锐一营，归德镇兵三百出省赴河内。贼焚垣曲四关，城陷文武官多死。渑池对岸见有红白旗贼数千东去，闻尚有黑蓝花旗在后。是日，有旨命赴晋之宋庆、程文炳、张曜、余镇恩归左帅节制，又命陈国瑞与宋、张合统兵勇亦归左帅节制，又命陈湜留屯赵城。

十二月初九日（1 月 3 日）　贼由垣曲东窜入河南境，扰济源县西邵源镇北之西阳村，距城不及百里。渑池县见北岸多杠旗，闻白旗已至济源，余旗尚在后。马贼百余，掠孟县之冶墙村，内有涂面者。橄阳镇由临漳回防河内。（眉批）：初九日，晋抚至平遥。

十二月初十日（1 月 4 日）　接到左帅初五日来咨，使翼长喜副都统（刘厚泽

注：名喜昌），率吉林骑一千二百名，安、全两副都统率吉林、黑龙江骑五百取道豫省，循河之南而东，经河内赴泽潞截贼。是日有旨命宋、程等由获鹿进，张、余等由临洺进。杨镇使窦守备一营先赴济源，即日拔队。贼至济源西五里之王庄，旋至城下，城外火光四起，边马至孟县强京村。

十二月十一日（1月5日）　接到初六日饬张、宋军西行之旨。檄崔镇所部二营，由襄叶赴河内、济源。又檄参牌玉寿一营，由省赴河内、济源。孟津县南铁卸河口，夜见贼火。卯刻，贼大股直扑济源，环城数层，甚猖獗。边马百余至河内。城下苗店、史村、十三里村皆有贼。喜副都统马队至陕州，孟县已见贼马。

十二月十二日（1月6日）　贼大股在怀庆。济源禀，贼用梯扒城，击退。段道于是日东行。（眉批）是日赖逆被擒。

十二月十三日（1月7日）　田参将在怀庆出队击贼，贼旋去，仍在怀庆境内，时至城下。是日，济源把总王喜霖带勇五百击贼获胜。（眉批）是日有邵令水营内千总陈玉、勇丁席大必在玉兰村地方被百姓误作奸细，乱棒打死，可惨。

十二月十四日（1月8日）　贼骑数百至温县，邵令钺以百人击之，大获胜仗，除擒所外，得马廿余。贼大股由济源入河内，扎营十八里滩，陷河内柏香寨。

十二月十五日（1月9日）　贼大股至清化镇，攻破西关回寨。温县之贼由河庄窜入孟境。（眉批）窦守备遇贼于宁郭驿，是蓝红旗贼，马队万余，步队数千。

十二月十六日（1月10日）　边马至武陟，距城三四十里。温县东、西、南三面皆贼，温县与河、孟交界处，贼众亘三十余里。饬军需局委王守志谭、陈丞希谦分赴河北督催粮草，约兵粮四五万斤，马草二三万斤，本省外省兵到随时支应，向营镇价。（眉批）老湘军至济源境。

十二月十七日（1月11日）　田参将击贼于怀庆城北，获胜。老湘军至济源，扎程村。张、宋两军拔队由济宁西下。贼边马至获嘉。

十二月十八日（11月12日）　陕军马队在洛阳渡河，由十八至十九渡毕，甚安靖。边马至修武城西五六里。温县城西已无贼踪，火光均在东北。十八日，喜都统可至孟县，大股贼由许良、清化东去，清化围解。

十二月十九日（11月13日）　崔镇马步兵七百，玉寿步兵五百，均由氾水渡河到怀庆，段军前左两营渡河。贼至获嘉城下，修武东南亦有贼。又新乡城西七里店有边马，辉县亦有边马，大股在武陟阳邑庙。窦守备胜贼于修武之西。（眉批）窦守备至修武出队获胜，阵亡七人，杀贼数十。安全马队至怀郡，郭军亦到，皆向清化一路追贼。

十二月二十日（1月14日）　段军右后两营渡河。崔、杨镇兵一千至获嘉，扎东关。大股贼在辉县、获嘉、修武交界之柏壁店，又在修武西北廿里之大王范桥，清化尚有贼千余。杨镇探贼大股在宁郭、大王庄、恩村一带。

十二月廿一日（1 月 15 日） 段军至怀庆。段道至孟县。延津未见贼。武陟犹有贼。崔镇至武陟。杨镇至修武。（眉批）：贼在大王镇筑木城，边马至修、获接界之峪河、山阳、王凡等村。

十二月廿二日（1 月 16 日） 贼在原武东北尚未入境。邵令由温县回守河防。边马至新乡县西，距城廿余里。贼在辉县西南，由辉赴修、获之路皆阻。汲县尚未见贼。贼踞武陟木栾店东北，崔镇、田参将击之，擒一人。贼大股在修武西南，乘夜攻城，杨镇击走之。

十二月廿三日（1 月 17 日） 崔镇出队获胜，城败向东窜，已过运河。获牛骡百余，使乡民认领。武陟解严。贼又攻修武，窦守备以三百人出城被围，旋经丁把总等救回。大队至获嘉，刘、郭、喜（刘厚泽注：刘郭即老湘、卓胜的刘松山及郭运昌，喜为喜昌）由清化镇东行分进，刘提郭镇宿武陟之恩村，距清化四十里。（眉批）原武禀贼已入境，然无时日。

十二月廿四日（1 月 18 日） 贼在修武，又在新乡西北，扑获嘉城。

十二月廿五日（1 月 19 日） 阳武未见贼，边马至延津西卅里。贼至修武西待王村木城度岁。是日张军毕渡。（眉批）刘、郭、喜三军廿四五日均过修武而东。

十二月廿六日（1 月 20 日） 杨镇拔营援获嘉。延津西北四十里广家堤见边马。夜火甚大。又西北十八里之石白沽见马。（眉批）是日龙王庙已有贼住。

十二月廿七日（1 月 21 日） 贼至卫辉迤南卅五里之龙王庙。张、宋军门至封邱。是日宋军毕渡。

同治七年正月初二日（1 月 26 日） 贼渡彰水北行，出河南彰德府境。

正月初四日（1 月 28 日） 帅节至卫辉。

正月初七日（1 月 31 日） 至彰德。

正月十三日（2 月 6 日）（编著者注：原文如此。但是因后文有十二日、十三日，因此疑为十一日之误） 至磁州。

正月十二日（2 月 5 日） 贼至保定。

正月十三日（2 月 6 日） 贼西去，官军进扼涿州，贼折而南。

正月十五日（2 月 8 日） 陷祁州。

正月十八日（2 月 11 日） 至安平。

**2 月(正月)** 刘成忠被李鸿章调入幕中办理文案。

▲ 编著者按：1868 年刘成忠撰写有《同治六年幕府大事记》逐月记录与捻军

作战情况。刘鹗珍藏此件。1958年刘厚泽整理编辑发表于《近代文史资料》其编辑说明三:《同治六年幕府大事记》所记为同治六年(1867)东捻军全年活动情况。1961年刘厚泽将原手稿捐献给南京博物院。此文中多次提到李鸿章、李鹤年、张曜等人或为刘成忠上司,或为刘成忠同僚。刘成忠去世后,刘鹗走向社会仍与这些人物有千丝万缕的联系。《同治六年幕府大事记》全文如下:

## 同治六年幕府大事记

正月十二日:帅节(注:节帅指当时河南巡抚李鹤年)出省驻诸州,是时捻逆任柱、赖文光在湖北,张总愚在陕西与逆会合。十五日,鲍爵军门超败贼于湖北钟祥之杨家泽。十七日,又败之于丰乐镇。

二月十七日:鄂军彭藩司毓橘兵败于蕲水南之六神港,死之。

三月:贼久踞钟祥、京山间。鄂抚(刘厚泽注:鄂抚指曾国荃)曾议集军三面困之,贼旋去。

四月初二日:贼由枣阳东窜,侦骑至河南信阳州之大庙眈,宋军门庆追之,贼旋遁,犹出没于鄂之北境。初六日,陕西捻逆窥西河,使马军门回防阌乡防兵赴山西助守。捻旋去,马军门回防阌乡。十三日,帅节回省秋审,使崔镇廷桂驻郑州之京水镇防河。二十四日,帅节回驻许州。二十五日,贼由随枣北窜,入河南之唐县境。二十九日,宋军门击贼于镇邓间,贼大败。

五月初二日:淮军盛字营破唐县少拜寺民寨,杀伤民人一百余。初三日,宋军门庆以轻军及贼于裕州东北,贼大败。初四日,贼走许州,帅率张翼长曜等军击之于八里桥,贼大败。追击之于石固驿,贼又大败。东北遁,令张翼长饶出祥符之朱仙镇,截其前,帅自以亲军追之。初七日,贼窥黄河南岸之柳园口,崔镇廷桂击之,贼东走。初九日,贼由祀县出河南境,北窜山东之曹县,帅节追贼至杞县,遂移大营驻杞。贼蔓延于黄河旧堤之北。钦差李(注:钦差李指李鸿章)议筑墙于堤以截之。十二日,贼由运河上游戴家庙渡运而东,钦差李议扼运河西岸以堵之。使宋军门出省至山东助剿,使张翼长驻兰考防边,旋亦赴东省助守运河。使段道广赢赴阌乡,偕马军门防西捻。自正月至五月十七日不雨,河北安阳、内黄民谋聚众抢掠,旋解散。

六月:贼渡胶莱河而东。钦差李集绪诸军守胶河。帅节回省防河,兼镇抚河北。

七月:胶莱河墙成,宋军门助东军守之。十六日,贼夜攻宋军所防之河墙,大败去。二十日,贼毁东军所防胶莱北之海神庙河墙,渡胶河而西。宋军追至郯城,旋回军守运河之上游。直隶枭匪南窜,使杨镇驻彰德防边,旋移临漳。

九月：移阌乡防兵于晋沟。十四日，直隶枭匪至成安县，杨镇夜袭之，贼败走。

十月二十四日：淮军刘军门（注：指刘铭传）偕豫军马队败贼于江苏之赣榆，歼首逆任柱。二十八日，襄城县奸民程岱、马明如等作乱，使崔镇以兵捕之。

十一月初七日：崔镇追程岱等至宝丰，一日三战，捕斩略尽，程岱、马明如逃，旋就擒。初十、十一等日，淮军各营与贼连战诸城、潍县间，擒斩解散甚多，贼势渐衰。二十二日，陕西捻匪张总愚等由吉州之七郎窝，履冰渡西河入山西境。二十九日，淮军刘军门偕潘鼎新、郭松林、杨鼎勋及豫军马队善庆等击贼于山东寿光县，一日数十合，贼大败，首逆李允（注：李允东捻军领袖之一，名李韵泰，太平天国封为魏王，清政府称之为李允，蔑称为厉陨。同治六年十二月兵败，牺牲于山东寿光县）伏诛。赖文光投水死，余贼骑数百人南窜。

十二月初一日：使马军门赴山西守坛城。初七日使张翼长、宋军门由山东移军河北。旋调段道、杨镇、崔镇各营均赴河北进剿。山东余匪于是日窜过六塘而南。初九日，西捻由垣曲东窜入河南境，扰济源之西阳村。直隶枭匪解散，豫北撤防。初九至十九日，贼东窜，边马至辉县、获嘉、原武等处。十二日，山东余匪逃至江苏江都之仙女庙，华字二营击之，生擒首逆赖文洸，余匪替降，东捻平。除夕，捻匪张总愚一股窜至汤泽阴，张宋二军击之，大获胜仗。

**6—7 月**　刘成忠为查厘税而去淇县、汤阴、安阳、邯郸和周口等。

**9 月（八月）**　刘成忠在营起服。居开封吹台。有手稿《吹台随笔》存世。

▲ 编著者按：刘成忠手稿《吹台随笔》"有子恕词翰"印。内录《刘晏不直赈救说》《记龙尾车迟速》等文，《月夜吹台即事四首》《宜沟驿题壁》《汤阴县过岳武穆王故里》《大名府早发》《张西园文集序》《宿平舆故城，有怀张朗斋方伯改官事感赋》《闻李寨为亳捻所屠感赋》等诗。所录诗后均收入《因斋诗存》。"吹台"是开封最古老的名胜古迹。古吹台又名禹王台、古明台，现今坐落在禹王台公园里，传说是春秋晋国乐师师旷学艺弹琴的地方。

**11 月 19 日（十月初六日）**　刘成忠"于防剿张逆全股荡平案内保奏，奉旨以知府仍留河南，归候补班前补用，并赏戴花翎"。

**12 月 16 日（十一月三日）**　刘成忠开始戒酒。

**是年**　刘成忠疏通治理惠济河。

▲ 七年正月，蒙李中丞调营办理文案，八月在营起服。十月初六日，于防剿张逆全股荡平案内保奏，奉旨以知府仍留河南，归候补班前补用，并赏戴花翎。（《刘鹗集》第 584 页）

**是年**　刘成忠存《和康麦生》等诗十三题二十首。

▲《和康麦生元夕相州幕府登寺楼玩月有感》：积雪在庭宇，当头月倍明；遥知千里影，定满九重城。寒敛旌旗色，风传鼓角声；客床眠不得，终夕宝刀鸣。

慧字几时落？关河如此寒；良宵愁里过，好影客中看。曲突嗤梅福，围棋仗谢安；春灯不可见，脉脉此凭栏。

《感事用郑虎卿磁州元夕韵》：几日渡衔漳，烟尘已保阳；颇闻言悖诞，况值岁凶荒。赏重群捐命，功成各念乡；愁中时北望，寒月挂垂杨。

《春雨和康麦生韵》：听处无声望处多，旅怀怅触奈春何；濛濛草色愁中醒，黯黯钟声静里过。便有轻烟堪入画，居然浅水亦生波；杏花村巷今安在？肠断江南暮雨歌。

《渡冰桥》：龙门之北河水高，朔风吹河河作桥；皎如白练挂绛霄，年年凿冰非一朝。一朝流寇入关陇，表里山河皆震恐，急开府库募健儿，河滨日日旌旗拥。闻道山东大合围，濒河壁垒何累累；群言此策拙已甚，奈何轻用民力为。春来河水波，移舟对岸若我何；冬时河水合，防河有卒谁能踏？去年天寒处处冰，未闻房骑能凭陵；今年天暖河如驰，房若东来唯送死。赴机料敌何神速，不守西河守河曲。河曲烽烟寂未腾，西河一夕壶凝玉；奔腾万马疾于风，倏忽已过河之东。神龙掉尾远不及，羸兵四散如飞蓬；弃甲投戈道旁卧，可怜横被行人唾。人生共此血肉躯，以寡当众皆趑趄；置之死地固宜走，我辈碌碌足治乎？后有牧兮前有颜，河兮河兮误我多；诸君但说防河易。独不见，河边山尽唯平地（余在豫军幕中，得见晋省所寄防河奏稿，但言以兵守冰桥而已。尝私语同人，晋人不肯沿河筑墙，冰桥必不守，既而果然。此诗所讽意正谓此。今年六月，强耕亭孝廉自晋来，为余言，陈舫仙廉访甫至晋，即力陈筑墙之策。抚军不从，是以败。汉昭烈帝有言，天下智者，所见略同，不其谅欤！己巳重九日记）。

《报红旗》：报红旗，红旗舒舒来山东，山东大帅李邺侯，夜发此旗慰九重。旗行一日六百里，闪如飞电疾如风；道旁观者群起舞，谁识此旗得良苦？自从流寇起中原，贤王慷慨腰弓鞬；后追前截功不就，螳螂乃竟摧车辕。南丰贤相首变计，流者止之采群议（丁卯二月，僧亲王战殁。是时吴少坡中丞抚豫，余首陈因水设险，先围后剿之策，中丞不许。其年冬，言于曾涤生节相，节相亦寝之。既而刘省三军门、袁小午侍读、潘琴轩方伯、洪汝舟廉访……言者甚多，节相意乃决。贼终以此灭）；壁垒连绵颖水东，行见长星光坠地。报红旗，红旗之报何迟迟？四面方闻夜歌合，一呼已逐晨光驰。中兴之佐皆榱栋，临淮代领汾阳众；易地依然张网罗，乱流尚恐浮罂瓮。树栅连营傍运河，河长卒少可奈何？同仇最有豫州切，倾国远戍森矛戈；发踪指使元戎事，战功更数顺昌帜。戮力同追苙外豚，奋威独殄圈中彘。报红旗，红旗之报何艰难？几载兜牟流铁汗，几人面目画刀瘢；圣代凌烟思最渥，萧曹将相应和睦。列爵从知有等差，酬庸岂独殊章服；正值烽烟逼豫边，纶音远自九重宣。缙绅额手官吏喜，王翦从今卧不起。

《阻滹沱》：北条有河曰滹沱，其源乃在吾台深处、万仞之嵯峨。包燕络赵亘千里，滚滚浊浪翻蛟鼍；当年天祐铜马帝，仓猝冰坚师乃济。白沟巨马何足言，此是畿南一屏蔽。无端狐鼠纷南来，北军幕府缘边开：地多兵少，不可以尽守云中九愿，连营列戍何为哉？吁嗟滹沱河，不闻人荷戈；岂无绕朝策？越俎将奈何（余时建北扼滹沱之议，拟奏稿欲上，以事在邻者不果）！一朝寇迫卧榻侧，铁叶门扉阖不得，仓皇请召入援师，三日五百犹嫌迟。蝮蛇虽小苦近手，议防议剿将安施？神京自是根本地，驱过滹沱为上计。渐驱渐远薄河干，屈曲洪流绕如蟠；将军拊掌守土喜，肘腋从兹无患矣。回头却忆贼来时，至今水面犹浮尸。北来良难南去易，特开一面以诱之。岂知春暖涛更怒，愚民无知断桥柱，盈盈一水相望间，虎欲渡河不得渡（束鹿令牒言，贼六渡滹沱不得）。

《贩洋米》：圣朝声教讫四荒，贾舶远自西南洋；舶中载米千万石，直沽口外帆相望。去年畿辅苦亢旱，麦田直直唯枯秆；今年流寇走燕台，马蹄蹴处皆黄埃。前有贼兮后有兵，萧条千里无人行；近村杀戮到鸡狗，远村逃匿空檐楹。军中论钱不论谷，共说钱多谷自足；岂知谷少钱徒多，万钱不敌谷一斛。谁能坐听饥肠鸣？纷然四出敲柴荆；口中攫食犹细故，穷搜不复溃涸圄。遗民几日绝饘粥，见兵括粟如刮肉；空拳白刃两相争，可怜民哭兵亦哭。贩洋米，初闻此令人皆喜，其奈北风雨雪多，盼得米来民尽矣！我闻汉阳有酂侯，转输不缺功最优；当时亦自有晴雨，不闻劫惊为民忧。贩洋米，洋米登程苦不早，安得夸夷二子来，缩地移将海中岛。

《淇县道中》：太行山外历征邮，夹道杨林景亦幽；落日腾光明叶背，归云含雨宿峰头。人家淇上稀栽竹，天气田间正喘牛；遥指行尘何地息？炊烟高处有鸦投。

《宜沟驿题壁（用壁间姚春衢大令韵，以下三首六月途中作，附录于此）》：海鲸河鲤茫然愁，吾今胡为丈五沟？十年已自窘蜗角，八星犹尚摇旄头。莲非出水孰知洁？蓬方受风安得留！世间万事不可说，淇水日夜东南流。

《汤阴县过岳武穆王故里》：驱车汤水南，凭轼鄂王里；异哉一勺波，钟灵乃如此。缅唯天地心，所重伦与纪；不有伟人扶，两大将倾圮。维王天笃生，崛起风尘里；神武固无畴，精忠尤莫比。自唯衣冠列，敢昧君父耻；成败且不知，何论憎与喜！一朝中忌讳，冤狱无端起；天心不可知，臣志今已矣！峨峨江上山，寂寂湖边水；父兄骨未寒，君相心先死。呜呼南渡朝，从此无臣子！

《大名府早发》：驱车南去别天雄；浩荡征尘溽暑中；雨后云霞蒸作彩，午余禾黍郁生风。一官勉效持筹计（时赴周口查厘税），六月谁成匡国功？差喜秋成今有象，未须杼柚怨其空。

《月夜吹台即事四首(时浚惠济旧河,以消有垣积水,驻此)》:寒月迥如此,寥天四望空;人家犬吠外,客思雁声中。一水昔横练,双桥尚卧弓;如何成绝港,不与百川东。

屹屹崇墉内,翻同下隰居;泽鸿冬未宅,野鹜夜相呼。大府仅饥溺,微才效走驱;惭无贾让策,昏垫几时除?

一再金堤决,城低堑转高;遂令旧闾巷,长此没波涛。归壑谈何易?求深力最劳;应输龙骨巧,喷雪洒平皋。

差喜陈留邑,能分幕府忧;但期达涡口,不患梗淮流。兹地滥觞始,何人适野谋?茫茫尘海内,身世愧鸥浮。

《瞿耕甫太守吹台即事原韵见赠,依前作韵酬之(时同奉檄浚河,驻台上)》:千载梁王苑,沧桑举目空;地形成釜底,城影入波中。开府新旋节,前军尽弛弓(时捻逆肃清,抚军自大名府凯旋);愿言寻故道,重使汴流东。

哀此艰鲜者,年年水国居;曾无尾闾泄,时有首山呼。鱼鳖何由免?蛇龙不可驱;唯应巨灵掌,淤塞一挥除。

有水皆趋海,其如所载高;周回晋阳偃,拥遏曲江涛。据地斯能注,移山勿惮劳;伫看疏浚后,禾黍定盈皋。

水学吾何敢,空怀胥溺忧;同心仗僚友,并力挽横流。台畔连床话,樽前借箸谋;会当如李郭,一舸此中浮。

附录子度四弟和韵:一自鲸儿剪,烟尘千里空;唯兹沈灶地,尚在倒悬中。堤薄培千尺,渠宽拓百弓;从今疏浚讫,浩浩永朝东。

昏垫何年始?家家泽国居;几人劳擘画(是河二年中已三浚),一邑困返呼。霜落波犹满,云翻涛自驱;白鸥不相识,日日到庭除。

仰视平台迥,俯窥甃井高,有田皆变卤,不雨亦奔涛;大府方仅念,微官敢告劳?平成殊未易,集议仗夔皋。

异乡如此月,触目长离忧,列宿淡于洗,寒云涩不流。宦游同浪迹,世务贵周谋,且喜同胞聚,相将大白浮。(《刘鹗集》第607页)

# 1869 年(己巳　同治八年)　13 岁

6 月　福州船政局建成第一艘轮船"万年清"号。

9 月　山东巡抚丁宝桢将外出招摇之太监安德海正法。

9 月　英、德、美、法五国公使在北京订立《上海公共租界土地章程》。

父亲刘成忠 52 岁、兄刘味青 20 岁。太谷学派学人:李光炘 62 岁、蒋文田 27 岁、黄葆年 25 岁、毛庆藩 24 岁。罗振玉 4 岁。

**是年**　随父亲刘成忠在河南。

**2 月 12 日(正月初二日)**　父亲刘成忠奉旨以道员留河南补用。

▲ 本年刘成忠 52 岁。"八年正月初二日,于剿办汝光捻匪一律肃清案内,奉旨着免补本班,以道员仍留河南补用。"(《刘鹗集》第 584 页)

**12 月(十一月)**　刘成忠继续编辑《韩文百篇编年》。为韩愈散文《释言》作评语。

▲ 编著者按:刘成忠本年开始编辑《韩文百篇编年》,但具体时日不见记录。《韩文百篇编年·评语》多不记录"评语"写作年月,但绝非一时之功。《释言》是《韩文百篇编年》的第 50 篇,其评语有两则,前一则写于"己巳十一月"(1869 年 12 月),后一则写于"辛未四月朔"(1871 年 5 月 19 日)。《释言》评语两则如下:

韩文中引喻引古,起后必应之,亦一应而止。无至无再者。己巳十一月。

所释之言,实止二事,衍而为四,壁垒森然。若当日实有四番问答,则此局为板矣。集中两扇,四扇以至原毁之八大比,其布置皆当作如是观。辛未四月朔。(《韩文百篇编年·中卷》第 32 页)

**12 月(十一月)**　刘成忠读韩愈《送齐暤下第序》。

▲《送齐暤下第序》眉批第五则:此己巳冬月所书,是时于公文人之犹浅。故以为但此二首为然。今综其全集,似此者尚有十余首,详见臆说。(《韩文百篇编年·上卷》第 8 页)

**是年**　刘成忠读韩愈《与崔群书》并作眉批。

▲《与崔群书》眉批：既曰不"累其灵台"，又劝以"理其心"，前后语意颇嫌矛盾。读至"非所以待足下"句，乃知其非矛盾。然脉络究有不甚贯处。（《韩文百篇编年·上卷》第 56 页）

**是年** 刘成忠治理疏通惠济河完工。

**是年** 刘成忠试造龙尾水车。有诗、文存。

**是年** 刘成忠勘察贾鲁河。

**是年** 刘鹗侧室茅氏生于六合。

▲ 本年侧室茅氏生于六合。（《铁云年谱》第 8 页）

**是年** 刘成忠存诗词《康麦生大令过访》八题十七首。

▲《康麦生大令偕姚云屏直刺、陈蓉叔孝廉、宓爱棠、朱用之两参军过访，次吹台即事韵见赠，三叠前韵奉答，呈是日在座诸君，并调王晴舫观察》：对山擅诗酒，落落久群空。佐郡穷山里，从戎敝幕中（麦生以朱阳关通判赴营）。连年叨共杓（予在军，每夕必与麦生小饮），此日喜橐弓。何处能相访？夷门更向东（吹台在省垣东门外二里许）。

天使刘伶病，糟邱不可居（予自去年十一月初三日戒饮至今，麦生原赠句云：伯伦酒真断，摩诘病应除）。与人同局促，让子独歌呼。老去余贫在，愁来借茗驱。看君鲸吸态，垒块顿消除。

亦有醉乡后，空推门阀高（时晴舫亦以善病不饮）。得闲惟采药，称疾谢观涛。入世许同醒，为官良太劳。传家诗最好，薄暮望东皋。

且说姚公宴，能消杜老忧。太邱名并美，桐邑泽常流。更有琴歌化，谁云肉食谋？陶然我心醉，不待巨舠浮。

《试造龙尾车成，四叠前韵（车制始自欧罗巴，用力省而戽水多。中土罕能造者，余指授工人作一具，试之颇效）》：羊角盘盘上，鱼肠转转空。谁知喷薄处，即在折旋中。刌木圆于毂，编篱曲似弓。果然龙尾见，长此曳天东（试推升降理）。

每笑汉阴叟，终年抱瓮居。有时苦龟坼，空自盼鸠呼。蜀相木牛运，吴儿秧马驱。何如此奇器，旱潦一朝除。

甫见垂头入，旋看过颡高。半天洒寒雨，平地涌秋涛。敢诩程工巧，深渐学制劳。浚川差有助，湿翠满兰皋。

绝域欧罗客，居然民见忧。昔年通贡贽，此制遂传流。不惜采风远，聊为未雨谋。从今桔槔弃，井畔听沉浮。

《刘梓卿直刺六十寿》：文章江左知名日（刘，皖人，以举人大挑得知县），政绩中州奉檄年。丹毂巡方新刺史，青山作吏旧神仙（刘补官林县，居万山中，俗谓之林神仙）。算如椿树浑忘老，生比荷花更占先（刘生辰为六月二日）。难得宗盟联官辙，好因周甲祝琼筵。

《贾鲁河勘工,赠权中牟令、吴抱仙司马》:相门清德有贻谋,小试聊从百里侯。入室但余图籍富,下车已播里闾讴。十年狂寇疮痍满,六月洪涛屋宇浮(戊辰六月,河决荥泽,浊流直至城下)。赖有使君今卓鲁,坐令瘠土亦锄耰。

孙琴米砚重当年(吴家藏孙公和铁琴、米南宫砚),浩劫虫沙竟瓦全。呵护岂无丁甲力,收藏终仗子孙贤。传家钟鼎胸成癖,作吏风尘骨自仙;好为此间添拓本,丰碑德政仁茫然。

丈八沟前纳凉地(邑南丈八沟,历年苦潦,吴莅任首修治之),东西积潦渺无涯。几年弃置沉菰叶,一日经营遍稻花。地入中原少川泽,时方无事贵桑麻。我惭捧檄此行水,有愿追随君后车。

数椽茅屋讼庭东,位置依然林下风。窗启平铺秋水碧,城高斜挂夕阳红。归家饮馔肥鲜外,循吏襜帷弦诵中。差喜此间叨信宿,简书真悔别匆匆。

《刘道士江山无尽图,为丁赞臣大令题》:道人笔力有如此,万水千山尺幅纸。置之座右久不开,往往光芒夜中起。似闻河伯踏波来,疑有山魈窥客喜。须臾开遍南岳云,等闲吸尽西江水。是何腕底夺造化,使我读之增叹咤!世间不少健游人,欲说游踪犹不暇。何况舟车历岁年,春游北塞秋南滇。心摇目眩兴难尽,回头一一如云烟。刘师天机精,方外乐行遁。想当施手时,海岳起方寸。长房缩地何足奇?愚公移山比犹逊!吴笺蜀素无纤埃,兴酣挥洒风云来。卢山忽填赤县内,碣石更傍黄流开。峨峨大楄集林麓,隐隐古塔标亭台。随宜位置无不可,胸有邱壑谁能裁。丁仪好游尤好画,什袭藏之期勿坏。安得余杭五丈堂,横展此图堂上挂。(玉垒乃日长安回)

《陈碧珊大令僧丐图》:纷纷群丐何喧阗,骈头连臂长街前;井田久废乡校毁,廉耻道丧翻怡然。有身不业工与贾,有足不踏陌与阡;嗟哉致此非一日,薄俗可鄙亦可怜。世人共以乞为耻,不知己且身蹈此;百年一觉名利场,触目群然谁不是?大者乞庙堂,小者乞廛市。廛市之乞乞尚微,庙堂之乞乞尤侈:方其挟策辞里门,有如托钵行荒村;望见朱门心便热,恨不生翼如飞鹍。一朝仰见显者面,舌尚未腾颜已变;蛇行匍匐有千般,莺簧的呖真百啭。自言下士贱且贫,愿吹黍谷回阳春;又言长者功德茂,自古及今无比伦。且言且睨探意旨,丑态展转无不陈。人情喜顺多恶逆,几辈从兹窃簪笏;意气居然骄友朋,行藏顿已忘畴昔。呜呼浊世不可居,墦间东郭何地无?乞食犹云迫饥冻,乞官毋乃羞妻孥;易地相观合相笑,五十百步何判乎!陈侯胸次超尘埃,一言道破谁非丐:唯君身寄冠带间,唯君心脱锁缰外;世上萧闲独有僧,找包云水历千层。寄言昏暮乞怜者,苦海茫茫认此灯。

《繁台即事》:繁台二三月,春色正无涯;树啭烟中鸟,河流雨石花。闲情时对酒,好梦不还家;最喜除昏垫,间阎乐事赊(时疏惠济河告成,城中秋水尽出)。

《梦登一山,自谓泰岱也。醒纪以诗》:曾经衮郡仰崔巍,梦里登临亦壮哉;日月俯从低地出,烟云飞到半山回。世间绝境谁堪比,林外清钟忽见催;安得振衣真到顶,千秋怀抱一时开。(《刘鹗集》第610页)

**是年** 刘成忠制龙尾水车,有《记龙尾水车迟速》一文。

▲ 刘成忠《记龙尾水车迟速》:

同治己巳,余仿制龙尾水车八具。凡方圆长短高下之数,指示司事之员,一以《泰西水法》为准,不敢有毫发之加。

既成,试之良便,独于轮之迟速,未暇深求。于龙首安七尺五寸奇之小轮,其齿十六;于卧轴上下,各安一丈一尺二寸奇之接轮,其齿二十四;于地安二丈二尺五寸奇之大轮,其齿四十八,每齿占地二分,长四寸五分,两齿相去亦四寸五分,诸轮悉同。计大轮一周,则接轮二周,而小轮三周,以一得三,以为有合于原书"轮欲密附而齿少,他轮大而齿多,则水之出也必疾"之旨。及其既驾,则出水甚缓,而吐水亦无力,若病风者之唾于胸而不能远也。一时观者,莫测其故,或归罪于推轮之不速。余谓此车以巧称,若人速始速,则与今之水车、石磨等矣,何巧之有?反复思泽,乃知大轮之周,本三倍于小轮,以一得三,犹是大轮行一尺,小轮亦行一尺耳。小轮与大轮准,轮行与人行准,其不速也固宜。于是议所以转换脱卸之法。始则议增大轮之齿,谓大轮齿增,则以轮之转多,而小轮之转更多,转多则速,是亦一说。然齿之间必与其齿之长相等,然后此齿与彼齿纵横相接,可出可入。今大轮齿增而接轮不增,则相悬而不可行;若接轮亦增,则犹是两转耳,安能速乎?复思之阅日,乃得改小接轮之法。以为轮小则齿少,齿少则转多,思其齿之长短远近与大轮悉同,可必其出入之无滞,是不增大轮之齿,而功与增同也。乃召司事小刘典史试为之,刘闻而喜。阅日大喜,为余言:"卧轴之下轮,可改为八齿,计大轮一周,则下轮六周,而车首之轮且九周,是飞行绝迹也!"余也欣然曰:"唯!"其人既去,夜坐复思之,均此轮耳,下八齿而上廿四齿,以一齿而拨三齿,得毋齿力之不足乎?乃驰函止之,定为十二齿。计大轮一周而车首之轮犹六周,不为不速。思以一齿拨二齿,其力究省于拨三齿也。阅日复思之,一车之水,其力甚重,全持上下之齿彼此相应,然后力可由下而上。今以一齿拨二齿,则二齿之中,其在前者,固幸而得力矣,其在后者,空无所应,安能拨此有水之大车乎?非独以一拨三不可行,即拨二亦断不可行,是必穷之道也。于是其思顿息,悄然自丧!

盖自议改车式以来,三思而三阻,及是,乃信其果不可速也。然又自思之,前人作此,其效已久,假使毫不能速,则此制不足传也。必有说以处,特未见及耳!又思之至暮，乃恍然大悟曰："以一拨二不可行，以一拨一必行矣；减接轮之齿不可行，增大轮之齿必行矣；接轮之齿与大轮疏密长短不相等不可行，相等则必行矣！"于是计其多少，改大轮为七十二齿，每距三寸一齿；改接轮之周一丈一尺奇者，为七尺六寸奇，其间二十四齿，每齿相距亦三寸。大轮与接轮既无不相衔之祟，接轮之上轮与下轮，亦无不相应之病。大轮一转，则接轮三转，而东首之轮四转有半。是前此推车之人推大轮一周，而龙尾吐水三次者，今推车之人推大轮一周，而龙尾吐水四次有半矣！是前此每一时出水百方者，今则一时出水一百五十方矣！始终利病，纤悉无遗，然后晓然。于书所谓"轮欲密附而齿少，他轮大而齿多"者，其意盖正。而非谓大轮九尺，小轮三尺，大轮十二尺，小轮四尺，遂可收以一转得三转之利也。此法既定，复谓司者为之，凡三日乃成。此三日中，犹恐其有所窒碍，暇复思之，力求其意外之阻而不可得，然后决其必行焉，即今日所用之车也。此可见天下事，愈思则愈精，不思则不得。凡轻于一试，即谓古今之法不可行；或一思即止，辄谓于事无憾者，皆事之贼也。然犹有说焉，余以此事思之不遗余力，及既成，则所制接轮，原议七尺六寸奇者，量之仅六尺。询之，则初制时，每齿相距皆三寸，接轮周小，齿根三寸，齿梢则四寸，大轮周大，齿根三寸，齿梢仅三寸四分，根同而梢异，两齿交时，有挂碍之患，乃盖小其接轮相距二寸半，而后齿梢相距三寸四分，适相合焉。取而试之，其行果速也。

噫！余于此车，未尝学制，徒以西人所言，悬拟而为之，凡有未合，固不惮于思索，即自谓已合，犹时时故求其不合，以防意外之变。至于至三至再，然后无疑焉，信乎？闭户而造，出门而合矣！然又安知本无疑之中，及其既行，尚有其小可疑者在耶？一车如此，而况于天下国家之大耶！（《刘鹗集》第 683 页）

# 1870 年(庚午　同治九年)　14 岁

6 月　清政府允准英国公使威妥玛(Thomas Francis Wade)的要求,沿海设海底电线。

8 月　清政府调曾国藩为两江总督、李鸿章为直隶总督。

是年　王韬在香港创办《循环日报》,宣传资产阶级改良主义思想,提出变法自强的主张。

父亲刘成忠 53 岁、兄刘味青 21 岁。太谷学派学人:李光炘 63 岁、蒋文田 28 岁、黄葆年 26 岁、毛庆藩 25 岁。罗振玉 5 岁。

**是年**　随父亲刘成忠在河南任上。

**2 月(正月)**　刘成忠编辑《韩文百篇编年》,为《新修滕王阁记》作评语。

▲ 刘成忠《新修滕王阁记》作编后评语:

杨公之视二疏,出处相同而遭际过之。此续之作,不独美扬,兼美时相。前幅无数烟波,为衬出不绝其禄一事也。不然,徒取两人之同异而较量之,其有异于掉笔头者几何? 庚午正月记。(《韩文百篇编年》下册第 40 页)

**10 月 27 日(十月四日)**　是年大旱,本日开始刘成忠连日随河南巡抚严树森祈雨。

**11 月 15 日(十月二十三日)**　刘成忠应叶湘筠之约赏菊。

**11 月 21 日(十月二十九日)**　刘成忠邀叶湘筠、姚良庵、傅青余、姜小山、陈墨樵小集赏菊。

**是年**　刘成忠为退休做准备。继同治五年购买廖姓住宅花园后,又买下了廖姓其余房屋。

▲ 同治十年(1870)又买下了廖姓其余的房屋。(《刘鹗故居》第 16 页)

**是年**　刘成忠为韩愈《赠太尉许国公神道碑》作第一次评语。

▲《赠太尉许国公神道碑》评语:竟体严峻,读之凛凛。许国何人,乃敢当此? 甚矣! 公之谀墓也。此庚午所评。今日读之,始知公意所在。甚矣,公文之难知

也。辛未五月十七日。（《韩文百篇编年卷下》第 50 页）

**是年**　父亲刘成忠存诗《魏锡绶，丹阳贾人》等十二题三十五首。

▲《魏锡绶，丹阳贾人。有三子，长伯和，工书善绘事。咸丰十年，贼自金陵出，官军大溃。锡绶知城不守，呼伯和挈妻、子出城。曰：'宗祀不可斩也。'贼至城陷，又挥其幼子出。锡绶偕妻汤氏，率次子仲清及妻、女，合门自焚死。幼子匍匐得出，寻其兄伯和。伯和知父死大恸，弃家至丹阳。时贼已伪设乡官，伯和请为佣，夜辄归其家，负亲骸以出葬之。江北同郡吴朗如司马为之征诗》：呜呼庚申年，围师仓猝溃；江南干净土，到处成腥秽。岂无冠带伦，忍耻还相对；但解恋妻孥，那复有肝肺。谁知草莽臣，大义炯不昧；千秋万岁后，英名重阛阓。

清源无浊流，有父乃有子；父死子何为，所存宗祀耳。遗骸在焦土，忍付蝼与蚁？翻然托赁春，深入虎穴里；枯骨负以归，一抔屹江涘。为臣与为子，如此庶几矣。

《送子度四弟南归八首》：四株荆树两株存，犹自饥驱出里门；难得抽身效乌哺，不须挥泪别鸰原。六年游子风尘老，八口妻孥笑语温；差喜头衔今进寸，斑衣舞向北堂萱。

异地几年冈鞅掌，长途千里独间关；五更仆仆河堤月，一发青青淮上山。往日邮程梗豺虎，只今闾里见衣冠；时清岁稔家无恙，正使空囊意亦欢。

垂髫娇女好丰姿，尚记初生弄瓦时；苦为鸡筋成恋恋，那堪熊梦已迟迟。诗书自是吾家物，头角应夸天上儿；一笑此行端不负，高年乐事在含饴。

松楸一别又三年，寂寞清明孰纸钱？碑碣已荒山径外，鼓旗犹狎墓门前（先大夫石马庙茔，形势甚壮）。渡江敢惮风波恶，上冢何劳车乘鲜；先代清规人共识，漫将原氏拟新阡。

伯兄叔弟两年徂，各有茕茕任眆孤；顾我但能如众母，愿君加意向诸雏。未妨刻木难成鹄，莫便樗蒲到牧猪；最是百年门户重，天淮回首渺愁予。

樊川景物似江洲，直到门前湖水流；日落陈云翻野鹜，风轻片雪点沙鸥。比邻情话三间屋，姻亚招邀一叶舟；闻说亲心殊慈此，未应骑鹤羡扬州。

策名已自揾朝绅，此后光阴若转轮；好展陈编对循吏，祇应余事作诗人。拟经扬子非食禄，为宰原思亦济贫；太息家无田半畝，那能高隐学垂纶。

宦味酸甜我自知，却怜合此更安之；马疲久踬尘中足，豹隐犹贪身后皮。此去晨昏聊见代，闲来风雨定相思；高堂若问儿形状，但道秋霜未上髭。

《题周勉民方伯曾大父箦谷图》：先生作宰依上谷，棠阴一树今犹绿；先生卜宅傍魏塘，箦筤万个参天长。魏塘上谷几千里，蓴（莼）鲈思逐秋风起；何人缩地擅良方，收拾溪山付湘绮？苍苍之木依依云，潦以烟峦环以水；想见盟心泉石间，岂唯寄兴丹青里。文采风流累叶留,祇今荣戟盛中州;书名羲献无双品,政绩龚黄第一流。十年烽火连南服,沧桑世事成翻覆;斤斧挥残雪上材,劫灰换尽溪旁屋。何处先人觅敝庐,旧时赟谷知在无?兰亭梓泽一朝尽,不及君家尚有图。图中邱壑皆完好,付与曾元作永宝;可惜家风饮水清,无缘得向菟裘老。我亦浮生未有涯,一官飘泊不还家;焦山修竹今无恙,何日言浮海上槎。

《郭筹香大令再宴鹿鸣》:国家三载一校士,鲲化鹏抟从此始;几人曾听咏霓裳,回首名场如梦耳。君不见,茫茫海上三神仙,有时一到缘犹悭;又不见,天台游客武陵渔,仙乡再往都模糊。人生容易得通籍,甲子重占历朝夕;纵厕唐家童子科,敢期汉代蒲轮客。上章之岁秋桂香,鹿鸣梁苑吹笙簧;登筵群彦悉趺蔚,专席一老何昂藏。门前观者环如堵,共道真仙今又睹;叶适曾看洛下来(甲子科叶某曾与此典),郭槐更自金台举。却笑翩翩诸少年,居然先达共同旋;题名自昔珠年辈,同谱于今合后先。是日秋晴极寥廓,云气飞扬风忽作;恍惚群真此下观,霓旌风马纷相错。一时佳话流传遍,天上人间同艳羡;更有恩荣北阙来,冰衔特晋承优眷。愧我淮西昔绾符,不知有客山中居;未能观礼接栖酌,且复展卷窥璠玙(蒙赐大著《海粟斋诗钞》);诗才冶谱畴堪副,差喜棘闱曾倖售(余以丙午年领乡荐)。先生胜事倘可追,相期三十五年后。

《题周献臣大令菊隐图》:昔者渊明性爱菊,日夕悠然看不足;但缀篱间千点金,不羡官家万钟粟。况复才高秩独卑,奈何久涸而翁为;仰天一笑去彭泽,至今千载清风吹。濂溪夫子今循吏,生长陶公挂冠地;苦被苍生绊此身,每对黄花动归思。放园摇落天已秋,画来江上归人舟;意中三径足俯仰,世上一官何去留?由来大隐隐朝市,岂必林泉始栖止;不信试披菊隐图,粟里秋光如在纸。我亦官同不系槎,买山何日得还家;连宵听雨聊快意,盆菊几株都作花。

《盆菊歌》:我生爱花不种花,花时辄步园丁家;自怜身世比浮梗,岂有隙地争繁华。今年高兴忽买菊,盆盎参差堆满屋;花多事少得饱看,始悔从前爱未足。呼僮净扫青石墀,高高下下位置之;人间桃杏不到处,深红浅白纷相宜。一泓秋水明于洗,万朵朝霞烂无比;群仙台阁幻金银,老镜文章余丽绮。湘水英皇泪雨收,商山绮皓清风起;漫道霜华染画图,由来风格超尘滓。渊明自是淡荡人,其人与花堪作邻。我今容状抗尘俗,爱花毋乃遭花嗔;提壶缚帚供花役,相与盘桓终日夕。世上春华讵足多,人生晚节尤应惜;折腰容易昂首难,何当种花掩故关。勿言廉更饥寒易,芰可为衣菊可餐。

《久旱》:兵燹遗黎奈旱饥,连番祈祷愿犹违(自九月廿七日至今,日随抚军步祷);一年生计全资麦,九月光阴已授衣。海上长鲸鳞鬣在,巢中妖鸟羽衣肥(时津门之案未结,四逆据金积、王瞳两堡，官军久攻未得）；由来弭乱先根本，盼断秋田甘雨霏。

《出郭》：郭外初冬叶尽飞，乍晴犹带雨霏霏；斜风扑水波纹蹙，寒雾腾空日气微。客子驱车避泥淖，野人撮土墐门扉；效行喜得甘霖后，到处田盛麦甲肥。

《叶湘筠方伯、李子衡、王晴舫观察、吴朗如、蒋吉云大令同集敝寓赏菊，方伯即席得九绝，依数口占奉和》：

无端老作折腰人，只合闲寻桃李春；此日黄花枝下醉，料应浇尽十年尘。

密蕊疏枝浇座旁，客中今夕当还乡；萧萧叶底西风起，不辨花香与酒香。

风格虽高骨相寒，渊明去后兴阑珊；唯应我辈犹青眼，不学豪家买牡丹。

兵燹江南剧可嗟，故园何处种桑麻？樽前羡杀陶彭泽，三径虽荒尚有家。

烛影摇花醉不辞，户无大小各中之；僮奴屏外私相语，诸老胸中都有诗。

吟成妙句合笼纱，络绎邮筒烂若霞；几日壁间题咏遍，不须险韵斗尖叉。

尽醉花前不拟归，杯盘已彻烛犹辉；坐来寒月三更上，簌簌枝头乌鹊飞。

谯楼催客鼓咚咚，各自登车有醉容；行到街头霜似抹，始知天气已初冬。

五十头颅鬓已华，祇应烂醉作生涯；与君更订消寒会，种得梅花续菊花。

《十月廿九日，招同叶湘筠、姚良庵方伯、傅青余都转、姜小山廉访、陈墨樵观察小集赏菊。湘筠方伯即席得诗二首，依韵奉和》：不道孤踪癖，翻叨三顾频；花开轮作主，酒薄勉留宾。篱下秋无恙，毫端句有神；怪来清到骨，明月是前身。

款洽西园集（廿三日，方伯招饮赏菊），主人情独深；黄华添客鬓，红叶引乡心（方伯寓中秋色最多，雁来红一种尤佳，盖移自江南者）。老鹤清能唳，秋虫冷亦吟；消寒行结社，逸韵仁敲金。

《咏菊》：秋来吾亦爱吾庐，满座寒华兴有余；老境偶然成绚烂，客怀与此共萧疏。西风瘦蝶伶俜外，斜月啼蛩断续初；为问归田彭泽令，东篱景物比何如？

《叠前韵》：天然标格称陶庐，最是灯前与雨余；国色品题尤在瘦，大家风韵妙于疏。离离影写欹斜际，滟滟光生膏沐初；试向楚骚评次第，江篱辟芷总难如。

《再叠前韵》：但得花看即敝庐，携樽静对薄书余；有时留影秋烟淡，相与元言夜雨疏。晚景自甘群卉后，天心渐转一阳初；由来霜雪须能守，莫道襟怀比不如。

《三叠前韵》：柴桑无复昔时庐，采得黄花夕照余；老去佳人妆淡冶，家居名士韵清疏。群英聚首裁笺地（同事诸君属和甚多），三径关心漉酒初；等是篱边秋色后，一般情绪不相如。

《四叠前韵，酬王晴舫观察见和即赠》：摩诘西庄归有庐，一官荏苒五年余；市朝暂作东方隐，礼法原非阮籍疏。都水曹郎回首日（观察旧官水部），繁台朝夕论心初（同治戊辰与余同榻繁台）；果然人品同花品，寒到君边君自如。

《述怀兼酬同局诸君见和二首》：微芳只合傍衡庐，多少荣枯阅历余；一任风风兼雨雨，依然密密复疏疏。敢云骨相能多寿，尚恐心期或负初；除却买均与元亮，此花品格几人如(五叠前韵)。

难得骚坛共一庐，花前尚友简编余；遇同魏国年非晚，诗到陶家格最疏。自有寒香人定后，由来傲骨我生初；相期质茂犹松柏，好为葩经续九如(六叠前韵)。

《酬叶湘筠方伯见和即赠二首》：早年擢秀出茅庐，晚节弥贞霜露余；赁屋不嫌人境近，种花自与世情疏。偶因梁苑逢休沐，未许商山贼遂初；应作岁寒松竹友，笑他桃李有谁知(七叠前韵)？

曾住南阳诸葛庐，移根犹记桂冠余(和章注云，余守南阳，携菊种佳者四百六十回皖)；名花零落春烟散，老圃荒寒旧雨疏。怀葛襟期千古上，孟韩酬唱一挥初；渐余亦有霜前采，比拟高踪总莫如(八叠前韵)。

《九叠前韵戏柬李子衡观察索和》：盆菊花开香满庐，渊明客膝已无余；怡情各有烟霞供，谭艺谁云踪迹疏？九数唐陈操□外(观察时方治九章如积之学)，两家元白卜邻初；征诗更比征租急，何日清风咏穆如。

《十叠前韵酬李子衡观察见和》：直把官居当洁庐，晚花看到九秋余；与君接膝成三友，老我归心愧二疏。绿蚁浮樽人散后(十八日集蔽寓赏菊)，春蚕食叶兴来初(观察一日得八诗)；马卿工更枚乘速，争怪江淹叹弗如。

《再酬李子衡观察二首》：秋杪移君此筑庐，看花又迫岁之余；色佳质岂无肥瘦(和章有"瘦肥何用较纷如"句)，人淡交还有密疏。静爱晚香回梦里，坐观青影到更初；从今便与黄华约，彼此忘言各阗如(十一叠前韵)。

为避追捕昼掩庐，无端膏馥又沾余；朝来倍觉花光潋，老去翻于诗律疏。三峡惊涛收笔底，两宵清话忆筵初(十三、十八二次小集)；一言息子相敦迫，我已心真槁木如(十二叠前韵)。

《壁上和诗日多，十三叠前韵记事》：即此堪为隐退庐，樽前唱和两旬余；摘华竟逐霜华吐，选韵还偕花韵疏。袍夺龙门篇最后，珠控骊窟稿居初；一齐都作孤芳赏，试看笺题插架如。

《和诗日多，不可尽酬，预拟二首以待来者》：何日班生得返庐，多君见赠到公余，为因花好饶诗读，不是年衰应客疏。战鼓竭子摩垒后，流泉盛在出山初；拜嘉永荷韩宣贶，岂独珍藏拱璧如(十四叠前韵)。

连宵阁笔向瓜庐，惭愧以前乞唾余；尚想名篇来络绎，莫孤佳植浇扶疏。梁园词客今犹古，唐代诗编盛继初；更喜小春梅渐放，扬州何逊比还如(十五叠前韵)。(《刘鹗集》第612页)

# 1871 年(辛未　同治十年)　15 岁

3 月　黑旗军首领宋景诗在安徽亳州被俘。

4 月　上海至香港间海底电线建成。

8 月　曾国藩、李鸿章奏派陈兰彬、容闳带学生出国,学习军政、船政、步算、制造等科学技术。

父亲刘成忠 54 岁、兄刘味青 22 岁。太谷学派学人:李光炘 64 岁、蒋文田 29 岁、黄葆年 27 岁、毛庆藩 26 岁。罗振玉 6 岁。

**是年**　随父亲刘成忠至南汝光道任所。

**5 月 1 日(三月十二日)**　刘成忠撰写《祭河南张署员外文》评语。

▲ 刘成忠《祭河南张署员外文》编后评语:咸丰十年庚申冬,西夷受款,外患中息。予时掌京畿道印,以故事,冬至前一日,恭脂:圜邱视宰牲。车中无聊,背诵此文。自西河沿寓而东,甫一遍,举首见天坛外垣而止不诵。今十二年矣。当时情景,如在目前。幸得不死,恭睹中兴之盛。诚非车中诵此文时所敢预备。蹉跎白首,需次外官。手一编如故,而累累之物,已五六年不悬我肘,则一身居清要时,所万万梦想不到也。可叹也夫。辛未三月望前三日因斋主人记。(《韩文百篇编年·下卷》第 17 页)

**5 月 19 日(四月一日)**　刘成忠第二次为韩愈《释言》作评语。

▲《释言》评语:所释之言,实止二事,衍而为四,壁垒森然。若当日实有四番问答,则此局为板矣。集中两扇,四扇以至原毁之八大比,其布置皆当作如是观。辛未四月朔。(《韩文百篇编年·中卷》第 32 页)

**5 月(三月—四月)**　刘成忠撰写《送杨巨源少尹序》评语。

▲ 刘成忠《送杨巨源少尹序》编后评语:所高呼引退者,谓其不食爵禄也。退而仍官少尹,与居司业时等耳。篇末以"不去其乡"美之。若曰所可取者此而已,未可媲美于二疏也。寓讽于规,用意深曲。辛未三月记。(《韩文百篇编年·下卷》第 40 页)

**6月8日(四月二十一日)**　刘成忠第一次为韩愈《改葬服议》撰写评语。

▲《改葬服议》评语:此古文家说经之体,抄以为法。作古文者,一说甫终,又及一说,随在更端,了无归宿,此近日之大病。看此文何等完密。辛未四月望后六日。(《韩文百篇编年·中卷》第59页)

**6月19日(五月二日)**　刘成忠撰写《韩文百篇编年·序》。

▲《韩文百篇编年序》:韩公年十三能文章,十九贡京师,以孟子、扬雄自负,不屑为进士之文。同时大骇。二十五岁为陆宣公所识拔,稍稍见称于时。三十二,李翱、张籍首师之。自此问业请益者日进,文名大噪。五十前后,朝廷大制作多以属公,天下之欲尊崇不朽其祖父者,挈金如公,求作碑志,讫公之卒,无虚岁月。于是,孟子、扬雄而外,天下皆知有韩子之文矣。更历五代,文教凌迟,宋欧阳公复表章之。自宋至今,言古文者归之公。

公集文二百九十首,大篇短章,单辞只字。人珍之皆如球璧,无有敢轩轾之者。

予自己巳岁,矢志揣摩公之文,以求古文家所谓法者。初时,取少所读公文,约取八十首。朝夕玩索。凡法所在,则标出之。如是者历二十月。所探既深,所得乃审。确然见韩子之文之法,非为夫凡为文者之法也。然犹但通其法而已。其主持乎法者,则法所出义而已。至于神理气韵,因年而异者,迄未有以辨其畦畛也。

今年春,阅五百家韩文注,见公文多有年月,因补足百篇,分年而列之。孰为少作,孰为中年晚年作,一经排列,蹊径判然。凡百篇中不可得而知其年者,唯七篇而已。综而观之,不独公文与宋以后之文,其高下之不同者见,既公文之自少至老,各有其高下者亦见。而其文之与孟子、扬雄相表里,不以年之老少为高下。故能自少至老,历久而益重于时者,莫不于此可见。后之读公文者,或亦有乐乎此也。是为序。同治十年三月辛卯朔子恕书。(《韩文百篇编年》上卷篇首)

▲ 编著者按:上文录自刘成忠《韩文百篇编年》手稿,与仓庚光绪庚子年《韩文百篇编年·上册》相同,均为"同治十年三月辛卯朔子恕书"。查,同治十年三月并无"辛卯日",仅五月初二日为"辛卯"。又刘成忠《祭河南张署员外文》编后评语撰写于"辛未三月望前三日"为1871年5月1日。故此《序》写作时间应为"同治十年五月辛卯朔"为1871年6月19日月亮升起之时。

**6月28日(五月十七日)**　刘成忠为韩愈《赠太尉许国公神道碑》第二次作评语。

▲《赠太尉许国公神道碑》评语:竟体严峻,读之凛凛。许国何人,乃敢当此?甚矣! 公之诔墓也。此庚午所评。今日读之,始知公意所在。甚矣,公文之难知

也。辛未五月十七日。(《韩文百篇编年卷下》第50页)

**8月3日(七月十五日)**　刘成忠为韩愈《对禹问》撰写第一次评语。

▲《对禹问》评语：此文用笔如画沙印泥，极其透快。然其用意之窈曲，正不令人易识。抄此册已二年，今日始悟首段"禹之利民"句，是利字非忧字之讹也。吁难矣哉。辛未七月十五日记。(《韩文百篇编年卷下》第61页)

**约9月(八月)**　刘成忠撰写完《韩文百篇编年(三卷)》评语并完成编辑事。

▲　编著者按：刘成忠编辑之《韩文百篇编年》手稿现由笔者珍藏。全书三册。上册有序(缺一页)、目录、正文三十四首(编著者按：原文用"首"，不用篇)，中册有目录、正文三十二篇，下册有目录、正文三十四首(编著者按：原文用"首"，不用篇)、韩文公年谱(最后一页为支出账目，与全书无关)。手稿上册封面已失，中、下册手稿均钤"子恕""刘成忠印"各一方。全书抄录韩文，各文天头有刘成忠眉批、行有夹注、后有评语。每篇文章题目下都有作者写作年代及写作时年龄。此书1900年刻印梓行。

▲　编著者按：《韩文百篇编年》三卷各卷均有目录。但是目录与正文题目小有变动。将正文目录及"编后评语"过录于下，( )内为刘成忠考证的写作年代与作者的年龄。

## 卷　上

1.《争臣论》(臣以贞元十一年进谏，时在位七年。此为五年，应为贞元九年作，公二十六岁。)编后评语：茅鹿门云：截然四问四答而首尾关键如一线。姚姬传云：此文风格出之左国。

2.《应科目时与人书》(贞元九年应宏词试时作，公二十六岁。一作《与韦舍人》。)编后评语：转转愈进，一线相承，文尽而意亦尽，不可增损。公少时之文有此一格，自《获麟解》《杂说》而后不复为此矣。

3.《省试学生代斋郎议》(贞元八年应博学宏词作。其《不二过论》则九年应宏博作，是时公年二十七岁。)编后评语：风檐中信手之作，如作家书。颓然自放，末路收束，精神始一振。存此以见公率尔操觚之文如此。

4.《送齐暤下第序》(暤兄齐映正元二年由宰相贬夔州，十一年卒。此序应在此十年内，公二十八岁。)编后评语：茅鹿门曰：大凡已嫉时之论而入齐生才数语。只看他操纵如意处。公文起伏操纵，不可端倪。惟此序与《答李翊书》一气叠折而下，自首至尾，有抑扬顿挫，而无起伏断续。在公集中，自成一格。李书层层脱换而用笔，此序处处相生，用直接之笔。然此序吾观于人云云尚有断续痕。李素则真画刀不断矣。粗枝大叶，略不加修饰，古朴之气淋漓满纸。

5.《答崔立之书》(贞元十一年,公二十八岁。)编后评语:悲愤之怀,一时倾泻,不预立间架,而中段波澜涌起,既应上文,又开后论。藏一篇枢纽于其中,而人不觉。此用法极熟之境,不绳削而自合者也。

6.《上宰相书》(公以大历三年生,贞元十一年,公年二十八岁。公年二十五岁登进士第。)编后评语:古今文章,转相效仿,如扬子云之学相如,人人得而知之矣。韩公之学古人,尽变其形貌,无能窥其所自者。姚姬传谓公最善摹古是也。此文学刘中垒,蹊径显然,盖以干俗目,不得不降格耳。归震川谓文章须有出落,须有出落至无出落,此盖所谓有出落者也。

7.《后十九日复上书》(刘德隆按:原手稿"目录"题"再上宰相书")编后评语:诸同人云:第二书之设一譬,第三书只引一客。设譬为古文一大事,《经》《传》皆有之。《孟子》《庄子》《韩非》《国策》所设之譬,详尽其始末,如史家纪事者,然尤设譬之奇者也。八家中,惟公用之最多,亦最妙。八家后,鲜有能之者矣。凡文有问必有答,有开必有合,此在初握管者皆知之。然至行文之际,或使才气,或为才气之所使,问非其所,答合非其所开。如是者,往往然矣。即不至是,而针对之不紧,详略之不称,眉目之不清,亦未始非一病也。公文虽寻常问答,未有不丝丝入扣者。试取此文末段,及《争臣论》《释言》等篇,与他家文之有问答者较之,即知其不可及矣。此篇"有来言于阁下者"曰一诘,与《二十九日书》"如周公之心"一转,皆于逼近题位时忽然跳开,作从旁指点之状。非徒云笔矫变。而立言亦不伤于迫切。此种妙处《国策》尤所擅长。韩文前后奇偶无不相称,此文前有两大排,而后幅无之。所以不病其不称者,前之两大排,本相递而下,语句参差长短者多,与单行之文无异。非如截然之两排必于后幅亦为两排以称之也。

8.《后二十九日复上书》(刘德隆按:原手稿"目录"题"三上宰相书")编后评语:此文体势如夏云在空,卷舒层叠,倏忽变化;又如东下之川,为横出之矶所凝,漾洄激荡,而奔注之势愈急。此书之引周公,《送杨序》之引二疏,《十九日书》之引水火,《送温序》之引知马,皆借之以发议,与正意彼此夹写。其有未尽之意,则于篇末补之。其所言不必皆与所引之意相关,或从前文转下,或别出一说。从前文转下者,不必再顾上文;别出一说者,必于言终兜转,使前后皆成一线,不然不成章矣。观此四篇可见。

9.《上凤翔邢尚书书》(贞元十一年,公二十八岁。)编后评语:浩乎沛然。此公三十岁以前文字。

10.《圬人王承福传》(天宝乱后四十三年作,此公年盖二十八。)编后评语:柳子厚有《梓人传》,唐荆川谓其体方,不如此传圆转。以记言为体。虽其人之行事,洗少至于老皆寓言中，足背一格。记言之文，其人之言，不必皆相属；而文，则必当相属，是必穷之道也。分而述之，冠以又曰，是一法也。

11.《祭田横墓文》（公二十八岁。）编后评语：波澜跌宕，沛然有余。

12.《赠张童子序》（贞元八年，陆公知举。此当为十一年事，公时年二十八。赴汴经郑，遇童子作。）编后评语：人皆夸童子，公独抑而进之，此其见地高于人人处。无此，则不赠可也。通篇叙次论议，皆明浅易见。盖题中之蕴，不过如此。设出今人手，必以艰深文浅陋，且屡举成人所宜学者于不休矣，岂不赘乎哉。童子以省亲归而濡滞于途，殆将两月，是自炫而求利也。寓讽于规，用意微至。此等处皆自龙门得来。欧柳以下无办此者。皇甫持正谓公文栗密杳渺。此文虽明白如话，实兼此四字之妙。

13.《汴州东西水门记》（公三十一岁）编后评语：陈后山云：退之作记，记其事耳。今之记，乃论也。河在宋仁宗之前，王景治河功成之后，皆由千乘入海。此穿城而国者，汴水耳。记中一曰黄流，再曰昆仑。则此时汴水即河之分流可知已。经流入济，支流汝汴，自宋以前之河如此。可为唐代大河之二一证。似铭辞而无韵，记中一格。

14.《与冯宿论文书》（孙曰：此公避谤分教东都时作，公时年三十。非也。此公在汴州时作，盖年三十一。书中言李翱、张籍学文故知为在汴作也）编后评语：心尽气绝之言，然豪气自在。此公之本色。迤逦而下，节节顿挫。此百篇中，唯此与《为河南令上郑相公启》。体势如此，而《上郑启》尤浑噩。

15.《上张建封仆射书》（贞元十五年，公三十二岁。建封奏公为节度推官）编后评语：待属官如奴隶，宜公只不受也。行文似尚有枝叶。公少时笔路如此。试以四十二岁《上郑公启》较之，便自不同。此与《代斋郎议》《上邢尚书》《祭十二郎文》《答刘正夫书》皆伸纸奋笔直书，略不加以经营者。其中固不能无率笔，然于公所言，浩乎其沛然者，则此数篇为尤易见云。

16.《徐泗豪三州节度掌书记厅石记》（贞元十五年，公三十五岁。）编后评语：妙于立言，首尾一线，不漏不支。

17.《答李翱书》（贞元十五年，公年三十二岁）编后评语：从心肺中流出，随手书之，不立间架而自成节奏，用法熟故也。此文节奏，与《三上宰相书》《答崔立之书》绝相似。

18.《获麟解》（此与杂说皆公应试时作二十八岁非也应为游仕幕府时作。）编后评语：唐荆川云：以祥、不祥二字作眼目。吕东莱云：抑扬开合，只在祥字，反复作五段说。谢叠山：文章规范则分为七转。近有吕某《韩文精选》谓：只四段。四段中各分两层,上层一反一复止说麟;下层一反一复,乃说获麟,意与荆川合。宋樊汝霖曰:李习之尝书此文以赠陆员外修曰:韩愈非兹世之文,古之文也。其词与意,适则孟轲。既没,亦不见有过于斯者。尝书其一章曰"获麟解"。其他可以类知也。按,修,贞元十六年拜员外,十八年出刺歙州。

19.《杂说一》编后评语:韩文篇法,略有数种。谨严布局,中藏变化,如高山深林巨谷,人不能测。盖公所极意经营者,《原道》《争臣论》《师说》等篇是也。忽起忽落,乍断乍续,若《守戒》《上李巽书》等篇是也。一气转折,洄漩反复,以刀划之而不断,《答李翊书》《后二十九日复上书》及诸短篇是也。创立一格,前无古人,可一不可再,若《画记》《送孟郊序》《送杨巨源序》等篇是也。引纸直书,期于达意,不立间架而自饶邱壑,《答崔立之》《与孟简书》等篇是也。

20.《杂说四》编后评语:吕某《韩文精选》以"虽有名马"以下,为"策之不以其道";"马之千里者"以下,为"食之不能尽其才";"是马也"以下,为"鸣之不能通其意"。一篇中,起承转合皆无虚字,古文往往如此。

21.《送孟东野序》(贞元十六年,孟调漂[溧]阳尉,公送之。公年三十三岁。)编后评语:茅鹿门云:一鸣字成文,乃读倡机轴,命世笔力也。前此,唯《汉书》叙萧何追韩信用数十亡字。钱受之云:一篇主意,在善鸣字。鹿门单举鸣字,便错综不得其绪。

22.《师说》(贞元十九年,李蟠成进士,公年三十六岁。此《说》蟠十七岁时所赠,公于时盖年三十许。)编后评语:洪迂斋曰:文如常山蛇势,救首救尾,段段有力。储同人云:题易迂,就浅近处指点,乃无一点迂期,曾王理学文似未解此。姚姬传《古文辞类纂》:此篇分三大段。入手至"其皆出于此乎"为一大段。"爱其子"至其"可怪也欤"为二大段。"圣人无常师"至末为三大段。第二段评云:授句读及巫医药师百工未尝非授业,但非传道解惑耳。此两段,明是以授业之师陪传道解惑之师,而用笔变化,使人不觉。第三段评云:此段承圣人犹且从师意申说,以终首句"必有师"之意。末段意,非前文所有,似进一层说法,而文势则一直说下,决无区别;又似举前所有,而申明之者,细玩之,则首段"闻道先吾"等句,已伏此案,至"圣人出人远犹且从师"则为所师者,未必非即所出之人,亦正含此意。后段"道相似也"句,又反托此意,处处血脉贯通,而终未点明。末一段,郑重言之,以作一篇之归宿。唯其处处血脉相通,故可以一直说下,不必更端。唯其终未点明,故言之于此,不以为复,试问后人能如此细密否?

23.《答尉迟生书》(贞元十七年,公三十四岁,与尉迟生渔于温洛。此文当在其前或即在其时。)编后评语:李肇《国史补》云:文公引致后辈,为求科第多有投书求益者，人谓韩门弟子云。

24.《与汝州卢郎中论荐侯喜状》（贞元十七年，公三十四岁。）编后评语：（无）

25.《与于襄阳书》（贞元十七年，公三十四岁。）编后评语：用意一线到底，行文亦一气到底。有起伏抑扬而无断续离合。《答李翊书》《送齐皞》亦如此。茅鹿门云：前半瑰玮游泳，后半婉恋凄切。此文亦所谓如一匹练，欲抽去其一丝缕而不可以者。

26.《答李翊书》（贞元十七年，公三十四。）编后评语：吕居仁云：退之此书，最见其为文养气妙处。唐荆州云：此文当看抑扬转换处，累累然如贯珠，其此文之谓乎？茅鹿门云：要窥作家为文本领，必如此立根基。今人乃欲以句字求之，何哉？姚姬传云：此文学庄子。钱受之云：论文之法已尽。于是今人执其务去陈言一言，遂至有修辞宁失理之论。试观昌黎去陈言，乃是初入手工夫。第二便要辩理之真伪，而务去其伪者。步步进去，方为究竟。王李之徒，认入手为究竟，岂不可笑！况其所修之辞，正昌黎之所谓陈言务去者，则其入手而非亦非也。

27.《送李愿归盘谷序》（贞元十七年，公三十四岁。）编后评语：前列两种人，一宾一主。题事已毕，妙于已到题之正面。后又生一波，别出一种人，以错综之局势，化板为活。看似添设，实则此一种人，即取之前前两段之反面着也。公文无不一线到底着，细绎之自见。楼于斋云：公年三十四，脱汴京之乱，来居洛方。且求官京师，郁于中而见于外。故其词如此。吕选云：浑然天成，不见斧斤之迹。昔人谓"唐无文章，唯此序而已"，殆为叹绝。此公之少作，犹有魏晋六朝余气。世传苏公语谓"唐无文章，惟此序而已"。盖妄庸之人，托于苏公者，不足为辩。

28.《祭十二郎文》（贞元十七年公三十四岁）编后评语：此情至之文，不立间架，结局阵而其中加叙加论，断续先后，自与性文法度相赴，所谓文成法立者。《史记》纪陶朱公少子获罪事，《汉书》纪张博诳淮南王金钱事，皆极鄙琐委曲而能曲尽其妙，是文章，非说话。所谓质而不俚者也。此文之书至"然后唯其所愿"二节，竟如说话，颇嫌冗长。盖骨肉之间，发乎至情，本不以为文，特后人以文视之耳，苟非此类不得藉口。《与崔群书》亦微有此者，皆无文之见于胸中也。若《答李方古书》《李博士墓铭》则愈俚愈朴愈古拙不可当矣。盖公之所经营而出者。

29.《禘祫议》（贞元十八年，公三十五岁。守国子监四门博士献。）编后评语：结体最方。进呈之文，不得不尔。朱子曰：今按韩公本意，始祖始，其主当居初室，百世不迁。懿祖之主，当迁于太庙之西夹室。四时之享，唯懿祖不与。而献祖、太祖以下，各祭于其室。室自为尊，不相降厌。所谓"所伸之祭至多"者也。禘祫则唯"献祖居东向之位"，而懿祖、太祖以下，皆叙昭穆。南北相向于前。所谓"祖以孙尊，孙以祖屈"，而"所屈之祭至少"者也。韩公礼学精深，盖诸儒所不及。故其所议，独深得夫孝子慈孙，报本反始，不忘其所由生之本意。但其文字简严，读者或未遽晓。故窃推之以尽其言云。

30.《送陆歙州傪序并诗》(公三十五岁。)编后评语：尺幅中有千寻之势。古文首尾之一气，合通篇言之者也。至上下段承接之间有一气有不一气，以其有开合离即，故不能不断也。是有二类，一语连而意断，如《原毁》："舜，大圣人也。"云云，此篇"歙，大州也"云云。紧跟上文说下，上文一意，此又一意，语虽连而意实断也。一语、意皆断。如《上李侍郎书》"夫牛角之歌"云云，《上于頔书》"夫涧谷之水"云云，《原道》"周道衰"云云。与上文决不相蒙。是辞、意皆断者也。凡若此者，其上文语气必顿住，其下文必收回。与上文住处之语气相合，或数语即收，或千余言始收，要无放而不收者，此定法也。后贤之为古文，拘谨者苦于不敢放，纵横者病于不能收。以苏氏之才气，能放亦能收矣。然收处与上文或不甚针对，或语气简略而不完。鲜有如韩公脉理之真且细者。试以各篇绎之可见。文有似放实非放者，如《师说》中"爱其子"二句，"巫医"二句，诸选皆以陡起赏之。然上文明说"耻学于师"。此二譬仅有二句。下即接耻学于师意。其脉甚近，不足以为放也。诸评误矣。

31.《与崔群书》(贞元十八年，公年三十五岁。)编后评语：公于崔结契最深。其文如作家书，未尝有意求奇，而用笔层层抽换，处处卷束。如行山阴道中，转转引人入胜，盖集中之所仅见。

32.《赠崔复州序》(贞元十八年，公三十五岁。)编后评语：诸同人云："章法爽朗，用意甚深"，为于公言之也。又一赠法。

33.《送许郢州志雍序》(贞元十八年，公三十五岁。)编后评语：于頔有贪酷名。此《序》与《崔序》，意若皆属于于。然《崔序》不言讽于者也。此《序》明言为于公道，是非讽于也，借于以讽许也。许为于属吏。《序》中直言刺史补得其政，又不贬称于官，而称其名，诚讽于也。许安能以此进于于哉？韩公之文，取法《史记》。《史记》多诡词，此文盖与同意。

34.《送董邵南序》(公年三十五岁。)编后评语：末段之意，始终不解。若谓董当仕于王朝，虽不我用，当强求之，则无此理。若谓河北习于叛乱，则当正言以告，不得谓燕赵之于仁义出乎其性矣。前辈但谓此文含蓄，迄莫能言所含蓄者安在。可怪也夫。

## 卷　　中

35.《原道》(此文之作应在三十一岁答张籍书后，三十六岁送文畅序前，三十九岁上李巽书前。)编后评语：伊川程子曰：孟子而后，却只有《原道》一篇大意尽近理。《原道》中语言虽有病，然自《孟子》以后，能将许大见寻求者，才见此人。退之晚年为文，所得处甚多。学本是修德，有德然后有言。退之因学文求其所未至，遂有所得，如云轲"死不得其传"，似此言语，非蹈袭前人，非凿空撰出，必有所见。《原道》云：荀扬择不精，语不详。若不是他见得，岂千余年后便能断得如此分明。朱子曰：自古罕有人说得端的。惟退之《原道》庶几近之。韩公见得大意已分明。如《原道》不易得也。黄山谷曰：文章必谨布置。每见后学，多告以《原道》命意曲折，以此概求古人法度。如老杜赠韦见素诗，布置最得正体。如官府甲第，厅堂房室各有定处，不可乱也。韩文公《原道》与《书》之《尧典》，盖如此。茅鹿门曰：辟佛老，是退之一生命脉，故此文是退之集中命根。其文源远流洪，最难鉴定。兼之其笔下变化诡谲，足以眩人。若一下打破，分明如时论中，一冒一承，六腹一尾：前段推究本原仁义道德之说，以求其端，后六段指斥其诞妄斁弃为生民之害，以讯其末，却暗藏枢轴于中间。此等处极不易识。归震川曰：《原道》一篇，立言正大，发先儒所未发。《唐书》称其"奥衍闳深，与孟轲相表里，而左右六经"知言哉。至其为文，神诡万状，出有入无，震荡天地，则自孔孟后大文章矣。《原道》抑邪扶正，辨时俗之所惑，尤在中间六段。鹿门先生所谓六腹也。六腹中又有首有尾。第一第六段总言佛老。第一段曰："民穷且盗，是害其身"，此段为腹之首。第六段曰"胥而为夷，是害其心"此段为腹之尾。中四段佛老相间，两段辟老，两段辟佛。老承老，佛承佛。此四段为腹之腹。六段皆以今古相形，古字或暗或明，今字则段段明点。所以掇眼目，显然以章法示人也。姚姬传易六段为五段。以"孔子作春秋"以下并入前段。其意盖以佛法来自西域，夷狄之名但可加佛，不可加老也。不知杨朱墨翟，皆非生自夷狄者。公《答孟尚书》述孟子之辟杨墨。其言曰"向无孟氏，则皆服左衽而言侏离矣"。以杨墨为夷狄也。杨墨中国人。公即尝夷狄之。老子亦中国人，公独不可夷狄之乎？中国者，古先圣王之中国。凡大悖中国古先圣晚之道者，皆夷狄也。岂必其生于夷狄者哉。以夷狄为兼言佛老，别于前段为六腹之尾，则加于"先王之教"一语，不唯罪佛，亦且罪老，于义为备而章法亦称。姬传先生号为深于古文者，其不及茅公远矣。文章章法，必有正变，能正而不能变，失止于平，变而不得其正，则不成章矣。甚矣，一提藏前后枢轴于中间。茅评以为不易识。诚然。然文家过脉处，束上起下，自古有之，非公始创此格。"求端""讯末"二语，一缴足"周道衰"以下二小段，一领起"几何不为夷"以上六小段，用之前段之尾，后段之首，适得其地。是变而出于正者也。假如不问何地，横插而语，谓是一篇枢纽所在，其孰得而识之。附古今评论韩公文语：李习之祭公文曰：建武以还，文卑质丧，气萎体败，剽剥不让，俪花斗叶，颠倒相尚。及兄之为，思动鬼神，拨去其华；得其本根，开合怪骇。驱涛涌云,包刘越嬴,并武同殷。六经之风,绝而复新。学者有归,大变于文。皇甫持正志先生墓云:先生之作,无圆无方,至是归之。抉经之心,执圣之权,尚友作者,跂邪抵异,以扶孔氏,存皇之极。知与罪,非我计。茹古涵今,无有端涯,浑浑灏灏,不可窥校。及其酣放,豪曲快字,凌纸怪发,鲸铿春丽,惊耀天下。然而栗密窈眇,章妥句适,精能之至,入神出天。呜呼极矣,后人无以加之矣。姬氏以来,一人而已矣!李南纪《文集序》曰:汗澜卓踔,窬泫澄深。诡然而蛟龙翔,蔚然而虎凤跃,锵然而钧韶鸣。日光玉洁,周性孔思,千态万貌,卒泽于道德仁义。炳如也。苏老泉曰:韩子之文,如长江大河,浑浩流转,鱼鼋蛟龙,万怪惶惑,而抑遏蔽掩,不使自露,而人自见其渊然之光,苍然之色,亦自畏避,不敢迫视。方望溪曰:韩公之文,每一语出则真气动人,其词镕冶于周人之书,而于秦汉间取者仅十一焉。

36.《原性》编后评语:诸同人云:辞强辩雄。然圣人论性,实只如此。三子之言,合之似即三品。然而不同者,天下之人,不能无善恶。曰性善,则恶者为由善移恶矣;曰性恶,则善者为由恶移善矣。既可移,则无所谓善恶,皆中人耳。故曰举其中而遗其上下,谓三子仅知有中品也。公此文之意,以为三品之说,其中品与孟杨同。惟上品、下品为公所创设。故于其后申言之。引孔子以折三子,以见其说之不易也。凡古文用意必有隐显,立言必有详略,要使人推寻可见,故不嫌其为隐与略耳。周秦以来皆然,至苏王则言之惟恐不尽矣。陪客乃古文中一事,不必果有相形之用也,但以类相从则遂及之耳。《原道》言道兼言德,此篇言性兼言情,言三品兼言五德,又兼言七情,皆以类从者也。《原毁》一篇自首至于尾皆一宾一主相间,是为奇格。《原人》《原鬼》皆而宾一主。盖非宾无以定主矣。若夫《送杨序》之借二疏,《上宰相书》之引周公,此则又当别论,非五原比。全从《孟子·公都子论性章》化出。

37.《原鬼》(通首以形声言,入手独添设一气字亦其章法谲诡处。)编后评语:此文盖仿管荀诸子。篇法奇正皆备。

38.《原毁》编后评语:大阵包小阵,大营包小营;奇正相参,详略互见。壁垒森然之中,谲诡莫测。此诸葛公八阵图也。此篇分前后两大段。两大段中又分两小段,两小段中前有两排,后有两联。通篇以排偶成文,以一宾一主相形立论,此其章法之严整也。前一大段,起有提,中有分应之句,后无总束;后一大段,起有提,后有总束,中无分应之句,此其章法之参差也。此皆发挥题中一毁字者也。两大段后又缀以原字一段,与前之两段并立为三。前两段一反一正,皆以责任责己并提。此下以两排分承之,此段以怠与忌并提,此下亦以两排承之,然但承忌而不承怠,但言畏人修而不言不能修。提笔与前同而所应之着不同。此其章法之变幻奇蹶而难测也。茅鹿门云：此篇八大比，秦汉来故无此调，昌黎公创之。然感慨古今之间，因而摹写人情，曲鬯骨里，文之至者。篇法调法，皆以排偶行之，斯之谓称。

39.《送浮屠文畅诗序》（贞元十九年，公三十六岁。）编后评语：唐荆州云：开合圆转，真如走盘之珠，此天地见有数文字。通篇一直说下而前后照应在其中。此文在公集，尚似非极致之作。荆州以为天地有数文字，殆所未喻。篇中有起伏、有断续，谓之直下亦所未解。（荆州评多为，此亦其一。）中段"宜当告之"云云，"惟二帝三王之道"一句为主。上应"君臣父子之彝"，下开"民之初生"一节。其余五句，皆类及之耳，非"民之初生"以下语所能赅也。古文前后必相应，而相应有偏有全，则由所言宾主轻重故耳。

40.《与陈京给事书》（贞元十九年，公三十六岁。）诸同人云：层次法度，昌黎本色。其串合数层，累累如贯珠，最得《国策》妙处。文家章法必在相称。前奇后亦奇，前偶后亦偶；前奇偶相间，后亦奇偶相间，称之谓也。此篇前后两扇。阵中有阵，营中有营，与《原毁》章法略同。古文之工者，伸纸疾读，每一段毕，读之只如一句；每一篇毕，读之亦只如一句。譬长房之缩地，须臾尽耳。及至一一读之，其中有负应，有开合，有浅深，有离合。横岭侧峰，重关叠键，一篇有一篇之结构，一段有一段之结构，必备种种相法，而后成其为篇也。吁，难矣哉！

41.《上李实尚书书》（公三十六岁。李是时为京尹。）编后评语：雕镂空虚，精警奇创。

42.《答窦秀才书》（贞元二十年，公三十七岁。）编后评语：文如一匹一练，一丝一缕，不可抽换。

43.《送廖道士序》（茅鹿门云：文体如贯珠只此一篇，开永叔门户。公三十七岁。）编后评语：公之文虽极短，必有烟波，出没无首尾，但述一事者。此题所送之廖道士，家於郴州，学于衡山，故借之以起兴。虽只述一事，此一事即题之烟波也。其正意在迷溺于佛老一句，突如其来悠然而逝，倘恍无端，如读屈子《离骚》及龙门诸论赞。"廖师彬人而学于衡山"句，不叙于前而补于后，此左史序之法。以序赠人，本无深意，得一说以发端足矣。其言中必有含蓄之味，其题外必有点缀之笔，此类题固宜如此。至于《原道》等品，发古今所未发，虽以公之圣于文，亦不得不以全力赴之。如管商韩非诸子推究事理，言之不足，未尝不反复重叠，以申明之也。题各有当，殆不可以一律论。起势如垒棋然，愈累愈高。公集中似此者凡数首。苏老泉颇学之术，《木假山记》是也。曾子固《上欧阳舍人书》，不用之于起手，而用之于中间，尤善学古文者。《送王含序》结构略同。

44.《燕喜亭记》（贞元二十年，公三十七岁。）编后评语：事之原委，地之邱壑皆备,是之谓记。

45.《送区册序》(贞元二十一年,公三十八岁。)编后评语:阳山人所不至,独区生至耳。篇中只此一反一正,易伤平直。看他中间翻进一层,便觉寻常邱壑亦非一览所尽。

46.《送窦从事序》(贞元二十二年。)编后评语:刘海峰云:起得雄直,惟退之有此。　公与平,非故交,以牟之请,为此序。平为人无可称述,其官无可论列,境枯寂甚矣。入手扬厉精彩,须看他善于取径处。

47.《上兵部侍郎李巽书》(公三十九岁,永贞元年。)编后评语:古人之文,无不一线到底者。于一线到底中幻出烟波,乍离乍合,不使人一览而尽,此最韩文胜处。而脉络之分明,亦惟韩文为尤易见。如此篇"听之之明"二句。乍读之,似收束"宁戚之歌"一段耳。然既曰"听之明",则上文"奇辞奥旨"等语,自然关合;既曰"振之",则上文"困厄悲愁"等语,亦自然关合,岂必有意为之哉。其构思本无庞杂,故首尾自成一线也。今人横骛别驱,律以公文之义法,其不能成章者多矣。"听而识之者难遇"一语,既回顾上文"学成益穷","不见知己"意,又引起下文"阁下"云云,此人所共知者也。而其上句"非言之难为"句并举,前半凡"自唐虞以来",至"靡不通达"等语亦隐隐关合。所以见己文虽工,不足为难也此等处,若有意为之,亦何足为。大家要归于骨脉之清,思致之一,故自然处处相应耳。古文之妙者,一篇之中,旁见侧出,乍读之,如头绪甚繁,及寻其归宿,则处处相生相应。一篇只如一句,此最上之篇法也。若求其次,则首尾如一者,波澜虽不足,不失为佳篇。若旁见侧出,不能滴滴归源,是为杂乱,不可为成篇矣。

48.《守戒》(宪宗元和元年公年四十岁,自此削平藩镇,用兵十余年。此盖宪宗未立所作在公四十岁前。)编后评语:出没离合,如神龙之在云表。引喻引古,为古文中波澜。意度之所在,既引于前,必应于后。无置而不问者,惟正意已见前。引喻引古以申明于后者(如《上于頔书》之"太山巨海",《原道》之"坐井观天"),不必再应,鹿豕之譬是也。其余或正喻夹写(如《师说》"为子择师",《与李翊书》"气之于言犹水"),或接说正文(如《于頔书》言"农焉",《后十九日书》言"陷水火"),或一再复述(如《进学解》之"医师匠氏",《释言》之"狂惑水火"),随手之变,不拘一格,要之皆所以为应耳。《上李巽书》之应宁戚龃明,《师说》之应巫医药师,此篇之应野人鄙夫、猛兽穿窬。若有意,若无意,借所引为过文,尤巧于用应者。合数者观之,其法可无遗矣。贞元末,公贬阳山令。永贞元年,公迁江陵法曹。山阳为边地,江陵外与蔡州及陈许地接,强藩跋扈,时虞侵轶。《守戒》之作,应在此时。公盖年三十九。

49.《至邓州北寄上襄阳于頔相公书》(公四十岁。)编后评语:此在公写为应酬文字。笔力之操纵自如。人自莫能及。

50.《释言》(公四十岁。)编后评语：前一段立案，后一语收局。中间四段，其三段皆以客问愈答为章法。独增入自尤自解一段，以错综复杂之。而段尾仍以"我何惧而慎"句为节奏，变化之中，局阵严整。三复笔，为时文家狡狯伎俩，古文无是也。韩文最喜用复，然皆至再而止。此篇"何惧而慎"句，独三复。盖前二段各一意，第三段仍为前二段申说，意同于前，则语语同于前，非漫然为之也。假如别出一议，仍以此句作收，则数见不鲜矣。古人必不为此也。欧阳公《本论》中：曰自然之效者一，以治病言；曰自然之势者二，以辟佛言。语虽三复，在正意仍止两见，古人法律，可以想见。韩文中引喻引古，起后必应之，亦一应而止。无至无再者。己巳十一月。所释之言，实止二事，衍而为四，壁垒森然。若当日实有四番问答，则此局为板矣。集中两扇，四扇以至《原毁》之八大比，其布置皆当作如是观。辛未四月朔。

51.《讳辨》(李贺以元和初举进士，为元稹所议。公文盖作于是时。元和元年，公四十岁。)编后评语：茅鹿门云"此文反复奇险，令人眩掉，实自显快"。前分律经典三段，后尾抱前辨难，只因三段中时有游兵点缀，便足迷人。刘海峰云：结处反复辨难，曲盘瘦硬，已开半山门户。但韩公力大气较，浑融半山便稍露筋节，第觉其削薄。游兵若彼此可移易，是乌合矣。因上下文语势而推言之，各依部伍，森然不乱。此韩公能为之，唯茅先生能言之。

52.《张中丞后传序》(公年四十一岁。)编后评语：茅鹿门以此为效太史公。

53.《送幽州李端公序》(元和四年甲午，公四十三岁。)编后评语：幽州果能归化，则来觐奉职久矣，何庶几之有？使者至而故为恭谨，是乃所谓伪也。借此以歆动司徒，又借送其属以达之，是立言不苟处。

54.《为河南令上留守郑相公启》(元和五年，公为河南令，年四十四岁。)编后评语：反正断续，浑混泡泡。昌黎公极盛文字，诸选皆置不录。以此叹之，知言之难。

55.《送石处士序》(元和五年，公四十四岁。)编后评语：前中叙次描写，如画题之情事已毕。后四祝波澜渲染，既使题境不枯寂，又明"序"之非漫然作也。识得破时，一篇皆海中蜃市。

56.《送温处士赴河阳军序》(元和五年，公四十四岁。)编后评语：姚姬传云：意含滑稽而文特嫖姚。都会之地，人才所萃，仅拔二生而才已空，所以见当世之乏才也。姚评所谓滑稽者，意殆指此。

57.《送穷文》(元和六年，公四十五岁。)编后评语：颛顼高辛时，宫中生一子，不著完衣。宫中号为"穷子"。其后正月晦死，宫人相谓曰：今日送穷子。自尔相承送之。见《文宗备问》与《唐四时宝鉴》。杨子有《逐贫赋》。

58.《送湖南李正字序》(元和六年,公四十五岁。)编后评语:老泉《送石昌言出使序》前半篇亦叙交请离合。试以此序较之,如何?

59.《代张籍与浙东观察李中丞书》(元和六年,公四十五岁。)编后评语:公晚年多作碑志,其气益如数百年松柏,偃蹇作态,观者爱不忍去。此首虽议论之文,屈曲瘦硬,绝有古意。盖前此所未有。

60.《送王秀才序》(王含,元和八年进士。其时公年四十七。此文之作应在其前。)编后评语:刘海峰曰:含蓄深婉,颇近子长。退之文以雄奇胜人,独《董邵南》及此序,深微屈曲。读之觉高情远韵,可望不可及。

61.《读荀子》(公作《进学解》时年四十。解中已孟荀并存。此云得荀子书。当是四十五岁前作。)编后评语:叙次三子,宾主、先后、轻重,森然不乱。

62.《进学解》(元和八年三月,公四十七岁。)编后评语:《唐书本传》愈再为国子博士,即才高,数黜,官又下迁,乃作《进学解》以自嘲。执政奇其才,改比部郎中史馆修撰。元和八年三月二十三日也。孙可之云:韩吏部《进学解》《玉川子月蚀诗》莫不拔地倚天,句句欲活,如赤手捕长蛇,不施控勒骑生马。大指出于扬雄《解嘲》、东方朔《客难》、班固《宾戏》。而公过之。茅鹿门云:此韩公正正之旗,堂堂之阵也。其主意专在宰相。盖大才小用,不能无撼。而以怨怼无聊之辞托之人,自咎自责之辞托之己,最得体。

63.《与鄂州柳中丞书》(元和八年,公四十七。)编后评语:颂柳中丞而从武夫说起。通篇一宾一主,处处针对,处处绾喝,绝不阑入他语。所谓古人之文,无不一线到底者。读此益信。

64.《再与鄂州柳中承书》(公四十七岁。)编后评语:此书本意,拟在召募。嫌于出位言事,故置之在后,仍自颂扬柳起。大段与前书同,皆以武人之不战,见柳敢战之难。前书专诮武人,此则首详贼势,故读之不觉其复。尤妙于"就令如是"云云做一转语,申前书未申之意,乃见此书非漫然作也。

65.《送水陆转运使韩侍御归所治序》(元和八年,公四十七岁。)编后评语:随其后而次之,入后忝列论议,笔情恣肆,各满其量而止,读之畅然。结构之巧,在"中台士大夫"一段,借他人口中收拾全文,首尾严密。赵充国屯天人种二十亩,此奏人种七十六亩。汉唐皆以二百四十步为一亩。意者,充国时牛少,尚用代田,以人耕犁之法与。不然何相悬如此。

66.《答陈商书》(商元和九年进士。此商未第时公所答书,盖于是年四十许。元和三年,公四十二岁。)编后评语:但设一譬,波澜已足。

## 卷 下

67.《蓝天县丞厅壁记》（元和九年，公为吏部考功郎中作。年四十八岁。）编后评语：唐荆州云：此但说斯立不得尽职，更不说起记壁之意，亦变格也。（壁旧有记，非自崔始，故不说。）含蓄不尽，龙门之遗。

68.《与郑余庆相公书》（元和九年，公四十九岁。）编后评语：述事而已，无支辞赘语。绝似西汉人书牍。

69.《答刘正夫书》（刘以元和十年登第。此书称刘进士或即十年作。公年四十九岁。）编后评语：此亦公论文之书。较《答李翊书》尤切近。

70.《袁氏先庙碑》（姚姬传《类纂》题下一圈，篇中诗有圈点、序无。元和十一年，公五十岁。）编后评语：刘辰翁云：文古文，诗古诗。此文最罗罗清疏，首尾一线，无歧出语。茅鹿门病其字句荆棘，所谓皮相。

71.《曹成王碑》（题下圈、篇中点画，悉依《类纂》本。元和十一年，公五十岁。）编后评语：莒溪洪驹父曰：《曹成王碑》造语，法子云也。《南山诗》《平淮西碑》气象宏富，法相如也。《进学解》《师说》，法刘向也。凡为文，字字有法。法《左氏》司马迁也。班固已下不论。洪又曰：退之性不喜书，然尝云：凡为文词，宜略识字。如《曹成王碑》用剺、鞹、拨、掀、撇、掇、趹等字是也。

72.《答殷侑侍御书》（元和十二年，侑以太常博士迁员外，使回鹘。此已为侍御。应在元和长庆间，公年五十上下。）编后评语：一气直下，中具伸缩转侧之致。松柏苍然，非时俗之所宝。

73.《送殷员外序》（元和十二年，公五十一岁。）编后评语：此题可颂可规。规其无失辞、无辱国，发论较易。颂则惟不惮远行耳。其事无可铺陈。看他借两种人衬起，便觉殷侯丰采不可及。真善于描写者。

74.《南海神庙碑》（《类纂》题下三圈。元和十三年，公五十二岁。）编后评语：公尝言：辞不备，不可以为文。读此可见其斟酌无憾处。

75.《祭河南张署员外文》（元和十二年，公五十一岁。）编后评语：茅鹿门云：公之奇崛战斗鬼神处，令人神眩。此文节拍，绝似太白《忆旧游赠谯郡元参军》作。公自言，愿生两翅追逐李杜。此可谓出于兰而胜兰矣。咸丰十年庚申冬，西夷受款，外患中息。予时掌京畿道印，以故事，冬至前一日，恭脂：圜邱视宰牲。车中无聊，背诵此文。自西河沿寓而东，甫一遍，举首见天坛外垣而止不诵。今十二年矣。当时情景，如在目前。幸得不死，恭睹中兴之盛。诚非车中诵此文时所敢预备必。蹉跎白首，需次外官。手一编如故而累累儽儽之物，已五六年不悬我肘，则一身居清要时，所万万梦想不到也。可叹也夫。辛未三月望前三日因斋主人记。公之古近体诗,诗家谓"以文为诗",以此逊于李杜。四言有韵之诗与余独步千古,以三百篇校之,亦有此病,唯此篇独绝。

76.《平淮西碑》(元和十三年,公五十二岁。)编后评语:方望溪《书淮西碑后记》云:碑记墓志之有铭,犹史有"赞论",义法创自太史公。其指意辞事必取之本文之外。班范以下,有括始终事迹以为赞论者,则于本文为复矣。此意唯韩子识之,故其铭辞未有义具于碑志者,或体制所宜,事有复举,则必以补本文之间缺。如此篇,兵谋战功,详于序而既平后情事,则以铭出之,其大指然也。前幅盖隐括序文,然序述比数事乱,而铭原乱之所生。序言官怠,而铭兼民困;序载战降之数,而铭具出兵之数;序标洄曲,文城收功之由,而铭备时曲,陵云、邵陵、郾城、新城比胜之迹。至于师道之刺、元衡之伤,兵顿于久顿,相度后至,皆前序所未及也。欧阳子号为入韩之奥突,而以此类裁之,颇有不尽合者,介甫近之矣,而气象则过隘。夫秦周以前,学者未尝言文,而文之义法,无一之不备焉。唐宋以后,步趋绳尺,犹不能无过差。东乡艾氏乃谓,文之法至宋而始备。所谓强不知以为知者与。纪传者,述事者也;论赞者,取所述之事,而功罪之者也。唯其事已著,然后功罪可得而论焉。如望溪言:必取之本文之外,则是所述者不论,而论者非其所述也,将使读者何从而知其论之得失乎。太史公"论赞",大半抒己之感慨。凡纪传中所载功罪,悉置不言,言亦非实。所以然者,以汉人而论汉事,其势不得不隐讳。故仿《春秋》之例,凡褒贬皆寓之言中,如李广书将军,陈平书丞相,项羽书字。《韩信传》历述蒯通、武陟之言,微文诡辞,使千载以后,细择其辞,然后得之,不欲人一览而知也。《项籍纪》内直书"分我杯羹",而论则犹称高祖为大圣。《韩信传》既载其拒蒯通、武陟,而论犹责其谋畔。彼其视论赞如筌蹄耳,其取之本文之外也,不亦宜乎!班范皆易代之后,追论前事,功则功,罪则罪,直言无忌,固其理也。以班范之括始终事迹为复,以《史记》之不括始终事迹为避复,浅之乎论文矣!铭者,碑记墓志之正文也;序者,序所以作铭之故。又铭所不能详之事,因此以详之也。非正文也。铭,虽有长短句,大率四言者为多,既限以字数,又拘于声韵,于其所载,必不能备,于是乎有序以详之。苟其事不待序而始详,则序但书年月,不载事实可也。自为人子孙者,欲尊其祖、父,惟恐铭辞简括,不能备史家采择也。于是墓志之文,序较铭为更重,风会使然,实非体要。然于铭所载之事,序先述之可也。谓序所有之事,铭不得再载,则大不可。姑勿论重大之事铭不可以不载,既谓见于序者,铭阙之,见于铭者,序缺之,则是其人一生之事,序载其半,铭载其半,而分一人为两橛也。有是乎文体乎?序之为言引也,本以引起所作之铭。今反以序而使铭不能载,则是序为正文,铭为余波也。有是乎文法乎?韩文碑版,冠绝古今。凡其人重大之事业,未有不序铭并见者。甚至举其人之生平，序与铭皆一一述之，不以为复。《韩宏志》《王宏中碑》《袁氏庙碑》具在，有目者皆可观也。望溪何所见而谓其铭辞未有义具于碑志者乎？此文既平，未平之事，铭皆备载。然序但言平时，命将出师及战几次、斩几何，而既平后略焉者。赈饥敕胁从诸事，铭所能详。李光颜之兼将河东、魏博、邠阳，重裔之兼将朔方义成七军，颜裔武之得删城县二十三，大战十六，道古之降万三千，李愬之帅山南东道，公武之以散骑常侍帅鄜坊丹延，皆铭所不能详也。今乃谓兵谋战功详于序，既平后情事以铭出之，不亦谬乎？韩公碑记墓志、序详于铭者有之，徇人所请，不得不然。然法所宜书之事，铭未有不载者。虽序详细铭略，正班书括始终事迹以为赞论之例也。如谓所铭必在序外，则全集实所未见矣。望溪侍郎于《史记》探讨颇深，于韩文虽知推重，尚未能入其奥窔。今人竞讲方姚法，此论为古文家所遵奉久矣。似是而非，遗误后学不小，予不可以不辨。茅鹿门云：颂文淋漓纵横，并合绳墨。茅评"淋漓纵横"。盖指"帝有恩言"以下而言。前此未见淋漓纵横也。"并合绳墨"句，不识所谓。公文固无不合绳墨者，此文收束完密，诚不易及。然非有一定必应如此之绳墨，何以谓之"并合"耶？

77. 《论佛骨表》(元和十四年，公五十三岁。)编后评语：其文其事，与日月争齐光。

78. 《潮州刺史谢上表》(元和十四年，公五十三岁。)编后评语：文气坌涌，以上句接下句。似乎手不及书，口不及诵者。决江河而奔山岳，信文章之巨观。

79. 《鳄鱼文》(公年五十三岁。)编后评语：此文虽为鳄鱼而作，言外慨然有迁谪之意，怎得龙门神髓者？鳄鱼残害民物，凡有人之地，皆不可容其杂处，无论远近也。此文专以远近立论，自伤远谪，意已在言外。一则曰与刺史亢拒，再则曰与刺史杂处，自以为与异类为伍也。若曰此非人所居，惟我与鳄鱼耳。太史公既受腐刑作《史记》，时寓悲愤意。此文盖本其例。

80. 《处州孔子庙碑》(元和十五年，公五十四岁。)编后评语：序之所列，诗皆咏之。唯社稷不及，及则复矣。《徐偃王碑序与诗》皆以嬴秦陪说，不以为复，而此独避复着，彼本一家眷属，此则借径也。法由义出，读者当自识之。

81. 《祭柳子厚文》(元和十五年，公五十四岁。)编后评语：《类纂》题下二圈。篇中"凡物之生"四句点，"子之中弃"四句一斥不复二句圈。用韵之文，多用比兴，真《三百篇》之遗。

82. 《柳子厚墓志铭》(元和十五年，公五十四岁。)编后评语：茅鹿门云：昌黎称许子厚处，尺寸斤两，不放一步。

83. 《与孟简尚书书》(元和十五年，公五十四岁。)编后评语：茅鹿门云：古来书，自司马子长《答任少卿》后，独韩昌黎为工。而此书尤昌黎佳处。然"赖其言"一转，如说有补意矣。却只说得一半，下即以"存什一于千百"续之，是转而未转也。直至"然向无孟氏"云云，虽切何补补句，始全身兜转。《伯夷颂》内"穷天地"三句，忽以为颂，忽以为贬，亦如之。世人竞学太史工，此种笔法，自公而外，虽六一先生亦无之。此文语气最激昂垒落，《答崔书》与此同，而气似稍逊。（此文语气有孔子矢自路意。）一篇如一句。《书张中丞传后》文先说许远事，后忽云"如二公之所成就"增入张中丞。此篇前段先说不"求福"，后忽增入不畏祸，皆他篇所无，而《张中丞传后》文尤嫌其突。因思《论语》"将伐颛臾章"，但本呼求一人而责之，后忽云"今由与求也"，于求外增一由，与公文正同意者。公固取诸《论语》欤！杨墨孟子皆陪客，既入正文，尽可置之。公文此等处，必不肯忽，最足为法。

84.《新修滕王阁记》（元和十五年，公五十四岁。）编后评语：即从己之欲观不得，推论王公政绩之美。与《徐泗豪书记题名记》皆立言之妙。

85.《送杨巨源少尹序》（杨长庆中为河中少尹。长庆元年，公五十五岁。又四年敬宗即位。）编后评语：唐荆州云：前后照应而错综复杂变化不可言。此等文字，苏、曾、王集内无之。刘海峰云：驰骤跌荡，生动非扬，曲尽行文之妙。杨公之视二疏，出处相同而遭际过之。此续之作，不独美杨，兼美时相。前幅无数烟波，为衬出不绝其禄一事也。不然，徒取两人之同异而较量之，其有异于掉笔头者几何？庚午正月记。所高呼引退者，谓其不食爵禄也。退而仍官少尹，与居司业时等耳。篇末以"不去其乡"美之。若曰所可取者此而已，未可媲美于二疏也。寓讽于规，用意深曲。辛未三月记。

86.《祭张给事文》（长庆元年，公五十五岁。）编后评语：祭文无追美祖父之例。以给事能绍其家，又与其父先后为梁帅从事，故起处推本言之，非述祖父，乃赠所祭者也。他文不得援以为例。公为张之从外舅，又尝从公学，是父执也。入手从其父亲起，盖亦因此。

87.《开州韦侍讲盛山十二诗序》（长庆二年，公五十六岁。）编后评语：（无）

88.《柳州罗池庙碑》（长庆二年，公五十六岁。）编后评语：晁无咎曰：此非铭罗池庙之文，吊柳宗元之文也。邵公济曰：楚辞文章，屈原一人耳，宋玉尚不得仿佛。惟退之《罗池碑》可方驾以出。朱廷玉曰：读韩文《柳州庙碑》，释然有得于用意至微之处，"《春秋》之称微而显、志而晦、婉而成章"。公于此文，独言柳人祭神而及子厚之出处。言柳民歌咏仁政，敬如父母，尊为鬼神，雍容纡徐，而刺讥诋诃之文，不形于一辞，而言外之意，推之不可穷。非深得于《春秋》，曷至是哉！柳州有功德于民，民乐祀之，而请韩公书事于石。此惟颂柳侯而已，曷为刺讥诋诃之乎？韩公之文，用意诚多，谲诡独此文无之。朱君之言，吾所不取。特录只，所以见知言之难也。邵公济安贬宋玉，亦无大非是。

89.《送郑尚书序》（长庆三年，公五十七岁。）编后评语：公自言曰：辞不足，不可谓成文。皇甫湜曰：及其酣放，豪曲快字，凌纸怪发，惊铿春丽，惊耀天下。刘大櫆曰：韩公序文，埽除枝叶，体简而辞足。当合此数说观之。

90.《赠太尉许国公神道碑》（长庆三年，公五十七岁。）编后评语：竟体严峻，读之凛凛。许国何人，乃敢当此？甚矣！公之谀墓也。此庚午所评。今日读之，始知公意所在。甚矣，公文之难知也。辛未五月十七日。

91.《郓州谿堂诗并序》（长庆三年，公五十七岁。）编后评语：皇甫湜有《上韩侍郎手帖》云："郓塘特高古风，敢树降旗，而作之者下何人能及矣。崔侍郎前日称叹，终席满座，不觉继烛。我唐有国，退之文宗一人，不任钦慰之极。"陈齐之语录曰：秦少游云：退之《元和圣德诗》和《平淮西碑》如出两手。予以岁月考之，盖相去十二年也。然以《平淮西碑》方《郓州溪堂诗》，则又曰如他人作也。若直说能定郓军于乱后其功为大，嫌于直致先发一难，然后解之。此命意布局之妙尤妙在自发端至"恃以无恐"句，皆注重能安其军于三方，并乱时忽然一转，别开奇境，匠心独绝。

92.《祭马偬仆射文》（马以长庆三年八月卒。公以七月改吏部侍郎，是年五十七岁。）编后评语：公文虽限以声律，首尾必相照应，血脉必相流通。卤莽为文者，安足语此。若但言蚤年迁谪，中年渐达，晚乃大显，虽有次序，犹之死蛇段段耳。以晚年之大显为主，入手四句，但美其德，而其后之明昌已伏。又申之曰"人谓其崇，我势始起"，则当中年之内擢，而后此之不止于此，前此之愿补给此，均已昭然若揭。击首则尾应，击尾则首应，夫是之谓血脉流通也。欧、曾、苏、王孰有能入其阃奥者哉？噫！《祭张给事文》曰"惟义之趋，岂利之践"，于留幽州之时，暗伏殉难之案。亦其血脉之所在。至入手一段，从给事之文学传家，领起死于从军之不心。高屋建瓴，市置尤匪夷所思。然唯父执出之，则可。外此不得以为例。

93.《殿中少监马君墓志铭》（公二十岁见北平王至此又三十余年日，未四十年。盖五十后作。）编后评语：钱受之谓：欧公《张尧夫墓表》，盖仿此篇而无痕迹可寻。云此文极明浅而法甚密。间有可疑，他日论之。

94.《伯夷颂》（此试吏部及中书时作，盖年二十七八。以无证佐故附于后。）编后评语：姚姬传云：用意发侧荡漾，似太史公论赞。姚评颇善，状此文体势。然前半称颂处，已含过中意。并非前褒后贬。以一语而作另两用也。反侧二字，似是而非。此篇论议，似初登第时所作。其气骨则似四十以后文。殆不可定。

95.《改葬服议》(此文不可考,或《议禘祫》时作。)编后评语:此古文家说经之体,抄以为法。作古文者,一说甫终,又及一说,随在更端,了无归宿,此近日之大病。看此文何等完密。辛未四月望后六日。篇中引古凡五。其三事是论改葬父母于三年后者,不应重服,议之正文也;其三事是借他事以证正文,敷佐也。据刘向、扬雄文法,当于篇末收束征文之三事,而其余二事,则可舍置之。今变文为之不收正文,而收他事。文成法立,细味之,若必当如此者。姚惜抱谓韩公最善学古人。以此类观之尤信。

96.《为人求荐书》(此文年岁不可考。然必公未为吏部前作,不则公且荐之无为求人矣。)编后评语:以木马设喻,中间入正意,后已辉映喻意矣。至篇末,又以马为喻,而不及木。故为偏全,以避板也。录之以示一格。《孟子》"岁富章"以耳目口喻人心之同,前分后总。至末"刍豢悦口"句,独举口之于味一事,以赅其余。此文盖本其例。

97.《对禹问》编后评语:题为对问。故自始至终皆问答语。犹《释言》一篇,始终不脱人言也。古文固非时文比,然后人之作古文,有以题为赘旒者矣。曷取公文读之,"舜不能传禹,尧为不知人"四句,乍读似无所谓,细绎之,乃正对付尧舜何以不"忧后世"句也。尧知舜之传天下必得人,如舜始传之,不然舜必传子,是即尧之忧后世也。舜知禹之传天下必得人,如禹始传之,不然则禹必传子,是即舜之忧后世也。韩公文易使人眩惑,必深思之自见。公自言少时乐观《孟子》,此对及《原性》,皆与《孟子》异议。应为中晚年作。此文用笔如画沙印泥,极其透快。然其用意之窈曲,正不令人易识。抄此册已二年,今日始悟首段"禹之利民"句,是利字非忧字之讹也。吁难矣哉。辛未七月十五日记。说理论事之文,太露则少味,故为艰深,则又如扬子之太元,徒覆酱瓿也。此最可法。首段"利民"句,利字实是忧字,前记误。惟中段"禹以传子,为虑后世"句虑似当作利。然诸本皆作虑。阙疑可也。甲戌六月出四日又记。

98.《送王秀才埙序》(篇中言"少而乐",观则此当为中年作。)编后评语:刘海峰云:韩公序文,扫除枝叶,体简辞足。唐荆川曰:此是立主意之文,而紧要全在"好举《孟子》之所道者"一句。

99.《答吕医山人书》(公四十五岁始知制诰居要职。吕之于公,必公既贵。应在四十五岁后。)编后评语:茅鹿门云:奇气。宋以后古文选本,传者甚少。其名较著,而其评间见于今选者,在宋有吕东莱之《关键》,楼迂斋之《崇古文》,谢叠山之《规范》。在明有唐荆川之《文编》,茅鹿门之《文钞》。

100.《送高闲上人序》(高闲尝以宣宗时被召。此序之作必公晚年,但不能定其何年耳。)编后评语:谈空绘无,超元入庙。前言凡治一技,必无他慕而后工,以此讥闲之既欲学书而又学佛。中后则言草书与佛正相反,尤不可以兼慕。茅鹿门云:其用意本庄子,而其行文早语叙实处,亦大类庄子。

**9 月(八月)**　父亲刘成忠被委任署理南汝光道一次。

▲ 时刘成忠权河南南汝光道,见《因斋诗存》自注。(《刘鹗年谱》第 6 页)

▲ 十年八月,委署南汝光道事务一次。(《刘鹗集》第 584 页)

**是年**　刘成忠引见进京。

**约 11 月(十月)**　刘成忠在南汝光道任上,因跌倒而伤腿,无法走路。

**是年**　刘成忠存诗《送唐霞耕太守》等十五题二十五首。

▲《送唐霞耕太守乞假北归,即次留别豫中僚友五首原韵(时太守子少霞孝廉以主事需次农曹挈眷居都门)》:一觉钧天便首途(太守以正月七日得疾,卧十余日始瘥),羞从下界听笙竽;燕台旧有游踪在,卫水何嫌取道迂(时由卫河北上)。宦味看人甘似蔗,诗篇别友唾成珠;不妨老作金门隐,知命如君信庶乎。

梁园车骑满黄埃,敛袵群推折狱才;堂上片言垂涕道,阶前两造革心回。早知阴德门闾大,其奈衰龄岁月催;借问乞归于定国,何年寄我驿亭梅。

云霄供职各兢兢,纶阁输君健笔凌;屈指门墙问谁在(在京时,及门张、刘两主政常从君游)?回头台省愧吾曾。凤毛久擅无双誉,鳌背行登第一层;经济文章都付与,未妨老子谢无能。

知进非难知退难,夜行我亦五更残;为抛青绶成濡滞,空向苍生策治安。他日可客归棹共,频年绝少酒杯宽(余年来戒饮);黄堂莫羡曾沾禄,一样秋风白袷单。

吹台仙境白云深,多少同僚盼再临,诗拟草堂归客数(老杜归成都草堂诗亦五首),人怀栗里去官心。由来骐骥能知道,未必鹓鸾许在林;一阕阳关聊志别,为君学鼓五弦琴。

《新野瑞谷,一茎两三穗。邑宰潘稚莼包瓯见寄,答贺四首》:曾说渔阳麦两岐,间阎瑞事又淮西;传家归种花盈县,报绩今占稻满畦。一岁收兼连岁产,下农食与上农齐;余三耕九浑闲事,谷价村村贱似泥。

元瑜书记旧翩翩,捧檄南来尚少年;邑小甫离流寇毒,时艰尤视长官贤。吏无逐捕经三稔,户有增加乞一厘;始信休祥非倖致,使君善政已盈编(新野三年无盗,今岁户口增二万人)。

相州幕府共栖迟,正是龚黄欲驾时;朝袖青蚨访书肆,暮烹金鲫话丛祠。但知定播三英誉,谁识真符六穗诗;惭愧乡居徒齿长,若论治理信吾师。

盗贼长安古所忧,从来都会杂薰莸;次公师帅讵无补,张敞劝惩差可由。今日唯君堪上考，此拜何术挽横流（时省垣有盗警）？小诗借作归禾颂，莫惜兰笺远寄邮。

《感秋》：秋风飒飒度庭除，茶冷灯昏入梦初；又是一年今过半，试言百岁定何如？中材涉世生荆棘，晚节辞家恋豆茸；记得江南蟹螯美，客床中夜几踌躇。

《秋海棠》：曾传西府擅芬芳，一样嘉名号海棠；春尽胭脂犹有色，秋来苔藓欲生香。仙云不引刘郎屐，清影还欹宋玉墙；惆怅倾城好容态，输他桃杏趁年光。

庭阴深处野烟和，绿意红情奈若何；空谷佳人甘独宿，贫家小女怨双蛾。聊凭蟋蟀秋怀诉，不羡寒鸦日影多；漫道托根须得地，幽兰丛桂亦岩阿。

盈盈欲睡浑无力，脉脉相看只有愁；一片绛霞常委地，几番清露便知秋。渚莲色好差堪傍，篱菊名高未许俦；紫蝶黄蜂狂不到，西风吹上玉钗头。

笑靥啼眉无限娇，春风秋雨各魂消；封章尚记轻阴借，照梦唯应短烛烧。宛转千丝缄翠钿，䶪腾两颊晕红潮；一般丽质天生就，瘦损腰围未易描（陆放翁《海棠诗拾遗》旧咏"悲零落瘦损腰围"拟未工。自注云，老杜不应无海棠诗，意其失传耳）。

《西平县三空桥入境（时权南汝光道篆）》：三空（去声）桥边秋水波，十年此地又经过（咸丰十一年出守汝南，由此入境。同治四年，调署首郡，取道五沟营，不复经此）；漫劳属吏双旌迓，自愧余生两鬓皤。回首中原销剑戟，侧身西望尚干戈；遗民不省伊谁力？闲向田头击壤歌。

《浉河长桥歌（桥在信阳州南门外）》：不知何年大风雨，长虹下饮浉河渚；水甘虹渴饮不休，迅雷一声风雨收。虹欲上天道无由，化为长桥千万秋；桥长百丈柱无数，半入波涛半烟雾。两两渔舟空际穿，条条狐迹冰前度。我来问渡浉水头，过桥拟作贤山游；一行宾从若鱼贯，前旌舒卷风飕飕。行行四顾心惕息，荇藻深沉下无极；独有风从上界来，更无地向中途立。登山回望影弯弯，一钩新月落波间；只恐归途风雨至；化虹飞去无由还。

《贤隐寺（以何人得名，州志无考）》：昔在萧梁代，已传贤隐名；至今逃姓字，岂独薄公卿。浉水三篙冷，松风万壑清；由光犹附传，终是未忘情。

《十月阅边发信阳州》：出城才几里，已自入云峰；嶂远松林黑，村明柿叶红。耀兵荒僻地，防患晏安中；借问南荆客，敦槃何日同（故事与汉黄德道会巡于信阳随州交界地）？

《桐柏道中》：云气重重嶂，溪流处处河；谷风凋树早，山雨入城多。地僻时防盗，时清幸止戈；寄言贤令尹，且莫亟催科。

《过大复山观淮井作歌》：秦山万叠束西陲，有如黑云自天垂；天风吹之云不飞，烟雨万古常霏霏。就中一柱亭亭起，胎簪之名良有以（大复即古桐柏山，其最高之一峰为胎簪山，淮水自此山出）；傲然俯视诸儿孙，踞虎蟠龙气都靡。清淮之水清且长，秩崇岳溇如侯王；钟灵韫秀定有自，非此奇绝谁能当？一源渊然山麓左，一源潩尔山腰旁；更有一源臻绝顶，人迹不到蛟龙藏。三泉隐见无由测，不因人力因地防；从此千支更万支，旁挟列岫相奔驰。流长源远汇为泽，龟山宛在湖中坻（山在洪泽湖中）；中干之龙蜀冈止，淮亦从兹入海澨。我家近寄淮安城，送淮归海才五程；岂期游宦睹灵迹，溯源直至淮所生。大复烟云终古闲，导淮尚说云梯关（淮入海处，在安东县）；壮观如此意良足，惜哉不识云台山（山在云梯关外海中）。

《自桐柏西行，宿平氏镇》：村舍畸零道路圩，肩舆尽日历崎岖；回环松岑风常响，高下秧田水预潴（山田如梯，高处苦旱，居民筑堰蓄水）。自古荒陬能伏莽，只今建邑是良图；汉家城阙知安在，故垒苍凉集夜乌（桐柏即汉平氏，此镇其旧治也。地在山外，不如今桐柏县置得地势）。

《南阳府》：群山豁处水汤汤，古郡襄樊控上方；一代名贤伊吕匹，千年陈迹帝王乡。眼前人物今寥落，头上风云自莽苍；差喜秦关烽燧远，时清好为课耕桑。

《招抚冈（裕州西二十五里）》：熊耳之山耸两峰，伏牛八百迷行踪（谚言：八百里伏牛山）；连冈沓嶂尽东走，横绝楚北如屏风。忽然一脉从南下，西爪东鳞潜变化；但道都如鹏翅张，谁知别有兽梁驾。我行道出招抚冈，遥见城阙开金闾；一峰方行截然止，一峰逆上蟠苍苍；两边相望不相属，祖干孙枝判昭穆。天然壁垒中坦途，方城之名盖取诸；黄城培楼讵当此，使我笑口腾胡卢（汝水以南，群峰绵亘有如长城。左传楚国方城，以为城义盖取此。今以叶南之黄城山当之，非其伦矣）。冈长十里无断续，直气虽充尽含蓄；极目方铺南岭云，回头忽截东山玉；一支向后一支前，前峰峻绝摩青天。导淮桐柏殊未已，黄山天柱纷连绵；坤舆结构无方体，目之为龙良有以。磅礴蜿蜒千万支，发源一线如蛛丝；始知有纵必有敛，两间妙理原如斯。此行似为山灵引，目睹龙行得标准；安得置身葱岭巅，西戎山河一览尽（中国之山，三大干，其发源皆于葱岭。葱岭，汉武帝案，古图书以为昆仑是也）。

《裕州光武庙读林文忠公扳倒井诗卷题后》：耿恭拜枯井，贰师刺飞泉；凡皆绝漠地，水脉来无缘。是以托神助，载之斑范编。方城楚门户，溪涧带陌阡；赵河北萦绕，沁水东蜿蜒。自从有山川，历今几何年；不闻滨水民，渴死邓林边。萧王命世主，罗胸富九垓；岂其桑梓地，樵汲昧所便。胡为军径行，望梅口流涎；大川置不取，觅此流涓涓。纵然趵突易，终竟非沧涟；地狭人苦多，毋乃争喧阗。凡此理所无，良史固慎旃；不然滹沱河，一夕冰遂坚。舍此而录彼，夫岂无说焉。我来谒庙貌，下车挹潺湲；快睹制府诗，墨彩浮云烟；雄辨一何博，汪汪韩杜篇。维公天人姿，勋名炳八埏；区区齐东语，秦镜岂弗悬。文人性爱奇，有如太史迁；借彼神异迹，骋我笔如椽。妄言姑妄听，解人固应然；我今学反骚，分道驰连翩。长安日近远，两说任转旋;所愧拘方隅,未足继昔贤。涸鲋亦有井,潜龙亦有渊;偶尔近帝乡,附会名遂传。大哉创业君,命固受自天;兴衰视主德,符瑞皆蹄筌。莫将蕉鹿梦,说向痴人前。

《确山道中》:十月狂风昼夜号,余威犹自偃蓬蒿;饥鸟直向人前落,寒犬时从空际嗥。渺渺平畴随雾尽,濛濛远岫入云高;回头却忆干戈岁,今日驱驰敢惮劳。

(《刘鹗集》第 617 页)

# 1872 年（壬申　同治十一年）　16 岁

3 月　曾国藩病死。

4 月　英国人美查（Ernest Major）在上海创办《申报》。

8 月　陈兰彬、容闳率学生梁敦彦、詹天佑等三十人赴美留学，学习军政、船政、步算、制造等科学技术。这是近代中国派遣到外国的第一批留学生。

12 月　李鸿章奏请在上海试办官督商办的轮船招商公局。

父亲刘成忠 55 岁、兄刘味青 23 岁。太谷学派学人：李光炘 65 岁、蒋文田 30 岁、黄葆年 28 岁、毛庆藩 27 岁。罗振玉 7 岁。

**是年**　父亲刘成忠典房开封，家属定居于此，而刘成忠本人任职于汝南。

**1 月 6 日（辛未年十一月二十七日）**　刘成忠第二次为韩愈《与崔群书》做眉批。

▲ 编著者按：1870 年，刘成忠编辑《韩文百篇编年》时曾为《与崔群书》做眉批一则以存疑。1872 年对原眉批又有所感悟，再作眉批一则：怀此疑二年余矣。今日细读首段，乃知前有"抱羁旅之念"句，是崔之心本未能无事，所谓"累灵台"者，公所颂祷之祠耳，非自相矛盾也。公文骨法之轻如此。辛未十一月二十七日记。

**4 月（三月）**　刘成忠腿伤渐好，可以独立行走。

**5 月（四月）**　刘成忠到各县参加秋审二十多天。

**9 月 30 日（八月二十八日）**　刘成忠购开封鹁鸽市路西公馆一所。

▲ 本年刘成忠在开封抵押房屋一所。抵押所立字据全文如下：

### 立 回 头 据

#### 刘子恕

今典到陈菱舫处前抵下张姓鹁鸽市路西公馆一所，计五十三间及随房家具器用。言明典价汴平足色银一千两，修理银三百两整。当日银、房两交，房不起租，银不起利。此房系张姓抵交陈处。现陈处因急用，短价转抵，三年之后仍由陈处备银乙千三百两取赎，与张姓无干。如不回赎，听凭原价乙千三百两转典，其随房器具另单载明。各执一纸,俟取赎时照单点交,恐后无凭,立此回头据为证。

再,陈处现欲晋京,言明扣存修理银三百两即日交付。刘处应如何翻修补葺均由刘处自便,以后如有修理盖造,言明刘处自愿自修与陈处无涉。此据

同治十一年八月二十八日

立回头据　刘子恕

中证　　　林至山

　　　　　吴郎如

　　　　　王蓝生

　　　　　裘听泉

　　　　　颜敬斋

代笔尤韶闻(据《回头据》原件)

**10 月初(九月)**　刘成忠给生母张太夫人信,述自己为官进退两难、犹豫不决的状况。

▲ 编著者按:现存刘成忠手书信稿,全文如下(此信现存 5 页,推测应为 7 页,缺首尾各 1 页):

……福。下边血止,一两月后,自然渐壮。因思大人当七十岁时,发犹未白,齿犹未落,是根本之地原未亏虚。今因血流身弱,究系暴伤。男与河南医生商量,皆言大局无妨,愿大人安心调养,不必着急,自然吉人天相也。今将各事开后:

男之腿跌伤,调养半年,至今年三四月始能一人独行,不复用杖。适四月间有秋审之事,不得不到各县一行,往返二十日,劳碌之至。因而右边腰胯之骨,时时作痛,至今已六个月,总不能痊愈。每日坐轿,但能一时,多则胯骨作痛。男所跌是在左腿,而此痛转在右腿。问之医家,不解其故。本拟八九月到汴梁省城一行,因腰胯未愈,不能远行,须再养四五个月再看光景。

男之此出,入少出多,现在极力省俭,不敢多用一文。数月以来,比前用度省已多。无奈天时大旱,南汝光收成虽比北边稍好,究竟不如往年。各州县节寿不能皆送。不知到过年之时,能存三千金否也?

男自闻大人欠安,寸心焦急,恨不能飞至樊汉。无奈自去年引见几进京,花费太多。若不做官,则南北用度无法支持,此一难也。即使告病回家而迢迢千里,自顾身体断不能行此长路。且此时光景,不但远路难走,即三五百里之轿,亦不能坐。徒然告病开缺,送去一官,左思右想,实系无法。如果此后腰胯不痛,能坐到汴梁面见抚台,或可设法。由省回家一走,须抚台应允告假而不告病,方无开缺之患。此非面求不可,所以一时不能定也。

男之所病者,筋骨而已,而精神则一切如故。每日公事,皆能自办。若能将腰

胯治好,则无病矣。

三侄自到河南之后,旧病又发。据人言,是思想娶妻所至。男允许他,到三十一岁娶亲,男助银一百两,伊始欣然,渐渐明白。伊自言在衙门不利,意欲回南。因此命马戈什张庆送他回南。若家运好,回南或可渐愈也。(三侄束脩今年已付)

家中恐无钱用,今寄来高维支信一封。可烦叶增堂到淮城取银三百两以供家用也。……

**10 月 5 日(九月初四)** 刘成忠给侄子仲良信,述自己病况及家人情况。

▲ 编著者按:现存刘成忠手书信稿,全文如下(此信 4 页):

仲良贤侄如晤:

两接来信,始知家中光景实赖贤侄之见告。不然叔如在梦中也。叔之腿伤到四月间已算痊愈,虽一高一低,并不碍眼。每日可行百余步,求雨行香皆可勉力。惟左胯之骨自五月以来,时时作痛,竟不知其何故?无人能医,焦闷之至。意欲回南看看老太太之病,一官羁绊,不得自由。又不能进省城面求抚宪札调回省。若一经告病请假,势必开缺,去家数十口从此不能饱饭矣。终日闷坐,心如悬旌。若托天直福,老太太带病延年,我之腰胯不痛,能作长轿或亦可再想法也。

兹启者,学庵侄自到署之后,说话做事与常人一律。惟幕友或问有几位令郎,便低头叹息。又尝自言:年将三十尚未娶亲,为之奈何?初时众人皆不介意。其后。日见痴呆,两目直视,与人说话但见唇动,并无一字之音,始知旧病又复发。叔访得其故,善为劝说,并告以:尔大哥哥三十一岁方始娶亲。尔今不娶并不为迟,亦不必愧。如有人作媒,我原出银乙百两,以便婚娶。学庵闻之,似有喜色。后里众人又劝他安心等候。到七月□渐明白,自向二婶言,在衙门中,总不如意。意欲回樊汉,免致病势日深。叔闻其言,颇为明白。因天热不能上路,到八月间,又糊涂矣,而回南之心如故也。叔思伊既愿归,难以相强,或到家后心宽病愈亦未可知?已告以:毋论在家在署,每月五金依然照给。以将今年束脩全数交伊矣。伊虽有病,银钱尚知收藏。每日吃烟,自烧自上,自己收拾灯盏。此其可喜之处也。

张庆等来回盘费,又由账房给发,不经学庵手也。此颂 近□不一。 孟叔恕字 九月初四日

学庵今日大好矣,初五日。贤侄每月束脩皆提出存于账房。

**10 月(九月)** 刘成忠总理通省水利局事务。

▲ 本年父亲刘成忠 55 岁。十一年九月总理通省水利局事务。(《刘鹗集》第584 页)

▲ 编著者按:刘成忠有河工著作《河防刍议》一书,动笔于本年或稍后。葛士

浚《皇朝经世文续编》将此书与林则徐等著作编辑在一起：

▲《河防刍议》全文如下：

## 河 防 刍 议

丹徒　刘成忠子恕

治河于平成之岁,惟防险而已矣。自来防险之法有四:一曰埽,二曰坝,三曰引河,四曰重堤。四者之中,重堤最费而效最大。引河之效亚于重堤,然有不能成之时,又有甫成旋废之患,故古人慎言之。坝之费比重堤、引河为省,而其用则广。以之挑溜,则与引河同;以之护岸,则与重堤同,一事而二美具焉者也。埽能御变于仓卒而费又省,故防险以埽为首,然不能经久,又有引溜生,工之大害,就一时言则费似省,合数岁言则费极奢矣。

今重堤、引河既不可以猝办,黎襄勤公之碎石坝、栗恭勤公之砖坝又皆毁坏殆尽。河营之所传习,惟镶埽一事固已不足以应变,而又悉举前人之埽制而阴坏之,务为苟简,使之易蛰、易走、易腐,以为请帑加修之地,积习相沿,不知始于何时?虽有贤员莫能自异。犹幸咸丰三年以后河由山东入海,下游宽广,因而豫省河面低于道光年间者四五六尺不等。虽当伏秋之盛,涨出槽之时颇少,是以二十年来岁修之费不及从前十之二三,而全河得以无事。近年山东之河自北而南淤垫已遍,渐不如前此之河之通畅,而豫省伏秋之涨水亦遂难于消泄。霜清已过,险报频闻,而岁抢、岁修遂一再请增而不能已矣。今之久于河者曰:治河无他,惟多备秸料云尔。夫诚能多备秸料,亦岂非先事预防之上策。然河工之变,百出不穷,有耳目心思所不及者。无料不可以治河,而治河之难,固非曰吾有料焉,遂可毕乃事也。若一切机宜审之未当,而但恃秸料以为镶埽之备,埽蛰则加埽,走则补无埽之地,而溜至则又添埽以御之,积而久焉。处处皆埽,舍旧谋新,阅数年必易一次,虽有不涸之饷源,安能知漏卮之何所底止耶？

　　成忠管窥之见，窃以为河工之守险，譬于兵家之守城。善守城者不待敌已傅城而始凭堞以击之也，或驱之境外而使其转而之他，或御之近郊而使其止而不前。迨至万不得已，然后婴城而守焉。诚以守近固不如守远也。埽者婴城之守也，引河则驱敌于境外者也，坝则御之于郊以内墉以外者也，重堤之建是弃外城而守内城也。若既有重堤又先之以放淤，则是不惟守内城，直弃平地而守高山也夫。吾既驱之于境外又御之于郊内，而又由外城而及内城，步步为营、层层设险，敌虽强，未有不疲而思退者矣，意外之患何自生哉！此埽、坝、引河及重堤四者，所以缺一不可也。

　　然引河用帑动以巨万计，非其地上有吸川之形，下有建瓴之势，则虽引而不能成，非开放之后有数日不消之盛涨，则虽成而亦旋废，糜饷多而收效少，自非合龙之大工未易轻举。成忠遍查成案，见乾隆、嘉庆时有包滩下埽之法。凡大溜塌滩，滩虽塌而堤尚远者，即于堤外下埽包滩。虽不如引河之能，改河溜其为御之于境外，则一也。开河难而守滩易，如今日下南十六堡，中河头堡、二堡皆有滩可守之，地滩苟不去堤复何患哉？其或堤外无滩，则当多筑挑坝，或石、或砖、或柴、或土，凡临黄之堤皆当及早为之。如今日上南八堡至十一堡，中河二堡至四堡，下南二十堡是也，滩不可守，坝不及筑则其计必出于埽。埽者治河之常法，凡南河皆用之，而独不宜于豫省。靳文襄公所称，河南土性虚松下埽难以存立者是也。今南岸三厅临河之地，无往非埽，而其埽又远逊于古，苟非变而通之，一遇顶冲，大溜其患将有立睹者。雍正以前河南各工用埽绝少，惟行泽北门外护城堤上有埽工一二处，其余每逢溜近，皆预筑里堤、月堤以待之，今虽残缺，犹有存者。如上南之裴昌庙，中河之头堡至四堡，下南之十七堡至十六堡是也。古人之防险，于建坝、镶埽、加堤之外，先之以引河。今引河不用而易以守滩，其余三事悉如其旧，亦犹是由远而近之义也。谨条其说如左：

　　一曰外滩宜守也。黄河之性喜曲恶直，曲而向北，则南岸生滩而北险；曲而向南，则北岸生滩而南险。是以防河之法但防险工，其有滩以为外蔽者毋庸防也。然河流善徙，数年中必一变，伏秋之时则一日中且数变。其变而生险也，必自塌滩始，滩尽而薄堤，薄堤而险必出矣。河工之例，有守堤而无守滩。每当大溜之逼注，一日或塌滩数丈，甚且至于数十丈。司河事者相与瞠目束手而无如之何，惟坐待其迫堤然后镶埽而已。至于未雨之绸缪，固有所不暇及也。夫滩者，堤之藩篱也。滩存则堤固，滩去则堤危。幸而滩去堤远，虽一再坍塌不至有啮堤之虑，则诚可以不论耳。若顶冲埽湾之溜，已塌至距堤百丈之地，则不出旬日堤将随尽，安可不为之所耶？咸丰以前，河由徐州南下，地狭而水易壅，河水出槽者十年中常七八见。每逢水涨之时,滩面低于水面。水从滩上攻堤,虽有护滩之埽坝但能使滩之不续塌,不能使堤之不受攻。故守堤常急,而守滩似缓然。溜力之重轻,因乎水势之深浅,愈深则力愈重,渐浅则力渐轻。假如中泓之水深有二丈,滩比堤低一丈,河水逾滩而上,仅一丈之水之力耳。若外无此滩,则堤前水深三丈而攻堤之溜挟三丈之力矣。以三丈之溜力,视一丈之溜力,其守之难易为何如也?滩远者不必守滩,低者不足守滩。本不塌,则毋论高低远近亦皆可以不守。若塌形已现,地渐近而滩尚高则虽当。咸丰以前,水易上滩之年,古人亦未尝不设守。《治河方略》云,抢救顶冲之法,于外滩地面离堤三四十丈,飞掘丈许深槽,卷下钉埽,是守滩之一证也。乾隆十一年,高文定公奏云,近有包滩下埽者,水未近堤,于河滩近水作坝台下埽,是守滩之又一证也。嘉庆十九年,黎襄勤公疏云,王平庄河势坐湾,旬日塌滩一百七十丈,应即就堤外老滩赶镶包滩,大埽挑溜开行,是守滩之又一证也。成案之班班可考者如此。况今日之河与古尤异,上滩之时少,塌滩之时多。往往滩高于水五六七尺,大溜一至塌卸不已。盖水之上滩视水面之高低,溜之塌滩则视溜头之向背。不能上滩者未尝不能塌滩也,于滩留数武之地,即可为堤减数丈之水,即其上滩亦不足患,况乎其不能也。此今日之河所以必以守滩为要务也。守之之法,用埽不如用坝,或石,或砖皆足弭患。若溜势不大,则挂搂防风,亦自可用救变于始生遏寇于境外。较之坐视其塌必至堤而始议守者,非惟省费抑且不濒于危矣。

一曰盖坝宜建也。挑溜固堤之方,莫善于坝。坝者,水中之断堤耳。而其为用则有倍蓰于堤者。堤能御水,不能挑水,且所御者为平漫之水。镶之以埽,护之以砖石,然后能御有溜之水。然止于御之而已,终不能移其溜而使之远去也。坝之为制,斜插大溜之中。溜为坝阻,转而向外,既能使坝前之堤无溜,又能使坝下之堤无溜。十丈之坝,能盖二十丈之堤,因而重之。以次而长,二坝长于头坝,三坝长于二坝。坝至三道之多,则大溜为其所挑,变直下为斜射已成熟径,终不能半途而自返,非独六七十丈之内无溜,即二三百丈之内亦无溜矣。十丈之堤仅能蔽十丈之地,二十丈之堤仅能蔽二十丈之地。而坝之为用,独能以三十丈之断堤而护三百丈临河之地,事一而功十,治河之法未有巧于此者。且堤者,外水而内田者也,万顷之涛仅此一重之障,一经摧陷,则堤内更无可据之险。帮筑里月费既大而时亦迟,仓卒之间往往不及坝则撑于堤外,即或坍尽尚可退守大堤。多一重外坝,即多一层遮隔,而又可多数日之延缓,以为补埽饬堤之地。斯又其善之善者也。若夫欲水之归槽,则筑长坝以逼之。欲河之中深,则作对坝以激之。一切作用皆出于坝,坝之功效大矣哉!

今之道厅非不知用坝胜于用埽。历任河帅廑念宣防,深维一劳永逸之计,尤孜孜注意于此。然而承办之营员，动辄估至万金，或八九千金。度支不足，添款为艰，是以屡欲建坝而不果也。成忠以理度之，一埽之长由七八丈以至十丈，宽约二丈，高约出水四五尺。其初镶也，三面皆水，惟背倚大堤之一面为实地。今用捆镶之法以建柴土之坝，自堤前起亦三面临水一面以堤为实地。捆至第二占则以背倚之第一占为实地，由是而三占、四占、五占皆然。至第五占则长已十丈而坝成矣。核其丈尺特五段之埽耳。埽出水五尺，坝出水亦不过五尺。埽宽十丈，上下皆同，坝则面宽六丈，底宽十六丈，比之于埽特宽八丈耳。新埽一段其费约五百金。以五段之埽为一坝，则其价特二千五百金也。加以绳缆之值、雇船之费，外镶边埽中浇土坝，至于四五千金足矣。安有万金之理耶。然工员承办必谓五千金敷所用，今姑不与之辨。请以砖坝代之，柴土坝易圮、易腐。故面宽估至八丈。若砖坝则四丈已足，其底约宽十丈，高约二丈计。长十丈之砖坝应用砖一千四百方。下南砖价每方七千五百文，计每坝用钱一万零五千，为银六千两，此实砌之砖之方数也。砖抛水中欹斜堆叠，多有嵌空之处，断不能用至一千四百方，则有五千金之帑，在下南可成一坝矣。上南向不用砖，亦无旧砖之可市。开窑制造，每砖约需十文、十一文，比下南每方约加银一两五钱，共约加银二千两，通计一坝用银七千两。以每年购料、购石之费节省二万，便可成砖坝三座。三年之后坝多而埽自省，断不至再有加价之虑矣。此亦变通之一法也。抑犹有进焉者，凡砖石及柴土之坝，惟水中始有之。若滩上筑坝，则用土足矣。然滩有老滩、新滩之分。老滩之面比伏秋水面高二三尺至五六尺不等，若于其上筑坝，则坝在滩上，水在滩下，坝与水两不相值。惟坝头临水，可以镶埽抛石，而上首、下首不能也。大溜一至，滩腹淘空，动辄塌滩四五丈。滩塌而坝随之，虽极穷窿亦归无益。惟新滩之阅二三年者，冬春水不上滩，可筑土坝。伏秋有溜，镶埽抛石，无溜则听之。比之老滩较为有用。或谓既长新滩，是溜势已去，安用此土坝者为？不知黄河工段无定之中原亦有定。如下南险工，由十七堡以至二十一堡为历年抢险之地。其中或提或坐小有变迁。如同治十年、十一年则在二十堡至二十一堡而十八堡以上无事。迨十二三年则在十七八堡霜清后直至十六堡，而二十堡至二十一堡无事。通计此一厅河势不出此。黑冈上下六堡之中，已去者未必不来，方来者未必不去。至于十五堡以上，二十二堡以下，如魁星楼、回回店未始非著名之古险，而此数十年中淤闭已久，虽置之不问可也。今二十堡下之新滩高于水面三尺，入伏以后水必上滩，有工无工难以预定。乘此尚可筑坝之时，成坝三座，以为水去复来之备，斯未雨绸缪之上策也。此外各厅有相同者，亦以此法行之。每岁可成数坝，一朝溜至，其守易矣。此之砖、石、柴、土岂不效同而费省哉！

一曰埽制宜更也。河工之用埽，自汉已然。明潘印川宫保、我朝靳文襄公之治河，凡险要之地皆恃埽以守御，未尝以埽为引溜生工也。亦未尝弃埽而抛砖石也。自用柳，改而用秸，而古法于是一变。自横埽尽为直埽，而古法于是又一变。自是以来，愈变愈下，直至今日，而埽遂为利少害多之物矣。成忠遍查成案，窃以为古埽之变为今埽者，其弊有六，请得详而言之：《治河方略》云，埽必柳七而草三。何也？柳多则重而入底，然无草则又疏而漏，故必骨以柳而肉以草也。又曰，柳遇水则生，草入水而腐，为土性既宜之，且又省费而易办。乾隆十九年江督尹文端公奏言，河工料物，柴柳为上，秸次之。柴柳入水，耐沤而经久。柳质尤重，压埽沉着有力，入水经一二十年不腐，秸至一二年后朽坏无存。柴不如柳，然犹胜于秸，此皆言镶埽之物莫良于柳，而草则所以补柳之疏漏也。有明一代埽皆用柳，每高五尺之埽用草六百斤，柳三百六十斤。柳少则以苇代之，无用秸者。康熙二十年民柳渐少，始劝各官种柳。二十六年以后，河工用柳大半取之官柳，时或不足亦以芦苇代之，无用秸者。河工之用秸，见于章奏者自雍正二年河南布政使田文镜始。其时，每秸一斤，开销银一厘。是年云南布政使李卫奏言，前三十余载河不为患者，实河臣靳辅之力。彼时沿河种柳，今河官取两岸产柳之地成田，纳租分肥，而秸料则仍派于民。奏入，乃复申官地种柳之令。历乾隆、嘉庆终不能复然。如乾隆十八年，张家马路漫工犹草柳并用也。由道光至今，竟不知埽有用柳之说矣。柳质既重，历年又多不用柳而用秸，于是遂无三年不换之埽，比埽之易柳为秸者，其弊一也。

埽者河工所常用，《治河书》但谓之埽，而已不言为横、为直也。以卷埽及捆镶之埽推之，则其体宜必横。不横，则埽台不能卷；不横，则船不能捆，此理之易见者。今河工之埽皆以秫秸之头向外，自顶至踵有直无横。询之年老之兵弁，皆言自古如此。成忠详加考验，始知河工口号，凡镶埽筑坝皆有丁顺之分，直者为丁，横者为顺。乾隆四十七年，阿文成公堵青龙冈漫口。两边进占，地势不顺。奏言应于上水南首，自南钉桩向北进占。进至七八占，仍向西进占。如此丁顺做去，似为较稳。是则丁顺云者，一直一横之谓通。工之所习闻者不独镶埽然，即筑坝亦然也。《治河书》无直埽、横埽之说，而有丁埽、顺埽之名。《治河方略》云，御冰凌之埽必丁头，而无横，何也？冰坚锋利，横下埽则小擦而靡，大磕必折也。然埽湾之处则丁头埽又兜溜而易冲，必用顺埽鱼鳞栉比而下之，然后可以撑溜而固堤。又云抢救顶冲之法，于外滩地内，离堤三四十丈飞掘丈许深槽，卷做高丈许钉埽，先期埋入。或百丈或七八十丈，下至稍可舒展处为止。若离堤甚近，则即于大溜内先用顺埽保护，一面仍于顺埽外卷下钉埽，均看大溜长短以定。埽个多少，以方略所言合之。阿公之奏，则丁顺即为横直。而今日之直埽，即古之丁埽无疑矣。顶冲大溜，岁不一见。今所谓险工，大都皆埽湾及绞边之顺溜耳。埽湾之溜，其力亦能塌压，然其深则不过二丈。惟用丁埽以兜之，然后始至三四丈。若顺埽，则仍止二丈，断无太深之理。何以言之？凡顺下之埽，非卷即捆。卷做之埽，其上必加散料兼压大土。埽为料土所压，圆者变而为扁，上宽一二丈者，其底必至三四丈，迤逦而下，状如坦坡，此埽之有收分者也。捆镶之埽，其初镶之第一坯虽亦平铺，然其上，有船以拦之；而其下，则任其所之。一经加料、加土兼之众夫之齐跳，愈跳愈开，愈下愈远。其收分较卷做之埽尤大。故埽湾之溜，至此斜漫而上，亦斜拖而下，其向前之势方酣。故横缚之缆，能固其在下之力不重，故近埽之土无伤，有搪溜之功，而无兜溜之害。埽湾如此，绞边可知，此顶冲而外河工所用，所以率皆顺埽也。或有诘之者曰，溜莫大于顶冲，钉头埽既能兜溜，则顶冲之溜其为兜也，宜益大，曷为不可用于埽湾者，反可用于顶冲也？且顺埽既无兜溜之患，曷为可用于埽湾者，又不可用于顶冲也？不知顶冲者，险工之尤险者也，向来失事多。由于此必加倍于寻常抢险之法，乃可御之。推原顶冲之所由来，或因对岸嫩滩兜住溜势，不得遂其就下之性，变而横走，直冲本岸。或因鸡心滩外旧有大河，原亦顺流东去。忽滩面于水涨之时冲开一道，有如峡口。峡愈长则力愈大，从滩之对面卷地而来。波澜虽若排空攻击，实已透底。横安之顺埽，以千百茎之柴柳排比而成，所恃者裹肚之各缆，入腹之长桩为之铃束。一经顶冲大溜之奔注，但揭去迎面一二排之柴柳，则缆松而依附不固，亦桩孤而签钉皆虚。逐浪随流，势将尽散。即或未散，而水力太猛，必将埽底之土淘空，巨浪一撞，翻身入水。盖溜势长而埽身短，虽有收分，固不足以相抗也。钉头埽则森然排列，左埽与右埽两两相依，顶冲之所不能折，惟搜根淘底之是惧。故前人于顶冲之丁埽，必卷至丈许之高。盖高既丈许，则其长必至十丈，次则亦必七八丈。以七八丈之长埽挺入河心，大溜能淘深河底三四丈，然后能钻入埽底三四丈。前虽悬空后，自贴实，又有顺埽以承其后，重关叠键，此其所以虽兜溜而终能御冲者，为其直而且长也。今之丁埽，本从省缆省工起见，散乱抛掷，或距堤一丈，或距堤二三丈。既无入河七八丈之长，徒效其秸根向外，变横为直，屹然如峭壁之立。凡顺堤绞边以及埽湾之溜，一为屹立之埽，所逼回漩而入彻底掀翻，水深至三四丈则入于埽底者亦三四丈，以二三丈长之埽，侨寄于三四丈空窝之上，其后又无顺埽，安得不随溜而走耶？栗恭勤公云，埽能压激水势俯啮堤根，意正谓此。且不独俯啮堤根也，埽根之水，深则埽上之数丈与埽下之数丈，亦因之而俱深。水深则又添埽，埽添则又加深，辗转相寻，为费无已，此自乾隆中叶以后，姚高黎诸河帅所以皆有埽能引溜生工之奏，以为非不得已，不可以用埽也。而不知非埽之本如此也。惟丁埽则然，此埽之变横为直者,其弊二也。有此二弊,本原之地已坏,仍讹踵谬,其弊益多。

《治河方略》云,初下埽个仗揪头滚肚,诸绳以拉之,月余即腐朽矣。全赖长桩钉埽于下,而管束镶垫于上也。乾隆三年制军白庄恪公奏言,卷下大埽非密钉长桩深入老土,无以关束而资稳固。江南河工,杉橛杨桩并用。豫东两省全用杨桩,每年约千百余株,在洛阳、偃师、巩县、孟津、济源、温孟等县购买。是由康熙以至乾隆之初,未有不用桩者。其后以借桩冒销者多,于是合龙大工不准用桩,而岁修则犹用之。今自丁埽之法行,埽前之水动深三四丈,虽有长桩不能到底,而签桩之法遂废。夫埽之所以经击撞而不走者,桩固之也。今以埽个浮置于堤外,河内之地在中间者,犹有左右两埽之夹辅工头工尾,则溜至而即走耳。此埽之不钉长桩者,其弊三也。

明潘印川《河防一览》云,埽以土胜为主。谚云,镶埽无法,全凭土压。此河工不易之通论。软镶之例,由数寸花土,以次遍加至面土三尺而止。今秫秸所镶之丁埽,质本易朽,水又易深。溜到之后,往往蛰至两三次。假如埽面土高三尺,屡蛰之后,土皆入水,浪淘波洗,顷刻尽矣。必又加三尺之料以补之,是枉费也。河员之不压大土,原亦未尝无说,然而埽无土压则轻。轻则不能入土而易危,轻则不能御溜而易动,动辄走埽,理固宜然。此埽之不压大土者,其弊四也。

河工之埽,旧皆用卷。有明一代无捆船兜缆之举,惟靳文襄《治河方略》于堵塞支河,尝用此法。其见于章奏者,自乾隆十八年大学士舒公赫德督办铜山县漫工始,然至将合龙时,犹用卷埽也。嘉庆、道光间始全用软镶以为胜于卷埽。盖以其料皆着底,无虚悬偏重之弊也。其法诚善,而其费则视卷埽为尤重。工员惟省费之是亟。于是岁抢修之埽,又变为推枕镶用丁而不用顺,无裹肚之绳,无提脑揪梢之缆,惟恃两旁之埽以夹之,埽之草率偷减,未有甚于此者矣。捆镶行而卷埽废,推枕行而卷埽益废,今八九十之老兵,不知卷埽为何状。设遇顶冲大浪,船不能捆,其将何以应之?此卷埽之失传。其弊五也。

骑马之设,所以拦迎面加镶之料,使之不散,实于顺埽为宜。惟捆镶之埽,每占相承,迎面无安骑马之地,故于上下水用之,非谓必当在两头也。束薪者不束其腰,而以十字架加于首尾,能毋散乎?今自丁埽之行,骑马皆用于迎面,每年所费与顺埽略同,而得力则迥逊于顺埽。此骑马之无用。其弊六也。

凡此诸弊,非一朝一夕之故。乾隆五十五年,有江南老民汤乾学伏阙上言:近年河工多故,皆由不遵古法所致。并条陈卷埽、种柳诸事。则其时之埽已非康熙已前之埽可知矣。今欲渐除诸弊,必自变丁为顺始。然柳枝不用,则埽虽顺而历时不能久亦,终无以善其后。种柳之事非三五年不能成,顺埽则随时可易,然变推枕为捆镶，其费不止加倍，在厅员既无此力，且已成之埽亦未可一朝遂废也。成忠悉心筹议，如旧埽之前，溜势着重，莫善于多抛砖石以卫其足。以深二丈厚三尺计之，每一丈之埽，当用砖石六方，抛至四五十丈，溜势必可稍减。然用砖石已三百方矣。今砖石之堆，大抵多虚少实，其在岸有三百方之积者，入水之后不知用至如干而后有三百方之用也。此其难一也。其本无埽段之地，一朝溜至，莫善于改镶顺埽。然顺埽之绳橛、人工皆数倍于丁埽，其费固已不赀。又卷埽之法无一人能任之者，捆镶则非船不可。新生之险，急于星火，虽缆橛亦苦不能应手又安得船耶？是又一难也。必不得已而思其次，其惟留磴乎？其法于新生之埽本拟面宽一丈者，头坯加宽至四丈，其后每加镶尺余，即收进一尺，约计埽高二丈可收进一丈五尺，埽面之宽但存一丈，层层收缩，有如磴然。乾隆时尝行之，节省镶埽之费，以为培高堤岸之用。行之未久，或有谓其无益者，其事遂罢。以今思之，省费诚亦无多，然逐层留磴则虽在丁埽，亦有收分，不至有兜溜淘深之惧。是无易丁为顺之名，而有易丁为顺之实。埽前之水断不能深至三丈也。成忠尝询之营员，或以为可，或以为不可，姑试行之。较之变推枕为捆镶者，其费究可大减也。若诚无益，则惟捆镶及砖石而已。百年之弊，非一日所能除，亦非一言所可尽为之。以渐庶几，尚有复古之日欤。

一曰重堤宜筑也。自明潘宫保之治河即有缕堤、遥堤之制。《河防一览》所载河图，自荥泽、武陟以至云梯关，未有不两堤者。又兼筑月堤、格堤于中，略如今之圈埝。我朝靳文襄公因之，虽徐州已下地势太狭，间有不筑遥堤以省费者，然遥缕并见者固十之七八也。当明季及我朝顺治年间，黄河之患惟河南为甚，说见顺治十八年十月总河宫保朱公梅麓奏中。迨靳文襄公总督南河，其时为康熙十六年，距朱公具疏时仅十六七年耳。而其见于文襄公之书者，一则曰徐州以上，堤固河深，绝无河患。再则曰治河之事，莫难于保险。开归以下堤多者，至四五重，无甚险。前后情形其不同也如此。成忠查《河南通志》，自顺治八年总河杨公茂勋始筑堤之役，无岁无之。朱宫保在任十年，设因地远近以次调夫之法，民服其公，所筑尤多，自是岁以为常。起顺治八年，终康熙二十九年，计四十年中筑堤凡一百八十三处。此靳文襄公所以羡中州、黄河两岸遥堤、格堤、月堤之多。而自堤成之后，所以直至康熙之六十年，仅决詹家店之一处也，重堤之大效如此。今河南南北两岸旧堤犹有存者，然残缺已甚，稍完整者不及十处。欲一一修而补之，诚非容易。然每年砖石麻秸之外，例有土工银三四万两。营汛各员，赖此自效，此本有之款，不待加增者。现在有工之处，堤面宽皆八丈、十丈并有过十丈者，此近年整顿河工之成效，迥非四五年前之比，既已高厚坚整矣。岁支土工之银尚有赢者，正可加筑重堤。先自有工之处始，次及虽无工而不可恃者，然后再于最要之处，修其重堤后之重堤。如下南十七堡圈埝之外，又有十七堡至二十六堡之大圈埝是已。期以十年旧堤尽复，然后再议其他。如是者有大利二焉：一曰水戗。凡大堤危急之时，抢筑堤里，谓之帮里戗水。戗云者，不戗以土，而戗以水也。非大溜不能塌堤。既塌堤矣，多筑二三丈之里戗，是否有济，殊不可知。惟于重堤之处预筑格堤，以成圈埝。一旦事急，竟从堤之下游开口放水，使内塘先为水据，则外堤有所凭以为固。所谓戗也，《河防一览图》内说之甚详，以为治河之法莫妙于此。今人不加深考，往往疑畏，不知南河险工，赖此保全者多矣。且非独南河也，《河渠纪闻》云，江南遇大水，缕堤着重时，每开倒钩放水入内。豫省沙松多不轻放，然如铜瓦厢古称极险，加筑月堤每岁增培。至乾隆乙卯，大溜曲注，危险异常，开倒钩引入，内塘登时灌满，水仍外出，顶溜开行，此其验也。黄河之溜，短则力猛，长则气衰。凡顶冲埽湾之最险者，其对面兜溜之滩及出峡之口，大都皆一望可见，为其近也。若放入内埝，则经行之地又多百十余丈，水已伸腰其险自平。况倒钩引入，必在不甚迎溜之处，俄顷之间水已灌满。以水搪水外堤未必再塌，即或塌开，亦无跌塘之势，混茫一片，仍从所放之缺口入河耳。何险之不可保哉？一曰放淤，其法与水戗相同。惟水戗当溜注之时，开下口者居多，不敢于迎溜之处又开上口。若放淤，则多于无溜处行之，从上口灌入，从下口放出。每岁可淤高三四尺，积三五岁，内塘之地高与河平，可以永无河患。康熙三十一年，靳文襄公再任总河。上《河工守成疏》云，臣辅前任内曾将邳州董家堂、桃源县龙窝二处险工，择埽台上下建设涵洞，引黄灌注。复于月堤亦建涵洞，使清水流出。月堤之外堤里洼地，不久淤成平陆，不但堤根牢固，而每年取土亦易。又云，臣辅复任以来，见邳州旧城迤西，周围约有百里地势卑注，四面皆高，以致所淹之水永无去路。臣以为此亦可借黄以淤之者也。臣辅在任时，徐州长樊坝险工，堤里洼地甚多，涵洞不足淤灌，遂于埽台下首掘开丈许之口，引黄内灌，伏秋一过自然挂口。仍将掘口之处堵塞，数月间已淤高二三尺矣。今邳州亦宜仿此行之，其清水亦可引之运河而去，或虑掘堤可虞，不妨建设小闸更为万全云。自公上此疏后，历数十年放淤之法大行。乾隆二十一年行之于石林，二十九年行之于夏家马路，三十年行之于孙家集，三十一年行之于蔡家楼，三十三年行之于徐家庄，嘉庆二十一年行之于李家庄。更有贾家庄七里沟、朱家坝、曹工大坝等处，见于大学士吴公松圃疏者，其岁月今不可考矣。伏查黄河之患，在两堤中者，莫大于积水伤堤而无寸土之可取。在两堤外距河数十里百里者，莫大于田为沙压，无地可耕。今若行此放淤之法，如上南之郑州十堡十一堡，中河之中牟，上汛四五堡，下南之二十堡至二十六堡，或开倒钩之渠，掘堤放入。或砌涵洞，或建小闸，从大溜所背之地施工，断不致有夺溜之患。一二年后，两堤之间水去淤留即不能高与堤平，亦可免无土可取之患。若夫利之尤大者,如今日郑州、中牟、祥符,凡在贾鲁河之北者,历年为河工漫口所经,飞沙极目,杳无居人。昔日膏腴皆成弃地,小民疾首蹙额而无如之何。若相度形势,于有圈埝之地内外皆设洞闸,俾堤前平漫之水从闸洞放至平地,其水归入贾鲁河,所挟之淤必留于经过之处。谚云"紧沙漫淤"。凡漫水未有挟沙而行者,沙压之地皆昔年之急溜也。如是行之,数年之后,斥卤变为膏腴,岁增民食,官租以巨万计,真无穷之大利哉!

以上四事,守滩必购砖石。盖坝则砖、石、柴、土皆可为之,因时因地,惟费之省者是宜耳。埽之弊最多、最久,一朝易之,夫岂易言。近时名臣如黎襄勤公、栗恭勤公,其于埽之利弊知之深矣。其所以变而用砖石者,诚以多年积弊非旦夕可除也。变埽为坝,又之坝为内土外砖石之坝,此前贤救急之良法,欲求速效,惟此为宜。其次则以砖石卫埽根,又其次则行留磴之法为之,以渐或者其有□乎?重堤之保险,放淤不独免河之害,兼欲收河之利。治河无上策,此则庶几上策欤?然而知之者以为大利,不知者或且以为大害,姑存此说,以待事机之会耳。保险之法之可言者,大略不外此四事。至于治河之本,尚有其远且大者,则非浅见之所能知也。(根据《河防刍议》原稿本过录)

**约是年**　刘成忠成有治河文两篇。

▲《治河二文》如下:

一

治河以柔不以刚。刚如铁石,河似不能撼矣,然铁石必置之土上,河不能撼铁石,则水撞石上,逼而向下,必举其石下之土而荡之,如挖洞然。由小穴而成大穴,石悬于空,必跌落向前,而水已出其上矣!此铁石所以无益也!

二

黄河之涂,所向皆摧,故险工必以埽,谓埽坚凝而土散碎也。然黄河埽湾之外,其上者必有沙嘴,往往能使直下之涂,转而横行。均此沙土,何以能转水而不能水转?其理颇不易知。且此沙嘴,嫩滩尤多,其理更不易知。意者,坦坡之故耶!假如沙嘴深三丈,而其下之坦坡乃至三百丈。一丈之高,百丈之斜,则水力之在浮面。一尺本有一尺之力,一遇百丈之斜,则为一分力矣,此所以为沙所胜欤!存此待质。

**致　段**

护城堤一事,自执事而外,惟弟深抱杞忧,诸君皆置而不图,其奈之何?昨病中,思得一救急之策:拟于西面大堤背官军旧垒起,南至小废堤止,其中马路六处,先行修筑。有非马路而中断者,亦筑之。约计所需,不出二千金。募夫取土,两三旬可就。余全堤则姑置之,俟秋再议。昔靳文襄之治河,皆用两堤,外遥内缕。缕堤高六尺,遥堤高八尺,重关叠键,其制最善。今护城堤,虽距河远,然苟不幸有事,则此堤即城外黄河之遥堤也。黄河之遥堤、缕堤,相去不过里许,然其高犹止于八尺。今护堤之距河滨,远且十七八里,近亦十一二里,高者至一丈一二尺不等,其剥削及上有浮沙者,去其浮沙,尚有老堤五六尺。假使河流漫口,则出槽之后,一线涛头腾身,行漫其左右两旁之平地,宽广何啻百里! 以一漫口所过之水,而铺开于百里、数十里之中,计其水头,当亦不过五六尺。有此五六尺高之护城堤,足以御之。虽或不能持久,然三日之守必可冀也。守此三日,则城中得以布置,似亦计之次者,孰与束手而待之为益耶? 明日诸君听政,必思议及于此,若能大修甚善,不然则此亦一说,惟执事图之。

管敬仲、贾长沙、诸葛忠武侯、王景略、陆宣公、范文忠公、张文忠公、王文成公、刘度支、潘河帅,此十人者,余所师也。

国朝名臣如何文成、林文忠、靳文襄、胡文忠、骆雩门,其存者如曾节相,此六人者,亦余所师也。(《刘鹗集》第 681 页)

# 1873 年(癸酉　同治十二年)　　17 岁

6 月　第二批官费留学生蔡廷轩等三十人赴美留学。

12 月　刘永福率黑旗军与法军在河内激战。

是年　李鸿章改轮船招商公局为轮船招商局,在多个地方设立分局栈房,开设沿江、沿海及国外航线。

耶稣会在上海徐家汇建造天文台,设气象和地震两部。

梁启超生于广东新会。

父亲刘成忠 56 岁、兄刘味青 24 岁。太谷学派学人:李光炘 66 岁、蒋文田 31 岁、黄葆年 29 岁、毛庆藩 28 岁。罗振玉 8 岁。

**是年前后**　广泛结交各种人才。所结交的人才涉及财赋、推步、拳勇等多方面人物。大刀王五和谭嗣同等都在交友之列。

▲ 刘大绅云:"先祖由御史出关河南,历任繁剧,军报簿书,日不暇给。先君随侍任所,蒿目时艰,隐然有天下己任意,故所在辄交其才俊,各治一家言。先君当时交游中,如柴某专治财赋,贾某专治推步,王某专治兵略,又一王某专治拳勇,均造诣深邃。"此可与《老残游记》第七回老残向申东造推荐刘仁甫互证:"我二十九岁的时候,看天下将来一定有大乱,所以极力留心将才,谈兵的朋友颇多。此人当在河南时,我们是莫逆之交,相约倘若国家有用我辈的日子,凡我同人俱要相助为理的。其时讲舆地、讲阵图、讲制造、讲武功的各样朋友都有,此公就是讲武功的巨擘。"案鹗二十岁即由河南南归,交结才士,当系二十岁以前事。游记中所称之刘仁甫,系影射侠客"大刀王五",当时南起清江浦,北至燕市,得五表识,纵运珍奇,群盗莫犯。五之为人,好打不平,鹗亦时喜急人之难,气味相投,因相结纳。鹗曾住北京半壁街,与五为邻。五妻营饭馆曰元兴堂,鹗宴客多于此。戊戌之变,五尝欲护谭嗣同出京,故嗣同临刑有诗云:"望门投止思张俭,忍死须臾待杜根;我约横刀向天笑,去留胆肝两昆仑。"两昆仑,说者谓:一为康有为,一则王五。五欲为嗣同助,亦缘鹗之介云。正与大绅"又一王某专治拳勇"之言相应。(《刘鹗年谱》第 7 页)

▲ 编著者按：刘鹗随任河南,耳闻目睹父亲刘成忠的一切。虽未参加刘成忠的实际活动,但从"隐然有天下己任""交一时才俊"可知刘鹗在 17 岁前已经有意无意地介入社会活动并为此后的社会活动做好了准备。

**是年** 刘鹗随父亲在河南任上。

**4 月(三月)** 父亲刘成忠署理彰德卫辉道,对此地河道水流极为关注。

▲ 十二年三月,署理彰卫道事务一次。(《刘鹗集》第 584 页)

**9 月 9 日(七月十八日)** 刘成忠观察并记录某处河流水情并做记录。

▲ 十二年七月十九日之前一日朱镇□水五尺九寸。(据刘成忠原手稿)

**9 月 10 日(七月十九日)** 刘成忠观察并记录某处河流水情并做记录。

▲ 十二年七月十九日出水五尺七寸(廿一日至十九日皆七日)。

玉堂桥横砖至水面六尺五寸,比冬月长一尺。

朱镇石座入水一寸有半,比冬月长四寸。

夹河桥横村距水一丈〇二寸,比冬月下一尺八寸半。水坡比冬月小三尺五寸。

十八里桥中洞距水面一丈三尺,比冬月之八尺五寸,比冬月小四尺五寸。(据刘成忠原手稿)

**12 月 17 日(十月廿八日)** 刘成忠观察并记录某处河流水情并做记录。

▲ 朱镇志□出水八尺。北水关内自西向东第二□西座出水七寸。

东座出水八寸,比西边之东座否未详。

玉堂砖面至水面七尺五寸,比七月只落一尺。(据刘成忠原手稿)

**是年** 娶六合人王氏为妻。是为原配夫人,时年 16 岁。

▲ 配王氏,生于咸丰戊午年九月二十九日□时。(《刘氏族谱·震远公》)

▲ 结婚。妻王氏,年十六岁。

继祖母郑说:"老祖说是十七岁娶的亲,王氏太太比她小一岁,那年才十六岁。"按王氏是我嫡祖母,清咸丰八年戊午(1858)生,比铁云先生小一岁。生我大姑母儒珍及二伯父辰仲二人。1893 年殒,时年三十六岁,追赠淑人。(《铁云年谱》第 8 页)

▲ 娶妻王氏。王氏,六合人。少鹗一岁。(《刘鹗年谱》第 7 页)

# 1874 年(甲戌　同治十三年)　18 岁

2月　英国背着中国政府和阿古柏签订《通商条约》。

4月　日本政府成立台湾事务局,企图入侵台湾。

5月　因沙俄拒不交还伊犁,清政府命左宗棠率军西进。

9月　《教会新报》改名《万国公报》。

11月　第三批官费留学生唐绍议等三十人赴美留学。

父亲刘成忠 57 岁、兄刘味青 25 岁。太谷学派学人:李光炘 67 岁、蒋文田 32 岁、黄葆年 30 岁、毛庆藩 29 岁。罗振玉 9 岁。

**是年**　随父亲刘成忠居开封。

**7月17日(六月初四日)**　刘成忠修改《韩文百篇编年》,又为《对禹问》撰写评语,纠正前一年评语的错误。

▲《对禹问》评语:

说理论事之文,太露则少味,故为艰深,则又如扬子之太元,徒覆酱瓿也。此最可法。

首段"利民"句,利字实是忧字,前记误。惟中段"禹以传子,为虑后世"句虑似当作利。染诸本皆作虑。阙疑可也。甲戌六月初四日又记。《(韩文百篇编年)下卷第61页)

**9月23日(八月十三日)**　刘成忠观察并记录某处河流水情并做记录。

▲明日查考朱镇石座。要要。十三年八月十二日记。(据刘成忠原手稿)

**是年**　刘成忠署理开封归德陈州许昌道一次。

▲刘成忠"十三年署理开归陈许道事务一次"。《(刘鹗集)第584页)

**是年**　刘成忠《河防刍议》刻本印行。

**是年**　兄刘味清入学。其同乡、同学有姚锡光者,后曾对刘鹗多有帮助。

▲姚锡光光绪二十二年五月十七日(1896 年 6 月 27 日)日记:云抟,吾乡刘子恕给谏之子,味秋之弟。味秋,余甲戌岁同案入学。《(姚锡光日记)第121页)

▲ 编著者按：姚锡光（1857—?），字石泉，又作石荃，江苏丹徒人。晚清政坛经历较为复杂的封建官僚，曾任职于李鸿章、张之洞幕府。一生著述颇丰，代表作有《东方兵事纪略》《东瀛学校举概》《筹藏刍议》《筹蒙刍议》《姚锡光日记》等，这些著作对军事、教育、民族问题都有不俗的见解。1896 年，经湖广总督张之洞调赴湖北，派充自强学堂总稽查。又曾任天津武备学堂教习兼监督。民国后，历任北京政府宣抚使、锡威将军、蒙藏事务局总裁、参政院参政等。1896 年，刘鹗欲参与修建芦汉铁路与姚锡光多有联系。又据姚锡光的日记，姚锡光的父亲亦太谷学派中人，与李光炘为师友之间，过从甚密。

▲ 姚锡光光绪二十二年五月二十一日（1896 年 7 月 1 日）日记：雨。（晚饭后）与吴小春大令同年证龙川师承。

龙川者，乃仪征李晴峰先生讲学处斋名，学者因称为龙川先生。龙川之学，出于同邑周太谷先生。太谷两大弟子，一张先生，一龙川。张先生传其学教授于北，山东学士从者如归，设讲于济南有附郭黄厓山中，成都成邑。于时毫捻扰山东，省中富民亦多避入黄厓。有武弁某人诈富民财物，不遂，乃以"山中有邪教"蒙禀东抚阎敬铭。阎信之，夜间发兵往捕，以巨炮击山中，张先生率生徒自焚死。

龙川传其学教授于南。始设讲于扬州召伯湖滨之丁家伙，嗣粤匪犯扬州，乃移讲于扬州东北之仙女庙，主顾氏家，筑精舍，处生徒，即所谓龙川书院也。未几，黄厓难作，龙川乃韬晦，谢生徒，徙泰州居焉。其时至者，惟高弟子黄锡朋葆年、蒋子明口口辈数人。

方龙川居丁家伙时，先君子亦寓伙上，讲学最契洽，朝夕相质证，待之在师友之间。未几吾家毁于兵，先君子挈家走泰州东乡之姜堰。时龙川讲学仙女庙，岁往过从。而泰州之黄葆年、蒋子明皆介先君子以见龙川，称高弟子。及黄厓事起，龙川徙泰州，先君子实左右之。今凡游龙川门下及师事蒋子明之再传弟子，如毛实君、刘伯浩、袁淡生诸君子，皆海内人望；亦可见龙川学术之正。而先君子调护之勤，为不可没也。小春同年亦颇师承龙川，因与历叙先君子与龙川交际，并龙川学术。

（《姚锡光日记》第 125 页）

# 1875 年(乙亥　光绪元年)　19 岁

1 月　同治帝病逝。载湉入继大统,改元光绪。光绪帝继位,慈禧太后宣告垂帘听政,掌握实权。

5 月　清政府任命左宗棠为钦差督办新疆军务。李鸿章督办北洋海防,沈葆桢督办南洋海防。

8 月　清政府命兵部侍郎郭嵩焘为出使英国钦差大臣。此为中国正式派遣常驻各国公使的开始。

10 月　中国第四批官费留学生四十人赴美留学。

父亲刘成忠 58 岁、兄刘味青 26 岁。太谷学派学人:李光炘 68 岁、蒋文田 33 岁、黄葆年 31 岁、毛庆藩 30 岁。罗振玉 10 岁。

**11 月 1 日(十月初四日)**　父亲刘成忠奉旨赏加布政使衔。

▲ 刘成忠"光绪元年十月初四日,于霜节安澜案内,奉旨赏加布政使衔。"(《刘鹗集》第 584 页)

**是日(十月初四日)**　嗣子大章生。

▲ 大章公:震远公长子,字著伯。行三。生于光绪元年十月初四日□时。卒于民国十一年九月二十四日亥时。配高氏、杨氏、王氏。高氏生于光绪丁丑年十月□日□时。子厚骞。(《刘氏族谱・大章公》)

▲ 嗣子大章生,兄渭卿第三子。

王淑人来了两年,还没有孩子,南方有压子之俗,刚好渭卿生了第三个儿子就过继过来作为长子。

按:大章是我的大伯父,字著伯。光绪乙巳年留学日本,先入大阪商船学校,后转东京早稻田大学政治科,得有政学士学位。回国后因年岁较长,在办理盐务等方面曾作我祖父的助手,并捐有候补通判衔。入民国后历在密云等县政府服务,民国十一年九月二十五日(公元 1922 年 11 月 18 日)殒于天津。

又按渭卿公共有五个儿子:长大镛,字序东,次大临,字敦宜,四大猷,字秩庭,

五大钧,字季陶。三即著伯伯父。(《铁云年谱》第9页)

▲ 嗣子大章生。鹗兄孟熊有子五人:大铺、大临、大猷、大钧,大章,其第三子也。鹗婚后两年无子,时有压子之俗,乃以大章嗣鹗长子。大章字著伯。曾留学日本,先入大阪商船学校,后转东京早稻田大学政治科,得学士学位。归国后,助鹗办理盐务,捐有候补通判衔。民国以后,佐治密云等县。1922年殁于天津。(《刘鹗年谱》第7页)

**约是年** 购得《山雪春融拟李咸熙笔意图》一幅。

▲ 编著者按:刘蕙孙先生珍存此图原件有题跋二则。记有"是帧余昔年购于大梁"。1900年失去,1904年失而复得。现由刘蕙孙先生后人珍存。2009年12月曾在江苏省淮安市楚州区、南京大学、扬州大学、上海杨浦教师进修学院主办的《刘鹗逝世一百周年系列活动》中展出。

▲ 编著者按:购得《山雪春融拟李咸熙笔意图》约为刘鹗书画收藏之始。李咸熙:宋初人。名成,工画人物。《图绘宝鉴补遗》有记录。与王崇同时,曾合作"看碑图"。成画树石,崇画人物。

# 1876年(丙子　光绪二年)　20岁

6月　英商在上海擅筑淞沪铁路。10月清政府收购、拆迁之。

7月　钦差大臣左宗棠克复乌鲁木齐。

是年　翁同龢受命入毓庆宫行走,开始为光绪帝讲读功课。

父亲刘成忠59岁、兄刘味青27岁。太谷学派学人:李光炘69岁、蒋文田34岁、黄葆年32岁、毛庆蕃31岁。罗振玉11岁。

**春**　由河南动身途经商邱回淮安。又从淮安到扬州。

▲ 春天由河南回淮安,五月赴苏州,秋至南京应乡试,落第,又回淮安。

《忆丙子二十六韵》诗:"岁纪丁红鼠,冲寒返故乡,征途逾晋宋,驿路指淮扬。……片帆催桂楫,五月到金阊,倪苑攀奇石,吴园数曲廊,秋风扬子渡,微雨大功坊。甲第销残暑,丁帘纳晚凉,人人怜水榭,日日醉河房。……战报刘贲北,游增杜牧狂,江湖愁日下,风雨返山阳。"

按铁云先生平日多随任住在河南,这首诗说"逾晋宋","指淮扬",大概是由商丘渡河,起旱回淮。因五月又到苏州,秋天又去南京应乡试。则所谓:"冲寒返故乡。"应是这一年的年初。山阳即淮城,本淮安府山阳县,裁府以后改称淮安县。

(《铁云年谱》第9页)

▲ 编著者按:至本年出现刘鹗离开父亲刘成忠开始独立行动的记录。

**6月(五月)**　经扬州到苏州,游狮子林、拙政园。

▲ 正月,归自河南。《忆丙子岁二十六韵》:"岁纪丁红鼠,冲寒返故乡;征途逾晋宋(晋字疑误),驿路指淮扬。"初春寒威犹厉,下有"五月到金阊"之句,故知绝非岁暮也。诗中曾自述征歌选色之事:"瀹茗烹邗水,寻碑绕蜀冈。初聆弦索语,乍餍绮罗香。菱姐饶憨态,青儿爱淡妆。琵琶真荡魄,钗钏烂生光。"绝似杜牧在扬州之浪荡。下云:"江湖愁日下,风雨返山阳。南河寻故址,西坝访新庄。忽见双珠出,聊探一骊尝。优昙光易逝,橄榄味弥长。"刘氏虽籍丹徒,后则居于淮安,成忠曾遣人在淮安买廖姓田宅,此数年前事也。鹗之南归,非返原籍,实赴淮寓,故有"风雨

返山阳"之句,山阳为淮安府治所在。西坝为淮盐集散地,夙著繁华,鹗曾涉足于其间。(《刘鹗年谱》第8页)

**秋** 到南京参加乡试。落第。经扬州,回淮安。

▲ 八月,赴南京乡试,落第。《忆丙子岁二十六韵》:"秋风扬子渡,微雨大功坊。"又云:"战报刘蕡北,游增杜牧狂。"大功坊,朱元璋为表徐达功勋而建,王士祯《秦淮杂诗》有"朱门草没大功坊"之句。唐刘蕡策对不利,同试告捷者谓人曰:"刘蕡下第,我辈登科,实厚颜矣!"鹗留心于经世之务,制艺原非所长,诗引刘蕡自况,其傲岸之态如见。(《刘鹗年谱》第8页)

**9月** 父亲刘成忠奉旨着补河南南汝光道。

▲ 刘成忠"二年八月奉旨着补河南南汝光道。"(《刘鹗集》第584页)

**是年** 在扬州拜见太谷学派第二代传人李光炘。同时拜见李光炘的还有安徽阜阳人程恩培。

▲《述怀》诗:"余年初弱冠,束脩事龙川,虽未明道义,洒扫函丈前。"

按李龙川名光炘,字晴峰,学者称"龙川夫子"。江苏仪征人。与同里张石琴(积中)、汪大竹(全泰)、江西陈少华(一泉)、福建韩子俞(仰谕)同为太谷学派周太谷的高足弟子,张、李又同是继承道统的人。太平天国起义前后只身在两广十年,行动不可考。后来他弟子谢平原著《龙川先生年谱》也缺此十年。黄崖教案起,追捕余党,家乡存不住身,逃往如皋避难,遂往来大江南北讲学,而在扬州时为多。继祖母郑说:"老祖自己说三谒龙川,第一次在扬州。"这一年正二十岁。《忆丙子二十六韵》诗中又有"水骤方维缆,江都再举觞"的话。因知是初谒龙川应在这一年。(《铁云年谱》第10页)

▲ 周太谷:据《安徽通志稿》金天翮所写的《周太谷传》说:太谷名毂,字星垣,一字太谷,自号空同子。(安徽)石埭人也。家世资历不可考,或传为池州府学庠生。以其膂力过人或疑为武学庠生。毂早孤,母尽付以家财,恣所往不问。以是求师访道,足迹遍天下。初事福州韩子俞(仰俞)、南昌韩少华(一泉),一泉宗佛氏,而仰俞治老氏学。其后,毂自入山学道。道成,而仰俞、一泉更弃所许,北面奉毂为师。毂晚年居扬州,其传道不拘守形式。时一医治人疾。性乐《易》,邻里童子见毂来,辄跳跃就之。毂或与蹴球意钱之戏无忤也。士大夫传者以毂能炼气辟谷,通阴阳奇赅,符图罡咒,役鬼隐形。又教人取精玄牝。为容为秘戏。两江总督百龄闻而系之。旋释出。毂之为学,大抵贯穴孔孟,傍通老释而自辟门户,时时维以理数,与林三教、程云庄之说似同而异者。(《蕙孙论学》第196页)

▲ 周太谷:太谷周夫子,申字中元中之土德圣人也。天盘飞十二宫为一会。

会各十二时。时各一万五千年有奇,历十八万年有奇。尽,周而复始,无有终极。天开于地,地辟于丑,人生于寅。自寅至酉八时,凡十二万年有奇。故邵尧以十二万年为一盘古。戌为火库,是为劫会。每一劫会,海枯石烂,天体万物消灭,延烧一万五千余年。而亥水为当令,降雨灭火,又一万五千余年而雨霁。天地又复开辟,人类又复肇兴。是又一盘古矣。每时分三元,每元五千年有奇。现为申字运会,感申金之气以形。故成人皆肖猴。自太昊一迄同治癸亥,实为中元。每元之中,五行迭旺。有其位者,乘时而为大一统之君;有其德者,亦应运而为大成之圣。外王内圣,不可以数稽,而圣之者,仅五人,以配五德之精而又精者。是以包羲天子也,而以水德圣。文王诸侯也,而以火德圣。周公卿大夫也,而以木德圣。孔子陪臣也,而以金德圣。尧、舜、禹、汤、颜、曾思孟圣也,而未至乎其极。汉、晋、唐、宋以来,儒之大者或有之。晦翁而后,晦盲否塞者,盖数百年。自我太谷十三篇出,发往圣所未发,释先儒所未释。上承四圣,旁通二氏,始以庶人配土德焉。故曰:自天子以至于庶人,壹是皆以修身为本。孟子曰:圣人之于民,亦类也,类则非至。所谓至者,出于其类,拔乎其萃,是麒麟中之麒麟,凤凰中之凤凰。圣人中之圣人也。昔者孔子问礼于老聃,访乐于苌宏;今者太谷得陈氏韩氏之学,而圣功以全。先圣后圣其揆一也。《易》之为书也,非圣之者不能抉其奥。故圣如颜孟不敢赞一辞焉。非羲、文、周、孔,其孰能继之? 非太谷,其孰能成之? 含万物而化先,实生民所未有于戏至矣。

唐虞之世,日月重华,而得五臣;汉唐以来,五星聚于东井而得荀、扬、董、王、韩五子;有宋之世,五星聚奎,而得周、程、程、张、朱五子。我朝文运昌明,重熙累洽。自道光元载迄同治元祀,日月五星珠联璧合。是以声名洋溢乎中国,施及蛮貊。舟车所至,人力所通,天之所覆,地之所载,凡有血气者,莫不尊亲。无疆之德,大同之世,欲与是,天呈其瑞,地发其祥,笃生圣人,用彰土德。唐贞观十一年,释奠于先师,释菜于先圣,周公替而孔子兴,由周而来二千五百有余岁矣,以其数则过矣,以其时考之则可矣。功成者退,道法自然,譬如四时之错行,日月之代明,于后圣无所加,于前圣无所损,道并行而不相悖。惟我龙川前知此理,故于游匡庐节约略及之。

太谷夫子系出濂溪,字星垣。里居阀阅,多不可考。相传为池州府属庠生,或以膂力过人,疑为武庠生。又官翰林院孔目。尝自言:后世知我事迹者少。少好神仙,喜游历。蚤孤。母太夫人,尽以家财付之,恣其所之,待腊月方归。每遇试,灯节后太夫人必为治装,促其出门去。拜别时,请何向? 太夫人曰:"男儿志在四方,岂有定所!"于是足迹遍天下,乃得福州韩先生子俞、洪州陈先生少华师焉。明道后为《或问十三篇》,皆《九经》《四子》不显传之秘,而圣学以明。两先生自知弗如,复从而受业焉。后皆与闻至道而去。晚年遨游邗上,无识之者。清晨入茶舍,高谈阔论,人多不能领略,或以周大话目之,则瞿然改容逊谢曰:"大而化之谓圣。吾何敢当此哉!"时有有讥之者曰:"周某之言,天话、胡话也。"于是,又自解曰:"胡然而天也,胡然而帝也。为此说者,其知我乎!"其天趣之温良,德量之广大,类如此。茶后,肩舆出,诊疾罢,每再饭于郑氏家塾。薄暮繁返,邻舍童子望见肩舆所在,欢跃争迎,从之者如归市,既至则相为蹴踘意钱诸戏以为乐。既而官商市侩、僧溺道俗,络绎于门,太谷乃一一见之。(《龙川夫子年谱》第 7 页,《太谷遗书》第一辑第三册)

▲ 李光炘是太谷学派第二代传人。李光炘弟子谢逢原有《(皇清例授修职郎　候选儒学训导廪贡生)龙川夫子年谱》一书对李光炘的总述原文如下:

师(李光炘)系出太原李氏。讳光炘,字晴峰,号平山,道号子炘,又号群玉山人,晚号龙川老人。行二,又行三。江苏扬州府仪征县人。祖讳纯,父丹崖公,讳佳幹,皆庠生。母鲍孺人、刘孺人。世居邑之甘草山。兄弟四,皆刘孺人出:伯光熊、字海山,廪贡生;叔光荣、字南园,监生;季光燮、字调元,庠生。师配张孺人,子三:汉章,监生;汉文、元培,监生。汉文嗣南园。孙三:泰阶,庠生。元培出。嗣汉章,配光绪癸未进士出身山东知县黄　女。泰庚,汉文出。泰鼎,元培出。女孙四。生于嘉庆十三年戊辰二月初一日。终于光绪十一年乙酉十一月初三日。享寿七十有八。葬于本邑西乡青山紫泥洼新阡。(《龙川夫子年谱》第 1 页,《太谷遗书》第一辑第三册)

▲ 师(李光炘)形貌安逸,瞻视清明,隆准修眉,龟背鹤息。手若兜罗锦,十指能反握,无名指能屈伸。足心凹可容丸,身轻履重,后尘莫及。坐每叠膝,如控鹤然。动容周旋,无不中礼。发落重生者三。晚年左耳重听,眉目高下有差,颜色黑白互异。仲杰谓师晚年诸相,绝似传道手卷中圣祖像云。(《龙川夫子年谱》第 98 页,《太谷遗书》第一辑第三册)

▲ 程恩培(1854—?),刘鹗的儿女亲家。字少周,又字绍周,安徽阜阳人。其父程文炳为淮军名将,官至于湖北提督、福建陆路提督,长江水师提督。……十六七岁时受父命游历京师。同治十二年(1873),二十岁的程恩培以"任子"观政农部,踏上仕途。著作有《日本变法次第考》《东瀛观兵纪事》。……据史料记载,光绪二年(1876),程恩培与刘鹗结伴,赴扬州谒见太谷学派领袖李光炘。(《程恩培》第 14 页)

**是年**　开始研究河工。

▲《忆丙子岁二十六韵》诗:"战报刘蕢北,游增杜牧狂,江湖愁日下,风雨返山

阳。更扫陶潜径,爰修子贡墙,南河寻故址,西坝访新庄。"

按先曾祖子恕公本来精于河防之学,在豫治河卓著成效。曾著有《河防刍议》,提倡"筑堤束水,束水攻沙"及"堤不如埽,埽不如坝"的学说。铁云先生落第后一见龙川先生,有志于圣贤,慨然以天下为己任。回淮以后,就不再讲帖括时艺而专心经世之学。河工是自己的家学,故先研究之。这一年是铁云先生学问及经世事业之始,所以有诗追忆其事。(《铁云年谱》第 10 页)

# 1877 年(丁丑　光绪三年)　21 岁

1 月　清政府派福建船政学堂学生严复、萨镇冰等三十人赴英、法学习航海、造船技术。

9 月　李鸿章在滦州设立开平矿务局。这是我国最早用机器开采的大型煤矿。

太谷学派学人：李光炘 70 岁、蒋文田 35 岁、黄葆年 33 岁、毛庆藩 32 岁。罗振玉 12 岁、王国维 1 岁(1877—1927)。

**9 月(八月)**　刘鹗祖母、刘成忠生母张太夫人去世,刘成忠回镇江。

▲《刘成忠传》：三年八月,丁本生母张太夫人忧,成服回籍守制。因哀痛甚,致一目失明,一耳失聪。(《刘鹗集》第 584 页)

**约 9 月(八月)**　刘子恕接到曾任江苏按察史的李鸿裔的信,建议他"为时局计""为吾党计""依归大贤"——李鸿章。

▲ 李鸿裔致刘成忠函:

子恕仁兄大人苦次:

近奉讣音,并披还札。惊审陔兰弃养,风木兴悲,怆恻何已。伏念太夫人苦节大年,人天礼敬,当可稍澹仁人孝子之忧。惟望加饭节哀,勉襄大事,陶士行之树德既已克表母仪,范仲淹之居忧当更不忘天下矣。

徐属今岁水灾为十余年来所未有。稽天巨浸,仿佛淮泗未排,已前茆之脊出没涛浪之中,弥望皆然,目不忍睹。杜牧所谓"人歌人哭水声中",不图今日亲见斯景色。

执事建开清口之议论,诚为救灾急务,惜无人早见及此。致高邮清水潭于六月杪漫决下河,泛滥之灾已不可问,此可为长太息者也。徐宿兵食,向恃八邑丁漕及豫省协饷。今年麦伤于贼,禾伤于水,各属纷纷报灾,请豁订漕以为乌有。不得已肃具公牍札派委员附豫中拨借军火之差,求援于子和抚军及赓堂方伯。执事为汴中人望所系,伏乞不惜齿牙于二公之前,枯嘘而吹生也。大局所关,不徒私感。

爵相已由袁浦入湖,由淮河以达周口。禀函已加封转递。申夫兄于六月下旬来徐小住三日，即回安庆。拟即由安庆旋里省亲。已请得数月假期。尊函亦交爵相行营转递安庆。庞信亦加排单飞递金陵矣。

鸿裔为从者代筹行止，决宜先奔东台安置葬事，然后驰赴周口。师相帷幄之中今日人才寂寞，得执事相助为理，不特襄赞戎机，豫中官民皆可联为一气。此为时局计也。执事以侍从之班，雄伟之略，久淹郡守，未展腾骧，亦乘此墨絰间居，依归大贤。沐日浴月，高掌远蹠，万里之行，实首此塗，此为吾党计也。若匆匆绕道一谒，殊非所惜。越礼之责，又不待言。执事一面料检归驾，鸿裔当一面函禀师相。先定此局也。

尊称谦冲已甚，使人跼蹐不安，望勿复。尔外具楮仪二十金，交秦游击寄呈。负冀代奠緦帷，无任翘企。肃此奉唁　恭请礼安，即维亮纳不宣。　　愚弟李鸿裔顿首（据原信手稿）

**是年间**　父亲刘成忠辞官。

**11 月 30 日（十月二十六日）**　古风堂刘成忠将开封鹁鸽市路西的房屋以一千三百两出让给玉德堂金。全家离开河南，定居江苏淮安。

▲ 父子恕公解组归里，卜居淮安地藏寺巷。按我家原籍镇江，因家贫在镇江并没有产业。先曾祖联捷成进士以后，一直是以官为业，全眷随任。因居官清廉，亦无力置产。《老残游记》中说："老残的父亲当补挂朝珠回家的"，并非无因。但清制命妇亦有汤沐钱，俗名花粉银子。四品以上月四十两，曾祖母朱这批银子始终储蓄在那里，没有动用。数十年积有几千两银子，以此买了廖姓的房子和一些田，准备在南北交通冲要的淮安落户。事在前几年，所以前一年铁云先生回家就是回淮安而不是回镇江。子恕公屡次辞官，不准，一直到这一年才告病解组。（《铁云年谱》第 10 页）

▲ 编著者按：本年 11 月 30 日刘成忠出让在开封抵押的住房。所定《议单》现仍由刘鹗后人珍藏。

议　单

|  |  |  |
|---|---|---|
| | 狄伯絅 | |
| | 王根齐 | |
| | 古风堂刘 | |
| 立议单 | 玉德堂金 | 仝议得古风堂刘将鹁鸽市路西公馆一所计□□间，出 |
| | 张云簃 | |
| | 颜中莲 | |
| | 颜敬斋 | |

当玉德堂金名下为业。计当价银一千三百两，业已成契。惟玉德堂金欲俟公馆腾空，银房两交。而古风堂刘急于回南不能等待。兹同中人酌议，先令玉德堂金付古风堂刘房价银一百两以为订定，古风堂刘即书当契一纸并原当陈姓契一纸，另古风堂刘家伙单一纸交与中人狄伯纲收存。一俟公馆腾空，即由伯纲约同中人代将房契二纸并照家具单点交金姓管业。金姓即将下余银一千二百两兑交伯纲手收，即为清楚。再玉德堂现收家具系由古风堂刘开单点交与陈菱舫交刘姓原单不符，将来陈姓赎房时自与古风堂理论，同中言明，各无翻悔。如有先行翻悔者，罚银一百两。空口无凭立此议单二纸，古风堂刘、玉德堂金各执一纸为据

光绪三年十月二十六日立

允议　古风堂刘（签字）

玉德堂金（签字）

同中　狄伯钢（签字）

张云簃（签字）

王根齐（签字）

颜仲莲（签字）

颜敬斋（签字）（据《议单》原件）

**11 月（十月）**　因捐米折银一百六十八两五钱，被吏部核准以县丞选用。

▲ 吏部复总理各国事务衙门：查刘鹗由监（生）在江苏滇捐分局第二次请奖案内，捐米折银一百六十八两五钱，请以县丞选用。本部于光绪三年十月核准。（《保荐人才》第 46 页）

**12 月 24 日（十一月二十日）**　长女儒珍生，王氏所出。

▲ 继祖母郑说："大姑奶奶儒珍，是光绪三年十一月二十日生。那年王氏太太二十岁。"按儒珍是我的大姑母，后适海陵黄氏，即黄葆年的次子。公元 1939 年殒，年六十二岁。（《铁云年谱》第 11 页）

▲ 长女儒珍生。儒珍适泰州黄氏。（《刘鹗年谱》第 9 页）

▲ 刘鹗与黄葆年为儿女亲家。有赠黄葆年对联（此对联现存山东省博物馆）：
锡朋三哥亲家命言：赏奇析疑人归栗里，设酒作食春满桃源。　弟刘铁云

**12 月（十一月）**　尊筹饷例报捐县丞双月选用。

刘鹗随父定居淮安高公桥西街原廖氏住宅。刘味青题匾"太史第"。是为今日淮安"刘鹗故居"。

▲ 刘鹗故居，系刘鹗父亲刘成忠所购买，在淮安城内勺湖东南的高公桥西街上，东临金刚社巷，西界地藏寺巷，屋北原是荒地。由东边的花园、当中的正宅，以

及西边三个可以自成院落的部分（按刘德馨的说法，为西宅南部、西宅中部和后宅）所组成，共有房屋一百四十余间。

据刘氏后人所见之契约，此房的原主姓廖。刘成忠于同治五年（1866）叫自己女婿、淮安人高维之托"中人"和"官牙"以"歌风堂"的名义，先买了廖姓的花园。同治十年（1870）又买下了廖姓其余的房屋。光绪三年（1877），刘成忠退休后，就来此屋定居。

经过一百多年的变迁，房故居原西侧门（女客门），现正门屋早已面目全非，淮安政府修复的刘鹗故居，仅仅是原先房屋的一部分。至于故居原貌，已不很清楚。幸赖刘鹗兄长刘渭清的曾孙刘德馨生于此屋长于此屋，对故居印象极深。他于1987 年淮安召开全国首届刘鹗及《老残游记》学术研讨会前，制成了一幅故居的平面草图，并向几位曾经到过故居的亲朋、同学季镇淮、黎民、马济中等征询意见，力求正确。接着，他撰写了《淮安刘鹗故居及其花园示意图并解说》一文，与毛鼎来先生根据他的平面草图绘制成的"刘鹗故居示意图"，一并在《淮安文史资料》上发表，使我们能对刘鹗故居的原貌，有一个完整的了解。现根据刘德馨的回忆，由东至西，对故居的全貌作简略的介绍。

## 东　花　园

刘鹗在《老残游记·二集》第七回中说：

老残却一径拉到淮安城内投亲。你道他亲戚是谁？原来就是老残的姊丈……住在淮安城内勺湖上……却说老残的家，本也寄居在他姐丈的东面，也是一个花园的样子。进了角门有大荷花池。池子北面是所船房，名曰"海渡杯"。池子东面也是个船房，——面前一棵紫藤，三月开花，半城都香——名曰"银汉浮槎"。池子西面是一派五间的水榭，名曰"秋梦轩"。海渡杯北面，有一堂太湖石，三间蝴蝶厅。厅后便是他的家眷住居了。

刘德馨说书中所描写的这个花园，"其实就是我们家这（东边的）花园"，北、东两所船房，实际是两所石船，连同水榭的名字也与刘鹗所写的完全一致。

据刘德馨回忆：海渡杯中舱比较宽畅，南北两窗下，各有一张棋桌，南桌桌面上刻有象棋盘，北桌桌面上刻的是围棋盘。从东面船梢可直接去银汉浮槎石船。

秋梦轩的五间房子，当中一间，是楠木的落地长格；其他四间，上半是吊窗，中部是固定的大玻璃窗，下面为披水板。其南两间为统间，可作书房兼卧室用，最北一间西壁有门可通正宅。轩外走廊可直通后面的蝴蝶厅，沿荷花池一面，装一排飞来椅；荷花池东面，也有曲尺走廊，但没有飞来椅。

太湖石，包括东西两座假山，中间有石板天桥连接。假山西还有一支高出屋面的石笋,名百果峰。假山周围有金桂、紫荆等花树,中有紫藤。

蝴蝶厅,是假山北面的三间朝南的歇山式建筑。因东西向南的两角屋檐低垂,形如蝴蝶翅膀而得名。

蝴蝶厅之北为一大院子,有一条石板甬道直通院子北端的六间朝南的堂屋,甬道两旁是花圃。这六间堂屋的结构并不对称,正对甬道的那间客堂,并不在正中。客堂的东西两边,是一般大的两间房,这三间房南面,上半都是四扇向内开的窗,下半为披水板的窗台。东房之东连有一套房,套房中东北有门,可通北面的一个小院子,小院内也种有桂花、梅花、枇杷木等树。此套房之东,还有两个小套间,一律是落地长格。而西间则仅一间。《老残游记·二集》说,这是老残"家眷之所居了"。但刘德馨回忆中,此客堂曾是供奉祖宗牌位的地方。院子西南边有两间朝东的小楼,据说曾是刘鹗寡居的二姐的住处。此楼之北是三间朝东的下房。下房之西北有这一院落用的厨房。沿厨房北山墙向西,是后院。院北有一棵高达数丈的银树,院南则有一棵高二三丈的桑树。

## 正　　宅

大门在高公桥西街,朝南而开。大门对面有一大影壁,上方正中有刘鹗哥哥刘渭清题写的"凝祥"二字。大门两边的墙,为一色的水磨青砖,砖与砖之间以白灰嵌缝。大门门坎是一大块青石,比一般房屋的门坎要高。大门内北面的屏门上方,悬着"太史第"的金字匾。门房之西有四间房,靠近大门的是门房,其余三间是轿厅。

正对大门,隔着一个大院子的是一堵白色的小影壁,墙上方圆形的砖雕,是一条盘龙,突出的龙头在正中。小影壁的西边是三间暖阁,其正中是二门,也就是进入正宅的门。这是两扇黑漆门,每扇门上各有一个锃亮的铜环。门口左右是一对白矾石飞出来的石鼓,石鼓上是狮子滚球的浮雕。暖阁之西侧,还有一扇门,是专供女眷出入的便门。便门后,大厅西侧是耳房。

暖阁之北,是方麻石铺地的院子,此院子之北是画杉大厅,也就是现在修复的刘鹗故居的主体。所谓"画杉大厅",就是大厅内每根椽子和前卷,都是先打粉底后,再用朱笔描出木纹,一般很少见,据说因此房曾是明代漕运总督朱大典的官邸,所以有如此气派。厅之南面,是一十八扇高大的长格;厅之北面是一色屏门,屏门后有夹弄,东首山墙有门,可通东园水榭。

厅后是院子,院子的东北和西南角,各有一个小花圃。东边有两明一暗的三间厨房;院西是两明两暗的下房,中间有过道,名通火巷。此院子的北面,是三间穿堂楼。穿堂楼下中间,南是六扇长格,北为屏门,屏门后的夹弄有梯上楼。楼下的左右两间,则上是吊窗,下是玻璃窗。穿堂楼上是一个大统间,刘德馨听刘鹗的老仆人李贵说，此房原是刘成忠的藏书楼，房内用书箱来分隔。不过，刘德馨说，他小时候所见，就仅仅是一个大房间了，根本没有什么书箱。

穿堂楼后，又是一院子，院子内有高达丈许的垂丝海棠树。院子最北面是三间的堂屋大楼，要走二层台阶，方可进入大楼前的走廊。楼下的中间，也是长格，共八扇；左右两间房，南面也开吊窗和玻璃窗。院子西侧是三间厢楼，楼下有三扇门，其南门，过通火巷经大厅西侧耳房，可直达女客出入的便门；其西门由曲径通往水井和后宅；其东门可登梯上大楼。大楼之北则是后院，我们在东园中已经介绍，这里就略了。

大楼上的三间房屋，南面均是长窗，北面均有两扇大玻璃窗。厢楼上是串楼，北间与大楼相通，南间转东就是穿堂楼。编撰者以为，连同东园后进的小楼，本当也能通行，四楼成一"回"字形，为俗称的"走马堂楼"。恐怕因刘家一直是聚居的大家庭，但小家之间又相对独立，所以屡有调整，故而后来的房屋，逐渐成为一个个自成系统的院落。

## 西 宅 南 部

这部分共有六个院落，曾由刘鹗妾衡氏及三子大缙所居住，平常由地藏寺巷朝西的偏门进出，偏门外的西面有影壁。偏门的南北两边是门房，门房东边弄堂的南边有一板门，进板门是第一个院子，北面是三间朝南的厅房，西面是两间朝西的小厢房。第一个院子向南是第二个院子，西边是三间朝东的厢房，南边是二间朝北的厨房。向东为第三个院子，南面一排房称大三间。再向东是第四个院子，院北是三间穿堂，即大缙住处，其东侧为厨房，南边一排房称小三间，还有一间放杂物的小房间，此院东与正宅轿厅西的厕所相通。穿堂之北是第五个院子，院北的堂屋，是衡氏的住处。堂屋西侧门朝北通第六个院子，此院有山石及小花圃，两间坐西朝东的屋子，曾是刘鹗的小书房。从第二个院子的厨房、大三间、小三间、到杂物间，共九间屋，是整个西宅的最南面，其南墙外就是高公桥西街。

## 西 宅 中 部

这部分在地藏寺巷也有偏门可出入，偏门外的西面也有影壁。进偏门之东北是一个小院落，北有两明一暗的堂屋，曾是刘鹗第三妾王氏的住处，沿暗房是一间朝东的厢房，厢房对面是厨房。进偏门后，从过道折向南，可看到有朝东的三间大厅，大厅的对面是一排五间的厢房，此厢房与大厅之间，是一个长方形的院子。穿过院子，院北的三间堂屋，曾是刘鹗正妻王夫人的住处，后来，东头一间为刘鹗二子大黼的妻子所住，西头一间曾作刘鹗六子大纶的新房。此堂屋的西侧向北，是二间朝南的厨房。方形院子东有门可通正宅，西南的角门可进刘鹗的小书房，即西宅南部的第六个院子。

## 后　宅

后宅也有门从地藏寺进出，但门外没有影壁。后宅门门房的最南一间，另有通道可直接去正宅。进后宅门的院子，院北是两明两暗四间朝南的小厅。向东可进入又一个院子，院子北面是三间朝南带走廊的堂屋，堂屋之西有一朝南的小书房。院南有三间朝北的下堂屋。院子东侧是三间朝西的一小楼，登楼可眺望勺湖的风景。西侧则是两间朝东的厨房，厨房门前有一水井，相传水井中有隧道，不过谁也没有去探测过。（《刘鹗故居》第 16 页）

▲ 刘德枢《刘鹗的祖居及寓所下考》：

清光绪三年（1877），刘成忠退官卜居淮安，从此就住在这座宅院里直到 1884年去世，归葬镇江祖茔。1909 年刘鹗辞世，家道开始中落。

据德馨先兄回忆：“在我六七岁（1919—1920）时家庭发生变化，房屋遭受人为的败坏，甚至偷拆变卖。”但是，这应是局部的，而且是暗地里的行为。因为他还记得：“在我十六岁那年（1929）冬，适逢外公七十大庆，先父母在此厅（指“画杉大厅”）为其祝寿。”他说这时的这个大厅还很宽敞、精致、豪华。整个大宅大约保持到此时为止，以后就“呼啦啦大厦将倾”了。

根据以上推断，1870 年到 1910 年，这座大宅院在刘家手里有着约 40 年的风光。从 1910 年到 1930 年，约 20 年它处于风雨飘摇的状态，此后又 20 年它倒塌了。

1978 年，淮安宿耆季镇淮先生所见已是惨不忍睹，说：“余少时所见一宅五进者，惟余三间。”“余乃感沧桑之变不可名状。问刘府主人，幸得见德馨令妹德芳，余语以姓名，德芳即记余与翟长松为其兄同学。”我们敬重的德馨先兄是长房长孙，生于兹，长于兹，直到 1933 年去上海读书时才离开这里。德芳先姐是最后一个离开这座宅院的刘氏后人，她于 1983 年去世于苏州，其胞妹德芬在她之前离开这个宅院。现在，见证过这座大宅院颓败的只有德芬三姐了。去年，她给我写了一封信，叙述了有关的情况。

前面说到，从 1930 年以后这座宅院颓败了，但是个渐变的过程，而整体的破坏是从 1950 年起，东部即整个花园部分最先为国家征用，后来变成街道工厂。那是一个革命激荡的年代，要扫除一切剥削阶级的残留，它自然在劫难逃。在一切事务都被贴上政治标签的年月，不管甚么文化艺术都被亵渎了。

下面是德芬三姐的信中所述。

正宅部分，子恕公的长子味清公住过，味清公迁居上海后，其次子大临先生租给了周恩来总理的六伯周昀芝一家,后来由其子厚基先生收回,以后是长房厚广先生一家居住。

1958 年"画杉大厅"以后全部为国家征用,改建为花纱布公司,厚广先生一家搬到后宅居住。周家租住时,在暖阁里挂了一副对联,"世守莲溪爱莲说,家传甪里采芝歌",好像很是清高自赏。周昀芝的书法很好,还在墙上写了一首打油诗,"破楼破屋破门墙,东倒西歪向夕阳"。说明房屋年久失修,已经很破败了。

西宅部分,其中南宅的西居所,铁云公的三子大缙先生住过,去世时拆了厅房做丧葬费;南宅的东居所,铁云公的侧室衡氏老太太住过,去世时拆了"大三间"做丧葬费。其中的中宅,铁云公的正室王氏夫人住过,铁云公的六子大纶住过,次子大黼住过并经手卖给了开饭铺的金之芳家。

后宅部分,正宅被征用后厚广先生一家迁入,后宅又被征用,厚广和德芳搬到二条巷去住,后来看到"上堂屋"空着,就又搬了回来。季镇淮先生见着德芳,就是在这里,说"惟余三间"就是指这三间"上堂屋",德芳去世后,被别人卖给了街道,不到一万块钱。临街的房屋,在后来拓宽马路时全拆了。(《吾家家世》第 103 页)

▲ 中国近代文学研究专家季镇淮先生《刘鹗淮安故居图及其图说跋》:

1929 年余与同里(淮安东乡季桥)翟子长松插班入县城西北隅勺湖小学(原校址在地藏巷北火神庙内,即现在勺湖公园大门影壁向后,校舍毁于淮安沦陷时期),因识刘鹗侄曾孙、同班同学刘子德馨。刘子少余一岁,高大白皙、谦和礼让。1930 年春,引余游其府第,迎面即见屏门正楣上悬一横匾,金面黑字,题曰"太史第",楷书端重,颇引注目。由此而来,过一院落,进二门,向后看,各门全开,隐隐一线直贯后堂。刘子引余至中堂,又至后堂前院落。院中徘徊四顾,刘子语余,其叔曾祖曾著《老残游记》,余知小说《老残游记》自此始。后此小学毕业,余与翟子肄业淮阴师范初中,不记何时再见刘子游其府第,惟记余与翟子肄业唤安中学高中时。曾见刘子尊人伯宽先生于南门大街早食店内。伯宽先生亦谦和平易,不以余为乡之后生而不顾也。此后时移世异,直至 1978 年 1 月 20 日,余因回乡之便,始得县中葛正华先生导余复游刘鹗故居。时已黄昏,灯火欲上,正门不可以复识。余少时所见一宅五进者,惟余三间,空旷灰暗,无完好整洁之观,余乃感沧桑之变不可以名状。问刘府主人,幸得见德馨令妹德芳,余语以姓名,德芳即记余与翟长松为其兄同学,因告余德馨现状。后德馨与余通讯,余复之,喜得故人矣,然犹未相见也。

今年(1987 年)8 月 28 日晨,忽闻叩门声,余启之,见二人,长者自道姓名,并介绍其弟德峻,即恍然大悟,小学同学近六十年未见,故人刘德馨至矣。吾二人少年友谊,胸无埃滓,真诚而纯洁,故历久常新,一见如故。回忆小学同学,长松早逝,众多小友,俱不知所在,而吾二人历劫幸存,至老犹健,不可谓非得天独厚矣。晤谈之际,脑中时时呈现德馨少年形象,眼前老人反不得如,德馨视余亦然,不亦奇乎! 德馨出其所绘《刘鹗淮安故居图》(草图)及《刘鹗淮安故居图说》,余乐而读之。观其图,知余少时所见仅刘氏故居之一宅,即正宅,其西尚有二宅,与正宅毗连而正门西向,其东则有花园,由花园后通向西宅之后宅。览其《图说》,知刘氏此宅,非由自营,乃刘鹗父成忠公购置而成。其正宅有三间画杉大厅,即余所谓中堂者,为明清以来旧建筑,历劫尚存至今。总观刘氏故居,共有五宅,规模宏大,结构完整,合一百四十余间为一第,今欲复其本来面目,乌可得哉! 虽然,德馨此图及图说,据生活二十年记忆而成,真实而详尽,审视之,则无异见其刘氏故居之本来面目矣。又其《图》及《图说》涉及刘鹗生平若干事,亦刘鹗及《老残游记》研究难得之资料,足供学术界参考。余因略叙与德馨友谊始末及其《图》并《图说》价值所在而为之跋。

1987 年 9 月 7 日于北京大学朗润园寓(1900 年 10 月《淮安文史资料》第八辑第 160 页)

**是年** 居淮安肆力于学,埋首治河、天算、乐律、词章、医学、兵法等杂学。

▲ 家居肆力于学。成忠乞病解组,归寓淮安。鹗侍养之余,肆力于学。家传者:有治河、天算、乐律、方技、词章诸学;复纵览百家,不立门户,藩篱既撤,视野益宽。(《刘鹗年谱》第 9 页)

▲ 1877 年,刘成忠从河南丁忧回里。从此落户淮安。在淮安的六七年间,身处封建家庭且不虑衣食的刘鹗埋首于治河、天算、乐律、词章、医学、兵法等"杂学"之中,对新的科学知识有着浓厚的兴趣。更重要的是他致力于寻求所谓"安身立命"之处,希望从哲学的真理中寻找解脱,以解决对"人生"的认识,以便确定方向,回答自幼以来对耳闻目睹的悲惨国运与广大人民颠沛流离的痛苦的悬问。(《刘鹗集》第 5 页)

▲ 编著者按:刘鹗所读书尚无研究。但是根据刘鹗在《弧角三术》一书中叙述,在天文算学方面,刘鹗曾读过《翠薇山房丛书》和《梅氏丛书》。前者全名为《翠薇山房算学丛书》,后者全名为《梅氏丛书辑要》,总二十五种,六十二卷。作者为清代著名文算学家梅文鼎(1633—1721)。又读过唐代王孝通的《辑古算经》,清代李锐(1769—1817)的《天元勾股细草》等书。

**是年** 居淮安时因刘成忠赏加"布政使"衔,门楣悬"太史第"匾,刘鹗被淮安人尊为"刘二少爷"。又因不遵礼法,好侧身于贩夫走卒间,被人们称为"刘二乱子"。

▲ 由于他的狂放不羁、不守礼法,由于他的待人亲善、无等第观念,由于他以官宦人家子弟的身份,侧身于贩夫走卒之间,甚至敢于光臂赤膊,高擎龙头,欢舞在龙灯队伍的最前列,淮安人送给了他一个绰号——"刘二乱子"。(《刘鹗集》第 5 页)

# 1878 年(戊寅　光绪四年)　22 岁

1月　清军提督董福祥收复和阗。除伊犁外新疆领土全部收复。

7月　开平矿务局开工。

父亲刘成忠 61 岁、兄刘味青 29 岁。太谷学派学人:李光炘 71 岁、蒋文田 36 岁、黄葆年 34 岁、毛庆蕃 33 岁。罗振玉 13 岁、王国维 2 岁。

**是年**　娶衡氏为妾。因刘鹗原配王氏去世,衡氏家人因"是妻是妾"问题与刘鹗讼于公堂。

▲　娶侧室衡氏,是为第一妾。按衡氏生于同治二年癸亥(1862),本年十六岁。生有一子二女。子大缙,即我三伯父。女佛宝、马宝均未嫁而夭折。年八十余,殁于淮安故宅。以三伯父捐官,诰封恭人。衡氏因在王氏逝世时,其家人曾出面向山阳县控告铁云先生骗婚,意在争作正室。经官方判明非是,感情方面受了影响。除讼前一度随铁云先生赴山东任以外,始终留淮安未出。(《铁云年谱》第 11 页)

▲　纳侧室衡氏。(《刘鹗年谱》第 9 页)

▲　编著者按:刘鹗的第一妾衡氏 1883 年生女佛宝,1885 年生子刘大缙。据刘大缙次女刘次涛对侄女刘德元说:衡氏对孩子管教极严,且不愿让孩子读书。抗日战争期间,1940 年前从淮安逃难,财宝未及带走。回到淮安后,财物全失,失语三天,猝然去世。

**约是年前后**　刘成忠应淮安河下闻思寺主持之请为之题匾额,落款"河南南汝光兵备道刘成忠敬献"。

▲　刘怀玉《刘鹗及〈老残游记〉资料摭拾》:淮安故老传云,刘成忠辞官后即退居淮安,与地方人士交往密切。尝与河下闻思寺主持有交往,主持慕他名,请他为"大雄宝殿"题写匾额,刘欣然从命,所落款署为"河南南汝光兵备道刘成忠敬献",主持为了感谢他,即以淮安城南和尚庄一块庙产相赠。(《明清小说》2001 年第 3 期第 88 页)

# 1879 年(己卯　光绪五年)　23 岁

　　3 月　日本侵占琉球,废琉球国王,改置为冲绳县。

　　是年　李鸿章在大沽口试设到天津的电报,为中国最早创办的电报。后又在天津设立电报学堂。

　　父亲刘成忠 62 岁、兄刘味青 30 岁。太谷学派学人:李光炘 72 岁、蒋文田 37 岁、黄葆年 35 岁、毛庆藩 34 岁。罗振玉 14 岁、王国维 3 岁。

　　**2 月(正月)**　在晋豫赈捐案内报捐同知,不论单双月选用并觉捐免保举银两及监生四成实银。

　　▲ 光绪十八年九月四日(1892 年 10 月 24 日)总署收候选同知刘鹗禀。

候选同知刘鹗

禀呈今陈

卑职现年三十三岁系江苏镇江丹徒人。由监生于光绪三年十一月尊筹饷例报捐县丞双月选用。又于五年正月在晋豫赈捐案内报捐同知,不论单双月选用并觉捐免保举银两及监生四成实银。经户部于光绪五年十二月初七日奏准在案。(《保荐人才》第 44 页)

　　▲ 编著者按:刘鹗有致巽仪一信,无日期,信文提及以候选同知报捐事。疑本年所写,录于后:

巽仪三哥大人阁下:

　　申江一晤,未能畅谈,歉甚。弟在申时,于台捐局由三班候选同知报捐,指省分发。昨闻友人云:旧班人员不许在海防局报指分。不知确否?

　　昨已肃函进京,恳二哥代查,并请其查得即电告三哥。其电报费,弟云汇至兄处转赵。今寄上英洋六元,京报约三四元。兄得信即由点示弟弟,以便决定行止。

专此

敬请

文安

世小弟刘鹗顿首(《书简百通》第 13 页)

**是年**　刘成忠提倡西学。刘味青从传教士学习法文。

▲ 刘大钧《刘铁云先生轶事》：先祖子恕公在河南任兵备道多年，与曾国荃同事平捻。功成致仕，寄寓江苏淮安，与先父味青公皆提倡西学甚力。时淮安人尚无学欧西语言者，先父年已三十，独从天主教士习法文，借此研究西学，尤精畴人之术。（《老残游记资料》第 111 页）

# 1880 年（庚辰　光绪六年）　24 岁

9 月　李鸿章获准在天津设立电报总局，架设天津上海间电线。

12 月　李鸿章奏请兴建铁路。

父亲刘成忠 63 岁、兄刘味青 31 岁。太谷学派学人：李光炘 73 岁、蒋文田 38 岁、黄葆年 36 岁、毛庆蕃 35 岁。罗振玉 15 岁、王国维 4 岁。

**是年**　居淮安致力于学。研究勾股、开方等数学问题。间或外出。

**1 月 2 日（己卯年十一月二十一日）**　刘味清为刘鹗还款。

**1 月 3 日（己卯年十一月二十二日）**　晚回到家。带回用新法绘图、石印的《长江图》。

**1 月 4 日（己卯年十一月二十三日）**　早上，向刘味清展示外出携回之鸭嘴笔。

▲　究心勾股、开方等数学问题，注意西洋绘图工具。曾一度出门，岁暮方归。据我伯祖味青先生的日记《阅历琐记》光绪五年己卯十一月二十一日记："归还篯湍（即云抟）裕源钱款，尚欠银二百两，一时难措还也。"又二十二日记："篯弟向晚抵家，携有长江图，洋人用新法所绘，用石印法印出。"二十三日条："早起，云抟至房，见其所购洋人诸笔：铅笔一枝，铁镊笔一枝。铁镊笔专为画线之用。其端甚薄，上有螺丝。螺丝进则所画线甚细，退则粗，法至巧也。"（《铁云年谱》第 11 页）

**1 月 18 日（己卯年十二月初七日）**　因 1879 年 2 月在晋豫赈捐案内报捐同知，不论单双月选用并觉捐免保举银两及监生四成实银。经户部奏准在案。

▲　见（《保荐人才》第 44 页）

**1 月 31 日（己卯年十二月二十日）**　户部知照吏部刘鹗"以同知双月选用"，又以"同知双单月选用"。

▲　该员又由双月县丞在江宁劝办晋豫赈捐第五次请奖案内捐银一千四十三两二钱，又补交监生四成实银四十三两二钱，请以同知双月选用，免保举。又捐银二百八十六两二钱，请以同知双单月选用。本部于光绪五年十二月二十日奏准。先后知照吏部各在案兹准。（《保荐人才》第 46 页）

**2 月 9 日（己卯年十二月二十九日）**　与刘味清、作舟、陈三谈开方的用法。

**2 月 10 日（己卯年十二月三十日）**　除夕夜，天亮前送天地。

**是年**　居淮安，曾游扬州等地。

▲ 据我伯祖味青先生的日记《阅历琐记》光绪五年己卯十二月二十九日记："笾弟与作舟、陈三谈算、为草开方用法。"三十日："丑正二刻假寐，迟明送天地，予困极未起行礼，去年除夕，亦是如此，予之精神不如笾湍远矣。"云云。因知铁云先生本年曾出门，到年底方回，但不知何往及为何事。（《铁云年谱》第 12 页）

**是年**　赴扬州拜从李光炘为师，正式成为太谷学派入室弟子。李光炘为之授记"超凡入圣"。同时拜从者有程恩培。

▲ 本年赴扬州第三次谒见李龙川，与毛庆藩同时拜从，授记"超凡入圣"，在门弟子中最为少年。继祖母郑说："老祖自己说：'曾经三次谒见龙川先生，第一次在扬州，第二次在泰州。二十四岁那年，即第三次，才在扬州拜从，同时拜门的有毛实君。'在同门弟子中当时他年纪最小，因此曾刻了一方'如来最小弟子'的图章。"
（《铁云年谱》第 12 页）

《关于老残游记附言·告刘氏兄弟子侄书》："盖吾先人自受学龙川以后，即届超凡入圣境地。此龙川先生之语，可知先生本无人世是非利害之见，更何心于恩仇也。"按太谷学派的习惯，弟子拜从时，先生要考察他的资质品行，概括地说一句话，略如佛家的"授记"。铁云先生拜从时，龙川先生授记"超凡入圣"，从学派的标准说，是很高的评价。"如来最小弟子"印，原印已失佚，但曾钤于《谢石溪先生对鸥馆图卷》题跋上。（《铁云年谱》第 12 页）

▲ 师事李光炘。鹗参谒李光炘，早在丙子游扬之日，后又拜见于泰州，本年复赴扬州与毛庆藩同时寄籍（周毂旅扬，居南门内海岛巷，光炘仍寓其故处。李长乐后于其地建李晴峰先生祠，今存）。时李门以鹗年最少，因镌有"如来最小弟子"之章。《丙午述怀》诗："余年初弱冠，束脩事龙川，虽未明道义，洒扫函丈前，无才学干禄，乃志在圣贤。相从既已久，渐知叩两端，孔子号时中，知时无中偏。万事譬诸物，吾道为之权，得权识轻重，处各循自然，因物以付物，谁为任功愆。此意虽浅近，真知良独难，灵台有微滓，一跌千仞渊。"《登太原西城》诗有云："尼山渺矣龙川逝，独立苍茫岁月遒。"尼山，借指周星垣。诗作于李光炘殁后，故曰"龙川逝"。太谷教义，刘氏渐染既深，影响其言行极巨。力避故常，侈谈诡异，显由太谷索隐行怪启之。光炘居泰州久，承学更多泰州人，世或以"泰州学派"呼之。其实"太谷教"与"泰州学派"本非一事，其误则始于刘光汉。光汉有《王艮传》，载《国粹学报》乙巳年第四期，传末云："满清宅夏，士大夫讳言讲学，而泰州学派始衰。然咸、同之交，泰

州有李晴峰者,推明先生(指王艮)之学,而稍易其宗,弟子数百人,传其学者遍大江南北,惜语秘莫或闻。然孟子所谓百世之师者,舍斯人而谁属哉!"心斋之学,为阳明别支;晴峰之学,则出于皖人周毂,源流尽异。刘大杰《中国文学发展史》评《老残游记》云:"刘氏崇泰州学派,倡儒、佛、道三教合一之说。"不应因两学派先后在一地蕃衍而混为一谈。且阳明、心斋虽为师弟,取径则不尽相同。黄宗羲《明儒学案》卷三十二《泰州学案》载心斋之言曰:"王公(指阳明)论良知。艮谈格物。"何来援附释、老之谈! 合儒、佛、道三者为一,太谷教间有之,心斋无是也。若欲以地为名,则太谷流播于泰州较晚,名以"新泰州学派",似犹愈于浑沦之称。

其后,鹗有书与同门论道,其略云:

一二日后,在邗江尚须盘桓数日,与同道诸君略为团聚,又可添几分造诣也。……夫人学道如牛毛,成道如麟角,是何因缘? 有三难故:学道不明道,与不学等;明道不能行,与不明等。行道不能力,与不行等。三迷魔山,天衢隔绝矣。知要心息相依,学道也;知如何便是心息相依,明道也;一日十二时中何时心息相依,何时心息不相依,行道也;其心三月不违(逸雪案:原笺误作"为")仁,行道之力也,即大道之成也。我辈此时不虑道之不明,惟进防贤者之过,退防愚者之不及,则得中道矣。与世浮沉,世间法也;翛然远引,出世法也——而皆非圣人之道。必也于与世道浮沉之中,寓翛然远引之志,与世无违,与道莫逆,其庶几乎? 念无量众生苦集无既而不能救,此道中人之大悲也;明知其不能救而必欲登一世于春台,此道人之大慈也;念亿万众中我独得阿耨多罗三邈三菩提,此道人之大喜也;可度之众生以智力度之,不可度之众生以断力绝之,此道人之大舍也。慈悲喜舍,缺一不可,缺一非道。愿质高明。

笺末未详年月,观邗上盘桓,与同道团聚云云,所论为太谷教义无疑。(《刘鹗年谱》第9页)

▲《程恩培集·前言》:程恩培在学术认知上,比较倾心太谷学派。据使料记载,光绪二年(1876),程恩培与刘鹗结伴,赴扬州谒见太谷学派领袖李光炘。光绪六年,他再次与刘鹗、毛庆藩往扬州,正式拜李光炘为师,成为太谷学派的一员。(《程恩培》第5页)

▲编著者按:① 蒋逸雪、刘蕙孙两位先生都以为刘鹗正式拜从李光炘的时间是本年(1880)。但是根据谢逢源《龙川夫子年谱》记录应是光绪八年(1882)。② 蒋逸雪、刘蕙孙两位先生都以为刘鹗与毛实君同时拜从李光炘。《龙川夫子年谱》记录如下:"(光绪)八年壬午(1882)七十五岁……丹徒刘鹗来。""(光绪)九年癸未(1883)……六月丰城毛庆藩来。"

**约是年**　自名"空同最小弟子",刻印一方用于书画题跋。

▲ 刘蕙《〈老残游记〉作者的名、字、笔名、室名》:"空同最小弟子"中的空同二字,亦作"崆峒""空桐",此山在今河南临汝。"空同子"是周太谷的自称,"学派中并传太谷晚归空同山(参见《铁云长编》第 104 页),太谷学派为空同一脉。先生也曾刻有一方'空同最小弟子'的图章",是他(刘鹗)自己题跋等的用印。曾钤于谢石溪《对鸥馆图卷》上。(《清末通讯》第 18 期第 7 页)

# 1881 年（辛巳　光绪七年）　25 岁

4 月　清咸丰帝皇后钮祜禄氏慈安太后猝死。

10 月　英商创办上海自来水公司。

12 月　上海天津陆路电线通电。

是年　鲁迅生于浙江绍兴。

父亲刘成忠 64 岁、兄刘味青 32 岁。太谷学派学人：李光炘 74 岁、蒋文田 39 岁、黄葆年 37 岁、毛庆藩 36 岁。罗振玉 16 岁、王国维 5 岁。

**是年**　在扬州读书。

**7 月 22 日**（六月二十七日）　次子大年生，王氏所生长子。

▲ 大年公，震远公次子，字颐（展）仲。行五。生于光绪七年六月二十七日卯时。配毛氏。子厚培。（《刘氏族谱·大年公》）

▲ 按大黼字宸仲，是我的二伯父，嫡祖母王氏的长子，实际上也是铁云先生的长子，因已先过继了著伯伯父，故行二。《抱残守缺斋日记·辛丑日记》六月二十七日中有"本日为黼儿生日，龚朱均来贺"的话，可以考知生于这一年的六月二十七日。因吸食鸦片，不检行止，不为家中人和亲戚朋友所是趄。晚年寄寓苏州定慧寺为人写《金刚经》以自忏悔。民国二十一年（1932）死，年五十二岁。有一子一女。子厚培，后改名厚泰，早殒。女蝶孙，嫁福建平和赖斌（字苏生）。1981 年 3 月 27 日病殒于北京，年七十三岁。（《铁云年谱》第 12 页）

▲ 次子大黼生，王出。大黼实为鹗之长子，以先有兄子大章为嗣，故大黼乃居次。大黼字宸仲，晚年住苏州定慧寺为人写经。（《刘鹗年谱》第 12 页）

▲ 编著者按：① 刘鹗次子刘宸仲，惟《刘氏族谱·大年公》中记录其名为"大年"，其余著作均为"大黼"。"大黼"一说，不知所出。② 刘娴（刘德芬）生于淮安，见过刘鹗第二代中多人。据其记忆：二爹爹刘宸仲名大黼，居淮安时冬天长在灶间为我们讲《聊斋》故事。讲到鬼故事时，我都不敢听。其时在 1930 年左右，我大约四五岁，二爹爹大约近 50 岁。③《刘氏族谱·大年公》"大年公，震远公次子，字

颐(展)仲。行五。"中"展"字为后人所加,疑为"宸"字之误。④ 刘大年女刘蝶孙有子赖家麒、赖家麟,女赖梅青。

**10 月 16 日(八月二十四日)** 父亲刘成忠骤然生病。午后,刘味青派专人去扬州接刘鹗返淮安。

**10 月 21 日(八月二十九日)** 午后,刘鹗从扬州回到淮安。

**11 月 19 日(九月二十八日)** 中午,离淮安回扬州。

▲ 八月,子恕公病痢,危笃。铁云先生自扬州闻讯奔归侍疾,子恕公愈复归扬州。伯祖味青公著《阅历琐记》(光绪七年辛巳 1881 年日记)。八月二十四日条:"父亲骤得重恙,人事不省,面热肢冷,手臂拘挛,延杨望川诊视……杨望川又复推诿,云抟弟在扬读书,令人焦急无似……"八月二十九日条:"午后云抟回,因二十四日午后专人往接,即日到家,亦甚速矣。"九月二十八日条:"云抟赴扬,午刻动身。"(《铁云年谱》第 13 页)

# 1882 年（壬午　光绪八年）　26 岁

4 月　李鸿章奏请在上海试办机器织布局。

是年　国内各地纷纷开办机器厂、造纸厂、矿务局等。

父亲刘成忠 65 岁、兄刘味青 33 岁。太谷学派学人：李光炘 75 岁、蒋文田 40 岁、黄葆年 38 岁、毛庆藩 37 岁。罗振玉 17 岁、王国维 6 岁。

**是年**　李光炘迁居上海愚园路。随同入沪者为浙江仁和画家弟子诸乃方。

▲ 孙庆飞《晚清的扬州名画家诸乃方》：诸乃方于光绪五年拜（李光炘为）师时已是 57 岁。光绪八年（1882）诸乃方随师父李光炘举家迁居上海愚园路，光绪十一年（1885）年底，李光炘病逝上海，归葬于仪征青山镇陵山之东，1983 年迁葬于当地龙山头，即现在的周太谷墓。诸乃方 86 岁那一年在上海愚园路家中去世，其子孙后代目前仍有居住在上海愚园路旧址的。（2007 年 8 月 27 日《扬州晚报》）

**是年秋**　正式拜从李光炘为师，成为太谷学派门人。同时拜从的还有高尔庚、程恩培。奉师命与高尔庚一起教授李泰阶、李泰鼎读。

▲ 八年壬午（李光炘）七十五岁。秋张国英请游上海。丹徒刘鹗来。泰州高尔庚来。命授泰阶、泰鼎读。鹗字云抟。尔庚字星仲，州廪生。（《龙川夫子年谱》第 78 页。《太谷遗书》第一辑第三册）

▲ 编著者按：《程恩培集·前言》和《程恩培年表》都说"光绪六年（1880）"程恩培与刘鹗一起正式拜从李光炘为师。但刘鹗拜从李光炘是光绪八年（1882）。

▲ 编著者按：李泰阶是继黄葆年、蒋文田后太谷学派第四代传人。刘鹗孙辈刘厚滋、刘厚泽兄弟虽未从之学，然均以为之师。1942 年刘厚泽曾手抄李泰阶《双桐书屋诗钞》并为之跋。录文于下：

## 双桐书屋诗钞跋

《双桐书屋诗钞》一卷为先师白沙先生、真州李平孙夫子遗著也。夫子于民国戊辰正位匡庐。岁月不居，以稻熟十七稔矣。小子生晚，未尝一日侍绛帐春风。于我夫子道德文章耳食而已，然景仰之余，未尝一日不以未获夫子训言为恨事。　壬午孟夏,雨中谒汪丈仲方,荷出示同门钞本夫子遗诗。拜读之余,如获瑰宝,喜极欲狂。夫词章虽我夫子著作绪余,门弟子不能更获教诲,亦正应日夕讽诵如亲杖几,以资自励耳。因呕假归,恭录一过,并谨识其经过如此。

民国卅六年,岁次丁亥中秋前一日。男厚泽谨校并记(刘厚泽手抄《双桐书屋诗钞》)

▲ 方宝川《李泰阶及其著述》:李泰阶(1871—约1927),字平孙,人称白沙先生、真州先生、李大先生。李龙川长孙。龙川三子:长汉章(原名元生)、次汉文(原名道生)、三元培(原名阳生)。寒文嗣龙川弟李光荣(字南园),生泰阶。因汉章尚无子,故泰阶出嗣汉章。后娶黄葆年女为妻。光绪八年(1882),高尔庚拜从龙川先生时,龙川命"授泰阶、泰鼎读"。后常随侍其祖左右,深得庭训。龙川对泰阶亦寄予厚望,曾谓黄葆年曰:"此子可教,吾其托孤于子矣!"(《太谷遗书》第二辑第七册第1页)

**是年** 与太谷学派第三代传人黄葆年、蒋文田订交。

▲ 编著者按:黄葆年、蒋文田都是太谷学派传人。根据《龙川夫子年谱》记载"二年癸亥(1863)五十六岁。……来游者,海陵陈士毅,蒋文田,曹嘉福……文田,字子明,泰州茂才。""三年甲子(1864)……黄葆年来。……葆年子隰朋,泰州姜堰人"。《龙川夫子年谱》中用凡用"来"都是正式入门的意思,并对其人有简单介绍。唯陈士毅、蒋文田,曹嘉福用"来游者"。故知黄、蒋二人,分别于1863年和1864年,拜从李光炘为太谷学派入室弟子。早刘鹗将近20年。

▲ 与黄葆年、蒋文田订交。葆年、文田与鹗同出李门。二人醇谨,独鹗时仍矜傲,好短长时政,所谓侠士入道,尚余杀机者也。二人每加规谏,鹗心感之而不能改。其后,皆申以姻亲:鹗长女归葆年次子寿彭;文田女孙归鹗孙厚泽。厚泽,大绅之次子。

李光炘、张积中虽同师周星垣,而志趣有异:积中喜事功,重力行;光炘工文辞,好说理。于是太谷之教有北派、南派之分。积中败后,南派乃独盛。相传光炘临殁,遗嘱有"二巳传道"之语。二巳,指葆年与鹗也。葆年生于清宣宗道光二十五年,其年为乙巳;鹗生于文宗咸丰七年,其年为丁巳。鹗学务博,不以一端名;葆年守约,独能嗣其统。葆年字隰朋,一字希平,号归群,光绪己卯举人,宰泗水十载。其后,卜居吴下,从游塞门,人称"黄老师"。远道来谒,车马不问路,不论值,声气之广如此。章士钊《孤桐杂记》云:"近有人创救世新教会,以儒释道耶回五教合一为旨,募赀刊报,颇涉张皇。成立之日,愚宴于吴自堂宅,见同人多往磕头。……光绪年间,有泰州人李晴峰云是教主,年八十余,曾有人迎至京师说教(逸雪案:李光炘从未入北京),后李化去,传者黄姓,近亦死矣,而教仍有力江湖间,门户甚谨,非严介不得入。"案黄殁以后,嗣其绪者为李泰阶,泰阶字平叔,晴峰之孙,葆年之婿。泰阶殁,继者为黄寿彭,寿彭字仲素,葆年之子,刘氏之婿。(《刘鹗年谱》第12页)

# 1883 年（癸未　光绪九年）　27 岁

1 月　清政府命架设上海广东沿海电线,4 月架线完成。

5 月　刘永福大败法军。6 月法国公使来中国谈判。10 月谈判终止。12 月中法战争爆发。

父亲刘成忠 66 岁(病逝)、兄刘味青 34 岁。太谷学派学人:李光炘 76 岁、蒋文田 41 岁、黄葆年 39 岁、毛庆藩 38 岁。罗振玉 18 岁、王国维 7 岁。

**是年**　居淮安地藏寺巷。

**是年间**　次女生,名佛宝,衡氏夫人所生。

▲ 第二女佛宝生,衡氏所出。(《铁云年谱》第 13 页)

▲ 次女佛宝生,衡出。(《刘鹗年谱》第 13 页)

**12 月 22 日(十一月二十三日)**　刘成忠病故于淮安地藏寺巷。葬于镇江西门外乔家门。

▲《刘氏族谱·刘成忠传》:光绪元年十月初四日,于霜节安澜案内,奉旨赏加布政使衔。二年八月,奉旨补河南南汝光道。三年八月,丁本生母张太夫人忧,成服回籍守制。因哀痛甚,致一目失明,一耳失聪,遂殁于光绪九年十一月二十三日酉时。山在镇江西门外乔家门,有碑,坟主罗文高。(《刘鹗集》第 584 页)

▲ 光绪十年,甲申(1884 年):

十月,父丧。

刘氏家乘谓刘成忠光绪十年十月二十三日终于淮安地藏寺本宅,距生于嘉庆二十三年,年六十六。(《刘鹗年谱》第 13 页)

▲ 光绪十年,甲申。公元 1884 年:

父子恕公卒。

按据家谱先曾祖子恕公本年十月二十三日卒于淮安地藏寺巷宅,距生于嘉庆二十三年戊寅(1818),享年六十六岁。(《铁云年谱》第 13 页)

# 1884 年(甲申　光绪十年)　28 岁

3 月　法军大举进犯。是年中法战事未断。

4 月　康有为开始计划编著《人类公理》,幻想"大同世界"。

兄刘味青 35 岁。太谷学派学人:李光炘 77 岁、蒋文田 42 岁、黄葆年 40 岁、毛庆藩 39 岁。罗振玉 19 岁、王国维 8 岁。

**5—8月(四月至七月)**　随李光炘游上海。兄刘味青与太谷学派弟子陈士毅、黄葆年、谢逢源、黄樨、赵成、拱铨同行。住在西中和里,弦诵不辍。又连日或征歌酒市,或拥妓飞车。又游申园,招相识竟日夕欢。又赴戏馆听戏,到西式照相馆照相。引起新闻媒体的注意。此次游上海,刘味青拜从李光炘为师,正式成为太谷学派弟子。

▲ 十年甲申七十七岁。(李光炘)四月率陈士毅、黄葆年、谢逢源、黄樨、刘梦熊、刘鹗、赵成、拱铨游上海。寓西中和里。……六月中法失和。八月师回海陵。

樨字木犀。梦熊字渭卿,鹗之兄也。师命各写经一部。以仲杰与锡朋契,汉春与建安契。故命陈、黄分致之。……

六月,法人败。约攻越南,破台湾,夺鸡笼,逼镇海,窥吴淞。沪人皇皇,迁徙若不及。师(李光炘)在西中和里与二三弟子弦诵不辍,危如累卵,安若泰山,默化潜移,未足与外人道也。一日将出门,或以法事问。师(李光炘)乃笑指里名曰:君不见邪?遂率诸弟子选名妓、驾马车游于申园。园中无一客。时西人戒严,途马往来不绝。师谓从游者曰:"吾今作东道,尔等各招相识,竟日夕欢。"于是,偕赴戏馆。座客无几,将罢歌。见师(李光炘)至,复登场。观者稍集。正座惟师弟五人及群妓二十余人而已。曲将终,师(李光炘)忽喟叹曰:"今夕安得十万金钱,以挽此劫也!"时法人正战马江,不三日而警电至。

师(李光炘)拟物色一妓,以供行役,从者各荐所识。师(李光炘)曰某某狐、某某鬼、某某地狱中人。间有当意者,每令人百计筹划,垂成而忽辍。……(《龙川夫子年谱》第 80 页,《太谷遗书》第一辑第三册)

**8月(七月)** 李光炘应刘鹗之请,为其撰写对联:甲申秋七月 云抟贤契清属 爱寻天上无众乐;喜读人间未见书。 龙川老人 平山炘。

▲ 编著者按:此联现存南京博物院。

**9月** 李光炘离开上海。存照片两张。

▲ 师(李光炘)在沪以西法照相二:一燕居,葵扇葛巾,神气渊穆。侍者陈建安、颜实甫、赵伯言、刘云抟及逢源六人。一形色清癯,破颜微笑。拈花侍者,王月卿也。(《龙川夫子年谱》第99页,《太谷遗书》第一辑第三册)

**是年** 李光炘带弟子游上海,引起《申报》记者的注意。

▲ 沪上《申报》馆专侦中外新闻,日出一纸,以共众览。窥师(李光炘)行径,或征歌酒市,或拥妓飞车。虽日市游冶而师弟之间穆穆彬彬,恭敬无失。从游诸人,日侍杖履,绝不交一外客。或以圣人之徒诮之,终不知先生为何许人,故无从置喙焉。(《龙川夫子年谱》第80页,《太谷遗书》第一辑第三册)

**是年** 或居淮安,或往返于淮安、六合、上海间。

# 1885 年(乙酉　光绪十一年) 29 岁

4 月　法国强迫清政府签订《中法议和草约》。

6 月　李鸿章与法国公使在天津签订《中法会定安南条约》,中法战争结束。

10 月　清政府将福建省台湾府改为台湾省。原福建巡抚刘铭传为第一任台湾巡抚。同月清政府设立海军衙门。

是年　上海格致书院成立。

兄刘味青 36 岁。太谷学派学人:李光炘 78 岁(病逝)、蒋文田 43 岁、黄葆年41 岁、毛庆蕃 40 岁、罗振玉 20 岁、王国维 9 岁。

**2 月(正月)**　第三子大缙出生,衡氏生。

▲ 大缙公,震远公三子,字行荐(建)叔。行八。生于光绪□□年□月□日□时。配颜氏。子厚源、厚濡、厚沐、厚沛、厚洛。(《刘氏族谱·大缙公》)

▲ 按大缙,字建叔,是我的三伯父。因生于乙酉年,故乳名亚辛,先祖日记上常用此名,故志之。出家塾后,毕业于上海青年会英文夜校,就未再深造。1914 年左右和我叔外祖罗子经(振常)等合股在上海汉口路三十号开了一家"蟫隐庐"旧书店,来往淮沪,约三十年。子经叔外祖死,"蟫隐庐"收歇,即归淮寓,未再出来。1955 年终于淮安故宅,年七十岁。子女九人。长厚源、字铁孙,以字行。次厚濡,字淮生,后改槐生。三早殇。四厚沐。五厚沛,字桂舟。六厚洛。长女松涛,适淮安章励存;次涛,适李墨林;三涛。铁孙兄弟均在财贸界工作。现惟厚沛、厚洛、次涛尚存。(《铁云年谱》第 14 页)

**约 9、10 月(八月—九月)**　刘鹗在扬州用"刘百一"为道名行医,不被亲友所认同。到南京寻找宦途出路,但是仍以行医为后路。

▲ 耿鉴庭《刘百一先生医事活动之源本》:刘百一为先生在扬行医之道名。《温病条辨割括》亦署名刘百一,盖取佛书"四大不调,一大辄有一百一病"。以及陶隐居采用其意,以著《补阙肘后百一方》等故事而取名。今此文着重述其医事,故文中仍以百一称之。

▲ 现存刘鹗给巽仪的信稿一件未署年月，应写于本年。全文如下：

巽仪三哥大人阁下：

前奉二函，谅皆垂鉴。昨接手示，知李玉所谋之事，未能遂愿。弟大约八九月间，仍须作金陵之游，亦需人用，如伊无美事，原可仍至弟处也。弟拟令其将泰来栈所存诸件，搭船送回，然计尚未决，俟三五日后，弟再函告定夺可也。弟家中事，虽未十分平伏，料亦无大风波矣。惟家母以下，以及舍亲王氏昆仲，皆不以弟行医为然，皆意弟仍在宦途研求生发也。故秋凉金陵之行，所不能免也。如金少芝所书招牌已来，请存尊处，以作狡兔之一窟。吾兄拟办之事，曾办与否？念念。肃此，敬请

升安

弟鹗顿首（《刘鹗集》第 747 页）

**是年间** 开始从事经营活动，在淮安开设关东烟草店。年终因"肆资折尽"而歇业。

▲ 在淮安南市桥设关东烟店，不设市招，仅榜书"八达巴菰"四字于门前，举城诧怪。因司事失人，不二月，赔累倒闭，司事者自杀。《关于老残游记》七："迨先祖卸官后，衰疾时作，未久即殒。先胞伯主持家计，颇念先君不事生产。先君乃请于先祖母，于淮安南市桥设肆屋三楹，售关东烟草。先胞伯亦喜先君之有业也，特简选练达诚笃之人为佐。先君因以其人司会计，核名实，已则一至焉而已。年终肆资折阅几尽。除夕交账，司会计者不自安，先君慰以酒食，留之度岁。夜半此人竟刎于吾家，而遗书禁妻孥索诈。"又注："此肆无字号招认，惟榜书曰'八达巴菰'。隐寓关东烟叶四字。此亦淮人目以为怪之一也。"

我外祖罗振玉说：淮安八股先生不读杂书，见"八达巴菰"，不知所云，传为奇语。不知八达指八达岭，巴孤指淡巴菰，即"关东烟叶"之意。（《铁云年谱》第 14 页）

▲ 营烟草业于淮安南市桥。烟肆无字号招识，惟榜书"八达巴菰"，隐寓"关东烟草"四字，淮人目为狂。孟熊喜弟之有业，特简练达之人为佐，鹗一以任之。年终，亏折几尽，其人不自安，除夕夜半自刎。烟肆遂歇。此为鹗经营商业之始。（《刘鹗年谱》第 13 页）

▲ 刘德馨在《我的回忆》中说：我在八到十二岁时听家中私塾老先生张晓云（住淮安城内跨下桥）几次说过："刘云抟南市桥曾开过一片烟店（卖旱烟），奇怪的是该店没有招牌，只是在曲尺柜台的顶端竖一块长条形的匾额，上面写着'旦巴哥'三大字，书法极好，但什么意思？出于何典？真令人不解。他曾与别人多次谈到此事，而每次谈到必拿起笔写在粉板上，因此我对此三字记忆犹新，印象极为深刻。淮安当时的秀才们始终不解其意。依我想来这'旦巴哥'与日文タバコ译音接近，可见铁云公当时已学日语了。"（《刘鹗资料》第 346 页）

**是年间** 携衡氏到扬州，依姻亲卞氏，居木香巷。从李光炘就学并以行医为业。

▲ 去扬州，从李龙川受学。住姑母卞氏家，无以为生，悬壶自给。衡氏随行。扬州医寓故址，在今木香巷，因拆改，已无迹可寻。

《关于老残游记》七："新年后，先君遂去家之扬州，依戚卞氏。不得志，且无以为生，乃悬壶为人治疾，依然门可罗雀也。"

按铁云先生因烟肆赔折，又丧了人口，心中不快。过年不久就去扬州从龙川受学。当时我的第三曾祖姑卞家，即从前同住六合者，已在扬州落户，有亲戚可依，就携带衡氏同行。居扬无业，又不愿完全依靠家中接济，就挂牌行医，生意并不好。《老残游记》中说摇串铃作走方郎中的背景即在于此。其实先生的医道很好。本来出于自己钻研，后来又与淮安河下老医生何某（即后来淮安名医何千臣的祖父）互相研习，受益很多。从龙川后，李也精于医，又得到一些指授。但他轻易不肯开方，遇到家人戚友，患病危殆，群医束手时，自己出手常能一剂而愈。晚年在新疆戍所，曾著医书《人寿安和集》，是他医学的精华，惜家人未见，但闻其书尚在新疆军区图书馆。另有《要药分剂补正》系光绪甲辰乙巳年间在沪所编，使汪剑农先生抄成。其书及早年所作《温病条辨歌诀》均在北京中医研究院中医联合图书馆。（《铁云年谱》第 15 页）

▲ 悬壶于扬州。《游记》中自述摇串铃，游食江湖。其子大绅谓："先君之扬州，无以为生，乃悬壶为人治病，依然门可罗雀也。"鹗明岐黄，记中所言，非尽讽喻。后有《要药分剂补正》及《人命安和集》诸作，更为明于医药之证。（《刘鹗年谱》第 14 页）

▲ 编著者按：谢逢源作《龙川夫子年谱》云"师（李光炘）不习岐黄而能治人所难之症。病者告以形候，或治或否。治则无不愈，或药与症反信者服之，更见奇效。"（《龙川夫子年谱》第 98 页，《太谷遗书》第一辑第三册）

**是年间** 毛庆藩友陈三立谒李光炘。

▲ 毛庆藩友陈三立谒李光炘，有拜门之意，终因乡人劝阻而未拜，李光炘很是遗憾。（《张积中年谱》第 170 页）

**12 月 18 日（十一月初三）** 李光炘去世，1886 年 1 月 23 日（十一月十九日），风雪中灵柩入山，1 月 24 日（十一月二十日）安葬于仪征西岗紫泥洼。门弟子 27 人参加了葬礼。

▲ 李光炘卒。鹗有《题愚园雅集图枋本后叙》："泰山颓，梁木坏，龙川夫子上升于□□（原缺二字）岁之冬；三年心丧毕，门弟子东西南北，飘泊于天各一方。历十有七年。岁在壬寅，黄先生希平由山东解组至海陵，而蒋先生子明相携来沪上，

予亦因事至自北京。程子绍周闻两先生耂至，自杭州来迓。毛公实君适总理江南制造局，为东道主人焉。"壬寅为光绪二十八年，由壬寅逆推十七年为乙酉，即光绪十一年。故知李光炘殁于是年冬也。谢逢源《李龙川年谱》谓终于光绪十一年十一月初三日，年七十有八，葬仪征西乡青山紫泥洼，距周毂墓里许。(《刘鹗年谱》第14 页)

▲ 一日，师(李光炘)谓逢源曰：吾将行矣！吾神游参化阁，见理字为朱笔圈去。后之学者，近此必死。天鸣靡常，不可不惧。数定。锡朋明年当赴山座，承嗣北宗。将来道运之兴，由北而南。南隐北显，自古而然。拱钰问身后事。师(李光炘)曰：有建安、石溪，敷衍拉杂了之可矣。宜速葬。葬后宜迁姜埝。子明有老亲，不出游，可兼顾也。时十月二十一日，星流如织，三夜不绝。十一月朔，沐发。初三日易箦。遗命四虞后出殡。于是，黄葆年、谢逢源、高尔庚、赵文铎、赵永年度地于青山之阳。夜中祷于周夫子林，乃得西岗紫泥洼。首卯，趾酉，凹伏如脐。沙水潆洄，气局深厚，距林里许。十二月十九日，灵舆入山，风雪没径，皆徒跣执绋以送。二十日安葬，三光并照，和煦如春。先后及门会葬者二十有七焉。(《龙川夫子年谱》第 92 页，《太谷遗书》第一辑第三册)

**约是年** 在淮安河下开设药店且并自备小船一只以便来往。又嘱咐家人无偿，为人赠送烫伤药。

▲ 刘德馨撰文说：我在二十岁离开淮安之前，经常到大缙(建叔)叔祖家(即我家地藏寺巷偏宅的最南的一个门)去玩。在那儿经常看到几只中药店用的那种抽屉，当时也不以为意。有一年春节衡氏(大缙之母)老太太很高兴，带着孙女玩，说：来，我教你们看牌(即打麻将)。她亲自去房里拿出一只这样的抽屉，里面装着麻将牌，而抽屉的顶头还可以看出写着药名。我在旁边问了一句："这好像是药店……"话还未说完，老太太已知道我的意思，旋即便说："老太爷(指铁云公)在河下是开过一爿药店的呀。后来关了店，我拿几只来家放放小东西。"若有所思了一小会，接着又说："老太爷为了有时要到河下去，还自备了一条船哩，由老王明掌船，后来店关了，这条船就送给了他。"当时由城内到河下的主要交通工具是船。铁云公所置的船是淮安勺湖中供游客游湖的那种船，外形与嘉兴南湖游船相仿。当时的这段话未提药店是何时开张，何时歇业。但却说明铁云公当年除开设烟店外，还开了药店，并在那时已经学医了。

我家一向不收分文给人烫药治烫伤已经几十年了，并一直延续至今。我父亲(刘广厚，字伯宽)说过，这是家传的方子，要世世代代给人家，这是祖上的遗嘱。现在想来是赠送烫药一事很可能是铁云公所嘱。因为我父亲七岁时就丧我祖父，还

未懂事,而铁云公逝世时我父亲已经十五六岁了。(《刘鹗资料》第 346 页)

约是年　用"鸡皮植皮法"为谢逢源晚亲治伤。

▲ 耿鉴庭口述《从鸡皮植皮谈起》:先君少时,设砚于扬州蒋家桥。房主人名马正龙,于药室间壁开纸马店,兼作阴阳风水的职业(扬地称之为"香火")。一日书家谢石溪先生(李晴峰之弟子)匆匆来,急招马去。谢亦与先君有善,马归后,先君颇关怀,询以谢宅出何变故?始知谢有一晚亲(惜忘其姓名),年未弱冠,顽皮异常。是日谢宅雇篾匠修理竹器,此子以戏效篾匠用削篾之刀,竟不慎削去腿面之皮,约有一寸宽,三寸长一块。本欲投医,适刘铁云在座(刘与谢为同社友),告以鸡皮贴补之法,惟不宜刀宰,须口咬鸡嗓放血后,生剥其皮贴之,切忌用铁。吾扬之风,建新屋后,必请香火作谢土神仪式,由香火口咬活鸡,将鸡血涂于主要梁柱之上以避邪。谢君因急招马氏往。先拔鸡翅下腹部之毛,咬杀后,趁热依创口大小撕贴,果能止血、痛停。事后,先君复询谢君,据答:"痊愈颇速,惟补处皮色较黄,既不似人皮,又不似鸡皮,尚有一二毛孔,生灰色茸毛,乃当时匆匆拔而未尽之故。"

此一故事,昔先君于茶余饭后,常道及之。靠刘铁云先生壮岁曾游幕山左,宋景诗起义之地,所传之法,可能即是从宋景诗之遗闻轶事得来。(《江苏中医》1959 年第三期封三)

# 1886 年(丙戌　光绪十二年)　30 岁

7月　吴大澂与沙俄订立《晖春界约》。同月,慈禧太后颁发"懿旨"宣布明年"归政"。

9月　续修《大清会典》书成。同月慈禧太后颁发"懿旨":允醇亲王奕譞奏请:光绪帝亲政后,再"训政"数年。

兄刘味青37岁。太谷学派学人:蒋文田44岁、黄葆年42岁、毛庆藩41岁。罗振玉21岁、王国维10岁。

**是年**　从扬州回到淮安。

**约8、9月(七月、八月)**　从淮安到南京参加乡试。考试尚未结束离场而去到六合探亲。

▲ 复赴南京应乡试,不终场弃去。(《刘鹗年谱》第15页)

▲ 由扬州回淮,赴江宁应试。未终场即弃去,至六合外家探亲。《关于老残游记》七:"未久,以应试故,先返淮安,转而至宁。但未终场即弃去,走六合省外家及戚旧。"按铁云先生一生仅应过两次考。一次在丙子年,落第后,即无意于场屋。第二次在这一年,未考完就自动放弃。出场后,因南京六合近在咫尺,就顺便去看看外家。先回淮安,大概是为的送衡氏回家。乡试时期,照例在八月十七日,所谓:"槐花黄,举子忙。"则铁云先生离淮赴宁,应当在七八月间。(《铁云年谱》第15页)

**9、10月(八月、九月)**　在镇江娶茅氏为侧室。

▲ 纳侧室茅氏于镇江。(《刘鹗年谱》第15页)

▲ 娶侧室茅氏于镇江。是为第二妾。继祖母郑说:"老祖自己说,光绪丙戌年应试归,路过镇江,娶的二姨太太。"

老媪王张氏,淮安民家女,在我家帮工数十年。先后带过我叔父、我们兄弟姊妹和我外甥。年八十余,才归卒于家。我的家事,她知道的很多。说:"据茅老太太(茅氏生祖母之母)讲太太(指茅氏生祖母)是在镇江来的。当时老爷(指铁云先生)考试回家,路过镇江,一天带着残醉,和朋友们一同在茶馆闲坐,听两位朋友在谈,某家女美，已及婚龄，在托人作伐，苦无适当人选云云。老爷带醉随口说：'为我作媒何如？'该友信以为真，即往茅家说亲。又和老爷是新交，不明家庭底细。只说是宦家子弟，人品如何而已。茅氏欣然应允。等那位朋友回报，老爷已忘其事，但也无从反悔。及婚，茅家知非正室，且家中尚有长妾，向媒人责问。经调处，要求以嫡礼相待，且终身不与大妇同居。因此后来回淮安，遂另租房居住，不住地藏寺巷本宅。但感情很好，后来老爷去山东任上及到上海等地，都是太太随去。"云。（《铁云年谱》第 16 页）

　　按茅氏是我的生祖母。生有我父季英先生大绅，五叔父涵九先生大经及龙宝姑母。姑母早殇。铁云先生逝后，由我父侍奉先后在日本京都、苏州及上海居住。因居苏州时，叔父婚前，私蓄簪珥等数千元为女仆徐氏窃去，郁郁成疾。迁沪数年，1917 年 4 月 26 日（民国六年丁巳三月初六日）殒于上海旧法租界打铁浜祥瑞里。距生清同治八年己巳十二月二十一日（1870 年 1 月 22 日）才四十九。所患的病，当时说是一种神经痛，百药罔效，现在才知道就是子宫癌。其时我才九足岁，对生祖母的生平，不大了解，近年觅得涵九叔父所写的传记残稿，附录于次。传云：

　　"先生母茅恭人六合茅公讳某之次女也，外祖母林氏生四女一男，长季不育，男创病咯血未三十而卒，外祖母仅二女：恭人及三姨。三姨适陕西吉石生丈。恭人幼聪慧，性仁婉，好洁净，居家天未明，头面皆光，衣衫整洁。虽助母终日操井臼，毫不污乱。七八岁即善针黹，时外祖家遭贼乱产荡然，恭人为人作衣饰，得钱即以助母。稍长，邑中有茶市招人拣茶，恭人利值多往应，每日出而作，日入而息归，得资均奉母不有私。母不忍，取半令藏半，恭人即谨蓄之，遇匮乏，辄阴出所贮以补。恭人终未贮一钱也。于茶市凡二年，恭人敏于事而凛于色，一市之人咸敬畏之，年十七来归先君，翌年先君入鲁，助张勤果公治黄河（先是河数溃，淹没田庐，糜国帑岁巨万），恭人随焉。在鲁期年，生兄大绅，又一年，先君子以治河绩，张公荐升知府，诏未下，张公薨。先君子以知己亡，携家旋归淮上。三年生姊龙宝。又四年生大经，计兄大绅适长大经十岁。姊龙宝七岁殇，恭人痛之哀之不解。大经生而多疾，恭人抚育医药较他子为劳，而大经得必死疾者三，皆仰赖恭人维护得不死以至今日，大经已年卅一。恭人弃养凡十载，每追念恭人，辄长号不已，呜呼伤哉。大经年十岁，始稍稍强健。恭人乃喜曰：'吾儿可以长矣。'盖十年中，恭人之抚大经也，无日不提之携之，惟恐其不育。罔极深恩，世罕与俦。时兄大绅从傅罗叔蕴姻叔（下缺）"云云。虽中年遭家难，后事皆不详，也可见我生祖母的早年生活。（《铁云年谱》第 17 页）

　　又老媪王张氏之夫名王少庵，也是一个城市小商人的儿子，兄弟五六人，遗产有限,又遭了一把火,无以为生,夫妇先后都来我家帮佣。初在我堂伯父序东先生处,随即转到我家,带我五叔父,后来又照顾我们兄弟姊妹十人。我兄弟姊妹成长后,有了孩子,他又照顾我妹妹的孩子。前后三代四十余年。尤其是铁云先生被祸以后,人情冷暖,从前有往来的人家,往来都断绝了。我生祖母这一部分,与家人又格格不入,独住上海。亲戚中除我外祖父、外叔祖及我母亲的外祖母范老太太与其二子我两位舅祖范纬君、范子衡先生不断关照我家外,很少人理。独他夫妇二人,天南地北,相随不去,从上海随至北京,北京到日本,日本到苏州,苏州到上海,上海再到北京、天津,数十年如一日。生祖母晚年悒郁,亦多得张媪劝慰。后来王翁少庵1928年死于天津我家,年六十余。张媪七十多岁时才由她子孙接回上海。临行时她和我们说:"我来时你五叔还未周岁,现在你们都有好几个孩子了!"洒泪而去。1947年我去上海,特去看她,年纪已过八十,还能绣花,以替人家绣鞋帮为生。解放后尚健在,其时她离开我家时抱在手里的孩子,我的女儿、侄子等,又有孩子了!最近听说已不在人世。她没有名字,晚年继祖母郑为她取名"盖康",我们叫她王妈妈,孩子们则叫她老妈妈。他们都是社会上的平凡人物,但是对人有真挚感情的人物,其品质远在炙手可热的大人物之上。我家许多故事都是听她说的,故将她附记于此。她有子有孙,儿子王占鳌,前数年死去。孙辈中仅一个孙女王熙凤,是我和妹妹弟弟儿时的小友,听说嫁了一个邮务工作者,住在南京,余均不知。(《铁云年谱》第18页)

▲ 编著者按:茅氏为刘鹗第二妾,生刘鹗四子刘大绅、五子刘大经、三女龙宝。刘鹗流放新疆病逝乌鲁木齐后,随刘大绅生活。1916年茅氏生病,深得罗振玉和王国维关注。《王国维在一九一六年》一书收王国维致罗振玉信,多提及茅氏——"季英太夫人"情况,录于下:

1916年7月1日:敬处付刘二百元讫,而季英太夫人昨今病势又亟,恐不测即在日内,今日内人往始知之。病人神思尚清,昨日遗命一切,今日已不能语,恐不得愈也。如何如何!

1916年7月4、6日:季英太夫人病势甚剧,维于初二日晚始知,亟往问讯,则闻是日发晕二次,已预备寿衣等,次早渐有转机,昨日又较平复。乃今日至蟫隐则又甚危险,看来凶多吉少,季处此境亦殊难,不独有不得了,病费亦已不支矣。

1916年7月7、8日:季英太夫人之病仍未有转机。

1916年7月8日:季英太夫人之病前晚往候,已稍轻减,看来势虽凶险尚可无妨(前病者因苦痛思自尽,幸被觉防之),好在现不杂投医药,唯服木村之药,即有不测,现已略有布置。

1916 年 7 月 11、15 日：季英太夫人已稍愈，可以无妨。惟病者不信西医，必服中医之药，而中医乃用珠粉、羚羊等味，久服恐非宜也。

1916 年 7 月 17 日：季英堂上之病仍如故，恐亦中药石之害，否则无此理也。

1916 年 7 月 18 日：季英太夫人病势依旧无退。病者不信西医，坚不肯服西药。前已延过乙老家唱用之字医林洞省，乃既到而不肯使之诊视。此种坚僻，季英亦无可如何。又中医每剂须四五元，用珍粉、洋参、羚羊角，故病费每日需十元左右。季英坐此大窘，想无术转移堂上之意，旁人亦只代为踌躇而已。

1916 年 7 月 22、23 日：遇蟫隐，知刘太太病尚如故……敬公言季英之弟主张中医，此犹可说明，惟病者不信西医，则无法转移公意也。

1916 年 8 月 5 日：午后拟着人往季英家问候，不知如何。

1916 年 8 月 18、21 日：季英太夫人病渐愈，闻已偶能下楼，此大可喜，可知木村于此等病自有把握也。（《王国维在一九一六年》第 89—122 页）

**约是年**　作《温病条辨歌括》。约为刘鹗存世第一本著作。《温病条辨》作者是清代吴塘。此书分为"上焦篇""中焦篇""下焦篇"三卷。刘鹗将《温病条辨》中的120 味汤方，以 121 首通俗的歌括形式加以概括。

▲ 编著者按：根据各种资料和家中口传，知刘鹗的医学著作共四部。为《温病条辨歌括》《要药分剂补正》《老残医记》《人寿安和集》。但百年来唯著名医学史家耿鉴庭有亲见前三部之记录。刘鹗孙辈亦无亲见者。2004 年后，笔者为编辑《刘鹗集》，始见前三部。其中，《老残医记》并非刘鹗本人的医学著作，而是耿鉴庭先生将其各种著作中有关医学活动的记录综合而成。撰写《人寿安和集》仅见于刘鹗 1909 年给毛实君的信中，无人见其原作。2006 年笔者得见《温病条辨歌括》原稿，标点后收于《刘鹗集》。其书简况如下：

《温病条辨歌括》是刘鹗医学著作中的一种。

《温病条辨歌括》根据清代吴塘《温病条辨》一书的"上焦篇""中焦篇""下焦篇"三卷，对医作中的 120 味汤方，以 121 首通俗的歌括形式加以概括。

《温病条辨》的作者吴塘（1758—1863），字鞠通。江苏淮阴人。清代著名医学家。19 岁时因父亲病逝，心中悲愤，因"父病不知医，尚复何颜立天地间"而立志学医。参古博今，结合临证经验，创立"三焦辨证"学说，遂成医学大家。其代表作为《温病条辨》。现江苏淮安有"吴鞠通学术研究会"。

吴塘在《温病条辨·凡例》中自称"是书凡五卷"。但现存各种版本、文章记述不一，有五卷、六卷、七卷等多说。

刘鹗著《温病条辨歌括》三卷，署名为"淮阴吴鞠通先生著　　丹徒刘云抟（刘百壹、刘百一)歌括"。与此书同名者尚有清代颜之馨著《温病条辨歌括》和刘维之著《温病条辨歌括》。

刘鹗著《温病条辨歌括》未署写作年月。根据刘鹗中年之后的著作均使用自制专用稿笺推断,此书应为刘鹗青年时期学医时所著,属刘鹗早期著作。

《温病条辨歌括》现仅存手稿,无刊行本。

《刘鹗集》根据刘鹗手稿标点。标点中参考崔月犁主编,中外文化出版公司、春秋出版社出版之"白话中医古籍丛书"《温病条辨》。作者孟澍江、沈凤阁。

在标点中多请教于上海杨浦中心医院中医科主任唐海宁教授和朱锐平教授。

(《刘鹗集》第202页)

▲ 编著者按:《温病条辨歌括》原手稿现存北京中医研究院医学文献研究所图书馆。本人曾撰文探讨,发表于日本《清末小说》。全文如下:

### 一个"走方郎中"的医药笔墨
#### ——刘鹗医药著作之一《温病条辨歌括》概述

刘鹗是中国晚清时期一个忧国忧民的普通人,其身份无法用现代语言概括。他曾经悬壶行医,故可称之为"走方郎中"。刘鹗的医学见解可见其医药著作。

老残是刘鹗所著小说《老残游记》中的主人公,其身份为"走方郎中"。老残的医学见解可见诸《老残游记》。

刘鹗是现实中的人物,有据可查;老残是文艺作品的虚构人物,有所影射。

研究者以为,《老残游记》中的"老残"即影射刘鹗,言之凿凿,且此说为研究者共识。

笔者以为刘鹗与老残或可因均为"走方郎中"而"合二而一"。因此本文根据所见资料,简述刘鹗与老残这一位"走方郎中"的医药著作简况。

### 一、总　　述

刘鹗的研究者和刘鹗的后人们将各种资料综合后得出结论,刘鹗有四部医药著作:①《温病条辨歌括》,②《要药分剂补正》,③《人寿安和集》,④《老残医记》。

笔者近三十年来与多位研究者探讨这些著作存世的真实性,又南来北往,处处留心,并多次与一些媒体联系,冀有所得,惜均无结果。

2004年,因应国家清史编纂委员会之约编辑《刘鹗集》,笔者两赴新疆、北上京都,终于2005年见到上述所述医药著作的三部《温病条辨歌括》《要药分剂补正》《老残医记》。经认真拜读,笔者以为《温病条辨歌诀》《要药分剂补正》确系刘鹗所著。《老残医记》系著名中医、医学史家耿鉴庭先生将《老残游记》一书中有关医学案例整理并重新组合后所成,其反映了刘鹗的某些医药认识,但并非成于刘鹗之手,故只能称之为老残的医药思想的综合。《人寿安和集》一书刘鹗本人有明文记载,但是至今是否仍存天壤间,需继续探讨。

两年之间,四见其三,使一些悬而未决的问题得到了解决,并将其编入《刘鹗集》实为幸事。现将《温病条辨歌括》述于后,以公同好。

## 二、《温病条辨歌括》

（一）《温病条辨歌括》简介

《温病条辨歌括》是刘鹗的第一部医学著作。其以《温病条辨》一书为基础,将《温病条辨》中的二分之一的药方以歌诀概括之。

《温病条辨》的作者吴塘(1758—1863),字鞠通。江苏淮阴人。清代著名医学家。19 岁时因父亲病逝,心中悲愤,因"父病不知医,尚复何颜立天地间"而立志学医。参古博今,结合临证经验,创立"三焦辨证"学说,遂成医学大家。其代表作为《温病条辨》。现江苏淮阴有"吴鞠通学术研究会"。

吴塘在《温病条辨·凡例》中自称"是书凡五卷"。但现存各种版本、文章记述不一,有五卷、六卷、七卷等多说。

《温病条辨歌诀》一书,系根据吴塘《温病条辨》一书的"上焦篇""中焦篇""下焦篇"三卷中温病药方 246 副(其中:上焦篇 58 方,另加沈目南 8 方,中焦篇 102 方,下焦篇 78 方)。刘鹗根据这 246 副药方,选择 120 味汤方,作歌括 121 附于要方之后。

刘鹗著《温病条辨歌括》三卷,署名为"淮阴吴鞠通先生著 丹徒刘云抟(刘百壹、刘百一)歌括"。与此书同名者尚有清代颜之馨著《温病条辨歌括》和刘维之著《温病条辨歌括》。

刘鹗著《温病条辨歌括》现仅存手稿,无刊行本,亦未署写作年月。根据刘鹗中年之后的著作均使用自制专用稿笺推断,此书应为刘鹗青年时期学医所著,属刘鹗早期著作。现收入国家清史编纂委员会编纂的《刘鹗集》。全书标点后约 6 万字。本文首次披露全书目录、歌诀全文。

《温病条辨歌括》的目录如下:

温病条辨卷一　　淮阴　吴鞠通　先生著　丹徒刘云抟　歌括
　　　　　　　　上焦篇　风湿　温热　温疫　温毒　冬温
温病条辨卷二　　淮阴　吴鞠通　先生著　丹徒刘百壹　歌括
　　　　　　　　中焦篇　风湿　温热　温疫　温毒　冬温
温病条辨卷三　　淮阴　吴鞠通　先生著　丹徒刘百壹　歌括
　　　　　　　　中焦篇　风湿　温热　温疫　温毒　冬温

《温病条辨歌括》其基本体式为：一述病人症状，二述药方名，三为歌诀，四为药方，五述服用方法。举例于后：

上焦篇第四十三方：

四三　头痛恶寒，身重疼痛。舌白不渴，脉弦细而濡，面色淡黄，胸闷不饥。午后身热，状若阴虚，病难速已，名曰湿温。汗之则神昏耳聋，甚则目瞑不欲言，下之则洞泄，润之则病深不解。长夏、深秋、冬日同法，三仁汤主之。

【三仁汤方】

三仁汤方杏白蔻，生薏半夏竹叶就。厚朴飞滑白通草，世澜煎之湿温透。

杏仁五钱　飞滑石八钱　白通草二钱　半夏五钱　白蔻仁二钱　竹叶二钱　厚朴二钱　生薏仁八钱

甘澜水煮，八碗蒸取三碗，每服一碗，日三服。

（二）《温病条辨歌括》中的歌诀原文

刘鹗为《温病条辨》撰写"歌诀"并将其直接编入其书，命名为《温病条辨歌括》。将刘鹗所撰歌诀按原书次序，全文录于后。文中（）中数字为原书标号，阿拉伯数码系笔者整理时记录歌诀数量的标号：

上焦篇

（四）1.【辛凉平剂银翘散方】辛凉平剂银翘散，竹叶薄荷荆芥豉，甘草牛旁苦桔梗，苇根汤煮太阴宜。

（五）2.【辛凉轻剂桑菊饮方】辛凉轻剂桑菊饮，甘橘翘荷杏苇根，身不甚热微渴者，太阴但咳号风温。

（十）3.【玉女煎去牛膝熟地加细生地元参方】（辛凉合甘寒法）玉女煎加元去膝，地黄去熟可加生，麦冬知母石膏著，气血双燔在太阴。

（十二）4.【雪梨浆方】（甘冷法）【五汁饮方】（甘寒法）太阴温病口渴甚，新汲寒浆和雪梨。五汁饮须麦冬藕，苇根梨汁共勃齐。

吐白沫粘滞不快，甘寒甘冷法神奇。

（二十）5.【三黄二香散方】（苦辛芳香法）三黄二香苦辛芳，乳没柏连生大黄。后用香油始茶汁，水仙膏后肿敷方。

（二四）6.【新加香薷饮方】（辛温复辛凉法）三物香薷豆朴先，若云热甚加黄连，近时吴氏新加法，益入银翘三二钱。

（二七）7.【清络饮方】（辛凉芳香法）清络饮用荷叶边，西瓜翠衣银花煎，丝瓜皮与扁豆蕊，竹叶心□六样鲜。

（三十）8.【清营汤方】（咸寒苦甘法）咸寒甘苦汤清营，犀角元参竹叶心，丹参麦冬细生地,黄连银翘翘连心。

（四一）9.【加减生脉散方】加减生脉散,人参换以沙,丹皮细生地,伏暑此方加。

（四三）10.【三仁汤方】三仁汤方杏白蔻,生薏半夏竹叶就。厚朴飞滑白通草,世澜煎之湿温透。

（四五）11.【银翘马勃散方】(辛凉微苦法)银翘马勃散牛蒡,射干加入苦辛凉。设若喉阻咽不痛,须加滑杜苇根良。

（四六）12.【宣痹汤方】(苦辛通法)宣痹苦辛通,通草枇杷叶,射干香豆豉,郁金疗哕呃。

（四七）13.【千金苇茎汤加杏仁滑石汤】(辛淡法)千金苇茎汤,加滑杏仁方,桃薏冬瓜仁,辛淡治喘将。

（四九）14.【桂枝姜附汤】(若辛热法)桂枝姜附汤,熟附生白术。脉缓舌淡白,治以苦辛热。

（五二）15.【杏仁汤方】(苦辛寒法)杏仁汤方苦辛寒,连翘滑石梨皮甘,白蔻皮与茯苓块,黄芩桑叶连翘□。

（五四）16.【桑杏汤方】(辛凉法)桑杏汤方辛凉法,沙参象贝梨皮着,栀皮香豉秋燥方,太阴右脉大而数。

（五六）17.【沙参麦冬汤】(甘寒法)甘寒沙参麦冬汤,玉竹花粉兼冬桑,甘草扁豆两生用,肺胃阴分燥来伤。

（五七）18.【翘荷汤】(辛凉法)辛凉翘荷汤,绿豆皮桔梗,生草黑栀皮,燥火伤清诊。

（五八）19.【清燥救肺汤方】(辛凉甘润法)清燥救肺汤方,麦杏人参甘草,阿胶石膏霜桑,麻仁枇杷叶好。

沈目南

（二）20.【杏苏散方】杏苏散方陈夏茯,甘草去核枣生姜,前胡枳壳苦桔梗,燥伤本藏无汗方。

（四）21.【柴胡桂枝各半汤加吴萸楝子茴香木香汤方】(治以若温佐以甘辛法)桂枝柴胡各半汤,加吴萸楝木茴香。寒热胸肋疝瘕痛,燥金司令头疼方。

中焦篇

（二）22.【减味竹叶石膏汤方】(辛凉合甘寒法)减味竹叶,石膏汤方。麦冬甘草,甘寒辛凉。

（十一）23.【增液汤方】(咸寒苦甘法)增液汤方,元参一两。生地麦冬,八钱为榜。

（十二）24.【益胃汤】主之（凉法）甘凉益胃汤，沙参同冰糖，麦冬细生地，玉竹炒令者。

（十三）25.【银翘汤方】（辛凉合甘寒法）银翘汤方者，辛凉甘寒法。竹叶生甘草，生地麦冬著。

（十五）26.【护胃承气汤方】（苦甘法）护胃承气汤，元参生大黄，丹皮细生地，知麦苦甘方。

（十七）27.【新加黄龙汤方】（苦甘咸法）新加黄龙苦甘咸，硝黄生地生甘草，元海参归与麦冬，人参姜汁煎冲好。

28.【宣白承气汤方】宣白承气汤，蒌皮杏仁粉，石膏生大黄，苦辛淡法审。

29.【导赤承气汤方】导赤承气，硝黄生地，赤芍相连，小腹通剂。

（十九）30.【黄连黄芩汤方】（苦寒微辛法）黄连黄芩汤，苦寒微辛法。郁金香豆豉，干呕口苦渴。

（廿九）31.【三黄汤方】（甘苦合化阴气法）冬地三黄汤甘苦，芩相连与元参侣。银露苇汁冲服之，生草生地麦冬煮。

（三八）32.【小陷胸加枳实汤方】（苦辛寒法）小陷胸汤，连夏瓜蒌，再加枳实，水结病瘥。

（四二）33.【三石汤方】① 何为三石汤方，寒水石膏滑石，杏仁竹茹银花，白通草冲金汁。② 三石汤方寒水石，石膏滑石杏仁泥，通草银花兼竹茹，更冲金汁法神奇。

34.【加味清宫汤方】清宫汤，再加味，知母银，竹沥兑。

（四二）35.【杏仁滑石汤方苦】（辛寒法）杏仁滑石汤半夏，黄芩黄连黄郁金，通草橘红川厚朴，舌灰烦渴病暑温。

（四四）36.【半苓汤方】（此苦辛淡渗法也）半苓汤证，寒湿痞闷。连朴通草，苦辛淡渗。

（四七）37.【草果茵陈汤方】（苦辛温法）草果因陈汤最奇，茯苓大腹广三皮。苦辛温法猪朴泻，舌灰滞痞方能治。

（四八）38.【树附白通汤方】大便窒塞阴凝之，阳伤腹痛逆四肢。椒附白通汤主之，干姜葱白胆汁滋。

（五三）39.【救中汤方】（苦辛通法）救中汤，蜀椒姜，广陈皮，朴槟榔，转筋加，桂薏附，若厥者，附子良。

40.【九痛丸方】（治九种心痛，苦辛甘热法）九种心痛九痛丸，苦辛甘热狼牙攒。姜附吴黄巴豆肉,卒中寒湿此方观。

（五四）41.【人参泻心汤方】(苦辛寒黄甘法)人参泻心汤,芩连与干姜,枳实生白芍,湿热内陷方。

（五五）42.【三香汤方】(微苦微辛微寒兼芳香法)三香汤方栝蒌皮,枳壳郁金香豆豉,桔梗山栀降香末,机窍不灵服此宜。

（五六）43.【茯苓皮汤】(淡渗兼微辛微凉法)茯苓皮汤生薏仁,大腹淡竹叶猪苓,白通草是淡渗法,分消浊湿微凉辛。

（五七）44.【新制橘皮竹茹汤】(苦辛通降法)新制橘皮竹茹汤,苦辛通降柿蒂姜,加法瘀血桃仁称,痰火竹沥瓜蒌霜。

（五八）45.【一加减正气散方】(苦辛微寒法)加减正气散方一,藿苓广朴茵陈集,麦芽大腹麴杏仁,大便不爽三焦郁。

（五九）46.【二加减正气散方】(苦辛淡法)加减正气散方二,藿苓广朴防己薏,苦辛淡法豆卷通,舌白便溏身痛剂。

（六十）47.【三加减正气散方】(苦辛寒法)加减正气散方三,藿苓广朴杏滑添,舌黄腕闷气机郁,急须宣热苦辛寒。

（六一）48.【四加减正气散方】(苦辛温法)加减正气散方四,藿苓广朴草果是,神曲查肉苦辛温,脉缓舌白邪气滞。

（六二）49.【五加减正气散】(苦辛温法)加减正气散方五,藿苓广朴谷芽补,苍术大腹苦辛温,腕闷便泄此方主。

（六三）50.【黄芩滑石汤方】(苦辛寒法)黄芩滑石汤猪苓,大腹苓皮通草轻,白蔻苦辛寒法审,脉缓不渴热时蒸。

（六五）51.【宣痹汤方】(苦辛通法)中焦宣痹苦辛通,防己连翘半夏烹,赤小豆皮同薏滑,蚕沙栀杏见奇功。

（六六）52.【薏苡竹叶散方】(辛凉淡法,亦轻以去实法)薏以竹叶散茯苓,辛凉淡法亦兼轻,滑蔻连翘白通草,表里双解法详明。

（六七）53.【杏仁薏苡汤】(苦辛温法)杏仁薏苡汤,桂枝厚朴姜,白蒺夏防己,苦辛温法详。

（六八）54.【加减木防己汤】(辛温辛凉复法)加减木防己汤,辛温又复辛凉。通草石膏滑石,桂枝杏薏煎尝。

（七十）55.【二金汤方】(苦辛淡法)二金海金鸡内金,厚朴大腹皮猪苓,苦辛淡法白通草,黄疸肿胀湿热蒸。

（七二）56.【杏仁石膏汤方】(苦辛寒法)杏仁石膏黄疸施,半夏黄柏兼山栀,枳实姜汁各三匙,病□二焦统治之。

（七三）57.【连翘赤豆饮方】(苦辛微寒法)连翘赤豆饮,通草豉花粉。煎送保和丸,身黄溺赤拯。

（七六）58.【草果知母汤方】(苦辛寒兼酸法)草果知母汤,夏朴乌梅姜,黄芩天花粉,辛寒兼酸章。

（七七）59.【加减人参泻心汤】(苦辛温复咸寒法)加减人参,泻心汤剂,黄连二姜,枳实牡蛎。

（七八）60.【麦冬麻仁汤方】(酸甘化阴法)麦冬麻仁汤,乌梅生白芍,知母何首乌,酸甘化阴法。

（七九）61.【黄连白芍汤方】(苦辛寒法)黄连白芍汤,黄芩同枳实,半夏生姜汁。

（八十）62.【露姜饮方】(甘温复甘凉法)露姜饮,人参姜。甘温法,复甘凉。

（八一）63.【加味露姜饮方】(苦辛温法)加味露姜饮,半夏青陈皮,草果祛寒战,腹鸣溏泄宜。

（八四）64.【青蒿鳖甲汤方】(苦辛咸寒法)青蒿鳖甲汤,知凡花粉桑。左弦少阳疟,热重此方凉。

（八五）65.【厚朴草果汤方】(苦辛温法)厚朴草果汤苦辛,热饮湿疟开以温,腕闷寒从四末起,杏仁陈夏块云苓。

（八七）66.【四苓合芩芍汤方】(苦辛寒法)四苓合芩芍,广皮木香朴,白术易以苍,欲作滞下药。

（九一）67.【滑石藿香汤方】(辛淡合芳香法)滑石藿香汤,二苓广朴匡,白蔻白通草,辛淡合芳香。

（九三）68.【人参石脂汤】(辛甘温合濇法,即桃花汤之变法也)人参石脂汤,炮姜白粳米。久痢阳明开,堵截法良矣。

（九四）69.【加减附子理中汤方】(苦辛温法)加减附子,理中汤方。茯苓白术,厚朴干姜。

（九五）70.【附子粳米汤方】(苦辛热法)附子粳米汤,人参炙草姜,哕冲气逆者,急救脏中阳。

（九六）71.【加减小柴胡汤】(苦辛温法)加减小柴胡汤方,丹皮黄芩白芍当,谷芽人参查肉炒,疟邪变痢急于肛。

（九七）72.【加减黄连阿胶汤】(甘寒苦寒合化阴气法)加减黄连阿胶汤,甘寒苦寒化阴气,春温下痢救阴方,甘草芍芩大生地。

（九八）73.【加减补中益气汤】(甘温法)加减补中，除却术柴，增入芍防，甘温法谐。

（九九）74.【加味白头翁汤】(苦寒法)加味白头翁，秦皮白芍功，芩连黄柏苦，热痢涩兼通。

（一百）75.【玉竹麦门冬汤】(甘寒法)玉竹麦门冬，沙参生甘草，土虚扁豆加，气乏人参好。

下焦篇

（一）76.【加减复脉汤方】(甘润存津法)加减复脉汤，炙草干地黄，麦冬生白芍，阿胶麻仁襄。

（二）77.【救逆汤方】(镇摄法)救逆汤方者，复脉加减成，早加龙骨牡，急急□麻仁。

（九）78.【一甲煎】(咸寒兼涩法)咸寒一甲煎，牡蛎用生研。一甲复脉法，去麻两并兼。

（十一）79.【黄连阿胶汤方】(苦甘咸寒法)黄连阿胶汤，芩芍鸡子黄。少阴真欲绝，壮火炽烦伤。

（十二）80.【青蒿鳖甲汤方】(辛凉合甘寒法)青蒿鳖甲汤生地，丹皮知母辛凉剂。夜热早凉无汗滋，邪藏阴分须斯济。

（十三）81.【二甲复脉汤方】(咸寒甘润法)二甲复脉，牡蛎鳖甲。三甲复脉，龟板再纳。

（十五）82.【小定风珠方】(甘寒咸法)小定风珠甘寒咸，先以龟板淡菜煎，火烊阿胶鸡黄揽，再冲童便厥哕安。

（十六）83.【大定风珠方】(酸甘咸法　按，即三甲复脉加五味、鸡子黄、麻仁)大定风珠酸甘咸，麻仁麦味地黄干，白芍阿胶炙甘草，鳖甲牡蛎龟板煎，去滓再入鸡黄揽，舌绛时时欲脱安。

（廿一）84.【桃仁承气汤方】(苦辛咸寒法)桃仁承气毕长沙，归芍丹皮剂内加，留着硝黄除桂草，昼凉夜热此方嘉。

85.【抵当汤方】(飞走政络苦咸法)抵当汤原仲景方，桃仁虫蛭大黄襄，苦咸攻络须飞走，畜血无何用此良。

（廿二）86.【桃花汤方】(甘温兼涩法)桃花汤，赤石脂，炮姜粳米两般施，下利脓血能治之。

（二三）87.【桃花粥方】(甘温兼涩法)桃花粥，参草起，赤石脂，白粳米。

（廿七）88.【竹叶玉女煎方】(辛凉合甘寒微苦法)竹叶玉女煎微苦，麦冬牛膝同知母,生石膏兮干地黄,妇人温病经行主。

(廿八)89.【护阳和阴汤方】(甘凉甘温复法偏于甘凉即复脉汤法也)护阳和阴汤白芍,甘凉甘温相复法,地黄炙草麦人参,余邪不解而脉数。

(三十)90.【加减桃仁承气汤】(苦辛光络法)桃仁承气重加减,生地丹皮与泽兰,独有大黄人白冷,瘀执在里病心烦。

(卅二)91.【半夏桂汤方】(辛温甘淡法)半夏汤方有秫米,八钱二两同煎只。更有半夏桂枝汤,芍桂相加四六比。炙昌枣姜一二三,营卫调和阳气起。

(卅七)92.【椒梅汤方】(酸苦复辛甘法,即仲景"乌梅圆法"也,方义已见中焦篇)椒梅汤方梅川椒,芩连白芍苦酸饶,姜参枳夏辛甘法,舌白呕蚘病渴消。

(卅八)93.【来复丹方】(酸温法)来复丹方酸温则,硝硫太阴元精石,青皮广橘五灵脂,躁乱口渴邪内结。

(卅九)94.【三才汤方】(甘凉法)甘凉炒法三才汤,人参天冬干地黄,加入麦味复阴法,草茯相加为复阳。

(四一)95.【香附旋复花汤方】(苦辛淡合芳香开络法)香附旋复花汤,苦辛淡合芳香,广皮薏仁半夏,茯苓块苏子霜。

96.【控涎丹方】(苦寒从治法)欲问控涎丹,从治用苦寒,遂戟白芥子,能涤水留肝。

(四三)97.【鹿附汤方】(苦辛咸法)鹿附汤方,草果菟丝,苦辛咸法,茯苓副之。

(四四)98.【安肾汤方】(辛甘温法)安肾汤方辛甘温,鹿茸芦巴术茯苓,故纸菟丝韭附子,大茴启肾健脾经。

(四六)99.【黄土汤方】(甘苦合用刚柔互济法)刚柔互济黄土汤,龟中黄土半斤良,余药只须用三两,术草胶芩附地黄。

(五二)100.【椒桂汤方】(苦辛通法)椒桂汤法苦辛通,柴胡青陈各有功,小茴良姜淡萸肉,脉弦数者疝家宗。

(五三)101.【大黄附子汤方】(苦辛温下法)大黄附子汤,二者各五钱,三钱细辛入,疝痛肋下偏。

(五四)102.【天台乌药散方】(苦门热急通法)天台乌药散辛热,巴豆槟榔川楝接,良姜青皮茴木香,睾丸引痛连腰肋。

(五五)103.【宣清道浊汤】(苦辛淡法)宣清道浊苦辛淡,猪苓茯苓寒水间,去皮荚子晚蚕砂,湿温久霸三焦漫。

(五七)104.【术附汤方】(苦辛温法)术附汤茅术,炮姜祛寒湿,朴广与人参,肛坠痛不食。

(五八) 105.【加味异功汤方】(辛甘温阳法)加味异功汤,毕功加桂当,疟久成痨疟,煎之加枣姜。

(五九) 106.【鳖甲煎丸方】鳖甲煎丸二十三,黄芩柴胡同射干。乾姜鼠妇桂枝芍,葶苈大黄朴牡丹。石韦紫葳瞿麦夏,人参阿胶桃仁添。䗪虫蜂窝蜣蒝熟,赤硝加入疟母弹。

(六十) 107.【温脾汤方】(苦辛温里法)温脾汤方,桂枝生姜,草果蜀漆,苓朴通肠。

(六一) 108.【扶阳汤】(辛甘温阳法)扶阳汤方黑蜀漆,鹿茸生锉酒煎吃,熟附参当鹿桂枝,三疟延久少阴疾。

(六二) 109.【减法乌梅圆法】(酸若为阴,辛为阳复法)减味乌梅圆,吴萸半夏连,干姜芩桂芍,川椒炒黑研。

(六三) 110.【茵陈白芷汤方】(苦辛淡法)茵陈白芷汤,秦皮与黄柏,藿香茯苓皮,久痢能食谷。

(六四) 111.【双补汤方】(复方也)双补汤方参药苓,故纸巴戟菟复盆,莲欠苁味萸肉,老年久痢肾阳兴。

(六五) 112.【加减理阴煎方】(辛淡为阳,酸甘化阴复法。凡复法皆久病未可以一法了事者)加减理阴煎,姜附茯苓先,地芍与五味,久痢此方痊。

(六六) 113.【断下渗湿汤方】(苦辛淡法)断下渗湿樗根皮,苍术黄柏银花炭,地榆查肉赤猪苓,久痢带瘀诸郁散。

(六八) 114.【地黄余粮汤方】(酸甘兼濇法)地黄余粮汤,五味酸俭之,三神丸者何,肉果味骨脂。

(七十) 115.【人参乌梅汤】(酸甘化阴法)人参乌梅酸甘法,炙草山莲与木瓜,土若无怨津液少,山莲减去地冬加。

(七一) 116.【参茸汤】(辛甘温法)参茸辛甘温,附子茴香芬,当归菟丝子,杜仲悦肝经。

(七二) 117.【乌梅圆方】(酸甘辛苦复法)乌梅圆酸甘辛苦,干姜附子桂椒煮,黄柏黄连当归身,细辛人参通降补。

(七三) 118.【参芍汤方】(辛甘为阳酸甘化阴,复法)参芍汤方,阴阳兼固,炙草茯苓,五味与附。

(七五) 119.【加减泻心汤方】(苦辛寒法)加减泻心汤,芩连与干姜,查炭银花芍,梅汁青木香。

(七六) 120.【加味参苓白术散方】加味参苓白术散,薏仁扁豆与炮姜,甘橘砂仁肉荳蔻,痢家噤口不饥方。

(七七) 121.【肉苁蓉汤】(辛甘法)肉苁蓉汤辛甘法,肉桂煎汤浸白芍,当归附子共人参,惟有干姜烧炭著。

(三)《温病条辨歌括》简析

《温病条辨歌括》中根据病情、药方制作了歌诀,其基本形式是一病一方一歌诀,但是也有一病两方两歌诀(中焦篇第五十三种病情等),或一病两方三歌诀(中焦篇第四十二种病情)、一病三方三歌诀(中焦篇第十七种病情)者。共为 103 种病情、120 种药方制作了 121 首歌诀。歌诀的字数情况如下:

三言四句,3 首(34、62、87)

三言八句,1 首(39)

四言四句,10 首(22、23、29、32、36、59、69、97、107、118)

五言四句,40 首(9、12、13、14、18、24、25、26、28、30、41、53、57、58、60、61、63、64、66、67、68、70、73、74、75、76、77、78、79、81、96、101、104、105、109、110、112、114、116、119)

六言四句,4 首(19、33①、45、95)

七言四句,60 首(1、2、3、5、6、7、8、10、11、15、16、17、20、21、27、31、33②、35、37、38、40、42、42、44、45、46、47、48、49、50、51、52、55、56、65、71、72、80、82、83、84、85、88、89、90、92、93、94、98、99、100、102、103、108、111、113、115、117、120、121)

七言六句,2 首(4、91)

七言八句,1 首(106)

杂言四句,1 首(86)。

《温病条辨歌括》一书基本情况如上。"歌诀"的特点是押韵,其体例属韵文范畴,与诗词同类。因此将上述 121 首歌诀亦列入研究刘鹗诗词是否可行,则可以讨论。(日本《清末小说》第 30 期,2007 年 12 月 1 日)

# 1887 年(丁亥  光绪十三年)  31 岁

2 月  清政府命李鸿章购置机器于天津鼓铸制钱。

9 月  黄河南岸郑州之下汛十里堡处决口三百余丈,全河断流,下游大水成灾。

11 月  英国长老会传教士韦廉臣(Alexander Williamson)在上海创办"同文书会"。1894 年改称"广学会"。

兄刘味青 38 岁。太谷学派学人:蒋文田 45 岁、黄葆年 43 岁、毛庆蕃 42 岁。罗振玉 22 岁、王国维 11 岁。

**7 月上中旬(六月)**  在上海开设石仓书局,从事石印图画画帖印刷工作。因需要建造房屋。故先在上海石路中南怀仁里营业。并在《申报》发布广告。聘表弟卞子新帮助经理。

▲ (本年)在上海设石昌书局石印局,是国人经营的第一家石印书局。

《关于老残游记·七》"继复至沪,设石昌书局,是为我国市廛间有石印之始。"

按生祖母茅氏婚后仍住在母家,铁云先生只身回淮。本年离淮接茅氏同赴上海,打算在上海开石印局。计划既定,又回淮筹款,六月书局开幕,名为石昌书局。因为石印在当时还是新兴事业,生意很好,委印书籍,有接应不暇之势。(《铁云年谱》第 19 页)

▲ 设石昌书局于上海,旋以讼累歇业。

此为我国市廛间有石印之始。以戚属盗售人印书,致讼累,讼解,书局亦败。刘大杰《刘铁云轶事》谓鹗曾设慎记书庄于南京路后之铁马路(即今之河南北路),为人顶去,只得银二百两。不知此慎记书庄与石昌书局是一是二,疑不能明,以俟知者。(《刘鹗年谱》第 15 页)

**7 月 21 日(六月一日)**  黄河在郑州决口。刘鹗在上海关注堵口情况。

▲ 六月一日(七月二十一日)  郑州黄河决口。(《李鸿藻年谱》下,第 437 页)

**7 月 29 日(六月九日)**  在《申报》发布广告,宣布"石仓书局"成立,设址于上海四马路。

▲ 郭长海《刘铁云杂俎》引 1887 年 7 月 29 日《申报》:

### 石仓书局广告

本局开设在上海四马路西,新造房屋。专办石印图书画帖,工料皆选最上等者。俟房屋工竣开张。今在石路中南怀仁里刘寓交易。倘蒙赐顾,价目格外相宜。此启(《文学史证》第 187 页)

▲ 编著者按:关于石仓书局,郭长海在《刘铁云杂俎》论述:

此书局之名,《(铁云先生)年谱长编》与《(刘鹗)小传》均作"石昌"系得自家属所述,口耳相传,因而同音致误。至于该书局的创办经过,则二书均未之详,盖未见资料记载,家属亦不得而知,故其所述无凭。

还要纠正一点,刘蕙孙先生在《铁云先生年谱长编》中说,石仓书局是我国近代第一家石印书局;刘德隆先生亦如是说。这都错了。前已举出扫叶山房等 5 家,都已石印为主,另外还有十几家石印书局,也都集中在四马路一带,一时书局林立,比邻争胜。(《文学史证》第 193 页)

**8 月 31 日(七月十三日)** 石仓书局迁入新址并开始营业。新址在上海四马路西巡捕房东,高昌公馆对面的洋房内,此时正在粉饰装修即将竣工。

▲ 1887 年 8 月 30 日《申报》广告:

### 石仓书局广告

本局开设上海四马路巡捕房东,高昌公馆对门洋房内。专办石印古今书画图帖。现在粉饰装修已将竣工,择于月之十三日迁移入局,先行交易,随后择吉开张。所有各省亲友惠赐信件,请寄四马路本局,免致遗误。是祷。此启。(《文学史证》第 187 页)

**9 月间(八月)** 石仓书局已经印有《证治准绳》六种、《李撰九章算术细草图说》《翟文泉隶篇》《原本国朝六家诗》《九数通考》《四书本义汇参》《增广试帖》《草字汇》等书出售。

▲ 1887 年 9 月 7 日《申报》广告:

### 石仓书局广告

兹将开印各科价目列后:

| | | |
|---|---|---|
| 《证治准绳》六种 | 原五十六本缩二十四本 | 价洋十二元 |
| 《李撰九章算术细草图说》 | 原九本缩三本 | 价洋一元二角 |
| 《翟文泉隶篇》 | 仍旧十本 | 五元 |
| 《原本国朝六家诗》 | 仍旧六本 | 二元四角 |

以上各种陆续开印，均六开本。

字大豁目，廉售从廉。此启。

▲ 1887 年 9 月 29 日《申报》广告：

### 石印《九数通考》启

《九数通考》一书，为算学之门也。惜原书漫漶，不可卒读。今半瓦斋主人觅得初印售本，复请精算者细加雠校，而图说明爽无毫发遗憾。嘱本局石印五千部，部分五册，悉照原书格式，便于携带。而字迹大为豁目，红张洁白，墨色光润，装订精良，尤为阅者欣赏也。是书准于十月初告成。定价出售，廉购从廉。购顾者请至本局账房面议可也。石仓书局（《文学史证》第 187 页）

**9 月 29 日（八月十三日）**　郑州上南厅黄河再次决口。

▲ "水由郑州东北两县东姚家堡流入中牟县市王庄出境，被水者一百二十庄，中牟县城被水围绕，浸水所及三百余村。由中牟……直趋扶沟县境，计长一百余里，鄢陵县之鄩村等共淹四十余村庄。其通许之吴台、邸阁等处数十村庄，亦有漫水深至七八尺不等……淮宁县境水由柳林集会贾鲁大沙河之水，散漫靡常，致淹一千五百数十村庄。"因为"黄水横溢，灾区甚广，饥民待哺嗷嗷""郑州黄河漫口夺流，山东运河十里堡外积淤日宽，回空漕船不能挽抵口门，若不赶紧设法，必有干涸之虞。"（《刘鹗小传》第 4 页）

**10 月（九月）**　石仓书局开始与同文书局联合经营。

▲ 1887 年 10 月 26 日《申报》广告：

### 石仓书局广告

| 《四书本义汇参》 | 三千六百部，每部八本 | 洋三元六角 |
|---|---|---|
| 《增广试帖》 | 较原辑多四千多首，合两万有奇，计三千 | |
| | 六百部，每部八百 | 计洋五元 |
| 《草字汇》 | 三千部，每部四本 | 洋三元四角 |

以上三种均同文书局石印，划归本局发售。购顾者售从廉。

石仓书局（《文学史证》第 188 页）

**11 月 9 日（九月二十四日）**　因郑州黄河事，光绪帝派礼部尚书李鸿藻赴河南视察郑州黄河大工。

▲ 谕内阁：河南郑州黄河决口，前经谕令薛允升就近驰赴工次确查具奏，着添派李鸿藻即行驰驿前往该省，会同薛允升将先办大工一切情形详细查明，迅速复奏。随带司员著一并驰驿。（《李鸿藻年谱》下，第 438 页）

**11 月 14 日（九月二十九日）**　李鸿藻离开北京往河南督办郑州黄河堵口工程。

▲ 公(李鸿藻)出京南行。(《李鸿藻年谱》下,第439页)

**12月10日(十月二十五日)** 第四子刘大绅生,茅氏夫人出。

▲ 第四子大绅生,茅出。

大绅字季英,幼从罗振玉读,振玉以长女妻之。曾以官费留学日本,入京都帝国大学治哲学。回国后,先后任职于商务印书馆、《大公报》及金城银行。晚岁喜研易理,著有《易象童观》二卷、《贞观学易》四卷及《谈易》二卷。(《刘鹗年谱》第15页)

▲ 十月,第四子大绅生,茅氏所出。

按大绅就是我的父亲。是年十月二十五日寅时生(1887年12月10日)。名大绅,字季缨。十四岁时铁云先生将他带去苏州谒见黄葆年,并拜从于门下。黄先生说"季路结缕,这名字太不吉利。"为改字"赐书",取《论语》"子张书诸绅"之义。但这名字,除生祖母茅氏以外,谁也不叫,始终没有行得开。朋友们又以缨字笔划多,不好写,多自动写作英字,遂以"季英"字行。三十岁顷在上海居住,剃了光头,因为名为"髡"字"髡潜"。因为住在租界上,号"居夷"。在天津办报,笔名"殷顽"。五十以后研究《周易》及太谷学派所传"强诚"之学,自号"贞观"。退休后住苏州张树声园宅。园中有几十棵梅花,又自号"梅园寄叟"。又号"逐鸡翁"。早慧,两岁时,外祖父茅老太爷带他在赁居的前进南家米店门口玩耍,米店悬有楹联,往来的人逗小孩,教他指识,不久即成诵。入学时,罗振玉先生在我家处馆,即从罗读书。罗先生喜其聪明,以长女许嫁,就是我的母亲。

后来罗去上海苏州,先后任上海南洋公学及苏州师范学堂监督,均随去读东文班。毕业后赴日本留学,入京都第三高等学校,因病辍学回国。因为是留学生并曾经报捐过一个候补州同知的资格,由学部左丞乔树枏推荐,入学部图书局为局员。

辛亥革命,随罗振玉、罗振常、董康、王国维几家亲戚一同回南避兵,在天津等船,买不到船票,而且黑市船票,票价昂贵。罗振玉先生的朋友日本人藤田丰八郎博士建议转道日本回沪,就便往日本居住游历。说按当时黑市船票价格,可以够在日本居住两年,于是就前往日本京都。在京都无事,就向日本京都帝国大学教授松本文三郎及某英人学英文,又去听西洋哲学的课。

上海商务印书馆成立编译所,经我一位表姨丈樊炳清先生推荐,被聘为农商科编辑。从日本回到苏州,再从苏州迁到上海,一直到1919年20年间,因家族中不务正业的亲属干扰,无法安居。恰好罗振玉家由日本回国,定居天津,也就由上海迁津。先在旧天津《大公报》作社会版编辑。后来冯煦、柯劭忞、罗振玉等办"京旗生计维持会",由他负责办理创建工厂等实业工作。先后办了博爱工厂等织布厂,并筹划向东北、西北移民,因以解决当时北京的大量无业旗民生计。最后因办"东华银行"与遗老金某矛盾,就离开维持会。由他的髫年同学金城银行总经理周作民邀往该行工作。先后在该行天津总行、附属通城公司、金城仓库、北平总经理处仓库科与附属诚孚公司工作。至 1946 年在天津诚孚公司退休。1950 年回南,先寓苏州,后迁杭州。1954 年 11 月 18 日,逝于杭州寓所。年六十七岁。

我父亲二十几岁时着重研究西洋哲学,自尼采、叔本华而达尔文,与鲁迅先生早年情况有点相似,王国维当时也是如此,可能是当时日本留学生的一种风气。三十而后倾心阳明之学并及佛老。中年专力《周易》及太谷之学。退休住在苏州,并得遍读太谷学派遗书的抄本。先后著有《贞观学易》四卷、《易象童观》二卷、《姑妄言之》二卷、《论象》一卷、《闲谈》一卷、《四目研几》一卷等七种。诗词集《春晖轩心痕剩稿》一种。辑有太谷学派诸老语录为《儒宗心法》一种。其中除《儒宗心法》自己排印了二百部外,其余均未刊。《姑妄言之》一书并只写了十几卦,是一部未完稿子。易箦时,我未在侧,遗嘱门弟子陆观立君令我异日续成。1968 年此稿一度失去,后缴回。竭二年之力,续完六十四卦,已完成初稿。因《姑妄言之》书名曾惹人骇怪,遂实事求是改名《周易曲成》,取义《易·系辞》"曲成万物而不遗"以说明其书的特点。综合我父亲的治学过程,虽十几岁就拜从太谷学派黄葆年先生门下,但实际在黄先生身边受学的时间极短,几乎可以说没有。所见所闻完全得自铁云先生的庭训。晚年与学派遗书相印证,对于太谷之学,遂豁然贯通。铁云先生的世界观,即包括宇宙观和人生观,究竟怎样? 只在《老残游记》前后集中通过刻划某一人物形象而有所透露,在《铁云诗存》中也看到点滴,而具体与系统的思想是看不到的。我父亲的这些遗书可说是铁云先生思想体系的轨迹,二人一生出处,也有狂狷的不同。特别是我父到金城银行工作以后,数十年完全是杜门谢客,没没无闻,甘心作一个银行公司的一般职员,是为了什么? 他曾和我兄弟们说:"你们祖父常说孔子可以进则进,可以退则退;可以行则行,可以止则止。我之不可进而进,不可行而行,是有不得已的苦衷的。进退行止之间,你们应该注意!"可见行动不同,思想实一脉相承。所以于这方面,不厌其详,供研究铁云先生思想时参考。(《铁云年谱》第 21 页)

▲ 编者者按:刘鹗第四子刘大绅是我的祖父。刘德枢为让子侄了解家世,自费梓行的《吾家家世》一书。书中收有《吾家家世》《光世公案》《刘鹗的祖居及寓所小考》《季英先生前半生行止和寓所》等十三篇文章。其《吾家家世》一文第七部分

有对刘大绅的专门介绍,第八、九部分介绍刘大绅的三字(子)刘厚滋、四子刘厚泽(刘大绅之长子、次子均早殇)。附于下:

### (七) 先祖刘大绅季英先生

季英先生,铁云公四子,是我的祖父,按家里的习惯我辈叫爷爷。

《中国人物大辞典》第 1977 条记述:

"【刘大绅】(1886—1955)江苏丹徒(今镇江)人。字季缨,改字季英……刘铁云四子。幼从罗振玉读(后为罗长婿)。后留学日本,入京都帝国大学。回国后,曾任(清政府)学部图书局局员。民国后,任职于上海商务印书馆编译所。后任天津《大公报》社会版编辑。再后转入金城银行及附属通成公司、诚孚公司工作。新中国成立后南归。病逝于杭州。早岁由父率拜从太谷学派黄葆年门下,晚年潜心《周易》及太谷之学。著有《易象童观》《谈易》等。另有解释《易经》的《姑妄言之》稿,后由其子蕙孙续成,改名为《周易曲成》。早年又译有《黑太子传》等。"

按:祖父辞世后落葬于杭州。1995 年迁北京,与先祖母合墓,地在京西福田寺。碑面:"贞观先生刘讳大绅暨夫人罗孟实讳孝则之墓",碑文:"贞观先生刘讳大绅,字季英,江苏镇江人,刘鹗第四子。少从罗雪堂读,雪堂以长女婿。年十四拜从黄归群门下,受记'希贤希圣'。后留学日本。历在清学部图书局、商务印书馆、金城银行、诚孚公司工作。著有《贞观学易》《易象童观》《四目研几》《论象》《闲谈》等著作。"

祖父一生淡泊名利,醉心于学。《因斋札记》中说:"吾家世习《易经》,故所存《易经》文独多。自兼习五经之令出,始不专习《易》,而旧所存文犹累累然也。"家学渊源。及长又攻西洋哲学,自尼采、康德、叔本华而达尔文。当时留日学生选读此科亦属时尚,王国维先生、鲁迅先生都曾如此,但后来都改变了治学方向。而大绅先生初衷不改,一贯终生,何止"板凳一坐十年冷"。

1946 年,祖父退休以后就分居独处,心不旁骛,潜心于学。1950 年吾家全眷南返,伯父和姑母家迁杭州,祖父和我家迁苏州。祖父暂居清张树声(张曾官至两广总督、署直隶总督)旧宅里一个幽静的院落,从在三山街的后门进去,穿过一个已经荒芜的花园,进角门,向前有沿墙的走廊,右手边,坐北朝南坐落着一排带檐廊的房间,祖父住尽头的三间,房前是一个长方形的院子,是正宅的最后一进,这院中遍植梅树,树下散放着几只鸡。那鸡不时地跳上檐阶,在檐廊上踱步,甚至飞进堂屋。祖父因之别号"梅园寄叟"和"逐鸡翁"。

那时我读初中,每天放学后先去请安,再回紧邻着的幽兰巷家。祖父或靠在藤躺椅上,手中卷着的书,凑到鼻尖,上下移着看;或坐在桌前,埋首握管,添墨写字,字有枣子那么大。他常常面带笑意，眯着眼睛，静静地听我的问、答，然后轻声细语地娓娓解释。面对一个幼稚孩童，都如此地认真，可见他的喜好和治学之严谨。后来，祖父迁去杭州，堂兄德威在他身边，我从苏州去看过他老人家一次。

祖父学养深厚，缘于他学识渊博的父亲刘鹗。刘鹗一生飘波不定，而祖父在其兄弟之中，随侍其父左右时间最多、最久。言传身教，耳提面命，得益匪浅。祖父晚年生活几近避世，说明刘鹗之死在他心灵上的创痛之深。此外，还应该提到两位先生。

祖父的岳父是大学问家罗振玉先生。先生一生著述达 189 种、校勘书 462 种，堪称著作等身。积四十多年的收集，他的"大云书库"，自云藏书"五十万卷"，古代典籍之中善本书占很大比例，其中不乏稀世之宝。郭沫若先生说："罗振玉的功劳即在为我们提供了无数的真实史料"。1945 年，日寇战败，苏军接管旅大地区，征用"大云书库"藏书楼，改为苏军招待所，翻腾抛失，哄抢散落。消息传到延安，毛泽东主席非常痛心，立即指示东北局采取一切措施抢救，旅大地委即派关东公署委员、辽北省教育厅长廖华（后任国务院参事）主其事，抢出 6 000 多麻袋，据罗孙，参与此事的罗继祖说，不及原藏的十之三四。举此一例说明先生对中国文化发展的重大贡献，也反映了祖父无可比拟的读书环境。

罗振玉先生是浙江上虞人，客籍淮安。出道前在淮安家乡教馆，授业大临、大猷、大绅诸兄弟。时祖父仅八岁，先生甚喜其聪颖。1904 年先生受两江总督端方举荐，开办江苏师范学堂（苏州）时，携祖父入学，次年以长女孝则许之。先生去清政府学部任职时，刘鹗已在北京，祖父祖母随在侍两大人边。1911 年，先生携眷东渡，偕王国维、刘大绅、董康三家侨居日本。远离纷扰，专心治学。

名师高徒。祖父自启蒙起，在他的少年、青年成长期中，存在的这个治学条件是极其难得的。

再一位是周作民先生，也是淮安人，与祖父有髫年交，后同受罗振玉先生的资助，结伴留学日本，又有同窗之谊。

周先生后来参与创办金城银行，任总董兼总经理，成为中国著名银行家。那时，中国的金融通过官僚资本的中央、中国、交通、农民银行操控着；属于民族资本的，主要有"北四行"和"南四行"。

1921 年，以金城为首的"北四行"，（盐业、中南、大陆银行）组成联营机构，周先生出任总经理。这一股民族金融资本，投向化工、贸易、航运、纺织等领域，大大促进了我国民族工商业的发展。例如，金城与中南银行组成诚孚公司，收购了裕新、北洋纱厂。又例，香港前特首董建华的父亲董浩云先生当年所在的天津航运公司，就是金城银行投资的通诚贸易公司的下属机构,董先生时任贸易公司襄理、航运公司副总经理。金城银行和民生公司也有很好的合作,互为股东,在金融资本的支持下,民生公司的长足发展使卢作孚先生成为大实业家。后来两位先生在香港,作了一件受到毛泽东主席亲自道谢的事,也是一件成功合作的佳话。

那是新中国成立前夕,一大批民主人士如李济深、沈钧儒、郭沫若、黄炎培等都在香港,急待赴京。潘汉年奉周恩来之命,密商在港的周、卢两先生。1949 年 2 月,由周先生筹资四十多万港币,民生公司调"华中轮",秘密载客离港北上,确保了政协会议按计划召开和新中国的成立。其实,早在重庆时,周总理就与两先生分别有过接触和交往。

1950 年周先生回沪,恢复金城银行。1951 年回到北京,联合"北四行"公私合营,出任董事长。1952 年,全国大小六十家私营银行,成立统一的公私合营银行,先生出任联合董事会副董事长。

祖父受周先生之邀,先后在金城银行天津总行、附属通诚公司、金城金库、北平总经理处、诚孚公司等任职,直到退休。在那时局动荡的年代,祖父正是有这些职务和较稳定的收入,才实现了自己一生研学不辍的愿望。

又按:先祖母罗孝则,字孟实,罗振玉长女,1888 年生,1941 年去世,与先祖有六子四女,长、次子、次女早殇,三女十五岁殁,存四子二女。

三子厚滋(1909—1996),详见第八节。

四子厚泽(1915—1970),详见第九节。

五子厚祐(1918—1992),字承武,配罗珊(罗振玉孙女),有子一,女三。长女德芸,夫王铁林(有女王欣、王刚)。次子德顺,妻谢玲玲(有子刘宽)。三女德新,夫吕子新(有女吕洁)。四女德芳(有女爱达)。现均皆居家北京。

六子厚禄(1925—   ),字受柏,配黄玉柔,有一子一女。女德纯,夫姜正吉(有女姜蔚),现居家宁波。子德和,妻邱维明(有女刘琳),现居家衢州。

长女厚端(1911—1979),配朱右民,有四子二女。长子椿龄,妻刘金成(有子朱政)。次子松龄,妻钱立宁(有子朱宏、朱恬)。五女梅龄,夫许海腾(有女许欣、许悦)。三子朱莱龄,妻杨明明(有子杨杰)。五子朱柏龄,妻乔巧珍(有女朱乔)。六女朱九龄,夫孟宪伟(有女孟庆瑜)。现皆居家杭州。

四女厚礽(1922—1989),配熊天森,有三子一女。长子必璁,妻韩沛芳(有女熊鸢),现居家天津。次子必琳,妻王宏菊(有女熊蕙),现居家北京。三女必琪,夫商黎明(有女商露),现居家天津。四子必琥,妻倪虹(有子熊佑宇),现居家北京。

### (八) 先伯刘厚滋蕙孙先生

《中国人物大辞典》第 2290 条记述：

"【刘蕙孙】(1909—1996)江苏镇江人，原名厚滋，字佩韦。""1929 年留学日本。1933 年入北京大学研究所国学门当研究生。毕业后，历任北平研究院史学研究所编辑，中国大学、辅仁大学、燕京大学、之江大学讲师、副教授等职。后任福建师范大学历史系教授至今。近又任福建历史学会理事等职。著有《中国文学史钞》《铁云诗存标注》《铁云先生年谱长篇》《中国文化史稿》及其他著作，散见于各报刊。"

按：先伯蕙孙先生是晚清著名学者刘鹗文孙、罗振玉外孙，名师传承，宗缘硕学，是"厚"字辈中继承家学而终有所成的一代学人。

蕙孙先生从 1987 年开始续写《老残游记》，接《二集》第九回，写到第二十回，于 1990 年完成。1997 年台湾建安出版社出版全本《老残游记》，包括刘鹗原著《初集》《二集》和先生续写的《补篇》，共四十回。此前，蕙孙先生还将先祖季英先生的释《易》专著《姑妄言之》之未完稿续完，改书名《周易曲成》，亦已正式出版。不幸，1996 年 2 月 8 日，先生在伏案写读中突发脑溢血，3 月 23 日与世长辞。

从蕙孙先生历年在各大学开课主讲的课程，可见其硕学渊博，有：中国文学史、中国通史、文学概论、陶谢诗研究、《周礼·考工记》研究、金石学、佛典文学、外国汉学研究、日语、世界近代史、历史教材和教法、高中历史教材研究、考古学、隋唐五代史、宋辽金元史、明清史、中国上古史、史料学基础、中国文化史、中国历史文选，等等。

为研究生开讲有：史料学、先秦史、古文字学、目录学、历史文献学、石刻研究、先秦史籍研读、金石学研究、中国文化史研究、历史文献学、中国古代思想史、日本史概要，等等。

蕙孙先生曾担任诸多社会职务，可见其学术地位，如中国孔子基金会理事、中日关系史学会理事、中国先秦史学会理事、中国《周易》研究会顾问、中华炎黄文化研究会理事，以及福建省考古、博物、钱币、地名、哲学史、诗词、历史、地方志等学会顾问。

又按：上世纪三四十年代，吾家在北京，先后住在城坊街、南官房口、西京畿道，时先父这辈人，有的已经工作，有的尚在大学读书；有的尚未婚配，有的已有几个孩子，阖家同宅同院，各房家庭，朝夕共处，诸大人皆如父母，众孩童情同手足，现时家庭单元变小，此情此景不再，于我则晃如昨日。

先伯母程家芬，字佩萱，安徽阜阳人，清长江水师提督程文炳公之后(详第九节）。1928 年与先伯完婚，有二子七女，皆我嫡堂兄弟姐妹。

长女德昭，配张福寿，有子张向阳、女张穗平，现居家广州。

次女德明，有女姜丽，现居家福州。

三女德晋，有女刘越（现在三明工作）、刘琐，现居家福州。

四子德威，配王晓葆，有女刘蕖、王蓓（现在美国休斯敦）、刘蕻，现居家衢州。

五女德秀，配黎戎，有女刘燕、子刘征（现在加拿大渥太华），现居家福州。

六女德焕，配高登峰，有女高桦、高旻，现居家福州。

七女德莲，配徐润中，有子徐海涛、徐海鲲，现居家福州。

八女德荃，配张祥辉，有子张峰、女张晶，现居家福州。

九子德康，配曾加，有女刘苓，现居家福州。

## （九）先父刘厚泽审言先生

《中国人物大辞典》第 2163 条记述：

"【刘厚泽】(1915—1970)江苏丹徒（今镇江）人。字审言，一字季同，笔名执中（见解放前天津、北平各报，翻译短文用）。刘大绅四子。北京辅仁大学社会系毕业，后又为历史科研究生。曾任辅仁中学历史教员，北平商学院讲师，中国大学副教授。新中国成立后，先后在华东交通部、上海建筑工程局工作。曾主编《生产技术》，任民盟徐汇区委员。'文革'中去世。与魏绍昌合作成《〈老残游记〉资料》。发表有《捻军资料拾零》等文。"

按：父亲于 1915 年 8 月 3 日生于上海，1938 年毕业于北京辅仁大学社会经济系，后继续在该校攻读研究生，1940 年毕业于"人类学史前史"专业，获硕士学位。

父亲幼承家教，国学基础厚实，入校后学业优异，专业志趣浓厚。深受其祖、父在文、史、哲、小学和金石、碑版诸多学术领域成就的熏陶，治学条件得天独厚，不到三十岁就已获副教授衔。父亲英语纯熟，曾协助燕京大学英籍教授谢迪克先生完成《老残游记》的翻译，同时亦谙日语、俄语。

然而，天不助焉。1950 年以后，父亲执着地要求归队执教，终不得偿，而且政治运动像一块又一块巨石，向他砸来，硬把一介书生，变成一个"运动员"，最后倒在"文化大革命"中。那天，已病危的他被从"牛棚"送回家，不几日，即与世长辞，时在1970 年 3 月 8 日，年方五十五岁。一个又一个运动的折磨，没有一次最后给他一个说法，他到底有什么错误？有什么问题？也从没有给他戴上过什么"分子"的"帽子"。就这样"莫须有"地抛掷着、空耗着他的生命。

……

又按：逆境毕竟磨不尽才华。父亲学养深厚，文人积习，厚积薄发，研读有得，依然成文,给《文史哲》《文学遗产》投稿。无奈过不了"政审"关,有的已经通知"拟在某期刊出",旋又没了下文。每当兴之所至,必有吟咏,亲自誊录的诗词,一本又一本。我还看过他写的电影文学剧本《三打祝家庄》。所有这些都只能放在书桌的抽屉里。偶有小文"政审"漏网,如:《谈小生改嗓》《说虎丘塔斜》,等等。报纸上刊出,他也高兴。

先父从小练就一手好字。从少年时起的一本本日记,到书信、诗录,无不篇幅悦目,运笔赏心。五十岁以后,草楷隶篆,更加精湛、纯熟。虽被打入"另册",依然求者不断。常被居民委员会请去,安民告示、跨街横幅,一挥而就。漂亮的书法,在小区到处飘扬,他也欣然。

父亲小时,家教古琴,陶情冶性。及长酷爱戏曲,一直珍藏"百代公司"的老唱片,全是京剧祖师原版,时时揣摩,反复品唱,深得其神。到五十年代末,有上海戏剧学院教师慕名来家欣赏,后悉数捐赠。又喜昆曲,那时,昆曲已经衰落,"传"字辈艺人已搭不起班子,散落各地,无以为生。父亲请来做笛师,拍曲会友,有叶甫阁、霍荫龄、瞿昭祈诸先生,每期必至,我等小孩也常跟唱,如《牡丹亭·游园惊梦》等名段。解放后,在周恩来总理亲自过问下,集中了所有尚存的艺人,排了一出戏《十五贯》,在北京连演 46 天,47 场,有"人人都说《十五贯》",万人空巷之盛。从此昆曲复兴,故有"一出戏救活一个剧种"之说。后来,北昆名家白云生南下演出,此时吾家已迁苏州,父亲特去后台会见白先生,将白在穷困潦倒时价让给他的手抄"脚本",完璧归赵,如此珍贵之物失而复得,令此时的大艺术家深感意外,感激零涕。

政治高压,经济窘迫,父亲全靠自己的功力,自我舒解,既不怨天尤人,也不哀声叹息,一心承担家庭重负。依然无一日不握管,赋诗、作文、书信,因之喜藏好墨、好笔,品鉴盎然,其中不乏珍品。记得某年俞振飞、言慧珠在沪联袂演出,其时家母和弟妹尚居苏州,我在沪读大一,去看望他,他取出两本廿年代的《西风》杂志,一同先去古旧书店,卖了个好价,票款之余还可以吃两客"公司大餐",于是父子先去吃西餐,后去看戏。如是,像马思聪、王慕理的独奏音乐会,苏联国家大芭蕾舞团的经典"天鹅湖"等顶级演出,他都买了票叫我同去欣赏,不知道是什么"破烂"换到的钱,总之是品位和兴致不减。平日"烟酒茶"不可无,且品质要上乘,只因囊中羞涩,量可减到最少最少,可怜的是,有时也不得不泡"茶末",抽"飞马"。大学毕业后我去四川工作,他叮嘱妻好好学几个川菜手艺,待我们探亲回沪,他竟收集齐了四川的调料,郫县豆瓣、汉源花椒等等,他要的是"地道"。真正是:任你泰山压顶,我心清凉世界。然而,他深埋在心的苦楚,有谁知道。

"文革"前,父亲将自己珍藏的珍贵文物全部、主动捐献给了南京博物院,计27件。当时报纸做了报道,新华社发了通稿,以示表彰。"文革"临近,他又把唯一存世的《老残游记》手稿共六页,捐献给了南京博物院,及至"十年浩劫",先后被抄家三次,洗劫一空,但凡日记、诗文、书信、笔记、字画等凡有文、图者,片纸不留,企图发现反革命证据或反动言论。这些珍贵文物幸早转移,存世至今。可见他的良苦用心和远见卓识。

先父之德,先父之才,昭然如是,令人景仰。

再按:家母蒋纫秋,字佩兰,江苏泰州人,1913年2月4日生于苏州,亦长于斯。1933年与先父完婚。有子四女二,皆亲手抚育,艰辛备尝。

长子德隅,配林坤民(殁),有女刘宽琳(现名琳,夫王福康,有子王颢。现居家上海)。继室李毓莲,无嗣。现居家昆明。

次女德符,配任雄峰(殁)。有二男一女。长女任光怡(夫邱顺德,有女邱韵。现居家天津),长子任光宇(妻张东慧,有女任仁、子任然,现居家美国纽约),二子任军(妻庄哲。现在北京工作)。现居家天津。

三子德枢,配陶凌云,有女刘宽璎(现名音,现在成都工作)。现居家成都。

四女德荣,配朱禧。长子朱文雷(有女朱真仪。现在南京工作),次子朱文捷(妻杨旭莉。有子朱真佑。现在宜宾工作)。现居家南京。

五子德隆,配刘素明。有子刘宽瑀(现名瑀。妻曹伟伟)。现居家上海。

六子德平,配邹韬。有子刘宽骏(现名骏。妻李俊儿。有女刘宛湄。现在澳大利亚悉尼工作)。现居家上海。(《吾家家世》第15页)

▲ 编著者按:① 刘大绅著作甚丰。学术著作有《贞观学易》四卷、《易象童观》二卷、《四目研几》一卷、《论象》一套、《闲谈》一卷和由三子刘蕙孙先生续完之《周易曲成》,诗词集《春晖轩心痕》(残稿),并编辑《儒宗心法》。在供职学部图书局时编辑有教材(初级农业职业学校教科书)《园艺学》等,供职于商务印书馆时编辑有《养鸡法》《养蜂法》《台球》等。另有《关于〈老残游记〉》一文,为刘鹗与《老残游记》研究的基础性资料。② 刘大绅三子刘蕙孙除续完《周易曲成》外有《南北响堂寺石刻目录》《中国文学史钞》《中国文化史稿》《老残游记资料》(合编)、《铁云诗存标注》《铁云先生年谱长编》《老残游记补编》《我和老残游记外编》,诗集《鸿角楼诗词剩稿》等。刘蕙孙去世后其子刘德威、刘德康及学生编辑《刘蕙孙论学文集》收论文全文或存目200余篇。③ 刘大绅四子刘厚泽除主持编辑《老残游记资料》(合编)外,曾主持编辑《生产技术》等刊物。2008年其子女为其编辑有《也无风雨也无晴——沪榕书札》收1958年—1966年致其兄刘蕙孙信函103通。2010年编辑《一蓑烟雨任

平生——厚泽文存》收文 10 余篇并子女亲友纪念文章。

　　▲ 编著者按：在有关刘鹗的研究上，应注意到刘鹗、罗振玉、王国维、刘大绅的关系。刘鹗生于 1857 年、罗振玉生于 1866 年、王国维生于 1877 年，刘大绅生于 1887 年。刘鹗与罗振玉先是朋友、后是东家与塾师、再是儿女亲家，但是到刘鹗晚年两人又互不见面，其中原因至今无人可解。刘大绅与罗振玉原为师生，后为翁婿，但是刘大绅一生称罗振玉为"先生"，至其与罗振玉长女罗孝则结婚也未改口，此中原因也无人可解。罗振玉与王国维，可以说前为"师生"，后为儿女亲家，但是最后两人的关系也以破裂而告终。目前刘鹗与王国维关系的文字仅见一条。但是最新出版的《王国维在一九一六年》披露了王国维关心刘鹗夫人茅氏的许多文字。也披露了与刘大绅的交往。王国维的名著《人间词话》原稿卷首的题诗名《戏效季英口号诗》，此"季英"就是刘大绅。现存王国维 1916 年从日本动身回到上海后的 52 天的日记，有关刘大绅及其堂兄弟刘大猷、刘大钧的文字有 12 则，全部摘录于下：

　　1916 年 2 月 10 日（丙辰正月初八日）：归寓已四时余，则抗父已返，季英亦在。晚膳后九时，季英辞去。

　　1916 年 2 月 11 日（丙辰正月初九日）：归樊（炳清）宅。已而抗公（樊炳清）归，与季英俱坚留暂住。

　　1916 年 2 月 13 日（丙辰正月十一日）：与抗公访刘秩庭（刘鹗侄刘大猷）于久兴里，并晤其弟季陶（刘鹗侄刘大钧）。坐一时余，秩庭兄弟及其中子同出游徐园。……季陶携照相具往，为四人摄影。

　　1916 年 2 月 14 日（丙辰正月十二日）：午后出至蟫隐庐晤季英，坐久。

　　1916 年 2 月 16 日（丙辰正月十四日）：至蟫隐庐……上灯后，敬公（罗振常）、季英招饮于"满庭芳"。

　　1916 年 2 月 19 日（丙辰正月十七日）：午时季英来。

　　1916 年 2 月 20 日（丙辰正月十八日）：午后二时出……复至蟫隐……晤罗凤洲、范子恒、敬公、季英诸人。

　　1916 年 2 月 21 日（丙辰正月十九日）：三时许，章一山检讨来，……季英亦来，二人见予新居，均以为屋好而房价廉，皆有结邻之意。

　　1916 年 3 月 5 日（丙辰二月初二日）：午后……抗公与秩庭来谈，同出散步，至张园，车马甚稀，非复昔年光景，由园后出至威海卫路。由同孚路、卡德路归。秩庭招饮于益处酒楼。

　　1916 年 3 月 6 日（丙辰二月初三日）：午时，季陶来，即率潜儿同至育才公学报名。午后四时出,至蟫隐晤敬公、凤洲、季英等,五时归。

1916年3月21日(丙辰二月十八日):又至蕴公处,抗父、季英亦到,杂谈,旁晚归。

1916年3月22日(丙辰二月十九日):出至纬公、季英家……(《王国维在一九一六年》第8—22页)

**12月15日(十一月初一日)** 以"浮玉山民"为笔名发表《同西泠词客送介玉子先生之苏州》于《申报》。

▲ 郭长海《刘铁云诗文拾遗失》:

### 同西泠词客送介玉子先生之苏州

闻道寒潮水,能催去客船。魂消三叠曲,心折七条弦。

何使旁观者,相看亦黯然。今宵申浦月,明日太湖烟。

浮玉山民刘云抟未是草。

刘云抟是谁?就是大名鼎鼎的小说家刘鹗刘铁云。……浮玉山说的就是金山,即江苏镇江的金山。浮玉山民刘云抟,就等于说,刘云抟自认是镇江人。……介玉子先生,乃是一位演员,那时的伶人,姓徐,艺名小金宝,苏州人,前此一年来上海,应新月桂茶园之聘,做舞台演员。新月桂茶园与刘铁云的石仓书局都在三马路附近,虽不能说比邻而居,所距当亦不远。刘铁云此时已步入而立之边,正踌躇满志,希图在事业上一振雄风。且生活上优游,时间上富裕。酒后饭余,未涉足茶寮席院。听戏捧角,是那时文人墨客常有的事,因而与徐介玉相识。……至于西泠词客为谁,则未之详,俟诸识者。(《文学史证》第213页)

**12月22日(十一月八日)** 李鸿藻在郑州黄河决口"履勘"多日后,写家信报告黄河堵口环境艰苦、工程困难情形。亟盼视察结束,早日回京。

▲ 十一月八日(12月22日)黎明起行,今日觉冷,雪景甚奇。行五十里至花园口渡黄,到五堡行馆早饭。饭后又行十里,申刻,到西坝,详细履勘,口门共宽五百五十丈,长三里许。坝上朔风极寒。看毕,仍回五堡住宿,已上灯矣。廿九日,微阴,绝早行。至渡口甫大明。辰后登舟,行五刻许,已抵东坝口门,较昨各平安。惟此处公事,糟不可言,运到料物,仍不过十分之一,今年万不能开工,如何是好,真令人焦急无策也。到省后一将情形奏闻,与薛大人会办之件,明日即可入奏,薛公拜折即行。我尚有同李河台会议之事,须月半后方能复奏。惟盼奉命及早回京,则如天之福矣。(《李鸿藻年谱》下,第443页)

**12月26日(十一月十二日)** 石仓书局出版《九数通考》。

▲ 1887年12月26日《申报》广告

### 石印《九数通考》出书

是书词简法备，为算学家所必读之书。但原版漫漶，不堪寓目。今读书闻香馆主人特细加校雠，倩本局石印。每部五本，书式精雅，价银一元八角。各书坊皆可购取。迺售至本局账房，暨永安街公大栈人和永面议，格外从廉。四马路　石仓书局（《文学史证》第 214 页）

冬　送茅氏归宁。送茅氏夫人回镇江娘家后，到淮安省亲。

# 1888 年(戊子　光绪十四年) 32 岁

6 月　上海机器织布局动工兴建。

7 月　天津至唐山铁路筑成通车,称为"北洋铁路"。

10 月　康有为在北京第一次上书光绪帝,极言时危,请变法维新,提出"变成法""通下情""慎左右"三条纲领。

12 月　北洋海军正式成军,有船舰 25 艘。丁汝昌为北洋海军提督。

兄刘味青 39 岁。太谷学派学人:蒋文田 46 岁、黄葆年 44 岁、毛庆藩 43 岁。罗振玉 23 岁、王国维 12 岁。

**3 月(二月)**　石仓书局照常营业,所印书籍扩大发行到天津、北京、杭州、汉口、福州、厦门、汕头、烟台、香港、苏州、南通、南京等地。

▲ 1888 年 3 月 13 日《申报》广告:

### 石印《九数通考》

是书付印情形已登去冬各报章。每部码洋一元八角。上海各书坊皆可购取。天津、北京、杭州、汉口、福州、厦门、汕头、烟台、香港皆归格致书室代售;苏州、南通德盛昌烟号、南京评事街周恒升帽号、宁波后市方成缎庄内德大元号寄售。寇买至上海四马路石仓书局、泥城桥朱寓,价可从议。(《文学史证》第 190 页)

**3 月 28 日(二月十六日)**　撰写《因斋诗存跋尾》,落款"刘梦熊、刘鹗"。"刘鹗"这一名字开始出现。本年与兄刘味青刊刻父亲刘成忠的诗词集《因斋诗存》,至1890 年(光绪十六年)修订完成,正式梓行。

▲《因斋诗存跋》:先君子生平喜为诗,自家居及官京师时,所作甚夥。然不自收拾,稿草辄随手弃,岁甲子以业师赵君举先生言,乃始存稿。又追忆旧作,得数十首录之。然自辛酉,出典汝郡,历官豫省,外职事繁,所作渐少。辛未以后,更绝笔不一为矣。今谨加编次,厘为二卷,以付手民,庶几无忘先泽云尔。光绪十四年二月既望男刘梦熊、刘鹗谨志。(《刘鹗集》第 620 页)

▲ 刘蕙在《〈老残游记〉作者的名、字、笔名、室名》中说:刘鹗成年后,自己改

194

名"鹗"，更是蕴藉了一份豪情。刘氏家中曾有言传：清代词人厉樊榭名鹗，厉鹗的好友舒位字铁云，都是反封建气息的文人。刘鹗对他们十分佩服，所以用来作自己的名字。（《清末通讯》第 18 期第 7 页）

**4 月（三月）**　《因斋诗存》试印本梓行，

▲　二月刻父子恕公遗稿《因斋诗存》。

▲　编著者按：朱禧在南京图书馆见《因斋诗存》印本两种，作《〈因斋诗存〉过录、校勘记》，全文如下：

### 《因斋诗存》过录、校勘记

1980 年，我和德隆、德平一起开始编选《刘鹗及老残游记资料》一书时，便知道味青公、铁云公兄弟曾刊刻过子恕公的《因斋诗存》。我们曾在上海图书馆等处寻觅，可惜无缘得见。因此，收入《刘鹗及老残游记资料》中的子恕公诗作，系《吹台随笔》手稿本所有，仅四十九首。

《刘鹗及老残游记资料》编讫，1985 年 12 月 26 日，我在南京图书馆古籍复校辑佚、标点的元王伯成《天宝遗事诸宫调》时，偶尔问及《因斋诗存》。一位老同志告诉我，馆内藏有此书，并立即为我提出。遗憾的是，我当时没有问这位老同志的姓名，后来再去看书时，没有见过他，恐怕已经离退休了。那天我看到的《因斋诗存》（简称甲本），书长 268 毫米、宽 154 毫米；叶心长 180 毫米、宽 130 毫米。每半页十行，每行二十二字。全书两卷，无目录、序跋，亦无刊刻者姓氏、年月、地点。诗编年，存子恕公道光二十四年甲辰（公元 1844）至同治十年辛未（1871），二十八年中所作诗二百二十首。当时我欣喜已极，立即按编年抄录了全部诗题。接着又于 1986 年 1 月 2 日、4 日两天，过录全书。1 月 3 日至 7 日，誊清成册。

因为过录时匆匆，誊清中发生了一些疑问。但因种种原因，迁延至 1987 年 11 月 21 日，才得在南图古籍部借书校对。本以为上次所见是孤本，谁知这次给我所提之书为另一本！书长 255 毫米、宽 164 毫米；叶心则与甲本完全相同。扉页正面为吴诵清题签的《因斋诗存》四字；反面有'光绪十四年戊子二月刊'字样。正文前有徐嘉光绪十六年写的一篇'叙言'，及一页简单的总目：'第一卷，古、近体诗九十七首；第二卷，古、近体诗一百二十三首'，无具体诗题。书末有刘梦熊、刘鹗兄弟的跋文，与《铁云先生年谱长编》所录之文，略有出入（简称乙本）。

1989 年 3 月 15 日，我同时提出甲、乙本，校勘一过，发现了 13 处异文。除偶有两通者外，均是甲本讹误。再校之以《吹台随笔》手稿本（简称稿本），又发现刻本与稿本也有 24 处不同。这 37 条校勘，我在过录本上一一注明，并重新誊写一册。

此书无外人刊刻的可能性。我仔细对照甲、乙本异文页，以为刘氏兄弟虽然在光绪十四年就刊刻《因斋诗存》，但真正成书是光绪十六年。甲本是试印本，乙本则是校改挖补以后的正式印本，并且补足了序（这就是徐嘉序言写于光绪十六年的原因）、跋、总目。因为光绪十六年，刘鹗正忙于山东河工，所以，徐嘉在叙言中只说是应味青公之约。

我在过录本前面，另编了一份目录，包括编年及全部诗题。并把徐嘉的叙言及《刘氏家谱》中的《刘成忠传》，一并作为录本的附录。朱喜志于南京　　　一九八九·三·十六（据朱喜手抄原稿）

▲ 编著者按：《因斋诗存序》作者徐嘉，山阳人。晚清诗人，长年教授学生，晚清淮安多位名人，均出经徐嘉教授。简况如下：徐嘉（1834—1913），字宾华，出生于贫苦市民家庭，咸丰四年（1854），以府试第一入学，迭经战乱而从未弃学，至同治九年（1870）江宁乡试中举，1903 年方选任昆山教谕，几乎一辈子研究清初大学者顾炎武，完成了《顾诗笺注》20 卷，这是一部研究顾炎武思想、史实资料翔实完备的著作，在学术界有很大的影响，是现今顾炎武研究者必读的基本书籍，其文学著作有《味静斋文集》。

**约春夏间**　因石仓书局事被拘押。石仓书局歇业。返回淮安。

▲ 冬，送茅氏归宁，又回淮省亲。回沪后因书局司事偷售承印书籍，涉讼入狱。

《关于老残游记》七："因戚属盗售印书，致讼累。"按当时石昌书局司事的是铁云先生三姑母的儿子卞子新。先祖往来扬州均住在卞家，既办石昌书局，就约卞到沪帮忙。冬天因送茅氏回娘家，自己也回淮省亲，将局事交卞管理。卞舞弊偷卖承印图书，又携款潜逃。铁云先生不知其事，回局就被人家押起来。茅氏知道这事，函告朱氏老太太汇款清债，铁云先生才得出狱。（《铁云年谱》第 22 页）

▲ 编著者按：刘蕙孙、蒋逸雪两位先生云石仓书局于光绪十三年冬歇业。但 1888 年 3 月 13 日（光绪十四年二月一日）仍在营业。故石仓书局歇业应在此之后的春夏之交。

**6 月 20 日（五月十一日）**　以"月华山人"为笔名发表《有所思》绝句四首于《申报》。

▲ 郭长海《刘铁云诗文拾遗》中《有所思》新：曾受佳人一顾恩，至今常有未归魂。□筝甲卸珠帘静，知否刘亦梦到门。　满城风雨渐黄昏，罗幕生寒酒一搏。入夜青溪应更冷，小姑居处有谁温？　何处花枝寄梦魂？扁舟一叶访桃根。月明满地无人扫，轻扣枇杷白板门。　绣幕云垂白浪翻，昨夜梦里说温存。桃花坠雨杨柳弱，一掬春情不可言。月华山人　刘云抟

不过，此四首诗的后署，除了刘云抟之外，又多了"月华山人"别号。……月华

山是镇江的一处名胜。……月华山人的署用，也与镇江有直接的关系。月华山人刘云抟就是刘铁云。（《文学史证》第 214 页）

**8 月 11 日(七月初四日)**　因郑州黄河堵口失败。李鸿藻等上奏请求大工停工拨款。

▲ 李鸿藻奏：自二十一日捆镶船失事后，两坝埽占走失蛰陷，抢镶无已，以致不能进占，节经由电奏闻。臣等本拟将两坝蛰失各占补齐后，仍加紧前进，乃月余以来，此镶彼蛰，将购备合龙之了，半为抢镶耗去。现实无可再筹，人力已穷，此诚无可如何者也。连日饬据两坝总办绍諴、潘骏文及郑工总局司道刘瑞祺、朱寿镛等转据文武掌坝等官禀称：时近中伏，水力正猛，瞬交秋汛，淘刷更深，人力万难与争。坝头拖缆催艑等船，每遇旋涡巨流，时有倾覆，委兵船户人等，先后以沉没二十余名，纵使勉力进占，难保不为急溜冲失，徒縻料物，无益工程，不得不吁请停缓，俟秋后接续赶办。（《李鸿藻年谱》下，第 505 页）

**8 月 17 日(七月十日)**　因郑州黄河堵口失败，简派广东巡抚吴大澂任署理东河河道总督，直接到河南继续郑州黄河堵口工程。

▲ 十日谕，以吴大澂署河东河道总督，张之洞兼署广东巡抚。又谕军机大臣等，本日已有旨：令吴大澂署理河东河道总督，毋用来京请训，广东巡抚着张之洞兼署。吴大澂接奉电旨后即行交卸起程，勿稍延缓。（《吴愙斋年谱》第 167 页）

**8 月 20 日(七月十三日)**　因郑州黄河堵口失败。河督李鹤年革去顶翎与成孚发往军台效力。李鸿藻、倪文蔚革职留任、降为三品。

▲ 上谕：本日据李鸿藻等奏，伏秋汛至，请停缓大工，俟秋汛稍平接济一折，览奏殊深愤懑。自上年八月郑工漫口，迭谕该河督等迅筹堵筑。先后发给工需银百万两。明旨电谕，三令五申，朝廷轸年民生，筹措不遗余力，乃河督等迁延观望，节经严旨催办，至于岁杪始行开工，幸自春徂夏，水势极平，为向来所未有，前据奏报仅余六占未进，不日可望合龙。满冀早□全功，俾数百万灾黎同登衽席。讵自上月二十一日西坝捆镶船出事，阻碍不能进占，又不先期放河印溜，以致口门淘刷日深，秋汛已临，不克堵合，该尚书办理不善，咎无可逭。但据奏称种种棘手情形，若令勉强赶办，终归无济。着准其暂行停缓，一面固守已成之工，一面添集料物，俟秋汛稍平，迅速接办。李鹤年身任河督，责无旁贷，陛辞之日，自诩剋日就工，讵到任奏报，词气全涉推诿，嗣后并不竭力催办，一味敷衍取巧，致功堕垂成，误工縻帑，与成孚厥罪维均，纵令留工，难期后效。李鹤年着革去顶翎，与成孚均发往军台效力赎罪。李鸿藻系督办之员、倪文蔚系兼辖会办之员，督率无方，主见不合，亦难辞咎。李鸿藻、倪文蔚均着革职留任，降为三品顶戴。现已简派吴大澂署理河督，未

到任以前,著李鸿藻暂署,俟吴大澂到任后再行来京。绍诚、潘骏文分任东西坝,进占未能如法,以致蛰陷误工,厥咎亦重,均著革职留工效力。倘再不能保护新工,定当重治其罪。先已饬户部迅筹巨款,接济工需,著李鸿藻将如何挑溜、挖淤及添集料物各事宜认真速办,详晰复奏,至两坝失事之文武员弁,并著李鸿藻、倪文蔚查明复参具奏,毋稍微瞻徇。(《李鸿藻年谱》下,第 506 页)

**8 月 25 日(七月十八日)** 吴大澂交卸抚篆。

**8 月 26 日(七月十九日)** 吴大澂乘轮船到香港。

▲ (吴大澂)十二日,奉电旨。十八日交卸抚篆,十九日,乘轮至香港。船中忽有大鱼跃入,以为神异。(《吴愙斋年谱》第 168 页)

▲ 八月初,李鸿藻遵旨奏参不力人员称:李鸿藻等奏,两坝失事之文武员弁,奉旨饬臣等查明严参具奏,毋稍微瞻徇等钦此。查北坝头进占,事属文武掌坝,各该员自冬徂夏督率兵丁无日不躬亲力作于严寒冰雪、炎风烈日之中。逮伏汛大至,全门日窄,急溜狂澜,旋涡怒卷,两坝撑挡镶坏,万分艰险。或镶船震动,或新占骤蛰,弁兵常有死者,掌坝之员亦屡濒于危。臣等在工目击,未尝不心焉悯之。此次大工未竟,办理不善,咎在臣等。捆镶船之沉没实非事前所能逆料。该员等于埽占蛰走间不容发之时,舍命抢镶,旋即一律补齐,似与从前牟工连走五占未能抢护者情形不同。惟既失事于前,亦难辞咎。相应请旨将东坝文掌坝下北同知高善志、中河通判崔惠均、武掌坝下北营守备樊景山、中牟下迅把总徐进德,西坝挑水坝文掌坝黄沁同知陈履成、祥和同知张士杰、武掌坝中河协备朱永和,黄沁协备杜长春,边坝文掌坝下南同知朱懋澜、候补同知陆费苓、李棠,武掌坝上南协备张敬修,均著革职留任,仍留工效力,以示惩儆而策将来。至于捆镶船失事之管领郑下汛外委吴凤山、唐郭上汛外委齐建,因该船陡被蛰压,猝不及避,当与兵目水手人等同沉溺。时值黑夜,浪涌风狂,无从捞救。该二员因公毙命,殊难怜悯,其应得处分,应从宽免议。此折八月十三日(9 月 17 日)得旨:"如所请行。"(《李鸿藻年谱》下,第 511 页)

**8 月 30 日(七月二十三日)** 署理东河总督吴大澂到上海。

**8 月 31 日(七月二十四日)** 署理东河总督吴大澂到苏州。

**9 月初(八月初)** 为郑州黄河决口未能按期堵口,又处分一批官员。

**9 月 10 日(八月五日)** 署理东河总督吴大澂到开封。

**9 月 11 日(八月六日)** 署理东河总督吴大澂接东河总督职。

**9 月 17 日(八月十二日)** 署理东河总督吴大澂到工地查阅工程。

▲ (吴大澂)十二日,驻来同寨行馆。周历两坝查阅工程。委潘彬卿廉访骏文总办西坝事宜,朱曼伯观察寿镛总办东坝事宜。崔季芬镇军廷桂办理引河事宜。

(《吴愙斋年谱》第 168 页)

▲ 编著者按：朱寿镛系刘成忠原部下。

**9 月 18 日(八月十三日)** 李鸿藻离开工地返回北京。

**9 月间(八月)** 刘鹗赴河南郑州,投效署理东河总督吴大澂,参与郑州黄河堵口工程。既出谋划策,又实际操作。

▲ 编著者按：吴大澂署理东河总督正式接任在 9 月 11 日。刘鹗何时到郑州无从考证。可以推知者：① 随吴大澂从上海出发,时在 8 月 30 日。② 吴大澂从到任到大工告成仅四个多月,因此,刘鹗参与堵口最迟也应在 9 月下旬。

▲ 赴河南,投效河工。冬,黄河合龙。

《五十日梦痕录》："光绪戊子,河决郑州,君慨然欲有以自试。以同知往投效于吴恒轩中丞。中丞与语,奇之,颇用其说。君则短衣匹马,与徒役杂作。凡同僚所畏惮不能为之事,悉任之。声誉乃大起。"

按据《清史稿·河渠志·黄河》载光绪十三年六月黄河在开封决口,八月又在郑州决口,黄水夺溜,由贾鲁河入淮,直注洪泽湖,而正河断流。不但中牟、尉氏、扶沟、太康、鄢陵、沈邱、鹿邑等县都成了一片泽国,水深四五尺至一二丈不等。并有东冲里下河或南灌扬州之势,可能直接破坏槽盐。并激起颍、寿、徐、淮一带农民起义的危险。清政府即飞派绍諴、陈宝箴、潘骏文赴郑州帮助河督成孚、豫抚倪文蔚襄理河务;又派礼部尚书李鸿藻、刑部侍郎薛允升续往勘察,又派李鹤年代成孚为河督,其手忙脚乱可知。搞了一年,至十四年六月,六百四十一丈工程中尚有三十余丈不能合龙,奏请等秋汛平后续办。换句话说,就是搞了一年,并无成效,清政府大怒,下谕切责,成孚、李鹤年均发往军台效力,李鸿藻、倪文蔚皆降三品留任,另调广东巡抚吴大澂署河道总督,办理河务。吴大澂是一位金石考古学家,对水利并不懂行。其时铁云先生已捐有同知衔,即赴豫谒吴投效,提出"筑堤束水,束水攻沙"的意见,又博征详引王景、潘季驯、靳辅诸家言论。吴正在束手无策,就采用他的说法进奏,所以其奏疏中有："筑堤无善策,镶埽非久计。其要在建坝以挑溜,逼溜以攻沙,溜入中洪,河石著堤,则堤身自固。"云云。到这年的冬天,黄河果然合了龙,清廷大喜,实授大澂河道总督。大澂也十分得意,刻了一方"龛"字的圆形图章,纪念其事。(《铁云年谱》第 23 页)

▲ 赴豫,投效河工。

光绪十三年八月,河决郑州,口门宽至五百五十余丈,龙久不合,数易督工。明年,鹗至豫投效,短衣匹马,与徒役杂作,凡同僚畏惮不能为者,悉自任之。(《刘鹗年谱》第 15 页)

▲ 时公(张曜)之挚友刘成忠之次子刘鹗,自幼研习算学、医药、治河等技艺,至

于壮年学有所成,闻有郑州黄河一情,以作贡献谋职差之心,就吴大澂抵汴面对堵口之机,主动奉函自荐于吴公门下参与堵筑一役,后即又幕友供职。(《张曜年谱》第99页)

**10月6日(九月初一日)** 吴大澂接受刘鹗建议,电乞用水泥作为堵口之用。

▲ 九月初一日,又电乞借塞门得土。(《吴愙斋年谱》第168页)

▲ 八月上旬,吴大澂率河防有关官员及劳工,集李公(李鸿藻)失败之教训,复采纳刘鹗提呈之办法,诸如于关键填塞地段采用西人广用之塞门汀(水泥)等,昼夜奋力数日,漫溢经年之决口。终于渐趋堵合。(《张曜年谱》第101页)

**11月1日(九月二十八日)** 吴大澂奏陈砖石挑溜,可以著成效。沥陈利弊,酌拟办法。其所主张"筑堤无善策,镶埽非久计""逼溜以攻沙"与刘成忠《河防刍议》、刘鹗《治河五说》所述意见相同。

▲ 奏为敬陈河工利弊实在情形,亟宜设法补救,以图久远而固堤防。恭折仰圣鉴事:臣维医者治病,必考其致病之故;病者服药,必求其对症之方。前事之师,即后来之鉴。臣自到任以来,日在河干与乡村父老咨询旧事,证以前人之记载,只豫省黄河之患,非不能治,并字不治理而已。筑堤无善策,镶埽非久计。其要在建坝以挑溜,逼溜以攻沙。溜入中泓,河不着堤,堤身自固,河患自轻。厅员中到省最久,金言咸丰初年荥泽汛尚有塼石坝二十余道,堤外皆滩,河溜离堤甚远。就镶埽以防险,而堤根之埽工甚少。自旧坝失修,不数年间,废弃殆尽,河势愈逼愈近,埽段愈添愈多。厅员救过不遑,顾此失彼,每遇大工,辄成大患。同治六年前上南同知邹梁抉去石坝一道,七年荥泽决口,邹梁投河自尽。豫省绅民,人人知之。至今衔之刺骨。自荥工合龙以后,旧时石坝,并未补还,臣实不解其故。此次荥工生险,大堤处处裂缝,十堡九埽以下裂塌十余丈,宽约四丈余;十六埽以下裂塌三十余丈,宽约四五丈不等。堤岸沙松,见水即化。抢修三十余日,危险异常。河工人员以镶埽为能事,至大溜圈住不移,旋镶旋蛰,旋蛰旋走,几至束手无策。臣亲督饬道厅赶抛石埝,河底垫石不过一二尺,而溜即见松石。河员以为镶埽乃救急之计,石坝非仓促可图。不之兵家御敌必能战,而后能守,臣于河工亦创以战为守之说。三四丈之大溜,投之以石,似属糜费钱粮,乃石未出而溜即外移,此臣躬历而睹,确有把握。信之愈深,持之愈坚,始知水深溜激之时,惟抛石足以救急,其效十倍于埽工。以石护埽,溜缓而埽稳。历朝河臣潘季驯(按字时良,明,乌程人,嘉靖进士,累官工部尚书,左都御使,前后四奉治河命,成绩最著。在工二十七年习知地形险易,增筑设防,置官建闸,下及木石桩埽,综理纤悉。乞休归,卒。有《河防一览》《两河管见》《两河经略》《奏议》《留余堂集》等著作),靳辅(按字紫垣,清辽阳人,隶汉军镇黄旗。顺治间由官学生考授国史院编修。康熙间累官河道总督。时黄河四溃,辅因势利

导，专主以水攻沙，河患以平。有《治河书》，卒谥文襄。），栗毓美（按字朴园，清浑原人。嘉庆中以拔贡考授知县发河南。道光十五年擢东河道总督。创建石坝，其后无稽石，始以塼易之。终其任五年，河不为患。卒谥恭勤。祀名宦祠。殁后，吏民思慕庙祀，以为神数。著灵应，加封号，列入祀典。先生督河尝为立碑，隶书题曰"栗大王创建石坝。"）皆主建坝挑溜之议，良不诬也。现以数十年久废之要工，非臣一旦所能补筑，以数十道应修之大坝，亦非一年所能竣工。惟有于郑工拨款内力求撙节，省得一万，即多购一万之石垛；省得十万，即多做十万之坝工。虽系善后事宜，实在应提前赶办。如中河厅头堡大王庙前顶冲之石坝，四堡迎溜处应添石坝，八堡之人字坝、托头坝最为紧要。下南厅十七堡之顺二坝、十九堡之盖坝、二十堡之新挑坝等处，均应接筑加抛，以固省城门户。乘此干河修筑，人力易施。否则郑工合龙后，明年春夏，再出险工，必致措手不及。臣惟有尽此心力，先期设法修补，存石多，则用碎石；存石少，则兼收旧塼，择要以图。补得一段，必有一段之效验。豫省士民属望于臣之意甚深，臣所以仰答朝廷知遇之心亦甚切，诚恐心有余而力不足。惟臣不敢谓一治而病即减轻，愈于不治而病日增，但须对症发药，一年而小效，三五年后必有大效。所有陈明河工利弊，亟宜设法补救缘由，是否有当伏乞皇上、皇太后圣鉴训示。（《吴愙斋年谱》第 169 页）

**11 月 6 日（十月初三日、初四日）** 刘鹗参与郑工合龙大工。西坝议筑新挑坝一道，在五十一占埽前生根，始得盘压到底。

**11 月 20、21 日（十月十七、十八日）** 刘鹗参与郑工合龙大工。连日大风，全河奔注埽前，一占进至十二三日殊非意料所及。正在赶进第二占，河势忽又生险，费料过多，恐误正坝进占，从权停止。专力金门西坝，于十三日开工。东坝于二十四日进占。时秸料仅存一千五百垛，当短二千余垛。

**12 月 5 日（十一月三日）** 开始使用水泥于堵口工程。

▲ 吴大澂奏请河工督口改用塞门得土。（《李鸿藻年谱》下，第 514 页）

**12 月 9 日（十一月初七日）** 刘鹗参与郑工合龙大工。西坝成第二占。

**12 月 14 日（十一月十一日）** 刘鹗参与郑工合龙大工。东坝进第二占，西坝进第三占。正坝边坝，均已盘压到底。

**12 月 29 日（十一月二十七日）** 刘鹗参与郑工合龙大工。两坝进七占。（《吴愙斋年谱》第 171 页）

# 1889 年(己丑　光绪十五年)　33 岁

1 月　郑州黄河决口合龙。

2 月　光绪帝行大婚典礼。

3 月　慈禧太后宣布"归政",光绪帝"亲政"。

4 月　张之洞奏请建造芦(芦沟桥)汉(汉口)铁路。8 月开始兴办。

兄刘味青 40 岁。太谷学派学人:蒋文田 47 岁、黄葆年 45 岁、毛庆藩 44 岁。罗振玉 24 岁、王国维 13 岁。

**上年冬、今年春间**　效力于郑州黄河堵口工程。具体职务不清,刻有"刘鹗"木质章,以在堵口中使用。

▲ 编著者按:刘鹗木质章现存江苏淮阴市楚州区"刘鹗故居"。

**1 月 10 日(十二月初八日)**　郑工西纸坊坝工合龙。

▲ 吴大澂致张曜函:顷接李子木兄来书,知西纸坊已于初八日合龙。此次堵筑,施工不易,倍费苫筹,莫名敬佩。沈牧庚垚,荷蒙推爱,留工差委,感甚感甚。手泐敬贺大喜。弟吴大澂顿首。腊月既望。(《张曜年谱》第 201 页)

**1 月 12 日(戊子年十二月十日)**　天气和暖,开放引河。刘鹗参与郑工合龙大工。

▲ 天气和暖,即将引河开放,是日申刻,正溜即由金门背面分道东趋,河漕刷深一丈四五尺,间有澌凌冻结,水面当无妨碍。(吴大澂)督饬两坝文武员弁,昼夜赶办。议将西坝上边坝,原定两占丈尺并作一占,以期迅速。(《吴愙斋年谱》第 172 页)

**1 月 15 日(戊子年十二月十四日)**　刘鹗参与郑工合龙大工。东西两坝告成。

**1 月 17 日(戊子年十二月十六日)**　吴大澂率文武官员祭河。

**1 月 18、19 日(十二月十七、十八日)**　刘鹗参与郑工合龙大工。大坝合龙。郑州黄河堵口成功。贾鲁河督办易顺鼎作《郑州河复诗上河督吴县侍郎次李义山韩碑韵》以示庆贺。

▲ 编著者按：易顺鼎(1858—1920)，字实甫，中年后自号哭庵。湖南龙阳人。其自撰《哭庵传》云"初为神童，为才子，继为酒人，为游侠，少年为名士，为经生，为学人，为贵官，为隐士。"研究者均以诗人视之。易顺鼎的诗有人说不下万首，他自己说有几千首，但是反映河工的仅《郑州河复诗上河督吴县侍郎次李义山韩碑韵》一首。刘鹗在郑州黄河合龙中"短衣匹马，与徒役杂作。凡同僚所畏惮不能为之事，悉任之"。而易顺鼎"未荷畚锸"。但是后来在测绘《河南直隶山东三省黄河全图》中，易顺鼎为"总理"坐镇郑州，刘鹗任"提调"奔波于黄河两岸。易顺鼎是刘鹗的直接领导。

▲ 易顺鼎《郑州河复诗上河督吴县侍郎次李义山韩碑韵》：高皇九叶直龙姿，重光照临娥诞羲。偏灾流行国有代，偶令而圣忧冯夷。天微如霆僳在水，讵止陆慑千熊罴。唐尧九年今一稔，神灵若听人指麾。中兴以来颇疏润，禹贡半部无人持。沉玉刑牲故事在，东风岁岁吹灵旗。奔腾西来蚁穴漏，天吴阳侯相追随。横流三州合四渎，杀人何异犯兼豾。河堤谒者功不就。大司农卿费不訾。帝命臣澂自南粤，以身许国无敢辞。狂澜未挽菑未澹，国家按用臣等为。烧不给攒濡不挖，沐风栉雨勤其司。若从道谋弃独断，俟河自复当期颐。负薪捧土众十万，一一感格无浇漓。岂欣元圭冀懋赏，梦中但咏哀鸿诗。乾坤斡旋顷刻耳，如海万里平如墀。汉家宣防那足道，待树崞嵘中天碑。公之精诚格天地，如韩驱鳄柳塑螭。支祁劾灵童律奋，感公忠悃非阿私。方今圣人亲大政，万方水土须平治。首培元气固根本，豫州况是天之脾。九共藁饫既可补，崇邱由庚非无词。舣舣中丞望江老，相与一德谋雍熙。成功盛业不称述，后有作者将何追。不才虽未荷畚锸，眼中实见公胼胝。愿公秉钧河顺轨，长保列圣亿万斯年基。(《琴志楼诗集》上，第 370 页)

**1 月 29 日**(十二月二十八日)　刘鹗参与郑工合龙大工。吴大澂奏折报告郑州黄河堵口成功，请求奖励所有参加堵口官员。同日，光绪帝降旨封赏郑州黄河堵口有功官员。

▲ 吴大澂、倪文蔚奏，查郑工东西两坝进占日期，迭经臣等遵旨随时电奏，并于十一月二十九日将合龙已有把握情形据实奏闻在案。自十二月初一日以后，全门外积凌甚厚，一时未能融化。察看河流微弱，水势未必抬高，旋长旋落，诚恐引河头拦黄埝外，或流水壅塞，致有阻滞之虞，因于初十日趁天气和暖之时。即将引河放开。是日申刻，正溜即由全门北面分道东趋，河槽刷深至一丈四五尺间。有湍凌冻结水面，尚无妨碍。一面督饬两坝文武弁员昼夜赶办。议将西坝、上边坝原定两占丈尺并作一占，以期迅速。东西两坝门占已于十二月十四日一律告成，均已坚实高整。十六日挂缆后，躬率在工文武沈玉祭河。十七、十八两日，正坝、上边坝同时

合龙,已于十九日闭气。下边坝料物已齐备,即于数日内赶成加筑,后馈益加稳固。臣等仰秉宸谟,获邀神佑,得以剋期奏绩,藉慰朝廷宵旰之廑,幸稍免于罪戾。臣大澂接办以来,经营四月余,大工始克告竣,而事当创始尤难。追念前功,皆前督臣李鸿藻、李鹤年、成孚同趱办之力,臣不敢掠美自居。李鸿藻等获咎于前,臣等收功于后,雷霆雨露。莫非君父之生成,所有李鸿藻、李鹤年、成孚前后处分应如何加恩之处,出自圣裁,臣等不敢没其劳苦之忱。其余在工员弁,择其劳绩最著者,开单奏请奖叙,仰恳天恩俯念郑州大工堵口五百余丈之宽,历时一年之久,工程之艰巨为历届所未有,随工差委各员,寒暑无间,辛苦备尝,拟请照异常劳绩随折保奖四十四员。此外在工出力各员弁,应俟查明择优酌保,再行奏恳恩施。记名提督河北总兵崔廷桂,承挑引河,并在坝头照料进占事宜,不无微劳足录,惟系专阃大员,应如何奖励之处。臣未便擅请,伏候圣裁。再抢办埽占落水捐躯及在工积劳病故怨弁,拟俟查明汇案奏请恩恤。合并声明。

▲ 本日吴大澂、倪文蔚奏,驰奏郑州大工合龙一折,郑州大工自上年十二月兴办堵筑。本年七月间,因两坝屡有蛰陷,未能剋期藏事,谕令吴大澂署理河东河道总督,前往接办。节据该署督办理情形随时奏报,至本月初十日开放引河,河溜即由全门北面东趋,一面将东西两坝工程昼夜赶办,于十六日挂缆,十七、十八两日正坝、边坝同时合龙,十九日全门断流,全溜悉归正道,大工一律坚固,此皆仰赖天神默佑,得以迅速竣工,庆幸之余,倍身寅感,发去大藏香十枝,著吴大澂虔赴工次各处河神庙,代朕敬谨祀谢,以答神庥。吴大澂自受任一来,迅速事机,实心筹划,会同倪文蔚督饬在工员弁认真趱办,使大工剋期告成,洵为不负委任。吴大澂著赏加头品顶戴,补授河东河道总督,倪文蔚著开复革职留任处分,赏还顶戴,仍著交部从优议叙。李鸿藻虽经获咎于前,惟所办之工均属稳固,现在全功告藏,自应分别施恩,李鸿藻著开复革职留任处分,赏还顶戴,成孚著加恩释回,以按察使候补,李鹤年著加恩释会并赏还衔翎。前山西布政使绍諴、前山东按察使潘骏文,留办坝工,并着交部从优议叙。所有合龙后一应善后事宜,吴大澂等务当督饬员弁妥协经理,以期堤防巩固,以庆安澜。余着照所办理。该部知道。单一件片三并发(《李鸿藻年谱》下,第515页)

**1月30日(十二月二十九日)** 回淮安过春节。

▲ 楚杰《刘鹗与淮安》:这年(1889年)冬,鹗与家佣刘贵回淮安欢度春节。路过黄河,河面结冰,河边可行,河心尚须渡船。所以候船积车甚多,连接数里。鹗为及早回到淮安,在车上高声对刘贵说:"管他哪府哪县的,咱们先过!"其时府县官纷纷掀起轿帘,见他仪表和神态,都不敢怠慢。(《百卅年纪念》第7页)

**2 月初**　郑工竣工后,吴大澂立石以纪念堵口成功。

▲ 郑工督筑决口,经始于光绪十三年十二月二十日,讫光绪十四年十月十九日竣工。钦差督办礼部尚书高阳李鸿藻、前署河东河道总督义州李鹤年、前河东河道总督觉罗成孚、河南巡抚望江倪文蔚、今河东河道总督吴县吴大澂,勒石纪之,而并以铭曰:兵夫力作劳工久,费帑千万堵兹口,国家之福河神佑,臣何力之有?(《李鸿藻年谱》下,第 517 页)

**2 月 8 日(己丑年正月九日)**　吴大澂奏请准予调员设局绘制三省黄河图。

▲ 正月九日,先生(吴大澂)感国中不知讲求舆图,亦河工颓废之因。今办善后,视为急务。奏请准予调员设局绘图,并请将委员学生酌予奖叙:舆图之学,古人不如近世之精。海道长江各图与海防江防大有裨益。轮船管驾测量水道,赖有舆图以为表则。画山必及四址,山麓所占之区,非实测不知其宽广;绘水必及沙滩,河脚所占之地,非实验不知其浅;而黄河之曲直宽窄,与河防关系尤重。向来绘图,多出吏胥之手,仅知大略,并不开方记里。河臣治河,求一详细河图而不可得。而中州官吏士子,亦无精于测算之人。风气未开,难求实效。臣拟于汴省设立河图局,咨商南北洋大臣、两广总督、船政大臣,选调津、沪、闽、粤各局熟谙测绘之委员学生二十余人,咨送来豫,分段测量。自河南之阌乡县,黄流入境之处,至山东之利津海口止,绘画全图,刻成精本,亦合工业善后之一端。虽河道时有变迁,而堤岸之宽狭、何处顶冲? 何处坐湾? 堤内之老滩嫩滩,新坝旧坝,堤外之水土塘,官地民地,大小诸河之会合。南北各山之毗连,城郭村庄之远近疏密,皆可一目了然。有定界之址,既可按籍参稽;无定之河滩,亦可随时添注,实为讲求河务不可少之图。惟该员等航海而来,沿河跋涉,与创办电线之员,劳绩相等,非酌予奖叙,不足以鼓励人才。而精于测算图绘之学,颇难其选,不敢冒滥。如蒙俞允,俟咨调到局,将委员学生衔名,咨部存案,以昭核实。(《吴愙斋年谱》第 175 页)

**2 月间(正月)**　刘鹗因参与郑州黄河堵口有功,东河总督吴大澂保以道员任用,让于长兄刘味青,请归读书。当地乡谣亦云:“十堡决口八堡慌,九堡遭淹水汪汪,马车拉来刘河官,点化百姓将口挡。”

▲ 郑河合龙,河督特保以道员任用,让于长兄梦熊。留豫提调测绘《豫直鲁三省黄河图》。《五十日梦痕录》:“河决既塞,中丞欲表其功绩。则让于其兄渭清观察(梦熊),而请归读书。中丞益异之,可其请。”(《铁云年谱》第 24 页)

▲ 十二月,龙合,河复正流,河督吴大澂喜,列案请奖,鹗推功于兄孟熊。(《刘鹗年谱》第 16 页)

▲ 现存姚云崧致刘鹗信一封,谈请奖事。全文如下:

云抟仁兄大人阁下：

省垣重聚，未得深谈，慊慊！执事勋劳卓著，指故不次超迁预贺！弟碌碌如恒。奖案部文已到。令兄谓翁原请免选归同知部议，非应升之阶。弟记得应升乃知州。是否即照此请？便即示悉为盼。匆肃即请 升安。如弟崧顿（《刘鹗集》第83页）

▲ 编著者按：刘鹗参与郑州黄河大工，民间亦有传说。如《八堡》一文：八堡在黄河南岸，东接申庄西临南月堤，隶属于惠济区花园口镇。古时黄河时常决口，清帝康熙六次南巡都去察看黄河，将治黄列为莘莘大政。道光年更将沿河治黄机构由十厅增至二十七厅，每二里设一防汛堡派人日夜值守。八堡为南一总段（辖荥泽、郑州、中牟河段）第八防汛堡。堡内外人口日久渐增，晚清时形成八堡村。光绪十三年（1887）十堡决口，十五个州县黄水茫茫，堵了一年决口如旧。乡谣唱道："十堡决口八堡慌，九堡遭淹水汪汪，马车拉来刘河官，点化百姓将口挡。"这位河官就是晚清才子刘鹗……（《郑州日报》2009年2月19日第4版）

**2月15日—2月22日（正月十六日—正月二十三）** 吴大澂咨调测绘人员。

▲ （吴大澂）分电李鸿章、张之洞、曾国荃及福建船政局裴、上海机器局聂、广东洋务局蔡，咨调西法测算学员。（《吴愙斋年谱》第176页）

**2月24日（己丑年正月二十五日）** 罗振玉长女罗孝则生。后嫁刘大绅。

▲ 编著者按：罗振玉长女罗孝则是刘鹗第四媳，1941年11月25日卒于北京。生有四子刘厚滋、刘厚泽、刘厚祐、刘厚禄，二女刘厚端、刘厚礽。

**2月（正月）** 被东河总督吴大澂调任郑州河工善后分局提调。郑工善后局已经开始担负绘制黄河图的功能。

▲ 十五年正月，蒙前东河督宪吴调办郑工善后分局提调。（1895年刘鹗撰写《履历单》）

▲ 吴大澂、易顺鼎、刘鹗他们雄心勃勃，计划在测绘黄河图的同时，另编辑《黄河历案大工表》和《皇朝东河图说》，但是因为"郑工善后分局其实即河图局，河图告成，此局即撤……而书遂不能成，倘因此二书而不撤局，则每月各员薪水及局费等项，不下三千金，图成则无法报销"。（《刘鹗小传》第9页）

**仲春** 太谷学派弟子谢逢源为其师太谷学派第二代传人李光炘作《龙川夫子年谱》完成。这是太谷学派二传中唯一有《年谱》行世的一位传人。

▲ 谢逢源《龙川夫子年谱跋》：右先师龙川夫子年谱。起戊辰，讫乙酉，凡七十有八年。编年为纲，纪事为目。人事有间，天时无。其间，道统之源流，学人之考绩，嘉言懿行，据事直言。己未以前事，闻诸夫子。丙寅至丙子十年，离群索居，仅得大略。丁卯而后，南北追随，未离左右。呜呼！逢源事夫子年最久，迹最亲，管窥

蠡测，知不足知，特恐人往风微，传闻互异，不且久而愈失其真乎。言念及此，究不敢不以文辞而默焉无述也。草创既成，分录两卷，希我诸同志修饰润色，各出其所闻所知，以补不足。俾后之闻风兴起之士，有访求龙川事迹，为文献之征者，获觊斯编，庶无传信传疑之憾也已。光绪十五年己丑仲春门下溧阳谢逢源再拜言。（《龙川夫子年谱》第 109 页。《太谷遗书》第一辑第三册）

**4 月（三月）**　郑工善后分局工作结束。光绪帝正式批准成立"豫直鲁三省黄河图志局"，测绘人员由各地征调。图志局以候补道易顺鼎为主办。刘鹗以吴大澂幕宾、候选同知衔的身份参与其中，任提调官。

▲　是时，三月，吴大澂经一冬参照先朝《河渠纪闻》一书编撰之经验，以鲁、直、豫回衔奏上，建议组局调员，测绘自河南阌乡金斗关，经直隶长垣与东明之间，直至于山东利津铁门关之历代河道故迹，绘图志史，以史为鉴定，进呈御览。上准所请。

　　……

是时，"豫直鲁三省黄河图志局"成立，所务诸项为：关键地段河水、河床、有关参数测量，绘图标志；查阅历代黄河上下游决口抢险大河工史料，就故迹与新道之变迁提供推理分析；最终汇编成图文并茂之河工史料，以史为鉴，呈上阅览。该局以候补道易顺鼎为总办，豫方即以河督新入幕宾刘鹗为主，商定待豫省郑口善后工作完毕，即行率员赴鲁进行测绘等务。另复饬各员分段测量。（《张曜年谱》第 107 页）

▲　时方测绘三省黄河图，命君充提调官。（《铁云年谱》第 24 页）

▲　董绘豫、直、鲁三省河图事。

明年三月图成，计百五十篇，分为五册，合之则为一图。奏稿中有云"人行里曲而鸟飞里直，近征胡渭之言；鬼魅画易而狗马画难，远信韩非之说。"颇能道出当时绘事甘苦。鹗于斯役。名义为提调。提调之上有总理、有监修；提调之下有分校、有测量兼绘图、有缮写。监修例为大官遥领，而当时总理之司其事者为候补道易顺鼎，顺鼎浮夸辞人，不谙舆地，规划一出于鹗，而校测之事，间或任之。故斯图之成，鹗之功为多焉。鹗另有《历代黄河变迁图考》十卷。（《刘鹗年谱》第 16 页）

**4 月底（三月下旬）**　为测量事，刘鹗携贾步纬等三人从河南动身赴山东。

▲　三月下旬，……时公（张曜）又欣接吴大澂发自汴一函，另公文一通，告知测绘人员刘鹗等已将出发前来山东，并宜先行准备有关事项等情，函中如是云：

朗斋仁兄大人阁下：

测绘河图委员刘丞鹗及沪局司事贾布衣步纬等四人前赴棠疆。先由济省测绘至于利津海口一段，已备文咨达冰案。该员等人地生疏，可否由尊处拨勇十名随同照料。并借帐房三架，恐沿河地段或有与村庄较远之地，炎天赤日中，带有帐房可资休息。薪水盘费已领三个月,秋间如须续领,请嘱方伯暂为借给,由豫局解还归款可也。手泐布臆。敬清 勋安。诸惟亮察不宣。 如弟吴大澂顿首,三月廿七日。(《张曜年谱》第 201 页)

▲ 编著者按:贾步纬(约 1840—1908),字徽。南汇周浦镇人。幼孤贫,青年时代先学习经商,立志学习天文、数学,拜海宁李善兰(数学家)为师。清同治四年(1865)入江南制造局翻译馆工作,八年兼任上海广方言馆天文学教习。研读《数理精蕴》《历象考成》《论历法》诸书,学问大长,且精通英语。就学于英国学者伟烈亚力,研究微分、积分、椭圆、代数、对数之术,对天文、数学造诣颇深,被誉为天算家。

**5 月中旬(四月上旬)** 刘鹗等到达山东,领有帐房等。

▲ 半月后,吴大澂为黄河测绘事,又给张曜一函谓:

朗帅仁兄宫保大人阁下:

昨布一缄,当邀青鉴。顷路弁来济,奉到惠书,极荷拳拳垂念,并承赐以嘉肴,谨已拜领,饱德铭心,感谢感谢。测绘各员知已到省,不日即赴下游测绘。所需帐房已蒙给发,并拨炮船护送,计须三四月方可脱稿也。秦州判致祐昨来谒见,略询河工事宜,均有条理,赏识有真,不胜敬佩。将来有沿河缺出,量移一席为亲民之官,庶可稍展其抱负。查主簿有委纯办工赈,甚为得力,具征留意人才,不遗菲菲。弟明早赴十字河勘工,匆匆手复。 如弟吴大澂顿首。(《张曜年谱》第 202 页)

**6 月(五月)** 刘鹗率河图局测绘人员,自曹州沿黄河由南向北,开始工作。

▲ 五月,自该时起,河图局豫方测绘人员、河防局提调刘鹗等一行,自曹州,沿黄河自南迤北,凡于河防为重要之府县,均滞留作文献查录并行河道测量。(《张曜年谱》第 112 页)

**6 月(五月)—9 月中旬** 约 140 天,刘鹗率测绘人员,完成对黄河下游约一千一百十三里半的测绘工作。

▲ 编著者按:刘鹗实测的黄河下游具体情况反映在他的《御览三省黄河全图·三省黄河河道二》中:

自河南兰仪县铜瓦厢东折而北,又北十二里,左迳徐公集。又东北十六里,左迳油访寨,入直隶长垣县界。兰仪县北岸河长二十八里。右迳叶新庄,入长垣县界,兰仪县南岸河长三十六里。又北东二十五里,右迳竹林集。又北西十一里,左迳卢义姑,一名五间屋。又东六里,右迳直隶东明县界。长垣县南岸河长四十二里。又东五里,右迳郭寨。又东北八里,左经李屯,入东明县界。长垣县北岸河长五十五里。又北西九里,左迳嘴子头。又东北六里,左迳曹庄。又东十五里,右迳高村。又北西十三里,左迳遂村集入直隶开州界。东明县北岸河长四十三里。又东二十八里,左迳石庄黄,入山东菏泽县界。开州北岸河长二十八里。右迳朱口,入菏泽县界。东明县南岸河长八十四里。又东十一里,左迳兰河口,入开州界。菏泽县北岸河长十一里。又东北二里半,右迳蓝路口入开州界。菏泽县南岸河长十三里半。又东北十三里半,左迳梅寨,入山东濮州界。开州北岸河长十六里,右迳王庄,入濮州界。开州南岸河长十三里半。又北八里,左迳潘寨缺口。又东北十五里,左迳项城集。又东北十七里,右迳康屯。又北八里,左迳柳园里。又东北十三里,左迳罗庄坍堤口。又东南七里,左迳大辛庄淤河口,入山东范县界。濮州北岸河长六十八里。右迳监店,入山东范县界。濮州南岸河长六十八里。又东北十一里,左迳邱庄。又东五里,右迳徐大井。又东北二十五里,右迳侯家楼,入山东阳谷县界。范县南岸河长四十一里。又东北五里,左迳刘家庄入山东寿张县界。范县北岸河长四十六里。又东北十五里,右迳小龙湾。又北东七里,右迳范庄支河口。又北四里,左迳淤河口。又东北三里,左迳陈家坊。又东十里,左迳岔河庄,入阳谷县界。寿张县北岸河长三十九里。又东七里,左迳黄家口,入寿张县界。阳谷北岸河长七里。又东二里,右迳红庙入寿张县。阳谷县南岸河长五十三里。又东北九里,右迳山东东平州十里铺,南运河自南来注之。寿张县南岸河长九里。又北东二里,左迳小白铺入东平州界。寿张县北岸河长十三里。又北东十里,左迳西赵桥,入山东东阿县界。东平州北岸河长十里。右迳东赵桥,入东阿县界。东平州南岸河长十二里。又东北四里,左迳史家桥。又北东六里,左迳陶城铺新运河口。又东北五里,左迳魏家山。又东北四里,右迳阴柳棵。又北东五里,右迳八里厅。又东七里,右迳庞家口,大清河汇汶水自南来注之。又东北十里,左迳大河口,右得狼溪河汇白雁泉、洪范池诸水自南来注之。又东北十一里,右迳小鲁道口,入山东平阴县界。东阿县南岸河长五十二里。又东北十五里,左迳于家窝,入平阴县界。东阿县北岸河长六十七里。又东北七里,左迳邓庄。又东南四里,左迳康口。又东北七里,左迳湖溪渡。又东北四里,右迳刘官庄,入山东肥城县界。平阴县北岸河长三十四里。又东北十八里,左迳五哥庙,入山东长清县界。肥城县北岸河长十八里。右迳孟家道口,入长清县界。肥城县南岸河长三十里。又东北又西七里,右迳水坡庄。又北六里,左迳官庄。又东北六里,右迳苗家庄,右得南沙河汇诸山之水自南来注之。又西北三里,左迳董家寺。又东北五里,左迳荆隆口。又东北九里,左迳阴河。又东北九里,迳黄陡崖。又东六里,右迳东兴隆庄,北沙河汇泰山之水自南来注之。又东北二里,左迳张村,入山东齐河县界。长清县北岸河长五十三里。又北东十四里,左迳史家道口。又西北七里,左迳五里堡。又东七里,左迳齐河县城,右得玉符河自南来注之。又北东十三里,左迳陈家林。又东北二里,左迳李家岸。

又东七里，右迳蒋家庄，入山东历城县界。长清县南岸河长一百三里。又东九里，左迳西纸坊入历城县界。齐河北岸河长五十九里。又东南七里，右迳溵口，溵水旧自南来注之。又东十四里，左迳冯家堂新河口。又东北、又南东五里半，右迳堰头镇小清河闸口，小清河旧自南来注之。又北，又东北七里，左迳邢家渡。又东，又东八里，白泉河旧自南来注之。又二里右迳河套圈。又北，又东南，北西十里，巨冶河旧自东来注之。又一里，右迳孟家圈。又北东五里，右迳秦家道口。又北，又北东七里半，右迳溎沟，入山东章邱县界。历城县南岸河长七十六里。左迳二十里铺，入山东济阳县界。历城县北岸河长六十七里。又北，又北东五里半，左迳席家渡口。又北东十四里半，左迳济阳县城。又北东，又北，又东北十六里，右迳时王庄，入济阳县界。章邱县河长三十六里。又东，又北东三里半，右迳西侯家庄。又东北七里，左迳龙王庙。又东五里，右迳苗家庄，入山东齐东县界。济阳县南岸河长十五里半。又东北八里，绣江河旧自南来注之。又一里，右迳延安镇。又东北，又北八里半，左迳徐家道口。又东北三里，左迳桑家渡。又东北四里半，左迳刘旺庄，入山东惠民县界。济阳县北岸河长七十六里半。又东北十三里，右迳齐东县城，减河旧自南来注之。又东南，又东北十二里，左迳于王口。又北东五里，右迳山东青城县界。齐东县河长五十五里。又北东四里，左迳归仁镇。又北东十一里半，左迳徐家庄。又北东，又东，又南东九里，左迳清河镇。又东南十五里，左迳崔家庄。又东，又西北，又北东九里，左迳姚家口。又北东，又南东，又东十一里，右迳翟家寺，入山东滨州界。青城县河长五十九里半。又北东，又北西，又东七里，左迳卜家庄入滨州界。惠民县河长九十六里半。又东南七里半，左迳蓝家庄。又东，又东南，又北西，又东，又南东十四里半，左迳孔家庄。又南东，又东北六里，左迳新街口。又北东，又北西十三里半，左迳丁家口。又东四里，右迳徐家井，入山东蒲台县界。滨州南岸河长五十二里半。又北西，又北东七里半，右迳蒲台县城。又南东，又北东，又南东，又北东十四里，左迳菜园。又东，又北，又东，又北十里半，左迳刘家渡。又南东三里，左迳山东利津县界。滨州北岸河长八十里半。又北东九里半，左迳宫家庄。又东，又北西，又东南，又北西十四里半，右迳曹家店。又北西，又东北五里，右迳四行子，入利津县界。蒲台县河长六十四里。又北东，又西北八里，左迳利津县城。又北东，又南东，又北东二十五里，左迳十四户王家口。又东，又北东又，北西十九里，左迳监窝。又东，又南东，又北十四里，左迳高家庄。又东南，又南东八里半，右迳辛庄。又东，又北东十二里，左迳铁门关。又北东三十六里一百三十八丈，左迳萧神庙。又北东八里三十四丈，左迳洼拉。又南，又南东，又北东七里，左迳二沟子。又南东又东，又东北五里四十二丈，左迳三沟子。又东南十七里一百三十二丈，左迳红头窝。又南东七里一十四丈至海口。利津县北岸河长一百九十八里。利津县南岸河长一百六十九里。自铜瓦厢至海口，河长一千一百十三里半。

**9 月 19 日（八月二十日）** 上书郑工局总办易顺鼎报告查勘铁门关和韩家园两处河门情况。

**9 月 25 日（八月三十日）之前** 完成了第一部有关黄河治理的河工著作《治河五说》。

**9 月 27 日（九月初二日）** 从铁门关回到利津。

**9 月 28 日（九月初三日）** 将此前给郑工局总办的禀稿和《治河五说》发出。同日上书山东巡抚张曜报告测量告一段落。并将自己所撰写的《治河五说》呈给张曜。

▲ 编著者按：本书下引刘鹗关于测绘三省黄河的信，总名《河工禀稿》。《刘鹗集》对《河工禀稿》的说明如下：

《河工禀稿》是刘鹗在绘制《三省黄河全图》时给山东巡抚张曜、河图局总办易顺鼎、河南南汝光兵备道朱三人的信稿，共九通。

《河工禀稿》由刘鹗长兄刘味青之曾孙刘淼（德峻）从淮安故居旧书碑帖中寻出。从字体与内容看，此件当是刘鹗命人抄录之底稿。抄件原封面题签为"禀底稿簿"。刘淼发现时题签上贴有一红纸条上题签"禀稿底簿"。刘淼存《禀稿底簿》中夹有具名"崧"给"云抟仁兄"的一封信（附录于后）。

刘蕙孙著《铁云先生年谱长编》（1982 年 8 月齐鲁书社出版）"附录二"《有关河务禀帖的遗稿》所收内容与刘淼存件完全相同。1982 年 3 月 31 日刘蕙孙给刘德隆的信中说："《河工禀稿》系当年何楚侯表舅给我。是从路山夫家旧书中寻得，疑出自你们曾祖。德峻本起了证明的作用。"

刘德隆、朱禧、刘德平编辑之《刘鹗及〈老游记残〉资料》（四川人民出版社 1985 年 8 月出版）根据刘淼存抄件，收录《禀稿底簿》全文，名之《河工禀稿》。

《河工禀稿》非刘鹗河工专著，但就其内容而言，全部是关于治理黄河、绘制河图的内容，因此将其收入刘鹗的河工著作中。

《刘鹗集》收《河工禀稿》，从《刘鹗及〈老残游记〉资料》过录、标点。原件中凡"△△"应为"卑职"两字，凡"△△△"应为"卑职鹗"三字，以代之，凡"△"或"○"应为"鹗"字。（《刘鹗集》第 83 页）

▲《上郑工局总办禀》（由利津九月初三日发）。

敬禀者：

窃△△于本月二十日,禀报查勘铁门关、韩家园两处河门情形,并司事等,现在逐补滩淤埽坝,约九月底可一律完工等情,此刻想已久蒙垂鉴。

又△△除照料司事,并帮同测量外,不敢自耽安逸,日求黄河所以为患之故。黄之大汛之际,一千余庄沦没水中,其举家被难者,不知凡几。目击心伤,惨不忍言。下民则怨讟官府,上官则归罪天心。究之天心固是也,人为亦有所不逮焉。

△△访求父老,考之记载,证以现在情形,五月有余,略有所得,撰用俚说五篇。虽无甚精义,而见由已出,不敢摭拾陈言,上尘钧听。其有无可采之处,伏候裁察。卑职△谨禀。

▲《上山东抚台禀稿》(由利津九月初三日发)。

敬禀者:

窃△△前月奉到钧批,渥承奖许,下忱欣幸,莫可名言。

昨由铁门关回至利津,欣闻宫保大人节沐宣勤,已将张村、大寨各口,次第合龙。军民寮众雀跃欢呼,莫不争献河清之颂矣。以△△愚昧之见,仰测宫保盖世勋名,必不敢以仅救一时之患,为宫保贺也。必也继神禹之伟绩,迈王景之丰功,九重永除宵旰之忧,万姓老于衽席之上,然后敢为宫保贺也。今者,正其时矣!

畴昔禹抑洪水,至殷而禹法坏,河患乃作。后汉王景治河,复兴禹法,而河患又平。历晋、唐、五代,无河患者千余年。考王景之所以能成其大功者,固由禹法之佳,亦因河由千乘入海,其势便也。今者,河又由千乘入海矣!天心厌乱,迨其时乎。夫王景以散职小臣,明帝用之,尚可以建万世奇勋。况宫保之才,实百倍于王景,更为圣主股肱之倚异,所谓以非常之人,建非常之业,而又际千载一时之盛者,非我宫保其谁耶?

今世风俗漓薄,治人而述尧舜之道必曰腐,治河而遵大禹之法必曰迂,即降而语以潘季驯、靳文襄、黎襄勤、钱文敏诸前贤成案,虽屡着奇效,犹必曰老生常谈。而要之古圣先贤之法,必不可废也!

△△奉委测绘河图,终日管窥蠡测,奔骤河干,与波涛相出没者,五月于兹矣。稍有所见,不敢忘刍荛之献,谨撰俚说五篇,恭呈钧诲。其有无可采之处,伏候裁酌。(根据原抄稿过录)

▲《刘鹗集》收《治河五说》说明。

《治河五说》是现知刘鹗的第二部著作,也是刘鹗第一种河工著作。

《治河五说》现在能见到的有两种版本:

第一种:封面《治河五说》。全书由河患说、河性说、治河说、估费说、善后说,五个部分组成。

第二种：封面《治河五说》。全书由河患说、河性说、治河说、估费说、善后说、治河续说一、治河续说二，七个部分组成。

两书版式完全一样，显然"后二说"是对"前五说"的补充。因此《治河五说》是初版，另有一种《治河五说》是增订后的再版。

根据刘鹗《河工禀稿》等可知，《治河五说》中的"五说"完成于光绪十五年九月初三日（1989 年 9 月 23 日）之前，将书稿送呈山东巡抚张曜和河图局总办易顺鼎。"治河续说一""治河续说二"完成在光绪十七年七月二十一日（1891 年 8 月 25 日）之后。书成后增订为第二种《治河五说》送呈山东巡抚福润。

日本大阪经济大学樽本照雄教授提供的日本东方文化研究所存第二种《治河五说》复印件，首页天头有刘鹗手书"前五说己丑上张朗帅，后二说辛卯上福少帅"13 个字。

《刘鹗集》收《治河五说》，根据《治河五说》第二种版本标点。（《刘鹗集》第 46 页）

▲《治水五说》全文如下。

## 河 患 说

窃考山东河患所以日甚一日者，实由河身愈垫愈高耳。河高则水溢，上溢则下淤。由淤生溢，由溢生淤，其患环兴，未易已也。近十年来，秋则堵塞，夏则漫溢，无年不塞亦无年不溢。人与河争，官民交困于此。而复持贾让不与河争地之说者，是误以纵水为顺水，犹之人以任性为率性也。

盖治河祖禹。孟子云：禹抑洪水，未尝云禹纵洪水也。今年既割济阳以下数百余庄以与河矣，而河患更烈。推之明年又当复然。况今年业已南乱小清，北靡徒骇，灾区则愈推愈广，经费则愈筹愈艰。官私赈抚，南北义绅皆有难乎为继之势。不早图维，伊于胡底。说者曰：明年河堤必加高，河防必加谨，可以无患。嗟乎！以今年而归过于河防之疏，不亦冤哉。谨即今年伏汛水势而论：齐河上下水深四丈，济阳、齐东三丈五六，蒲台、利津以次递减。至铁门关上下仅一丈有奇，其为尾闾淤垫明矣。又查现在铁门关上下仅三尺有奇。试问明年上游堤顶可以使高，下游河身何以使深耶？不使之深何由宣洩？说者又曰：若徒以尾闾不畅为虑，今年韩家园分洩在先，何以上游仍多漫溢？不知韩家园特平地耳，浅水漫流，终未遂其就下之性。况尾闾虽通，胸腹犹滞，患岂遽能已耶？且也杞人之忧，犹不止于年年漫溢已也！昔者南河由云梯关出海，亦因日垫日高，改道山左。今山东河门淤垫，又若南河矣。一旦改道，非南即北。南河故道，高若丘陵，水不能逆行，必然北向。北向之道近则沧州、庆云，远则天津、静海。畿辅之间将无宁岁。黎庶流亡，固已伤心惨目。况遗君父之忧耶！

## 河 性 说

万物各有其性,圣人尽其性以治之;水亦有其性,圣人因其性而导之。后之人,时势与古异,能不践古人之迹,而不能外古人之法。后汉王景治河,历千余年无河患,其迹非禹之迹也,而其法实禹之法也。伏读《禹贡》导漾、导江、导沇、导淮、导渭、导洛皆以一"导"字贯之。惟河,则于导河、积石而后又复曰播,曰同。其故何哉?

盖他水之性皆首弱而尾强,故势顺而易治。独河之性首尾弱而中强。中强故易溢,禹是以播为九河。尾弱故易淤,禹是以同为逆河。播为九河者所以消其涨,同为逆河者所以攻其淤。

尝考历代治河,首推王景。其于德棣之间,分为八河。播河意也。其合于千乘入海,同为逆河意也。其法最良,故其效亦最著。其次,则潘季驯、靳文襄、黎襄勤等。诸名公设闸坝以洩黄,仍播河意也。引清以逐淤,束水以攻沙,仍同为逆河意也。虽其效较之王景,久暂殊时,由于南北异地耳。

今年黄河复由千乘入海。何以未及三十年而水患频仍? 推原其故,皆由铜瓦厢决口之后,未曾加之意耳。曩令早为之计,遵禹法而播之,同之,虽谓至今无恙可也。何也? 顺河之性也! 圣人顺河之性以立法,岂强河之性以从人哉! 由播、同而旁求之,更有数则:

一河宜窄不宜宽也。窄乃力在下而攻底,宽乃力在上而攻堤。攻底则河日深,攻堤则河日溢。定理也! 何以证之? 试造甘蔗段圆木桶二具,一桶底内径二尺,高一尺,计受水三千立方寸。一桶底内径一尺,高四尺,亦受水三千立方寸。是二桶所容相同,则截长补短而为两相等之体。于是就桶底高五分,各凿一小孔。置二桶于堂廉之上,各贮水满之。水自小孔泻出,则瘦桶所泻,必远于肥桶数倍。夫肥瘦二桶所容既同,则为相等之桶矣。理应泻出之水其相远亦相等也。而瘦桶独远者,此水窄力在下之据也。再将近底二孔用竹签塞之,于近桶口下一寸复钻二小孔,仍贮水满之。则肥桶所泻,必又远于瘦桶。夫以瘦桶在下,所泻甚远,则在上亦应甚远,而逊于肥桶者,此水竟力在上之证也。

一河能湾不能直也。河湾则水有所消息而流匀,河直则水洩太急。水洩太急,则其来易涨,其去易淤。夫江水永也,未尝无诸山暴涨之水也。赖有鄱阳、洞庭二湖以消息之。故江水流匀,而民获其利。黄河不能有湖也,有湖淤亦满之。故藉湾以消息其水,亦湖之理也。故曰能湾不能直。然亦不能使之直也。如去年所挑逢湾取直之引河,未有不淤满者是其证也。

一停淤不在水中所含之沙多,而在洄溜也。幼时皆闻斗水六沙之说。潘季驯至谓：伏秋斗水八沙，盖未核其实耳。试取伏讯水一盏，以矾澄之，从无有三成沙者，况六沙、八沙乎！然先知水中无含六沙、八沙之理，而后知斗水可以有斗沙之理，且有不止斗沙者矣。盖洄溜行一转，留淤一层。一层之淤其实不过水中所含沙百分之一。但一日之间洄溜不止百转，则所留者为甚多矣！譬如税局抽捐，千金货船所抽者不过一金。然一月之间过者不止千船，则一月税金较一船之货不啻倍蓰。推此可知洄溜积淤之理矣！

## 治 河 说

国朝治河，以靳文襄公为第一人。文襄治河，以大兴经理为第一事。其词曰：凡大功之兴，先审其全势。全势既审，必以全力为之。未有畏其大且难，而曰：吾姑以纾目前之急已也。当其时正值军兴旁午，筹饷维艰，疏凡八上，请帑至数百万计，而卒以成其大功，名垂不朽。兹者时则□盛世也，河则巨患也。当此之时而不求一劳永逸之计，不綦可惜哉！

窃考黄河全势，巩、洛以上从来无患。巩、洛以下至于濮、范，患虽巨而不恒有。长清，齐河而下灾患连年，民多失所，正所当全力为之者也。历稽古训，广核舆情，谨拟治法三条用备□采择。

一宜修缕堤，以攻积淤也。夫水不束则流不紧，流不紧则淤不去。窃查齐河上下，两岸缕堤相去多不过百数十丈。自鹊山以下，渐放至二三百丈矣，五六百丈矣！昔者黄河与淮水合流，尝见安徽省镇阳关前，淮水之大与今河水相埒。现在黄河与大清河合流仅与淮浍一水相仿。推此可知，今日东省之河，比之当日南河之河，不过一半耳。而当日南河缕堤相距仅三百丈，而河大治。今东省之河既小于南河，则堤亦当窄于南河，而河方可治。乃反阔至五六百丈之多，能无淤乎？查济阳以下，宽河之处大概溜水，只有二支，或只有一支，不过居全河十分之一而已。其余皆洄溜也。洄溜之病与止水相同，无风则停淤生患，有风则激浪攻堤。况河窄只有坐湾之处方有顶冲，尚可随时防护。河宽则风激浪涌，在在均成风冲，防不胜防。何如将缕堤一律修复故势，不惟收束水攻沙之效，且先免风冲之患矣！

一宜播支河以消盛涨也。夫治河原有两难：缕堤不紧，无以收束水攻沙之效；缕堤既紧，又无以消盛涨之波。尝见遥堤以内，夹河之间，万民沦没，惨不可言。在上曾设法以迁民，在下则至死而不去。若弃患遥堤而守民埝不可，弃万民而守遥堤尤不可。反覆筹画，只有师禹播九河，王景八河之意。多播支河以泄涨水。有格堤之功而无格堤之害。复法禹厮二渠之意，略为变通。分为南北二渠，以收支水。均就遥堤为外堤，再加筑以内堤，每两堤相去以六十丈为率。北岸起长清，齐河界至利津上遥堤尽处止。南岸起济阳，章邱界至利津下遥堤尽处止。仍令合而为一，以法禹同为逆河之意。再于各支河口建立石闸。汛至则启闸洩水，汛退则闭闸攻沙，亦王景十里立一水门，更相洞注之意也。曾以此意遍访民间，无不欢跃。或曰：开通支河，建立石闸。光绪五年，钦差夏同善曾经奏请，旋经前山东巡抚周恒祺。据潘臬司骏文禀称：分水入徒骇，惟是减水一次，即受淤一次。岁岁续挑，劳费无已。且恐黄河日向北刷，设竟掣动大溜，冲塌石坝，必致氾滥为害等云。谨按掣溜与淤塞二理不能并立。盖支河低于正河，必然掣溜；支河高于正河，必然淤塞。兹既患淤塞，又患夺溜，有是理乎？《周髀算经》云：故禹之所以治天下者，此数之所由生也。汉赵君卿注云：禹治洪水，乃勾股之所由生也。夫治河不求上理而徒以模棱之说，以谋旦夕苟安。正靳文襄所谓姑以纾目前之急已也。若夫支河分入徒骇，未尝测量高下，是否有害，未敢妄断。惟水出不归，揆之大禹同为逆河之义，究有不合。今于遥堤缕堤之间，已尝大致测量，实无甚高甚低等弊。无甚高则不致淤塞，无甚低则不致夺溜。既不淤塞，又不夺溜，而建闸犹有他患乎？或曰：支河达遥堤不过五里，至远不过七八里，无乃太近。不知支河所以分水势也。水既离于经河，一里分也，百里亦分也，远近何异？况既欲使之同为逆河，则近不更易于远乎。或又曰：《禹贡》九河虽无可考，然闻条条皆直，如张琴瑟弦者然。岂有左右横出之理？抑知九河不曰厮而曰播。播字从番。《说文》：兽足谓之番。番从采，采别也、八也，象分别相背之形。晋郭璞去古未远，其训《尔雅》九河。于马颊、钩盘，皆主象形。其非条条皆直，可想见矣。

一宜改河门以就便捷也。窃查河门旧道，从韩家园起，经铁门关过牡犣嘴以下入海，计九十五里零。河道则迂曲难行，河门则垫塞不畅。尾闾不通，胸腹易滞，为害于口门者尚小，为害于全河者甚大矣。传闻施道补华曾有改河从洼拉入海之议，其法甚善。惟查洼拉口门系属向北。每值北风司令，风与水争，恐易淤塞。即如今年二月初八日朔风大作，北面旧河口为风吹塞，现在太平湾之船皆绕道由南河门出入，是其证也。今年韩家园漫溢，业已冲成河槽数道。直东一道最近，约不过四十余里即达大海。计其程，五里达杨家河滩。过此约三十里，两旁荻草，四无人烟，水皆深六七尺。近海有青垜子、小沙岭，亦为水冲开河槽，已深三四五尺。海中渔舟避风泊此。过此则达海矣。谨按此道，既较旧河门，近至五十余里之多，又比洼拉，更无犯风之弊。洵为天造地设之新河门也。两岸再筑坚堤，则不致浅水漫流，以致淤垫。或曰：光绪六年试用知府朱采曾援南河靳文襄公，于云梯关外筑堤束水成案，请仿照办理。后因筑堤于漫水之中，无从下手，遂罢其议。伏读靳文襄治河工程第十二条，南河曾有水中筑堤成案。每方土费银二钱六分。较之东省干地筑堤成案，每方土价一钱五分八厘七毫三丝零。所多者不过一钱零一厘二毫七丝耳。

韩家园入海，四十余里有水者，不及一半也。筑堤不过作三十五里已也。即使三十五里全在水中两岸七十里所多费者不过五六万金已尔。夫统筹全局，大兴经理，必不省此五六万金。况犹不及一半耶！或又曰：筑堤海边，潮刷即毁。不知江北海边灶户多筑范公墩以避潮。墩亦以土为之，形如断堤，潮不能损。又《滨州志》引《元和志》：海边有沙阜，高一丈，济水入海处也。名"斗口淀"。潮虽大，而淀不坏。夫潮不能坏土墩、沙淀，而独能坏堤乎？或又曰：改道韩家园，恐与监滩有碍。国课攸关，访闻永阜场东西两滩，计四百四十七副。韩家园两次漫溢，计坏二十六副。即漫口堵塞，重修壤滩与创立新滩，其费相埒。况两岸筑堤，可干出二十四副。仅经过杨家河滩两副而已。其余有益无损也。或又曰：西盐滩全资黄河以运盐。河道东徙得无艰运乎？不知盐滩特晒临耳。晒成后，向用骡马负至信字垣春包。查各滩距信字垣计十余里。若至陈家庄上船，亦不过二十里，是亦无甚妨碍也。

## 估　费　说

古谚云：曲突徙薪无恩泽，焦头烂额为上客。此讥世俗之无见者云尔。若上智必不然也。如郑工一决，縻帑千万，焦头烂额矣。考其所以有郑工之变，实由山东淤垫故耳。即山东近十年来除岁修不计外，仅以堵塞，挑挖等费，算之恐亦不赀。今欲使之一劳永逸，虽费二三百万，仍不失曲突徙薪之意。亡羊补牢未为晚也。其治法已详前说。兹略估其费从宽计算，约不过三百万而已。谨逐一陈之。

窃查东省遥堤成案，每方土津贴银一钱五分八厘七毫三丝零。照高一丈，顶宽二丈，底宽八丈起算。每丈用土五十方，每里九千方。合银一千四百二十八两五钱七分八毫三丝零。自齐河下大王庙起，以上民埝完固不必重修。以下有应修应补，以及重筑新堤等。通扯作六新四旧论，则自大王庙至韩家园四百里两边八百里，六折计作四百八十里，合银五十七万一千四百二十八两三钱三分二厘。又直渠北岸，自长清下起至利津上止，约三百五十里。南岸由济阳下起，至利津下止约二百五十里。两岸计六百里，合银八十五万七千一百四十二两四钱九分八厘。又北岸遥堤，有已断已残等处须得弥补，作五十里，合银七万一千四百二十八两五钱四分一厘五毫。又由韩家园至青坨子岭，约三十五里，两岸七十里。计六十三万方土，每方照南河水中筑堤成案，津贴银二钱六分合银十六万三千八百两整。又横渠作十道论，每道作五里论，总计两岸一百里。合银十四万二千八百五十七两八分三厘。又石闸作十道论，每道作银三万两，计三十万两。又堤压河占地亩，直渠计河身宽六十丈，内堤身宽八丈，除外堤即旧遥堤无庸给价外，共六十八丈合一百三十六步，每里三百六十步，计四万八千九百六十步。以每二百四十步一亩计算，每里计二百零四亩。南北两渠共长六百里，计地十二万二千四百亩。又横支渠，河身宽五十丈，两边堤身各宽八丈,共六十六丈。合一百三十二步,每里计四万七千五百二十步。渠约十道,共五十里。计二百三十七万六千步,合一万零二百亩。连前共合十三万二千六百亩。东省贾庄成案,每亩给地价制钱五串,合制钱六十六万三千串。每银一两作换制钱一串三百文,合银五十万零一千两。以上七项共计银二百七十二万一千九百四十二两七钱二分零二毫。委员、绅董薪水伙食作十万两,仍余十七万八千零五十七两二钱七分九厘八毫,以作琐屑杂项当可足用。

## 善　后　说

或曰:缕堤修矣,石闸建矣,支河播矣。逆河同矣,海口改矣,遂能保其永无患乎? 曰:不能。昔者潘季驯始创遥堤、缕堤。每年必有大汛一二次,溢出缕堤漫滩直逼遥堤,三四日即退。三年之后河槽刷深至五丈以外,不复漫过缕堤矣。

盖王道无近功,虽不能遽然无患,第漫溢亦不能成灾耳。此善后之说所不容已也。或曰:善后之事,何者为最急? 曰:莫急于平河底也。河底常有两头皆深,中间独浅者。名曰:中梗,为害最巨。大汛一至,无不旁溃。宜仿嵇文敏公对坝之制。其法极妙,世称白堤嵇坝,颂其功也。包世臣云:黄河之淤,非人力所及。法惟相度水势,做对头束水斜坝,以逼其溜,使冲激底淤。淤随浪起,而淤更重。淤重则积淤尽去,而中梗平矣! 此善后之首务也。或曰:善后之次何者为最先? 曰:莫先于救顶冲也。缕堤既紧,则坐湾之处必有顶冲。宜仿黎襄勤公碎石坦坡之法。其法当顶冲之处,用二收坦坡,水遇坦坡即不能刷。且碎石坦坡,黄水泥浆灌入,凝结坚实,愈资巩固。道光元年,曾上疏极言其利。光绪五年,钦差夏同善奏保护利津城。请仿照康熙年间,令回空粮船装载石块运赴河工之法。令回空临船载石块以填之。至今利津县块东南角不续塌者,碎石坝之功也。此后,可在逐年岁修项下拨款,令回空盐船载石于各湾顶冲之处抛置。十年之后,所有秸料埽坝将鲜若晨星矣! 此善后所必需也。或曰:经河决口奈何? 曰:有救之之法。在所拟十闸北岸姑命之曰:甲、乙、丙、丁、戊、己;南岸姑命之曰:庚、辛、壬、癸。设甲乙二闸之间,经河决口则急开甲乙二闸,使支河水满以敌溢水。溢水上不得过甲字支河,下不得过乙字支河,中不得过甲乙间之直河。溢水三面受敌,不过灌至与经河水平,不治自止矣! 夫口门之所以难堵者,皆由溜急。溜愈急则堵塞也愈难。今口门既成止水,是进占与厢埽等功,而易犹过之。迨口门堵塞既坚,然后用水车三百架,不过三二日,可将格内之水,尽行车入支河矣。自决口至堵塞,不及十日间事耳。推之乙丙、丙丁、庚辛、辛壬亦如之。此善后所当预计者也。或又曰:向来缕堤决口,遥堤无不接溃者。今能保其不冲过支河乎? 曰:能。昔者只有一线遥堤,所以不能御数里之水。兹既加以内堤而又实之以水,其力与七十丈阔之堤相等。即古者水饿理也。古人之筑月堤，每遇险工，即从月堤下口挖开，使水灌其中，即可无恙。名曰水戗。其实即王景更相涧注之意。今支河格内，长不过数十里，阔不过五六里。中间所容至多，不过如高一丈，方一里者，数百方水而已。即有如是数倍水力亦攻此不开也。或曰：支河决口奈何？曰：亦有救之之法在。设甲乙二支河之间直河决口。无论内决外决，则急闭甲乙二闸，而水乃立涸。然后将干口堵塞，不过三二日事耳。设横支河决口亦如是办理。推之乙丙、丙丁、庚辛、辛壬亦如之。此亦善后所当预计者也。或曰：凡事预则立，亦有须早为置备之物乎。曰：有。即如水车一物，黄水用处极多。宜采江南脚车样式，令本地匠人造之。须造一千余副以备上下游不时之需。又如《史记·河渠书》"禹抑鸿水，泥行蹈橇"。橇之制虽不可详，即就一蹈字。可想见其法。宜置备多副，以救溺人。尝见夹河之间，水退淤存，陷深丈许，既不能泅，又不能践。仅隔数十余丈即坐见饿死，而不能救。当决口之旁，此事尤多。每当宜存储数副，且使勇夫数人常常习蹈，以备不虞。又如初起一二年间，每段宜多积土坯，倘遇经河决口，待内外水平，即可抛坯堵塞。较之积料捆占。工即速而费更省。惟止水口门最宜用之。又如石闸，闸板中国制法甚笨，宜采用西法，以机器起落方得灵活。此则善后之余事也。(根据《治河五说》原文)

**是日** 在蒲台，接到郑工局总办易顺鼎的信，命刘鹗回到济南后抄写"山东历次大工成案"。当日从利津动身返回济南。

**10月5日(九月十一日)** 回到济南。住山东省城西县巷北首路西陶宅内。

**10月6日(九月十二日)** 拜见施均宪，请求抄写"山东历次大工成案"遇阻。

**10月7日(九月十三日)** 拜见山东巡抚张曜，请求抄写"山东历次大工成案"。提出自己组织人力抄写，先得到张曜同意。后张曜又告诉刘鹗，山东河防局已经组织人力抄写。

**10月10日(九月十六日)** 发出给郑工局总办易顺鼎的禀稿，报告在济南抄写"山东历次大工成案"的困难。同日发出给山东巡抚张曜的信，再次请求抄写"山东历次大工成案"。同日拜见山东河防局张总宪，商谈抄写"山东历次大工成案"事，被拒绝。

▲《上河南郑工局禀》(由济南九月十六日发)

敬禀者：窃卑职于九月初三日方发前禀，接奉宪示，蒙奖许之逾恒，倍悚惶而莫措。惟有竭尽驽(驽)骀之力，藉伸犬马之忱而已。

△奉列钧示，即于初四日起身，十一日到省，十二日见施均宪云："抚台已着人抄，但不知何日成功耳，面见催请亦好。"十三日，宫保自赵庄回，△△趋见。宫保初次云："尔有人抄亦好。"二次云："已着人抄去矣。"势匆迫，不能进言。退思此事，实

有数难：大人所索者，山东历次大工成案而已。宫保嘱河防局，河防局嘱书吏，书吏惟求简略。大约不过某口决于何时，工成于何时，何人总办，何人掌坝头而已，恐犹未能如此其详。再由书吏呈之委员，委员呈之局宪，局宪呈之宫保，宫保交给卑职，或寄至河南。不但旷日持久，即嫌其简略，而亦不能复请矣，此一难也。

山东公事向来疲缓，如何防营禀报险工，批禀每至一二天不回，其他可想见矣。如其颇简，尚可稍速；如其略详，必遥遥无期。现在四段次第皆将完工，完工后绘图极易，倘图成而成案未到，奈何？以卑职仰测，大人神目如电，虽三部大书，编辑必速，大约可以随同河图进呈御览。倘因成案迟误，河图先成，岂能久待？此二难也。

宫保公事极烦，△△既不敢向宫保屡催，亦不敢向河防局屡催，此三难也。又思《历案黄河大工表》倘成案简略，尚可敷衍成编，若《皇朝东河图说》，将何所据而为此说哉？△△初奉委时，见关防有"总理河道图说"六字，即疑大人必有用意。故于沿路州县，设法借其志乘翻阅，颇思采择河干、古迹、轶事，或金石、名胜等事，以备销差时顾问。乃志乘多系乾隆、道光年所修，于大清河多不过数行或数句而已。

近河亦无事迹可采，惟《章丘县志》考小清河为济水故道，大清河为漯水故道，引《水经》云"又东五里，经汉征君伏生墓南"。图绘伏生墓，在今延安镇东。△△至延安镇时，全镇已没水中，犹有居人。其东十数村，皆无噍类矣！一片汪洋，无从咨访。访诸延安之居人，无有知者。因其地属齐东，翻《齐东志·古迹类》无伏生墓。齐东县秦令长庚，为人甚好，因闻△△说，即饬礼房查伏生墓在何处？苦查两日，无有查处。后隔两月，秦令忽来信云："于城南寄驾冢侧，在同治年间，乡人掘井，得一断碣，仅有一伏字，不知是否？"△△按《水经》："又东北经崔氏城北"，即今济阳城南，章丘之土城村，是"又东南经东朝阳故城南"，即今齐东之魏王城，是"又东五里经汉征君伏生墓南"，查寄驾冢正在魏王城东，不过五里，是其地无疑矣！费数月工夫，仅考此一小古迹。皇皇大编，将何所取材，此四难也。

△△向各州县索来成案，多某年某处决口，后旋即堵塞云云。至何月漫决？何月堵塞？有查不出者。况其他乎！故不得不专属意于河防局也。

窃思有以上各难，不得已，宫保已着人抄，显身事外矣。又蒙宪恩，命△△力任此事，何敢逸豫！顾何者应抄，合著作体例；何者不应抄，未合著作体例，△△虽一毫不懂，然拟择其奏章、禀牍，凡非循例套文，均一概抄录，即例套文件，凡有兼发新义者，皆宁详无略。拟每抄成若干卷，即专送河南一次，以便大人删定。随抄随送，俟抄完之日，亦即删定成功之日矣！卑职愚见如此，未知上合宪意否？故于昨日，已将曲折情形缮禀呈张宫保。惟宫保明日寿辰，必然避出。前数日，与主考周旋，连日无暇。俟稍暇，△△再为面求，以观何如。现在且专候批禀回来，再为具禀。

恭求钧海！以上△△到山东省城情形也。

肃此具禀，谨请勋安。

▲《上山东抚台禀》（在省城九月十六日发）。

敬禀者：窃卑职于本月初四日在蒲台境内，接奉卑职局宪易道来函，述河帅谕：命卑职当面叩求宫保大人，可否将河防局成案发出卑职祗领，雇人抄录，随抄随校。

兹两次叩见，因大帅公冗，未敢琐陈。前日恭聆钧示，云卑职"有人抄亦好"。昨日恭聆钧示，云"已着人抄去矣"。似此宪恩高厚，何敢再渎。惟辗转思维下情，有不敢者三，不便者四，谨陈愚悃，伏候鸿裁。

窃以下属之事，而上劳宫保烦心，此一不敢也。二则郑工善后局，其实即河图局。河图告成，此局即撤，非若山东河防局永垂不朽者比。此次求抄成案，为须编辑二书：一《黄河历案大工表》，一《皇朝东河图说》。此二书亦须与河图先后告成。故其意在求速，若经大帅饬人代抄，何能催促？此二难也。且既不能催促，则俟陆续抄成，至少必须数月。现在各段测量皆将完工，绘图之事月余可了。图了即须撤局，而书遂不能成。此一不便也。倘因此二书，而不撤局，则每月各员薪水及局费等项，不下三千金，图成则无法报销。此二不便也。三则由卑职祗领，随抄随校，倘有错字，随即更正。且由卑职随校随编，当粗定规模。譬如抄咸丰五年之案，此年案卷，抄完即校完，亦即编辑粗完。每抄完五年即专送河南一次，卑职局宪易道再为摹削，遂已成书。随抄随寄，随寄随编，俟山东抄完，而河南亦踵完矣，此并三事为一事也。若由河防局抄，必须抄然后寄河南，倘有一二疑字，虽未必是抄录之误，然无从考证，不能无疑。此三不便也。即令始终无一疑字，俟此地抄成寄至河南，再为粗编，再为定稿，已落图后数月。若先进呈河图，而后进书，不可；若图虽成，而必待书成而后进，又不可，事属两难。此四不便也。

因有如此不敢、不便等情，而屡蒙宫保恩施无既，故卑职局宪易道传河帅口谕，命卑职当面叩求宫保大人，可否将河防局历年成案，陆续发给卑职祗领，随抄随缴，随缴随领之处，出自逾成全。不敢有请，惟将卑职局内苦衷，沥陈上诉。

肃此具禀。敬请勋安。

▲《上河南易道再禀》（由济南九月十九日发）。

敬再禀者：卑职于十六日谒见河防局张总宪上达，告以成案之事，其意甚佳。谓河防局前现修大王庙，月内一定完工，可将全卷提至大王庙，多雇人抄。卑职午后往拜河防局委员，访问此事。据云："抚台虽如此吩咐，唯我辈实无法办理。局中成案，棼如乱丝，现在又修房屋。俟房屋修好，抚台如催得急，只好抄各年上谕数条以塞责可耳！不然，各有专责，无暇兼顾。"卑职告以张总宪之语，伊亦不答。窥其意，若谓如此大著作，山东固无人做，亦不能让河南人做之意。卑职又告以大人盛德虚怀，立言之功，亦不自居。他日此书告成，可推山东诸君首列其名。况本局系三省会奏而设，虽经河南承办，亦山东事也。设若此事系山东承办，而有所需于河南，诸君至河南，河南得谓之曰："此山东人，不合问河南事"乎？况总宪所以命鹗面求宫保，及请教诸君者，正为总宪不能亲造诸君，面讯方略，而使鹗一一请教，章程条例，虽片言只字之长，总宪皆必敬从无遗。他日诸君名垂千古，不亦盛哉！至鹗所任此抄胥之事，得承诸君之教，附名抄胥之末足矣。以上卑职见河防局总宪及诸委员情形，沥陈再禀，恭求训示。卑职此时，一面候抚台批示，一面与河防局诸人商量。俟有眉目，再为续禀。肃此再禀，恭请勋安。卑职鹗再禀。（根据原抄稿过录）

**10 月 15 日（九月二十一日）**　拜见山东河防局张总宪，被告知经张曜同意可以在大王庙办公。再拜见提调黄君，黄仍寻找借口阻拦。

**10 月 16 日（九月二十二日）**　发给郑工局总办易顺鼎信，报告在济南工作情况。同日发给河南南汝光兵备道朱，报告在济南情况。

▲《上郑工局即补道易禀》（由济南廿二日发）。

敬禀者：窃卑职到东省情形，已详前禀。本月十七日张宫保寿辰，十六日预祝，十八日宫保谢客，十九日客谢宫保，四天均不见客。二十日正衙门期，客太多，不暇谈公事。二十一日。卑职往见，将河防局尚未能抄，并张总宪云大王庙可以借办公事等云，禀知宫保，已蒙俞（谕）允。张、李二总宪，现均在工。卑职往见提调黄君，告以宫保谕允等情。提调云："既宫保允诺，一俟下月初房屋修成，仅尽可来抄。"又云："但存卷浩如渊海，从那办起？不但卑职一人断不能办，即请熟习公事者四五人专管选择，佳抄者数十人抄录，亦非半年十月不克。"卑职固知才不胜任，然如提调所云，恐亦不尽然也。至委员所说，则几断为必不能办矣。

卑职私心揣度，或系书吏畏烦，故作此语，以欺其上耳。从上至下既有所阻，再从下至上，或有可通，已着人与其书吏会商去矣。惟闻河防局起于光绪九年，则以前皆须从抚院河务房去录。卑职以为，全说官话，恐不能行，故着人于抚院房科、河防局书吏二处会商办理，不过事完酌与以酬劳耳。不然山东人必不甘为我河南人用也。惟既通之后，应如何抄法，请大人详示程式，以便遵行。于未奉到宪示以前，如可发抄，卑职拟先抄历年上谕，次抄历年本省奏章，次部议，次京官奏章，次邻省奏章，次各员禀牍，次各处条陈。如根本条放，由大而细，一年编一目，一朝编一总目，查时似可省力。卑职愚见如此，未知有当于万一否？

伏候宪裁。

以上此数日间情形也，余容续禀。肃此，敬请勋安。卑职鹗谨禀。

敬再禀者：窃卑职现寓山东省城西县巷北首路西陶宅。恭候训示。再《续行水金鉴》虽早已函致卑职家兄，大约便人难得，拟俟成案开抄时，即专人回取，以便随成案寄呈宪鉴。以上二则合并声明。忠职鹗再禀。

▲《上河南南汝光兵备道朱禀》（与前禀同发）。

敬禀者：窃卑职于九月二十三日奉到大人八月十六日手示，过蒙奖训之逾恒，益竟悚惶之莫措，虽竭驽（驽）骀微力，难报覆帱深仁。

卑职正同诸司事溯流补测，奉到仲宪手示，命卑职面求张宫保，请抄山东历案、大工成案。初见张宫保，云："已饬河防局抄去矣。"既至河防局，知尚未抄。复见宫保，再三恳求，方许领至与河防局毗连之大王庙内抄录。现在上宪虽均允许，惟委员以下，尚多掣肘。且大王庙工程未完，约十月初方能兴办。其曲折情形，已详禀仲宪。惟卑职本不谙公事，前者测量，尚可以算学掩饰其短。兹办此事，非所素谙，必多贻误。若知难而退，有负仲宪委任之恩。若无知妄为，恐贻他日颠踣之咎，故已具禀详请仲宪训示旅行。兹卑职现在情形，理合具禀，恭求宪鉴。敬请勋安。卑职○谨禀。

敬再禀者：卑职现寓山东省城西县巷北首路西陶宅内，合并声明。△△△再禀。（根据原抄稿过录）

**10 月 19 日（九月二十五日）**　在河防局了解了山东河房局（河务局）组建情况。但是所需资料仍然无法得到。得到山东巡抚张曜给河防局的亲笔信稿。

**10 月 21 日（九月二十七日）**　发给郑工局总办易顺鼎信，报告近日工作进展情况

▲《上郑工局即补道易》（由济南九月廿七日发）。

敬禀者：窃卑职于二十三日恭肃寸禀，将现在情形详呈宪鉴。续于二十五日在河防局书办处，访得山东河务自咸丰乙卯铜瓦厢决口以后，直至光绪六年，抚院方有上游河务房。至光绪八年，始有下游河务房。至光绪九年，陈隽臣中丞修缕堤，筑大堤，方立河工局。光绪十年，方立河防局。立河防局以后，历案大工，均有成案可稽。修筑大堤、缕堤成案，在河工局，河工局撤后，卷存河防局，另一人执管，不与后案相淆，亦可得。而稽考局中存案，虽皆散片，未曾归并成册，似乎悉心挑选，尚可办理。

卑职窃闻山东之谈河工者，皆断自丁文诚公，塞贾庄口起，次侯家林，次桃园，再次则在光绪九年以后矣。贾庄以前，民修民守，恒有决溢，而官不与闻，故其案卷多散佚无存。间有存者，或在抚院房，或在藩房，或在济南府房，并有为前河务大员

携去者,散而不聚。此查得山东成案之切实情形也。卑职前禀,拟从咸丰乙卯年上谕抄起,今已自知不行。据现在情形,似宜从有而至无,从整而至散,溯洄办去。先从光绪九年筑大堤、缕堤起,抄至今年止。办完则与河防局无涉矣。然后,禀明张宫保,再提上、下游河务房。贾庄、侯家林等案抄办,抄完再往各衙门查检咸丰五年至光绪六年成案,大约以前断不能详矣。

卑职自到省,已经半月有余,片纸只字尚未抄录,心中实为皇皇。今日往河防局,见黄提调,未得见。见吉提调,以新进局为辞。明日只好再去候黄提调,大约至迟三、五日内,似可举办。盖卑职已由书吏处抄得宫保札饬河防局底稿,似乎渠亦难以刁难。此近数日之情形也。

肃此具禀。恭请勋安。

附呈宫保札河防局底稿一纸。(根据原抄稿过录)

**10 月 22 日(九月二十八日)** 拜见山东河防局黄提调未遇。午后,见吉提调,虽有山东巡抚张曜的亲笔信函,仍被拒绝。

**10 月 23 日(九月二十九日)** 到纸坊拜见张总宪,未遇。赶回济南,晚,见到张总宪,张同意抄写"山东历次大工成案"。

**10 月 25 日(十月初二日)** 往见吉提调,因未得通知,不能抄写。到黄提调家,同意明日再办。

**10 月 27 日(十月初四日)** 到大王庙,因资料全部存于木柜中,无法工作。

**约 10 月末** 再给郑工局总办易顺鼎报告工作进展并讨论可以用照相的方法绘图。

▲《上郑工局总办易禀》(由济南十月□日发)。

敬禀者:九月廿七日以前情形,已详前禀,谅已早蒙钧鉴。嗣于二十八日清早,往河防局候黄提调,至午未至。复见吉提调,吉云:"既张总宪有所云,得张总宪吩咐一语亦行。"△△将抚院札稿给吉提调看,吉云:"局中以总宪为主,虽有抚台札饬,仍得总宪一语,方能发给。"当日探闻张总宪在纸坊工际。旋于二十九日往纸坊,及到纸坊,闻知张宪适回省城,旋即赶回,候至晚得见张宪,备诉久候苦衷。张宪云:"明日到局,告之提调。"十月初一日,大王庙落成,演剧,宴会。初二日早,往河防局,见吉提调,问昨日张宪说否? 吉云:"未曾提及。"候黄提调至午后,未到局。往黄公馆见黄,知张宪已向黄说过,黄允明日向书办说。初三日往河防局,问书办,云:"黄提调已吩咐过矣。"本日河防局移至大王庙,因河防翻盖也。纷扰之中,知不能办事。初四日,复至大王庙,知光绪九年成案,均在木柜之中,未曾列架。书办张某理半日,毫无头绪。闻有一精明书吏在大寨工次,提调命张某去换伊回局。△△

愿代伊理整，提调再三不肯，无法，只好候伊。张某初四日早去，历初五、初六、初七，还未到来。

　　△思大寨正是要工之际，方亟需人，何能即行饬回？恐又有阻碍。故今日与之商议，即先从光绪十年、十一年办起。定于明日开工矣。大王庙此刻即河防局，大小房屋均已住满，无一席之空。惟有戏台后楼，人嫌太高，无有往者，故尚空闲。△△即择此处办公。此拟先行开工情形也。余俟办有眉目，再为具禀。贾司事等测量，初一日到济阳，今日尚未到洛口，大约完工须在月半间矣。

肃此具禀。敬请勋安。伏乞垂鉴。

　　敬再禀者，前差回，接奉钧函。蒙示形势、工程等八式，敬谨照章编纂。山东决口最多，大约每年总有数案。抢险者不计其数，似乎凡曾经决口之案，皆须抄录也。东河二百余年，所出之工，敬悉大人业已编纂成书，神速绝伦。△△等何能望见万一。驽马行地，追随飞龙在天，不知其相去几何也。东省书肆，直无书可购，山东书局仅有《安澜纪要》而已，无他种也。肃此再禀。敬请勋安。△△△再禀。

　　敬再禀者，钧撰《东河图志·凡例》，已敬谨誊写一份，以供揣摩。至云："图历代之河，更难于图《禹贡》。"至哉名言！胡朏明之图，作于国初，承明人卤莽之后，稍取分率准望之理，业已惊世骇俗。至于今日，考据之家，星罗云布，虽人人皆知为之之不易，而未肯不苟以责人。如《行水金鉴》诸图，出于今日，知海内人士，必将起而笑之矣，况《禹贡图》乎！以如此艰难之事，数十年无人敢为，而宪台为之。为之而并志与图，仅历时六月。不但卑职悉蒙下土，不足以测星月之高，即使胡氏、傅氏生于今日，亦不得不咋口挢舌，而自惭形秽也。卑职所陈者，皆系发于肺腑，并不敢以市俗贡谀技俩，上辱钧听。且屡蒙异数，不以属吏相待，而卑职又何敢独外生成，自沦于卑污之流俗。只以仰钻者久，佩服者深，如夜人忽遇日月临空，不自觉竟其欢欣鼓舞也。

　　山东沿河郡县志，因借时甚难，索还甚亟，故皆已还之。其中无甚取材。于河渠一门，卑职已全抄。于沿革一门，多系抄《山东通志》而略焉，故皆未取。于古迹门，择与河有关系者，已录之。艺文一门，于稍兼河务者，皆已抄录，特绝少耳。山东县志之陋，有令人喷饭者，故取材良少也。惟历城、章丘、惠民三县稍好。若长清、齐河两县志，犹未借到。至上游，非卑职段内，更无力致之矣。《山东通志》，亦遍购不可得。访得友人有一部，兹已借来，谅可以他物易之。《续行水金鉴》，卑职家兄已专人送来，兹特交贾司事等赍呈。山东沿河州县，卑职集一沿革表，尚未抄完，谨先呈其半，恭求训诲。

　　大清河，各县志有以为济水者，有以为漯水者，纷纷聚论，虽阎百诗、孙文定，犹不免沿误。其实非济非漯，《禹贡锥指》已言之。卑职作《济水故道图》《漯水故道图》各一幅，草稿已定，尚未誊清。至卑职前云，所测量者，作《伏汛前图》《伏汛后图》二幅，大可以观黄河变迁之情状。再三商之贾司事，而为张司事不肯多绘一分草图，遂废其议。后来捡拾陈稿，似《伏汛前图》尚可以成。盖由张司事至辛庄闹事后，始怨卑职而藏其图，不使卑职一见。其先之图，未尝讳也，故卑职处尚有草稿可以演成。卑职所未曾见者，《海口图》及《伏汛后图》而已。卑职所量遥堤，皆绘于《伏汛前图》上。因河身有变迁，堤岸无变迁，他日惟《伏汛后图》蒙于《伏汛前图》之上，便可描下矣。兹司事等销差，理宜将遥堤、村庄等图，一并交其赍呈。因遥堤原装于近河堤岸之上，今近河滩淤改，而村庄亦改，以原装原必不合辄（辙），故必须与改图一一对勘，方能装绘。后图既不可见，故无法装，亦无法附呈钧鉴。只好俟卑职回豫时，得见如图，再为补绘。

昨闻沈牧庚尧云，前三段所用之尺，亦非营造尺，所绘图之分厘尺，亦与卑段不同。此说恐未必然，如其然，亦有法可想。图既成，其放大缩小，皆易易事。惟贾司事云，用照相法，着不可用，何也？照相缩小，惟于石印相宜，若绘图，初照至玻璃片，继晒上蛋青纸止矣。试问照相片上之墨迹，能影绘乎？止须令其缩一张，便知不行矣！（根据原抄稿过录）

**11月（十月）** 刘鹗已经掌握了黄河自潼关自铁门关的河道的走向、长度，两岸河坝、河堤的高度、宽度，堤坝至河滩的距离。进入《河南直隶山东三省黄河全图》绘制阶段。

▲ 编著者按：根据1890年绘制完成，进呈御览的《河南·直隶、山东三省黄河全图》看到黄河曲折逶迤的情况：

从陕西潼关，过金斗关沿河南阌乡、山西永济县曹村——山西芮城县——阌县县城——河南灵宝阌乡——河南灵宝县城——山西平陆县——河南陕州——三门峡——河南渑池县——山西垣曲县——河南济源县——河南新安县——河南孟津县——济源县——铁谢镇——扣马镇——桃源庄——河南巩县——河南温县——裴家峪——邙山头——河南温县——河南汜水县——河南武陟——河南汜水县——孤柏嘴——河南荥泽县——河南武陟县——河南荥泽县故南关——河南郑州——河南原武县界——中牟县界——河南阳武县界——赵家渡——河南封邱县界——河南祥符县界——黑岗渡——河南祥符县界——西古城——草场口——河南陈留县界——小张庄——河南陈留县界——河南兰仪县——铜瓦厢东坝头。（全长九百二十九里）

河南兰仪县铜瓦厢东坝头——徐公集——油访寨——叶新庄——直隶长垣县

界——竹林集——卢义姑——直隶东明县界——郭寨——李屯——嘴子头——曹庄——高村——遂村集——直隶开州界——石庄黄——朱口——山东菏泽县界——兰路口——开州界——梅寨——山东濮州界——潘斋缺口——项城集——康屯——柳园——罗庄坍堤口——大辛庄淤河口——山东范县——监店——邱庄——徐大井——侯家楼——山东阳谷县界——刘家庄——山东寿张县界——小龙湾——范庄支河口——淤河口——陈家坊——岔河口——阳谷县界——黄家口——红庙寿张县界——十里铺——小白铺山东东平州——西赵桥——东赵桥山东东阿县界——史家桥——陶城铺新运河口——魏家山——阴柳棵——八里厅——庞家口——大河口——小鲁道口——山东平阴县界——邓庄——康口——湖溪渡——刘官庄山东肥城县界——孟家道口——山东长清县界——水坡庄——官庄——苗家庄——董家寺——荆隆口——阴河——黄陡崖——东兴隆庄——张村山东齐河县界——史家道口——五里堡——齐河县城——陈家林——李家岸——蒋家庄——山东历城县界——泺口——冯家堂新河口——堰头镇小清河闸口——邢家渡——河套圈——孟家圈——秦家道口——潘沟——章邱县界——历城县界——二十里铺——山东济阳县城——时王庄——西侯家庄——龙王庙——苗家庄——山东齐东县界——延安镇——徐家道口——桑家渡——刘旺庄——山东惠民县界——山东青河县界——徐家庄——清河镇——崔家庄——姚家口——翟家寺——卜家庄——山东滨州界——兰庄家——孔家庄——新街口——丁家口——徐家井——山东蒲台城——菜园——刘家渡——山东利津县界——宫家庄——曹家店——四行子——十四户王家口——监窝——高家庄——辛庄——铁门关——萧神庙——洼拉——二沟子——三沟子——红头窝——海口。全长一千一百十三里半。

总长：二千四十二里半。

河南省内注入黄河的河沟溪涧有：

玉溪涧、袁村涧、泉鸠涧、浪水涧、湖水涧、沙河、汭水、宏农涧、密河、好阳河、淄水、乾头河（又名苍龙涧）、青龙河、胡家村涧、潘庵村涧、王家沙河、马家河、三门涧、七里沟、赵家河、程沟、程家河、王家河、天涧河、老鱼嘴涧、槐扒涧、槐扒河、槐沟、芦花岭涧、应口沟、北角石涧、西柳窝涧、东柳窝涧、半涧、涧口河、马铃涧、沇水、河水涧、白崖涧、关家涧、宋家沟、龙泽沟、得涧、庄涧、单家涧、茅田涧、荆子出涧、小沟、清河口涧、欧湾涧、南津涧、阵河、阎苍涧、罗宇西沟、罗宇东沟、康岭沟、大晏沟、大晏东沟、堆底沟、疙塔涧、疙塔东涧、寥坞涧、寥坞东、利崖底西涧、利崖底东涧、洛水、氾水、莽河、济水、沁水。

直隶、山东省内注入黄河的河沟溪涧有：

南运河、大清河、纹水、狼溪河、白雁泉、洪范池、南沙河、北沙河、玉符河、漯水、小清河、巨治河、绣江河、减河等。

▲ 编著者按：根据《河南·直隶·山东三省黄河全图》，刘鹗测量黄河河道的走向、长度，两岸河坝、河堤的高度、宽度，堤坝至河滩的距离情况：

（一）河南、直隶、山东三省黄河大堤的长度：

黄河北岸大堤共长一千二百四十七里七十四丈五尺三寸。

黄河南岸大堤共长一千七十三里一百六十九丈八尺二寸。

（二）测量河南、直隶、山东三省黄河大堤586处的堤面宽、高于地、高于滩的情况：

其中北岸277处：黄沁厅（54处）、卫粮厅（55处）、祥河厅（17处）、下北厅（14处）、长垣县（8处）、滑县（3处）、开州（14处）、濮州（7处）、范县（5处）、阳谷县（1处）、寿张县（5处）、阳谷县（14处）、平阴县（6处）、肥城县（2处）、长清县（11处）、齐河县（10）、历城县（7处）、济阳县（7处）、惠民县（14处）、滨州（13处）、利津县（20处）。

南岸309处：上南厅（43处）、中河厅（47处）、下南厅（116处）、兰仪县（3处）、铜瓦厢坝头（7处）、东明县（2处）、菏泽县（4处）、濮州（3处）、寿张界（3处）、阳谷县（4处）、东平州（4处）、东阿县（6处）、长清县（4处）、历城县（10处）、章邱县（5处）、济阳县（1处）、齐东县（4处）、青城县（8处）、滨州（6处）、蒲台县（9处）、利津县（16处）。（《刘鹗集》第4页）

**是年** 与算学家贾步纬在测量的具体问题上发生争执。

▲ 因测量河工工程，与张曜幕僚天算学家贾步纬赌胜，算学之名大噪。罗雪堂说："在张勤果幕中，有贾步纬者是当时的天算学家，与李壬叔（善兰）齐名。某次黄河下游堤工勘测，勤果为了慎重，请贾去复查。贾回报堤工宽度应较下游签呈增加约一倍。勤果闻报大怒，召铁云切责，拿出贾步纬的回报数字，责令复查。铁云遵命复查后，原来勘测并无错误。去见贾请教。贾说你测量计算错了。铁云拿出算草复核仍不错，又以算草向贾老先生请教。贾看后说：'你计算方法不错，不过标杆立的不对。'铁云问贾：'标杆立在何处？'贾说：'未立标杆，系以对河宝塔为据。'铁云如贾言重测，得数果与贾相同。但实测，宝塔离河岸尚二里余。因回报勤果说贾老先生测错了。勤果又请贾问，贾说他不会错，愿与铁云打赌，立竿重测。勤果说不必立竿测量，直接派人拉绳子实地丈量，看究竟谁对。贾问铁云：'你错了，输什么？'铁云道：'错了，辞下游提调不干。'贾说：'好！我错了卷行李。'丈量结果，是

贾错。这位耿介的老先生终于卷起行李走人。"(《铁云年谱》第 27 页)

　　**是年**　山东巡抚张曜函招刘味青赴山东任黄河下游提调,婉拒并说明情况。

　　▲《关于老残游记》七:"时鲁亦患河,张勤果见豫工奖案,因函招先胞伯。复书辞不赴,且述让奖故。张因檄调先君,以同知任鲁河下游提调。豫图成后,先君始赴鲁进谒,是先君入官之始。时光绪十七年也。"(《关于老残游记》手稿)

# 1890 年（庚寅　光绪十六年）　34 岁

1 月　德国在上海设立德华银行正式营业，是德国资本在华活动的中心。

4 月　湖广总督张之洞在武昌创立两湖书院。同月，康有为在广州开始聚徒讲学。

12 月　张之洞创办湖北炼铁厂（汉阳钢铁厂的前身）及湖北枪炮厂（汉阳兵工厂的前身）。此为我国第一个近代钢铁企业。

是年　基督教传教士会全国大会议论决定：将学校教科书委员会改组为中华教育会，指导整个基督教在华教育事业。由此垄断中国的新式教育阵地。

兄刘味青 41 岁。太谷学派学人：蒋文田 48 岁、黄葆年 46 岁、毛庆藩 45 岁。罗振玉 25 岁、王国维 14 岁。

**前一年冬和是年春**　绘制《(河南直隶山东)三省黄河全图》。

▲ 编著者按：《(河南直隶山东)三省黄河全图》由"图"与"说"两部分组成。图以总图一份，分图一百四十九图组成，以经纬度标明全部河流走向。图前有《三省黄河全图凡例》如下：

## 三省黄河全图凡例

一　地球周七万二千里，分为三百六十度。南北纬每度二百里，东西经惟赤道每度二百里。渐远两极，则渐狭。兹图推测经纬盈缩，悉与天度相符。

一　遵用工部尺布算，每里一百八十丈。图用五分一格为一里，较原形缩为三万六千分之一。

一　列于里格之上者为经度，列于里格两旁者为纬度，皆二分一。列经度依京师中线起，偏中线东者曰东几度几分，偏中线西者曰西几度几分。

一　河边老滩用单线，嫩滩用沙点。遥堤、缕堤、格堤、越堤均用双线。帮堤旁加一线小堰用粗单线、淤河用双虚线。坝从 ▥▥▥。埽从 ～～～。土塘、塘从 ◖。大溜从 ∮。山从 ▱▱。州县城各从测量本形，间有未经实测者从 □。厅从 ▨。营从 □。哨从 ×。汛从 ◉。堡从 ◯。镇集从 ◉。村庄从

● 。庙从 ▦ 。闸从 )l( 。省界从 ⋮ 。州县界从 ∴ 。渡口从 △。

一　河流自西而东。溜所向处绘作箭形。溜偏南则矢南，溜偏北则矢北。观偏指之处即知险工所在。

一　图内支水皆据现有者绘之，其昔有今无之水不复入图。惟故道尚可指名者，亦绘虚线以存形势。

一　支水来源，远近不一。兹图详于正河。凡现有支水，只绘近河数里，未能溯流穷源。

一　绘图有正视、旁视各法。兹图用天空下视法，由上视下则全体皆见。故绘山作图，峦势不作峭侧形。

一　滨河之山，蜿蜒曲折，皆绘全形。所占之区，其距河稍远，仅测一面者，绘作半山形以示未尽。

一　两岸城郭、村庄皆测量得其方位。十数里以外，足迹目力所未及者，任缺无诬。

一　村庄名目，悉本土音俗呼。《春秋》所谓名从主人。

一　地名之字，间有不见字书者，相沿已久未便以他字代之。即厅、堡、戗、霸等字亦皆古书所无，礼在从宜，不嫌质实。

一　金堤自直隶开州境以下，渐次有工。故从河南滑县白道口测绘。其白道口以西，金堤距河更远未及测量，亦不绘入。

一　两岸曾办大工之处，略载年月始末，以识之。具远事则考之傅泽洪《行水金鉴》、黎世序《续行水金鉴》诸书。近事则考之山东、河南两省成案。

一　图内所绘，系据当时实测之数。至测量以后，埽坝或有增益，沙滩或有变迁，尚待他时添注。

一　图每页皆标纵横数目，以同纬度者为横，同经度者为纵。

一　图分为五册。凡横数之一六为第一册，二七为第二册，三八、四九、五十为第三、第四、第五册。欲阅某处，先检总图，视其横几为某册，次检纵数，即得所欲阅处。若阅全图，以第二册承第一册，三册承二册，四册承三册，五册承四册，一册复承五册。挨次搂连便不紊乱。

一　开方计里，鸟道易知。若水道回环，必用规尺宛转量之，乃得真数，别载河道里数于图后。

一　两岸堤身，远近、长短、高低、厚薄关系工程，别作河堤高宽表，并载堤工里数丈尺于图后。（《刘鹗集》第 4 页）

▲ 编著者按：刘鹗在《（河南直隶山东）三省黄河全图》中，记有黄河水患年

月、地点及其治理过程等 13 处。

顺治七年封邱荆隆镇大王庙漫决、九年又决。水趋大清河入海。河督杨方兴、豫抚亢德时办理。十二年冬合龙。用帑一百二十余万两。

康熙六十年武□汛马营、詹店等处漫决,老堤决八九里。河督齐苏勒等办理。雍正元年元月合龙。料物夫工俱用民力。

雍正元年九月,中牟上八堡及杨家桥等处漫决。侍郎嵇曾筠、河督齐苏勒等办理。是年十二月合龙。

《续行水金鉴》雍正十一年,陈留汛七堡、九堡漫决。数日水落挂淤合龙。乃筑七堡月堤一百二十丈,九堡月堤二百一十丈。

乾隆十六年六月阳武汛十三堡漫决,口门四十余丈。河督顾琮办理。十八年九月合龙。用帑数十万两。

乾隆二十六年七月中牟上汛头堡漫决,口门二百七十余丈。地名杨家桥。大学士刘统勋、河督张师载等办理。是年十一月合龙。用帑三千万两。

嘉庆八年九月汛十三堡漫决,口门一百八十余丈。地名衡家楼,即衡庄侍郎那彦宝。河督嵇承志等办理。次年三月合龙。用帑九百六十余万两。

嘉庆二十四年武□汛缕堤九堡漫决,口门二百余丈。地名马营口。尚书吴璥、河督李鸿宾等办理。次年三月合龙。用帑一千二百万两。

道光二十一年六月祥符上汛三十一堡漫决,口门三百三丈。大学士王鼎、河督朱襄等办理。次年合龙。用帑六百万两。

道光二十三年六月中牟下汛九堡漫决。口门三百六十余丈。河督钟祥、豫抚鄂顺安等办理。次年十二月合龙。用帑一千一百九十万两。

同治七年七月荥泽汛十堡漫决,口门宽二百一十丈。河督苏廷魁、豫抚李鹤年办理。次年正月合龙。用帑一百二十万两。

光绪十三年八月郑下汛十堡漫决,口门五百四十七丈。地名石桥。尚书李鸿藻、河督吴大澂、豫抚倪文蔚等办理。十四年十二月合龙。用帑一千二百万两。

旧河门光绪十五年为飓风吹塞。

**2月上旬(正月上旬)** 辞别张曜,返回开封。

▲ 正月上旬,刘鹗经于济南认真查录河工档案,并即时递转豫局供编撰之用,为时半年至此工竣,遂辞别公返汴述职。(《张曜年谱》第 122 页)

**3月间** 由东河河道总督吴大澂、河南巡抚倪文蔚、山东巡抚张曜协商,调刘鹗赴山东任职。

▲ 二月,河道总督吴大澂丁母忧回故里苏州,愿在吴属下之刘鹗,经本人与宫

保(张曜)商得去公门下。遂由东抚发咨函,时豫抚倪文蔚兼署东抚,遂咨复照调。
(《张曜年谱》第123 页)

**3 月 10 日(二月二十日)**　刘味青致信刘鹗,嘱咐其早日到山东上任。

▲　先伯祖味青公《毗耶居士梦痕录》光绪十六年二月二十日记有"致书云抟(铁云先生)劝其早日至山东"之语。(《铁云年谱》第 26 页)

**4 月(三月)**　《(河南直隶山东)三省黄河全图》图成,由前河东河道总督吴大澂作《三省黄河图后叙》,并由河南巡抚倪文蔚上奏光绪帝。全图由"河图"一百五十图和说明文字两部分组成分。前有《恭录进呈三省黄河全图奏稿》《恭录办理三省黄河河道图说职名》《述意十二条》《三省黄河图后叙》。

▲　二月《豫直鲁三省黄河图》成,共五册,一百五十篇,合之则成一图。

吴大澂《三省黄河图后叙》:"光绪戊子冬十二月郑工合龙以后,设局开办善后事宜。……经始于光绪十五年五月,阅十月而图成。"

按当时河图测绘工作,提调以上,设有总理及监修,监修照例由大官挂名,总理是候补道诗人易顺鼎。易于此道根本是门外汉,实际工作均由提调官一人担任。铁云先生当时不但事无巨细,躬亲处理,而且有若干图均系亲手所测绘。伯祖味青先生日记光绪十七年(一八九一)正月十三日一条曾记见到初印本,知此书应系本年冬季出版。(《铁云年谱》第 24 页)

▲　编著者按:《治河五说》是刘鹗的第一部河工著作,但是分两个时间段完成。刘鹗最先完成的河工著作是《河南·直隶·山东三省黄河全图》,其全文收入《刘鹗集》。说明如下:

《三省黄河全图》是刘鹗治理考察黄河的第一部著作。

《三省黄河全图》原绘图本有二:一进呈御览,一交上海鸿文书局石印。

上海鸿文书局根据原绘本石印《三省黄河全图》应不少于两次:

一、光绪庚寅年季秋月上海鸿文书局石印。

二、光绪十六年孟冬上海鸿文书局石印,见日本学者樽本照雄的长篇论文《刘铁云〈老残游记〉与黄河(3)》(载日本《清末小说》第 22 期,1999 年 12 月 1 日出版)。

《三省黄河全图》的内容

上海鸿文书局石印本《三省黄河全图》共五册,目录如下:

第一册: 1. 文字: ① 恭录进呈三省黄河全图奏稿,② 恭录办理三省黄河河道图说职名。2. 河图。

第二册: 河图。

第三册: 河图。

第四册：河图。

第五册：1．河图。2．文字：① 三省黄河河道一。自陕西潼关厅金斗关至山东利津县海口止，计二段。② 三省黄河河道二。③ 三省黄河北岸堤工表。河南省北岸，直隶省、山东省北岸。④ 三省黄河南岸堤工表，河南省南岸，直隶省、山东省南岸。⑤ 三省黄河全图北岸堤工高宽表。⑥ 三省黄河全图南岸堤工高宽表。⑦ 三省黄河全图北岸金堤表，北岸遥堤表，南岸遥堤表。⑧ 述意十二条。⑨ 三省黄河图后叙。

《三省黄河全图》的组织、测量、绘制和印刷时间：光绪十五年三月（1889 年 4 月）组织人员。光绪十五年五月（1889 年 6 月）开始测量、绘制。光绪十五年九月（1889 年 10 月）刘鹗在济南查找资料。光绪十六年三月（1890 年 4 月）全图告竣工，进呈御览。光绪十六年季秋（约 1890 年 9—10 月）鸿文书局石印。

关于《三省黄河全图》的作者：《三省黄河全图》一书，无作者署名。本书将《三省黄河全图》定为刘鹗所作根据如下：

一、尚书衔山东巡抚福片（见《历代黄河变迁图考》）：

再候选同知刘鹗，江苏丹徒县人。光绪十六年经前抚臣张曜咨调来东，委办河务。该员向习算学、河工，兼谙机器、船械、水学、力学、电学、测量等事。著有《勾股天元草》《弧角三术》《历代黄河变迁图考》等书。前河臣吴大澂、前河南抚臣倪文蔚于郑工合龙后，测量直、东、豫三省黄河，绘画全图，进呈御览，即委该员办理。

二、刘鹗著《历代黄河变迁图考》第十卷"见今河道图考第十"与《三省黄河全图·三省黄河河道一》《三省黄河全图·三省黄河河道二》内容完全相同。

《三省黄河全图·恭录办理三省黄河河道图说职名》记录有参加工作的人名：

监修 4 人，总理 4 人，提调 3 人，分校 6 人，测量兼绘图 19 人，缮写 4 人，总计 40 人。至今未见对刘鹗的上一做法提出异议的文字。

三、《三省黄河全图·凡例》《三省黄河全图·述意十二条》中涉及测绘过程、算学应用等与刘鹗的实践情况完全吻合。

四、刘鹗著有《历代黄河变迁图考》《治河五说》《弧角三术》《天元勾股草》等书，都围绕对三省黄河的测绘、河图的绘制而成。

关于《三省黄河全图》作者署名有以下二说，录以备考：

一、《清史稿》志一百二十一（地理类山川河渠之属）

《黄河全图》五卷　　吴大澂　倪文蔚同撰

二、《中华山水志丛书·水志》第二十一册

《三省黄河全图》　　（清）易顺鼎等纂

《三省黄河全图》五册，分为文字和河图两大部分。《刘鹗集》收录全部文字部分。并按原书次序，将倪文蔚《恭录进呈三省黄河全图奏稿》、吴大澂《三省黄河图后叙》和《恭录办理三省黄河河道图说职名》一并录入。

《刘鹗集》根据上海鸿文书局庚寅年季秋月石印本标点。（《刘鹗集》第 37 页）

▲《三省黄河全图后叙》全文：

海防、江防、河防皆不可无图。图而不准，适足以误事。近数十年来，泰西各国舆图之学日益精求，而中国海道图、长江图亦皆慕用西法，测绘精密。独河道无总图，亦无善本。盖豫省人才，于天文测量之学尚多隔阂，风气未开，因陋就简。以河图责之吏胥，摹绘草率，悉依旧本。南北七厅所辖之区，仅存大略，上下游则无从问津矣。光绪戊子冬十二月，郑工合龙以后，设局开办善后事宜。臣所专壹讲求者，以添筑石坝，测绘河图为最要。奏调福建船政局、上海机器局、天津制造局、广东舆图局精于测算、工于绘书之委员学生二十余人，并委道员易顺鼎总理河道图说事务。自黄河入豫境之关乡县起至山东利津县之海口止，分作四段，图成则合而为一。每方一里，总计河道二千四十二里，为图一百五十七纸。河身之宽窄，以沙滩堤岸为限；南北两岸之高下，以堤外民地为率；河溜之缓急，以溜箭之多寡为别。东西南北之方向，道里之远近皆以天文星度为准。虽河水之忽长忽落，沙滩之忽有忽无，日变迁而不可知，原非一图所能定。而顶冲坐湾，分溜合流，何处工险，何处工缓，大致不出此图。但使河工人员留心讲习，以后逐年伏秋大汛，变易情形，随时添注图内，以无定之说补有定之图，是在后之人辅其不逮精益求精，则以是图为发轫之端可也。经始于光绪十五年五月间，十月而图成。以正本进呈御览，并以副本交上海鸿文书局加工石印，藉广流传。工既竣，谨识数语以纪颠末。头品顶戴兵部尚书衔、前河东河道总督臣吴大澂谨叙。（《黄河全图》第五册）

▲《三省黄河全图·奏稿》全文：

恭录进呈《三省黄河全图》奏稿

兼署河东河道总督、河南巡抚臣倪文蔚跪奏，为恭进河图、仰祈圣鉴事：窃前河臣吴大澂于光绪十五年三月会同大学士、直隶督臣李鸿章，山东抚臣张曜及臣文蔚，具奏调员赴豫测绘全河，奉到朱批："着准其咨调数员办理绘图事件。钦此。"遵即遴派候补道易顺鼎总司其事，分饬各员按段测绘，于十六年三月全图告竣。兹谨装潢成册，恭呈御览。

钦惟我皇上，功告锡圭，虔明湛玉。钩河摘雒，苞符呈绿字之祥；平地成天，竹箭顺黄流之轨。惟蠲切既，循乎禹迹，斯龙威益，炳乎轩图。乃复厪念菱防，博求刍论，白阜咨询夫水脉，道媲神农；丹铅许效夫《山经》，体遵化益。臣等识拘窥管，迹阻乘槎，知安澜深系乎尧心，念浚浍宜通乎《周髀》。爰访畴人之子弟，庶几冠知圜而履知方；欲追步地之亥章，先使脉行高而轫行下。尾闾必察，东逾牡蛎之滨；首受宜详，西越泉鸠之涧。审鲵桓之形势，方折圆流；孜鳞列之工程，旁行斜上。祇以厢埋铜瓦，遂略南河；关夐玉门，难探西极。韩垣改道，铁门为前日云梯；豫境探源，金斗即下游星宿。度虹堤而稽尺寸，庶修防有补于搴茭；凭象纬以算毫厘，冀准望无差于累黍。师裴秀、贾耽之法，贵得真形；考靳辅、张井之图，终嫌虚造。人行里曲而鸟飞里直，近证胡渭之言；鬼魅书易而狗马书难，远信韩非之说。二千余里，合作一图；百六十篇，分为五册。两堤两岸，将期终古以不迁；一里一方，实创从来所未有。惟是别风刊误，尚恐焉乌；刻日程功，未遑副墨。衣带相连夫三省，倍懔寅恭；绨函恭进于九重，幸廑乙览。绎善沟善防之训，勉遵成宪于冬官；庆惟歌惟叙之休，远迈神功于夏后。谨会同大学士直隶总督臣李鸿章、山东巡抚臣张曜恭摺进呈，伏祈皇上圣鉴训示。谨奏。

奉朱批："知道了，图留览。钦此。"(《黄河全图》第五册)

▲ 恭录办理三省黄河河道图说职名

**监　修**

太子太傅　文华殿大学士　兵部尚书兼都察院右都御史　直隶总督兼管河道一等肃毅伯　臣　李鸿章

头品顶戴　兵部尚书衔兼都察院右副都御史　前任河南山东河道总督　臣　吴大澂

太子少保　头品顶戴、兵部尚书衔兼都察院右副都御史 山东巡抚　世袭一等轻车都尉兼一云骑尉世职　臣　张　曜

兵部侍郎兼都察院右副都御史　河南巡抚兼理河道暂署河南山东河道总督　臣　倪文蔚

**总　理**

头品顶戴　河南布政使升任山西巡抚　臣　刘瑞祺

二品衔河南按察使　署布政使　臣　贾致恩

二品衔河南分巡开归陈许道兼理河务　臣　荫　保

二品衔河南分巡南汝光道 前署开归陈许道　臣　朱寿镛

河南试用道　臣　易顺鼎

**提　调**

监运使卫　河南候补知府　臣　冯光元

安徽尽先补用同知　臣　董毓琦

| | | |
|---|---|---|
| 候选同知 | 臣　刘 | 鹗 |

## 分　校

| | | |
|---|---|---|
| 三品衔知府　用河南候补同知 | 臣　王维国 | |
| 知府衔尽先选用直隶州知州兼制云骑尉世职 | 臣　颜士熙 | |
| 同知衔河南候补知县 | 臣　刘于瀚 | |
| 大挑东河试用知县 | 臣　黄佐唐 | |
| 州吏目用　河南候补典史 | 臣　颜士梁 | |
| 六品衔河南候补典史 | 臣　姚永祚 | |

## 测量兼绘图

| | | |
|---|---|---|
| 浙江补用直隶州知州 | 臣　顾　潮 | |
| 六品衔候选县丞 | 臣　黄　庭 | |
| 六品顶戴候选县丞 | 臣　石绍祖 | |
| 尽先选用县主簿 | 臣　韩贞□ | |
| 六品衔尽先选用巡检 | 臣　老颖安 | |
| 县丞衔 | 臣　董廷瑞 | |
| 县丞衔 | 臣　董寿栋 | |
| 监生 | 臣　葛道殷 | |
| 监生 | 臣　贾步纬 | |
| 监生 | 臣　朱建功 | |
| 监生 | 臣　张元基 | |
| 监生 | 臣　刘景昭 | |
| 监生 | 臣　黄　钟 | |
| 监生 | 臣　林大钧 | |
| 监生 | 臣　郑奉时 | |
| 监生 | 臣　马　荣 | |
| 监生 | 臣　武文锦 | |
| 监生 | 臣　冯云书 | |
| 监生 | 臣　陈　斌 | |

## 缮写

| | | |
|---|---|---|
| 湖南常德府府学廪生 | 臣　易顺豫 | |
| 河南祥符县学优增生 | 臣　童　霖 | |
| 监生 | 臣　朱正杲 | |

河南开封府府学附生　　　　　　　　　　　臣　刘颂德

▲ 刘鹗为《三省黄河全图》撰写的《述意十二条》全文如下：

一　《河图》之兴，权舆上古。周汉《纬书》，有《河图始开图》《河图稽耀鉤》《河图稽命征》《河图括地象》《龙鱼河图》诸目绿字赤文。间存一二命名之义，莫得而详。惟《始开图》云：黄帝问风后，余欲知河之始开？风后曰：河凡有五，皆始开乎昆仑之墟。又称帝命伯禹曰：告汝九术。五胜之常可以克之。汝能从之，汝师徒将与寻绎数言，略知本《易》称"河不出图，圣人则之"。《鲁论》称"河不出图，吾已矣"。夫经典昭垂，图之最古者，莫《河图》若也。圣朝苞符大启，而祥瑞不言，炳轩宓之图书，斥哀平之符识，河图之作，主于实事求是。较之宋景以历纪推言水灾，为称洞视玉版者，意迥殊焉。

一　我朝列圣相承，聪明天亶。圣祖仁皇帝研求数理，过于颛门，实为万古首开风气。恭读圣训，康熙三十九年，直隶总督王新命以修理永定河绘图呈进。圣祖披阅，指问曰：此图曲折阔狭与河形不符。

如一百八十丈为一里则以尺为丈，或以寸为丈，更或以分厘为丈。尺量其远、近按尺寸绘之，方与河形相符，一览了然。今而此图皆意度为之，未见明确。著另绘图呈览。五十年又谕大学士等：天上度数，具从地之宽大吻合。以周时之尺算之，天上一度即有地上二百五十里。以今时之尺算，为天上一度即有地上二百里。自古以来绘舆图者，具不依照天上之度数以推算地理之远近，故差误者多。前特差能算善画之人，将东北一带山川地理具照天上度数推算，详加绘图。圣训煌煌，诚万世所宜遵守。兹图以分厘为丈尺，以天度定地理，惟恪遵祖训求与河形相符，非好为详核也。

一　舆图之学，古人最重，而其法未备，故不能如近世之精。晋裴秀《方丈图》，以一分为十里、论一寸为百里。唐贾耽海《内华夷图》，亦以寸为百里。明朱思本《纵横界画》，以五十里为一方。此皆古图之最精者。国初刘继庄尝言：图至十里一方，则竟无从着手。四至八到，方方凑合，求其毛发不爽，难之又难。胡渭作《历代河图》亦云，辨方正位，存其梗概，非身所亲历，终无以得其真。盖图学之难如此。近时《长江图》五里一方，《江苏省图》二里一方，为最精核之本。此图每方一里，尤为前此所无。盖河形曲折，一里数变，坝身堤面，丈尺无多。如以二里为一方，则数十丈一曲之河，与长数丈之坝、宽数丈之堤，皆不能绘入方内。然非身所亲历，亦安能成此真实可据之图。知今之所以难，益知古之所以不易耳。

一　河图向无善本。每年咨报岁抢工程全图，皆出吏胥之手。不过取多年蓝本，更改描画。于工段长短，形势险易，道里远近，无可钩稽。且东河河道，地兼三省。筹治河者，当合全局以谋之。如常山之阵，击首则尾应，出尾则首应。而东省之河势，问之豫省不能知；豫省之河势，问之东省不能知。两省不能如一省，一河遂几如两河，全河无图可考之故也。兹图西自河南关乡金斗关，河流入豫之处起，东至山东利津铁门关，河流入海之处止，凡二千四十余里。沿河三省州县、村庄、堤岸、埽坝曾经测量者，例皆绘入，庶几全河形势，可以一目了然。

一　图莫难于地舆图，地舆莫难于水道图，水道莫难于河图，河又莫难于图现在之河。盖非先测后绘，不能得其真形。非若历来之图，以意度为之者可比。韩非言，画工恶图犬马，好图鬼魅。实事难形而虚伪不穷，其言信然。昔胡文忠林翼作《大清一统舆图》，历数载而始成。此图较《一统图》有更难者。盖以远近论，《一统图》数万里，此图仅二千里之河，彼远而此近；以虚实论，《一统图》仅取内府旧图，钩稽参核；此图全无蓝本，跬步毫厘皆由测量得数，此实而彼虚矣。

一　测量之事，起自帝尧。《虞书》称：宅东嵎夷，宅西昧谷。宅与度，古字通用。所谓度者，即测量也。《淮南王书》称，尧为天子，天下远近、险易始有道里。尤其明夷数千年来几成绝业。圣朝育虞孕夏，稽古同天，风气大开，实效将睹。然知其理尚易，而行其法甚难，施之黄河，尤难之难者。约举其端，盖有十事：两岸测量，先求对线，小则目不能见，大则游移生差。其难一也。堤非一，重滩非一，岸南北合计六线之多，得东遗西，顾此失彼。其难二也。器不精良，何能尽善？至于用器又易有差，非器精用娴，差且罔觉。其难三也。林林苇地，蔽日连天，远势难知，得尺得寸。其难四也。堤为水断，跬步难施，须出横线比例得数。若无横线，地步又须涉河，用测两远相距法，费时既多所得无几。其难五也。堤岸难取直角，非钝即锐，比例难准。展转设法心力具瘁。其难六也。堤线滩互量用铁丝，丝与堤滩均有凹凸，积微成巨，数里必差。其难七也。移步换形，稍纵即逝，五官并用，庶免遗忘。其难八也。目光之差，或偏左右，须自试定，以法消之。白马昌门，易成匹练。其难九也。光线入目，多成弧形，不能径直。且有气差与弧面差。故测量之人，宜兼明光学。其难十也。至于用力又有数难：三汛时至水皆漫滩。舟大则胶，舟小则危。絓于丛树，死生呼吸。其难一。自朝至昃，暴露河干。行不能车，立不能盖。烈日风寒，靡所栖息。其难二。东北际海，西南亘山，舟舆不通，人迹罕到；跋涉艰险，为世所无。其难三。滨河之地，多同沙漠。村落绝少，食宿难求。既患枵腹，兼有戒心。其难四。是以寒暑一易，测量始周。昔韦仲将书《凌云殿榜》、阎立本书《凌烟阁图》，几欲罢而不能，悔择术之未慎。以今方昔，殆有同情矣。

一　测算非所以治河，而治河之道，未有不资于测算。《周髀算经》曰：故禹之所以治天下者此数之所由生也。赵岐注云：禹治洪水，决疏江河，望山川之形，定高下之势。除滔天之灾，释昏垫之厄，使东注于海而无浸溺，乃勾股之所由生。据此数言，是汉儒尚知治水之必用算学。元郭守敬为千古算学名家，尝以海面较京师至汴梁，定其地形高下之差。又自孟门而东循黄河故道，纵横数百里间，各为测量地平，或可以分杀河势，或可以灌溉田土。其事见于《元史》本传。可见测算黄河，古人行之已久。近人冯桂芬有《测河道议》，欲以此事行之于直隶、山东、河南三省。惟遍测各州县高下，其事甚难耳。

一　南江北河，天所以分两戊。然江为自禹以来数千年不变之江，而河则为咸丰以来数十年新变之河。咸丰以前，旧河皆已迁之壑舟也；咸丰以前，旧图皆已陈之刍狗也。滨河一带，皆水所纵横糜烂之区，往迹荡然，绝无可考。以视长江两岸，某水某山，历历皆在。古言古事一一可征者，真有霄壤之殊。故图河视图江，难且数倍。然作图之意专为全河形势，两岸工程，重在知今不在改古。其山川远近，郡县沿革，无关命意悉不加详至，古贤遗迹，名胜奥区，靡籍铺陈，皆从刊削，惟以征实为主云。

一　昔人有云：以书谕者，不尽事之情；以鞭御者，不尽马之变。持有定之图，不可以治有定之河，况欲以治无定之河。虽然，天下无定者皆受治于有定。以无定治无定，愈不可治矣。且河之无定者，水也，而堤则有定；无定者，滩也，而岸则有定。明于有定之数，则无定之数不能出其范围。目论之士，识囿方隅，动言今日之图，不合明日之用。似矣不知天下事无一劳永逸者，无一成不变者。康熙时之《历象考成》，何以至乾隆而必须再订？雍正时之《大清会典》，何以至嘉庆而必须重修？河渠为国家大政，将听其前此之变迁而无可考，听其后此之变迁而不为备乎！夫河即善变，亦须数年。二千四十里中，必不里里皆变；一百六十篇中，必不篇篇皆变。每岁三汛前后，使人巡视仿绘，其变者易之，其不变者仍之。较之临事抢修，所费犹为觳尔。

一　治河者必先知河，善治河者必通知全河。于全河之形势，某处宽，某处窄，某处弯，某处直，某处高，某处下，某处浅，某处深，无一事不了然于胸中，而后可以得治河之要领。若但知辨工而不知减工，但知一节而不知全局，非善治河者也。包世臣之言曰：河臣以能知长河深浅宽窄者为上，能明钱粮者次之。陈潢告靳辅之言曰：治患者，非即于患处治之也，必推其所以致患之处而急图之。非历览而规度焉，则地势之高下，水势之来去，施工之次序，皆不可得而明矣。此皆能通知全河之说也。欲通知全河，舍此图其奚自哉！

一　明万历中，科臣尹瑾踏勘河工，绘图以进。因奏黄淮之形势，实关国家之命脉。如知其为祖陵之密迩，则思培护之当严；知其为京师之通津，则思疏浚之当豫。知漕运关乎国用，则思河务之当修；知壤地切乎民生，则思保障之当急。知堰堤之绵亘，则思上流之宜防；知坝闸之布列，则思下流之洩。观今日之顺轨，当思昔日之横流；观土功之艰巨，当思保守之不易。择人以重，其寄久任，以责其成，岁修以绩其工，综核以稽其实。所言均其切至。虽今昔情形办法均有不同，然大略亦不外此矣。

一 此图实用，可以略举十端：综全河之形势，汛涨皆可预防，其用一。核全堤之丈尺，土料皆可实估，其用二。知河面之阔狭，挑战不至误设，其用三。察滩形之利害，守切不至谬施，其用四。定村庄之名目，禀报无从影射，其用五。详营汛之界限，修守无从推诿，其用六。具高下之确数，两岸得以合筹，其用七。击首尾之要枢，千里得以相应，其用八。备三省之工程，欲改易而成规可案，其用九。存一代之掌故，虽变迁而遗迹可求，其用十。凡此十用，特其大纲，赓续扩充，望诸来者。要之河不变，则此图不变。河即欲变，而能用此图亦可以不至于变。虚心察之，实力行之，二千里顺轨之图，即亿万年安澜之券也。（《黄河全图》第五册）

**4 月（三月）** 被山东巡抚张曜调办山东黄河下游提调。掌自济南泺口至出海口下游段河务。

▲ 十六年三月蒙前山东抚宪张调办河工文案。（1895 年刘鹗撰写《履历单》）

▲ 三月，刘鹗之《豫直鲁三省黄河全图》竣事，按此图当为首次以新法测量而绘制者也。全图告竣后，装潢成册，恭呈御览。刘鹗亦遂赴抵济南，入公（张曜）幕下。经鲁局河防局施补华观察会办安置，委鹗主山东黄河下游提调，掌自济南泺口至出海口下游段河务。（《张曜年谱》第 125 页）

▲ 张（曜）公与吾家本有年谊，且兼有姻亲。先君供职山东，又张公函招先胞伯味青公，未赴，乃檄调先君于河南。时先君方在豫河工次，其遇合非如《老残游记》书中从高陞店为人治病而往谒也。（《关于老残游记》手稿）

▲ 编著者按：山东黄河决口事时有发生。刘鹗去山东前在绘制《三省黄河全图》时对山东黄河河患已经有所记录。如：

霍家溜光绪十年闰五月决口，山东巡抚陈士杰办理。本年七月合龙。

河套圈光绪十年闰五月决口，山东巡抚陈士龙办理。本年八月合龙。光绪十二年六月复决，山东巡抚张曜办理。本年十月合龙。

李家岸光绪十年伏汛冲决，山东巡抚陈士杰办理。十一年二月合龙。

陈家林光绪十一年二月决口，山东巡抚陈士杰办理。本年四月合龙。

赵庄光绪十一年五月决口，山东巡抚陈士杰办理。本年十二月合龙。

姚家口光绪十二年三月决口，山东巡抚张曜办理。本年十一月合龙。

西纸坊光绪十五年六月决口，山东巡抚张曜办理。本年冬月合龙。

大寨光绪十五年六月漫决。山东巡抚张曜办理。本年十月合龙。

**7月12日(五月二十六日)前** 因张曜招到济南，但尚无正式职务。治理黄河问题与同僚意见相左。

▲ 光绪十六年经前抚臣张曜咨调来东，委办河务。(《历代黄河变迁图考·福润奏折》)

▲ 先伯祖味青公《毗耶居士梦痕录》光绪十六年二月二十日记有"致书云抟(铁云先生)劝其早日至山东"之语。又五月二十六日记又说到铁云先生虽已有留工之差，至今尚未派事云云，是铁云先生二月人已去济南，到五月底报到已两个多月，还未正式派定工作。说明当时与幕中主"不与河争地说"者有斗争，张曜还在举棋不定。(《铁云年谱》第26页)

▲ 《五十日梦痕录》："时河患移山东，吾乡张勤果公(曜)方抚岱方，吴公为扬誉勤果，乃檄君往东河。勤果故好客，幕中文士，实无能知河事者，群议方主贾让不与河争地说，欲尽购滨河民地，以益河身。上海善士施少卿和之，将移海内赈济之款，助官力购民地。君至力争其不可，而主束水刷沙之说，草《治河七说》上之。幕中文士，力谋所以阻之，若无以难其说。"(《铁云年谱》第25页)

▲ 铁云先生所著《治河七说》，除自己曾经刊校印行外，并收刊于王锡祺《小方壶斋舆地丛钞》中，力主束水攻沙，反对贾让不与河争地说。如《河性说》云："后汉王景治河，历千余年无河患，其迹非禹之迹也，而其法实禹之法也。"伏读《禹贡》，导漾、导江、导沇、导淮、导渭、导洛，皆以一导字贯之。惟河，则于导河积石而后，又复曰播曰同，其故何哉？盖它水之性，皆首弱而尾强，故势顺而易治。独河之性，首尾弱而中强。中强故易溢，禹是以播为九河，尾弱故易淤，禹是以同为逆河。播为九河者，所以消涨；同为逆河者，所以攻其淤。尝考历代治河，首推王景，其于德(州)、棣(无棣)之间，分为八河，播河意也，其合于千乘入海，同为逆河意也，其法最良，其效亦最著。其次则潘季驯、靳文襄、黎襄勤等诸名公设闸坝以泄黄，仍播河意也，引清逆淤，束水以攻沙，仍同为逆河意也。又提出："播支河以消盛涨""改河门以就便捷""修缕堤以攻积沙"三项具体办法，在《老残游记》第三回"金线东来寻黑虎，布帆西去访苍鹰"中写老残见庄宫保时，申论此意。第十四回"大县若蛙半浮水面，小船如蚁分送慢头"中绘影绘声地描写误用贾让不与河争地说所造成的山东齐河县奇惨的水灾。关于他的治河的言论与方法，不但在当时曾收显效。友人王华棠、高镜莹均当代的水利专家，也说他的方法，与科学原理符合，水库和分洪办法也就是同

河播河的发展。(《铁云年谱》第 26 页)

**是年** 由刘味青、刘鹗编辑,徐嘉作序的《因斋诗词》印行。

▲《因斋诗存叙》:

《小雅》自《鹿鸣》至《青莪》,朱子以为多周公制作时所定,至今读者想见其和厚气象洋溢于两间。《序》言《天保》以上治内;《采薇》以下治外,始于忧勤,终于逸乐。观其行役之时,燕飨之际,上下内外之间,靡尔以德相劝,则忧勤而不至于郁,逸乐而不至于淫。其忧勤也,皆勉于职分之所当为;其逸乐也,皆安于性分之所固有。自《六月》以后至《无羊》十四篇,《序》皆以为宣王之诗,观于吉甫方叔将帅得人,而《车攻》《吉日》修车马、备器械、搜军实、选徒御行,政复得其纲。《鸿雁》《庭燎》之诗,尤足见其忧勤不图逸乐。周之所以中兴而为万世法者,在斯矣！若《节南山》以下,风俗日偷,民益劳苦,困于役,伤于财,在位贪谗,下国搆祸。《楚茨》以下,忽思古,忽伤今,忽正刺,忽托讽,缠绵恺恻,愈以见贤人君子忧时悯国之所以用心。太史公谓,《小雅》怨悱而不乱者,是之谓欤！

丹徒刘子恕先生,以名翰林得侍御史,出守汝宁,三领剧郡。寇事方棘,军书旁午所至,以政事着擢道员观察,汝南解组寓吾郡。迩年,嘉始获与哲嗣渭卿游,读先生《因斋诗存》,而与于校字之役。渭卿不以嘉为不肖,逮之序。嘉何足以序先生之诗哉？

窃谓《因斋诗存》,《小雅》之遗音也。其丙辰《感事》及《将出都》诗,有瞻乌谁屋,哀鸿中泽之思焉。《雄县》以后题壁诸诗,有□御日瘁,繁霜心忧,将毋怀归征夫靡及之感焉。辛酉《携眷赴汝》,有采薇饥渴,靡室靡家之慨焉。《东门行》《感遇》以下之作,有泉流沦胥,周道茂草,羊首星□,豕蹢涉波之痛焉。甲子《清查名寨四诗》,乃启行振旅获丑来威之义。《宿平舆故城》《宿朱仙镇》诸诗,乃馑殣棘匕,大车尘冥之旨。《近况》《往日》诸诗,乃沔水飞隼,拜人念乱之寄。至如《金乡题壁》,念贤劳也;《捕蝗》,闵瘝也;《夜雨》,感风颓也;《遣怀》,忧箕锦也。题赠酬答诸诗,则扬舟百朋,各敬尔身之勖也;《渡水桥》《报红旗》诸乐府,则戎车严翼,百堵安宅之庆也;《寓斋赏菊》诸律,则鲂鲤旨酒,饮御诸友之乐也。而所以冰渊战兢,靖共尔位者,具见于诗,即其时之将帅得人、彤弓、受赆三事,夙夜黾勉告劳,开一朝中兴之兴者,亦于诗乎见之。所谓行役之时,燕飨之际,上下内外之间,以德相劝者,先生作诗之微意也。世之纵轶词坛者,述汉魏、宗唐宋、矜格律、侈性灵已耳。名卿大夫尤人人以诗鸣,考左咏物叠均投赠,争奢贡谀,其眂贤人君子忧时闵国者之所为,相去远矣。读先生之诗,独念心于《小雅》。

嘉何足以序先生之诗哉？渭卿复有豫中之役来责前诺。夙兴夜寐,无忝尔所生,敢取小宛诗人之义,以勖渭卿。并以序先生之诗。

光绪十六年岁在上章摄提格　后学山阳徐嘉(《刘鹗集》第 590 页)

▲ 编著者按:《因斋诗存序》作者山阳人徐嘉(1834—1913),晚清诗人,字宾华,出生于贫苦市民家庭,咸丰四年(1854),以府试第一入学,迭经战乱而从未弃学,至同治九年(1870)江宁乡试中举,1903 年方选任昆山教谕,长年教授学生,晚清淮安多位名人,均经徐嘉教授。其一生研究清初大学者顾炎武,完成了《顾诗笺注》20 卷。这是一部研究顾炎武思想、史实资料翔实完备的著作,在学术界有很大的影响,是现今顾炎武研究者必读的基本书籍。其文学著作有《味静斋文集》。

# 1891 年(辛卯　光绪十七年)　35 岁

4 月　开平煤矿局工人举行反对外国技师欺压的大罢工。

8 月　康有为在广州设立学堂,讲学著书。康有为《新学伪经考》刊行。

是年　全国各地教案风起,连续发生"扬州教案""芜湖教案""武穴教案""宜昌教案"等。

兄刘味青 42 岁。太谷学派学人:蒋文田 49 岁、黄葆年 47 岁、毛庆藩 46 岁。罗振玉 26 岁、王国维 15 岁。

**春**　任鲁河下游提调。采用修缕堤以攻积沙,播支河以消盛涨,改河门以就便捷三种方法。且亲身登堤,身先士卒,使本年黄河山东段未出现大的险情。

▲ 罗振玉《刘铁云传》:"河图成,时河患移山东,吾乡张勤果公(曜)方抚岱方。吴公为扬誉,勤果乃檄君往东河。勤果故好客,幕中多文士,实无一能知河事者。群议力主贾让不与河争地之说,⋯⋯君至,则力争其不可,而主束水攻沙之说,草《治河七说》上之。幕中文士谋所以阻之,苦无以难其说。"中国自汉以后,迄于清季,言治河者不出两途:一主纵水,此贾让所谓上策也,让文虽绚烂,然乃华而不实之辞;一主束水,此王景攻沙去淤之说也。景说上师禹意,下启潘季驯、靳辅诸人之功,而为刘氏所服膺者也。《治河七说》中《河性说》云:"后汉王景治河,历千余年无河患,其迹非禹之迹也,而其法实禹之法也。伏读《禹贡》,导漾、导江、导沇、导淮、导渭、导洛,皆以一导字贯之。惟河,则于'导河积石'而后又复曰播曰同,其故何哉?盖他水之性,皆首弱而尾强,故势顺而易治;独河之性,首尾弱而中强。中强故易溢,禹是以播为九河。尾弱故易淤,禹是以同为逆河。播为九河者,所以消其涨;同为逆河者,所以攻其淤。尝考历代治河,首推王景;其于德(德州)棣(无棣)之间,分为八河,播河意也;其合于千乘入海,同为逆河意也。其法最良,故其效亦最著。其次,则潘季驯、靳文襄、黎襄勤等诸名公,设闸坝以泄黄,仍播河意也;引清以逐淤,束水以攻沙,仍同为逆河意也。"又作三项具体建议:修缕堤以攻积沙,一也;播支河以消盛涨,二也;改河门以就便捷,三也。三者与王景之法不尽合,而其理则

无不相通，所谓师其意不泥其迹者也。《治河续说一》又显示王、贾之优劣："河员只讲习于三汛四防，而不知统筹全局；文土徒沉湎于宏搜远行，又不能切近事情。互诋交非，其实其误。窃考古今言治河者，约分两派：一主贾让不与河争地之说，其蔽也易淤；一主潘季驯束水攻沙之说，其蔽也易溢。然淤之患远，祸在后人；溢之患近，害则切已。所以人争尚贾说而不悔也，此河所以数十百年而不一治也。不知主潘之说，有善用者即可不溢；主贾之说，虽神禹复生，不能不淤。试观贾让上书在哀帝初年，王景治河在光武初年，其间相去不过三十载，而王景以能治河名者，绝不采用其说，则贾说之不适用亦可证已。"贾、潘之短长，即王、贾之优劣，潘固师王者也。考《汉书·沟洫志》，贾让献策在哀帝（刘欣）即位之初，其所谓上策，并未见诸施行。王莽主政，"征能治理河者以百数"。使让说果行，而又行之有效，则萧规曹随，莽又何必多此一举！又考《后汉书·王景传》："初，平市时，河汴决坏，未及得修。"案刘欣在位仅六年，平帝刘衍在位仅五年，计不过十年左右，若让说曾行，不一纪而河汴并决，亦可见其不足取矣。至东汉明帝刘庄永平十二年，始引用王景，景治水有功，拜河堤谒者。贾仅纸上谈兵，王则已试而效者也。信乎元人胡三省之言曰"让所画治河三策，自汉至今，未有能行之者，大率古人论事画为三策者，其上策多孟浪骇俗而难行，其中策则平实合宜而可用，其下策则常人所知也"（见《资治通鉴》注）。后世有卤莽而从事者，则为张曜，然一试即败，卒酿鲁省之空前黄灾，即《老残游记》中第十三第十四两回所述之痛史也。游记曾道及史钧甫其人，案史钧甫即施补华，补华字均甫，史、施音近，爰用以影射。补华有《泽雅堂诗文集》，卷二《复朱伯华书》有云："山东之河，一决于章邱，再决于齐河，三决于长清，水南入小清河，北入徒骇河。章邱、齐河、长清三县以外，高苑、博平、乐安、禹城、临邑、商河、惠民、霑化咸在冲波激浪之中，死者不可计较，生者数十万众荡析无遗。"补华与鹗持论不合，然于灾情亦不能为讳。《老残游记》虽多妄诞之言，写河患则纪实也。刘氏与罗振玉书云"吾文（指《治河七说》）直率如老妪与小儿语，中用王景名，幕僚且不知为何代人！"张幕无人，概可想见。刘氏素负经济才，尤以治水自许，非无实而妄自矜伐者比也。（《刘鹗年谱》第17页）

**约是年上半年**　从济南回淮安接家属到济南，先住小布政司街，后居鹦鹉庙街。

▲　小布政司街，确有其处。为当年寓山东时居址街名。（《关于老残游记》手稿）

▲　严薇青《〈老残游记〉的作者刘鹗与济南》：他（刘鹗）在山东待了三年，最初从河南来山东时，借住在济南朋友家里。后来，家眷来了，才赁居在城里布政司小街（俗名城下布政司街），即现在济南城里的省府东街和省府西街。"布政司是当时布政使衙门"。布政使是主管一省财赋和人事的行政长官，俗称"藩台"；和主管一省

司法的按察使(俗称"臬台")同为巡抚的属官。清朝布政司的所在地,就是今天的山东省人民政府。所以解放后,把原来的布政司大街、布政司小街,分别名为省府前街、省府东街和省府西街。刘铁云当时大概住在现在的省府东街,因为这里距当时的巡抚衙门较紧近,而且街道、房子也比较整齐。以后,他又迁居城里县西巷的鹦鹉庙街,现在改名英武街。据说《老残游记》里写的高绍殷(第三回)、刘仁甫(第十回)、姚云松(第十九回)都是他在英武街时,住对门的街坊与朋友。(《严薇青文稿》第 145 页)

　　▲ 我父说:铁云先生到济南河工的第二年,回淮接我庶祖母衡氏和我生祖母茅氏随行。但衡氏不久回淮,只茅氏生祖母随任住在济南。当时先父才五岁,马宝姑姑才周岁。行时系雇的官船,一日我马宝姑姑误落舱底,好久才弄了出来,全船的人都哗笑不已。初到济南时,住小布政司街,街有高升店,出门,早晚均经过其地,所以《老残游记》中曾用高升店为背景。1936 年英人谢迪克氏翻译《老残游记》亲往小布政司街高升店访老残遗迹。店伙竟指一室告谢迪克说:"这一间就是老残住过的。"谢迪克曾照了好几张照片,并拿给我看。其实铁云先生初到济南曾在该店落脚,事或有之,如书中有关的情节是没有的。不久,衡氏回淮,又移居英武庙街。(《铁云年谱》第 28 页)

　　**6 月 13 日(五月十四日)**　母亲朱氏夫人七十大寿。女婿高德铭有对联祝贺。

　　▲ 刘怀玉《刘鹗及〈老残游记〉资料撷拾》有《颂刘岳母七十寿长联》:孺慕维殷,卜将来春满八千,寿同阿母;慈颜长健,愿此后年增三十,旌建名坊。(《明清小说》2001 年第 3 期第 86 页)

　　**7 月(六月)**　黄河史家坞、王阳家等处险工不断。张曜驻河干督工。

　　▲ 六月中,正酷暑,公(张曜)赴利津勘堤,河上险工又起,遂急赴史家坞、王阳家等处各抢护险工地段巡视,即驻河干督工。(《张曜年谱》第 141 页)

　　▲ 茅老太太说:住在济南时,一天狂风暴雨,铁云先生出外查河,终宵未归,家里人都急得不得了。黎明雨住回家,已经是泥泞遍体。原来这一夜河堤有两处决口,铁云先生亲自立在堤头狂雨中,拿锄头带头抢修,才得转危为安。第二天,听说其他工段好几处都失了事。我茅氏祖母的妹妹吉老太太(我称为三姨奶奶)当时也住在我家。她说那时候铁云先生每早都要去张抚台衙门,中午有时回家吃饭,有时不回家。黄昏时,多在院子中放一张藤椅,躺在上面看一本大书。当时交游中,以与抚幕总文案姚云松最为莫逆。云松的孙子姚祁公告我,他家中还藏有不少铁云先生与姚翁的信札。河工措施,姚在幕中为力颇多。又我父在天津金城银行工作时,遇见一朱燮臣翁,比我父大十多岁。说他父亲(当时任历城县知县)和铁云先

生是把兄弟,铁云先生家眷未到济南时就住在历城县衙门里,他当时才二十岁,称铁云先生为世叔,并从铁云先生学医。朱曾以铁云先生手札一页相赠,我裱成一个小镜框,后为刘半农先生索去。(《铁云年谱》第 28 页)

**8 月 23 日(七月十九日)** 山东巡抚张曜病逝,晋赠太子太保,入祀贤良祠。儿子皆得封赏。

▲ 七月十九日,公(张曜)因经年累月本就心力劳瘁,加之背疽剧发,求治过于迟误,众医乏术,更或有云误投参术,竟未能治,遂殁于济南鲁抚任上,以公殉职。(《张曜年谱》第 142 页)

▲ 光绪帝以张曜之逝。颁旨曰:山东巡抚张曜,秉性忠勇,历著勋勤。咸丰同治年间,由知县从戎,创立嵩武军,转战皖、鄂、直等省,迭克名城,战功甚伟大。历蒙先朝知遇,赏给骑都尉世职,赏戴双眼花翎,升任布政使,改补总兵,擢升提督。朕御极后,因回疆肃清,给予一等轻车都尉兼一云骑尉世职,补授广西巡抚,加尚书衔,调任山东巡抚。于山东黄河尤能悉心擘画,亲历河干,督率工员,力筹修守,实属勤劳罔懈。前经迭奉懿旨,帮办海军事务,赏加太子少保衔。方冀克享遐龄,长承倚畀。昨因患病,甫经赏假调理,遽闻溘逝,轸惜殊深。张曜着晋赠太子太保,入祀贤良祠,并于立功省份建立专祠,生平事实宣付国史馆立传。加恩予谥,赏银一千两治丧,由山东藩库给发,照总督例赐恤。任内一切处分悉予开复,应得恤典该衙门察例具奏。灵柩回籍时,沿途地方官妥为照料。予赐祭葬,谥勤果。伊子知府张端本着遇有道员缺出,请旨简放。主事张端理着赏给员外郎,张端谨及伊孙张尔常俟及岁时,由吏部带领引见,用示笃念荩臣至意。所遗世职,并为二等男爵,子端本兼袭。(《张曜年谱》第 144 页)

**8 月 25 日(七月二十一日)** 山东布政使福润接任山东巡抚。

**8 月 25 日(七月二十一日)后(是年秋冬)** 完成《治河续二说》与前《治河五说》合印。仍名为《治河五说》呈山东巡抚福润。

▲ 编著者按:《治河五说》第二种版本由"前五说"和"续二说"完成。张曜逝于是年 8 月。福润接山东巡抚印为 1891 年 8 月 25 日(光绪十七年七月二十一日),日本存《治河五说》"前五说己丑上张朗帅,后二说辛卯上福少帅"13 个字。故"续二说"完成于是年秋冬。

▲ 上福润"治河续说"全文:

### 治河续说一

昔者韩昌黎云:读孟子书,然后知孔子之道易行,王易王,霸易霸也。今读《禹贡》《周官》之书,然后知王景,潘靳之所为。圣人之言易行,河易平,水易治也。然而今河之不治何哉？河员只讲习于三汛四防，而不能统筹全局。文士徒沉湎于宏搜远引，又不能切近事情。互诋交非，其实皆误。

窃考古今言治河者约分两派：一主贾让不与河争地之说，其蔽也易淤；一主潘季驯束水攻沙之说，其蔽也易溢。然淤之患远，祸在后人；溢之患近，害则切已。所以人争尚贾说，而不悔也。此河所以数十百年而不一治也。不知主潘之说，有善用者，即可不溢；主贾之说，虽神禹复生，不能不淤。试观贾让上书，在哀帝初年。王景治河，在光武初年。其间相去不过三十载。而王景以能治河名者，绝不采用其说。则贾说之不适用，亦可证已。然主潘氏之说，而使无漫溢何以致之？尝读《周官·考工记》云："善沟者水漱之，善防者水淔之。"注云："淔，读为钦。谓水淤泥土留着，助之为厚"。《唐书·薛大鼎传》云："沧州无棣渠久廞塞，大鼎浚治。"注：廞，淤也。按"水漱之"，即潘氏之束水攻沙；水淔之，即靳文襄之放淤也。放淤之法，其妙无比。后人只间一用之，惟王景诸全河。《王景传》云：十里立一水门，令更相洄注，无复有溃漏之患。水门者，闸坝也。立水门则浊水入，清水出。水入则作伐以护堤。水出则留淤以厚垎。相洄注则河涨水分，河消水合。水分，则盛汛无漫溢之忧；水合，则落槽有淘攻之力。此圣人之大经，百世不能易者也。或曰：《周官》此语非专言治黄。而治黄本之何也？凡天下之大川经渎，皆不可以人力治之。故《禹贡》导漾、导江、导沇、导淮、导渭、导洛皆以一"导"字贯之。水势夏洪而冬涸，大抵皆然。他水但宽其河面，足容盛涨可矣。冬之涸不顾也。黄河之性斗水六沙，水涨则溢，水落则淤。河宽则淤，河窄则溢。甫不溢已淤，甫不淤已溢。是以《禹贡》于导河积石之后，复曰"播为九河，同为逆河"。涨溢为害，播以制之；落淤为害，同以制之。播、同，亦圣人之大经，百世不能易者也。倘合二圣人之精义以治今之河，河有不治者哉？

## 治河续说二

然则当今之世，欲合禹，周二圣人之精义以治此河，计将安出？曰：其要有四，请陈其异。

一宜修民垎以束水攻沙也。今之民垎，即古之缕堤，所以束水者也。溯自咸丰五年，黄河初至山东，大清河身仅三十余丈而已。而历十余年，无漫溢之患者，河狭束水故也。至同治初年，人始争言展宽河面矣。于是十年遂有候家林之工，十二年遂有贾庄之工，至光绪八年桃园工后，言展宽河面者，乃百口一声。而河患亦骎骎日甚。十年遂漫河套，圈及李家岸。十一年遂漫陈家林及传薪庄。十二年遂漫王家圈及姚家口。十四年乃尽废济阳以下南岸民垎而退守大堤。河面遂展宽至一千余丈，可谓极矣！窃考潘印川之时，河面不过宽三百丈（见《经世文编》），靳文襄时中游河面不过宽二百八十丈,下游河面不过宽一百二十丈(见《治河方略》),成宪俱可考也。今河面或数倍或十倍于古人,而人犹有以展宽河面为言者,不亦过乎。是以十五年遂一漫于韩家垣,再漫于大寨,三漫于纸坊,四漫于张村。十六年请款至二百八十万加高培厚。水之高者仍与堤顶平,终不免高家套之溢。则河宽之害,不亦昭昭可见乎?今年虽幸安澜,实由山陕久旸,来源不旺,未足恃也。设明年异常汛至,何以御之?故为今之计,不如早为之备,而修民埝以攻沙,乃其一也。先就南岸之民埝,残者修之,断者补之。不必过于高厚,但取大汛水,至不致外溢,则河自日深,再辅以斜堤,助以滚坝,虽有盛涨亦不足为虑。此即《周礼》"水漱之"之法也。

一宜筑斜堤以澄淤填堤也。斜堤之制,略仿格堤,而其势斜,其功巨。斜堤之用大端有二:其水自上游来者,斜堤以旁面受水,撇溜归河。其自下游来者,斜堤以逼水成洄。挂淤厚埝。若于大堤民埝之间,察河势坐湾之处,缀以斜堤、辅以滚坝。两堤之间,日垫日高,日淤日固。此即《周礼》"潴之"之法也。顾斜堤之效,已有可考者焉。去年下游总办候补道李,禀请于蒲利之间修筑斜堤。宫保张,委鹗承办其事。利津修斜堤一道,蒲台修斜堤一道。后虽因经费不足,高厚未能如式。然二百余村庄年年浸于水中,而年年赈济者,今已麦秋二季,一律丰收矣。约涸复膏腴之地,可二千余顷。河身自利津以下,至海口数十里间,年年淤垫者,今则反加刷深矣。海口去年不能进之船,今年能进矣。利津县城著名极险之区,年年抢护旧用大埽四十余段者,今多淤成滩地矣。一隅用之,其效如此,推之全河,其利可胜言哉!

一宜建滚坝以播河洩涨也。黄河闸坝,人人多怯言之。其实皆因噎废食也。苟得地势,土泥可固;苟失地势,金石不坚。王景治河千年无患,实得力于善用闸坝。其本传云:十里立一水门,非闸坝而何?其云:令更相洄注,非使水可出可入而何?其云:无复溃漏之患,非挂淤而何?今拟即师其意于斜堤接民埝之处,迤上建一滚坝。或土或石,与滩脊相平。逮汛水涨发,汹涌来时,甫过滩脊,即被滚坝,骤掣其水,势力顿衰。又被斜堤步步迴逼,不能驰骋。数武之外,已成漫溜。及至渐浸大堤,土得水渍。反藉为固,涨满民埝,力同后戗,此所谓以水敌水者也。及至夹河水满,正河水消,汛后泥浑,最易淤垫。而其时夹河屯水,业已澄清。正河水低,清水就下。雨清来归,刷淤甚速。此所谓以水攻水者也。王景之妙用如斯,禹周之精义,亦如斯也。或曰:夹河之间,村庄甚多,水由滚坝分入,村庄不受水乎?曰:正所以救村庄也。现在济阳以下,南岸民埝,尽被水冲。所有村庄,皆当大溜,终年浸于水中。今既修民埝,初一二年,每年不过略有十余日之水。三年之后,夹河淤高,水即不能上岸矣。

一宜补大堤以同河启塞也。北岸大堤，自李家岸后，遂废置不修。历城以下，各县均有残缺之处，为官守民埝也。然而北岸一经漫溢，水势横流，无所归宿。小则泛滥数县，大则波及邻省。所以今春前，有武定府德禀：请修沙河北埝。后有直隶爵阁督李，咨商修沙河北埝。均欲拦水北泛。今若将大堤一律修补，则重城之御以澹民灾亦一道也。或曰：民埝即漫，大堤犹可保乎？曰：虽不敢必，有得半之道。如民埝即漫水入夹河，正河之水必低于夹河。若于下游，审其形势，在正河水低之处，仍掘民埝。放水归河，大堤遂不吃力，斯可保矣！使水出仍归，乃不失同为逆河之义云尔。

以上四事，缕堤也，遥堤也，滚坝也，斜堤也。四者皆相需为用者也。而其办法，亦可大可小。大办之法，每年筹款二三十万，三年之后埽坝可省十之六七，勇夫可省十之五六，赈济可以全免。闻现在每年岁修四十万，备科二十万，恒若不足。倘如此办法，三年之后，薪水勇粮等项不过二十余万。购料买土等项不过十余万足矣。每年所省不下二三十万。而放赈堵口所省之数，不在此内统计。三年之用，不足百万。而十年之间，约省二三百万。放赈堵口，又省一二百万。共省五六百万。不可谓非至计也。其小办之法，就已有之斜堤略为加培，迤上择地，再添一道。而于民埝下口建一滚坝，所费不过二三万金而已。一目之罗，已可观效。试之，果验再为推广。谨绘图注说，以明其意。

附：斜堤大意图(据《治河五说》原书)

**约 8 月 28 日(七月廿四日)**　呈诗达泉以求斧正。

▲《复答腰字元韵》：忆昔君家绿槐下，每携斗酒听吟蜩。门前迟客犬摇尾，花底窥人蝶束腰。慷慨歌来云鹤唳，婆娑舞去海龙跳。祗今迹远心逾迩，何处游仙不可招。达泉仁兄大人吟坛斧正　弟鹗具稿七月廿四日。(《刘鹗集》第 776 页)

**约是年**　居山东济南与达泉诗词唱和。

▲ 编著者按：2007 年 7 月，中国社科院董乃斌先生收到美国张索时先生惠寄的刘鹗佚诗 9 题 11 首复印件。这 11 首诗，写在 9 页彩色或红色信笺上，多为赠"达泉"诗，落款为"弟鹗"。据张索时先生给董乃斌先生的信中说，张索时的姑祖母张同端是方若的儿媳。这些彩色信笺出自晚清《天津日日新闻》主人方若家中。方若，字药雨，是刘鹗的至交。《抱残守缺斋日记》中多次提到刘鹗与他的交往。《天津日日新闻》本《老残游记》便由方若题签。对这 11 首诗，董乃斌先生与笔者进行了初步的探讨，以为应写作于居山东济南时。11 首诗仅一首写于"七月廿四日"，其余均未署月日。达泉是何许人也？在刘鹗现存资料中没有任何线索。中国近代有名王汾，字达泉者，吴江人。生卒年月不详。曾入南社。2011 年 5 月 22 日，张索

时先生从美国到上海,告诉刘德隆,全诗共 13 首,但仅存 11 首。两人就此手稿是否可以确定为刘鹗手稿进行了讨论。

刘鹗未署明月日诗十首全录于下:

饮似长鲸海欲干,乾坤逼侧酒杯宽。神鹰飒爽含毫动,天马腾骧附尾难。
君本济南老名士,我如麾下旧衔官。谪仙高调水能和,击碎唾壶歌未阑。

廿载交游揽帝州,凤池仙客擅风流。浮沉画省留文藻,凌厉沧州寄钓钩。
走马鸣珂时退直,解貂换酒足销愁。汉廷吏隐东方老,鸾鹤云霄孰与俦。
捧颂和章,奖饰逾分,愧无以报。谨在次元韵奉赠,即乞达泉仁兄老诗坛哂正。

弟鹗未定草

街鼓声声烛泪干,沉浮燕市客怀宽。侧闻海徼传烽久,欲挽天河洗甲难。
万里蓬飘无知己,十年匏系一微官。黄公垆畔同君醉,拔剑酣歌夜向阑。

当年豪气压神州,白日堂堂去若流。四国无端非羽檄,潜力何处买吴钩。
燕山风雪孤樽对,辽海波涛画角愁。出塞连篇歌及哭,杜陵诗老邈难俦。
敬次元韵奉和,即乞达泉我兄吟坛斧正。弟鹗求定草

## 老　乌

矫矫万年枝,上有孤凤凰。何来大嘴鸟,性比鸮不良。
意欲攫凤巢,昕夕伺其旁。凤急招鹡鸰:"尔为我驱将!"
鹡鸰畏鸟喙,趑趄无敢当。乌谓鹡鸰侣:"我有余稻粮,
尔饥食我食,尔其勿我伤。"鹡鸰感乌惠,比翼与颉颃。
岂无鹰与隼,斥逐去远方。亦有雕与鸮,羁绁在门墙。
凤凰知其知,聊且锡之光。贲以鹅黄饰,假以孔翠章。
老乌大欢喜,翩作鲲鹏翔。岂知金弹子,飞来不可防。
羽毛纷摧落,仓猝如蚕僵。我尝稽天道,天道岂杳茫。
作善降之祥,不善降百殃。老乌矜爪觜,贯盈何可常!
谁谓凤兮衰,一鸣王道昌。我为作此歌,庶足反楚狂。

日来闷损无聊,见有老乌集庭中,感此而作。不自知其发狂也,敢以质之达泉大哥大吟坛,即希斧正。

弟鹗求是草

"呼号苍鹅集,从以九头鸧"(添注于"性比鸮不良"句下)。

紫塞风云销北门，雪天画角不堪闻。深闺孤枕征人梦，旅廨寒灯别泪痕。
边草未生腾杀气，老梅半落冷诗魂。蔡姬旧拍真凄绝，谁向沙场报国恩
　右章和《春夜雪中闻角》，达泉我兄吟坛斧正。　　弟鹗初稿

何日燕台话旧缘，飞鸿遥下雁门边。风尘浪迹隔千里，天地论交逾十年。
刻烛唱酬恒尽漏，买花投赠不言钱。区区未比金貂解，惭负高歌李谪仙。
　敬步元韵奉答，达泉仁兄大人即乞
　　　郢政　　　　　　　　　弟鹗呈稿

### 奉寄　七律一首

城市山林乐若何，藤萝花下好吟哦。乌啼画省从公退，鹊喜前庭有客过。
顾我难堪兄弟远，想君翻幸故人多。汉廷曼倩谁知者，吏隐年年但放歌。

### 寄答七律　倒步元韵

巴曲何（烦）堪羌管吹，旗亭寥落已经时。翻君白雪阳春调，动我高山流水思。
闻义欣交鲁连早，论文悔共杜陵迟。木桃敢望琼瑶报，为幸风人旧有诗。

### 五律一首　步元韵

燕台一分手，驱马逐风尘。夜月自高咏，天涯无故人。
素心盟旧雨，古调寄阳春。复绝昌黎论，惟言务去陈。

（《刘鹗集》第 774 页）

**是年冬**　至东昌访杨氏海源阁，未能见。

▲ 访东昌杨氏海源阁藏书，不得见。

老残游记第七回"纳楹闲访百城书"，记老残访东昌柳小惠家藏书不见发牢骚，做了一首诗："沧苇遵王土礼居，艺芸精舍四家书，一齐归入东昌府，深锁婥嬛饱蠹鱼。"即指访东昌杨氏藏书不见事。柳小惠隐射海源阁主人杨以增，字益之，号致堂。按聊城杨氏所藏，系合明清之交泰兴季振宜、常熟钱曾王、吴县黄丕烈、长洲汪士钟四家藏书而一之，一时成为海内收藏宋元版本的巨擘，与常熟瞿氏铁琴铜剑楼齐名，号"南成北杨"，也确如游记所说秘不示人。罗振玉《集蓼编》载："予在济南，欲观东昌杨氏海源阁藏书，请文敬为之介。文敬曰：'东昌不通铁道，往返辛苦，且阁主人老瞆，平生爱书甚。不仅宝旧藏，自购善本亦不少。顾老而无子，近支无可继者，彼深忧身后散佚，尝为予言之。且此老自由外部归，欲得一京卿头衔以自娱，请予俟机奏保，至今无以报，其生前誓守藏书，必不可夺，且不肯示人。若于彼存

日,奏请立案,将其藏书报效国家,先呈目录,俟身后由东抚按籍点收解京,而赏以京卿衔,彼必感激乐从。此事盍与荣相商之,予敬候部示。'予归即陈之相国,相国首肯,然卒以不关重要置之。今杨氏藏书,历遭兵事,多散佚,则当日所请不行,为可惜也。"文敬指东抚杨士骧。后民国十六七年时,山东当局,有意将其书收归公有。杨氏后裔杨陶冉星夜輂往天津英租界。平日布衣素履,绝不乘车,亦木讷寡言,见者谁也不知道他是海源阁主人。因他与罗振玉往来,我小时常看见他,因其目眊,背后叫他杨瞎子。罗家的贻安堂书店并曾借他南宋的廖莹中世彩堂韩文影印,我也看见过原书。据说他的善本在津时,系存在盐业银行库房,曾向盐业金城等四银行押款,并一度商议售之张学良。江安傅沅叔(增湘)曾见其全藏,并录有存目。杨书首称四经一子,故有《四经一子斋》名,傅目:毛诗、尚书蔡传、抚州本礼记、严州本仪礼等宋椠四经尚存,一子已佚。《游记》中所说的柳小惠是指其前一辈杨绍和,《孟子》"柳下惠圣之和者也"。绍和故曰小惠。(《铁云年谱》第29页)

▲ 铁云无论到什么地方,身畔总要带几部宋版书。有一部宋版的《南华经》他最欢喜,是他的随身宝。这本书,他读得很熟,他一生的人生观,也受这部书很大的影响。他的书上都有他的图章,有时也加圈点,有时也加眉批,字体写的端端正正的,不知道那些好书,现在都流到什么地方去了。(《老残游记资料》第125页)

▲ 鹗嗜宋版书,家有旧藏,行旅必自随。斯时山左藏书之家,以聊城杨氏海源阁为第一,收宋元本极夥。鹗冒雪前往,竟无所见而返。曾于旅舍题七绝一首:"沧苇遵王士礼居,艺芸精舍四家书;一齐归入东昌府,深锁琅嬛饱蠹鱼!"此二十八字,盖纪实也。杨氏藏书,竟三世乃臻美富。杨以增,字益之,一字至堂,或作致堂,道光二年进士,知贵州荔波县,后官江南河道总督,驻清河。笃好藏书,喜接文士,泾县包世臣、上元梅曾亮均称莫逆。当时江南藏书之家,除常熟瞿氏铁琴铜剑楼外,则推吴县黄氏、长洲汪氏、常熟钱氏及泰兴季氏。黄丕烈,字荛圃,自号佞宋主人,得宋刊百余种,顾纯颜其室曰"百宋一廛"。刊《士礼居丛书》,为收藏家所重。丕烈晚而贫困,乃以所藏归汪士锺。士锺字阆源,有艺芸精舍宋元本书目,摹刻宋本《孝经义疏》《仪礼单疏》《刘氏诗说》《郡斋读书志》诸书,雠校精审,为世所珍。钱曾,字遵王,少受学于其族祖谦益,谦益爱之,谓能绍其绪,绛云楼烬余悉付藏弆。所居述古堂,多善本书,撰《读书敏求记》,识其源委。季振宜,字诜兮,家境饶裕,喜藏善本,有《季沧苇书目》。黄、汪、钱、季四家,丕烈及身已不能保其所有,其余诸家亦于道、咸之际式微,不克全其旧物,精者大都为以增所得,于聊城内观街路北建海源阁藏之,所谓"一齐归入东昌府"者也。江标《聊城杨氏海源阁藏书目跋》有云:"吴中藏书,庚申(咸丰十年)之后,几无全帙,百宋廛中之物,更稀如星凤。岂知琅嬛福

地,别在陶南;江夏鐵縢,自存天壤。"谓吴中珍本萃于杨氏,与刘诗所言殆无不合。天水旧籍,辟室庋藏,名曰"宋存"。宋版之最精者,如《诗》《书》《春秋》《仪礼》《史记》《两汉书》及《三国志》,则又别贮,颜曰"四经四史之斋"。陆敬安《冷庐杂识》记其事,许为艺林佳话。当时海内私家藏书:常熟瞿氏铁琴铜剑楼、归安陆氏皕宋楼、钱塘丁氏八千卷楼与聊城杨氏海源阁,合称四大家。其后,八千卷楼归江南图书馆,皕宋楼售诸异域,向之号称四家者,仅存其二,所谓南瞿、北杨是也。所刻《海源阁丛书》,鉴审勘校,梅(曾亮)、包(世臣)之力为多。其子绍和字彦合,一字协卿,同治四年进士。更得清怡亲王府乐善堂所藏,合一增旧有,著有《楹书隅录》行世。中载宋本八十五,金、元本三十九,明本十三,校本七,钞本二十四,共一百六十八种。江标所刻《海源阁藏书目》则载三百六十余种,盖初未尽其所藏,聊举一隅,正符名书之义。杨绍和《楹书隅录跋》云:"先端勤公(杨以增谥端勤)平生无他嗜,一专于书,所收数十万卷。庋海源阁藏之,属梅伯言先生为之记。别辟书室曰宋存,贮天水朝旧籍,而以元本、校本、钞本附马。癸亥、甲子间,绍和里居,撰海源阁书目成,复取宋元各本记其行式印章评跋,管窥所及,间附数语。乙丑入翰林,簪笔鲜暇,此事遂辍。顷检旧稿之已成者,得若干种,厘为四卷,命曰《楹书隅录》。写校既竣,抚书远想,哀慕曷极!"杨绍和即《老残游记》中所称之"柳小惠",《楹书隅录》即《老残游记》中所称之《纳书楹》。绍和子保彝,更零收散拾,杨氏之书,经三世而益富。保彝字凤阿,同治九年举人,即《老残游记》中所称之"柳凤仪"也。保彝爱书,如护头目,无子,临殁嘱其妻妾,善葆所藏。否则,他日无相见于地下!仍恐来日散失,因举而公诸其族,严禁子孙变卖。请于县,县详府、省,省又为咨于学部存案。故海源阁阁上庋书,阁下则为家庙。保彝既死,书由其妻妾掌之,戚族欲一观而不可得。三伏曝书,必键院门,妻妾更迭守,其严慎如此。太仓姚鹏图,知名士也,抚鲁者畀以显位,不受,求为聊城令,意在得纵观杨氏书。秩满,未得入海源阁一步。历城解元徐金铭,求为杨氏童子师(教保彝嗣子杨敬敷),岁终亦无所见而去。鹗乘兴而来,数日败兴而返,更不足为异矣。聚海内善本闭之一室,一任尘封蟫扰,刘氏所谓"深锁琅嬛饱蠹鱼"者,岂真恶谑哉!今海源阁藏书已散失殆尽,残编剩册,犹为识者所宝爱。鹗于阁中无恙之日,冲寒前往,虽过屠门,而不得一肆大嚼,既有余憾,且欲与天下共惜此珍物也。(《刘鹗年谱》第 19 页)

**是年冬**　经刘渭清传递与罗振玉互有书信往来,主要是谈论河工。

▲　振玉籍上虞,时寓淮安,著文驳贾让不与河争地说,刊布远近,与鹗论合,因互通书简致倾慕。其后,交益密。鹗论议锋利,遭时忌,振玉勉以敛抑,语绝通切,鹗钦畏之。振玉有《刘铁云传》,见《五十日梦痕录》。(《刘鹗年谱》第 22 页)

▲ 罗振玉《集蓼编》：自河决郑州后，直、鲁、豫三省河患频仍，及张勤果公曜抚山东，锐意治河，而幕中有妄人某，假贾让不与河争地为说，谓须放宽河身。上海筹振绅士施少钦等，至欲以振余收买河旁民地以益河身。予闻而骇然。谓今日河身已宽，再益之则异日漫溢之害且无穷。乃为文万余言驳之。丹徒刘君渭清见予文，以寄其介弟铁云鹗。时铁云方在山东佐河事，予与之不相识。铁云见予文乃大惊叹，以所撰《治河七说》寄予，则与予说十合八九，遂订交焉。(《罗振玉集·十一》第25页)

▲ 编著者按：上述刘鹗《治河七说》一书，实为《治河五说》之误，罗振玉所藏《治河五说》尚存世。2007年上海嘉泰拍卖有限公司春季大型艺术品拍卖会于6月30日—7月1日举行，最引人注目的是罗振玉大云藏书楼"大云烬余"珍藏古籍善本专场。笔者所知其中就有《治河五说》一本，首页钤"大云烬余"印。"大云烬余"为罗振玉嫡孙、著名史学家罗继祖先生请好友孙晓野教授刻的一方藏书印。

▲ 本年山东河患频仍。抚幕妄人主贾让不与河争地之策，放宽河身，至欲移海内赈助之款助官购民地。(罗振玉)先生家居闻而骇，谓今日河身已宽，再宽之则漫溢之害无穷，乃著论千余言驳之。丹徒刘渭清孟熊见而韪之，以寄其弟铁云鹗，时铁云方任鲁河下游提调，主王景攻沙去淤，与(罗振玉)先生说十合八九。铁云亦以所上《治河七说》寄(罗振玉)先生，附书言：群盲方竞，不意尚有明目如公者。尊论渊雅，吾文则如老姬与小儿语，中用王景名，幕僚尚不知为何代人。于是罢购地议。(《罗振玉年谱》第12页)

▲ 编著者按：刘鹗与罗振玉相识前先与刘味清相识。2012年1月吉林文史出版社出版之《罗振玉印谱》收"味清"阳文字印一方。文字说明"字印。刘梦熊(生卒不详)，本名明远，字渭清，一字蔚青，或作味青，江苏丹徒人，乃刘鹗之兄。浙江候补道，未之官"。这是笔者仅见到的刘味清印蜕之印刷品。

**是年** 推荐罗振玉入张曜幕。

▲ 罗振玉《集蓼编》：(铁云)且为予言于勤果。勤果邀予入幕。已家事不能远游谢之。然当日放宽河身之说，竟以予文及铁云说而中辍。此亦予少年时事之可记者也。(《罗振玉集·十一》第25页)

**是年** 两次听王小玉演唱梨花大鼓。

▲ 黑妞、白妞确有其人，所写捧角情形，亦为当时实况。

黑妞、白妞当时济南人士视之几如北平今日所谓之名生、名旦。一经演唱，举城如狂。先君寓东时曾招至家中奏伎，绅亦见之。惟一齿稚，今脑中仅存模糊轮廓而已。(《关于老残》手稿)

▲ 编著者按：刘鹗听王小玉演唱时，王小玉应为 23 岁。王小玉约生于 1867 年，河南凛丘人，艺名白妞。有妹艺名黑妞。光绪初年王小玉学会说书，且能博采众长。十四五岁时，她独创的调子已使人们倾倒。此后或在书场，或唱堂会，名噪一时。至 20 岁时已被人称为"红妆柳敬亭"。当时达官贵人、名士文人如两江总督端方、江苏后补道李葆恂、江西知府王以慜、龙阳才子易顺鼎、文学家刘鹗等都听过王小玉说书，并都给予极高的评价。根据端方的《题画诗》"黑妞已死白妞嫁，断肠扬州杜牧之"和王以慜所作的长诗《济城篇》的结尾"君不见：漱玉泉边春草肥，芝芙绮梦冷斜晖。蛾眉自古伤谣诼，何况知音此日稀。玉嬢、玉嬢！汝须毁弦息鼓刺船去，无使西风尘起沾落衣，来日吹箫吾亦归。"所述，作为一个当时姿色出众、演艺高超的民间女艺人，正当她在演唱技艺达到高峰之时，灾难也就随之而来。

对王小玉，当时人多有记载且记述传承颇为清晰。择其二于下：

一、游艺中原客师史客著《历下记游·外编三卷》

郭大妮者，不传其名字。说者为武定人。善鼓词。鼓词者，设场于茶寮。一瞽者调弦，歌者执铁板，点小皮鼓，唱七字曲。从而和者三四人，老幼男妇不等。长段高下自有节奏，仿佛都中之大鼓书、莲花落者。先是历城无鼓词。大妮之鸨不知何许人，始创此曲。买雏妓三，大妮一也。奏曲于章夏，仅敷日食。辛未秋，来会垣，择西关隙地支彩棚。设红氍毹，大妮率两妹登场演说，……凡座上客无不称赏。门前车马渐胜于前，缠头之资，积至巨万。丙子年正月上元后五认为，邑之千佛山开市会，大妮就其中设雅座。遍招所与欢者来度曲。……后数年又有所谓黄大妮者，临清人，寄居平陵。欲继其响，就郭就地演当年遗曲。……未几，黄亦去，自是省垣不复有此曲。黄之姨表妹王小玉者亦工此，随其父奏艺于临清市肆。梦梅花生客过临清，于将行前一日。偕三五友人假座逆旅，招之来度数阕，亦颇悦耳。王年十六，眉目姣好，低头隅坐，楚楚可怜。歌至兴酣又神采夺人，不少羞涩。吟红主人甚眷恋之。侧坐无言，有斗酒听鹂之感，诵昔人"便牵魂梦从今日，在睹婵娟是几时"之句，为惆怅者久之。亦可谓深于情者矣。（说明：本段文字记于光绪八年春夏）

二、王以慜著《檗屋诗存·济城篇并序》

鼓书不知所自昉。法用三弦、一鼓、双钱板。三数人递演俚词，杂以曼声，殆古弹此之流亚欤。王生小玉以是艺噪于济南有年。岁丙戌，予自沂旋济，听之而善。小玉凛丘人。自余见已二十余。其为人端庄婉丽，不事涂泽。稠众广场中，初默然不一语，间一发声，则抑扬抗坠，分忖节度，不败溢累黍。其幼妙曲折处，较歌者为难能，抑又非善歌所能及也。往同治时，济中擅名者郭姓，与玉殆有雅俗之别。知者谓玉过之远甚，不知者或反乙玉，故玉名终不及郭。郭今沦落死矣。玉方盛年，赏音邈若。予成是诗词，伸为玉危，并将以质当时之识曲听真者：

济城流水清如玉，佛髻前帆映帘绿。　帘外鱼波吹白萍，帘中美人娇暮春。
春云复城柳丝碧，钿车佳道花如织。　晓妆随手艳神仙，铅华净洗翻倾国。
淳于炙辊君卿舌，粉黛千秋少颜色。　变调何人采竹枝，居然谈笑千金值。
君不见：

王家有女淡丰容，玉嬢小字香春风。　明眸含睇水新剪，等场按拍天无功。
稗官野史恣嘲谑，铜弦铁板来丁东。　溪松吟风晚细雨，啄木空山鸟碎声。
积雪太古萧无人，湘妃罗袜摇琼佩。　鱼龙曼衍鸾凤清，珠喉再转调新莺。
坠如空庭杂花落，抗如百丈游丝行。　凄如寒泉咽哀壑，寂如幽梦萦帘旌。
呜呼！

秦青不作韩蛾死，曼歌绕梁竟谁是？　别样新声托雅弦，悠悠合洗筝琶耳。
只今年已过碧玉，绰约芙蕖媚秋水。　想见明蟾三五时，琼花压尽千桃李。
济城之水清且深，红鸳比翼眠纱荫。　春波摇情碧无路，浣纱日暮愁谁任。
玉嬢劝汝一杯酒，阳春白雪人知否？　十载纷传郭密香，先朝此技推能手。
生是杨花水上萍，青娥紫塞今何有？　独有罗敷未嫁身，绿窗理瑟随鹦母。
城南偶逐踏青队，汉上重逢赠珠后，　溪水桃花今日门，瑶池朱鸟谁家墉。
绝调分明沧海琴，盛名珍重章台柳。　落魄江湖老钓师，济城再返旧游非。
有□北调还征曲，谢傅东山未息机。　肯向雍门悲老大，不堪禅榻惜芳菲。
君不见：

漱玉泉边春草肥，芝芙绮梦冷斜晖。　蛾眉自古伤谣诼，何况知音此日稀。
玉嬢、玉嬢！汝须毁弦息鼓刺船去，无使西风尘起沾落衣，来日吹箫吾亦归。

（说明：本段文字和长诗一首，约作于光绪十四年春）（《清末小说》第 19 期第 25 页）

# 1892 年(壬辰　光绪十八年)　36 岁

5月　日本正金银行设立上海分行。

7月　孙中山毕业于香港西医书院。

是年　陈虬撰《治平通义》、陈炽撰《庸书》、郑观应增订《教时揭要》为《盛世危言》相继印行。

兄刘味青43岁。太谷学派学人：蒋文田50岁、黄葆年48岁、毛庆藩47岁。罗振玉27岁、王国维16岁。

**是年**　刘鹗居济南鹦鹉街。

▲ 先君初抵济南，系由河南前往，借寓友人处。其后眷属抵东，即自赁居宅。……先君寓济南时，初住小布政司街，继迁鹦鹉街。时绅尚未逾十龄，住东计三年，返淮安。又鹦鹉街今闻改英武街，不知确否？（《关于老残游记》手稿）

**去冬今春间**　完成第一本算学著作《弧角三术》。

▲ 编著者按：《弧角三术》是刘鹗的第一本算学方面的著作。现存《弧角三术》有两种版本：① 抄本：三册。分为卷首、卷上、卷下。② 石印本：一册。分为凡例、卷首、卷上、卷下。《弧角三术》两种版本相同点是内容相同，每页行数相同，每行字数相同，每题所绘几何图形的位置相同。《弧角三术》两种版本不同点是：① 抄本无"凡例"，石印本有"凡例"。② 抄本作者署名原为"丹徒　云抟刘鹗撰"，刘鹗亲笔改动为"丹徒刘鹗云抟甫学"。石印本作者署名为"丹徒　刘　鹗云抟甫学"。③ 抄本分装三册，石印本装订为一册。《弧角三术》曾有研究者提及，名之《弧三角术》，误。《弧角三术》未署写作、刻印时间。根据刘鹗治理黄河的时间和刘鹗著《历代黄河变迁图考》前《尚书衔山东巡抚福片》可知《弧角三术》应写于1893年12月之前。原书卷下第二十二题（第46页反面、第八、第九行）。原文为：三率甲戊弧余弦　四率甲戊弧余弦。疑排印有误。原书卷下·附总较法第一题（第53页反面第二行）原文为：一百六十五度五十八一十九秒。疑缺"分"字。应补为"一百六十五度五十八分一十九秒"。

▲《弧角三术·凡例》全文如下

算学之为用,最大者莫如弧三角。可以算日月之交食,可以算五星之顺逆,窥天可以算洲岛之经纬,航海可以算口岸之远近。其用最宏,而其学亦最难。故梅勿庵先生自叙《弧三角举要》云"积数十年之探索,然后能会通简易"而学者读之犹不免有望洋之叹。其后以算学名家者莫不有弧三角之著。或晰其理,或推其法,著书愈多,其学愈晦。鹗幸生诸家之后,得以尽读诸家所著书。研习数年,集思广益。盖仿项梅侣《句股六术》之例,括为三术。以三术之理,图解于卷之首,无论何题,皆可以此三术通之。俾学者精习于此,则目无难题。譬诸解结此为觿焉。

弧三角题虽千变万化,不出正弧、斜弧二种。正弧驭法不出句股,斜弧驭法不出垂线次形。垂线次形者仍化斜为正之术也。故列正弧诸题为上卷,斜弧诸题为下卷。弧角于此似无遗题。

诸题之中惟三角求弧、三弧求角二题独非三术所能驭然。止有二题,不称另立一术,故附诸卷末,若附庸然。

上卷诸题尽出《翠薇山房丛书》,下卷诸题尽出《梅氏丛书》,非敢剿袭也,藉以发挥三术之用云尔。

此卷果能有益初学与否,未能自信。野人献曝,自以为忠。高明之议,知所不免,倘有进而教之者,则幸甚矣。(《刘鹗集》第107页)

▲ 苏步青先生关于《弧角三术》的一封信:

刘德隆同志:

8月14日惠函收阅,从中欣悉刘鹗先生的数学遗著《弧角三术》的发现。我同意把这本遗著交给专家审阅,然后再决定要否出版。我对中国古代数学素不熟悉,寄我审阅,无异缘木求鱼。吴文俊先生对这方面也有很深奥的知识,我推荐他作为审阅人,通讯地址:北京西郊、中关村中国科学院系统研究所。如蒙同意,可在去函中就说是苏某人推荐的。耑复　顺颂　大安。　苏步青 1986.8.18

吴先生正在赴美访问中,估计月底可回。

**去冬今春间**　完成第二本算学著作《勾股天元草》。

▲ 编著者按:《勾股天元草》是刘鹗的第二本算学方面的著作。

《勾股天元草》一书,封面题签为"勾股天元草"。此书"序"和目录都名之"天元勾股细草"。另有《天元勾股草》《勾股天玄草》等书名,皆传抄之误。

《勾股天元草》一书封面、目录都无作者署名。作者署名于"天元勾股细草卷上"第一页和"天元勾股细草卷下"第一页。署名为"丹徒刘鹗学演"

现存《勾股天元草》刻本一种,全一册、两卷。

《勾股天元草》无写作、刊刻时间。但写作于光绪十八年（1892）前，根据有二：
① 葛道殷《勾股天元草·序》中记录有"余与司马久交，因测量黄河，结风雨连床之
缘。"《三省黄河全图·恭录办理三省黄河河道图说职名·测量与绘图》人员之中记
录有"监生　臣　葛道殷"。因此可知《勾股天元草》大致写作、梓行时间。②《历
代黄河变迁图考》中福润的奏片中已经提出刘鹗著有《勾股天元草》。《历代黄河变迁
图考》出版于光绪十八年（1892）。因此《勾股天元草》写作不会晚于光绪十八年（1892）。

《勾股天元草》一书中使用算筹数字。《刘鹗集》标点时将算筹数字全部转换为
中文数字。

《刘鹗集》聘请数学特级教师、苏步青数学教学奖获得者余应龙老师标点《勾股
天元草》。在标点中，余应龙老师根据题意，用现代几何进行计算，其结果正确
无误。

《刘鹗集》根据《勾股天元草》刊刻本标点。（《刘鹗集》第 169 页）

▲ 湘乡葛道殷作《勾股天元草·序》，全文如下：

算术小技也，而列诸经学，其中浅深判若天壤。即如句股一门，算家言者百十。
至能以面积、体积求句股，惟唐王孝通氏引其绪，我朝谢嘉禾氏发其凡而已。元和
李氏又有《天元句股细草》言和较而不及积。惟丹徒刘云抟司马著《句股天元草》
上、下卷，仍李氏之题，取径不同。下卷专以各积求句股命题而意重在发挥天元，故
益积翻积，玲珑连枝，诸方无所不及。以意造法，以法立术，缘术演草于条段之理，
涣然莹澈，归于至当。洵可谓于王、谢、李三家外，别树一帜也。

司马眼介无涯，桀参最上，俯视人间世各种皆有心裁。故有时蟠空硬语，立破
坚的。固不独算学小道，贯洽诸家也。余与司马久交，因测量黄河，结风雨连床之
缘，喜余心嗜算，嘱跋所著。

噫，余钝椎人，粗涉藩篱，荒芜无状，何足为大集光。惟感其殷拳引诱之意，不
辞以浅陋，谨撰数十言以为识者。它日见之，或谓余为可与共学也。

湘乡葛道殷谨识。（《刘鹗集》第 147 页）

**5 月下旬前**　完成河工著作《历代黄河变迁图考》。

▲《历代黄河变迁图考》说明：

《历代黄河变迁图考》是刘鹗治理考察黄河的第三部著作。

《历代黄河变迁图考》现在能见到的有多种版本。

一、《历代黄河变迁图考》（线装·石印本）　四册

内封：光绪癸巳仲冬袖海山房石印

首页：尚书衔山东巡抚福片

卷一：禹贡全河图考第一

　　　禹河龙门至于孟津图考第二

卷二：禹贡孟津至于大陆图考第三

　　　禹贡九河逆河图考第四

卷三：周至西汉图考第五

　　　东汉以后河道图考第六

　　　唐至宋初河道图考第七

　　　宋二股河图考第八

卷四：南河故道图考第九

　　　现今河道图考第十

图：有图十幅与文相合

二、《历代黄河变迁图考》（线装·手刻油印本）　两册

内封：宣统庚戌冬山东河工研究所重印

扉页：

| | | |
|---|---|---|
| 钦命陆军部侍郎山东巡抚部院 | 孙宝琦 | 重订 |
| 坐办　山东河工研究所事务花翎二品衔补用道 | 袁　纯 | |
| 会办　山东河工研究所事务花翎补用道 | 辛绩勋 | 监制 |
| 　　　山东河工研究所编辑花翎知府用议叙补用同知 | 王钟琦 | 勘校 |
| 　　　山东拣选试用监场大使 | 樊燧春 | 襄校 |

《历代黄河变迁图考》（线装·手刻油印本）两册

　　　上册：第一卷：黄河图、一页—五页

　　　　　　第二卷：一页—三十二页

　　　　　　第三卷：一页—三十页

　　　下册：第四卷：一页—十七页

　　　　　　第五卷：一页—八页

　　　　　　第六卷：一页—十一页

　　　　　　第七卷：一页—八页

　　　　　　第八卷：一页—七页

　　　　　　第九卷：一页—九页

　　　　　　第十卷：一页—二十页

　　《历代黄河变迁图考》（线装·手刻油印本）根据光绪袖海山房刊刻手刻油印（蓝色油墨印）。书宽 14.5 公分　高 25.5 公分　框高 18.2 公分

三、《历代黄河变迁图考》（线装·石印）　四册

内封：宣统庚戌冬山东河工研究所重印

扉页：

钦命陆军部侍郎山东巡抚部院　　　　　　　　　　孙宝琦　重订

坐办　山东河工研究所事务花翎二品衔补用道　　　袁　莼

会办　山东河工研究所事务花翎补用道　　　　　　辛绩勋　监制

　　　山东河工研究所编辑　花翎知府用议叙补用同知　王钟琦　勘校

　　　山东拣选试用监场大使　　　　　　　　　　樊燧春　襄校

此本与《历代黄河变迁图考》油印本时间相同。

此本与光绪袖海山房本不同处：一是刊印时间不同，二是扉页有全书重订、坐办、会办等人姓名。其余完全相同。

四、《历代黄河变迁图考》（影印·精装本）

中国水利要籍丛编·第五集　　　　　　　　　　　沈云龙　主编

　　　　　　　　　　　　　台北文海出版社有限公司 1971 年印行

封面：灰色，无字无图

扉页：白底红字。中国水利要籍丛编·第五集　　　沈云龙主编　清刘鹗撰

　　　　　　　　　　　　　　　　　　　　　　文海出版社有限公司印行

《历代黄河变迁图考》（影印·精装本）32 开　根据光绪癸巳仲冬袖海山房石印本影印。版权页：未见

五、《历代黄河变迁图考》（影印·精装本）　　　　北京出版社 2000 年

封面：灰色

　　　四库未收书辑刊编纂委员会编

扉页：肆辑　拾捌册

　　　四库未收书辑刊

　　　四库未收书辑刊编纂委员会编　　　　　　　北京出版社

目录：肆辑·捌册目录

　　　元和郡县图志阙逸文三卷　　　　　　　　　（清）缪荃孙　辑

　　　古今地理述十八卷卷首三卷末一卷　　　　　（清）王子音　撰

　　　历代黄河变迁图考四卷　　　　　　　　　　（清）刘鹗　撰

　　　　　　　　　　　　根据清光绪十九年袖海山房石印本

六、《历代黄河变迁图考》

　　　　　　　　　　　　　　　线装书局 2004 年 10 月

（从互联网上查得：国家图书馆从所藏明清山水志中精选 316 种编辑《中华山水志丛刊》共 75 册。《历代黄河变迁图考》收入该书《水志》第 23 册。作者署名：刘鄂。2004 年 6 月国家图书馆文献微缩中心制作，2004 年 10 月线装书局出版。此书编者未见。）

《历代黄河变迁图考》写作时间当在光绪十八年（1892）初至光绪十九年冬（1893 年 12 月前）。确定以上写作时间的根据有二：① 在测量黄河、绘制《三省黄河全图》中已经提及黄河变迁甚多，应有河图保存。在《三省黄河全图·述意十二条》中刘鹗写道："天下事无一劳永逸者，无一成不变者。康熙时之历象考成，何以至乾隆而必须再订；雍正时之《大清会典》何以至嘉庆而后必须重修。河渠为国家大政，将听其前此之变迁而无可考，听其后此之变迁而不为备乎？"可见此时考证、绘制历代黄河图的想法已经萌发。② 本书中第十卷"见今黄河图考"和《三省黄河全图》内容完全一致。

《刘鹗集》根据光绪癸巳仲冬袖海山房石印本标点。《历代黄河变迁图考》系小 32 开本。有黄河图十幅，但每幅图都分成多页印刷。本书将其拼接成十幅完整的河图，附于全书之前。原石印本卷首为福润推荐刘鹗片。本书仍收录于书前。已见光绪癸巳仲冬袖海山房石印《历代黄河变迁图考》两种，"福润片"中一为"吴大徵"，一为"吴大澂"。（《刘鹗集》第 75 页）

▲ 编著者按：(1) 由刘德隆负责组织整理的国家清史编纂委员会编辑之《文献丛刊·刘鹗集》出版于 2007 年 12 月。在《刘鹗集》中关于《历代黄河变迁图考》写作时间考订在"光绪十八年（1892）初至光绪十九年冬（1893 年 12 月前）。"根据新的材料可知，《历代黄河变迁图考》在 1892 年 6 月 1 日（光绪十八年五月七日）前已经完成。(2)《历代黄河变迁图考》一书系对黄河河道变迁的考证，故或引用古书，或根据史志加以叙述，因此内容几乎全部引用史书。刘鹗本人议论仅有两处，录于后：①《禹河龙门至于孟津图考第二》谨按：自龙门至于孟津七八百里间，自夏至今无甚变迁，故自古论河患者皆云，孟津而下地平土疏，迁徙不常。而孟津以上，无有筹之者也。盖两岸皆山，重岩叠嶂，河无所施其冲突耳。胡氏渭云，自杜预建浮梁之后，至唐贞观十一年，河溢，坏中潬城，始见于史。逮宋而其患弥甚，史不绝书，然详考其事，皆滨河之地略有浸啮而已，即潼关以上，蒲州、朝邑之间，恒有变迁，然东徙西移，皆不过二三十里。非若孟津以下，偶一变迁，恒数百里，故此不得谓之变迁也。② 鹗案：河自孟津以下，决溢之患，史不绝书。一决一塞，河形易变，其中左右迁移，或十里，或数里，或数十里者，不可胜纪。如孟津至开封百里之间，五代至宋百年之际，河之决者凡七八见：乾祐三年决郑州、广顺，二年决郑州、乾

德，三年决阳武、太平、兴国。二年决温县、决荥泽，其他可想见矣。屡决屡塞，形势
屡迁。虽于数十年后考数十年前之河，往往不能铢累悉合，而况于数千年后考数千
年前之河，必欲确切不移，无毫发诡舛，岂可得哉，岂可得哉！诸家考据，博采宏搜，
至汪份、胡渭精详已极，虽后人犹不免有议之者，然大纯而小疵，可以征矣。

（3）《历代黄河变迁图考》引用古书、古文不少于以下诸种：《北边备对》《澄城县志》
《朝邑县志》《春秋》《楚语》《地理风俗记》《帝王世纪》《东征记》《地理今释》《导河书》
《尔雅》《尔雅注》《封禅书》《方舆纪要》《国语》《公羊传》《谷梁传》《沟洫志》《高唐州
下》《韩城县志》《郃阳县志》《华阳县志》《河津县志》《垣曲县志》《洹水注》《货殖传》
《皇极经世》《九河故道考》《金史》《孔氏传》《孔安国传》《括地志》《瓠歌》《临河县志》
《灵宝县志》《论衡》《洛阳县志》《礼记》《吕氏春秋》《渑池县志》《孟津县志》《明一统
志》《蒲州县志》《平陆县志》《平记》《齐乘》《切问斋文钞·汪份黄河考》《日知录》《荣
河县志》《芮城县志》《浚县旧志》《尚书禹贡论》《尚书全解》《尚书纂传》《水经》《水经
郦注》《诗经》《尚书》《十三州志》《述征记》《禹贡锥旨》《禹贡说断》《山海经》《阌乡县
志》《陕州志》《尚书正义》《隋志》《史记》《战国策》《汉书》《释地》《史记正义》《上导河
形势书》《史记索隐》《潼关卫志》《通典》《唐书》《太平寰宇记》《魏土地记》《五户祠
铭》《魏世家》《魏书》《西京记》《新安县志》《行水金鉴》《竹书纪年》《元一统志》《续汉
书》《元和志》《元丰九域志》《元和郡县志》《禹贡》《禹穴记》《玉海》《舆地广记》《郑氏
注地书》。

**5 月 24 日（四月二十八日）**　山东巡抚福润以《勾股天元草》《弧角三术》《历代
黄河变迁图考》《三省黄河图说》等书为基本资料，具奏送刘鹗总理衙门考验。

▲　再候选同知刘鹗，江苏丹徒县人。光绪十六年经前抚臣张曜咨调来东，委
办河务。该员向习算学、河工，兼谙机器、船械、水学、力学、电学、测量等事。著有
《勾股天元草》《弧角三术》《历代黄河变迁图考》等书。前河臣吴大澂、前河南抚臣
倪文蔚于郑工合龙后，测量直、东、豫三省黄河，绘画全图，进呈御览，即委该员办
理。其所著述各书，考据尚属详明，有益于用。

恭读光绪六年正月二十一日上谕：前因时事多艰，需才孔亟，迭经谕令各直省
督抚保荐人才，以备任使。其有熟悉中外交涉事宜，通晓各国语言文字、善制船械、
精通算学，足供器使并谙练水师事宜者，无论文武两途，已仕未任，均著各举所知，
出具切实考语，秉公保荐等因。钦此。

仰见圣主轸念时艰，求贤若渴之至意。奴才查该员刘鹗讲求算学，兼谙机器、
河工等事，洵属有用之才。前经援照安徽同知董毓琦考验成案，咨送总理各国事务
衙门考验，以供驱策，旋准咨覆：董毓琦曾由船政大臣会同闽浙总督具奏，奉旨允

准,今仅咨送,核与成案不符等因,自应遵照奏明办理。查该员学术渊深,通晓洋务,合无仰恳天恩俯准,由奴才将该员刘鹗咨送总理各国事务衙门考验,以备任使之处,出自鸿慈逾格。除饬取所著各书咨呈军机处暨总理各国事务衙门查核外,谨附片具陈,伏乞圣鉴训示。谨奏。(录自《历代黄河变迁图考》)

**6月1日(五月初七日)** 总署收军机处交出的福润抄片:请考验候选同知刘鹗。并已奉朱批"著照所请,该衙门知道。钦此"。

▲ 五月初七日,军机处交出福润钞片朱批。(见《保荐人才》第40页)。

**6月13日(五月十九日)** 总署收吏部文:咨送山东巡抚福润保荐:候选同知刘鹗交总署考验之朱批及原奏。通知"贵衙门查照可也"。

▲ 五月十九日吏部文称:光绪十八年五月初十日由内阁抄出福润片,并相应抄录原奏恭录谕旨知照贵衙门查照可也。(《保荐人才》第41页)

**8月5日(闰六月十三日)** 总署收山东巡抚文:候选同知刘鹗保请考验案已奉到朱批。准备按照朱批施行。

▲ 闰六月十三日山东巡抚福润文称:本部院于光绪十八年四月二十八日附片具奏候选同知刘鹗,熟悉算学、机器等事,请咨送总理衙门考验一片,业已抄稿咨呈在案。兹于五月十三日差弁赍回原片,内开:奉朱批:著照所请,该衙门知道。钦此。相应恭录咨呈。为此咨呈贵衙门,谨请钦遵查照施行。(《保荐人才》第42页)

**是日** 总署收山东巡抚文:咨送刘鹗保折抄稿及其著作。

▲ 闰六月十三日山东巡抚福润文称:本部院于光绪十八年四月二十八日附片

具奏候选同知刘鹗,熟悉算学、机器等事咨送总理衙门考验一片,除俟奉旨另文恭录咨呈外,合先抄稿咨呈。为此咨呈贵衙门,谨请查照施行。(《保荐人才》第43页)

**10月12日(八月二十二日)** 按照山东巡抚福润的意见,到北京总理各国事务衙门考验。总署收山东巡抚文:咨送候选同知刘鹗赴署考验。

▲ 八月二十二日山东巡抚福润文称:案据候选同知刘鹗禀称:卑职现年三十三岁。系江苏镇江府丹徒县人。由监生于光绪三年十一月遵"筹饷例"报捐县丞,双月选用。又于五年正月,在"晋豫赈捐案"内报捐同知,不论双、单月选用。十五年三月蒙前河院吴调办郑工善后局提调,测绘《直隶山东河南三省黄河全图》。十六年三月事竣。蒙前山东抚院张调至山东留工办事。历办防汛、堵筑各工。本年四月二十八日,蒙山东抚院福附片具奏"候选同知刘鹗,熟习算学、机器、河工等事。请咨送总理衙门考验。"五月十三日差弁赍回原片,内开:奉朱批:著照所请,该衙

门知道。钦此。钦遵札行知照。伏查卑职现在河工并无经手未完事件。理合恳请俯赐咨送总理衙门考验等情到本部院，据此相应给咨。为此咨呈贵衙门，谨请查照考验施行。（《保荐人才》第 43 页）

**10 月 24 日（九月初四日）**　总署收候选同知刘鹗禀：禀陈履历。

▲ 九月初四日候选同知刘鹗禀：

照录原禀，候选同知刘鹗禀呈：今陈卑职现年三十三岁。系江苏镇江府丹徒县人。由监生于光绪三年十一月遵"筹饷例"报捐县丞，双月选用。又于五年正月，在"晋豫赈捐案"内报捐同知，不论双、单月选用。并缴捐免保举银两及监生四成实银，经户部于光绪五年十二月初七日奏准在案。十五年三月蒙前河院吴调办郑工善后局提调，测绘《直隶山东河南三省黄河全图》。十六年三月事竣。蒙前山东抚院张调至山东留工办事。历办防汛、堵筑各工。

本年四月二十八日，蒙山东抚院福附片具奏"候选同知刘鹗，熟习算学、机器、河工等事。请咨送总理衙门考验。"奉朱批：着照所请，钦此。五月蒙山东抚院福咨送总理各国事务衙门考验。兹于八月二十二日到京投文须至履历者。（《保荐人才》第 44 页）

**10 月 28 日（九月初八日）**　总署发吏部、户部文：请查刘鹗捐案。

▲ 九月初八日行吏部文称：前准军机处交出山东巡抚福润奏保候选同知刘鹗熟习算学、机器、河工等事。请由本衙门考验等因。兹据该员到京禀呈系江苏镇江府丹徒县人。由监生于光绪三年十一月遵"筹饷例"报捐县丞，双月选用。又五年正月，在"晋豫赈捐案"内报捐同知，不论双、单月选用。并缴捐免保举银两及监生四成实银，经户部于光绪五年十二月初七日奏准在案等因。前来相应咨行贵部，查明该员捐案是否相符。速复本衙门可也。

同日行户部文同。（《保荐人才》第 45 页）

**11 月 4 日（九月十五日）**　总署收吏部文：刘鹗捐案查与事实相符。

▲ 九月初八日行吏部文称：前来查刘鹗双月县丞筹饷八十一卯捐同知双月选用，并捐免保举急补交监生四成实银案。系属相符。相应片复贵衙门查照可也。（《保荐人才》第 45 页）

**是日**　总署收户部文：刘鹗捐案查与事实相符。

▲ 九月十五日户部片称文称：前来查刘鹗由监（生）在江苏滇捐分局第二次请奖案内，捐米折银一百六十八两五钱，请以县丞选用。本部于光绪三年十月核准。该员又由双月县丞在江宁劝办晋豫赈捐第五次请奖案内捐银一千四十三两二钱，又补交监生四成实银四十三两二钱，请以同知双月选用，免保举。又捐银二百

八十六两二钱,请以同知双单月选用。本部于光绪五年十二月二十日奏准。先后知照吏部各在案兹准。咨查相应片呈贵衙门查照可也。(《保荐人才》第46页)

**12月4日(十月十六日)** 总署发奏片:请示候选同知刘鹗应否交部带领引见。奉朱批:刘鹗著交吏部带领引见。钦此。

▲ 十月十六日本衙门奏片称。再,臣衙门于本年五月初七日准军机处钞交山东巡抚福润片……旋由山东巡抚将该员所著各书咨送臣衙门,并据该员赍咨,呈请考验前来。臣等面加询察,复传该员试以算学,各题数理尚属明晰。查光绪十六年四月间,河南巡抚倪文蔚咨送升用知府、安徽候补同知董毓琦,由臣衙门考验,奏请录用。是年七月二十五日,奉朱批:董毓琦著交吏部带领引见。钦此。钦遵在案。该员刘鹗现系候补同知。经臣衙门复加考验,应否请旨,饬交吏部带领引见及如何录用之处,恭候圣裁。理合附片具陈,伏乞圣鉴。谨奏。

光绪十八年十月十六日奉朱批:刘鹗著交吏部带领引见。钦此(《保荐人才》第47页)

**12月5日(十月十七日)** 总署发吏部文:谕刘鹗交吏部带领引见。

▲《清实录》卷317叶8:

光绪十八年壬辰冬十月十六日庚午(1892年12月4日)表以谙习算学,予同知刘鹗交吏部带领引见。(《小说研究》1983年中文版第25页)

▲ 十月十七日行吏部文称:光绪十八年十月十六日,本衙门具奏考验候选同知刘鹗请旨录用一片。本日奉朱批:刘鹗著交吏部带领引见。钦此。相应恭录谕旨,抄录原奏,咨行贵部,钦遵可也。(《保荐人才》第48页)

**12月24日(十一月初六日)** 由吏部引见。以同知发往山东差委。

▲ 十一月初六日引见。奉旨着以同知发往山东差委。(1895年刘鹗撰写《履历单》)

**约是年** 与黄葆年相见于山东。

▲ 编著者按:1902年11月7日,黄葆年致刘鹗信中有"不见十年,未通一字",故知本年刘、黄二人曾见面。当时,刘鹗因治理黄河在济南。黄葆年时任朝城知县。这一年蒋子明亦两次到山东与黄葆年见面。

**约是年** 以《韩诗外传》为内容,书四条屏赠"敬斋一凡大人"。

▲ 编著者按:1992年1月21日,严薇青先生给笔者来信并附照片两帧。信中说:承嘱摄制铁云先生对联,经与山东省博物馆特藏部主任几次联系,甚感困难,只有据我处所摄照片翻印,并保证与初摄片一样。……特挂号寄上,敬希查收。两帧照片一为刘鹗给黄锡朋的手书对联,另一为"敬斋一凡大人"书写的四条屏,语

出《韩诗外传·第一》：

　　曾子仕于莒，得粟三秉。方是之时，曾子重其禄而轻其身。亲没之后齐迎以相，楚迎以令尹，晋（其一）迎以上卿。方是之时，曾子重其身而轻其禄。怀其宝而迷其国，不可与语仁。窘其身而约其（其二）亲，不可与语孝。任重道远者，不择地而息。家贫亲老者，不择官而仕。故君子桥褐趋时，当务（其三）为急。传云：不逢时而仕，任事而敦其虑，为之使而不入其谋，贫焉故也。（其四）

敬斋一凡大人雅属　　云抟弟刘鹗

## 1893 年（癸巳　光绪十九年）　37 岁

2 月　中外商人在上海合办的《新闻报》，蔡尔康为主笔。

11 月　张之洞奏设之汉阳炼铁厂告成。

12 月　李鸿章开办医学堂。

是年　耶苏会在上海徐家汇建造天文台，设气象和地震两部。

是年　毛泽东诞生于湖南湘潭。

兄刘味青 44 岁。太谷学派学人：蒋文田 51 岁、黄葆年 49 岁、毛庆蕃 48 岁。罗振玉 28 岁、王国维 17 岁。

**1 月（光绪十八年十二月）**　被咨送北京总理衙门考试，因"于成案不符"，未试，回济南途经齐河，留诗一首。

▲ 咨送总理衙门考试，不合例，未试而归。

《铁云诗存》卷三有《壬辰，咨送总理衙门考试，不合例，未试而归，腊月，宿齐河城外》诗。时山东巡抚为福润。（《刘鹗年谱》第 23 页）

▲ 按所谓不合例者，据光绪二十年东抚福润奏片系因援照安徽同知董毓琦考验成案，咨送总理各国通商事务衙门考验，以备驱策。经总理衙门咨覆董某系由船政大臣及浙闽总督具奏，奉旨允准，今仅咨送，于成案不符，故回鲁，俟后另奏。（《铁云年谱》第 30 页）

▲《壬辰，咨送总理衙门考试，不合例，未试而归，腊月，宿齐河城外》：魄落魂消酒一卮，冻躯围火得温迟。人如败叶浑无属，骨似劳薪不可支。红烛无光贪化泪，黄河传响已流澌。那堪岁岁荒城道，风雪千山梦醒时！（《刘鹗集》第 572 页）

**是年初**　在北京为泰州高氏三峰草堂《日长山静图》题诗。

▲ 为泰州高氏三峰草堂《日长山静图》题诗。诗云："铸山煮海不为富，七相三公不为贵，惟有《南陔》数首诗，千秋万古留生气。高子扬州古宿儒，一官潇洒寄明湖，相逢诗酒成知己，袖出先人孝养图。披图再拜瞻遗像，婉容怡色丹青上。令我愀然动孝思，燕云南望增惆怅。齐门挟瑟悔前非，碌碌依人常苦饥。我亦有家归未

得，西风吹冷老莱衣。"高氏即《老残游记》第三回之高绍殷。高名尚尊，字仲闻，初在张曜幕中办文案，后任山东菏泽县知县。题诗时，鹗已旅京，古有"燕云南望"之语也。案泰州高氏三峰园于咸丰时已归吴文锡，改名蛰园，文锡有《蛰园记》。此则仅存其图耳。（《刘鹗年谱》第 25 页）

**1 月（十二月）**　领照到省。

**3 月（二月）**　山东巡抚福润委任为黄河下游提调。

▲ 十二月领照到省。十九年二月蒙山东抚宪福委办黄河下游提调。（1895 年刘鹗撰写《履历单》）

**8 月 27 日（七月即望）**　拜观周星垣手书中堂并行书题款识于其右内下：周太夫子，多学多艺，既擅岐黄，复精《周易》。片楮零丝，隋珠和璧。况此楷模，端严正直。每一瞻对，顽廉懦立。谨识小言，百世共式。光绪十九年岁在癸巳七月既望，丹徒刘铁云拜题。〔老残印〕

▲ 张纯《〈太谷遗墨〉上的刘鹗跋文》：刘鹗在光绪十九年（1893）的"拜题"中使用了"老残"这一印章。这一"老残"的出现，比他的小说《老残游记》的写作早了整整十年。可见，"老残"不但是刘鹗《老残游记》的书中人物，而且早已成为刘鹗自认的一个"别号"。（《清末通讯》第 3 期第 8 页）

▲ 刘德隆《也谈〈太谷遗墨〉上的刘鹗跋文》：张纯先生特别提到刘鹗这一题识使用"老残"的印章。这无异是一个重要发现。我两次得观此条幅都注意到这枚印张，但印字模糊不清，无法确定，因此在我的笔记中记下"似是老残'老铁'"？张纯先生得见原件，确认"老残"印章，将"老残"这一别号提前整整十年，自然为研究者们提出了研究的新课题。（《清末通讯》第 7 期第 8 页）

▲ 编著者按：此是太谷学派创始人周太谷书赠"智归贤棣"的中堂书法作品。周太谷书法传世极少。太谷本人也说："后世知我事迹者少。"1983 年 9 月，我在上海宗伯轩先生处，1984 年 2 月，我又在福州刘蕙孙先生处前后两次见到相同的这幅"太谷遗墨"复制件。1984 年一次，我仔细地看了原文和题识、观款并做了笔记，拍了照片。另知山东长清某人所藏一幅，曾联络南京博物院等处请鉴定，不知结果。

周太谷所书正文为：天潢疏润，圆折夜光之采；若木分晖，�华朝阳之色。故能聪颖外发，闲明内瑛；训范生知，言容成则。　　智归贤棣正可太谷〔太谷氏〕〔周星垣〕

这一书法中堂上还有著名金石学家、古文字学家吴大澂，著名经学家、文学家俞樾等名家以及太谷学派第二代传人李光炘和诸多太谷学派学人的题识。全录于后：

一、（右上外·行书）余嗜书成癖，故于前人之善书，必百计搜求披览。久闻周太夫子楷法端严，远胜狂草。屡访于诸收藏家，皆以未得为憾。今应铁云观察之约，适获拜观此帧，不独以饱眼福，真可为幸事也。吴西西记。

二、（右上内·金文）先生之风，飘然若仙；先生之教，迈绝前贤；我今见之，曷深忻羡。愙斋吴大澂拜题。

三、（右中上内·楷书）周太夫子书名遍天下，狂草久为世所重。至于楷书，实所罕见，今得拜观此幅，雍容华贵，信饶生趣，始信名下无虚，自幸眼福非浅也。小门生诸乃方敬志。

四、（右中上外·行书）先生□峰公每谕及门人，近贤书法庄严当以太夫子周公为贵。当时闻者，无不馨香以祷，一见为快。今获此精品，不禁喜跃欢欣，如获异宝也。拜识数言，敬书于侧。小门生刘桂庭。

五、（右中下·篆书）铁画银钩，妙句法书称双绝。故人白下前番别。自别清颜，有到□春节。讲《易》挥毫如法说，侧身西望愁肠结。忽见君书心乍悦。他年再见，此愿真难得。寄调一斛珠宝。半峰草堂觉庵居士倚声，时年八十有九。

六、（右下·外）光绪三十年甲辰冬至后二日小门生朱松龄拜观。

七、（左上·行书）每侍先师座谈，向未闻其轻评前贤艺术。言至太师周老，辄赞颂不绝于口，私意以为重师。今忽得瞻此幅，始服先师之所美，出于至诚，决非门户之见而自相标榜也。钦佩之余，谨附数言，以志吾过。小门生李访农百拜敬记。

八、（左中内·隶书）今之善书者虽不多而仍有。若知讲《易》而见天心者，舍太谷更无其人。世人只知太谷之善书，绝无人知太谷精于《易》学者。可见真学问非自号斯文所可窥耳。阅此附志数言，不禁为之三叹也。德清曲园老人俞樾敬跋。

九、（左中外·行书）昔年初瞻，似银钩铁画；今日再仰，诚玉润真珠。两次谨观，吾之幸福，实天之所予也。小门生谢逢源再拜敬识。

十、（左下外·行书）秀外慧中，俊美丰润。门小子李光炘拜题。

**9 月 22 日**（八月十三日）　元配夫人王氏病逝。刘鹗姐夫高德铭有联挽之。

▲ 妻王氏殁。王氏殁于八月十三日，得年三十有六。（《刘鹗年谱》第 25 页）

▲ 刘怀玉《刘鹗及〈老残游记〉资料摭拾》：（刘鹗妻王氏病逝，刘鹗的姐夫高德铭还有挽刘鹗前妻王氏的《挽刘二内弟妇联》两副：

其一：筹虑在生前，方期五诰荣封，辉增一世；危亡此瞬息，堪叹满怀隐憾，垂涕千秋。

其二：懿范著家庭，克勤克俭，克宽克仁，不徒敬长孝亲为闺仪之足式；遗音传

齿颊，曰贤曰德，曰良曰善，抑且长吁短叹使戚里而同伤。(《明清小说》2001年第3期第87页)

**约9月24日(八月十五)**　存《中秋即事》诗。

▲《中秋即事》：谁家画阁傍通衢，玉女窗前坐丽姝；不敢停骖相问讯，片时渴煞马相如。月明小苑立苍苔，几许幽香拂鼻来；是处搜寻寻不着，秋兰一箭素心开。香烟缥缈霭层楼，十二珠帘尽上钩；知有美人方拜月，玲珑环佩满中秋。(《刘鹗集》第572页)

**9月(八月)**　第四女龙宝出生，茅氏生。

▲妻王氏病殒，年三十六岁。同月女龙宝生，茅氏出。(《铁云年谱》第30页)

**约10月(九月)**　刘鹗第一妾衡氏家人为争做正室，讼刘鹗骗婚。

▲编著者按：刘鹗元配夫人王氏病逝时，刘鹗已有衡氏、茅氏两妾。为争正室，衡氏家人告刘鹗骗婚。

**10月(九月)**　因福润保奏以知府选用。

▲(十九年)九月霜清，蒙山东抚宪福，以三汛安澜，保奏。奉上旨分发山东差委同知，刘鹗着免选同知，以知府选用。(1895年刘鹗撰写《履历单》)

**11月1日(九月二十八日)**　母亲朱太夫人去世。女婿高德铭有联挽之。

▲编著者按：刘成忠的夫人、刘鹗的母亲朱氏夫人，生于道光二年五月十四日(1822年6月13日)。

▲刘怀玉《刘鹗及〈老残游记〉资料摭拾》：高另有《挽刘岳母联》：

卅载侍萱帏，方期甥馆安居，座上慈云恒暖靆；

瓣心司药物，讵料孺忧失怙，宿中宝婺顿沉霾。(《明清小说》2001年第3期第87页)

**11月(十月)**　丁母忧，单身回淮安。

▲(十九年)十月丁母忧回籍。(1895年刘鹗撰写《履历单》)

▲九月二十八日，母朱太夫人卒，丁内艰回淮。眷属仍留济南。继祖母郑说："这一年，两个月中，再经丧事。老祖匆匆自山东赶回，但家眷仍留在济南。"

先父说："汝祖父丁忧回淮，因茅恭人方生龙宝，还未满月，不能长行，所以家眷仍留济南。"(《铁云年谱》第31页)

▲母朱九月二十八日卒于淮安，鹗闻耗南归。(《刘鹗年谱》第25页)

**是年秋(约十月)**　令诸子从罗振玉读书。令四子刘大绅与罗振玉长女罗孝则订亲。

▲先君与罗先生订交，始于论河。当时全国议论，莫不以主让河者为然。惟

先君、罗先生否之。故先君丁先祖母艰,由山东返淮安,即令绅兄弟从罗先生读。是年复缔姻,以绅婿罗先生长女公子,而称谓则始终未改。迄今绅夫妇已老,且已抱孙,绅面谒时,犹称师而不称外舅也。(《关于老残游记》手稿)

**约是年** 结交吴德潇。

▲ 编著者按:1896 年刘鹗有诗《都中晤吴季清大令》:三年苦思忆,万里偶相逢。我已成黄草,君仍似古松。涕洟谈国事,飘泊诉游踪。侷蹐看天地,茫茫何所容。

吴德潇(1848—1900),四川达县人。字季清,号筱村、小村、小春。为太谷学派学人之一。同治十二年(1873)举人。考取咸安宫教习,大挑一等知县。上海"强学会"发起人之一,与汪康年等共创《时务报》。戊戌维新之先驱之一。1896 年后,历任浙江山阴、钱塘及西安知县,1900 年死于西安民乱。吴德潇之子吴铁樵致汪康年信"刘云抟太守者,丹徒人也,与家君多年至交……"

**约是年前后** 有《落叶诗》《题画二首》《断丝竹》《题画诗》《夜坐》等五题六首。

▲《落叶诗》:落叶别树,飘零随风。客无所托,悲与此同。念彼落叶,犹可为薪;用熟五谷,以饱饥人。虽委弃之余,其德足以伸。吁嗟乎,吾不及落叶之仁!(《刘鹗集》第 572 页)

《断丝竹》:断丝续竹,飞金逐肉;火炎昆冈,七日来复。断丝续竹,飞金逐肉;直道不行,其次致曲。断丝续竹,飞金逐肉;花好月圆,人淡如菊。(《刘鹗集》第 574 页)

《题画二绝》:绒绒细草绿如丝,正是春江水暖时;三五成群随意动,天机活泼有谁知。开到桃花百草菲,苹湖水满鲫鱼肥;故乡风景年年好,惟问王孙归不归。

按:二诗均题于无名画轴上。一绘春江雏鸭,一绘湖上桃花。原件存淮安故宅。经我三伯父建叔先生寄沪寓交我从兄铁孙收存。伯父、从兄物故。子侄就业它方,已不知所在。此乃大侄德隅自我再从长兄伯宽之女德芳侄女处抄得自滇中寄来。辗转凭记忆传抄,其中有两处讹字。其一,第一首首句末原作"绿胭脂",一本作"绿艳娟"均不可解。按唐诗:"燕草如碧丝,秦桑低绿枝。"燕草,绒绒细草也。今订为"绿如丝"。其二,第二首首句末作"百草肥",与第二句韵重。"百草芳菲",应是菲字。德芳言,据她记忆,确是两个肥字。果然,出于一时笔误,未可知也。应以订菲为正。(《刘鹗集》第 574 页)

《题画诗》:珠玑石畔望银河,郎若无心妾奈何? 织就回文旋不见,敢使画幅剪秋萝。(《刘鹗集》第 577 页)

《夜坐》:日下居难久,秋时感易深。灯前孤坐影,笔底远归心。窗纸虫声扑,床书鼠迹侵。宵分人籁寂,清响出修林。(《刘鹗集》第 577 页)

# 1894 年(甲午　光绪二十年)　38 岁

1 月　湖广总督张之洞奏设湖北自强学堂。

3 月　康有为、梁启超一同入京参加会试。

6 月　湖北汉阳铁厂生铁大炉正式出铁。是月孙中山在天津上书李鸿章要求进行改革,被拒绝。

7 月　日本军舰偷袭中国运兵船"高升号"。中日甲午战争爆发。

8 月　中日同时宣战。

9 月　北洋舰队与日本舰队激战于黄海,史称"甲午海战"。

12 月　孙中山在檀香山创立"兴中会"。

是年　中国民族资本创办的近代工矿企业已达七八十家。


兄刘味青 45 岁。太谷学派学人:蒋文田 52 岁、黄葆年 50 岁、毛庆藩 49 岁。罗振玉 29 岁、王国维 18 岁。


**暮春**　刘鹗携眷南归。太谷学派学人朱玉川,经过济南有诗《赠别刘君云抟南归》赠之。

▲ 张纯《朱玉川与刘铁云》:甲午(1894)年初,朱玉川自长清赴济、徐州等地会友,与张春崖、李晋修、王显甫等人多有唱和,其诗作收入《养蒙堂遗集》(未刊)。春暮,朱玉川自徐州归故里,途遇刘铁云于济南。其《赠别刘君云抟南归》诗二首,其词曰:

莫道当年是与非,时移地别任为之。若非了却周南义,入世休言涅不缁。

白云一片上扬州,旧雨新晴动客愁。趵突泉边亭子在,何时携手再同游。

光绪癸巳(1893),刘铁云因其母过世,丁艰回淮,其家属仍留东省。翌年春初,刘鹗自水路至济南接眷回淮安。归程当在春暮。诗中"莫道当年是与非"句,似另有所指。恐非指刘鹗在东省与贾步纬赌胜事。

朱玉川与刘鹗分手之后,不禁感慨万千,作《自济南旋里途中口占并序》诗,其词曰"余自省归至中途,怀至人而不见,极目云山,嗟四海之茫茫,栖身何所。老已至而学未成,不知何以赎罪于万一也。占此志感":天丧斯文已有年,璇玑洞里月光寒。白云非去空山冷,此后何人更仔肩。(《清末通讯》第12期第7页)

▲ 编著者按:朱玉川赠诗刘鹗,刘鹗必有唱和,惜未见。

**春末** 从淮安到济南接家眷回淮安。

▲ 春赴鲁接眷回淮。我父说:"此前一年朱氏老太太过世,老人家就丁忧回家,直到第二年春初,才来济接眷回淮。来山东时坐船,这一次回淮,是坐的轿车。我当时还小,详情已不能记忆,只记某日打尖的时候,老人家曾拖了一个初生的驴驹子给大家看,至今景象如在目前。"茅老太太说:"甲午年春,由济南回淮,是起早走的。因为沿途不大安宁,请了保镖的护车。随行的镖师及护丁皆身背双刀,车垫下也放有双刀,出鞘均灼灼如银,耀人眼目。"(《铁云年谱》第31页)

**4月(三月)** 因山东巡抚福润委派,为山东赈捐。

▲ 二十年三月蒙山东抚宪福札委就近在籍,劝办山东赈捐。(1895刘鹗撰写《履历单》)

**7月3日(六月初四日)** 致信巽仪告与衡氏家人为"妻妾"之争已有结论。

▲ 编著者按:刘鹗纳衡氏为妾,而衡氏家人控告刘鹗骗婚,家族中多有传说。见证有文字材料者仅刘鹗致巽仪信一封。时署"六月四日",约为1894年7月3日。信全文如下:

巽仪三兄大人阁下:

前肃一函,谅蒙青及。弟被控之事,业已对质一堂,已经堂断是妾非妻。惟原告尚未肯具结,恐非一二日所能了也。汉翁处房子,弟已有函去辞,未免骇人听闻,祈老兄代缓达下意是幸。蒙情荣赐招牌,感谢之至,无论已做未做,均请暂存,将来难免无用时也。弟被控之事,深蒙蔡二太爷、戴八先生二公关心,不亚老哥,见时皆祈代道感谢已极之意。前承代询芝舲二哥改捐运副,有无二班之说,不知回玉到否? 如到祈便示知。好高粱酒俟有便寄呈。肃此敬请 升安。弟刘鹗顿首 六月初四日

家兄嘱笔请安!

▲ 编著者按:巽仪(1853—1927)名吴佑曾,又名彝曾,字巽沂,又字巽仪,号沙庵。江苏镇江人。壮年宦游,入张之洞、李鸿章、岑春煊等幕。曾任广州广雅书局提调、两广学务处委员等职。辛亥后辞官,居沪上,与王秉恩设和光阁,市古玩。善诗,工书,喜金石书画,擅画山水。

**8月(七月)** 中日甲午战争爆发,刘鹗预测日军将会进攻大连、旅顺。

▲ 甲午之役,鹗忧敌从金、复、海(海城)、盖(盖平)进扰,旅顺、大连将沦,海军

且覆。人尽嗤其妄，乃竟不幸而言中。(《刘鹗年谱》第25页)

**9月(八月)**　与罗振玉相见、订交。论中日战争，被淮人目为"二狂"。

▲　八月，日本帝国主义发动侵略战争。秋冬间，陷旅顺大连。始与罗振玉相见，订交。

《五十日梦痕录》："岁甲午，中东之役起，君方丁内艰归淮安，余始与君相见。与君预测兵事，时清军皆扼守山海关，以拱京师。予谓东人知我国事至悉，恐阳趋关门，而阴捣旅大以覆我海军，则我全局败矣。侪辈闻之，皆相非难。君之兄且引法越之役法将语谓'旅大难拔'，以为之证。独君意与余合，忧旅大且旦夕陷也。乃未久竟验。于是，同侪辈皆举余与君齿，谓二人者智相等狂亦相埒也。"

《关于老残游记·六》注三："甲午中日之役，先君及罗先生均忧日军从金、复、海、盖进兵，旅、大将沦，海军且覆。人尽嗤其言，即先胞伯味青公与世交路山夫、邱于藩两先生亦不然此说。先君反复辩解，路先生狂之，转述为笑。不虞后事果然，而狂名亦因大著。"

罗雪堂说："甲午那一年，我正从事于金石碑版之学，补《碑别字考》未久。时常到淮城鲜鱼市口一家碑帖店里去。有一天散学而后，又信步走到那家店里。看见一个赤红脸的胖子，穿一件短衣服，拿着一张拓片在指手划脚地讲，旁边围着好几个人耸耳静听，怪之，向旁人打听是谁，答说：'地藏寺巷刘二少爷。'因向前通姓名，道仰慕，相与执手大笑。过了两天，又在路山夫先生处相遇，遂相往来。"

按罗著《集蓼编》："自河决郑州后，直鲁豫三省河患频仍。及张勤果辖抚东，锐意治河，而幕中有妄人某，假贾让不与河争地为说，谓须放宽河身，上海筹赈绅士施少卿等至欲以赈余收买河傍民地，以益河身。予闻而骇然，谓今日河身已宽，再益之则异日没滋之害且无穷。乃为文万余言驳之。丹徒刘渭清见予文以寄其介弟铁云(鹗)。时铁云方在山东佐河事，予与之不相识也。铁云见予文乃大惊叹，以所撰《治河七说》寄予，则与予说十合八九，遂订交焉。且为余言于勤果，勤果邀余入幕，以家事不能远游，谢之。然当日放宽河身之说，竟以予文及铁云说而中止。"云云，是两人前在庚寅、辛卯、壬辰、癸巳间已经订交，有书信往来，至此始识面。时罗先生正在某家充西席，馆谷甚薄，铁云先生即约来我家任教，三伯父建叔及先父均于此时从罗先生受业，我父方八岁。(《铁云年谱》第31页)

▲　本年，日韩交涉起，我军援韩。先生(罗振玉)究心时事，日陈海陆地图观之。以为大兵云集山海关以拱京师而沿海兵备空虚，窃虑日本避实捣虚，先袭海军，则全局败矣。闻者皆笑为妄，惟刘铁云以为然。铁云负才不羁，治河有能名，是方丁忧在淮。日本果由金、复、海、盖进兵，我海军燔焉，于是笑者又推为先识。(《罗

振玉年谱》第 16 页）

**秋冬** 到湖北一次。

▲ 秋，赴鄂。我父说："甲午年冬天，老人家曾去了一次湖北。去做什么，因为当时年幼不知。"（《铁云年谱》第 31 页）

**秋冬** 开始经营中国开铁路事。

▲ 姚锡光光绪二十二年五月十七日（6 月 27 日）日记：刘云抟鹗太守来拜。……云抟才气甚大，……自前年秋冬之交，即经营中国开铁路事，往来津、京、上海间外商洋人，内谒当道，南北奔驰，再历寒暑。（《姚锡光日记》第 121 页）

**是年冬** 聘请罗振玉为家塾教师，教子弟读书，岁脩八万钱。

▲ 编著者按：罗振玉初以教授为业。1890 年馆于山阳刘氏，1893 年馆山阳邱氏，1894 年才馆于丹徒刘氏。《罗振玉年谱》"清光绪十六年正月，馆山阳刘氏，岁脩二万钱。邱于藩所荐。本拟荐清河吴氏，脩丰于刘。以吴在大兴，馆地太远，遂辞丰就啬。""光绪二十年甲午冬，移馆丹徒刘氏，授渭清、铁云诸子读，岁脩增至八万钱。"（《罗振玉年谱》第 14 页）

▲ 吾家与外舅罗先生，均住淮安甚久，先君以豪放称，罗新生以敬慎称。当时二人言论学问，均为士大夫所不韪，目之为"二狂"。（《关于老残游记》手稿）

**是年** 刻罗振鋆著《碑别字》。

▲ 丹徒刘氏为刻《碑别字》。（《罗振玉年谱》第 15 页）

▲ 罗振玉《增订碑别字序》：光绪丙午，先伯兄即世。约八年甲午，丹徒刘氏始刊兄遗著《碑别字》五卷。（《罗振玉集·第二集下》第 589 页）

▲ 编著者按：刘鹗最早刊刻的关于古文字研究的著作是《碑别字》。《碑别字》是罗振鋆采录、考证古代碑刻俗体别字的专著。它对后世碑别字的研究有着重要的意义。罗振鋆卒时年 24 岁。罗振玉 1893 年撰《补寰宇访碑录刊误》序说："光绪丙戌，余校孙季仇先生《寰宇访碑录》既卒业，拟并校吾乡赵益甫司马《补寰宇访碑录》，人事牵阻，匆匆未暇。癸巳夏，反自越中，简弃烦促，尽发箧中碑版，并从侪辈借汉晋以后石墨，为先兄佩南先生校写《碑别字》。"罗振玉后来又有《碑别字补》五卷，编成《增订碑别字》一书，总计收入 4 000 余字。罗振玉的儿子罗福葆又编辑《碑别字续拾》一卷。

**不早于是年** 批注、校勘《庄子》。

▲ 刘鹗批注《庄子》共 26 则。

1. 原文卷七《达生》第 5 页："夫畏途者十杀一人，则父子兄弟相戒也……而不知为之戒者，过也。"批注：是专为周威公辈言，自是警切。

2. 原文卷七《达生》第 11 页:"此之谓以已养养鸟也……则平陆而已矣。"批注:语同玉瓦篇颜渊东至章义,较于彼文亦有误。

3. 原文卷七《山木》第 11 页:"山木第二十。"批注:下加九章字样;此篇与《人间世》同书。

4. 原文卷七《田子方》第 21 页:"田子方第二十一。"批注:下加十一章字样;此篇与《德充符》同旨。

5. 原文卷七《田子方》第 23 页:"是出则存,是入则止,万物亦然,有待也而死,有待也而生。"批注:万物也各有其日也。

6. 原文卷七《田子方》第 23 页:"吾终身与女交一臂而失之,可不哀与?"批注:交一臂而失之,所谓多事而识之也,所谓以色见我以声音求我也。

7. 原文卷七《田子方》第 30 页:"知北游第二十二。"批注:加"十六章"字样;"此篇与《大宗师》同旨"。

8. 原文卷七《田子方》第 37 页:"所以论道而非道也。"批注:佛经以于是起岂敢此耶。

9. 原文卷七《田子方》第 36 页。批注:已此也。

10. 原文卷八第 1 页:"庚桑楚第二十三。"批注:后加"二十一章"。

11. 原文卷八《庚桑楚》第 8 页:"不见其诚已而发,每发而不当,业入而不舍,每更而失。"批注:"已此也。不见其诚则皆忘心耳,如此而发固无当处,若能入矣而不能久居反复昌为失,是知及而仁,不能守者也。"

12. 原文卷八《庚桑楚》第 11 页:"有生黬也,披然曰移是,尝言移是,非所言也,虽然不可知者也。"批注:移是语词,犹言只是也。言人杂身口所是只在此,非吾所谓是也。然实尝非是皆道之一体,其微末者如猩猩腥胲,如室之偃,而今之人披以为故,只是今人所见何以异于蜩义。此章义略如《齐物论》诸家解之胜其纠缠。

13. 原文卷八《庚桑楚》第 12 页:"虚则无为而无不为也。"批注:此段尽戒定慧之义。

14. 原文卷八《庚桑楚》第 13 页:"羿工乎中微……全人恶天,恶人之天,而况吾天乎人乎。"批注:此章乃《天下篇》,以天人列圣人君子之上义也。全人恶知防谓夫乎,恶知人之异不天乎?况妄心已矣,分别天人乎,则阳篇圣人未始有天。

15. 原文卷八《徐无鬼》第 19 页:"知士无思虑之变则不乐,辩士无谈说之序则不乐,察士无凌谇之事则不乐,皆囿于物者也。"批注:贾生服鸟斋本此。

16. 原文卷八《徐无鬼》第 21 页:"其求钘钟也以束缚""夫楚人寄而镝阍者"。批注:萧意钘钟上求字衍,阍者上蹢字衍,按此设譬自是之事。

17.原文卷八《徐无鬼》第 24 页："丘愿有喙三尺。"批注：待喙三尺然后言是不言也。

18.原文卷八《徐无鬼》第 29 页："古之真人以天待之，不以人入天；古之真人得之也生，失之也死；得之也死，失之也生。"批注：复言古之真人以美之。

19.原文卷八《徐无鬼》第 30—31 页："尽有天，循有照，冥有枢，始有彼。则其解之也似不解之者，其知之也似不知之也，不知而后知之……"批注：天循者常无以知其妙也，照冥者常有以知其窍者也。天循有体，故有枢始，照冥为用，故有彼则言。因彼为则无常质也，此必圣人也。人尽有之知特知解者少耳，而又不可以知解求也。故内者难而又不可不内，此理真实不应，盖不问而终身惑矣。

20.原文卷八《则阳》第 33 页："忧乎知而所行恒无几，时其有止也，若之何。"批注：优长之优，说文本作忧□，在久部，心部之忧乃患意也，庄子言人持优乎知而之用无几待，其止竭未有不自困耳。

21.原文卷八《则阳》第 33—34 页："虽使丘陵草木之缗……县众闲者也。"批注：缗乃芒昧不分明之意，《在宥篇》道我缗乎，同此解言，旧都虽入于芒昧者，十九所见才十一耳。已自畅然况见问真切者乎，以譬电光石火所照，当有须臾自通处，况了见本性者乎。

22.原文卷八《则阳》第 34 页："夫师天而不得，师天与物皆殉，其以为事也，若之何，夫圣人未始有天，未始有人，未始有始，未始有物，与世偕行而不替，所行之备而不洫，其合之也，若之何？"批注：师天而不得言以意解，所至为师天者也，此与殉物者同为殉耳。曷足贵乎圣人之师天，则未始知有天也，是以与天合也。

23.原文卷八《则阳》第 34 页。批注：此章为知过于师乃堪传德之意。

24.原文卷八《则阳》第 35 页："容成氏曰：除日无岁，无内无外。"批注：除日无岁者积少以为多也，无内无外者积微以成著也，此古之格言，非寓言、重言也。

25.原文卷八《则阳》第 37—38 页："遁其天，离其性，灭其情，亡其神，以众为。"批注：遁其天四句谓灭裂也，以嗜欲之物养生，譬如葭苇不坚，又始萌者取以拔形则足矣，自丧其生而已，是鲁莽也。

26.原文卷八《则阳》第 39 页："古之君人者，以得为在民，以失为在已，以正为在民，以枉为在已，故一形有失，其形者退而自责。今则不然，匿为物而愚不识，大为难而罪不敢，重为任而罚不胜，远其途而殊不至，民知力竭，则以伪继之。日出多伪，士民安取不伪。夫力不足则伪，知不足则欺，财不足则盗，盗窃之行于谁责而可乎？"批注：诵其言自令人悲痛！

刘鹗校勘《庄子》共 12 处。

1. 卷七第 9 页:"其巧专而外骨消。"刘鹗校为:姚本作滑滑。

2. 卷七第 12 页:"一上一下以和为量浮游乎。"刘鹗校为:上下字互易。

3. 卷七第 20 页:"庄周反入宫三月不庭。"刘鹗校为:宫字从江南本增入。

4. 卷七第 21 页"游于栗林而忘真栗林……"刘鹗校为:栗林二字从张君房本删。

5. 卷七第 25 页:"夫子德配天地,而犹偃至言发修心。"刘鹗校为:偃,林本作假。

6. 卷七第 32 页:"今(舍)彼神明至精与彼百化。"刘鹗校为:今字从得一本改。

7. 卷七第 36 页:"汝唯莫必,谓无乎逃物。"刘鹗校为:"谓"字从张君房本增。

8. 卷七第 40 页:"犹其有物也无已。"刘鹗校为:前五字从刘得一本删。

9. 卷八第 18 页:"方明为御。"刘鹗校为:姚本明作尸。

10. 卷八第 22 页:"可不谓(讳)云。"刘鹗校为:讳字从李氏本。

11. 卷八第 27 页:"是以一人之断,制利天下。"刘鹗校为:断,林本作斫。

12. 卷八第 32 页:"其于物也,与之为娱矣。"刘鹗校为:矣当作娱。(《刘鹗集》第 624 页)

▲ 编著者按:刘鹗批注、校勘《庄子》现由杭州朱松龄保存。朱松龄在《刘鹗批注〈庄子〉浅析》一文中认为:"从笔者所藏《庄子》卷末均有'总校''分校'标明看,这本《庄子》应该是清末所刻的版本。据有关资料记载清代'官书局创始于同治,盛于光绪','书局刻书章制为:有提调,专司雕刻印刷诸事;有总校,提挈文字校勘事宜;其下设分校多人。每雕一书,卷末必署名某人初校、某人覆校、某人总校,以专其成。'另有《学庸》一本也系蓝灰色道林纸自订封面的线装刻本。书中有朱笔校勘多处,疑为刘鹗字迹。这本《学庸》为《六书集注》之一,扉页印有'光绪甲午年秋金陵书局重刊',封底有一红印'上海二马路千顷堂发行,定价卜△元'。如果二书是同时期的,可以认定刘鹗批注《庄子》不是少年时代。而在光绪甲午年 1894 年之后。"

▲ 刘大杰《刘铁云轶事》:铁云无论到什么地方,身畔总要带几部宋版书。有一部宋版的《南华经》他最欢喜,是他的随身宝。这本书,他读得很熟,他一生的人生观,也受这部书很大的影响。他的书上都有他的图章,有时也加圈点,有时也加眉批,字体写的端端正正的,不知道那些好书,现在都流到什么地方去了。(《老残游记资料》第 125 页)

# 1895年(乙未 光绪二十一年) 39岁

2月 日军舰艇猛轰刘公岛和北洋舰队。北洋海军全军覆没。

4月 日本强迫清政府订立《马关条约》。

5月 康有为联合十八省举人一千三百多人上书光绪帝,提出拒和、迁都、变法的主张。史称"公车上书"。同月,康有为第三次上书光绪帝请求变法,提出变法的具体步骤。

10月 上海强学会成立,宣布该会专为中国自强而立。

兄刘味青46岁。太谷学派学人:蒋文田53岁、黄葆年51岁、毛庆蕃50岁、罗振玉30岁、王国维19岁。

**约2月(正月)** 宴友人罗振玉、吴涑、王锡祺等于淮安瞻岱门外龙光阁。席间议论国是,刘鹗以"沉船"之说喻当时国家形势。此即《老残游记》第一回"土不制水历年成患,风能鼓浪到处可危"之雏形。

▲ 编著者按:2009年12月江苏省淮安市楚州区隆重举行"纪念刘鹗逝世一百周年系列"活动。在"纪念刘鹗逝世一百周年座谈会"上淮安史研究专家高岱明讲述刘鹗在淮安的行迹,后整理为《刘鹗与"九喻神州"》一文。2012年笔者经淮安政协叶占鳌先生得见全文,全文于下:

## 刘鹗与"九喻神州"
### 淮安 高岱明

《马关条约》签订后的第一个春节,淮安人过得冷冷清清、凄凄惨惨切切。正在家中为太夫人守制的刘鹗,按淮城风俗,不作兴在公馆内办席请年酒,二月初,便在瞻岱门外的龙光阁,为即将离乡分赴四方的朋友们钱行。酒筵上,气氛沉闷迫人,几无法终席,乃有人提议,合创一新令《喻神州》。令格说起来简单,既不讲平仄叶韵,又不要四六对仗,全是大白话。要说难,还真非同小可,既要对灾难深重的祖国喻之得当,又要开出救国之方。主人刘鹗第一次提出他的"危舟论":喻神州如一巨舟,驶于太平洋上,忽然乌云生,惊涛起,掀天巨浪将船抛起抛落,倾覆之忧,沉沦

282

之惨,迫在眉睫。越是间不容发之际,越不能自乱阵脚,自取灭亡,须万众一心听从舵楼上号令,才有转危为安之望。否则,内忧外患一时迸发,国家气数必自此尽。甲申覆国亡家之祸,正其殷鉴不远。救国必先富民。救贫才能救弱图强,目下首在讲求经济,拯救民生。"人之作乱,由夺其食。"人人有饭吃,天下自然安。扶衰振敝,当从造铁路始,路成则实业可兴,实业兴而国富,国富然后庶政而得理也。……后来,他在《老残游记》中,开宗明义再次用文学语言阐述了这一观点。

众宾依次还令,大致意思为:

喻神州为老人:智力退化,四肢不灵,常思既往,留念过去,墨守成规,怕创新事,雄心殆尽,怯于竞争。救之法:焕其青春,返老还童。如潘四农先生所言,天下大病,首在一个"吏"字。当从整顿吏治始。破成规,改吏制,去贪进廉,去腐更新,去愚换智,铲除荆棘,无使塞途。内治既修,方谈得上致强御辱。……

喻神州为泰西人的主食面包:又松又软,入口香甜,老少皆宜。救之法:中国人首先要去一"伪"字,我同胞务必将此恶性劣根拔除净尽,以一"诚"字贯穿上下,维系亿万人心,方可自立于文明世界。其次要去一"奴"字,要建立独立自主强国,必先去奴性,独立为人,唯真是求,唯善是从,唯美是修。不做古人奴、世俗奴、君主奴、洋人奴。还要去一"愚"字。中国古代文明,筚路褴褛开拓之功固永不可没,然只是江河滥觞,已不足恃。近世西方学术之盛,远迈古初,发明层出不穷。合数千年,也不如晚近这数十年。对此世界大潮,若仍抱残守缺,自怙其愚,必陷灭顶之灾,无人能够救拔……

喻神州为九色鹿:世界列强如饥虎饿狼,张牙舞爪,呐喊蹦踏而来,在东方展开一场逐鹿瓜分之战。救之方:强国必先强民,不仅要有德行仁义之强,聪明才智之强,还要有血气体魄之强。要大兴尚武之风,练兵、练民,雄飞鹰扬……

喻神州为一盘散沙:被人侵割蚕食,却麻木不仁,警之以瓜分不知恐,惕之以将亡不知忧。救国先要救民之灵魂,去伪去奴去愚外,还要再制一"私"字。各抱其私,遂涣散无以为群。且嗜利之民不得廉公之吏,偷生之众不兴威武之师,今日见利忘义、志节不振之小人,亦必将来扯顺民旗、扛德政伞、箪食壶浆跪迎外寇之奴才。故大忧大患非在强敌,而在人心。无人能灭中华,打败中国的从来都是国人自己。爱国是一种信仰、热望与追求,一种美的情感,崇高的公德,应尽的义务。然国家也要注重保护民众私利。若只讲专制,一味剥夺、鞭挞、戮辱,百姓则视国非己之国,存亡自是他皇帝一家的事……

喻神州为一座老屋大厦:历数千年西来暴雨东来飘风,已朽烂不堪,虽今日撤一梁,明日换一柱,然小小施为无补存亡大计。非砖瓦落地,大举更张不可。日本能进入强国之列,实赖明治维新。救国急务,莫过于开党禁,设议院,立宪法,申民权,兴舆论,使君民共主其事,分担救国治国的义务与责任……

喻神州为夏禹所铸九鼎:垂四千年,斑驳锈蚀,断耳折足,千洞百孔,直一堆废铜烂铁耳。惟有重回天地大冶,加入各种合金新料,再铸一座从未有过的属于全体国民的新鼎,取而代之,方能起死回生,焕然一新……

喻神州为一部书写不尽、常读常新的鸿篇巨著:中国能数千年屹立于世,历经强敌入侵,而始终不散不倒不灭,自当有其异于他国他族之特质,也即必有其种种博大精深优于人处。连此一并丧之,纵地有千万方里,人有万万之众,亦必土崩瓦解,不能立国于天壤之间。救国,既不能关门守旧,固步自封;也不可醉心西风,毁吾国粹。但凡我有且优者,自宜固守之;我无或虽有而不如人处,自当亟学之。惟淬砺我本有而新之,采补我本无而充之,日新日进,才有生机活力……

喻神州为病人:重病缠身,鬼脉阴阴,气息奄奄。救国之方,不仅要对症下药,且需主药辅药和药引药搭配妥帖,才能奏奇效。治本之主药,在于固本培元。本即民心,元即士气。盛衰存亡全系于此。民心散,士气泄,国家将亡;民心死,士气竭,种族将灭。扭转乾坤,否极泰来,首在新民造士。有清二百多年来,屡遭禁锢,摧残戮辱,士不知气节之可贵久矣。清浊不分,黑白颠倒,是非淆乱,阴盛阳衰。多懦弱柔媚、随波逐流靡然之态,少自强不息、刚健有为浩然之风。士为民范,不可不弘毅,淳风化俗,表率争先,一切有助于世道人心之事,自当奋力而为,鞠躬尽瘁,死而后已。要造就那种立足华夏放眼世界的心胸,无私无畏独往独来的气概,涵天负地、荣辱不惊的风度,上下求索、朝闻夕死的热忱,一往无前、视死如归的斗志,愈挫愈奋、不屈不挠的毅力。坚持不懈,以百数十年,启迪人心,必能结硕果,收奇功。斯时,中华民族之复兴庶几不远……

这就是清季淮安茶楼酒馆中广为流传的"神州九喻"。有人说是目无君上,蛊惑人心,作乱之言。有的说是伟议宏论,赤子之心,忧国诤言。"九·一八"事变后,旧闻重提,一时出现多种"版本",连参与初创的饮人也不尽相同,还引起不太愉快的争论:除了公认的东道主刘鹗,宾客有罗振玉、吴涑,参与公车上书的田毓璠,自费去日本考察"明治维新"的小方壶斋主人王锡祺,以及船政大臣裴荫森的子婿(曾公派留学欧美)外。有的说有徐宾华、徐钟恂叔侄或段朝端、丁宝铨表叔侄;有的说有阮家驷兄弟或潘兰华伯仲;还有的说,不止九人,"九"喻是概数而非实指。另外,还有几喻。如:喻神州为美轮美奂、古老而又永远如新的精美瓷器:当她完整无缺时,给人类带来创造的灵感与美的陶冶、爱的启示,给世界送去吉祥的祝福,给地球增添无穷的乐趣与品位。谁若敢冒天下之大不韪,一定要将其打碎,那么,遍地尖瓷利碴，岂止处处划手扎脚，直教他战战兢兢、寸步难行，永远与祥和安宁绝缘。……等等，莫衷一是。淮安名医汪小川曾就此当面问过老友田毓璠，先生笑而不答。今日看来，上述《九喻神州》，不是一席之谈，甚至也不是一时之论，经过了数十年几代人不断加工提炼，才成了后来这个样子，应属"集体创作"。

**春**　居上海。收藏鼎彝古玩已有数十件。罗振玉为家中常客。

▲　春，居上海，收购吉金。

罗振玉《梦䣧草堂吉金图序》："予少好古器，贫不能致。三十客春申江，故家所藏，偶获一二，辄玩赏穷日夕。亡友丹徒刘君铁云有同好，聚古器数十，所居予寓斋才数十步，每风日晴好，辄往就观，相与摩弄，或手自拓墨，不知门外有红尘也。"（《刘鹗年谱》第 26 页）

**6 月上旬（五月中旬）**　为办铁路带银五万两到北京打点。

**6 月 12 日（五月二十一日）**　托人带字画见翁同龢谋办铁路。

▲　2002 年 10 月 11 日《浙江文艺报》：翁同龢酷好书画，其书法被人誉为同光年间书坛第一人，刘鹗原想投其所好，不仅托人怀揣五万两银子，还裹了一大包古人书画，送到翁氏手中，不料翁氏不为所动，还遭怒斥。现任美国哈佛大学费正清东亚研究中心研究员的孔祥吉先生在整理有关晚清史料时，从翁同龢之重孙翁万戈先生（现居美国）手中觅得当年翁同龢为记行贿一事而写的字据，该字据云："刘鹗者，镇江同乡，屡次在督办处递说帖，携银五万，至京打点，营干办铁路，昨竟敢托人以字画数十件饴余。记之以为邪蒿之据。乙未五月廿一，灯下。"

**7 月**　母朱夫人服阕。

**秋**　赴北京总理各国事务衙门报到，以知府选用。

▲　秋，赴总理衙门报到。（《刘鹗年谱》第 26 页）

▲　母朱太夫人服阕，山东巡抚福润专片保荐奇才异能，适总理各国事务衙门考验，以知府任用，秋冬间，赴京报到。

《历代黄河变迁图考》末附福润奏片，"再候选同知刘鹗，江苏丹徒县人。光绪十六年，经前抚臣张曜咨调来东，委办河务。该员向习算学河工，并谙机器、船械、水学、力学、电学等事，著有《勾股天元草》《弧三角术》《历代黄河变迁图考》等书。前河臣吴大澂、前河南巡抚倪文蔚于郑工合龙后，测量直东豫三省黄河，绘图进呈御览，即委该员办理，其所著各书，考据尚属详明，有益于用。恭读光绪六年正月二十一日上谕：'因时事多变，需才孔亟，迭经谕令各直省督抚，保荐人才，以备任使。其有熟悉中外交涉事宜，通晓各国语言文字，善治船械，精通算学，足供器使，并谙练水师事宜者，无论文武两途，已仕未仕，均著各举所知，出具切实考语，兼公保荐等因,钦此。'仰见圣主轸念时艰,求贤若渴之至意。奴才查该员刘鹗,洵属有用之才。前经援照安徽同知董毓琦考验成案,咨各国总理衙门考验,以备驱策。旋准咨复董毓琦曾由船政大臣会同闽浙总督具奏,奉旨允准。今仅咨送,核与成案不符等因,自应遵照办理。查该员学术渊源,通晓洋务,合无仰恳天恩,准由奴才将该员刘鹗咨送总理各国事务衙门考验,以备任使之处。出自鸿慈逾格,除饬取所著各书咨呈军机处暨总理各国事务衙门外,谨附片具陈,伏乞圣鉴训示,谨奏。"

《五十日梦痕录》:"君既服阕,勤果卒官。代之者福公润,以奇才荐,乃征试于京师,以知府用,君于是慨然有所树立。"

按福润奏片在光绪二十年。《梦痕录》说在服阕之后,张曜卒官,由福润奏荐。照三年之丧计算,朱太夫人卒于光绪十九年九月,要到二十一年丙申才是第三年。根据铁云先生诗稿,丙申年正月,已在北京。《清史稿·张曜列传》与《疆臣年表》,张曜系光绪十七年七月甲申(二十一日)死在山东巡抚任上,第三天丙戌(二十三日),任命福润为山东巡抚。《清实录·德宗实录》:"二十年甲午七月庚寅,调安徽巡抚李秉衡为山东巡抚,山东巡抚福润为安徽巡抚。"是铁云先生丁忧时,张曜已死了一年多。福润咨送总理衙门考验时,铁云先生也还未丁忧。二十年附片出奏时,又尚未服阕。清代通例,母丧实服二十一个月,先祖起服应在本年六月。匿丧应试,言官是要弹劾的。大概福润为了了此一重公案,在调任时放了一个起身炮,除公文往返,费了一些时间外,先祖奉命,并未即时应命。一直等到起服之后,才回山东并赴京报到,其时山东巡抚已是李秉衡。李秉衡是庚子之役中的有名的顽固派,本不重视洋务新人,除执行前任未了公事外,和铁云先生并无关系。铁云先生先赴济南,也不过照例手续,不会久留,则赴京应试的时期,应在本年秋冬间。《梦痕录》于此事,对于时间、人的方面都有一些误记。

又按铁云先生赴鲁,由于张曜,但到山东不过一年,张曜就死了,在福润幕中则有二年多。以奏片立言看,福润对铁云先生也十分契重,在后一阶段,应有更多的建树。一般谈铁云先生在山东的关系,仅谈张曜,不及福润,不符当时事实,故特表出。(《铁云年谱》第33页)

**12月(十一月)** 再撰写《履历单》。

《刘鹗履历单》:

发往山东差委选用知府刘鹗谨禀呈:今陈卑府现年三十七岁,江苏镇江府丹徒县监生。于光绪五年报捐同知,不论单双月选用。十五年正月,蒙前东河督宪吴调办郑工善后分局提调。十六年三月蒙前山东抚宪张调办河工文案。十八年蒙山东抚宪福奏送总理衙门考验西学。十月蒙总理衙门奏请录用奉朱批:着交吏部带领引见。十一月初六日引见。奉旨着以同知发往山东差委。十二月领照到省。十九年二月蒙山东抚宪福委办黄河下游提调。九月霜清，蒙山东抚宪福，以三汛安澜，保奏奉上旨分发山东差委同知刘鹗着免选同知，以知府选用。十月丁母忧回籍。二十年三月蒙山东抚宪福札委就近在籍，劝办山东赈捐。二十一年十一月起履须至履历者。（《盛宣怀档案》008940）

**约是年**　读谢平原"尺鸥馆读书图"并以"如来最小弟"手书七绝四首赠谢平原。另蒋文田、黄葆年、李泰阶亦有同题诗记之。

▲ 编著者按：此诗传抄于《铁云诗抄》等，均无落款。现觅得手迹照片，无题而有落款。录于下：

刘鹗《题谢平原〈尺鸥馆读书图〉》：

　　龙川弟子君为最，我后于君几世岁。同饮空同绝顶泉，那知学境殊天地。

　　山川渺渺云茫茫，有美一人鸥鹭乡。芙蓉为帔芰为裳，读书万卷声琅琅。

　　心密君兮迹转疏，四海飘蓬无定居。飘蓬何日书能读，何日飘蓬不读书。

　　南山鲤鱼长尺半，生不逢辰类孤雁。相逢一哭为苍生，宁戚依然贫且贱。

　　　　　　　　——石溪老学长属题倚装作此，如来最小弟刘鹗

▲ 编著者按：刘鹗《题谢平原〈尺鸥馆读书图〉》未署年月。然乙未年蒋文田有《乙未补题谢君石溪〈尺鸥馆读书图〉》，黄葆年亦有《题谢平原〈尺鸥馆读书图〉》，李泰阶亦作《奉题谢丈平原〈尺鸥馆读书图〉》。三诗如下：

蒋文田《乙未补题谢君石溪〈尺鸥馆读书图〉》：

　　龙川外史龙溪老，天与多情情不了。拳石山头旧雨多，尺鸥池馆秋光好。

　　鸥来鸥去等浮萍，秋水秋灯一样清。酒债不愁行处有，书声犹记隔窗听。

　　先生读书得大意，甚解不求辞可系。此日流观山海图，当年亲授然灯记。

　　出门西笑向长安，走马看花兴未阑。曾向西关瞻紫气，还从川上老渔竿。

　　与君结交三十载，胶漆可渝情不改。重向丹青忆旧时，东山老去风流在。

　　我是飘蓬不读书，沙鸥浪迹寸阴虚。何时探取岣嵝穴，补我青毡旧草庐。

　　　　　　　　　　　　　　　（《太谷遗书》第二辑第四册第 49 页）

黄葆年《题谢丈平原〈尺鸥馆读书图〉》：

　　流观泛览绾彭泽，泛宅浮家张志和。解识东山丝竹意，风流还让谢家多。

　　飘蓬两鬓各成丝，此日披图有所思。四十年前共游戏，白龙川上读书时。

　　　　　　　　　　　　　　　（《太谷遗书》第二辑第二册第 221 页）

李泰阶《奉题谢丈平原〈尺鸥馆读书图〉》：

　　展卷秋风亲手泽，披图惊梦羡鸥盟。只今历历窥遗迹，对此茫茫生古情。

天地蓬庐几许大，菱湖烟浪本来平。乱离时节清闲味，已分飘蓬了一生。
南北驰驱七十载，先生有道萃儒仙。但须流览通真诀，何必辛勤老一编。
得趣鸢鱼皆活泼。无边风月尽流连。他时石室能追步，容我青毡五百年。

（刘厚泽手抄《双桐书屋诗钞》）

**是年**　在上海与徐金绶交往。

▲ 编著者按：徐金绶不知何许人也。徐金绶给盛宣怀的信中自署"旧属"。1896 年 11 月 20 日，曾向盛宣怀举荐刘鹗参与铁路修筑。（原信见 1896 年 11 月 20 日）

# 1896 年(丙申　光绪二十二年)　40 岁

1 月　北京、上海强学会先后被清政府封禁。

6 月　李鸿章在莫斯科签订《御敌互相援助》,史称《中俄密约》。

8 月　维新派在上海创办《时务报》,汪康年任经理,梁启超任主编。

10 月　清政府设立芦汉铁路总公司,以盛宣怀为督办。


兄刘味青 47 岁。太谷学派学人:蒋文田 54 岁、黄葆年 52 岁、毛庆藩 51 岁。
罗振玉 31 岁、王国维 20 岁。


**约是年初**　经由招商局总办马建忠介绍与意大利商人罗沙第交往。

▲ 刘鹗《矿时启》:仆自丙申年即与意商罗沙第君定交,帮同办理各项事宜。
福公司、惠工公司皆所创也。沙彪纳君,系罗沙弟[第]之代表人,于今九年矣。(《刘
鹗集》第 667 页)

▲ 欧阳紫雪《百年是非,如何评说·2》:意大利人康门斗多·恩其罗·罗沙
第是(福)公司的负责人之一,当时又是招商局总办马建忠的副手。马建忠(1844—
1900)曾经为李鸿章办理洋务,光绪十六年(1890)作《富民说》,认为对外通商是求
富之源,修铁路、开煤矿则是主要途径;至于资本不足可设商务衙门,以借用外资。
马建忠是刘鹗的挚友,故介绍与罗沙第定交,聘为山西福公司华人经理。(《清末通
讯》第 77 期第 25 页)

▲ 编著者按:① 马建忠(1845—1900),别名干,学名马斯才,字眉叔,江苏丹
徒(今镇江)人。清末洋务派重要官员、维新思想家、外交家、语言学家。其所著《文
通》是第一部中国人编写的全面系统的汉语语法著作。父亲马岳熊,在家乡行医经
商。有四兄一姐,二哥马建勋,入李鸿章幕府,司淮军粮台。四哥即著名爱国人士,
震旦、复旦大学的创始人马相伯。有子马小眉、马幼眉。② 罗沙弟[第](Luzatti,
Angrlo),又译卢扎蒂·安杰洛,陆泽溪。意大人。华英商福公司董事长。福公司
在华与山西、河南等处的开矿、筑路章程等都由其签定。③ 福公司(PeKing
Syndicate Limited):又译北京银公司。是英国在华两大公司之一。1896 年(光绪

二十二年)由意大利人罗沙第发起组织,由英国、意大利资本共同组成。开办资本2万英镑,在伦敦注册。同年在北京设立办事处。1897年与山西晋丰公司签订借款合同,取得盂县、平定、泽州、潞安等处的煤铁矿权。次年,合同获得清政府的批准。同年6月,与河南豫丰公司和河南商务局订立借款合同,取得焦作的矿权和在河南修筑铁路的权利。1902年起开始修筑旨在解决焦作煤外运的道清铁路。1905年,清政府借款70万英镑买回道清路已筑道口至柏山段,同时规定中英合办山西煤铁矿。1908年,山西保晋矿务公司集资赎回山西矿权。该公司乃转而专营河南焦作煤矿。1909年根据协议筹办焦作路矿学堂,即今日中国矿业大学与河南理工大学前身。1915年与河南官商合办的中原公司合组福中总公司,资本100万元,各占一半,联合经营河南煤产的运销。1933年经国民党政府批准改组为中福两公司联合办事处。1937年国民党政府根据中国矿业法和公司法再次对该公司进行整顿,由中国人担任董事长和总经理。抗日战争爆发后,由孙越崎主持抢拆设备南迁,先后投资于四川境内的天府、嘉阳、威远、石燕等煤矿。1952年公司办事处清理结束。

**1月(乙未年十二月)** 离开北京回济南过年。

▲ 岁暮,回济南度岁。

铁云先生赴京报到的时间……应在(去年)秋冬间。又据1940年表舅何楚侯从旧书店购得铁云先生遗札十余纸,均致一位在琉璃厂秀文斋李崇山者。内有一信说:"弟大约在十八九动身,往济南过年矣。"又一信致同一人者,所用信纸有"光绪丙申年松竹斋早笺"字样。信文内容,则与前函相关相接而时间在后。因考知所谓回济南过年,是这一年冬天的事。(《铁云年谱》第35页)

▲ 编著者按:李崇山名炳勋,山西文水人。同治间开设"宝名斋",铺面九间,为琉璃厂第一书肆,时谚谓"琉璃厂一条龙,九间门面是宝名"。李崇山好交结当代大吏。经营数年,被查封。后易"秀文斋"。

**2月8日(乙未十二月五日)** 光绪帝谕军机大臣,就广开矿产,酌度办法具奏。

▲ 欧阳紫雪《百年是非,如何评说·1》引上谕:军机大臣等"自上年与日本订约以来,内外臣工条陈时务折内,多以广开矿产为方今济急要图。当通谕各省将军、督抚、体察各省情形,酌度办法具奏。……此外,各省复奏折件,谓矿不宜开,固属拘泥之见;谓矿无可以开,亦属于臆断之词。又或谓先宜讲求矿学,慎择矿师,及悉听民间自采,招商承办,恐无成效等词,一奏塞责,并未将该省如何拟办情形,详细声叙,甚非朝廷实事求是之意。将此由四百里各谕令知之。"(《清末通讯》第76期第28页)

**2月间(正月)** 在济南文美斋购得"文美斋"笺谱。

**2月27日(正月十五)** 作序于前购"文美斋"笺谱,命名为《芬陀利室存稿》。将旧诗词誊录于上并作"序"。

▲《芬陀利室存稿·序》:

予少年多病废学,于诗文涉猎尤浅。中年饥驱,奔走于四方,学益废。匪惟境遇所牵,不好学亦其天性也。今也荏苒四十于兹矣。已及后生不足畏之年。功业、文章庸有望乎! 兴之所至,任意咏歌。非惟无术求工,并无求工之想。杂录于下,聊以自娱。丙申正月既望,适吾偶笔。

▲《芬陀利室存稿》丙申年春存诗于下:

《述怀》:余年初弱冠,束脩事龙川,虽未明道义,洒扫函丈前。无才学干禄,乃志在圣贤。相从既已久,渐知叩两端。孔子号时中,知时无中偏。万事譬诸物,吾道为之权。得权识轻重,处久循自然。因物以付物,谁为任功愆。此意虽浅近,真知良独难。灵台有微滓,一跌千仞渊。

《狭邪》:驱车出门去,去作狭邪游。狭邪何所有,可以消百忧。锦帐杂花聚,绣幕春云浮;燕姬舒皓腕,赵女扬清讴。明珰垂两耳,珠翠灿盈头,满堂芳菲菲,一举累百瓯。履舄既交乱,客去髡独留。即此是兜率,神仙何所求。

《春闺别怨》(二首):底事春风又别离? 为郎憔悴感郎痴。深宵滴血凭谁诉? 逐日消魂有梦知。闻说关山千里远,那堪风雨五更时? 鸳鸯一幅回环绣,往往金针却倒持。小窗兀坐已多时,侍女催妆总未知。揽镜怕看垂泪眼,翻书偏见断肠诗。天公何事生知觉? 人世无聊是别离。纵使他年长聚首,目前先自费支持。

《记得》:记得当初乍定情,一帘花影坐调筝。但欣银烛垂双穗,那管铜壶到几更。尽启栏笼招语燕,暂停丝竹听啼莺。相携不羡封侯印,只愿双栖过一生。

▲ 这部存稿,是写在《文美斋诗笺谱》上的。笺语朱印二册,题绘均极精致。已亥中秋在同稿后自跋说:"予作诗本不留稿,丙申年购此册,为其无他用,遂信笔书之,一年之间,遂得十七八首。"可以看出这两本笺谱,是偶然购得。因前冬回济南度岁,题在正月,购于济南文美斋。又从稿知是年二三月间曾南归苏、沪。在南归诗前,还有《都中晤吴季清大令》诗一首,知正月初即从济南回京,从此即未再居济南。此次归济度岁,实在也就是结束济寓。(《铁云年谱》第35页)

▲ 编著者按:①《芬陀利室存稿》原由刘蕙孙先生珍藏。1959年刘蕙孙、刘厚泽先生应上海作家协会之约编辑《老残游记资料》,刘蕙孙先生将此诗词手稿带往上海交给刘厚泽先生。作跋于后:右先王父铁云公手写诗稿也。先君子贞观先生言:公为诗,都信手拈来,素不留稿。清光绪丙申岁由济南来京师,以得此笺谱,

乃追录旧作十余首。居京师日续有所写,遂为是帙。家难,以存先君子手,得完。厚滋乃得据以补辑公之他作,为《铁云诗存》者。藏筐中二十年来,未敢于笺后着只字。不惟不敢污公手泽,即此谱刻绘之精,亦不忍漫为涂鸦。按是谱共两册。上册翎毛树石,所题"普庐"写,而下系"偶印"二字小印;下册工笔花卉则同光间沪渎张子祥酥庵绘。查凌汉帖青题蔚然巨帙,而鲁迅、西蒂两先生辑《中国笺谱》所未收者。兹上海作协与中华书局商景王父手稿,因敬记斯帙之始末。倘并此笺谱而存之,补两先生所未及,则尤佳矣。1961 年 2 月 3 日   丹徒刘蕙孙厚滋敬志。② 刘蕙孙标注、齐鲁书社 1980 年 12 月第 1 版、1980 年 12 月第 1 次印刷《铁云诗存·卷一·芬陀利室存稿》后有刘蕙孙按语,全文如下:孙厚滋谨按:以上共二十八首。其中二十七首皆先祖手自写定。起清光绪二十二年丙申(1896),迄二十八年壬寅(1902)。壬寅后数首,虽未系年,按其事,当在庚辛壬癸之间,居京师日。诗写于《文美斋笺谱》上。公自云:"偶得此册,无以为用。"故用写诗。时公方丁曾祖妣朱太夫人艰起服,东抚福润以奇才保送总理衙门考试也。按此稿为白宣纸朱印笺谱二册。外有锦套。1962 年因当时上海中华书局洽商影印,带去上海我四弟刘厚泽处。十年内乱中,厚泽家直行及外文书籍均被抄走。此稿及《老残游记外篇》手稿裱本一册,均在其中。厚泽亦于 1970 年遭林彪、"四人帮"路线迫害致疾逝世。但闻上海所抄各家书物约六百万册均存上海市图书馆无力清理。则此两册或尚在人间。因记其情况于此,希望有日清理时,稍注意及之。③ 刘蕙孙标注、齐鲁书社 1980 年 12 月第 1 版、1982 年 12 月第 2 版 1983 年 1 月印刷本《铁云诗存·卷一·芬陀利室存稿》后有刘蕙孙按语,全文与第一版相同,增添以下一段文字:又《老残游记外篇》手稿觅到交回,皆出主办清理诸同志之力,而上海博物馆馆长沈之瑜同志、上海图书馆馆长顾廷龙同志敦促之劳为多,均附此致谢。并希诗稿亦能相继寻得也。④ 1966 年文化大革命中,此手稿从刘厚泽家中被抄没。时苏州顾起潜廷龙先生负责整理抄家文物,凡发现刘鹗资料皆单独保存,《芬陀利室存稿》得以存世。1984 年为落实政策发还抄家物资,刘德隆取回珍藏。⑤ 1961 年刘厚泽接到《芬陀利室存稿》后对笺谱稿本进行了探讨,请人鉴定。现存《芬陀利室存稿》仅一册,稿本中附有对笺谱的鉴定一纸:此笺上册画者为朱偶,秀水人,号梦庐。并非普庐。下册画者和庵张兆祥,并非张子祥,名熊,亦秀水人。并无和庵别号,亦非名兆祥。跋语恐均误。

**3 月 22 日(二月初九)**   光绪帝谕军机大臣"当此国用匮乏,非大兴矿务,别无开源良策"。点名王文韶、刘坤一、赵舒翘、胡聘之等督抚,拟定办法,据实具奏。

▲ 欧阳紫雪《百年是非,如何评说·1》引上谕:军机大臣等"开矿为方今最要

之图,叠经谕令各直省督抚设法开办。兹据御史陈其章奏,'奥国博物院谓中国煤产以江西乐平、浙江江山等处为最,而莫多于山西……'着王文韶、刘坤一、边宝泉、赵舒翘、德寿、廖寿丰、胡聘之、张汝梅择派熟悉矿务,办事细心之员,按照所指各地名,逐一认真履勘,拟定办法,据实具奏。"(《清末通讯》第 76 期第 28 页)

**3 月(二月)**　作《春郊即目》二首,并录入《芬陀利室存稿》。刘鹗此诗词后有多人唱和,但是唱和年月不一。

《春郊即目》:郊游骤见海棠花,亚字阑干一树斜。蝴蝶忽然飞屋角,羁臣何以在天涯?千枝翡翠笼朝雾,万朵胭脂艳早霞。寄语春光休烂熳,江南荡子已思家。可怜春色满皇州,季子当年上国游。青鸟不传丹凤诏,黄金空敝黑貂裘。垂杨踠地闻嘶马,芳草连天独上楼;寂寞江山何处是,停云流水两悠悠。

▲　二月,作《京邸感怀》。……诗传至沪,新会梁启超、海陵黄葆年、南丰毛庆藩次其韵。(《刘鹗年谱》第 27 页)

▲　这些和诗的原稿当然已经不知去向。但刘氏后人保存了抄稿。这是由刘大钧先生经手的。1935 年,上海出版的《人间世》杂志和《宇宙风》等刊物,曾经兴起过一阵小小的"刘铁云热",相继刊出了一批有关的资料。《春郊即目》及其和诗就在这批资料中出现的。不过刘鹗原诗题为《京邸感怀》,大概是后来改的。另末句作"行云流水不胜愁",正与梁启超等人所步韵相同。现录诗如下:

新会梁启超次韵:自古文明第一州,卧狮常在睡乡游。狂澜不砥中流柱,举国将成破碎裘。燕雀同居危块磊,蛞蝓空画旧墙楼。漏卮正成西风岸,百孔千疮无底愁。

西阳宋伯鲁次韵:铸错如何误九州,孤鸿网脱向南游。君心修补空成衮,国事庞茸退赋裘。有志进贤开道路,无端度诏下宫楼。未央野雉临朝雊,少帝深居病可愁。

南丰毛实君次韵:羡君冠冕重南州,化鲤龙门破浪游。万里安澜平似砥,满腔热血暖于裘。大千世界大千佛,第一江山第一楼。此后胜鳞成沃壤,解除宵旰九重仇。

海陵黄锡朋次韵:归海群流赴太州,岳敦与我共同游。雾深三尺常停履,酒费千金不惜裘。捧日曾登东鲁岱,拱辰独上北燕楼。遭逢自是风云会,圣眷处隆且莫愁。

八弟梦莲次韵:山气葱珑起五州(镇江城西有五州山),松楸犹忆故乡游。联床风雨常同被,把钓烟波未脱裘。碧草梦回春夜枕,青衫惯典酒家楼。逼人自有千秋任,宦海归来不解愁。(《文学史证》第 193 页)

▲ 在京邸赋《春郊即目》诗二首;抵护,南友多与唱和。次韵者,有汪康年、梁启超、罗振玉诸人。

按这一年铁云先生在京寓写了两首《郊游即目》诗。其中第二首为:"可怜春色满皇州,季子当年上国游。青鸟不传丹凤诏,黄金空敝黑貂裘。垂杨宛地闻嘶马,芳草连天独上楼,寂寞江山何处是,停云流水两悠悠。"到沪后,一些朋友们见到这首诗,多相唱和。1957年我弟厚泽在上海清理从叔大钧存书,曾发现抄存稿。共有汪穰卿(康年)、梁任公(启超)、宋芝洞(伯鲁)、毛实君(庆藩)、黄锡明(葆年)、罗式如(振玉)诸人唱和六首。八叔祖梦莲亦有抄草,但缺汪穰卿而多出他自己和韵一首。据罗著《集蓼编》说:"丙申年他在上海办《农报》,汪穰卿也在上海办《时务报》,聘梁任公作主笔。"(《铁云年谱》第36页)

**约3月(二月)** 在京会晤新选知县吴德潇,并以诗记之。

▲ 刘鹗《都中晤吴季清大令》:三年苦思忆,万里偶相逢。我已成黄草,君仍似古松。涕洟谈国事,飘泊诉游踪。偪蹐看天地,茫茫何所容。

据刘宏逵《刘鹗诗词系年考证》(未刊稿):吴大令即吴德潇,字季清,号筱村,四川达县人,戊戌维新之先驱。吴德潇于光绪二十一年十月中离申北行,月杪抵京。次年二月,得选知县(于是可称"大令")。至四月,出京南下。

**约3月(二月)间** 从天津乘船回南,并赋《由天津附轮泊之沪》七言、五言各一首,后录入《芬陀利室存稿》。

《由天津附轮泊之沪》:横悬一榻似僧龛,电激雷轰睡不酣。半夜奇温通枕褥,已知海境入江南。燕北春未至,江南春已归。两头都不着,无语对斜晖。

▲ 二三月间,从天津乘轮船回南。

《由天津乘轮船之沪诗》:"半夜奇温通枕褥,已知海境入江南。"又"燕北春未至,江南春已归,两头俱不着,无语对斜辉。"知离京南下时,北方气候还很冷。北地春迟,江南春早,如诗所说,时间应在二月底三月初。从末两句诗看,似乎当时在北京谋望不顺,南归求谋,自己估计希望也不大,故诗意颇多感慨。(《铁云年谱》第36页)

▲ 三月由海道回南。

有《由天津附轮船之沪》诗,中云:"燕北春未至,江南春已归。两头都不着,无语对斜晖。"此固写南北物候之不同,而兼示其在京有怀难展,回南亦难遂也。(《刘鹗年谱》第27页)

**约4月3日(二月二十一日)** 已开始为芦汉铁路筹款。吴铁樵致函汪康年,嘱咐汪拜望刘鹗。

▲ 吴铁樵致汪康年：

刘云抟太守者,丹徒人,与家君多年交,伉爽能留心时务,现谋办芦汉铁路,在申集赀。住虹口铁马路豫顺里归安旅寓。公不可不往访之。第言与家君至交,渠必能为公奔走,筹款一切可与谋知。

……            樵顿首二月二十一日(《汪康年书札》第一册第 481 页)

▲ 编著者按：吴樵(1866—1897),又名吴铁樵。四川达县人。吴德潇子。曾参与北京强学会会务并筹办上海强学会。后受湖南巡抚陈宝箴之邀,主持兴办矿务等新政。

**是年春** 蒋伯斧、罗振玉动议创立农学会。刘鹗是支持者。

▲ 光绪二十二年丙午(1896)：本年春乃与蒋伯斧协商,于上海创立农学社,购欧美农书,移译以资考究。至沪后,设《农报馆》,聘译人译书及杂志,自任笔削,伯斧总庶务。(《罗振玉年谱》第 18 页)

▲ 张纯《刘鹗与戊戌变法运动史实考辩(1)》：光绪二十二年(1896)冬,"吴县蒋黼、上虞罗振玉即倡农会之议,乃挟其就质于钱塘汪穰卿,汪君俞为之登"公启"于《时务报》,以谂同志。"不逾月,四方君子谬相许可,或代拟章程,或诒书商榷,崇论宏议,厘然盈箧。"(《清末通讯》第 25 期第 9 页)

▲ 编著者按：蒋斧,又名黼,字伯斧,初字觑康。1896 年,蒋伯斧协助罗振玉创办了农学会,为该会骨干,1897 年参与创办《农学报》。1898 年至 1900 年,以农学会名义参与创办了南洋公学东文学社,培养出了诸如王国维、樊炳清(字少泉、抗甫,古文家、商务印书馆编辑)、沈绂(字伯听,翻译家、巴黎大学法学博士)、萨端(字均坡,翻译家、革命者)、朱锡梁(字梁任,南社诗人、东南大学教授)等一批人才。其行迹多与教育有关,曾官清学部候补郎中。罗振玉曾为蒋黼撰《墓志铭》,记述相交经过及评价曰："予交君垂二十年,出处与共,方在淮安寓居,过从无虚日。在上海居比舍,日数见,当时贤达以人才询予者,必首举君以应。故予客粤中、客吴下皆与君偕,出则连较,居则接席。及君来京师,住于吾家者半岁。"

**4 月 13 日(三月初一日)** 陕西巡抚胡聘之上奏提出应准备开采山西矿产。

▲ 欧阳紫雪《百年是非,如何评说·2》：光绪二十二年三月初一日(1896),胡聘之又奏："晋省煤铁之利,甲于天下,金银铜铅,亦有矿砂可寻,筹办开采情形"。(《清末通讯》第 77 期第 23 页)

**4 月 24 日(三月十二日)前** 参与筹款筑建芦汉铁路事。此日上谕提及刘鹗"集有股分千万"。

▲《清实录》卷 387 叶：光绪二十二年丙申三月十二日丁未(1896 年 4 月 24

日)谕军机大臣等：督办军务王大臣奏,遵议司业瑞洵奏卢汉铁路商办难成,请拨款官办一折。卢汉铁路前经明降谕旨,各省富商如有集股在千万两以上者,准其设立公司,自行兴办。兹据该王大臣奏称,官办不如商办。上年十月间奉旨后,即有广东在籍道员许应镃来京具呈集资承办。当经剳饬回粤劝募。现据该员股已集至七百万两。五月初即可到京。又有广东商人方培垚等,并候补知府刘鹗、监生吕庆麟、均称集有股份千万,先后具呈,各愿承办,请派大员督理等语。卢汉铁路关系重要,提款官办万不能行。惟有商人承办,官为督率,以冀速成。王文韶、张之洞均系本辖之境,即着责成改督等会同办理。道员许应镃等分办地段,准其自行承认,毋稍掣肘。并著该督等详加体察,不得有洋商入股为要。原折均着钞给阅看。将此由四百里各谕令知之。(1983年《清末小说研究》中文版第26页)

▲ 编著者按：修筑芦汉铁路的过程,简介如下：1889年5月7日张之洞认为修筑是"干路之枢纽,枝路之始其,而中国之大利所萃也"。1895年7月29日总理各国事务衙门致敬电张之洞"谕张之洞奏保办理铁路之员,以备简用"。此后,张之洞前后致电许景澄、叶大庄、黄遵宪、容闳等询问俄、德等国银行的态度,又了解国内商人的态度。1896年2月21日张之洞的幕僚恽祖祁致电时任津海关道盛宣怀的电报说："尊电已转呈,帅(张之洞)决意不招洋商,今已决计与吾兄商办。"盛宣怀当天回电说："佳电命趁此赴鄂一行,自当遵照。拟送傅相出洋后到鄂一气呵成。只须帅意坚定,必当竭力。"也就是说,在向国内招商前,张之洞已经决定修筑芦汉铁路一事,交给盛宣怀办理。所以张之洞召见刘鹗等人所为,只是张之洞为应付"上谕"而已。(1987年《清末小说》第10期第45页)

**4月28日(三月十六日)** 直隶总督王文韶致电盛宣怀云,认为刘鹗办理铁路"尤为可怪"。且云"余亦不知其人"。

▲ 1986年4月28日王文韶致电盛宣怀：十二谕旨已电致香帅(张之洞)。原奏认招千万者有四起。闻许、韦即不相能,刘鹗尤为可怪,余亦不知其人,香帅能遍识之否？鄙见即使筹款,十得其五必洋款居多。资本既不能靠实,洋股尤不易杜绝。试借着一筹为香帅言之,不分南北、通力合作。此朝廷意也。(1987年《清末小说》第10期第47页)

▲ 编著者按：王文韶是否认识刘鹗？王文韶为何在此强调他不认识刘鹗？尚无确切证据。但有下列线索可供参考：① 王文韶与刘鹗的父亲刘成忠同为咸丰二年壬子进士,王为二甲三十二名,刘为二甲三十五名。② 刘鹗于此前因治理黄河"声誉乃大起"。③ 王文韶的孙女婿高尔庚(字子谷)与刘鹗是亲戚。④ 1901年刘鹗日记中多次谈到他与王文韶的交往有"见畅谈""祝寿,吃面",且有谈铁路事的记录。

**4 月 29 日(三月十七日)**　盛宣怀致电王文韶云: 张之洞称刘鹗为 "纰缪"。需要 "详加体察, 先揭破疑团"。

▲ 盛宣怀致王文韶电: 顷香帅交阅谕旨, 宣亦将钧电呈阅。香帅谓许、刘皆纰缪, 方、吕不知其人。岂有一无名望之人能招千万巨款? 闻具是洋人所为, 不特入股而已。在沪时亦有洋商来言, 外国银行允认股千万, 包办数十年。许华人挂总办, 饵以重赂。此辈皆入此迷途。皆 "既着体察, 不得有洋商入股" 似系误会。四起皆属华商, 若不传到切实询问, 严定界限, 恐其与洋人私定合同, 含混滋患, 不徒耽误岁月。香帅拟电咨粤督, 饬认股者赴鄂或津, 详加体察, 先揭破疑团, 方能通筹实事。(1987 年《清末小说》第 10 期第 47 页)

**5 月 8 日(三月二十六日)**　为应付上谕, 湖广总督张之洞一天连续发出两个电报给直隶总督王文韶: 下午 4 点一个电报肯定刘鹗 "为不正派洋人招揽洋股", 并与王文韶商定由盛宣怀办理芦汉铁路。下午 6 点另一电报决定招刘鹗到武汉、天津面询。

▲ 张之洞致天津王(文韶)制台(光绪二十二年三月二十六日未刻发): 十二日寄谕已到。原折注意华商承办不得以洋商入股。试想粤商四起, 各称集股千万, 岂华商具此大力耶? 有银行具保者, 岂外国银行肯保华商千万巨款耶? 吕庆麟粘有银行保单其为银行招洋股无疑。刘鹗无银行作保, 其为不正派洋人招揽洋股无疑。……原奏将许应锵、武勳等发交任用, 刘鹗、吕庆麟交查, 自应电请军务处, 逊色饬令诸人即行赴鄂, 由鄂赴津。公与弟会同考察, 面询实在股份是否悉属华商。如何承认分办字能水落石出。揭破之后再行会奏。……昨天招盛道来鄂商办铁厂, 连日与议芦汉铁路, 极为透彻。……若令此道随同我二人总理此局, 承上注下, 可联南北, 可联中外。(《张文襄公电稿第十二册》)

▲ 张之洞致天津王(文韶)制台(光绪二十二年三月二十六日申刻发)拟请核定会衔致督办军机处。其文曰: ……惟芦汉干路为拱卫要举, 实未可再托空谈, 虚延岁月。应请钧处速电粤督。饬令许应铿、武勳及方培垚、刘鹗、吕庆麟迅赴直隶、湖北, 由鄂而津以便面询。……并闻刘鹗已到上海, 可否电饬并海关道令其赴鄂一见后, 即赴津以便即在商办, 俾免延宕。(《张文襄公电稿第十二册》)

**5 月 10 日(三月二十八日)**　刘鹗到天津见王文韶。王文韶认为 "刘更渺茫" "刘则更为欺谩, 但思包揽而已", 并嘱咐刘鹗到武汉见张之洞。

▲ 王文韶致张之洞电(光绪二十二年三月二十八日): 宥两电均悉。吕、刘先后到津。吕, 山东人, 在京开堆坊一、饭庄一, 财东为巨商韦立森, 直言不讳, 亦殊可矣。刘更渺茫。现均饬赴鄂矣。……许、方、吕三人皆有洋东在其身后, 洋东皆觊

办铁路之人。刘则更为欺漫,但思包揽而已。一经犀照,当毕露真形也。

同日,王文韶致盛宣怀电:原奏内四人,吕、刘已经见过,现饬赴鄂,可一望而知。许、方亦须一见乃就题立论也。(1987年《清末小说》第10期第48页)

**5月17日(四月初五日)** 王文韶认为已经将刘鹗"揭破",但是必须由张之洞最后决定。

▲ 盛宣怀致京翁萘卿电(光绪二十二年四月初五日):愚见吕、刘到津已揭破,必须许、武到鄂考察后方可定。(1987年《清末小说》第10期第48页)

**5月27日(四月十五日)** 盛宣怀催问刘鹗到武汉事。王文韶认为不必再考虑刘鹗参与芦汉铁路的筑建筹备。

▲ 盛宣怀致王文韶电(光绪二十二年四月十五日):刘、吕至今未至。

王文韶致盛宣怀电(光绪二十二年四月十五日):刘、吕本不论。如到津而不到鄂,将来陈奏亦有词矣。质之香帅以为如何?(1987年《清末小说》第10期第49页)

**5月30日(四月十八日)** 刘鹗从天津动身前往武汉。

▲ 陈允颐致盛宣怀电(光绪二十二年四月十八日):吕、刘已由津赴鄂。(1987年《清末小说》第10期第49页)

▲ 编著者按:综合资料分析,刘鹗离天津并未直接去武汉,而是先去了上海。在上海近20天后才到武汉。

**约6月上、中旬(四月下旬、五月上旬)** 刘鹗在上海与马建忠谈开设银行事。

▲ 姚锡光光绪二十二年五月十八日(6月28日)日记:云抟谓:"此事余亦筹之久矣,固与君意合,且在上海与马枚叔建忠有约,如以铁路资本先立银行,此银行事即由伊主持。且非特此也,铁路既成,日后尚须开五金、煤炭诸矿,并开冶炼诸厂,皆必以此银行为根本"云云。(《姚锡光日记》第123页)

▲ 编著者按:马建忠与刘鹗同是江苏丹徒人,刘鹗将马建忠视为知己之一。然刘鹗与马建忠的交往未见任何文字记录。

**6月18日前(五月初八日)** 刘鹗在上海禀告湖广总督张之洞,俟方培垚到沪后一起到武汉。

▲ 张之洞致王文韶电(五月初九日申刻发):阳电悉。武勤即须赴汴,又经尊处考核,请饬不必来鄂。至方培垚系总署章京。方孝杰假托,敝处亦有所闻。刘鹗昨由沪来禀云,须俟方培垚到沪即同赴鄂等语可怪。请尊处电上海道转饬赴津,由尊处考察,亦无庸来鄂。(《张文襄公电稿第十二册》)

**约6月上、中旬(四月下旬、五月上旬)** 读李光炘《详注道德经》,作笔记30则。

**6月18日(五月初八日)**　作《道德经·序》。

▲ 刘鹗《〈道德经〉序》：

昔者闻诸夫子曰："老氏知礼,彭氏知乐。老氏知礼,吸背而为礼也。孔子曰：'礼云礼云,玉帛云乎哉?'礼始于太一,故曰'抱一'；'一'始于'妙','一'始于'窍','妙窍'莫大乎观一。得其'常','谓之玄'；'不知常,妄作,凶。'故曰'知其雄,守其雌',故曰'载营魄'。其'妙窍'也,'妙窍'之谓阴阳；'妙'谓之艮,'窍'谓之兑。'天得一',谓之乾；'地得一',谓之坤；'谷得一',谓之'中',谓之'谷神'。又曰：'多言数穷,不如守中。'老氏之谨于礼也,盖如此。"

昔夫子尝谓予曰："《道德经》之为文也,简而粹。伪者杂之,曷正之? 中不敏,未能尽老氏之奥；敢述所闻,以宣其意。子曰：'老氏得耳诚,谓之道。'夫道,固宰于老氏者也。中惧夫道之或坠也,故于此敢僭言焉。"敬将晴峰夫子《详注道德经》之义意爱识之,并为之序。光绪丙申天中后三日,门小子铁云刘鹗敬录〔铁云〕(《刘鹗集》第621页)

▲ 编著者按：刘鹗所阅《老子》一册现存泰州图书馆。此书封面已失。内封左上为"晋·王弼注"四字,中间为"老子"二字,左上为"陆德明释文□"六字。刘鹗在本册《道德经》内封反面作序一篇。在其中的二十七章天头共作了三十则手记。手记全文如下：

一章：玄,道也,玄又玄于之矣。此两者同出,而于名非两不同也,故曰"玄同"。"妙窍"于之矣。观其用也,言有无环其有,而离则无耶,曰众妙之门窍之用,可以成乎妙也。

四章："挫其锐"而神乃归,"解其纷"而气始聚。"用或不盈",盈斯缺矣。曰"和其光",光不二则和也；曰"同其尘",尘不杂则同也。曰"若存",似存非存也。

五章："数穷"者,不知倚数,即"数穷"也。穷则失中矣。"橐籥"者,数之不穷者。曰"不屈""愈出",其原泉混混之几乎?

六章："谷神不死",寂也。不死曰常,神曰明,谷曰通。"玄牝",寂也。实极而虚,譬曰牝,象曰门。

昔者闻诸夫子也,曰："'能近取譬,可谓仁之方也已',二十篇之秘旨也。'若以色见我,以音声求我,是人行邪道,不得能见如来',《金刚经》之秘旨也。'谷神不死,是谓玄牝,玄牝之门,是谓天地根',《道德经》之秘旨也。"

八章：水善利物,水之性；盈利后进,故不争。

十章：魄出于兑,炼于离,沉于幽阴,载而起之,会于营。营,魂也。魄栖于卫,魂寓于营,魂魄合故一。"婴儿",一也。"涤除玄览",一也。国譬身,民譬四支,治以无为,会于一矣。"天门",神之所出入也。龙伏于山,雷伏于泽也。地户闭,天门通。"无雌"者,至阳也。"明白四达",光被四表也。"能无知乎",知则漏矣。继之者,善生之也;成之者,性畜之也。"不有""不恃",无为而成也。"长而不宰",存则神,遇则化。

十二章:腹者,德之根;目者,道之华。

十四章:曰"希",曰"夷",益"视""听"而后知也;曰"微",益"搏之"而后知也。"不得""不见""不闻",其庶几乎!"执古""御今",其道"绳绳",是谓"无状之状""无象之象"。"知古始"者,谁与?

十五章:"强为之容","无象之象"也。"静之徐清","徐"而后"清","徐"而后"生"也。"保此道者不欲盈",其在《书》曰:"满招损,谦受益,时乃天道。"斯之谓与?

十六章:"命"不"复",奚以至"命"也?君子之事天也,观其复而已。"万物并作",剥乎"命"也;复之,几见于是矣。曰"常",须臾之不离也;曰"明",明德之自明也。强名之曰"道",是以可久。

二十章:"绝学"者,绝而能学,故曰"绝学"。"唯",绝之音也;"阿",继之声也。绝与继在几希之间乎!"善",生之本也;"恶",杀之端也。生与杀在进退之间乎!贵求食于母,象"婴儿之未孩"也,故曰"若昏",故曰"闷闷"。

二十一章:"以此",《大学》之学也。"惚兮恍""恍兮惚""窈兮冥",《中庸》之学也。"信"也者,"精"之至也。子曰:"人而无信,不知其可也。""其中","允执其中"之谓也。

二十二章:"曲",致曲之旨也;"全",一也。"全而归",其归于"诚"也。

二十三章:"信不足","多言"败之也。"多言数穷","希言自然"。

二十五章:"有物混成,先天地生",君子宝之,外此不可以语乎道。

二十八章:"雄"与"雌",言其体也;"白"与"黑",言其象也;"辱"与"荣",言其死生也。《语》曰:"山雌雉,时哉!时哉!""知其雄,守其雌","守雌"之谓"玄"哉!

三十一章:《礼》曰:"大明生于东,月生于西。此阴阳之分,夫妇之位也。"日月,左右之门也。《孟》曰"取之左右逢其原。""偏将军处左,上将军处右。"右者,佑也。《易》曰:"自天佑之,吉无不利。"《诗》曰:"保佑命之,自天申之。"

三十二章:佛之言曰"甘露净法",其法一味"解脱""涅槃"。《礼》曰:"天降膏露,地出醴泉。"君子味之,所以知止。"富润屋,德润身。"泽之为利大矣哉!

三十四章:"左之右之,君子宜之;右之左之,君子有之。""参差荇菜,左右流之。""参差荇菜,左右采之。"

三十五章:人莫不饮食也,鲜能知味也。过者弗知,不及者亦弗知也。味无味,知其味。

三十八章:礼譬动,吉凶悔吝生乎动,故薄。复礼则处乎其厚矣。复礼者,克而复也。礼譬火,义譬金,火克金而义集。义譬金,仁譬木,金克木而仁安。老氏知礼,益慎乎礼者也,复则无为矣。

四十一章:“上士”譬命,“中士”譬性,“下士”譬身。命之行,天行也,其行也勤;性之德,隐而见,微而显,其若存而若亡也;身之修,艮以止,兑以说也。子曰“不亦说乎”,说之极,故为矣。

四十七章:戒慎不睹,恐惧不闻,无视无听,抱神以静,知弥少哉!

五十章:是纯炁之守也,死之徒何得而入之。

五十二章:“用其光,复归其明”,“知其子,复守其母”。光者,子也;明者,母也,合日月曰明。

兑不塞,门弗闭也;兑不决,兑弗塞也。艮以止之,竞以说之。“塞其兑”,其止而说之义乎!

五十四章:《大学》之治国齐家,亦此意也。《大学》曰“明”,《道德》曰“观”。

七十三章:天之所恶,孰知其故? 夫惟不知,是以知之,圣人顺而已矣。惟知天可以当天,惟顺天可以达天。天网恢恢,疏而不失。老氏之善言天也,天之高听乎哉!（《刘鹗集》第 621 页）

**6 月 21 日(五月十一日)**　应张之洞之招第一次到武汉。时姚锡光、吴德潇、吴樵父子、汪康年、叶瀚等人都在武汉。姚锡光时任湖北自强学堂总稽查。

▲ 编著者按:上述诸人都是清末维新派人士,与刘鹗关系密切,当时都在武汉。① 姚锡光(1856—?),丹徒人。字石泉。与刘味青甲戌(1874)同案入学。② 吴德潇(1848—1900),四川达县人。1893 年与刘鹗相交。③ 吴樵(1866—1898),字铁樵,吴德潇之子。④ 汪康年(1860—1911)浙字穰卿。江钱塘人。光绪二十年进士。1895 年参加上海强学会,1896 年与黄遵宪、夏曾佑等办《时务报》。⑤ 叶瀚(1861—1936),字浩吾,浙江省仁和县人。曾在上海格致书院学习。曾任湖北自强学堂教员。

**6 月 23 日(五月十三日)**　叶浩五招饮姚锡光及太谷学派学人吴德潇、吴铁樵父子等同饮。

▲ 姚锡光光绪二十二年五月十三日(6 月 23 日)日记:傍晚归,叶君浩五招饮,同坐者为吴小春大令□□、大令之子铁桥(樵)茂才□□、岳凤五都尉、顾印伯大令、姚文敷茂才、陈省三贰尹并余并主人而八。小春大令,乃四川孝廉,新选浙江知县,出都来楚接眷。其弟□□,乃雨乙酉同年,故有年谊。而小春曾以己丑考取内

阁中书,未记名,与余同,故亦称中书同年,盖相谑也。其子铁桥(樵),闻算学、化图、时务之学甚优,称可人。剧谈至二鼓始散。(《姚锡光日记》第119页)

**6月25日(五月十五日)** 见张之洞,告已经集股一千万。张之洞问能再多集一些否?

▲ 姚锡光光绪二十二年五月十七日(6月27日)日记:云抟于前日已见香帅,帅询以已经集股有着之款几何?云抟对以:"已集一千万两。"帅谓:"现拟办之芦汉铁路非一千万所能济。"云抟谓:"现在请办者四人,每人集股一千万,则芦汉铁路之事济矣。"帅意复不以四人合办为然,因询以:"汝已集股一千万,尚能多集否?"云鄂(抟)对以:"铁路乃有利益之事,开办以后,股分必旺,不患无股分"云云。因将上海"履祥"洋行所保一千万华股保单呈上。帅云:"姑留阅,尔后定夺。"故云抟于此候进止焉。(《姚锡光日记》第121页)

**6月27日(五月十七日)** 拜望同乡姚锡光。姚评刘鹗"才气甚大"。

▲ 姚锡光光绪二十二年五月十七日(6月27日)日记:午后,阅《陆操新义》。刘云抟鹗太守来拜。云抟,吾乡刘子恕给谏之子,味秋之弟。味秋,余甲戌岁同案入学。云抟现以承办铁路事来鄂见香帅。盖中国将创办铁路,去年赴军务处禀请承办者四人,一刘、一许、一方、一吕,刘即云抟也。云抟才气甚大,前以同知曾办山东河工,见知于张勤果公。经勤果保奏,送部引见,后积劳荐保知府。自前年秋冬之交即经营中国开铁路事,往来津、京、上海间,外商洋人,内谒当道,南北奔驰,再历寒暑。现适朝廷决计办是事,命直隶王爕帅、湖督张香帅两制军督办,遂将刘、许、方、吕四人禀请承办之事发即(该)两制军核定。故云抟来鄂见香帅取进止焉。(《姚锡光日记》第121页)

**6月28日(五月十八日)** 上午,姚锡光拜望刘鹗,谈人才等。姚从刘鹗处借《适可堂(斋)记言记行》。下午五点,刘鹗应姚锡光之约小酌于自强学堂商务斋,畅谈铁路修建、开办银行等。吴德潇、叶浩五等同席。

▲ 姚锡光光绪二十二年五月十八日(6月28日)日记:晴。早起。雨后差凉爽,入学堂。乃出拜客。历拜田小承孝廉、刘云抟太守、岳尧仙孝廉、吴小春大令桥(乔)梓、刘仲穆太守、纪香聪明经同年、王复东大令、薛□□观察,皆见,而在云传、小春处谈最久。

与云传谈吾乡现在学术之疏,人材之陋,除八股外,他无知晓。其中杰出者,惟陈善余一人。善余治经术而不迂,通达时事,然亦著书之才,而非治事之才。其负治事之才,通达中西学术,称瑰奇而抱伟略者,则马建忠观察。马,吾乡人,历游欧州,少时入美国学堂多年,西学极深邃,曾充上海招商局总办,洊保至道员。而吾乡人肆口詈之,吠影吠影(声),百犬一喙,盖少见多怪,无足异者。其所著有《适可堂(斋)记言记行》,共四卷,自云拵案头携回阅看。

本日余本请刘云拵、吴小春诸君小酌。五点钟,云拵先至,复畅谈时事。

云拵之承办铁路,系从"履祥"洋行借洋债为资本,立有一千万合同。云拵谓:"洋债可借,洋股不可招。洋债,不揽我铁路利权;一招洋股,则利权尽入彼掌握矣。"余曰:"此说极当。惟铁路开办,必二三年始能大成,此二三年中未有有(厚)利可收,而洋债利息虚糜可虑。愚意,铁路宜与银行相辅而行。何弗将借定洋债先行开一银行,以为铁路根本,既无虚利之虑,而铁路开办诸费即于此周转。日后有华商入股,即于此银行出股分票,亦较易取信于人,似于计最得。"云拵谓:"此事余亦筹之久矣,固与君意合,且在上海与马枚叔建忠有约,如以铁路资本先立银行,此银行事即由伊主持。且非特此也,铁路既成,日后尚须开五金、煤炭诸矿,并开冶炼诸厂,皆必以此银行为根本"云云。

余又谓:"现所开者芦汉铁路,乃干路。其枝路,则先开川楚铁路为第一要着。川楚轮船尚未大行,而川货最多,此枝路成,必利尽西南。"云拵极以余言为然。且谓:"君能认办此事,余当助君集股"云云。

又与之泛论世局。余谓:"中国非尽去鸦片烟毒、时文毒,则诸政无从下手。"余又云:"当督抚,非将李相之聪明、香帅之规模、右帅之坚实合为一人,而上有秦皇、汉武、元世祖之君,不能宏济艰难。"云拵亦大以余言为然。

未几,钱念劬太守,顾印伯大令、吴小春、铁樵乔梓陆续至,并范仲木孝廉、叶浩五茂材,并余而八,小酌于学堂之商务斋。几三鼓始散。(《姚锡光日记》第123页)

**6月30日(五月二十日)**　午后,拜望姚锡光。

▲ 姚锡光光绪二十二年五月二十日(6月30日)日记:午后,刘云拵太守来谈。(《姚锡光日记》第125页)

**7月1日(五月二十一日)**　姚锡光冒雨拜望刘鹗,修改"上铁路禀"草稿。是日,姚锡光又与吴小春太守谈太谷学派李光炘师承问题。

▲ 姚锡光光绪二十二年五月二十一日(7月1日)日记:冒雨往拜刘云拵太守。太守草上制府言铁路禀,以商诸余,余为商改数处。……与吴小春大令同年证龙川师承。(《姚锡光日记》第125页)

**7月5日(五月二十五日)**　刘鹗与姚锡光约见于花堤,谈直隶总督王文韶的为人。

▲ 姚锡光光绪二十二年五月二十五日(7月5日)日记:往花堤,候刘云拵太守,纵谈时事。因询伊王夔帅为人。太守云:"人称夔帅为水晶顶子。言其亦明亮,

亦圆滑,物小而坚也。襞帅纵好军机章京才,朝廷以为封疆,误矣!"(《姚锡光日记》第129 页)

**7 月 6 日(五月二十六日)** 张之洞电报告诉王文韶:刘鹗"全是虚诞"。

▲ 张之洞致王文韶电(光绪二十二年五月二十六日):铁路事关大局,亟需定议,未便久延。刘鹗已见,已向上海查明,全是虚诞,即洋股亦不可靠。方培垚商伙二人一俟到鄂即当传验。(1987 年《清末小说》第 10 期第 49 页)

**约 7 月 7 日(五月二十七日)** 在汪康年处借《湖北舆图》和《说》一部。

▲ 吴德潇致汪康年:尊架上《盛世危言》一部,潇假阅。《湖北舆图》和《说》一部,刘云抟借去,言明另购奉还。

…… 德潇顿首五月廿九日沙市,轮舟过沙市时书(《汪康年书札》第一册第 396 页)

**7 月 9 日(五月二十九日)** 刘鹗到自强学堂见姚锡光。钱念劬亦到,转告:张之洞让刘鹗与盛宣怀同办芦汉铁路。晚刘、姚到钱念劬处晚饭,约明日游洪山。

▲ 姚锡光光绪二十二年五月二十九日(7 月 9 日)日记:刘云抟太守来,将询制府定夺铁路意旨于钱念劬。于时念劬太守适来,因言制府之意,将以盛杏荪观察督办铁路,以军务(机)处奉旨交下承办铁路刘、吕、方、许分段认办,不日即可以出奏矣。盖以刘、吕、方、许四人认办,不过有此名目,实则专任盛杏荪也。盛杏荪之认办湖北铁厂,本意在铁路,今果入其掌握。伊已专招商轮船、电线之利,今复将铁路之利攘而有之,甚矣,其善据利权,而中国亦舍是人无此气魄也。晚间,携云抟即念劬处晚饭,许静山太守亦来,畅谈至九点钟,并订明日游洪山之约。(《姚锡光日记》第 131 页)

▲ 编著者按:钱念劬(生卒年未详),字恂,湖州人。钱玄同之长兄。1896 年入张之洞幕府。清朝末年先后在中国驻伦敦、巴黎、柏林、彼得堡、东京等使馆任职,后又任中国驻荷兰、意大利等国的公使。在民主革命影响下,秘密加入光复会。1911 年,在湖州府中学堂任教,并参加辛亥革命。湖州光复后,曾代理校长之职。

**7 月 10 日(五月三十日)** 上午与姚锡光、钱念劬乘轿至洪山,后回自强学堂午饭。刘鹗《鄂中四咏》诗有《登洪山寺》一首约记于是日或稍后。

▲ 姚锡光光绪二十二年五月二十一日(7 月 1 日)日记:早起,入学堂,昨宵雨声彻晓,早间犹浓云澄墨。念劬、云抟遣价探洪山之行去否,余亦未有以应也。少间,天渐向晴,犹凉爽,念劬太守先至,因遣价往招云抟亦至。遂各乘轿出宾阳门,约五里,至洪山。……回学堂午饭。……午饭后,云抟太守散去。(《姚锡光日记》第 132 页)

**7 月 11 日(六月初一日)**　叶浩五宴请姚锡光、汪康年等。

▲　姚锡光光绪二十二年六月初一日(7 月 11 日)日记:应浩五之邀。同坐者汪穰卿进士、顾印伯大令、陈省三贰尹、姚文敷茂才诸君子,十一点钟散。(《姚锡光日记》第 133 页)

**7 月 12 日(六月初二日)**　姚锡光拜望刘鹗,畅谈。

▲　姚锡光光绪二十二年六月初二日(7 月 12 日)日记:遂往候田小丞孝廉、刘云抟太守。在云抟处畅谈,傍晚归。(《姚锡光日记》第 134 页)

**7 月 14 日(六月初四日)**　姚锡光拜望刘鹗,请刘鹗为其石印《长江下游炮台图》。

▲　姚锡光光绪二十二年六月初四日(7 月 14 日)日记:往刘云抟太守处晤谈,并将余《长江下游炮台图(总图一、分图二)》共五幅交云抟,托伊属其客徐君锡卿带往上海,为余石印,盖将以订入余《长江炮垒刍言》者。(《姚锡光日记》第 134 页)

**7 月 16 日(六月初六日)**　姚锡光拜望刘鹗,未遇。

▲　姚锡光光绪二十二年六月初六日(7 月 16 日)日记:偕顾印伯往拜刘云抟太守,未晤。(《姚锡光日记》第 134 页)

**7 月 17 日(六月初七日)**　早上,姚锡光写信通知刘鹗:张之洞准许刘鹗请假暂归。傍午,刘鹗拜望姚锡光话别。

▲　姚锡光光绪二十二年六月初七日(7 月 17 日)日记:作函与刘云抟太守,告伊制府准伊假归。盖云抟以经营铁路事来鄂,暂时不能有成议,因请假暂归,制府已允行,余故作函告之。……傍午,云抟太守来话别,坐稍许即去。(《姚锡光日记》第 135 页)

**7 月 18 日(六月初八日)**　姚锡光先后拜望刘鹗、汪康年,为之送行。

▲　姚锡光光绪二十二年六月初八日(7 月 18 日)日记:早起入学堂。随往拜刘云抟太守、汪穰卿进士,皆送行。(《姚锡光日记》第 135 页)

**7 月 19 日(六月初九日)**　刘鹗欲向朋友告别,请姚锡光代为请人。

▲　姚锡光光绪二十二年六月初九日(7 月 19 日)日记:午后接云抟太守(字)、属余为约钱念劬太守、陈省三贰尹、叶浩五茂才,于十一日渡江至汉口小宴。余乃为代邀,即作字复之。(《姚锡光日记》第 135 页)

**7 月 21 日(六月十一日)**　刘鹗在汉口朱姓酒家宴请姚锡光、叶浩五等后登船往镇江。

▲　姚锡光光绪二十二年六月十一日(7 月 21 日)日记:早起。入学堂。偕陈省三贰尹、叶浩五茂才,渡江往汉口赴云抟太守约,饮于孙祖阁前朱姓酒家。至四

点半钟散。云抟乃附轮船往镇江。(《姚锡光日记》第 135 页)

▲ 编著者按：在筑建芦汉铁路的问题上，排斥刘鹗等人，是张之洞、王文韶、盛宣怀的一致意见。从多封电报中也可以看到，在公开场合中，三人又都不肯直接表态。王、盛二人将责任推给张，此可见 1896 年 6 月 25 日(光绪二十二年五月二十五日)王文韶给盛宣怀的另一封电报："至将来如何定议，总须香帅主稿，吾弟万不可动笔。即鄙人亦只能斟酌稿本，未可以由此间缮发。缘上年复奏之件，知折底之，不知者忌之。此次不可在着形迹，恐指为一鼻孔出气。"而张之洞虽也欲排除他人，但不愿担当责任，故又举棋不定。因此在刘鹗第一次到武汉之后，又有第二次武汉之行。

**7 月下旬(六月中、下旬)** 返回淮安。与罗振玉谈汪康年创办《时务报》等。

▲ 罗振玉致汪康年函：

穰卿仁兄大人阁下：

戊子秋试，在杭垣文龙巷邵氏履素堂吴君经才坐上得接清徽。岁序如流，时艰日棘，漆室之慨，彼此同之。今夏敝亲家刘铁云太守，由鄂返淮，述阁下与同志创办报馆，出示章程，额诵之余，莫名钦佩。乡愚弟罗振玉拜启 十月朔(《汪康年书札》第三册第 3152 页)

**8 月 2 日(六月二十三日)** 张之洞电告王文韶：刘鹗等"四商均不可靠"。

▲ 致天津王制台(六月二十三日丑刻发)：拟会电总署云；铣电悉。刘、吕、方等商，津、鄂均经见过。吕商明言系洋股。刘鹗呈履祥洋行凭单。方需咸呈验麦加利洋行凭单。均无洋人签名。……许道托病未来。……四商均不可靠。(《张文襄公电稿第十二册》)

**8 月 7 日(六月二十八日)** 早上，张之洞召见姚锡光，但到中午未见，后又安排文案邹元辨向姚锡光了解刘鹗情况。邹元辨在张之洞、姚锡光之间往返多次，最后张之洞命令姚锡光召刘鹗从速到武汉。姚锡光分析：盛宣怀嗜利无厌，要求无已，且不愿受督抚节制。张之洞"颇厌苦之，故意将转属云抟"。

▲ 姚锡光光绪二十二年六月二十八日(8 月 7 日)日记：晴。早起。制府传见，因急赴辕。候至午刻，未见。余腹中饥欲死。少间，制府遣文案邹元辨大令来，询吾乡刘云抟太守家世及伊人品若何？余据实告之。又询余以云抟请办铁路，究竟是洋股是华股。余告以云抟所集铁路股本，亦有华股，特不能过多，余系洋债，并非洋股。盖洋债可退还，而洋股不可退还。创始之时，不得不借洋债开办。开办以后，人见铁路有利，则华股日多。华股日多，则洋债自可逐渐退还云云。又询余以云抟何以能取信洋人，得借有千百万洋债？余告以云抟在吾乡，家世甚好，乃刘子

恕成忠侍御、曾任开归陈许道之子。且伊曾事张朗斋中丞办山东河工有年，曾经朗帅保奏送部用，见其为人，颇有才气云云。元辨将余言历复制府，往反数四。末乃传制府谕：令余电召云抟从速来鄂。余乃即电往淮安召云抟。

是事也，虽已从制府谕往召云抟，而余心颇疑之。盖铁路一事，制府颇属意盛杏荪称宣怀，将令其督办，而何以命召云抟？又如此之急？既而探之，乃知盛杏荪要挟过当，制府已稍厌之。先是湖北铁政局，自开办以来，历年亏耗，势不支。制府乃召盛杏荪来鄂，命以招商股承办铁政。今年四五月间，盛杏荪来鄂接受铁政局，即以铁路要制府，云若不兼办铁路事，则铁政局所炼出钢条无处出售，则铁政不能承办云云。制府许以开办津芦铁路必命伊督办。盛杏荪乃接受湖北铁政，去往上海，复以两事电请王夔帅，夔帅与香帅均奉旨督办津芦铁路。一伊办铁路，须香帅、夔帅奏请朝命，命伊督办，如胡云湄廉访办津芦铁路故事。一请香帅、夔帅奏请开官银行，由伊督办，以为铁路招股张本。非此，则伊不任铁路事。

其督办铁路，必由奏请朝命也，则必不受督抚节制，可单衔奏事，仿佛钦差督办铁路大臣矣。其请奏请开官银行也，盖欲尽攘中国利权。一经奏定，必请官本；既领官本，仍必多方将官本销融净尽，易名商本；而实则商本其名，盖尽数攘为盛家之本，仍其攘窃招商轮船、中国电报利权故智。甚则害则归公，利则归己，种种不可端倪。制府见其嗜利无厌，要求无已，颇厌苦之，故意将转属云抟。因命召云抟来鄂面议此事：一询其能领受芦汉铁路全局事否？一询伊能先领湖北铁政局事否？盖制府以不允盛杏荪官银行诸事，恐盛杏荪即不办芦汉铁路。伊既不办铁路，则铁政局一事伊亦必即辞退，故须询云抟能否承办铁政局事。一询云抟究集有若干华股。制府之意，洋债可借，惟照铁路资本，须有五分之一之华股以为根本，方可开办，故将询云抟究有若干华股。胥俟云抟来鄂询悉，则芦汉铁路一事，与盛与刘，方能定计。此制府属余电召云抟来鄂意也。（《姚锡光日记》第139页）

**8月8日（六月二十九日）**　钱念劬与姚锡光分析盛宣怀与刘鹗承办芦汉路之能力与利弊。

▲ 姚锡光光绪二十二年六月二十九日（8月8日）日记：晴。早起，入学堂。钱念劬太守来。……太守又云："芦汉铁路一事，未知云抟能承任否？万一云抟不能承任，则此事仍必属盛杏荪。铁路既属盛杏荪，则盛杏荪必要挟非奏请开官银行不可。制府现在心颇虑之。盖官银行即国家银行也，假国家银行之名，而为盛杏荪盘据。能操胜算，其利为盛杏荪攘去，自不待言；如不能操胜算，倒闭至几万万之多，中必洋款，则国家不得不承认，甚至割地偿债，俱未可知，其害有不可胜言者。制府以子究心世事，万一不得不许为盛杏荪奏请开银行，此中有防范之法否？特属

恂以问吾子。”

余曰：“此事先分股本之公私。如为盛杏荪自家股本，此即商银行。其消长盈虚，官家可不必过问。即使日后倒闭，亦于公家无涉。如为公家股本，此为国家银行，自不得任盛杏荪把持。即使由盛杏荪督办，此中用人之操，应由公家操之，彼不得遍植私人。其局中一应委员、司事，俱由公家派去。不得力者，彼可禀请撤退，而仍必由公家更换。则此中无彼死党，彼自不能把持盘据。且其中筋脉所在，亦易周知矣。防范之法，莫善于此。”(《姚锡光日记》第 140 页)

**8 月 10 日(七月初二日)** 刘鹗复电姚锡光：立即赴武汉。

**是日** 《时务报》在上海创刊。汪康年(穰卿)任总理、梁启超任主笔。

▲ 姚锡光光绪二十二年七月初二日(8 月 10 日)日记：午后，方君来拜，盖以请办铁路来鄂者。接刘云抟复电，立即赴鄂云。(《姚锡光日记》第 142 页)

**8 月 19 日(七月十一日)** 上午，刘鹗到武汉。午后，立即拜见姚锡光，并请钱念劬转告张之洞。

**是日** 盛宣怀电告张之洞办芦汉路有“三难”。

▲ 姚锡光光绪二十二年七月十一日(8 月 19 日)日记：午后，入学堂。刘铁云太守来，盖甫下轮船，即冒雨来省。余告以制府属余电招之意。钱念劬太守亦至。铁云云，制府所询诸端，伊俱能应允照办。因属念劬先为告制府，再往禀见。(《姚锡光日记》第 147 页)

▲ 编著者按：招刘鹗到武汉的同时，张之洞正在与盛宣怀商讨办法。

本日盛宣怀致电王文韶、张之洞谈芦汉铁路事：此事有三难：商借洋债无的款指还，恐洋人做不到，难一。洋债条款要国家核准，恐政府做不到，难二。华商先收银二成方能借债，以后八成须华商按期归还，恐华商做不到，难三。以位卑之人，破此三难，尚无把握。可否请先令赴京逐节面商，如做得到再行派定，免得进场后交白卷，致损中国体面。本人名心久淡，只要上司肯筹款，自己落得不担郑重。(《盛宣怀年谱》第 528 页)

**8 月 20 日(七月二十日)** 上午，姚锡光拜望刘鹗。午后，刘鹗拜望姚锡光并一起去钱念劬处。

▲ 姚锡光光绪二十二年七月十二日(8 月 20 日)日记：冒雨出门，往拜刘铁云太守、黄仲弢太守、范仲木孝廉，皆畅谈。……午后始归。刘铁云太守来，随偕往钱念劬房内，与钱念劬太守稍议武备学堂公事。(《姚锡光日记》第 147 页)

**8 月 21 日(七月十三日)** 刘鹗到姚锡光处，与钱念劬一起去蔡毅若商量办铁路事。

是日 张之洞电招盛宣怀来武汉。

▲ 姚锡光光绪二十二年七月十三日（8 月 21 日）记：刘铁云太守来。盖制府谕令与钱念劬太守、蔡毅若观察商量铁路事，因来堂候钱念劬偕往候蔡毅若观察也。（《姚锡光日记》第 148 页）

▲ 七月十三日（8 月 21 日）张之洞电复盛宣怀："三难"皆有破法。声望事权必当力筹，苏宁、广东（铁路）亦可以请兼办，请即日来鄂详筹一切。（《张之洞年谱》第 483 页）

**8 月 23 日（七月十五日）** 午后，刘鹗去姚锡光处小坐。

▲ 姚锡光光绪二十二年七月十三日（8 月 21 日）日记：午后阅《申报》《时务报》。刘云抟太史（守）来，稍坐即去。（《姚锡光日记》第 149 页）

**8 月 25 日（七月十七日）** 姚锡光接到印好的《长江炮台截段图》。午后，拜望刘鹗。

▲ 姚锡光光绪二十二年七月十七日（8 月 25 日）日记：接到上海寄来石印余《长江下游炮台截段图》五伯（百）份，印价二十四元，由徐锡卿寄来。……午后……随往刘铁云太守、范仲木孝廉（处），乃归。（《姚锡光日记》第 151 页）

**8 月 27 日（七月十九日）** 晚，刘鹗宴请姚锡光、钱念劬等人。知张之洞将派盛宣怀、刘鹗合办芦汉铁路。刘鹗语姚锡光，不愿与盛宣怀合作。

▲ 姚锡光光绪二十二年七月十九日（8 月 27 日）日记：晚间，刘太守铁云假自强学堂内请客，同坐者钱念劬诸位君子，余为帮作主人。据念劬言：制府将以芦汉铁路派盛宣怀、刘铁云合办。盛杏荪即于明日到鄂云。刘铁云私谓余曰：伊不愿与盛杏荪合办。如芦汉铁路由盛杏荪办，伊即愿办苏沪铁路，与盛杏荪分道扬镳云。（《姚锡光日记》第 153 页）

**8 月 28 日（七月二十日）** 早上嘱咐王幼云抄写《铁路章程》。姚锡光拜望刘鹗。盛宣怀到武汉。当日刘鹗给表弟卞德铭写信谈张之洞犹豫不决的情况。

▲ 姚锡光光绪二十二年七月二十日（8 月 28 日）日记：至……刘铁云太守等处。（《姚锡光日记》第 153 页）

▲ 编著者按：刘鹗此次再到武汉，乘兴而来，但到 8 月 28 日尚无结论，心情沮丧。蒋逸雪先生说：鹗在鄂曾致其表弟卞德铭书，可以证之当日情况：

子新表弟足下：

兄十一日到汉口镇。既过江，知香帅电召，为欲将铁政、铁路二事并归兄办。及到，又变计矣。前日电召盛杏荪来，令兄与盛商酌，或分办，或合办，议定即出奏。今日盛到，盛称洋债借不动，香又变无主意矣。数日之间，业已三变，此后尚不知如何变法也。今早,王幼云到,已嘱其抄铁路章程。《沈氏尊生书》一半日着人买去,并带买一部《温热经纬》,遇便寄奉。即候　新祺。兄鹗顿首

　　▲ 按:德铭字子新,一字子沐,丹徒人,侨居扬州,分省候补道。在北京时与鹗朝夕过从。《老残游记》中所写之"德慧生",即影射其人。(《刘鹗年谱》第28页)

　　**8月30日(七月二十二日)**　上午,姚锡光与钱念劬谈办铁路事,钱念劬左袒盛宣怀,不信刘铁云。午后,姚锡光拜望刘鹗不遇。晚,刘鹗拜望姚锡光。

　　▲ 姚锡光光绪二十二年七月二十二日(8月30日)日记:回学堂。念劬谈铁路。言及盛杏荪谓洋债借不动,刘铁云谓借洋债必成。盛杏荪谓洋债须国家作保,刘铁云谓洋债无庸国家作保,且洋人并能保险,保创办铁路必不蚀本云云。太守之意颇左袒杏荪,不信铁云;未知制府之意如何?……午后……拜岳尧仙、刘铁云,皆不遇。晚间,刘铁云太守来,稍谈即散。(《姚锡光日记》第154页)

　　**9月1日(七月二十四日)**　上午,钱念劬传达张之洞的意见,芦汉铁路无论铁路干路、支路都归盛宣怀办理。刘鹗等人可以入股。但是按照盛宣怀的意思,刘鹗不得入股。姚锡光与之争论。午后,姚锡光拜望刘鹗。

　　▲ 姚锡光光绪二十二年七月二十四日(9月1日)日记:早起,入学堂。念劬太守来,言:"芦汉铁路制府已决计归盛杏荪督办。现在正办折稿,不日将出奏矣。其刘鹗诸君,无论集有华股数十百万,准其入股,并照商例派伊等入大股之人管事。"云云。余言:"由盛杏荪督办,则大利全归盛杏荪。刘鹗等不得分段认办,且不得会办名目,而仅令之入股、入局管事,伊等未必情愿。今芦汉干路既归盛杏荪,何不令刘鹗等认办支路?"念劬谓:"杏荪之意,在将干路、支路、凡中国铁路一应包去。今若将支路另令刘鹗等认办,则必大拂杏荪之意,制府不能也。且即芦汉铁路得与刘鹗等入股,已大非盛杏荪之意,实制府而后可"云云。盛杏荪之龙(垄)断把持,而制府之甘受挟制,亦一奇也。……午后,出门往拜刘铁云,于坐间晤前山东莱州挹(掖)县杨子美。(《姚锡光日记》第155页)

　　▲ 同日(9月2日)会直隶总督奏陈卢汉铁路商办难成另筹办法,并保荐盛宣怀督办。略谓:

　　本年三月十二日(4月24日)奉上谕,芦汉铁路关系重要,提款官办万不能行,惟有商人承办,官为督率,以期速成。惟铁路之设,有形之利在商,无形之利在国。有限之利在路商,无限之利在四民。芦汉之议虽自臣之洞创之,实由朝廷主之。嗣以事局变迁,未能兴举。比年东方用兵,征调遍及天下,水陆兼程,赴机常缓赍云费繁,智尽能索,中外士大夫于是始憾兴造铁路之迟矣。此项铁路,谕旨以官督商办

为指归,以不入洋股为要义。所有先后在京具陈集资承办之四人(指吕庆麟、刘鹗、方培垚、许应锵),其行径不必尽同,而全恃洋股为承办张本则无不同,均可无庸置议。……查直隶津海关道盛宣怀才力恢张,谋虑精密,博通洋务,深悉商情,甚有合于刘晏用人所谓通敏之才。中国向来风气,官不习商业,商不晓官法。即或有勤于官通于商者,又多不谙洋务。惟该员能兼三长。应请特旨准设芦汉铁路招商公司,先派盛宣怀为总理,使天下皆知事在必成,以一视听而便设施。(《张之洞年谱长编》第484 页)

**9 月 3 日(七月二十六日)** 早上,刘鹗拜望姚锡光。

▲ 姚锡光光绪二十二年七月二十六日(9 月 3 日)日记:早起,入学堂。阅《申报》。刘铁云太守来。(《姚锡光日记》第 156 页)

**9 月 4 日(七月二十七日)** 早上,向姚锡光辞行。午后,姚锡光送行。刘鹗离开武汉往上海。

▲ 姚锡光光绪二十二年七月二十七日(9 月 4 日)日记:早起,刘铁云来辞别。……午后,出门往拜刘铁云行。铁云以办铁路来鄂,不得志,将往沪,即午后启行。(《姚锡光日记》第 157 页)

▲ 编著者按:刘鹗为办芦汉铁路,两次应招到武汉面见张之洞,乘兴而来,铩羽而去。至第二次离开武汉,尚不知内幕,以为"香又变无主意矣"。录于《芬陀利室存稿》其组诗《鄂中四咏》,显然写于此一阶段,其心情起伏可见一般。但是从四诗内容分析,又非同日而写。前两首踌躇满志,意气风发,应写于 7 月初到武汉;后两首心灰意懒,感慨惘然,应写于 9 月离开武汉前后。全录于下:

《登黄鹤楼》:清晨携酒出花堤,试一登临万象低。神女昔留苍玉珮,士人犹唱白铜鞮。江流直扑岩城下,山势争趋汉水西。此去荆州应不远,倩谁借取一枝栖。

《登洪山寺》:登山一望乱山多,城市清如掌上螺。一水中流分武汉,满山苍翠长藤萝。青烟匝地余残垒,碧血沉沙有断戈。莫问古来争战事,眼前盛世且高歌。

《登晴川阁》:背负龟山俯大江,玲珑四面启轩窗。后湖帆影参差出,隔岸钟声断续撞。倚槛快当风习习,披襟但听水淙淙。西行更看洪炉冶,独坐篮舆过石矼。

《登伯牙台》:琴台近在汉江边,独立苍茫意惘然。后世但知传古迹,当时谁解重高贤。桐焦不废钧天响,人去空留漱石泉。此地知音寻不着,乘风海上访成连。(《刘鹗集》第 562 页)

▲ 夏秋间,因倡办"芦汉铁路"应鄂督张之洞召,赴湖北谒张,因与盛宣怀意见不合,辞归。

《关于老残游记》六:"迨后先君离济南至汉口,又因平汉路事,与盛宣怀氏龃龉。"

按《芬陀利室存稿》，是年有鄂中四韵。其中第一首登《黄鹤楼》中说："此去荆州应不远，倩谁借去一枝栖。"以张之洞比刘景升，说明赴鄂有依刘之意。第二首《登洪山寺》有句"满山苍翠长藤罗"，《登晴川阁》一首说："倚槛快当风习习。"所写的都是夏景，说明赴鄂时在夏五六月间。第四首《登伯牙台》："此地知音寻不着，乘风海上访成连。"则已经说明在湖北事无可为，废然重返苏、沪。考清季设铁路总公司筹筑芦汉路，任盛宣怀为总办事，在光绪二十二年，即本年九月，则铁云先生离鄂大概在夏秋之交。

至与盛宣怀氏的交涉，继祖母郑和先伯父著伯说：当时张之洞倡办新政，铁云先生议筑铁路，召赴鄂商。先生建议由芦沟桥筑路至汉口作为一沟通南北的干线，是为"芦汉铁路"，并主借外款筑路，张赞同其说，时盛宣怀在鄂，亦竭力促成其事。张即命盛主其事，委员筹办。先生因与盛主张不和，委员名单公布，其中并无先生名字。先生知遭人所嫉，乃废然而返。罗著《五十日梦痕录》虽未明言其事，口头也说过，方药雨（若）也说过。先生去鄂建议筑芦汉路，因与盛意见不合，亦有其事。矛盾何在？均未道其详。《清史稿·盛宣怀传》说："（宣怀）光绪五年署天津道，时（李）鸿章督畿辅，方向新政，以铁路电报事专属宣怀。十八年……弥汉冶铁厂亏耗，于之洞奇其才，与王文韶交荐之，遂跃四品京堂，督办铁路总公司。二十四年趣造粤汉路，宣怀建议贷美款归自办，且改归商办本末以上。而言者盛毁为迟滞，被诃责"云。可以看出盛宣怀办新政的资格比铁云先生老，对当道的关系也比先生深，是李鸿章、王文韶手下的能员，尤其在湖北为张之洞弥补了大冶铁厂的亏空，张氏倚重方殷，先生不可能与他争权争位，而且自张曜死后，先生在政界活动，是靠李鸿章、王文韶和先曾祖子恕公年谊的关系，和盛同属一个派系。盛是实缺道，特保的四品京堂，先生不过是一个候补知府，从官阶说他也是上司，不能有什么争执。两人当时的争执，据我分析，焦点在利用外资方面。因当时两人都主张借款办路，盛主借比款，先生主借英款。背景不同，条件不同，幕后的帝国主义者就必须排斥其他一方，斗争表面化后，就成为个人之间的争衡。据《盛宣怀未刊信稿》光绪二十三年六月初七日上王夔帅书中说："此次在鄂甚久，铁路事，南皮注意比国，故舍英、德而与彼议，颇融洽。"已将问题关键明白说出。

又据叶恭绰《清末赎回京汉铁路的经过》所说："全路建筑工程，完全委托债权者（比国银行工厂合股公司）主持；路成之后，三十年内复委托债权者即任主持工程之总工程司为其驻华之代表。故由工程以至运输、会计、用人、行政，全由该公司总揽。督办大臣，体制虽崇，待遇虽优，但仅代表债务者司承转、考核、监督之责。所有执行事项,皆无权直接指挥。至其下属总办、会办之类,则又仅系督办之代表。又全路其他华籍员工,则实系比公司所用,不属于督办大臣系统之下。故京汉借款可谓开我国铁路借款之先例。也即开了我国铁路借款的无数恶例。"更可看出当时借款筑路的条件,实大有可以争执的余地。看后来议筑泽浦路,外部向盛征求意见,盛即明复须俟比工程司商量,已完全成"太阿倒持"之势。还有叶文又说;"京汉路动议于一八八九年。"则芦汉原议并非由铁云先生发起,先生不过重申其议而已。(《铁云年谱》第 36 页)

▲ 六月,应两湖总督张之洞召,赴鄂,商芦汉路事。

芦汉路由芦沟桥至汉口,即今之京汉路。之洞倡议兴筑,远在八年以前。至是,铁路总公司设立,施工在即,鹗素主开矿、筑路,特召往有所咨询。(《刘鹗年谱》第 27 页)

**9 月上旬(八月上旬)** 到上海。

**9 月 13 日(八月初八日)** 姚锡光收到刘鹗信和盟帖。

▲ 姚锡光光绪二十二年八月初八日(9 月 13 日)日记:又接刘铁云太守一信,并盟帖一付。(《姚锡光日记》第 160 页)

**9 月 19 日(八月十三日)** 以长女儒珍嫁黄葆年次子黄寿彭。

▲ 八月至上海嫁女。以长女儒珍嫁黄葆年次子寿彭。

继祖母郑说:"光绪丙申年八月十三日,大姑奶奶儒珍出阁。"

按:我姑丈黄寿彭字仲素,为黄归群先生次子。归群共有子三人,长名子受,幼名寿三。仲素居其中,兄弟三人中,仲素最有才华。铁云先生和归群都是龙川弟子,最为莫逆。赏其英爽,故选为东床。但仲素姑丈一生并没做过什么事。自光绪二十八年(1902),归群在苏州讲学,一直就在家侍亲。民国十三年(1924)归群先生死,首席弟子李泰阶(字平孙)继之讲学。不久,李亦死,就由他在苏州讲学,人称黄二先生。1937 年,抗日战起,苏州沦陷,回江北泰州避兵,就十年居泰讲学不出。黄家本来没有什么恒产,归群先生做了一任县官,也没有钱,数十年来,举家数十口,均依靠门弟子送钱维持。仲素姑丈回泰州后,完全依赖几家大地主学生供养。解放以后,为判明他的身份,很费了一点事。因为既非地主,又不算什么会道门,更没有政治活动,而却终日坐食,不劳而获。后来虽弄清楚了,但土改后经济来源断绝,姑母又已先殁,老人遂回到苏州,就养于我表兄黄花农家。1953 年死于苏州,时年七十四岁。(《铁云年谱》第 39 页)

**9 月 22 日(八月十六日)** 早上姚锡光发电报给刘鹗,告诉张之洞上奏内容。午后,姚锡光给刘鹗写信,建议集股参与湖南、四川矿务。

▲ 姚锡光光绪二十二年八月十六日(9 月 22 日)日记:早起,入学堂。发一电

报至上海与刘云抟大(太)守,将香帅折奏盛杏荪办铁路批旨大意——批旨系令杏荪来京交该衙门询问——电告云抟。午后,又作函云抟,与之言湖南冶炼矿质,四川开办矿务,可集股往办诸事。(《姚锡光日记》第 161 页)

**9 月 23 日(八月十七日)** 姚锡光作书寄刘鹗盟谱,与之结为兄弟。

▲ 姚锡光光绪二十二年八月十七日(9 月 23 日)日记:早起,入学堂。缮一与刘云抟盟谱,并昨日所作一信,均寄交云抟,又将湖南银砂一包随信寄去。(《姚锡光日记》第 162 页)

**是年秋冬** 让第二子刘大黼(宬仲)去山东随黄葆年读书。

▲ 遣次子大黼赴山东从黄葆年读书。

继祖母郑说:"这年黄先生在山东泗水县任知县,老祖曾把宬仲送去山东从学。"(《铁云年谱》第 39 页)

**是年秋冬** 太谷学派南派山长黄葆年调署山东福山。太谷学派学人聚会于此,商讨学派南北合宗事宜。刘鹗未参加此次活动。但是刘鹗第二子刘宬仲(刘颐仲)参加本次活动。

▲ 光绪二十二年丙申(1896)黄葆年调署山东福山。秋冬之交,蒋文田、谢逢源、朱渊、朱濂、达听香、颜杏甫、高辛仲、袁淡生、葛仲修、刘颐仲、李泰阶等南北弟子于黄葆年福山县署举行了一次重要聚会,同游芝阳洞,商讨南北合宗事宜。毛庆藩特地从北京赶来参加。(《张积中年谱》第 171 页)

▲ 编著者按:太谷学派南北合宗自此而提上日程。作为拜从李光炘的太谷学派学人刘鹗,因未参加本次活动及以后多次活动而引起太谷学派学人的不满。故至 1902 年太谷学派南北合宗后,发生有刘鹗与黄葆年的争论。

**10 月、11 月(九月、十月)** 为办理铁路事往返各地,居无定所。

▲ 罗振玉致汪康年函:再者,前次阁下致云抟亲家函已悉。渠现不在淮寓,因铁路事行踪颇无定所。淮地报张,除以前之报仍寄刘宅外,兹再奉上三十元,乞添报十份,径寄淮安南门更楼东敝寓,即由弟分送。缘云翁既旅食在外,渠家中无人照料也。弟玉又启(十月朔)(《汪康年书札》第三册第 3153 页)

**11 月 20 日(十月十六日)** 徐金绶致盛宣怀函,希望盛宣怀能够在王文韶面前推荐刘鹗参与铁路修建。

杏荪宪台大人阁下:六月间赐复,乃承奖借过情。额诵回环,不啻躬侍左右也。此审履綦,笃祜敷布罄宜,引企台衡,曷胜忭颂。旧属质同樗栎,自愧不材,身异匏瓜,何堪久系,赋闲两载,窘况可想而知。此间大局如斯毫无余望。迩闻宪驾旋津,与北洋及政府面议铁路官银号诸事宜。津汉铁路虽归商办,亦必照料需人。

承办铁路之员,旧属尚未详悉何人。惟内有候选知府刘鹗一员,向系素识,去年在沪上晤面,本有所约,与王夔帅为辛亥年伯。从前在户部又为堂属多年。昨已自行禀恳奏调,恐难邀准,伏乞我宪台于夔帅前赐以游扬。借重鼎言,事无不谐。俾得先奏调,将来铁路事宜再求位置。庶几糊口有资并可及时自效。旧属非欲再三干渎,亦出于万不得已之苦衷。凤钦宪台不遗故旧,定能终始成全,一诺千金,阖家共望。溯鸿恩之感戴,背重三山;托鹭堠以陈词,心驰千里。临□迫切,无任主臣。专肃　敬请钧安　伏维　垂鉴　旧属　徐金绥　敬禀

(《盛宣怀档案》100955 号)

▲ 徐金绥致盛宣怀函全文如下:

信封:菊农　敬求　饬送为感　正任津海关道　盛大人　台启　徐金绥缄托

**秋冬**　叶瀚(浩五)致信汪康年,建议其为办译书局和办报发行等事请求刘鹗的帮助。

▲ 叶瀚致汪康年信:……又有一策,汴梁、山左、直隶各省,总以江、皖各省畅行,方得由清淮转至彼处,刘铁云久宦于汴,河工熟人必多,河南、山东均可托其代觅妥人。兄何不函致,切恳其设法,或得力更易。此人甚有气魄,又素多奔走供使之人,由其专办此路,许承办坐扣用钱,必有应者,较兄处专派一人,免许多顾虑也。公为何如?瀚顿首廿一日(《汪康年书札》第三册第 2551 页)

**秋冬**　让淮安家人代售《时务报》。

▲ 编著者按:《时务报》创办于 1896 年 8 月 9 日,发行全国及新加坡、日本等地。淮安发售点就在"淮安城内高公桥刘公馆"——现在淮安楚州区"刘鹗故居"。1896 年 11 月 6 日《申报》广告《〈时务报〉馆各省派报处》全文如下:

京城西珠市口赣宁电报局、琉璃厂中西大药房、天津闸口风神庙内西学官书局。锅店街文美斋书房、南中西大药房、烟台潮州会馆、程度南门内文历吴氏宗祠、重庆县庙街同文书局、武昌新接官书局、汉口黄陂街乙海春戒烟药房、拓高局上首江左汉记书局、宜昌二架牌坊江左汉记分局、沙市七里庙江左汉记分局、湖南长沙商务分局、北门外校经书院、常德南门外乙海春戒烟药房、江西南昌九江福康轮船公司、南京坊口大街松茂堂、清江浦电报局、淮安城内高公桥刘公馆、扬州电报局、安庆电报局、藩经厅署内吴韦斋、庐州电报局、吴门电报局、苏州胥门内侍巷张公馆、常熟县古阁书房、常州龙城书院、无锡售申报处、太仓州复议钱庄、杭州下佑圣观巷汪宅、宁波诸衙衕余岱盐局、绍兴水澄桥墨润堂书坊、温州学计馆、兰州电报局、福州南街天泉钱庄、建宁电报局、广州老城西门内朝天街中西报馆、靖海门内鸿

安栈、文武直街文裕堂书坊、新加坡鸿发栈、槟榔屿南栈、日本大阪、神户均同茂泰、本埠南石路怀仁里本报馆并本埠各书坊。诸君欲阅本报，可向上开各处购买，亦可附告本馆及各处挂号，以便按期寄到。此外各处，再行续布。

再，本馆创办《时务报》，需款甚巨，现已禀道存案。凡本馆所刊报及书籍，不许他家翻印及改换面目，易名刊刻。如有私自印刻者，定印禀官究办。特此声明。（《文学史证》第 207 页）

▲ 1897 年 5 月刘鹗致汪康年、梁启超信云：再，淮安代售报二十份，弟濒行时售出六分，已将原款送呈贵馆，其余十四分后亦陆续售出。近日接家信，方知其款尚未寄呈。弟五月到沪时如数清缴也。弟　鹗附白　（《汪康年书札》第三册第 2889 页）

**11 月（十月）**　回京，建议兴筑津镇路。

▲ 上书直隶总督王文韶，请筑津镇铁路，即由天津至镇江。时问政者大部守常蹈故，恶闻新事；而同乡京官更群起攻之，至除其乡籍，不认为丹徒人。（《刘鹗年谱》第 28 页）

▲ 秋冬间回京，上书直督王文韶，请筑津镇铁路，因同乡京官反对，功败垂成。

《关于老残游记》七："辞归京师，经王文勤之介，建言筑津镇路，又为同乡京官所攻。"六："离汉赴京，建议津浦路事，又不容于同乡京官，至除去乡籍，不认为丹徒人。"又注九："津浦最初亦由先君建议，名津镇路，仍主用外资自筑。"

《五十日梦痕录》："君于是慨然欲有所树立。留都门者二年。谓扶衰振敝，当从兴造铁路始，路成则实业可兴，实业兴而国富，然后庶政可得而理也。上书请筑津镇铁路，当道颇为所动。事垂成，适张文襄公请修京鄂线，乃罢津镇之议。"

按津镇铁路，就是后来津浦路的前身。以天津为起点，镇江为终点。但因火车不能渡江，实际上只能通到镇江对岸的瓜洲。因此一般镇江京官大哗，说镇江本来是长江水陆码头，鱼米之乡，市面繁庶。这样一来，无形镇江市面就要移到瓜洲。镇江人就没饭吃了，群起反对，并声言开除铁云先生的乡籍。（《铁云年谱》第 39 页）

**12 月 29 日（十一月二十五日）**　拜见盛宣怀，为茂生洋行刘树森谈洋人艾文澜海赠送枪机事。

**12 月 30 日（十一月二十六日）**　盛宣怀接见刘树森。

▲ 编著者按：茂生洋行是一家创办于 1877 年的工贸公司，总部设在纽约，分支机构遍及世界。1879 年茂生洋行来华开业，首先在上海设立分号，嗣后又在天津、营口、旅顺、北京、汉口、哈尔滨等地设立分号或代理处，经营工厂材料、铁路材料、钢铁产品、机械、五金、染料、化学品、药材、锡砂及各种杂货的进出口贸易，并承

办相关工程业务,代理欧美日本保险、轮船及其他公司厂商数十家。刘树森在茂生洋行的职务不清。上海图书馆《盛宣怀档案》117458—5 号档案记载刘树森致盛宣怀信称刘鹗为"家兄"。这一"兄弟"关系,前此未见任何记载。信中提及的洋人和"枪机"等内容也未见于其他著述。刘树森原信如下:

敬禀者:洋人艾文澜海赐枪机事,昨由家兄面禀一切。承大人俯允明日先行接见,约何时刻 请钧示。肃禀 敬叩 崇安。刘树森谨禀十一月二十六日(《盛宣怀档案》第 117458—5 号)

信封:赍呈 钦差大人 盛大人 钧禀 茂生洋行 刘谨缄

**约是年末** 与盛宣怀谈论中西医之关系,刘鹗的医术得到了盛宣怀的首肯。盛宣怀表示将允许刘鹗为招商局和电报局开办施医诊所。

▲ 编著者按:刘鹗此前应多次为招商局和电报局的上层人物及司事、小工等诊病。又与盛宣怀谈论关于中西医的有关问题。刘鹗的医术得到了盛宣怀的首肯,故下一年在盛宣怀的支持下刘鹗在上海开办了诊所。刘鹗与盛宣怀的谈话内容反映在刘鹗给盛宣怀的信中:

即刻晋谒。承示洋药可以速劲,并欲亲试多时,以较中外优劣,足见大人无微不照,体验精纯,非一知半解者所能窥其万一。惟外国医学自哈斐创言回血管而后,形体始纤其微,医学始有要领。伊攻中国营卫荒谬之说,所言非无至理,而于中国六经、气化、标本、虚实之理,实未能知其毫末,以至医法、医药茫无头绪,只知一病一药,服此则痊,不服则病。虽有千万人患此症必服此药,虽有千万医生治此症亦必用此药;绝不知一人有一人之化气,一症有一症之来由。所谓百里不同风,不能相类相若也。况人实一小天,有外感之六气,有内行之六气。六气中又有标本之生化。如不辨气之所由,只论形体中之可见者治之,治至日久,鲜有不差以毫厘,谬以千里者。何则辨气必统筹全局,任乎自然毫无横逆参差之患? 论形则所见目前,持诸勉强,必有相争虚脱之忧。诚如此言,中外之优劣分矣。何以又有西医之效驾于中医之上? 且高出于中医万倍者,此有不待辨言而明也。泰西医理虽劣而学业殊勤(必考成给照,始得行医),药物甚精(必医生验明,始得出售),行之殊甚(如有医误,必重学赴考,始得再行),似此相传千数百年,安能无奇效之处? 况形体上实症,诚有过于中国(如外科割剖刀针,伤科金疮等),非中国所能及也(以传受真、器械精、药物纯、起居饮食均)。中华医理虽优(统筹全局,无罅可乘,持之如勤,学之如精,可直贯天人,先知生死。一病到手,照成理求知,自无一失,非西学所能望其项背),而学者无人(兵燹前尚有数人支持此学,乱后医家只知要钱,不知讲究医理。只知行医法术,不知求医根本。间有一二通人可以得医之门,至大有名望时,又弃而不习,早入官宦一途,虽有医者,实不知医),药物多伪(坊中药物可以信否?)行之殊欺(或伺主人颜色,揣得病症,或用脱身法,用至轻药,以为谨慎,或忽略以为高明,实则胸中毫无见识,所以无一句结实话能中病之肯要也。误人误己,可谓行术,不可谓行道。可慨可叹!),似此失尽先圣辩症用药之理,安能与泰西争能?况六经、气化、标本、虚实等四理,不易进求(非有五六年苦功者,开口即错)。目下名医,皆以为难,置诸不论。只学方书皮貌,以求实效夫亦甚难。中医之不及西医者,非医理、医法之不及,实医学、医药之安于苟且,不能讲究耳。是则处今之世,如何言学医,如何言求医学。医者当学古圣气化、标本之理,操之渐熟,兼看泰西所译之书(如《形体阐微》《割疮全书》《医学入门》《万国本草》),细究其真,默会贯通,出医自有把握。不必效欺世术误人误己也。求医者当求夫辩证之精详(不可论其有名无名,如只论名,反被其欺骗、受累非浅),医法之精当(不论其所宗何人,所用何法,止论其用法是与我确切不移否?),所言之应否(不求目前小应,统观其所言与我病症合与不合。以病之全愈,惟在正气足与不足,如用法用药已合,正气足,愈自速;正气不足,虽目下全愈,亦易出他病,此中毫无勉强),医之高下贤否自见,不必鄙西医而不言(形体实症西人药物自胜中国,惟嫌用法稍蛮),不必弃华医而不论(内科气化等症及身体不足之病,中国医学、医法实高西人万倍。惜真知医者少耳)。中西皆可取也。总之,洋药虽效,药皆金石,稍有不合,受累无穷,恐日久正气有损。中法虽迂,药皆草木,服食已久,纵有不合,亦与正气无害。大人身任枢机,不惟千万人属望,实为中国千万世风气转移,似不宜身试未达之药,以较区区医药之所宜。药物如有不合,日久福体如有欠安鹗罪奚似,鹗不胜引领冒嫌,恳祈垂鉴之至。叩请 福安。卑职刘鹗叩禀 九月十八日三鼓(《盛宣怀档案》第 078210 号)

信封:谨呈 大人 钧启 刘鹗禀
刘鹗的医术还反映在他给昆圃(不知何许人也)的信中:

昆圃仁兄亲家大人阁下:适接华函,谨悉姻嫂大人贵恙,昨日又见闷坐不言,如受大惊,战惕时作。细推其故,实因中气太亏,稍有心阳,引动肝阳既入胸中作扰,以胸无正气固守。昨用云脾等法既此之故。惟云脾药皆温燥阴分,伤者亦无所宜。兹再助以养阴等药,以固脾阴,加以肝中之气,俾得下降,不至上行,方药不过如此。惟性情中有不适,又非方药能治矣。当揣摩其用意所在,或逆治其源,或导顺其流,有在起居饮食适其止也。至论病后来如何?今日呆坐,异日必见狂行;今日默然无言,异日必高呼。以静极必大动也。特望服药后正气稍振,病自不至大发或渐有希冀耳。 复请 暑安 姻愚弟 刘鹗顿首 初二日清晨(《盛宣怀档案》第 026330 号)

# 1897 年(丁酉　光绪二十三年)　41 岁

2 月　夏粹芳等在上海创立商务印书馆。

4 月　督办铁路大臣盛宣怀与比利时银行团代表签订《芦汉铁路借款合同》。

7 月　梁启超、汪康年等在上海成立不缠足会。

10 月　严复、夏曾佑等在天津创办《国闻报》(日报)。

兄刘味青 48 岁。太谷学派学人：蒋文田 55 岁、黄葆年 53 岁、毛庆藩 52 岁。罗振玉 32 岁、王国维 21 岁。

**是年初**　住北京贾家胡同,纳第三姜王氏。填《八声甘州》并录于《芬陀利室存稿》。

▲ 在京纳第三姜王氏。填《八声甘州词》寄慨。

继祖母郑说："三姨太太王氏,是这一年娶的,来时才十七岁,当时我们家住在北京贾家胡同。"

按三姨太太,小时我还曾见过,那时不过四十岁左右,说北方话,好像是天津人。后死于淮安故宅。娶的时日无考。但《芬陀利室存稿》本年最后数页,填了一首《八声甘州》词,中有："趁朱颜犹在,黄金未尽,风月陶情。长得红偎翠倚,身世听升沉。"等语。又说："门外雪深盈尺,正锦衾人暖,宝帐香温,恋昨宵梦好,相抱不容醒。看天际琼飞玉舞,拥貂裘,推枕倚云屏。梳妆罢,郎歌白雪,妾和阳春。"正是北京的冬景,其事应在年末。(《铁云年谱》第 40 页)

▲ 编著者按：刘鹗填《八声甘州》未记时日。录入《在芬陀利室存稿》在《除夕》诗之前,在《鄂中四咏》《题赵文恪公光涉江采芙蓉图》之后。全词如下：

《八声甘州》：叹人生终岁苦尘劳,何以悦吾生? 趁朱颜犹在,黄金未尽,风月陶情。长得红偎翠倚,身世听升沉。莫把佳期误,今夜销魂。　　门外雪深盈尺,正锦衾人暖,宝帐香温。恋昨宵梦好,相抱不容醒。看天际琼飞玉舞,拥貂裘,推枕倚屏。梳妆罢,郎歌白雪,妾和阳春。(《芬陀利室存稿》手稿)

**春**　居北京玄武门外下三条。作诗《涉江采芙蓉》。

▲ 春住北京玄武门外椿树下三条赵光（谥文恪）故宅，与光子赵子衡相友善，曾为子衡题赵光："涉江采芙蓉图"。

《关于老残游记》五，注十一："戊戌之岁，舍间侨寓北平宣南之椿树下三条赵文恪住宅。文恪之子子衡先生与先君为友。"

按《芬陀利室诗稿》有《题赵文恪（光）涉江采芙蓉图》诗，并自序谓："图绘公及女公子小像同舟。"诗的次序在《鄂中四咏》后，《除夕》诗前，因可考知僦居文恪故宅及和子衡先生往来，应在丙申、丁酉间。子衡先生精于音律，晚岁人称赵齐叟，昆曲曲师韩世昌度玉茗堂《牡丹亭·游园惊梦》诸曲，均经过他的指点。（《铁云年谱》第41页）

▲ 《赵文恪公光〈涉江采芙蓉图〉》（图绘公及女公子小像同舟）：昆明池水含灵曜，毓后锺贤人未觉。一日云腾北阙蛟，群嗟雾隐南山豹。戚党争传蜀缬袍，乡人共仰泥金报。明良喜起四十年，诗书未改儒生貌。

丁字沽前海水深，西洋兵革昼阴阴。锦筵夜缚巴夏礼，金甲宵奔僧格林。一介虬须入贯索，满朝蟒玉委华簪。纵囚俯顺冤民志，留后遥安圣主心。

须臾四海风尘定，天戈到处平枭獍。万国旌旗启壮图，九重谟典开新命。杨柳风微淑气浓，芙蓉露满锦江红。轻舟独载谢道韫，佳句闲吟左太冲。

当年巴使遭徽索，廷士争言宜大辟。公云英法异朝鲜，即有愆尤非叛逆。至今玉帛满寰区，始信高贤见自殊。此时若有法孝直，前年应作谏兵书。（《芬陀利室存稿》手稿）

▲ 编著者按：赵光（1797—1865），字退庵，又字仲明，号蓉舫，谥号文恪。嘉庆二十五年（1820）进士，由编修累至刑部尚书。英法联军进攻北京时为外城防守。工诗文。有《赵文恪公自订年谱》。

**3月27日（二月二十九日）** 《时务报》第二十一期刊出梁启超《记江西康女士》赞扬留学美国的康爱德女士。

▲ 梁启超《记江西康女士》：

中国女学之废久矣！海内之女二万万，求其解文义、娴雕虫，能为花草风月之言者，则已如凤毛，如麟角；若稍读古书，能著述，若近今之梁端氏、王照圆氏其人者，则普天率土，几绝也。今夫彼二子之所能者，则乌得为学问矣乎？而其寥绝也若此。《记》曰："人不学，不知道。"群二万万不知道之人，则乌可以为国矣？梁启超持此论以忧天下,邹凌瀚曰:"请言康女士。"女士名爱德,江西九江人。幼而丧父母,伶仃无以自养。昊格矩者,美国学士,有宦籍者之女公子也。游历东方,过九江见之,爱其慧,怜其穷,挚而西行,时女士才九龄耳。既至美,入小学、中学,遂通数国言语文字;天文、地志、算法、声、光、化、电、绘画、织作、音乐诸学,靡所不窥,靡所不习。最后乃入墨尔斯根之省之大学,以发念救众生疾苦因缘故,于是专门医学,以名其家。学中岁有课,月有试,试而褎然为举首者数数矣。西例,校中学生卒业将出学,则群其校之教习,若他校之教习,与其地之有司,若他国旅其地之客官等,而集于校,而授成学者以执据。其得此者,荣幸视中国之及第,或复过之。墨尔斯根者,美国之大都会也,大学中之学生以千计,殊域异种,负岌而来者,盖十余国焉。某岁月日,将出学,官师集校中,学生领执据而旅进退者,以百计。次及女士,则昂然俏然,服中国之服,矩步拾级,冉冉趋而上,实与湖北之石女俱;石者,黄梅人,与康同学,相伯仲者也。西人本侮中国甚,谓与土番若。于是二子者进,结束翘然异于众,所领执据,又为头等,彼中所最重也。彼校教习,若他校之教习,其他之有司,若他国之有司,睹此异禀,则皆肃然而起。违位而鞠躬焉以为礼;门内门外,十余国之学徒以千计,观者如堵墙,则皆拍手赞叹,六种震动。既毕事,总教习昌言于众曰:"无谓支那人不足言,彼支那人之所能,殆非我所能也。若此女士者,与吾美之女作比例,愧无地矣。"女士之适美也,其母昊格矩;至是既卒学,复从其母归于中国,盖行年仅二十有五云。邹君友昊格矩,因心识女士。女士无他志念,惟以中国之积弱,引为深耻,自发大心,为二万万人请命,思提挈而转圜之。梁启超曰:海内丈夫,亦二万万,其有志于是者,盖亦希矣,矧乃女子!梁启超又曰:吾虽未识康女士,度其才力智慧,必无以悬绝于常人,使其不丧父母,不伶仃无以自养,不遇昊格矩,不适美国,不入墨尔斯根大学,则至今必蚩蚩与常女无以异,乌知有学?乌知有天下?呜呼!海内二万万之女子,皆此类矣。(《饮冰室文集点校》第一册第 123 页)

▲ 傅维康《梁启超赞誉的"江西康女士"》:

梁启超所称誉的是中国最早的西医女博士之一康爱德。1873 年,康爱德出生于江西九江普通家庭,她出生前父母已养育了五个女儿,母亲怀孕时十分冀望生个宝贝儿子,结果第六个还是女儿。请人给女婴算命,说是女婴生辰八字都不吉利,若留在家里养大,那这个家庭永远不会生儿子了,所以应把她送给别家做童养媳,或把她溺毙。康爱德父母不知如何办才好。正巧,有一位近邻在给九江的两位美国女传教士教汉语,她把邻居生下第六个女儿的情况告知两位传教士,商请她俩收养。结果,其中一位中文名为昊格珠(MissGertude Howe,1847—1928)同意了。于是,康家这个女婴被送到昊格珠家。昊格珠给两个月大的女婴取名 IdaKahn,中文姓名即康爱德。

1882 年,昊格珠把九岁的康爱德和另一养女石美玉送入九江美国基督教会的"儒励女学"(Rulison-Fish Memorial School)读书十年,1892 年,同是 19 岁的康爱德和石美玉在该校毕业。不久,她俩被昊格珠带到美国求学,同时考进密歇根大学医学院习医,1896 年她俩均以优异成绩毕业,获博士学位。这是中国最早西医女博士。

在毕业典礼上,她俩特地穿上从祖国带去的丝绸料中式服装,穿中国布鞋,引起与会者啧啧惊羡。校长在致辞中表示,康爱德和石美玉的优异成绩让他感到格外高兴。

梁启超没有见到过康爱德,很可能是从当时报刊的报道中获知康爱德、美玉在医学院毕业的情况,深为振奋和欣喜,特地撰写了《记江西康女士》,……

1896 年冬,康爱德、石美玉同时回到九江,起初在"儒励女学"内设立教会的诊所,为妇产科病人诊疗及助产等。1901 年,受美国外科专家但福德博士(Dr. I.N. Danforth)的资助,在九江建成"伊丽莎白·斯尔顿·但福德纪念医院",简称"但福德医院",石美玉、康爱德任正副院长。1950 年以后的"九江市妇幼保健院",就是在此医院基础上发展起来的。应南昌的官员及各界人士的请求,康爱德在昊格珠陪伴下,又于 1903 年到南昌开设基督教妇幼诊所,1911 年,发展建成"南昌妇幼医院"。

1915 年,担任天津"北洋女医院"院长暨"北洋女医学堂"校长的金韵梅辞职,上述两医疗单位的董事,极力恳请康爱德继任,因此,她在 1916 年应聘担任天津"北洋女医院"院长暨"北洋女医学堂"校长。

1919 年,她回到南昌,继续担任"南昌妇幼医院"院长。由于长期过度劳累,康爱德受疾病侵袭,1930 年病逝于上海。

康爱德虽在世仅 57 年,但业绩不少,她于 1899 年被推选出席伦敦"世界妇女代表大会",是中国历史上参加"世界妇女代表大会"的第二位妇女。1908 年,康爱德有一段较长时间休假,她到美国伊利诺斯州西北大学(Northwestern University)攻读文学,修读完所要求课程,获文学学士学位。一位生于清末的妇女,既获得美国名大学密歇根大学医学博士,又获得另一名牌大学西北大学的文学学士学位。……《文汇报》2010 年 11 月 17 日)

**4 月 3 日(二月二十一日)前** 撰写《上晋抚禀》建议山西巡抚胡聘之开发山西煤矿。

▲ 欧阳紫雪《百年是非,如何评说·2》:胡聘之(1840—1912),字蕲生、萃臣。

号景伊，湖北天门人。咸丰九年（1895）己未恩科顺天乡试举人，同治二年（1863）考取国子监学正学录，四年（1865）乙丑科会试中式进士。光绪……十八年（1892）正月护理山西巡抚，十九年（1893）赏加头品顶戴。二十一年（1895）正月署理山西巡抚，后擢陕西巡抚，旋调山西巡抚，戊戌政变后被革职。晚年闭门谢客，以诗词书画自娱，著有《山右石刻丛编》四十卷，收录北魏至元代山西全境所存石刻，显示了丰厚的学术素养，亦可见对山西的深挚情感。……他历任乡试考官，游历中国大江南北，曾参观张之洞所办汉阳兵工厂，耳闻目睹改革带来的生机。（《清末通讯》第 77 期第 20 页）

▲《刘铁云呈晋抚禀》公开发表于 1903 年 11 月 25 日（光绪癸卯十月初七日）《中外日报》。全文如下：

敬禀者：

窃某于前月接商务局函，称拟向福公司筹借洋债一千万两，章程必须拟妥，利息须必最轻等情。嘱拟大略章程恭呈宪鉴。当将此意与西人罗沙弟［第］商之，据云无所不可。

谨案：洋债计有两种方法，并山西现在情形，敢据实直陈，如有可采之处，某当驰赴太原面求训诲。

一曰"国家借款法"。官借官还，以海关作抵。先定合同，奏准之后洋商即将款项交官，任凭若何派员开办，一切盈亏洋商概不过问。本利到期自向海关支付，此与国债无异，所谓"全权借款"。然现在海关余款甚少，国家尚需留作不时之须，恐未必能资山西路矿之用也。

二曰"官商借款法"。不用海关作抵，亦不用国家作保，但银钱出入，洋商主之。如何办法，可行可不行仍决之于官，洋商不能擅主也。若官饬以必不能遵之事，亦只得陈明款曲往返互商，不敢显抗官府。所办之事定以限期，至期则全产报效国家，盈余酌提充公，亏折与官无涉，此所谓半权办法也。

而半权办法之中又有官借商借之别：官借则由商务局出名与立合同，商借则由商家出名与立合同。其半权情节，虽似无殊，实则出入甚大。何也？

官借则洋商与官直接。商借则一切须商人转禀，商禀批驳申饬，无所不可若与洋商直接，以施之华商者施诸洋商，恐诸多窒碍矣。况犹不止此，官未必皆久任，原办之人既去，后来者虽极精明，难免不受其蒙蔽。

若华商业之所在，即身家之所在，慎其始更图其终，朝夕审计，其利害奥窍知之较详，故其操纵之术，必胜官家十倍。或虑华商与洋商有通同作弊之患，此说近是而实未深思者也。夫作弊者果何为乎？必为利矣。利之与权，不能暂离者也。有权即有利。路也,矿也,利之所生也,利在路矿,不在官家。华商欲攘路矿之利,必争路矿之权。争权利于路矿之中,则不得不与洋商相持相挤矣。人或不忠于国家,断无不厚于己身者。与洋商通同作弊则自失其利权,虽愚者必不出此,可以不必多虑者也。此借两种洋债办法之实在情形也。

至于路之与矿,虽属并称,其情形又迥有不同者。

铁路之事大纲只有二端:一曰修造之难易,二曰人货之多寡。修造易则资本轻,人货多则获利厚,故盈亏之数可预决也,不必洋人之精于核算,即华人亦可得其梗概焉。果为易修之路,而人货亦丰,则可用官借官还,官认盈亏之法办理。将来若无意外之损伤,不过三数十年,资本还清,其路即可收回,此上策也。如现在芦汉办法是也。

若矿则大不然矣,其盈亏之数断难预决。近十余年来,由李中堂批准办矿者不下二三十处,除漠河、开平外无一处得法。即开平之矿,倘非李中堂屡次济以官款,亦倾仆久矣,可见办矿之难。某曾访之西人云,欧洲矿股资本全覆者亦不一而足,虽头等矿师亦不能如操左券也。故办矿一事,总以半权借款,商借商还者为无流弊。此路矿办法不同之实在情形也。

或曰章程所载,不过除去开销,以四分之一报效国家,其四分之三固皆为洋人所得也。取我山西之利而洋人所得转三倍于国家,至于地方百姓则毫无利益,夫何乐而为此哉?此说亦近理,故不可不早为辨明也。

夫利之所属,当审其在人在地。若在人是腹削我之脂膏,以畀外人,断不可为者也。若在地,则大有辩矣。在地而为吾人之力之所及者,亦不可为。盖既为吾人力之所及,今虽不为后犹可为,仍不必畀请外人也;若为吾力之所不可及,又为将来必被他人之所攘者,则不如早自为之之为愈也。况我早自为之,固阳为利益归人,而实则利益归我者恒数倍于人,更何所顾忌而不为哉?请以其资本用项考之,可以明矣。

今所借资本一千万两,大概用凡三项:一曰造铁路,二曰建矿厂,三曰资转运。造铁路姑以五百万计,取之外洋者,仅铁轨、车头一事而已,所费不过十分之一。其余大宗买地、土工、石工,实占十分之九,是有四百九十万散在中国也。建矿厂姑以二百万计,机器等件不过百万,其余买地、土木、人工,约百余万,是销于中国者又三分之二也。资转运作为三百万则全在中国,何也?姑以开平比之。开平每日工人约三万余名,泽、潞两府断不止两开平也。即以每日六万人,每人一日开银一钱五分计之,每日计销九千两,其余工人以上一切司事等人作一千两,每日实耗银一万两。一年三百六十万皆耗于中国也。工人所得之资不能无用也,又将耗于衣食。

食则仰给于庖人,衣则仰给予缝工。庖人不能自艺蔬谷也,又转仰给于农圃;缝工不能自织布帛也,又转仰给于织人。如是辗转相资,山西由此分利者不下十余万人矣。

我国今日之患,在民失其养。一事而得养者十余万人,善政有又过于此者乎? 况有矿必有运矿之路,年丰谷可以出,岁饥谷可以入,隐相酌剂,利益于农民者,更不知凡几。我国出口货值,每不敌进口货之多,病在运路不通。运路既通,土产之销场可旺,工艺之进步可速。倘能风气大开,民富国强屈指可计也。而开矿实为之基矣。

更有一事不忍言而不能不言者。古人云慢藏诲盗。今我山西煤铁之富甲于天下,西人啧啧称之久矣。必欲闭关自守,将来无知愚民烧一两处教堂,杀三五名教士,衅端一开,全省矿路随和约去矣。其中犹有绝大之关键存焉,则主权是也。兵力所得者,主权在彼;商力所得者,主权在我,万国之公例也。然有一国商力所到之处,则别国兵力即不能到。今日亟亟欲引商权入内者,正恐他日有不幸而为兵权所迫之事。必早杜其西渐之萌,为忠君爱国者当今之急务矣。

知蒙宪台奏准,无识者或群起而谤之。窃虑数年之内,设有因兵权而得之路矿,两者相形,稍有人心得,心转谤为颂矣。尝闻人述曾文正公之言曰:“今日事君,较古人难甚。古人事君,能致其身,其事已毕。今日事君,致其身,尤当捐其名誉。”达哉大臣之言也。今日借外款以兴内利,引商力以御兵力,举中国风气未开,天下能明其理者尚无多人,欲其止谤,岂可得乎? 收利在十年之后,使节不知几更,兴谤在一年之中,只身独受其咎,巧宦断不为也。窃谓非定识伟仪如文正者,计必不出于此。

昨日伏读宪台奏稿,大义凛然,文正不能专美于前。韩昌黎云:“至于举世非之,力行而不惑者,则千百年乃一人而已耳。”舍宪台吾谁与归! 狂瞽之言,伏乞裁察。(《刘鹗集》第 657 页)

**4月5日(三月四日)**　　上海《申报》发表《记奇女子》一文,盛赞留学美国的康爱德博士,引起刘鹗的注意。

　　▲《记奇女子》:

江西采访友人云:康姓女,家住百花潭畔。幼失怙恃,孤苦伶仃。乃与湖北石姓女郎随某西妇赴美国。西妇爱其明慧也,饮之、食之、教之、诲之,旋复令入塾攻书。未及数年,□升至大书院,主讲者授以天算、格致诸学,无一不融会贯通。既而二女喟然曰:古称不为良相,愿为良医。我辈不幸作女子,无从展布轻猷,副淋雨苍生之望,盍相与潜心医学,以仓公术活斯民乎? 遂一意习医理。埋头数载,通其奥窍,试则列前茅。西人士争荣之,谓:莫轻视撩鬓扫眉,有似此秀外慧中,恐欧西人莫与伦比也。乃图其小影,列之各日报中。一纸风行,万人争仰。至去岁二女已年各二十有三矣。

学即有成,倦游而返。邹殿书部郎见而器重,赠以额曰"海国齐名"。复賸以"方传肘后征仁术,秀出闺中见异人"联语。江苏学宪龙芝生宗师,凤以提倡风教为己任,题赠"璇闺博士""班蔡同芬"二匾。梁卓如孝廉更拟创设中国女学堂,延二女主皋比,传播华西学术。

闻二女尚闺中待字,他日看金莲烛下,却觞诗成,是非目穷万卷书,身行万里路者,恐不易向石榴裙底拜此女先生也。《申报》光绪廿三年三月初四日,(1897年4月5日)

**约春末** 正式参加罗振玉、蒋伯斧发起的农学会,成为农学会会员,题名顺序第97位,刊于《农学报》第五期。其兄刘味清为第一批题名者,并负责农学会的筹款工作。参加者还有谭嗣同、梁启超、汪康年、宋伯鲁、马建忠、张謇、李鸿章等人。

**5月(四月)** 上海《农学报》创刊。

▲ 张纯《刘鹗与戊戌变法运动史实考辩(2)》:光绪二十三年(1897)夏历四月,上海《农学报》在"新马路之梅福里"创刊,主办者为农学会。《农学会》初为半月刊,此年改为旬刊,线装石印,出至于光绪三十一年十二月(1906·1)始停。(《清末通讯》第26期第6页)

▲ 张纯《刘鹗与戊戌变法运动史实考辩(1)》:农学会成员总计划三百五十五名(不含支会)。全部入会者名单均以"入会先后为序"(会员名单在《农学报·农会题名录》),分十三次登出。谭嗣同、梁启超、汪康年、宋伯鲁、黄遵宪、章炳麟、文廷式、王国维、徐世昌、唐才常、陆树藩、麦梦华、狄楚青、潘飞声、金鹤年等均为其正式会员。……该学会成立的主要目的是学习和推广西方农业新法,"俾中国士大夫咸知以化学考地质、改土壤、求光热,以机器资灌溉、精制造之法之理。以传播西方近代的农业知识,在当时产生很大的影响"。(《清末通讯》第25期第9页)

▲ 根据张纯《刘鹗与戊戌变法运动史实考辩》一文刊《农学报》影印件:

《农学报·农会题名》(第一期)

农会题名(以先后为次·以后入会依此续登)

| 蒋 黼 | 字伯斧 | 江苏吴县人 | 附生 |
|---|---|---|---|
| 罗振玉 | 字叔蕴 | 浙江上虞人 | 附生 |
| 汪康年 | 字毅伯 | 浙江钱塘人 | 壬辰进士 |
| 梁启超 | 字任父 | 广东新会人 | 己丑举人 |
| 徐树兰 | 字仲凡 | 浙江会稽人 | 举人 |

| 朱祖荣 | 字阆樨 | 江苏如皋人 | 廪贡生 |
| 邱　宪 | 字顿庵 | 江苏山阳人 | 候选训导 |
| 马　良 | 字湘伯 | 江苏丹徒人 | 候选道 |
| 马建忠 | 字眉叔 | 江苏丹徒人 | 记名道 |
| 陈　虬 | 字志三 | 浙江乐清人 | 己丑进士 |
| 叶　瀚 | 字浩吾 | 浙江钱塘人 | 附生 |
| 张　謇 | 字季直 | 江苏通州人 | 癸巳状元 |
| | | | （下略） |

《农学报·农会题名》（第五期）

| 李鸿章 | 字少荃 | 安徽合肥人 | 文华殿大学士 |
| 朱树人 | 字友芝 | 江苏上海人 | 附生 |
| 刘　鹗 | 字铁云 | 江苏丹徒人 | 候选知府 |
| 程恩培 | 字少周 | 安徽阜阳人 | 候选知府 |
| 夏寅官 | 字虎臣 | 江苏东台人 | 翰林院编修 |
| 吴佑曾 | 字巽仪 | 江苏丹徒人 | 增贡生 |
| 于振声 | 字香谷 | 江苏通州人 | 附生 |
| 徐景云 | 字湘伯 | 江苏丹徒人 | 候选道 |
| 徐石麟 | 字翔林 | 江苏丹徒人 | 江西候补县丞 |
| 赵元益 | 字静涵 | 江苏新阳人 | 候选知县 |
| 张通典 | 字伯纯 | 湖南善化人 | 候选知县 |
| 文廷楷 | 字法和 | 江西萍乡人 | 内阁中书（《清末通讯》第 25 期第 8 页） |

**5 月 5 日（四月初六日）**　刘鹗第五子刘大经出生。茅氏生。

▲ 四月初六日，第五子大经生，茅氏出。

按大经叔父字涵九，毕业于上海中法工商学校，学法文。历在京绥、京汉、胶济等铁路供职。后来又在天津《日日新闻》报馆、通成公司等处工作。中年以后，自己钻研中医有成，在北京中医院任医师，卒年七十余。有两个儿子厚嘉、厚康和两女儿已卒。（《铁云年谱》第 41 页）

▲ 四月，第五子大经生，茅出。

大经字涵九，娴法文。早岁供职京绥、京汉、胶济等路。后钻研中医有得设诊于北京。（《刘鹗年谱》第 28 页）

**5 月上旬（四月上旬）**　写信给汪康年、梁启超，告自己的行程。信中请两人做媒，欲取留美归国的康爱德博士为妻。并叙述代售《时务报》情况。

▲ 刘鹗致汪康年、梁启超信全文：

穰卿、卓如仁兄先生执事：

去岁秋间，一聆麈教，忽已半载，每读大著，向往久之。正月间闻卓如先生有出洋之说，未知确否？已启行否？舍亲罗式如兄创农务会，蒙穰卿先生实左右之功，真不在禹下，四百兆人之大信也。鹗都门泛迹，乏善族陈，本拟三月杪出京，差又为事所羁，大约到沪总在端阳前后矣。前日读卓如先生《康女士传》，神为之王，知其尚待字闺中也（三月三日《申报》又言之）。已函托罗式如兄转求二公为作冰上人。鹗断弦已经四载，已有姬妾，子女年亦强仕，本不愿续，为思中国习气锢闭一深，此奇女子有难以择配者，仕官之家必多顾忌，则其才难于展布，不禁有毛遂自荐之二意。亦所以成就卓如先生开中国女学之心也，未知高明以为如何？能行与否，均乞示知，或告式如兄转达亦可。肃此，敬请　箸安。　　愚弟刘鹗顿首

再，淮安代售报二十份，弟濒行时售出六分，已将原款送呈贵馆，其余十四分后亦陆续售出。近日接家信，方知其款尚未寄呈。弟五月到沪时如数清缴可也。

弟鹗附白（《汪康年书札》第2889页）

▲ 编著者按：刘鹗信中说"三月三日《申报》又言之"，为"三月四日"之误。

▲ 编著者按：① 关于此写作时间，有三种不同意见：樽本照雄先生以为是光绪二十三年三月，张纯先生以为是光绪二十三年四月中下旬。刘德隆以为写于光绪二十三年四月上旬。② 关于此信中有"淮安代售报二十份"一句中"报"，究竟是什么报？研究者意见不一。日本学者樽本照雄先生以为是《时务报》，张纯先生以为是《农学报》。刘德隆以为是《时务报》。存疑待考。

**6月4日(五月初五)前后**　回到上海。

**约6月(五月)**　开始担任津海关官医，每日早晚两次探视盛宣怀。拟定开设诊所的《施诊章程》，经盛宣怀批准为招商局、电报局设立诊所。

▲ 刘鹗上盛宣怀禀：

大人阁下：敬禀者：卑职屡奉面谕，谓中国医学日废，理法尽弛，动辄伤害人命。既有一二稍负时望者，又必故高身价，取资索酬。每出意外，穷苦商民实受此累。此风上海更甚，并谓卑职，如果自爱，日后随至沪上，当资以目下薪水，俾得驻沪行医等因。卑职闻命之下，曷胜惶悚。自维学浅识卑，何敢当此重任。惟以数年荫庇，教养多方，所诊各衙署、各税关、各公馆，数年来幸无陨越。从此奋发黾勉，实力实心，或不至有负大人期望。惟行医以时日久远为要。时日久远以立脚为先，所谓"慎厥中，惟其始"也。伏念泰西诸国，凡商董诸人，皆有医生保险，公司又设施医、施药等所，原以备时病、济穷苦；义至详，法至善也。伏查招商、电报两局，历年

筹赈捐各项抚恤亦可谓恩义周至。第局中司事、小工、穷苦等人及轮船到岸遇有猝发等病尚无预备。既有一二能请医生者，又遇沪上诸医，抵晚出轿、索酬过多，以致病者望门生畏，悠忽时日，贻害多人。近有张令楚生、刘令安生、刘松山之变，均无急救之医，以致束手坐毙，甚可怜也。窃念卑职至沪，既得所赐薪水，于早晚两次进诊大人福体后，尽有闲暇时刻，何敢苟安延玩旦夕。可否咨行上海招商、电报两局，俾得腾有一席空地，驻足其间，施诊上下等人及轮船到岸遇有猝发等病。除每月津贴油烛纸张数元外，自愿效力，不取分文。实于局中穷苦等人、轮船到岸猝发等病及卑职长久驻足效力之处，诚谓两有裨益。是否可行，谨拟《施诊章程》缮呈裁核，咨行上海招商、电报两局，并乞批示遵行，实为德便。肃禀，恭叩　钧安。卑职鹗叩禀

信封：津海关官医候选县丞　刘鹗　谨禀（《盛宣怀档案》第 015117 号）

▲ 刘鹗呈盛宣怀的《施诊章程》原文：

谨拟《施诊章程》恭呈宪核咨行。

一、施诊所不论屋之大小，当在商局大门左右，以便请医就诊也。如目下在署多有不便，请医就诊之处，除官场幕友外竟无一人就请之事，足见施诊所当设在至浅、至近、至易到之处，以免请诊就医者有偏枯之患并令医生附堂食于局中，以免远行多费时刻。

一、施诊定有时刻也。如早晨八点钟至于十二点钟皆在所施诊，过午不候。至两点钟，遇有局中紧要等病及近地有请看者，皆亲诣诊视。远处则出轿。轿价皆照寻常轿例，预定章程，不准轿夫多索。以便医有定时，可持久远。

一、施诊各处先选送一小牌也。每见请医者传带口信有错误之处，施诊者有寻不着之处。如商局、各栈、各轮船有愿请诊者，于平日先送一牌，至请诊时即注明何人何处，执牌来请。医生既携此牌出诊。各处来诊者，亦执此牌来诊，以便诊无错误之处，且免日后有请医不到之咎，更无遗漏之患。

一、施诊者于轮船到埠时，当即刻上船施诊也。船中搭客何止数百人。日夜拥挤，人气熏蒸，风浪播荡，病者必当添重，不病亦多窃发。斯时不便请医，更不易煎药，亦甚可悯。然既云施医，安论吃苦。于轮船到岸得信后，无论早晚风雨，医者即带中外至灵神效各种药丸上船施丸施诊，期于即刻见效。再诊船中司事、下工等人。只取保寻常轿例并不取分文。搭客酬送，均听自便。

一、施诊不论贫苦远近也。轮船总管、司事、小工等人眷属大半寓沪，身既从公，上船行驶既难瞻顾家属。家中遇有病发女眷等人，不知从何请医，且沪上时医出轿，或两元至于二十四元不等。穷苦者实望门生畏，悠忽时日，病更难医，受累实非浅也。施诊何论穷苦远近？于轮船中各人有家属寓沪者，先送一牌，病轻者可以

执牌来诊,病重者可以执牌来请。出轿施诊只取寻常轿例,不取分文。可以安在船从公之心,在寓者悠忽成病之患。

一、施诊者日夜出轿,油烛纸张,所中器具杂物、资养轿夫及配合丸药等费,各局、栈、船当每月津贴数元也。施诊者所受督宪薪水,只能瞻顾家属,施诊既不取分文决难出资从公持诸久远。各局、栈船似当津贴数元,听其多少自便。写一清条与医生,医生送商局账房,至月杪会扣会送,以便医生无前后早晚零碎收取之难,即可责其施诊之勤。

一、施诊本系造福并非牟利贾祸。此次施诊,原因医者数年诊治已有成效,督宪出资,以诊商、电两局,实于两局有益。嗣后督宪带医远行,既撤此所。外来各医如无成效者,不得援以为例。庸医关系人命,何可轻易照例,贻不浅也。

以上七条,呈请　鉴核。卑职鹗谨呈(《盛宣怀档案》第 015116 号)

▲ 刘鹗上盛宣怀函:藿香正气丸已订定同仁堂。明日午后木箱装好先送来五百服。初三日午后,再送一千五百服。亦用三个大木箱装好。价十五大钱一服。归大人 账上,节底算。刘鹗禀(《盛宣怀档案》第 075650 号)

**6 月 30 日(六月初一日)**　奉盛宣怀之命,当晚登轮船赴汉阳为郑观应治病。

▲ 编著者按:1896 年 5 月,张之洞委派盛宣怀督办汉阳铁厂事务。盛宣怀接办汉阳铁厂后,聘郑观应兼任铁厂总办。刘鹗身为官医,为郑诊病是职责内的工作。

**7 月 2 日(六月初三日)**　天亮前到达汉口。天亮后为郑观应治病。

**7 月 3 日(六月初四日)**　写信向盛宣怀汇报为郑观应的诊治过程。

▲ 刘鹗致盛宣怀函:

大人赐鉴:谨禀者,卑职自朔日晚附轮至鄂,初三日五鼓到汉,天明上岸诊视。郑总办脉象细软已甚,大非平日脉象;舌上垢腻不堪,所吐□痰皆白。连述数语,则气喘咳嗽偕来。据述白日尚可支持,入夜则不能安卧,直至天明始得假寐。推其至此之由,无非湿热结于胸中。前医用熟地滋腻清泻等药,湿热更遏塞不通,以致心中躁急,引下焦之气上逆,作喘作咳。刻如用温通守中驱湿等法,决能湿浊渐化,咳喘渐平。惟心中躁急一层,实能引下焦真气上逆,非静养一日,上逆之气决难大平。卑职当立一方,重用温通等法,并劝其静养以平下焦上逆之气。如能静守,渐服此方,大约数日后病得稍痊,月余可望全愈也。敬请　钧安。卑职刘鹗禀　六月初四日

信封:内禀　敬求　附寄二马路　钦命铁路大臣　盛大人　钧启　鹗自铁政局缄恳　(光绪二十三年六月＿＿＿＿＿日到)(《盛宣怀档案》第 063473 号)

**7 月 4 日(六月初五日)**　早晚两次为郑观应诊病,并写信向盛宣怀汇报诊治过程及对病因的分析。

▲ 刘鹗上盛宣怀函:

大人尊鉴:谨禀者,昨呈一禀,谅已赐阅。今晨再诊郑总办清恙。据述昨晚服温通等药,服后甚觉胸中舒畅,一夜至今,竟能不喘不咳,汗亦大止。惟不能酣睡,闻声即醒云云。细诊脉象,右手稍起,左手尚是细软异常。大约得药后,腑气稍通,脏气尚塞,非用重剂大剂,不克大愈。兹已拟用温通重大之剂,大约数剂可以病退。惟病稍愈,恐其见客又极力议论,将小焦之气提上,将下焦之阳上塞胸中,则喘咳立至。务在病愈时静养。此病不难在病之稍退,难在病之不再发也。

厂中因今年一春阴雨殊多,大受湿气。各友皆有湿病,近日辄发。袁景升更甚,服药虽已邪退,而精神疲软,饮食大减,大约月初可全愈也。知关廑念,敢以附闻。敬请　钧安。卑职刘鹗谨禀　六月初五日

信封:内禀　敬求　附寄上海二马路呈　铁路公司　盛大人钧启　鹗自鄂省铁厂缄(反面:护封　六月初五日)(《盛宣怀档案》060437—1)

▲ 刘鹗上盛宣怀函全文如下:

谨禀大人尊鉴:前呈两禀,谅邀赐阅。今日细诊郑观察清恙,脉来较前相若。昨夜又觉上逆,虽未大喘大汗,入夜实不能寐。皆系白日烦扰之故。伊意中定欲返沪静养一月,以避此地暑湿蒸逼之气。卑职伏查,此地外江内湖,四面绕以浊潦,一入伏日,暑湿更甚于今,实与郑公大不相宜。如再发喘嗽,用温恐伤阴分,用清又难驱湿。且脉已经细弱。正气自甘余日病后已觉大亏,似非静养不可。今日再用守中温养等药,以期正气稍复,喘嗽渐平。知关廑注,特此上闻,余容再禀,敬请　钧安。卑职刘鹗禀　六月初五日

信封:内禀　敬求　附寄二马路　督办铁路大臣　盛大人钧启　鹗自汉阳铁厂缄　(正面:光绪二十三年六月初十日到　反面:禀封　六月初五日)(《盛宣怀档案》第 063474 号)

▲ 编著者按:读夏东元《郑观应年谱长编》未见郑观应在 1897 年 7 月的工作记录、生活记录。而刘鹗此间的记录正补其不足。又夏东元著《盛宣怀年谱长编》1987 年 7 月 21 日(六月二十二日):郑观应经多次辞铁厂总办职务,终被盛宣怀呈请张之洞批准,于本日将总办一职交卸,由盛我彭接任。

**是年自夏至秋**　为开发山西路矿三次从北京经过定州往太原。一方面与胡聘之商酌,一方面与福公司谈判,拟定开办合同初稿。

▲ 七月,应外商聘,主办山西矿务。(《刘鹗年谱》第 28 页)

▲ 赴山西建议晋抚胡聘之,利用外资开采潞安、泽州、沁州、平定铁矿。胡可其说,乃与意人罗沙第组织"福公司"。由英商投资开采,三十年后矿、路全部交还中国。为交涉此事,一年之中,三赴太原。其中一次在七月间。公司成立,受聘为华经理。后为晋省京官所劾,又因争国权,为英人解聘。

《五十日梦痕录》:"而君之志不少衰,投予书曰:'蒿目时艰,当世事百无一可为,近欲以开晋铁谋于晋抚,俾请于朝,晋铁开则民得养而国可富也。国无素蓄,不如任欧人开之,我严定其制,令三十年而全路矿归我。如此则彼之利在一时,而我之利在百世矣。'"又说:"当君说晋抚胡中丞奏开晋铁时,君名佐欧人,而与订约凡有损我权利者,悉托政府之名以拒之,故久乃定约。乃晋抚入奏,言官乃交劾。廷旨罢晋抚约,由总署改约。欧人乘重贿当道,凡求之晋抚不能得者,至是悉得之。晋矿之开,乃真病国矣。"

《关于老残游记》五说:"先君知所怀抱无望于当道,乃弃官而贾。会有英人某氏,筹采山西煤产,已与晋抚胡有成议,聘先君为华经理。先君见草议非之,尽去其有碍两国交好者,往返北京、山西者凡三次,草约始定。上之总理衙门,令复议。而英人某氏,亦以先君所议草约不满,解先君聘,致未届期之酬,而迳与总理衙门自商之。先君却酬,因有归志。同时英人某所办晋矿,不得于先君及晋抚者,悉获于总署。"

按山西福公司系 1898 年设立,资本共一万三千九百八十六元,矿区在山西孟县、平定州、潞安、泽州,平阳府等地。因山西商务局出面与英国福公司订约,未开采,所有矿权由保晋公司收回云云,则福公司实动议于 1896 年,本年为奔走组织的期间,所以铁云先一年之内三赴太原,而经过的波折也很多。《芬陀利室诗稿》本年有《登太原西城》及《太原返京道中宿明月店》七律两首,《菩萨蛮》词四首。《登太原西城》诗中有"遍天黄鹄毛难满,遍地哀鸿泪不收,眼底关河秦社稷,胸中文字鲁春秋"句。《宿明月店》诗有"一路弦歌归日下,百年经济起关西。……不向杞天空堕泪,男儿意气古今齐"句,似乎当时的情绪很好,大概是福公司交涉顺利之故。《菩萨蛮》词在小序中说是丁酉七月由燕赴晋道中招游妓有感而作。最后一首:"狐悲兔死伤同类,荒村共掩伤心泪,红袖对青衫,飘零总一般。有家归不得,岁岁常为客,被褐走江湖,谁人问价沽。"又露出了满腹牢骚。在当时先生一贯主张利用外资开办实业,曾在某报写过社论,说明自己的主张。此文我家曾经剪贴保存,但没有报名和年月日。据我闻诸家中老辈和铁云先生有关系的报纸,戊戌政变以后,在天津有方药雨(若)所办的天津《日日新闻》报,在上海有狄楚青(葆贤)所办的《时报》,在此以前则有文芸阁(廷式)所办的《国闻报》,也就是后来天津《日日新闻》报的前身。大概总是写了在这几份报纸上发表的。他的看法以为：国家既无力开发，与其货弃于地，莫如利用外资开办，用条约限制外商在一定年限之后，归还我国，则以实业养实业，外人利在一时，国家利在万世云云。(《铁云年谱》第 41 页)

**7月8日(六月初九日)**　在往返商榷之后，提出初步意见之后，胡聘之上《为晋省筹办矿务拟先修铁路以通运道而扩利源》折。拟请准许山西矿务"即归改商(福公司与刘鹗)承办"。

▲ 欧阳蒙雪《百年是非，如何评说·2》：光绪二十三年六月初九日(1897 年 7 月 8 日)胡聘之上《为晋省筹办矿务拟先修铁路以通运道而扩利源》折，中说：

窃维晋省煤铁之利甲天下，潞、泽、平、盂等处所产最旺而质亦佳，诚宜及时开采以兴矿务而佐国用。……惟所需经费过巨，专恃本省集股，断难有成。计惟有由外省股商包办，克期迅速。现据京师、皖、粤各绅商情愿自行筹借洋款，由商务局呈请来晋设立公司，揽办矿务铁路，并声明所贷之款，归商借还，无庸国家作保，每年所得余利，仍酌提十分之二归公作为报效。遇有军需赈务调兵运粮，均照常价酌减等语。

查核所拟办法尚属周妥，且洋债究与集洋股有别，与总理衙门通行亦不相悖。拟请即归该商等承办，冀可大兴矿利，有裨时局。如蒙俞允，臣仍当调验合同，察其款项是否属实，办法有无流弊，再行发给凭单，以昭慎重。其一切详细章程，届时委行饬议，由臣核定后分别奏咨办理，所有拟修晋省铁路以兴矿利各缘由，理合恭折具陈。伏乞皇上圣鉴训示。(《清末通讯》第 77 期第 23 页)

**7月14日(六月十五日)**　光绪帝对 7 月 8 日(六月初九日)陕西巡抚胡聘之上《为晋省筹办矿务拟先修铁路以通运道而扩利源》折，表示认可。刘鹗开办陕西路矿进入实质启动阶段。

▲ 欧阳蒙雪《百年是非，如何评说·2》：光绪二十三年六月十五日(1897 年 7 月 14 日)：

上谕：胡聘之奏筹办矿务先修铁路一折，晋省煤铁各矿，运道阻滞，必须兴办铁路方能畅通。览奏设立公司所贷之款，商借商还，余利酌提归公各条，大致尚属周妥。惟创办伊始，必须预防流弊，并借款有无实在把握，著胡聘之悉心妥筹，酌定章程，奏明办理。(《清末通讯》第 77 期第 24 页)

**秋**　填词《菩萨蛮》并有诗《登太原西城》《太原返京道中宿明月店》记录赴山西的情况。

▲ 编著者按：刘鹗到山西情况有诗词如下：
丁酉七月由燕赴晋，风尘竟日，苦不胜言。每夕必以弦歌解之。

　　燕姬赵女颜如玉,莺喉燕舌歌新曲;抱瑟上高堂,娥娥红粉妆。　　倚窗娇不语,漫道郎辛苦;弦拨两三声,问郎听不听?

　　客心正自悲寥廓,那堪更听莲花落!同是走天涯,相逢且吃茶。　　芳年今几许,报道刚三五;作妓在邯郸,于今第七年。

　　朝来照镜看颜色,青春易去谁怜惜;抱瑟走沿门,何如托钵人。　　行云无定处,夜夜蒙霜露;难得有情郎,鸡鸣又束装。

　　狐悲兔死伤同类,荒村共掩伤心泪;红袖对青衫,飘零总一般。　　有家归不得,岁岁常为客;被褐走江湖,谁人问价沽?

　　右调《菩萨蛮》,皆纪实也。男子以才媚人,妇人以色媚人,其理则一。含诟忍耻,以求生活,良可悲已!况媚人而贾用不售,不更可悲乎?白香山云:"同是天涯沦落人。"汤临川云:"百计思量,没个为欢处!"我亦云然。

　　《登太原西城》:山势西来太崒嵂,汾河南下日悠悠。摩天黄鹄毛难满,遍地哀鸿泪不收!眼底关河秦社稷,胸中文字鲁春秋。尼山渺矣龙川去,独立苍茫岁月遒!

　　《太原返京道中宿明月店》:南天门外白云低,揽辔东行踏紫霓。一路弦歌归日下,百年经济起关西。燕姬赵女双蝉鬓,明月清风四马蹄。不向杞天空堕泪,男儿意气古今齐。

　　**10月9日(九月初三日)**　山西巡抚胡聘之批准北京福公司与晋丰公司刘鹗开办孟平泽潞矿务。

　　▲　福公司(Peking Syndicate,Ltd),乃意人罗沙第(Angelo Luzatti)于光绪二十三年春发起组成,在英国伦敦注册,业务主要为矿山铁路,而揽办山西矿务则为其主要目的之一。刘鹗、方孝杰等组建晋丰公司,"于光绪二十三年九月初三日,禀奉陕西巡抚部院批准,独自开办孟平泽潞诸属矿务,同日又奉批准,自借洋债办理该矿"(1983年《清末小说》中文版第27页)

　　**10月25日(九月三十日)**　晋丰公司刘鹗自借洋债与北京福公司签定《晋丰公司与福公司办矿合同》《晋丰公司与福公司借款合同》。

　　**11月25日(十月二十二日)**　山西巡抚胡聘之批准《晋丰公司与福公司办矿合同》《晋丰公司与福公司借款合同》。

　　▲《晋丰公司与福公司办矿合同》《晋丰公司与福公司借款合同》全文如下:

### 晋丰公司与福公司办矿合同

　　四月十七日山西巡抚胡聘之文称:窃照本部院于光绪二十二年二月二十一日附奏晋省筹办开矿情形一片。业经抄奏咨呈在案。兹于三月初九日差弁赏回原奏。钦奉朱批:户部知道。钦此。相应恭录咨呈,为此咨呈贵衙门,谨请钦遵查照施行。

二月十九日英国公使宁纳乐函称：本月十三日会同意国大臣前赴贵署，谈及山西矿路借款合同一事。十六日在署又复议及拟将所立合同抄送查阅。承告，以俟山西巡抚奏报到日方能奉复。兹将合同原文抄送。即希贵王大臣查酌为幸。此布。

（照录原摺）

北京福公司与晋丰公司刘鹗，于光绪二十三年九月三十日，即西历一千八百九十七年十月二十五日，两面议明。以晋丰公司于光绪二十三年九月初三日禀奉山西巡抚部院批准，独自开办孟平泽潞诸属矿务。同日又奉批准自借洋债办理该矿。现与议定各条款于后：

一、福公司允于此次两面所议合同批准后，即派矿师前往晋省，查勘该属各矿。开具《节略》。

一、如矿师《节略》利于开采，福公司允与晋丰公司即借洋债，无逾一千万两，并即购办一切采矿应需机器。

一、凡调度矿务与开采工程，由晋丰公司刘鹗会同洋商经理。而矿中执事，议明总以尽用华人为是。

一、按照晋丰公司与福公司所立初次合同第二款。于开矿赢余。先提用本官利八厘，又公债一分后，所存余利，除已提百分之二十五分报效国家外。议定再提百分之二十五分，呈归抚宪拨用。

一、办矿之期，限办六十年。以每矿开办之日为始。限满矿场与一切机器皆归抚宪收回，无须结与福公司分文偿补。

此合同华法文各缮两份，彼此收执。

## 晋丰公司与福公司借款合同

光绪二十三年九月三十日，即西历一千八百九十七年十月二十五日。晋丰公司刘鹗。恭奉钦命山西巡抚部院胡批准，自借洋款，开办晋省矿务。兹与北京福公司罗沙底立一借款合同。其条款列后：

一、刘鹗禀奉山西抚宪胡批准，独自开办孟县平定州与潞安泽州两府属矿务。于诸领凭单后，择要先行开采，办有成效，以次逐渐推广。

一、刘鹗禀奉山西抚审胡批准，自借洋债，不得过一千万两之数。如所派勘矿矿师，以此数不敷用，刘鹗仍可向福公司续借。至办矿赢余，亦经抚宪胡批准，先提用本官利八厘，又公积一分外，所存余利提百分之二十五，报效中国国家。再此系两国商人，自相筹借开办矿务，无论盈亏，与中国国家毫不干涉。

一、凡调度矿务与开采工程即由晋丰公司刘鹗，会同洋商经理。而矿中执事，以能多用华人为是。

一、凡开矿所需料件进口，悉照开平、湖北各矿现行章程。一经完纳海关税项，一切内地捐输，概不重征。

一、此次开办矿务，如有亏折，统归福公司自理。至开办各矿，需购地基，修筑要路，总之为开采获效所必需者。业蒙抚宪胡俯准。格外保护。

此合同华法文各缮两份。彼此收执。

光绪二十三年十月二十二日即西历一千八百九十七年十一月二

十五日钦命山西巡抚部院胡阅准。

**10 月 26 日(十月一日)** 《国闻报》在天津创刊。主编是严复、王修植、夏曾佑、杭辛斋。

▲《国闻报》创刊于 1897 年 10 月 26 日……发起创办和主编《国闻报》的，除严复外，还有以下三个人：王修植……，夏曾佑……，杭辛斋……。《国闻报》在历史上最大的贡献，就是它发表了《天演论》和《群学肄言》的部分译文，第一次向中国人民介绍了进化论的思想。……《国闻报》的地址在天津紫竹林海大道租界地名面。(《近代报刊》第 102 页)

**是年** 刘鹗在山西巡抚胡聘之的批准与福公司签定矿务合同后，立即引起各方强烈反响，争论激烈。湖广总督张之洞、都察御史徐树铭、内阁中书邓邦彦、监察御史何乃莹、山西举人张官等或上奏朝廷，或书信联系，或指摘当权官吏，或攻击承办人员。而山西巡抚胡聘之不得不据理力争。

▲ 张之洞致胡聘之信：惟此事(开发山西路矿)务望慎重，大率揽办此事者，皆系洋商应射，后患非轻。方、刘二人，前年揽办卢汉铁路，奉旨令来鄂考核，深知甚荒唐谬妄，不敢不以奉闻，祁鉴察。(1983 年《清末小说》中文版第 28 页)

都察院左都御史徐树铭：窃以为山西为京师之右臂，不可令有残蚀，尤为重要之计。如由晋省之绅民自行开矿，此田地自然之利，诚无所害；若为商人所开，其利已失。若更开铁路，则京畿左右两界，皆成类攻之势，决不可行，智者所共建也。

内阁中书邓邦彦：铁路在他省为筹国至计，在山西为朝廷大害。……近闻抚臣以千万金将潞安、泽州、沁州、平定等府矿务，有典与意国，变名为洋债之议。此议若成，能不听洋人之横取乎？……且闻所调之员，若方孝杰、刘鹗专交通洋人，图饱私囊，出为此谋。刘鹗并自言典借洋款，终不过朝廷受其累，我辈图保溪壑而已。直言不讳，举国皆知。此固得诸听闻，无足深究。惟方孝杰前因潜天津图利，奉旨严议降五级调用之员，劣迹素著，人言不为无因。若从其言，必贻误无穷。……邦彦等籍隶山西，筹之甚熟……实在因思患预防起见，可否吁恳皇上饬下山西巡抚，将开修铁路及洋人包矿暂为停办，慎勿侥幸图功，为京都留一缓急可恃之外府。

监察御史何乃莹：山西现办铁路、矿务，抚臣听委员方孝杰、刘鹗鬼蜮之谋，牵涉外国。……以方孝杰获咎劣员，刘鹗一选用知府，僭用知府服色，行为卑鄙，又有督臣张之洞之斥责，该抚臣宜如何慎重将事？

山西举人张官：窃维山西产矿，金银绝少，煤铁为多。……自抚臣急于兴利之举，外洋遂起窥伺之心。而欲便私图者，若刘鹗、方孝杰、贾景仁、曹中裕遂起而力成之。不计国家利害，不顾舆情顺逆，只期自饱贪囊，实已隐商国本。……总之，洋款万不可轻借，铁路必不可轻开，民心绝不可轻失。（1997 年《清末小说》第 20 期第131 页）

山西巡抚胡聘之：窃晋省矿务、铁路，前因工本过巨，专恃本省集股，断难有成。经臣奏准归商自借洋款承办。时各省绅商中如道台容闳、分省知府何师吕、京商保华公司等，或拟招洋股，或托名华款，仍多影射，迄无成议。……旋复据候选知府刘鹗呈称，已向意国商人罗沙底［第］议借福公司银一千万两，议办山西平定、盂县及潞州、泽州两府属矿务。声明所备之款，系两国商人自相筹备，与国家毫不干涉，并由商务局呈验借款合同及保款票各一纸，均经意公使签押盖印。臣查验属实，当经暂为批准。因合同仅止数条，办法俱未详载，仍饬妥议章程，俟核明奏准后，再行发给凭单开办。旋据该商呈拟详细章程二十条，查核拟尚周妥。惟第一及十九两条，该公司有欲删改之处，臣等未能允许。往返商酌，以致尚未具奏。此现在办理之实在情形也。

臣维此事关系重大，原不敢轻议举办。第念时局维艰，强邻环伺，或代造铁路，或包办矿务，种种要挟，不如其意不止。而晋省矿产之富，载在西书，久为他人所涎羡。我不自取，终难保人不取。与其迁延坐误，留以畀人，何如借款兴办，使之代造工程，分沾利息，犹可泯保。每年所得余利，仍酌提十分之二归公作为报效。遇有军需赈务，调兵运粮，均照常价酌减等语。查所拟办法，尚属周妥。且洋款与洋股有别，与总理衙门通行案牍亦不相悖，拟即归该商承办，即冀可大兴矿利，有裨时局。（1997 年《清末小说》第 20 期第 28 页）

**是年**　刘鹗开办山西煤矿，阻力来自多方，并被视为"汉奸"。刚毅谓之"售国"，迳电政府，请明正典刑。此后新任山西巡抚毓贤，密折上奏，请求停止开发山西路矿。刚毅、毓贤，正是后来被刘鹗写进《老残游记》的刚弼、玉贤的原型。

▲ 事后为刚毅所闻，谓先君售国，迳电政府，请明正典刑。（《关于老残游记》手稿）

▲ 欧阳崇雪《百年是非,如何评说·2》:刚毅(1837—1900),字自良,光绪十一年至十四年(1885—1888)任山西巡抚三年多,后为军机大臣、协办大学士。此人为守旧诸臣中之最,坚决反对维新改革。后参与废光绪帝,立溥儁为"大阿哥",指望号称"搜括大王"的他为山西新兴事业出力无异缘木求鱼。(《清末通讯》第77期第22页)

▲ 刘瑜根据《军机处题本抄档》撰写《从毓贤的密呈专折看刘鹗参订的晋矿合同》一文引用了光绪二十六年四月二十一(1900年5月19日)山西巡抚毓贤的《阖省绅民公同递禀求止铁路》,全文如下:

奴才查前抚胡聘之拟开铁路、矿务两事,大为地方之害,碍难办理,请为皇太后、皇上详细陈之。

查晋省山河,夙称天险,实为神京右辅,设险守国,自古皆然。若兴办铁路,门户洞开,则险要化为通途,一旦有事情,强邻可以长驱直入。此铁路不可以开者一也。

立政贵顺民心,好恶与同,断难相强。奴才到任后,据阖省举人、贡生范宗璋等共一百九十二人,阳曲县阖属绅民李祥等共二十人,又据省城米、面、钱、当及各行商人王兴茂等共四百三十人,均公同递禀,求止铁路,以卫人生。泣诉攀辕,其情可悯。皆谓铁路一开,生机立蹙,万民待命,人心惶惶。此铁路不可开者二也。

晋省人民贫富不均,到处之贫民尤众。若铁路一开,所有车马行店,以及肩挑负贩,皆成无用。小民无可谋生,将恐尽成饿。此铁路不可开者三。

晋省山多田少,地瘦民贫,山旁之坡路,悉皆耕种。穴居野处,赖此为衣食之资。若铁路一开,必于其田庐、坟墓有碍。在懦弱者固能隐忍,在豪强者势必不甘,势迫情急,必致溆成事端。此铁路不可开之四也。

晋省矿务一无可恃。外国矿师不能指出何山何产。即使者矿可开,而煤皆毒臭,铁尽刚脆,不能远行。若开铁路,必须由四大天门行走,山势险峻,绳凿难艰,徒费人工,无利可取。此铁路之不可开者五也。

以上五者,委实系实在情形。且查铁路合同内载,借款赢绌,国家概不干预等语。矿务合同内载,矿师勘定何乡、何山、何种矿产,禀请山西巡抚查明,果与地方情形无碍,发给凭单,方准开票等语。细译各节,皆属未定之词。况经手之人,或已交卸,或已病故,虽曩日订有合同,似不能坚执为据。

前护抚何枢与布政使李廷萧详加参酌,曾将铁路矿务无益有害,窒碍难办缘由,据实密陈。业经总理衙门议复。现在洋商并未催办,自可听其从缓等语。奉朱批:依议。钦此。

查此事有害无利，窒碍难行，合无仰恳天恩饬即停止，并饬总理衙门向外国公使婉为开导，将山西铁路、矿务作为罢论。俾三晋永为完善之区，大局幸甚！天下幸甚！除将藩司详文，暨绅士商民公呈抄录咨达总理衙门外，谨专折密呈。（《清末通讯》第 41 期第 10 页）

**约是年底（或戊戌年初）**　由刘鹗策划，吴式钊、程恩培出面组织河南豫丰公司，准备开采河南煤矿。

▲《程恩培年表》光绪廿三年丁酉（1897）年底，与刘鹗、滇人翰林院检讨吴式钊在河南开办豫封公司，向英国福公司借银一千万两，承（呈）请河南巡抚衙门承办焦作矿务。（《程恩培》第 784 页）

▲ 刘鹗办山西矿务，虽中途遭黜，仍不死心，又参与了河南办矿。韩国钧《永忆录》云："豫中有福公司。则宣城刘景韩（树棠）中丞（当时的河南巡抚），于光绪二十四年（1898）所许英人之采矿权也，事由刘铁云所招致。"这一次刘鹗自己躲在幕后，出面办理的是翰林院检讨吴式钊和刘鹗的亲家、分省候补道程恩培。虽然也有御史郑忍赞上本弹劾吴式钊和程恩培"惯办矿务，借端渔利"。然而这一次总理衙门却仍旧"令吴式钊云与罗沙弟[第]画押"，只不过加了"由刘树棠随时察看，如果有从中渔利情事，即行撤换"的官样文章而已。（《刘鹗小传》第 29 页）

# 1898 年(戊戌 光绪二十四年) 42 岁

1 月 康有为第五次、第六次上书光绪帝提出变法具体计划。

2 月 康有为第七次上书光绪帝并进呈《日本明治变政考》《俄罗斯大彼得变政记》等书。

4 月 康有为在北京发起成立"保国会"。

5 月 汪康在上海创办《中外日报》。

6 月 11 日,光绪帝下"明定国是"诏书,宣布变法。"百日维新"开始。16 日,召见康有为。

9 月 4 日,光绪帝命谭嗣同、杨锐、刘光第、林旭等以四品卿衔为军机处章京。21 日,慈禧太后再出"训政",幽禁光绪帝于瀛台。下令通缉康有为等。史称"戊戌政变"。

兄刘味青 49 岁。太谷学派学人:蒋文田 56 岁、黄葆年 54 岁、毛庆藩 53 岁。罗振玉 33 岁、王国维 22 岁。

**2 月 28 日(二月初八日)** 都察院(左都御史徐树铭等)上奏:因山西籍京官(内阁中书邓邦彦等)与山西士绅以为"山西兴办铁路流弊滋多,请饬停办"。上谕明确"该京官原呈所指方孝杰、刘鹗二员,声名甚劣,均著撤退,毋令与闻该省商务"。

▲ 光绪二十四年戊戌二月初八壬戌谕军机大臣等:都察院奏,山西京官呈诉山西兴办铁路流弊滋多,请饬停办一折。山西兴办铁路,前据该抚奏称,因所产煤铁各矿,须修铁路方能运销,现在皖粤各绅商筹借洋款来晋开办,并声明洋款洋股有别。当经降旨,允其兴办,并令预防流弊,酌定详细章程,奏明办理。迄今尚未奏到。

兹据山西京官呈称,该抚竟将潞安、泽州、沁州、平定二府二州典与洋人等语。览奏深堪诧异。疆吏身膺重寄,兴办大举,总当计虑周详,而慎之于始;若但顾目前之微利,而不思后日之隐忧,孟浪从事,而后患至不可思议。朝廷亦安用此疆吏为耶？况山西地非要冲，又山径崎岖，修造铁路本重利微，断非华商所乐为，必有洋商巨股为之垄断。稍有不慎，坠其术中，将来堂奥洞开，险要尽失。加以各国竞相援照，引为口实，彼时应之不能，拒之不得，该抚能当此咎否？总之，此事关系重大，必须慎之又慎，不可稍涉迁就。现在办理情形若何？所称皖粤绅商是何姓名？是否确实可靠？所议合同是否细密？总以计出万全，毫无流弊为第一要义。著将现办情形及拟定章程，刻日具奏。至该京官原呈所指方孝杰、刘鹗二员，声名甚劣，均著撤退，毋令与闻该省商务。（1983 年《清末小说》中文版第 27 页）

▲ 编著者按：1987 年 9 月 10 新华社报道"举世瞩目的我国最大的中外合作经营企业，陕西平朔安太堡露天煤矿今天见成投产。……这个矿由中国煤炭开发总公司、中国信托投资公司为一方，美国石油公司、中国银行信托咨询公司为一方共同合作经营的。"事已至此，但是疑惑仍然存于部分人的心间，1988 年 5 月 17 日《人民日报》刊《安太堡人的困惑》有"咋非和外国人合作不行？""兄弟俩合伙还闹崩哩，两个国家合伙，将来翻了脸还不打起来！""这巨变仿佛给安太堡人带来的不是福音，而是惶惶的忧虑。总有人在问我：'我们将来做甚哩！'"等疑问。1897 年刘鹗力主开借用外资开办山西路矿，且得到当时山西巡抚的支持，结果功败垂成。至上述的 1987 已经整整 90 年了。刘鹗的失败其原因难道仅仅是几个京官、御史反对的结果吗？

**3 月 8 日（二月十六日）** 河南巡抚刘树堂对豫丰公司与福公司商订之合同给予充分肯定。上折请旨。赞吴式钊、程恩培"明于大义，志在济时"。

▲ 刘树堂《奏豫省矿务请归商人自接洋款承办折》：

奏豫省矿务请归商人自接洋款承办折。谨照缮该商议定合同开具清单恭折，仰祈圣鉴事。

窃臣于复奏练兵筹饷案内，将豫省矿务现有商人自借巨额洋款前来认办等情附陈在案。现据翰林院检讨吴式钊、分省补用道程恩培呈称，与意大利国商人北京福公司代理罗沙第立定合同，借洋款一千万两设立公司，请办豫省矿务，拟名为豫丰公司，并于原呈暨合同内声明，所借之款商借商还，将来如何亏折，归该公司自理，所得矿利以百分之三十五分报效朝廷，较之官银行以余利百分之二十报效，实属加增，且开办六十年以后，所置办矿产业全数报效。送到华洋文一样合同三分，保款票一纸，章程一分等因。其保款票者，保其所借之款有著也；其合同议，则自借款以讫开矿，永远遵行之信卷也；其章程，则皆该公司开办以后自行之事例。合同、保款票两项，均已由意大利公使萨尔瓦葛填盖印押作保。臣详加察阅，知其借款委实非虚，所拟合同九款，大致亦尚妥协，惟其中稍有隐饰之处。臣以私意揣之，大约洋商出财，华商出力。名为自借洋款，实则以洋商而借洋债。据吴式钊、程恩培亦直言不讳。而臣之愚见尚以为可行者。

窃以开矿非巨款不办，巨款非集股不成。集洋股甚易，集华股则难；而定章程则以集华股为先，集洋股为禁，是以洋商歆于美利，欲染指而无由；华商绌于财力，愿效劳而寡助。近年言矿利者纷然，成效茫然所睹，职此之由，窃查借洋债与洋股不同，向为功令所不禁，而以华商而借洋债，与以洋商而借洋债，情形尤为有异。况为洋商自借之债，托名于华商，在华商则有借款之名，并无借款之实。赔累可以无虞；在洋商虽平分开矿之税，并不总揽开矿之权，操纵依然在我。事之便利，计无有过于此者。且即以华商独办而论，无论赀本或集或借，而开矿炼矿之器具，验矿化矿之工程，利仍不免外溢；况此赀本实出自洋商也。且查合同第三款所开，有该公司执事人等，除下大班矿师、机师、工程师、化学师外，尽用华人等语，该洋商所有职权，明有限制，实与华商自办矿务无甚悬殊。

臣先后接见吴式钊、程恩培等，深知其明于大义，志在济时，必能力顾大局。若准其承办此项矿务。当克胜任。现在时局日棘，已准洋商在华设厂制造土货，此项矿利尤所觊觎。若不为先发之谋，恐难禁代庖之请。惟事关交涉，微臣未干擅便，谨照缮该商等议定合同诚请圣裁。如蒙俞允，再由臣将合同加盖臣衙门关防，分别存发，俾昭信守。并发执照指派地方，以便开办。

臣为开浚利源起见，所有矿务，请归商办。缘由并照缮合同清单，谨恭折具陈，是否有当，伏乞皇上圣鉴训示。谨奏。

得旨：著总理各国事务衙门会同户部议奏。（《程恩培》第764页）

**暮春** 作《题叶鹤卿蝴蝶帐沿》。

▲《题叶鹤卿蝴蝶帐沿》：暮春三月花含烟，游丝袅娜清明天。香车宝马烂无数，彩云忽堕芳尊前。　　绣衣缥缈瑶池女，翠袖玄裙对飞舞。玉管金簧曲未终，天风谡谡吹红雨。　　滕王榻上春风多，谢女机中彩色和。欲把深情托贞石，非烟非雾度银河。　　杨柳青青胜裙褶，桃花片片舒娇靥。芳草王孙归不归？天涯处处飞蝴蝶。（《芬陀利室存稿》手稿）

**3月27日（三月六日）** 《国闻报》对外宣称由日本人西村博接盘并任经理。

▲《国闻报》从1898年3月27日起对外宣称因为"销行不广，资本折阅"，已出盘给日本人西村博接办，由西村自任经理，并开始加印"明治"年号。这显然是一种伪托。因为这以后严复仍有不少争论文在报上发表，夏曾佑等人仍然主持报纸的各项工作，西村博实际上只是他们花钱请来挂名的经理。（《近代报刊》第109页）

**4月1日（三月十一日）** 太谷学派北派山长蒋文田离开山东福山南归。

▲ 蒋文田致蒋念皋信:

念皋览:

予于三月十一日由福署动身,与周蓝翁同回。十九日到家。缘锡翁(黄葆年)饬回泗水本任。当俟七月间再行北往。……(据原信手稿)

**4 月 2 日(三月十二日)** 太谷学派南派山长黄葆年自山东福山奉调泗水,于本日动身。

▲ 蒋廷铨致蒋念皋信:

念皋大哥安启:

……父亲于上月十九日回来。缘黄姻伯接到藩示饬赴泗水本任,三月十二日动身。……(据原信手稿)

**4 月 5 日(闰三月、四月)** 胡聘之为开发山西煤矿据理力争。刘鹗仍然在北京积极活动,引起山西士绅和山西京官的不满。

**4 月 24 日(闰三月初四日)** 总理各国事务衙门章京郑孝胥得到刘鹗的路矿借款合同及章程。

▲ 编著者按:郑孝胥(1860—1938),福建闽侯人。清光绪八年(1882)举人,曾历任广西边防大臣,安徽、广东按察使,湖南布政使等。辛亥革命后以遗老自居。1932 年任伪满州国总理等。1935 年下台。书法工楷、隶,尤善楷书,为诗坛"同光体"倡导者之一。郑孝胥与罗振玉为儿女亲家,刘鹗亦与罗振玉为儿女亲家。

**4 月 25 日(闰三月初五日)** 郑孝胥又"拟矿务办法六条"。

▲ 郑孝胥 1898 年以后补道入总理各国事务衙门任章京职。郑孝胥记录:

光绪二十四年闰三月初四日(1898 年 4 月 24 日)日记:阴雨。诣公司。文芸阁来,改于初六协会。得祁君□来书,言山西开矿、造路,并示刘鹗所议借款合同及章程二十余条。晚,过会馆。

光绪二十四年闰三月初五(1898 年 4 月 25 日)日记:晨。过江建霞、李息园。何秀夫来,以《金玉缘》小说被差讹诈,托向张庚三关说,辞之。午后,诣公司,江建霞、刘葆良来。答祁君□书,并拟矿务办法六条。夜,闻季直来。读英文毕,走往视之。(《郑孝胥日记》第 653 页)

**4 月 17 日(三月二十七日)** 保国会在北京南横街粤东会馆召开第一次会议。康有为发表演说。

▲《湘报》第六十八期引《大公报》谓:三月二十七日,都下各衙门章京及各省之公车萃集二三百人在南横街粤东会馆创立保国会。(《戊戌变法》第 731 页)

**4 月 21 日(闰三月一日)** 保国会在宣南嵩嵩草堂举行第二次会议。

**5月10日(闰三月二十日)** 山西举人张京上书都察院请转奏"饬五城御史,将特旨撤退之刘鹗、方孝杰逐令出京,交地方官管束,以免日勾洋人搅坏。"提出"洋款万不可以轻借,铁路必不可轻开,民心绝不可轻失"。将矛头直接指向胡聘之。

▲ 欧阳萦雪《百年是非,如何评说·3》:但事情并未就此完结。光绪二十四年三月二十日(1898年5月10日)张官等举人91人、赵国良等拔贡生20人、优贡生杨宗时、廪生田助公等共113人以"矿务将兴。利权旁落。请旨饬令自办,以杜隐患而安人心"等词赴都察院呈请代奏。曰:

窃维山西产矿,金银绝少,煤铁为多。初只听民自采,官抽其厘,公私原两便也。抚臣急于兴利之举,外洋遂起窥伺之端。而欲变私图者,若刘鹗、方孝杰、贾景仁、曹中裕,遂群起而力成之,不计国家利害,不顾舆情顺逆,只期自饱贪囊,实已隐商国本。幸而朝廷洞鉴万里,斥去刘鹗、方孝杰,晋省士民,莫不忭颂,以为国计可以自操,生民可以安堵。乃现闻方、刘、贾、曹四人群集都门,贾景仁屡请意、俄两国人,及方、刘二人暗中怂恿,挟外洋以自固,必欲为所欲为。而洋人亦凭藉该员等之诡谋,以逞其骄志。设无该员等,则洋人之欲攫吾利者,如夜行无烛,实无能为。张官等确见其蠹国病民之实,敢揭其欺君罔上之情,为我皇上披肝沥陈之:

矿务之兴,贵在利国,近章程所载,四分其百分之利,洋商得其二,局员得其一,而国家乃以自有之矿亦仅得其一,何轻重之不伦也?利中国乎?抑利为国及贪墨之绅商乎?不待辩析而知矣。彼其巧于欺饰者,特借'商借商还'一语为词,意谓朝庭虽无大利,亦无大害也。然试问该员等与意国所订条款,果系借洋债乎?抑集洋股耶?章程具在,岂能倖逃宸鉴?况六十年为期,矿利已被挖尽,只与空洞与破坏器具,我朝庭将安用之?且洋债以还借款为主,岂有必待六十年始准还清之理乎?其所以如此者,洋人可以久假不归,该员等厚利坐拥;及六十年期满,人已隔世,利害均与彼无关。又况利矿虽难预期成数,不难酌定,至问每岁归本提若干成,公积提若干成,章程内不得而稽,该员等莫得而答也。岂真当局者迷?以一为提明,则商借商还之词,洋人不肯通融开载,该员等即不得行其欺朦也。掩耳盗铃,诞诬实堪。

夫非我中土之人,一旦据我利产,痛痒既不相关,则利之所在,勒索民业,横占民田,必非所恤。百姓既震惊于异言异服,复不忍其侵夺之苦,设激而行变,恐心腹之疾,更甚于外洋。张官等,晋籍也,知晋甚悉,其俗素知秉礼,其民怀刑守法,是以二百余年教匪捻匪几遍天下,而晋省不闻贻朝庭西顾之忧。然其怯于嘶狠者,正勇于公义者也。方张官等来京之际,闻各处百姓多有相聚而议者,谓矿地一质六十年,并民矿稍碍于彼者,必勒买而后已。商局其卖我乎?是以胶澜视我也。我等当舍九死以壮圣代山河之色,不能忍一息以希外洋奴隶之颜。其情可悯,其愚亦可虑也。

张官等受二百余年养士之恩,深见愚民之地固结如此,设无一言上达,士风不扫地乎?因于万不得已之中,筹一犹足自全之策,莫若以土人行土法,劝之以地方长官,而不设局员,董之以本处搢绅,而不筹局费自试,于至微至小以验其盈亏,约计三年后试之,而利为之者必多,然后录其微劳,加以奖励,使岁主其事以贡其赢余,国之肥也。设其不利而亦无损于国,岂不甚善?即不然,吁恳明降谕旨,饬令晋商自行筹办,其所借洋款未成交者可以勿论,既成交者设法筹还,庶利权自执,不至受制于人。该绅商食毛践土,载朝廷厚德,自当踊跃从公。彼洋人知我自为,亦当无辞以退。山西幸甚,天下幸甚!

至铁路不过为煤铁与运销之计,铁为军械之资,而晋产质坚,尤甲天下,绝非洋铁所能及,保而用之,实国家之武库也。今以利人死命之物甘假手于人,无论不能求利,即尽聚各国之利而无利器以卫之,致令他人挟此利器反而制我,则其利又岂能终保乎?是铁路之必不可开,尽人皆知。矿利固可信,必当熟筹利害,而兴办矿务之人,要由公同选举,方无流弊。何也?廉洁之志,必不贪求,其急于自献者,皆其藉以自私者也,有不怀夺而刻薄乎?总之,洋款万不可以轻借,铁路必不可轻开,民心绝不可轻失。张官等实因消隐患、顺舆情起见,用是不避忌讳,叩恳据情,带为具奏。吁请我皇上宸衷独断,以保国家自有之利权。不胜惶悚,待命之至。

抑张官等尤有陈者,现在局绅贾景仁、曹裕中曾于局内挟妓宴饮,挥金如土,商股因此不能再劝,仅集七十余万金而止。小民以其首祸也,侧目已久。尚恳代陈皇上,应如何办理,以维商务,并应饬五城御史,将特旨撤退之刘鹗、方孝杰逐令出京,交地方官管束,以免日勾洋人搅坏。大局之处,出自宸断,张官等未敢擅请,谨联名叩恳,一并奏闻,实为德便。(《清末通讯》第 78 期第 18 页)

**约 5 月上旬(闰三月中旬)**　保国会在贵州会馆举行第三次集会。

**5 月 12 日(闰三月二十四日)**　《国闻报》发表《保国会题名》。刘鹗并其友陕西醴泉宋伯鲁、四川华阳乔树枏均在名单中。梁启超名列榜首。康有为、麦孟华等及"戊戌政变"后壮烈牺牲的林旭、杨锐在题名中。

▲ 保国会题名:

| 广东新会 | 梁启超 | 广东顺德 | 麦孟华 |
|---|---|---|---|
| 陕西三原 | 陈　涛 | 福建侯官 | 林　旭 |
| 广东新会 | 陈荣衮 | 广西临桂 | 龙焕纶 |

| | | | |
|---|---|---|---|
| 云南石屏 | 袁嘉毅 | 云南昆明 | 杨葆龄 |
| 云南昆阳 | 苏桂芬 | 山西永济 | 宁绳武 |
| 陕西咸宁 | 毛昌杰 | 陕西富平 | 樊清心 |
| 陕西富平 | 张鹏一 | 陕西咸宁 | 杨树滋 |
| 陕西鄠县 | 张僧延 | 陕西醴泉 | 邢廷荚 |
| 陕西高陵 | 张鸿道 | 陕西三原 | 范克立 |
| 陕西泾阳 | 杨蕙 | 陕西高陵 | 赵先甲 |
| 陕西三原 | 刘肇夏 | 浙江钱塘 | 徐珂 |
| 陕西富平 | 侯树屏 | 河南固始 | 秦树声 |
| 江苏元和 | 张一麐 | 广西临桂 | 王瑞之 |
| 云南呈贡 | 秦光玉 | 陕西临潼 | 张涛 |
| 江苏吴江 | 金祖泽 | 河南汲县 | 何兰芬 |
| 广东崖州 | 林缵统 | 陕西朝邑 | 侣树森 |
| 浙江瑞安 | 章献猷 | 浙江乐清 | 陈虬 |
| 陕西咸阳 | 李岳瑞 | 陕西渭南 | 雷延寿 |
| 浙江归安 | 施绍常 | 浙江乌程 | 张元节 |
| 浙江归安 | 蔡蒙 | 浙江归安 | 姚洪淦 |
| 广东大埔 | 何寿朋 | 广东镇平 | 林世蔚 |
| 浙江钱塘 | 钟镛生 | 江西永新 | 左家驹 |
| 广东归善 | 杨寿昌 | 江西永新 | 贺赞元 |
| 江西高安 | 邹凌元 | 江西永新 | 刘彭龄 |
| 江苏丹徒 | 俞继会 | 江西萍乡 | 文景清 |
| 江西萍乡 | 文廷华 | 江西萍乡 | 文庭楷 |
| 浙江乌程 | 徐风衔 | 江苏丹徒 | 刘鹗 |
| 安徽泾县 | 王恕 | 陕西醴泉 | 宋伯鲁 |
| 安徽泾县 | 赵允龙 | 安徽泾县 | 查文渊 |
| 安徽广德 | 傅良弼 | 甘肃伏羌 | 魏鸿仪 |
| 浙江吉安 | 颜大维 | 浙江归安 | 俞宗濂 |
| 贵州贵筑 | 李端桑 | 贵州贵筑 | 李铭忠 |
| 贵州贵筑 | 李葆忠 | 贵州贵筑 | 李启煃 |

续表

| | | | |
|---|---|---|---|
| 广东新会 | 谭 镳 | 广东香山 | 钟荣光 |
| 广东南海 | 罗桓熊 | 云南昆明 | 钱用中 |
| 广东新宁 | 梁朝杰 | 广东顺德 | 左公海 |
| 云南昆明 | 孙文达 | 云南昆明 | 张学智 |
| 云南晋宁 | 宋嘉彦 | 广东番禺 | 梁庆桂 |
| 江苏丹徒 | 茅 谦 | 广西临桂 | 刘永年 |
| 广西桂平 | 程式毅 | 贵州修文 | 廖 杭 |
| 江苏吴县 | 汪锺霖 | 贵州镇远 | 杨国栋 |
| 直隶宝坻 | 于凤纪 | 贵州黄平 | 李 琳 |
| 直隶宁河 | 戴章勋 | 广东新会 | 陈启辉 |
| 广东香山 | 李翰芬 | 陕西兰田 | 靳锡兰 |
| 福建侯官 | 陈眉翰 | 浙江余杭 | 褚德仪 |
| 江苏仪征 | 洪 钟 | 浙江仁和 | 吴用威 |
| 江西彭泽 | 欧阳述 | 湖南怀化 | 董文昭 |
| 贵州贵阳 | 杨德懋 | 山西闻喜 | 牛鉴三 |
| 山西永济 | 宁绳武 | 浙江平湖 | 江锡爵 |
| 浙江平湖 | 奚铭书 | 甘肃伏羌 | 李 浑 |
| 四川新繁 | 杨昌翰 | 浙江归安 | 周廷华 |
| 广东香山 | 谭骏谋 | 广西临桂 | 龙应中 |
| 湖北蕲水 | 徐文佐 | 江苏甘泉 | 张鹤第 |
| 江苏江都 | 王景沂 | 江苏江都 | 方尔咸 |
| 江苏如皋 | 冒广生 | 江苏泰兴 | 于文华 |
| 贵州贵阳 | 金开祥 | 山西闻喜 | 王尊五 |
| 浙江平湖 | 许文勋 | 浙江平湖 | 林正荣 |
| 甘肃伏羌 | 林 涛 | 甘肃伏羌 | 安启桢 |
| 陕西长安 | 何恒德 | 浙江归安 | 姚陛闻 |
| 广西临桂 | 况仕任 | 广西阳朔 | 邬绳绪 |
| 福建瓯宁 | 何履祥 | 福建瓯宁 | 练韫辉 |

| | | | |
|---|---|---|---|
| 陕西咸宁 | 张如翰 | 广西博白 | 宾宗椿 |
| 广东南海 | 康有为 | 四川绵竹 | 杨 锐 |
| 广东新宁 | 赵宗坛 | 广东嘉应 | 黄遵楷 |
| 四川三台 | 谢绪纲 | 陕西蒲城 | 张 铣 |
| 广东大埔 | 饶宗羲 | 广东大埔 | 饶步元 |
| 陕西泾阳 | 魏日诚 | 江西南丰 | 曾传谟 |
| 江西南丰 | 张履春 | 陕西鄠县 | 梁积樟 |
| 福建瓯宁 | 邹仰曾 | 江苏仪征 | 刘兆荣 |
| 镶蓝旗 | 乃 赓 | 镶白旗 | 文 焕 |
| 四川华阳 | 乔树枬 | 四川富顺 | 刘光第 |
| 广东嘉应 | 梁居实 | 四川乐山 | 王晋涵 |
| 四川三台 | 谢绪璠 | 广东大埔 | 张克诚 |
| 江西南丰 | 赵从蕃 | 广东海阳 | 陈步銮 |
| 四川江安 | 傅增湘 | 江西赣县 | 刘景熙 |
| 广西临桂 | 汪鸾翔 | 陕西蒲城 | 张维寅 |
| 陕西保安 | 王贻谷 | 甘肃迪化 | 胡尚诚 |
| 陕西蒲城 | 王 延 | 陕西长安 | 刘 晖 |
| 陕西韩城 | 薛 位 | 云南昆明 | 赵廷潢 |
| 江苏江都 | 郭宝珩 | 四川西充 | 王 楷 |
| 直隶南宫 | 齐福丕 | 四川仁寿 | 李 植 |
| 江苏武进 | 李宝箴 | 陕西平遥 | 徐 润 |
| 江苏丹徒 | 俞效曾 | 广东新宁 | 黄嵩裴 |
| 江西南昌 | 沈兆祉 | 广东大埔 | 张标云 |
| 陕西咸宁 | 王凤文 | 甘肃固原 | 吴本钧 |
| 陕西咸宁 | 张如椿 | 陕西长安 | 徐廷锡 |
| 陕西醴泉 | 曾骥观 | 陕西咸阳 | 刘秉珪 |
| 四川盐亭 | 冯 书 | 广东定安 | 莫 圻 |
| 四川泸州 | 高 树 | 四川仁寿 | 周兆祥 |

续表

| 江苏阳湖 | 刘　毅 | 山西平遥 | 宋梦槐 |
| 山西闻喜 | 杨戟田 | 顺天宛平 | 徐仁录 |
| 顺天宛平 | 徐仁镜 | 四川成都 | 孙定钧 |
| 灵峰 | 宗　室 | 广西桂平 | 李树滋 |

注：题名中"甘肃迪化""陕西平遥"，原件题写如此。

（《戊戌变法》第 725 页）

**5 月 13 日（闰三月二十三日）**　都察院御史史裕德等以刘鹗等人"不计国家利害，不顾舆情，自饱贪囊，隐伤国本"转呈张官等人联名奏折。

▲ 欧阳萦雪《百年是非，如何评说·3》：闰三月二十三日（1898 年 5 月 13 日）都察院御史史裕德、值班左都御史徐树铭等将此呈转奏，中曰：

臣等公同查阅，原呈内称山西产矿，金银绝少，煤铁为多，听民自采，官抽其厘，公私两便也。抚臣急于兴利之举，外洋遂起窥伺，而便私图者，若刘鹗、方孝杰、贾景仁、曹中裕等，不计国家利害，不顾舆情，自饱贪囊，隐伤国本。设激而行变，恐心腹之疾，更甚于外洋。其情可悯，其愚可虑等。臣等查该举人等所呈各节，与前此臣等两次代奏该省京官公呈情节大略相同，足见该省绅民志虑所及，佥相孚合。该举人等既取具同乡官印结呈请代奏，臣等不敢壅于上闻，并将原呈恭呈御览，伏乞皇上圣鉴。（《清末通讯》第 78 期第 19 页）

**5 月 30 日（四月十一日）**　主持京师路矿总局的张荫桓得到将刘鹗"查拿递解回籍"的命令。

**5 月 31 日（四月十二日）**　刘鹗应被"查拿递解回籍"，但是无执行机构，李鸿章也"无办法"。

▲ 张荫桓戊戌年四月十二日甲午（5 月 31 日）日记：仲山昨函言都察院奏劾刘鹗、方孝杰，有交片到署，嘱余转行顺天府。余至署，交片刚到，奉旨总理衙门查明办理。原奉旨饬下步军统领、顺天府五城一体查拿解籍看管，枢中并未请旨饬行，总署非有司衙门，何从着手？因函复仲山。少顷合肥来，缕告之，合肥亦无办法。（《张荫桓日记》第 535 页）

**5 月（四月）**　因山西煤矿被弹劾，被"查拿递解回籍，交地方官严加管束"。

▲ 四月，因晋矿问题，为山西京官邢邦彦、云南举人沈鎣章联名弹劾，请查拿递解回籍，交地方官严加管束。经总理各国事务衙门奏复："山西京官原呈，谓将潞安、泽州、沁州、平定三府一州，典与洋人，徐树铭原奏，谓将铁轨、开矿包与商人，均

属言之过甚,即山西京官两次公呈,将合同章程,逐层弁驳,亦多附会。"

光绪三十四年南京督院电报底稿:"革员刘鹗,系光绪二十四年四月都察院据云南举人沈鋆章、山西京官邢邦彦等先后联衔具呈代奏,称该员垄断矿利,贻祸晋沂,请查拿递解回籍,交地方官严加管束各折片。军机大臣面奉谕旨,著总理各国事务衙门在查明办理,钦此。当经查拿未获。"

光绪东华录二十四年四月:"总理各国事务衙门奏:光绪二十四年二月初八日准奉军机处交,奉上谕,都察院奏山西京官呈诉山西兴办铁路流弊滋多,请准停办一折"。山西兴办铁路,前据该抚奏称,因所产煤铁各矿,须修铁路,方能运销。现有皖粤各绅商筹借洋款,来晋开办,当经降旨允其开办,并令预防流弊,酌定详细章程,奏明办理,迄今尚未奏到。兹据山西京官呈诉,该抚竟将潞安,泽州、沁州、平定三府一州典与洋人,深堪诧异。著将现办情形及拟定章程刻日具奏。原呈所指方孝杰、刘鹗二员,声名甚劣,均著撤退,毋令与闻该省商务。又左都御史徐树铭奏山西矿务铁路宜归绅商自办各节,著胡聘之一并详议具奏等因,钦此。是月二十四日复准军机处钞交山西巡抚胡聘之奏遵旨复晋省铁路矿务现办情形,各缮合同章程清单呈览一折,奉朱批,该衙门议奏单之件并发,钦此。臣等正在核议间,复于三月初六日准军机处片交御史何乃莹奏山西铁路矿务请停借洋款一折,军机大臣面奉谕旨,该衙门知道,钦此。三月十四日军机处片交都察院奏山西京官条陈山西商务局借款章程关系重大,据情代奏一折,军机大臣面奉谕旨,著归入胡聘之前奏内一并议奏,钦此。臣等当就山西巡抚胡聘之所订合同章程,按之山西京官及徐树铭、何乃莹陈奏各节,悉心参酌,逐条复核。原订借款章程,利息既重,国家应得余利,几同虚指。税课等项,概未声叙,似于各国开矿程式尚多遗漏,自应酌量增订,以浚利源。而山西京官原呈,谓将潞安、泽州、沁州、平定三府一州典与洋人,徐树铭原奏,谓将铁轨开矿包与商人,均属言之过甚。即山西京官,两次公呈将合同章程逐层弃驳,亦多附会,无以折服洋人。何乃莹奏请停借洋款,固属正办,惟泰西各国率皆经营路矿,以驯致富强。晋省煤铁矿产之富,久为外人所羡,若深闭固拒,转恐利权旁落,何如豫为之地,犹得操纵自如。现在中国商情,集股不易,仅用土法开采,实系难成。方孝杰、刘鹗两员奉旨撤退后,义[意]国商人罗沙第,俄国商人璞科第,即各耸其公使先后来臣衙门催办,谓合同业经山西巡抚遵照奏案批准,断难更改,并谓已各报其本国政府。往复弁论,至再至三,势亦难于中止。臣等公同商酌,晋省路矿业经奉旨允借洋款开办,果将合同章程斟酌妥善,于国于民,均有裨益。当与各使臣订明,事关商务,非同别项交涉事件,应迳与洋商商办,使臣不要搀预,以免纠葛。臣等遂博考西国矿路章程,又与意商罗沙第、俄商璞科第将原定章程,逐一增改。……并将刘鹗、方孝杰所立公司名目一律删除,统归山西商务局承办,俾一事权。臣等与洋商逐细磋磨,始经定议,分缮清单,恭呈御览。该洋商等守候日久,该国使臣屡催定议,势难再缓。如蒙公允,即由臣等饬令电调来京之山西商务局绅士曾中裕与洋商罗沙第在臣衙门画押,以免稽延。得旨如议所行。

按据罗(振玉)、方(若)、冯(恕)诸老辈谈当时情形说:当山西京官申劾时,晋省虽已得旨准借外款办矿,与外商尚未定约。外商虽已提出草约,铁云先生和方孝杰、贾子咏等人方与外商竭力争执中,故胡聘之尚未将章程合同上奏。所争执的要点有二:第一,先生和方、贾的办法是由华商自组晋丰公司承办晋省矿路,并呈准与洋商合作,借洋款开办。然后由晋丰公司与福公司立约借款。晋丰公司与福公司的债权债务和合作,作为私商与私商之间的关系,三十年满不论盈亏,矿路均归中国政府;三十年内,晋丰公司还清借款,福公司亦同意退出。第二,福公司系以债权人的身份与晋丰公司合作,借款利息,尽量优厚,用人行政等主权,要须归我。外商的意图则第一要向中国政府直接取得路矿权利,第三利息可以少要,三十年内一切大权要须归之外商,正在坚持不下时,弹劾案起,先生和方、贾退出交涉,胡亦不得不将草案奏呈。罗沙第等就钻了这个空子,通过公使馆,直接和总理各国事务衙门接洽,达到了少要利息、抓住主权和直接向晋省官方取得矿权两个目的。此即总理衙门提出"原订借款章程,利息既重,国家应得余利,几同虚指"和"并将刘鹗、方孝杰所立公司名目一律删除"及《五十日梦痕录》慨叹说"欧人乘机重贿当道,凡求之晋抚不能得者,至是悉得之。晋矿之开,乃真病国矣"的道理。至于某些具体条文的修改,则晋省的草约本来还未细商,都是枝节问题。故这次改约结果,除排除方孝杰和铁云先生,加入了晋绅曾中洛等外,对外商来说,是如愿以偿,更为有利了。山西京官等人的反对,内情也很复杂,一大部分确是为了保护矿权,一部分是顽固保守思想,反对洋务。另一部分则是别有用心,意在染指。所幸不久矿约即行取消,影响不大。

至于三十四年电稿所谓对铁云先生查拿未获的话,是姑作其说,当时实仅有"均着撤退,毋令与闻该省商务"的谕旨,不然先生这时始终住在北京椿树下三条,没有查拿不着之理。(《铁云年谱》第43页)

**约6月初(四月中旬)**　总署拟就《议复河南巡抚刘树堂奏陈豫省矿务办法折》上呈光绪帝。

▲《议复河南巡抚刘树堂奏陈豫省矿务办法折》:

奏为遵议河南矿务办法改订合同请旨遵行,恭折仰祈圣鉴事。光绪二十四年二月十六日,准军机处抄本交河南巡抚刘树堂奏为豫省矿务请归商人自借洋款承办一折,奉朱批:"着总理各国事务衙门会同户部议,奏单并发。钦此。"查原奏内称:据翰林院检讨吴式钊、分省补用道程恩培呈请与意商罗沙第立定合同,借洋款一千万两设立公司,请办豫省矿务,名为豫丰公司。声明,所借之款商借商还,如有亏折,归该公司自理。所得矿利以百分之三十五分报效朝廷,开办六十年以后,所置办矿产业全数报交。谨照缮该商等议定合同,呈请圣裁。如蒙谕允,再行加盖官防,分别存发。指派地方,以便开办等语。

臣等正在核议间,复准军机处片交给事中郑思赞等奏《河南矿务请饬禁借洋债》一折。军机大臣面奉谕旨:"该衙门知道。钦此。"臣等就原定合同逐款查核,内惟第二款所获余利,以百分之三十分报效朝廷,虽较之山西矿利多得百分之十,而其余各款于应征地赋及矿产落地税、出口税等均未开载,周息八厘亦嫌过重。给事中郑思赞等"请饬禁借洋债"与御史何乃莹条奏"山西路矿停借洋款"同一用意。刘树堂原奏则以华商赀本难集,成效茫然,必须借资外人,亦不为无见。

臣等共同商酌,山西矿务,既经臣等将合同章程逐加添改,奏准开办,豫省事同一律,意、英驻京使臣,日来催询,自应照案办理。当即督饬意国商人罗沙第,仿照山西办法,另拟合同二十章,与前定山西合同,均属相符。惟刘树堂原拟第一款"准该公司承办怀庆左右,黄河以南诸山各矿地"过广,应改为"怀庆左右,黄河以北"以示限制。

谨照录合同章程,恭呈御览。现准刘树堂点称已派商董吴式钊、程恩培来京备问。拟俟命下之日,即令该商董与义[意]商罗沙第在臣衙门画押,以凭开办。所有遵议河南矿务办法缘由,理合恭折具陈,付乞皇上圣鉴。训示遵守行。

再:此折系总理衙门主稿,会同户部具奏,合并声明。谨奏。

再:正在核准间,准军机处片交史御史郑思赞奏翰林院检讨吴式钊、候补道程恩培在河南拦办矿务,借端渔利等语。军机大臣面奉谕旨:"该衙门查明具奏。钦此。"复准军机处片交御史李盛铎奏河南矿务,请详商办理等。军机大臣面奉谕旨:"该衙门查明办理。钦此。"

查郑思赞原奏内称,河南矿务,吴式钊、程恩培实主其事,二人朋比为奸,从中渔利。该处不肖官员,因其擅有利权,趋之若鹜。吴式钊托故出京,擅至豫省,孳孳为利。程恩培生长纨绔,一无所知。此等劣员,何能经理矿务?用特据实纠察。李盛铎原奏内称:河南矿务由总理衙门议照山西章程办理,自系为画一起见。惟南原议章程比之山西原议较为妥善。即如"由华董会同洋商办理"一语,改为"洋商会同华董办理",则洋商有权而华商无权。事关华洋商人合股办事,不厌求详。可否饬下总理衙门,知照河南巡抚详商办理各等语。

臣等查吴式钊、程恩培二员,承办豫省矿务,是否从中渔利,此外有无劣迹。臣等无从查访,应咨行河南巡抚刘树堂查明复奏。至河南原订矿务合同,于应完各项赋税、均未声余。又臣等既议照山西章程一体征收,非将合同各款概照山西办理,无以折服洋商。惟合同第三款"凡调度商务,开采工程,用人理财各事"一节,既据李盛铎指称有妨华商利权,不厌求详。臣等复与英、意两国使臣论及均以概照山西办法,本甚公平。再四磋磨,该使臣等以为事有波折,持之愈坚。拟就该款内添余,又出入数簿,由河南巡抚随时派员稽查,尚不致利权旁落。总之,各省矿务,果能自集华股,自行开采,原无所招致洋商,致增蓼辕。无如股本,既难猝招,矿务又未便停办。不得已而借资异地,势不能不予以利益,以观厥成。现英、意使臣屡向臣衙门催促画押。臣等以吴式钊等既经被查,当电商刘数堂另择妥员来京商办。旋准复称:豫省官绅,拘守故辙,风气尚未大开,强求恐滋贻误。仍由臣等酌量办理等语。臣等公同商酌,只令吴式钊先与罗沙第画押。一面由刘树堂随时查看,如果有从中渔利情事,即行撤换,以肃矿政。谨附片具趁,伏乞皇上圣鉴,训示遵守行。谨奏。(《程恩培》第 764 页)

**6 月 20 日(五月初二日)**　光绪帝批准由总理衙门会同户部上奏的《豫丰公司与福公司议订河南开矿制铁以及转运各色矿产章程》。

▲　河南矿务合同章程

豫丰公司与福公司议订河南开矿制铁以及转运各色矿产章程。条列于左:

(一)豫丰公司禀奉河南巡抚批准,专办怀庆左右、黄河以北诸山各矿。今将批准各事,转请福公司办理,限六十年为期。应先由矿师勘定何乡何山何种矿产,绘图贴说。禀请河南巡抚查明,果于地方情形无碍。一面咨明总理衙门备案,一面发给凭单,准其开采矿地,勿稍耽延。如系民产,向业主议明。或租或买,公平给价;如系官产,应照该处田则加倍纳赋。

(二)豫丰公司禀奉河南巡抚批准,自借洋债不得过一千万两之数。如所派勘矿师,以此数不敷于用,豫丰公司仍专向福公司续借。

(三)凡调度矿务与开采工程用人、理财各事,由福公司总董经理,豫丰公司总办会同办理。其出入数簿,请由河南巡抚随时派员稽查。

(四)各处矿厂应用华、洋董事各一人。洋董管工程,华董理交涉。一切账目皆用洋式银钱出入,洋董经理,华董稽核。各矿厂总以多用华人为是,所有薪水,皆由福公司发给。

(五)勘验矿地,或应打钻掘井,探视矿苗,应先与地主商明。踏损田禾,酌量赔偿。至开矿以后,或因矿塌陷损伤民命、房产,应归福公司抚恤赔偿。若定办一矿有佃民地，必须会同地方官，或向地方租用，或备价购买。秉公定价，务使两不受亏，方昭公允。所开矿地，无论或租或买，但遇有坟茔祠墓，必须设法绕越，方得发掘。

（六）所办矿务，每年所有矿产，按照出井之价，值百抽五，作为落地税，报效中国国家。每年结账盈余，先按用本付官利六厘，再提公积一分。逐年还本，仍随本减息。俟用本还清，公积即行停止。此外所余净利，提二十五分归中国国家，余归福公司自行分给。以后中国他处有用洋款开采煤铁矿者，应请一概遵照此章，将所有矿产，值百抽五纳税，以归划一。再此系商人筹借开办矿务，如有亏折，与中国国家毫不干涉。

（七）公司所开之矿，不止一处。然各矿出入与所有盈余，各归各矿清理。如或彼亏此盈，不得以此矿之盈，补彼矿之亏。致使国家应得余利，因之少减。

（八）凡开矿所需要料件、机器等物进口，照开平各矿现行章程。完纳海关正丰税项，内地厘捐，概不重征。至开出矿产运出口时，仍照关章纳税。

（九）福公司所开之矿，以六十年为限。一经限满，福公司所办各矿，无论新旧，不问盈亏如何，即以全矿机器及该矿所有料件并房产基地、河桥、铁路，凡系在该矿成本项下置办之业，全行报效中国国家，不求给价。届时由豫丰公司禀请河南巡抚派员验收。

（十）每处矿厂总以联络官民预息纷争为要。应由豫丰公司禀请巡抚酌派照料委员一人。又设照料绅士一员，由福公司聘，该员绅薪水，均由福公司筹办。

（十一）矿师工头，开办之始，自应选用洋人。倘日后华人中有精矿学、谙习工程者，豫丰公司会同福公司派充此项要职。至其余司事照料等职，无关重大责成者，皆用华人。尤宜多用河南人，以开风气。

（十二）矿丁亦宜多用豫人，其工价应从公酌定。至矿丁受伤应如何抚恤；与使用数十年后，应如何酌给养老之费；又平日作工每日若干时刻各节，统俟开矿后，再由豫丰公司会同福公司采择欧美各矿妥善章程，商请巡抚定夺。

（十三）福公司于各矿开办之始，即于矿山就近开设矿务铁路学堂。由地方官绅选取青年颖悟学生二三十名。延请洋师教授，以备路矿因材选用。此项经费，由福公司筹备。

（十四）豫丰公司所借福公司银一千万两，系约估之数。将来每开一矿，实需资本若干，由福公司拨用后，准福公司按照所用之数，造印借款股分票，刊刻章程定期发卖。如华商于期内愿买此种股票者，有则无论多寡。听其买取。

（十五）华商收买此项矿务股票，应由豫丰公司按照时价涨落，照章代为收买，或自行买卖，均听其便。如华绅富商于六十年限内，将某矿股票收至四分之三，即将该矿先期收回，由豫丰公司查报饬交该华商自行经理。

（十六）凡于所准矿地，遇有民人先经开采者，不得侵佔。如原主自愿租卖，应由豫丰公司会同福公司秉公给价，但不得稍有抑勒。

（十七）各矿遇有修路、造桥，开浚河港，或须添造分支铁道接至干路或河口，以为转运该省煤铁与各种矿产出境者，均准福公司禀明河南巡抚自备款项修理，不请公款。其支路应订章程，届时另议。凡为以上所准各事，其须用民地之处，亦照各局已定章程租买，不得少占民地，仍求地方官代为保护。

（十八）每至年终，或盈或亏，各分矿造具清册。应各请华洋公正人一名，核算抚讹。然后刊刻报单，送至豫丰公司察核各矿盈亏，会造总册呈请巡抚。以凭分咨总理衙门，户部查核。并将报效国家各项，一并呈缴。

（十九）该矿为中国自主之产，将来中国有与别国战争之事，福公司应听中国号令，不得接济敌国。

（二十）兹章程华、洋文缮具两分，各执为凭。

以上《河南矿务合同章程》系由当时总理衙门会同户部上奏。光绪二十四年五月初二日即西历一千八百九十八年六月二十日奉朱批：

依议　钦此。（《刘鹗集》第 660 页）

**9、10 月(八、九月)**　百日维新期间，刘鹗与维新派人士有接触，议论时政。

▲ 七八月间，仍居北京椿树下三条。时正酝酿变法维新，居停赵子衡欲上书言事，出奏稿相商。因劝其建议"养民立本"，赵从之，疏未上，九月二十一日（阴历八月初六日）政变发生，遂止，并留京观变。

《关于老残游记》六，注十一："戊戌之岁，舍侨离北平宣南之椿树下三条赵文洛故宅。文洛公之子子衡先生，与先君为友。方官刑部，因时政维新，拟上书言事，以其文取决于先君。先君曰：治国莫重于养民，为政莫先于立本。今欲上书当由此立言。子衡先生韪之。书未上而新政已摧。先君曰：事未已也。子衡先生因留先君觇究竟，故未南行。"

按先生当时因受晋矿事打击，曾有意回南，因维新议起，朋友们留他在京看看情形，未行。政变后，认为难犹未已，遂留京观变。赵子衡先生时为刑部部曹。（《铁云年谱》第 47 页）

▲ 八月，捕新党。康有为、梁启超走海外。杨深秀、杨锐、林旭、谭嗣同、刘光第、康广仁死之。刘大钧《刘铁云先生轶事》："怀抱既不得展，遂与保皇党联络。"而刘大绅则谓其父与康有为只有一面之识，并无其他联系。按鹗于壬寅十月与黄归

群书,中谓:"民困则思乱,迩者又有康、梁之徒鼓荡之,天下殆哉岌岌乎!"鹗与维新诸人间虽有往来,而非一流。(《刘鹗年谱》第 29 页)

**9 月 21 日(八月六日)** 慈禧下谕:康有为革职,按律治罪。宋伯鲁革职永不叙用。

**9 月 28 日(八月十三)** 谭嗣同、杨深秀、杨锐、林旭、刘光第、康广仁六人被杀于北京菜市口。《国闻报》发表《视死如归》以纪念之。

▲ 政变后的第七天,《国闻报》在《视死如归》的标题下报道了谭嗣同等"六君子"被杀的消息,对维新派志士的死难,表示哀悼,对他们的牺牲精神表示敬意。此后不久,就"奉旨停刊"。严复、夏佑曾、王修植、杭辛斋等人也悄然离去。(《近代报刊》第 109 页)

**9 月 30 日(八月十五日)** 翻检旧书。再读《芬陀利室存稿》。并记"予作诗本不留稿。丙申年购此册,遂信笔书之。一年之间遂得十七八首。自丁酉以来亦未尝无所作,或无稿,有皆散失矣。己亥中秋检书,见此册,又检得零稿三四事,杂录于后"。

▲ 编著者按:刘鹗"杂录"的诗词是 1897 年所作《丁酉七月由燕赴晋,风尘竟日,苦不胜言。每夕必以弦歌解之》《登太原西城》《太原返京道中宿明月店》和 1988 年所作《题叶鹤卿蝴蝶帐沿》。在《题叶鹤卿蝴蝶帐沿》后又记录有:"此戊戌暮春作也。后此惧有文字之祸,偶有所作,随即弃去,不留稿矣!"(《芬陀利室诗存》手稿)

**约 10 月 10 日(八月二十五日)** 由日本人西村博挂名,刘鹗、方药雨主办,易名为天津《日日新闻》的原《国闻报》照常刊布。

▲ 编著者按:《中国近代报刊史》第 109 页说《国闻报》在"奉旨停止"后"未及旬日,旋即照常刊布","但这时的《国闻报》已经正式卖与日本人,所有言论已经与唯新派无关了"。对于天津《日日新闻》何时创刊,目前没有更多的资料。但是刘鹗与方药雨接替《国闻报》而转办天津《日日新闻》为研究者所共识。因此笔者以为天津《日日新闻》创刊于 1898 年 10 月。方药雨是报纸的主持人兼主笔,而幕后人则是刘鹗。

▲ 编著者按:关于天津《日日新闻》仅知北京大学存有数份,惜未见。2011 年 9 月《历史档案》原总编丁进军先生提供以下资料:

宣统二年直隶总督陈夔龙为呈送天津各报馆调查表,请予备案事致民政部咨文
附件:

天津《日日新闻》报馆

名称：天津《日日新闻》

体例：一、宫门朝,二、谕旨,三、电报,四、言论,五、译论,六、杂事短评、七、专
件,八、译件,九、新闻要录,十、各省新闻,十一、各国新闻,十二、京外各
衙门批示,十三、白话,十四、新益智稷,十五、世界丛谈,十六、谐谈,十七、
花世界,十八、小说。

发行人：西村博(住日本界)

编辑人：津村宣光、张颐、周维翰、郭心培(均住日界)

印刷人：胡梅溪(住日界)

发行所：(同上)

印刷所：(同上)

原档藏一史馆民政部全宗

《历史档案》于 2000 年第 2、3、4 期刊发《晚清创办报纸史料》

**10 月 16 日(九月初二日)** 太谷学派北派山长蒋文田了解其子蒋念皋在上海
随刘味青情况后,叮嘱其"凡事小心、舍己从人"。

▲ 蒋文田给蒋念皋信全文：

念皋览：

来信三次业已收到(第一函送到甚迟,在第二函之后)。玉衡复信二□,想渐次
可收到矣。家事已详前信。尔归住养颐处甚为妥帖,可以放心。荣保仍常住城里,
不愿归也。予准于重阳后同风书北上。

顷得月楼兄信,云在沪面晤味翁云,尔之薪水,每年约有百番之数,似此大可善
自为谋。唯嘱尔凡事小心,舍己从人,与人相处,总营业以宽和虚下为主,则可相安
无事矣。尔于事定后可常与一峰通信也。此示

父字九月初二日

毛十一兄已于今日携眷动身回里(其如夫人稍愈,尚未能站地)。子逊夫妇送
之偕往。毛伯与明湖亦于重阳后动身至省。(据原信手稿)

**约 10 月(八月)** 太谷学派重要代表人物谢石溪南归,刘鹗第二子刘颐仲随
行。黄葆年有诗送别。

▲《戊戌八月送石溪南归兼示刘生颐仲》：谢公丝竹久移情,来和东山木铎
声。此日归心怜道蕴,何时杯酒共渊明。风吹淮水孤帆远,月满扬州一雁鸣。寄语
刘郎好珍重,且随游履话生平。(《太谷遗书》第二辑第二册第 150 页)

**是年** 太谷学派南宗山长黄葆年调署山东泗水,太谷学派学人再次聚会于此。

刘鹗未参加此一系列活动。

▲ 编著者按：先父刘厚泽先生编辑有《崆峒遗墨》一册。收太谷学派北宗山长蒋文田 1898 年前后手书原件 18 通，又其子蒋廷钰（玉衡）、蒋廷栋（梁舟）、蒋廷弼（元亮）、蒋廷玉（继明）手书 5 通，诗稿一篇。虽系家书，多谈家事，但涉及太谷学派学人毛庆藩、赵明湖、刘味青及有关太谷学派事项甚多。其中蒋文田信多写于山东泗水。而其子蒋念皋在上海随毛庆藩、刘味青。

**11 月 19 日（十月六日）** 太谷学派南北弟子在黄葆年的率领下祭扫黄崖山。朱渊作为黄崖子遗领袖，作祭文两篇。刘鹗仍未参加本次活动。

▲《养蒙堂遗集》卷一

朱渊于黄崖山祭张积中文一：吾夫子归道山已三十有二年矣。小子不能继志述事，虽百死无可赎也。况值痛心疾首之日，往往过而亡焉，又何所极止也。然吾夫子犹不忍弃之也。默诱其衷而使之来滕来福，相随而供祀事焉。如天之恩，奚由而报于万一哉。兹谨与□□等，虔修祭品，恭祀夫子。吾夫子尚其发我之聋乎！尚其警我之睛乎！尚其鉴而饷之乎！

朱渊于黄崖山祭张积中文二：吾夫子继志述事，绪崆峒之教，为天地立心，为生民立命，继往开来。于丙寅十月初六，命自天降。

夫子归道山，小子罪重无德，未得从侍。天岂欺小子。夫子又岂弃小子乎。言其言，行其行，志其志，事其事。夫子必不弃天，又岂欺小子乎。言非其言，行非其行，志非其志，事非其事，天诛之。夫子亦弃之矣。呜乎！吾夫子不罪愚昧，默使到滕来福于□□，内心继志述事。共恭俎豆，以承祭祀天师恩愈重，小子之罪愈重重矣！十月初六日，小子□□于□□，不避罪，敢洁心香，敬求夫子宏恩慈佑，以启小子继志述事。（《太谷遗书》第一辑第五册第 19 页）

**约是年** 与浙江人高尔伊商办宝昌公司，以开发浙江路矿。

▲ 编著者按：刘鹗在开办山西、河南路矿的同时，筹划开办浙江路矿。具体开办时间应在 1898 年或稍后。高尔伊字子衡，杭州人。其弟高尔庚（子谷）与刘鹗是亲戚，又是王文韶的孙女婿。

# 1899 年（己亥　光绪二十五年）　43 岁

3 月　清政府任命毓贤为山东巡抚。山东义和团朱红灯在长清等一带起义，反对外国教会侵略势力。

7 月　康有为在加拿大创立"保救大清光绪皇帝会"，简称"保皇会"。

9 月　美国国务卿海约翰（John Hay）分别向英、俄、德、日、法等国提出一个关于对华"门户开放"的照会，提出分享列强在华的一切特权与利益。

12 月　袁世凯署理山东巡抚，率新军开往山东镇压义和团。

是年　河南安阳殷墟发现甲骨。

兄刘味青 50 岁。太谷学派学人：蒋文田 57 岁、黄葆年 55 岁、毛庆蕃 54 岁。罗振玉 34 岁、王国维 23 岁。

**是年**　居北京半壁街，与大刀王五为邻。

▲ 刘大杰记录他的一位朋友——自称为刘鹗"老朋友"的话：我在北京又同他（刘鹗）住了三年，是从戊戌到甲子。他的房子在半壁街，是一个有两个大院子的七重房子。这房子就在大刀王五的隔壁。大刀王五这人你恐怕不大清楚。在北京住过的人都会知道他的。他是当时的一个大侠，飞檐走壁，本事真是好得很。他并没有正式的职业，开了一个镖房，专替人保镖。同时，他很有一点武松的气概，喜欢打抱不平，他的宗旨是除暴安良。刘铁云的思想，实实在在是一个维新派。他提到满清的政治，就愤慨得很。对于当时维新派的六君子，他是满口称赞的。（《老残游记资料》第 124 页）

**5 月 1 日（三月廿二日）**　太谷学派北派山长蒋文田在山东泗水写信给在上海的刘味青询问刘鹗的情况。

▲ 蒋文田致刘味青信全文：

味青仁兄亲家大人阁下：

久违雅教，癙寐为劳，比经道履增绥，潭祺以吉，如颂为慰。弟自去秋如泗，岁底雨雪载途，未便南归。今又因事耽延，将以午节后始能旋里，道修路阻，致疏音问,殊觉慊然。

小儿囊承垂赏得侍左右,感激莫名,但恐驽骀之质,难任驱驰。枯栎之材,不堪绳墨耳,可惟恳兼收并蓄,令以鞭策而曲成之,则逾格之施。旋迴出寻常,万万□闻。

云拚兄旧冬北上,近想常有竹报,不知何时回沪? 时事多艰,杞忧无已,殊念念也。东省尚称安静。近来自泽霑足,甚慰舆情。署中亦平安无事。弟飘蓬靡定,乏善可陈。惟与诸君子商量,旧学不敢自弃。所堪为知,已告若此耳;望执事不遗左远教所不逮,则感□不朽矣。手肃,敬请 道安。愚弟蒋文田顿首三月廿二日(据原信手稿)

▲ 编著者按:刘鹗拜从太谷学派后,行踪无定,近十年未与太谷学派众人见面。山东黄崖教案后三十年,黄葆年、蒋文田等会于山东泗水,策划南北合宗,而此时询问刘鹗行踪正是必然。

夏(六月) 《山雪春融拟李咸熙笔意图》失而复得后题跋,请赵穆甫刻"刘鹗求购"印钤于后。

▲ 是帧余昔年购于大梁。以方环山布景之奇,满纸皆山,无露天空处。目所仅见,故甚爱之。后不知何时为人窃去。亦付之无可如何而已。己亥夏日京都隶古斋云:客自河南来,有画若干,请看之。而此幅闇然列于其间。苍蝇屎布列几满。急购以归。使良工细心洗刷括剔之,顿还旧观,如二十年故人他乡忽遇,喜可知也。因志其离合之情如此。己亥七月刘铁云〔刘鹗求购〕此印为赵穆甫所刻已随庚子劫去矣。(《刘鹗集》第 641 页)

**10 月 16 日(九月初二日)** 蒋文田写信给蒋念皋谈及刘味青安排其工作情况。

▲ 蒋文田给儿子蒋念皋的信:

念皋览:

来信三次业已收到(第一函送到甚迟,在第二函之后)。玉衡复信二封,想渐次可收到矣。家事已详前信。尔妇住养颐处甚为妥帖,可以放心。荣保仍常住城里,不愿归也。予准于重阳后同凤书北上。

顷得月楼兄信,云在沪面晤味翁,云尔之薪水,每年约有百番之数,似大此可善自为谋。唯嘱尔凡事小心,舍己从人,与人相处,总以宽和虚下为想,则可相安无事矣。尔以于事定后可常与一峰通信也。此示 父字九月初二日

毛十一兄已于今日携眷动身回里(其如夫人稍愈,尚未能站地)。子逊夫妇送之偕往。毛伯与明湖亦于重阳后动身至省。(据原信手稿)

**是年**　忙于河南路矿及道清铁路诸事。

▲　仍居北京，参预"河南福公司"路矿事，并议筑"道清铁路"。

据《中外合办煤铁矿业史话》等书，河南福公司，即后"河南焦作煤矿公司"，矿区在河南修武县西，以焦作为中心，面积约二百余方里。1898 年英商福公司取得山西矿权后，又扩展矿区至河南省河北道的全境。山西合同取消，遂专力经营豫矿。办法是由皖人程恩培、豫绅吴式钊合组豫丰公司向福公司借款一千万两，立约合办。于1907 年正式出煤。又于 1905 年，投资八十万英镑，筑成"道清铁路"。

韩国钧《永忆录》："豫之有福公司，则宣城刘景韩（树棠）中丞于光绪二十四年所许英人之采矿权也，事由刘铁云所招致，初与山西订晋丰公司约，继与河南订豫丰公司约。当时禁外人办矿，故托豫丰、晋丰之名，由公司贷款于英人，与晋豫会同开采，实则豫丰、晋丰皆无所谓公司，假设之以避外人办矿之名耳。"

按自晋案起，铁云先生已脱离福公司。大概后来山西合同被取消，又来找他。所以豫丰公司的办法，仍和晋丰差不多，豫丰与福公司所订的合同，虽已受了总署官约影响，大致仍根据晋约（原文附条），也就因为有契约的限制，英人办河南福公司始终不能如在开滦矿务局之为所欲为。根据先生辛丑、壬寅几年的日记，河南福公司前期开办的筹划经营，全出其手，直至乙巳年才完全脱离关系，因有晋事，自己不便出面，故由程恩培与豫绅吴某出组豫丰，程与先生系盟兄弟，又是亲戚，合作事甚多。至道清路事，据先父说老人家议筑道清路时，他才十三岁，计算年代应该在这一年。实在道清路，本来是"泽襄路"，议由山西泽州通到襄阳；因与芦汉冲突，乃改为由泽州经怀庆府（沁阳）渡河折入安徽，经正阳关通至浦口，定名"泽浦"。其事几经活动，已得清政府批准，后来实际上只修筑了道口到清化镇一段而已。先生提倡筑路多年，完成的仅这一段。（《铁云年谱》第 48 页）

**是年**　长子大章入赘山东杨氏。

▲　长子大章入赘山东杨氏，但婚未数月，新妇即死。先父告我说："我于十三岁那一年，你大伯父去山东杨家就亲。回家不久，杨氏就死了，来到我家不过几个月。但两家亲谊并未断绝。杨子嘉老先生人很干练，在山东号称能员。你祖父遣戍新疆时，杨翁正在江宁做官，破家为你祖父平反，虽事败垂成，高谊十分可感。"云。（《铁云年谱》第 48 页）

**是年**　在江苏淮安与罗振玉等一起创办东文学堂。

▲《泗阳张沌谷居士年谱》光绪二十五年己亥：

是年　冬，携儿一同归里。先至淮安，勾留数日，寓跨下桥南胡和梅先生寓舍。时淮安人路丕、字山夫谈觐生与侨居淮城者刘鹗字铁云、罗振玉字叔蕴创办一东文学堂。延请日本人井原鹤太郎及川西定及为教员。颇为地方开风气之先导。冬间在淮城时，曾携儿子参阅东文学堂，见井原与川西。此时中国人对日本人毫无仇视忌嫉之心，反多以为先知先觉，甚敬重之。由淮城回桃园时曾偕川西定及游桃源十余日。(《南园丛稿》第十五册《泗阳张沈谷居士年谱》第8页)

**是年** 义和拳运动有愈演愈烈之势，刘鹗代《国闻报》主笔撰文，反对这一农民运动的兴起。

▲ 刘鹗《风潮论》：犹记己亥年，吾厕《国闻报》馆主笔之日，其时义和拳已纷纷于乡野间矣，美其名曰"兴清灭洋"。吾于报纸力诋其非。一则曰地方官不禁，将成大患；再则曰地方官不禁，将成大患。乃言者谆谆，听者藐藐，地方官非惟不禁，且宠异之，卒酿庚子之祸。此鄙人之言不幸而中之一端也。夫以义和拳之鄙俚无道，而王公、巨卿、士大夫相率而信之者，岂有他者哉！荧惑于其"兴清灭洋"之美名已耳。欲兴清灭洋，忠义之气也，特未核实其果能兴清灭洋与否？不核实而轻信其言，以致忠义之士化为罪魁，岂不大可痛耶？不核实之害乃至此。(《刘鹗集》第675页)

▲ 编著者按：严复等于1897年创刊的《国闻报》，至1898年10月已经由日本人西村博接办易名天津《日日新闻》，刘鹗、方药雨主持其事。故本处之《国闻报》实在应是天津《日日新闻》。

**是年** 第三女马宝去世，葬于淮安刘氏祖茔。

▲ 第三女马宝死。

按我马宝姑母在光绪十六年生，死时才九岁。已许字程绍周(恩培)的长子程百年。(《铁云年谱》第48页)

▲ 编著者按：马宝，又作马保。刘鹗第三女。1899年去世，葬于淮安刘氏墓地。1909年刘鹗在迪化(乌鲁木齐)病逝后，于1910年(或说1911年)也葬于此。文化革命墓地被平。1987年为了纪念刘鹗诞辰130周年，在江苏省有关部门的支持下，淮安县(今淮安市楚州区)人民政府组织人员对刘鹗墓地进行了寻找确认。参加墓地寻找确认的陈民牛先生有《刘鹗墓地追寻记》详细记录了。择其要者录于下：

江苏省社科院提供了刘鹗墓地在淮安的信息。

刘鹗后人刘厚洛又从天津来信说：先祖刘鹗墓地在淮安东南乡的曹庄，墓地有四亩大小的地盘，进口处有少量石人石马，墓地植有柏树、松树……

1987年8月13日下午，我们一行三人来到马甸乡……14日，我们在七洞乡(现上河镇)宣传委员李乃祥和大后庄袁支书的带领下，来到了高北庄。袁支书经过沉思以后说："我村韩庄组，有个叫张永宽的，曾替人看过墓，在张永宽的家后，原来有一座松林大墓。据老人传说，是城里刘姓的祖茔"。……在同一块地理，墓北约百十公尺的地方，有个刘家小姑娘的坟，被人挖了，挖到一块白石红字的长碑，被组里的盛维干弄回家垫脚打水了，我们翻开碑一看，红字褪色了，但是字迹很清晰……（如图）

光绪二十九年十二月　日
清故刘门次女马保小姐墓
丹徒大有堂立

（《说刘鹗》第 21 页）

**是年**　甲骨出土于河南安阳。

▲　是年，殷虚文字出土。

河南安阳西北之小屯村。农民犁地，每有甲骨出土，初未之异也。迨福山王懿荣断为契文，世乃加以珍视。故发现甲文之功，允归王氏；拓以行世，则以鹗为先。

罗振常《洹洛访古录》云："此地埋藏龟甲，前三十年已发现，不自今日始也（罗记作于宣统三年，为公元 1911 年）。谓某年某姓犁田，忽有数骨片随土翻起，视之，上有刻画，且有作殷色者，……土人因目之为龙骨，……故药铺购之，一斤才得数钱……购者或不取刻文，则削之而售。其小块及字多不易去者，悉以填枯井。"甲文出土非始于是年，然王懿荣初见此物，实在此时。罗振玉《殷墟书契前编·自序》："光绪二十五年，岁在己亥，实为洹阳出土之年。"故世以甲骨文之出，定于是年。（《刘鹗年谱》第 30 页）

▲　陈梦家《王懿荣收藏甲骨始末》：

依据不同的记载，王氏一共买过三批甲骨：

第一次，己亥 1899 年秋，范估以 12 版甲骨售于王氏，每版银二两。此据 1914 年范估所言。（《甲骨研究讲义》第 7 页）。

第二次，庚子 1900 年春，范估又以 800 片售于王氏，其中据说有一片是全甲的上半，刻了 52 字（据同上材料）。《铁云藏龟·自序》云："庚子岁有范姓客挟百余片走京师，福山王文敏公懿荣见之狂喜，以厚价留之"。

第三次，庚子，同上《自序》云"后有潍县赵君执斋得数百片，亦售归文敏"。

……

由以上收购与流散的情形,可估计王氏收藏甲骨约在 1 200 片左右,最多不能超过 1 500 片。(《殷墟卜辞》第 646 页)

**是年** 罗振玉自述已经知道有"古龟甲兽骨"出于河南汤阴。

▲ 罗振玉《殷商贞卜文字考》:光绪己亥,予闻河南汤阴发见古龟甲兽骨,其上皆有刻辞。为福山王文敏公所得,恨不遽见。(《罗振玉集》第一册,第 3 页)

**约是年或前一年** 开始使用"五十瓦登斋"为室名。

▲ 刘德隆《〈老残游记〉手稿管见》:(刘厚泽先生捐献给南京博物院的)刘鹗六页《〈老残游记〉》手稿,写在"五十瓦登斋摹古"稿笺上。"五十瓦登斋"是刘鹗的书室名之一。据现在所知,自刘鹗搜集古玩文物,共用过"五十瓦登斋""百瓦登斋""二百瓦登斋""抱残守缺斋"等四个斋名(曾有"得秋气斋"一说,待考)。"五十瓦登斋"开始用于十九世纪的最后两三年,至庚子(1900)刘鹗北上进行赈济活动后,开始大量收购古玩,其斋名很快就更改了。(《文学遗产》1989 年第 3 期第 125 页)

**约是年** 口述在北京所见奇异怪事。

▲ 编著者按:刘大绅记述刘鹗口述奇异怪事十五,均未署时日。文中"先君"均指刘成忠。下为其中一则:

(原第十四则)当年,吾家平寓,后来在前门外虎坊桥来之板章胡同。说者谓即纪文达所述四大凶宅之一。宅园有小楼一,所谓尤凶。吾家未迁入前空闲已久。

有某姓,廉其赁,欲居之,已有成议。某之母携子媳预相居。所入门遍历,最后入园登楼。闻下有呼媳乳名者,媳不觉应之。继思乳名如何有人知,急下察视,无人也。既异且恶之,告于姑。姑慰之。然意亦不安。归后,媳即病。病未二日,即殁。租议遂毁。又宅之正室,偏于南隅曲折相联,前后计七栋。亦谓如有人居,夜半必掷出云。此宅有园有山,花木繁盛。先君爱其荟蔚,租而居之。卧室即设小楼。下锁通楼之门而置榻门前,不许人登焉。正室七栋及其侧群房即从弟大钧等暂住之所。从弟等迁出,先君又移入居之,而所谓凶楼者仍禁不许登。

绅由南来,初入此宅,见小楼与假山相接,有连岭叠嶂之致,所谓具体峦壑而微者也。颇爱其纡环,欲居之。司书人王寿丞及老仆郑斌均相沮。询故又不告,但谓如欲居者,须先请命。因请于先君,先君谕曰:此楼不吉也。遂已。但吾家居其中前后数年,未见有异。即小楼于先君回南后,值风日和丽,天月朗洁时,亦曾启登,绝未闻有何声响。

今此屋仍存。去夏过之,见已析为数所,赁作市廛旅馆及医士之寓。无复此当年潇洒风物矣。(刘大绅《刘鹗所语之奇异事》)

# 1900 年（庚子　光绪二十六年）　44 岁

1 月　慈禧太后立端王载漪之子溥儁为大阿哥，准备废黜光绪帝。

3 月　直隶总督裕禄发出从严惩办义和团的告示。

4 月　英、美、德、法四国驻华公使照会总理衙门，限清政府两个月内剿灭义和团。

6 月　英、德、俄、法、美、日、义、奥等国侵略军二千人进攻北京。

7 月　义和团在各地与外国侵略者作战。八国联军成立"暂行管理津郡城厢内外地方事务都统治"（"都统衙门"）。对中国天津等地区实行军事殖民统治。

8 月　八国联军攻占北京。慈禧太后挟光绪帝逃往西安。自立军在武昌、大通、新堤相继起义，均告失败。

是年　耶稣教会在上海近郊佘山顶上建造天文台，专司天文观察，并在上海外滩建立一座报风塔。

兄刘味青 51 岁。

太谷学派学人：蒋文田 58 岁、黄葆年 56 岁、毛庆藩 55 岁。罗振玉 35 岁、王国维 24 岁。

**春**　从北京回到上海。

▲ 正月，出京南下。（《刘鹗年谱》第 30 页）

**3 月（二月）**　带二子刘大年、四子刘大绅游普陀山。

▲ 春初，由北京南归。二月游浙江舟山普陀，归途遇风，几乎覆了舟。

先父和我说："我十四岁时，和你二伯父侍你祖父去朝南海普陀山。回上海时，遇见大风，船上的锅炉坏了，船在惊涛骇浪中，漂荡一夜，随时都有翻船的可能，天明始为一英船所救。当时满船男女老少，均哭哭啼啼，你祖父安坐读《庄子》。回想起来，老人家的镇静，真不可及。"云。先父十四岁，正在这一年关于游舟山的时间，先父没有提起，但普陀开山照例在夏历二月十九日观音诞辰前后，当在这个时候。

（《铁云年谱》第 52 页）

**4月19日(三月二十日)** 　第三姜王氏生大纶。是为第六子。

▲　三月,第六子大纶生,姜王氏所出。(《刘鹗年谱》第31页)

▲　三月二十日,第六子大纶生,第三姜王氏所出。

按大纶字少云,是我最小的一个叔父。祖父殒后,先随着自己的母亲住在苏州,十八岁时,我父召他到上海,和五叔父一同来读上海八仙桥中法学校,每逢考试,两人在不同班级中,都考第一,但未毕业,即因回淮安娶亲而退学。在苏州一带流浪。抗日战争时,据闻在国民党某军中任司书。长沙战役中被俘,以后迄无消息,不知所终。(《铁云年谱》第52页)

**4月30日(四月初二日)** 　娶浙江归安郑安香为继室。

▲　四月,娶浙江郑氏为继室。

郑名安香,归安人。嫁时年三十。解音律,能吹笛度曲,并间为小诗,有《灵岩口号》。长居苏州,1956年卒于淮安。(《刘鹗年谱》第31页)

▲　夏历四月初二日娶浙江归安郑氏女安香为继室。郑氏继祖母曾和我说:"我是庚子年四月初二日(四月三十日)到你家来的,那年我三十岁,家住在上海。"云。按我祖母王氏死后,铁云先生因已有二姜,一直没有再娶。至此经友人于继美、门客徐月楼等人撮合,又娶郑氏。郑氏继祖母生于同治十年辛未十一月十四日(1871年12月25日),浙江乌程人,名安香,后拜从黄归群先生,又取名复履。铁云先生殒后,住在苏州望星桥下堂奉母,几乎二十年。1925年母郑老太太死,才到天津依我家过活。年余又回苏,1935年,又来北京我家。1940年底,又回南,住江北泰州。解放后,1952年死于淮安故宅,年八十三岁。她懂得音律,能吹笛度曲,又能写几句小诗,有《灵岩口号》等数首,擅长星命之学,算命时可以抢指掐筹,不用查书,自言出于家传。(《铁云年谱》第52页)

▲　编著者按:刘鹗的郑氏夫人是太谷学派入室弟子。刘厚泽恭录之真州白沙先生李平孙《双桐书屋诗钞》有诗《为郑安香夫人题折枝花卉图三首》,录于下:生绡一幅竟谁摹,想见拈毫意态多。疑是散花天女戏,应将色相问维摩。　兰心蕙质原无匹,月性花情好共参。乞得绥山一桃后,春风管领到江南。　瑶池夜宴舞霓裳,花满云阶酒满觞。定有仙娥偷采撷,人间分赠杜兰香。(刘厚泽手抄《双桐书屋诗钞》)

▲　编著者按:刘鹗病逝乌鲁木齐后,郑氏一直由刘鹗四子刘大绅抚养。1938年刘大绅迁入北京南官房口20号,郑氏住在后院西屋。1941年刘大绅搬出南官房口,郑氏回淮安。2010年5月我与刘德符一同去北京探访旧居,郑氏当年住的西屋还在。刘德符2010年10月6日给刘德隆的信说"我可以证明在奶奶(罗孝

则）去世之前，老太太（郑氏）确实是和爷爷（刘大绅）、奶奶同住在北京南官方口 20 号后院。她（郑氏）和小四姑姑（刘厚礽）住在西厢房，小时候我去她们房里玩过的。后来她没有和我们一起搬到新京畿道，听伯伯（刘厚滋）说她'回南了'是一致的。"

▲ 编著者按：刘鹗《老残游记·自叙》论及曹雪芹时有"曹雪芹寄哭于《红楼梦》。"又解《红楼梦》中"曹言之'满纸荒唐言，一把辛酸泪；都云作者痴，谁解其中味？'名其茶'千芳一窟'，名其酒'万艳同杯'者：千芳一哭，万艳同悲也。"。可知刘鹗对《红楼梦》和曹雪芹的认识。不意刘鹗去世后其四子刘大绅借居之北京南官房口 20 号正与《红楼梦》有关。刘大绅为此有诗四首，刘大绅长子刘厚滋先生有《名园忆旧》《名园忆旧·续》，刘大绅次子刘厚泽先生有《两点附注》《大观园南北说辩证我见》（已失），刘厚泽三子刘德隆有《也谈恭王府与荣国府》等文章发表。这些论述正与著名学者周汝昌先生研究暗合，故周汝昌将上述文字收入其《芳园筑向帝城西》（漓江出版社 2007 年 8 月出版）一书。正因为此，周汝昌先生欣然为本书作序。录刘厚泽《两点附注》于下：

### 一、"恭王府"的易主

恭王府位于现在的北京师范大学之东，南官坊口若干大住宅之西。这所前清的王侯府第最早在二十世纪二十年代就被清朝恭亲王奕䜣的承继人溥伟为了筹划复辟经费抵押给了北京天主教会的西什库天主堂。十多年后，利上滚利，从原来几万银子滚成了将近银元二十万元。这位末路王孙早已无法偿还这笔债务了。直至 1932 年才由辅仁大学以教会之间的关系代他偿还了欠债，取得了产权，但是始终没有收房，因此溥伟的弟弟溥儒（名国画家，号叫心畲）一直和他的夫人清媛女史安然地住在园中，直到 1938 年春才迁让。

### 二、关于"南官坊口二十号"

我所住的南官坊口二十号旧宅，共约四十多间房子，当时产权是属于中法大学杨孟游先生所有。这所房子从格局上来看，和当时旁边十九号、二十一号都是相互有联系而强为分割的。房子正中的大厅、抱厦共十四间，门窗都是很高的木雕槅扇。最令人奇怪的是不但大门外有一对上马石，二门外还有同样一对上马石：第二进院子的墙角上还有一个高约八十厘米和约半米见方的石雕旗杆座。从内外上马石看来，这所房子过去应该是一个府第；从旗杆石座来推测，也颇令人怀疑是满洲人风俗立竿子神所用。当我们搬进去住时，就听到附近的居民谈论说："小府里有人搬来住了。"更诧异的是又有人称它为"东府"。以后时间长了，问起一个当时住在我们门口以拉冰床（北京当时的一种冰上交通工具，冬天从什刹海冰上载运乘客的）为生，据称为道光皇帝六世孙的沦落皇族，他说："你们住的是红楼梦上的宁国府,西边恭王府是荣国府,所以大家都一直叫惯了'东府、西府'。"这就使我们了解了这所房子确实是有些来历的,也知道了恭王府的垂丝海棠为什么要称为西府海棠了。

以后,甚至有年老居民的邻人指着我们二门内上马石说:"这就是贾珍铺着狼皮褥子坐在上面,指挥家中众子弟搬运庄头乌进孝送年节孝敬的地方。"

**约5月(四月)** 去北京。

▲ 编著者按:前述本年春回上海,娶郑安香为继室。又有五月全眷归南一说。故此间必再回北京情况。

**6月(五月)** 因义和团起义,北京已乱,再回上海。

**6月(五月)** 有被刚毅等官员"参奏通洋,请就地正法"一说。

▲ 五月,义和团起义于山东。全眷由北京回南,侨寓上海。

《关于老残游记》六:"至庚子春,先君南下。"又口述:"庚子五月,全眷回南,就暂住在上海。清政府中顽固派刚毅,因福公司事,参奏通洋,请就地正法,因居于上海,得免于难。

《五十日梦痕录》:"庚子之乱,刚毅奏君通洋,请明正典刑,以在沪幸免。"

《关于老残游记》六:"嗣(福公司事)后为刚毅所闻,谓先君售国,迳电政府,请明正典刑。"

按庚子五月正是北京义和拳民杀死日本公使馆书记宫杉山、德公使克林德,又先后杀了许景澄、袁昶、徐用仪、立山、联元等人的时候。此事当在袁许案前后,倘人在北京,确有性命危险。因先已在沪,江督刘坤一等人东南自保,得以无事。后来刚毅被指为祸首,奉旨斩立决。袁许诸人,均经昭恤,这事自然就烟消云散。但对铁云先生精神上打击很重。壬寅年致黄归群的信中就说:"弟大劫屡经,一幸免于刚毅之役,再幸免于拳匪之役。"辛丑题唐诗卷尾诗末署名亦为"再不死人蝶隐题",当然也是指这两件事,全眷南归也许因为北京乱机已萌,与此有关。(《铁云年谱》第53页)

**6月(五月)** 在沪办五层楼商场于四马路青莲阁旁。

▲ 六月,在上海办五层楼商场于四马路青莲阁旁,不久倒闭。(《刘鹗年谱》第31页)

▲ 我父(刘大绅)说:"庚子六月中,你祖父曾在上海办五层楼商场,地址在四马路青莲阁傍,楼共五层,是当时上海最高的建筑"。(《铁云年谱》第54页)

**约6月(五月)** 作七律二首《呈星州寓公》赠邱菽园。

▲《呈星洲寓公》:拨雾排云叩九阍,星洲一疏愒奸魂。从知骨肉联同志,共

把心肝献至尊。八代起衰文笔佳，三唐遗响雅音存。扶轮巨手今谁属？万里南天道菽原。　八闽百粤游踪遍，海外道轩得句新。铁板铜琶雄入浑，晓风残月秀天伦。身丁丧乱肠偏热，诗到温柔气秉春。闻复大裘同白傅，星洲偶尔暂垂纶。(《刘鹗集》第 578 页)

　　▲ 编著者按：刘鹗《呈星洲寓公》写作日期，郭长海先生考证，应写于邱菽园《星洲上书记》之后。1900 年 5 月 26 日《苏报》刊《〈星州上书记〉出售广告》全文如下：去年，新嘉坡合埠寄寓华商，由邱菽园孝廉领袖，电禀总署，恭请圣安。廷旨嘉奖，中外向风。兹由闽海通客撰辑《星州上书记》，首列上谕，次列电呈及原码，并随后邮递之白禀名红，而系之以说。情词悱恻，陈说详明，读者为之感发。末附政变诗。现由友人觅得原本，重附排印。寄：学海山房、理文轩、江南书局代售。每部收回工本洋一角。出书无多，购者速临。(《文学史证》第 219 页)

　　▲ 邱菽园(1874—1941)，本名丘炜萲，字菽园，别署名星洲寓公、啸红生等。福建海澄人。随母居澳门，后移家新加坡。光绪十九年举人。经商于南洋。创办《天南新报》，同情戊戌变法，康有为在流亡中多得到他的接济。又资助自立会起义等。著有《菽园居士诗集》《菽园赘谈》等。

　　**约 7 月(六月)前**　将父亲刘成忠的《韩文百篇编年》刻板印行。

　　▲ 编著者按：刘成忠 1871 年编辑点评《韩文百篇编年》，其手稿三册尚存，封面题签为"韩文百篇编年"(上册·中册·下册)。现存《韩文百篇编年》刻印本三册，封面题签为"韩文百篇编年"(上卷·中卷·下卷)。上册扉页有"光绪庚子仓旧堂印"。上册收文 34 篇，中册收文 32 篇，下册收文 34 篇。编次、内容与手稿完全相同。惟三卷的正文首页都有"丹徒刘成忠子恕选评"9 字。因 1900 年下半年刘鹗全身心投入北京赈济。故《韩文百篇编年》刻印完成应在本年上半年。印行的《韩文百篇编年》收韩愈散文 100 篇，其中 99 篇有刘成忠的评语共 199 则(详见 1871)。98 篇有眉批共 585 则，11 800 字。

　　**7 月(六月)**　刘鹗的挚友沈荩与唐才常、林圭等组成自立军在湖南、湖北多地相继起义。起义失败，领导者或被杀，或逃亡日本。

　　▲《自立会起义始末·起义之布置》唐才常、林圭计画分自立军为七军：以大通为前军、秦力山统之；安庆为后军，田邦旋统之；常得为左军，陈犹龙统之；新堤为右军，沈荩统之；汉口为中军，林自统之；另置总会亲军及先锋军。(《自立会》第 16 页)

　　▲《沈荩新堤之失败》右军统领沈荩，长沙人。担任在新堤发难之责。闻汉上于迁缓失事，亟率所部发难。湖北之崇阳、监利、湖南之临湘、沅州、湘潭等县纷起

响应。时因中军已失，人心涣散，师遂溃。党人黄南阳、李寿金、曾广文、王昌年皆被执，死之。沈走武昌，旋复北走燕京，欲着手于中央活动。(《自立会》第20页)

**8月下旬(八月初)** 以再不死人蝶隐为名于《唐诗三百首》题诗《题〈唐诗三百首〉卷》。

▲《题〈唐诗三百首〉卷首》：阿姊停针每见怜，小时指授绣灯前；而今此卷犹传世，回首沧桑四十年。风尘潦倒鬓如丝，久没心情学咏诗；手把此编三五读，依稀还是下帷时。少陵悲苦青莲达，同是伤心感乱离；谁料目今刚李辈，昏凶十倍国忠时。二十年来数宦囊，古书名画百余箱；蛮烟瘴雨仓皇走，北望燕京泪几行。旅馆无聊枉泪滋，且将韵语寄想思；牙签十万知何处？重读儿时一卷诗。庚子八月初，再不死人蝶隐题。(《刘鹗集》第572页)

**9月5日(八月十二日)** 由陆树藩组织的救济善会成立于上海。

▲《救济善会募捐启》(节录)：近因北京民教为仇，激成大变，致倾列国师船大集津沽，竟以全球并力决胜中原。毒，莫于炮火连天，生灵涂炭；惨，莫惨于兵刃交接，血肉横飞。最可怜者，中外商民寄居斯土，进无门，退无路，不死于枪林弹雨之中，即死于饥渴沟壑之内。呜呼痛哉！……遇有难民，广为救援，名曰"中国救济善会"。呈上海道照会各国领事，声明此系东南各省善士，募资并办，亦如外国红十字会立例……专济东南个省之被难官商……如遇饥饿贫民，在京津妥为赈恤……会中无论上下人等，均穿红十字记号衣。(《刘鹗小传》第37页)

▲ 编著者按：当时上海参与北京赈济的至少有如下三个团体：① 上海救济善会。其办公地址是上海(北京路)庆顺里。制订有《救济善会章程》。其负责人是陆树藩、潘炳南、丁绍芬。赈济工作开展后至少在天津、北京、广东三地设有分局。它的赈济活动得到了李鸿章的认可。② 上海济急善局(会)。其办公地址是上海北市丝业会馆。其负责人是庞元济、施则敬、施子英(施则敬与施子英是否同一人待考)。③ 协济(善)会。其情况不清。从现有材料看。影响最大的是上海救济善会。救济善会与济急善局(会)的活动基本是分开的，但是也有合作的时候。(《清末小说》第28期第120页)

▲ 编著者按：陆树藩(1868—1926)，字纯伯，号毅轩。曾从其父心源学过书画、版本目录之学，后参加乡试，中恩科举人。1892年进京候职，得钦加侍读衔，赏戴花翎，任内阁中书本衙门撰文等职。父心源殁，丁父忧回籍守制。1900年发起组织救济善会，并带队赴京津等地救援，被当地民众称为"湖州善人""陆氏善人"。1902年分发为江苏补用道，先后任驻江苏商议员、总办江苏商务局等职。1911年皈依佛门并剃度，1912年在苏州创办孤儿院，供贫苦儿童膳宿读书，以培育人才。

所著有《吴兴词存》《皕宋楼藏书三志》《穰梨馆过眼三录》《忠爱堂文集》等。1907 年陆树藩是著名藏书楼"皕宋楼"主人,1907 其将皕宋楼和守先阁藏书 15 万卷,10 万元全部售与日本岩崎氏的静嘉堂文库,长期被人们所诟病。

**8 月 14 日(七月八日)**　马建忠去世。

**9 月初(八月中旬)**　邀请三位日本朋友西村天囚、牧放浪、小田切万寿之助和老朋友方药雨饮于金湘娥校书、谢桂香校书寓所。有诗词唱和,西村天囚名之为《沪上小诗》并有序。

▲[日本]樽本照雄《刘鹗与日本人》:八国联军攻陷北京,8 月 15 日西太后和光绪帝逃往西边。这个消息传到上海的时候,刘铁云正邀请三个日本人举行宴会。他们就是西村天囚、牧放浪和小田切万寿之助。刘铁云的老朋友方药雨也参加了这次宴会。在宴会上,刘铁云作了两首诗。西太后他们是 8 月 30 日到达陕西省大同府的。刘铁云的诗中有一句"黄龙有厄迁西晋",所以他和三位日本人的宴会应该是在 8 月 30 日以后举行的。(《研究集稿》第 20 页)

▲编著者按:宴会非止一次,共存唱和诗词 10 首。西村天囚名之《沪上小诗》并有小序。诗词唱和,有原唱后才有和诗,但是《沪上小诗》排列并非按次序。按《硕园遗集》原排列全文录于下:

庚子八月,予从宁到沪,会北京陷清皇蒙尘时局之变,□□不可测,乃暂留此观察大势。而沪为海上纷华之场,楼阁连云,笙歌海涌,不复知战鼓渡江。予时或诗酒征逐,醉则有作。虽不过咄嗟应酬之语,而蒿目时艰,感慨系焉,不忍弃去,名"沪上小诗"。天囚识。

《牧仲舒宴于谢桂香校书次席上韵》:劫余归思似奔牛,枉向欢场犹滞留。湖海多年无快意,戈矛满目有同仇。歌声呜咽客皆醉,钗影婆娑香欲流。借得纤纤美人手,尊前剪烛写幽忧。

《饮于金湘娥校书寓叠韵赋赠》:江南少年气吞牛,醉上高楼夜夜留。歌舞之场堪结客,文章从古易逢仇。何人海内无双士,之子吴中第一流。多些蛾眉解迎客,娇喉婉转散深忧。

《同坐诸君子所和》:意气樽前冲斗牛,淋漓题壁句重留。烛天烽火黄巾起,压海艨艟白种仇。诗卷一篇山镇碧,英雄千古水东流,琵琶激越歌凄惋,却使吾曹发国忧。(牧放浪)

谶书劫运介猪牛,大厦将倾不可留。举酒胸襟思举国,同袍气概合同仇;愁看大泽龙蛇起,忍使颓波日夜流。谁假斧柯诛首恶,男儿耻作杞人忧。(刘铁云)

《与仲舒铁云饮次仲舒韵》:香气吹薰衣桁东,欢情如涌世情空。吾本病后三蕉醉，谁是吟来八斗雄。倚剑乾坤豪士会，调歌丝竹镁人丛。天涯一夜新愁散，不向华筵敢说穷。

《原唱》：廿年游迹遍西东，回首茫茫往事空。白祫谈兵人负气，红楼睹酒客争雄。忧看京北沧桑变，醉倒江南花柳丛。却向欢场泪土雨，此生抑郁感途穷。（牧放浪）

《次富卿韵赠刘铁云》：狂态依然旧蔽裳，只因忧世断中肠。临风有泪望燕北，回日无人思鲁阳。草泽终非出刘项，干戈曷得化圭璋。怜君倚酒消孤愤，灯下剑光□上霜。

《刘铁云招饮席上》：回首燕云泪沾裳，枉将杯酒洗愁肠。连天南苑尽胡马，一带西山唯夕阳。宏济今空狄仁杰，合从水学苑君璋。嘱君莫唱后庭曲，未听弦声□欲霜。（田富卿）

《次韵》：一曲秦歌泪满裳，仰瞻北斗断人肠。黄龙有厄迁西晋，苍狗无端蔽太阳。和尚难成思魏绛，都城出让类刘璋。破国孤臣惟涕泗，崇文门外月如霜。（刘铁云）北望何堪泪溢裳，权斩愁绪索枯肠。最难知己同倾酒，容易秋风送夕阳。金谷歌声余有韵，玉谿诗句润如璋。可怜夜夜申江月，照见几人鬓上霜。（方药雨）

（《硕园遗集·诗集卷二》第 17 页）

▲ 编著者按：据日本大阪经济大学樽本照雄教授研究：西村天囚、牧放浪、小田切万寿之助是刘鹗最早结识的日本人。西村天囚、牧放浪在《近代来华人名辞典》都无记录。根据樽本照雄的《刘铁云与日本人》一文介绍：

西村天囚（1865—1924），本名叫西村时彦。鹿儿岛人。新闻记者、小说家、汉学家。从东京大学中途退学以后，做过《大阪公论》记者，1890 年做了《大阪朝日新闻》记者。1897 年，作为友好使节来到中国，与张之洞见面，并在上海与李伯元相识。1900 年，西村再次来到中国，在南京研究中国情况的时候，义和团在山东起义，他迁到上海，和《朝日新闻》的特派记者牧放浪同住一处。

牧放浪（1868—1915），本名牧卷次郎。冈山人。新闻记者。在东京专门学校学习过，后因病返回故乡。以后来到上海，曾做《东亚日报》记者，后任《大阪朝日新闻》记者。（《研究集稿》第 19 页）

▲ 编著者按：关于小田切万寿之助，《近代来华人名辞典》介绍为：小田切万寿之助（1868—1935），日本领事官，银行家。1887 年任天津领事馆随员，同年调任北京公使馆随员。1902—1905 年任驻上海总领事。1906 年辞领事职进横滨正金银行，不久升为总裁。1913 年他是五国银行的日本代表。

根据樽本照雄教授《刘铁云与日本人》一文介绍：小田切万寿之助（1868—

1935)，在东京外国语学校学过中文。作为外交部留学生，在天津、北京学习以后，赴美国任外交部书记生。1896 年任杭州领事，1897 年任上海总领事代理。小田切本来是西村的老朋友。他作为初露锋芒的外交官活跃于政界。江标、文廷式因戊戌政变都逃到上海。小田切就在明里暗里帮助他们。（《研究集稿》第 20 页）

约 9 月 19 日（八月二十六日）　吴保初函致汪康年，寻找在上海的刘鹗。

▲《吴保初致汪康年》：多日不见，作么生耶？弟自闻伯弣之耗，哀恋靡从，无复人理。兹有要事欲与刘云抟兄一商，未知其住址何处，乞垂示之。日间拟一访谈。此请穰卿吾兄刻安。弟保初顿首。二十六日。（《汪康年书札》第一册第 338 页）

▲ 编著者按：吴保初（1869—1913）与陈三立、谭嗣同、丁惠康赞同维新，时人称为"清末四公子"。1897 上《陈时事疏》，直"以亡国之说，告之于皇上"。冀其"怵危亡"而"谋富强"，被刑部尚书刚毅压下未报，乃愤然引疾南归居上海。伯弣，《清史稿》列传二百五十五：宗室寿富，字伯弣，隶正蓝旗，侍读宝廷子。及拳乱起，乃上书荣禄，言董福祥军宜托故令离畿甸，然后解散拳民，谓"董为祸根，拳其枝叶耳"。荣禄不省。妻翁内阁学士联元既以论拳匪诛，家属匿其宅，众以寿富重新学，亦指为祖外，恚甚，或劝之他往，曰："吾宗亲也，宁有去理耶？"城陷，寿富自题绝命词，并贻书同官曰："国破家亡，万无生理。乞赴行在，力为表明。侍已死于此地，虽讲西学，未尝降敌。"遂与弟右翼宗室副管寿蕃及一妹一婢并投缳死。

10 月初（闰八月上旬）　给陆树藩写信表示愿捐款并率人赴北京进行赈济活动。

▲ 刘鹗关于赴北京赈济事致陆树藩信全文：

今年北省大难，蒙诸大善长发慈悲心，猛勇救济，先援德州之滞客，次拯天津之难民，凡有血气者，皆宜感动。试思同为黄种，同是三王五帝之裔孙，何以北省独遭大劫？而南省独得完全？盖十数年来，上海义赈捐款不下数百万，感召昊苍，所以天留刘岘帅等，以福庇我南民也。由此观之，天恩不可不感，即解囊不可稍缓。譬如大舟触礁而沉，舟人登陆者半，沉溺者半，则登陆者不当尽力拯救沉溺之人乎？譬如通衢火起，已焚其半，余不焚者，不当群起灌救被难之家乎？今日之事，何以异此？弟寒士也，掫挡一切，愿凑捐银五千两，又筹借垫款银七千两，共一万二千两，送呈贵会，伏希察入，惟此款愿专作救济北京之用。窃谓此次京师大难，与寻常水旱偏灾不同，平民之受害也轻，而士大夫之受害也重。良民宜惜，良士尤宜惜；难民可怜，难官更可怜。京官苦况，平时且不免支绌，当此大难猝兴，走则无资，留则无食。月初有西友自京师来云，见京官宅中，有陈设依然，而男子逃走，女子自尽，尸横遍地者；有大门紧闭，而举家相对饿死者。闻之不自知其泪下潸潸也。人才为国之元气,京师为人才渊薮,救京师之士商,即所以保国家之元气。办法当以护送被困官商人口出京为第一要义,平粜为第二要义,其余尤其次矣。是否有当,尚祈裁察。以地而论,北京为最急;以事而论,北京为最难。如无人去,弟愿执役,为诸君前驱可乎?所有随带翻译人等川资、薪水均由弟捐款发给,不支善会分文。譬如行军,前敌为难,而接济为尤难,故汉室论功,萧何为首。以后之源源接济,是所望于诸大仁人矣。(《刘鹗集》第 748 页)

▲ 1900 年 10 月 7 日(闰八月十四日)《申报》发表刘鹗给救济善会关于愿意捐款并赴北京赈济信后,救济善会的评论:

特颂巨款　本善会昨奉刘铁云大善士来函,略谓:(即上信,略)云云,伏诵之余,莫名钦佩。规银一万两千两,照数敬收。当筹款艰难之际,遇一代特伟之人,慷解腰缠,万金不吝。其用心之厚,任事之勇,求之古人,亦不多见。万家生佛,定起四海之讴歌;九种慈云,永作群生之功德。除付收照外,合请登报,以志不忘。(《文学史证》第 225 页)

**10 月 7 日(闰八月十五日)至 10 月 14 日(闰八月二十一日)之间**　募捐二百元,交给救济善会。

▲《中外日报》1900 年 10 月 14 日刊上海救济善会启事:

深泽仁厚

救济善会昨承刘铁云太守经募宋崇德堂了乐助理洋二百元。(《清末小说》第 28 期第 121 页)

**10 月 15 日(闰八月二十二日)**　陆树藩率 82 人乘爱仁轮北上赴天津。船悬挂德国国旗。救济会工作人员带有中西文执照并带红十字记号。

▲ 陆树藩《救济日记》:闰八月二十二日慷慨启行。是午同德医官贝尔榜、德人喜士、陈季同(敬如)、严复(又陵)、德文翻译洪中(肇生)并司事、家丁、小工等共计捌拾弍人登爱仁轮船刻出吴淞口停泊。次开发(《救济日记》第 2 页)

▲《筹创中国红十字会启》:……于八月二十二日催令上海德国总领事克君荐来德国医官贝尔榜、德人喜士,此外华医数位、司友等,共约百余人乘轮往北。随带来米三千三百包,面二千一百三十二包,饼干五千二百念磅,带寒衣三万五千五百四十件,大小棺木五千余具,药料数百箱,至京、津、保等处办理一切。其时水路不通,华轮赴沽恐被联军所夺,故由德国医官贝尔榜悬挂德旗并红十字旗以示保护。(《救济文牍》卷一)

▲《救济善会致天津都统衙门》:敝会上下人等,均随身带有本会中西文凭执照并钉有红十字为凭证。……

特函请贵衙门先出西文洋文告示，遍谕各军，凡敝会董事、小工身上均有红十字记号。各国洋兵不得欺侮。兹送上红十字旗四面，即请盖印签字给领，以便敝会于应办掩埋地段均行插立此旗，咸资保护。(《救济文牍》卷五)

**10 月 15 日(闰八月二十二日)至 10 月 20 日(闰八月二十七日)之间** 募捐规元二百两，交救济善会。

▲《申报》1900 年 10 月 21 日(闰八月二十八日)刊《救济善会杂记》：刘铁云太守续募柳恒敏堂规元二百两。(《文学史证》第 226 页)

**10 月 19 日(闰八月二十六日)** 陆树藩等乘坐小火轮到塘沽。

▲陆树藩《救济日记》：闰八月二十六日，午后，与贝尔榜、喜士、敬如坐小火轮进口至于塘沽。一路旌旗满野。东炮台悬日本及大英、意大利旗号，西炮台悬俄、德两国旗号，船坞亦悬俄国旗号，招商码头悬美国旗号，开平矿务局悬德国旗号，铁路则悬俄国旗号。此外村镇、商船无不悬一外国旗号以为保护。真有人民犹是，城郭已非之象。(《救济日记》第 2 页)

**10 月下旬(闰八月中旬)** 继续为北上赈济进行募捐交给救济善会并做率领赈济人员北上的准备工作。

▲《中外日报》10 月 20 日(闰八月二十七日)、21 日(闰八月二十八日)、22 日(闰八月二十九日)连续三天刊登由刘鹗落款的《慈善会启》：启者：本会专任北京救援被困官商为事，居者授以糇粮，行者助以资斧，与救济会相辅而行。所有办事上下人等均无薪水，自备川资。海内 诸大善士惠赐捐款即由救济会代收。兹准于二十九日乘太谷公司张家口轮船北上。凡有银两信件均可带寄。惟信而注明外银若干两，而无银款交下者一概不寄。诸君谅之。

刘铁云 方 若谨启(《清末小说》第 28 期第 122 页)

**10 月 21 日(闰八月二十八日)** 募集捐款 200 元。

**10 月 22 日(闰八月二十九日)** 给文晓芳报告筹款情况。

▲《申报》1900 年 10 月 22 日(闰八月二十九日)《救济善会记事(三)》：

顷承刘君铁云、方君若惠函云：

文晓芳仁兄阁下：

慈有敝友程君若水来函，愿捐助善会规元五千两。其款弟已收到，即携至京师，与陆纯伯兄合同。商酌办理。敬请 德安(《文学史证》第 227 页)

▲《苏报》1900 年 10 月 24 日(九月二日)刊《上海救济善会承各富绅善慨助第二次清单》(闰月初十起二十止)：

刘铁云九八元，五千两，又先垫七千两。余荩晨、姚子哲、刘铁云太守经募崇得

守张子嘉、黎笋臣五户各二百两。(《文学史证》第 226 页)

▲ 七月,八国联合侵略军由大沽口登陆,攻陷北京。清慈禧太后及光绪帝仓皇逃往西安。京师被洋兵占据。在侵略军统帅瓦德西下设立汉奸组织"安民公所",北京城内由八国侵略军分段布防统治。洋兵到处奸淫掳掠,北京死人无算,并且全城乏食,粮源断绝。因在沪筹款和浙人陆纯伯(树藩)入京办赈,并设掩埋局,收敛死尸,一时全活了不少的人,并预先防止了大兵之后的大疫。由上海启程进京的日期,在八九月间,第三子大缙随行。(《铁云年谱》第 54 页)

**约 10 月 25 日(九月初三日)** 以救济善会的名义,率领招募的赈济人员、部分救济款、救济物资及信件乘船北上。三子刘大缙随同前往。

**约 10 月 30 日(九月初八)** 到达塘沽。

**10 月 31 日(九月初九)** 到达天津。与陆树藩见面并一起吃晚饭。

▲《申报》1900 年 11 月 14 日刊《救济电音》:

刘铁云函云:仆于初八抵塘沽,初九日到天津,一路平安。(《文学史证》第 228 页)

▲ 庚子九月九日……刘铁云由上海来(天津),已改东洋装束,带来上海信九封……与铁云至义和成饭店。(《刘鹗年谱》第 31 页)

▲ 陆树藩《救济日记》:九月初九日,刘铁云由上海来,已改东洋装束。带到上海信九封。有毛毓泉来见,允为帮办掩埋事宜。与刘铁云至义和成晚饭。(《救济日记》第 6 页)

▲《中外日报》1900 年 11 月 2 日《善会告白》。

上海救济善会第三批寄信声明:敝善会承四方善士托带信件,已将第二批交刘铁云观察代带往津门。□又积六十五函昨已□封总函,托德国书信馆交直隶轮船带津。俾敝会驻津同人可以早为投送。诵唐人"家书抵万金"之句,本会不得不加慎重焉。特此声明,阅者鉴之。

上海庆顺里救济善会潘炳南 丁绍芬等谨志(《清末小说》第 28 期第 127 页)

▲《中外日报》1900 年 11 月 3 日《善会告白·救济电音》:上海救济善会同志刘君铁云携带第二批赈款及各处托投信件于日前搭轮北上。□悉初十日会中接到陆纯伯天津来电,知刘君及翻译人等已于初十日四点钟安抵津门。从此群贤毕至,不虞无人襄助矣。至爱仁轮是否初十开回沪,尚未接到续电云。(《清末小说》第 28 期第 127 页)

▲《申报》1900 年 11 月 4 日刊《救济电音》:上海救济善会同志刘君铁云携带第二批赈款及各处托投信件,于日前搭轮北上。本月初十日,会中接到陆君伯纯天

津来电,知刘君及翻译人等于初十日四点安抵津门。从此群贤毕集,不虞赞助无人矣。(《文学史证》第 228 页)

**约 10 月底(九月初)**　沈荩自武昌、上海潜入津京进行颠覆清政府的活动。

▲ 编著者按:沈虞希或作沈渔溪即沈荩。章士钊《沈荩之略历及庚子事变》:荩之往北京先至天津,时正八九月之交。北清事变棘,联军屯聚于津沽。荩通刺谒联军诸将士而与日将尤惬,谋尽覆满族。徐着手以光复吾宇。闻指摘拳魁如载漪、启秀之流皆死于荩笔札之间。然事秘,外人知之者绝对少,故莫能详言之。(《沈荩》)

**11 月 2 日(九月十一日)**　与陆树藩商讨进京赈济。

▲ 十一日,与铁云商办赴京救济事宜。(《刘鹗年谱》第 31 页)

▲ 陆树藩《救济日记》:九月十一日,爱仁轮于八句钟回上海,装去难民一百七十余人。⋯⋯回寓与铁云商办赴京救济事宜。(《救济日记》第 6 页)

**11 月 3 日(九月十二日)**　不惧危险,率领部分赈济人员、钱款和救济物资冒险出发往北京。

▲ 陆树藩《救济日记》:九月十二日,铁云于午后率同事、司事、工役二十余人赴京。(《救济日记》第 6 页)

▲《申报》1900 年 11 月 17 日救济电音

刘铁云有电来云"诸事妥协,铁云等十二日入京"。(《文学史证》第 228 页)

▲ 陆树藩《致余敬珊观察》:一路临军云集,旗布星罗,不得不矢以小心,慎之又慎。⋯⋯京通一代,虽已安民而号令纷如,出入不能自主。纵有洋人保护,各军尚未周知,动履危机,时形掣肘,幸有刘铁云太守偕司事西人等资源分劳,先行赴京相机办理。想力行善举,当能邀默佑于苍穹也。(《救济文牍》卷五)

**11 月 4 日(九月十三日)**　爱仁号轮船从天津开往上海,载难民 171 名。

**11 月 9 日(九月十八日)**　到达北京,住在北京东城大甜水井宝熙宅。立即向李鸿章和其幕府递交介绍自己代表救济善会在北京工作的信件。调查北京情况并组织被难人员离京南下。

▲《中外日报》1900 年 11 月 14 日,《刘铁云来电》:刘铁云、方若等十八日到京。刘我山、汪坡生等携眷于二十日动身回津。王伯弓、求玉舟、武齐庭、孙酉生、徐滋卿均平安在京。陆伯炎、朱旭人、朱小行等均出京。王宝斋查无知者。

▲《陆树藩致李鸿章夹单》:⋯⋯宪鉴:迩闻京师被难人士极多,望救之情甚迫。树藩急拟入都援救,无如津郡甫行开办施行放衣米、掩瘗遗骸,在在均关紧要,不得不躬亲总理,暂缓北行。适有前候选知府刘守鹗由沪到此,愿赴京帮助办理一切。当嘱晋叩节辕,面求指示。树藩俟此间诸务稍有就绪,仍当不辞艰险迅速到

京。届时再行面聆训诲。临行不胜惶悚之至。

▲《陆树藩致李中堂幕府》：杨、杨、曾、徐诸君：……惟京师为人文渊薮，不乏绅商。前于十二日已托刘铁云太守相助为理，先行赴京。……敢欣将京中被难士商同列刘铁云太守迅速设法护送到津。(《救济文牍》卷五)

▲ 铁云先生当时在京住东城大甜水井宝熙宅。(《铁云年谱》第55页)

▲ 编著者按：宝熙(1871—1942)，字瑞臣，号沉庵。清宗室，正蓝旗人。光绪十八年进士，书法端庄肃穆，能诗。书法与刘鹗、罗振玉、王孝禹三人并称。

**约11月中旬(九月下旬)** 陆树藩决定进京。

▲ 陆树藩《致上海本会诸同人》：保定、省城及芦台、塘山、沧州、固安等处均已饬人前往招徕。京通一路，前托刘铁云翁先行赴京相助办理。今津局诸事就绪，二十一日当亲自入都拯救。(《救济文牍》卷五)

**11月12日(九月十九日)** 以李鸿章名义介绍救济善会工作的告示公布在北京各大城门口。由此济难、平粜、掩埋、施医、组织被难官商出京等多方面、大量的救济工作开始。救济善会工作人员带有中、法、德三国文字护照。

▲ 李鸿章关于开展赈济活动的《告示》全文如下：阁爵全权大臣李示：东南义会，资送绅商，实因困苦，各自回乡。京城人等，且勿惊惶，和局即定，贸易如常。出示晓谕，遍告城厢。(《刘鹗小传》第39页)

▲《德医官贝尔榜来书》：……会中之人以后凡系中国救济中工仆人等，应无用将红十字粘在臂处。凡系会中官员亦可无用以红十字作记。惟将所有法、德三国文字之护照及所影小照时常随身带走，以便查验而示区别。(《救济文牍》卷五)

**11月13日(九月二十日)** 陆树藩离开天津赴北京。

▲ 陆树藩《救济日记》：九月二十日。……赴京。……上岸天已昏黑。路遇德国醉兵一队，先将翻译雍俊卿之帽攫去。予手提外国皮袋，所藏银钞现洋甚夥。醉兵见予两人装束，直目屡视，不敢相近。只得硬着头皮向前走。(《救济日记》第11页)

**11月14日(九月二十一日)** 平安号轮船从天津开往上海，载被难官商151人。

**11月中旬(九月下旬)** 在北京成立平粜局，在中城、东城、西城、南城、北城及贤良寺等设粥厂。

▲《申报》1901年1月25日(十二月六日)：俄人则于西便门外白云观、左安门内玉清馆增设粥厂，与五城旧有粥厂相辅而行。(《文学史证》第232页)

▲ 联军入京，京人士乏食。先君知外军挟愤而来，必多糜烂，因使署多己之旧

好，欲调护无辜，乃尽斥鬻所有，购米北上办赈，并设平粜局，抑人操纵。因此遂又恶杭人沈某、甬人洪某。（《关于老残游记》六）

▲ 按当时南方国人北上办赈的共有两个团体，其一是以盛宣怀为首的江南绅商庞元济、施则敬（施善昌子）等人。其二就是陆树藩和铁云先生等人这一团体。盛会的目标是救济南方京官回乡与维持留京不能回乡的南方京官的生活，名为"口数粥"。苏州叶昌炽《缘督庐日记钞》庚子十二月十八日："至贤良寺领口数粥，共两股。一为合肥（李鸿章）所筹津贴款，合十四省京官，人得六十金，一为盛杏荪京卿筹济同乡之欲，仅江苏一省，人各得百金。以联票赴汇丰洋行，所得银饼二百十二元有奇，同舟之谊，不为菲矣。"云云。树藩和铁云先生所办善会则以对京津两地居民的平粜、掩埋为主。除去自己斥产捐款以外，也有募来的捐款。其中有上海戏剧界人士义演收入数千元。名妓金小宝除捐出一些钗环，又画扇二百把助赈。李伯元《庚子国变弹词》第二十六七回中记有其事，忧患余生（连梦青）著《邻女语》小说，第一回"弃国狂奔仓皇南走，毁家纾难慷慨北行"中，毁家纾难的江苏镇江府丹徒县人金坚字不磨者，即影射的铁云先生筹赈之事。关于铁云先生当时在北京办赈的事迹，住在北京的老辈，尚有人能说。我业师满洲人定向震，庆王奕劻的内侄，当时因有事往平粜局，震于先生的名望，曾遣人指识。他说："那天老先生穿一件二蓝绸夹袍，正拿一块布拂拭一件铜器。旁边有几个平粜局的司事请示，均口授指划，顷刻停当，才思实在敏捷。"云。又 1937 至 1946 年之间，我在北京中国大学教书时，法律系教授唐嘉甫（纪翔）也曾谈过：庚子年家中仅母子二人，平时靠一点市房的房租糊口，洋兵入城，城中缺米，满街都是饿死的人。他母子天天到赈局领赈。当时规定除平粜外，无告贫民每人每天可以领米一斤四两，妇幼酌减，父母夫妻子女可以代领。唐每天都去领二斤米。后因路远荒乱，母亲不放心，要求一次多领几天。司事不敢做主，领他和铁云先生见面。铁云先生因他是年青学子，又有寡母，很表同情，特别给他一月一发，并给他十五块钱。如是三月，局面渐定，当时谈到对先生所赐，终身感念不忘。（《铁云年谱》第 56 页）

▲ 编著者按：时李鸿章住在北京贤良寺。故刘鹗或以"贤良寺"代"李鸿章"。

**11 月 14 日（九月二十三日）** 陆树藩到达北京。

▲ 陆树藩《救济日记》：九月二十三日：予亦于是日与美会教士、同伴入都。下午登舟至东浮桥驻宿。（《救济日记》第 12 页）

**11 月 15 日（九月二十四日）** 已经统计出希望离开京城的京官及其家属千余人。本日，陆树藩住北京（天津?）北仓。

▲ 由于救济善会对"凡在京之外乡官，愿回乡者，会中备船，保护送至上海。

不愿离京者,会中筹给津贴",大得好评。认为"有此义举,汉官皆有生路矣"。没有几天工夫,到九月二十二日"京官眷属之欲回者,已不下千余"。(《刘鹗小传》第 39 页)

▲ 陆树藩《救济日记》:九月二十三日舟行颇迟,开至北仓驻宿。但见颓垣裂瓦、鸡犬无闻。北人最敬武圣,村村庙祀一路为洋兵所毁,佛寺亦无瓦全者。(《救济日记》第 12 页)

▲ 编著者按:刘鹗到达北京后一大任务是组织愿意离开北京的官商尽快从天津转移。对这些官商的姓名、地址、籍贯都进行登记。当时的报纸也刊出有关消息,如《中外日报》就刊有《各省在京人员名单》,以备撤离。

**11 月 18 日(九月二十七日)** 公安号轮船从天津开往上海,载被难官商 250 人。

**11 月 20 日(九月二十九日)** 协和号轮船从天津开往上海,载被难官商 171 人。

**11 月 23 日(十月初二日)** 泰顺号轮船从天津开往上海,载被难官商 760 人。

**11 月 25 日(十月初四日)** 在大甜水井,与陆树藩见面。

▲ 陆树藩《救济日记》:十月四日,到大甜水井与铁云畅谈。知某君放九门提督欲调旗兵点名商之英督,提督不允。(《救济日记》第 16 页)

**11 月 28 日(十月初七日)** 陆树藩访刘鹗,谈商请美国派兵保护避难官商出京事。

▲ 初七日,访刘铁云,商请美国派兵保护被难官商出京事,谈及各国公使已将条款商妥,电知其政府,候复再与我议。(《救济日记》第 17 页)

**11 月 29 日(十月初八日)** 爱仁号轮船第二次从天津开往上海,载被难官商 210 人。

**11 月 30 日(十月初九日)** 平安号轮船第二次从天津开往上海,载被难官商 715 人。

**12 月 1 日(十月初十日)** 陆树藩离京回天津,随同往天津的被难官商 200 余人。

▲ 陆树藩《救济日记》:十月十日,九句钟等车起行,共被难官商二百余人,装车一百六十辆。由美国派来兵官两人马队为名护送出城。(《救济日记》第 18 页)

**12 月 3 日(十月十二日)** 新裕号轮船从天津开往上海,载被难官商 496 人。

**12 月 4 日(十月十三日)** 陆树藩与避难出京的官商等到达天津。

▲ 陆树藩《救济日记》:十月十三日,下午三句钟到天津。途中承美兵官拔克达保护周密,同人咸口感谢。(《救济日记》第 19 页)

▲ 陆树藩十月十三日回到天津给刘鹗的信：京邸濒行，辱承枉送，此情此景，刻不能忘！即维餐卫适宜，定符私祝。弟此别后，于十三日抵津，幸一路托庇平安，差堪告慰。顷已摒当一切，大约二十左右回申。惟南人托寄京信，并有汇款者尚多，其款已由汇丰奉。兹特托敝戚陈君静轩，入都分劳，办理所有汇款之信。伏乞查明确交，回取收条寄交沪局。朔风多厉，珍摄为佳！尚望时惠好音，以匡不逮。（《刘鹗集》第 750 页）

**12 月 5 日（十月十四日）**　普济号轮船从天津开往上海，载被难官商 328 人。

**12 月上旬（十月中旬）**　因救济款紧缺和北京粮价一天高似一天，发电请求上海救济善会接济，要求借"两万金"。

▲《申报》1900 年 12 月 9 日刊致救济会电文：

北京粮价日昂，乞得平耀，请借两万金汇来。（《文学史证》第 230 页）

**12 月中旬（十月中旬）**　平粜局下设掩埋局于大甜水井，请沈荩负责。

**12 月 7 日（十月十六日）**　泰顺轮船第二次从天津开往上海，载被难官商 144 人。

**约 12 月 8 日（十月十七日）**　陆树藩决定返回上海。北京赈济问题全由刘鹗负责。

▲ 陆树藩《致上海本会诸同人》：树藩于九月念四日由津起行，念九日抵都。……树藩亦拟于日内返申。津局酌留数人办理平粜、施医等事。京中请铁云太守办理。（《救济文牍》卷五）

**12 月 10 日（十月十九日）**　陆树藩离开天津南下回上海。

**是日**　协和号轮船从天津开往上海，载被难官商 222 人。

**从 11 月 4 日（九月十三日）到 12 月 10 日（十月十九日）**　从天津开出轮船航班十一次，从北京、天津回上海被难官商共 5 583 人。

**12 月 17 日（十月二十六日）**　陆树藩回到上海。

▲ 陆树藩《救济日记》：十月二十六日：风平浪静。午后二句钟，抵申登岸。是役也，共援出被难官民五千五百八十三人，运回旅柩一百三十六具，拾埋碎骨七十八箱，又装大包三十七包。检男骨六十六箱，女骨五十五箱，安埋碎棺四十八具。医药惜字等项另有细单。兹将历次人数开列于后：爱仁轮船于九月十三日出口，载难民一百七十一名。平安轮船二十一日出口载一百五十一人。公安轮船二十七日出口，载二百五十人。协和轮船二十九日出口，载一百七十一人。泰顺轮船十月初二日出口，载七百六十人。爱仁轮船第二次于初八日出口，载二百十人。平安轮船第二次于九日出口，载七百十五人。新裕轮船十二日出口，载四百九十六人。普

济轮船十四日出口,载三百二十八人。泰顺轮船第二次于十六日出口,载一百四十四人。协和轮船第二次于十九日出口,载二百二十二人。又由京来津商人等,经津局照料来沪者计二千人,共五千五百八十三人。(《救济日记》第 23 页)

**12 月 22 日(十一月一日)** 掩埋局开始工作。

▲《申报》1901 年 1 月 31 日(十二月十二日):掩体埋骸 访事友手书云:本年夏秋之交,猝遇并变,死亡枕藉,行者伤心。某善士悯之,遂与各国警务署商订,就东华门外大甜水井设立慈善会掩埋局。自十一月初一日起预限一月,凡有尸棺,愿葬于城外者,赴会报明,转述警务署,发给执照。有力者,听其自然;无力者,代为掩埋。无棺者,兼施棺木。是亦好行善德者也。(《文学史证》第 234 页)

▲《申报》1901 年 2 月 3 日(十二月十五日):上月十二日,各国总理签约大臣设立治理北京民政厅,出有示谕八条,第四条云:城内居民院中有以前掩埋尸骸者,自出示之后,自听其移葬城外坟墓;其无力移葬者,赶即报由慈善会带为异葬,免致灾疫。其不来报者,亦不准慈善会强搜尸骸。(《文学史证》第 234 页)

**12 月中、下旬(十月下旬、十一月上旬)** 赈济工作顺利进行

**12 月 28 日(十一月初七日)** 施医局开始工作。

**12 月 30 日(十一月初九)** 因向上海方面要求接济的款项到达,工作顺利。向上海方面报告各种款项收、支正常。因大灾后开始出现疫情,已经在前两天开办"施药局"。

12 月 23 日—12 月底掩埋工作进展顺利,一周内已经掩埋过百尸骸。

▲《申报》1901 年 1 月 1 日刊救济善会总局接京局初九日电文云:

救济会纯翁鉴:刘岘帅汇徐花农五十两,恩方伯汇宜仲生二百五十两,均付。所有汇款均发十足。平糶成本三万、弟垫一万、沪垫二万。掩埋挂号已过百人。疫已见端,赶办施医,十七日开局。铁云(《文学史证》第 231 页)

**年冬** 自立军新堤右军统领沈荩辗转上海、天津逃到北京,刘鹗将其藏匿于北京崇文门外木厂胡同或板章胡同家的后花园。

▲ 编著者按:沈荩(1872—1903),原名克諴,字愚溪(后改为虞希),号潇湘渔太郎,祖籍江苏吴县洞庭山,太平天国运动时,其祖经商入湘,寄籍善化(今长沙县)。戊戌维新运动中,他积极参与了湖南新政。戊戌政变后,他到上海会同唐才常东渡日本。次年年底归国,与唐才常一起在上海创办正气会(后改为自立会),并任干事员。1900 年,参与上海"中国国会"的活动和自立军起义的预备工作,任自立军右军统带,驻扎新堤。1900 年 7 月 31 日被杖杀于刑部大狱。

自立会驻上海办理后方机要的负责人狄平子、后来写《邻女语》的连梦青也曾

前后藏匿刘鹗于北京板章胡同的后花园。

**是年**　长子大章再婚。次子大年娶妇。

▲ 为长子大章续娶王氏妇,次子大黼娶毛氏妇。

按我王氏伯母系琅琊王星北的女儿。星北又是书家王伯恭(仪郑)的堂弟,做了多年招商局镇江分局总办。毛氏伯母,是江西丰城毛实君(庆藩)的女儿。毛老和铁云先生均李龙川弟子。(《铁云年谱》第57页)

**是年**　撰写《唐十道表》。

▲《抱残守缺斋·辛丑日记》五月二十五日"居恒读史,每苦地理不熟,浅学寡味,去年草唐十道表,未成而辍。"(《刘鹗集》第687页)

**是年**　开始在北京搜寻古物字画等,已得封泥、玺印等。开始考虑编辑《铁云藏印》。并曾以所收藏之封泥、印玺示于罗振玉。

▲《罗振玉年谱》光绪二十六年:于刘铁云许见山见山左临淄新出封泥,劝铁云传拓附于所辑《铁云藏印》之后。(《罗振玉年谱》第22页)

▲ 罗振玉《殷商贞卜文字考》:光绪己亥予闻河南之汤阴,发见古龟甲兽骨为福山王文敏公所得,……翌年……拳匪起京师,文敏殉国难。所藏悉归丹徒刘氏。(《罗振玉集》第1页)

**约是年及其后**　与沈荩、王照、吴式钊等以古钱为筹码玩扑克牌。此为扑克牌进入中国早期情况。

▲ 徐一士《刘鹗最先玩扑克》:民国初年,北京之赌风最甚,议员政客官僚,多非此不欢。赌具则麻雀牌之外,舶来品之扑克牌,尤为博徒所尚,乐其时髦也。虽素不识西文字母者,而于King、Queen、fullhouse等名词,咸能诵之琅琅焉。而在清季,则北京华人罕此戏者。其最得风气之先者,盖为著《老残游记》之刘铁云(鹗)。癸卯间,刘寓崇文门外木厂胡同,豪于资,喜交游,有"座上客常满,尊中酒不空"之慨。知名之士,或延居其家。供饮撰,如为西后杖毙之沈荩及以告密陷沈之吴式钊,时均假寓刘处也。王小航(照)与沈交,亦常过之。见刘与友人为扑克之戏,以所藏各色古泉币为筹码。斑驳陆离之骨董,与摩登之赌具相辉映,亦所谓不调和之美欤。刘与西人多往来,故于扑克得风气之先。(《亦佳庐小品》第170页)

▲ 编著者按:刘鹗玩扑克,有文字记录于上。笔者所知刘鹗在集邮和骑自行车两事上亦如是,惜无文字记录。前者系王厚德先生20世纪80年代对笔者的口述:"刘鹗是我国最早将邮票进行搜集整理的人之一,这是有记录的。""文革"前家中有邮集两册,系先父刘厚泽先生传给我的二哥刘德枢。而此邮册又得之先祖父刘大绅。邮册中有现在被称为"薄纸大龙"等清代最早的邮票。此后刘德枢将两本

邮册交给笔者。"文革"中上海建筑工程学校红卫兵抄家后,此邮册再未出现。王厚德先生是上海复旦大学附属中学教师,太谷学派学人刘班侯的弟子。至于王先生所说记录于何处,则未明确。笔者并未见到过有关的记录。后者系先母口述:你老爷爷是中国最早骑自行车的人。他那时从英国弄来了一辆自行车,好多人都喜欢看他骑自行车。我小时候还看到过他骑过的那辆自行车。

▲ 编著者按:王照(1859—1933),字小航,号芦中穷士,别号水东。直隶宁河县。清光绪二十年(1894)甲午恩科进士,授翰林院庶吉士,后任礼部主事。戊戌变法失败后,他逃亡日本。1900年在天津创制"官话字母",并写成《官话合声字母》,此书成为中国第一套汉字笔画式的拼音文字方案。近代拼音文字提倡者和"官话字母"方案的制订人。

**约是年前后** 得《张通妻陶贵墓志》。1904年后请有正书局石印本。

▲ 编著者按:刘鹗本人无收藏并石印《张通妻陶贵墓志》记录。有正书局广告亦无有关记载。郑孝胥1916年10月10日记有如下记录:"过徐积余,座中逢葛词蔚。观积余所藏《张通妻开皇十七年墓志》,石如玉,刻甚精妙。徐云:'刘铁云所藏肥本,有正书局有石印,以此件为赝作。'余以为非赝作,他日当取肥本对勘之。"(《郑孝胥日记》第1629页)

# 1901年(辛丑　光绪二十七年)　45岁①

1月　清政府在西安发布"变法上谕"。4月清政府成立督办政务处,作为主持"变法"机构。

2月　清政府根据各帝国主义的要求惩办参加反洋教的王公大臣。

5月　王国维等在上海创办《教育世界》。

7月　清政府改"总理各国事务衙门"为外务部,班列六部之前。

9月　清政府全权代表奕劻、李鸿章与英、法、俄、德、日、奥、意、西、荷、比代表在北京签订《辛丑条约》。中国完全沦入半殖民地半封建社会。

兄刘味青52岁。太谷学派学人:蒋文田59岁、黄葆年57岁、毛庆蕃56岁。罗振玉36岁、王国维25岁。

**1月上中旬(庚子年十一月中下旬)**　北京救济善会已经组织北京官商841户,2 186人离开北京。

▲ 编著者按:《中外日报》刊登《各省出京人员名单》。其名单按省分类,基本记录只有户主姓名及人数。少量注明男女人数或主仆人数者。刊登情况如下:1901年1月16日:浙江180家,272人。1901年1月17日:江苏91家294人。

---

① 刘鹗《抱残守缺斋·辛丑日记》原文保存约一万余字。本年谱长编1901年(光绪二十七年)所引用基本是日记原文。凡引用原文处,不再说明资料来源。

刘厚泽1959年编辑《老残游记资料》在刘大绅《关于老残游记》一文的"注释十四"说"先祖日记现存者为辛丑(1901)全年,壬寅(1902)全年,乙巳(1905)正月至十月,戊申(1908)正月至三月十五,共分装六册。其中辛丑、壬寅、乙巳三年一直保存在我家中。戊申年的一本,原存淮安寓所,后来也由铁孙转给我们了。此外再无发现。"

刘鹗《抱残守缺斋·辛丑日记》原件20世纪50年代由刘蕙孙先生珍藏。现原件不存。刘蕙孙先生在其《铁云先生年谱长编》(齐鲁书社1982年8月第1版第1次印刷)中引用《辛丑日记》内容约一万余字。日本大阪经济大学樽本照雄教授(笔名:泽本香子)根据刘蕙孙先生《铁云先生年谱长编》过录整理成《刘铁云辛丑日记再构成》一文,刊于日本《清末小说》第9期(1986年12月1日)。《刘鹗集》根据樽本照雄教授的文章并与《铁云先生年谱长编》核对、过录。本"年谱长编"根据《刘鹗集》中的《抱残守缺斋·辛丑日记》编著。

《抱残守缺斋·辛丑日记》中日期原文为农历日期,本书按公元纪年记录日期,( )中为农历纪年。因未见日记原件,不知原数字情形,所有数字均已改为阿拉伯数字。

1901 年 1 月 18 日：安徽 114 家，243 人。1901 年 1 月 19 日：山东 52 家 188 人。1901 年 1 月 21 日：湖南 108 家，233 人。1901 年 1 月 24 日：湖北 47 家、193 人。福建 24 家，265 人。贵州 18 家，19 人。广东 3 家，5 人。江西 24 家，65 人。云南 12 家，49 人。四川 25 家，59 人。河南 6 家，11 人。广西 12 家，30 人。无籍贯者 125 家，260 人。

**1 月上旬(庚子年十一月中旬)** 赈济工作正常进行，但是粮食告急，筹款不顺，渐入困境。

**1 月 12 日(庚子十一月二十二)** 向上海报告"仓米将罄"，请求接济。

▲《申报》1901 年 1 月 13 日：救济会昨接京局来电云：仓米将罄，京局平粜须预储四个月米，尚缺一万数千金。极力筹办无着，祈尊处从速设法接济。(《文学史证》第 231 页)

**1 月中旬(庚子十一月下旬)** 平粜局又增加东四牌楼、六条胡同两处。又新设白云观、玉清馆粥厂两处。

▲ 编著者按：进入 1901 年，刘鹗在北京进行赈济活动的情况，缺钱、缺粮，陷入困境。但是，赈济工作仍在进行。郭长海先生根据当时的报纸记载得出如下结论："刘铁云……正在为难之际，终于在外国侵略者所占据的中国国家粮仓即所谓太仓米的存留问题上，找到了机会。……这件事，要记到李鸿章的账上，也是刘铁云经手的。"

▲《申报》1901 年 1 月 25 日(十二月六日)：仁浆惠普 京师访事人云：兵乱一来，小民谋食维艰，嗷嗷中泽。迨李筹相入都后，与日本大臣商订开仓粜米，分设数局，东四牌楼、六条胡同暨朝阳门外。老米顶价，每石银二两五钱，无论自食品、转售，任民之便。米价因之大减。……俄人则于西便门外白云观、左安门内玉清馆增设粥厂，与五城旧有粥厂相辅而行。定于某月某日开仓矣。(《文学史证》第 232 页)

▲《申报》1901 年 1 月 29 日(十二月十日)：五城平粜局所有之米，自十一月初起，减价出售，每石收银二两六钱。(《文学史证》第 232 页)

▲ 按关于先生购大仓米事，儿时听先伯父著伯和先父说：到京津设局赈粜以后，赈米不继，大家商量回南购米。当时有一位洪先生说："南米价钱昂贵，运输迟缓，不如就近出关采红粮，价钱便宜一半，而且可以早到早粜。"大家同意他的意见，就公推洪先生出关采购，洪动身不久，有宁波人张姓者，充俄军翻译，来告铁云先生说："俄军要用太仓库房，仓米无处可移，打算全部烧毁，你们既然缺粮，何不买来，岂非两全其美？"先生怕财力不足。张某说："他们本来是打算烧的，你能有多少钱？我去试着商量商量。"先生就拿出全部存款三万余两，换得全部太仓的存米，继

续平粜,同时电洪止购红粮。继洪已与东商定了约,回电责备先生。先生复电向洪道歉,并说:"但能多活民命,只好对不起你了。"因此洪先生对先生很不满意云。洪先生名不详。可能是陆树藩救济日记中所说德文翻译洪肇生。又听说其事与王懿荣的长子王翰甫有关,说焚米的消息系张某告王翰甫,翰甫再告知铁云先生,铁云先生又通过翰甫的关系找张某洽办。购买仓米的时间,观先父所记"海口冰封"的话,应已在辛丑年。同时先生辛丑日记五月三十日。"高子谷来,仓事清单携到。"当指此事。则购太仓米事应在辛丑四五月间,与闻其事的人除王翰甫、张某以外,尚有高子谷等。高子谷当时在总理各国事务衙门,清单既由他携来,是总署亦知此事,并非私买。又当时平粜米售价,陆树藩《救济日记》说:"白米每包四元五角,籼米每包三元五角,每人粜米以一斗为度。"(天津绅董议定)辛丑日记四月二十八日:"至南局,知卖米五百石,价二两六七钱。"按一般情况因运费关系,北京米价较天津略贵。现在反较天津便宜,大概就是太仓米了。均对灾民有利。(《铁云年谱》第62页)

**1月中旬(庚子十一月下旬)**　原计划瘗埋工作一个月完成,但因城内尸骸仍多,掩埋工作延长一个月。

▲《申报》1901年2月3日(十二月十五日):东华门外大甜水井左近所设立慈善会,异葬尸骸,原限十一月底截止。兹者,德界知府格君因城中尸骸尚多,虑来春秒气薰蒸,致染疠疫。因商订展缓办月限期,刻住会中善士张贴告白,定于腊月杪停止。(《文学史证》第234页)

**约1月(庚子年十二月)**　陆树藩曾派救济善会天津局的陆仕彬到北京检查、帮助工作。

**2月13日(庚子十二月二十四日)**　再增设平粜局于孙公园,分发从俄军手中买到的禄米仓之米给贫民。二十天内领米者不下数万人。

▲《申报》1901年2月24日(正月初六日):神仓狼藉　京师各仓所储米石,前经各国联军开办平粜,民生得以保全。迩者,钦命议和全权大臣庆王,李相,以和议已成,商诸各国使臣,令将各仓售剩之米,交还中国,以备正供。各使执之,爰由仓宪查明数目,并将各仓之未经开售者,一律封禁。清河裕丰米仓,尚余一万石,由日本缴还后,李相查知,目下民食维艰,委员在前孙公园地方添设平粜局。分上中下三等定价,上等米百斤银二两,中等米一两六钱,下之米,一两二钱,已于去年十二月二十四日开粜。禄米仓划归俄人自办,亦于是日起,将米悉数散给贫民,每人日另二十余斤,并不与值,故领者殊形拥挤也。(《文学史证》第232页)

▲《申报》1901年3月3日(正月十三日):京师纪事　俄人施放禄米仓余

米,贫民男女来往领米者,不下数万口,颇形拥挤,孱弱老病时被挤倒,甚至受伤。腊月秒,有一领米老妪,为众挤跌于地,践踏毙命。俄人询知,妪西坝人,与此处远隔二十余里,遂雇人舁送妪尸,且给米两石,以抚其家。(《文学史证》第232页)

▲《关于老残游记》六:"……其后米匮,方谋续运,适俄军欲用所据太仓之屋,拟举仓粟尽焚之,为先君所闻,联合同时他人所办赈助机关,集资挽张某为介,尽购其米,都人士赖以不饥。然而不意此一事遂为先君后来获罪主因也。"

注十三:"当年北平民食,大宗恃官家粮运。庚子变时,海运断绝,京粮不继。商人亦以乱未定,相率裹足。仓储又为外军所据,于是人皆乏食,……怠先君平粜局创始,好善者继起,由津至平,定分区之约,各供给一区,且粜且赈,都人氏乃有生路。初因运粮有数,海口冰封,继载为难,每人每家均有限制。及大仓米出,始足济急需。同时盛宣怀氏,亦遣其婿赴东三省购红粮办赈,专船载运,由秦皇岛转陆,继大仓米之后,都人乃得无绝食之忧。"(《关于老残游记》)

▲ 北京赈米不继,经商人张某介绍买俄军打算焚毁的大仓米续办赈案。

《五十日梦痕录》:"联军入都城,两宫西幸,都人苦饥,道馑相望。君乃挟资入国门,议赈恤。适大仓为俄军所据,欧人不食米。君请于俄军,以贱值得之,粜诸民,民赖以安。君平生之惠于人者实此事。而数年后柄臣某,乃以私售仓粟罪君,致流新疆死矣。死岂当其罪耶!"

**2月(正月)** 义士大刀王五在与西兵格斗中牺牲,由沈苌(沈愚溪)主持的瘗埋局掩埋并立碑。

▲ 狄葆贤《平等阁笔记》:"大刀王五者,镖客也,素以义侠称。谭浏阳重其人,与订交焉。庚子拳匪肇乱,京官眷属籍其保护出京者数百家。及事亟,五终日皇皇奔走于所识士大夫间,谋所以匡大局之策。时人心忧虞,迄今无应者。迨联军入京,五见西兵之无理日甚,辄与其徒数十人,日以杀此辈为事。十一月某日,有石某之宅为西兵围困,五经其地,愤与之斗,继以中弹过多,遂被执。西人以为义和团余党也,枪杀之,弃其尸,而不知其为五也。时刘铁云设平粜局于东门外,附设一瘗埋局,以掩埋无主尸骸,以沈愚溪主其事。明年正月,乃收王五尸葬之,且树碣之其地,今无人知其处。愚溪尝语人曰:五死累月,天寒尸未腐,嚼齿怒视,目光炯炯如生,犹可想见当年愤斗之状云。"(《平等阁笔记》卷一第3页)

▲ 刘大杰《刘铁云轶事》中记录他的一位朋友——自称为刘鹗"老朋友"的话:铁云住在北京的时候,我们几个人最相好。我们一见面,便同着到元兴堂去吃饭。元兴堂是一个回教馆子,因为大刀王五的女人是回教徒,所以我们总喜欢到这个教门馆子里去吃饮食。当时有许多外国人同刘铁云来往,我有时也问他同洋鬼子们

干些什么，他说是替他们买古董。在他住的那一栋七重的大房子里，每一间都摆满了佛像。高的有五尺，小的小到一寸两寸，有木的有铁的，有铜的也有玉石的；有清代的，也有明代的或明代以上。大大小小他收集了五千多个。这些都是很值钱的东西。我当时曾替他那栋屋子题过一个名字，叫"万佛堂"。后来在义和团起事的时候，那栋房子和那些佛像都被火烧化了。大刀王五也在那一次事变丧了身。大刀王五的死，刘铁云伤痛到了极点。（《老残游记资料》第 124 页）

　　▲ 章士钊《沈荩之略历及庚子事变》：沈荩字愚溪，原名沈克诚，为江苏洞庭山人。后以商入湖南，著籍善化。至荩盖数世界矣。荩以共和四千五百八十三年生。资地绝高，狂宕不羁。读书通其大意，不屑为文。兄克刚字让溪，以八股名于时。累戒之，辄弃去，卒未尝一入满清之试场。亲族怪骂之。而荩负性尤奇绝，不能受人牾。有牾之者，辄奋拳殴之。萧氏子者，至戚也，以事不合，两人奋斗于田中越半日许，至今湘人犹称之。盖其性直不能容物，故每与人相趄龉，其得力处在此，失败之故亦在此也。时则大不理亲族，而荩亦大破世俗之网，不复求人谅，而迳行也。

　　……

戊戌以前，湘中无所谓新党也。乙、丙之交，闭锢不通。其稍习古文诗词，以酒食相征逐者，号曰名士。时有十二人结为一社，湘人称之于曰"十二神"，荩与焉。而其中独与长沙舒闰祥善。又同时有湘社者，卖荩之吴式钊楹联与名。闰祥者，豪士也，而荩之豪有过之无不及。荩善辩，闰祥亦善辩。两人者，机牙相合，以此纵论天下事，常镇日不休，旁观之笑骂勿顾也，而两人之交际，卒有非常之关系。

　　由是观之，则沈荩在何位置可以指定，不过诸位、子在海外而荩独留内地。固吾言之沈荩者实行家也，夫主张言论与实行事业二者之难易较然分途。吾闻之"在海外谈革命者万人，不如在本国谈革命者十人；在租界谈革命者千人，不如在内地实行革命者得一人。"（此吾友告我之言）则荩之往北京其关系可以知之。且荩往北京之十，去张帖拿荩之日未远。荩冒险性之足以当革命者之资格者，又非余子所能平目而视。《沈荩》

　　▲ 编著者按：蒋逸雪先生说"戊戌之变，五尝欲护谭嗣同出京……五欲为嗣同助，亦缘鹗之介云"。王五的儿子叫王少斌很早就去世。孙子王德海曾经参加八路军。已去世。孙媳妇李嘉志，1949 年后仍然住在大刀王五当时创立的"源顺镖局"——在北京珠市口西半壁街十三号街。

**2 月 26 日（正月二十七日）**　钦差全权大臣庆亲王奕劻批准创立"东文学社"。

　　▲ 庆亲王、钦差全权大臣奕劻批文：

据呈,已悉。查泰西诸邦,国势之盛衰,全视学术之兴废。中国驯至今日,尤为情绌势见之时。欲求培养人才,广开民智,自以兴设学堂为第一要务。该司员创立学社,借东文以通西学,梯阶既捷,抉择心精。其志识洵堪嘉尚。惟望集思广益,多译有用之书,饷遗多士。庶几众才奋迅,宏济时艰,实所厚望。此　缴。光绪二十七年正月二十七日(《文学史证》第199页)

**是日**　因创办"东文学社"引起翰林院编修叶昌炽的不满。

▲　编著者按:廉泉(1868—1931),字惠卿,号南湖,又号岫云、小万柳居士。无锡城内水獭桥人。16岁中秀才,19岁与安徽桐城吴芝瑛结婚。光绪二十年(1894)中举人。后任户部主事,再升户部郎中。

王伯弓(1857—1921),原名锡鬯,字伯恭,亦字伯弓,后名仪郑,以字行,号蟫庐。江苏盱眙人。1882年随马相伯赴朝鲜,1888年乡试中举。1890年为湖北宜昌府通判,旋入张之洞幕。又调署归州知州。袁世凯任总统,招之入幕,后任陆军部秘书。1921年冬,卒于北京。王为翁同龢门生,著有《蟫庐随笔》。

▲　叶昌炽《缘督庐日记钞》,辛丑正月初八日:"皖人王伯谷,挟洋人之势,欲占江苏会馆为东文学堂,王承之、廉惠卿左右之。佩鹤与畹九不能制,嘉定相国亦摇手戒勿言。王名仪郑,本江湖贸食者流,并无实学,高悬名士招牌。潘文勤作古,适先一日到京,送挽联,托之梦征,自述知己之感。其实文勤夹袋中未尝有其名氏也。……是真无赖之尤。惠卿不晓事,为所牵索,可惜也。"

按嘉定相国指徐郙,时为大学士,不管部。王伯弓借江苏会馆办东文学社,开通民智,廉惠卿和铁云先生等人都支持他。先生并聘该馆教习自己学东文,在家开馆。叶昌炽对王氏如此。就可以看出当时保守和维新思想的矛盾。(《铁云年谱》第58页)

**2月30日(正月十二日)**　户部郎中廉泉禀告李鸿章欲创立"东文学社",称刘鹗为"刘总董",并呈《东文学堂章程》。

**是日**　李鸿章批准创办"东文学社"。

▲　　光绪二十七年正月十二日,廉泉为办"东文学社"禀文:

### 户部郎中廉泉谨陈　为创立"东文学社"仰恳批准事

窃以为时事日艰,惟振兴学林,作养人才为第一要义。今欲讲求西学,若概从西文入手,不独经费浩繁,且恐多需时日。查日本学校,于欧美政教、法律、武备、格致、制造等学,一切有用之书,皆经译成东文。过能谙习东文,即取日本已译成之书,逐渐考求,自属事半功倍。职与慈善总会总董刘铁云往返函商,拟先行借用南城锡金会馆,创立东文学社,东招集京外汉文已通之士入学,专习日本文字。近来南方多有东文学堂，往数月后，生徒便可以遍读东文政教诸书。今本社诸生汉文既深，倘于数月后能遍读东书，即可将东文译成汉文，以被别处学堂之用。其效至为捷速。先据刘总董首先慨捐洋银一千元，为开学之用。此外经费由职自行募捐，不领公款。现在已聘定日本人中岛裁之为总教习，并议请国子监学录王仪邴为本社监督，刻日开办。谨呈上章程一扣，恭请鉴核。伏祈王爷、中堂，批准施行。（《文学史证》第 196 页）

　　▲《东文学堂章程》：

　　一、此学堂为李傅相创立。提淮军公所岁脩余款四百金为教习脩膳，此外有韩蔼轩大令岁捐杂支零款，专以造就皖中后进，望诸生努力向学，勿负前辈教育盛心。

　　一、脩膳四百金，系属薄少。外省附学诸生，不得不少出脩金，略资补助。今议定外省附学，每名每月脩金平足银二两。

　　一、学生额数，因系初创，不能多收。今议皖人以廿名为限，外省以十名为限。

　　一、凡学必期于成，不可半途而废。今定以五年为限，至速亦须三年。在学愈久，成就愈大。三年、五年，听各生父兄自认。不满三年，不得他往辍业。违者，无论皖省、外省，一律罚出五年脩金，照每月二两核算。

　　一、学业能成，有益于国，有益于家，幸勿惰退自画。现聘之教习，与同文馆教习相善，先拟一年之后，挑选高等生送入同文馆三班学堂；二年之后，挑选高等送入同文馆二班学堂；三年之后，挑选高等生送入同文馆头等班学堂。一入同文馆，不惟月有膏火，并为入仕径路。每届钦差出使，必酌带同文馆学生数员。愿出洋者，即可碎往历练，储为使才之选。其不送同文馆留堂肄业者，但能用心精进，不患无仕途之路。

　　一、每日入学出学比有一定刻。今定以下午一点钟齐集淮军公所。在学受业，应由教习酌定时刻。其出学，冬令以下午五点钟为率。夏令以下午六点钟为率。春、秋照此加减。

　　一、东学不似中学人读一书，同学二三十人，皆应合班受业。其有敏钝不齐，应分两班者，亦由教习酌定。无论一班、两班，皆应同班共学，不得一人落后。虽风雪阴雨，不得旷功不到；不得以家有事端，或籍口小病，率行请假。唯房虚星昴放假一日，夏令暑热放假，年谱终官中封印放假，至开印销假。

　　一、本生或患病，或婚丧大是大非，必应告假者，假满应暂停中学，每日上午亦讲习东学，加班勇进，庶冀追及同班，与之共学。以中学人执一业，进止可以自由，东学则同班共读一书，先后不可参差。

一、学生中、东兼习,学堂则止课东学。以下半日为东学课程,限其上半日应由各生在家讲习中学。但学堂宗旨,以东学为主,每日课程,虽中、东各半,其资性平钝者,日间所授东学,入夜仍应自行温习;本日未熟者,次晨仍应温习,方不至退后落班;不得拘定半日中学,致令东学疏旷。一则东学与人合班,不似中学之自行自止;一则东学三年、五年可望必成,不似中学之遥遥无期;一则东师课严,不似中学之或辍。若拘定中、东各分半日,徒令东学满限无成,而中学亦未必遽能有得,此是两失。若东学能成,虽中学尚浅,亦不害为有用之才,愿学者三思。

一、学成东文、东语,可以膺专对之选,可读东人已译之西书,然尚非大用之器,自应精通外国专门之学,乃为至美。但此时方立之初,不能躐等,应先从语言文字入门,其粗浅格致理法,日本所谓普通之学,应由教习视学徒日力能否宽裕,酌量讲授。

一、学生自家至学,路有远近,诚参差不齐。今议特立提调一员,督率进退。每日提调到后,倘有学生未到,应遣人立追。其散归时,俟学生毕归,提调始去。凡教习有委办事件,提调或回明公所总办,或与值年司事量力带办。

一、此系创办粗定之章,如有未妥未周之处,随时修改。(《吴汝纶尺牍》第 190 页)

▲ 钦差全权大臣李鸿章对廉泉办"东文学社"的批文:

据呈,创立东文学社,由东文转译西书,以其捷速,并呈《章程》前来。该司员念时势之艰难,伤人才之消歇,借资异域,择善而从,用心实堪嘉尚。仰即妥为注册,培育后进,以副所期。 光绪二十七年正月十二日(《文学史证》第 199 页)

**2月(正月)** 摩挲古泉、古玩,有诗词《遣兴》《自嘲》记录其事。

▲《遣兴》:终日摩挲上古铜,有时闲坐味无穷。窗前树影偷遮月,屋里花香不藉风。读画夜深鱼钥冷,校碑宵永蜡灯红。它年若享期颐寿,应有人呼老蛀虫。

炼银作镜像菱花,菅邑铜钟说卫家。稷下齐周镛新出土(编著者按:原稿此处多一字,疑"周"字衍),咸阳汉瓦旧翻沙。九圜遍列刀泉币,十布初收次壮差。寄语丁沽方药雨,莫将宋铁漫相夸。

《自嘲》(辛丑正月):铁公好古如好色,鉴赏宽宏笑深刻。骨董鬼子雁行来,抱负牛腰横座侧。清晨舒卷至日昃,拣选精英论价值。低昂有时未即就,痌瘝碌鋨思必得。商彝周鼎秦汉碑,唐宋元明名翰墨。家藏精刊殿板书,横床插架势为峛。昼日搜罗夜拂拭,精神疲敝囊橐啬。债主纷纭渐相逼,呜呼!心虽未餍力已穷,此时先生得少息。

**2月(正月)** 为创立东文学社与廉泉多次协商,函件往来,并捐赠洋银一千元。友人王伯弓选"东文学社"于锡金会馆。

**3月20日(二月初一日)** 午后,赴锡金会馆,东文学社开课也。

▲ 编著者按:郭长海先生与王学钧先生对东文学社的创办以及刘鹗与东文学社的关系都有论述。东文学社创办者是吴汝纶,校长是廉泉,主要的教师是吴汝纶的学生日本人中岛裁之。郭长海在《刘铁云杂俎》中说:"东文学社的发起,实际上是刘鹗、廉泉两个人的功劳。事前,两个人就曾经多次面谈、函商(所可惜者,这些面谈的内容与往来函商的信件至今并无片言只字的发现,可能永远也无法知道了);进行之中,刘鹗又拿出一千两银子作为创办之资料。看起来,出面人廉泉,而实际上的后台却是刘鹗。"王学钧先生在《刘鹗与东文学生》中说:"刘鹗并非东文学社的创办人或者后台,他是一个热心的赞助者。"

▲ 编著者按:吴汝纶(1840—1903),字挚甫。安徽桐城人。同治三年(1864)举人,次年中进士。先后入曾国藩、李鸿章幕府。历官直隶深州、冀州知州。光绪十五年(1889)主讲保定莲池书院,执教多年,弟子甚众。二十八年,吏部尚书张百熙荐举为京师大学堂教习,自请赴日本考察学政。在日本,因留学生事与驻日公使蔡钧发生龃龉,归国后不赴京师就任,还乡谋办桐城小学校。

**3月21日(二月初二日)** 本日刺心之事,层出叠见:一北局米也,二南局票也,三闻西安之顽固也,四淮安索钱信也。晚间因为掩埋局人酬劳,置酒焉。

▲ 按北局米指平粜米谷,南局票指赈款,西安顽固,应该是指西安清政权对惩办祸首及回銮等问题。掩埋局置酒酬劳,说明这一工作已告一段落。自九月初八入京,即从事掩理,到这时候,已历时五个月,足见死人之多。(《铁云年谱》第57页)

**3月22日(二月初三日)** 往贤良寺,知捐局第一日开张,往贺之。并查由知府报捐道员银数。原单录后。保举不论双单月,选用知府捐道员正项二千四十四两八钱,合库平银乙千三百八十两零三钱,免保在外。又部领照费库平银乙百零三两,库平大公三两六钱。

▲ 编著者按:"贤良寺"指代李鸿章。庚子事变之后,时任两广总督的李鸿章从广州被调回北京与八国联军议和住在贤良寺。贤良寺西跨院,是李鸿章办公处所。当时的北京已被八国联军控制,贤良寺因有李鸿章居住而成为当时"由清国政府管辖的两个小院"之一(另一个是与联军议和的庆亲王府)。李鸿章签订完辛丑条约后不久,便病逝于贤良寺。

**3月23日(二月初四日)** 孟松乔来,拟开矿章程。

▲ 编著者按:根据刘蕙孙先生说:"拟开矿章程",系指筹办北京西山煤矿事。动议者为孟松乔,由铁云先生与沙彪纳筹办,又通过总署贾子咏关系,取得奕劻的

批准。办矿又打算搞林业。(《铁云年谱》第 64 页)

　　▲ 编著者按：孟松乔吉林省梨树县人，晚清廪贡。

　　**3 月 26 日(二月初七日)**　早起，知宝宅被盗。……午刻沙、威二君来……作一函托威君转致提督。

　　▲ 编著者按：宝宅，指宝熙宅邸。

　　**是日**　日本《大阪朝日新闻》介绍刘鹗在北京进行赈济的情况，并刊出刘鹗诗词《杂感(四首录三)》。

　　▲ 1901 年 3 月 26 日日本《大阪朝日新闻》：刘铁云的慈善事业　在北京有个叫刘铁云的。他是候补道台，以前是福公司总办。庚子事变之前，清政府顽固派的御史要弹劾他，刘铁云在千钧一发之际，逃到上海，幸免于难。他是豁达大度的，满不在乎的，好为别人操劳，比较少见的人。事变后作为慈善会会长从上海来到北京，接着逗留在北京。听说他自己捐献了几万元。现在他把太仓米卖给难民，给他们衣服，把棺材送给不能举行葬礼的人。幸亏有刘铁云，在北京可以买到便宜的大米，中国人都表示感谢他。(原文为日文·日本大阪经济大学教授樽本照雄翻译为中文)

　　写这篇文章的新闻记者就是刘铁云的老朋友，叫西村博。

　　西村博(1867—1930)，京都人。1895 年曾作为《大阪朝日新闻》记者随军到台湾去。1896 年去天津，一辈子住在天津从事报道工作。……刘铁云和方药雨都对研究"金石文"很热心。西村也对"金石文"感兴趣。他们可以说是同好之士。(《研究集稿》第 22 页)

　　▲ 本日日本《大阪朝日新闻》刊出刘鹗《杂感四首录三》诗三首：积骸成莽阵云黄，九月乘槎入帝乡。梦里鸳鸯空草草，眼前燕雀总茫茫。玉鱼金碗朝陈市，碧血青磷夜吐光；毕竟是非有定论，满城人尽怨端刚。(其一)西望长安想翠华，蓬莱宫阙阵云遮；干戈燎乱名王府，刁斗森严上相家。百姓含辛空有泪，九门茹苦尽无哗；回思众恶盈廷日，天纵神拳不住夸。(其二)端毓刚徐赵李伦，兴高采烈杀洋人；两宫法驾依回匪，半部尚书作顺民！十一国旗飘上苑，三千宫女感东邻；太和门里轻球起，疑是红灯又显神。(其三)

　　按：以上三律为铁云的佚诗，转录自日本《清末小说研究》1977 年第 1 期，麻三斤坊《刘铁云之慈善事业》文中。据诗中语义当为庚子九月初入北京时抒感之作，《题唐诗三百首卷首》七绝稍后。原载 1901 年 3 月 26 日日文报纸《大阪朝日新闻》。原刊中有讹字，已为核定。(《刘鹗集》第 575 页)

　　**3 月 30 日(二月十一日)**　午后往汇丰商议借款，了救济会汇信事，不行。

**3 月 31 日(二月十二日)**　饭后即往妙光阁,致祭徐、袁、许三君子也。归途绕施医院、南局两处小坐。

▲ 二月十二日参加南方士绅公祭徐用仪、许景澄、袁昶。(《铁云年谱》第 61 页)

**4 月 3 日(二月十五日)**　六钟半,二子二媳一妾到。

**4 月 4 日(二月十六日)**　午后赴贤良寺,知俄局确系决裂,而大局不知。……祸首单已送到。五点钟,青城夫人到。

▲ 以私人关系(年谊),出入李鸿章、王文韶门下及英、义、日使馆,从侧面斡旋和局。如赔款问题,对教民教产抚恤问题,均曾从旁努力,对洋兵骚扰地方,尽力排难解纷。(《铁云年谱》第 58 页)

▲ 刘大绅《〈游记〉作者被祸始末·注十二》:"当时英署哲美生氏,义署沙彪纳氏及日使内田氏,均与先君为好友。此外领署及武官中,与先君为友者,亦甚众。大事如议和条文之赔款问题,先君及沙彪纳氏曾共斡旋。分区驻军,勿扰百姓,为先君之建言,内田氏之主持。关于教民教产之抚恤,则先君与哲美生氏所疏解。此皆他人所不知,而先君亦未尝自以为功者也。小事如向驻军索被诬及逼役之人,几无日无之。有一次因此触怒某军之小队武官,强先君代所索力役负草,而释所役人,先君亦笑应之。"(《关于老残游记》)

▲ 编著者按:青城夫人,系指郑安香。

**4 月 7 日(二月十九日)**　为在上海开办的五层楼商场,写信给大哥刘味青。

**4 月 9 日(二月二十一日)**　夜间十二钟半,甫欲睡,闻西院喊有人,予遂跃出,前后俱起,贼已惊走矣。……义国兵到,告以情形。接上海救济会信云:前款补解矣。

**4 月 10 日(二月二十二日)**　午后往安民公所致谢后,又往义署告以大略,约明日十一钟与兵官晤。

**4 月 11 日(二月二十三日)**　八钟,知义国兵官带兵四人在米局翻查洋枪。急起,洗漱毕,步往义署,威君方起。折至沙君处,复至威处。约沙同来,恐兵之来查余宅也。归,则洋兵已去矣。两点半,至威处,亦无善法。

**4 月 14 日(二月二十六日)**　午后至徐相国处,谈两点钟之久。

▲ 编著者按:徐相国、东海均指徐郙。徐郙(1838—1907),字寿蘅,号颂阁,江苏嘉定人,同治元年状元,授修撰,官至兵部尚书,左都御史,协办大学士,礼部尚书,工诗,善书画。

**4 月 15 日(二月二十七日)**　午后至肃邸处,前日汪君韶九来约也。人极和蔼,此人当道固有益矣。

▲ 编著者按：肃邸指肃亲王善耆。善耆(1865—1922)，第十代肃亲王。1900年，八国联军入侵北京，随慈禧太后与光绪帝逃往西安。次年回到北京。

**4月16日(二月二十八日)** 午后遣人送庆邸寿礼。用"九如"一座，"缩绰眉寿卣"一具。……归，知庆邸之礼已收也。晚作禀稿。

▲ 编著者按：庆邸指庆亲王奕劻。奕劻(1838—1917)，乾隆帝第十七子永璘之孙。1884年(光绪十年)接任总理各国事务衙门大臣，主持外交。1894年封庆亲王。1900年，八国联军入侵北京，随慈禧太后与光绪帝逃往西安。次年，代表清政府签订《辛丑条约》。总理各国事务衙门改为外务部后，仍任总理大臣。

▲ 按铁云先生对善耆的印象很好，两人相处的也不错。辛丑日记六月二十六日、七月初一日、七月初六日均记与善耆往还。七月初二日善耆并来我家。明年壬寅四月十二日日记又有"见邸钞，肃王派督修街道工程，管理巡捕，今年一快事也"云云。又曾把留英学生丁士源介绍为善耆的秘书，均可看出两人的关系。奕劻当时为外务部总理大臣，恭王奕訢死后，虽然是礼亲王世铎在做军机大臣领班，奕劻实是朝贵中的当权派。要在清政权下有所活动，一定要与他建立关系。铁云先生和他的关系，据本年七月日记，知出于善耆所介绍。至于和他们往来的目的，并不是想在政治舞台活动而是想通过这些关系办矿办路。

按丁士源字问槎，浙江归安人。是先生的门生，曾赴英留学学路矿，归国后由先生介绍他作善耆的秘书。民国后安福系当政时任京汉京绥两路督办，直皖战后列名十祸首。"九一八事变"后沦为汉奸，充伪满洲国驻日本大使。后死于奉天。(《铁云年谱》第60页)

**4月17日(二月二十九日)** 午后往沙彪纳处谈西山事。申刻，孟松乔来，持矿石一方，大约是水晶矿。

▲ 在办救济会的同时，又与哲美生、沙彪纳、孟松乔等人筹办河南福公司煤矿、泽浦铁路和西山煤矿。救济会结束，即在京主持福公司，专力活动筑路和开矿。

辛丑日记二月初四日："孟松乔来，拟开矿章程。"二十八日："晚作禀稿。"二十九日："午后往沙彪纳处谈西山矿事。申刻，孟松乔来，持矿石一方，大约是水晶矿。"四月初十日："至贾子咏处，知庆邸之批已下，携归。"十一日："午后送批与沙彪纳，……孟松乔来，李崇山亦来。"五月二十三日："孟松乔来言木火通明，事皆可办，然树林较有把握云。""孟松乔来，云树木事不行矣。"

按以上各节指筹办京西西山煤矿事。动议者为孟松乔，由铁云先生与沙彪纳筹办，又通过总署贾子咏关系，取得奕劻的批准办矿，又打算搞林业。其后林事不成，矿事亦因沙彪纳资金无着，没有办妥。1923年我大伯父著伯死于天津时，伯母王氏从其行箧中检出一大包京西西山门头沟小窑的窑契，包面注系铁云先生在京所购，存李姓处。应与此事有关，李姓恐即李崇山。（《铁云年谱》第 64 页）

**4 月 20 日（三月初二日）**　被德国兵捉去充当苦力，捧草一把而罢。

▲ 刘大绅《〈游记〉作者被祸始末·注十二》：小事如向驻军索被诬及逼役之人，几无日无之。有一次因此触怒某军之小队武官，强先君代所索力役负草，而释所役人，先君亦笑应之。未几即为使署及统帅所闻，斥某武官。先君曰此何伤，特朋友游戏耳！《关于老残游记》）

**4 月 23 日（三月初五日）**　夜梦在伊犁赋诗送别沈荩。

▲《梦中作》：辛丑三月初五夜间，梦在伊犁为沈君设祖帐。远望山川大漠，历历在目。即席赋诗云：瀚海稽留客，天南沈少微。关河三万里，风雪一人归。予意难为别，君情不可违。离亭开祖帐，风急片云飞。（《铁云诗存》第 47 页）

▲ 编著者按：刘鹗与沈荩的关系《著作〈老残游记〉之源委》有简介：方拳匪乱后，未数年，京曹中有沈虞希、连梦青两先生者，均与《天津日日新闻》方药雨两先生为友。

▲ 编著者按：刘鹗另有两首诗，应作于同时，录于后：

《沈虞希以采芝所绘兰花嘱题》：依稀空谷见精神，翠带临风别有真；谁料弥天兵火里，素心花对素心人。　虞弦落落听希声，似采灵芝赠远行；一片幽情弹不出，冰绡飞出董双成。（《铁云诗存》第 46 页）

**4 月 27 日（三月初九日）**　接罗叔蕴函并《教育世界·序例》，甚佳。……云湖北现有唐拓《圣教序》一本，值五百元，不能减。殊可惜也。

▲ 罗振玉在湖北办《教育世界》杂志，投资五百元。

辛丑日记三月初九日："接罗叔蕴函并教育世界序例，甚佳。"五月二十一日："接罗叔蕴信，并《教育世界》第四五册。六月初八日："又作罗亲家信，为《教育世界》事。"十一日："午后往汇丰托吴幼舲垫汇《教育世界》五百元。蒙其允于礼拜一汇去，如释重负。"

按《教育世界》杂志乃罗雪堂（振玉）所办。家中存有二册，是十六开大本，封面有黄龙旗，旗上题魏碑体"教育世界"四字。据雪堂先生《集蓼编》说："文襄（张之洞）……委予襄办江楚编译局……当在鄂时无所事事，王（国维）、樊（炳清）两君除讲译外，亦多暇日，乃移译东西教育规制学说为《教育杂志》，以资考证。"云。杂志由朋友集资出版，所以铁云先生投资五百元。《教育世界》是我国最早的专门讲教育的杂志。（《铁云年谱》第 73 页）

**5 月 1 日（三月十三日）**　午后谒东海。

**5月4日(三月十六日)** 东海着惠君来言:吏部衙署有洋兵往丈量,云即欲拆毁之,不知是义国否?予允其明日往查。

**5月9日(三月二十一日)** 往义府,为恩宅事。……知已函告法使矣。

**5月15日(三月二十七日)** 庚子劫所失之画,以黄大痴山水为最挂怀。前数日有人来云索价三百金,力拒之,酢以三十金,隔十数日,居然送来,又一乐也。

▲ 本年因大兵之后,清内府所藏及王侯邸第、世家大族的长物,时被洋兵劫掠,散在市肆,人家自己卖出的也很多,因而购得一些宋、元善本书籍及其他古器物。计所得宋、元版本,有下列各书:北宋元祐本《史记》、北宋刊残本《史记》九册、宋刊《史记》一部(按此为南宋刊本,1940年曾重新出现于北京琉璃厂肆。表舅何楚侯先生,见有铁云先生印记,取以相示。为小字精刻的巾箱本,共三十二册。完整如新。索价八百元,力不能购,叹息退还。后闻售归燕京大学图书馆,不知今天是否藏于北京大学)、宋刊《西汉详节》十册、宋刊图纂互注《荀子》、宋咸淳刊《说苑》,艺芸书舍藏、宋刊《大观类证本草》残本十册、元刊《唐文粹》、元刊《宋文鉴》、元刊《屏山集》、元刊《诗学集成押韵渊海》残本七册、元刊《圣朝混一方舆胜览》、天禄琳琅藏残书十九种、永乐大典三本半。古器物有:立woman 筥、归女卣盖、伯頵父钟、虢文公鼎、风尊、史农觯、举父癸爵、番中吴生鼎、秦诏版、汉赤泉侯印、夷陵长印。字画则收回了遗失的黄大痴山水。碑帖除澄清堂及圣教序外,还有宋拓多宝塔。

按罗雪堂先生在旅顺曾和我说:"当时北京古器物充斥市面,汝祖父实无意收购,倘有意收购,可以二三万元的本钱,可以收价值一千万的东西。"云。(《铁云年谱》第82页)

**5月24日(四月初七日)** 送郑安香登船去颍上。有诗记之。

▲《安香夫人名复履,为予同学友。辛丑四月初七日送之颍上。上船后回寓,不寐。偶成二律,无所寄托而云也》:碧城楼阁望中春,绮旎风流绝代人。柳浪荡魂晴有絮,松涛洗耳净无尘。尊前添酒难为醉,襟上题诗易怆神。无限低回情未吐,云英原是女儿身。 情丝如发远迢迢,系着人心分外牢。宝树成林围七札,天花铺地衬双翘。并肩密赠黄金盒,对月同吹紫玉箫。此去东南应速转,莫教辜负好蟠桃。(《刘鹗集》第573页)

▲ 编著者按:颍上县在安徽。郑安香约是安徽颍上人。

▲ 编著者按:此诗见《刘鹗集》第573页,其诗序"四月初七日"前原缺两字新见刘蕙孙《太谷学派的遗书》第5页诗序,缺字为"辛丑"。

**5月27日(四月初十日)** ·至贾子咏处,知庆邸之批已下,携归。

▲ 编著者按:贾子咏,曾为山西商务局总办,后入李鸿章幕府。

▲ 编著者按："庆""庆邸"均指亲王奕劻。

**5 月 28 日**（四月十一日）　午后送批与沙彪纳，……孟松乔来，李崇山亦来。威君来招，两钟去，至则为觅房事也。

**5 月 31 日**（四月十四日）　本日接哲美寄来姚松云讣文，呜呼哀哉，予生平知己，姚松云第一，马眉叔第二，周年之间，先后去世，不亦痛哉。

▲ 按姚松云是铁云先生在山东济南河工时同寅好友。《老残游记》中庄宫保的文案姚云松即指松云。历在山东做官，是年死。马眉叔名建忠，镇江同乡。与先伯祖渭清先生和铁云先生均为莫逆。是讲新学洋务的，著有《马氏文通》传世。实际上他在法国留学是学的军事和造港一类实学，威海卫刘公岛军港，由其一手设计而成。中年家居时曾有一份刘公岛军港草图，存于手中。因系自己心血结晶，不舍弃去，经常放在枕边一个小皮包里。他有一个本家侄子，经常向他要钱。因不竭所欲，将他小皮包偷走，贾出三万元赎取。他因私藏军港地图，是一项大罪，不敢声张。正在筹款赎取中，他这侄子已把军港地图以巨资卖给国际间谍某英人，马老就这样连急带气死去。此事乃 1928 年在天津丁士源家中闻罗雪堂谈，我在旁听到。因关系刘公岛被占，故附记于此。（《铁云年谱》第 61 页）

**6 月 2 日**（四月十六日）　《北京新闻汇报》刊出北京市民周士惠等感谢刘鹗设立施医院的善举。明确说明从去冬至三月底治愈病人 786 人。

▲ 编著者按：《历史档案》原总编辑丁进军先生抄寄给笔者资料一则：

1901 年 6 月 2 日（光绪二十七年辛丑四月十六日）《北京新闻汇报》：慈善会长刘铁云于宣武门外设立施医院。勷佐者为陈少抟刺史处，呼延小岩大令为监院，员斐初太守、陈小艇明府、梁幼海孝廉、李仲衡二尹为医士。自去冬开院，迄三月底，所诊内外各症，无论奇、难、重、险，无不应手回春。闻报痊者七百八十六名口，贫苦无力并给药饵。孑遗之民，感触疫疠，获此福惠，共庆更生。余等沉疴均起，不敢湮没盛美，为此登报鸣谢。现闻五城察院筹款展期，尤愿乐善好施者，谋为长久之计，则博济之德，当与慈善会同天涯矣。　　周士惠、王春茂、李林芳、柯振等同启

**6 月 4 日**（四月十八日）　照译各国公使拟赔款表：一九〇二年至一九一〇年计九年每年归本利十八兆八十二万九千五百两；合一百六十九兆四十六万五千五百两。一九一一年至一九一四年，计四年，每年归本利十九兆八十九万九千三百两；合七十九兆五十九万七千二百两。一九一五年归本利合二十三兆二十八万三千三百两。一九一六年至一九三一年，计十六年，每年归本利二十四兆四十八万三千八百两；合三百九十一兆七十四万零八百两。一九三二年至一九四〇年，计十九年，每年归本利三十五兆三十五万零一百五十两；合三百十八兆十五万一千三百五

十两。共三十九年,计归本利九百八十二兆二十三万八千一百五十两。

**是日** 吴汝纶致袁世凯报告"东文学社"开办三个月组织情况和成绩,并企求经济资助。

▲ 6月4日(四月十八日)吴汝纶致袁慰庭:舍亲廉郎中泉字惠卿者,去年乱时,无赀出避,亦赖美、和两国多有交游,相与保护无恙。及傅相入都,惠卿(廉泉)日号于众,以学堂、报馆为事情,其学堂以开办三月,学者二百余人,总教习一人,分教习六人,皆聘自日本。学堂高才生,已能自译东文,收效至为捷速。惟经费支绌,曾由周玉翁致书,欲求倡捐相助,计复书必应有成就斯美。(《吴汝纶尺牍》第236页)

▲ 编著者按:吴汝纶(1840—1903),字挚甫。安徽桐城人。同治三年(1864)举人,次年中进士。先后入曾国藩、李鸿章幕府。历官直隶深州、冀州(今均属河北)知州。光绪十五年(1889)起,主讲保定莲池书院,执教多年。

**6月5日(四月十九日)** 清晨,沙彪纳送罗沙第电报来,盖言其信由本月三号发也。

**6月7日(四月廿一日)** 翰林院检讨吴式钊因办理河南路矿被羁押,经李鸿章奏准释放。

▲ 汪叔子《近代史上一大疑案:刘鹗被捕流放案》:光绪三十四年四月廿一日:光绪廿七年辛丑四月廿一日,奕劻、李鸿章自京师电致西安行在军机处:"翰林院检讨吴式钊,前经掌院奏参,交本籍监禁。昨据义使为之解说,尚未及办;兹又据英萨使函称,'吴式钊为本国福公司聘用,无故被羁,请咨行该省释放'等语。查英、义福公司前请采办晋豫煤铁,经总署奏准,嗣汴抚奏调吴式钊前往联络。该衙门不知原委,辄加参革,迹近诬罔。可否饬下云南督抚,即日释放,以昭公道。请代奏。"此电既经代奏,"军机大臣奉:'吴式钊著加恩准其释放'。"(《光绪朝东华录》总第4671页,《明清小说研究》2000年第四期第209页)

**6月14日(四月二十八日)** 至南局,知卖米五百石,价二两六七钱。归,知李简斋售房可成,然则又将迁居矣。

**约6月中旬(五月上旬)** 陆树藩致函李鸿章汇报赈济款使用情况。又函催问刘鹗谈北京赈济款事,刘鹗回信答复。刘鹗与救济善会的矛盾开始显露。

▲《陆树藩禀李中堂》:

敬禀者:窃照卑局前逢宪批,以职局所解京中汇款尚未付清。饬即迅速清解放等因。当将大略情形电禀在案。惟其中委曲有不得不缕陈钧听者。

缘去秋创办救济善会,款巨事繁,被非一人所能独任。适有刘守鹗捐银五千金，又代募五千两慨交职局，愿同北上以分其劳。其时洋兵遍地，人尽视为畏途。该守竟能慷慨请行，其一片热肠似不可多得。迨抵津设局后，头绪纷繁，司官不得不留津综理。又以京师沦陷，待济孔殷，即谆托刘守先行赴京，分头办理。司官旋亦亲诣都城，所有汇京各款立即照信教清。毫无延误。旋逢面谕饬护难者出都，附轮南返，都中数事均刘守经理。嗣后京都汇款系上海会中董事焦发昱由义善源票号汇付刘守转交。因焦与刘本有银钱往来，素称默契，不意腊月间沪上忽传有汇款未清之事。司官以刘守办理平粜款项或有不敷，难保不籍此挹注。乃电催津局司员施仕彬亲自入京扫数解付。此去冬解付已汇款之实在情形也。

今年各处汇款，职局随收随解，亦由义善源汇京托刘守转付。司官以为必可随时付楚，不致再有耽延，讵二月间奉到钧批，始悉京中汇款多未付清。当即严催焦发昱电询刘守，一面另托妥人照数付清。此今春解付汇款之实在情形也。

伏查卑局先后拨款刘守银四万余两，除解汇款外尚余二万两有奇，实于代汇银数有盈无绌。况各处汇款为济急所需，何等郑重。司官尚堪温饱，曷敢稍有宕延，上负宪台委任。惟自惭才识短浅，托所非人，致汇款稽迟，贻人口实，此则私宸岁愧报者也兹。司官赶刊《征信录》分送备查，实备用实销，不敢稍微有冒滥。俾毋负仁宪奖励深心及同人属望原意。（《救济文牍》卷三）

▲ 编者按：上信中所提焦发昱为义善源票号的负责人。后曾任大清银行上海分行经理。

▲ 刘鹗答复陆书藩函：

匆匆一别，时近半年。近维起居多福，定洽颂私。弟才穷力困，无善足陈。昨奉到手书，责弟以平粜之款，称为向亲友息借，而尊处已经出有收条，大半已在捐款内扣还，并垂询如何造报等云。此事多由鱼雁浮沉，两边实情未能透彻，致有舛错也。

掩埋、平粜两事，原系阁下创议发端。故初办时，禀合肥相国，已申明系阁下之意。后因叠闻贵会款项支绌，无力兼顾，而事已不能中止，故电致义善源焦乐翁，筹借款项，照常生息，由弟归还。后虽传闻中有贵会之款，然乐翁来信云，亦系乐翁经手筹借，将来拨还，须知会乐翁云云。夫同一借也，同一乐山经手也，同一由弟归还也，又何必经贵会多一番转折乎？此弟登报称向亲友息借，而焦乐山始终辅助，极力成全也。至贵会云，已出收条，已在捐款内归还，始终未尝有人见告。弟何由悬揣而知乎！

统计掩埋、平粜二事情形，请为吾兄陈之：掩埋局，本系用钱之事，两个半月，计用四千金有奇。若平粜局，初意本拟随籴随粜，酌加价值，以抵人工。事竣之后,仅亏设局席板、筐箩等事而已。初不料其办理未能得法,重重亏折也。大宗大亏,则在银价。籴米用银,粜米收钱,定价时,银价十二吊,至正月则十五吊有奇,近且十七吊矣。所用者多系外行,弟又不善琐屑钩稽,积漏崩山,以二月底截止计算,已经亏七八千金。所欠华俄、汇丰之款,近皆催逼,不得已,以存米急售,又加一亏,其数尚未能知也。至二月晦止,平粜、掩埋两局,约耗银一万三千金上下。在阁下曰已由捐款内扣还,则或可。在弟曰应由贵会代还,则断不可也。此弟登报言向亲友息借,由弟一人认还之又一端也。至应如何造报之处,自当由执事酌定,岂弟所得干预者哉。若云此款须还,则仍照旧议,秋以为期;若云系诸大善士之捐款,无庸归还,则俟奉到手示后,自当登报声明,并鸣谢悃。至弟归还各款之时,仍将此数提出,另作别项善举,亦自然之势也。

溯弟自上海来时,自携一万二千元,由贵会交还捐垫款一万两,法国汇来银二万两,此提借公司之官款也,义善源汇来二万两,统计银五万两,洋一万二千元。弟私用买字画古玩四千两,房屋衣服一千五百两,尚存米七千石,时价值银一万五千两。善举约用银两万五千余两,尚缺二三千两,其中有放出米账之一千余两,其余一千余两则不知销归何所矣。(《刘鹗集》第749页)

**6月26日(五月十一日)** 前一年《呈星州寓公》诗七律两首加注以"芬陀利室"署名发表于《清议报》。

▲ 芬陀利室《呈星洲寓公》:拨雾排云叩九阍,星州一疏慑奸魂。[①]从知骨肉联同志,共把心肝献至尊。[②]八代起衰文笔佳[③],三唐遗响雅音存。扶轮巨手今谁属?万里南天道菀原。[④] 八闽百粤游踪遍,海外道轩得句新[⑤]。铁板铜琶雄入浑,晓风残月秀天伦。身丁丧乱肠偏热,诗到温柔气秉春[⑥]。闻复大裘同白傅[⑦],星洲偶尔暂垂纶。

原注(原注为夹注):① 寓公于己亥九月首倡电请圣安归政,联名者五百余人,附和者四十六埠,遍欧、亚、美、澳大利四洲。② 寓公善得豪杰心。满座高朋,惟日讲救国救皇之大义。③ 寓公余事长于词章,尤喜散文,尝谓桐城派不足学。④"菜菀中原"本六朝人语,寓公即以自号。⑤ 寓公有诗选楼。近辑诗话数十卷,多录闽、粤人。⑥ 寓公自谓七诗词多穷怨,进秋气。其实酝酿醇厚,踵武香山。⑦"一瓣心香祀乐天"亦寓公稿中语也。(《文学史证》第217页)

**6月27日(五月十二日)** 昨日贝拉斯来信,今早检其合同,幸未遗失。

**6月29日(五月十四日)** 本日撰《节流》一篇。

**6月** 从廉泉处易得宋拓《李北海云麾碑》。

▲ 编著者按:刘鹗得《李北海云麾碑》日期有两说:① 刘鹗宋拓《李北海云麾

碑·跋》记录"是碑辛丑五月从廉惠卿农部易得。"（《刘鹗集》第 633 页）② 1908 年给廉泉的信中说："记辛丑残腊，阁下持此碑至敝处求售……"（《文学史证》第 181 页）录此待考。

**7 月 2 日（五月十七日）**　是日闻序东侄故，殊深通悼。作淮安、上海两信。

高子衡自保定来，述绍周老翁种种与为难，真奇矣。

▲ 编著者按：序东，刘大镛字序东，刘味清长子。

▲ 编著者按：高尔伊，字子衡；高尔庚，字子谷，兄弟二人。浙江杭州人。高子谷是王文韶的孙女婿。

▲ 编著者按：程文炳，字绍周。刘成忠《军务日记》1868 年 1 月 2 日记录有与程文炳共同围剿捻军事。

**7 月 3 日（五月十八日）**　往贤良寺，晤徐、杨谈许久。复至总布胡同见季皋，知洋兵撤退展限一月，为船不便，非有他也。

▲ 按：徐为徐次舟，杨为杨廉甫（一作莲甫，名士骧）。季皋为李鸿章子李经方，总布胡同为李寓。（《铁云年谱》）

▲ 编著者按：杨士骧（1860—1909），出生于淮安府山阳县。光绪十二年进士，光绪三十一年署山东巡抚。光绪三十三年代袁世凯为直隶总督。任内主持兴修了永定河。宣统元年，上疏不得向民间滥派钱粮，革去百年积弊。5 月病逝。徐次舟，李鸿章的亲信幕僚。近代人徐赓陛，字次舟，有称次髯。浙江湖州人，曾入张曜、张之洞幕。汪康年在《庄谐选录》中记录有他的事迹。

▲ 编著者按：季皋是李鸿章的三子李经迈（1876—1940），而非李经方。《铁云年谱》按语有误。

**7 月 6 日（五月二十一日）**　接罗叔蕴信，并《教育世界》第四、五册。

▲ 编著者按：《教育世界》是我国最早系统介绍国外先进教育思想和教育理论的重要刊物。它初为旬刊，分为文篇、译篇。从第 69 期改为半月刊。出至 166 期，于 1908 年 1 月停刊。王国维是《教育世界》的主要编译者。

**7 月 7 日（五月二十二日）**　午后，出城看郭氏，病已深矣，奈何？

▲ 编著者按：郭氏为何许人？无记录可查。刘大杰在《刘铁云轶事》记录了刘鹗一个朋友的谈话：

他（刘鹗）很欢喜同寡妇讲交情。无论到什么地方，只要住到半年一载，他必得筹办一个秘密的小公馆。这小公馆必得是他的好朋友才可以出进。他在北京的小公馆，我去过好几次。他同普通人应酬，是在他自己的那栋公开的房子里。这一点秘密，就是他的家庭也无从知道。他高兴的时候，便向朋友宣传他的寡妇哲学。他还写过咏寡妇的诗,不过他一写下来随即把稿子毁了。我到现在还记得两句"雨后梨花最可怜,飘零心事倩谁传"这两句诗,当时朋友们都说它好,所以我到现在还记得。(《游记资料》第 125 页)

**7 月 8 日(五月二十三日)** 孟松乔来言木火通明,事皆可办,然没有把握云。孟松乔来,云树木事不行矣。

**7 月 9 日(五月二十四日)** 至王筱斋处,商保定炉房事。

▲ 编著者按:王筱斋义善源银号经理。

**7 月 10 日(五月二十五日)** 本日接罗叔蕴来云北宋拓《圣教序》已代买,计三百金,嘱即汇去。

居恒读史,每苦地理不熟,浅学寡味,去年草《唐十道表》,未成而辍。近因读六朝事迹,姑草《晋十九州表》,成否未可知也。

**7 月 15 日(五月三十日)** 高子谷来,仓事清单携到。

**7 月 21 日(六月初六日)** 今日借得六百金,二分利。明日送炉房,备捐局上兑也。昨日查来清单,由不论双单月,选用知府报捐道员,双月选用正项 1 008 合库平足银七百零五两六钱。部领照费合库平足银二十两零八钱九分,共七百三十三两六钱九分。本可不忙,禄蠹促我也。

**7 月 22 日(六月初七日)** 森井同郡岛来拜,约明日六点半赴日本使署,谒见近卫公爵。

**7 月 23 日(六月初八日)** 十点半,森井、郡岛二公至。……同往谒近卫公。仪表极佳,威严之中,甚为和蔼。

▲ 日本《近卫笃麿日记》第 231 页:

(明治 34 年,1901 年)7 月 23 日星期二 大雨 会见:森井国雄、刘铁云……(1987 年《清末小说》第 10 期第 54 页)

**是日** 作王亲家信,为二子功名事。又作罗亲家信,为《教育世界》事。

**7 月 24 日(六月初九日)** 昨日饬大黼送银条至捐局,今日取照回。同盟诸人绍周、子咏、子衡皆先予过道班,予为殿军矣。

**7 月 25 日(六月初十日)** 知哲美生来,李得亦至。往访李得,相左。宝廷载之归沙彪纳处,畅谈而别。

▲ 李得即亚历山大·李德。根据 1904 年 3 月 25 日《捷报》所说他是福公司的总工程师。(《铁云年谱》第 65 页)

**7 月 26 日(六月十一日)** 至子咏处,问自来水事,已得其详。……午后往汇丰托吴幼塾汇《教育世界》五百元。蒙其允于礼拜一汇去,如释重负。

**是日**　作《三代瓦当文》《三代瓦豆文》赠日本人陆实。

▲《三代瓦当文跋》：瓦当者，以瓦文中有"八风寿存、当囊泉宫当"等，是秦汉时本名。《韩非子·外储说》："玉卮无当"。注：当，底也。辛丑六月十一日刘铁云识。〔铁云印〕（《刘鹗集》第642页）

▲ 编著者按：刘鹗作《三代瓦豆文跋》未署年月，约与《三代瓦当文跋》同时。录于后：

三代瓦豆文（"刘武禧王后裔"印）

《尔雅·释器》木豆谓之豆，竹豆谓之笾，瓦豆谓之登。此本所拓，皆登莝也，数十年前由直隶南界出土。字奇古，多不可识。盖文仅二三字，又皆人地名，故无从推测也。可知者惟"宝""豆""里"等字耳。不曰"登"，而曰"豆"，观木豆、竹豆、瓦豆之文，古统名豆矣。并瓦当文。呈陆实先生大人教正，支那丹徒刘鹗〔铁云所藏〕（《刘鹗集》第642页）

▲ 本日，日本《近卫笃麿日记》第233页：明治34年（1901）7月26日星期五来信：刘铁云、贾景仁……（1987年《清末小说》第10期第54页）

**7月27日（六月十二日）**　哲美生君约四钟会，畅谈一切，泽浦铁路大有可成之机。……晚清福公司山西账目，抄致子咏，并作函与之。又商议自来水事。

**7月29日（六月十四日）**　下午江伯虞交哲美生条陈来，大意请加关税而裁厘金，总可加至值百抽十二·五云。

▲ 编著者按：江伯虞是刘鹗的侄女婿。福公司的高级职员，精英语。刘鹗与福公司来往英文文件，皆江伯虞翻译。

**7月30日（六月十五日）**　撰自来水说帖。撰……哲美生条陈帽子。

**7月31日（六月十六日）**　七钟起，拟谒庆邸也。起即雨，稍迟，雨益大，复睡，午后乃去。因日本有会晤，不见，嘱将所事具禀。

**8月1日（六月十七日）**　早起，饬人送禀帖。本日日记有诗一首。

▲《光绪辛丑六月十七日题日记上》：烟柳丝丝覆院门，凄凄切切近黄昏。城中城外人俱病，愁雨愁风客断魂。百药不灵无上策，两花交萎怕中元。柔肠一寸重重结，半向人言半不言。

按：诗记侍姬郭氏病事，城外人指郭姬。城中人指朱姓女。时均病革，先祖药之不效也。（《刘鹗集》第573页）

**8月4日（六月二十日）**　叶鹤卿自河南来。

**8月5日（六月二十一日）**　接罗叔耘信，知《圣教序》业已寄。饬郑斌冒雨取至，与所藏南宋本校勘一过，喜不自胜矣。有此两帖，字不能进，何以对天乎。

▲ 编著者按：郑斌，刘鹗的仆人。

**8月6日(六月二十二日)** 昨夜草改《免厘节略》。

**8月7日(六月二十三日)** 午后，送《免厘节略》至贤良寺，徐次舟嘱并商界图同呈。

**8月9日(六月二十五日)** 午后，至贤良寺，将哲条陈交徐髯代呈。

▲ 编著者按：徐髯即徐次舟。

**8月10日(六月二十六日)** 阴。申刻，至肃邸，呈哲条陈。谈甚久。

**8月11日(六月二十七日)** 本日为黼儿生日，龚、朱均来贺。

**8月14日(七月初一日)** 未刻，至哲君处，偕往见肃邸。

**8月15日(七月初二日)** 午后，贾子咏来云：庆邸意见，哲君不必肃邸同去也。四点钟，肃邸猝至，亦自庆邸处来，说与贾同。

**8月16日(七月初三日)** 午前，至哲美生处，谈谒庆事。

**8月18日(七月初六日)** 晚饭后，至胡芸楣处谈哲事，怂恿其帮忙也。

▲ 编著者按：胡芸楣(1840—1906)，名燏芬，字芸楣、克臣。祖籍萧山，幼随父定居淮安，同治元年十三年(1874)进士，授翰林院庶吉士，后被李鸿章招为幕府。经李举荐为天津候补道，分发直隶，授天津兵备道，擢广西按察使、署布政使。光绪二十四年(1898)上书请命神机营兵士改习德操，允之，即后来历史上有名的"小站练兵"。二十六年留京办理京畿善后事宜。时任关内外铁路总办。

**8月24日(七月十一日)** 哲美生君来辞行，明日动身矣。……午后至贤良寺，知和议电旨尚未到，礼亲王出军机。

**8月25日(七月十二日)** 辰刻，往送哲君。……发准签字电旨致方。

▲ 辛丑日记七月十一日："午后至贤良寺，知和议电旨尚未到，礼亲王出军机。"十二日："发准签字电旨致方。"

按《清史稿·军机大臣年表》："礼亲王世铎，七月壬寅罢。"继世铎为领班的是荣禄。发电致方，系将准签字的电旨告天津《日日新闻》报馆登报。方指方药雨。

(《铁云年谱》第75页)

**8月27日(七月十四日)** 陈少湄来商陇汉铁路事。

▲ 陈少湄来商办陇汉铁路，并计划走北京白云观道士张云卿的内线，访白云观。后又拟办银行。

辛丑日记七月十四日："陈少湄来商陇汉铁路事。"十五日："陈少湄来谈白云观张云卿可通内线事。"十六日："归知陈少湄来约往白云观访张开士。"十七日："午初往白云观，与张云卿谈《黄庭内景经》，并告以道德五千之说。"又十月十七日："撰银行刍议一篇。"十九日；"下午送银行节略与陈少湍。"

按铁云先生议办陇汉路事和办银行事，均未听家中老辈说过，陈少湍亦不知何许人。仅在日记上见此二事。又八月十一日、九月初八日、十一月初四日均记陈少湍来，至十一月十一日记："陈少湍来，明日动身。"所办的事似均无结果。（《铁云年谱》第 76 页）

**是日** 吴汝纶致刘铁云信，谈有关"东文学社"的谣传，并请求继续给予学社的经济支持。

▲ 8 月 27 日（七月十四日）吴汝纶致刘铁云信：

东文学社，全赖我公开基，其后财力竭蹶，下走达之傅相，傅相注意此学，以为都下初办此学，不可听其中辍，于是命杨艺芳都转月筹百金，此举赖以不废。此不过承我公之绪而赓续之，其开创之功，断执事一人。道路传言，谓公近欲别立学社，谓中岛宗旨与执事不符，前所斥私财，仅给其半，此后不再给。又有谓公本议请伯弓为监督，伯弓中道辞谢，亦使倡议者灰心，以此半途而废。又有谓执事近状殊穷，别无异议。传言妄测，皆失实也。某窃料三说皆不知执事者之言，决不足信。中岛教肄东文，苦心孤诣，实向来所未见。本拟学生六阅月可以译书，今始三阅月，而诸生能译东文者已十余人。其收效之速，亦从来未见。其每日讲授，多欧美历史、政治、宪法诸学，我国闾里诸生，固有生未见，即翰林部曹中能文好学者，留心西法之士，亦且闻所未闻。此等教师，岂得谓为不合执事宗旨！至以多为贵，来者不拒，则正开化要策。所谓日暮途远，不妨倒行逆施，不得与寻常守旧之徒共议也。此宗旨不符之说不足信者也。伯弓监督，实是干才。中岛与之臭味参差，伯弓善刀而藏，人固各有本性，非可强合，仆与我公，皆无能为力，止可各行其是。我公倡此大业，岂为伯弓一人！议者以浅见窥测伟抱，直可一笑置之，不足深辨。此又浮议之不足信者也。执事英气豪气，远媲千古，太白所称"千斤散尽还复来"，于公见之，今虽穷窘，岂能因暂时竭蹶，遂使见诸公牍之言，竟致不复自践，此非季布百金一诺张皓宇之所为也。万一真不能月付二百，即改为月付一百，亦无不可；再不能，亦望但得执事一言相告，谓前所列之千数仍如约，则弟与惠卿，亦可暂从他处通借，俟公之财力澹足，再行拨还；然吾以为万不至此。乃若废现有之学社，别立一东学身，是狐埋狐□、朝成暮毁，且又安知后立之学社，其教习必能贤于中岛乎？徒使各国报纸讥吾中国办事之无恒，止一鼓作气，再衰三竭而已。窃以为我公不取也。中岛到后，即需开学赁房及制备器具等，以无款开支。弟谓此事兴废，有关大局，故敢冒昧上闻，伏希卓裁示复，无任惶悚待命之至！不宣。（《吴汝纶尺牍》第 247 页）

**8 月 28 日（七月十五日）** 午刻，中岛来谈东文学堂事，并论村井拟开纸烟公司事,约余与村井合伙。陈少湍来谈白云观张云卿可通内线事。

▲ 中岛裁之《东文学社纪要》对成立东文学堂有刘铁云的关系有如下记录:吴老师和廉先生在在各方面热心地募集捐款。但是虽然有很多人提倡维新,宣传开学校的不要,但是,几乎没有实际干这些事业的人。也许是害怕受到顽固派的压迫,所以采取旁观的态度吧。刘铁云先生当时开设慈善会,带头进行收容治疗伤员和病人,埋葬尸体等工作。他赞同吴老师和廉先生的意见,为串联东文学社捐献了一千元。(《研究集稿》第23页)

▲ 编著者按:家中传言,白云观道士张云卿深得太监李莲英信任。

**8月29日(七月十六日)** 归。知陈少湍来约往白云观访张开士。

**8月30日(七月十七日)** 午初,往白云观,与张云卿谈《黄庭内经》,并告以道德五千之说。郭氏病愈重,决计搬入城矣。

**9月1日(七月十九日)** 早起,接沙彪纳字云:"罗沙第有信来,约四点钟。"……四钟至沙处,罗信甚略,云详文在下一班也。

**9月2日(七月二十日)** 午后,访季皋,为罗君欲谋接待醇邸事。至则知此次因德皇勒令参赞以下行三跪九拜礼,故归途决无耽搁也。

▲ 按季皋是李鸿章的三子李经迈的字。当时清醇王载沣赴德国贺德皇加冕,罗沙第拟在归途接待,故代为接洽。(《铁云年谱》第66页)

**9月6日(七月二十四日)** 巳刻晴,赴火车站。午刻登车,十二点二十分开车,四点半到天津。

▲ 按这一次去天津的任务,是为出席二十六日的领事馆红十字授章典礼。事已详前。(《铁云年谱》第79页)

**9月8日(七月二十六日)** 一点钟赴领事馆行赤十字授章之典。宣白后,同拍一照。回寓,过武斋买信封五百,绸布两打。

▲ 刘德枢《命舍群生赈灾人》:从小在家中听说过,先曾祖曾获得过一枚"全球奖章",但不知其详。先伯父蕙孙先生曾有文涉及此事,说是去"接受万国红十字会授章礼。"应该说,这是一个不小的荣誉,但那时的当政者故意隐去,刘鹗也仅在日记中一笔带过,再不提及,其中必有蹊跷。如是,还留下一个授章的地点未知。蕙孙先生推测,当时刘鹗下榻天津《日日新闻》报馆,馆址在和平路北端。日本武斋洋行在今解放路西,从领事馆回寓所过武斋,则应是英国领事馆。(《吾家家世》第63页)

▲ 编著者按:刘鹗到天津住天津《日日新闻》报馆。此时报馆应已迁到日租界旭街(现在的和平路)中孝里西口。

**9 月 10 日(七月二十八日)** 晨起,登车回京。

▲ 中国红十字会是什么时候成立的? 北京中华世纪坛的青铜甬道上,1904 年那块铜板的铭文是(这年)"上海各界发起创立万国红十字会"。查相关的资料,说是这年的"6 月 19 日正式加入万国红十字会"。然而早在 1900 年,上海几乎所有的报纸都曾连日刊登过一则署名"中国救济善会"的启事,启事说该会"募资经办,亦如外国红十字会立例""会中上下人等,均穿红十字记号衣"。至于这次大规模的民间赈灾活动和红十字会的关系,有待考证。只在刘鹗的《抱残守缺斋·辛丑日记》中,记有一件鲜为人知的事,略显蛛丝马迹。这年七月二十四日"午刻登车,四点半到天津",二十八日"登车回京",看来是专程为二十六日的"赴领事馆赤十字授章之典"而来。有学者考证,为了表彰陆树藩和刘鹗在庚子赈灾中的贡献,国际红十字会为他们颁发了奖章,时在 1901 年 9 月。这可能是中国人的第一次获奖。(《吾家家世》第 79 页)

**9 月 16 日(八月初四日)** 三点二刻,到三眼井,知郭氏已于三点钟死矣,呜呼哀哉。

**9 月 17 日(八月初五日)** 往三眼井殓郭氏,哭之。……申刻王姨太太来哭之。申刻,检点衣箱后即回大甜水井。

**9 月 23 日(八月十一日)** 本日接季皋信,知英使已向合肥言泽浦路事。相国允代向庆邸说项。陈少湄来。

▲ 编著者按:李鸿章安徽合肥人。

**9 月 27 日(八月十五日)** 吴汝纶致刘鹗信,催促刘鹗"践春间千元之诺",否则东文学社难以维持。

▲ 1901 年 9 月 27 日(八月十五日)吴汝纶致刘铁云信:

前临行匆匆,未及走别,至为歉悚! 学堂捐款,前经代付百元,计惠卿当已转达。近惠卿南行,仅送两月用度,交司事薛君经理。惠卿若过两月不来,学堂即有扣锅之势。吾辈首事之人,不得束手坐视。执事近岁稍穷,惟尚存米两千石,万一现时尚无进款,欲请拨米百数十石,以践春间千元之诺,使吾党向风慕义,诵执之德不衰,岂非豪杰举动哉! 学堂衰王,系公一举,鄙人刮目以俟后命。(《吴汝纶尺牍》第252 页)

**10 月 2 日(八月二十日)** 孟松乔来,催大缙、大绅捐官事。

**10 月 6 日(八月二十四日)** 归寓,踌躇捐指分事。细思,捐亦窘,不捐亦窘,竟捐之矣。

**10 月 8 日(八月二十六日)** 午后往外部拜李仲平,遇之。筹划改路事。李为鹿之门生,力言鹿处可不生阻力。

▲ 按鹿指鹿传霖,时任军机大臣兼办政务大臣。(《铁云年谱》第 67 页)

**约是日(八月二十七日)** 与贾子咏一起拜谒庆亲王奕劻请求将泽襄铁路改为泽浦铁路。

▲ 编著者按:刘蕙孙先生说,在刘鹗《抱残守缺斋·辛丑日记》中夹有一纸条,全文如下:前日(二十七日)与贾子咏同见庆邸,已蒙面允,照去年所说:将泽襄铁路改为泽浦,准其载人载货。当见时原经手之杨君约昨日晤,仍有话说,故前日未曾发电。昨日杨君云,此事例有费用,邸中办事人不能白效劳。如无此说,虽面允亦当批驳云云(此款非杨君得,当可意会,杨君但得零头耳)。故今日一面电白,一面函详也。盖前数日本先由杨君与邸说通,我辈方往谒见也。请与哲君说明,矿如何办法,允费若干,当密电沙彪纳君立据签字与杨君说明,先由仲等立据,俟批到手再交西字笔据。似此办法,较为妥当。即请筹安。再杨君索三十草。仲告以断做不到,渠尚未松口。不知写于何时?

从残存的日记中可以知道,七月初三日(8 月 6 日)记录有准备要拜谒奕劻事。七月二十七日(9 月 9 日)和九月二十七日(11 月 7 日)刘鹗都不在北京。据其内容,事涉庆亲王、贾子咏、泽襄铁路等,此阶段日记中多次提到。故暂将其列 10 月 9 日(八月二十七日)。

**10 月 11 日(八月二十九日)** 下午沙彪纳来云:哲美森已至,约明日往会之。

**10 月 12 日(九月初一日)** 往贤良寺,知合肥署外部之信确。……至总布胡同,为哲君请见合肥之期,季皋允明日给信。

**10 月 13 日(九月初二日)** 遇哲君于玉河桥云:已接余信,知合肥约明日见。

**10 月 14 日(九月初三日)** 归,值哲君在寓,为来商派柯瑞往河南事。问伯琦肯作翻译否?琦答容商。

**10 月 15 日(九月初四日)** 早起往哲君处,告伯琦已允同去,并告宜请徐桐春伴往。哲亦允诺。午后往总布胡同,因季子之招也。晤告哲托四事:一改路,二电询吴楚生,三告晋豫明年开工,四为山东招远金矿。云滇晋豫电俱发,改路亦面允。哲君接公司电云,催罗寄股票。

**10 月 16 日(九月初五日)** 早起造哲君,告滇电已登。……回寓接子咏信云:"本日见庆邸,慨允无疑难。"知铁君之信已到矣。晚饭后往哲寓,因下午哲来未遇也。知为抄合同第十七条事。

**10 月 17 日(九月初六日)** 贾子咏来候同赴哲招。……饭后回寓换服拜徐进斋及大兴县。顺往访次舟,遇于庙前,渠已知为桐春事。……晚访哲,为作函请徐事。

**10 月 18 日（九月初七日）**　文子和来招谈云："铁君来云邸已允诺矣。"徐桐春来。午后，往贤良寺访徐不遇。至总布胡同，知李君招远金矿禀帖已到。

**10 月 19 日（九月初八日）**　午刻，沙彪纳来约勿出。未刻沙至，述罗沙第一信，并其拟立新公司大概情形。又述股票所以不至，因各处票未齐，至发信之前一日方齐。约须再迟一月方寄，大约到在十一月间矣。晚见季公，告以罗信，并为沙彪纳约礼拜一见。因知徐进斋放铁路督办。陈少澜来。

**10 月 20 日（九月初九日）**　巳刻往送哲美森，至则行矣。午刻沙君来云："味尔生有电来，候电须往天津听断失物。"

**10 月 24 日（九月十三日）**　晚间丁问槎来，告渠薪水加至百金，张宝廷加至五十金，并告邵依克来。

**10 月 25 日（九月十四日）**　柯瑞自天津来，往晤谈良久，斟酌到怀庆禀报开工日期，并嘱撰稿，允之。

**10 月（九月）**　救济善会的施药，掩埋工作仍在继续。

▲ 编者按：1901 年 10 月 1 日第 231 号《寓言报》有《救济善会续募药材棺板启》谨启者：

敝会叠接京局顾公度中翰、保局严觐侍大令、津局钱兵青二君各处来函称：京、津、保等处自交夏令，大疫流行死亡相继，约计以死至三万余人。贫苦之家既无医药之资、死更无棺木为殓，以至臭秽更盛，传染愈多。前虽由申局募购六神丸、辟瘟丹、药茶饮片及各种痧药数十箱、板棺二十余具，其数亦为不少。无奈地广人多。难以遍及。速请申局设法续行登劝报募以资接济云云。敝总局接信之下，被望灾区，难安寝食。窃念捐款已成弩末，水旱遍灾又复告救。敝同人回顾棉力，大有顾此失彼之势，只得亟行普告海内，再作发棠之请：伏乞诸大善士，俯年北地并火余生，疮痍满目或慨舍药料、或合劝棺木。不但生者同被恩泽，即死者亦不致暴骨道路矣。如蒙乐助，请交敝会立即解往以救眉急。此启。

陆树藩、潘炳南等同启

**11 月 1 日（九月二十一日）**　吴汝纶请王伯弓带信给刘铁云索款，并强调"向公恶索，不得不休"。

▲ 1901 年 11 月 1 日（九月二十一日）吴汝纶致刘铁云信：前肃一函，未蒙示复，甚惶惧。岂有所开罪耶？东文学堂当时实因执事慨捐千元，遂尔开办。曾见执事与李季皋公子谈此事，谓千元用尽，倘无人继起，尚可续捐。仆当时心壮其言，以为真今代豪杰也。七月中，仆尝上书切论此事，复书允即措交。其后相见，则仍用

鄙函先为代借之策。仆以为与贤者语，不可失信，比筹得百元，交惠卿付学堂之用。惠卿计已奉闻。惠卿前办学堂，桌凳系借天德木厂，今该厂索欠甚急，欲划抵敝处存款，敝款又急欲递寄东京。执事虽穷，此区区者尚不至窘手难措，岂前时面戏，谓必须唾骂后筹缴乎！今请伯弓兄为弟向公恶索，不得不休，亦正以辅我公使践形公牍之宿诺，而不使不知者诟厉其后也。不具。(《吴汝纶尺牍》第 259 页)

**11 月 3 日(九月二十三日)**　五钟起，赴车站……七钟半开行，十二点到津。

**11 月 7 日(九月二十七日)**　接北京电，中堂于十一点三刻薨。

▲ 编著者按："中堂"系指李鸿章。1901 年 11 月 7 日病逝于北京。

▲ 编著者按：刘成忠曾入李鸿章幕府。刘大钧在《刘铁云先生轶事》中曾有如下描述：先生(刘鹗)辞职进京，往谒李鸿章。文忠与先祖有年谊，故以子侄辈待先生。甫晤面，文忠即谓"汝尚年少，初出办事，乃被人骂为汉奸，将来如何能上进乎？"先生笑答曰："小侄被骂为汉奸，事诚有之。然小侄年幼，办事尚少，仅一小汉奸耳。老伯勋绩卓著，外间亦呼为汉奸，是乃老汉奸矣。小侄但能步老伯后尘，岂惧不能上进乎？"对以上叙述，刘厚泽以为"与李鸿章对话一节，不知何据？大钧叔约得诸传闻，其实不可靠。"(《老残游记资料》第 110 页)

**11 月 8 日(九月二十八日)**　七钟上火车，九钟半开，……三钟半到京。知全权为夔帅，北洋为袁慰亭。

▲ 编著者按：夔帅，王文韶，字夔石，故称。《王文韶日记》：二十七日(11 月 7 日)晴。卯初一刻起行四十里，辰初三刻抵荥阳县城宿。午正上门，三刻两宫先后到，未正叫起，适接直藩周馥电：李傅相于本日午刻出缺，两宫恸悼之至，即日降旨先行加恩，赏陀罗经被。遣恭亲王溥伟奠醊，追赠太傅，晋封一等侯，入祀贤良寺。予谥文忠，照大学士例差恤。其余饰终之典再行降旨。北洋大臣直隶总督简放袁世凯署理(袁时在制)，诏奉署理全权大臣，并令到开封后先行回京。时局艰危，老成凋谢，轻材承乏何以克堪，不胜悚惧之至。申正二刻散值。(《王文韶日记》第 1045 页)

**11 月 9 日(九月二十九日)**　晴。晨起，往总布胡同吊焉。知已见上谕。谥文忠，晋太傅，封侯。

**11 月 11 日(十月初一日)**　早起沙彪纳之约。值子谷于崇文门内，立谈，大概仁和深以某说为然也。

**11 月 12 日(十月初二日)**　五钟谒仁和，见畅谈，午刻归。

▲ 编著者按：王文韶浙江仁和人，一般以仁和指代王文韶。但查《王文韶日记》：

十月朔日(11月11日)晴。卯初起行三十里甫田村茶尖(郑州属)。又四十里午初中牟县城宿,未正上门,申初二刻两宫先后到,申正二刻叫起,有明发一道,酉初二刻散直。是日日有食之。

初二日(11月12日)晴。寅初起行三十里韩庄茶间(祥符属)。又四十里已正抵河南省城,住东大街浙江会馆,在省同乡代为预备,非常周到。未正上门,申正两宫先后到,酉正叫起,有明发二道,三刻散值。庆邸到此应銮。头起见面,匆匆一晤未及细谈。(《王文韶日记》第1046页)

**11月18日(十月初八日)** 午前,至福公司晤哲君,畅谈。

**11月19日(十月初九日)** 三点钟往喜鹊胡同,仁和头晕不见客。将地图交钧叔代呈。

**11月20日(十月初十日)** 午后,往肃王府谒见,谈至暮。……今日将电底索回,明日送往。因随意翻阅摘抄于下:"收藏大臣电(正月十八日)铣电谨悉,罗沙第在沪,尚未来议。彼已派人前往勘度。遵俟该处人到与商大概,再请钧示。宜怀谨肃,霰。"又张香涛阻挠铁路一大长电,另纸录。

▲ 编著者按:张香涛(1837—1909),名之洞,字孝达,号香岩,又号壹公、无竞居士,晚年自号抱冰。直隶南皮(今河北南皮)人。

**11月21日(十月十一日)** 午前,往公司晤李仲平、那子言二公,又告子咏明日勿谒邸。

**11月23日(十月十三日)** 午前,同哲君往谒仁和,辞以疾,并嘱予次日来。

**11月24日(十月十四日)** 午前,往谒仁和。见后告哲君以其来意。

**11月27日(十月十七日)** 午后,接子咏信,知庆邸变卦之说,有以处之也。……撰《银行刍议》一篇。

▲ 按铁云先生议办陇汉路事和办银行事,均未听家中老辈说过,陈少湍亦不知何许人。仅在日记上见此二事。又八月十一日、九月初八日、十一月初四日均记陈少湍来,至十一月十一日记:"陈少湍来,明日动身。"所办的事似均无结果。

近来才知道已故大经五叔曾觅得"节略"手稿残本。已由五弟厚祜、从弟厚康处制得复本,附抄未竟全文如下:——"附创办大清银行节略"

谨将拟请及时设立大清银行缘由,缮呈,钧核:

窃查泰西各国之设立官银行也,凡以利国而已。盖国家当有事时,军需巨而假贷艰,于是银行罄所有以相奉,而供亿无虞。故英国当康熙三十年大乱之后,始创银行,即向贷一百二十万镑。自后凡有战争,皆向贷焉。至道光初元,共计银行所借积二千二百二十六万镑,以时价七两一镑计之,合华银一万五千六百余万两。法国当嘉庆初元,以拿破仑军用浩繁,乃设官银行以供所求,及拿之身,共向贷一万六千余万佛郎,以时价三佛郎又十三四值银一两,合银四千一七百余万两;道光二十七年内讧卒起,三月之间,银行共付八千八百余万佛郎,合银二千六百余万两。至同治九年,普法之战,统计该行借至十五万二千余万佛郎,合银四万五千余万两。其他如奥、如俄、如义、如德,所设官银行,皆在军兴以后,凡以为将来借贷地耳,此官银行利国于有事时者一也。国(以上第一页)家当有事时,上下交困,现镪无多,势使然也。有官银行,平时币钞流行,既已取信于民,有事则进国家谕令银行,专行钞币,则民听不惑,国用无或竭之虞矣。故英国当乾隆之季,频年征美,财用告匮,乃谕令通国,凡库款受支,悉用官银行钞币,民间使用亦然,限发钞币五千六百余万镑,合银四万余万两。咸丰六年,以出师伐五印度,攻黑海,又有此令,无限数。法国于道光之际,内乱发,乃下专行钞票之令,准银行出钞币四万五千二百万佛郎,合银一万二千二百余万两,普法之战,复行此令,限发钞币二十八万万佛朗。合银八万五千二百余万两。他国凡库款支细绌,皆下此令。义国此令,至今未除。昔之俄国未设银行,国库发钞钞价跌至三折,盖平时未有以信之也。此官银行有利于事者二也。国家无事时,或赋税未齐,而待用孔亟,则官银行可以垫付,如英、如法、如德,暂欠官行,住住积至五六千万两者,此无事时官银行之利于国者一,成遇大工程,亟待兴办,惟需款巨而往借于民,或恐未能(第二页)踊跃,有损国体,又恐散商垄断,高抬利息,于是官银行出名代借,助两无所虞。今我英国债多至七万万镑,合银四十九万万两,法债三百二十万万佛郎,合银四十九万万两。奥欠约六十万福伦,合银四十四万万两,大抵山官银行代借者十之七,此无事时,官银行之有利于国者二。当有事时,国借之款,除官银行所借外,类皆多扣重息,事后挽回,又恐失信,有官银行,则债票涨落,概可操纵,或俟债票价贱,代为收进,或以轻息之票,抵进其重息者,如是英法诸国前借之款,息至六七厘者,而后逐渐转至三四厘矣,甚有价至二厘者,此无事时官银行有利于国者三。汇款升降无常,国用所需,岁汇之数,以巨十百万计,少有出入,则所耗不资,有官银行为之汇划,多方相济,所补甚巨,此无事时官银行之有利于国者四。夫官银行利国于无事时既如此,而利国于有事时又如彼。泰西各国自设官银行,缓急当无不足之虑者此也。中国未有官银行,缓急皆有财匮之虞者,亦此也。请以近事征之,倭衅初开,我未(第三页)之备,募勇购械,处处无款,急而商借于英法诸国,要求多端,甚其有以局外公法为辞者,不知几费经营,而所借甚微,无裨大局,加以民情惶惑,现款寥寥,欲行钞币,又恐民不习用,转多窒碍。使早有官银行,则千万之款,不难立集。又可专行钞币,则取用不穷,大局或有转机,未可知也。盖其时倭人库款亦罄,如能相持数月,彼将徐图转圜耳。无如官银行未设,于是有事时不能坐收其利,而纷贻累有如斯者。迨事定后,洋商之愿借者云集。然皆起息重而折数多,逼我太甚,其居间者,方市恩以收渔人之利,而中费之暗扣无论矣。又或急切需款,则无处通融,还款到期,则各省追索,临时既难应手,兑镑则不能从心,尝见上海汇丰等银行,侦知道库何时兑镑还款,则数日之先,故将银价大跌,甚至视伦敦市价每两所差至两本土者,约合华银每两差一分五厘,则每年还款,一千八百余万两,应暗耗二十七万余两,而汇款之费不与焉。至已借之款,数短息重,加以银价日亏,不可限量,欲图补救,无术可施。(第四页)……

　　按以下大部全佚。此稿缮毕,已经核对。从此两事看,清季新政,铁云先生几乎都曾参与,甚至就是由他发起。而阻碍重重,均未成于其手,有的转手以后变更了性质。之意在利国者,翻为病国,不禁浩叹!(《铁云年谱》第 76 页)

**11 月 28 日(十月十八日)**　伯虞自公司来,云股票已至。

**11 月 29 日(十月十九日)**　下午,送《银行节略》与陈少澥。

▲ 编著者按:刘鹗为何撰写《银行节略》不见记录。大清银行是中国官方开办的最早国家银行,原名户部银行。江西丰城地方文化研究所所长毛静在研究太谷学派学人毛庆藩时谈道:毛庆藩是晚清一位官至甘肃布政使、护理陕甘总督,有着"廉能"之誉的官吏。他是"中国最后一个儒家学派'太谷学派'的传人,他是中国第一所国家银行'大清户部银行'的创始人,也是中国近代兵工业和红十字事业的倡导者之一,同时他也是古文评论家和敦煌文物的保护者,以及中国第一座黄河大桥兰州大桥的促成者。"袁世凯时以北洋大臣、直隶总督身份创设中国第一个中央银行即大清户部银行时,于 1902 年 12 月 24 日(光绪二十八年十一月二十五日)上奏:"请调江苏候补道、江南制造局总办毛庆藩改归直隶补用,即赴天津代办户部银行事宜。"袁世凯对毛庆藩的评价是"该员品行修洁,智虑沉详,久充户部司员,综理精密,物望素孚。嗣在天津办理粮台,筹画支应,极能秉公持正,担怨任劳。平日于国是民瘼,尤能遇事留心计较利病,实属为守兼优"。毛庆藩与刘鹗的关系非同一般。① 二人都是太谷学派入室弟子。根据《龙川夫子年谱》记录:"八年壬午(1882)七十五岁。……上海丹徒刘鹗来。""九年癸未(1883)……六月丰城毛庆藩来。……庆藩字实君,官户部员外郎。"太谷学派所谓"来",即正式拜从山长为入室弟子。由此而知,刘、毛二人皆为李光炘弟子。② 在太谷学派中两人都以"养天下"为已任,共同承担太谷学派提供经济的资助。③ 刘鹗与毛庆藩是儿女亲家。毛庆藩的四女儿嫁给了刘的二儿子刘大黼。毛庆藩 1905 年(光绪三十一年)任永定河道,就受刘鹗的治河思想影响。1908 年毛庆藩任"护理陕甘总督",居于甘肃

兰州。这一年刘鹗流放新疆,在兰州停留半个月,后毛庆藩派押解委员典史刘玉亮沿路照料,护送刘鹗到乌鲁木齐。现存刘鹗的最后一封亲笔信正是写给毛庆藩。1909 年刘鹗在乌鲁木齐去世,其子大黼护丧回籍,毛庆藩曾路祭于途。刘鹗写《银行节略》于 1901 年 11 月,毛庆藩主持大清银行于 1902 年 12 月。由此我们不能不看到刘鹗撰写《银行节略》与毛庆藩有直接的关系,绝非空穴来风。另刘鹗的另一个亲家著名学者罗振玉,是我国"敦煌学"的创始人之一,是他以学部的名义控制敦煌文物的外流。因此人们但知罗振玉的功绩,几乎无人知晓毛庆藩的作用。正是时任护理陕西甘肃总督的毛庆藩令安肃道道台廷栋保护了敦煌的文物,廷栋又行文刚刚上任的安西直隶州知州侯葆文,侯葆文又行文新任敦煌县知县陈泽藩。陈泽藩等人会同王圆箓一起清点藏经洞文物,获得 8 000 余卷。1910 年 5 月,藏经洞剩余 8 000 余卷写经被装满 18 只箱子,放在 6 辆大车上,开始东运。刘鹗、毛庆藩、罗振玉之间的特殊关系,联系着大清银行的成立和敦煌学的创立,颇可玩味。

**11 月 30 日(十月二十日)** 早起,赴哲美森处看股票。

**12 月 1 日(十月二十一日)** 往仁和处祝寿,吃面,与钧叔畅谈。

**12 月 6 日(十月二十六日)** 昨日内田夫人云今日来也。至四钟方到。服西人服饰,长身细腰,颇不类东人。在书厅坐一钟许。到上房,并遍游各房。容貌庄丽,举止大方。闻其母家姓土仓,产多山林,东人谓之"山林王"。以如此富家,自小入学,未笄已为大学堂卒业生。到中国甫下车即延师教华语。其好学不厌,极为可佩耶!吾辈愧死。

▲ 编著者按:内田夫人,约为时任日本驻华公使内田康哉的夫人。

**12 月 7 日(十月二十七日)** 至公司新居一观。

▲ 按此言公司,系指的福公司北京总公司。据《近代工业史资料》:英商福公司一八七九年设总公司于北平。则此次应该是迁居和扩大其规模。(《铁云年谱》第64 页)

**约 12 月中旬(十一月上旬)** 救济善会负责人派刘锡九到北京催讨一年前刘鹗为在北京赈济所借"两万金"。刘鹗回信答"虽未能还,然竭力筹画,总以愈早愈妙"。

▲《申报》1900 年 12 月 9 日刊致救济会电文:北京粮价日昂,乞得平糶,请借两万金汇来。(《文学史证》第 230 页)

▲ 救济善会请刘锡九代呈刘鹗函:去岁,弟代尊处筹措北京平粜款银二万两。承约秋以为期,如数清解,足见一言九鼎,信义昭重,令人钦佩无以。惟此项银两,半由弟向各友处商借而来,半由救济会拨用。迩来,各友屡来走索,势不能再延。欲先自行筹还,奈又无此巨力。缘各友类,急公好义,勇于为善之人,因弟当时

一再婉商,始肯相助,将来遇有大善举,均可各助巨资,若因此区区而失此大门径,后日方长,诚可惜也! 救济会刻须赶刊征信,拨用之款亦应清偿。况近来天津局中,办理施医药、掩埋各事,来源既竭,需款尤殷,势不得不勉筹接济。东南各省,又遭水患,集款更属不易。兹特与纯翁商酌,特属刘锡九兄来京,即乞俯践前言,将拨用之款二万金,如数清还,以清经手,则感德无既矣!(《刘鹗集》第750页)

▲ 刘鹗回答救济善会函:锡九兄来,奉到手示,兼悉起居多福,适洽颂私。弟穷困如恒,无善足述。承示遵悉尊处刊刻《征信录》,拟刻拨还敝处捐银五千两,垫款七千两,是亦允当不易之办法。至拨借敝处二万两一条,顷与乐翁说明,将来弟归还时,仍由乐翁经手以清界限。至此款目下虽未能还,然竭力筹画,总以愈早愈妙,好在合肥处禀明。新闻社又复登报,处处有根,断无狡赖不还之法,惟稍迟时日。有玷清听,抱歉无极,将来把晤时,泥首谢罪。(《刘鹗集》第749页)

▲ 编著者按:救济善会致刘鹗一函,应为焦发昱所撰,但是代表陆树藩的意见。所以刘鹗的回信写给陆树藩。

**12月12日**(十一月初二日)　午前,延请阁送《澄清堂帖》一本来售。展卷墨光如玉,奇之。议价定,白金十笏。归查《庚子销夏录》,即孙退谷所藏之一本也,不禁狂喜。

▲ 按澄清堂帖《庚子销夏录》称是南唐摹拓王羲之的集帖,是一切集帖如《淳化阁帖》《潭帖》《绛帖》等等中最早的一部,传世仅存三卷,计三部半。三部中一藏湖州邵氏,一本在罗雪堂手,后来以一万元代价卖给日本大西隈侯。大西氏得到此帖喜而名具书斋为"帖祖斋"。意思就是说此帖是南唐拓本,是传世最早的套帖。后来交博文堂书店用珂罗版影印出版:由京都帝国大学内藤虎次郎题签,亦题"南唐拓澄清堂帖"。内藤为日本最有名的书法家及鉴赏家。但近据容庚教授考证实为南宋刻及南宋拓。曾写有《澄清堂帖考》,载于《文物》杂志中。邵家藏本,上海有正书局亦经影印发售。我家抱残守缺斋藏本在初得时亦用照像石印若干分赠亲友,但未公开发行。另外半本是廉惠卿(隅)小万柳堂所藏。有正书局也曾予以影印。三本之中,除廉本外,内容完全相同。只罗、邵两本为蝉翼拓,而我家的一本是乌金拓。后罗、邵两本闻均流至海外,抱残守缺斋一本随铁云先生被祸以后,长物尽失。而此本则到本世纪二十年代之初,尚存于继祖母郑手中。她住在天津时经我表们潘孝侯先生(葆真)介绍抵押于明华银行天津分行。后来继祖母郑殁于淮安家中,潘孝侯先生亦逝,此帖并未赎回。解放后,我曾筹款拟托孝侯先生的长子潘志坚表兄调查洽赎。据云已于继祖母郑回南前夕由我一从弟刘桂舟商得继祖母同意为日本商人赎之而去。桂舟在抗战胜利后即流转泰、缅等国,消息断绝。此帖究

归谁家,已无从踪迹。(《铁云年谱》第 80 页)

**12 月 14 日(十一月初四日)** 陈少湍来。

**是日** 刘味清之次子刘大猷随罗振玉赴日本考察教育。

▲ 罗振玉《扶桑二月记》:(光绪)辛丑冬十一月初四日 渡日本视察教育事务,奉南皮、新宁两宫保命也。九时,携刘生秩庭大猷登神户轮,同行者:刘君聘之洪烈、陈君士可毅、胡君千之钧、田君小莼吴焌、左君立达全孝、陈君次方问咸六人。刘君为湖北两湖书院监院,陈君等五人则自强学堂汉教习也。此行亦为视察学务,被南皮宫保之命同予前往者。(《罗振玉集·十一册》第 93 页)

**12 月 21 日(十一月十一日)** 陈少湍来,明日动身。

**约 12 月 27 日(十一月十七日)** 为《元公姬夫人墓志铭》题跋。

▲ 编著者按:刘鹗《元公姬夫人墓志铭跋》落款为"十月"。

**是年** 捐百金以助迁葬镇江义地,准备修北京永定门火车站。

▲ 刘鹗以同乡关系,捐款协助因修建北京永定门外铁路迁葬镇静义地中被占的坟墓一事却还没人提到。

今据清末延渡(子澄)所撰《庚子都门纪事诗》卷四《鲂尾集·永定门外修铁路,二郎庙镇江义地适当其中,因偕赵贯之比部学曾前往踏勘,遂将被占坟座牵葬迤南隙地,为赋五排五十韵,以纪其事》其中写道:举畚谋方急,倾囊力已殚(原注一)。地形将凿断,乡谊未云寒。臭味连桑梓,交情订芝兰。刘朗金慨赠,赵氏璧能还。(原注二)我但为其易,人皆任所难。……原注一:"前存公款数百金于钱号,现在无(力)支付"。原注二:"贯之与余管理是事有年。贯之昨募刘云抟百金,方成此举。"(《严薇青文集》第 201 页)

**是年** 得北宋拓《圣教序》并题跋。

▲《北宋圣教序跋》:

兰亭自宋南渡后,家置一石,而右军真面目遂不可见矣。《怀仁集字圣教序》以石大未易翻刻,又为宋人所崇尚,故流传拓本极多,右军精神赖以不坠。世之得北宋拓者,恒自诩为海内第一,如梁茞林、崇语铃两中丞是也。然为人所公认者,惟河南周文清公所藏一本耳。梁、崇诸本不如远甚。自福山王文敏公得此本,经吴县潘文勤公及盛伯熙祭酒、吴清卿中丞、王孝禹观察等一时精鉴家,均推许为在周文清本上,然则真为海内第一本矣。光绪辛丑归抱残守缺斋。铁云识。〔蝶云印〕(《刘鹗集》第 635 页)

**是年** 罗振玉自述:在刘鹗处见到龟甲兽骨。怂恿刘鹗拓印。罗振玉为之作序。

▲　比返沪,又于刘铁云所见殷卜骨墨本,盖王文敏殉庚子国难,所藏悉归铁云,铁云又增益之。先生一见叹为汉以来小学家若张、杜、杨、许所未得见者怂恿铁云尽墨所藏为《铁云藏龟》,且印行之。(《罗振玉年谱》第 23 页)

▲　罗振玉《殷商贞卜文字考》:光绪己亥予闻河南之汤阴,发见古龟甲兽骨为福山王文敏公所得,……翌年……拳匪起京师,文敏殉国难。所藏悉归丹徒刘氏。又翌年,始传至江南。予一见诧为奇宝,怂恿刘君亟拓墨,为选千纸付影印并为制序。(《罗振玉集》第 1 页)

▲　编著者按:现在所知刘鹗 1902 年得龟甲兽骨,1903 年拓印后印制《铁云藏龟》。罗振玉《铁云藏龟叙》述"癸卯夏,拓墨付景印既讫,为援据经史,缀辞于后,以质海内方闻之士。秋八月上虞罗振玉尗耘父书于海上寓居之怀新小筑"也记录的是 1903 年,与此相差两年。原因待考。

**是年**　重装梅道人《墨竹立轴》并题"梅道人墨竹。庚子得重装。铁云藏"。惜为赝品。

▲　田夫《刘鹗藏画受骗史实》摘录:

不久前,我在刘鹗后裔家中有幸目睹刘鹗收藏的一幅元四家之一吴镇(仲圭)的墨竹立轴。灰濛濛的画轴外满是尘染烟熏的痕迹。一张薄薄的宣纸题签已呈深灰色,但字迹清晰可辨:"梅道人墨竹。庚子得重装。铁云藏"字体端庄,清隽潇洒。题签上还有三个相连的圆圈,估计是收藏者评价藏画登记的标志。

看了此画,连我这外行都受了感染,连连称好,并为能亲睹"国宝"而暗自高兴。主人见状,却紧蹙双眉说:"你莫高兴得太早,这张画是赝品。"……这幅"墨竹"却是刘鹗所藏,题签不假,但作画人不是梅道人吴镇。也就是说,刘鹗上了别人的当,把赝品当成了真迹。这是好几位字画鉴定专家的共同结论。

听罢此话,我注意搜寻着画上的印鉴,想看看有否"铁云所藏书画""铁云审定宋元真迹"之类的印章,结果是一无所获,不禁感到纳闷。

笔者推测:刘鹗未贸然盖上鉴定章或是刘鹗当初尚不谙鉴画之道,或是刘鹗已有察觉,知道上当。但偏爱此画,不舍弃之,乃至得已保存至今。

其实,已发现的刘鹗藏画不仅此一幅,还有唐寅的《枇杷图》、奚冈的《桃花》等,可惜也系伪作。(《文化娱乐》1999 年第 3 期第 5 页)

**约是年**　使用"百瓦登斋""二百瓦登斋"为室名。

▲　编著者按:刘鹗在上世纪末使用"五十瓦登斋"为室名,1902 年开始使用"抱残守缺斋"为室名。故介于两者之间的"百瓦登斋""二百瓦登斋"两个室名只能在 1901 年出现。

**约是年** 得《长安获古编》刻板。

▲ 编著者按：刘燕庭撰《长安获古编》，后板归王懿荣。刘鹗自述"庚子后板归予"。(《刘鹗集》第 639 页)

**约是年** 得见"十三峰草堂"真迹。

▲ 编著者按：清乾嘉人张桂岩约生于 1473 年。河北沧州人。善着色花卉，意境开拓，笔力清劲。亦工人物、墨竹。吴昌硕在画中多有"拟张桂岩""拟十三峰草堂"等，可见吴昌硕对此人极其推崇。因著有《十三峰草堂诗草》，所以又被称作"十三峰草堂"。刘鹗约在 1901 年或此后见到"十三峰草堂"真迹并跋于后。跋文录于后：予幼时即闻十三峰草堂之名，未见其画也。稍长，游扬州古肆，无一不悬张桂岩画，心窃异之，以为无长可取而负盛明如此也。质之王筱汀先生。筱汀，扬州词人，与予忘年交者也。筱汀曰皆赝品也。后游京师，始得见十三峰真迹。〔铁云手书〕(《刘鹗集》第 642 页)

**约是年底** 陆树藩再催刘鹗筹还北京赈济之款。刘鹗回信以股票作为抵押，并说明自己"亦难民之一也。"

▲ 刘鹗致陆树藩信：奉到手书，抱歉之至！弟本无恒产，仅有公司股票数千镑而已。票根寄去，至今尚未寄到。前于禀合肥相国禀中，亦声明以此作抵。俟股票寄到，先在京质押。如成，即将现银汇去；如不成，即将股票寄沪，并写立押据同寄。舍此亦更无办法矣！此刻弟食口三十余人，颇难支持，要知亦难民之一也。

# 1902 年（壬寅　光绪二十八年）　46 岁<sup>①</sup>

1 月　慈禧太后等回到北京。

2 月　梁启超等在日本横滨创办《新民丛报》，作为保皇党人的机关报，诋毁反清革命，鼓吹君主立宪。

4 月　蔡元培、蒋智由等在上海发起成立"中国教育会"。

6 月　满族正红旗人英华在天津法租界创刊保皇派报纸《大公报》。

11 月　杨笃生、黄兴等在日本创办《游学译编》，鼓吹反清的民族主义思想。

是年　中国留学生在日本东京组织"中国青年会"，这是第一个具有明显革命倾向的团体。


兄刘味青 53 岁。太谷学派学人：蒋文田 60 岁、黄葆年 58 岁、毛庆藩 57 岁。罗振玉 37 岁、王国维 26 岁。

---

①　刘鹗《抱残守缺斋·壬寅日记》两册原件保存，后收入《刘鹗集》。本年谱长编 1902 年（光绪二十八年）所引用基本是日记原文。凡引用原文处，不再说明资料来源。

《抱残守缺斋·壬寅日记》中日期原文为农历日期，本书按公元纪年记录日期，（ ）中为农历纪年。《抱残守缺斋·辛丑日记》数字均已改为阿拉伯数字。

《抱残守缺斋·壬寅日记》两册，均高 25.4 厘米，宽 17.2 厘米。上册封面，刘鹗自题"壬寅正月起，抱残守缺斋日记"；下册封面，刘鹗自题为"壬寅七月起，抱残守缺斋日记"。每页十行，绿色框，版心中缝下有"五十瓦登斋杂著"字样。

《抱残守缺斋·壬寅日记》所存为 1902 年 2 月 8 日（光绪二十八年正月初一日）到 1902 年 12 月 5 日（十一月初六日）日记。特殊情况如下：

3 月 29 日（二月二十日）日记天头有字两行：1. 凌述之住虹口乍浦路同德里四百四十四号。2. 江忼父住处。

原本 4 月 20 日（三月十三日）日记在前，"十三"原为"十二"，在"二"字上添一横，变为"十三"。

4 月 19 日（三月十二日）日记在后，"十二日"前有一"补"字。

5 月 18 日（四月十一日）有人名"张声喤"，后又有人名"张喤声"，疑为一人。

8 月 16 日（七月十三日）日记天头有"于继美"三字。

8 月 17 日（七月十四日）、8 月 18 日（七月十五日）两天日记已残缺。

8 月 19 日（七月十七日）日记的仅存部分。

10 月 4 日（九月初三）仅存开头部分。

10 月 5 日（九月初四日）、10 月 6 日（九月初五）、10 月 7 日（九月初六）残缺。

10 月 8 日（九月初七日）仅存"中过矣"三字。

10 月 22 日（九月二十一日）日记天头有"芝洞信"三字。

10 月 31 日（十月一日）、11 月 1 日（十月二日）、11 月 2 日（十月三日）、11 月 3 日（十月四日）日记残缺。

1 月 7 日(十一月二十八日)　九钟往迎銮。得诗四首。其一曰:"也随乡老去迎銮,千里花袍一壮观。风雪不侵清世界,臣民重睹汉衣冠。玉珂璀璨金轮过,步障东西辇道宽。瞻仰圣天龙凤表,吾君无恙万民欢。"

▲ 二十八日,请孝钦后及德宗(载湉)回銮到京。随众迎銮,作诗四首。按日记实只录此一首,它未留稿。(《铁云年谱》第 81 页)

1 月 19 日(十二月初十日)　录公司清款单,拟明日交哲美森君也。

1 月 21 日(十二月十二日)　嘱伯虞将公司清单送与哲君阅,午后往沙彪纳处。

1 月 28 日(十二月十九日)　入城谒河南松中丞。到法华寺,云在瓦砾胡同。寻至,云尚未搬回。大约明后日可搬也。

▲ 编著者按:松寿(?—1911),字鹤龄,满洲正白旗人。光绪二十四年(1898),擢江西巡抚,历江苏巡抚、河南巡抚。二十八年(1902),召为工部右侍郎,兼正蓝旗蒙古副都统。光绪三十一年(1905),拜兵部尚书。宣统三年(1911)辛亥革命爆发,闽军举事,松寿兵败而殉。

1 月 30 日(十二月二十一日)　午前至哲君处。午后拜松中丞,又不克见。归已薄暮矣。

1 月 31 日(十二月二十二日)　午前,往谒松中丞,见之畅谈。兼至哲君处告其详。

2 月 2 日(十二月二十四日)　昨晚接大哥来信,知五层楼已倒出,得洋三千七百元,已大费周折矣。

▲ 伯祖渭清公遗札中并详述出倒议价时与流氓吃讲茶,几至用武云云。五层楼房子是否自盖,不详。就倒价而论,大概是租房开业,委人经理,作为上海家用收入的一个来源,因当时上海流氓猖獗,无法耗营,只好倒闭。(《铁云年谱》第 54 页)

2 月 3 日(十二月二十五日)　早起至哲君处问照会辞意。取其详文回,译出。午后至喜鹊胡同。在钧叔书房坐,得见稚夔。五钟仁和云:"改路事,势在必办,断无他说。即盛杏荪来电亦称势在不得不允。须查问比国工程师,与芦汉是否有碍?倘有碍,应如何变通办理之处,可以彼此通融。"云云。

▲ 编著者按:稚夔,王文韶子;一说王文韶长子。

2 月 4 日(十二月二十六日)　午前,至哲君处,告知其说。

2 月 5 日(十二月二十七日)　往奥国府拜工程师,邵依克之函也。谈大概,其人言甚易,不知能胜任否?

2 月初(十二月)　购《史晨碑》。

▲ 编著者按：1902 年 2 月 13 日(正月初六日)日记：晚跋《史晨碑》两则,去腊所购也。

**约 2 月 7 日(十二月二十九日)除夕** 作诗一首,题《除夕》。

▲ 编著者按：刘鹗手书《芬陀利室存稿》有诗一首,题《除夕》,未注明吟写日期。就内容分析,与前所述"要知亦难民之一也"相类。诗曰：北风吹地裂,萧瑟送残年。仆告无储米,人来索赁钱。饥乌啼暮雪,孤雁破寒烟。念我尚如此,群生更可怜。

**2 月 8 日(正月初一日)** 天气晴暖,早起有风。朝廷变法维新,元旦暖而有风,春气风行天下之象也。与方药雨畅谈,意见相合者多。

▲ 编著者按：方药雨(1869—1955)名若,号劬园,别号古货富翁。其本名城,字楚卿,小名谒宝。浙江定海人,曾任《国闻报》主笔。因抨击清慈禧太后弊政,与康有为、梁启超等人同遭通缉,避于日本领事馆,继而出走日本。归国创办《天津日日新闻》。天津沦陷时期,曾出任天津治安维持会筹备委员兼伪高级地方法院院长等职。平生爱好金石书画,尤喜古钱,嗜钱成癖,与杭州钱币大收藏家张叔驯、重庆钱币大收藏家罗伯昭鼎峙而立,时人俗谚曰"北方、南张、西蜀罗"。著有《方家长物》《药雨古化杂咏》《校碑随笔》《访印随笔》。

**2 月 9 日(正月初二日)** 晴。午后,入城拜年。申刻,沙彪纳、哲美森来,因罗沙第有电,沙来议也。药雨明日起身,故射龙虎覆竟夕。

**2 月 10 日(正月初三日)** 黎明,药雨起身,送至门口,兼托以林文德事。

**2 月 13 日(正月初七日)** 方药雨与刘鹗畅谈后回天津。四天后给刘鹗信：

▲ **方药雨给刘鹗信：**

铁兄手足：

在府叨扰多日,谢谢。所惠之砖已罗列几上,装以木匣,居然气象不凡,较之堆积庭院真有上下床之别矣。三分人七分衣信然。奉上羽阳瓦拓本请较之。长安乐砖一因"乐"字拓之不明,忝颜求易一清楚者(交原人带转九叩首),当人情做到底也。划银明后日送上,因弟到津事积如山,明后日则有暇耳。此请

近安

弟若顿首初七日

府上之事何如？若了,则示一二以慰下怀。(据原信手稿)

**2 月 11 日(正月初四日)** 晴。因昨日陆纯伯约本日来,故候之。午刻来谈。后欲往拜年,已叹"长铗归来兮,出无车"矣。晚间接挪。丑刻,大风甚烈。

**2 月 12 日(正月初五日)** 晴,冷,大风。午后拜年。薄暮至乔茂轩处,遇张玉

叔,纵谈无忌。茂轩苦留晚饭。归,复摇掷。丑刻睡。

▲ 编著者按:张玉叔,与桐城派学者吴汝纶的弟子沧州人贾恩绂是同乡。余不详。

**2月13日(正月初六日)** 晴。游厂店,购朝珠一串,价八十金。归,移书桌于东间。读《显志堂文》数篇,《时务报》数篇。戌刻,东文开馆。晚跋《史晨碑》两则,去腊所购也。本日接程少周信,知股票已签字。接徐卞信,知五层楼之详。接王星北信,知二千金已收到。

▲ 春在北京继续办河南福公司事。拟定矿路章程。派遣路矿负责人员,并因泽浦改路事,在外交部与盛宣怀有所争执。壬寅日记正月初二日:"申刻沙彪纳、哲美森来。因罗沙第有电,沙来议也。"初六日:"本日接程少周信,知股票已签字。"

按程少周即程恩培,与吴式钊同为出名与河南福公司合作的豫丰公司的负责人。此处所谓股票签字,应该即指福公司与豫丰公司合作的签字而言。(《铁云年谱》第 84 页)

▲ 编著者按:《程恩培年表》据《翁同龢日记》记录,时程恩培为浙江候补道,驻苏州严衙前,办理江苏五属掣销总局。

**2月14日(正月初七日)** 晴,暖。午前,晤高洲君,知英日联盟,中国之大幸也。午后访斋藤,问欠款之事,渠亦未得其详。但知中俄决裂,日本助陆师,英助水师,美助兵饷云云。然则俄苦已乎!

▲ 英国与日本订立军事攻守同盟对待帝俄,又订立中、俄发生冲突,英、日美国助中制俄的秘密条件。从日友处得闻其事。日本铃木俊等著《世界历史大年表》:"一九〇二年正月,日英攻守同盟条约签字。"

按这件事是英、日、美及帝俄等因主义国家在东亚尤其是我国争夺权利的斗争。在英、日、美干涉之下,清庆王奕劻等到本年三月才和帝俄缔结东三省条约,四月帝俄军队才退山东北。第二年冬,就爆发了日俄战争。(《铁云年谱》第 85 页)

**2月15日(正月初八日)** 晴,愈暖。午前,访哲不遇。午后,访刘海南,此人殊愦愦,非办事才也。归,校新得《乙瑛碑》一过。虽较新拓未尝多字,然纸墨殊旧,非近拓也。本日接芝阁信、王星卿信、惇宜信。又,昨日接朱黼庄信。

▲ 编著者按:庞芝阁(1866—1916),名泽鉴,号薛斋。直隶河间人,江苏候补道,富收藏。陈三立为撰墓志铭。

**2月16日(正月初九日)** 晴。午前,访哲,值其往谒松中丞,未遇。午刻,赵仲宣来,在此吃饭。饭后,往访吴挚甫,不遇。西城拜客,至丁茾臣处小坐。拜蔡鹭卿,出顺治门以归。晚,赵子衡来。

**2 月 17 日 ( 正月初十日 )**　晴。连日俗见,甚倦。本日决计诸务不作。午后,翻阅石鼓文,兴发,临两纸。因将去年所注音释未竟之功卒之,亦一乐也。高子衡来。晚间,拟矿路章程竟。

▲ 壬寅日记初十日:"晚拟矿路章程竟。"十一日。"王筱斋来……因与王议买卖股票事。本日王寿臣录矿路章程,并写股票卖据。"十七日:"沙彪内[纳]来,约午后同至美国府。午后……同沙至詹美生处。"

按詹美生是福公司的总经理,焦作附近的矿路,英国人称为"詹美生街",指的是他。哲美森则为福公司的驻北京代表,另是一人。詹美生不常在北京。(《铁云年谱》第 84 页)

**2 月 18 日 ( 正月十一日 )**　晴。午前,晤哲君,告知吴楚生将到浙,并取回程若水之转单。午后,王筱斋来,因与上田晤面。上田去,因与王议买卖股票事。本日王寿臣录矿路章程并写股票卖据,竟一日之功,甚劳矣!

▲ 据日记所载,当时罗沙第等所谓投资,并不是真能拿出多少钱,而是取得矿权路权后,在国际发卖股票以筹款,还是一套买空卖空的把戏。义善源银号售出的股票,和后来在上海出售股票,还是吸收我国同胞的钱。(《铁云年谱》第 85 页)

**2 月 19 日 ( 正月十二日 )**　晴。午后,高子衡。未刻,往游厂甸,一无所得以归。晚间摇摊。

**是日**　罗振玉携刘大猷等从日本考察教育两个月零八天后回到上海。

▲ 罗振玉《扶桑两月记》:(光绪壬寅正月)十二日　午刻抵上海。藤天学士丰八及天宫教习已在船埠相待,儿子福成、福苌亦来接,饬仆辈检点行李,一点钟抵沪寓。(《罗振玉集·十一册》第 124 页)

**2 月 20 日 ( 正月十三日 )**　晴。临石鼓三纸。

**2 月 21 日 ( 正月十四日 )**　晴。午后,允孙之夫人、予谷之夫人先后来。申刻,至子谷处摊牌九,弃甲戛兵而回。

**2 月 22 日 ( 正月十五日 )**　晴。早起,自城内归。八钟睡,十钟起。聚家中老幼团聚,摇掷至夜三钟止,遵吾家古例也。

**2 月 23 日 ( 正月十六日 )**　陈绶伯借地作诗钟主人。起手予拈得主考,第二课因得元连任,第三课又因得元连任。一日主考一人连任,虽游戏事亦甚难也。

**2 月 24 日 ( 正月十七日 )**　晴。早起,沙彪内[纳]来约,午后同至美国府。午后,先至李季皋处,因渠昨日来云有话说也。次至沙处,次同沙至詹美生处。未至高子谷处,遇子咏。

**2 月 25 日 ( 正月十八日 )**　晴。午后,至外务部晤瑞宝臣,谈甚罄。晚间归读洋书。下午,李崇山。

**2月26日(正月十九日)** 阴。午后,谒仁和。晚发凌述之信。昨日作大哥、芝阁、朱黼庄三函。夜间雪。

**2月27日(正月二十日)** 晴。午前,以所闻告知哲公。午后,往义善源商议买票事并约筱斋来寓作据。钧叔转借二千元送去。

**2月28日(正月二十一日)** 晴。本日试尝玉楼春,味平平。虽不甚佳,尚在可吃之列。因子咏约四点钟在宝珠家吃饭,届时往而子咏未至。少停,三高至矣。七钟入座。饭后因闻子咏告我皓田之言,有如巨霆震耳。归已十二钟。撰东三省章程。

▲ 按据《乙巳日记》铁云先生在这下半年曾和郑永昌至东北竭见奉天将军等。"撰东三省章程",大概是动议之始。(《铁云年谱》第86页)

**3月1日(正月二十二日)** 清晨,送银条至哲君处,看其发电往伦敦。旋至沙彪内[纳]处。归已一钟矣。适子谷至,遂同往宝珠处吃饭。亥刻归。

**3月2日(正月二十三日)** 阴,有风。本日为陈子庄主人诗钟会,计四课。予三作宗师,双元一宗师,元二考,运可谓盛矣。凡三得头标也。

**3月3日(正月二十四日)** 晴,有风甚大。午后,至高洲、威大利两处,为仲伯介绍也。末至西堂子胡同。先至仲平处略谈。未至子衡处。

**3月4日(正月二十五日)** 晴,有风。早起,沙彪内[纳]来约午后三钟至詹君处。午后,赴约并至祁罗弗买椅子六张以归。末至王钧叔处。本日宜古斋送《天发神谶》来,旧拓本,几于乱真矣。

**3月5日(正月二十六日)** 晴。早起,送银票至哲美森处,并作押据致王筱斋。午刻,祁景沂来。午后,赴郑延卿之约,座中有徐次舟。

**3月6日(正月二十七日)** 晴,暖异常。午前,杨朗轩来。午后,丁问槎、赵子珩来。下午,王筱[斋]送万金支票及子咏之两千金来。薄暮,赴子若之约,因闻盛有电来云,改路须俟芦汉路成再定准驳,直疯谈矣。托其问仁和其意云何?

▲ 编著者按:"盛有电来",当指盛宣怀有电报来。

**3月7日(正月二十八日)** 晴。午前,往哲君处,略坐。又至詹君处略坐。早间,接子谷信,知盛君之言,仁和大不谓然也。午后,子谷来,送硝局章程,托拟之。申刻,赴刘竹溪之约。坐中有丁莆臣叔侄,又有李姓号云从。闻其金石之学甚精,盖久与潘、王、盛诸君相周旋者。论古所卖礼器属其鉴别。据云乾隆拓本已甚精矣。

**3月8日(正月二十九日)** 晴,大风。午前,拜胡芸楣,见之。归,庄幼已到。

今日为二陈送行,兼作诗钟也。予第四课得元眼花,在一边又双眼。前课左右前四名予得其五,然尚未得一边之元眼花,同考者十五人,得甚不易也。

3 月 9 日(正月三十日)　晴,暖异常。早起,高洲来,约三钟来。午刻,祁景沂来。三钟,高洲来。子衡、子谷来。因昨日中岛来云橡村有病,往看之,已愈矣。馈以十元,因其近日甚窘也。

3 月 10 日(二月初一日)　晴。午刻,往谒胡芸楣,未见。早起,彭伯勤送结来。未刻,至詹美生处邕谈。旋至高子衡处。晚归作药雨函。

3 月 11 日(二月初二日)　晴,暖异常。午前至胡处,晤张蔚堂。至哲处,告以外部驳盛电。归,饭后先至詹处。旋至外部拜瑞鼎臣,值其忙,未候。至子谷处小坐以归。中岛送骨灰章程来。

3 月 12 日(二月初三日)　晴,暖。午后三钟,同青城往拜内田夫人,谈至六钟归。值李佑三来,王伯恭由扬州来,高子谷来,丁仲丹来。上田来送骨灰样子也。中岛来。晚撰公慎书局章程。

▲ 按公慎书局辛丑年已成立,现又撰章程,大概是整顿其组织。(《铁云年谱》第 86 页)

3 月 13 日(二月初四日)　晴,暖。午前,至哲处,告以昨日之信。午后,拟拜马军门,先至子衡坐片刻,同往。马已往荣相处,文案何君亦不在焉。归,顺道访东卿,值中岛于门,知已出矣。归寓,樊丽泉在,将部照交其代办引见,约须二千五百金已外。本日接楚生来函。昨日当中岛撰骨灰合同稿,又撰书局章程,神劳不能成寐,故今日以静息为宗也。

3 月 14 日(二月初五日)　晴。午后,拟拜中岛真雄。陆纯伯来,久坐。旋王伯恭来。薄暮,至新泰厚,取回颜检斋借据,二十年痞块今日方除也。

3 月 15 日(二月初六日)　晴。午前,李佳白来,携其四岁儿至。午后,至张蔚亭处小坐。复至高子谷处坐片刻。为访威大利不遇,归。晚间,正文斋送《金石苑》来,索价二十不得减,留之。去年买一道帖,签题《常道观碑》,检金石书不可得。今日随手翻阅,见其题为"唐元宗赐青城山张敬忠勅"。前日有云恐是他碑题名,今始恍然矣。

3 月 16 日(二月初七日)　晴。早起至沙彪纳处,为西山、仲瀛二事。归寓,子谷来,知瑞君之说。午后,访子咏,遇伯弓小坐,同往焉。晚读东文,今日甚觉其难,羞有一日兴之到否也。

3 月 17 日(二月初八日)　晴。早起至哲美森处,告以昨日与子咏所商办法。归寓作筱斋信,因转单只有四纸也。子衡来。薄暮,廉惠卿来,丁仲丹来。跋《常道观碑》一段。《金石续编》亦载之,盖嘉庆年间始有人拓之也。

**3月18日(二月初九日)** 晴。李云从送元拓本《孔羡碑》来,又道光拓本《张迁表》。论古送一《史晨后碑》来。亦明初拓本也。《孔羡碑》惜其缺首叶。

**3月19日(二月初十日)** 早起雨。午后,至沙君处,为议西山合同也,并闻威君有约,即往访之,谈良久,威君并托代购其用书籍。晚间,作家兄信,为义使商充参赞也。

▲ 按此处所言路矿,既批顺天行查,应指西山矿事。参与这件事的现后有孟松乔、丁仲丹、龚仙洲等人。(《铁云年谱》第87页)

▲ 按我伯祖味青公并未作过义大利使馆的华参赞,故知是商而未就。(《铁云年谱》第87页)

**3月20日(二月十一日)** 阴。午后,王伯弓来。申刻,往拜赵仲宣,不遇。过永宝斋,取"姞氏敦"以归。

**3月21日(二月十二日)** 早起,大雪满庭,致足乐也。临《石鼓文》一叶,《多宝塔》一叶,释《澄堂帖》卷一竟。

**3月22日(二月十三日)** 阴。午前,拜贻霨人,谈甚久。归寓,郑幼平、龚仙洲来。本日,诸人为二陈君饯行也。略作诗钟两课。连日人甚不适意,今日尤甚,头微痛。

**3月23日(二月十四日,礼拜)** 晴。哲美森约吃饭。座客则梁镇东、黄秀伯、子咏、伯渔及予也。

英国政府去年批准在曼知斯达[曼彻斯特]与利窝不儿[利物浦]之间铺造单轨电气铁路,其法系英人伯尔氏所创,此次开行,每百二十清里仅费二十分钟。人工之巧,愈出愈奇。(本日《顺天时报》)

▲ 编著者按:黄秀伯(? —?)名中慧。江苏江宁人。以道员分直隶,尝入长庚幕。与杨泗州友善。曾娶诗妓李苹香,然终弃之。1901年办报纸于北京。曾任职于驻日、美使馆。与汪康年、陈英士等多有来往。

**3月24日(二月十五日)** 半阴。午刻,丁仲丹来。未刻,王伯弓来。申刻,高子衡来,豳谈心性之学。

**3月25日(二月十六日)** 晴。午前,至哲君处,问覆河南电。午后,往大街瑞蚨祥,买玻璃当子,又买初花眼镜。至公慎书局、华北译书局买书数部以归。

**3月26日(二月十七日)** 晨起,赴象房街拜张燕谋,谈二时之久,人格明亮。出城至玉楼春。午饭后适丁问槎来,同啖。后至工艺局,座谈良久。有孙静□、盛子□在坐。过樊丽泉谈本日不能办验看事。归寓,橡树夫人在焉。薄暮,王筱斋来。上灯,冯公度同魏藩宝来,痛谈至亥刻止。

　　▲ 按张燕谋名翼,是开滦煤矿的华股总代理人。当时因争开滦股债和英人到伦敦诉讼,取得胜诉,因而得名,时颇称有胆有识。近来从英帝国主义者浸略我国矿权的史料来看,说开滦矿权就是他所断送,去英争讼胜利,不过是与英帝国主义者共同遮人们耳目的一套戏法。当时拜访张燕谋的目的,应是听取他和英帝国主义交涉及向清政府交涉的经验。(《铁云年谱》第 88 页)

　　**3 月 27 日**(二月十八日)　晴。午前,至哲处,告之张君所云,并请其写出转单。当同往英署巴君处签字。回寓吃饭。丁仲丹同李企农来,坐良久。骑马赴子衡之招,试骑也,竟未坠。李仲平在聚宝堂亦来招,云有要话兼扰云。

　　**3 月 28 日**(二月十九日)　阴。午前,高洲同岛川来。午后,至外部而瑞君未到。至子谷处少坐,兼访威君。值沙君于途知威已赴天津接新使矣。读《译书汇编》之《理财学》二本。论理之精,译笔之洁,均甚佩服,惜未终而止矣。

　　**3 月 29 日**(二月二十日)　晴。午前,未出门。归寓,买得《白石神君》一轴,似甚旧,而李云从亦定其为乾隆拓本。然与所藏道光拓本校之,未尝多一字也。惟精神似较足云。又《尹宙》一部,均系明拓本。以新本较之,则碑下左角所缺之数十字均全,想为明拓无疑矣。下午,拜顾亚蘧,未遇。约赵子衡同赴玉楼春晚饭。归,接江忱父函。渠住二道口围上坡译书局内。

　　**是日**　英敛之为创办《大公报》接受方守六的推荐,聘请在上海的连梦青为主编。

　　▲《英敛之日记》光绪二十八年二月二十日(1902 年 2 月 28 日):夜大雷雨。起晚……晚反后,得守六来函,言浙江连文征字梦青者学甚好。可延之北去,月需四十洋。即复函,允之。(《清末通讯》第 18 期第 11 页)

　　▲ 编著者按:连梦青是浙江省钱塘人,翁同龢的弟子。1903 年撰写小说《邻女语》发表于商务印书馆出版的《绣像小说》。刘大绅在《关于老残游记》一文中说"方拳匪乱后未数年,京曹中有沈虞希、连梦青二先生者,均与《天津日日新闻》之方药雨先生为友"。但是张纯先生发表在《清末通讯》第 18 期上《连梦青与天津〈大公报〉》一文中根据《英敛之日记》说明:连梦青 1902 年 4 月 9 日到 1903 年 8 月 2 日任天津《大公报》主编。因此"京曹"一说,"此当为刘大绅先生的误记"。

　　**3 月 30 日**(二月二十一日)晴。闻柯瑞君来,将往拜之。值顾亚蘧来邕谈。午后,遂先至沙彪内[纳]处。沙云,本日为耶稣复生日,哲、柯均未必在家,可勿往也。遂归,临《多宝塔》一纸。而阎成叔来,谈至八钟半去。本日买得一铜器,不识其名。遍查《博古》《考古图》及《西清古鉴》,皆无其款。

**3月31日(二月二十二日)** 午前,晤柯君。午后,因翰文斋云有大鼎,因往兴隆店观之。其人外出,不能见。而值别家卖货一观焉。见一小铜儿,花纹甚古,为东洋人买去。予得千秋万岁瓦一片、唐四灵镜一具、作旅宝小鼎一个、古玉两片以归。本日买《韩仁铭》"君谓"二字未渺本一,《鲁峻碑》一,皆乾嘉拓本也。

**是日** 英敛之拟定连梦青任《大公报》主编合同。

▲《英敛之日记》光绪二十八年二月二十二日(1902年3月31日):……出连梦青合同,决无不允处……(《清末通讯》第18期第11页)

**4月1日(二月二十三日)** 晴。午后,复往兴隆店一览,即往王孝玉观察晤谈大概,复至贾子咏处略坐。归寓,跋《孔宙碑》一段。送来者凡三本,以其"辞日"之"辞"字为证,新拓已全无形迹,道光拓有小半字,乾隆拓则大半字也。夜,大风甚烈。

**4月2日(二月二十四日)** 午前,子衡送新章来。午后,拜瑞君,未晤。拜二王,皆未起。回寓,发柬请客。本日大风犹未甚衰。昨买一六朝帖,不知其名。查《金石续编》知为《邓将军碑》。前日原君锡所得三代花纹瓶已归予矣。价百八十金。

**4月3日(二月二十五日)** 晴,仍有风。午前,拜瑞君,仍未见。往贺张大臣新居,至子衡处小坐。归寓,发上海信。丁仲丹来。朱麓庵来。本日在便宜坊作主人请王孝禹也,剧谈至子初归。

**4月4日(二月二十六日)** 晴,风息。午后,至公司与哲、柯二君定委员薪水。方鉴轩一百两,又夫马费九十两;叶鹤卿薪水七十五两,又夫马费九十两。方专管铁路,叶专管矿务。今日有人送明拓《乙瑛》《史晨》两碑来,暇即摩挲,致足乐也。

**是日** 英敛之为聘请连梦青任《大公报》主编支付薪水与路费。

▲《英敛之日记》光绪二十八年二月二十六日(1902年4月4日):支给连梦青三个月薪水一百二十元,外路费三十元。(《清末通讯》第18期第12页)

**4月5日(二月二十七日)** 阴。午前,王伯弓来,钟笙叔来,留吃午饭。饭后陆纯伯来。未刻,往拜赵仲宣,未遇。闻兴隆店大鼎已拆包,往观之。购阮文达斋候垒卷子以归。值王孝禹君于途,同归。请其鉴别诸帖,《礼器》《史晨》《乙瑛》皆明拓也。《鲁峻》一本渠亦称系明拓并称极为难得云。酉刻赵仲宣来,谈良久。晚间雨。

▲ 编著者按:王孝禹(1847—?)名瓘。一字孝玉。四川铜梁人(一作安徽桐城人)。号遯庵。刘鹗挚友。江苏候补道,入端方幕。善书法绘画,富收藏。《刘鹗散论·刘鹗与碑帖书法》一文说:"在他(刘鹗)所交往的圈子里,他(刘鹗)的行

书，后任伪满洲国掌玺大臣的宝熙的楷书，罗振玉的篆书，王孝禹的隶书，都很受称道。"

**4月6日（二月二十八日）**　阴，有风。晨起，将翁题《瘗鹤铭》旧拓本形式录于裱本上。沈兰生来，因令其将未照铜器补照之。临《史晨碑》二纸。

**4月7日（二月二十九日）**　乘二车赴天津。出栅，东洋车覆，口鼻微伤。然颠仆之后，头旋晕。扶起，足不能立，若在极颠播之船上，约十多分钟方略定。可见脑筋之不可震动也，可畏哉。到报馆吃点心后，同赴印字馆，观其刀焉。买漆盘数具，小说数种。值徐麟臣在坐，同往吃番菜以归。是日着棉衣，冷几不支。

▲ 编著者按："报馆"，系指天津《日日新闻》。刘大绅说：天津《日日新闻》，最初创设者为文芸阁学士，其后一再展转，始归方（药雨）先生，而先君以资力人力助成之。当时方先生为避祸计，曾以报馆托庇于日本国旗下，故较敢登载新闻。该当时钳制之祸，至惨且烈，志士仁人，横被摧残者颇多，凡稍大之组织，有关之集会，莫不借悬外旗为保障，故不独一天津《日日新闻》也。

天津《日日新闻》因与吾家有密切交谊，故为先君特设一室，为至津时寓所。先君居北时，每月必至津，至即寓其中，或勾留一二日即返，或三五日始归。留津即在此处写稿也。（《关于老残游记》手稿）

**4月8日（三月初一日）**　有风，寒。因衾薄，夜眠未安。晨遂卧，至午初起。中根、山下均来谈。饭后同麟臣入城看古罍，无足重。而张景韩者有一角，疑似飞燕角盖之底也。不能忘情，再三商之，渠非八十元不售，托麟臣经营之。申刻至领事馆。晚间邕谈。

▲ 刘德馨《我的回忆》：李贵说："二太爷先在苏州旧货摊上买到一只像爵杯样子的古铜器，他的上部有一个突出像鸭嘴的下颚形状，两旁各竖一钎，下有三足。买的时候以爵杯论价。卖的人也是个行家，说是上面应有盖子，如果齐全就是宝贝了。过了一年多，他老人家在北京琉璃厂看到一只盖子，也是古铜的。盖子上雕塑着一只雄鹰，神态凶猛，而且雕工细致有力。他当时心想可能是在苏州买的那个爵杯盖子。卖的人也是个行家，说是下面应有个爵杯样子的下部，可惜没有收到，不然的话，我就发财了。二太爷以贱价买了。回到家后，找出那个爵杯，把盖子盖上去，正合适。正扣合适，反扣也合适。真是原物重聚。他老人家高兴的得不得了，后来查书，知道这叫"飞鹰锅"。后来把这完的飞鹰锅带到了苏州的家里。"有一次，李贵又谈起此事，适逢宸仲（大黼）住在我家（当时我已经十八九岁）。他接着说："这件古董本应保存好，但后来因老太爷在南京遇祸，家被查抄，浦口地产被收。苏州、淮安等地的房屋田产虽未遭没，但是当时家里人心惶惶。听说是著伯（大章）

把它扔到平门外苏州河了。"(《刘鹗资料》第 349 页)

**4月9日(三月初二日)** 清晨,赴车栈,值浮桥开关,坐船过河。无东洋车,又恐误车,奔赴之,两足疼矣。归寓,若无所着者然。临《大观帖》二纸,《史晨碑》二纸。

**是日** 连梦青乘船离上海赴天津。

▲ 张纯《连梦青与天津〈大公报〉》:连梦青接受了天津《大公报》主编的职务,并于此年(1902)三月初二日搭乘"飞琼"号客轮启程北上,于四天后抵达天津大沽口码头,从而开始了他的编辑生涯。(《清末通讯》第 18 期第 13 页)

由天津至北京,相传二百四十里,其中某栈至某栈若干里不能知也。此次以时刻计之,可以得概矣:

九点十分开天津,十点五分至杨村;十一分开,十一点二分至落筏;七分开,二刻八分至廊房;三刻开,十二点一刻十三分到安定,二刻开,一点五分至黄村;十分开,三刻至丰台;七分开,二点一刻至永定门权道,二刻三分至前门。

附表:天津—55—杨村—51—落筏—31—廊房—28—安定—35—黄村—35—丰台—23—永定门—20—前门(278)

**4月10日(三月初三日)** 晴,有风。午前,进城,车塞于崇文门者两时许,返驾。饭后,祁景沂来,王筱斋来。临《礼器碑》两纸、石鼓文两纸,原君锡送角盖来,又叔作姒彝、虎符一。接赵森甫信,云一寄镇江西门外大街宝塔巷,一寄湖北省城武备学堂。李云从送丁苇臣之六爵杯来。

▲ 编著者按:赵森甫(? —?),字勋禾。江苏镇江人。刘鹗的蒙师赵彦俦之次子。曾任职务于湖北编译局。柳诒徵曾多向其请教。

**4月11日(三月初四日)** 晴,有风。午前,迁道前门至公司,告知义善源事定,并告中根拟办小火船事,柯君甚为欣然。归寓,急作函与中根君。昨日山下归。午后,李崇山来,松甫来,高子衡来。临《礼器碑》二纸。钟笙叔癸巳,其尊翁丁卯孝廉,与宝瑞臣两重世谊。

▲ 日本《续对支回顾录》(大日本教化图书株式会社会风尚 41、12、20):

1902 年中根斋为了开办运输船公司去天津。他要利用从天津通往河南省的运河。幸亏得到方药雨的介绍,中根认识了刘铁云。刘铁云就是福公司的中国总经理,在政界、经济界都有相当大的势力。他听了中根的计划,非常高兴。因为当时福公司正着手在河南省开采煤矿,刘铁云就答应一定让中根斋办。中根接受刘铁云的援助,高高兴兴地去调查航路的详细情况。一个月后,福公司的采煤计划不幸破产,中根的计划自然也就落空了。(《研究集稿》第 23 页)。

▲ 樽本照雄教授介绍：中根斋(1869—1952)，熊本人。曾就读于熊本县立医学校和长崎高等医学校两所学校。后中途退学。甲午中日战争的时候，去了山东。他会中文，回国后做了翻译。后来又入了大阪商船公司，从事和中国有关系的工作。1900 年组织中日合办的轮船公司，但正是义和团运动兴起的时期，排外热潮高涨，公司因此解散。（《研究集稿》第 23 页）

4 月 12 日（三月初五日）　晴，风息。至沙彪内［纳］处，为詹事，兼为高事也。加信业已写妥。归寓，邱于藩来，纵览金石、书籍、字画。赞善允之。接达紫忱来信，仍寓芦台北街旭东栈间壁。于藩纵谈至十点半钟去。

4 月 13 日（三月初六日）　晴。午后，拜李崇山，借其《岳麓寺碑》以归。至工艺局。末至王孝禹处，观其所藏《曹全碑》，所谓出土本也，字如白玉，墨若乌金。又观其宋刻《书谱》，较安刻本字多而纯，是筋体，至可宝也。

4 月 14 日（三月初七日）　晴。午后，至高子衡处，将其义善源借款一并取回。作扬州信，又作上海赎当信，作药雨信。午前，徐麟臣来，宝瑞臣来。午后，陈少湍来。

4 月 15 日（三月初八日）　晴，甚暖。晨起，临《石鼓文》一纸。午刻，赴顾亚蘧之约。今买铜器数事，闻盛伯羲家物也。九品皆精，致足乐也。王星卿来谈至戌刻去。添伯弓所撰稿子。

4 月 16 日（三月初九日）　晴，连日之暖至七十余度，市人多著单衣。午前，沙镖［彪］内［纳］来。本约詹美森两点后会晤，伯琦忽然病痃，遂赶紧吃饭，至詹处谈大略。两点半至公司，哲美森亦于今日归也。略谈，哲赴外务部。予归，乔茂轩来。酉刻，至义善源。回，看吴芷舲，谈至八钟，赴子咏恒德堂之约。

4 月 17 日（三月初十日）　晴。午前，赴公司与哲美森议豫丰公费事，拟提百金给楚生为津贴。午后，袁君锡来看铜器，赞赏不置。

4 月 18 日（三月十一日）　晴。午前，同詹美生谒见张燕谋，旋赴公司，定洋人华字名。清晨，青城有震动之势，故午后未出。申刻，邱于藩来，丁仲丹来。王筱斋谈至亥刻散。检阅拓片一过。昨日原君锡与我之金拓片粘于本子上，讫，钟已一下矣。

▲ 编著者按：张燕谋(1846—1913)，字翼，直隶通州人。文物收藏家。原为醇亲王奕譞侍从。后历任清江苏候补道、直隶矿务督办、热河矿务督办、工部侍郎、开平矿务局总办、路矿大臣等职。1898 年，奏请光绪帝开辟秦皇岛为商埠获准。1898 年筹建中兴煤矿公司。1900 年八国联军入侵期间，曾误把开平矿务局出卖给英国人，引起产权纠纷。

**4 月 19 日(三月十二日)** 晴。午前,王筱斋来。本约同赴公司,据江伯虞,哲已往万寿山,遂辍。晚间,用盐强水去铜锈,竟如青天云净,亦一乐也。

▲ 编著者按:本日日记在 4 月 20 日之后,系 4 月 20 日后补写。

**4 月 20 日(三月十三日)** 晴。本日礼拜,无所事事。茹古送《天发神谶》来,留阅之。午后,待樊丽泉未至。陈之庄同龚仙洲来。高子衡来云,钧叔约六点钟德国饭店。到时钧尚未至,即回,惧熬夜也。本日临《礼器碑阴》四纸。

▲ 编著者按:原本三月十三日日记在前,"十三"原为"十二",在"二"字上添一横,变为"十三"。三月十二日日记在后,"十二日"前有一"补"字。

**4 月 21 日(三月十四日)** 晴,有风。天气退至六十三度。十一、十二日热至八十度,晚间退至六十度。午前,同王筱斋至公司谈汇费事,大致可成。午后,沙彪内来,王孝玉亦来。遂往琉璃厂看宜古斋所裱帖。便道至寄观阁买张叔未分书对一副,为汪小米所书,致可爱也。又在茹古斋买吴让之四体字屏一副。

**4 月 22 日(三月十五日)** 阴。午前,至公司,值叶、胡皆在,与谈凌述之事,大约薪水可加至六十金,并为股票签字也。午后,冯公度来,遂同往公慎书局,取新书数种以归。论古斋午前送《砖铭》来,缺廿余字,然精本也。

▲ 编著者按:冯公度(1867—1948),名恕,号华农,斋号"自得园主人"。祖籍浙江慈溪,生于河北大兴。光绪进士。好书画,多收藏。曾任海军部参事,海军部军枢司司长。创办北京第一家电灯公司。

**4 月 23 日(三月十六日)** 雨。至公司,为哲君明日赴津也。斟酌义善源合同。午后,接安仁来信,云覆信寄省城广润门外福裕亨钱庄收下汇寄安仁也。

**4 月 24 日(三月十七日)** 晴。午前中根、上田来,当约之明日午饭也。午后,拜毛亲家太太。顺路至杨子嘉处痛谈。连日手伤不能写字,然勉为之。作致韩子实信稿,并方鉴轩信。

▲ 编著者按:"毛亲家太太",当指毛庆藩夫人。刘鹗第二子刘大黼取毛之女为妻。

**4 月 25 日(三月十八日)** 晴。午前,胡少樵来。午刻,所请之客俱到。昨日张宝廷自天津来,所买马景韩三角携至,急取角盖试之,吻合,一大喜也。今午适沈鬂翁至,出席上示众宾,并告以巧合之故,皆拍掌称快。

**4 月 26 日(三月十九日)** 雨。知哲君尚未往天津,晤谈胡少樵事,为支方鉴轩薪水百金以归。午刻,丽泉来云钟心如不尽绪,须往托吴芷舲。午后,至芷舲处,旋往伯弓、子咏处略坐。归途遇芷舲自鲍寓归,云有吏部覆片可行。

▲ 编著者按:吴芷舲:丹徒人。近代书法家,以擅长篆、隶闻名,曾指导柳诒

徽学书。刻有《似鸿轩印谱》。晚年居住瑞安。其祖父吴丰翁曾藏有《右军千文》和颜真卿、怀素的至宝，后归收藏家李鸿裔。

**4 月 27 日（三月二十日）**　阴。午前，彭、樊、王三君来。彭云：鲍须看吏部核准照，樊约交彭也。马小眉有电汇之款来。午后，张君小浦来，大学堂之总办也，云李君希圣约一半日来。邱于藩来。本日王钧叔约吃晚饭，陪甘、詹二君也。不能出城，至高氏昆仲处谈通夜。天明后六钟归，寝。

▲ 编著者按：马小眉，镇江人。马建忠之长子，其弟名马幼眉。因马建忠的长兄马建勋无子嗣，故马建忠将马小眉过继给马建勋。少时读于家塾，师从陶捷三。曾任沙逊洋行买办。著有《桐城轶事》一卷。

▲ 编著者按：李希圣（1864—1905），字亦元，号卧公。室名雁影斋。湖南湘乡人。初治训诂，通古今治法，光绪十八年（1892）进士。义和团运动期间官刑部主事，荐举经济特科。尝纂《光绪会计录》以总综财赋，又草《律例损益议》，张百熙等极重之。百熙奉诏管学，引以为助。希圣通籍后始学为诗，有作必七律。

**4 月 28 日（三月二十一日）**　阴。早起读《砖塔铭》，昨日所买定也。午刻，王伯弓来。未刻，同赴同丰堂。晚间归。

**4 月 29 日（三月二十二日）**　晴。早起，往威大利处，值其往观回鸾，遂归。午后，防高促瀛来，未出门。翻阅金石书籍，致足乐也。吴楚生到。

**4 月 30 日（三月二十三日）**　晴，此两日稍暖，然早晚尚御棉衣。午前，晤威大利，略谈。吴楚生来寓，痛谈至未刻。因论古约看书籍，取《十六长乐堂金石》一部，又《吴平斋印谱》一部以归。昨日所购之《智永千文》，据云宋拓，恐未必然。

**5 月 1 日（三月二十四日）**　晴。早起，茹古益珍来，还其账。晋古送一彝来，文曰"禾白作父乙宝尊"。午后谒王相，未见。王孝禹有信来，因至西堂子胡同与子衡一谈。归寓，读《十五小豪杰传》，写书签。

▲ 编著者按：《十五小豪杰传》，原名《两年假期》，又译作《孤岛历险记》。法国凡尔纳作品。由梁启超最早译到中国，语言为半文言半白话。

**5 月 2 日（三月二十五日）**　晴。早起，有何君来拜，楚生之戚属也。楚生昨日移居本寓。午后，至琉璃厂有正书局并至论古斋，拟买《吴都文范》也。昨晚读《徐节孝集诗》，不甚嘉，而语录颇多精语。今晚读《查初白续集诗》，不如前集远矣。

**5 月 3 日（三月二十六日）**　晴。午前，至公司，同楚生去也。兼往威、沙二处。晚间，至王筱斋处，为其相约也，因吴芷龄有决计撤回印结之说也。下午，读汉碑，取二月间所购《孔彪碑》与新本相较，有天壤之别，盖国初拓本矣。

**5 月 4 日（三月二十七日）**　晴，暖。拟同楚生至英署，因礼拜而止。午后，高仲瀛老伯来，谈片时去。本日将寽金彝买来，把玩久之。其文字之精当在《史晨》亚也。

**5月5日(三月二十八日)** 晴。午前，同楚生至英署，值甘赴马场未遇。予至公司，告知伯虞甚病。归寓，为措银翘散与之服。读《说文古籀补》一过。

**5月6日(三月二十九日)** 晴。午前，同至英馆，值甘君畅谈，因萨公使有事，未见。午后，方药雨来，因伯虞病转入少阳，阳明，热甚，为拟小柴合虎服之。薄暮，大汗出，昏糊稍解，夜得安眠矣。王星卿来，谈至亥刻去。

**5月7日(三月三十日)** 晴，此数日天色昏黄，风霾不辍，想因广宗战事也。午前，至公司斟酌四川章程。复外部信稿。午后，陈少湍来，嘱诊伯虞病，并告以所服诸方，陈云极善。伯虞病势虽重，然连日邓嘉生诸君意见相同，或不致有他故乎。

▲ 据《中国近代工业史资料》第二辑载1898年摩根前来我国与清政府订立开采四川矿务的草约，翌年就成立"布仕公司"，着手经营。四川麻哈金矿是主要开采对象。但因义和团运动爆发停顿。1901年福公司的詹美生建议中英合组"中英四川公司"开采煤油、金矿及锑矿。1903年又打算以摩根原来取得的矿权换开宁远雅州矿权。因摩根本人意见分歧，并因不久日俄战起停顿。1907年摩根矿权被取消，事遂停止。按此处所说四川章程当即指此事。浙事应指"惠工公司"煤铁矿务。据清光绪戊戌年九月三十日《折谕汇存》及1903年《中外日报》等载，1898年杭州人高尔伊(即高子衡)的宝昌公司向义商沙彪纳贷款五百万两开办浙江衢严温处四府煤铁矿，又与英商伊德的惠工公司签订合办合同，资本六九九三千元，结果均未成功。(《铁云年谱》第88页)

**5月8日(四月初一日)** 晴，天气晴明为近数日所未有。前日丑刻，次媳生一女。今日三朝，为取名平安儿。午前，至公司，为将四川章程改定也。今早药雨回津。午后，李亦源、张筱浦、李汝真来，王伯弓、高子衡来。

**5月9日(四月初二日)** 早起至公司，送外部信也，并告知浙事将举办，兼论秦事。午后，则专候陪医矣。伯虞病已大有起色，而次媳病仍悬悬也。

**5月10日(四月初三日)** 晴。午前，姜颖生来。午后，至高子谷处。酉刻，至喜鹊胡同，候至七钟未归，乃返。今日次媳病稍减。晚间，橡村夫妻来辞行。程绍周寓荫门内严衔前督销总局。本日午刻，长媳生一女，落蓐不啼，盖死于腹中者，亦危矣哉。

**5月11日(四月初四日)** 晴。午前，沙彪来，午后詹美生来。申刻，往官书局无遇。至湘乡馆，值野秋尚书亦至，略谈。知大学堂地基已定，并云旧日之大学堂将改为中学堂。临《礼器碑》阴四纸。

**5 月 12 日(四月初五日)** 晴。午前,詹美森来。午后,吴少渠来,未刻,子衡来。申刻,往喜鹊胡同谒王相,见之出城。晚间王筱斋来,杨友三来。一日间除会客外毫无一事,殊可笑也。临《礼器碑》阴三纸。宜古斋送六朝碑来。

**5 月 13 日(四月初六日)** 晴。午前,邱于藩来,为赴审定字画之约也。午后同张宝廷往詹美森处,约同赴东华门内看铜器也。有卣二事,皆极精,小卣破于腹如胡桃大,对铭约有六七十字,大者约十余字。索价二千金,为之浩叹而已。归寓,于藩检过字画二百九十余件。

**5 月 14 日(四月初七日)** 晴。午前同于藩检字画约百件。午后阴霾,至两点半钟,红黄之色自西来,至三刻几于昼晦,屋内悬字不能辨。三点初落雨数点,霾解,有雷隆隆然。三点半天地复清。赵子衡来,张喤声自天津来,达紫忱自芦乡来。八点钟,字画检毕,计联五十余副,屏四十余副。

▲ 编著者按:本日日记有"张喤声"。5 月 18 日日记有"张声喤",疑为一人。

**5 月 15 日(四月初八日)** 晴。午前,詹美生来约,因无翻译,却之。午刻沙彪内来。午后于藩归。申刻又起风,予入城访钧叔。前日陈享仲来函,嘱往拜钟君仑,号毓初,新分吏部者也。

**5 月 16 日(四月初九日)** 晴。接家兄来信,张香谷所携也,并《韩文百篇编年》四十部。午后至西单牌楼恒德堂看铜器。有一具大瓴,确系三代器而字被人铲去,略余痕迹而已。晚间在玉楼春吃饭后至王孝禹宅中,子初回。

**5 月 17 日(四月初十日)** 晴。卞子新至。本日未出门。大黼所生之女于昨夜休矣。昨日达紫忱来。午后因与籽莘、紫忱讲学,约其明日吃饭。

▲ 编著者按:达紫忱,太谷学派学人。

**5 月 18 日(四月十一日)** 晴。午后王寿萱来。王筱斋持股票来,因作长电致焦乐山。晚请客,张声喤、吴楚生、卞子莘、达紫忱也。饭后谈至丑刻始歇。

**5 月 19 日(四月十二日)** 晴。异常暖,午前接罗叔耘来函,并赠我唐人写经两叶。午后作罗覆函,并致家兄函。申刻,回拜王寿萱,值邱于藩、张香谷皆在座。薄暮,往拜王星卿,知已赴天津,明日尚须赴保定,约十六七回也。亥刻大风。见邸抄,肃王派督修街道工程管理巡捕,今年之一快事也。

▲ 编著者按:邱于藩,山阳名士。罗振玉在馆刘鹗家塾前即馆于邱于藩家。爱新觉罗·溥仪在《我的前半生》中说邱于藩为江西巨商,不知所出。

**5 月 20 日(四月十三日)** 晴。早起,撰条陈拟上肃邸。午后高子衡来。至詹美生处,告以善后事宜均托子谷矣。

▲ 清肃亲王善耆被派督修北京街道工程,管理巡捕,撰条陈拟上之。(《铁云年

谱》第 89 页）

**5 月 21 日（四月十四日）** 晴。午后均叔来，为议楚生股票事定，亦一快事也。

**5 月 22 日（四月十五日）** 晴。王伯弓来，早起往英署签字，兼往日署谢牧田君。午后袁子壮来，王筱斋来。

**5 月 23 日（四月十六日）** 晴。午前，至公司取转单，遂至西堂子胡同午饭。未刻，同子谷至詹君处。

**5 月 24 日（四月十七日）** 辰刻起。论古斋送帖两本来。一为《东海庙残碑》，题曰"天下无二本"；一为旧拓《嵩山三阙》，各索价千金。惜行色匆匆，不能细读也。急赴火车栈。送行者上田、松甫、山下、楚生、仲丹、子新、宝廷等。遇倜将军，亦送客者。嘱交四十元给锐雨生。五点到天津。晚，微雨。

▲ 编著者按：以下游沪。

**5 月 25 日（四月十八日）** 辰刻起。桂生往买船票，九钟尚未归。沈虞希力言本日"安平"不开。嘱仆人束装俟之。未几，桂生回，云船下午准开。遂匆匆赴车栈，幸未误。十一点后到塘沽上船。同船者为那君、毓君、宪君、祁君。宪字令之，祁字□庄。五钟启碇。

▲ 编著者按：沈虞希即沈荩，在天津住《天津日日新闻》报馆。

**5 月 26 日（四月十九日）** 晴。十钟到烟台，四君皆去。五钟开船，七钟三刻大雾，八钟一刻渐清，三刻则甚清，船亦不放气矣。行船章程，遇雾，行者放气，停者打钟，免相碰也。九钟后，星斗烂然。十点二刻船又放气。起视，雾气又浓合矣。考验每放一气，隔二分钟，气之长十秒。十二点又不放气，约两小时。二点雾又起。天明，风起，雾散。

**5 月 27 日（四月二十日）** 阴，有风。船颇颠簸，虽不至呕吐，然甚不适，两餐皆强勉食之。日间睡，夜不成眠，亥初睡着，尚未沉也。

**5 月 28 日（四月二十一日）** 雾。八钟停轮，九钟雾解。船行少顷，见佘山。一钟三刻进吴淞，二钟三〔刻〕至海关，十分至马（码）头。无空泊，河中乘小划上岸。先至大哥处，略谈。往衡氏处，知佛保死，往哭焉。晚饭后至罗叔耘处，读其东洋所得唐人写经及仿宋各种医书。出金石拓本，使伯斧纵观之。

**5 月 29 日（四月二十二日）** 雨。昨夜奇暖，今骤凉，寒暑针降至六十余度。已刻，随大哥至半园吃汤包，遇王厚甫抢作主人，略谈半刻。盖筱斋之弟也。午后，至义善源，不遇焦。又至公司晤哲美生，适接道口电，有阻挠开工之说。青城首饰托其携带。复至芝阁处畅谈。晚，夏需臣约叙于王金凤家。

**5 月 30 日（四月二十三日）** 阴，雨，寒甚。偕家兄至制造局，已知黄、蒋诸君皆在也。至,则见四艻,知即住局。石溪丰神如故,黄、蒋除略有白须外无老相。朱莲峰、杨蔚霞皆在焉。怅怅之雨与清谈相应答。六钟归,大哥嘱在谢三宝家晚饭。需臣复翻至王金凤家。归,已钟鸣一下矣。

▲ 按当时毛实君(庆蕃)在上海作江南制造局总办,黄归群从山东泗水县任辞官,谢石溪(平原)等龙川弟子会于沪上。铁云先生亦自京来沪,遂有愚园之会。其中诸四艻(乃方)先生能画,所以黄归群议作此图,并由与会者人题咏。后来铁云又遣幕客胡仲尹临了副本。原存继祖母郑手,我十岁到苏州谒见,她就将此卷给了我,现存我处,后有黄、蒋、江、达(逢源)、朱、诸、虞(从竹)、李(泰阶)、杨、达(锡纯)、诸(炳星)、江(泰初)、赵(永年)及铁云先生本人的跋共十一段。(《铁云年谱》第90页)

▲ 除胡仲尹抚本外,亡弟厚泽说闻南京博物院尚有一本,不知出于谁手。颇疑胡抚不止一本。后晤扬州耿鉴庭同志,始知是竹纸影模,没有著色而象旁皆注其人姓名,原系我从兄安石(厚磐)所藏。去年路过扬州,面问安石,耿说不诬,是他赠给镇江博物馆的。大概后来又被上调至南京博物馆。至于归群草堂藏的原本,后来都收归苏州图书馆,不知尚存否?(《铁云年谱》第92页)

▲ 编著者按:1902年太谷学派"南北合宗,牧马归群",设"归群草堂"于苏州。陶凌云有《关于苏州归群草堂》一文,节录如下:

我在上世纪五十年代曾去寻访过……"归群草堂"在苏州葑门十全街,到我去寻访时已经破败。但还能看出,那是一个一百多间房的大宅院。此时虽已成了一个大杂院,但旧时的规模和气势都还在,让我印象深刻。

问了问住户,大都还是和学派多少有些渊源关系的,其中还有黄姓、蒋姓人家。说起"刘二太爷(即刘鹗)",大多听说过。他们道:听说那时刘二太爷一来,就要加餐。说起"黄二先生",还有人见过。此黄二先生是指黄寿彭(字仲素),是黄葆年的次子,还是刘鹗的长婿。归群草堂开讲后,蒋文田先过世,黄葆年独立支撑到1928年去世。弟子李泰阶(字平孙)和黄仲素前后段时间主持了一段。抗战开始后,黄仲素去泰州避难,十年不出,学派就中落了。后来,他又回到苏州,终老于斯。所以有人说见过他是可能的。听说,那时平时开饭要十七八桌,每逢开讲的日子人更多。还有带家眷从远道来、租住在附近的民房的。我去时,里面还有两三家山东人。因为有孩子,听说还办过义塾教孩子们读书,像现在的子弟学校吧。据说,每次开讲都是两场。先是蒋先生出来,问问情况,听听心得,解答问题,比较随便,也讲学,相当于辅导报告吧。然后是黄先生讲学,很是严肃,下面只能静静地听。

现在,除了《愚园雅集图》外,南京博物院还藏有太谷学派的典籍。泰州图书馆也有馆藏。江苏古籍出版社已将《太谷学派遗书》三辑十七卷全部出齐。在一些大学还有学者在做太谷学派的研究。《南京理工大学学报(社会科学版)》有"清代太谷学派研究专栏"。而归群草堂的旧址,现在是连影子都没有了。(2008 年 9 月 8 日《文汇报》)

**5 月 31 日(四月二十四日)** 晴。邵依克、焦乐山、徐月楼、于继美均于午前来。约邵午后晤谈。遂同焦、徐至九华楼午饭,月楼会东。两钟至邵处,诸事议妥。归寓少憩,至林、蔡两处略坐。赴芝阁贺玉容家之宴,后看马戏。

▲ 编著者按:焦乐山,镇江富商,前后任职与义善源银号和大清银行。于慈善也多有参与,曾 1904 年参加陕西的救灾,又在淮安慈云禅寺办过赈济性质的浦惠粥厂等。

**6 月 1 日(四月二十五日)** 晴。早起即至愚园,应实君之约也。凡两席,老辈九人,中辈十人,议作《愚园雅集图》。饭后至天仙看四班会演。晚,宴于周桂香家。

▲ 太谷学派南北合宗,黄归群、蒋龙溪共作山长,讲学于苏州。

按太谷学派自从清同治五年(1866)黄崖教案张石琴等二千余人举山自焚后,李龙川使门弟子蒋子明别开讲舍,桃石琴之绪。一时学派中人称石琴一脉为北宗,龙川一脉为南宗。龙川殁,南宗无继人。至此由铁云先生和毛实君等人建议,开讲舍于苏州,南北合宗,黄、蒋两先生并为山长,其费用由铁云先生、毛实君、程绍周、杨蔚霞等任之,而以铁云先生为主。所以本年十月致黄归群信中有"窃忆夫子主云溪家时,坐客房之里室,宣巽二之旨曰:将来天下,二巳传道。是日也,侍坐者公及弟及云溪夫人、小宝四人皆巳年生人也。尔时私用自负,至今日者更有不容推诿者已。圣功大纲,不外教养两途,公以教天下为己任,弟以养天下为己任,各竭心力,互相扶掖为之。上报四重恩,下济三涂苦,同为空同之子孙,同培古今之道脉。同身同命,海枯石烂,无有二心"的话。

苏州的讲舍,设在葑门内十全街。本来是某巨室的房子,共有屋百余间。黄、蒋两先生讲学其中,是为归群草堂。从游弟子富有的多赁宅住于附近。清寒之家就住在讲舍的别院。每天膳食十七八桌。生计无着的门弟子,即就食学堂。又在附近项王庙设义塾,课读门人家子弟。我儿时曾随长老去过。觉得美轮奂奂,十分伟大。三十几岁时,再去,厅屋已圮,现在听说已经是一片荒芜。最近或者又盖了新屋,未可知也。(《铁云年谱》第 92 页)

**6 月 2 日(四月二十六日)** 阴。至邵依克处,告以改写票式。午后至制造局。晚归,接北京电云青城病诊。虽明知其无恙,心不能不为悬悬。幸诸事已略有头绪矣。

**6 月 3 日(四月二十七日)** 晴。午前与于继美商办捐局事。午后至瑞嘉洋行与邵依克斟酌合票据事。七钟至礼查晚饭。宫室之精,肴馔之美,为沪上西馆冠。饭后看马戏,皆邵依克所请也。是日十一钟,继美请在一品香晤龚君景周。

▲ 按此行哲美森亦在上海。来上海的主要任务,应是为了与嘉瑞洋行邵依克有所接洽。而接洽事件的中心,又似是委托义善源出售福公司股票事。(《铁云年谱》第 89 页)

**6 月 4 日(四月二十八日)** 午前,至义善源借款,知绍周来。午后至制造局。黄三先生述梦,云升至极高之区。戚先生云:至此地位,盛衰二气俱脱粘矣。赵明湖衰气未脱粘,屈平之流也;刘□□盛气未脱粘,苏、张之流也,皆不可升孔孟之堂。闻之警悚。为夏需臣筹款不成。姚砚耕请在王金凤家。先会诸善士于聚丰园,结清欠款。

▲ 听说已经是一片荒芜,最近或者又盖了新屋,未可知也。(《铁云年谱》第 92 页)

**6 月 5 日(四月二十九日)** 见日报,"新济"初一开,甚喜。即往招商局定房间,云尚未进口。"新丰"初二开,决计附"新丰"矣。午后在大哥处闲谈,议华公司事也。复至公司签义善源字。

**约是月(四月)** 《愚园雅集图》成。刘鹗题诗两首以纪其事。

▲ 壬寅四月,与龙川诸学长,聚于沪上之愚园。锡朋先生议作《愚园雅集图》。各举所愿,余任补竹之役,并纪以诗:

其　　一

成连一去海天空,二十年来任转蓬。天上星辰联旧雨,人间桃李感春风。
分诗构画情何极,把酒论文思不穷。牧马归群今已验,伫看霖雨起苍龙。

其　　二

天花如雨点瑶琴,千里相思寄竹林。短节半能谐凤律,高枝皆已作龙吟。
愿依坠露听清响,更采闲云补绿阴。我有俗尘涤不得,此君教我总虚心。(《刘鹗集》第 565 页)

▲ 编著者按:刘蕙孙《太谷学派的遗书》第 5 页有图版"张德广氏手抄铁云诗钞之一页",在诗题"题愚园雅集图"下有"图中余挥锄种竹"7 字。刘蕙孙在文章中说:"张德广,字令贻,安徽阜阳人。其姨丈程少周(恩培),是黄葆年先生的门弟子(编著者说明:刘蕙孙先生此说有误。程绍周是李光炘的弟子)。张因程的介绍,也拜从黄葆年先生门下。"

▲ 编著者按:根据刘鹗 6 月 1 日(四月二十五日)日记,参加愚园聚会者十九人。根据刘鹗《愚园雅集图橅本后并序》共有 29 人,惜生平多不可考。其大致情况

如下：① 杨士晟(约 1858—?)字蔚霞。安徽泗州人。② 程心泉(? —?)安徽阜阳人。程恩培同族幼弟。③ 蒋文田(1843—1909)字子明。江苏泰县姜垲镇人。④ 徐月楼(? —?)刘鹗家门客。⑤ 王仲和(? —?)。⑥ 蒋元亮(? —?)江苏泰县姜垲镇人。蒋文田长子。⑦ 黄葆年(1845—1924)字锡朋。江苏泰县姜堰镇人。⑧ 毛庆藩(1846—1924)字实君。江西丰城县人。⑨ 江泰初(? —?)字月三。江岷子。⑩ 毛逊(? —?)江西省丰城县人。毛庆藩第四子。⑪ 毛勉初(? —?)江西省丰城县人。毛庆藩第五子。⑫ 刘子缵(? —?)。⑬ 刘梦熊(1850—1905)字味青。江苏镇江人。刘鹗长兄。⑭ 谢平原(1837—?)字石溪。江苏溧阳人。⑮ 江岷(? —?)字子若。⑯ 李泰阶(1871—1927?)字平孙。江苏泰州人。李光炘孙。⑰ 达锡纯(? —?)字粹伯。约江苏徐州人。⑱ 程恩培(1855—?)字绍周。安徽阜阳人。⑲ 汪仲衡(? —?)安徽人。⑳ 程传厚(? —?)字铸九。安徽阜阳人。程恩培侄。㉑ 刘　鹗(1859—1909)字铁云。江苏镇江人。㉒ 黄寿彭(? —?)字仲素。江苏泰县姜堰镇人。黄葆年次子。㉓ 王位中(? —?)。㉔ 朱莲峰(? —?)山东长清人。㉕ 赵永年(? —?)字明湖。㉖ 颜信甫(? —?)其兄颜实甫为李光炘弟子。㉗ 卞子沐(? —?)江苏扬州人。刘鹗表弟。㉘ 诸乃方(1822—1906)字四芗。浙江仁和人。㉙ 诸光和(? —?)诸四芗子。

**6 月 6 日(五月初一日)**　晴。清晨,赴徐园布置一切。十一钟,黄、蒋二公暨诸同人均至。饭后,看张园猫儿戏。散后,黄三先生约同浴。晚至九华楼,毛公同罗达衡在焉。吃扬州面,甚佳。赴天仙观剧。本日改一出,点一出,计用洋六元。

▲ 编著者按：从 5 月 30 日刘鹗赶回上海到 6 月 6 日一周时间。太谷学派学人几乎每天都在聚会。也就是在此期间议定成立"归群草堂",以黄葆年、蒋文田主持其事。刘蕙孙记录如下：

一九〇二年,铁云先生和同门毛庆藩、程恩培、杨士晟等就合议在苏州葑门内十全街建立一个学舍,请原在山东作县官的黄葆年和在江北小规模讲学的蒋文田作为学舍的主讲,黄正蒋副。又因为蒋在江北讲学是为了继承黄崖张石琴的道统,故称之为北宗,黄葆年则为南宗,是为南北合宗。由于此时星散在四面八方的龙川弟子又渐渐回到苏州,取"牧马归群"之意,命其学舍为"归群草堂"。铁云先生是归群草堂的骨干,我的姑母也嫁给黄葆年的次子黄寿彭,我的父亲贞观先生刘大绅拜从黄葆年门下。我的继祖母也是黄的门人,我们一家与太谷学派的关系可以说是很深的。(《太谷遗书》第三辑第一册第5页)

**6 月 7 日(五月初二日)**　早起,赴瑞嘉,取要件,并托其用德律风定舱,后至义善源结账,并交签字票据。午后赴制造局辞行。汪穰卿约在稚香馆晚饭。

▲ 编著者按：德律风就是电话。

**6 月 8 日（五月初三日）**　晴。午前在罗叔耘处畅谈。午后与家兄畅谈。晚看马戏，同芝阁也。

**6 月 9 日（五月初四日）**　晴。早起，颜玉春来。巳刻，赴丰斋，遇砚耕，得饱啖肴蹄。午后复至制造局。晚饭后上［船］，叔耘在焉。

**6 月 10 日（五月初五日）**　晴　三点半开船。曙色微茫中见楼台村树另有一种清气，致足乐也。四钟成睡。醒来已十钟矣。舟过佘山。

**6 月 11 日（五月初六日）**　一钟醒，不成寐，拟看日出。见东方有黑云幕海，未几大雾。下午，三下钟后雾散。六钟至成山头。夜一钟至燕（烟）台。同船者，一为梁允荣，福建知府；一为□侠石，福建道，均广东人。本日时雨。

**6 月 12 日（五月初七日）**　晴。六钟舟人促予起，日医生来矣。七钟来验，一望而已。一点开船，二点后雨。因困，略睡。梦至一高楼，月三立于侧，云：再上为催速转佛之居，黄三先生见过，作颂赞之矣。予升梯入，见佛紫面，大口、厚唇，与予握手为礼。予亦作颂赞之曰："天旋地转，有常度兮，不可催而速也。日月运行，寒暑往来，有恒节兮，不可催而速也。圣人去矣，人心弊矣，世运之转，不可缓也。我佛慈悲，其催之乎，吾之望也。吾人业识，痼蔽深矣，吾佛慈悲，为我转之，吾所求也。克转克速，我佛慈悲，弗敢忘也。"颂成而觉。五点到竹山。

**6 月 13 日（五月初八日）**　晴。十钟半至塘沽马（码）头。六钟，舟人又催予起。医生至，船外验病也。行李起至车栈，刘贵来接。予在和成栈小坐，吃饭两碗。火车十二点三刻十分到，一点十分开。轮船时刻较火车快二刻焉。火车行甚速，于七点到北京。知昨日大雨。

**6 月 14 日（五月初九日）**　晴。午前，清理书案。午后至公司晤哲美森君。复至西堂子胡同晤高子谷，因知路矿局情形。

▲ 编著者按：以下回京。

**6 月 15 日（五月初十日）**　晴。午后晤詹美生，并告以布置一切之处。

**6 月 16 日（五月十一日）**　晴。午前，至日本使馆牧田处，遇其井师云：目下已穿五井。使馆一，日本兵房二，东四牌楼十二条胡同一，法国兵房一。现在五城学堂请其开办，即兴工云。未刻回寓，晤屠伯厚君，谈甚畅。下午拟出门，而阴云挟黄霾之色自西来，遂止。五钟半，昼若晦，与四月初七日相仿。至六钟而大雨，至三刻雨止。

**6 月 17 日（五月十二日）**　晴。晨起，赴沙彪内［纳］之招，为赔款事也。续至哲君处，为子衡照会事，不克如愿。遂至西堂子胡同吃晚饭。饭后出城，先至工艺局,慎老在焉。复寻王星卿,已回沪矣。访伯弓,适仙洲在座,遂约同往便宜坊过王孝禹,不遇。

**6月18日(五月十三日)** 晴,热。寒暑针至九十度 午前就席达候诊病。午后避热,至四钟同仙洲往晤詹君。三钟王筱斋来,七钟去。

**6月19日(五月十四日)** 晴。因昨日疮甚痛,今日决计不出,摩挲古玩而已。午后子衡来,晚间与楚生畅谈。

**6月20日(五月十五日)** 晴。午后,胡弗卿来。午前小田相及森井同来。跋《颜鲁公表》一段。读《贝清江诗》。未刻九十一度。傍晚风,凉。

▲ 刘鹗《唐颜鲁公三表墨迹真本长卷跋语》:

以上各节博考详稽,《三表》为真迹无疑。至字迹之妙,探源篆隶右精气盘郁,如天马行空,老罴当道,雄视百代,非悬腕劈窝,不能下一笔。以校《祭濠州》《祭季明》《争坐位》诸稿,结字用笔尽同,而雄健过之。唐人唯柳悬《出守帖》足传衣钵。虞、褚尚逊之。夫《兰亭》出二百六十七年,至唐武德四年获之,始定为右军第一迹,后世尽宗之。鲁公《争坐位》稿经苏、黄、米诸公鉴定,安氏刻始大显于世,所谓莫为之后,虽盛弗传也。

鲁公《三表》流传千余年,不入苏、米、赵、董之目,而若隐若显,又无善刻,好古者虽藏之,不敢公然著录称道。近时士大夫至谓《三表》不足登大雅之堂,好高之论,自掩真鉴,不读史不知书也。予留心访求,三十与韩胄君古洲各出所携相角,惟予与董、韩及董所昵一吴姬四人。披览竟日,真不减武库。最后出颜书朱巨川《告身》,方叹诧以为神物。且云:"此吾友陈眉公所藏,异宝也。"予心不谓,然周视细楷中一行云"中书侍郎开播"。韩指谓余曰:"此吾郡开氏鼻祖耶!"予应曰:"唐氏不闻有'开'姓。自南宋赵开显于蜀,因以名氏,析为两姓。况中书侍郎乃执政大臣,何不见之《唐书》? 此必卢杞所荐关播。临摹之人不通史册,讹为'开'字耳。鲁公与卢、关正同时,此误何待言?"董急应曰:"子言得之矣! 此为眉公秘爱,故勿广言。"亟卷而箧之云云。故元宰未刻入《戏鸿堂帖》也。而三希堂刻"关"字,添改痕尚隐然可见。

此《三表》精神与《争坐位》帖吻合。墨有轻重,挥洒纵横,出入篆籀,确系稿书真面目,胜刻本万倍,而人犹以无踢跋疑之。吾故曰:鉴赏一事,极难言也。壬寅五月丹徒刘铁云识(《刘鹗集》第639页)

▲ 编著者按:《唐颜鲁公三表墨迹真本长卷》曾经刘鹗珍藏。《唐颜鲁公三表墨迹真本长卷·跋语》系刘鹗手书。刘鹗《抱残守缺斋日记·壬寅年》五月十五日(1902年6月20日)记有"跋《颜鲁公表》一段"。今未见手书原件,仅存跋文。

刘鹗《唐颜鲁公三表墨迹真本长卷跋语》收录于 1937 年中华书局初版裴景福著《壮陶阁书画录》。《壮陶阁书画录·唐颜鲁公三表墨迹真本长卷》卷末有桐城汪正鋆跋、丹徒包祥跋、裴景福辩证、刘鹗跋、裴景福跋、胡璧城跋、李梅庵函、裴景福后记。

裴景福（伯谦，睫庵）与刘鹗先后充军新疆。将其《裴睫庵跋语》过录于下：

铁云久以鉴赏名海内。戊申，谪戍西域，与余同难，一见如旧相识，时过从畅叙。次年四月病，八月故，余往哭之悲。未几，东归，过兰州，遇其长公子宸仲于毛实君方伯署内。询之知所藏散失殆尽，并云《鲁公三稿》已质于人，闻之嘅叹。去秋避地沪上，从狄楚卿处购得之，后附铁云一跋，词翰均草草。又幅式特高，与墨迹装潢不合。然良友已故焉，忍并其鸿爪泥印而没之？因酌易数语，重录于拙著辩证之后，正以不朽吾铁云也。掷笔惘惘。癸丑九月睫庵识于梁溪西水关寓斋。

**6 月 21 日（五月十六日）**　晴，暖，较昨日稍杀。午刻涂伯厚来，闻西山事，京兆已委吴牧奋查办。晡时，接天津汇来京松八百两，送义善源，并汇二百金至天津给达紫忱。

**6 月 22 日（五月十七日）**　晴，时有云。下午雷声隆隆，后丁仲丹来，知前门西大雨。高子谷亦来，薄暮去。午后陈少湍来，归义善源之款，已请其面结矣。晚接药雨函，知《大公报》出而《新闻报》飞涨，亦一奇也。阅《列朝诗选》，体例甚佳，所选亦精。

▲ 英敛之在天津办《大公报》。《天津日日新闻》报销售份数转增。（《铁云年谱》第 93 页）

**6 月 23 日（五月十八日）**　晴　午前至公司晤哲君。未刻涂君来问地名，云有三处查不出。申刻，正拟入城，伯弓来。告以已约仲丹在弓处相晤。遂入城至詹处取地图以出。至南横街，仲丹已先到。候至八点半，涂未来。遂偕丁、王至便宜坊，涂亦至。饭后将行。马逸至。十二钟始抵寓。青城头晕，呕吐数次，服藿香丸乃至（止）。达紫忱自天津来、相左矣。连日天气不甚热，八十四五度而已。

**6 月 24 日（五月十九日）**　晴。午刻，涂、丁二公至，入城拜吴公，未见也。因作函致二高。下午子衡来，仙洲亦来。今日请房星桥为伯虞看病，因示以疮，房为敷药，云十余日可愈。论古又送《嵩山三阙》来看，古气盎然，殊可爱也。澄云阁送汉印三本来，索价三千五百金。

▲ 编著者按：仙洲（1871—1943），龚心湛，原名心瀛，号仙舟。安徽合肥人。金陵同文馆毕业后驻英、日、美、法、比等国使馆随员多年，回国后任广州知府、署广

东按察使、云南提法使等。1912年起历任汉口中国银行行长、安徽国税筹备处处长、财政厅长，又调任财政次长兼盐务署督办，回任安徽省长。1919年秋在财政总长任上代理国务总理三个月。后致力于兴办实业，任启新洋灰公司总理、董事长有年。"启新"被日军军管后他愤懑而死。

**6月25日（五月二十日）** 晴。先至李玉田买笔，后至便宜坊，涂君已至。稍缓，吴君、子衡相续至，谈事尚顺。饭后同仲丹至义善源取百二十金付之。晚间，高文卿来，谈至夜子时方止。连日天皆时阴而气候甚凉，早晚恒七十余度。

**是日** 得见《兴福寺碑》。

▲ 壬寅五月二十日，高君文卿持覃溪先生手校《兴福寺碑》一册，照录一通，返其赵璧。（《刘鹗集》第639页）

**6月26日（五月二十一日）** 阴。午前，山本同森井来。午后拜上田，兼往《顺天时报》馆，拜小田、森井、山本、坐谈许久。至于苻臣处畅谈，观其新买方鼎，携三家彝拓片以归。

**6月27日（五月二十二日）** 晴。饭后，至公司，谈英君主病势甚重。出城，王筱斋适来谈汇款须请护照一纸，允之。子衡来，严吾□来谈金矿事。方药〔雨〕自天津至，中根与焉。

**6月28日（五月二十三日）** 阴。午后，至公司为筱斋托护照，哲君允诺，云须礼拜一方能办事也。晚，中根来，与药雨谈，到丑刻方寝。夜大雷。

**是日** 为《兴福寺碑》题跋。

《兴福寺碑跋》：

宋天圣十年解州盐池新堰筬集右军书，内有云：弊急可救之矣。此"吴"字即是大雅集《兴福寺碑》为《吴文墓铭》，不知其下"公讳文"句另起，不可误为"吴公"也。可见宋时尚不误，而顾亭林《金石文字记》正延俗说之误矣。"矣"字上半原即是"巳"（?）并非多作此方折，俗人自不识字，故致误耳。

壬寅五月二十日，高君文卿持覃溪先生手校《兴福寺碑》一册，照录一通，返其赵璧。廿三日铁云志（《刘鹗集》第639页）

**6月29日（五月二十四日）** 晴。午后至寄观阁，为看房子事也。同至半截胡同看房，间口太小。其花园住客即劳凯臣也。据云，其他昔为何文安公故居，后归徐寿蘅侍郎云。至官书局拜张、赵、魏，俱外出。晤王建斋、常伯琦，如是而已。

**6月30日（五月二十五日）** 晴。早起，方药雨已去矣。午刻宝瑞臣来，吃饭，去。又至公司催护照，据云公文今日已去，礼拜三当有回文也。

**7月1日（五月二十六日）** 晴。连日天气渐暖热。早起闻狗儿吐泻，急令服藿香正气丸。午后泻止。本日出门，厩中之马病死。楚生约明日拜易实甫。肆雅堂送《全唐文》来。

**7月2日（五月二十七日）**　晴。哲君来函，云柯瑞电称汇款未收到。函嘱筱斋电催后即同往鹁鸽寺拜易实甫，未遇。同至子衡处午饭。未刻至第一楼东妓馆。申刻至青柳馆吃饭，听曲。酉刻至詹美生处。回寓后，一时许，子衡同吴石腴来，谈至子刻，子衡归而石腴止。本日热至八十九度。

**7月3日（五月二十八日）**　晴　四点至义善源。五点至宝珠家候客，兼至兰馥、翠云还账。七点钟，客陆续至。菜甚好，张智所撰（馔）也。回寓，钟鸣一下矣。本日寒暑表至九十二度。

**7月4日（五月二十九日）**　晴。本日热甚。前日刘升病疫死，服藿香丸三粒并针刺均无效，为厚殓之。今日郑斌等同其亲戚送至江苏义园厝焉。下午因楚生之招，六点赴百顺胡同，时子若已至。座客到者为陈小山、式如、陈梅生、何棠荪。何最后至。楚生之妓名金喜。楚撰联赠之云："恍经桑海摩金狄，又对梅轩绘喜神。"予赠一联云："千金难报周旋密，小喜何妨唐突多。"

▲ 刘大杰《刘铁云轶事》中记录自己的一位朋友——自称为刘鹗"老朋友"的话：他（刘鹗）也喜欢进妓院，可是他和旁人不同。他叫起姑娘来，一次总是十几个，莺莺燕燕，坐满一房，唱的唱，闹的闹，到后来每人赏些钱就走了。（《老残游记资料》第126页）

**7月5日（六月初一日）**　晴。早起赴公司，知又汇银五万至豫，并知汇丰来电，舍非尔病势甚重。天甚热，未申之交至九十七度，京师从未有也。即因青城病，又避暑，不出门。下午王筱斋来，明日赴豫也。读碑看画，因暑得甚乐焉。

**是日**　宋伯鲁回到故乡，受到门生欢迎。

▲ 编著者按：见"百度文库·宋伯鲁年谱"：光绪二十八年（1902）六月初一日（7月5日），因生计困难，携眷回陕。受门生故旧欢迎。

**7月6日（六月初二日）**　晴。避暑未出门。晚间丁仲丹同龚仙洲来。戌刻王仁楷送程军门信来。本日极热，至九十七度半。

**7月7日（六月初三日）**　晴。午前至公司一行。天气极热，几、榻皆温，申刻至一百○四度。坐广厦中汗出不止，苦力谋生者其何以堪！读《升庵诗话》。"门外猧儿吠，知是萧郎至。划袜下香阶，冤家今夜醉。扶得入罗帏，不肯脱罗衣。醉则从他醉，犹胜独睡时。"此唐人小词，八句而四转折也。《丽情集》载：湖州妓周德华者，刘采春女也。唱刘禹锡柳枝词云："春江一曲柳千条，二十年前旧板桥。曾与美人桥上别，恨无消息到今朝。"此诗甚佳而刘集不载。

**7月8日(六月初四日)** 晴,热。昨日四钟热至百〇五度,至今夜三钟仅退至九十度,迟明退至八十七度,真奇热也。今日三钟三刻升至百〇七度。有风。四钟一刻降至百〇六度,复升至百〇七度。因微雨数点也。晚有云,有微风。夜间比昨日稍清矣。

**7月9日(六月初五日)** 晴。清晨四钟时,过雨两阵,虽不甚大,天气已转凉矣。十钟赴公司。午后山下来,高文卿来。晚间子衡、子若、仲丹来。本日极热时至九十六度。

**7月10日(六月初六日)** 晴。早起子若来,同赴英署签字而巴君赴西山纳凉,须一礼拜方归。遂至王翰甫处看瓦头,遇陈哲甫。至子若处吃午饭。归寓,阅《奈何天》一遍。本日极热,九十九度。夜子时八十度。发大哥、绍同二信。

▲ 编著者按:王翰甫(1870—?),名王崇烈,字汉甫,又字翰甫。山东福山人。甲骨文之父王懿荣第二子。年幼时有神童之目。1894年甲午科顺天府乡试第32名举人。庚子年(1900)王懿荣殉国,一切善后都由王崇烈料理。著有《公羊解诂义证》2卷、《佛教浅说》1卷等多种著述。

**7月11日(六月初七日)** 晴。午后涂伯厚来,咨文大约十一二可到部。申刻子谷来,并给以盛京咨文。本日热至九十九度,有风。阅《比目鱼》一过。

**7月12日(六月初八日)** 晴。本日燥暖异常,寒暑针不过九十余度而人之不适甚于前日多矣。因楚生云九种曲远胜十种曲,因取《临川梦》阅一过。王端士来谈翰甫砖瓦、泥封有人出三百元,予拟购之。酉刻,赴九条暖寿,值雨。晚接大哥书。

▲ 编著者按:王端士是中国商人。清光绪二十八年(1902)他曾经与日本商人三谷未治郎、官川五部三郎、大田佑三郎与中国商人王端士联名向外务部呈申请,合开同兴公司采煤,各自出洋元1.5万,但外务部未予批准。刘蕙孙先生和笔者在、在过去的著作中以"王端士"为王懿荣之子,均误。根据吕伟达《甲骨文之父——王懿荣》一书可知。王懿荣有四子,长子王崇燕,字冀北,26岁病逝世。二子王涌烈,字汉甫。三子崇熯,早夭。四子崇焕,字汉章。

**7月13日(六月初九日)** 阴。辰刻,大雷雨一阵,甚透,天气转凉。午刻往九条祝岳母寿。晤郑延卿,兼说王二姑娘媒事。子初归,接药雨股票二纸,船票一纸。夜七十四度,昼八十六度。

**7月14日(六月初十日)** 晴。早起甚晏,急吃饭。至王翰甫处看其秦、汉印五百余方,又瓦头七十余件。大约明日去可以看其古钱矣。次至公司,语以豫电错字。次至威大利处。次至沙彪纳处。次至詹美生处。回家少憩。贺胡荜卿于安徽馆,不遇。遂至德宝斋看王文敏所押宋拓六种:一、《九成宫》,二、《皇甫碑》,三、《圣教序》,四、《岳麓寺》,五、《智永千文》,六、《道因碑》。又看王石谷一幅,黄大痴一幅,皆精。晚胡萉卿来,谈至子刻去。天气颇凉。

▲ 按王翰甫是王懿荣的长子,懿荣三子翰浦、端士、汉章。汉章最少,后在天津津浦铁路工作。(《铁云年谱》第 96 页)

**7 月 15 日(六月十一日)**　薄阴。早起,往翰甫处议汉印,竟不能就。索其古钱,吝不与看,意在印、瓦二事售二千金也。未刻,至公司。因本日豫抚有电来,解说与之听。后至日本晤郑参赞约晤子谷之期也。出城,伯弓在寓,子谷亦来。晚接颜玉春信,回音寄邵伯万全药店内陈德修转交。

▲ 编著者按:郑参赞系指日本人郑永昌。

**7 月 16 日(六月十二日)**　微晴。早起子谷来,遂同往日本、英国二署。至义署,适威君外出。子谷、予迁道翰甫家,议定汉印六百方,千二百金。予携回观之。至子谷处吃午饭后,申刻复往义署,晤谈后即归寓。检点古印,可用者仅三百五十七方,价未免太昂矣。

**7 月 17 日(六月十三日)**　午前雨,午后晴　本日请客。易实甫先到,次伯弓、次子衡、次仲丹。三点入座,哲甫方到。半阑翰甫到。饭后与翰甫议定汉印、瓦头、古钱三项共二千金。当偕翰甫入城取回,检点古钱竟夕。虽至难得之泉俱无,所有者亦颇富矣。

**7 月 18 日(六月十四日)**　薄阴。不及九十度而甚燥　早起,摹挲古泉而原君锡至,与之审定铜印。午后至公司,略至端士处小坐。出城至大德、通恒两家,为萉卿事也。晚间萉卿来,子初去。

**7 月 19 日(六月十五日)**　早晨略雨,天气亦燥　至英署签字。后赴公司,斟酌子衡之章程也。至西堂子胡同,晤子谷兼吃午饭。出城至义善源寄药雨函,夸瓦头也。回寓,萉卿来,定期十七走,而款尚无着,甚焦灼焉。允之,因子衡有代借之款也。并题同敦、玄鸟壶各一轴赠之。晚检古泉至四钟始寝。

▲ 编著者按:刘鹗此处未说明"至英署签字"的具体内容。但是道口三里湾码头至焦作矿区的铁路道在后一天开工。此为道清铁路修筑之开始。

**7 月 20 日(六月十六日)**　晴　午后阴　十钟,子衡来,因同往公司,便道看沙彪内[纳]。同至高宅,饭后归。申刻,至德宝斋校《圣教序》,文献所藏。与予本同时拓,而精神过之,因未受裱工之伤也。其董文敏跋有云:"世以'纠纷何以出'五字全者为唐拓本,其实皆翻刻也。"其说一矢破的,令人神往。至萉卿处送行,并赠以千金。非赠也,借与之而以抵子咏之账。

▲ 按此即世所传南唐拓本,后有董其昌、王觉斯跋各一。铁云先生曾以之付有正书局石印,并自跋说:"兰亭自宋南渡后,家置一石,而右军真面,遂不可见矣。怀仁集字圣教序以石大未易翻刻,又为宋人所崇尚,故流传拓本极多。右军精神赖以不坠。世之得北宋拓者,恒自诩为海内第一,如梁茝林、崇语林两中丞是也。然为人所公认者,惟河南周文清公所藏一本耳,梁崇诸本,不如远甚。自福山王文敏公得此本经吴县潘文勤公及盛伯羲祭酒、吴清卿中丞、王孝禹观察等一时精鉴家均推许为在周文清本上。然则,真海内第一本矣。光绪辛丑归抱残守缺斋。"(《铁云年谱》第97页)

**7月21日(六月十七日)** 阴。竟日不出门,与阿堵为伍。前日检得有卢氏金涅布,为海内孤本,《古泉汇》拓自刘燕庭处,不知何日归王文敏,今归予斋,岂非至幸。拓瓦头八片,寄药雨。

**7月22日(六月十八日)** 午前雨。午后至公司,因哲君明日赴威海也。薄暮,龚仙洲、丁仲丹来,高子衡亦来。晚读古印,其用笔之妙,有在钟鼎之上者,决为周印无疑,世以秦印目之,诬矣。

**同日** 宋伯鲁在家乡被捕囚禁。

▲ 编著者按:见"百度文库·宋伯鲁年谱":光绪二十八年陕西按察史樊增祥有亲戚傅某为官时受宋弹劾,乘机报复。遂串通陕西巡抚升允于六月十八日(7月22日)电奏清廷,指控宋"受业康门,甘为鹰犬,其罪在康有为之下,杨深秀之上",宋遂被囚禁。

**7月23日(六月十九日)** 晴。午后游琉璃厂。在古钱刘家买得中泉三十一枚。在德宝校《智永千文》,与文敏藏本拓稍后耳,虽非宋拓,亦元拓矣。在寄观阁买垣字钱一枚。晚检尖头刀,得二品。《金石索》释为"箸邱长者",其一合背文者,洵异品矣。

**7月24日(六月二十日)** 阴,午晴。燥热异常,不过九十二三度而人甚不堪。前日,西安来电云:院臬以"诬讪宫椊"诬芝洞,已拘拿置狱,乞设法援手乎?电到时,密马(码)寻不着,至今日始获。急入城见仁和,始知旨系交地方官管束,可谓喜出望外。与钧叔谈良久,子谷亦至。今早子衡、伯厚、沙彪内[纳]先后来。连日喜信,则加税免厘奉准为第一也。

▲ 按芝洞名伯鲁,与铁云先生是盟兄弟。久在陕西作官。民国间曾任陕西省政府秘书长。唐颜真卿书《颜勤礼》再被发现时,伯鲁将之移至省署保存,并在碑后刻跋语数行。今拓本尚存。(《铁云年谱》第96页)

▲ 福公司加税免厘获准。(《铁云年谱》第96页)

**7 月 25 日(六月二十一日)**　午阴晴。早起，为苍蝇所搅，不得寐。午后邓嘉生来，延请为青城诊脉也。下午赵子衡同王君、谢君小石来，谈至夜分去。

**7 月 26 日(六月二十二日)**　阴。午后同孟松乔访沙彪内[纳]不遇。申刻，陈少湍来。复得芝洞一电，因急作电覆之。丁仲丹见雨苍甚好。

▲《戊戌变法人物传稿·宋伯鲁》宋伯鲁，字芝栋，陕西醴泉人。光绪十二年进士，入翰林，散馆任御史。……宋伯鲁，帝党之不当权之官僚主义。变法伊始，台谏之中，条陈新政者，舍杨深秀外，以伯鲁之奏为多。其改革之议，首主废八股，继议开懋勤殿，与维新派相符。且伯鲁尝为康有为递新政之折，又承有为意旨，迭上奏议。以伯鲁又为帝党、维新派结合之枢纽。(《戊戌变法》第 309 页)

▲ 编著者按："刘鹗·江苏丹徒"与"宋伯鲁·陕西醴泉"两人并列于 5 月 12 日(闰三月二十四日)《国闻报》发表《保国会题名》。伯鲁被捕而乞救于刘鹗，理所当然。

**7 月 27 日(六月二十三日)**　雨。午后，取旧藏瓦当题签。值龚仙洲来，说起义善源应先为知会。午间，楚生闻景佩珂之言亦如此，因往施家胡同一行。本日头微痛，不精。

**7 月 28 日(六月二十四日)**　午前雨不大。午后丁仲丹持顺天府札饬来，拟甘结稿子，书成，子衡亦至。申刻，同宝廷往访沙彪内[纳]，并同往詹美生。坐良久，归。仲丹亦归，云结未递上，雨苍甚烦。想系参案有不妙也。戌刻大雨。检古布⑤：

晋阳十六枚(有八分，字尖)　邪二十三枚　郎二十三枚　丌阳一枚　平原一枚　襄阴四枚　北屈十一枚　屯留十二枚　甗邑二十五枚　逆行一枚　甗阳一枚　戈邑十一枚　王氏二十七枚　逆行一枚　贝邱二十四枚　马服邑十三枚　土毛十二枚　王毛四枚　王工一枚　辛城一枚(尖)　聊邑二枚(尖)　将二枚(居半，尖)　将三枚(分居，尖)　平周九枚(左右，尖，背有五八四)畿式八分十九枚(背有三四，尖)　匕阳二枚(尖)　阳匕倒文二枚(尖)

尖足大布(甘丹六，邪山五，畿氏三，大阴一，□一)　大阴七枚(尖)　武平七枚(尖)　武安十一枚(尖)　北亓二枚(方)　周是九枚(方)　畿城五枚(方)　恭昌五枚(方)　阳邑七枚(方)　北亓邑一枚(方)　涿七枚(左右，上，方)　涅正七枚，反十二枚(方)　丰五枚(方)　同是十六枚(方)　咎如七枚(方)　安阳十六枚(方，厚)　露十九枚(方)　阇八枚(方)　雨一枚(方)　平州十九枚(左右，尖)　邪十四枚(方)　郇邑十九枚(左右，方)　中都五十二枚(左右，方)　乘邑七枚(方，厚)　襄垣四十八枚(方)　逆行二枚　平阴八枚(方)　平阳六枚(方，厚)　共六〇〇　宅阳一十八枚(方)　毛阳十七枚(方)　逆行一枚凡称"逆行"者,《泉汇》谓之传形。余因古布左右行者甚多,不得尽谓之传形也。

**7月29日(六月二十五日)** 阴。昨夜彻夜大雨,今日天气甚凉。巳刻六十六度。仲丹来,复往顺天递禀也。作长笺寄药雨,并选泉以赠之:

右字明刀四十枚。右字数目明刀二十枚。左字明刀二十六枚。明字刀五枚。面无字刀三枚。右奇字明刀十八枚。公字数目明刀十二枚。公字奇字明刀十二枚。左字奇字明刀十七枚。左字数目明刀十二枚。杂式明刀十枚。共计一百八十八枚。

圆首刀四枚,无字。甘丹三枚。自人八枚。井甲一枚。尖首奇字七十六枚。尖圆首刀共计九十二枚。

仲丹濒行时与之约,如禀递上则不来。至晚不来,知递上矣。按安仁信,云回信寄江西省城广润门外福礼亨钱庄收下转交无误。

**7月30日(六月二十六日)** 晴。先前,张次祥来送汉印,每纽纽以纸捻,甚精致可爱。午后正拟出门,仙洲来,知仲丹昨日禀仍未递上,云已覆外部矣。龚、丁皆极虑其不知作何贬辞。予以为不过推出而已,断无贬辞也。子谷来邕谈。访上田,略谈而归。连日考求古泉"乘正""乘充"等币。予释"充"为"奇"字与"正"对。一曰"乘正尚金当锾",二曰"乘半尚二金当锾",三曰"乘奇货金当锾金",四曰"乘奇货金五当锾十二"。尚,上也;上之于官以当锾也。"□"字何为"货"? 以殊布当"十□",背有"十货"字,知"□"为"货"也。何以知其回文读亦以殊布也,莽事事师古,故以证古也。

**7月31日(六月二十七日)** 微晴,午后点滴雨。早起,王端士来,云翰甫已至,嘱来索款。刘少泉送古陶小灶来。釜旁有鱼,制极古朴可爱。未刻,邱于藩来。申刻,丁仲丹来。晚间摩挲古泉,觉昨日所释犹有未安。改释:一曰"乘正上当爰金",二曰"乘半上二当爰金",觉文义更为贯串。异品刀,予则释为"卢伯"。盖此"伯"字与齐九字九之"伯"字正同也。《隐三年传》:齐郑盟于石门,寻卢之盟也。郑伯之车偾于济。杜注:卢盟在《春秋》前卢齐地,今济北卢县故城。高士奇注:在今长清县西南二十五里。

**7月(六月)** 题跋一则。

▲ 编著者按:台湾"中央研究院"历史语言研究所《傅斯年图书馆善本古籍题跋辑录》第二册 A005 存刘鹗题跋一则"壬寅六月赵平甫持来一本,每卷后有淳熙三年中夏初吉郑庄兹刊楷书木戳一系王文敏公家藏本也。细校一过与此本毫厘不爽,其字画中有断缺者亦皆吻合,洵为一板所印无疑。铁云记'铁云所藏'(朱文印)"

**8月1日(六月二十八日)** 晴。午前至英署签股票字。午后接仲丹来信。先仙洲有信云,尹咨并未到部也。午后中根来,云明日往津。申刻至义义(善)源、宝聚成两处。后至琉璃厂,遇于蕃于论古。取漆园印型及《二百兰亭斋印存》以归。又于刘华西处取三字刀五百柄。在翰文取戴文节《古泉丛话》一本。车中读之,不觉其簸矣。吴万腴来。

**8月2日(六月二十九日)**　晴。午前古钱刘送壮泉四十来。刘少泉来云,翰甫约看彝器。午后至翰甫处,计叔向敦一、匜一、罍一、彝一,又铜造像四尊。值杨荫伯去,剀谈。

▲ 编著者按：杨荫伯(1863—1944),字寿枢、伯年,一字荫北。江苏省金匮县人。官至光禄寺少卿。1911 年以军机钦班三品章京授庆亲王内阁制诰局局长。辛亥革命后,任参政院参政。喜好艺事,与黄宾虹等人多有往来。

**8月3日(六月三十日)**　晴。早起无事,思铁泉二千余未必无新式,姑试查之。自早至夜一一过手阅之,计选出一百五十余枚,亦壮观矣。

**8月4日(七月初一日)**　晴。刘俊臣送"么泉一十""中泉三十"来,并买其幼布、壮布各一枚,皆不精,作副品观可也。原君锡来。申刻,邱于藩来,同访王翰甫不遇。晚间,仙洲、仲丹来,谈至子初去。

**8月5日(七月初二日)**　晴。因约伯厚来寓,故未出门,详检刀、布以销长昼。适肆雅堂送《选青小笺》来,昭文许宾门所撰也。又买何姓《吉金所见录》,初渭园所撰也。晚间,涂伯厚来,谈至子初去。

**8月6日(七月初三日)**　早起为子谷祝寿。顺道看王翰甫,携其尊一、觚四以归。下午仙洲来述莲公之言。晚间接涂函,知京兆文章已达外部矣。本日释京字币为商币,甚得意。

摩挲古泉,有诗《论泉绝句》记录其事。

▲《论泉绝句》:

刀布肩来满一筐,苔花侵蚀古文章;湔涂自挹冰池水,铜臭销完剩土香。

一握齐刀九府圜,安阳节墨字厘然;籀文简率方尖布,都是东周列国泉。

虞夏镂金品最尊,愈加穿凿愈沉昏;若知奇正回文字,妙解何劳引证繁。

商字分明合了然,商城布字得其全,只因误释京垂字,几削成汤四百年。(据原手稿)

**8月7日(七月初四日)**　阴。读吴平斋所藏《东海庙残碑》及《嵩山三阙》,此二帖为翁印若大令携来。初索价二千金,予酬以二百金。京师人慑于索价之大,无敢议者,置之三月矣。予增价三百,大约可就矣,岂非幸事。商觚拓出,把玩数四,盖多字者最少,群相推重,今得其三,喜何如之。连日债务丛集而古缘独厚,天其所以考我乎？

**8月8日(七月初五日)** 阴。午后至子谷处，因翰甫之债本日[到]期，乃由子谷暂挪千金付之。至翰甫处，见其刻卖与李木斋商鼎六、鬲四，皆精，又汉燋斗六七件，陶器二十余件，零星汉器七八件，瓦头五片，共二千二百金。甚矣，富之可贵也。

▲ 编著者按：鲍鼎《抱残守缺斋藏器目》记载，鲍鼎所见刘鹗藏三代鼎共17件，鬲三件。

**8月9日(七月初六日)** 晴。午后，至龚仙洲处议事。午前沙彪内[纳]来，并上海信。申刻，至德宝看王翰甫售帖。因购明拓《岳麓》一本以归。读《嵩山三阙》两过，古香溢目。人贵知足，莫作骑驴之叹也！买商亚弓鼎一。

▲ 编著者按：鲍鼎《抱残守缺斋藏器目》在刘鹗所藏三代钟鼎部分，记录有"鼎　亚弓鼎　一行二字　亚弓"。

**8月10日(七月初七日)** 阴，时有小雨。午后至翰甫遇君锡，知卤底为原所得，价八十金不为少矣。买泉范十一枚以归，直二百金，无聊之极也。内有大泉五十范一，尚精。又半两范二，鹅眼五铢范一，皆较新趣，惟五铢范居其十三，太无聊矣。

**8月11日(七月初八日)** 阴，时小雨。午前至翰甫处，闻有所看也。至则买古剑八枚，有字者四；汉弩机二，有字者一；秦、汉镜各一，汉永光灯一，丰字斧、斧字斧各一。午后翰甫突来函召，急趣造，出视鲁士浮簠二，商小鼎一，取之以归。为陈式庵在寓也。申刻邱于藩来，龚仙洲亦来。

**8月12日(七月初九日)** 晴。因押股票赴天津。车中凡三人，一为韩刑部芸根，定海人；一为孙观察亦郊，安徽人，曾任河内县，故纵谈颇久。及至报馆，药雨他出。遂访西村，兼观其所藏古泉。大约以汉以后为主。所重者再(在)一笔一画之异，虽所搜者中国之泉，而法则日本之法也。沈虞希邀至复兴园晚饭，鱼甚美而房屋热甚。急归报馆，西村亦至。与药雨争选铁钱，汗涔涔下不顾也。杯盘罗席，守饥不肯释。至十钟选过，方肯就食，亦可谓好矣。

**8月13日(七月初十日)** 午前雷雨。午后访钱绍云不遇。遂访橡村，又不遇，见其夫人，饮茶半瓯。至马静函家，观其汉印等事。薄暮归馆，绍云亦至。遂同往义和成，药雨作主人也。饭后猎茶一围。此两日天奇闷热。

**8月14日(七月十一日)** 午后，乘火车回京。将行时，雨怵怵，然及行已晴。头等车仅予一人。因知车后有饭车，就食牛排、鸡蛋，甚畅适也。七钟到寓，急呼水浴。浴已，清风适至，如出蒸笼然。

**8月15日(七月十二日)** 晴。午前，沙彪内[纳]来。午后，高子谷来。出，赴翰甫议簠鼎价值。后出城，至清辉阁小坐。至义善源，张蔚亭外出，约明日晤谈，遂归。

**8 月 16 日（七月十三日）**　晴。早起，因蚤虱所挠，不能成睡，六钟即起，检点书房。巳刻，王端士来，赠以铁犁并丰货五枚。午后张蔚亭来，议有可行之道。五钟赴聚宝堂，贾子咏之约，新自太原来也。午刻，论古来借《东海庙碑》及《嵩山三阙》，为沈子培代借也。接于继美信，寓贻德里第二衖第一家……

▲ 编著者按：本年年谱系过录刘鹗《抱残守缺斋·壬寅日记》手稿。现存七月十三日（8 月 16 日）日记手稿已残。

▲ 编著者按：本年年谱系过录刘鹗《抱残守缺斋·壬寅日记》手稿。原日记手稿七月十四日（8 月 17 日）、七月十五日（8 月 18 日）残缺。

**8 月 19 日（七月十六日）**　……信愿以股票易帖，因得《圣教序》一本，出鄂本上远甚。王孟津比之于帖中之帝，信矣。又宋拓六种：《九成》《皇甫》《岳麓》《道因》各一，《智永千文》二，狂喜不禁。楚生赞曰："可谓穷得阔极了，阔得穷极了。"二语至当。晚晤赵仲选、魏蕃宝于便宜坊。

▲ 编著者按：本年谱系过录刘鹗《抱残守缺斋·壬寅日记》。日记缺七月十六日（8 月 19 日）前半已残缺。

**8 月 20 日（七月十七日）**　晴。午后访子谷不遇。回拜严吾馨，见之。至翰甫处，举得残砖碎石一车，好古近谬矣。下午子谷、仙洲俱来，晚临《圣教》两纸。作叔耘书。

**8 月 21 日（七月十八日）**　大风。天气骤凉，御夹衣犹有寒状。本日为楚生诞辰，招唱莲花落者寿之。午前邱于藩来看《圣教》《九成》等帖，惊赞久之。三钟，高州夫妇来。晚间对《麓山寺碑》，较明拓多百六十余字，真可爱也。

▲《麓山寺碑跋》：

世传以第三行"右仆射""右"字不泐者为宋拓本，故肆贾于右字都以墨涂饰，满眼宋拓矣。虽以此定宋拓，未足为据，然求"右"字真不泐者竟不获多见。余于庚子年得此本，详细审视，"右"字确非墨涂，为神采气韵亦精湛静古，或竟是宋拓亦未可知。愿俟精鉴家证之。光绪壬寅七月十八日，刘铁云志于抱残守缺斋。（《刘鹗集》第 636 页）

**8 月 22 日（七月十九日）**　晴，有风。午后访子谷、翰甫，均不遇。出城，游琉璃厂。至花宝珠家小坐。至恒德晤子咏。乃同楚生至天和堂饭。

**8 月 23 日（七月二十日）**　大风　午前，同汉辅至英署签字。归寓，沙彪内[纳]值于途，子谷候于路。遣人至汉辅处运砖石。临《圣教序》一叶。此帖珠光玉气,快人心目,愚以为随候、卞和,不是过也。今年金石、碑版所耗近万金,若不深探力取,冀有所得,何以对吾钱乎。

▲ 本年在京所收古器物有"商亚尊鼎""周父丁尊"、王莽的"始建国陶钟""丰字斧"及钱币、古剑、弩机等。拓本有吴平斋藏东海庙残碑及翁印若从苏州携来的《嵩山三阙》等。加以所收王懿荣旧藏,据七月二十日日记说:"今年金石碑版所耗近万金。其中有初拓(明神宗万历间出土)唐集右军书兴福寺碑,系壬寅所购,1940年我以百金在北京收回,现尚存儿子德威处。"(《铁云年谱》第106页)

**8月24日(七月二十一日)** 晴。午前,邱于藩来,云次日赴津也。辰刻,钟君来,予尚未起,留致亨仲函,意在嘱予修饰报律寄之也。午后检点残砖,取"长安乐""千秋万世""宜子孙壬"三种拓之,皆精品也。泉范以鹅眼五铢为最精,小泉直一及大泉五十次之,惜皆一鳞半甲耳。有全者又不精矣。

▲ 编著者按:鲍鼎《抱残守缺斋藏器目》记载,鲍鼎所见刘鹗藏瓦当中有"千秋万世"瓦两种。

**8月25日(七月二十二日)** 此两日甚为燥热,今日尤甚。午前往小甜水井拜钟君,兼送信也。到延宅看房子,顺道看王汉辅,遇于晦若。午后龚仙洲来,汉辅亦来,与之索《长安获古编》版本,允矣。薄暮,乔茂轩来,谈至亥刻去。

**8月26日(七月二十三日)** 午前阴。知宝廷之祖母于五更仙逝。山下来,连梦悸续至。午后盘残砖,偶看《金石录补》,知羽阳四瓦皆周瓦也,不尤可贵乎。午刻雨,午后晴。接夏、高两电,哲、黄、扬三信。作韩、方、高、夏四信。接黄三先生。

▲ 编著者按:鲍鼎《抱残守缺斋藏器目》记载,鲍鼎所见刘鹗藏瓦当中有"羽阳临渭"瓦一、"羽阳万岁"瓦一、"羽阳千岁"瓦三。

**8月27日(七月二十四日)** 晴。早起,附火车往天津,四点半到寓。闸口芙蓉馆吃西洋菜饭,甚劣。饭后至报馆,遇杨临斋,约至福住楼吃酒。内能唱者三人,曰マサ,曰ユキ,曰キミ。マサ最佳,ユキ次,キミ最下。即最下者亦高出京师东妓百倍也。

**8月28日(七月二十五日)** 晴。早起,吃东洋饭,惟酱菜甚佳,余皆不适口。饭后至报馆,与松浦议酱园事,定以四百元入本,二百元浮借。申刻往拜钱绍云。值银条取到,即送义善源。归途值子咏。晚间请绍云聚兴园晚饭,兼往福住楼吃酒,谢之也,并复临斋东道。晚归寓,与各人言得志后快乐。沈虞希愿有钱报效十六万得三品京堂。客曰:"余资奈何?"曰:"为子捐京堂,孙捐京堂。"余应之曰:"无衣衣京堂,无饭吃京堂,无屋住京堂,睡觉抱京堂,出门骑京堂。"一座大笑。

▲ 去津,日人松浦办酱园,投资四百元。

按日本化学酱油,三十年前,天津尚为珍品,与松浦所办酱园大概就是制日本化学酱油。按此为天津有日本化学酱油之始。(《铁云年谱》第97页)

**8月29日(七月二十六日)** 晴。付栈资后即往报馆,谈至十二钟吃饭。饭后附火车回,值连梦惺于途。归,知汉臣拟初六纳采。拟电请黄三先生示。

**8月30日(七月二十七日)** 晴。午前,连梦惺来。论古斋还《东海庙碑》及《嵩山三阙》来。午后,陈亨仲来。午刻,沙彪内[纳]来。临《圣教序》《曹全碑》各一纸。寄信封花样给虞希。

**8月31日(七月二十八日)** 阴。微雨数阵 镇日无一事,亦无一人来。清闲静逸,于是临帖数纸,读书数篇。觉此乐境得未曾有。盖人生世间高寿不过七八十岁,少年后志于功名,老来耳目手足俱不适用,中间三、四十年,家室之累,衣食之资,日奔走风尘,以求锱铢之利而不可必得,况有余资搜集古人书籍、文字、金石之美,岂不难哉!既集余资,而此类者非若黄金、白玉、越锦、吴绫之可立致之也。既集之矣,人事之烦搅,家室之丛杂,自朝至于深夜,又无寸晷(暑)之闲,俾得摩挲而玩赏之。然则如今日者,求之于一生之中,不知其有几次也。悲哉!予有黄左田册页一本,书、画各四叶,自庚予年得,至今未重寓目。今日展视,若故友重逢,不胜离合之感。然则,往日之极力搜罗至负重债而不顾者,所为何哉?誓自今日为始,苟非动心怵魄之品,一概禁止,既惜费,又惜福也。

**9月1日(七月二十九日)** 晴。午刻,连梦惺同二李君来,见厅房《续通鉴补》,问系严衍所著否?此书极不可得。闻当日只印百部,故传世甚罕也。午后至詹美生处痛谈,又至高洲处畅谈。归寓,检点古钱。

**9月2日(八月初一日)** 晴。午后冯公度来。陈世庵之世兄来云:商丘二簠仍归式庵,又云晋古所得一卣、一觯、一彝皆精,劝往观之。客去,检点碎砖,得汉镜范两片,皆砖质。历考古来著录家皆不载,惟赵扨叔《续访碑录》载;汉尚方镜范一,藏山西□氏,亦可见其罕矣。两范皆见日之光镜也。

**9月3日(八月初二日)** 晴。午后往游厂肆,先至晋古,问知三器在尊古。次至翰文,云有初印《通览辑览》一部,取回校之。未至尊古看三器,皆商器,绿锈堆满而铜质甚精,真宝物也。归途遇陈世兄持六泉来示。问其有十布否?云有,须续检也。薄暮,沙彪内[纳]来,值将大雨,急行,恐已遇雨矣。早起张蔚亭来,云接上海电也。

**9月4日(八月初三日)** 晴。早起,晋古送碗来,尊古送铜器四事来。午后,高子谷来云,西山禀稿仁和云已妥善,无庸再改。薄暮,仙洲来,约明日取禀帖也。沈虞希自天津来,携一砖、一五铢范以去。作月三函。

**9月5日(八月初四日)** 晴。 清晨,蒋性甫来。午后翰臣来,议亲事也。晚仙洲又来邕谈。饭后作黄三先生书。本日检旧造象拓之,一为北周武帝建德元年,一为隋开皇十七年也。昨日之彝,字为锈掩,一字不可见,今日用盐强水刷之,得十一字。文曰"辛未王锡宠贝用作父丁尊。"

▲ 编著者按:鲍鼎《抱残守缺斋藏器目》记载,鲍鼎所见刘鹗藏尊六件,惜无"父丁尊"。

**9月6日(八月初五日)** 午前晴。仙洲来。午刻往外部递禀。未刻归,云部、局两处递妥。申刻同青城回拜高洲夫妇,挈楚宝去。高洲太夫人见楚宝喜不自胜。吃茶酒后,高洲夫人弹筝歌诗,犹可想见古遗风焉。晚间,赵子衡来,云有友工弹琴极精云。

**9月7日(八月初六日)** 晴。周允荪来换借据。午后,赵子衡偕王稷臣来。有周君者,湖北人,号烈卿,即昨日所谈精于琴理者。遍视予藏琴,据云皆佳好。弹数曲,实非凡手所能及,邕谈至丑刻始散。

**9月8日(八月初七日)** 晴。午刻,往喜鹊胡同祝稚夔寿,四十岁也。吃面即回。申刻,往拜周烈卿,子衡遂约往玉楼春晚饭。归寓,作罗叔耘函,钟二下矣。

**9月9日(八月初八日)** 晴,甚暖。本日代王二姑娘受聘,拱候大冰。至三钟小眉先到,仙洲次到。适高洲之太夫人挈其夫人偕来,适逢其盛。晚校《圣教序》,朗润清华,沁人心骨,真至宝也。

**9月10日(八月初九日)** 晴,甚暖。午后谢媒。因拜王寿芸于高升店。贺杨希仲,拜吴少渠、王仁斋。自三钟出,八点钟归,既饥且渴,人马俱疲。晚阅《百砖考》,因思春间买砖拓一本,即吕尧仙所藏。急取校之,果多符合。购时颇不介意,即令对玩,意味渊然,可知好博之无益也。

**9月11日(八月初十日)** 阴。潇潇秋雨,愁闷煞人。晚间陈式庵来云,拓本之有蜡者大概在北宋以前,亦创闻也。又云两本《圣教序》皆可谓之唐拓。接仲素婿来函,并《愚园雅集序》。寓苏州胭脂桥也。

**9月12日(八月十一日)** 阴。午后出门,小雨。往汇丰借钱,值吴幼舲外出不遇。遂往义善源告知龚仙洲名号,备查询也。过清晖阁看陶器,因见包安吴大联一付甚精,携之以归。又见有《小绿天庵拓片》十本,王筱雨所得也,极可爱。又有石印《九成宫》两本,一为甘语芝泽宣所藏,一为宗湘文源瀚为展如方伯题跋者,借归以校新得王文敏藏本。其二本皆出此下,彼皆称北宋拓本者也。

**9月13日(八月十二日)** 阴,午后晴,夜间雨。昨夜作芝阁函长六纸。今早觅幼舲,以赔款据押钱竟不能行,又只有听之而已。至子谷处少坐。回寓作仲素函,又答汉辅书。晚间,检裱来簠斋所藏刀币、汉洗拓片。

**9 月 14 日(八月十三日)** 晴。午后,仙洲来,云矿路已咨外部,外部之行查顺天府者公文明日发。酉刻杨子琛来。少项,赵子珩来,谈至夜丑刻去。

**9 月 15 日(八月十四日)** 晴。早起,沙彪内[纳]来。晚间,连梦醒来。昨日与稷、谭二君更唱叠和之诗,今日略为改易。夜检泥封一过,颇有精者。因查印谱读之,各家所藏官印皆不能多也。

**9 月 16 日(八月中秋节)** 阴。丁仲丹、杨子琛来。晚间赵子珩诸人来,箫笛并举,丝竹齐声,极一时之盛。豪则豪矣,余味邈焉。

**9 月 17 日(八月十六日)** 昼阴,夜晴,月色甚佳。午后往访王稷臣,遇萃古斋,买兔符一片。合同半文曰“军督兔符”,脊文曰“左军”。遂同周烈卿访陈式庵于清晖阁,不遇。见其二子,润之、少式,各鼓一操,烈卿鼓两操,遂归。

释吕尧仙砖文十则,释大敦文一则。

▲ 编著者按:鲍鼎《抱残守缺斋藏器目》记载,鲍鼎所见刘鹗藏兵符一件:“兵符 军督符 二行存四字”。

**9 月 18 日(八月十七日)** 晴。午后,连梦惺、李崧生、中岛裁之、常伯琦、郑汉臣来。晚饭后约孟松乔来,至十二钟去。本日自起至夜无一刻有自主之权。昨夜读款识书,忽悟“齐侯罍”之“罎”这为“莵”字,大喜。又释舀鼎“王在迁居”之“迁”字为“遗召”二字,诸家误释。

**9 月 19 日(八月十八日)** 晴。知哲君到,拟饭后往晤之。未刻伯虞归,云哲约明日会。检六朝碑版,知所谓“寇谦之”者即《中岳嵩高灵庙碑》也。又读张叔未题跋,知《元君姬氏墓志》诸君极其推重,赵扨叔断为率更书,未确。夜读《经训堂法帖》中《汝南公主墓志》,虞永兴书也,刻极精。彻夜不眠,伤哉家苦。

▲ 编著者按:刘鹗多次拜阅周太谷书法并题款识,即取自《汝南公主墓志》。

**9 月 20 日(八月十九日)** 阴。早接子衡来电,因晤商哲君,以为须看详章,当电告矣。子谷来,知行查者所禀是否属实也。龚仙洲来,云太邱已与晤面矣。前日释大敦以“宾”之有“赠”字义,今日得数证:畾卣“仁伯宾罶贝布”、史颂敦“稣宾宠马三匹”、使夷敦“使于夷宾马两”之类是也。夜雨潇潇,增人愁思。

**9 月 21 日(八月二十日)** 微晴。检六朝碑,题签。晚间,周、王、赵至。纵观书画碑版,宾主皆乐。烈公为鼓《梧桐叶舞秋风》一操,声韵清扬,令人神爽如遇成连于海上矣。

**9 月 22 日(八月二十一日)** 阴。午前往公司。午后王仁斋来、祝荫亭来。入夜,大风而雨。

**9月23日**(八月二十二日)　晴。早起,王幼农印典章持孟符之函来。沙彪内[纳]来。午刻至汇丰议押款,执须有保,至公司告哲商之,允。俟王筱斋来再议。下午接程军门来函云:小河东尚有元字号地三分之二,约二里广袤。急作函请其代购。今日颇凉,夜间至四十九度。

▲　与亲友戚串合购浦口九袱州等江洲涨地,拟自办商埠。

《关于老残游记》七:"最后乃决从事于浦口地产,欲自辟为商埠。报效官家地至数百亩,备建置之用,不谓因此竟致祸端也。"

按浦口九袱洲诸地,是江水移落,生出来的紫洲。铁云先生拟以自力在浦口开商埠,与长江水师提督程文炳等几家亲友合力收购,计有九袱洲、八卦洲等数段若干顷。参加收购的除程军门和铁云先生外,尚有罗雪堂、罗凤洲、陆仲宜等人,大股东为程家和我家。程军门和我家的关系,最初铁云先生和程子程绍周是盟兄弟,后来把我三姑母马宝许给绍周的儿子程百年为妻,即程军门的孙妇。未久马宝死,又把我四姑母龙宝许给他,亦未嫁而死。又作媒把我姨母,即罗雪堂先生的次女嫁给程百年。后来我妻也是程军门的侄曾孙女,但这是程军门和先生殁后的事。

铁云先生开始经营浦地在那一年不详。看此记则前此已经开始,因不知确在何时,姑据日记记之于此。(《铁云年谱》第97页)

**9月24日**(八月二十三日)　阴。午前,往诊宝廷之妻病,议方以归。午后沈虞希来,告知柴贡生来。予赠药雨之砖嘱其携去。申刻至王汉甫处,携其齐侯两罍拓片以归。文敏藏拓片一大箱,可谓富矣。夜又有风,至五十四度。作黄三先生及江月三信,为王、颜事也。

**9月25日**(八月二十四日)　晴。因昨日子谷来未晤,晨起访之。午刻归寓,值伯弓先来,留之久坐。下午连梦惺、沈虞希同来。伯弓饭后去。夜六十度。

**9月26日**(八月二十五日)　晴,暖。赴王汉辅家,取拓片并印谱以归。大概同时人所藏,但聚之不易耳。一一检阅,手足酸痛。

**9月27日**(八月二十六日)　晴。早起,检视拓片,惜各家所藏未尽归类,又多无印章者,将来欲分作某某所藏甚不易矣。午后补《长安获古编》。始注两器,而仁斋至。少缓,仙洲亦至,次则寿芸、伯弓至,再次周、王、赵至而客齐矣。列卿诸人仍至丑刻散。纵谈命理,列公云,予以月上伤官为用神。其说甚符。

**9月28日**(八月二十七日)　晴。早起,检视陈寿卿家全分拓片、瓦当。虽有八百纸,而精者不及敝藏之多也。丁幹圃所藏有画砖两方,精绝无上矣。午后,药雨自天津来,纵谈甚乐。

**9月29日**(八月二十八日)　晴。午前至子谷处,便道至汉辅处,观其卖书。

回寓后待客至四钟,孝禹来。五钟弗臣来,式庵来。最晚王筱斋自河南来,纵谈河南情形。薄暮,李佑三来,拉以入座。饭后谈金石,始知王文敏当日买泰灵嘉神亦三十金。潘文勤所藏《王孙遗钟》,孝公求之数年得其半,予以其半赠之,亦一快也。《簠斋古玺》拓本,原价十两。

9 月 30 日(八月二十九日)　晴。午后同仙洲至詹美生处,遇其参赞。归,草合同。

10 月 1 日(八月三十日)　晴。午前至公司为子衡事。午后药雨坚约往厂肆,得始建国陶器一,大喜,不负此行,怠有天意乎。

10 月 2 日(九月初一日)　晴。早起,大观斋送陶钟来,药雨已命张茂拓出。其文与邹县莱子侯刻石无一字讹,而字边花纹亦同,真奇器也。药雨喜极,为镌"铁云所藏陶器第一"印一方,笔法奇古,亦佳制也。昨晚数《捃古录金文》五字以上者计五百八十四器,六字至十字、二百七十器,十一字至廿字、二百三十五器,廿一字至三十字、八十八器,三(十一)至四十字、四十四器,四十一至(六十)、九十六器,六一至七十、十五器,七一至八十、计七器,八一至九十、计七器,九一至百、计十器,百字至二百字、三十一器,二百字至四百九十七字、计五器,统共一千三百二十五器。晚间数所得王莲生拓片,计一千八百三十余器,外簠斋所藏二百八十余器,加予之旧藏为王所无者约二千二百器,除去复者,约可增《捃古录》三分之一也。

▲ 编著者按:刘鹗与同好切磋探讨时有发生。关于"莱子侯"之真伪,现存王瓘与刘鹗讨论信件一封:
铁翁仁兄大人左右:
示莱子侯陶器范模极精,惟字体不古,兼有讹谬,恐非真品。且更有可议者,不敢不为大雅陈之。古人同文之器甚,从无大小既殊而行款笔画纹花一一相同。权量刀币等物是其明证。又莱子侯为支人为封,故刻石以示子孙。支丈之古文、支人即丈人,犹言先人也。为封者封土为墓也。上古之世不封不树。西汉时近中古,故犹曰封。汉石中有更封画像可证。更封者,改葬也。前人释文识支人为族人谓为封田赡族之作,于义未确。今以此文铭之于器更为无取。若曲为之解,曰此明器也则卫冕遇事附会,蹈文人自欺之弊矣。未知高明以为然否?子穀兄所示肃郿之件,当即遵办。附呈纸四幅,敬请费神转求方药翁画梅。不胜感祷且思图报也。专复即请　勋安。弟瓘顿首初二日(据手稿原件)

10 月 3 日(九月初二日)　晴,晚间风。因拓片既多,则石印之心切矣。竭一日之力,释十六叶,凡三十二器。作子衡书。

**10 月 4 日(九月初三日)** 晴。午刻子咏约吃饭,坐中为沈仲礼、罗信甫两特客。饭后张茂来告衡氏……中过矣。

**10 月 9 日(九月初八日)** 晴。白日甚倦。晚间赵子珩来。释款识四叶。

**10 月 10 日(九月初九日)** 晴。早起,上田三德来函,云有峰村奇藏来讲求农务。午后至,询问各节,半不能对,苦予素日未留心也。谈至三钟去,仙洲适来。四钟至琉璃厂,遇乔茂轩亲家。至尊古取一盘来,价百一十金。访子珩、延清均不遇。同仙洲至便宜坊,约涂伯厚来谈,甚畅。

**10 月 11 日(九月初十日)** 晴。早起,沙彪内[纳]来,新自长城回也。午后请客,蒋性甫先到,次王伯弓,次连梦惺,次王聘三。龚仙洲午前来云,京兆已传语令去,明即往,往音当不远矣。晚间郑汉臣来,孟松乔适至,因将峰村所询各条参议注之送去,又了一案。夜考《长安获古编》金元印数事。

**10 月 12 日(九月十一日)** 阴。舍费尔往河南,故往车栈送之。值黄秀伯亦本日起身,立谈数语。午后,过雨数阵。晚吃玉楼春。归寓,抄信稿致王稷堂。作于蕃书,谈金石,不自觉其言之夸也。

**10 月 13 日(九月十二日)** 晴。午后至汇丰,复至义署,与威谈古甚久。五钟,至詹美生处,与威林士商酌合同。晚写周布签子,理裱成瓦当,注彝器一纸。

**10 月 14 日(九月十三日)** 晴。午后,至汇丰取借据稿子。沈虞希至天津来,与中根同车。中根云:牛道铁路土工已做成十余里。据利德云,老牛河矿每日可出一千墩(吨)有奇,可谓富矣。晚作上海大哥书,请其将淮城稻分散亲族也。夜虞希来谈,跋《瘗鹤铭》《颖上兰亭》。

▲ 刘鹗《兰亭跋》手迹现由刘德隆珍藏。《兰亭跋》:

此墨池堂所刻薛稷本也。予以目下所有墨池堂帖较之,皆远逊于此。拓时有先后,纸墨有精粗,所关非细矣。铁云。(《刘鹗集》第 636 页)

**10 月 15 日(九月十四日)** 晴。早起,中根来,沙彪内来。午后至公司,哲君往天津去矣。至威大利处,知黄公事不行。至子谷处,与之邕谈,知张尚书调外部为不确也。作致药雨书,详论自来水不及内河轮船之佳,并叙老牛河矿产饶富。覆朱蕭庄函。

**10 月 16 日(九月十五日)** 晴。昨日仙洲云今日来,故候之。早起,中根来辞行。山下来借川资百元,月底用,允之。午后杨友三来云,接希仲函,新捐监生河南不准乡试。

**10 月 17 日(九月十六日)** 晴,暖。早起,吉石笙来。午刻送铜器单至工艺局,便道访子珩,见之。寻仙洲不遇。至伯弓处,遇汪述庭。拜李佑三,已往天津。

归寓,注彝器八纸。本日月色极佳,坐玩良久。

**10月18日(九月十七日)**　晴。午后,高子谷、周允孙先后来。晚注款识五纸、粘十六纸。月明如画。

**10月19日(九月十八日)**　晴。早起,稷堂、子珩来。午后,汉臣来。晚间。注款识五纸,而释怀鼎"磏魅"二字为"石池",引太师伯鼎"石池"二字为证,颇得意。

**10月20日(九月十九日)**　晴。午刻,沙彪内[纳]来。下午伯弓来,仙洲来,府尹明日传见也。伯弓览《瘗鹤铭》,赞叹不置。苏册予以赵文敏临本,伯弓力辨文敏不能到。晚注款识六纸。

**10月21日(九月二十日)**　晴。早起,筱斋来。午后连梦惺来。未刻赴公司与哲议股票、运河两事,各有端倪。归寓,赵子珩在焉。晚间头痛,诸事不作。阅六朝墓志,精者甚稀。

**10月22日(九月二十一日)**　阴,小雨。早起,刘少泉来,言明日赴天津。仙洲午后来。因阅《财星照传奇》,文笔甚劣。作徐月楼、黄仲素两函。释款识前后已得六十纸矣。今日芝洞来信望援,回电致四牌楼外国医院德。

▲ 拟释印古铜器铭文拓片,未成。按1929年夏天,我住在旅顺罗家,其时雪堂正在编《贞松堂集古遗文》,和我说:"庚子辛丑间,你祖父在京收得王文愍藏诸家彝铭拓本,多前人所未著录,曾和我商量仿《捃古录金文》例以原拓本影印附以释文,为捃古之续。我极力怂恿,期观厥成。后来他被祸,当然就谈不到此。住在日本时,因所藏拓本至四五千张,又和王静安商著此书,竟故人未竟之业,静安也欣然愿襄其事。但一直拖到今天才做,不幸他二人均作了古人,不及见了。曷胜浩叹。"云,就是指的这件事。先生所藏王氏拓本,雪堂说一大部分都已归他。《贞松堂集古遗文》既出,先生对此也可无憾了。(《铁云年谱》第98页)

**10月23日(九月二十二日)**　晴。早起,沙彪[纳],云罗有复电。午刻往,罗电云:某人款若干已交马眉叔,此事已将清楚,我到华必将使尔满意也。至子谷处,知濮君二十五日到。绍周欲有所谋,拟觅人言之。晚粘鼎文二十叶。

**10月24日(九月二十三日)**　晴。午前,有人送《东方画赞》来,以为即平原石也。观之,觉不类。取他本较之,竟原石也,索价四十金,报以廿四金,不知其允否?又不知外间原石拓本多否?以愚见揣之,恐未必能多也。午后至公司,送合同与看并罗电。哲允先将股票交我。至钧叔处邕谈。晚归,接伯弓信,呕气一场。

**10月25日(九月二十四日)**　晴。白五楼自河南来,言老牛河煤质之佳,下等煤亦永无熏人之说,上等块煤随意置炉中即著,颇能耐久。午后仙洲来,筱斋来。申刻出门,至伯弓处辩论良久,伯弓恍然。晚饭后至子珩、稷堂处邕谈。

▲ 辛丑年及本年春上主要是在与官方联络取得矿权。夏秋以来主要是出卖股票筹款,向河南调拨款项开工,故有筑成一段铁路及开矿出了一些煤的情况。(《铁云年谱》第 94 页)

▲ 编著者按:光绪年间北京古玩市场茹古斋经理名白五楼。与本日日记白五楼是否一人,待考。

**10 月 26 日(九月二十五日)** 晴。午后,往见方长孺夫人,至则不在家,其仆云往子咏家去。顺道至清晖阁,与陈式庵闿谈。连日神智昏愦,一事不能做,学道欲不为外境所移,岂易言哉。

**10 月 27 日(九月二十六日)** 晴。早起,山下先生来辞行,赠以川资百元,并谈穿井事。午刻,沙彪内[纳]来。午后仙洲来,仍无消息。有罗君者,从山东持翙凌函求见,人尚干练。申刻出门,拜杨子嘉、邓嘉生均不遇。至伯弓处小坐,又至子珩处小坐。归寓已昏矣。晚临《九成宫》两版,益信字之欧阳,诗之工部,文之昌黎也。然诗文虽经历代翻刻,讹字究不甚多,精神无改。字则一经翻刻,神气全非。宋拓佳本,世人岂易多见,得之者愈宜探讨也。

**10 月 28 日(九月二十七日)** 晴。早起,山下同二日本人来,一姓冈,一为□根土仓氏之友也,拟办纸烟事,予允之。申刻连梦惺来,予约之来议做文章也。昨日接苏州电,知王姐月初北上,心为之安。临《九成宫》一版。友三、松乔来,谈至夜。

**10 月 29 日(九月二十八日)** 晴。午后,沈虞希来,所印格那士估单亦来。申刻,至公司取股票,自 Ａ 字一千五百〇一号起八十张,每张一百镑。又有一千五百八十一号起,至一千六百二十号止四十张,每张五十镑,当送给子谷四十五张。自一千五百〇一号起至五百三十五号共三千五百镑。又自一千五百八十一号起至五百九十号止,共五百镑,两项共四千镑。又送义善源自一千五百三十六号起,至五百七十号止计三十五纸,每纸一百股。又自一千五百九十一号起,六百号止,计十纸,五百股,两项亦共四千股。余两千股三十纸存上房。

▲ 罗沙第致送了一笔酢金股票。

按以上股票票面价值共一万镑。其分送高子谷及义善源银号之八千镑,应为庆王及王文韶等人之运动费,二千镑存上房的则是自己所得。先父《关于老残游记》六:"而英人某氏,亦以先君所议草约为不满,解先君聘。致未届期之酢,而迳与总理衙门自商之。先君却酢,因有归志。"汪穰卿遗纂《论借款之九五折》中云;"从前刘某在福公司,咸谓得其数十万,后乃知其不乖始愿。盖公司之出数十万,本谓是运动费,其酢刘,则见公司之成立,月给若干也。后知所需运动费不过数万,乃中悔,仅给以公司之股票,虽亦合成数十万,然此等无利息之股票,刘得此如抱空券,故刘后顿困云。"关于此事我曾问过先父,先父谓当时所得酢金约三四万元,按照日记以二十元折合计算,则外部诸人得十六七,铁云先生的折扣或酢金,确不过三四万元。

汪说得自传闻,难免失实。关于此事前邓文如(之诚)先生拟续其《骨董琐记》,托刘翰丞先生来问,曾撷要相告,今邓、刘两翁均已作古,所记不知有无出入,特附记于此。(《铁云年谱》第 98 页)

**10 月 30 日(九月二十九日)**　晴。午后子谷来,谈甚久。接子衡电,属义使电致上海领事保款,值其跑马无暇。晚拟呈稿。

▲ 按壬寅十月日记初一至初四日数页,被人扯去,内容不详。但从初五日记刷龟及初七日记王汉黼取款事推测,购让王氏藏龟,即是在十月初几天以内的事。日记所记王端士话,可补王汉章《古董录》之略。汉章是王懿荣的少子,语焉不详,应该以王端士话为准。先父说铁云先生是王懿荣的门生。懿荣因殉庚子之难,实谥文愍,日记多信笔写作文敏,误。

又一般谈甲骨发现史,均说始释契文的是罗雪堂,同时有孙贻让的《名原》及《契文举例》开其端,看日记则是铁云先生得龟后已释了一些,可惜稿已不存。(《铁云年谱》第 101 页)

**11 月 4 日(十月初五日)**　晴。午前,还琉璃厂账目。赵平甫来,买汲古阁《八唐人诗集》一部,《篆学丛书》一部,《金石屑》一部。哲美森明日赴沪,往送之。晚间应子谷之约,于宝珠家晤子咏,知泽浦事大有机矣。宝廷到。

**11 月 5 日(十月初六日)**　晴。午后,涂伯厚来,看宋拓帖。申刻,偕宝廷往晤詹美生商谈一切事。晚间,刷龟文,释得数字,甚喜。

▲ 编著者按:此则日记,是目前为止,我国甲骨文史上记录甲骨文字的第一次文字记录。

刘鹗本人也是自称对甲骨文进行"释"的。《抱残守缺斋日记·壬寅年》十月初六日有"晚间,刷龟文,释得数字,甚喜。"由此可以肯定在光绪二十八年十月初,也就是刘鹗得到王懿荣的龟甲七天以内,他已经肯定龟甲上的纹路是一种文字,并且已在力求识别、考释。而且进一步了解到,此时,他已经能够初步对这些字进行辨识。也就从这短短的日记中我们可以了解到,他所得的甲骨,必须经过自己的"加工"——刷,才能够得以辨识。这则日记,早于《铁云藏龟》约 350 天,因此我们可以确定,中国人辨认出甲骨文字最迟不过光绪二十八年十月初六日——1902 年 11 月 5 日。(《刘鹗散论》第 14 页)

▲ 编著者按：1.关于龟甲兽骨的发现，目前学术界都以为1899年王懿荣收藏为其开始。如胡厚宣《五十年甲骨学论著目·序言》"殷墟甲骨文字，自从1898年，也就是清朝光绪二十五年开始发现"，吴浩坤、潘悠《中国甲骨学史·甲骨大事简表》"1899年王懿荣认识并搜购甲骨。"但是罗振常1911年在《洹洛访古游记》中曾说："此地埋藏龟骨，前三十余年已发现，不自今日始也。"刘鹗的家仆李贵说："那是在河南的时候，有一天我跟二太爷(李贵对铁云公之称)外出，在街上遇到一家人正向外面倒药渣，边走边倒。他老人家目光锐利，旋即俯下身来检了几片。我正在心里想，这是干什么，岂不晦气？而老人家手持所检之药已追上去问人家：'这是什么药？'人家回答不知道。又追问：'在哪家买的？'人家告诉了他。他马上到这家药店并将所检之片出示问：'请问这叫什么药？'店里人说是龙骨……"又，"有一次我(刘德馨)在大缙叔祖家玩，看到他家书架上放有几只红木盒子(像一般人家的扁长方麻将盒子)，打开盒子是天蓝软缎的膛子，内放不同形状的甲骨，其中文字各有多有少。回家后谈起我的所见，李贵立即说：'这有什么稀奇，过去二太爷多得很，有五六千片呢！除了最初在河南买了不少外，就是淮安东门外也买了不少。当然以买山东王大人家那几千片他老人家最为喜欢。'"李贵两次提到"那是在河南的时候""最初在河南买了不少"，此时间与罗振常所述时间相同。那么也就是说，早在1877年之前刘鹗就已经看到并开始收藏过"龙骨"了。(《刘鹗资料》第347页)

2.刘德馨说：据传李贵原姓田，名富贵。是铁云公的父亲子恕公(成忠)与河南任上时来到我家，时年十二。先叫李贵，后改为刘贵，但不知什么时候起又叫李贵，字桂庭。在我十七岁那年，他儿子给他来信，信封上写的是他的号。但我们从来不敢提名道姓，而是以"佛爹爹"称他。所谓"佛"者，因淮安人以他讲的一口北方话叫他佛子，而我们称他爹爹又冠以"佛"字，以资与家中爹爹辈有别。我弟弟德峻出生断奶后，一直由他带着，他非常喜欢德峻，以致我们有时候戏称他"胡子妈妈"。他曾对我们说："他看到刘家五代人(从刘成忠到"德"字辈整五代)"。后来于1937年4月死于淮安，享年七十二岁。他在我家整整六十年，为人忠诚谨慎。先随子恕公，后随铁云公多年。(《刘鹗资料》第346页)

**11月6日(十月初七日)** 晴。午后延医日本人为大黼诊病。申刻，拜杨朗轩、曾慕陶皆不遇。遇刘干卿，谈良久。晚，发太平信。昨日汉辅之四百金取去。夜作《说龟》数则。

▲ "说龟"，或解释为对甲骨学历史的记述，或解释为对甲骨文字的考释。"数则"就更明确地告诉人们刘鹗已将有关甲骨问题逐条形诸文字。……《说龟》是我国最早记述、考释甲骨文的著述。(《刘鹗散论》第14页)

▲ 2009 年 2 月 2 日《文汇报》刊陶凌云《漫话甲骨说"第一"》说：1903 年，石印的《铁云藏龟》问世，《甲骨文史话》说："这是甲骨文第一次著录为专书，是近代文化史上的一件大事。"这里说的"第一"，是指第一部专著的出版。而日记中的《说龟》倒可能是第一部有关的著作……（《吾家家世》第 55 页）

▲ 2009 年 6 月 6 日《文汇报》刊陶凌云《"说龟"不是一部书》说："（流沙河）先生说：我告诉你，《说龟》不是一本书。"……一则就是一条，字是一个一个地辨释，记下来自是一条一条的。（《吾家家世》第 60 页）

**11 月 7 日（十月初八日）**　晴。山本同花田来，议卖酱油事。子谷来，为送仆人事。晚请客天福堂。

本日黄葆年致信刘鹗对其 10 年来的行为表示不满并指责刘鹗有取代学派"山长"之嫌。

▲ 编著者按：本年 5 月下旬至 6 月上旬太谷学派学人在上海愚园雅集后，刘鹗与黄葆年之间的通信不会少于各两封。11 月 7 日（十月初八日）黄葆年再致信刘鹗。此信写于红色双勾的修竹图案信笺，横宽 26.5 公分，竖高 22.7 公分，右上角有"满纸平安仿文石室法"9 字，左下角有"虚白主人制笺"6 字，全信 5 页。

**11 月 8 日（十月初九日）**　晴。午后，涂伯厚来，应前日之约也。以子谷事告之，重托而去。申刻至九条胡同诊病，兼看新房。晚作啬庵函、姜介夫函两封。

**11 月 9 日（十月初十日）**　万寿。午刻，至子衡处，约看韩宅之房也。看后回寓，筹划经营修理事。

**11 月 10 日（十月十一日）**　晴。巳刻起，赴华东饭馆之约。主人为陆润夫，海宁人也。特客则荣竹农也。饭后上田同川田来。申刻王裕甫姊弟自上海来，同时牧卷次郎偕内藤虎君来。内藤系《朝日新闻》主笔，人极博雅。言日本藏书，足利不能尽精，不如东京福井有《刘梦得集》及《外台秘书》，皆北宋版也。云《精（经）进东坡文集》日本亦只有一部，为福井所藏。去年文芸阁欲借抄，未果。旋赴城内詹君之约。归寓，龚仙洲来。

▲ 内藤虎对此日拜访刘鹗亦有记录：

内藤湖南《禹域鸿爪后记》1902 年 11 月 10 日：下午到崇文门外木厂胡同拜访刘铁云。（《研究集稿》第 25 页）

▲ 编著者按：内藤湖南 1902 年受《朝日新闻》派遣，第二次到中国。11 月最少与刘鹗见面三次。1917 年（日本大正 6 年）1 月 25 日的讲稿中具体叙述了多次见面对他的影响：

我虽是在明治 32 年（1899）就到中国去，其时，我真如乡下佬进城一样，对甲骨文一无所知。此后三年,即明治 35 年(1902)受《朝日新闻》的派遣,有去中国,在北京会见了刘铁云,见到其编刊的拓本放桌上。经问,才知此乃近来在河南发掘出的龟壳上刻字的甲骨文拓本。那时,我是报社的出差者,没有考虑到去研究这个无关业务的问题,只是知道乃珍贵史料,任何研究的打算也没有。(1987 年《清末小说》第 10 期第 54 页)

▲ 按内藤虎次郎博士,是日本有名的汉学家和史学家,久任京都帝国大学文学部教授。中国字也写得好,饶有唐人风味。附录其民国丙寅年(1926)除夕所写的一首汉诗,可以看出他的汉学修养,铁云先生称其博雅,并非过誉。诗云:"空嗟薄宦半生谋,仍慕前贤四品休,三世书香研乙部,一时缟纻遍西洲。浣班翰苑嗟才短,筑室山中爱境幽。独剔银釭听夜雨,卅年尘事到心头。"所谓圣武帝遗爱笔,即正仓院所藏天平笔,陆润生为陆宗舆字,当时在外务部。(《铁云年谱》第 102 页)

▲ 樽本照雄对内藤湖南的介绍:内藤湖南(1866—1934),秋田人。名叫虎次郎。他从小就能写汉文、作汉诗。秋田师范学校毕业后,做过小学教员,去东京当过《明教新志》记者,做了《万报一览》《大同新报》的编辑,《三河新闻》的主编,《日本人》杂志的记者。1896 年从《大阪朝日新闻》退职,1897 年作为《台湾日报》的主笔到台湾去。回国后做了《万朝报》的评论记者。他于 1899 年到中国,与严复、方药雨、文廷式、张元济、罗振玉等见面。1900 年又做了《大阪朝日新闻》的记者。1902 年去中国旅行。1902 年 10 月 30 日内藤湖南到达天津,访问西村博,与伊集院总领事见面,与方药雨重温旧情。内藤与方药雨只是谈了关于骨董、金石文方面的话。内藤到北京,受到了牧放浪夫妇的欢迎。(《研究集稿》第 24 页)

▲《近代来华人名辞典》介绍内藤湖南(1866—1934),日本学者,本名虎次郎。1899 年来华年游历,著《燕山楚水》等游记。嗣后多次来华活动。日俄战争前后积极鼓吹对外侵略,曾到北京向驻华公使下村寿太郎宣讲侵略中国的大陆政策。1907 年以后任东京帝国大学东洋史教授,以研究清史知名。1912 年到奉天窃取故宫崇谟阁中保存的史料文献(满洲老档)编出清代史料。著有《清朝衰亡论》(1912)、《支那人》(1914)、《新支那论》(1924)、《东洋文化史研究》(1936)、《支那古代史》(1952)、《支那史学史》(1952)。

▲ 编著者按:1903 年(日本明治三十六年)内藤湖南在给文芸阁的信中谈到《精(经)进东坡文集》一事:郎晔注《东坡经进文稿》以影抄事谋岛田君。君以其有意影印。印成将寄上一部,未许抄出也。在燕都时见刘铁云太守家亦藏有此,书箱上题云"海内无第二本",阁下曾见之乎否?(《内藤湖南全集》第十四卷第 270 页)

**11 月 11 日(十月十二日)** 晴。清晨,仲瀛伯来召,盥餐毕,即往。谈至午刻吃饭,饭后往东文学社一观。自其移居,未之造也。观其医学、电力学等仪器。酉初归,便道访乔茂轩,不遇,归寓,仙洲久候矣。

**11 月 12 日（十月十三日）** 晴。午后,连梦惺来。本日买契刀、错刀各一柄,价九两。晚,圈《说文古籀》,悟龟文二字"□"恐是"功"字。"□"恐是"□"字。《说文》:"□,告也。"

**11 月 13 日（十月十四日）** 大风。午后,送秦稿请伯弓删改。晚作啬庵、药雨函。

**11 月 14 日（十月十五日）** 风犹未息。午后,曾慕陶来谈,至五钟去。即驾往绳匠胡同,应连梦惺之召也。未刻将奏稿送仁和阅,因子谷明日赴园之便也。归寓,山根自天津来,即留宿焉。

**11 月 15 日（十月十六日）** 晴,风已息。午后发嫁。发嫁者,送妆奁也。晚间,赴中岛之约至东文学社,观日野演光学变影里不见。归,已子初矣。

**11 月 16 日（十月十七日）** 晴。早起,赴子谷处,问赴园情形。便道过高洲,述三谷之无款。高洲允为代办。归寓。吃饭后,先往九条贺喜,回即发轿,又往送亲。晚归,作黄三先生函。

▲ 编著者按:11 月 7 日（十月八日）,黄葆年给刘鹗一信,十天后刘鹗回信。刘鹗致黄葆年（黄三先生）函全文如下:

锡朋三哥亲家执事:

屡奉手教,皆以不谨小节,曲为原谅。谅之者,勖之也,敢不勉诸! 闻诸夫子云:"君子和而不同。"每蒙不以强同苦我,真知我者矣。弟与诸君子殊途而同归,必不能共辙者也。尝自谓平生知己,除父师外,惟实甫及公二人而已。弟于诸学长或由敬而爱或由爱而敬者,比比皆然,然心悦诚服者,亦惟公一人而已。公之德望,门中人无不俯首至地,心悦诚服。然诚服则有之,知公则未能尽也。妄自以为知公之深,罕有其匹。

来示云:公力于内,弟力于外。"同为空同之子孙,同培古今之道脉,同身同命,海枯石烂,无有二心,不以形迹拘,更不以他端为疑也。"是言也,公由踵趾发出,弟受之至于踵趾。上自昊天、上帝,太谷、龙川,下至蠢动含灵,无不允诺,弟与公所可同信者也。弟之所为,几无一事不与公相反;然至于所以为,窃又自以为无一事不与公相合也。此公所谓不以形迹拘,更不以他端为疑也。弟从夫子之日甚浅,即与公周旋之日亦甚不深。上海虽有数十日之聚,所议论者,观剧而已,看花而已。济南相聚多日,亦所谈者,公之吏治,弟之河工而已。公固未尝一日以道诏我,我亦未尝一日以道质疑问难于公之前。然私心之所步趋者,实惟公是式。年来每当得意之时,辄击节自赏曰:"此黄三先生法也!"盖受教在无言之顷,有相感以气者焉。弟既深自信以能窥见公之一斑,故谤满天下不觉稍损,誉言满天下不觉稍益,惟一事不合龙川之法与公所为,辄怏怏终夜不寐,改之而后安于心,此又不足为外人道者也。弟之于公,其所以同者志也,所不同者学与养也。公能知天,公能信天,此公学养之至也。弟固未尝知天,弟固未尝不信天。惟其不能知天,故竟以天下为己任。天下之安危,匹夫与有责焉。

今日国之大病,在民失其养。各国以盘剥为宗,朝廷以朘削为事,民不堪矣。民困则思乱,迩者又有康、梁之徒出而鼓荡之,天下殆哉岌岌乎!颇不自揣,欲以渺渺之身,潜移而默运之。行与不行虽未可知,先自妄命之曰必行,此不能知天之过也。唯其未尝不信天,故十余年来所如不合,未尝一动怨天尤人之心,可以进则进,不可以进则不进,待时而动,不敢以私智强行于其间,殆非信天之亚欤?

同门诸君子,爱弟者众矣,谅弟者多矣,知弟者鲜矣。至于知弟而又深信不疑者,惟公一人而已。窃忆夫子主云溪家时,坐客房之里室,宣巽二之旨曰:"将来天下,二巳传道。"是日也,侍坐者,公及弟及云溪夫人、小宝四人,皆巳年生人也。尔时私用自负,至今日者,更有不容推诿也已。

圣功大纲,不外教、养两途,公以教天下为己任,弟以养天下为己任。各竭心力,互相扶掖为之。上报四重恩,下济三途苦。同为空同之子孙,同培古今之道脉,同身同命,海枯石烂,无有贰心。

书不尽言,言不尽意。千万珍摄,为道保重。敬请 宏安。壬寅十月十七日,弟铁云顿首。(《刘鹗集》第754页)

▲ 按这一封信是铁云先生一生事业的基本动力,也是主导思想的反映,不见此信,不了解太谷学派的内容,对其所作所为很难理解,故录全文。供研究者参考。

信内空同指周太谷,太谷自称空同子,学派中并传太谷晚归空同山,太谷学派,为空同一脉。先生也曾刻有一方"空同最小弟子"的图章。

又同函:"颜实甫之二姑娘,尚未定婚,弟在沪曾与颜玉春说:乡下结姻,断难讨相优之事,弟愿任之,并云秋间可接来京。后接玉春来信,深以为然。目下有人作伐,拟说福建龚仙洲之弟,年二十岁。其人,弟多年相熟,知其聪颖诚笃佳子弟也。其伯与先君同年,门第亦颇相宜,认弟做亲,龚已欣允。昨函告月三,索颜玉春处庚帖。……颜家亲事若定,喜期当亦不远。……弟拟于八月底力筹千金为两家姑娘制奁之用。至公及毛程二君如何添妆之处,各听其愿。"

按铁云先生与颜实甫先生最为莫逆,实甫家贫先殁,有三个女儿,先生皆锐身代为安置。长次二女均由先生认为义女,长女颜复清,嫁泰州王葆和,次女即函中所说的二姑娘,在其家中实行四,嫁龚仙洲之弟龚哲卿。幼女婆为儿媳即我三伯母。后龚夫妇均早死,王葆和亦早殁,复清姑守节食贫数十年,解放后,死于苏州。三伯母1956 年亦殁于天津。函中所谓两家姑娘,另一人为王二姑娘。(《铁云年谱》第 104 页)

▲ 编著者按：11 月 7 日黄葆年致刘鹗信有"今接手书……"可知此前刘鹗曾经给黄葆年信。又 11 月 16 日刘鹗回黄葆年信有"屡奉手教……"可见黄葆给刘鹗信,不会少于 3 封。如此推断,刘鹗、黄葆年在这一阶段书信来往不只本《年谱长编》所记录之两封。最少亦不少于五封。

▲ 编著者按：刘蕙孙先生说到上封信时又说"同函"谈到"颜实甫之二姑娘"事。所说"同函"有误,原因是：一、此函手稿尚存,并无"颜实甫之二姑娘"事。二、刘蕙孙先生引文中有"弟拟于八月底力筹千金为两家姑娘制奁之用"。而此信十月初八。因此刘蕙孙先生所说当另有写于八月之前的一信。

**11 月 17 日(十月十八日)**　晴。卞子新自吉林归,本日请客。接金陵来电云：允,悉照办,共需万六,速汇金陵宝善源勿迟。复另允从。此数日自大风之后,每夜均二十八九度。

**11 月 18 日(十月十九日)**　晴。午刻,连梦惺来。未刻,赴九条胡同会亲。晤仙洲,知日本已有人至外部解释,惟顾康民不免作梗,思有以处之耳。晚看寿臣写奏折,代友人也。

**11 月 19 日(十月二十日)**　晴。辰刻,连梦惺来取抄件。巳刻,潍县赵执斋来,携龟版、汉印各一匣。印计七百余方,又太和大造象一区,秦权一枚。龟版颇有大者。申刻,拜荣、陆二君,俱未见。归寓,筱斋来,与商汇款事。晚,点龟骨共千三百件,可谓富矣。

**11 月 20 日(十月二十一日)**　晴。辰刻,筱斋述康民梗甚。巳刻,拟信稿。午刻,曾根俊虎来。未刻子谷来,知盛已有电致夔老。稍迟,女医何太太来。虞希自天津来。申刻稷堂来。接松乔来信,知折已留中。作蔚霞、实君两函。

**11 月 21 日(十月廿二日)**　阴。早起,赴义善源议信稿,午后归。连梦惺来吃午饭,并倩其检字画送慕公。仙洲来。晚,接家兄函,知病已愈其六七,真大喜也。又知沈季南、宣启鸿两家欠账俱已还清。

**11 月 22 日(十月廿三日)**　晴。潍县张某来,卖戈头三枚、弩机一架、建字镜一面、商觯一具,共百金。午后往子衡处祝寿。夜间大醉。

**11 月 23 日(十月廿四日)**　晴。早起,古钱刘送序布四百来,十布全矣,可喜之至。午后,阮添畴来,宝迁请之也,人甚明达。梦惺来。

**11月24日(十月廿五日)** 阴。辰起,回拜内藤,新游房山归,携来《心经》石一片,示沈子培赠拓片两种,一为《吐蕃会盟碑》,在西藏拉萨伊克招庙前。谈及日本写经甚多,皆无年月及书人名姓,亦莫辨其为唐人、为日本人也。出示元刻《广韵》一本,有"浅草文库"印。据云三百年前所建,其书多入帝国图书馆,传于外者价甚昂。

▲ 内藤虎对次日拜访刘鹗亦有记录:

内藤湖南《禹域鸿爪后记》1902年11月24日:刘铁云来,送我《长安获古编》。(《研究集稿》第25页)

**11月25日(十月廿六日)** 阴。午后晤威大利,病初愈,神未足也。为子衡事,与之再三婉商。渠云,非不愿帮忙,奈钦差之倔强,难以言辞动之,三叹而已。申刻,至曾根寓,同往拜日野,看其新式手枪,连发十子,其机甚灵,每分钟可八十发,及远一千八百马,六百马(码)内能穿薄铁片。若制造,本银不过二金,造厂不过三万金。机器极简,每一钩则弹发,一纵则铜壳自出,诚至巧也。晚间孟松乔来。

**11月26日(十月廿七日)** 阴。本日请牧卷夫妇及内藤氏,适陆润生来,捉以陪客焉。内藤言,唐人所用之笔有雀头⚟、鸡距⚟、柳叶⚟三种。近日有笔工胜木氏犹能仿制。又云南都秘府正仓院藏有圣武帝遗爱笔一枝,即雀头也。水户彰考馆多藏本国史书。若中国古书,以前田松云侯家所藏为最。前田,二百年前名侯也。午后,小雨数阵。

▲ 内藤湖南对此日拜访刘鹗亦有记录:内藤湖南《禹域鸿爪后记》1902年11月26日:下午一点和牧夫妇一起应刘铁云的邀前往。刘郑夫人也出来接我们。山本泷次郎、上田三德、陆先生也都是应邀的。(《研究集稿》第25页)

▲ 编著者按:内藤湖南1902年受《朝日新闻》派遣,第二次到中国。11月最少与刘鹗见面三次。第三次见面后一周内用中文给刘鹗写了一封信。全文如下:

铁云先生大人阁下:

前承招待,拜访时敬聆高论,蒙赐美酒,得见珍贵古籍名器,足慰平生,实进京以来第一快事。赐借之《学海类编》一册,即于当夜着手抄录,次晚继之以毕。谨即奉璧,敬请查收。弟因有一二位大臣约会,势必有几天耽搁,此段时间,弟欲向先生借阅《双溪醉隐集》《岛夷志略》两集。如蒙允准,请付来人,即牧君之老仆带下为感。敬颂阁下安康。(1987年《清末小说》第10期第54页)

**11 月 27 日(十月廿八日)**　午刻,往晤子谷,知曾折现在军机处,而西山事,顾拟往查各国,问有该国洋股否,可谓拙矣。刘少泉送一月琴来,音极响亮,至可宝玩,据云系唐琴也。申刻至王孝禹处邕谈,并访龟板原委,与赵说相孚。今早王端士来,其说亦与赵孚。端士云,文敏计买两次,第一次二百金,第二次一百余金。孝禹云,文敏处极大者不过二寸径而已,并未有整龟也。德宝云有整龟十余片,共价十七两,皆无稽之谈矣。本日大风。

▲ 按我的曾祖母朱精于音律,会弹琴。铁云先生亦然,晚年在北京从琴师张瑞珊学,更有精进。藏琴数十张,最好的一张名“石上流泉”。第四琴名“春潮带雨”,因琴腰作圆形,家中人一般就称为月琴,就是日记所说的这一张。后因先父学琴,这一张就给了先父。铁云先生逝世后,先父虽不再弹琴,这张琴始终携在身边。友人王世襄的夫人袁能琴,王自己雅擅音律。我家住在北平成方街时,世襄闻有此琴,曾来寓索看,爱抚不忍释手。五十年代先父退老回南,卜居杭州,世襄与五舍弟厚祜同在中央音乐学院,托厚祜请相让。不久出差至杭又行面请。先父因不弹此调已久,我们弟兄姊妹之中又只我与亡妹厚端学过手法,能弹几声,留之无用,遂慨然奉以赠王。十年浩劫期间,世襄北京芳嘉园寓,亦遭抄劫,长物多被破坏。1981年冬,邂逅世襄云现在宿白同志处。(《铁云年谱》第 105 页)

▲ 编著者按:刘鹗善琴,是清代“广陵琴派”一代传人。其子孙亦多习琴。刘德枢有专文《古琴·琴谱·琴师》介绍之,节录于后:

2004 年 3 月 12 日《成都晚报》报道:“张瑞珊曾经是慈禧太后的古琴老师,并与清末名人《老残游记》作者刘鹗是好朋友”,还发现张的“后人就在成都”而且“得到了父亲的真传”。本文记述有关古琴和琴谱的下落以及有关的轶事。

**一、刘鹗学琴**

在存世的刘鹗日记《乙巳日记》(1905)中可以找到有关刘鹗学琴的记载。摘录如下:

(1) 在上海师从劳泮颉学琴

正月十一日,晴。劳泮颉来,理《平沙流泉》一遍。

正月廿三日,阴,有小雨。谱《古琴吟》半操。

二月十一日,阴。戌刻,劳泮颉来,温琴两操。

十三日,雨。劳君来,学《山中忆故人》六句。

十六日,阴。劳泮颉来,学《山中忆故人》一段,连前计三日学两段也。

三月十三日,晴。夜学《山中忆故人》一段。

六月十五日,晴。劳泮颉来,温琴两段。

十七日,晴,燥热异常。《平沙落雁》温竟。

廿五日,阴。温《平沙落雁》一曲。

(2) 在北京师从张瑞珊(又名瑞山、啸山、修山)学琴

八月十一日,阴。早起,张啸山来谈琴理。

十六日,晴。午前,学《良宵引》一段。

廿八日,晴。张瑞山来,学得《良宵引》一段。

九月初一日,晴。学《耕莘钓渭》一操成。

十月十二日,晴。早起,张啸山来,温《耕莘钓渭》。

十五日,阴,时有小雨。此数日,午前皆温习《良宵引》。

廿二日,晴。巳刻,张瑞山来,温已学之琴。

廿四日,晴。午前学琴,午后听戏,叫天唱《四郎探母》。

廿七日,晴。午前学《高山》。

廿八日,晴。午前学《高山》。

古琴名家赵子衡(子珩)与刘鹗"为二十余年之莫逆交"。此外,刘鹗的母亲朱太夫人精音律,继室郑氏夫人也能度曲。

刘鹗曾记"每当辰良景美,铁云操琴,张君弹琵琶,赵君吹箫,叶《广陵散》等曲,三人精神与音韵相融化。如在曲江天下第一江山山顶,明月高悬,寒涛怒涌,尘嚣四绝,天籁横流。人耶? 琴耶? 情耶? 景耶? 俱不得而知之矣。"可见已达之境界。

## 二、古琴

刘鹗之孙、先叔父厚祜先生有一未刊遗稿,说刘鹗藏琴二十多张,其中精品十一张。第一琴名"石上流泉",第二琴名已忘,第三琴名"九霄环佩",系唐琴,琴面有黄庭坚题记;第四琴名"春潮带雨"。一张较短,名"霹雳",是先伯父、先姑母的学习用琴;另一张较小,是刘鹗母亲陪嫁物,先父和先叔父学琴用过。

刘鹗收藏古琴也得到张瑞珊的指点。《乙巳日记》云:"午后,张啸山来,云有好琴一张,佛鹤汀六琴之一也";"买柳子厚琴一张,又纯古琴一张,共六十金";"买得古琴两张,一为佛鹤汀第四琴也。两琴均亚瑞山经手也"。这些古琴在刘鹗被祸流放之后都已散失,有迹可寻的有两张:"九霄环佩",为近世四大名琴之一。据已故古琴大师查阜西先生说,是京剧名家红豆馆主溥侗在庚子前后,以三千元出让给刘鹗的,后归上海刘某。去年见《文汇报》消息,在那年北京春季拍卖会上以三百万元拍走。"春潮带雨",是刘鹗四子、先祖父大绅先生用琴,他一直带在身边。

1950年春,我家南迁,先祖父和我家到苏州。搬迁中,时年十三的我"专职"抱

这张古琴，直到看到厚祜先生文后才知道是"春潮带雨"。大绅先生在苏州时暂居清张树声（张曾官至两广总督、署理直隶总督）故宅。那古琴则高挂在幽兰巷我家大厅上。以后，先伯父蕙孙先生接他去杭州定居，这琴就随之而去了。循此线索当可知其下落。

### 三、琴谱

"学琴赖谱以传"。琴谱向为琴家所珍贵。据我所知，现尚有刘鹗工楷手抄琴谱一件，42 页。内容有（普庵咒）13 段，（归去来辞）7 段，（良宵引）4 段，（鸥鹭忘机）清宫调 5 段，（渔樵）（残），（平沙落雁）（残）。此件虽是蓝色晒图，但系孤存，为我堂兄珍藏。

清光绪丁未年（1907）刘鹗出资刊印张瑞珊所制《十一弦馆琴谱》，有古琴七弦，琵琶四弦，均为张所精绝，故名。内一为依刘鹗所藏的手录古刻本，由张订正成的古曲《广陵散》新谱；一为张自制的《天籁》《武陵春》《鹧鸪天》《小普庵咒》等四个古琴谱。

该《曲谱》刘鹗极为推崇，为之作三序，又专为张的自制曲谱作文评价。在此之前普遍认同《晋书·嵇康传》所说："《广陵散》于今绝矣。"刘鹗根据《太平御览·文士传》考证出绝传的是《太平引》不是《广陵散》。他又查到唐以前各家琴书，如《陈氏乐书》等都有记载；到明初扬抡《太古遗音·抚琴转弦歌》中说："试作广陵歌晋室，慢商弦徽同第一"，证实到这时《广陵散》仍存于世。后来刘鹗之友扬州周济川将家藏汪安候手录的潞藩刻、云在青校本见赠。云在青曾辑《蓼怀堂》琴谱，与著《松风阁琴谱》的程松涛同为清初琴学专家，而汪安候是《五知斋琴谱》校者黄仲安之师，皆为大家，不致有误。但是"旧谱稍有不谐，为之订正数处，音韵铿然矣"。可惜当时"所印无多，至不易得"，何况百年之后，世已无存。所幸 1953 年中央民族音乐研究所征集到该琴谱之镂版，即交天津荣宝斋印二百份，以供琴家研究。名家大师宋镜涵、查阜西两先生分别为之序、跋。1984 年厚祜先生竟以一份交舍弟保存。世间再现，不亦乐乎。这是谁也想不到的事。厚祜先生于"文革"时一再惨遭抄家，被洗劫一空，然后扫地出门，挈妇将雏，落难乡村。此件竟得以保存，可见前辈之苦心。

### 四、琴师

"学琴重谱，尤重师传"。音韵意境，吟揉神气必经师授，"专恃书不足以尽其妙"。张瑞珊"得传于庆辉山、孙晋斋二君。孙君得传于庆，庆得传于李澄宇，李澄宇得传于徐越千、周子安之徒"。张说："昔日游孙先生门者，数十百人，而得其传者，寥寥无几。吾可知者，其哲嗣汝亭先生、代州贾修五、福建黄菊三与余，数人而已。"其后"以琴学授徒,二十余年间,仅蓬莱王桐君女史一人尽吾之学"。可见其琴艺精绝,亦见学琴之难。

旧时民间艺人社会地位卑微,文人雅士又"往往窃民间果实,或拾取他人牙慧据为己作"。刘鹗反其道而行之,自述"铁云漫游吴、楚、秦、晋、燕、齐之郊,见操缦者多矣,无如张君善。张君又工琵琶,能以琵琶合琴曲,无不叶者。琴之妙用在吟揉,在泛音,张君悉能于琵琶得之,谓非神技耶? 近百年来,自制曲者,未之有闻。有之仅吾大兴张瑞珊先生一人而已"。

赵子珩亦为名家,"从张君学琴,兼学箫,亦能以箫叶琴曲"。曾指点昆曲名师韩世昌度玉茗堂《牡丹亭·游园惊梦》诸曲。是曲今已成为经典。(《文史杂志》2005年第4期总第118期)

**11月28日(十月二十九日)** 晴。午前,与赵执斋议还债事。午后易实甫、陈哲甫来。申刻,龚宅来下文,定酉刻赴荣德堂,为请陆润生也。接叔韫、蒿庵、玉春三函。撰《兴农工》一则。倦极,睡矣。

**11月29日(十月三十日)** 晴。午后,至威林密士处一谈,所画未能洽意。回寓后作子谷、仙洲函,并赠寿芸百金。薄暮,唤亚辛来,示以察院批语,并付与十一、腊两月月费。晚间,王中全回,撰《整丝茶》一则。

**11月30日(十一月初一日)** 晴。午后,笙叔送银票千金来,子谷买地用也。梦惺、伯弓、仙洲先后来。作函致筱斋,嘱其电汇南京四千。晚撰《颁商律》《设商官》二则。倦极,睡。

▲ 按这三项条陈(《整丝茶》《颁商律》《设商官》),日记未言上于何处,就当时情况而论,应该是呈递于总理各国通商事务衙门。条陈上去有无效果,虽不知道,但当时尚无商法,亦未设部管理,那么,这一条陈实起了筚路蓝缕的作用。(《铁云年谱》第106页)

**12月1日(十一月初二日)** 晴。午后作李孟符、周少庭两函。筱斋来,与商借川资事,允之。晚约在翠玲家吃饭,请吴稼生也。坐有丁孔彰焉。

▲ 编著者按:刘鹗有为《大观帖》跋,仅署"十一月初二日",未署年份。约题于本年。录于后:

祁文瑞所藏《大观帖》,乱后归姚颂禹,世所称"千金帖"也。予曾借观竟日,帖无甚可贵,但翁覃溪题跋多耳。较之此帖,相去不可以道里计矣。彼称"千金帖",此当名"万金帖"。他日倘出售,九千九百九十九两断不卖也。书此以为息壤。老铁

此牍为肆贾揭去,必有诋毁此帖之辞。虽揭去而价因之贬矣,可感、可感,敬谢、敬谢。十一月初二日铁云(《刘鹗集》第636页)

**12 月 2 日（十一月初三日）**　晴。有李君梅痴来访，为楚生之旧交也，名瑞清，书法甚佳。临川春湖先生之族孙也，鉴别甚精。谈数时之久，深叹恨相见晚，为题《颜三表》一则以去。酉刻，至义善源成券，兼取回楚生股票二千镑还之。

▲ 按悔痴即李悔庵，民国后道装住上海卖字，称清道人，一般遗老名流，背后则叫他李道士。善啖，一次曾吃过一百只螃蟹，故名李百蟹。（《铁云年谱》第 106 页）

**12 月 3 日（十一月初四日）**　阴。王寿芸起身矣，来信，寓南京贡院东街，备通信也。下午伯弓、仙洲、朗轩、筱斋先后来。晚盘龟板。

**12 月 4 日（十一月初五日）**　大雪。查龟板、牛骨，统共一千八百九十片。夜梦作诗钟，子明先生为宗师，予得句云："惟有如来能伏虎，可知老子本犹龙。"取第一。共作三联，其二联不能记忆矣。

**12 月 5 日（十一月初六日）**　晴，冷。昼廿六度　夜子时十四度　午后，至詹美生处交待一切，因往美使署签字。酉刻归，伯弓、稷堂在焉。检点行装。虞希自天津来。

**12 月 21 日（十一月廿二日）**　《中外日报》发表宝昌公司章程。

**12 月 22 日（十一月廿三日）**　《中外日报》发表宝昌公司章程（续）。

**12 月 24 日（十一月廿五日）**　袁世凯奏请调江苏候补道毛庆藩代办大清户部银行。

▲ 毛静《毛庆藩与近代人物交游考》：

毛庆藩与另一位风云人物袁世凯的交往，真正开始于毛庆藩在天津襄办湘军粮台以后。当时袁正赞画甲午军务，毛庆藩的才干引起了他的注意。袁世凯曾在光绪二十七年四月对毛庆藩进行过一次保荐；袁在山东巡抚任内时曾上疏保荐毛庆藩"该员品行修洁，智虑沉详，久充户部司员，综理精密，物望素孚。嗣在天津办理粮台，筹画支应，极能秉公持正，担怨任劳。平日于国是民瘼，尤能遇事留心计究利病，实属为守兼优"。而后在袁世凯以北洋大臣、直隶总督有身份创设中国第一个中央银行即大清户部银行时，袁认为毛庆藩是最佳人选，遂于二十八年十一月二十五日上奏，请调江苏候补道、江南制造局总办毛庆藩改归直隶补用，即赴天津代办户部银行事宜：

窃见非规模阔大不足以握利权，非条理精密不足以防弊患，更非得才识通敏、魄力沉毅之人不足以创宏基而收捷效。查有江苏补用道毛庆藩，心思缜细，器局阔深，曾任户部司官，在北档房多年，综核之才，为时推重。且夙究心经世，志气忠纯，兹当银行创办之初，若令其专力通筹，必能规画周详，考求精善。该员现办理上海制造局，亦系要差，惟银行之举，为国家财政大计，所关开办之初，又中外官商所属目,近来财政纷纭,斡旋之机,首争此著。其重要情形,非寻常局所可比,合无仰恳天恩,俯念银行创办需人,准将兹该员毛庆藩改归直隶补用,并免交离省银两之处,出自鸿慈逾格,如蒙俞允,应请饬下南洋大臣令该员迅即束装来津,速筹开办,以免要政久悬。(毛静《毛庆藩与近代人物交游考》复印稿)

**是年** 冬认识吴昌绶。

▲ 昌绶于癸卯冬始获识铁云先生。(《铁云藏龟·序》)

**是年** 开始用"抱残守缺斋"作为室名。

▲ 编著者按:刘鹗世纪末使用"五十瓦登斋"为室名,1901 年"百瓦登斋""二百瓦登斋"为室名。是年日记封面署"抱残守缺斋日记·正月起"。

**是年** 与长江水师提督程文炳合购南京浦口九洑洲地。

▲《程恩培年表》:光绪廿八年、壬寅(1902)程文炳与刘鹗合购上海九洑州地。(《程恩培》第 787 页)

▲ 编著者按:《程文炳年表》载"程文炳与刘鹗合购上海九洑州地。"有误。九洑洲地在南京浦口,非在上海。

# 1903 年(癸卯　光绪二十九年)　47 岁

是年初　湖北留学生在东京创办《湖北学生界》,浙江留学生在东京创办《浙江潮》,江苏留学生在东京创办《江苏》等刊物。

4 月　上海各界反对沙俄侵占中国东北,召开大会并成立"拒俄义勇军"。

5 月　邹容著《革命军》在上海出版,提出"建立中华共和国"的政治主张,发行百十万册。

6 月　上海公共租界工部局逮捕章炳麟,《苏报案》发生。

7 月　清政府逮捕泄露《中俄密约》革命志士沈荩,并残酷杖死。

10 月　孙中山在檀香山重组"中华革命军",提出"驱除鞑虏,恢复中华,创立民国,平均地权"。

11 月　黄兴、陈天华在长沙决定发起革命组织"华兴会"。

兄刘味青54岁。太谷学派学人:蒋文田61岁、黄葆年59岁、毛庆藩58岁。罗振玉38岁、王国维27岁。

**春**　全眷由北京回沪,住上海新马路陈家桥安庆里。

▲ 全眷由北京回沪。住在上海新马路陈家桥安庆里,与罗雪堂家对门。

1930年我去旅顺,雪堂先生和我说当初在上海安庆里和我家邻居,后门和我家大门斜对。晚间无事,常和铁云先生一处讨论金石书画。抱残守缺斋藏《宋杨升雪意图》本来就挂在楼下厅中,经雪堂建议,才取下收起。又说一晚在我家楼下厢房中,铁云先生将所得字画悉数取出,与雪堂评骘甲乙,在题签上加圈,一至五圈不等。直讨论至夜十二时雪堂才回家。当晚得了急性霍乱几死。抱残守缺斋所藏字画题签加圈,皆雪堂当时所评订云。(《铁云年谱》第106页)

**春**　《山雪春融拟李咸熙笔意图》失而复得。

**是年初**　嘱胡仲尹为《愚园雅集图》作一副本并撰《后序》。蒋文田、李泰阶均有诗记之。

▲ 题《愚园雅集图》抚本后并序

泰山颓，梁木坏，龙川夫子上升于□□之冬；三年心丧毕阕，弟子东西南北飘泊于天各一方，历十有七年。岁在壬寅，黄先生希平由山东解组至海陵，而蒋先生子明会，相携来沪上。予亦因事至自北京。程子绍周闻两先生毕至，自杭州来迓？毛实君适总理江南制造局事，为东道主人焉。迨时同学之来会者凡十余人。毛公曰："自夫子去后，同人之聚，未有若今日之盛者也。"于是假愚公之园，为尽日之欢。午饭方毕，散步园林，各适其适。吹笛于小亭之上者杨子蔚霞，过三折桥负手听者程子心泉也。蒋先生取伯牙之琴，奏水仙之操。傍坐静听者徐君月楼也，侍立蒋先生后者王子仲和。焚香者蒋子元亮也。黄先生方据大石坐，毛公实君恭敬启请曰："不闻先生至德要道久矣。请宣海潮之音，震我聋聩，可乎？"执拂侍立者江子月三。抱卷者毛子子逊也。立毛公之侧而听道者，毛子勉初、刘子子缵也。家兄味青与谢君平原，契阔良久，对坐树之石，叙离衷也。江君子若，坐溪水之南，昂首长吟，声出金石。吟曰："溪水清兮，莲花之馨兮，周茂叔所好也，适以契吾心兮。"李子平孙钓于溪水之北，达子粹伯倚石而观之。溪之上有枇杷一树，金丸累累然。程绍周曰："此佳果也，可采可食。"援树而取者汪子仲衡，捧盂承之者程子定斋也。园之西有竹林焉，不知其若干亩也。主人以为未足，植新篁而补之。予适任斯役，挥锄筑（助？）之，拥土栽之。助予培土者黄子仲素也。竹园之东有茶灶，方煮茗者王子位中也。居园之中为敞轩数楹。轩之中立长几一，轩之西有朱栏焉。栏外石参差立，素心之兰，群花怒发，清芳袭人。凭栏对花凝睇者朱君莲峰也。对花侧其首，若听琴，若有所构思者赵君明湖也。饲鹤竹篱之间者颜子信甫。扫径者卞子子沐也。诸君四芟顾而乐之曰"如此雅集，不可以无图。"遂据东轩长几，奋笔急写。但闻稷稷如春蚕食叶之声。为之振纸研墨者诸子光和也。不时顷而图成。图成黄先生为之序，传其神也。同时诸人，皆有题咏。卷存归群草堂。迟一年，予属胡子仲尹图一副本，不敏僭作后序，记其事也，俾后之人有所考焉。重缀以诗曰：

愚公园，愚公谷，黄山之南蒋山北，中有青青万竿竹。

瑶琴锦瑟张高秋，玉液金泥应丹篆，仙人如麻颜如玉。

朝看素女采玄芝，夕览青童荐黄菊。蛱蝶图中梦可寻，

希夷榻上书堪读。愚公园，极乐国！（《刘鹗集》第 575 页）

▲ 编著者按：《愚园雅集图》成，除刘鹗以诗之外。太谷学派学人亦有诗词唱和。录之于下：

### 海上《愚园雅集图》二律

蒋文田

信有归群乐，春风海上聚。知音才是雅，证果莫如愚。

丘壑迎游屐,园林入画图。英才集童冠,相契在真吾。

栗里有归客,桃源多故人。相思忽相见,谁主复谁宾?
鸡黍此为乐,琴书相与亲。申江好风月,消尽海中尘。(《太谷遗书》第
二辑第四册第 87 页)

### 愚 园 雅 集 图
#### 李泰阶

云海通佳气,蓬莱渺所思。楼台尘境外,烟柳晚芳时。
东国余弦管,南山映酒卮。风流先辈在,于此仰威仪。

灵光遗一卷,图画艳千秋。即景开生面,征歌递唱酬。
敢因愚自弃,所生药能求。一鼓成连曲,天风东海头。(刘厚泽手抄
《双桐书屋诗钞》)

**3 月 4 日(二月初六日)**　出席上海育贤女工学堂开学典礼并演说。

▲ 育贤女工厂自归天足会办理,易名为"育贤女工学堂",于二月初六日行开
馆典礼。中外士女到者数十人。一、奏乐、二、沈君仲礼演说、三、立德夫人演说、
四、李君平书演说、五、梅君斐漪演说、六、刘君铁云演说。演说毕,来宾相继散
会。(《文学史证》第 211 页)

**(3 月 20 日(二月廿二日)**　《中外日报》刊载外务部批复宝昌公司合同。)

**年仲春**　太谷学派同人在苏州归群草堂举行蝴蝶会,与会者 70 多人。刘鹗是
否参加,不见记录。

**5 月(三月)**　开始请直隶人王瑞卿拓印所藏龟甲兽骨头上契刻的文字,准备
《铁云藏龟》的出版。

▲ 编著者按:刘鹗前一年 9 月得到龟甲兽骨,经半年考释、整理,于此时开始
拓墨,准备石印。《铁云藏龟·序》:"故竭半载之力,精拓千片,付诸石印,以公同
好。任是役者,直隶王瑞卿也。"

**7 月 16 日(闰五月二十二日)**　沈荩到"官话字母义塾"拜望王照。同时已经
被人告密"沈逆即已来京,必有密谋"。

▲ 王照《甲辰三月狱中作(附记余投狱事)》:自辛丑初余伏北京,诡名赵世
铭,旧友皆呼赵先生。癸卯二月,在裱背胡同租房立"官话字母义塾"。将原书刻木
板,又刻木戳活字版排印授课之书。……沈被捕之前三日尚来"官话字母塾"视余。
至甲辰正月忽有沈渔溪被吴式钊讦评发指为戊戌余党入狱杖毙一事(沈被捕之前三

日尚来官话字母塾视余)。沈渔溪名荩湖南人。谭复生之友。余庚子在京即与相得。后沈亦来京寓木厂胡同刘铁云家。而吴式钊亦寓铁云家。二人同住西偏小院。余往访渔溪,不避吴式钊。因其亦戊戌后革职者,故防其作恶也。岂料吴因缘内务府人评告渔溪以媚西太后,欲开复其翰林原官,乃仅得主事。未满其意。至是而余之危险益甚。《方家园杂咏纪事·雪泥一印删存附页》

▲ 彭平一《关于沈荩与"沈荩案"若干史实补正》:清"宫中奏折档"中存有没有署名的告密说帖。……告密说帖内容如下:谨探访富有票收逆沈克諴,去岁潜京师南门外,行趾无定。去岁三布逆信,难保不非所作,而且时与外洋内地匪党及大学堂同乡办事人密通消息。查该逆曾经两湖督臣张之洞奏参通缉,并知照各国领事在案。湖北前将康逆所用首犯唐才常拏获正法,其余从党多未就获。刻下沈逆即已来京,必有密谋。若不设法歼除,诚实恐意外生节。奴才愚忠愚见,探妥踪迹,一面觅人具奏,一面即时联络同志识认者设法诱拏,庶不至漏风逃遁。奴才虽访有此事,甚为踌躇,究未敢擅便从事,谨具说帖密陈,伏乞慈鉴。如何请暂勿露泄,俟访确迹,再行捕拏交部。非如此办法,不足以昭慎密。若俟从前捕康逆办法,必至打草惊蛇,任其漏网。奴才谨陈办法,伏候圣裁。(《中南大学学报》2005 年第 5 期)

**7 月 19 日(闰五月二十五日)** 沈荩因吴式钊、庆宽出卖而被捕。

▲ 章士钊《沈荩之略历及庚子事变》:戊戌以前,湘中无所谓新党也。乙、丙之交,闭锢不通。其稍习古文诗词,以酒食相征逐者,号曰名士。时有十二人结为一社,湘人称之于曰"十二神",荩与焉。而其中独与长沙舒闿祥善。又同时有湘社者,卖荩之吴式钊楹联与名。闿祥者,豪士也,而荩之豪有过之无不及。荩善辩,闿祥亦善辩。两人者,机牙相合,以此纵论天下事,常镇日不休,旁观之笑骂勿顾也,而两人之交际,卒有非常之关系。(《沈荩》)

章士钊《满政府之惨刑及沈荩死后影响》:卖荩者庆宽与吴式钊为之魁也。

庆宽本汉人,以夤援入内务府(内务府向无真满人)。甲午为御史钟得祥所劾,籍其家。庆宽卒以计陷德祥于军台。其陷入之神力已如此。庆宽日谋所以复其官而不得,后以康梁之变,庆宽常随刘学询至海外捕康有为亦不获。及荩至京,庆宽以为奇货可居也,厚遇之。荩嗜古,有金石之癖。庆宽乃以此迎荩。荩不知之察,将籍庆宽以餂李莲英,欲而直制西后之命,利用之,而不知将为庆宽所卖也。

吴式钊者,云南籍而产于湖南者也。故吴式钊与湖南人相习为最多。早年亦自附于新党。曾代西人某出名承办河南矿务。大为徐桐所嫉。庚子随沈鹏、沈鼎之流一事以落检讨职,递解回籍。后仍潜来北京,欲有所谋。其识芪也,亦非一日。而乃与庆宽有同病相怜之感,遂存以人为饵之心。其陷芪之谋起于何日,不可得知,而顾闻式钊虽通籍,作一尺牍,终有别字一二枚夹入。芪顾不喜文字而舌锋之利不减于当年。尝对人而讽式钊之不文。故式钊衔之次骨,怨讟之于人甚矣哉。(《沈芪》)

▲ 编著者按:近代资产阶级维新派沈芪,善化(今长沙市)人,字愚溪,原名克诚。"戊戌变法"时,与谭嗣同、唐才常等交往,认为要革新湖南,非有一番破坏不能奏功效。戊戌变法失败后,留学日本。光绪二十六年(1900)春返回上海。1900 年与唐才常等共组"正气会",旋改名"自立会",沈芪任干事,主持交通。后至汉口,参加自立军运动,为右军统领,活动于湖北新堤。事败后走上海,潜往北京,进而从事反清活动。因揭露《中俄密约》引发在东京的中国留日学生和国内各阶层的反对。沈芪 7 月 19 日被逮捕,后被判斩立决。后改判立毙杖下。31 日,沈芪被狱卒杖打200 余下,尤未致死,最后用绳勒之而死。这就是著名的"沈芪案"。

**7 月下旬(闰月五月底至六月初)** 沈芪被审讯。其案件引起广泛关注。

▲ 编著者按:据章士钊记录 7 月 27 日(六月初四日)《天津新闻西报》发表有关消息。但是未见发表原文。

▲ 章士钊《满政府之惨刑及沈芪死后之影响》:当工巡局之拘芪也,眼线倪世仪亦被拘,以作质证。芪到刑部,承审官先讯倪世仪何以知沈芪之踪迹独详?倪不能答,此委吴式钊。乃传吴式钊到案。式钊陈芪历史滔滔不绝。承审官以讯芪,芪直认不讳。词连"富有票",芪曰:"我从前是'富有票',现在不止于'富有票'!"承讯官不敢问。时诸人皆隔别审讯,故芪只知为庆宽之所陷,不知吴、倪等。后问承讯官,愿知告发者为何人?承讯官示以吴式钊之供此。芪知为密友所卖而无惧色。

满政府之逮芪也,有必死之志也。故亦无取乎判案之确实,且芪毫无所讳,更足坚其狼戾之心。其所谓发觉"清俄密约"者,自天津西字报发表之后,(六月初四《天津新闻西报》)而始注目。满政府之所以毙芪,或亦归重此点,而定谳则指庚子一案也。谳案既上,西后乃牵顾己之生成辰不欲行刑以破其清点,遂命捶毙于狱。或曰以夏月不能行刑之故,碍于例,该用杖毙。迨旨达刑部,刑部关相顾□("锷"左为"目")眙,而卒以西后之旨不敢违,乃拽芪以竹鞭捶之至四时之久,血肉横非,惨酷万状而未至四,最后以绳勒其颈而气绝。时六月初八日。(《沈芪》)

▲ 编著者按:关于《中俄密约》,研究者都以为是 1896 年 6 月 3 日(光绪二十二年四月二十二日)俄国利用中国在中日甲午战争中战败的困境,藉口"共同防御"日本,诱迫清政府派遣特使李鸿章与俄国外交大臣罗拔诺夫、财政大臣维特在莫

斯科签定《御敌互相援助条约》，又称《防御同盟条约》。一般称为《中俄密约》。关于沈荩之被捕，研究者说因沈荩将《中俄密约》披露于天津《日日新闻》，但因《天津日日新闻》无存，实情无法了解。一说沈荩将《中俄密约》披露于天津英文《新闻西报》，但笔者虽查阅资料无法确定此报之有无。因此关于沈荩如何披露《中俄密约》及"中俄密约"的内容究竟是什么都未能阐述清楚。研究者对此亦语焉不详。

▲ 编著者按：章士钊在《沈荩》一书中说："李鸿章与订密约一周后，俄罗斯专用其诳骗手段付全权于道胜银行之璞科第。北京只扑满党（小儿积钱之器曰扑满故名积贿者为扑满党）西后以下，皆为所贿嘱，故密约不数月而辄一更，其所以促荩之死者，此亦其一重大之案。"由此可知，"中俄密约"应有多种。章士钊在《沈荩》一书中引有一则《中俄密约》：

本年三月之杪，俄政府有要求满政府之密约七条如下：

（一）清国不可将东三省之地卖与或租赁于列国。

（二）沿营口至北京之电线、铁路。俄国可于其旁另自架设别线。

（三）不论何事，清国于北清苟有建设，不得佣雇他国人。

（四）营口海关税务，当使中俄银行管理。税关长必用俄国人，且令税关兼理检疫事务。

（五）东三省地，除营口外不得开放为通商市场。

（六）蒙古之行政组织，不得有所变更。

（七）拳匪乱事以前俄国所得之权利不得有所损害。

查然除章士钊所录之《中俄密约》外。1901 年沈荩 1901 年被刘鹗密藏于北京之时，《中外日报》两次刊出亦为《中俄密约》的未定稿、《申报》也曾刊出《中俄密约》未定稿、日本横滨报纸也刊出未定稿。可见所谓之《中俄密约》并不止一种，一种之中又有多种版本。故研究者所说的沈荩披露《中俄密约》之事，实在是一个扑朔迷离的事情。录《中外日报》两次刊出情况于下：

**一、1901 年 2 月 28 日《中外日报》刊出**

**奉天军帅增与俄人订拟新约十款**

一、省中各衙门一律让出。准华官仍照旧章办理。

二、失守州县，允准各官到任。每县添巡捕大缺五百人，中缺三百人，小缺二百人。配带枪械须以华俄烙印，以辨真伪。

三、俄兵拿有盗贼，允准送交地方官，仍照华俄法例治罪，以儆效尤。

四、营口捐税，暂归俄人经理。俟两国换约后作为何款，听旨办理。

五、西道乃通衢要路，现无军尘马迹，仍请俄兵撤回本国，商贾自然照常。被路昌图府三县所产烟、麻、荳、粮,营口路已封,拟有旅馆大车先在苏家堡、沙岭两处开票,疏通粮货。

六、省城准俄国设总营一员、交涉委员三员,会同华员转办交涉事宜。

七、营口道系关税务洋关,此刻税归俄官奖励,克敌制胜令增帅饬该道员会同协办。

八、前番溃三各军所带枪械,多半携逃,无庸俄武官查收。仍旧该将军派员搜查,免民惊骇。

九、增帅无全权字样。俟庆亲王与李傅相和平拟议与俄官愿永远和好。

十、奉天准增帅 3 任四年,办理一切事宜。

右约见今岁某报。本馆前日得营口访友抄来密约纸一纸,其语词与此相同。

在此《中俄密约》披露前后,《中外日报》连续发表文章论述之:

1901 年 2 月 27 日《中外日报》"论说"栏刊出《追论中俄密约事》。

1901 年 2 月 28 日《中外日报》"论说"栏刊出《追论中俄密约事》(续昨稿)。

1901 年 3 月 10 日《中外日报》"论说"栏刊出《论俄人有扰乱亚洲之心》。

1901 年 3 月 11 日《中外日报》"论说"栏刊出《论议和大臣应知密约之关系》。

1901 年 3 月 14 日《中外日报》"论说"栏刊出《论中俄密约宜筹挽回之策》。

1901 年 3 月 15 日《中外日报》"论说"栏刊出《论中俄密约宜筹挽回之策》(续昨稿)。

1901 年 3 月 16 日《中外日报》"时事要闻"栏刊出"又闻《中俄密约》,李傅相亦不以为然,故尚未应允。"

1901 年 3 月 22 日《中外日报》"论说"栏刊出《论俄人之阴谋》。

1901 年 3 月 23 日《中外日报》"时事要闻"栏有 8 则消息谈论《中俄密约》。

1901 年 3 月 25 日《中外日报》"论说"栏刊出《论俄约由恫吓而成》。

1901 年 3 月 26 日《中外日报》"论说"栏刊出《论俄约由恫吓而成》(续昨稿)。

1901 年 3 月 26 日《中外日报》刊出吴沃尧演说,论述《中俄密约》。

1901 年 4 月 3 日《中外日报》"论说"栏刊出《中俄密约善后策》。

1901 年 4 月 4 日《中外日报》"论说"栏刊出《论中外各大臣宜坚拒俄约》。

**二、1901 年 10 月 24 日《中外日报》刊《中俄密约》稿本,全文如下:**

新订《中俄密约》稿本,原文甚长,兹特撮要刊登。业于八月下旬电奏行在,奉旨:俄约事项,须加意磋磨,勿贻外人以口实。云云。

第一条:锦州铁路脚还中国自行管理。惟须酌赏款项,以补修费。

附载:一、此路不准英国兵官往来及将此路抵押别国。

一、将来中国如需要造支路,须由俄政府酌定再办。

一、中国铁路不准筑过辽河,有妨俄商权利。

一、铁路交还中国后,所有该处俄军全行撤退。

第二条:所有东三省驻屯俄军,两年后退一半,三年后北方无事,自行全数撤退。未退以前,所有兵费俄人自备,不向中国索取。

附载:此项驻兵,俄政府为保护中国东方权利并保护该处铁路起见,并无丝毫占据中国土地之意。中国政府须明此意。

第三条:东三省所有商权、矿权、铁道权,各国均不得干涉。将来中国如有开采事,须与俄人合力办理。

第四条:此项密约,不得宣示各国。

**7月31日(六月八日)** 沈荩被杖杀于刑部监狱。

▲《关于老残游记》之二"著作《老残游记》之缘委,云:"方拳乱后未数年,京曹中有沈虞希、连梦青两先生者,均与《天津日日新闻》之方药雨为友,某日沈以事赴津,偶语方先生以中朝事,方先生揭之报端,为清孝钦显皇后所知,大怒,严究泄漏者,逮沈至刑部,立杖毙之,并缉同党,株连及连匿友人家三日,始借使馆之助,孑身仓皇遁走至沪。时吾家正侨寓上海北成都路之安庆里。连既抵申,其太夫人尚在原籍。连日夜忧思,友好亦以为不甚安全,劝其迎养。然连以横遭灾祸,资装尽失,实无力生活于上海。"(《关于老残游记》原稿)

**8月1日(六月九日)** 《大公报》经理英敛之得到沈荩必死消息。连梦青被株连。

▲ 张纯《连梦青与天津〈大公报〉》:六月初九日(8月1日)英敛之至日本驻天津领事馆找领事书记高尾亨,讯问北京沈荩的消息,高尾告之以"准死矣"的确信。这时慈禧太后已经考虑通缉沈荩泄密案的同党,连梦青受到株连。(《清末通讯》第18期第13页)

▲ 赵必振《沈荩略传》:沈烈士乃革命实行家也,痛国事之沈沦,至友之死难,南中之事,由同志主持,己则奔走于京津。……沈烈士得天津《大公报经理英华之助》,尽得(中俄)约密条款,于上海党报宣布之,中外舆论大哗,那拉氏含恨至深,捕密甚急。(《自立会》第261页)

**8月2日(六月十日)** 连梦青借走全份《大公报》。

**8月3日(六月十一日)** 英敛之决定离天津到上海。

**8月5日(六月十三日)** 连梦青与英敛之一起乘"安平"号轮船离天津赴上海。

▲ 张纯《连梦青与天津〈大公报〉》:《英敛之日记》中有癸卯年六月初十日(1903 年 8 月 2 日)"连梦青借走全份报去"的记载。翌日,英敛之便邀请柴云鹏去上海"略事游览,暂为歇息"。又二日,连梦青与英敛之一道登上安平轮,向上海进发。(《清末通讯》第 18 期第 13 页)

**8 月 6 日(六月十四日)**　因北京赈济经济问题,刘鹗在《中外日报》发表《捐款声明》。

▲ 1903 年 8 月 6 日《中外日报》。

庚子之变,仆因接京友来函,备言京城苦状,正在焦虑,忽见陆君纯伯创救济善会,倾佩无似。故极力筹备,捐银五千两,又借垫五千两,指明做北京之用。后因陆纯伯翁经营德州、天津两路,已不遗余力。而北京之行,势须从缓,仆遂收回捐款,自任北京之事。

迄时有舍亲程若水捐银五千两,又焦君乐山经手无名氏洋一千元外,亲朋等工五百金,于九月间到京。一路川资保护及资遣归人等费,已耗去三千金。到京,略据目所及者,存者安之,亡者葬之,行者资之。不及两月,前款已尽。

时值陆纯翁到京,云:日下掩埋、平糶二事皆不可缓,公何不为之! 仆以无款对。陆云:焦君处捐款甚多,可取用也。遂电商焦君云:约需款两万金。后由焦君如数汇到。于是掩埋、平糶、施医各局及时并举。又以千元创设东文学堂。及辛丑二月,款罄之后,接焦君来函云:此两万金中有救济金一万,焦君经手一万,名仆迅即归还。

后询陆君,知因收款时系救济会名目,而仆所为善举,皆慈善会名目。以救济会之款,作慈善会之用,恐滋物议故也。仆遂函复焦君云:捐款已经用去,断难收回,既蒙责还,请稍缓时日,当输产从命。一面将平糶、掩埋、施医等局次第截止。至壬寅四月,仆以福公司山西煤铁矿二万二千金股票计两千二百股,抵还焦君乐山,作为原款本利俱清,毫无蒂欠。闻此款焦举拨为长江一带赈济,已登《征信录》报销。

乃自去年以来,屡接湖州戚谊来函,责仆"挪用公款,久久不归,名誉大损"等词。北京恒有人言,闻仆有侵蚀公款之事。按仆庚子年所办各事,除程君若水等五千五百金,无名氏一千元以外,其余皆擗当己产为之,统共用去万余金,并未向人捐过分文,况在北京时,各国以掩埋等举办尚为得法,愿入资者,颇不乏人,仆机为辞,概不收受捐款,则何由侵蚀! 昨又有客来问:救济会款何时归还? 仆以上叙各节告之。客云须登报声明,否则此冤无人代白也。　　癸卯六月刘铁云特白

(《刘鹗集》第 666 页)

**8月7日(六月十五日)** 连梦青创作的小说《邻女语》第一回发表于《绣像小说》第陆期。文后有评语,无署名。

▲《邻女语》第一回:"弃国狂奔仓皇南走 毁家纾难慷慨被行"评语(七则):

不磨秉性坚忍,便自不同。可见人无坚忍之性不能做事。

老太太埋怨康有为,此必闻之乃郎平日之议论,故作如此丑语。不然,龙钟老妇,从何发出这些不知世故的话来?

不磨不肯将捐款入善堂会,确有见地。做奴才的从何知道底蕴。

洋兵进了内地,土匪作乱,家私便化为乌有。诸公听者,诸公听者。

金融亦复大佳,知道坐八轿喝道,也是奴才。今日中国,奴才世界固已,下等人亦知其详矣。

买田置产者,想得便宜货,究竟那个得个便宜? 还不是汤里来,水里去。诸公要不信,只看你儿孙便知端的。

我知道黄中杰这种洋学生,必不像今日一班参口头禅的国民,必定能实心做的事。不可以充其大而忽之也。耐不得性子,那里还算人才。(《刘鹗集》第552页)

▲ 编著者按:小说《邻女语》作者署名:忧患余生,作者连梦青,北京人。与沈荩同为《天津日日新闻》主持人方药雨之友。沈荩被捕。株连连梦青,连南下上海,以为《绣像小说》撰稿为生。《通俗小说总目提要》简述《邻女语》的主要内容:庚子年间,义和团起事,八国联军攻陷北京,两宫西狩。在京官员除扈驾西巡者外,多携眷南逃,或作顺民。惟江苏丹徒一青年豪杰金不磨,愤联军之入京,大局之糜烂,思努力救护,因毁家纾难,携一仆慨然北行。救助北京灾民的情况。研究者以为,小说中的金不磨系以刘鹗庚子年赴北京赈济为模特儿。

《邻女语》一书,共十二回,连载于《绣像小说》杂志第六至第二十号,其中第一回到第七回、第十一回、第十二回标为"第×回",第八回到第十回标为"卷×"。《绣像小说》一月两期,刊于光绪二十九年五月(1903年5月),李伯元主编。光绪三十二年三月(1906年4月)停刊。共出72期。是书宽14厘米、高20厘米。每页14行,每行33字。《邻女语》各回刊出情况如下:

| | | | |
|---|---|---|---|
| 第一回 | 第六号 | 癸卯六月十五 | 1903年8月7日 |
| 第二回 | 第七号 | 癸卯七月初一 | 1903年8月23日 |
| 第三回 | 第八号 | 癸卯七月十五 | 1903年9月7日 |
| 第四回 | 第九号 | 癸卯八月初一 | 1903年9月21日 |
| 第五回 | 第十号 | 癸卯八月十五 | 1903年10月5日 |
| 第六回 | 第十三号 | 癸卯十月 | 1903年11月—12月 |

| 第七回 | 第十五号 | 癸卯十一月 | 1903 年 12 月—1904 年 1 月 |
| 卷八 | 第十六号 | 癸卯十一月 | 1903 年 12 月—1904 年 1 月 |
| 卷九 | 第十七号 | 癸卯十二月 | 1904 年 1 月—1904 年 2 月 |
| 卷十 | 第十八号 | 癸卯十二月 | 1904 年 1 月—1904 年 2 月 |
| 第十一回 | 第十九号 | 甲辰正月 | 1904 年 2 月—1904 年 3 月 |
| 第十二回 | 第二十号 | 甲辰正月 | 1904 年 2 月—1904 年 3 月 |

《邻女语》除《绣像小说》连载外有单行本行世,惜未见。《邻女语》发表在《绣像小说》时第一、二、四回,有评语,未署名评语作者。从第五回开始到第十二回,评语署名"蝶隐"。蝶隐是刘鹗的别名。

▲ 连(梦青)先生《邻女语》中极力描写之"仗义人某"(小说的主人公名金不磨),即影射先君(刘鹗)。(《关于老残游记》手稿)

**约 8 月 9 日(六月十七日)** 连梦青、英敛之到达上海。

**8 月 12 日(六月二十日)** 中国留日学生浙江同学会主编之《浙江潮》在"时评"栏发表《刘铁云欲卖浙江全省路矿乎》一文。文章谴责刘鹗将浙江路矿出卖给外国人,并要求刘鹗给予答复。

▲《浙江潮·时评》刊《刘铁云欲卖浙江全省路矿乎》:

据海上日报。近闻刘铁云与意大利商人沙镖哪君,往大连湾与陆沙地君商议包揽浙江全省路矿之事。惟严、衢二府不在其列。

咄!刘铁云何人?意大利何国?浙江矿何物?乃敢私以一纸与外国人私相授受!意大利之欲谋我浙江也久矣。往岁要我三门湾,大吏亦几许之(参看本志第五期《三门湾调查书》),幸以中止。然固未尝一日忘浙江也。浙之矿,浙之髓,而路浙之脉也。髓竭则枯,脉绝则死。路矿既失,虽有浙江,犹无浙江也。无浙江,问浙人居何住?族何居?子孙何所产养?外人谋人国也,吸其精焉。奄奄待毙,则土地自为我有,中国亦然。唯我中国不肖子孙,贪目前之末利,忘百世之大害。与订矿约、与订路约,以万金不可买得之家产,暴于外人之膝下而跪献之,惟恐其不受。今刘铁云又以此施之于我浙江矣。浙人非尽亡者,顾不闻其事欤!何竟无一人焉出其全力以为我浙江与刘铁云一搏也!三月大学退学之事,我浙江人之京官者,致书于浙官及大学堂之总理,词严义正谓不能坐任全浙学校之败坏。此言也,浙人铭之不敢忘。今愿又以此要求于我乡先生之前,毋任刘铁云毁吾家,亡吾族以至于燃眉不能救也。呜呼,中国已矣!已有土地、已有财产惟恐不失不尽,而必欲拱手奉献于外国人之手而后快。吾悲浙江又不仅为浙江悲。也请普中国如刘铁云其人者,为我下一复语来!(《浙江潮》第六期)

**8 月 23 日(七月一日)**　连梦青创作的小说《邻女语》第二回发表于《绣像小说》第柒期。文后有评语,无署名。

▲《邻女语》第二回:"清江浦逃兵估作逍遥地　银河宫老尼演说乱离情"评语(七则):

逃船、官船,趁着顺风顺水,直趋下流。语甚隽峭。

不磨退悔之意,人人做事有此境界。所以君子以坚忍为心,不负初志为训。

乱离为天造,英雄好境界,是有阅历语。试问古今来真英雄,那个不是从困苦中出来,那有一个坐着说空论的。

写逃兵的情景,历历如绘。惜未能将会党暗号,全行披露,以惠行路之人也。

不磨叩门,仓卒语结不得出。写出行路人辛苦,望门投止之景况可想。

天下只为有我无人,故而大乱。昙花禅机隐秘。

老尼说乱景如此可惨,兵事者其当引以为戒。(《刘鹗集》第 552 页)

**9 月 6 日(七月十五日)**　连梦青创作的小说《邻女语》第三回发表于《绣像小说》第捌期。文后无评语。

**9 月 11 日(七月二十日)**　《浙江潮·所闻录》再发《卖浙江全省路矿者非刘铁云一人也别有人也》一文,说"刘铁云吾浙之公敌也"。强调浙江"某绅"与刘鹗联手盗卖浙江路矿。但未明确"某绅"姓名。

▲《浙江潮·所闻录》刊《卖浙江全省路矿者非刘铁云一人也别有人也》:

刘铁云者吾浙江之公敌人也。前报已揭其罪,声其名,若此丑类,何重汙笔。然思之、思之,铁云何人?有何权力,有何依赖,敢毅然唱之,公然任之乎?是必有为之相也。或者政府授意于彼耳。不然必其若督若抚若藩若臬,不敢身受其名致触公怒,特以彼为傀儡耳?又不然必其犯政府之怒,失外人之欢。非是,不足以脱其罪,固我位矣。若是者,数年以来,庭臣疆臣优为之,凡吾同胞方欲寝其皮而食其肉。孰料,吾浙江之官竟有刘铁云其人耶!孰料,为刘铁云之相者即出于吾浙江杭州某绅耶!鸣呼,吾何暇责刘铁云,吾又何颜骂刘铁云。吾盍舍刘铁云而论某绅?

某绅者。吾诚不解其计何巧,心何险耶!继而思之,吾又不解其计何拙,其心何愚耶?夫若辈顽愚何以知公理,告以国家之权利,社会之公益固不足动彼心矣。姑就某敢为此者,试推其心以匡其过,夫某不惮牺牲一省之利益,不畏牺牲一己之名誉,彼必有所希冀也。然试问其所希冀者果安在乎?或者某曾觌夫瓜分之图三,赤字加我浙江上者曰意大利。触目惊心,急何暇择?再三思维,惟有媚外用是引虎入室,以假其威。他日国亡地割,吾犹不失为意大利顺民。鸣呼痛哉!地犹如昨,敌未过问,凡我浙人宜如何,十年生聚、十年教训以备瓜分之一战乎?而某绅既无以御之且欲招之不来,且赠以礼物,献以利源,惟恐其来之不速。呜呼！若某绅者其心尚可问乎,其罪尚可以诛乎？而我尤悲其自谋之拙焉。夫意大利甘与某绅合谋者,何爱某绅,直贪我浙江利权耳。既贪浙利,必笼浙人。何物不祥,乃为其爪,某纵不为全省计,独不为一身计乎？设异日者,意大利抗我咽喉,制我死命,试问操其利权者意大利乎？某绅乎？不幸十一府幅原属其版图,意大利何留此孽种以汙其类。呜呼,某绅其椅计及此否耶？

且吾尤为某绅劝且告者,去年冬,湖南志士合谋湖南路矿不许外人占据,议既决乃遍约绅民互相筹划于是。湖南绅士联名请大宪立案,而湖南全省之矿遂赖以保全,斯诚可敬可羡矣。凡吾各省孰非人民,孰无土地？我中国不言自立则已,若言自立,此其基础矣。五月间,吾浙同乡会提议及此,方欲致书各府诸绅共谋斯举,孰知我方望切云霓者而某竟弃若敝屣耶。呜呼,湖南有绅,则保一省之路矿;浙江有绅,而卖一省之路矿,吾浙何不幸而有若是之绅耶。虽然某既有志于矿矣,何不大声疾呼告我同胞群策其力,咸鼓其气,众擎易举,何难之有。吾敢请某绅移其媚外之手段而用以造福我同胞。且夫为外族奴隶者罪之极也,为一省兴利者功之盛也。人孰不畏罪而贪功？某绅亦盍慎择之耶。某绅而有自悔之心也,吾且祝之,拜之夫何辞。不然,其何以处我浙人乎？我浙人而犹有人心也,忍乎不忍？

吾述此,泪盈盈其欲滴,心耿耿其奚安。客有阅之,拍案大怒曰:子既诛其罪,何不声其名以告我浙人乎？吾乃从容答曰:然哉。吾非袒之,吾非畏之。所以不指其名者,盖留其自新之路,以待其赎过之日也。今既暴矣,能不悟诸？(《浙江潮》第七期)

**约9月(七月)** 连梦青接母亲到上海,刘鹗为之安排住在爱文义路眉寿里。

▲ 刘大绅《关于著作〈老残游记〉之源委》:连既抵沪,其太夫人尚在原籍,连日夜忧思,友好亦以为不甚安全,劝其迎养。然连以横遭灾祸,资装尽失,实无力生活于上海。……未几,连太夫人至沪,以廉值赁居于爱文义路之眉寿里,则先君所居间,以屋为马眉叔先生产,马与先君为至友也。(《关于老残游记》手稿)

**9月21日(八月一日)** 连梦青创作的小说《邻女语·第四回》发表于《绣像小说》第玖号。文后有评语,无署名。

▲《邻女语》第四回:"韩家垣美人枉送命 蒲台县灾户哭求粮"评语(六则):
店婆子所说一派市井之言,俨然如画。洋人造反,尤为形容得出。
写店婆道邻女之语,又是一样写法。
写店婆子儿媳神情毕现,栩栩欲生,的是一个无识的举动。
店婆子说百姓们难当老爷们一怒语,可惨。
老爷年纪轻,不染做官的习气,的是世家人风度,不是俗吏排场,足见不磨家教。

天下极美的牌子，从此弄坏了，可叹可惜。（《刘鹗集》第 552 页）

**是日** 以洪都百炼生为笔名撰写的《老残游记·卷一》"土不制水历年成患风能鼓浪到处可危"发表于《绣像小说》第玖期。

▲ 刘大绅《关于〈老残游记〉》阐述《老残游记》的写作动机：《老残游记》一书为先君一时兴到笔墨。初无若何计画（划）宗旨，也无组织结构，当时不过日写数纸，赠诸友人。不意发表后，数经转折，竟尔风行。……方拳匪乱后数年，京曹中有沈虞希、连梦青两先生，均与《天津日日新闻》之方药雨先生为友。某日，沈以事赴京，偶语方先生以朝中事，方先生登之报端，为清孝钦显皇后所知，大怒。严究泄漏者，逮沈至刑部，立杖毙之，并缉同党，株连及连。连匿友人家三日，始藉使馆之助，孑身仓皇遁走之沪。时舍间侨寓上海北成都路之安庆里。连既抵沪，其太夫人尚在原籍。连日夜忧思，友好亦以为不甚安全，劝其迎养。然连横遭灾祸，资装尽失，实无力生活于上海。且性又孤介，不愿受人资助。时商务印书馆刊行小说月志，名《绣像小说》。连经人介绍，售稿与之，每千字酬五元，连乃考虑其笔墨生涯，作一小说，名《邻女语》，大致描写拳乱事。未及，连太夫人至沪，以廉值赁居于爱文义路之眉寿里，则先君所居间。此屋为马眉叔先生产，马与先君为至友也。连卖文所入，仍不足维持其菽水所需。先君知其耿介，且也知其售稿事，因草一小说稿赠之。连感先君意，不得不受，亦售之于商务。并与订约，不得更改原文一字。此小说，既近三十年中一般人认为神秘预言之《老残游记》。先君初草此稿赠连时，不过前三数回，连与商务订约，始继续作之，每晚归家，信手写数纸，翌晨即交汪剑农先生录送连寓。不独从未着意经营，亦从未复看修改。直待《绣像小说》刊出后，始复见之。登至第八卷，商务窜易文字，并删去一卷，连怒其违约，与有违言，遂不复售稿。先君因亦中辍，然当时稿在商务未经刊出者，尚有数卷也。翌年先君至津，方药雨先生询不作原委，先君语之。方先生劝续作，在天津《日日新闻》逐日发表。如此直至第二十卷为止，始告一段落，是为初篇。故此初篇之稿，前后两半描写，俨若分界者，实缘于非一气呵成。至后半之稿，写作地址，则有在天津报馆，有在北平寓所。事隔多年，现已无从指定矣。此后先君因创设海北公司奔走平、沪、东三省及朝鲜、日本等地，席不暇暖，《老残游记》亦复置之度外。暨海北公司失败，乃复着手，是为二篇。仍逐日发表于天津《日日新闻》，共计十四卷。复因浦口地事南下，即未再北来，除外编少许外，亦未再复写。"（《关于〈老残游记〉》原手稿）

▲ 按《老残游记》前篇，开始写作于本年沈虞希案作之后，应在六七月间。前

十三回完成于本年。最早的印本是天津《日日新闻》排印本。《日日新闻》本除正文外，还有评。评也是铁云先生自己写的。二篇据先父说：“当时所写确为十四卷。先君于清光绪三十三年(1907)六月间赴汉口，临行曾谕绅剪留，开嘱登完后向报馆多索数份，且谓已语方叔，不再续写云云。虽曾遵办，但自经家难后，百计寻求，迄不可复全。”(《铁云年谱》第 108 页)

　　**约 9—10 月间（八月）**　罗振玉撰《铁云藏龟·叙》，从“灼龟与钻龟”“钻灼之处”“卜之日”“骨卜之原始”四个方面论证当时所见之龟甲上的文字为夏殷时期的文字。

　　▲ 罗振玉《〈铁云藏龟〉叙》：

　　金石之学，自本朝而极盛。咸同以降，山川所出瑰宝日益众，如古匋器、古金钣、古泥封之类，为从来考古家所未见。至光绪己亥而古龟古骨乃出焉。此物唐宋以来载籍之所未道，不仅其文字有裨六书，且可考证经史。今就鄙见所及，述之如左。

　　古卜筮之制古书散失，其仪式多不可考见。《汉书·艺文志》载蓍龟十五家，今都放佚。惟《周官》及《太史公书》尚得见厓略。今依据两书，参以目验，有所是正于经史者凡四事。

　　一曰灼龟与钻龟。古人灼龟用荆，谓之燋。(《史记·龟策传》：灼以荆。《仪礼·士丧礼》“楚焞置于燋。”注：“楚，荆也。”《周官·菙氏》注：“燋，谓灼龟之木也。”)又谓之焞，又谓之俊。(《士丧礼》：楚焞置于燋。《菙氏》：遂歛其俊。《集均》“焞灼龟火”或作俊。)取明火以灼龟，(《菙氏》：“凡卜以明火热燋。”注：“杜子春曰明火阳燧取火于日。”)此灼龟之可考者。钻龟，一曰作龟，(《大卜》“作龟”，注：“作龟谓凿龟。”)凿龟用契。(《菙氏》：“掌其燋契。”注：“契谓契龟之凿也。”)此钻龟之可考者。盖古人之卜，先钻后灼。钻与灼自是两事，本自分明。故《龟策传》曰：“卜先以造灼钻，钻中已，又灼龟首，各三，又复灼所钻中。”此钻先灼后之明证。今验之新出之龟，其钻迹作 ○ 状，大如海松子仁，以利刃凿之之痕可辨认，或一或二。灼痕或即在钻旁，或去钻痕稍远。灼痕员形略小于钻迹。此又钻与灼为二事之实验。乃经注家多误并钻与灼为一。如《菙氏》：“掌其燋契”注。《士丧礼》：“楚焞置于燋。”焞即契所用以灼龟。《士丧礼》注：“楚，荆也。荆焞所以钻龟、灼龟。”正义：“古法钻龟用荆，谓之荆焞。”殊不知灼龟用焞，钻龟用契。混契与楚焞为一者，误也。且不仅笺注家如此，《周官·卜师》“扬火以作龟”，其语亦未明了。此笺注家致误所由来。非实见钻与灼之迹，殆不能发现其讹误。此是正之一端也。

　　二曰钻灼之处。古人灼龟其部分不甚明了。《周官·大卜》“眂高作龟”注，“眂高以龟骨高者可灼处示宗伯也","龟之骨近足者其部高"云云。兹验之今日所出之故龟,其钻灼处皆在腹内之涩面,而不在腹下光滑之处(骨亦然)。殆以光滑之处难灼也。其部分则或偏或正,其式不一。此又可据目验,补经史之缺者二也。

三曰卜之日。《龟策传》载卜禁曰云:"子亥戊不可以卜。"今证之故龟文字,则以此数日卜者甚多。或此禁忌乃有周以后之说,而今日出土之龟,尚在夏殷时故也邪。此又可以之补正史记者三也。

四曰骨卜之原始。古经史不言骨卜,惟杨方《五经钩渊》(初学记行),言东夷之卜用牛骨。兹验之今日所得故骨,皆为牛胫骨。其文字既与龟同,且与龟同出一处。其为同时物无疑。可知三代时中国久用骨卜。特书阙有间耳。此又可补经史之脱佚者四也。

至其文字之缔造与篆书大异,其为史籀以前之古文无疑。为此龟与骨乃夏商而非周之确证。且证之经史亦有定其为夏商而非周者。《周官·占人》:"凡卜筮,既事,则系币以比其命。岁终,则计其占之中否?"杜之春曰:"系币者,以帛书其占系之龟也"。玄谓,"既卜筮,史必书其命龟之事及兆于策,系其礼神之币而合藏焉。"按无论如杜说为"书占于帛,系之于龟",抑如郑说为"书辞于策,系之于帛",均足证周人非迳刻辞于龟可知。今迳刻文于龟,其非周制而为夏殷之制显然可见。且更有足证者,《史记·龟策传》:"夏殷欲卜者,乃取蓍龟,已则弃去之,以为龟藏则不灵,蓍久则不神。至周室之卜官,常宝藏龟蓍。"由是观之,周人之卜,一龟不仅用一次。今迳刻辞于龟,其为一用即不再用可知,此均足为夏殷之龟,而非周龟之确证。铁案如山,不可移易焉矣!癸卯夏,拓墨付景印既讫功,为援据经史,缀辞于后,以质海内方闻之士。秋八月上虞罗振玉叔耘父书于海上寓居之怀新小筑。(蝉隐庐《铁云藏龟》)

▲ 编著者按:罗振玉在《铁云藏龟·叙》中说:"秋八月上虞罗振玉叔耘父海上寓居之怀新小筑。"完成了这篇《叙》。既未说明自己在何处"目验"了龟甲,也未说明拓墨《铁云藏龟》的过程,给人以自己拓墨编辑《铁云藏龟》的感觉。

根据罗振玉本人的记录1903年8月撰写了《铁云藏龟·叙》。据罗继祖《永丰先生行年录》记载,1901年罗振玉已经见到刘铁云所藏龟甲:

光绪二十七年辛丑(1901)乡人三十六岁。

当在鄂时,乡人颇与官都杨惺吾守敬、会稽章硕卿寿康讨论金石目录之学,以遣岑寂。比返沪,又于刘铁云所见殷卜骨墨本,盖王文敏殉庚子国难,所藏悉归铁云,铁云又增益之。先生一见叹为汉以来小学家若张、杜、杨、许所未见者,怂恿铁云尽墨所藏为《铁云藏龟》,且印行之。(《永丰乡人》第20页)

2010 年 12 月上海古籍出版社出版之《罗振玉学术论著集》"搜罗已刊、未刊诸稿",编为十二集。其第一集"主要为雪堂公有关殷契遗文的论著",惜无《铁云藏龟·叙》。

然多有研究者问最初拓编《铁云藏龟》与罗振玉的关系。对此刘蕙孙先生在《甲骨聚散琐忆》回答如下:

《铁云藏龟》的类次和拓墨有无请罗振玉参与?是没有。其时罗正在湖北张之洞幕中办农校并到日本考察教育,并未在北京。铁云所藏的数千片甲骨,也是到 1908 年家难前才由北京南运,旋即散失。罗也未见过全藏,并无参与类似之事。拓墨则《藏龟》中说得很明白,是直隶王瑞卿,也就是北京琉璃厂的一位拓手。此外听说铁云先生的门客,我五叔涵九(大经)先生的业师淮安人汪剑农是参与过一点。(《刘蕙孙论学文集》第 370 页)

**10 月 5 日(八月十五日)** 以蝶隐为笔名为连梦青创作的小说《邻女语》第五回"济南军中鹅鹳成列,荏平道上莺燕悲歌"撰写评语,发表于《绣像小说》第拾期。

▲《邻女语》第五回:"济南军中鹅鹳成列 荏平道上莺燕悲歌"蝶隐加评(十则):

水退以后,便卖儿鬻女,偿还米款。可知山东连年灾患,家无盖藏矣。

蒲台县一语,激动百姓,几酿大乱。是警放赈人,不是鼓乱民,读者勿疑。

吃马粪饽饽,北方之民情可惨。

演说行军,俨然如画。恐演时不及此景耳。

荏平县风景,惨况耳。作者勿以繁华视之。

店主奉承不磨,以马不以人。应上回送马人语。

酒醉汉,岂独一隔壁人,中国人那一个不是醉汉。

两曲往复缠绵,煞有深意。惜未见此人,一道衷情耳。

此回邻女,又一邻女。此回结局,又一写法。(《刘鹗集》第 553 页)

**是日** 以鸿都百炼生为笔名撰写的《老残游记·卷二》"历山山下古帝遗踪 明湖湖边美人绝调"和《老残游记·卷三》"金线东来寻黑虎 布帆西去访苍鹰"发表于《绣像小说》第拾期。小说以真实姓名"王梦湘"将其挚友王以慜写入作品中。

▲ 王梦湘是被誉为"明湖第一词流过客"的诗人,名字是王以慜。刘鹗与梦湘是挚友,《老残游记》中虽未有只字片语提及,但据梦湘的外孙女钱鼎芬女士著文回忆,其外祖父与老残是要好的朋友,过从甚密,曾同游大明湖,听黑妞、白妞(王小玉)说书:"儿时母亲还拿出老残与外祖父的合影给我们看,当时还很清楚,还给我

们看了白妞和黑妞两姊妹的合影。我印象中,是两个青年女子,上衣的衣袖挺肥大,衣袖上还有很宽的镶边。这些照片为母亲所珍藏,现不知下落。"王梦湘是湖南武陵(今常德市)人,生于清咸丰五年(1855)。他的祖父王德宽,当过济南府同知,伯父成谦、父亲成升都曾在山东做官,因而他与济南有着深厚的渊源。他从小在济南长大,一生中有很长时间在济南度过。在济南他有很多好友,不少为总角交,自少成立诗社,相互唱和。他35岁考中进士,离开济南,留京任职。其后22年内,他做过编修,任过御史,当过学政,署理过知府,南北飘零、宦海浮沉,但始终难忘济南的家家泉水、户户垂杨,济南始终是他魂牵梦萦的地方。在济南诸多挚友中,有著名女艺人王小玉,晚清著名作家刘鹗和众多的文人名士。过隙生在《明湖客影录》中有一首专写刘鹗和梦湘的《七绝》:"济南泉水女儿喉,写入浮纵动九州。不有老残工妙笔,何人识得梦湘愁!"王梦湘对白妞说书极为欣赏,除刘鹗在《老残游记》中作了精妙绝伦的描写之外,他自己也曾写过一首七古长诗,描绘白妞说书的情景,此诗后来收入他所著的《檗坞诗存》初集《济城篇》中。据记载,梦湘在官场上不得志,一生纵情山水,生长齐鲁,攀跻泰岱,西历秦陇,南登罗浮,皆见于诗,以诗词闻名于世。曾刊有《庐岳集》三卷、《檗坞诗存》正续集二十一卷等存世。1914年北京政府派原清朝重臣赵尔巽主修《清史稿》时,聘请著名学者131名进入国史馆担当其事,素有"湘西并世才子"之誉的王梦湘亦被邀,是否到馆不得而知。(《文史知识》1989年第四期)

▲ 严薇青撰《〈清诗人王梦湘墓志铭〉笺证》收《清诗人王梦湘墓志铭》。全文如下:

武陵王梦湘,余同年进士,国变后伏居乡里者十年,辛酉四月二十七日以疾卒。遗命署碑毋以官位,曰"有清诗人王梦湘之墓"。将葬,孤子传濂驰书来乞铭。

君讳以慇。曾祖讳和盛。祖讳德宽,由庶常改嵊县知县,迁济南府同知,终刑部员外郎。长子曰成谦,举人,官山东知县,以战功擢至道员,赏信勇巴图鲁,加布政使衔;次子曰成升,亦举人,官山东知县,回避改山西卒,即君之父也。

君生时,父梦神人授玉一方,曰:此楚宝也。六岁而孤,与兄以慇,俱育于布政公。年十九,登癸酉科顺天乡榜,而布政公卒。兄令乙亥榜,逾年亦卒。君失庇荫,门内多故,不得归,乃以笔耕自给。尝佐河帅及东抚幕。三十六成进士,授编修,充甲午甘肃乡试正考官。官京邸八年,改江西知府,权抚州及南康,补瑞州府。二年而罹辛亥之变。

君为人伉爽任气,刚直不挠,善博辩,议论古今事,多有创解,于人鲜所屈服;尤訾謷当世诸新政。自早岁才名藉甚一时,英彦乐与之交。顾少厄于家庭,继久困公车,幸通籍,锐意有所树立。或居言路抒谠论,而耿介不能希世,无大力之推挽。会取御史,复不用,因浮沈外吏以终。自言生四岁,即每寂坐工愁,自是毕生在坎坷中,是殆与俱来也。

君以无所适志,则肆力于诗及词,所自命甚厚。为诗才思横逸,天骨开张。其持论专主学杜,而极诋时人崇尚西江之弊。词则规抚白石,务为清邀。自少一与龙阳易顺鼎相唱和。

性嗜佳山水,生长齐鲁,攀跻泰岱,历秦陇,南登罗浮,皆见于诗。及官南康,又尝榷税九江,时时游庐山,探讨幽险,人所未经。得诗数百首,为《庐岳集》三卷。所自刊有《檗坞诗存》正续集二十卷、《词存》十六卷,世已多有。又喜集唐人句为七律,其数四千二百余首,分十集,各有际目。第十曰《鲛拾集》,专集太白、少陵、长吉、义山四家诗,各一巨帙,已先刊。君耽此盖数十年,巧合天制,读者往往叫绝。自有集庚以来,莫之匹也。

辛亥后,易名文悔,字占伤。吟事废矣,犹选录古今人诗及词若干卷,各有论列。夫以君志操卓然,且共过人之精力,使遇合于一时,必有名绩可指数,垂耀于汗青者,而白首汩没于此,为可悲也! 抑昌黎氏称柳子厚所谓不以彼易此者耶?

君生于咸丰乙卯年六月十四日,春秋六十有七。元配陈淑人,早卒,葬邑之方家山。继配潘淑人,先二年以送岑氏女归,卒于广州。二子:传经,陈淑人出,挑顺天乡试誊录,年逾冠而殁。娶妇朱氏,有子,亦相继夭。传滚濂,侧室苗氏出。女五:嫡出各一;其三苗氏出。长湘霞,适山左董氏,次湘雯,适粤西岑氏,三湘霓,适邑钱氏,四湘霭,适邑刘氏,五待字。以　年　月　日穿陈淑人墓葬君,并归潘淑人枢枢衬焉。

始余官京师,所过从恒与君及同馆江潜之、兵部王伯唐为最习。盖性不谐俗,四人有冥契者。已而伯唐殉庚子之难,潜之改官江左,以悲愤得心疾卒,余与君皆哭之哀。自后宦辙离合,所与共悲愉、相切劘者,独有君耳。讵知今海枯石烂时,又哭君而志其墓也! 铭曰:

潇湘之西,洞庭之侧,孕情育灵,终返其宅。有集常留,有石不泐,邈矣千载,报君抑案。

中江王乃徵撰(《严薇青文稿》第 205 页)

王乃徵,字聘三,又称病山,四川中江县人,光绪十六年(1890)进士。官至贵州布政使。著有《嵩洛吟草》《天目记游草》等集。和梦湘是同年。(《严薇青文稿》第 211 页)

▲ 编著者按:1891—1892 年间,因绘制《三省黄河全图》,刘鹗与易顺鼎有上

下级关系。刘鹗与王梦湘是挚友。王梦湘与易顺鼎也多有诗词唱和,见于《琴志楼诗集》的就有十多首,录王梦湘与山东、济南有关的诗三首于下:

▲《送王子能以慭、梦湘以慭兄弟返山左》:落花风不住,嘶骑又天涯。破箧安吟草,残灯选梦华。春余鹃有泪,客久燕无家。后夜愁烟雨,明湖万柳斜。(《琴志楼诗集·上》第19页)

《寄怀王梦湘以慭济南》:京华别后等劳薪,回首樱花二月春。浅浅论交因有母,茫茫对哭亦无人。狂奴意气传闻过,才子文章感慨真。太白楼高休独,醉吟犹恐动星辰。(《琴志楼诗集·上》第97页)

《王郎行寄梦湘山东》:

王郎手把芙蓉花,长身玉立恒河沙。青琴为知己,锦瑟为年华。声名动白云,意气凌紫霞。出口吐奇凤,当胸握灵蛇。南去丹山觅竹箭,东来碧水回蓬查。谓当撤大苏炬、乘小宋车,咏阶前红药,宣阁上黄麻。而乃凤泊鸾飘骏马瘦,才人四海归无家。歌不必斫地哀,表不必通天诡,醒不必求金丹,醉不必读青史。时来竖子皆英雄,运尽皇王亦山鬼。三五六经圣贤穷,十二万年仙佛死。名山尘海烟有无,旷代清愁可消矣。古往今来尽如此,为君上指百变莫测之浮云,下指一去不还之流水。行歌坐哭胡为哉,何时使我心颜开。逝将西䌽马于阆风,东钓鳌于罘莱,南探朱火之秘洞,北登黄金之高台,茫然四顾生悲哀。但觉古今悲欢离合可歌可泣事千万,一一远自斜阳秋草之间来。背负青天游八极,近日中原看不得。淮河水倒流,晋豫人相食,齐鲁疆连亦灾国。幸逢慈圣请命殷,龙颜半为苍生黑。君王远迈汉唐朝,儿女应蒙尧舜泽。露坐风餐金爵殿,云移电转铜驼陌。昨夜梦君不自聊,秋满齐州踏烟立。忆昔与君同妙年,五陵裘马争翩翩。醉向酒家楼上眠,此时意态如神仙。长安卿相直一线,岂知上第同登天。致身富贵非无术,憎命文章太有权。君策兖州骑,我登沧海船。路旁拱手不相顾,黄尘白日迷幽燕。聚处犹嫌疏,况乃离居一万里;途人犹恨别,况乃同心二三子。我有径寸珠,袭以千端绮。心欲寄君怅莫由,甘埋冷月荒潭底。古怨时时作霞起,君归济南经任邱,两地皆有太白之酒楼。我行更在极西夜郎天尽头。先生当日此地流,有楼亦占䍐山陬。二客登临倘同日,翻恐往还鲸背难为酬。夺公手中五色花天笔,借公胸中万顷云海秋。真灵位业不能以倖致,或者才名落落尚可人间求。狂歌痛饮偶然事,醉态不共风烟收。岂知今日有吾辈,意气公然横九州。自古仙才和沦谪,人生醉耳吾何忧。君闻此言会一笑,精魂更作西天游。昨岁得君书,手未开缄泪横睫。和我天宁诗,寸纸光芒发。西风人海别经年,酒梦虽寒心尚热。无端一读一缠绵,灯前字字堪头白。荆卿市,黄公炉,素筝浊酒悲来乎!君家元方玉楼杳,神㷊夜起惊三珠。俊游甫疏弱一个，更数年后将何如？我今散发蛮瑶瘴疠区，感君涕泪安能无。君勿为吴质愁，君无为唐衢哭，君勿从李广射，君勿从屈原卜。且餐鹊华岚，且饮明湖渌。且将泰嶽三千余里洞尽探，且将封禅七十二家书尽读。他年给札玉堂来，一变伤心才子局。年少落拓空能狂，梦中烟月疑欢场。平生同调忆双双，今我独立愁茫茫。前咆熊黑后虎豹，东飞鸳鹅西鸳鸠，安得挟汝置我旁。（《琴志楼诗集·上》第98页）

▲ 编著者按：《老残游记》第二回刘鹗写道："说着，那黑妞又上来说了一段。这一段，闻旁边的人说，叫做《黑驴段》。听了去，不过是一个士子见了一个美人，骑了一个黑驴走过去的故事。将形容那美人，先形容那黑驴怎样怎样好法，待铺叙到美人的好处，不过数语，这段书也就完了。"

据白妞王小玉再传弟子左玉华女士的讲述：为白妞伴奏的"弹弦子的人"，姓名是谢老华，其女谢大玉师从王小玉。20世纪50年代左玉华师从谢大玉学习梨花大鼓，能背诵《黑驴段》全文。《黑驴段》是说唱梨花大鼓训练的基本功，全是师傅口传，徒弟耳聆心记，无文字记载。1993年9月左玉华与笔者讨论刘鹗所听王小玉演唱的内容。10月应笔者要求，左玉华女士根据记忆，将《黑驴段》形诸文字并记谱惠赠笔者。

左玉华女士是目前全国唯一的梨花大鼓传人。1993年在济南"刘鹗与《老残游记》国际学术研讨会"和2009年江苏淮安"刘鹗逝世一百周年学术研讨会"上为会议代表演唱梨花大鼓受到热烈欢迎。左玉华女士1993年来信全文如下：

德隆先生安好：

大教捧读再三。函中所用"请教"之词，对我来讲实实不妥，我确有不敢承教之感。说句实在话，今后，在对《老残游记》的学术上还要经常多向您讨教。不知您是否怕我经常给您增加额外的麻烦。来教中所提的两个问题，根据我所知，作如下简单答复，未知您当意否？

关于《老残游记》中所写的白妞说书的情况："声音初不甚大""唱了数十句之后，越唱越高""几转之后，又高一层""接连有三四叠"、后又"陡然一落""愈唱愈低""愈唱愈细""忽有扬起"……我认为这是老先生当初听白妞之演唱时的感受，也是用文学语言对白妞演唱艺术的概括描写。所以这就很难说这是老先生指的白妞在唱那一个段子。具体到是哪一个段子才是描写中的样子，就很难说了。但就书中如上描写来看，白妞当时所唱的可能属于抒情性的段子，而不是"三国"故事里的武打段子。我想这大概属于唱词中连字句较多，发言吐字转慢，很婉转抒情的段子，类似是《鸿雁捎书》描写王昭君出塞的抒情段子。至于是什么确切的段子，我不能直接作答,望予见谅为盼。

第二,关于《黑驴段》,岁信将唱词抄录寄奉。这唱词,是我在六十年(代)初,谢大玉先生口授所得,从无见于任何文字,是我根据所学整理出来的,供参考。至于唱腔曲谱,您是研究民族艺术的专家,我们民族民间的许多艺术,世世代代都是口授,原本没有什么曲谱。何况即便是用曲来记录整理唱腔,只能将唱腔变成一种另外味道的歌曲,难以表达唱腔中的真正韵味。这大概是我们民族艺术之一大特点。既然先生要曲谱,我现将自己从老师口授中学到的唱腔,用曲谱记录几句(因工作太忙,时间有限),抄寄供参考。不能将全部段子的曲谱整理出来。何况曲谱在许多地方难以体现山东大鼓的奥妙之境与韵味,望先生谅解为盼。

函中先生对山东大鼓的关心与支持,我非常感谢。但目前要想成就一番事业,困难很大的,许多事不是个人所能及的。我希望今后能经常得到您的指教与支持。望不吝赐教育为盼。谨祝

安康长乐。                                  左玉华拜上    1993年10月30日

▲ 编著者按:1993年10月左玉华女士整理《黑驴段》全文:

二八学生正青春儿,打七岁进了南学门儿。

他上学先学《百家姓》,然后来念的是《千字文》。

上论、下论;上孟、下孟,五经四书全都会念,老师傅出题学生作文儿。

到五月端阳把学放,众学生上那十字大街前来散心儿。

众学生十字大街方站住,起正东嘚……喔,嘚……喔。嘚喔来了一匹小黑驴儿。

说黑驴儿,道黑驴儿,黑驴黑得有个意思儿:

白尾巴梢儿花肚皮儿,雪里站的四个小银蹄儿。

在嘴里衔着个铜嚼子儿,稀零哗啦铜锁子儿。

金鞍子儿、银蹬子儿,檀香木刻的的那个驴轴棍儿,

鞍桥上铺着个花褥子儿,正中间坐着一个小佳人儿。

说佳人儿,道佳人儿,不是十六是十七儿,

要问佳人怎么打扮?众位不知您听在心儿:

黑登登的青丝如墨染,红头绳子扎末根儿。左梳右挽的盘龙鬏儿。

一边梳上鼓,一边梳上磬,经卷佛法还有木拉鱼儿。

梳上七个小和尚,抿上了八个小道士儿。

七个和尚把经念,八个道士吹笙笛儿。

左边有两根乱头发,梳上个蜜蜂采花心儿。

这个蜜蜂儿有意思儿：伸着腿儿，乍着须儿，

瞪着眼儿，张着嘴儿，吱儿啦，吱儿啦的喝露水儿。

右边有两根乱头发，扑楞楞金簪一条菊花心儿。

菊花心里有个莲花瓣儿，莲花瓣儿里有个莲花盆儿。

莲花盆儿里没人坐。梳个童子打问讯儿。

水伶伶转悠悠的杏子眼儿，弯生生个柳叶眉儿。

江南的官粉搽满了脸，苏州的胭脂点嘴唇儿。

见人不笑不说话，一笑露出玉石牙根儿。

十指尖尖赛过嫩笋，满把的戒指是赤金而。

贴身穿的是云妆缎，外罩着琵琶叙扣写云儿。

扣鼻上又钉着花蝴蝶儿，扑楞楞，扑楞楞，桂紫"栏杠儿"一条领襟儿。

八幅罗裙在腰中系，腰扎着豆绿的、落瓣的，花而洋绉一条腰申儿。

小呢子烟包在腰里带，乌木杆子儿玉嘴子儿，里边盛阳天成家的香杂拌儿，

还有那济宁州南门外草桥口，李三九家的玉兰丝儿。

抽一口儿，香喷喷儿，叫旁人闻着光抽鼻儿。

下穿中衣鹦哥绿，丝线带子她扎了两根儿，织锦裤腿鸳鸯绣，

穿一双一星星一点点，星星点点，龙头凤尾红缎子花鞋绿叶根儿。

左手里拿丹徒汗巾儿，右手里拿的扇子儿。

说扇子儿，好扇子儿，

红股子儿，绿面子儿。扇子上倒有八出戏儿。一出一出有意思儿。

黑脸的，是敬德儿，陈州放粮的是包黑儿，

力杀四门刘金定，白猿偷桃孝母亲儿。

祝九红，梁山泊，逍遥庙避雨的柳生春儿，

张生就把莺莺戏，还有一齣打金枝儿。

小佳人催驴咱不表，在后边来了一个新女婿。

新女婿真不离儿，不是十九是二十儿。

大大的眼儿、双眼皮儿，雪白的脸蛋没有麻子儿。

纱袍子儿，袍罩子儿，他头戴一顶亮帽子儿，上安着二两五钱的红缨子儿，

大大的辫根是松三梱儿，熟线裢打着二两七儿。

腰扎着扣带子儿，扣带以上钉宝石儿。

提百灵，担画眉儿，腰里掖着两鹌鹑儿，

一个就叫菊花顶儿，一个就叫双凤眉儿。

左边带捉"瓶口"子儿,"瓶口"里边盛东西儿,

盛的是散金子儿碎金子儿。还有几张钱帖子儿。

记下女婿头里走,再后边来了一个小小子儿,

小小子儿,没年纪儿,不是十二是十一儿。

肩膀头上背篮子儿,篮子里盛些好东西儿:

五斤肉,两道礼儿,还有一双活鲤鱼儿。

左手里拿着小鞭子儿,藤子鞭杆皮繮子儿。

走一步他蹦三蹦,嘚……喔,嘚……喔,他嘚啦喔的赶黑驴儿。

小小子赶驴头里走,在后边来了一个小瞎子儿,

戴着六楞的席角子儿,梳着个撅尾巴的小辫儿。

白裤子,白褂子儿,光着两只脚丫子。

手里拿着竹杆儿,肩膀头上背搭子儿,

怀里抱着个小弦子儿,五六、五六、五六工尺唱小曲儿。

行行走走来的好快,来到了丈人的一大门儿。

有人慌忙往里禀,在里边出来一伙子人儿:

出来的大姐姐、二妹妹、三大娘、四婶子儿、

五姥娘,六妗子儿,七大妈,八大姨儿,还有两个小侄女儿。

搀扶佳人下毛驴儿,架着佳人向里走,

穿大门儿,越二门儿,慌忙进了上房门。让得佳人落了座,里边出了一伙人儿:

出来的大舅子儿、小舅子儿、妻侄子儿、妻孙子儿,……哼啊咳哟的老丈人,

来到了学生面前作了个揖,让得学生客厅里坐,倒把学生喜掉魂儿。

好难唱的《黑驴段》,一口气不来就憋死人儿。

**10月10日(八月二十日)** 《浙江潮》第八期发表《敬上乡先生请急速设法令高尔伊毁弃卖矿契约并力图善后书》《附:致高绅尔伊书》《浙江人听者!卖我浙江矿产者听者!!》《为杭绅高尔伊盗卖四府矿产事敬告全浙绅民启》四篇文章对高尔伊、刘鹗进行声讨并以暗杀手段威胁之。

▲《浙江潮·警告》刊《敬上乡先生请急速设法令高尔伊毁弃卖矿契约并力图善后书》(此函除缮写驰告外恐未周知,谨刊简端至祈 公鉴):

敬启者,某等羁旅异邦,心念宗国,顾瞻时局,百忧若痗。顾以为外人之欲吞噬我中国也,必从矿产入手。矿产之与铁路,本为伴侣之物。各国矿路所及之处,即为各国权利之所及之处。而中国自此长隶属于他人矣。前者侧闻杭绅高子衡(名尔伊)擅以浙省四府矿产勾引外人,高绅从中分其余利。是以一己之私而盗卖全浙

于外人也。例之卖国罪何所异？今日风闻益紧。闻政府已将调印果尔，则全浙土地自此非复我有。在高绅贪一己之利，不顾大局，妄行逆施，惟悍然思逞其欲，然吾浙人士若熟视无睹，不发一言，是则引盗入室，颠覆祖宗丘墓之乡，不独高绅一任之罪，亦全省绅士之咎也。某等越在海外，愤慷填膺，已于八月十四日合寓东京横滨全浙士商会议。金谓高绅盗卖矿产，祸及全省，万不能听其胡行。嗣后若有外人开采矿产之事，须归全浙绅士公议。此为地方所应有之权利。用特请诸乡先生即日集众开议，责问高绅，另废前约。高绅当自顾身家声名，必不至目无一人，敢抗全浙人士之怒。一俟高绅条约毁弃之后，一面即当会同绅商设局招股，略仿湖南办法，以绝外人觊觎。是某等所不胜切望者也。某等念切桑梓而去国道远，鞭长莫及。用特发函，请诸乡先生合议办理。某等更当竭力以遥，为诸乡先生之援。事机切迫，不容稍迟。应作如何办理，惟诸乡先生实图维之，并候见示。某等翘企待命之至。

**（附）致高绅尔伊书：**

顷者数接乡音，始稔意人已在衢严一带勘察矿脉，父老垂询利害未及裁答。而日报、旬报又喧哗传某绅盗卖全浙矿产，可弋利每百万之十二万金。一时舆议沸腾，集矢执事，某等窃焉疑之。夫以私人而鬻全浙十五兆人之公有产，以个人私利而陷浙人世世子孙于他族利益范围、势力范围之内。此即以路易朕即国家之威势临之，犹无以善其后，虽甚狂愚却顾焉，谓贤如执事而屑为此？曾忆执事一赴台湾，再典团勇，智略胆力，罕有其匹。加以急公义不辞劳怨，又根于素性而境遇之优，年力之富，俱足副之。洵乡先达之后劲，诸青年之先导哉。虽然外人狡猾之谋如狐如狼，尚不足状其可畏可怖之情绪。跬步之误，已成铸铁，而海上逐臭之。夫为虎作伥，导盗入室，但牟薄利，罔顾大局，或者执事本不欲为之，而诸奸人之以执事为奇货也。且意人垂涎浙江匪朝夕矣。曩者沙门湾之役，猝焉使轮江阴，以巨炮之口与督署作对待之方向，欲哀的美敦书之能，博岘帅一诺。岘帅屹然不为动，卒怏怏而去。今乃不以威胁而以计取一公司耳，俨安然攘我浙人四千年遗传之宝藏，十二万之饵，南澳土人捕猩猩之技耳，何拉丁人之智也。吾国势至于今，劣种人之奴，色绘之瓜分图。言之增唏，闻者增丑。若满洲矿权、若蜀若黔已入于俄德英意之手。最近者又若张翼之弃开平金矿而饰其名曰"华俄合办"。不知二十世纪之中国，新旧洋债将盈千兆，而盖藏久虚，菁华尽失，他日交通部、防御部诸大制造计将安出？想在执事更事较深，其怆念时局，义愤填膺当更有甚。某等者乃以壬人之言，重贻覆国之戚，窃为执事不取也。彼绐执事者固曰商会与国是无涉也，华洋合股，借彼之赀，辟我国之利源也。矿事就绪而市井贫民得逐生计也。然印度之奴于英也，非仅仅八万磅金之商会覆之乎。苏彝士运河之股票，埃及以财政困难而与英法谋之。英相狄尔毕忌法之分其运河权，乃于一夜间集股金杯一千万镑鬻之，约数日始宣之下议院。而埃及今已不啻为英领土，非合股之成效乎？白澳洲命名之原因，千八百五十一年，欧人始于巴沙士附近觅得一金矿。不数年而澳人遂以此一金矿而奴其利于澳人生计几何哉。执事试重思之，吾浙自衢案就绪，内地民人之抗外者一变而为媚外，固也。然此事果成，浙人闻执事不义之名，必有与执事反抗者。曩者鄞人李某将开奉化银山奥之矿，原议抽花利每百分之五兴地方义举，其名义尚非不正。乡民以矿泉妨害农业，力拒之，卒中止。竭执事之力，不过杀二三无辜之民，藉行其恐喝主义已耳。然苟大之而牵涉于国际而执事岂复能置身局外？虽然为执事计犹曰：得半而失半也。台湾被围时有巨富林绅者，以虚实告日军，冀市私德焉。至台城陷而日人尽藉其产而收之。想执事固稔闻之矣。执事谓中国能自强乎？能自强则不当以国家成立之础，社会发达之需要而赠之他族。十九世纪后固世所成为金类开化也，谓中国已绝望乎？绝望则每百万之十二又何爱焉？又何利焉？且执事之主持矿务也，固将以生我浙人而非死我浙人也。然闻执事所为藏之筐箧犹恐其不固，谋之闺阃犹虑其不密，得毋曰此君家事无与外人乎。我浙人苟有一隙之明，一息之喘，必不能俯首帖耳，任君之络头穿鼻不敢一较而置子孙宗祊之计于不顾。且亦思他日者，欲使吾国与欧美诸国立于对等之地位，则凡矿苗繁茂之地，皆工业建造之场，既主宰自人，则操纵由彼，将奴颜婢膝乞讨他族乎？抑盟之于先而即寒之乎？将使今游学于美、德、日本诸青年俟其学成悔过而以他族之小工人位置之乎？抑逆知浙人全省之力不足担任斯任，乃不谋之同胞而谋之异族乎！是诚东西各国产业史之奇策也。虽然知者十虑，必有一失，昔者曾文正公谓外人要挟皆难屈从，惟挖矿一事，借外国开挖之器，兴中国永远之利尚可一试办。由是观之，虽贤如曾文正，尚不免蔽于眉睫。执事之心亦可以昭示浙人矣。悲夫！权利尽失，大命亦沦，瞻我后人，窜身何所？惟我皇祖，实身恫之。某等与君，宗社同居，处同祖宗丘墓之乡，非秦越之异情而甘苦之异味也。某等之害，即执事之害，故不惮披沥陈之。冀执事之翻然变计，以保全浙人固有之利益。倘以为激怒执事而以速君之成议，则某等之罪，诚擢发难数矣。愿不弃刍言，辱赐琼言，不胜屏营待命之至。（《浙江潮》第八期）

▲《浙江潮·所闻录》刊《浙江人听者！卖我浙江矿产者听者！！》：

地蕴五金而不知采，民惑风水而不加惩，此吾国一般贫弱之大源也。吾浙矿产，饶于浙东四郡，前明多盗采者，禁之不绝。前年杭绅高尔伊等创设宝昌公司承办其事。闻者方欣欣相语以为无穷之利庶几兴焉。孰料若人者竟藉承办为名，暗招洋款，拱手捧全省之矿权，谨赠之于意商而乞其余以自肥。

夫欧人之某人国也，先以通商，继以路矿，终则尽吸其菁华，使之坐困。一朝有事，巨炮临之无不立摧。英之于印度、埃及之往事殷鉴矣。意人于我，何独不然？其前年来索沙门湾也，吾浙人士咸震惊不安，至今追忆及之，犹为心悸。高绅亦圆颅方趾俪然人类者也，宁不知自开关以还，吾国国势日以凌夷，列强眈眈，惟伺隙以乘我苟忘启其端，则将来燎原之祸必至不可以收拾。乃不是之惜，敢于引狼入室，为虎作伥，举亿万年无穷之宝藏以为献媚外人之贽见金图，博他日一高等奴隶之位置。是狗彘不食之徒，虽万死不足以蔽其辜。其残贪之性，喻之以非洲蛮族自鬻其父母子弟，以求一日果腹者不为过也。虽然彼有词也：是举也，本出廷旨，于己无关。则又掩过饰非，摇惑人听之说也。外力之消长，全省之存亡，其关键悬于此一举。纵时逼燃眉，无可奈何，尚须寻一线生路以自活。况既不自谨于先，又不补救于后，乘今日商部创立伊始，政府又未调印及早图之，犹可立毁成约，收回利权，重整旗鼓以完我天然之富利。彼乃不是之，图逭以事已至此，欲罢不能。劝以拒绝前盟而不从，招集华股而不听；刚愎自用，敢于敌全省人之公愤，是必有所贪者。在以是证之，则前日谣诼纷纭，金谓彼与意商立有密约，赢利每百万其十二入其私囊。是说之可信，彼虽身置百喙，无可以辩矣。吾乃大声疾呼以告浙人曰：浙东四郡之矿产，吾浙人之共有物也，断不可让之外人。意人封象长蛇，难盈其欲，使根据既固得陇望蜀，他日地图惨变颜色，其谁作之俑乎？凡吾浙人，苟有血气，断不能任彼断送吾侪祖宗坟墓、宗族聚居之一幅锦绣好江山于高鼻红须儿之手，永陷吾侪文明华胄于泥犁地狱，百劫而不可复，必将有以舒吾浙人之公愤，寒后来卖国贼之胆。想吾浙十一郡中侠风未已，岂无荆轲、聂政者，拔剑以起。勿谓姬妾盈前，每食十万，优游岁月，莫予毒也。（《浙江潮》第八期）

▲《浙江潮·专件》刊《为杭绅高尔伊盗卖四府矿产事敬告全浙江绅民启》：

启者。前闻杭绅高子衡奏，伊向义大利惠工公司贷款五百万，开办浙东衢、严、温、处四府之矿。乃今阅本年八月十五日《北洋官报》则谓其以矿产抵作银二百五十万两。再由义商出银二百五十万两，为购备机器早厂等用云。又谓所有一切厂务，均归义商主持。按官报所登，与高子衡所立宝昌公司章程（已登光绪二十八年十一月廿二、廿三两日《中外日报》），因原章与复奏只言"贷款开矿并未言及抵矿"，今据《北洋官报》，则高子衡实系先抵矿而后贷款。以《北洋官报》谓其以矿抵作银二百五十万，再由义商备资二百五十万，即其明证也。谓宝昌公司因招股不易，始与义商订立合同，改为华洋合办，则系风闻之误。据宝昌所定章程及外部复奏，已言明向义大利惠工公司贷款五百万。且查该章程中毫不言及招集华股之事。

惟宝昌定章中第十一条言明官地由公司备价承租,民地虽购买过户执业,仍须照中国原定田则完纳钱粮云云。又定章第十二二条,言及地主不愿令价入股分者,即按照原值给予股票云云。宝昌公司言及华股只有此条,且系附股而非正股,系以"实产易虚股而非实价"。据此以言,则高子衡直未预备招股借款以开浙东之矿,不过私立一宝昌公司与义商订约,以贷款二字上朦政府之听,以邀俞允,下盗四府之产,抵与外人以为自肥之计而已。夫高子衡不过一杭属之绅衿,本非四府之土著,又非全浙之人举彼为领袖,乌得贸然以四府之官地民产,擅售与外人耶?既非四府绅民委托,又不商诸全浙之绅商,擅盗公产藉肥其私,而不顾民业丧之于外人,权利之失于外人,其大不合者一也。

瓜分中国之实行,发源于路矿。有路而一省之险要失,有矿而路必及之。而一省之内地险要产物无不全失。今各省路矿之设,失权利于外人者,不知凡几惟有浙省一隅,尚未波及。前者义大利人虽有索东三门之举,后来卒未果。今高子衡又因抵矿一事,而向义人借款,岂非使义大利人乘此机会深入内地坐握利权,即此而遂其素志耶?且有矿必有运道,有运道必须造铁路,节节规取,浙省之寸土几何供外人之要求乎!且浙江省门户,全在浙东。衢、严、处三府,与江西、安徽、福建三省处处接壤。一旦因矿造路,险要全失。外人有可进之途,浙省无可设之防。因高子衡卖一矿而卖全省,是可忍孰不可忍?此其大不合者二也。

高子衡既以一人而擅售四府之矿,事非公允,亦非众愿。且查原呈及复奏之期限又甚迫促。只限其十二月中即全行试办,逾期则作罢论。噫,高子衡与义人立约以后,必急行办理。中国内地,向未开通,人情少见多怪。外人猝至,势必因疑生恐,因恐生谣,因谣生变。且外人初至,言语、性情、嗜好处处不与中国人相洽,必致因事龃龉争执。在外人以成约可恃,妄行其权威。在小民或溺于风水、或顾惜其产业,间必有抵抗争执之事。而外人即可藉于我国保护之不周,自行派兵保护。兵力所到,占取随之。是因高子衡一人私售矿产之故,且将上贻政府长吏以外交之隐忧,而种坐亡全浙之大患。其大不合者三也。

浙矿贷款,虽系高子衡饵伊、顾少兰树德二人出名,然顾不过附庸,主其成者,实惟高子衡。夫高子衡盗国产以肥家而不顾全省之安危,其罪一;让利权于外人以亡全省,其罪二;图私利而贻大患,其罪三。深望吾浙同胞激发公愤,阻其成约,同谋保全利权之法。及今以图,犹未为晚。因浙矿一事,高子衡虽已与义商订立合同,且得邀政府之应允,然义[意]商沙镖[彪]纳亦非资本家,尚须回国招股。而义国之资本家亦未必遽信其言肯将资本入股,必俟宝昌公司开办有效方肯如入股。故乘此设法,尚可破坏清末其约。且河南、山西各矿签字以后,言官奏参亦将原约改正，"则是与外人订约，在中国亦有可以改毁之例"。即使义人据约固争，以后亦当言可由浙人集资开采。以浙江之矿，归浙人自办，毋用假借外人，则义人虽横，亦无词以强夺我民间公有之业而据为己有也。昔日本当明治初年，国势屡弱，外情未通，外人即欲攘其路矿之权。乃先由英国贷款与日本政府代造由横滨至东京铁路，政府密与订约，民间初不知也。及签约后，士兵民大哗，以为日本之路何庸英人越俎代庖！一面力逼政府与之毁约，一面自集资本择日兴工。英人知不可侮，默然毁约而退。今吾浙人苟能仿日本之所为，何患义人之强横，何患高、顾之把持？况浙省为吾浙人养子孙长田园之根本地。一旦失者，无家可归，无祖宗坟墓可扫。吾浙人又何立足乎？言年及此，泪下如縻。切望吾乡长诸君，出而主持其事。如有发抒其高见者，请先于十日内外作函致三马路、望平街《中外日报》馆收下可也。谨启。寓沪全浙同人公具。（《浙江潮》第八期）

**10 月 21 日（九月初一日）**　以鸿都百炼生为笔名撰写的《老残游记·卷四》"宫保求贤爱才若渴　太尊治盗疾恶如仇"和《老残游记·卷五》"烈妇有心殉节乡人无意逢殃"发表于《绣像小说》第拾壹期。

**10 月（九月）**　再观周太谷中堂遗墨。在中堂左下题款识"光绪癸卯九月小门生刘鹗再观［铁云印］"。

▲ 编著者按：1893 年刘鹗第一次得见周太谷这一书法作品。本次是十年后的第二次拜观。其周太谷遗墨文字：

天潢疏润，圆折夜光之采；若木分晖，襛华朝阳之色。故能聪颖外发，闲明内瑛；训范生知，言容成则。　　　智归贤棣正可太谷〔太谷氏〕〔周星垣〕

周太谷这一中堂节临自唐初书法家虞世南所书《汝南公主墓志》。其原文：汝南公主墓志铭并序

公主讳字陇西狄道人

皇帝之第三女也天潢疏润囝折浮夜光之采若木分晖襛华□朝阳之色故能聪颖外发闲明内瑛训范生知观箴于女史言容成则犹习礼于公宫。

**10 月 17 日（九月九日）**　太谷学派同人聚会于苏州归群草堂。刘鹗是否参加，无记录。

▲ 编著者按：本次聚会黄葆年有诗《癸卯重九日集归群草堂》、朱玉川有诗《癸卯归群草堂重阳会》。

**11 月 3 日（九月十五日）**　以鸿都百炼生为笔名撰写《老残游记·卷六》"万家流血顶染猩红　一席谈心辩生狐白"发表于《绣像小说》第拾弍期。

**11 月 4 日（九月十六日）**　完成《〈铁云藏龟〉序》。叙述龟骨的来源出处、对拓

印文字进行考释、阐述拓印《铁云藏龟》的目的。

《〈铁云藏龟〉自序》：

龟板己亥岁出土在河南汤阴县属之古牖里城。传闻土人见地坟起，掘之，得骨片与泥相粘结成团，浸水中，或多或少数日，或月余，始渐离晰。然后置诸盆盎，以水涤荡之。约两三月，文字方得毕现。同时所出，并有牛胫骨，颇坚缎。龟板，一种色黄者稍坚，色白者略用力即碎，不易拓也。

既出土后，为山左贾人所得，咸宝藏之，冀获善价。庚子岁，有范姓客挟百余片走京师，福山王文敏公懿荣，见之狂喜，以厚值留之。后有潍县赵君执斋，得数百片，亦售归文敏。未几，义和拳乱起，文敏遂殉难。壬寅年，其哲嗣翰甫观察售所藏，清公夙责，龟板最后出，计千余片，予悉得之。定海方君药雨，又得范姓所藏三百余片，亦以归予。赵执斋又为予奔走齐、鲁、赵、魏之郊，凡一年。前后收得三千余片。总计予之所藏，约过五千片。己亥一坑所出，虽不敢云尽在于此，其遗亦憧矣。

毛锥之前为漆书，漆书之前为刀笔。小篆聿字，漆书笔也。从手持丨，象注漆形。盖汉人犹得见古漆书，若刀笔无有见者矣。是以许叔重于古籀文，必资山川所出之彝鼎。不意二千年后，转得目睹殷人刀笔文字，非大幸与？

以六书之恉推求钟鼎，多不合，再以钟鼎体势推求龟板之文，又多不合。盖去上古愈远，文字愈难推求耳。

龟板可识者，干支而已。如甲申（四三·四）、乙酉（二、二·三）、丙寅（五九·一）、丁卯（三六·一）、戊午（四二·一）、己亥（四六·二）、庚戌（二四·三）、辛丑（四六·三）、壬辰（六〇·二）、癸未（四〇·四），惟"巳"字不见。其百十三叶第四片，仿佛"辛巳"，是否？未敢定也。

龟板岁皆残破，幸其卜之繇辞文本甚简，往往可得其概。如"丁酉卜大问角丁亥肜日"（二二·三），"庚戌卜哉问雨帝不我□"（散五·三）之类。若百廿七叶，左行曰"庚申卜厌问归好之子"，右行曰"辛丑卜厌问兄于母庚"。凡两段皆完好也。"兄"疑即"况"字。

凡称问者，有四种：曰哉问、曰厌问、曰复问、曰中问，中字作㚔。哉、厌两问最多。疑"哉"为初问，"厌"为再问。故《诗》曰"我龟既厌不我告"，犹言：我已再问，而龟不我告也。其称甲子有与后人不同者，如"乙子卜"（四·一），"今巳子月不雨"（二三·二），"癸子卜厌问妣父卜"（六七·三）之类。其称乙子、己子、癸子，皆后世所无也。

钟鼎凡有象形者，世皆定为商器。此于车、马、龙、虎、豕、豚等，皆象形也。其他象形之字甚多，钟鼎有立戈形，此"戊""戍"二字皆本之。然则立戈者，有戍边之意，"戊""戍"二字，并由"戈"字来也。

𠕒，雨字象形；𧢲，角字象形。石鼓文"君子云猎"，"猎"字下从云从角，与此正同。凡问角皆为雨旸事。《春秋传》"龙见而雩，雩雨祭也。"龙，东方苍龙七宿，角实为之首也。

象形之字既多，可知其为史籀以前文字。何以别其非周初？观其曰"问之于祖乙"（三·三）、"问之于祖辛"（五四·一）、"乙亥卜祖丁十五牢"（三三·一）、"辛丑卜厌问兄于母庚"（一二七·一），祖乙、祖辛、母庚，以天干为名，实为殷人之确据也。

𠃌字，见杞伯每父敦。𠃌字，疑其象龇形，以与鼎彝龇文相近也。"龇父"，当是掌卜者之名，故称"龇父"。卜者甚多，其卜占二字，往往加𦣞，以为识别。未详其谊。

龟板、牛骨两种，牛骨居十之一二。初本分别拓之，后因装治淆乱，遂不及厘正，然不举其概，恐阅者病焉。其五十一至六十，此十叶中，正五十六、七、八，皆牛骨，余悉龟板，以此类推可知矣。

龟板文字极浅细，又脆薄易碎，拓墨极难。友人闻予获此异品，多向索拓本，苦无以应。然斯实三代真古文，亟当广谋其传。故竭半载之力，精拓千片，付诸石印，以公同好。任是役者，直隶王瑞卿也。　　　光绪癸卯九月既望，丹徒刘铁云识

**约 11 月 18 日（十月一日）**　以鸿都百炼生为笔名撰写《老残游记·卷七》"借箸代筹一县策　纳楹闲访百城书"发表于《绣像小说》第拾叁期。

**11 月 24 日（十月六日）**　就浙江开办煤矿事，在《中外日报》发表《矿事启》，声明：山西、河南、浙江三处借款办矿皆仆（刘鹗）经手，无庸讳也。回答《浙江潮》及各报纸关于"仆与高子衡私卖全省矿产"事。

《矿事启》：

近来读各报纸，痛责仆与浙绅高子衡私卖全省矿产，云得银三百万两，每百万两与高十二万，继又谓贾四府云云。致动留学日本学生之众怒，有指仆为罪魁者，且逐日登报，冀激动全省绅商与高为难。此事仆本可不辩，因其论说有害大局，故不得不详陈始末，俾天下明哲，共决此案，以定是非。

仆自丙申年即与义商罗沙第君定交，帮同办理各项事宜。福公司、惠工公司皆所创也。沙彪纳君系罗沙第之代表人，于今九年矣。

山西、河南、浙江三处借款办矿皆仆经手，无庸讳也。浙江之矿经前抚奏明，奉外部饬照新章，改定合同，于去冬照改覆奏，奉旨依议，至公非私也。借款办矿，商借商还，六十年后全矿报效国家。若有华人筹得巨款，立刻可以收回，非卖也。浙

江事浙江抚台奏之,中国事中国皇上许之,非擅也。至云得贿三百万,每百万高子衡得十二万,其余八十八万必为仆所有矣。夫三百万巨款也,非可提挈而至者,由义汇华,由华转入各处,必有银行、汇号、钱庄等处经过,皆有底账可稽,诸公未必随意捏造,自当有所见闻。款既由仆分派,仆即有此款之主权。请诸君明查暗访,如查有实据,仆愿将此款罚出充公;如查无实据,诸君其何以教我? 不但三百万也,无论或百万,或十万,或一万,如果查出系仆与高子衡因浙矿所得之贿,皆愿悉数充公,断无怨悔。

古人云:“以己之心,度人之心,未尝不同。”实有不尽然者焉。德国之兴也,以得赍赐;日本之兴也,以福泽谕吉。往往以一二人之力,挽回国运。范文正公曰:“天下之兴亡,匹夫与有责焉。”诚至论也。

仆自甲午以后,痛中国之衰弱,虑列强之瓜分,未可听其自然。思亟求防御之方,非种种改良不可。欲求改良必先开风气,欲开风气必先通铁路,欲通铁路必先筹养路之费,筹养路之费舍农工商矿更有何赖? 而农工商三者之利,其兴也必在风气大开之后。缓不济急,只有开矿一事见功易而收效速,为当务之首矣。然二十年前开矿者不下三四十处,率皆半余(途?)而废。盖以华人非所专长,故易败也。又思凡外国商力所到之地,即为各国兵力所不到之地,则莫若用洋商之款,以兴路矿,目前可以御各强兵力之侵,逐渐可以开通风气,鼓舞农工。卒之数十年期满,路矿仍为我有,计之至善者也,故毅然决然为之。一国非之,天下非之,所不顾也。其中有利无害情形,前上山西抚帅禀稿言之甚详,附呈请鉴。

诸君之误,误在不知商力、兵力之分,所以如此,请再以实事证之:福公司道口铁路,豫抚派韩观察总办一切。韩于去年禀抚宪云,福公司所造系运矿铁路,固请外部照会英使,不准载客装货。夫铁路而不准载客装货,犹人扼其吭而绝其饮食也,不死何待! 英使回文,力言断不能遵云云。然以外部尚未有准其装客载货明文,迄今半年有余,仍不敢装载人货。人以一候补道之所言,即不敢违如此,况督抚乎。此商力所限,不能不遵国宪之证也。倘增将军饬俄国铁路不准装客载货,周中丞饬德国铁路不准装客载货,二国遵乎不遵? 兵力、商力固判若天渊矣。

中国地方繁富,长江绾其要冲,然旅顺可去,胶州可去,而长江一带独安然无事者,各国商力所在也。旅顺不如营口,旅顺去而营口留;胶州不如烟台,胶州去而烟台留,非兵力之不足,商力阻之也。商力之功,岂浅鲜哉。假使东三省有高子衡、刘铁云其人者,早引商力于内地,俄人虽强,亦断无今日之事,不待智者可知也。况矿路与租界犹大有别,租界系永远租与洋人,主权在彼;借款办路矿系我借洋人之款,我请洋人办事,主权在我。若云既谓主权在我,何以工程师、矿师不能听我调度？譬如使缝工裁衣，不能任主人之横下刀剪，其理一也。总之人各有学，学各有宗旨，仆之宗旨在广引商力以御兵力，俾我得休息数十年以极力整顿农工商务，庶几自强之势可成，而国本可立。抚念时局，蚤夜彷徨。捧土塞河，诚自知其不量；竭愚尽瘁，要无非忠君爱国之忱，知我罪我，惟诸君裁之。

诸君又以湖南之举为善，不知此举只可以拒商力，不足以拒兵力，庄子所谓为大盗守也。将来设遇教案，恐举全省而卑人矣。诸君所欣羡者，仆所痛苦流涕者耳。仆之宗旨如此，高子衡信仆之言，激动爱国主义，愿任其事，顾少关系局外，与此毫无干涉，北洋官报乃传闻之讹，理合附白。（《浙江潮》第十期）

**11 月 25 日（十月七日）**　《中外日报》再次刊出《刘铁云呈晋抚禀》。

▲ 编著者按：《刘铁云呈晋抚禀》见于本书 1897 年 4 月 3 日（二月二十一日）。

**约是年 11 月（十月）**　应刘鹗之邀请，吴昌绶撰写《铁云藏龟·叙》，叙述龟甲文字之历史。

▲ 吴昌绶《〈铁云藏龟〉序》：

铁云先生获古龟甲刻文逾五千片，精择千品纂为一编，以印本见饷。昔之称古文字者彝鼎之外，泉币玺印而已。至如潍县陈编修之匋器、海丰吴阁学之泥封，皆出自近五十年，其数并累至千百。所谓今人眼福突过前贤也。乃兹龟甲古文又别辟一蹊径，菴缊既久，地不爱宝，一旦被豁呈露以供好古耆奇者之探索。文敏导其前马，先生备其大观。中间多象形字，复有祖乙、祖辛诸称，寀为殷人之遗，证谳显然，致足矜异。

昌绶谨案：《周官》"太卜""龟人"诸职详古占筮之法，大率灼龟占形，辨其经兆。其曰："既事，则系币以比其命。"杜子春云："系币者，以帛书其占，系之于龟也。"后郑谓："书其命龟之事及兆于策，系其礼神之币而合藏焉。"谊与杜异，皆不言刻龟为文。《史记·龟策传》出褚少孙肛补，恨无古事可征。《水经》郦注："高陆县民穿井得龟，大二尺六寸，背文负八卦古字。"此或龟甲自然成文，犹《尔疋》之"文龟"与纬书赤文绿字之类耳。今刻文明白，非可傅托。所能辨者日辰为多，顾亭林谓古人惟用以纪日是也。其"𢦏问""厌问"则命龟之事，辞甚简古。有一龟而二三刻者，又多见纵横交贯坼裂之形，殆所谓占兆矣。书阙有间，其详蔑闻。循是以求，足裨古谊。若其书体细劲，先生定是刀笔所为，在漆书以前。自宋时王、薛以暨近代诸家所橅夏彝器，大率类是。昌绶又观埃及碑刻及西书所传古时文字，亦多象形，往往与此绝相似。方今文轨大同，固宜有此瑰异之迹，旌示遐方，薪以达中外之殊涂，辟古今之奥键，斯通博所尚，匪资目玩已。又古人之卜不尽用龟，有鸡骨，有牛骨，有羊髀骨，散见传记。兹所出土龟甲之中，杂有牛胫骨，刻文正同，则三代时固先有之矣。

昌绶今夏尝从友朋称说,私窃论次,乃今获睹全拓,旅寄沪壖,书卷束阁,聊识册尾,质诸先生,譆见咇闻,诚知无当闳恉也。

光绪癸卯十月　仁和吴昌绶

▲ 吴昌绶(1868—1924),字伯宛,又字甘遯,号耘存,晚号松邻。浙江仁和人。光绪举人,官至内阁中书。工诗词古文,精校勘。室名双照楼。刻有《双照楼汇刻宋元人词》《松邻丛书》。著有《定庵先生年谱》《松邻遗词》《松邻书札》。

**约 12 月 3 日(十月十五日)**　以鸿都百炼生为笔名撰写《老残游记·卷八》"桃花山月下遇虎　柏树峪雪中访贤"和《老残游记·卷九》"一客吟诗负手面壁　三人品茗促膝谈心"发表于《绣像小说》第拾肆号。

**约 12 月 3 日(十月十五日)**　以蝶云为笔名为连梦青创作的小说《邻女语》第六回撰写评语发表于《绣像小说》第拾肆期。

▲《邻女语》第六回:"小民何幸十里荒林悬首级　长官不幸连朝今署苦逢迎"蝶隐加评(七则):

此回多微言,阅者当细读之,不可轻易放过。

死者之衣,即为生者剥去,的是庚子年道中实情。

东光县树林人头,较之酒池肉林何如?

义和团借"不畏枪炮"四字,哄动一时。愚民信之,已觉可怪。不料一班士大夫亦复蠢如鹿豕。国家事,乌得不坏。

梅军掺杂拳匪,据闻亦属私忿,并非因公罪而诛也。

写出一个东光县糊涂昏聩的情景,俨然如画。今之自督抚以下,类同然也。

洋兵一节,大存所指。亦记者之微词乎?(《刘鹗集》第 553 页)

**12 月 8 日(十月二十日)**　《浙江潮》第十期发表《驳正刘铁云之矿事启及呈晋抚禀》并将刘鹗《矿事启》和《刘铁云呈晋抚禀》附录于文后。

▲《浙江潮·社说》刊《驳正刘铁云之矿事启及呈晋抚禀》:

十月初六日,某等于《中外日报》之附张内,见登有刘铁云因浙矿事一启。又于翌日附张内见登有《刘铁云呈晋抚》一禀。两件哓哓千言,稍明事理者均发指眦裂、同声愤激。然某等一般意见以为足以令吾浙谈矿事者警醒,并足令河南、山西之谈矿者警醒,实赖此一启一禀力也。凡科罪于刘者,亦当从末减。盖刘已不啻囚首垢面而自招口供于我国民前也。初、某等仅知私卖我浙江全省矿产者惟高绅尔伊一人而已,继而微闻刘实与谋。来告着纷纷,愈曰高实为刘之傀儡耳。苟深究其事,刘为首,高为从。然卒不能尽廉得其实情。天诱其衷心,使自行披露。在刘之意中，则自谓其巧，在某等之眼中，则转怜其拙，所谓盖而弥彰者非欤？且夫刘之利令智昏昕夕思所以攘三千年蕴蓄之宝藏，夺四亿人之共同之产业，自必竭尽智虑，坚竖一义，以荧惑我政府，以颠倒我国民。然后得惟所欲为，以遂其开门揖盗，垄断图利之私。求之不得，乃创一引商力以御兵力之谬说，眵唇弄舌，簧鼓一时。彼之其他一切议论，一切设施，因得由此一线递转而来。呜呼，刘铁云休矣！夫刘铁云本不足与辩，所惧者某等思稍缓须臾之瓜分而刘徧为之助焰扬波，靦颜不知耻，暴其丑曰学，售其谲曰宗旨。苟以彼之学为学，彼之宗旨为宗旨，鹰起而效其所为，诚恐锦绣河山，劫灰飞扬；神明裔胄，奴籍隳落；三稔五稔，跷足可待。至此乃知刘之因谋矿利而立谬说以祸中国岂不晚哉？以故某等今日 好辩也，不得已也。

某等闻西人自十六世纪发见美洲新世界、印度新航路以来，殖民事业捷足争先。所至赍美术雕琢绘画品给土人，赚重利，不转瞬间，墟其土矣，奴其人矣。杜甫一殖民地相贺矣。非商力之明效大验欤？

请言印度：英人以七万镑之小资本，组织一东印度会社，缮练士兵，建置寨堡，东边一片土，横仅五里，纵三十里。经营二十七年，印度主人翁地位阳如平常，绝不知有人将制其死命而覆其宗祀。洎至一千八百五十七年，实逼处此，一试暴动，庸讵知巴力门，竟因此决议，置事务宰相，举百八十万方里，二亿九千万人口而拱手于人哉！是为西人商力入印度之明证。请言非洲：英人初至非洲时，即创立南亚非利加公司、东亚非利加公司。一千八百八十六年皇加尼盖公司奏准在非洲辟土。一千八百八十九年十月南亚非利加公司亦蒙恩准以七十万方英里归其管辖。一千八百九十一年亚非利加公司兼并亚非利加湖公司，共得五十万方英里，而东亚非利加公司据有七十万方英里。商力所至地即归之。非洲瓜分因之结局。是为西人商力入非洲之明证。请言埃及：埃及财政紊乱，募借外债。英法商人中之善于投机者竞挟巨资本以应其求。当时土耳其见埃及新旧外债日益坌涌，以有碍租税阻之。而英法商人会议借入之策，以四百五十万元赂土帝及其左右。一千八百七十五年债主逼迫，上下束手，欧人乃进握财政权。虽有千百亚剌飞将，无以善其后。是为西人商力入埃及之明证。请言檀香山：自加喇古亚第一即位后旋与美过定约，免税开通商务。未几，岛中主权悉入美人掌握，因之致大乱。一千八百八十三年，卒以美人铎尔为总统。是为西人商力入檀香山之明证。

引而近之以论，则何以葡至澳门通商，而澳门遂为葡领也；则何以英至香港通商，香港遂为英领也。五口通商后上海一隅为商力荟萃区，犹忆曩年庚子和约成，英军驻扎于此，德军驻于此，法军日本军驻于此，逍遥河上万目共觀，则又何以故此？其理至粗极浅，三尺俈童亦能解决。是何刘之丧心病狂若谵若吃之至于斯极也。呜呼,以刘之谬说,充类至尽,某等不知死所矣。夫刘之意岂仅仅欲举一矿事以陷我大陆哉?商力而字,就广义言之,苟各国商人纷入内地,设厂备机,制造土货,敲骨剥髓,以罔大利。以戊戌年赫德所拟《内地机器制造货物征税章程》即主张是,识者痛之。然刘必赞成之,曰:是商力非兵力。上年谣传汇丰、华俄各银行钞票将通行。各省内地稍有知识者咸揣揣,以外人欲以一纸竭我现银,祸且不测,是惧然。而刘必赞成之,曰:是商力非兵力。铁路敷设权、航路交通权,以及承办电灯、自来水等种种贸易权,彼族汗血经营已得其泰半。失之东隅,收之桑榆,时不再来,所恨者尚有多数西崽刚白度为虎作伥耳。然而刘必赞成之,曰:是商力非兵力。充刘之意,岂不然欤?岂不然欤!某等以为,刘如因矿利而故为此言也,则亦已矣。若国自负其学,悍然迷信中毒于一己,势必流毒于海内,无疑刘又谓一国商力所及即各国兵力所不及云云。此尤属骇人听闻。今无论刘之说实未必然。果如其言,将引甲国商力入甲省,乙国商力入乙省,择十八国以支配十八省乎?将平均本部各省为几份,为各国划定一商力区乎?抑专欲选择一强且大之国,使各省官民绅商引其商力充中国全部,以代我御他国兵力乎?凡此皆百思而不能得一确解。虽然某等所最易得一决定义者,刘非直卖矿,抑将卖国,是殆欲巩固现在势力范围之基础而促成将来瓜分之局者也。甲午以来,长江一带与英订不割与他国之约。云南、广西与法订不割与他国之约。山东与德订不割与他国之约。所谓二重不割与者,是见诸报章、见诸论著,屡书大书不一书,除凉学动物外腭眙相顾久矣。盖列国之在亚东厉害,虽不相侔,要其于各省势力范围之规定,实为欧洲各强外交上公认之一共同政策。是故势力范围规定各国于各圈线中只知奋勇相扑,求种种实际问题与下手方法,以扶植范围内之势力,为尽天职。就表面观之,彼此似尚相妒嫉;就里面观之,彼此已默为承认亚东大势固如斯耳。刘试于平旦天良萌动时,一为自省,何以各国可引入我浙江之商力,只有意大利。意大利者在浙江有一半势力范围者也。三门之哀的美敦书,我浙人能忘之乎?盖犹前日事也。刘之祖宗丘陇暨将来生长子孙固无藉乎?然同是中国人,奈何贪一己之小利,竟为秦人之视,越人肥瘠漠然不加欣戚于其中。要之,某等可决言刘实全无心肝者。彼不引德之商力入吾浙,法之商力入我浙,英俄之商力入我浙,则是明知将来领有浙地者非意即英。英意相比较,英已得长江,而意或庶几,是一为揭破,如见其隐,自信与深文罗织者有间。呜呼,某等今日因此痛心疾首而正意大利脱帽相庆崇拜,祝刘铁云之秋也。事果成,其自今以往,吾浙之势力范围已确有根据。他日实行瓜分政策,吾浙自得藉意国之商力,以得意国之兵力,为之拒他国兵力之来蹂躏。我浙十一府七十二州县,吾浙有六十年外人承办之矿业即浙人有六十年鼓舞太平。坐视他省糜烂决不相关之盛事。父老扶杖、子女加额，吾浙人所当没齿不忘，馨香而尸祝之。之人非常刘铁云其谁与归？如是刘固快心满意，又岂料千虑之中，犹有一失，刘非搵一掬泪为湖南痛哭流涕者乎？则是本其所学与宗旨，确知中国商力卒无救于外国兵力。然何以与意人订约又杂入"如有华人筹得巨款，立刻可以收回"一条。中国今日经济上至危极险，固无虑此条实行。然万一绅商协力蹈湖南覆辙，吾浙人援此条以与刘言，刘又援此条以与意人言，刘应如何自疚失策，以痛哭流涕湖南者，覆痛哭流涕我浙江也。刘又奚用此条之骈指赘疣为也。学有时有进退，宗旨不应矛盾，而刘竟若是，将何以自解？虽然某等刺刺不休，不惮烦劳，愿再以仁人君子待刘，而为庄言正论以进之曰：某等诚不欲以朱仙镇之书生待公，姑如公意，援得赍赐福泽谕，吉范文正以相期，则于主权二字，尤不能无辨。公实一好言主权之人也。惜乎公实一不学无术之人也。故不得不将主权二字之字义一解释之。主权者，国家成立之要素也。其区别有二：一曰国法上之主权，一曰国际法上之主权。国法上之主权，又名对内主权；国际法上之主权，又名对外主权。主权之由来，欧洲硕学亦难得一确证。浮师脱罗氏曰：吾辈可以揣度知之者，实滥觞于古时人人私有财产时。故财产权者，主权之母。也。要之同为最高唯一之权则罔有间说。今且据国际法学者之学说为之臆断，凡得保存国家之独立权、自卫权、交通权以及其他种种特权等，曰惟有主权。故主权有完全者焉，有不完全者焉。不完全者则被保护国之主权也。忍哉，公乎奈何以被保护国处置我禹域也？公或未必作是念，然以公之事我中国，能仅为被保护国而止耶？西哲有恒言曰：贸易者，随国旗而行。又曰：贸易权、产业权常从主权为推移。苟世有涉经济学藩篱者，类能道之。夫贸易权即商力也。公今日非止以贸易权赠人，是并举产业权而赠之。何也？彼此各以其物交换，而退其时以货币为易中是曰贸易。若有人焉，盘踞我土地，利用我劳工，彼仅出其有限资本以罄我绝大利源，又安得谓之为商力？是公于商力二字认之犹不确切，惜哉！尤有说者，任何土地之生产力则无一定限制，而独于矿之生产力则有一定限制。中国一线之望，仅在乎矿。吾恐六十年后罗掘者已空，捆载者已去。彼孰欲供无求、束手待毙无俟著龟矣。公果贤者，则从此应悟主权之在彼不在此。且悟开矿一事为改良首务之说之纰缪而别筹他策以求开通为要矣。不然，公之所以倔强不服者，必仍曰是可藉此分利以救目前之急者也。姑举澳洲事以质公何如？一千八百五十年之顷，澳洲之发现金矿也。採金利大厚，其时矿工日得银五打拉。于是农舍耒耜，弃准绳，争先从事于採金之业。木材则远取之于瑞典、挪威，食品则仰给与欧美。夫澳洲先辟之地，林木非不多，食物非不产。然此物之供给所以远取外国者，无他，採金之利厚，多数人分利之数，不敌少数人得利之数之多也。所得者大,所失者小,利害权其轻重而已。公盍不一细思之不伦不类,引出韩观察一事。公何重视一候补道之权力,反在军机大臣、外务部尚书及各省督抚之上? 去年有一日本理发师穷极无聊赖,航海莅闽,乘舆往谒闽督。闽督即为之鸣炮、开辕门,鞠躬以迓之,盖势有不得已也。以彼例此,某等实不能贸然相信。况福公司挟国家势力不能拒其敷设权于前,而欲拒其输运权于后,彼之暂时听命或别有深意。谓福公司肯俯首下气,谨遵国宪则又谁欺? 公其休矣,公毋以为欲与公为敌者仅我浙江人而已也。某等犹忆今年春间,有一山西冀宁道吴观察匡者,以晋省得公力向福公司借款办矿,旋得部覆,举平孟潞泽平阳各矿尽入于福公司掌中。吴观察恫利权一失,制命在人,作一《致各州县招股开矿启》词治沉痛,中有"今日既有一福公司,后日必有无数福公司,地随路亡,种与矿尽,将永为奴隶而不得。"云云。《新闻报》从而论之,以为吴观察此启,真泪随笔下,是皆出于公之所赐。公其知之否? 呜呼! 而今而后公所服膺之学说,故犹可冒昧尝试而以全国人之性命、财产为经验场耶? 外人以加里福尼、澳大利亚之采取金矿造福世界不浅。我中国今日将为之续。法人某曾著《中国现势论》一书,谈矿事甚详。其要旨言:世界之煤产:今日世界之煤产出额,每岁几达六万万吨。使地球各国之蕴藏既尽,则此六万万吨之巨产不于中国求之而谁属焉? 其图侬如此,且公亦知《喀西尼条约》乎? 是盖一千八百九十六年李鸿章与俄使喀西尼所订者也。其第三条曰:俄国修筑铁道及采掘矿产之附近地,俄人可屯驻步骑兵队以资保卫。由此观之,吾浙得公引意人来采掘矿产,吾浙即得公引意人来屯驻兵队矣。尚何言哉,尚何言哉! 总之,某等自问绝非深拒固闭因妒生很阻挠矿事之人也,亦知中国实逼处此,决不能援如日本之所谓非帝国臣民不得为矿业人之条例也。《北洋官报》之言,岂有无因而至,安得以传闻之讹一语含糊了之? 公谨知遵守外务章程而已,公不知其奏折中又有勾结外人,辗转售卖,其弊必至利权尽失。为今之计,惟有明定一划一章程之言也。然则某等于此谓公之铮友焉可也;谓外务部之坐探委员焉可也。公如毅然决然一国非之而勿顾,则某等必有处之各自努力,毋再哓哓。(《浙江潮》第十期)

约12月19日(十一月初一日) 以鸿都百炼生为笔名撰写《老残游记·卷十》"骊龙双珠光照琴瑟 犀牛一角声叶箜篌"发表于《绣像小说》第拾伍期。

约12月19日(十一月初一日) 以蝶云为笔名为连梦青创作的小说《邻女语》第七回撰写评语发表于《绣像小说》第十五期。

▲《邻女语》第七回:"居庸关刘提督奏捷报 张家口沈道台赚敌兵"蝶隐加评(九则):

刘光才之战,言人人殊,此段或其实欤。

居庸关打着旗号吹着喇叭而来者，洋兵之游骑也。数游骑而令中国兵将骇乱如是，岂不可叹。

沈仲礼此次诱敌，颇得用兵之法。

德国统帅所言"中国未有一个能说话的"一句，骂尽中国官场。

"科甲出身，最无胆识"八字，骂尽中国读书人。

中国官善于发抖，一种定相，咄咄逼人。

德全县知县想做开国元勋，中国官那一个不存此意！

仲礼说洋兵用强力来夺，一篇婉讽之词，可惊可痛。

宣化府知府守旧党之怪相，如见其肺肝然。（《刘鹗集》第553页）

**是年**　与汪铭业相识，谈医学。决定以《要药分剂》一书为基础，搜集群书，重新修订。

▲ 编著者按：汪铭业在《要药分剂补正·序》中说"癸卯识先生于沪上。先生博雅人也，书藏富有，好古敏求，心期齐世，研理务精；朝夕过从，颇多裨益。一日出《要药分剂》以示余。曰：古今本草，以斯为善，惜乎门类不全，尚多遗憾。我欲搜集群书，补而正之。汝能助我参考否？余生也晚，不及见先大父　特庵公亲承医旨，暇检残篇，略知门径，遂自不揣，怡然允诺。先生亦欣欣，有疑必问，三易其稿，越二年而书成。"

▲ 汪先生名铭业，时正馆吾家，授五弟大经字涵九，六弟大纶字少云读书。（《关于老残游记》手稿）

▲ 刘怀玉《刘鹗与〈老残游记〉资料撷拾》：汪剑农本名汪铭业，字剑农，亦写作剑龙。光绪十七年山阳县诸位生。汪氏为山阳旧家，其先人明天启间由安徽之休宁迁淮，代有闻人。据《淮山肄雅录》载，其父师祁度、叔祁彦、师仪，祖奉章，伯祖奉宸、奉恩均诸生，曾祖世标举人。清末，家世衰落，为生计奔走，在刘鹗家中帮助做一些抄抄写写的事情。刘鹗所作《老残游记》，头一天晚上撰稿，次日即由汪先生抄正送连梦青家，再转送报馆发表。刘鹗的《要药分剂补正》，亦是由汪抄正的。刘鹗死后，汪为衣食奔走皖省。归淮后，曾增撰《淮阴龙兴禅寺志》。（《明清小说》2003年第3期第83页）

**是年**　结交赵凤昌，并此订为知己。

▲ 编著者按：1903年刘鹗定居上海。1905年12月31日，刘鹗致赵凤昌信云：弟至沪上已近三年，新交知己只有足下一人，不能不为足下告也。赵凤昌（1856—1938）：江苏武进人，早年曾入张之洞幕府，深得信赖。曾参与谋划"东南互保"。辛亥革命前后居上海，与政界人物、江浙名流来往密切，得以参与机密，出

谋划策。其居所成为南北双方非正式的议事之所,其本人被当前学术界评为"山中宰相""民国诸葛"。因是幕僚出身,注意保存来往函电、文稿。其价值连城的《赵凤昌藏札》计 109 册 36 函 2 729 通(件),今藏国家图书馆善本部。

**约是年** 命四子刘大绅学《易》,后又命刘大绅拜从太谷学派黄葆年。大绅以"龙战于野,其血玄黄"请教于父亲,回答:"多读自解。"

▲ 刘大绅《易象童观·代序》:

《易》非易读之书,然亦非难读之书。何以言之?则群言淆乱,无所适从,故非易也;途径尚存,黾勉求之,故非难也。以吾之经历言之,则年十三,从蒙师受句读。年十七,大人以家世习《易》,命执贽归群黄先生之门。先生受以"龙战于野,其雪玄黄"二语,不能解。归,请于大人。而大人但笑谕之曰:"多读自解"。自是遂专力于《易》,稽今五十年。虽颠沛流离,而一卷随身,终未尝舍。

方吾之初读《易》也,信程朱义理之书,继知其非。又以《易》为言事功者,不能通。更以之为权谋、为术数,终且专从考据训诂求之,徘徊迷途,凡二十九年,至四十五岁,自知终无学《易》之望,欲弃难舍。遂尽屏诸家言《易》之书,专读乾坤白文,前后无虑千遍百过。初无求解之心,只是安其素习,自慰寂寥而已。某日之夕,读至"龙战于野,其血玄黄"二语,忽觉"其血玄黄",语似可解。掩卷凝思,顿悟坎为血卦,震为玄黄。盖言次卦水雷屯象也,不禁大喜欲狂。在此狂喜中,又回忆大人昔日所谕,习《易》应从求象入手,及先生之言《左传》卜词,可佐习《易》,不知当日何以忘却。不遵父师所训诲,致数十年心力虚耗于诸家注疏议论之间。……

(《太谷遗书》第三辑第二册第 600 页)

**约是年底或下一年初** 《铁云藏龟》杀青梓行,是为"抱残守缺斋所藏三代文字第一"。全书六册拓印于"抱残守缺斋所藏三代文字第一"专用笺纸。收刘鹗所藏龟甲中 1 058 片,无释文。此为我国甲骨学的第一部著作。此后以刘鹗所藏龟甲拓印者有罗振玉之《铁云藏龟之余》、叶玉森之《铁云藏龟拾遗》、李旦丘之《铁云藏龟零拾》、严一平之《铁云藏龟新编》等。

▲ 编著者按:1903 年拓印《铁云藏龟》分六册:第一册,有序,收甲骨拓本一百六十片;第二册,收拓本一百七十四片;第三册,收拓本一百七十八片;第四册,收拓本一百七十六片;第五册,收拓本一百八十片;第六册,收拓本一百九十片。总计全书共收录甲骨一千零五十八片,除去伪刻与重复出现者外,实得一千零五十一片,是刘鹗从所收藏的五千多片甲骨中选出。《铁云藏龟》实际印刷不止一次,故目前所能见《铁云藏龟》不尽相同。上海博物馆著名甲骨学专家郭若愚先生曾对笔者说:以最早的印本为最好。陈梦家说:《铁云藏龟》印行之初,卷首本有罗振玉、吴

昌绶和刘鹗三篇序文,但附有序文的流行本很少。通常所见者,或删去罗序、或删去罗、吴两序、或无序。1931 年上海蟫隐庐的翻印本,只有吴罗两序。这因罗序有错误,所以后来特别抽去的(《殷墟卜辞综述》第 650 页)。笔者所见《铁云藏龟》,除拓印质量不一外,所收序文亦不尽相同,或有吴昌绶、刘鹗、罗振玉三序本,或有吴昌绶、刘鹗二序本。吴昌绶序写于本年十月、刘鹗序写于本年九月。罗振玉序,自述写于"癸卯""秋八月"。

　▲ 编著者按：刘鹗编印《铁云藏龟》为我国第一部甲骨学著作。宣统元年(1908)刘鹗流放新疆,所藏甲骨流散四方,数易其主。较早记录者有《罗振玉年谱》所记："中华民国四年(1915)乙卯。在京都。正月,辑丹徒刘氏藏龟墨本之未入《铁云藏龟》者,为《铁云藏龟之余》。"以此为开始,以刘鹗所藏龟甲为拓印、研究材料的书,陆续有：

### 一、罗振玉拓编《铁云藏龟之余》(1915)

1915 年罗振玉在日本,以刘鹗藏龟甲拓编《铁云藏龟之余》。收龟甲 40 片。有罗振玉序。

#### 《铁云藏龟之余》序

予之知有贞卜文字也,因亡友刘君铁云。刘君所藏,予既为之编辑为《铁云藏龟》。逾十年,予始考订其文字,为《殷商贞卜文字考》。时君则以事流西陲死矣。又二年,予所蓄手自拓墨以成《殷虚书契》八卷。又二年成《考释》一卷,则距君之死且数年矣。居恒辄叹,殷虚遗宝由君得传于斯世,而君竟不及见予书之成也。欲揭君流传之功以告当世,乃搜得君曩日诒予之墨本选《藏龟》所未载者得数十纸,为《铁云藏龟之余》,以旌君之绩,以告君于九泉。呜呼,君遂将藉此书留姓名于人间矣。岂不哀哉。

乙卯春正月上虞罗振玉记于日本寓居之殷礼在斯堂

### 二、叶玉森拓编《铁云藏龟拾遗》(1925)

1925 年叶玉森拓编《铁云藏龟·附考释》。收龟甲骨 240 片。有叶玉森序。

#### 《铁云藏龟拾遗》序

自卜龟出殷虚,吾乡刘先生鹗首网罗之,拓印千版,曰《铁云藏龟》。于是商人贞卜文字始见于世,而真古文遂辟一新天地。继兹言契学者乃稍稍出。归安孙氏、上虞罗氏皆湛深经史,寝馈籀斯,各有纂述。罗氏并与先生友善,先生殁,复辑其箧衍零拓为《藏龟之余》,以竟先生抱残守缺之志。某不敏,读诸书而好之,间亦妄有论列,成《殷契钩沉》《说契》《研契枝谭》四卷,薄书填委,卒卒少暇,所得眇浅,徒以耆好所在,莫可恝舍而已。今年春闻先生所藏,家不能保。王君瀓与同年柳君诒徵先后抵余处,爰得收其千三百版,乃就《藏龟》及《藏龟之余》未著者,选集二百四十版,手自拓墨,编订成册,颜曰《铁云藏龟拾遗》。管见所逮并附考释于后。将以付印,就正鸿达。今孙氏早归道山,罗氏岿然为海内灵光。它日见之,当更有重欷累叹者。惟是先生藏龟凡五千片今归余裁此数,它皆不知所往。窃恐一落贾胡,唯利是图,得不沦于沙吒利与异域,斯幸矣。

乙丑五月叶玉森

### 三、蟫隐庐本《铁云藏龟》(1931)

1931年上海蟫隐庐书店将1903年石印《铁云藏龟》与罗振玉拓编的《铁云藏龟之余》合印六册。扉页"辛未孟夏月蟫隐庐印行"。拓片旁附丹徒鲍鼎释文。保留吴昌绶序与刘鹗自序。有鲍鼎《铁云藏龟解文凡例》。后附录罗振玉《铁云藏龟之余》及《铁云藏龟之余·序》。仍名"铁云藏龟"。

《铁云藏龟》释文凡例

治契文之学以瑞安孙氏为最早。所著《契文举例》一取材于《铁云藏龟》。事属创始,其考释亦不免较为后起者为疏。今释此本当本孙氏,惟孙氏释误者则据各家改正之,注明"某字从某氏释。孙氏误释作某"。其字迹难识,孙释虽涉疑,似诸家亦无显证者,仍依孙氏而分注诸家同异于下。或有诸家未释之字,除孙释外无异释可参证者,虽心知其然,亦不得不以孙释为归。

各家注释,只为汇集,不加断定。盖自来考释古文,半出猜测,是非本不易决。矧以鼎之寡学,胡敢妄断?然读者苟顺其文义求其条理,去取从违,亦不难得其大要也。

诸家释文同异,惟于初见处注明,再见即不注,以省繁复。惟笔画小异者不在此例。

孙氏为考释时,斯学尚未昌明,自多误释。如"王"皆误"立","匕(妣)"皆误"人","旬"皆误"它","往"皆误"臺",干支字"巳"皆误"子","子"皆误"寅","午"皆误"申"。"难更仆数,多为注出",以便学者省检。

各家名氏第一次悉著其后,仅作某氏。但遇同姓者,仍每次必著其名。

契文每有一板数段及左行、右行、横书、侧书者,诸家考释各有不同。惟龟甲既多断阙,不能定其甲之部位,即不能审其字之行款。其显著易晓者,不必注其残泐,难之者又不可妄注。故只释文字,不论读法。惟遇顺逆相间及错互而书之处,略加注释,以便读者。

凡纪数字之字与卜辞无关者不释,不明晰之文不释。

《铁云藏龟之余》虽非刘氏手辑,然龟甲仍其所藏,故并释之附后。

此书释文因急于付印,为期甚促,夺漏讹误及前后参差之处自必不免。暇当更作校记以改正之。

凡考释契文之专书，俱已检阅，其单辞片谊散见各家书中者，掇拾难遍，遗漏滋多，亦当于校记中补之。

此稿既成，又假得同里叶玉森所为《铁云藏龟》释文稿本校改一过，是正甚多。他山之益，谨铭弗蕆。时辛未春三月丹徒鲍鼎识。

**四、李旦丘拓编《铁云藏龟零拾》(1939)**

李旦丘拓编《铁云藏龟零拾》简况：

中华民国二八年(1939)五月初版。孔德图书馆丛书第二种。沈尹墨题签。李旦丘作叙。有"凡例"说明。拓印龟骨九十三件，名为《铁云藏龟零拾》。后有李旦丘《铁云藏龟零拾·考释》。又有"追记二则"，并附"考释勘误"。

《铁云藏龟零拾》序

余返国后，执教鞭于北平各大学者凡四年余。因故南下至沪，久羁多暇。沈先生尹默乃勖余治契学，余亦有志于此。丁丑春稍稍涉猎诸家著作，未半年而八一三之役作。蒿目时艰，心绪紊乱，研究为之中辍者久之。直至去夏，吾友金且同君携会稽吴振平先生所藏甲骨拓墨九十三片来寄存馆中，且嘱余为之考释。余始屏除百虑，复专心致志于古代文字之探讨。按吴氏所藏甲骨，本铁云旧物，其中数片已见《铁云藏龟》。然多半系未经著录者。今得公之于世，其于学术岂无小补？爰不揣谫陋，略加按语于释文之后，以供读者参考。非敢妄立新说，自鸣独创，不过蠡测管窥，窃愿献其一得之愚耳。博雅君子其肯进而教之乎？

己卯正月江津李旦丘于上海孔德图书馆（《藏龟零拾》第 1 页）

**五、1959 年台湾艺文出版社出版严一萍重印本《铁云藏龟》，拓本旁又附以摹本。此后严一萍对《铁云藏龟》一书加以整理、断代、分类，收录甲骨 1 043 片，于 1975 年出版，名为《铁云藏龟新编》**

▲ 编著者按：笔者曾撰文《试论刘鹗对甲骨学的贡献》论述刘鹗是对甲骨的收藏、甲骨文的考释、甲骨学的传播三个方面都有特殊的贡献。在甲骨文的考释问题上，刘鹗亦在孙诒让《契文举例》之前。孙诒让 1904 年撰写《契文举例》由罗振玉在 1917 年出版。孙的手稿最初发现者是刘鹗的第二子刘大黻（刘厹仲、刘彝仲）。事见 1916 年 12 月 14 日王国维给罗振玉的信：

兹有一事堪告者：傍晚出蟫隐，见孙仲容比部《契文举例》手稿，乃刘彝仲携来者，以五元从蟫隐得之（今日出甚得机会。刘彝仲适在彼处售书，否则蟫隐畏其为人，未必购之）。书连序共九十六页，每半页十二行，行二十三字，其所释之字虽多误，考证亦不尽然，大辂椎轮，此为其始，其用心亦勤矣（□释为贞始于仲老，林博士与其暗合耳）。此书明年如接办《学术丛编》，拟加删节，录其可存者为之一卷，何如？想公知此稿尚存，当为欣喜。（《王国维在一九一六年》第 197 页）

▲ 编著者按：刘彝仲就是刘大黻，刘鹗的第二子。其人"吸食鸦片，不检行止，不为家中人和亲戚朋友所龀"，故王国维说"蟫隐畏其人"。

# 1904 年（甲辰　光绪三十年）　48 岁

1 月　孙中山发表《驳保皇报书》。

2 月　日本舰队袭击沙俄占领的旅顺口。日俄双方正式宣战。清政府宣布：中国严守中立。

11 月　陶成章、蔡元培等在上海成立"光复会"，从事革命宣传。

兄刘味青 55 岁。太谷学派学人：蒋文田 62 岁、黄葆年 60 岁、毛庆藩 59 岁。罗振玉 39 岁、王国维 28 岁。

**约 1 月 2 日**（癸卯十一月十五日）　以鸿都百炼生为笔名撰写《老残游记·卷十一》"寒风冻塞黄河水　暖气催成白雪辞"发表于《绣像小说》第拾陆期（原书第十二回）。

**约 1 月 2 日**（癸卯十一月十五日）　以蝶云为笔名为连梦清创作的小说《邻女语》卷八撰写评语发表于《绣像小说》第拾陆期。

▲《邻女语》卷八评语卷八："逃都院重入张家口　废道员二赚德国兵"蝶隐加评（九则）：

"旗下人是糊里糊涂的"，一语骂尽。

哄小儿的法子哄今日政府，诸公不知能行否？我欲向作者一叩也。

都统平日怨声载道，恐其被人乘机杀害。沈道台有特识，安得处处有此人？

都统嫌送礼不够，再送一座中国江山如何？

旗兵打听无事，又来应卯吃粮，中国兵那一个不如此？

沈道台付盈余银两，弥补库款，一大乐事也。彼牟利之徒，焉知大体骗了。

德兵下关，胸中早有成竹，岂今日贸贸然可同日而语？

都统说手下兵没有一个是洋兵对手，颇有自知之明。

都统说人糊涂，我不知中国人明白的是个甚么样子？（《刘鹗集》第 554 页）

**约 1 月 17 日**（癸卯十二月初一日）　以鸿都百炼生为笔名撰写《老残游记·卷十二》"娓娓青灯女儿酸语　滔滔黄水观察嘉谟"发表于《绣像小说》第拾柒号（原书

第十三回)。

**约 1 月 17 日(癸卯十二月初一日)** 以蝶隐为笔名为连梦清创作的小说《邻女语》卷九撰写评语发表于《绣像小说》第拾柒期。

▲《邻女语》卷九:"沈道台三赚德统帅 郑监司骈首太原城"蝶隐加评(六则)。

德国统帅中了沈道台调虎离山之计,不肯发难,是文短不是轻恕。

都统攘动,一派胡言,中国官个个如此伎俩。

毓贤痛恨洋人,是中国全国代表,又是中国官场惟一之见。

毓贤在山西诛杀教士,此篇用渡笔,惜未畅写其残忍无人之状。

郑道之死,有谓不确者,姑存其疑。

庄王临死之言,确是天潢贵胄世界。(《刘鹗集》第 554 页)

**约 1 月 31 日(癸卯十二月十五日)** 以洪都百炼生为笔名撰写《老残游记·卷十三》"大县若蛙半浮水面 小船如蚁分送馒头"发表于《绣像小说》第拾捌号。

**约 1 月 31 日(癸卯十二月十五日)** 以蝶隐为笔名为连梦清创作的小说《邻女语》卷十撰写评语发表于《绣像小说》第拾捌期。

▲《邻女语》卷十:"北洋大臣拜师兄 黄连圣母遣神将"蝶隐加评(九则)。

聂提督痛剿拳匪,获罪甚奇。下回补出,便见分晓。

聂兵后与拳匪誓不两立,各自为战,大小战将及百次,而拳匪于是乎尽。

拳匪要挟必杀聂士成而后肯战,未几聂士成战死,而拳匪终未出一战也。

本朝向例重文轻武,最是恶习,而有聂士成之报,可异也。

北洋大臣奏报胜仗到京,京师以为天下可庆太平,群相称贺。比至联军入京,以为诓报者。

端王犒赏拳匪银十万两,此银闻为李来中所得。

张得成骗取银三千两可发一笑,其情其景,宛然在目。

直隶总督拜跪黄连圣母,当时同寅亦相讥刺,而鄙夫因保禄位之故,不惜身命为之孤注,其愚真不可及。

拳匪所附托之神,离奇不经,虽小儿亦知其妄,而旗员中信之不疑,即是平日不读书之故。(《刘鹗集》第 554 页)

**1 月** 以"丹徒大有堂"之名为次女马保立碑于淮安。

▲ 编著者按:1890 年衡氏生刘鹗次女马保(马宝)。马保 1899 年去世,1904 年入葬于淮安。墓地现在的地址名称是淮安楚州区上河镇大后村韩庄组。刘鹗 1909 年去世,1910 年也葬在此处。2009 年 12 月,刘鹗逝世一百周年,淮安市

楚州区重修刘鹗墓,在刘鹗坟旁仍修有马宝坟。但未立碑。

**约 2 月 16 日(甲辰正月初一日)**  以蝶云为笔名为连梦清创作的小说《邻女语·第十一回》撰写评语发于《绣像小说》第拾玖号。

▲《邻女语》第十一回:"董二姑刘三姑脱离虎口  布政史按察史迎拜马头"蝶隐加评(四则)。

● 裕禄慷慨死节,与李秉衡同一畏罪而死,并非存心大义。

● 聂士成之死最惨,死时肚腹已腐,因死时适在夏日也。

● 张德成一无知小民,较之李自成万不及一。同为裂脑而死,意者天心厌恶,故设此严法以昭示后人耶?

● 二诗凭吊战士,自有身份。(《刘鹗集》第 554 页)

▲ 刘大绅《关于〈老残游记〉》阐述《老残游记》写作、发表过程说:方先君初草此稿赠连时,不过前三数回。迨连与商务订约,始继续作之。每晚归家,信手写数纸,翌晨既交汪剑农先生录送连寓。不独从未着意经营,亦从未复看修改。直待《绣像小说》刊出后,始复见之。登至第八卷,商务窜易文字,并删去一卷。连怒其违约,与有违言,遂不复售稿。先君因亦中缀。然当时稿在商务未经刊出者,尚有数卷也。(《关于〈老残游记〉》)

▲ 编著者按: 1. 商务印书馆《绣像小说》删去刘鹗撰写的第十一回为"疫鼠传殃成害马  瘌犬流灾化毒龙"。2. 此"卷十一"之后,未再出现于《绣像小说》,再提及《老残游记》已是 1905 年 10 月 27 日。

**2 月(正月)**  《铁云藏陶》一书拓印将结束。撰写《铁云藏陶·序》。

▲《〈铁云藏陶〉序》:

《易》曰"艮,万物之所成终而成始也。"予比来研究历朝书体,始恍然于成终之义。万物自成而始亦至成而终。真楷成于唐,唐以后无真楷;分隶成于汉,汉以后无分隶;篆籀成于周,周以后无篆籀。虽谓之曰真楷终于唐,分隶终于汉,篆籀终于周,不亦可乎?欲探隶楷之原汉魏六朝碑版,存者不下千通,可沿流而溯也。至于篆籀之原,舍钟鼎彝器款识而外,几无可求,学者憾焉。物不终閟,天未丧文。己亥岁,汤阴出土古龟甲盈万。予既精拓千品,付诸石印,以公同好。又以近年出土匋器,多三代之古文,品驾彝鼎而上。古者,昆吾作匋,虞舜匋于河滨;阏父做周匋正,武王赖其利器用也,以太姬妻其子而封之陈。可见匋之为器虽微,而古人作之正之者,皆圣贤之资,宜文字之足重也。海内名家尚未显诸著录。于是选择敝藏,嘱直隶张茂细心精拓,约五百余片。更益以旧藏陈寿卿家拓本七十余纸并付石印,是为"抱残守缺斋三代文字之二"。世之闳博君子,欲考篆籀之原者,庶有取焉。

计海内收藏家所得必数倍于此,吾其为之噶矢也夫。

光绪甲辰正月丹徒刘铁云识("铁云所藏金石"印)

(录于《铁云藏陶》石印本)

▲ 按《藏陶》初得时仅仅数十枚,铁云先生考其文字奇古,定为三代的灯檠,故名书斋为"五十瓦镫斋"。后来陆续有所得,又先后改为"百瓦镫斋""二百瓦镫斋",继而愈收愈多,没法追加,乃改称"抱残守缺斋"。《藏陶》出版后,陆续收得的,有两大箱,家人也就不大重视,后在日本归之罗雪堂。(《铁云年谱》第111页)

**约3月1日(甲辰正月十五日)** 以蝶云为笔名为连梦清创作的小说《邻女语·第十二回》撰写评语发表于《绣像小说》第贰拾号。至此连梦青和刘鹗与《绣像小说》的关系终止。

▲《邻女语》第十二回:"权臣搆祸杀三忠 罪魁偷生难一死"蝶隐加评(七则)。

- 穷翰林出身,便是极势利、极热中的小人。穷翰林听者。
- 徐桐恐贻后患,不肯提拔故旧门生。独知钟爱其子,岂知子即制其死命者。
- 想做开国元勋,岂仅徐桐、徐承煜两个?
- 徐相惟恐性命不保,卒至性命不保,反做出一篇丑历史。
- 徐相父子詬詈一词,绝妙一篇官场行述。
- 徐、启二人忽然念记父母,也是天良发现之时,也是遮饰之语。
- 李鸿章答徐、启二人之语,足见胸中自有主张。(《刘鹗集》第554页)

**3月(二月)** 《铁云藏陶》一书拓印后。又有《铁云泥封》拓印其后,请吴昌绶作《铁云泥封·序》。并自撰《铁云泥封·自序》。

▲ 吴昌绶《〈铁云泥封〉序》:

昌绶于癸卯冬始获识铁云先生。方汇"抱残守缺斋三代文字藏龟",先竟属为"后序"。昌绶谓此真古文之托以传者。论其美富,足与陈氏匋器、吴氏泥封相埒,辄引为喻。今年,第二编成,则藏匋之外,坿以泥封,适与鄙言不谋而合。且更有"藏泉""藏印"之辑。昔人所得一已难者,先生乃兼备之,斯诚宇宙玮观。后之言古文字者,蔑以加矣。

案古匋器以簠斋为最多,攀古廎次之,王广生侍郎太室真埙亦盛称于世。若泥封则惟子苾先生的三百余种,曾有考释已佚。鲍子年与潘文勤尝述其事。是虽汉人文字与匋同质,为拓土例以义起,坿录甚当。昌绶思举其中官秩名氏悉家靠索,以拾海丰坠绪羽琗山人之说印曰:私印欲其史,官印欲其不史,欲求其不史,夫史籍有限而兹则日出靡穷，补史亭中增此一例，抑后起者胜矣！

　　　　　　　　　　　　　　　　甲辰二月吴昌绶写记

　　　　　　　　　　　　　　　　（《铁云藏陶》石印本）

　　▲ 刘鹗《〈铁云泥封〉序》：

　　泥封者古人封苞苴之泥而加印者也。封背麻丝黏着往往可见，昔不见于著录。自吴荷屋《筠清馆金石录》六枚，称为印玺，误以为铸印之范也。云道光二年蜀人掘山药得一窟，凡百余枚。估人赍至京师，大半坏裂。诸城刘燕亭，仁和龚定庵各得数枚。陕西阆帖轩藏数枚不直落何处。予考《长安获古编》所载凡二十品，然则刘氏复有续得也。其后，蜀中山左各有出数枚为当日获。予不能得其详矣。姑以敝藏所有，拓付石印，附诸匋器之后。虽非三代文字，然其中官名多为史籍所不载。殆亦考古者之一助云。刘铁云识（"刘铁云"印）

　　　　　　　　　　　　　　　　（录于《铁云藏陶》石印本）

　　▲ 编著者按：光绪二十九年（1903）刘鹗刊行《铁云藏龟》时，命其为"抱残守缺斋所藏三代文字之一"，紧随其后的光绪三十年（1904）刊行《铁云藏陶》作为"抱残守缺斋所藏三代文字之二"。《铁云藏陶》是刘鹗拓印、研究三代文字著作中的第二种，是我国研究古陶文的第一本专门著作。刘鹗在《铁云藏陶序》中说明拓印《铁云藏陶》的目的是探讨中国文字的演变过程。《铁云藏陶》全书四册，由日本人山本由丁题签。其中第一到第三册拓印所藏陶器铭文，有刘鹗自序。第四册拓印刘鹗所藏泥封，有吴昌绶序和刘鹗自序。

　　**5 月 13 日（三月二十八日）**　在苏州护龙街汉贞阁见《宋拓淳熙秘阁续法帖卷第三》

　　**5 月 16 日（四月初二日）**　议定购买《宋拓淳熙秘阁续法帖卷第三》。

　　**5 月 19 日（四月初五日）**　从苏州回到上海。

　　**5 月 22 日（四月初八日）**　为《宋拓淳熙秘阁续法帖卷第三》题"后记"。

　　▲《宋拓淳熙祕阁续法帖卷第三后记》：

　　阁帖之后，如绛州、临江、汝州等帖，皆本阁帖翻刻也。若武冈等帖，则又绛州之翻本，品逾下矣。惟《淳熙秘阁续帖》系孝宗南渡后续得晋唐遗墨上石。孝宗工书法，赏鉴尤精，非若王著之多收赝鼎，贻讥后世，故品在阁帖上也。石至理宗宝庆中即毁于火，世间传拓极少，得其数行者珍若球图，况此第一卷为天下钟书祖本，右军《洛神赋》亦世所未见，一旦并得，喜欲狂矣。甲辰三月二十八日获见于苏州护龙街汉贞阁。四月初二日议定。初五日回上海。初八日补志。　铁云〔铁翁〕（《刘鹗集》第 637 页）

**6月18日(五月初五)**　在为《宋拓淳熙秘阁续法帖卷第三》补跋。

▲《石刻补叙》云:"《淳熙祕阁法帖》十卷,皆南渡后续得晋唐遗墨。首卷则钟繇、王羲之帖,次则羲、献书,三则欧阳询、肖瑶等七贤书……。"与此不合,恐有错简也。端午日。(《刘鹗集》第 637 页)

**6月(五月)**　作《午潮图跋》。

▲《午潮图跋》:

丁君问槎归自伦敦,以《午潮图》见惠。据云此去年伦敦画苑考取第二名之画也。英国故事:每季节收全□人之画,评其高下,取五人焉。被取者即为画学博士,不复再考。无□□□,各呈其平素最得意之作一幅,以资鉴别。故工画者思欲云奇,致□□携帐具,远入深山穷谷之中,以求佳景色,寓有所得。日夜构思,坐卧其下,□□□惟负而有已。古人名画写真若此,庶不愧乎。甲辰五月铁云□□□□□寓□□□〔刘铁云〕(《刘鹗集》第 642 页)

▲ 编著者按:油画《午潮图》系刘鹗珍藏。刘鹗跋于画左,跋已残损缺字。其画右上有罗振玉题款"甲辰五月铁云亲家属篆,稼民罗振玉。〔罗振玉〕"后由刘蕙孙先生珍藏。

**夏(五月或六月)**　因《山雪春融拟李咸熙笔意图》失而复得,再跋。

▲《山雪春融拟李咸熙笔意图》跋二

事过奇则伪,愈近伪则愈奇。此画己亥年复得固已奇矣,而庚子猝遭拳匪之乱,旧藏书画遗失殆尽。此画又复飞去。历辛丑、壬寅,至癸卯春又为厂肆所得。以有予跋,立即送至,大喜过望,岂真有缘分之说耶? 甲辰夏日补志于此　铁云〔老铁〕(《刘鹗集》第 641 页)

▲ 编著者按:《山雪春融拟李咸熙笔意图》上部为"山雪春融拟李咸熙笔意图",中为刘鹗题跋,下为"布袋和尚图",图下有跋:"好个禅和子,不卓锡,不穿履,袈裟裹身,趺坐自喜。俨乎其善思□塔焉丧其偶耳。六贼戕生皆孽根,收拾乾坤布袋里。四明杨纯恭题。"此图原系刘蕙孙先生所宝藏。2009 年 12 月 6 日原件曾在淮安市楚州区举办的《纪念刘鹗逝世一百周年系列活动·刘鹗文献珍品展》中展出一天。现由刘蕙孙先生后人所珍藏。

**约6月下旬(五月中旬)**　写信答复盛宣怀欲通过刘鹗购买福公司股票事。

▲ 刘鹗致盛宣怀信:

宫保大人钧座:敬禀者:前日蒙赐阅公件,兹谨恭缴,敬求鉴纳。哲美森于前礼拜来电云:礼拜一动身。至今未到,恐系下礼拜一,或有他身耽搁也。股票事,职道拟俟哲美森到,先探发一电,询其时价,然后竭力与之磋磨,能以五十数上下得为最妥。中国人买卖福公司股票，专系职道经手，必能设法取巧，以期毋负。宪台委任栽培之至意也。肃此具禀 敬请 钧安 伏乞垂鉴。职道刘鹗 敬禀

原信封：宫保大人 安禀 指分直隶试用道 刘鹗 谨呈（《盛宣怀档案》181140）

**约 7 月 4 日（五月二十二日）** 哲美森到上海。刘鹗与其见面。所谈内容之一是为盛宣怀购买股票。

**约 7 月 5 日（五月二十三日）** 致信盛宣怀汇报购买股票需要等伦敦消息。

▲ 刘鹗致盛宣怀信：

宫保大人钧座 敬禀者 哲美森于廿二日已到，与商包购股票事。据云：为数太多，能否如数，未敢悬揣。当即电询伦敦，两三日后必有确电，再为禀报。恭请 勋安。职道刘鹗谨禀

原信封：宫保大人 安禀 刘鹗 谨呈 （《盛宣怀档案》181142）

**7 月 19 日（六月五日）** 写信回答盛宣怀关于买福公司股票事，并谈怀庆煤矿出煤质量极佳。信后附有福公司哲美森英文信一件。

▲ 刘鹗致盛宣怀信：

宫保大人钧座 敬禀者：股票事，前日晤哲美森，嘱其将伦敦来电钞出并嘱翻译生译出发行恭呈。

钧鉴 又闻九江路有利安号者，亦可经手代购，又有长利号皆著名经理买卖股票事宜者也。可否派人兼访有无可以取巧之法。盖为款甚巨，倘能省一先令，总数即在万金以外。福公司股票，自广西事起价一落，中俄事起价又一落。正二月间，至每股九个先令，今者已经长至十五个先令，进步不为不速。

宫保如欲办理，总宜从速为宜。倘一经出煤，价必数倍，此后则日长之势也。闻怀庆泽盛煤厂（原文为"怀庆泽煤盛厂"），约九十月间可以出煤。其煤样经大矿师格拉斯考考验与英国威尔士煤同等。前者天津考验火力，敌开平煤一磴半至两磴，又无烟，甚合兵船之用。据云若价每磴二十两可以畅销，矿师利德云：现有机器每日可出煤二千磴。连水脚运至天津，成本每磴七元，即使售价二十元。每磴可赢利十三元。冻河四个月不计外，以八个月运煤计算得四十八万磴，即每年得余利六百二十八万元，其利之厚，可胜道哉！惟哲美森天津有事，须月底动身。倘别家可以代购甚善。如其不能，似宜拟趁其未动身前举办，免致长价吃亏也。是否有当，伏乞。栽

□ 敬请 钧安。职道 刘鹗谨禀

附呈：哲美森亲笔钞电一纸。

原信封： （正面：光绪三十年六月七日到。） 宫保大人 安禀 指分直隶

试用道　刘鹗　谨呈六月初五日。 （《盛宣怀档案》060437—1）

**8月26日(七月十六日)**　《时报》刊出《铁云藏龟》《铁云藏陶》出版广告。

▲ 编著者按：《铁云藏龟》《铁云藏陶》出版后，第一次广告出现在何报、何时尚不明了。仅《时报》刊登此广告约有半年之久。下为《时报》刊登广告全文：

**《铁云藏龟》《铁云藏陶》出版广告**

士生三千年后而欲上窥三代文字难矣！虽山川往往出鼎彝，十之八九归诸内府，散在人间十之一二而已。而收藏家又每以保护古器物为辞，不肯轻易示人。人之所得见者，仅摹刻木版耳。摹刻之精者如"积古斋""两罍轩"之类，又复行世甚希，好古者憾焉。

近来新学日明，旧学将坠，愿与二三同志抱残守缺，以待将来。故出敝藏古文，拓付石印。兹先成二种：一曰《藏龟》，乃己亥年河南汤阴县出土。皆殷、商纪卜之文，以刀笔□于龟骨，即殷人亲笔书也。凡一千余品，装订六本，售价六元。二曰《藏陶》，系十年前山东临淄等处出土亦属商、周文字。计五百余品，附以汉代泥封。泥封者，苞苴之泥也，官名多史册所遗。共装四本，售价四元。又印明拓《石鼓文》，每份一元。三曰《藏货》，四曰《藏玺》，明年续出。此皆本斋所藏之器物也。

至海内各家收藏钟鼎彝器，敝处搜辑拓本已得二千余品，拟参合诸家之说，彝撰释文，次第付印，以公同好。四方君子，或有秘藏古器以拓本寄示，或有心得释文，以说稿惠教，皆祷祀以求，不胜感激者也。

寄售处：北京、上海有正书局及本馆账房 抱残守缺斋刘铁云启

（《刘鹗集》第 669 页）

**10月17日(九月初九日)**　太谷学派学人聚于苏州归群草堂。这是太谷学派自 1902 年南北合宗后同人纪念李光炘的一次重要聚会。黄葆年为之作序并赋诗以记，学派诸人亦诗词记录之。刘鹗参加本次聚会后并"补题"诗一首。

▲
**补题甲辰重阳会**

刘　鹗

前度重阳会，风流不可攀。廿年劳梦想，此日得开颜。

哀乐感今昔，性情相往还。秋云虽不定，仰止自高山。

（《刘鹗集》第 573 页）

**甲辰九日会于归群草堂并序**

黄葆年

重阳处秋冬之交，利贞之象也，其性情乎。牧马归群性情之不忘于心者也。当日之两不忘也，当日之心也。龙川夫子之性情也，今日之不能忘也，今日之心也。

龙川夫子之淑其性而陶其情也。

自戊辰以至甲辰三十有七重阳矣，久而不能忘，愈久而愈不能忘。亲炙者不能忘也，闻风者亦不能忘也。此天下之心也，万世之心也。龙川夫子尽其性，以尽人物之性；尽其情，以尽人物之情也。

呜乎至矣，分体赋诗，曷云能继亦不失相时之意云尔：

佳日登高几度秋，齐山青接鲁山游。
三秋又听吴山雨，依旧秋心满泰州。

吴门寄客半闲身，艇子乘秋似汉滨。
千古燕支桥畔水，分明留照素心人。

彭泽新移三迳宅，鸱夷旧泛五湖家。
虎丘剑气凌千古，化作东篱隐逸花。

诗酒翩翩出世尘，远天鸿雁正来宾。
平山弟子龙溪友，笑与溪山作主人。

清琴变操作秋声，旅雁怀霜叫月明。
白发江湖悲永憶，咏归台上鲁诸生。

相思燕被黔南地，相望霜晨月夜天。
别有相将无限意，一时枨触到樽前。

（《太谷遗书》第二辑第二册第 192 页）

### 甲辰重九会于归群草堂分体得五律四章

蒋文田

佳会不常有，吴门秋兴长。剑藏千古气，花吐五湖光。
请念还他日，流风在此堂。新霜将旧雨，今昔总难忘。

青年曾结友，白首更相诗。虎阜风清日，龙川泽厚时。
况逢齐鲁彦，都带雪霜姿，南北同瞻仰，重阳一咏诗。

群玉山头月，何来蒋径寻。惟偕泊溪者，同溯在川心。

暮雨吴江曲,秋风海上琴。黄花一樽酒,从此有知音。

不用登高处,秋心满太清。眼前双塔合,天外一峰晴。
异域犹燧燧,同怀此弟兄。寻常诗与酒,真欲化龙事。

(《太谷遗书》第二辑第四册第 95 页)

### 甲辰重九会于归群草堂
#### 朱玉川

飘蓬走南北,不计几重阳。但看明镜里,别自有秋霜。
一别黄崖后,新霜生鬓边。心心思旧雨,三十有余年。
咏归台畔路,荒草遍山长。白发樽前泪,非关在异乡。
秋水厓前石,夕阳江上峰。寄言同志者。佳会最难逢。

(《太谷遗书》第一辑第五册第 268 页)

### 甲辰九日会于归群草堂分体得五古
#### 李泰阶

新霜作好秋,旧雨恋余泽。明发怀先人,啸歌永今夕。
抚序易为慨,即景欣可适。美人招满堂,列座敞瑶席。
移情水仙操,乞药蓬莱客。远岫来真青,芳醑倒寒碧。
琅然金玉章,邈尔画图迹。江风动清旷,山月生虚白。
古思纷在襟,凉抱不盈尺。感深积千念,情至通一脉。
素心不愿多,期之南村宅。

(刘厚泽手钞《双桐书屋诗钞》)

**10 月 19 日(九月十一日)** 翻译并转义封洋行大班既济给盛宣怀关于购买股票的信。是日并致宝如谈股票事。

　　▲ 既济给盛宣怀的信

来函译略　原函代呈

宫保大人钧座:顷由刘道传

谕,刻已电达伦敦,代购福公司山西全价股票四千股,每股十五先令。一俟接到购定复电,即当奉闻。恭请　勋安　　　　　义丰银行大班既济顿首

再购买四十万镑全价股票一节,同时电询矣。　　又启十一晨

(1. 后附有义利公司英文原信。2."义丰十一晨上宫保函,另译附"。)

原信封:九月十一日晨　刘铁云信　　电定股票四千镑一纸

义丰原信　　并译文式纸

股票头二三等数目

(《盛宣怀档案》101816—23 号)

▲ 编著者按：同日刘鹗致宝如函如下：

宝如仁兄大人阁下：

伦敦电已发去，但询以能包办四十万否，而意外既照今日价也。明知其不行，姑尝之耳。俟其来电，再为奉告。目下之四千镑，票计实金三千镑，俟来电购定，即请拨交义丰可也。敬请 时安。弟铁云顿首 十一晨(《刘鹗集》第 753 页)

**10 月 20 日(九月十二日)** 再给宝如信谈股票事。同日致函盛宣怀告所购股票已从伦敦寄来。请派人取股票。并对福公司股票与山西、河南路矿股票进行了解释。

▲ 刘鹗致宝如函如下：

宝如仁兄大人阁下：

适接义丰来云：伦敦回电已到，股票四千镑买定。请即转禀 宫保拨款由义丰出其收条。票由公司船寄来也。敬请 时安。弟铁云顿首 十二日下午(《刘鹗集》第 754 页)

▲ 刘鹗致盛宣怀函：

宫保大人钧座 敬禀者 前两月 宪台所买股票四千镑，计伦敦来者三千镑。职道卖一千镑，合得前数。昨日义丰来函云：伦敦票已寄到。乞委员持收条往取。肃此敬禀 恭请 勋安 伏乞 垂鉴。职道刘鹗谨禀 原函附呈

信封：宫保大人 安禀 直隶试用道刘鹗谨呈 (《盛宣怀档案》115282)

**10 月 21 日(九月十三日)** 早，刘鹗接罗沙弟[第]电报，谈办矿经费事。上午，盛宣怀派人取走股票。为股票上没有"河南"两字，刘鹗再写信进行解释。信中强调自己是公司的"创办人"。后又并对福公司股票与山西、河南路矿股票的区别和两种股票价值比例进行了解释。

▲ 刘鹗致宝如并转呈盛宣怀函：

示悉。股票上只有山西字样，无河南字样。固河南包孕在山西中也。请代禀宫保。

弟系公司创始之人，大致情形无不详细。如用之河南有误，为弟是问可也。如查出福公司另有河南股票，亦为弟是问可也(可以具结存案)。山西煤铁甲于全球，外国无不知之。河南不过为出路起见。其矿产不足动人。故不赘河南字样耳。当年创办事，因山西重，故弟自去；河南轻，故倩吴公去。非与吴公分主也。

刻十一钟，在义丰银行告知宫保已派人来接洽，大约是通商银行也。

今早罗沙弟［第］有电来，四十万之事大约可办。惟无须托名法国人，尤须机密。倘被英人知之，时事不谐也。令其将原点抄来，午后译呈。此请

宝如仁兄大人　午安　　　　　　　　　　　　弟铁云顿首　十三晨

在无论何时何处，福公司股票查出有河南字样者，弟皆甘手，请治以欺蒙之罪。盖此次股票中外一律毫无分别。弟所见者多也。　　　又白十三

（股票一纸计一百镑，附呈。票内有山西、河南矿务字样。）

（《盛宣怀档案》101816—21）

▲　编著者按：与前信共同保存的有刘鹗另写的纸条一张：山西、河南矿务每股每年分全利一成，积至一镑为止。此后再有余利，按五成分派，以后再得无五成，如公司收盘，所有进项存款先将抵还福公司股本外，余下滩派五成。

（《盛宣怀档案》101816—22）

▲　编著者按：对于福公司股票事。《盛宣怀档案》"福公司"类中尚存有对福公司股票解释的一封信，无落款且已残破。但亦应出自刘鹗之手：

前承垂问福公司头、二、三等股票缘起并其分别，谨详列于后：

股票本无头、二、三等之名目。因陕西股票眉子上序列三条，故名之头、二、三股票。□□头、二等者，洋人谓之福公司股票。三等者，谓之山西股票。

福公司股票，□□福公司之股票也，能分山西、河南矿物之利，而不止专分山西、河南矿务之利也。如四川信浦矿、信浦之路，津镇南路（此两路皆怡和与福公司合办）倘有余利，头、二等股票皆得沾之也。

山西股票者，专办山西、河南矿务之股票也。福公司别处矿务之利不得预分也。

以上头、二等股票与三等股票之分别。

河南、山西除开□□外（即人工薪水、材料等）所获余利提一分（如获利五百万，提一分五十万）为还本（此款山西□股票得□□）。九十分，再作为百分，以二十五分报销中国国家，余其七十五分归□□。七十五分再作为百分，以五十分归三等股票，以二十五分归二等股票，以二十分归头等股票，以五分为公司总办事人之花红（分此花红者皆为洋人）。

以上头、二、三等股票与三等之分别法。

头、二等股票之涨落与山西股票有关系而不尽同。目下别处尚未开办，大概与山西股票低昂相近。

因上条所说，分别□法如此，故头二等股票之价值亦因之而有定矣。大概头□股票敌三等票二百□股，二等票股等三等票十五股。此一时价值，非限额也。若福

公司别项矿、路(即指四川信浦等类)获利稍多,则价值必多余此数。若不能获利即少于此数,亦自然之势也。

以上头、二等股票与三等价值之比例。 （《盛宣怀档案》030633）

**12 月 9 日(十一月十六日)**　为《宋拓云麾碑》题跋。

▲《宋拓云麾碑跋》:

是碑辛丑五月从廉惠卿农部易得。据吴挚甫先生鉴定,以为宋拓,或曰此元拓也。论古斋代假得柯九思藏本,元拓也,实出此本下,然则以为宋拓未为过矣。光绪三十年甲辰冬至后三日铁云补志。〔刘铁云〕《刘鹗集》第 633 页)

**约本年**　拓印《铁云藏印·初集》。系用原玺印钤于"抱残守缺斋"专用稿笺。收印 421 方。

▲ 钤印《铁云藏印》一至四集。

铁云先生既在北京得到王懿荣旧藏钤印五百余方,又先后由赵执斋等人代收了数百方。在印行《藏陶》同时,选印《铁云藏印》共一至四集。但因不是石印,而是以原印由家中塾师汪剑农闲时钤盖,共只印了百十部,所以流传极少。后来全部藏印让归端午桥(方),端又编为《陶斋藏印》内容大致相同。所以家兄淮生说:"印有正书局所印之《陶斋藏印》。"蒋逸雪先生怀疑说:"岂鹗所藏器物,后归端方,端方乃并鹗之著述而窃取之耶?"其实两部书是一批铜印,并非端方窃书。(《铁云年谱》第 111 页)

▲ 编著者按:笔者所见《铁云藏印·初集》:书名"铁云藏印初集"(篆字),钤于"抱残守缺斋"(篆字)稿笺。全印谱十册,钤印 421 方,无释文。分别为第一册、50 面、50 方,第二册 40 面、80 方,第三册、37 面、45 方,第四册、34 面、34 方,第五册、33 面、33 方,第六册、40 面、40 方,第七册、40 面、40 方,第八册 36 面、36 方,第九册 37 面、37 方,第十册、40 面、40 方。其中第三册、第四册、第七册,有圆形印 18 方。第二册有菱形印 1 方。第二册有组印两组,各五方。

**约是年**　拓印《铁云藏印·续集》。系以原玺印钤于"抱残守缺斋金石"专用稿笺,收印 529 方。《铁云藏印》和《铁云藏印续集》均无释文。

**约是年**　钤《铁云藏印(官印类)》一册,存印 36 方。

▲ 编著者按:南京博物院又存《铁云藏印(官印类)》一册,为从无记录者。这可以称为"分类本"。封面隶书题签"铁云藏印"四字下有小字"官印类"。印 36 方钤于"抱残守缺斋金石"专印笺纸。此册用笺上有"铁云藏印初集"六字,其字体似现在的印刷体,与本书所收 8 册本《铁云藏印续集》相同,与本书所收《铁云藏印初集》用笺之篆字不同。

上海蒋人杰先生研究小学有年,编纂出版有《说文解字集注(上、中、下)》(上海古籍出版社 1996 年出版)。2009 年夏应编著者之邀,为《铁云藏印(官印类)》释文,分别为:1. □□□□、2. 安乐王玺、3. 亲晋羌王、4. 择地羌王、5. 武昌亭侯、6. 援将军张宝、7. 武□(严?)将军印、8. 柿官将军章、9. 司空、10. 邯郸少卿、11. 典军校尉、12. 左校令印、13. 骑都尉印、14. 駙马都尉、15. 部曲督印、16. 部曲督印、17. 千石别部、18. 军司马印、19. 军司马印、20. 军司马印、21. 军假司马、22. 假司马印、23. 白水仙都、24. 李鞼和印、25. 范晔印、26. 来谭之印(《六书通》著录此印)、27. 王朝之印、28. 马□(堂?)钧印、29. 相守之印、30. 间子林、31. 人(肖形印。双臂环抱、单腿下跪,背有一物)、32. 间欣和印、33. 泰兴王之章、34. 宏农(郡? 印?)记、35. 吴林印章、36. 东蜀曲里、37. 冀。

▲ 编著者按:《铁云藏印》及其续集是刘鹗拓印、研究三代文字著作中的一种。

《铁云藏印》是刘鹗在完成《铁云藏龟》《铁云藏陶》《铁云藏货》之后的第四部三代文字研究著作。《铁云藏印》有多种版本。原书无序,无任何文字。封面无题签。

吴昌绶《铁云藏匋序》:"昌绶于癸卯冬始获识铁云先生,方汇《抱残守缺斋三代文字·藏龟》先竟嘱序。……今年第二编成,则《藏匋》之外,附以'泥封'。适与鄙言不谋而合。且更有《藏泉》《藏印》之辑。"可知《铁云藏印》是刘鹗拓印三代文字中计划中的一个部分。与《铁云藏龟》《铁云藏陶》《铁云藏货》三书比较,有下列不同:

前三种著作版心上端楷书 1 行 4 字"铁云藏?",版心下端有"抱残守缺斋所藏三代文之★"两行 13 个字,版框文字都是黑墨石印。

《铁云藏印初集》版心上端 1 行 6 字"铁云藏印初集"、版心下端 1 行 6 字"抱残守缺斋藏"均为篆书。《铁云藏印续集》版心上端 1 行 6 字"铁云藏印续集"、版心下端 1 行 6 字"抱残守缺金石"均为楷书。

《铁云藏龟》《铁云藏陶》两书已经石印。《铁云藏货》虽仅存刘鹗拓印原件,但是款式与前两书完全相同。因此现在所能见到的以上诸书虽然用纸可能有所变化、清晰程度略有不同之外,几乎都是同一版本。但是《铁云藏印》系使用原印逐一钤印于"抱残守缺斋"的笺纸上。笺纸亦大致相同,但又各有区别。笔者所见《铁云藏印》多部,版心所用文字一致,但边框又不完全一样,或是直线方框、或是花边方框,且用印次序亦不完全相同。

关于《铁云藏印》的版本诸说不一。笔者所见《铁云藏印》,以《铁云藏印初集》十册,《铁云藏印续集》八册为主。

但是,60 年代钱杏邨"得《铁云藏印》两册"。上海大众 2004 年秋季大型拍卖会有"《铁云藏印》二册。北京"中国嘉士德第 66 期周末拍卖"有 7 000 多件中国书画拍卖，其中"两册《铁云藏印》合集"。此二册印本书编著者未见。此可以称为"两册本"。

又《松荫轩藏印目录（初稿）》："《铁云藏印》四集即四十八册"。初集十册，二集十二册，三集十四册，四集十二册，计二千方。这可以称为"四集本"。

又"《铁云藏印》装订四册"。这可以称为"四册本"。

综上所述，至目前为止已知《铁云藏印》有四种版本存世。本书编者仅见到其中两种，因此对《铁云藏印》一书确有继续搜集、鉴别之必要。

因《铁云藏印》用原章钤印，其数量显然少于《铁云藏龟》《铁云藏陶》。笔者亲见上海图书馆、西泠印社各存全套。并知钱杏邨、齐燕铭各珍藏一套。此藏本见茅子良《技道两进的齐燕铭》（1982 年 11 月 6 日《文汇报》）：

革命先辈中，忠诚党的事业，刻苦勤奋治学，"技道两进"又红又专的不乏其人，齐燕铭同志就是其中的一位。最近上海书画社出版了《齐燕铭印谱》，从中可以窥见他在篆刻方面的发展里程和艺术成就。

一九六五年九月，他获悉钱杏邨（阿英）得《铁云藏印》（铁云即《老残游记》的作者刘鹗）两册。连夜访借，与家藏本相校，写下心得。其中有"从来印谱甚少注明卷叶数者，藏印家谱即定，钤拓之役，每假于他人，因此次第淆乱，在所常有。西泠印社所出各印谱，其所款甚至张冠李戴，不校原印，何由而知。此所以印谱稿本之可贵也。"言简意赅。实为行家卓见。

《刘鹗集》根据《铁云藏印初集》十册和《铁云藏印续集》八册本影印。和《铁云藏印·官印类》一并影印。

▲ 编著者按：1990 年 8 月杭州西泠印社出版有徐敦德选编之《铁云藏印选》。收印 894 方并附文释于后。

其《前言》如下：

刘鹗，字铁云，号志（老）残，斋名抱残守缺斋。江苏丹徒县人。生于 1857 年，卒于 1909 年，终年五十三岁。他学识渊博，在文学、历史、文字、金石考古等方面均有相当造诣。平生酷爱古董，收藏极富。他是小说《老残游记》的作者，又是中国第一部甲骨文著录《铁云藏龟》的编纂者，还著有《铁云藏陶（附泥封）》《铁云藏货》《铁云藏印》等书，于文学之外，在学术上的贡献尤其巨大。

西泠印社藏有《铁云藏印》初集十册、《铁云藏印》续集八册。原为篆刻家张鲁庵所收藏。印社于一九六三年向张鲁庵的家属征集的得来。本书所收先秦古玺、秦汉魏晋等代印章均选自这十八册钤印本。

这次选编时，剔除了其中印文严重锈蚀漫漶的部分和个别赝品，有些玺印文字岁有少许漫漶，但尚可辨识的仍予收录。原本玺印排列次序较混杂。由于没有见到原玺印，原本又无这些传世的印材料、纽制的记录，出土资料不明，所以这次选编时，除适当考虑印风特点外，原则上按文字形体的次序，作了重新排列，肖形印则收录于后。

原本无前言后记，也无释文。为方便读者，本是加注了文释。通假字、异体字、多义字在括号中注明，存疑之字只做隶定，不识之字和字迹模糊之字以打方框表示。释文采用简体字，除个别古文字和简体字形同义不同者外，一般古今字不再标明。

古玺印文字释文，涉及历史、古音韵、文字、篆刻、古地理、姓氏谱牒等多门学科，囿于视野，释误之处在所不免，敬祈贤者指正。

编者一九八九年二月二十日

（《铁云藏印选》第 1 页）

▲ 编著者按：《铁云藏印选》释文如下：

001. 宰（牢），002. 厶，003. 丽昌，004. 汤匰，005. 私玺，006. 厓復，007. 悊，008. 公孙詈，009. 千秋，010. 侌（阴）堂（上），011. 事堂，012. 官安，013. 事旗，014. 游，015. 悊（哲）事，016. 信鉨，017. 王生达，018. 晋，019. 千秋，020. 王敳（禀）右司马鉨，021. 乐阴司寇，022. 长逮，023. 长腮，024. 长匜，025. 康郵，026. 左市，027. 公孙恭，028. 禾，029. 尚，030. 库，031. 事，032. 富，033. 丌，034. 公孙□，035. 平，036. 百尚迺，037. 王迂，038. 富，039. 宋平，040. 毘丁，041. 悊（哲）行，042. 明上，043. 雒，044. 敬事，045. 中士，046. 长沽，047. □□，048. 王耳，049. 瘳（廖）兔公，050. □狐，051. 敬上，052. 肖（赵）堂（上），053. 乐隧，054. 王蔑（蔑），055. 郵閒，056. 奠（郑）坪（平），057. 厓牙，058. 生上，059. 古王翁（均），060. 千千薰，061. 可以正下，062. 悊（哲），063. 玺，064. □庆，065. 畋（田）聑（听），066. 乔瘦，067. 明上，068. 公孙訢，069. 馬，070. 屯阳，071. 邸（祁）朔，072. 肖（赵）襄，073. 南中，074. 一心慎事，075. 宜有千万，076. 禾，077. 悊（哲），078. 悊（哲），079. 敬，080. 云子思士，081. 和，082. 长中，083. 长狖，084. 长内，085. 长怡，086. 长筦，087. 长齇，088. 王弜（强），089. 王忎，090. 王銮，091. 肖（赵）猲，092. 肖（赵）往，093 貯羊，094. 貯喜，095. 貯妾琪，096. 貯諫，097. 事犹，098. 事丁，099. 事痈，100. 曹逸鄍，101. 曹鴜，102. 百疲，103. 公孙□，104. 容（空）侗（同）皮，105. 龙赴，106. 吴熤，107. 杨鲁，108. 梁海，109. 王肯，110. 王疲，111. 王綸（紟），112. 肖（赵）谨，113. 肖（赵）乙，114. 肖（赵）余，115. 肖（赵）暨，116. 肖（赵）

绸，117. 肖（赵）安，118. 韩谏，119. 立奇詗，120. 軷，121. 孙犊，122. 雚（霍）襄，123. 乐书，124. 粤（屏）銲，125. 韩甚，126. 雚（霍）泚，127. 梁蒐，128. 文是瘠（瘠），129. 郵身，130. 鹿臣（簠），131. 叔妾琪，132. 戏肺，133. 郵康，134. 鐕（戠）戠，135. 韩朔，136. 柏不步，137. 益（盈）甘，138. 文是忻，139. 韩隶，140. 枯茇庆，141. 幻疥，142. 韩侯匝，143. 陪（视）采（穗），144. 乐瘫，145. 筋起，146. 狄虬，147. 半蕃过，148. 奴义，149. 老□，150. 孟徒，151. 余攷，152. 邠白靖日，153. 粦、瘫，154. 削，155. □□，156. 大吉昌内，157. 大吉昌内，158. 私公之玺，159. 宜有百万，160. 敬事，161. 日敬，162. 惁（哲）行，163. 敬事，164. 私玺，165. 惁（哲）事，166. 生重（惠），167. 万千，168. 生长，169. 明上，170. 千秋，171. 长官，172. 千秋百万昌（五枚印一组），173. 士上下有生（五枚印一组），174. 敬、襄阴，175. 卫斋，176. 去，177. 富昌，178. □□，179. 下正，180. 正，181. 道，182. 之惁（哲），183. 单门千万，184. 无，185. 金朱，186. 阴颊，187. 枺（柿）华，188. 荘酘，189. 潘渫，190. 夷忌，191. 毛齿，192. 年慁，193. 范月长，194. 任智，195. 王敢，196. 潘偃，197. 虞舩，198. 王疢，199. 李绎，200. 水印，201. 张绎，202. 桥林，203. 李午，204. 李疑，205. 李蠹，206. 王智，207. 私印，208. 张欷，209. 张坚，210. 高集，211. 张戍，212. 卫多，213. 杨駠，214. 傅枚，215. 张有，216. 公孙何，217. 孙可多，218. 张左，219. 公孙田，220. 高得，221. 赵□，222. 兹目齐，223. 操目，224. 闵鲜，225. 郑申，226. 仁盈之，227. 琶志，228. 恭文，229. 闲留居，230. 日利，231. 大光，232. 贾周絮，233. 上一，234. 臣缶，235. 李缶，236. 史玉，237. 房可得，238. 杨毋智曰，239. 殷齐，240. 张宁，241. 日利，242. 长乐，243. 日光，244. 宜子孙，245. 许长兄，246. 嘱霸，247. 朱翁叔，248. 徐武，249. 徐上，250. 王中孺，251. 王诚邪，252. 侯杰之印，253. 侯长兄，254. 齐客，255. 齐生，256. 徐毋忌，257. 日利，258. 赵中孺，259. 赵辟非，260. 大幸，261. 至富，262. 诸君唯印，263. 臣戌，264. 梁建成，265. 乐骄此印，266. 国安，267. 乐君夫印，268. 日吉幸，269. 徐小青，270. 徐成，271. 许喜，272. 臣适胜，273. 庄适胜印，274. 毋诸善人，275. 毋诸小翁，276. 臣应，277. 西郭应，278. 日利千万，279. 长幸，280. 出入大利，281. 樑（梁）肯□，282.（肖形印·虎啸），283. 臣诸侯，284. 翼诸侯，285. 王叔，286. 蹟，287. 臣充国，288. 高充国印，289. 檀寿，290. 臣利，291. 昌常利，292. 史柳，293. 史燕，294. 臣橑，295. 灰橑，296. 陈外人，297. 中公，298. 陈孺，299. 张合印，300.（肖形印），301. 檀少考，302. 日幸，303. 利出，304. 利出，305. 日利长幸，306.（肖形印），307. 毋伤，308. 赵建德，309. 王少孺，310. 王中邰，311. 臣寿王，312. 宋长公，313. 上官建印，314. 谢爵（敷）印信，315. 孟恩印信，316. 伊谅，317. 郭当时，

318. 东郭成，319. 卑君都，320. 赵忠，321. 纪充印，322. 皇炅，323. 下池始昌，324. 驹单，325. 高未央，326. 王熹私印，327. 存向之印，328. 伍博，329. 尹充汉印，330. 王安门印，331. 赵□，332. 曹庐长贵，333. 虞伦，334. 王至，335. 利出，336. 杨弟卿，337. 共未央，338. 阳成凤，339. 孙心，340. □俗之印，341. 邢京白记，342. 范信私印，343. 韩弦，344. 章始，345. 桓睪之印，346. 耿勋，347. 孔恭，348. 徐成，349. 展虞，350. 刘昉白记，351. 爰世私印，352. 颜忠之印，353. 徐安汉印，354. 铸应，355. 隬（鸎）福之印，356. 叔博似印，357. 韩世之印，358. 卢宫印，359. 言子长印，360. 淳于禹印，361. 郝贺私印，362. 任婴私印，363. 景宣之印，364. 杨溃，365. 毛邠之印，366. 丁若延印，367. 淳于泽印，368. 韩胜之印，369. 翟买臣印，370. 甘山根印，371. 师常居印，372. 王禁，373. 霍饶私印，374. 侯忠之印，375. 马曼之印，376. 赵伦私印，377. 王汤之印，378. 王得，379. 许宾私印，380. 卫临之印，381. 贾相私印，382. 高□私印，383. 邢（刑）丘私印，384. 吕武之印，385. 李音，386. 王忠私印，387. 司马当印，388. 阴博，389. 丁裒私印，390. 杜佳君印，391. 李武强，392. 屈立印印，393. 景福私印，394. 苗才恚之印，395. 涂渚之印，396. 周隐印封，397. 杜谊私印，398. 尹伦，399. 旬修私印，400. 黄伯之印，401. 杨宗，402. 昌，403. 许顺私印、唐，404. 邢（刑）始光印，405. 刘寿私印，406. 李廲，407. 李谭，408. 潇宫印，409. 张步利，410. 陆弘之印，411. 姚宣印，412. 徐当时，413. 范穰私印，414. 衷所之印，415. 赵滋德印，416. 孔氏世川，417. 杨舜私印，418. 赵获印信，419. 沟南郭鬵，420. 许登，421. 王隆私印，422. 方伦私印，423. 刘冰印信，424. 淳于多，425. 徐都，426. 角里小唯，427. 高乡，428. 郭晖印信，429. 杀，430. 王称印信，431. 罗璞印信，432. 窦充印信，433. 饼谝私印，434. 吕鼢，435. 侯颠，436. 淳于博，437. 岳佝，438. 王单，439. 王窖，440. 薛専，441. 魏强，442. 赵画，443. 趍，444. 下池登，445. 门虞，446. 李德，447. 李齐，448. 李定，449. 龙昌，450. □疵，451. 焦婴，452. 阴满，453. 杜平，454. 四獥，455. 高舟，456. 李次非，457. 王巳君印，458. 任青，459. 程遂，460. 李明，461. 王年，462. 王德，463. 王况，464. 王渍，465. 王况，466. 王雁，467. 张朝，468. 张偏，469. 张猛，470. 张梁，471. 乘马甲，472. 韩成，473. 杜援，474. 于涓，475. 闵成，476. 行赢，477. 秦类，478. 王强，479. 王书，480. 阳成安，481. 邸弱，482. 贾池，483. 谁光，484. 和众，485. 徐为，486. 日利，487. 王开，488. 日利，489. 张彭，490. 张春，491. 张衡，492. 张奉，493. 张道，494. 张德，495. 桐蛊，496. 李成，497. 董（董）伦，498. 吴偏，499. 杨伦，500. 傅敝，501. 侯穰，502. 焦弘，503. 侯广，504. 高彭，505. 宋意，506. 宋种，507. 李喜，508. 李敗，509. 李丙，510. 赵尚，511. 赵职，

512. 赵洞，513. 赵间，514. 赵咸，515. 赵竟，516. 宋憋，517. 冯息，518. 冯奴，519. 郭贤，520. 郭恭，521. 郭成，522. 韩安，523. 间央，524. 韡寿，525. 董（董）戊，526. 筍禹，527. 靳道，528. 周国，529. 崔时，530. 尹当，531. 辅酉，532. 弗喜，533. 纪盖，534. 蕃网，535. 齐调，536. 姚冯，537. 寇禹，538. 魏德，539. 苏季，540. 邵众，541. 丘定，542. 荣禄，543. 尚力里，544. 戴德，545. 张广国，546. 张广意，547. 张安平，548. 张病巳，549. 王胜之，550. 王耿孺，551. 王千乘，552. 王庁胡，553. 王腹巳，554. 王当时，555. 李子长，556. 赵始昌，557. 赵长左，558. 露子宾，559. 傅千秋，560. 杨富成，561. 马未央，562. 马阵襄，563. 陈何齐，564. 成匷柜，565. 闵典辰，566. 亥丘戊，567. 曹卆人，568. 茅当时，569. 解未央，570. 薛右车，571. 每当时，572. 康中巳，573. 犁常居，574. 攺（启）庞稚，575. 房胜君，576. 闵病巳，577. 机长功，578. 许今国，579. 常贵，580. 庞游成，581. 高方山，582. 程定国，583. 法建成，584. 谭长乐，585. 贵富，586. 成公□，587. 信屠可，588. 马矢欵，589. 李乐印，590. 李建印，591. 卫路印，592. 许幼印，593. 宋宫印，594. 吕容夫印、夻千秋印，595. 贾胜客印，596. 公孙博印，597. 令狐最印，598. 公孙信印，599. 毛勃之印，600. 空桐防印，601. 周去病印，602. 阳安世印，603. 赵贤友印，604. 单仁优印，605. 后寿王印，606. 耿承喜印，607. 于延寿印，608. 孔长传印，609. 槁千秋印，610. 靳益寿印，611. 方子长印，612. 窳毋方印，613. 耿曼阿印，614. 张去病印，615. 王禹之印，616. 王胜之印，617. 王常贤印，618. 李建之印，619. 李长贯印，620. 冯利□印，621. 高便上印，622. 庞迁之印，623. 李常贤印，624. 赵遂之印，625. 侯武之印，626. 张谊之印，627. 王贩之印，628. 吴赐之印，629. 吴胜之印，630. 菅贤之印，631. 饶脱之印，632. 王谭私印，633. 李道私印，634. 高岳私印，635. 韩凤私印，636. 韡忠之印，637. 陶赞私印，638. 满堂私印，639. 原国私印，640. 唐敄私印，641. 游赏私印，642. 尹勋私印，643. 闵猜私印，644. 糧乘私印，645. 杜苍私印，646. 格金私印，647. 王彭私印，648. 庄云私印，649. 王贤私印，650. 辅得私印，651. 左广私印，652. 雉崇私印，653. 孙薦私印，654. 张护私印，655. 张良私印，656. 鞠都私引，657. 莱义印信，658. 安丘徐章，659. 张系，660. 张未央，661. 吴病，662. 庄成，663. 吴苍，664. 庄翁叔，665. 冯义成，666. 冯中卿，667. 瓴合成，668. 瓴长孙，669. 燕安，670. 燕长□，671. 江倚，672. 左殷，673. 路定，674. 路得，675. 张年之印，676. 张子卿印，677. 张宽中印，678. 张婴齐，679. 张长子印，680. 张子卿印，681. 王将夕，682. 王长翁，683. 王把，684. 赵当时印章，685. 霸，686. 赵巳，687. 赵中君印，688. 赵巳，689. 李行之印，690. 行之印，691. 陈尊，692. 吕尊，693. 刘说，694. 刘□，695. 赵谊，696. 臣谊,697. 赵葵之印,698. 臣葵,699. 王遂成,700. 臣遂成,701. 赵主,702. 臣主,703. 赵可之印,704. 臣可,705. 赵□,706. 赵笑明,707. 臣笑明,708. 李安成,709. 臣安成,710. 李畸,711. 臣畸,712. 杨□索,713. 臣□索,714. 杨解中,715. 臣解中,716. 阳成大,717. 臣大,718. 阳未央,719. 臣未央,720. 阳成通,721. 臣通,722. 张不急,723. 臣不急,724. 高蠭,725. 臣蠭,726. 章道,727. 臣道,728. 桓通之印,729. 臣通,730. 苬荣,731. 臣荣,732. 石脱,733. 臣脱,734. 宋齐,735. 臣齐,736. 胡滑,737. 臣滑,738. 傅时,739. 臣时,740. 方翰,741. 臣翰,742. 閭羽公子,743. 臣横,744. 范畔,745. 臣畔,746. 尹里,747. 臣里,748. 杜齐,749. 臣齐,750. 召达,751. 臣达,752. 勇为,753. 臣为,754. 房遂,755. 臣遂,756. 贾骚,757. 臣汉,758. 门□种,759. 臣种,760. 任乘,761. 臣乘,762. 关左,763. 臣左,764. 宋閒之印,765. 臣閒之印,766. 日利,767. 綦毋然,768. 日利,769. 夏侯当,770. 日利,771. 张奉,772. 管僙,773. 肖形印(虎形),774. 日利,775. 郑宜行,776. 臣宜行,777. 许欧,778. 日利,779. 桐归,780. 日利,781. 丁贤,782. 日利,783. 司鸿建,784. 王定,785. 肖形印(三只鹤),786. 王德,787. 肖形印(鹤奔),788. 王胜,789. 肖形印(游龟),790. 赵德,791. 肖形印(鹤衔鱼),792. 李黑,793. 肖形印(鸟),794. 张山,795. 肖形印,796. 张德,797. 肖形印(图形不清),798. 张忠臣,799. 肖形印(虎啸),800. 高道人,801. 肖形印(图形不清),802. 哴利,803. 肖形印(鹤),804. 阎当,805. 肖形印(鹡鸰),806. 连贤,807. 肖形印(鹤),808. 高国,809. 肖形印(图形不清),810. 荣朝,811. 出利,812. 长幸,813. 朱明,814. 日利,815. 肖形印(图形不清),816. 宜官,817. 日利,818. 肖形印(图形不清),819. 长幸,820. 大幸,821. 朱四,822. 肺丞,823. 汪渭,824. 寿,825. 大利西内中月,826. 市南里印,827. 市里之印,828. 园下长幸唯印,829. 关内侯印,830. 关中侯印,831. 阳乐侯相,832. 殿中都尉,833. 摠慈男章,834. 殿中都尉,835. 奉车都尉,836. 奉车都尉,837. 駙马都尉,838. 将兵都尉,839. 武猛校尉,840. 偏将军印章,841. 殿中司马,842. 平南将军章,843. 兼平北司马印,844. 前将军军司马,845. 左将军假司马,846. 殿中司马,847. 私府,848. 楪榆右尉,849. 尚浴,850. 沧道尉印,851. 府印,852. 南阳守丞,853. 下密马丞印,854. 安昌侯家丞,855. 阳平家丞,856. 广睦男家丞,857. 云阳令印,858. 堂邑左尉,859. 长乐州印,860. 兼白亭行牧丞,861. 轩丘市官,862. 昭城门侯印,863. 陇西肃室,864. 新西河左佰长,865. 别都司马,866. 骑部曲将,867. 别部司马,868. 骑部曲督,869. 杜陵飤官□丞,870. 骑部曲督,871. 骑部曲督,872. 部曲督印,873. 骑部曲督,874. 别部司马,875. 军曲侯之印,876. 军假侯印,877. 部曲将印,878. 部曲将印,879. 部曲将印,880. 部曲将印,881. 殿中司马，882. 军曲侯印，883. 骑督之印，884. 军司马印，885. 假司马印，886. 军司马印，887. 军假司马，888. 假司马印，889. 别部司马，890. 诏假司马，891. 别部司马，892. 魏率善羌仟长，893. 魏率善氐邑长，894. 魏率善氐佰长，895. 晋率善氐仟长，896. 魏率善羌佰长，897. 肖形印（图形不清），898. 肖形印（图形不清），899. 肖形印（图形不清），900. 肖形印（图形不清），901. 肖形印（图形不清），902. 肖形印（跪羊），903. 肖形印（蛙），904. 肖形印（双羊），905. 肖形印（龟），906. 肖形印（图形不清），907. 肖形印（图形不清），908. 肖形印（虎回首），909. 肖形印（双兽），910. 肖形印（长角鹿），911. 肖形印（图形不清），912. 肖形印（鹤），913. 肖形印（图形不清），914. 肖形印（鹤）。

**是年及下一年** 租住北京骡马市大街板章胡同。是纪晓岚笔下的北平"四大凶宅之"一。

▲ 刘大钧《〈老残游记〉作者刘铁云先生的轶事》：说起这个北平的寓所，是在北京骡马市大街板章胡同。房子甚宽大轩敞，有屋数十间，建筑已有二三百年之久。纪晓岚《阅微草堂笔记》内曾说这房子是北平四大凶宅之一。（刘鹗）先生租用之时，已空了多少年，无人敢住，故朋友皆劝他勿租。据说此房白昼常常见鬼，并且有人被鬼勒死。先生独不相信，更不害怕；家眷不在北平，先生一人独住此宅。花园内有一楼房，名曰：小有楼，相传是鬼的大本营，先生却拿它当书房。晚上如无应酬，常在楼中看书写字。其豪迈如此。（先生死后，此房又空了多年。民国七八年间，租作明湖春饭店，据说，不多时又有鬼出现，吓得无人敢去吃饭，饭馆也开不成。我幼时曾随先生住此处几个月，改做饭馆后，也去吃过饭，可惜都未能看见什么鬼。）（《老残游记资料》第107页）

▲ 刘厚泽据刘大绅之说简述：先祖在京常独宿小有楼，关闭极严，不许任何人上去。某日先父趁先祖外出未归，偷偷上楼赏月。次日家中佣人就纷纷传说"昨晚楼上发现响动，有鬼怪在窗口出现"云云。（《老残游记资料》第109页）

**是年** 拓印《铁云藏货》为"抱残守缺斋所藏三代文字之三"。《铁云藏货》为原件拓印，见之者寥寥，学界对其真实性多有争论。1984年中华书局影印郭若愚先生藏《铁云藏货》原件出版。

▲ 编著者按：刘鹗拓印《铁云藏货》为"抱残守缺斋所藏三代文字之三"，故其拓印时间应在《铁云藏印》之前。然今仅见部分拓本，并未见印本。估计是拓印部分后因故中止。

《刘鹗集》关于《铁云藏货》的说明如下：

《铁云藏货》是刘鹗钤印、研究三代文字著作中的一种。

刘鹗将收藏的古钱币拓印作为"抱残守缺斋所藏三代文字"始见于昌绶《铁云藏匋·序》："昌绶于癸卯冬始获识铁云先生,方汇《抱残守缺斋三代文字·藏龟》先竟嘱序。……今年第二编成,则《藏匋》之外,附以"泥封"。适与鄙言不谋而合。且更有《藏泉》《藏印》之辑。"但金石学家、古文字家唐兰在《古文字导论》一书中写到刘鹗"尚欲辑藏泉,但未成"。沈瓞民(号"辛亥老人")在他的《〈老残游记〉作者刘鹗的手稿》一文中提到"刘鹗《铁云藏龟》《铁云藏匋·附泥封》外尚有《铁云藏泉》之作,我仅见残卷。"因此从刘鹗去世到 20 世纪 80 年代,是否有《铁云藏泉》存世一直是研究之谜。

1984 年《中国钱币》第 3 期发表了上海博物馆郭若愚先生的大作《介绍刘鹗的未刊〈铁云藏货〉》,首次披露《铁云藏货》的存世。至此研究者知道了刘鹗拓印、印刷的《铁云藏龟》《铁云藏匋(附泥封)》《铁云藏货》《铁云藏印》四种有关古文字的著作全部存于天壤之间。

《铁云藏货》原件的珍藏者郭若愚先生早年从学于郭沫若先生,是著名古文字专家、甲骨文研究专家、古钱币研究专家、书法家、收藏家,知识渊博、著作甚丰。其甲骨学研究方面的代表作《殷契拾掇初编》《殷契拾掇二编》由郭沫若题签,早在 20 世纪 50 年代出版。2005 年上海古籍出版社将《殷契拾掇》初编、二编、三编合集出版的《殷契拾掇》是郭若愚先生甲骨文研究的结晶。

郭若愚先生对古钱币的研究文字很多,1901 年上海书店出版有《先秦铸币文字考释和辨伪》。20 世纪 60 年代郭若愚先生在将送造纸厂的旧书中发现了《铁云藏货》原拓未刊本,并将其"抓"了回来。《铁云藏货》因郭先生慧眼拾珠而得以保存。后因千家驹先生的鼎力相助,1986 年中华书局影印郭若愚先生珍藏的《铁云藏货》,并由千家驹先生作序。书后附录有郭若愚先生的长篇论文《介绍刘鹗的未刊稿〈铁云藏货〉》。

本书校辑者 1987 年曾上书郭若愚先生求读《铁云藏货》原稿本。2004 年 12 月因编辑《刘鹗集》再请教于郭若愚先生。郭先生支持这一工作,对全书的内容、结构提出许多建设性的宝贵意见,并慨然表示"《铁云藏货》原稿可以给你借用"。

《铁云藏货》是刘鹗继《铁云藏龟》《铁云藏陶》之后的第三部古文字著作,故是书为"抱残守缺斋所藏三代文字之三"。

郭若愚先生珍藏的原件共三册。

第一册封面题签　隶书"铁云藏货·智龛属　叔厓题"。

第二册封面题签　草书"铁云藏货·智龛属　叔厓题签"。

第三册封面题签　篆书"铁云藏货·智龛属　叔厓题签"。

《刘鹗集》根据郭若愚先生珍藏《铁云藏货》原本影印。

郭若愚先生对《铁云藏货》多有考证。现经同意，将郭先生的考证文字《介绍刘鹗的未刊稿〈铁云藏货〉》并刘德隆、刘德平的考证文字《刀布肩来满一筐　苔花侵蚀古文章——刘鹗收藏古钱概述》附后以供参考。（《刘鹗集·下》第 288 页）

▲ 编著者按：1985 年中华书局根据郭若愚藏《铁云藏货》原稿影印出版《铁云藏货》并收千家驹《序〈铁云藏货〉》、郭若愚《介绍刘鹗的未刊稿〈铁云藏货〉》，附录鲍鼎《刘鹗与古钱》。全录于下：

## 序《铁云藏货》

### 千家驹

刘鹗（1857—1909），字铁云，号老残，在中国是一个很有名的人物。他所著小说《老残游记》脍炙人口，几乎与《聊斋志异》齐名。但他不仅是一个小说家，对自然、数学、医学，考古学都有很深的造诣。刘鹗生在清末，目睹当时清政府的腐败颠顶，他主张造铁路，开煤矿，竟被当时的顽固派目为“汉奸”。但他不是一个革命派，而是一个改良主义者。八国联军时，刘氏以贱值购太仓粟于欧人以赈饥民，据说“活者甚众”。但八国联军退出北京后，竟被满清政府以“私售仓粟”的罪名，流放到新疆，以后死在戍所，年才五十三岁。做了好事而不克善终，于此可见清廷的昏聩。

但刘鹗的主要贡献，不在政治或文学方面，而在学术方面。他是中国第一个发现甲骨文的人。刘著的《铁云藏龟》，是殷虚文字的第一部著录。此外，还有《铁云藏陶》，附以封泥四册，《铁云藏印》，有玺印三千余品，分钤四册。彝器等物，则有同乡鲍鼎所辑《抱残守缺斋器目》一卷，全文悉录。刘鹗还藏有善本书籍，宋明拓碑帖，历代法书名画，大多亦已影印出版。只有刘氏所藏泉币，始终未曾公诸于世。虽有片段材料披露过：“其中新莽六泉十布散出最早，鹗自赠定海方氏（若），方氏已拓为专册行世。有阳山大布，传形之济阴圜金等，为世所罕觏。方足小布若井阳、罡阳、平邑（左行）、王金、冯安、梓匹、日土、阳申诸品，均未见著录。而尖足布之书势力瑰奇，不同旧谱者尤多。宣统元年七月八日，鹗殁于戍所，年五十有三。身后藏泉为吴县周氏（德馨）所有，高邮宣氏（哲）、华亭程氏（文龙）、丹徒吴氏（定）亦各得其旧藏一二。海王村李氏云松阁购得时，有齐刀三百数十、宋钱二十余贯，皆其所弃糟粕。李氏鬻于美利坚侨商，尚值千金，盖足征其收藏之富矣。”（鲍鼎，见《古钱大辞典拾遗》）。

刘氏所藏的古钱，都是较为珍贵的精品，因他本人就是一个行家。这部《铁云藏货》是海内的唯一孤本，它为上海华东师范学院郭若愚教授所珍藏。从各方面证明，这是刘鹗的手稿，并非复制品。我们认为这时候研究中国古钱币的珍贵资料,故于征得郭教授的同意后为之影印出版。郭若愚同志还写了一篇《介绍刘鹗的未刊稿〈铁云藏货〉》在《中国钱币》杂志1984年第三期上发表,郭文考证较详,附于书后,以备参考。

刘氏所藏,从拓片看,除个别可疑者外,绝大部分是真的,其中有的还是稀世珍品。但由于他所处的时代关系,他的文释,不少地方是不妥的,甚至是错误的。例如他说"铜贝"之产生,"古人以贝质易毁,故代之以铜也"。这显然是不正确的。真贝之被铜贝所替代,主要是由于自然贝数量有限,不足以供商品流通的要求。又如"乘正尚金当爱。"(第五页),应释作"梁正尚金当孚"。郭文中均有所校正,郭文的校正是正确的。

刘铁云是个畸人,他在中国学术史上是大有贡献的人物,明年(1985)是刘鹗逝世七十八周年,我们谨把他的《铁云藏货》影印问世,以作为对这位伟大历史人物的纪念。

千家驹 一九八四年十月二十日

(《铁云藏货》第1页)

## 刘鹗与古钱

### 鲍 鼎

刘鹗字铁云,江苏丹徒人,事迹见上虞罗氏振撰传,于在《五十梦痕录》,不具载。光绪中叶,鹗客京师。庚子之乱福山王文敏公懿荣殉难,遗物尽归于鹗。鹗因好古,先后别有所获,莫不精美,岿然为海内巨室。平生碑帖跋尾甚夥,尚未有人搜辑趁书。所已印行者《铁云藏陶》(附以封泥)四册、《藏龟》六册。鹗所藏龟甲杂以兽骨逾五千片,选印皆其精者,瑞安孙氏诒让据以纂《契文举例》,由是龟学大兴。岁藏家首数文敏,而传世之书,不得不推鹗为不祧之祖矣。又以有玺印三千余品,分钤四集,曰《铁云藏印》。彝器等物,则有邑人鲍鼎所辑《抱残守缺斋器目》一卷,全文悉录。至善本书籍,宋明拓碑帖,历代法书名画,为好事者影印暨藏家著录者,亦已大半。独藏泉未显于世。其精美固不亚于所藏诸古物也。其中新莽六泉十布散出最早,鹗自赠定海方氏(若),方氏已拓为专册行世。又阳山大布,传形之济阴圜金等,为世所罕觏。方足小布若井阳、罜阳、平邑(左行)、王金、冯安、粹尽土、阳賹诸品,皆未见著录。而尖足布之书势力瑰奇,不同旧谱者尤多。宣统元年七月八日,鹗殁于戍所,年五十有三。身后藏泉渐见市肆,大部为吴县周氏(德馨)所有,高邮宣氏(哲)、华亭程氏(文龙)、丹徒吴氏(定)亦各得其旧藏一二。海王村李氏云松阁购得时,有齐刀三百数十、宋钱二十余贯,皆其所弃糟粕。后李氏鬻于美利坚侨商,尚值千金,盖足征其收藏之富矣。"(摘自《古钱大辞典拾遗》)。

(《铁云藏货·附录》第12页)

### 介绍刘鹗的未刊稿《铁云藏货》

郭若愚

#### （一）

刘鹗（1857—1909）江苏丹徒人，字铁云，号老残。他是晚清著名小说家之一，亦是一位古文物收藏家。关于他的著作，小说方面有大家熟悉的《老残游记》和《老残游记二集》，上海作家协会藏着他的未刊稿《老残游记外编残稿》。自然科学方面据刘大钧的《刘铁云先生轶事》[①]介绍，有《勾股天元章》《弧三角》《要药分剂补正》三种，1962 年严薇青先生又找到了刘著《历代黄河变迁图考》[②]一种，计四卷，乃是清宣统二年（1910）山东河工研究所石印本。至于考古方面的著作，唐兰先生有较详细的介绍：

近年来考古学的发展，应归功于刘铁云和罗振玉，刘氏辑《铁云藏龟》《铁云藏匋》（附封泥）、《铁云藏印》等书。（本尚欲辑藏泉，但未成）[③]

刘著《铁云藏龟》出版于 1903 年，是为殷墟文字的第一部著录。1915 年罗振玉又编印了《铁云藏龟之余》一卷，1925 年叶玉森又编印《铁云藏龟拾遗》一卷，1939 年李旦丘又编印了《铁云藏龟零拾》一卷，此外《福氏所藏甲骨文字》《殷契佚存》《戬寿堂所藏殷墟文字》《甲骨六录》《殷契拾掇》等著录，亦都收录了不少刘铁云所藏的甲骨文字，提供了许多研究殷商历史的实物资料。

刘鹗所辑藏泉手稿为敝箧所藏，"浩劫"中失去，最近发还。书名为《铁云藏货》，共计 116 页，版框高 19 厘米，宽 26 厘米；版心上端有"铁云藏货"楷书四字，版心下端有"抱残守缺斋所藏三代文字之三"两行 13 字，版框文字都是黑墨石印，其形式一如《藏龟》《藏匋》。《藏龟》《藏匋》是刘鹗抱残守缺斋所藏三代文字"之一"和"之二"，《藏货》是刘氏抱残守缺斋所藏三代文字之三，可知刘氏在当时是准备将此稿继续印行出版的。

《藏货》收录古贝四种，蚁鼻钱四种，空首布 71 种，大小圆肩桥足布 21 种，方肩桥足布六种，大尖肩尖足布六种，小方肩和尖肩尖足布八种，小方肩方足布 87 种，圆首圆足布 10 种，圆首圆足三孔布二种，最后刘契刀五百和错金一刀各一种，都是实物拓片，甚为珍贵。其中古币稀见之品不少，如"梁半尚二金当寽""梁二釿""阳山""垣釿"以及圆首圆足三孔布等，都是很难得的珍品。稿中有刘氏手书墨迹十数处，对于研究我国古代货币，亦是重要的参考资料。刘氏编集此稿时很注意货币文字形体的变化，每将正体和传形对列，是为此书特色之一。稿中钱拓上有好些钤有收藏家的朱印，都是晚清时期有名的藏泉家，如潘伯寅、杨继震、胡石查、鲍康、王戟门、王懿荣等，可知此书非仅收录刘氏一家藏泉，乃汇集了当时藏泉家的精粹之品,更见此稿的可贵了。

此稿原为散页未装订,又未收入刀币环钱,似乎是一部不全的残稿,但此书第一页列古贝四枚,刘氏手批:"古贝。王文敏所藏,今归铁云。为泉币之祖,首列故焉"。这是此书的首页。最后一页是契刀五百和一刀平五千两枚莽泉拓本,附在空首布之后,可以想见此为最后一页。因此这稿本的首尾是齐全的。再此稿每页稿纸框外左边有石印手迹"印百五十张"楷书一行,为刘氏笔迹。意当时刘鹗设计了这书框的式样去石印,手写说明共印 150 张,印成后编贴此稿,用了 115 张。这和刘氏的预计相差不远,亦可想象这稿本可能是比较完整的。刘鹗收集古代货币的时期,在清末同治光绪年间。刘氏藏泉的主要来源以及这时期古钱的收藏和流散情况,罗振玉言之甚详:

咸同间藏泉家、若潍县陈氏、吴县潘氏、黄县丁氏及吴清卿、王文敏、胡石查诸家,或与鲍李接轸,或稍后出,其收藏有突过前人者。陈寿老殁未久,闻所藏无恙,丁氏亦收藏完好。潘文勤身后,家属出都时,闻厂友言,"凡长物之不便取携者,皆贱值售去,石刻砖甓载以数车,归日照丁氏,所得才百余金,恐藏泉亦未必载之而南也。清卿中丞身后,所储荡然无复存者。文敏所藏,庚子乱后归丹徒刘氏,今又不知归谁某矣。石查近年方殁,然其身后,亦常以售人,或亦不能尽存也。"[①]据此,刘鹗所藏钱货,乃得自王懿荣,大概就是和《铁云藏龟》的那批甲骨,一起从王懿荣家里流散出来,归刘鹗收藏。

《铁云藏货》所收货币文字拓本,根据拓片上的朱印,其实物收藏者可考的有以下六人:

一、鲍康 字子年,号臆圆,歙人。道光举人,官至夔州知府。所著有《观古阁泉说》二卷、《大钱图录》一卷。

二、胡义赞 字叔襄,号石查,光山人。同治癸酉举人,官至海宁知府。藏泉甚富,以元代钱为最多。所著有《释泉纠误》。

三、潘祖荫 字伯寅,号郑庵,吴县人。咸丰进士,官至工部尚书。著有《攀古楼彝器款识》二卷、《滂喜斋丛书》《功顺堂丛书》。

四、王锡棨 字戟门,山东诸城人,户部主事。所居曰选青山房,精研小学,所藏古彝器甚富。著有《泉货汇考》十二卷。

五、杨继振 字幼云。汉军镶黄旗人,工部郎中。收集金石文字,无所不精,于古泉币收藏尤富。所居曰宜帖斋(藏南唐升元帖祖本),陈寿卿录有《杨氏空首布目一卷》。

六、王懿荣 字廉生,福山人,光绪进士,以翰林擢侍读至祭酒。著有《天壤阁杂记》。

这些收藏家的货钱，其来历及出土地点亦有记载可考。鲍子年云：

余寓秦最久，所得秦汉新莽及唐泉为多。圜法居其八，齐刀出山左，小布出山右，铲布出中州，小刀出畿服。余皆身经其地。⑤

杨幼云收藏的空首布，李佐贤因闻山右泽州出土颇多，被人计斤两一并购去，他的一个亲戚在泽州工作，购了一枚归他。同时，他又闻听杨幼云获铲币百余品，就怀疑是泽州出土的。但最后他弄清"幼云所得，似仍是豫中出者。"⑥

鲍子年亦谈到关于杨幼云和潘伯寅所藏空首布：

空首布诸谱罕载，盖最后出，当日惟刘文燕庭有百数十枚。余藏仅百余，其复者后以赠潘伯寅，缘伯寅曾以四十八枚，易余之秦量也。竹朋、伯寅所收，均只数十，独幼云有二百廿余枚，燕庭旧藏亦归之。"⑦

《铁云藏货》所收杨幼云空首布有印文可考者近四十枚，潘伯寅所藏空首布八枚，而均他处所未见者，这是十分珍贵的。

鲍子年又谈到他收藏的一品三孔布：

圆首圆足币首及两足往往作圆孔三，皆两面有文。余藏一衡阳币，背作十二朱者，初尚疑其膺。近寿卿拓寄新得安阳圆币二品，惜足皆阙损，亦有圆孔三，其一安字传形，背均作 $\boxed{南}$，其首近圆孔处，一作十二，一作三十，自来谱家所未见。时《续泉汇》已刊成，殊以未及载为憾。⑧

《铁云藏货》所录一枚（"橐衡"背"十二朱"），与此所述相似，《续泉汇》未刊，无从查证。意当时三孔布出土极罕，《藏货》所录，就是鲍康所藏之品，弥觉珍贵。

圆肩桥足布有梁（魏）三币，币上文字是布币中最多的一种，历来研究古币的学者，大都无法把它读通。郭沫若先生在《两周金文辞大系考释》中解释说：

梁币有（甲）"梁充釿金尚寽"（乙）"梁充釿五、二十尚寽"及（丙）"梁半尚二金尚寽"之三种。权其重量则甲币约重四钱，乙币倍之而有奇，丙币约当其半。用知币文"尚"字均读为当，甲币一釿当一寽，丙币二金当一寽，乙币五金当十二寽也。（《大系考释》第 13 页）

刘鹗在《铁云藏货》稿中写道：

自刘青圆先生《虞夏赎金释文》出而当爰二字之义始明，引吕刑其罚百锾。爰、古锾字，言输此币以当罚爰也。惟 $\mathcal{P}$ 字刘青圆释倒子字，李竹朋释充字，皆未确。铁云按此奇字也，对正言，正币一枚当一爰，奇币则五枚当十二爰者。又有二枚一爰者，即乘半币也，似较诸家之说为稍近是。

刘氏释梁币有些字是可商榷的。如梁之为"乘"，充之为"奇"，釿之为"金货"等。然他解释此三币和爰的比值,和郭先生的解释是一致的。可见刘氏对于古代文字研究具有卓识。可惜《铁云藏货》稿自十六页以后,不再见刘氏手迹,否则,刘氏对古货文字研究,一定还有许多新的见解。

(二)

《铁云藏货》在考古研究工作上是一份重要的原始材料,也是钱币研究的同志们所欢迎的图录。因此我认为有必要先将此稿货币文字按其原来次序,全部释出刊行。同时将刘氏的手迹、拓本藏家的印鉴等附注于后,以供读者们参考。(币文重复者以"同上略"代)

1. ⑨骨贝四枚(面背)

"古贝 王文敏所藏,今归铁云,为泉帛之祖,故首列焉。"(刘鹗手迹)

3. 罒字蚁鼻钱二枚(面背)

4. 厽字蚁鼻钱一枚(面背)

"铜贝 俗名蚁鼻钱,古人以贝质易毁,故代之以铜也。"(刘鹗手迹)

5. 虞一釿⑩有背拓

虞一釿(传形)有背拓

"虞币 虞一金货。"(刘鹗手迹)

6. 虞一釿(传形)有背拓

9. 梁正尚金当守有背拓

"乘车尚金当爰。"(刘鹗手迹)

10. 梁正尚金当守有背拓

11. (同上略、同上略)

13. 梁充釿金当守有背拓

"乘奇货金当爰金 回文读。"(刘鹗手迹)

14. 梁充釿金当守 充(背文)"伟卿"(白文印)

15. 梁充釿五二十当守 有背拓

"乘奇货金五当爰十二。"(刘鹗手迹)

16. 梁充釿五二十当守 充(背文)

17. 梁半尚二金当守 有背拓"伟卿"(白文印)

"乘半尚二当爰金。"(刘鹗手迹)

18. "自刘青园先生《虞夏赎金释文》出而当爰二字之义始明,引吕刑其罚爰锾。爰、古锾字。言输此币以当罚爰也。惟 字刘青园释倒子字,李竹朋释充字,皆未确。铁云案此奇字也。对正言正币一枚当一爰,奇币则有五枚当十二爰者。又有二枚当一爰者,即乘半币也,似较诸家之说为稍近是。"
（刘鹗手迹）

19. 安邑二釿　安（阳文背字）
"夏币　安邑二金货。"（刘鹗手迹）

20. 安邑一釿　安（阳文背字）　"竹山所得"（白文印）
"安邑一金货。"（刘鹗手迹）

21. 安邑二釿（倒文）有背拓

22. 安邑二釿（倒文）有背拓"石查手拓"（白文印）
"石查所藏古金"（朱文印）

23. 安邑一釿（倒文）有背拓

24. 安邑一釿（倒文）有背拓"石查手拓"（白文印）
"石查所藏古金"（朱文印）

25. 安邑二釿（倒文）　安邑二釿（背文）"石查手印"（白文印）
"石查所藏古金"（朱文印）
"此品合璧,绝非土绣粘合。"（胡义赞手迹）

26. 安邑二釿（倒文）有背拓"石查手拓"（白文印）
"石查所藏古金"（朱文印）
"化字传形"（胡义赞手迹）

27. 垂（11）　有背拓
"商币　商　此字诸家所释文安。铁云按与周商字相近,顶为商币"（刘鹗手迹）

28. ☒一釿（12）有背拓
"商一金货。"（刘鹗手迹）

29. 梁二釿（13）有背拓
"颖二金货。"（刘鹗手迹）

30. 梁一釿（14）有背拓
"颖一金货。"（刘鹗手迹）

31. 梁一釿　有背拓

32. 梁半釿　有背拓

33. 榆乡半（15）有背拓

34. 蔺半　有背拓

35. 寿阴（16）有背拓

36. 寿阴（寿字传形）有背拓

37. 大阴　八（背文）

38. 大阴（传形）　三（背文）

39. 郢有背拓

40. 商城　有背拓

41. 王(17)有背拓

42. 王氏（传形）有背拓

43. 土匀(18)有背拓（同上略）

45. 中都 有背拓

46. 中都（传形）有背拓

47. 壬匀　有背拓

48. 土匀　有背拓

49. 屯留　有背拓（同上略）

51. 高都（传形）有背拓（同上略）

53. 北屈　有背拓

54. 北屈　（屈字传形）

55. 北屈　有背拓（同上略）

57. 贝　有背拓（同上略）

59. 郎子　有背拓（同上略、同上略）

61. 卢阳　有背拓（同上略）

63. 平阳　有背拓（同上略）

65. 平阳（同上略）

66. 平阳　平阳

67. 安阳　有背拓

68. 安阳（大型布）
　　安阳

69. 安阳　安阳（是否合背，不可知。）（同上略）

71. 宅阳　宅阳

72. 宅阳　有背拓

73. 郑(19)有背拓

74. 邸（傅形）有背拓

75. 郑（邑字稍异）有背邸

76. 莆子　有背拓

77. 乇阳　有背拓

78. 乇阳　有背拓

79. 平阴　有背拓(同上略)

80. 平阳　有背拓

81. 平阴　有背拓

82. 平阴(传形)有背拓

83. 宓阳(20)右十(背文)

84. 宓阳　右(背文)

85. 宓阳　左十(背文)(同上略)

87. 马雒(马字傅形)附背拓

88. 马雒　有背拓

89. 襄垣　有背拓

90. 襄垣　五(背文)

91. 处如　有背拓(同上略)

93. 涅(傅形)有背拓

94. 涅　有背拓　"子年拓本"(朱文印)

95. 零(潞)有背拓

96. 零(传形)有背拓

97. 鄢有背拓(同上略)

99. 蔺　有背拓

100. 蔺　蔺(是否合背,不可知)

101. 郲有背拓

102. 郲(大型布)

　　郲

103. 铸(21)有背拓

104. 铸邑　有背拓

105. 皮氏

　　皮氏(氏字传形)

106. 皮氏　有背拓

107. 邬　有背拓(同上略)

109. 郦

110. 郦有背拓

111. 郏(传形)有背拓

112. 郏

113. 郑(22)　有背拓(同上略)

115. 郭氏　有背拓(同上略)

117. 王[王]有背拓(同上略)

119. 入下都(23)△(背文)"古泉精舍鉴藏"(有格白文印)

121. 垣釿(24)

122. 甫反一釿(25)　有背拓

123. 山阳(26)有背拓"戟门为吉金刻珍藏印"(白文印)

125. 平阴(27)有背拓

126. 恭昌　有背拓

127. 纕坪　有背拓

128. 纕坪(傅形)有背拓

129. 蔺(28)廿六(背文)

130. 蔺　六十五(背文)

131. 蔺(29)十八(背文)

132. 蔺　五(背文)

133. 蔺　一　(背文)

134. 蔺十八(背文)

135. 郛阳(30)廿、一两(背文)

136. 槀衢(31)十二朱(背文)

137. 离石(传形)十一(背文)

138. 离石(32)十四(背文)

139. 离石一(背文)

140. 离石册一(背文)

141. 兹氏(33)四(背文)

143. 大阴　有背拓

145. 邪(34)有背拓

147. 晋阳　有背拓

149. 甘丹　有背拓

151. 蔺　有背拓

153. 宁(35) "杨继震"(白文印)

154. 吉 "杨继震"(白文印)

155. 松 "杨继震"(白文印)有背拓 "幼云所藏古币"(朱文印)

157. 周 有背拓 "宝三手拓金石"(朱文印)

159. 富 "莲公"(朱文印)有背拓 "官帖宧金石文"(朱文印)

161. 群 "杨继震"(白文印)有背拓 "官帖宧金石文"(朱文印)

163. 武 "杨继震(白文印)有背拓 "幼云所藏古币(朱文印)

165. 朱 "杨继震"(白文印)

166. 丑 "杨继震"(白文印)

167. 向 "杨继震"(白文印)

168. 鼻

169. 武(36) "杨继震"(白文印)(同上略)

171. 旨 "杨继震"(白文印)

172. 谷(传形) "杨继震"(白文印)

173. 羊 "伯寅藏泉"(朱文印)

174. 吉 "杨继震"(白文印)

175. 干 "杨继震"(白文印)

176. 干 "杨继震"(白文印)

177. 亭 "杨继震"(白文印)(同上略)

179. 来 "杨继震"(白文印)(同上略)

181. 南 "杨继震"(白文印) 附背拓"幼云所藏古币"(朱文印)

183. 武(传形) "杨继震"(白文印)

184. 武(37) "杨继震"(白文印)

185. 留 "杨继震"(白文印)(同上略)

187. 鬲 "伯寅藏泉"(朱文印)

188. 鬲 "杨继震"(白文印)

189. 土 "伯寅藏泉"(朱文印)

190. 土

191. 漏(同上略)

193. 尚

194. 尚 "伯寅藏泉"(朱文印)

195. 成

196. 成　"伯寅藏泉"（朱文印）

197. 氏　"杨继震"（白文印）（同上略）

199. 王（同上略）

201. 示　"杨继震"（白文印）

202. 示

203. 非　"杨继震"（白文印）

204. 非

205. 勿　"杨继震"（白文印）

206. 勿

207. 贞　"杨继震"（白文印）（同上略）

209. 是　"杨继震"（白文印）（同上略）

211. 伐　"杨继震"（白文印）

212. 伐　"莲公"（朱文印）

213. 辛　"幼云"（朱文印）

214. 辛

215. 智　"伯寅藏泉"（朱文印）

216. 智

217. 成（同上略）

219. 君（同上略）

221. 商　"伯寅藏泉"（朱文印）

222. 商　"伯寅藏泉"（朱文印）

223. 高　"伯寅藏泉"（朱文印）

224. 高

225. 疾　"杨继震"（白文印）

226. 自

227. 血

228. 贝　"杨继震"（白文印）

229. 契刀五百（38）有背拓
　　　一刀平五千　有背拓


**注　释:**

（1）刊《人间世》第四期。（2）见 1962 年 4 月 28 日上海《文汇报》。（3）见唐兰《古文学导论》上册第十三页。（4）见《俑庐日札》第十六页。（5）见鲍康《观古阁泉说》。（6）见李佐贤《观古阁续泉说》。（7）（8）见鲍康《观古阁丛稿》。（9）此为第一至二页。以下即用阿位伯数字表示页数。（10）圆肩桥足布，以下十九枚同。（11）此布方肩平足尖跨。（12）方肩桥足布，李佐贤释为"京一金化"。《古钱汇》"京字倒书，余正书。《左传》隐公元年谓之京城大叔。注：郑邑。"按此布舆"京字倒书"的桥足布不类。（13）圆肩桥足布。倒书。（14）方肩桥足布。下二枚同。（15）尖肩尖足小布。下一枚同。（16）方肩尖足小布。下五枚同。（17）方肩方足小布。下七十七枚同。（18）此文旧释"毛"，《古钱滙》释"易"。按甲骨文旬字作𗈊、王孙钟作𗈋，从日，与此形似。宜释为旬，假为荀。《左传》桓九年"荀侯、贾伐曲沃。"今山西新绛县有荀城，拟即其地。（19）此文《古泉汇》释"邾"，《东亚钱志》释"郑"。梁一钚布之𗈌与此相同，加邑旁，是为郑字。（20）从马昂说。见《货币文字考》。（21）此文旧释"丰"，《古钱汇》释"鄧"。按畲感鼎。畲肯鼎铸字与此相似，当释铸。《左传》襄公廿三年"臧叔娶于铸。"春秋时实有铸地。（22）此文《古钱汇》释"郎"，《货币文字考》释"葛邑"，《泉宝所见录》释"鄩"，《遗箧录》释"鄲"。按古玺文郑字与此相同。当是"郑"。（23）此布方肩平足尖跨，形同公字布。文字真伪可疑。（24）圆首方肩桥足布。文字倒置。（25）方肩桥足布。（26）大型圆肩桥足布。（27）方肩方足布。下同。（28）大型圆首圆肩圆足布。下十一枚同。（29）此布较前布为小。（30）圆首圆肩圆足布，有三孔，俗称三孔布。下一枚同。（31）此文旧释"鱼阳"。其值为"十二朱"，为上布"一两之半"。故体形较小。（32）此布较前一布较小。（33）大尖足布。下五枚同。（34）旧释"邪山"。按古文牙作𗈍，其下为"齿"，非"山"字。（35）空首布。下同。（36）此布斜肩，文字特大，一般称"武字布"。下一枚同。（37）武字布。（38）此刀是新代王莽所造，非周秦时物。下一枚同。（刊《中国钱币》一九八四年第三期第 2 页）

▲ ### 刀布肩来满一筐　苔花侵蚀古文章

—— 刘鹗收藏古钱概述

刘德隆　刘德平

《中国钱币》1984 年第 3 期刊登了郭若愚先生大作《介绍刘鹗的未刊稿〈铁云藏货〉》（以下简称《介绍》），详述了《铁云藏货》一书内容，引起专家学者们的注意。经千家驹先生介绍，《铁云藏货》将由中华书局影印出版，会引起更多人的关注。

《铁云藏货》是刘鹗"所藏三代文字"中的第三部分。《铁云藏龟》《铁云藏匋》（含《铁云泥封》）早已出版，为世人瞩目。惟《铁云藏泉》一书是否存天壤间，数十年来始终是一悬案。吴昌绶在《铁云泥封·序》中写道"昌绶于癸卯冬始获识铁云先生,方汇《抱残守缺斋三代文字·藏龟》先竟属为序。……今年第二编成,则《藏陶》之外,附以泥封,适与鄙言不谋而合。更有《藏泉》,《藏印》之辑,古人所得一已难者,先生乃兼备之,斯诚宇宙玮观,后之言古文者蔑以加矣"。吴昌绶与刘鹗是同时代人,由此观之,刘鹗确有在《藏匋》之后,拓印《铁云藏泉》的打算。但吴昌绶的序写于《藏匋》之后,《藏泉》之前,因此《藏泉》一书究竟辑成与否,无法断定。其后唐兰在《古文字学导论》一书中写道"尚欲辑藏泉,但未成"。可知唐兰是肯定《铁云藏泉》一书并未辑成的。1962年沈飏民在《老残游记作者刘鹗的手稿》一文注解④中提到"刘鹗《铁云藏龟》《铁云藏匋附泥封》外,尚有《铁云藏泉》之作,我仅见残卷"。此注④言之凿凿,确有此书存世,与唐兰之说相左,孰是孰非难下定言。据刘鹗的孙子刘蕙孙、刘厚泽说,确有《铁云藏泉》,但并未亲见,数十年来四处寻访亦无所得,故未敢形诸文字。笔者近年来亦十分注意寻找此书,但仍一无所获。

今年初风闻《铁云藏货》一书存世,即上书千家驹先生,七天之后便得千老回信,肯定确有此事,只是书名为《铁云藏货》,并非《铁云藏泉》。此后珍藏此书的郭若愚先生也详细回答了我所提出的问题,并介绍我拜读了《介绍》一文。家伯福建师大历史系教授刘蕙孙先生闻此消息,更是欣喜之极,即函命我将刘鹗有关钱币收藏情况撰写一文,以向千老、郭老及诸方家请教,并供研究者参考。

据知刘鹗除印拓《铁云藏货》一书外,并无关于货币方面的专著文字。但在笔者珍藏的《抱残守缺斋日记》中不乏关于古钱币的收购、考求的记载,蕙孙先生辑注的《铁云诗存》一书中又存录《论泉绝句》诗四首,故不避续貂之嫌,逐一录出,并略陈拙见以与《介绍》一文相互印证。

《介绍》一文中引用罗振玉《俑庐日札》来谈刘鹗藏泉的来源,得出"刘鹗所藏钱货,乃得自王懿荣,大概就是和《铁云藏龟》的那批甲骨,一起从王懿荣家里流散出来,归刘鹗收藏"的结论。

的确,刘鹗很有一部分古钱购自王懿荣家,但亦不尽然。刘鹗与王懿荣有无直接交往,现在并无直接证据。庚子年王懿荣殉难后,刘鹗何时开始与其子王翰甫、王端士相交,亦无实据。但在《抱残守缺斋日记——壬寅年》中刘鹗收购王懿荣家的钟鼎古玩、泥封瓦当、汉印钱货、碑帖字画、龟甲兽骨是有明确记载的。

光绪壬寅六月六日(1902年7月10日,以下均用阴历)日记中第一次记到与王翰甫的交往"……遂至王翰甫处看瓦头"。第一次涉及古钱问题是六月初十日"早起甚晏,急吃饭。至王翰甫处看其秦汉印五百余方,又瓦头七十余件,大约明日去可以看其古钱矣。"第一次与王翰甫交涉购买古钱是六月十一日。"早起,往翰甫处。议汉印,竟不能就。索其古钱,吝不与看,意在印、瓦二事售二千金也"。

　　刘鹗第一次从王翰甫处购得古钱是六月十二日先用千二百金购买他的六百方汉印之后。六月十三刘鹗请客，"三点入座"，其中有文学家易实甫，而"半阑翰甫到。饭后与翰甫议定汉印、瓦头、古钱三项共二千金"。并且"当偕翰甫入城取回"。

　　刘鹗第二次从王翰甫处购得几乎全是泉范，计有"泉范十一枚以归，直二百金，无聊之极也。内有大泉五十范一，当精。又半两范二，鹅眼五铢范一，皆较计趣。惟五铢范居其十三，太无聊矣。"这是七月初七日。

　　刘鹗与王翰甫交往甚密，七月十七日"至翰甫处辇得残砖碎石一车"，他自己也觉得"好古近谬矣"。但就在这车残砖中，四天之后他仍发现了钱范，其中"泉范以鹅眼五铢为最精，小泉直一及大泉五十次之。惜皆一鳞半甲耳，有全者又不精矣"。

　　刘鹗从王翰甫处所得古钱，可见记载如上。在这些钱币中，刘鹗的评价是：六月十三日所得古钱经检点后"虽至难得之泉俱无，所有者亦颇富"。但从以后日记可以看出其中亦有珍品。《古泉汇》关于"卢氏（化）涅金"的记载，"四字左右读，形制同前金涅布，亦见前《左传》，或十七年高弱以卢叛注'齐邑'。'化'字亦似'氏'字。路史国名记有'卢氏'。按《地道记郡国志》云西虢之别。然一布而兼两地名，义不可解，各布亦无此式。此刘燕庭方伯所藏。色泽极古，洵仅见之品。"刘鹗六月十七日的记录是"竟日不出门与阿堵为伍。前日检得有'卢氏涅金布'为海内孤本《古泉汇》拓自刘燕庭处，不知何日归王文敏。今日归予斋，岂非至幸！"

　　除了从王翰甫处购得大量古钱外，刘鹗与王端士亦有往来。七月十三日"巳刻，王端士来，赠以铁犁并丰货五枚。"六月初七日，王端士亦与刘鹗谈及王懿荣所藏砖瓦泥封等。

　　从以上记载看刘鹗所藏钱货确实很大一部分系王懿荣旧藏。但是除此之外刘鹗还广泛地从其他人手中搜购古钱币。六月十九日，"午后游琉璃厂，在古钱刘家买得中泉三十一枚。"同天"在寄观阁买垣字钱一枚"。六月二十九日"午前古钱刘送壮泉四十来"。

　　对于王莽十布，刘鹗给以很大关心。八月二日他记到"遇陈世兄，持六泉来示。问其有十布否？云：有，须续检也。"由于认真搜购，十月二十四日，他得到了全部十布"早起，古钱刘送序布四十来。十布全矣，可喜之至"。

　　从有姓名者处购买古钱尚有七月初一日"刘俊臣送么泉一十，中泉三十来，并买其幼布，壮布各一枚。皆不精，作副品观可也。"六月二十九日"于刘华西处取三字刀五百柄"。

　　有些古钱并未记明来处。《介绍》一文中提及《铁云藏货》"最后列契刀五百和错金刀各一种，都是实物拓片，甚为珍贵。"十月十三日刘鹗记下了"本日买契刀、错刀各一柄,价九两。"但未说明来源。

总之刘鹗所藏古钱当以王懿荣旧藏为主,但亦不乏从其他人处零星购得或与亲友互相馈赠所得。

《介绍》一文详尽介绍了《铁云藏货》中所收古币二百二十一枚,其中布币二百十一枚。这自然并非刘鹗所藏全部布币。仅六月二十四日,刘鹗"检古布"之后的记载便有六百四十八枚,系:

晋易十六枚(有八分字、尖) 邿二十三枚 郎二十三枚 丌阳一枚 平原一枚 襄阳一枚 北屈十七枚 屯留十二枚 猇邑二十五枚 逆行一枚 猇阳一枚 戈邑十一枚 王氏廿七枚 逆行一枚 贝邱廿四枚 马服邑十三枚 土毛十二枚 壬毛四枚 壬工一枚 辛城一枚(尖) 聊邑二枚(尖) 将二枚(居平尖) 将三枚(分居尖) 平周九枚(左右尖、背有五八四) 幾氏八分十九枚(背有川尖) 七阳二枚(尖) 阳七倒文二枚(尖) 尖足大布(甘丹六 邪山五 幾氏三 大阴一 关一) 大阴七枚(尖) 武平七枚(尖) 武安十一枚(尖) 北卉二枚(方) 周是九枚(方) 幾城五枚(方) 恭昌五枚(方) 阳邑七枚(方) 北卉邑一枚(方) 涿七枚(左右上方) 涅正七枚(方) 反十二枚(方) 丰五枚(方) 同是十六枚(方) 咎如七枚(方) 安阳十六枚(方厚) 露十九枚(方) 闍八枚(方) 雨一枚(方) 平州十九枚(左右方) 邿十四枚(方) 邬邑十九枚(左右方) 中都五十二枚(左右方) 乘邑七枚(方厚) 襄垣四十八枚(方) 逆行二枚 平阴八枚(方) 平阳六枚(方厚) 共100 宅阳一十八枚(方) 壬阳十七枚(方) 逆行一枚

此后并说明"凡称逆行者,《泉汇》谓之传形。余因古布左右行者甚多,不得画,谓之传形也。"

刘鹗究竟有多少古钱,无明确记录,但从六月三十日"早起无事,思铁钱二千余,未必无新式,姑试查之。自早至夜,一一过手阅之, 计选出一百五十余枚,亦壮观矣"。可知,刘鹗至光绪壬寅六月三十日止所藏总数已超过两千,其中珍品不少于一百五十,而前文所提及"十布全矣""本日买契刀、错刀"都在六月三十日之后。

《介绍》中谈到《铁云藏货》"原为散页未装订,又未收入刀币环钱,似乎是一部不全的残稿……"此说确值得研究。

刘鹗收藏古钱,自不可能将刀币排除在外。他的《遣兴》诗中写道"九圜遍列刀泉币,十布初收次壮差"。在《论泉绝句》之二他写道"一握齐刀九府圜,安阳节墨字厘然;籀文简率方尖布,都是东周列国泉"。可见他对刀币亦是同样注重收集的。

更明显的说明是他六月二十五日记有刀币二百八十枚：

右字明刀四十枚　右字数目明刀二十枚　左字明刀二十六枚　字刀五枚

面无字刀三枚　右奇字明刀十八枚　公字数目明刀十二枚　公字奇字明刀十八枚

左字奇字明刀十七枚　左字数目明刀二十五枚　杂式明刀十枚　共计一百八十八枚

圆首刀四枚（无字）　甘丹三枚　白人八枚　井申一枚　尖首奇字七十六枚

尖圆首刀共计九十二枚

在这段文字之前尚有"作长笺寄药雨并选泉赠之"一句。倘此处所记二百八十枚刀币均是送给方药雨的，则更可想见刘鹗藏钱之富。

笔者以为《介绍》中所提到的《铁云藏货》全是布币而无刀币，绝对不可能是刘鹗疏忽大意所造成。笔者亲见《铁云藏印》共十册钤有秦玺汉印四百三十五方，后又见到《铁云藏印续集》八册钤印五百二十五方。由此推断，郭若愚先生珍藏之《铁云藏货》之外，恐怕还有"续集"的可能。自然这只是一种猜测，尚有待于事实做出结论。

《介绍》中谈到"稿中有刘氏手书墨迹十数处，对于研究我国古代货币，亦是重要的参考资料"，可惜《铁云藏货》稿自十六页以后，不再见刘氏手迹，否则，刘氏对古货文字研究，一定还有许多新的见解"。关于考释古货文字的情况，刘鹗的诗及日记都有记载。

《铁云藏货》第五、六、七、八、九页有关于"梁正尚金当寽"的问题。刘鹗《论泉绝句》之三写道"虞夏镮金品最尊，愈加穿凿愈沉昏；若知奇正回文字，妙解何劳引证难"。六月二十六日对此写道"连日考求古泉，'乘正''乘充'等币。予释'充'为'奇'字，与'正'对。一曰乘正尚金当镮，二曰乘半尚二金当镮，三曰乘奇货金当镮金，四曰乘奇货金五当镮十二。尚，上也。上之于官以当镮也。斤字何为货？殊布当十斤背有十货字，知斤为货也。何以知其回文读？以殊布也，莽事事师古以证古也"。但这些解释他并未满足。第二天他"晚间摩挲古泉，觉昨日所释犹有未妥，改为一日乘正上当爱金，二曰乘半上二当爱金，觉文义更为贯串。"

《铁云藏货》第十四页关于"垂"币，刘鹗手书"商币商此字诸家所释未妥。铁云按与周商城布商字相近，定为商币"。《论泉绝句》之四专门谈及此币"商字分明合了然，商城布字得其全；只因误解京垂字，几削成汤四百年"。肯定此为商字的时间是七月三日"本日释京字币为商币，甚得意。"

对于刀币，刘鹗也同样认真考释。他对自己的"异品刀"做了解释："异品刀，予则释为‘卢伯’。盖此‘伯’字与齐九字刀之‘伯’字正同也。隐三年传,齐郑盟于石门,寻卢之盟也。郑伯之车愤于济。杜注,卢盟在春秋前。卢,齐地,今济北卢县故城。高士奇注,在今长清县西南二十五里。”

刘鹗对于古钱币的搜求,是与他搜求古玩碑帖同时进行的。虽然他极尽全力,可惜他的财力,精力都无法满足他的要求,为此他常常发出感叹。七月五日他记到“午后至子谷处,因翰甫债本日到期,乃由子谷暂挪千金付之。”虽然如此,但他为能得到这些古物欣喜之状亦流露于笔端,七月四日他说“连日债务丛集,而古缘独厚,天其所以考我乎?”他得到古钱后常“检点古钱竟夕”“早起摩挲古泉”“晚检点古泉至四钟始寝”。七月九日他与友人方药雨、沈荩“争选古钱汗涔涔下不顾也,杯盘罗席宁饥不肯释。至十钟选过方肯就食”。同日访日本人西村“兼观其所藏古泉。”

刘鹗如此热衷于古钱的搜集目的是什么呢?《介绍》中写道“近年来考古学的发展,应归功于刘铁云和罗振玉”,这是郭若愚先生给予的评价。刘鹗主观目的是什么呢?他在日记中写道“今年金石碑版所耗近万金,若不深探力取冀有所得,何以对吾钱乎?”这里,他要“深探力取”希望得到什么呢?遗憾的是《铁云藏货》无序无跋,无法说明,但刘鹗将其列为“抱残守缺斋所藏三代文字之三”,我们不妨在刘鹗“抱残守缺斋所藏三代文字”之一和之二中去寻找一下。

在《铁云藏龟·序》中刘鹗写道“龟板文字极浅细,又脆薄易碎,拓墨极难。友人闻余获此异品,多向索拓本,若无以应。然斯实三代真古文,亟当谋广其传,故竭半载之力,精拓千片,付诸石印,以公同好。”

在《铁云藏匋·序》中刘鹗写道“近年出土匋器,多三代之古文,品驾彝鼎而上。……海内名家尚未显诸著录,于是选择敝藏,属直隶张茂细心精拓,得五百余片,更益以陈寿卿拓本七十余纸,并付石印……世之宏博君子欲考篆籀之原者,庶有取焉。计海内收藏家所得必数倍于此,吾其为之嚆矢也夫。”

在《铁云泥封·序》中刘鹗写道“以敝藏所有,拓付石印,附诸陶器之后,虽非三代文字,然其中官名多为史籍所不载,殆亦考古者之一助云。”

由此,我们也就可以推出,刘鹗辑《铁云藏货》的目的是为了“谋广其传”“以公同好”,是为了“欲考篆籀之原者,庶有取焉。”是为了“考古者之一助”。更是为了“计海内收藏家所得必数倍于此,吾为之嚆矢”。一句话,是为了推进学术研究,是为之使更多的古文字研究者能得到更多的研究资料。这种态度在当时确是难能可贵的,在今天亦是应该赞扬提倡的。

刘鹗当年辑《铁云藏货》是为“谋广其传”,但未能得以实现,今天郭若愚先生和千家驹先生将其公诸于世，怎能不使人感到欣慰呢？

笔者对古钱素无研究，但因近年来搜集、整理有关刘鹗的资料，得知《铁云藏货》将影印出版，故将所了解情况缀成此文，倘能于古钱研究稍有一些助益则感幸甚。

文中已引刘鹗《论泉绝句》四首之二、三、四。现将之一录下，以做全文结束：

刀布肩来满一筐，苔花侵蚀古文章；

湔涂自挹冰池水，铜臭销完剩土香。

（《中国钱币》1987 年第二期·《福建钱币》第一期一九八七年四月）

▲ 编著者按：刘鹗所藏古币流向何处，也是人们关心的问题。郭若愚先生另有一文探讨之：

### 《铁云藏货》拾遗
#### 郭若愚

战国时期方足小布五枚，为宣古愚先生所藏，拓本见《百平安馆论泉绝句》附图。古愚先生以为此五小布文字"三阳二邑"，皆旧谱所未见者，信然。其实物今不知下落矣。

按此方足小布五枚原为清末金石家刘鹗所藏。鲍鼎《刘鹗小传》"鹗因好古，先后别有所获，莫不精美，岿然为海内巨室。……独藏泉未显于世。其精美固不亚于所藏诸古物也。其中新莽六泉十布散出最早，鹗自赠定海方氏（若），方氏已拓为专册行世。又阳山大布，传形之济阴圜金等，为世所罕觏。方足小布若井阳、是阳、平邑（左行）、王金、冯安、㟆𠂤、𡆠土、阳甹诸品，皆未见著录。"（《古钱大辞典拾遗》）。此芳足小布拓片五枚，为鲍鼎所指明者四枚，可知其均为刘氏故物也。余往岁编辑刘鹗《铁云藏货》，收录蚁鼻钱四种首布七十一种，大小圆尖桥足布廿一种，方肩桥足布六种，大尖肩尖足布六种，小方肩及尖肩尖足布八种，小方肩方足布八十七种，以及圆首圆足布十种，圆首圆足三空布二种，而此五小布却未及收录。此五小布文字奇特，乃仅见之品。沧海遗珠，可不宝贵。

据鲍鼎所记，刘鹗身后藏泉，大者为吴县周氏（德馨）所有，高邮宣氏（哲），华亭程氏（文龙），丹徒吴氏（定）亦各得其旧藏一二。于此可知宣氏此布，确是刘鹗故物，鲍鼎所言可证也。因记于此，以为好古者之参考。（《先秦铸币》第 23 页）

**是年**　孙诒让分析《铁云藏龟》1058 版龟甲，著《契文举例》完稿。这是甲骨学史上第一部研究著作。

▲ 编著者按：在一般学者，对甲骨文内容尚一片茫然之时，孙诒让在《铁云藏龟》的基础上完成了《契文举例》一书。这是甲骨学史上第一部研究著作。孙诒让

又名德涵,字仲容,号籀庼先生。是晚清时期的朴学大师,教育家、实业家。对甲骨文字及经、史、金石多有研究。著作有《周礼正义》《墨子间诂》《契文举例》等 230 多万字。《契文举例》全书十章,根据《铁云藏龟》公布的当时所能见到的 1058 版甲骨材料,析为月日、贞卜、卜事、鬼神、卜人、官氏、方国、典礼、文字、杂例等十个方面。其序如下:

### 《契文举例》叙

文字之兴,原始于书契。契之正字为栔。许君训为"刻"。盖镂竹木以箸法数,斯谓之栔。契者其同声假借字也。(《周礼·小宰》"八成""听取予以书契。"乃契券之一种,与《易》"书契"小异。)《诗·大雅·緜》云"爰始爰谋,爰契我龟。"毛公诂契为开。开、刻义同,是知契刻又有施之龟甲者。《周礼·菙氏》:"掌其燋契,以待卜事。"又云:"遂歔其焌,以授卜师。"杜子春云:"契,谓契龟之凿也。"亦举《緜》诗以证义。郑君则谓契即《士丧礼》之楚焞所用龟也。综斠杜、郑之义,知开龟有金契、有木契。杜据金契,用以钻凿;郑据木契,用以然灼,二者盖同名异物。金契即开书之刀凿,将卜,开甲俾易兆,卜竟纪事。以征吉殆,皆有栔刻之事。《诗》《礼》述义据焯。然商周以降,文字繇孳,竹帛漆墨,日趋简易,而栔刻之文,犹承用不废。汉承秦燔之后所存古文旧籍,如"淹中古经""西州剩简",皆漆书也。《汲冢竹书》出晋太康初,亦复如是。然则栔刻文字,自汉时已罕觏,迄今数千年,人间殆绝矣。

迩年,河南汤阴古羑里城,掊土得古龟甲甚伙,率有文字。丹徒刘君铁云集得五千版,甄其略明晰者千版,依西法拓印,始传于世。刘君定为殷人刀笔书。余谓《考工记》筑氏为削,郑君训为书刀。刀笔书,即栔刻文字也。甲文既出于刀笔,故庸峭古劲,觚折浑成,恍若读古史手札。唯璪画纤细,拓墨漫漶,既不易辨仞,甲片又率烂阙,文义断续不属,刘本无释文,苦不能邕读也。蒙治古文大篆之学四十年,所见彝器款识逾二千种,大抵皆出周以后,赏鉴家所橐楬为商器者,率肛定不能塙信,每憾未获见真商时文字。顷始得此册,不意衰年睹兹奇迹,爱玩不已。辄穷两月力校读之,以前后复緟者参互采绎,乃略通其文字,大致与金文相近。篆画尤简省,形声多不具,又象形字颇多,不能尽识。所称人名号未有谥法,而多以甲乙为纪,皆在周以前之证。羑里于殷属王畿,于周为卫地。据《周书·世俘篇》,殷时已有卫国,故甲文亦有商周卫诸文,以相推譣,知必出于商周之间。刘君所定为不诬。至其以□为子,以□为係,间涉籀文,或疑其出周宣以后,斯则不然。夫史籀十五篇,不必皆其自作。犹之许书九千字,虽为秦篆,而承用仓、沮旧文者十几七八,斯固不足以献疑尔。甲文多纪卜事,一甲或数段,从横反正,交错,纠互无定例。盖卜官子弟应时记识,以备官成,本无雅辞奥义。要远古契刻遗文耤存辜较,朽骼畸零更三四千年竟未漫灭，为足宝耳。

　　今就所通者，略事甄述，用补有商一代书名之佚，兼以寻究仓后籀前文字流变之迹。其所不知，盖阙如也。抑余更有举证者，《尚书·洪范》原本《雒书》，汉刘子骏、班孟坚旧说咸谓："初一曰五行"，至"畏用六极"，六十五字为雒水所出龟书，禹得之以为九畴。马、郑所论略同。后儒疑信参半，遂滋异议。顾彪、刘焯、刘炫、孔颖达之伦，虽用刘、班，犹致疑于字数觖简之间。今所见龟文残版，径一二寸者，刻字辄数十计。元龟全甲尺二寸，必可容百名以上。以相推例，雒水龟书殆亦犹是。盖本邃古之遗文，贤达宝传，刻箸龟甲，用代简毕。大禹浮雒，适尔得之，要其事实，不过如此。自纬候诡托，以为神龟负书，文琭天成。后儒矜饰符瑞，若天玺神谶，祥符天书，同兹诬诞。实则契龟削甲，古所恒靓，不足异也。此似足证经义，辄附记之，以谂学者。

光绪甲辰十一月籀庼居士书

# 1905 年(乙巳　光绪三十一年)　49 岁①

4 月　邹容因不堪虐待死于上海英租界监狱中,中国教育会在愚园召开追悼大会。

5 月　清政府查禁《浙江潮》《新民丛报》《新小说》《中国自由书》等书刊。

8 月　"中国同盟会"在日本东京成立,推举孙中山为总理。

9 月　革命党人吴樾在北京车站炸清政府派出考察的"五大臣"。吴樾牺牲。

是年　清政府决定自下一年废止科举考试。

兄刘味青 56 岁(病逝)。太谷学派学人:蒋文田 63 岁、黄葆年 61 岁、毛庆蕃 60 岁。罗振玉 40 岁、王国维 29 岁。

**约本年 1 月 13 日(甲辰十二月八日)**　聚友人与妓女于寓所饮酒快谈,作《腊日记》一篇。

▲ 刘大钧《〈老残游记〉作者刘铁云先生的轶事》:先生自己是很风流倜傥,落拓不羁的。平时挟妓饮酒,逢场作戏,绝对不当着一件事。某年腊日(即十二月八日,俗名腊八节),在北平寓所,同两三个朋友饮酒快谭。当时招了十几个妓女,把自己藏的古乐器——如琴、瑟、埙、竽、箜篌、忽雷以及笙、箫、琵琶之类——分给大家拿着。又在花园内、假山上、花神庙前,陈列了许多花,自己同朋友坐在当中,四周围都坐了妓女。于是照了一张相,还做了一篇《腊日记》——这也是先生风流的一个纪念。(《老残游记资料》第 107 页)

---

① 刘鹗《抱残守缺斋·乙巳日记》一册原件保存,后收入《刘鹗集》。本年谱长编 1905 年(光绪三十一年)所引用基本是日记原文。凡引用原文处,不再说明资料来源。

《抱残守缺斋·乙巳日记》中日期原文为农历日期,本书按公元纪年记录日期,( )中为农历纪年。《抱残守缺斋·乙巳日记》数字均已改为阿拉伯数字。

《抱残守缺斋·乙巳日记》一册,宽 18.5 厘米,高 22.5 厘米,封面自题"日记,光绪乙巳年正月元旦"有"天下第一江山渔樵"印。每页十行,红色框,版心中缝下有"九华堂"字样。

《抱残守缺斋·乙巳日记》4 月 7 日(三月初七日)日记天头有"大章寓"三字。7 月 1 日(五月廿九日)日记天头有"寿卿信"三字。7 月 2 日(五月三十日)日记天头有"贾"一字。8 月 5 日(七月初五日)日记天头有"濮瓜农寓"四字。

**2 月 3 日(甲辰十二月三十)**　开始临草书(千字文)第三遍于"抱残守缺斋学古"九宫格纸。

▲ 刘厚康《刘鹗与书法》:刘鹗学书态度严谨认真,且功力精深,坚持有恒,从不间断……一般每天做书二三纸,字数少的八九日临讫一种帖,字数多的则需一两个月,《草书千字文》从甲辰除夕开始,至乙巳正月二十五日计二十六天临完三遍。

(《清末通讯》第 14 期第 7 页)

**2 月 4 日(乙巳年正月初一)**　丑刻,存古主人来。予售得无量寿佛像一,伏魔大帝像一,王齐翰卷子一。客去,列我秦权、周节、新符于几,焚香而祭之,敬天命也。午前拜年。午后同汪、范二君游四海升平之楼同芳之居。归寓读《庄子·应帝王》一篇。戌刻立春。临《曹全》一纸,《智永千文》三纸,自"始制文字"至"上和下睦"。

**2 月 5 日(正月初二日)午前**　临《曹全》一纸。午后访汪剑农,同游张园。晚间,黄益斋来,戌刻去。去后为罗叔耘甄别宋、元册子。临《真草千文》二纸。

▲ 编著者按:黄益斋,浙江余姚人。1904 年与夏穗卿、狄楚青等支持八指头陀创办僧人学堂。京剧名票友,演唱酷似名角汪桂芬。陈三立有诗《月夜别南昌与黄益斋同宿城畔舟中》。

**2 月 6 日(正月初三日)**　昨夜今早颇寒,卅六度也。午后至叔耘处闲话。铃木等又来看画。看毕,遂同叔耘、剑农、纬君游四马路,吃杏花楼。顺路看存古斋,携崔青蚓《洗象图》以归。临《曹全》一纸,《千文》二纸。理皮箱中手卷。

**2 月 7 日(正月初四日)**　制造局诸君来,留吃便饭。晚间马小眉约打摊,输三十元。同剑农再游四马路,奇芳吃茶。访王莲孙,携改七芗《吴采鸾》以归。临《真草千文》二纸。天气极寒,卅六度。

**2 月 8 日(正月初五日)**　午前诣罗三先生寓,话间遂同来吃饭。饭后黄益斋、付贡禹来,往张园啜茗。约益斋回寓。晚饭谈及磁石传电之事。益斋云:有磁石于此,能传无穷之钢,皆能吸铁而原力不减,此理极奇。适有寒暑表所用之磁气钢圈在,以刀试传之,立即吸铁。于是悟物之资鬼用者,物之魂也,物不能有魂,传人之魂也。每感人之魂屡分,何以不减少? 今日得黄君之说,其感顿解。盖亦磁石传力,不减原力之理也。天地之奥理极多,人之所知者至鲜,何不深心以求之哉! 天气仍卅六。

**2 月 9 日(正月初六日)**　晴,西北风,天气甚寒,卅五度。遣大章苏州贺年。程锦章来,询天长矿事。江若老约秋月楼,遂同饭于江南村。回寓,知高子衡昆仲至。临《曹全》三纸。

▲ 编著者按：高子衡昆仲系指高子衡、高子谷兄弟。

**2月10日（正月初七日）** 晴，昨夜冷至三十二度，当是近处雪也。阅《新闻报》，江西雪深三尺。昨日子衡来云，杭州雪深一尺二寸。上海独无雪也。午后至大成公司，大致无忤。晚，本有傅贡禹之约，因子谷欲议国债事，留谈，遂宴林凤珠家。临《曹全》二纸。

▲ 与高子谷等拟建议发行国家公债并鼓铸铜元。

按国债与铜元，均属于国家理财的新政，并非私人事业。日记说：铜元事已允，当是建议的条陈得到了同意。不知与壬寅冬所草的《颁商律》《设商官》等条陈有没有关系。（《铁云年谱》第113页）

**2月11日（正月初八日）** 晴，天气已回至卅五度。午后至徐园看梅花会，仍是去年桩子，甚无味也。遇高仰之，问沈韵初家三箱碑版。据云八百种，宋碑五百余种，汉、魏二百余种而已。晚间，徐锡卿请聚丰园。

**2月12日（正月初九日）** 大雪竟日不止。昨日于继美来云，湖州初四日雪深尺许。午后徐锡卿来。汪子翁本有秋月楼之约，明知其不能来，姑往候之。晚间，子衡约周丽娟家，归时雪犹未止也。临《千字文》二纸。天气仍卅五度。

**2月13日（正月初十日）** 雪止。午前至叔耘处闲谈，同归吃饭。饭后子衡昆仲来，谈至薄暮。赴李少穆、林蕊娥家之约。归甚早，临《曹全》二纸，《千字文》二纸。本日发致哲美森函。接胡厚生函。

▲《关于老残游记》七："复与高子衡先生拟办铁机绸厂于浙江之杭州，李少穆先生议办炭素炼钢厂于湖南之株州，均不成。……至上海与杨让堂先生创设海运航船，往来大连、日本、沿岸贸易，均垂成而败。"（《关于老残游记》手稿）

▲ 编著者按：刘蕙孙先生说"是年在上海组织大成公司，与李少穆、高子衡、高子谷、杨让堂及外人谭华、伊德、穆哈德、沙彪纳等创办工矿实业。又和杨让堂合资办海运航船，来往大连、日本、沿岸贸易。"

刘蕙孙先生又说：按以上这些事迹，家中老辈均说不很清楚。具体年月很难确定。但据《乙巳日记》，年初就在上海设有大成公司，大成公司与高子衡、杨让堂、穆哈德、谭华有关。日记中提到"浙事"，据所知当时与浙江有关的有两件事：一件是杭州铁机绸厂事，另一件则是前面说过的浙江衢严温处四府煤铁矿事。绸厂属于轻工业，高子衡又是杭州高义泰绸庄的东家，本来有基础，再和铁云先生两人合力，自足举办。关于浙矿事，据《中国近代工业史资料》说系："由高尔伊（即子衡）的宝昌公司向义商沙镖纳，贷款五百万两开办。后又与英商伊德的惠工公司签订合办合同，均未成功"。其创办在1898年，和伊德合作在何时未详。而《乙巳日记》从六月十九日起有:"午前李少穆来电话云:'伊德已到,嘱电速子衡,并约午后三点半会。'"直至八月二十九日有"至伊德处告以将行也"等记载数十则,其间并先后到杭州、宁波等地奔走,这一件事的活动情况,据日记来看,大概高子衡 1898 年已开始搞,至本年初,加入了李少穆、杨让堂和铁云先生,又图与伊德合作。结果:英领事署,伊德、沙彪纳、高方均已议妥并签署了合同。因外部批驳而失败。自 8 月 29 日,铁云先生因盐事离京去东北,日记即未再提此事。因其中牵涉李少穆,是否与株州炼钢厂有关,不得而知。当时炼钢,必须利用外人技术机器,铁云先生晚年与李少穆往来最密时,也仅在这一段时期。

关于与杨让堂合办海船事,先伯父著伯和先父都说过,一共是海雕子帆船六只,杨家四只,我家两只云。(《铁云年谱》第 112 页)

▲ 编著者按:李少穆,据说是李鸿章之子李经迈的字。李经迈(1876—1938),安徽合肥人,字季高。李鸿章的小儿子(排第三)。清光绪三十一年(1905)任出使奥地利大臣。次年授光禄寺卿。三十三年归国,历任江苏、河南、浙江等地按察使。宣统二年(1910)以随员往日本、欧美考察军事。次年署民政部右侍郎。辛亥革命后退居上海,密与宗社党人往来。1917 年张勋复辟时被授外务部左侍郎。

**2 月 14 日(正月十一日)**　晴。江子翁同张梓樵来。午后子谷匆匆来,即去。劳泮颉来理《平沙》《流水》一遍。同锡卿步行往洪天香家,作主人也。临《千文》一纸。罗叔耘赠我宋高宗书《礼部韵[略]》。将《智永千文》所模糊者悉补之,一快也。天气卅八度。

▲ 按铁云先生本善弹琴,但所会琴曲不多。这一二年,又请琴师传授,劳泮颉是上海的琴师。在沪日记屡记其来教琴,今只举两条,说明其事。"平沙"指琴曲《平沙落雁》,"流水"指《高山流水》。铁云先生所以在百忙中学琴,不仅仅是对音乐有所爱好。太谷学派传有《耳诚》之学,聆辨五音,也是一种修养的工夫。(《铁云年谱》第 114 页)

▲ 编著者按:劳泮颉:名芹。别署嗣羲琴馆主人。岭南人。东莞博物馆藏有其《水墨罗汉》斗方。

**2 月 15 日(正月十二日)**　晴。午前,张公束来。午后,二高来。发钟笙叔函。访李伯元、庞芝阁,皆遇。晚,初聚于洪寓,子谷请也。翻于蓝桥别墅,小眉主人,又翻至王桂英家,俞吉臣所邀也。归时子正矣。四十度。

▲ 按李伯元名宝嘉,江苏上元人。是清末小说家。著有《官场现形记》《文明小史》《活地狱》等书。当时正在上海主编《绣像小说》半月刊。铁云先生访他,大概

是为《老残游记》等事。李氏生于 1866 年,卒于 1906 年。在这第二年就死了。

庞芝阁名景云,是李秀成的审判官,我伯祖母庞之兄。(《铁云年谱》第 114 页)

**2 月 16 日(正月十三日)** 晴。午前,张梓樵送抄件来。午后填抄件。填完同赴穆哈德处。归寓,与罗叔耘畅谈。临《千文》二纸。

**2 月 17 日(正月十四日)** 晴。连日虽晴,天气不甚暖,风吹面上颇有寒气。午前,访佐佐木,问药方。午后,高氏昆仲来,商议一切事。下午赴大庆楼请客,所请者严、周、沈、高、高、罗也。晚撰《上政务处书》。

▲ 编著者按:刘鹗《上政务处书》起笔于正月十四(2 月 17 日),但非一气呵成,完稿于"二月"(3 月),发表于三月十七日(4 月 21 日)。

**2 月 18 日(正月十五日)** 阴,午后雪。今日大经、大纶开学。晚间,在大庆楼请汪五先生,九钟回。又赴马氏昆仲之约。

**2 月 19 日(正月十六日)** 阴。午后,与罗叔耘闲谈。黄益斋来,遂约同赴江子翁秋月楼之会。晚,子谷请法国人,予作陪。饭后又往林家与张长福谈借款事也。候其八圈牌竣,归寓,三点钟矣。

**2 月 20 日(正月十七日)** 阴,未雨。午后,送罗叔耘上船,大绅随之往也。申刻,赴徐园,同人公祝杨、于二君寿也。有髦儿戏。晚饭后散,为小眉牵至瑶月阁一酒。归寓,甫十一钟耳。写四幅屏。跋《景龙钟铭》。略看书帖,已四钟矣。连日天气渐暖,极冷四十度。

**2 月 21 日(正月十八日)** 雨。午刻,继美来,遂同拜沈淇泉,不遇。遇二高于九华楼。申刻,至老旗昌,杨让堂所约也。归寓十钟。临《千字文》二纸。冷极四十二度。跋宋拓《大观帖》。

**2 月 22 日(正月十九日)** 阴,不雨。午前至晋升栈,约子衡昆仲同赴沈耕莘之约也。在密采里午饭,饭后至大成公司,仍未能签字。申刻至秋月楼,史君至也。晚应沈仲礼之约一品香,而瑶月阁,而朱素云,而归。临《千文》二纸。

▲ 编著者按:沈耕莘:与郑孝胥相识。1918 年集资 4 万元开办吴淞宝明电气股份有限公司。

**2 月 23 日(正月二十日)** 阴。午后同史若兰、江子若同访子衡,遂同子衡往大成公司,兼往英领事署签字。返至秋月楼,同江、史二公至林瑞娥家。复翻至林小星星家。归来十一钟,临《千文》一纸。天气四十度。

**2 月 24 日(正月二十一日)** 阴,颇凉。午后看连梦惺,兼到昌寿里大哥家,适二姪女自淮安归,八年不见矣。遇王莲孙,取《晋江马蹄帖》以归。应孙霭人、周飞云之约。饭后浴,剃头,全身为之一爽。临《千文》一纸。作王幼云、周月三函,遣史若梁赴杭也。

**2 月 25 日(正月二十二日)**　阴,小雨。薄暮,赴狄楚卿之约。座有范君者,创办东洋女学堂,诚善举也。又赴王莲孙、武林仙之约。本日临《曹全》两纸,《千文》两纸。天气四十四至五十二。

▲ 编著者按:狄楚卿(1872—约 1941),名葆贤,号平子,字楚青,一字楚卿,别号平情居士、平情客。室名宝贤庵、平等阁。江苏溧阳人。擅诗、文、书、画,家富收藏。鼓吹变法,与谭嗣同交往。曾参加自立军起义。后创办《时报》《民报》,开设有正书局。佛教居士。著有《平等阁笔记》《平等阁诗话》《清代画史补》。刘鹗收藏之碑帖多由有正书局影印出版。

**2 月 26 日(正月二十三日)**　阴,小雨。江、诸、达、江,会于秋月楼,赴芝阁九华楼之约。饭后至王佩香家发请客票。天气同昨。临《千文》二纸。谱《古琴吟》半操。

**2 月 27 日(正月二十四日)**　阴,不雨。因诸友欲往王佩香家碰和,只好三钟便去,尽主人之职也。十一钟回,倦甚。临《杜顺和尚行记》二纸,《师奎敦》一纸。《杜顺和尚行记》,大中六年董景仁书,唐鶒庵所藏明拓本也。校新本多廿五字,用笔酷似《李思训碑》,盖学北海者也,在中唐实为杰作,何世竟无知之者,一奇也。天气稍凉,昼四十四,夜四十。昨日巳刻,亚辛生一子,在吾为第一孙也,颇喜。

▲ 第一孙厚源生,第三子大缙之子。

按亚辛是我三伯父建叔的乳名。所生子即厚源,字铁孙。铁云先生因是第一个孙子,曾取义《尔雅》:"带祖元胎,始也。"命名"肇孙",后又字铁孙。卒业上海青年会及慕尔堂英文学校。又从叔季陶(大钧)学统计。历在《中国经济统计周报》任编辑及原华东纺织管理局统计处等单位工作。1954 年卒于上海,年五十岁。他是我同祖长兄,良友版《老残游记》二篇即系由他接洽出版的。(《铁云年谱》第 115 页)

**2 月 28 日(正月二十五日)**　阴。临草书《千文》二纸第三通竟。下午,同锡卿买瓷器刻花者,备往苏州作诗钟标彩也,款由自题。忙至夜两钟,忽悟天然墨之一拂即出,不能刻,只好重书,兴致减矣。呛咳。

**3 月 1 日(正月二十六日)**　阴。呛咳甚于昨日。因午后有大成公司之约,赴晋升栈,知改次日,遂先访朱福田。回寓。五钟复至时中书局。六钟应陶捷三之约,在妩云簃也,唱扬州小曲极精。因呛咳甚,早睡。略闪日光。

▲ 编著者按:朱富田(1863—1928),又名朱日宣。江苏川沙人。多参加教育、慈善事业。曾任宝山塘工局委员、上海县浦东塘善后局董事等。曾创办东沟小学、问道小学。开设上海浦东至上海外滩轮渡等。

▲ 编著者按：陶捷三(1854—1923)，名成棨，又名寅保。江苏镇江人。秀才。曾馆于马建忠(眉叔)家兼料理商务。又随之出使高丽，驻汉城。1911年回镇江闲居，欲以米行为业，不成。1922年有《三韩游草》印行。长子名铸，又名润生；次子名镕，又名康侯。

**3月2日(正月二十七日)** 阴，晚间丝雨。李少穆约午刻一品香。饭后至大成公司，又到英领事署，复到大成公司。散时五点半，只好到林家矣，为约朱福田也。咳甚，兼之一日忽冷忽热，头痛早归。

**3月3日(正月二十八日)** 雨。本日为丝业公所公请沪上合埠绅商，衣冠者约百人，便衣数十人。予因脚冷，九钟便归。吕、吴、陆三老犹自观剧，兴复不浅。晚阅王行满《圣教序》及八柱《兰亭帖》。

**3月4日(正月二十九日)** 阴。午前，程冰泉来，约与之同访王子展，昨日遇于张园也，不遇。遊辛园一周，归。二高来小坐。晚临《曹全》两纸，为张梓樵书屏间四幅，临《书谱》也。蚁行登泰山，会有到时，今年书较去年颇有进也。

**3月5日(正月三十日)** 礼拜。略晴。九点钟，为铃木德律风吵醒，遂起。往吃半斋。十一点，归寓，铃木已至，看画至下午。予往秋月楼，践礼拜会之约也。吃九华便饭，甚美。赴洪如意之约，楚卿主人也。天气四十至五十。

**3月6日(二月初一日)** 晴，虽非十分晴，已为今年第一晴天矣。午初，陶宝如来。午正，王子展来，阅《圣教云摩》，赞不绝口。未初，应沈絜老海天春之约。申初，同至大成公司。回寓，看天足会学堂。至妩云簃，应庞芝阁之约也。丑刻归，临《曹全》一纸。天气较昨稍暖。

▲ 编著者按：陶宝如(1872—1927)名瑢，字宝如，号剑泉。江苏武进人。曾官河南临颍知县。辛亥革命后流寓京津，曾任财政部秘书。书画家，凡山水、人物、花卉临摹皆精，画松尤为特长。

**3月7日(二月初二日)** 半晴。午后，往昌寿里，借大哥股票，以应沈凤仪之约。晚聚于张四宝家，翻艳鸿阁、文小红、陈嫒嫒三处。陈菜甚精，据云庆□楼所叫也。临《曹全》三纸。昨夜隔壁以为贼来，数惊，故予睡为之破，今日颇不精也。

**3月8日(二月初三日)** 晴，微有阴，东北风故仍不暖。午后，先至写真，签股票字也。后渡江访铃木，观其造纸机器凡锅炉四。据云，日烧煤三十燉，引擎五百匹马力，昼夜不停。薄暮归，与其工人同杉板。据云，一昼夜出纸三百扛弱，每打四包，每包约价五两余。原料则稻柴、蓝缕二者而已。闻初起只用蓝缕。铃木为之绘图造机器，始用稻柴，获利甚丰也。晚应汪惕予之招爱月楼，宝廷、张素云。临《曹全》一纸，一遍竣。又临《乙瑛》。读《天演论》。

**3 月 9 日(二月初四日)**　阴。高信甫约吃午饭于杏花楼。早晨有德律风来惊醒,遂不成寐。起来,送徐静仪赴学堂,遂至杏花楼。申刻散,回寓与女、媳论学堂之利益。晚间,陆君略约花二宝家。毕格尔约艳鸿阁。临《乙瑛》一纸。

**3 月 10 日(二月初五日)**　雨。午刻,程彬泉送《五马图》来,韩幹所画也,确系唐人用笔,毫无疑义,后有良琦跋,洪武十六年也。书有有元人风趣,甚精。末有独学老人石韫玉跋。申刻,拜陆君略,不遇,在启文斋略坐。赴子衡花田玉之约。夜雨稍大,有雷。临《乙瑛》《杜顺和尚记》各一纸。

▲ 按此图日记上没有谈到售价,是否购入,或者仅送来看了一看,不详。日记中之程冰泉、程彬泉、程宾泉都是一人。他和李文清都是清末民初的上海大古玩商。我小时住在上海时,他们因做洋庄生意,为美、日帝国主义盗窃国宝,均已发了财。(《铁云年谱》第 130 页)

**3 月 11 日(二月初六日)**　雨。以景何患喉,闻今日剧甚,往看之,得吹药,已渐减矣。午后应天足会之招,开堂礼也。下午至妩云簃宴客。子刻归,发苏州南京汇信。

▲ 编著者按:1905 年上海天足会在上海议事厅举行会议,与会者不下 800 人,3 月 25 日召开天足会年会,来宾"摩肩擦踵""后至者乃无隙地"。3 月举行的开堂礼是举行迁入新址的特别仪式,这样的仪式以音乐为主。

**3 月 12 日(二月初七日)**　雨。九钟,铃木来,赠我木匣一、木盘一。盖彼国仙台沙河中前数年掘出古木。博古家考之以为至近在五千年外也。高人雅士极重之,花纹美者一片值数百元。予赠以陈居中小画,渠以为报也。午后罗达恒来,二高来。薄暮,同往沧州别墅,观刘问刍所藏《淳熙秘阁续帖》,极精。卷一为钟太傅《身命表》、右军《乐毅论》残本一、全本一、《黄庭经》一。第二卷为右军草书各帖及大令《洛神赋》草书残本。然则予与芝阁所得者或有疑义乎?因彼之行款与《大观》等甚长大也。

**3 月 13 日(二月初八日)**　雨。周谨生送《鲜于子初墓志》来,合《杜顺和尚记》为五十元也。午后,访吴印臣,托其撰《掩骸禀稿》。赠我残绛两本。晚,少穆约陈媛媛家酒。归寓,临《九办(?)》二纸。

**3 月 14 日(二月初九日)**　小雨,晚略晴。午后,徐、于来小坐。下午,二高来,买《公法新编》。赴朱素云家之约。归寓,临《十七帖》二纸。答王寿萱书,接王寿臣书。

▲ 编著者按:王寿萱(1855—1913),名锡祺,字寿薆、寿萱,号瘦冉。室名小方壶斋。江苏清河人。曾供职刑部。著有《小方壶斋舆地丛钞》《辟邪录》等。

**3月15日(二月初十日)** 阴,酉刻大雨,戌刻大雪。早起,送二王入学。午刻,刘健之来看碑版。午后访庞芝阁。晚,应张希孟、林媛媛、马幼眉、王桂英之约。冒雪归。临《十七帖》二纸。作杨诚之、濮瓜农两函。润色政务处禀稿。

▲ 编著者按:濮瓜农,字贤懋。江苏溧水人。古泉收藏甚富,藏有舜乘马币,夏禹安邑货布、商币、周垣字币、齐刀、莽币等。后归南通博物苑。

**3月16日(二月十一日)** 阴。午刻,徐徵渊来,同大章往,定船。大嫂来召,云大哥脚肿。往看之,话闲数点钟。应子谷艳鸿阁之召。戌刻,劳泮颉来,温琴两操。临《十七帖》三纸,《乙瑛碑》两纸。

**3月17日(二月十二日)** 阴。小栗来。叶鹤卿来。周小溪自扬州赶到,幸甚。大章今晚上船。谭华请吃饭,音尊也。不耐其久,托故去。至妙香阁,饭后即归,写《十七帖》三纸。

**3月18日(二月十三日)** 雨。宝迁来,述既济约两钟签字。签字后至大哥处闲谈。下午,访沈絜老,已往海宁矣。晚,在海天春吃饭。劳君来,学《山中忆故人》六句。临《十七帖》一纸。眼痛,喉痛。连日天气极冷,度皆四十一二也。

**3月19日(二月十四日)** 小雨。午前大嫂来,唤往看。据云大哥精神过于委顿,能否将后事备办,予力赞其成。午后,诸光河、江月三来,谈至晚饭后去。又往昌寿里看大哥,神气稍清,然究非吉征也。夜间心绪缭乱,未作课。

**3月20日(二月十五日)** 阴。午刻,于继美来,同往大嫂处,斟酌做衣服事。周谨生送《离堆记》,程冰泉送《郑因碑》均留阅。《郑因碑》校《寰宇贞石图》多数字。《离堆记》五石俱全,惟价稍昂耳。下午,看大哥,精神较好。临《十七帖》一纸。学琴。

**3月21日(二月十六日)** 阴。早未起。秩庭来报曰,集益来看,云病可无虞矣。昨晚接笙叔来电,知泽道事已经外部核准,电致驻比使臣。

杨诚之小票签字,故午后至晋升栈与高氏昆仲斟酌发笙叔电,嘱其奉旨日再电告,并电哲美森,由宝延译发也。事毕,至张少塘处,防其脱靴也。晚马小眉约胡家便饭。回寓,小栗在焉。劳泮颉来,学《山中忆故人》一段。连前计三日学两段也。作程少周、吴楚生、夏虎臣三函。

▲ 按:泽道路,即泽浦路,几经交涉,准缩短为泽州至道口,后来实际筑成者,只道口到清化一段,是为"道清铁路",这是铁云先生办了几年铁路,搞成功的一条。(《铁云年谱》第113页)

▲ 编著者:杨诚之:名兆望。祖籍浙江省湖州市。晚清外交官,曾出使比利时。

**3 月 22 日(二月十七日)**　薄阴,午后嫩晴。晨,往看大哥,精神又稍健矣。午后,拜严小舫,看其文、沈、分、唐画,有数幅精者。三钟,访芝阁,尚未醒。至晋升栈小坐。回寓。六钟赴刘问刍之约,看其碑版,无佳者,画二册亦不精。归已十钟矣。临《十七帖》二纸竣,又临《张伯英》三纸。

**3 月 23 日(二月十八日)**　晴。早起检点赴苏。午后,姚少铭来,托说长薪水事。子衡来托询叔耘。于继美来覆股票事。小栗来看吴道子画。三点,看大哥。四点,上船,汪、胡来送。五钟,开船。十二点半,搁浅。三点,有别家小轮来拖,始行。

▲ 按:此行的目的,似专为参加"太谷学派"一次聚会讲学的会期。并与江子若一同回沪。(《铁云年谱》第 116 页)

**3 月 24 日(二月十九日)**　阴。七点一刻,到海关,查毕过船,行李搬竟,计五分钟,已行半里许。二刻,复至海关。三刻三分,至葑门,八点五分,到胭脂桥。晚间,罗叔耘来,子刻去。

**3 月 25 日(二月二十日)**　雨。做诗钟四课。左元为"翠柳牵裳云一线,苍苔印履湿双痕";右元为"岭树横窗云作叶,山泉挂壁湿生苔"。

**3 月 26 日(二月二十一日)**　雨。做诗钟三课。本拟次日访费屺怀,接子衡来电促归。又值二十日费无暇,遂改于次日行矣。为大翻出洋事与黄三先生辨(辩)论四点钟之久。

▲ 编著者按:费屺怀(1855—1905),名念慈,字屺怀,号西蠡。江苏武进人。光绪十五年(1889)进士,官编修。与文廷式、江标等齐名。皆有声词馆。后寄居苏州。金石目录之学,冠绝一时。工书,兼工山水,精赏鉴,善诗,著有《归牧集》。

**3 月 27 日(二月二十二日)**　请太谷夫子书法付石印,并由虞君积升处请得七夫子墨宝拟同印也。饭后至师范学堂,井井有条,罗叔耘真人杰哉。渠新得李营丘卷子,有染无皴,真奇笔也,眼福不少。四点半,上船。五点,开。通夜不成眠。

▲ 铁云先生所印的太谷学派大师的遗墨,我家共有六本。均题"龙川墨宝"。太谷石琴遗墨未见。住在北京时,表舅何楚侯先生曾买到一副题"周太谷先生墨宝"的书夹板而无内容,一九五〇年我在苏州护龙街旧书店中看见几张题"张石琴先生遗墨"的石印帖片,取看实系龙川墨宝中的单页,并非石琴。直到 1958 年才从山东史学会弄到石琴遗墨照片。铁云先生所印的"太谷石琴墨宝"到现在止,尚未见过。但太谷学派的几位大师李龙川、张石琴、黄归群一直到李平孙先生的书法均差不多,也可能说在一起,看不出来。我手有一张写:"周易系辞;'一阴一阳之谓道。'"一张写:"关关雎鸠"的单页,为龙川遗墨中所无,书法也多少有一点不同。太

谷书,既然也印过,不知此两张是否。(《铁云年谱》第 116 页)

▲(罗振玉光绪三十年)十一月创立江苏师范学堂,卜地于抚标中军操场,先缮紫阳校士馆(故紫阳书院)为校地。(端)忠敏奏陈办学情形:"先于苏州省城设立两级师范学堂,先招讲习科生四十人、速成科生一百二十人,以济目前兴办学堂之急需。……以光禄寺署正罗"(光绪三十一年)校中添设体操专修科。五月讲习科及体操专修科毕业。先生任校事……日至讲堂督课,至斋室视察诸生行检。课暇分班接见诸生戒以敦品立行,俾不愧"师范"二字。(《罗振玉年谱》第 30 页)

**3 月 28 日(二月二十三日)** 晴。船到上海,使家人送行李。予与江子翁往半斋早点。午后,李少穆先来。午后,朱莲峰自山东来,偕江、达、王、鲁诸君来贺弥月。汪氏昆仲先后至焉,人多不备记。周谨生送单片帖一包来,内有莫子偲监拓诸梁,尚佳。

**3 月 29 日(二月二十四日)** 晴。午后,高子谷来云,接刘秉臣电,知铜元事已蒙邸允,甚可喜也。昨日接笙叔信,有外部电底函达哲君:开封、河南两府枝路合同前经本部奏准,抄咨在案,兹准。盛大臣电称:"现在勘路事竣,比公司先售一半借票,总数一千二百五十万佛郎,计分小票二万五千号,每号五百佛郎。票式、字句悉照卢汉、正太式样覆核无讹,即予盖印签字并代督办大臣签印,发交出售等语,希照办,外务部蒸。"又接丁问槎函,渠将补军佐也,住北京帘子库路东。晚,应子谷红缨馆之招。

**3 月 30 日(二月二十五日)** 晴,颇暖,已至六十余度,春意益然矣。程冰泉送唐鹇安家《晋唐小楷》来售,计十一种:曰《乐毅论》,曰《画像赞》,曰《曹娥碑》,曰《黄庭经》,曰《宣示表》,曰《丙舍帖》,曰《陀罗尼经》,曰《心经》,以上八种宋拓,曰《出水本十三行》,曰宋石明拓本《麻姑仙坛记》,曰明覆明拓本《仙坛记》,皆精本也,签题"至宝"二字不诬。午后,高氏昆仲来。晚,在王佩香家请客。发问槎、伯虞信。接大章大坂(阪)来信,云身体甚好,饮食能惯,甚慰予心。信寄大阪川口卅二番益源号沈硕甫先生转交。

▲按唐鹇庵藏《晋唐小楷十一种》后来曾由有正书局石印,与《宋拓越州石氏帖》同是传世钟王小楷帖中的极精之品。(《铁云年谱》第 130 页)

▲按:我大伯父著伯先生赴日留学,初入大阪商船学校,所以到大阪。但后来则转入早稻田大学政治科。徐徵渊,南通人,张季直的内侄,在日本京都读高等工艺学校织染科,和马君武先生及先父最为莫逆,并住宿在一处。归川后,一直在家乡开了一爿布店,并没做什么事。(《铁云年谱》第 115 页)

**3 月 31 日(二月二十六日)** 雨。早起,吴望文来,饭后去。未刻,张竹君来。

申刻,至义善源访丁介侯,不遇。访王丽薇,遇之,知王小斋已在沪也。周月三自杭州来。晚应傅贡禹一品香之招,刘鉴明倚玉楼之会。归,临《宣示表》一通。

4月1日(二月二十七日)　雨。午前,吴楚生来。午刻,请汪五先生来抄密电。午后,二高来,本日动身回杭也。程冰泉送唐鹪安所藏《景君碑》来,较新拓清晰多矣。此碑欧阳文忠已称其漫漶,况至今乎!兹明拓本甚可爱,惟索价百廿元,无乃太奢乎。晚宴客于张家中。席间闻昌寿里火。奔回,楼上下老幼济济,大女、大媳所居已化乌有。幸未伤人,此不幸中之大幸也。

4月2日(二月二十八日)　雨。午前,往昌寿里看火,大章堂前犹悬"象王回首空香海"之联,竟成谶语矣。到永年里定居屋。午后,至城里看兰花会。晚,聚于九华楼。

▲ 二月二十七日上海昌寿里寓失火,烧去一部分房子衣物。移部分家属至永年里居住。

按当时铁云先生本身及继祖母郑住在安庆里。家中其他人如我著伯伯母王氏及大姑母归宁均住在昌寿里。渭清伯祖家亦住昌寿里另宅。(《铁云年谱》第116页)

4月3日(二月二十九日)　晴。检点行装赴金陵。午后,于继美来,云初三四日赴湖州也。十钟,上船。魏蕃室、王筱斋不期同船。

4月4日(二月三十日)　阴。夜十一点,到镇江。此次"新裕"代"江裕",故行迟也。魏之随员有刘益斋者,颜实甫故友也。

4月初(二月底)　撰写《上政务处书》。

4月5日(三月初一日)　晴。四下半,到下关。镇江十一点货始装卸毕。十二点,开船,非行迟也。匆匆入城,约胡厚生,知马贡三在下关相候,往金陵春吃晚饭。

4月处(三月初)　有日本人提出希望购所藏"魏太和铜造像",未同意。

4月6日(三月初二日)　晴。饭后,至纱殊巷看岳母,精神甚好。新买宅三进一批,应有尽有,恰相宜也。下午,至胡宅,谈浦口地事毕,胡、马约上船吃酒。又至韩有法家,饮甚嚣,然而山公醉矣。马约明日交浦地执照。

4月7日(三月初三日)　晴。午后,买雨花台石子,颇有佳者。有一粒题曰"太华晴云",至美。下午,又上船,寻昨日之余欢,因在韩家,忆丙子年金玉倚栏送我过利涉桥,泪眼盈盈,至今犹在目也,不觉阒然久之。

4月8日(三月初四日)　晴。八钟起,检赴下关。至,则"鄱阳"已将启碇,"瑞和"甫泊未久,急上船。官房舱及大餐间俱满矣。大副以居室让予,价廿元八角。三点,到镇江,予绕银台山步行一周回船。本日东南风甚大,船浪相击,其声骇人。

过通州下碇。

**4月9日(三月初五日)** 晴。十一点,到上海。午后,至寿昌里,兼看大哥。知毛实君调补永定河道,又知黄幼朋之妻死,皆不愿之闻也。晚间,张宝廷请张芗谷于朱素云家。宴后便道看蜡人,有影戏甚好。

▲ 按:当时毛实君先生在上海制造局与铁云先生共为太谷学派苏州讲舍的经济支柱。所以不愿闻其调缺。黄幼朋是黄归群先生的第三子,名寿三。(《铁云年谱》第117页)

**4月10日(三月初六日)** 阴,未雨。午后,剃头。接子谷函,云即日来沪也。下午,罗叔耘至,邕谈。晚间,看大哥后,即约叔耘九华楼晚饭。便道扰张芗谷金媛媛家之酒。

**4月11日(三月初七日)** 雨。程冰泉来,拟以太和造像易《晋唐小楷》也。申刻,高子谷到,与同访穆哈德。薄暮,程少周到。晚间,宴于王巧凤家。归寓,校《景君碑》一过,真善本也,得之喜甚。得周小溪来函,寓大阪上福岛北三丁目大和馆。②

▲ 编著者按:1916年11月15日王国维致罗振玉信提及刘鹗以太和造像易得之《晋唐小楷》事:

今日见程冰泉,其人尚未赴粤,刘二先生之《晋唐小楷》(即以造像易得者)在渠处求售,索二千金,可谓奇贵。(《王国维在一九一六年》第179页)

注解:刘二先生:刘鹗(1857—1909),字铁云,江苏丹徒人。与王懿荣同为我国最早的甲骨文收藏者,喜金石碑版之学,著有《老残游记》《铁云藏龟》等。他与罗振玉是儿女亲家,因行二,人多称刘二先生。(《王国维在一九一六年》第180页)

**4月12日(三月初八日)** 小雨。午后,李少穆来云,谭华颇有闲言。因再往穆君处。晚,少穆约艳鸿阁,少周又翻至王鸣凤处。叔耘送所藏《景君碑》来,在庞本上,不及唐本颇多,亦明拓也。携明拓《晋祠铭》以归。

**4月13日(三月初九日)** 小雨。午后,客来如麻,最少周后去,相约会于金隆。予由昌寿里去也。晚,访沈彝伯。早归,灯下读碑,淘至乐也。临《阁帖》《书谱》各一纸。

**4月14日(三月初十日)** 阴。早起,备费君圯怀来,前日约之也,叔耘作陪。午初,欧阳钜元偕之至。三钟与子谷同至穆处。谭华期不至。回寓,函请印老具禀,为盛宫保准拾骨之札下也。晚,子谷招饮小桂芬家。十一钟,回寓,子沐在相候,携来赵㧑叔画梧桐,甚精,又徐幼文山水,亦精。共价四十元。

编著者按:欧阳钜元(1883—1907),名淦,字巨元、别署蓬园、茂苑惜秋生等。

江苏苏州人。清末作家。曾协助李伯元在上海办《繁华报》《绣像小说》，同时从事小说、戏曲创作。为李伯元续写《活地狱》等。与黄世仲合作编写《廿载繁华梦》《负曝闲谈》。与人合作传奇两种：《玉钩痕》《维新梦》。

▲ 编著者按：赵扳叔（1829—1884），名之谦。初字益甫，号冷君；后改字扳叔，号悲庵、梅庵、无闷等。浙江绍兴人。著名的书画家、篆刻家。其篆刻成就巨大，对后世影响深远。近代的吴昌硕、齐白石等大师都从他处受惠良多。笔者家中原存赵之谦刻"老铁"章一枚。现存《成都晚报》某记者手中。

4 月 15 日（三月十一日）　午刻，程、高同来。午前，至义署签字也。薄暮，看大哥。夜，张希孟约林媛媛家，张宝廷约朱素云家。子初，归。书扇面，南京信一封，苏州信一封。

4 月 16 日（三月十二日）　雨。午后，江月三来，复昨日与若老所议也。本日甚困，早起拟多眠，被小杨来唤醒。田富贵取大绅衣箱由苏州来，到家所有皮衣十二件全空矣，盖途中为小绺所窃也。下午，至秋月楼应礼拜之会。晚，宴于张五宝家。林姬五十初度，捉去吃酒一席。

4 月 17 日（三月十三日）　晴。候子谷至，四钟不至。访吴、王二君，同往存古斋看帖，计一箱，无动心者。偕至海天春晚饭。夜学《山中忆故人》一段。读《晋唐小楷》。

4 月 18 日（三月十四日）　晴，晚大风。下午，看大哥。夜，赴子谷妓云簏之约。今早小停云馆送新裱阁帖来，盖肃府原石也。夜临《礼器》二纸。接钟笙叔来函。

4 月 19 日（三月十五日）　雨。午刻，大女儿为我饯行。夜间，江子翁牵诸人亦为予饯行，约会于秋月楼。下午，予因见大哥病势重，已决计不行矣。至秋月楼知蒋先生来。散后早归，临《礼器》三纸。夜读《怀素自叙》至四钟，大雷雨。

4 月 20 日（三月十六日）　晴。早起，吴楚生来，促之去，即往张园赴叔和之约。四钟归，汪、蒋又至，请吃饭也。饭后客散，读唐家至宝。日本人竟以千金购此帖，换予太和造像以去，真可谓至诚矣。

是日　为《宋拓晋唐小楷十一种至宝》题签并题跋。

▲《宋拓晋唐小楷十一种至宝》题签、题跋：

一、乐毅论

《乐毅论》是右君书付官奴，官奴大令小字也。献之五六岁已能书，褚河南著"正书乐毅论永和四年书付官奴"是也。然真本年月下无"书付官奴"四字，犹之《黄庭经》"书与山阴道士"文尾亦无"山阴道士"字也。至南宋后，不知何人□□本另写。乃于年月下增"书付官奴"四字,古本所无也。至其后快雪堂伪本亦无此四字,而又妄加贞观六年褚衔,则更不足辨尔。

二、(封面书名题签)东方先生画赞　　　　　　老残

　　(扉页题签)　　抱残守缺斋□物

三、(封面书名题签)王右军曹娥石□　　抱残守缺斋主人题〔抱残守缺斋〕

四、(封面书名题签)王右军黄庭内景经　梁刻宋拓本

跋:近见海宁陈氏《大玉□堂》及《秀餐轩》两帖,抚刻《黄庭》,皆祖是本。《玉□》得其虚和,而失之薄弱;《秀餐》惩王炳之病,力求坚卓,殊乏晋人风度,而其不逮原本之丰腴圆湛,则一也。合观参证,益见古刻古拓之不易及。　乙巳五月

五、(封面书名题签)钟太傅宣示表　　　　　铁云题〔抱残守缺斋〕

六、(封面书名题签)钟太傅丙舍帖　　　　　　铁云〔抱残守缺斋〕

七、(封面书名题签)尊胜陀罗尼经　欧阳率更书宋拓本〔抱残守缺斋〕

八、(封面书名题签)心经　　　　　欧阳率更书宋拓本

九、(封面书名题签)西湖本十三行〔抱残守缺斋藏〕

十、(封面书名题签)南城本麻姑仙坛记

十一、(封面书名题签)明拓精覆本麻姑仙坛记

唐鷪安先生所藏《晋唐小楷》凡十一种,宋拓。后八明居士题曰"至宝"。其《乐毅论》《画像赞》《曹娥碑》《宣示表》《丙舍帖》《陀罗尼经》《心经》七种为清仪阁旧藏,海内著名鸿宝也。《黄庭经》有山舟学士题跋,鷪安定为宋拓。然此数年间予曾见翁覃溪学士题宋拓本一,杨大瓢题宋拓本一,皆不及此本远甚。即予所藏《宋拓星凤楼黄庭》亦出此下,字之大小、行款皆同。《星凤楼》或从此本出乎? 真至宝也。予旧藏魏太和铜造像,日本人固欲得之。予戏谓之曰:"若以唐家至宝来可易,否则千金吾不卖去。"越半月,日本人竟以千金购得此帖,易予造像以去。展现竟夕,不能成寐,书以志喜。时乙巳三月十六日也。铁云。〔蝶云〕(《刘鹗集》第634页)

**4月21日(三月十七日)**　阴,昨日寒,今日更寒,重棉不足以支。早起雨雪子也。午刻,姚少铭来,云昨日有黑眚迳天,是凶象也。未刻,高、张来,同拜李阀,议京西事也。归寓则不出,以大哥病势加重耳。徐道壹午前送宋拓《阁帖》残本卷一至四来。夜间考之,盖泉州本,较唐鷪安藏拓在先也。

**是日**　《时报》发表2月17日动笔撰写的《上政务处书》的前半部分。

▲ 编著者按:1904年2月8日,日俄战争爆发,1905年2月战争结束。刘鹗于1905年2月17日初上书政务处,论述对时局的认识。当年4月21日和22日的《时报》和4月出版的《华北杂志·卷四》都全文刊登了这一封信。全文最后日期

署"光绪二十一年二月"有误，应为"光绪三十一年二月"。

▲ 刘观察上政务处书

指分直隶试用道刘鹗顿首谨上书　王爷、中堂大人钧座：

窃今日者，日俄之和局指顾必成，即中俄危机指顾必动，非兵力足以抵，非公法足以维持，非邻邦足以排解。一旦飙举电发，束手无策，悔之晚矣！故稍有知识者皆知今日为我国存亡之秋也，为波兰、为印度、为犹太在今日；为法兰西、为德意志、为美利坚亦在今日。伏愿王爷、中堂大人勿以街谈巷议为未足深信，因循泄沓，坐误国事而以至于无可为也。

今日者，实兴亡之关键。得其关键，亦可以转弱为强，再变之后，雄视欧亚；失其关键，则荡析之货不出三年，□兆之萌不出数月。

夫俄，虎狼之国也。袭大彼得之余威，时欲伸其夙志。所以经营东省者，思先灭日本而传檄以定亚东也。不惜数万万金之巨款，兴筑西伯利亚铁路，岂屑屑于瓜分哉？直欲混一全球耳。其日人知危亡在目前，故出全国之力以为抵拒计；英人知不可使俄得志亚东，故屈霸国威望，以连英日之盟。甚矣！若英日之君若臣者，可谓履霜坚冰，绸缪未雨矣。于是，俄之海军舰队覆，驻辽阳之军破，守旅顺之军降，扼沙河之军危。国内则商人罢市、工人启衅，甚至苦鲁巴部下亦岌岌焉有离畔之意。俄皇于此，其泯一全球之心，或奄奄其殆息矣。故曰俄之和局指顾必成也。

愚昧寡识者辄曰：俄国受此巨创，必将休兵息民，闭关自守，我中国或有数年之安乎！呜呼，其谬甚矣。俄国与我之决裂必不能在俄日之议和之后，其岌岌责我不守中立者其何故哉？倘俄日之和议已开，英、美、德、法必为调人以议和。议和条款必先申明不许侵占中国寸土尺地。此议一出，俄直无可为矣。欲进，则兵力已穷；欲退，则取偿无地。俄人深谋远虑，决不肯出此下策。故欲于日战未停之先而早与我决裂。庶日俄言和，中俄可以定案结束。故曰中俄危机指顾必动，此之谓也。

或曰：俄以全力战日而不足，岂能分兵攻我？不知俄之额兵八十万，其在辽东者三十余万耳。使再拨十万，国内亦未尝空虚也。以五万人侵新建，以五万人出贝克尔湖，过恰克图以趋张家口。我国之兵，可用者仅北洋袁、马两军，又无铁路以通观阻。军旅徒步一万三千余里，渡大沙漠以救新疆，三月出关，半年不得到也。俄人铁路通至俄界浩罕。由浩罕至喀什噶尔，不过十三日程。以雄兵入无人之境，不及三月，已聚雁门关不远。是我兵未出关而新疆全境非我有矣。两国之兵会于雁门关外，胜败之数未可知也。故以我兵得胜言之，日俄辽东之战，俄兵死者十余万，日兵死者亦不下十万人。胜败之数，俄日悬殊，而死伤之数亦不甚远矣。我与俄战，俄可陆续添兵。我国之兵，只有此数。即使我十战十胜，而兵已死尽。此我至危险者一也。

况新疆必不能守乎！何则？彼出贝克尔湖之兵，二十日而至张家口，又四日则抵京师。北洋之兵能乎舍近而御远？不待智者而知其不能，势必全力以扼守张家口。彼兵至张家口者不必与我战，设掎角之势，坚持壁垒相守于口外，而我兵不敢擅离一步。彼出游兵以略内外蒙古谁御之？不半年而内外蒙古之地亦非我有。此我至危险者二也。

彼与日本之和约成，成固无兼顾之虑。设使不成，则必撤铁岭、沙河之兵以退守哈尔滨，不过十万足以持久。当俄日初战之时，日兵势如破竹，何其猛锐。辽阳既得，攻旅顺者几于一年，而沙河相持又半年矣。进取之势远逊从前，其何故也？由于兵力分聚之别，从前俄兵处处设防，兵力分，分故弱；日本专攻一处，兵力聚，聚故强。日本得地渐多，兵力渐分，目下强弱之势将平。若俄弃铁岭而守哈尔滨，留兵十万，恐日本攻之三年未能下也。当此之时，俄撤其二十万兵以分攻我新疆、内外蒙古，岂不游刃有余裕哉？此我至危极险者三也。

俄侵我新疆，英必责我速御之。新疆入俄必害印度。我无以为应，英必出兵为我守西藏。为我守者，窃取之谓也。俄得新疆，英得西藏，法、德诸国乌肯默然！群起哓哓，瓜分之势不成何待？此我至危极险者四。

然则，何为而可曰"开放"而已？

开放之法有二：

一曰建邦国。立新疆全省为一国，联内外蒙古为一国，并西藏前后为一国，分东三省为一国，各以亲王王之。仿丹麦、荷兰、瑞士之例，各为永远局外中立之国，万国公同保护。置各国顾问官经理财政、学务等事为翼，清四藩，以藩国所出，供藩国之用，不患不足。屏藩既立，而蚕食之患立杜。俾内地得缓、图教养以致富，此策之上者也。

一曰质地借款。以新疆质诸美、蒙古质诸英、西藏质诸法。各借款一万万，其地之财政即命出款之国□理。十数年借款还清，地仍归我。有此数十年之闲暇、三万万巨以兴兵养学，经营工商而富强之基已立，收回故地以无虑强邻之侵略矣。而东三省质诸日本，日本费二三万万之巨财，十余万人之身命，始得夺得东三省，岂肯徒手还我哉？且日后防俄之兵未能尽撤，未有养兵之费，故不如质银一万万作为津贴兵费，其地归其经营，则防兵之费出诸其地，日本亦必乐从。质款偿清，地仍归我。此策之中者也。何以言之？不有非常之才，不克任此巨事。若终立局外之国，今日决计，即日可行也。

若二策者不可行,则惟有听其侵占一城则有让一城,占一府则让一府,永不与之开战,延请各国与之理论,是谓无策之策,策之下者也。若一与之交兵,则寸土尺地后皆为战利品矣!虽然不与之战,各国虽可向之理论,彼可以诳言饰对,断不足以阻其进步。战甚速,而理论甚缓,为祸已不可限量。第较之骋一时之愤,以速战为得计者,犹善于彼尔。伏维王爷、中堂大人谋国之忠,筹事之密,岂有见不及此?

庄子云:"以瓦注者巧,以钩注者拙。"身为大臣与国家共休戚,防患之心虽深,冀倖之心犹切。加以文学后进贡媚谰谀,日以吉祥文字颂祷于前,非增其冀倖之心而不止。又加以昌言瓜分之说者,多新党作乱犯上之徒。其言危耸,不当事情。今事昔言百无一验,于是防患之心,又因以日减,几几乎以太平无可为而致。可胜叹哉!可胜叹哉!(未完)(以上刊于 4 月 21 日《时报》第 7 页,以下刊于 4 月 22 日《时报》第 7 页)

再请申言瓜分与不瓜分之故:瓜分之说见于外国报章,于今数载。历史已久,而端倪未见者何哉?

盖欧洲论世势者有瓜分之议,而掌国柄者无瓜分之心也。俄皇之意曰:我先得东三省,后灭日本,次取新疆,驱策西藏,鞭挞五印度,传檄以定中国。然后萃亚洲之财赋兵力,混一全球如拾芥耳,何屑瓜分为也?英皇之意曰:我将使长江左右延袤数千里,皆为我势力范围之地,不如此则不必言瓜分。法、德立足之地未广。法不过分两粤、德不过分齐豫。并列群雄,谁能满欲?不如不瓜分之为益。

其次如义大利、奥马斯加、西班牙等国,尤不以瓜分为然。盖分局一成,大国所得者多。小国所得者少。是大国愈大,小国愈小;强国愈强,弱国愈弱,所得徽渺、犬牙交错,交涉繁新,不久而灭亡,随之各国各自为心。此瓜分之局所以历久而端倪未见也。

至今则不然。俄受巨创于日本,再擒拿破仑之余威从此堕地。不特无以雄长满洲,并不足以靖内乱。非乘此日和未成之先遂取新疆,何以为桑榆之收,费兵力无多而所得数倍所失。俄国为时势所迫,不得不变计而出此策也。印度虽与新疆相近,然英必不能逾天山、过沙漠,劳其军旅与俄争一日之短长。只得先收西藏以取建高屋建瓴之势,然后直趋长江,以争东亚财赋之地。此又英国为时势所迫,不得不甘为戎首而行其素志。其他德、法等国必无坐视之理,不得已尝鼎一脔,视向隅为稍胜。故前日瓜分之说为势所必无,而今日瓜分之说为势所必有。伏愿王爷中堂大人熟思而谨处之也。

或曰:开放之语,稍知时局者皆知策之善,然谁敢达之天听?此则鄂千思百虑而不可解者也。

夫所以不敢上达者，惧获罪耳。夫获罪与亡国孰重？尝读《明史》至怀宗之言曰："朕非亡国之君，而卿等皆亡国之臣。"未尝不潸然泪下。夫明季节诸臣早知后世史笔定论若斯，必不肯驽马恋栈，求一日之荣而贻千载之谤；必不避斧钺威严，舍身后之盛名，邀身前之幸免。毋乃当局者昏，卒至明社邱墟而陶朱、猗顿之富同受饥寒，阀阅钟鼎之家同遭霜露。后之视今，何异今之视昔，可为痛哭流涕者也。

或又曰：开放之策虽善，其如触俄国之怒，何不触其怒，祸可稍缓。苟触其怒，祸必更速。此说尤为无当。曩者我未触其怒，而东三省已据为己有。今人夺之于掌握之中，能无深憾？能无取偿于新疆、蒙古乎？其于日和未成之前，必先取新疆，日和既成之后，必兼取蒙古。揣情度势，事所必然。然则不触其怒而新疆、蒙古已非我所有，曷若触其怒而开放之，新疆、蒙古非我有而犹不失为我有也。

或又曰：倘开放而各国不认，为之奈何？不知英、美、日三国忌俄最深，倘我有明诏，三国必先认可。何以知之？甲午之役，台湾之民谋立自主，电告各国，而俄国认电先至，惜台湾已陷。设支持数月，各国焉有不陆续认可？此明证也。

三国既认，德、法亦不得不认，不认则失其利权。俄纵不认，又何患乎？

或又曰：俄国波罗的海舰队已在半途，使新疆、蒙古开放无可阻止，必移其舰队以攻我南洋，为之奈何？此说尤不合事理。倘波罗的海舰队果来，早已直抵南洋。彼救旅顺之急尚不遽来，盖审之日本海军足以制其死命。至今旅顺已失，犹复东来，不待智者而决，其必无也。

或又曰：美国已创不占中国疆土之议，英、法、德、意、奥业经认可，隐然保我新、蒙，复何虑乎？噫！其谬甚矣。六国能不占我疆土，即能禁之，而俄国不遵，六国必不能起兵攻俄，于事无济乎？刻即此一语，可证瓜分之机。试问俄、日交战，美国和俄国有何交涉，何以有不占疆土之议？反复思之，其理易晓。即使六国能禁，俄能尊，则我新疆、蒙古之地可安然无恙。然虽安然无恙，能不为六国保护之地乎？地为人所保护，名存实已亡。六国保护我地是有厚德于我，我将何以报之？必索利于内地。甲午之役，三国仗义，卒至需索利权。前车之鉴，可不戒哉！博不失地之虚名，而竭内地之膏泽，失算已甚。况公法云：受人保护其地者，为主权不全之国。以四万万之里之地，四百兆人民之国受他人保护而为主权不全之国，岂不大可痛哉！岂不大可痛哉！何若自行开放，既无索利益之虞，又仍不失完全自主之国，计之得失，相去不可道里计。伏愿王爷、中堂大人熟筹而深计之。

鹗之哓哓不已，非效奔兢之徒，朝上一书，夕献一策，以求录用；非学新党，以危词恫吓，扰乱天下而泄私愤也。实以今日为我国存亡兴衰之关键，国之荣辱，朝野同之。愚鲁性成，语不择讳，干冒尊严，尚祈俯鉴。　　　　光绪二十一年二月

日刘鹗谨呈（《刘鹗散论》第 101 页）

4 月 22 日（三月十八日） 阴。昨夜心摇摇如悬旌，至三钟始卧，甫欲成寐，有大声如物仆地，惊醒，家人皆睡熟。知有变，燃灯起坐。一刻许，王荣来敲门，云大哥去矣！呜呼哀哉！予之不才，赖大哥不时诫我，今而后予欲寡过，不更难乎！急赴昌寿里哭之。监家人为易衣服。材木为姚少铭所买，布置琐事，徐锡卿也。文字之事，赖汪剑农。

**是日** 《时报》发表 2 月 17 日动笔撰写的《上政务处书》的后半部分。

▲ 刘大钧《铁云先生轶事》：先祖乃科甲出身，故令二子（刘味青、刘鹗）习制艺。（刘鹗）先生秉性不羁，闱墨本所不喜。复因先父（刘味青）沿习西学，致会试落第，青衿终老岁，更无意于科举。盖先父（刘味青）会试时，房官已荐列前茅，乃因策论中因用卢梭学说，主考官批谓"卢梭二字，不见经传"，遂加磨勘。足见当时科举与新学格格不能相入，（刘鹗）先生果入闱，亦决无获选之希望也。（《老残游记资料》第 111 页）

4 月 23 日（三月十九日） 阴，不雨。未刻，成殓。申刻，雨。夜间，雨怵怵，然大哥未殓之前竟未雨，可知其为人一生忠厚，故天相之也。

4 月 24 日（三月二十日） 雨。早起，赴昌寿里，斟酌出殡事。午，程宾璇送唐家所藏《宝晋斋残帖》来。虽只数页，然数百年人所未见之帖，一旦获睹，岂非大幸！考《南村帖考》，知有曹之格之《宝晋斋》而驳王莽（弇）州跋。以为误，以为半老所自刻，不知莽（弇）州之实见此帖也。

4 月 25 日（三月二十一日） 雨。午前，到昌寿里。午后，与徐锡卿斟酌出殡执事，议价。下午，至京江公所，一看其停柩之屋。雨怵怵然。昨夜不成寐，今日倦甚。

4 月 26 日（三月二十二日） 雨。布置出殡事。

4 月 27 日（三月二十三日） 阴。江子翁来，请其题主，允之。据二高云，题主必于出柩之前也。夜间辞灵。

4 月 28 日（三月二十四日） 阴。辰刻起，赴昌寿里。汪、卞、徐、姚俱至。午初，江子翁至。午正，题主，此为予料理善后之第一得意事也。未初，炮队营洋乐来，毕德格送花圈至。大兄喜西法，花圈、洋乐皆其所喜也。未刻，发引，一路执事尚属整齐。申刻，归寓，倦甚。

▲ 刘大钧《刘铁云先生轶事》说：先祖子恕公在河南任兵备道多年，与曾国荃同事平捻。功成致仕，寄寓江苏淮安，与先父味青公皆提倡西学甚力。时淮安人尚无学欧西语言者，先父年已三十，独从天主教士习法文，借此研究西学，尤精畴人之

术。(《老残游记资料》第 111 页)

**4 月 29 日(三月二十五日)** 阴。清晨,为子谷寻子咏借钱,不行。昨日已与子衡将铜元章程议定。午后在寓候,二高下午至。同子谷访沈仲礼,云不交讼费必不行,为竭力筹之。今早大黼自苏州送红蛋来。廿二日酉时生一子,是吾第二孙也。黄三先生名之曰晨孙。整六十日生两孙,差慰寂寞矣。临《宝晋斋》两纸。

▲ 按:厚培,初名晨孙,谱名厚培。曾在北京南堂法文学校读书。二十多岁时落拓死于苏州。王乔松是当时上海有名的算命先生。铁云先生因得孙欢喜,未能免俗,前往算命。其实江湖骗局而已。(《铁云年谱》第 118 页)

**4 月 30 日(三月二十六日)** 阴。午后,江子翁同诸光河来,为木工厂拨给叶桐侯,员司均行裁撤也。当为作函致魏蕃室,冀其设法也。申刻,曾根君俊虎来,同一斋藤君寓兆丰路,英国人明村所。又品川贞七郎寓四马路第五号保顺洋行。皆为造纸烟事来也。晚,在大嫂处借股票交宝廷,为押款接济子谷也。

▲ 按《壬寅日记》九月二十七日记:"早起山下同二日本人来。一姓冈,一曾根,土仓氏之友也。拟办纸烟事,予允之。即此事的根源,事隔二年,又来寻旧约,但仍旧没有结果。"(《铁云年谱》第 118 页)

**约 4 月(三月)** 吴昌绶(甘遯)鉴赏刘鹗新藏之《宋拓晋唐小楷十一种至宝》并题跋。

▲ 铁云使君新收晋唐小楷凡十一种,皆前辈相传有数名迹。《乐毅论》《黄庭经》纸墨最古亦宗□精□。《东方画赞》《曹娥碑》□绣绝伦□。《丙舍》及欧书《陀罗尼经》似宋类帖中同时所拓十三行殊单□。然非俗手所为。如轻云笼月,益正斌媚。《仙坛》两本,浑古不在宋拓下。郑重藉观展玩,薄灌霑溉不浅。乙巳三月甘遯题记(《刘鹗集》第 634 页)

**4 月(三月)** 《华北杂志·卷四》刊出《刘观察上政务处书》全文。与《时报》刊出者文字略有不同。

**5 月 1 日(三月二十七日)** 晴。午后,冯公度自北京来。申刻,往晤哲美森,知其后日赴汉口,适笙叔寄奏稿到,交之。回,自沈絜斋处托其赎股票。因有事告香月,兼往送子若公之行。谈及亲事,渠愿以小爱子配其侄孙六十子也。此亲甚好。晚间庞芝阁来,亥刻去。临《张迁》两纸,昨日临《礼器》竟也。看古文五篇。

**5 月 2 日(三月二十八日)** 晴。周谨生从常熟来,携宋拓淳熙本《东方画赞》一本,赵烈文之收藏也。又宋元斗方五个,赵文敏最精,郭米恕次之,马和之又次之。下午,陈蓉生来闲话。晚临《星凤楼右军帖》一纸,《至宝墓田丙舍帖》一纸。窃谓晋帖最佳,经唐模则更佳。为芝阁跋《张迁碑》,颇得意。字近来又有进境也。

**5月3日(三月二十九日)**　晴。午后,为大哥哀启,往商之于吴印臣,因得晤廖君吉臣,淮安宅旧主廖菊坪先生之子也。谈至下午归。查《昭陵碑》并题签。夜临《星凤楼》三纸。草《汉碑出土年月考》数条。较《武荣碑》。

**5月4日(四月初一日)**　晴,大风,南风也,狂吼竟日。进城做章规,遂至邑庙吃茶。晚临《星凤楼》两纸。作书至北京买书。

**5月5日(四月初二日)**　阴,风仍未息。午后,回拜王稷堂,觅其居,泰安坊不可得。拜冯公度,见之。至王乔松处为二孙排八字,云贵孙魁梧易长,晨孙当多能也。至吴印臣处畅谈。徐道壶送旧拓《乙瑛》一本,《竹珊墓志》一本。晚,吴沧海送明拓《曹全》来,在吾藏之上也。临《星凤楼右军》两纸。

**5月6日(四月初三日)**　阴,微雨疏疏然,细如毛也。本日为西人跳浜之期,竟未大雨。今年一春无三日晴,惟此连数日不雨。西人赛马,向例皆徐家汇天文台为择期也,历年以来未见有失。午刻,请侄婿程蓉生吃饭。下午,子衡来。晚,接子谷电报请添款一笔,昨日之电想已接到也。

**5月7日(四月初四日)**　雨。午前,访王子展,午后,访哲美森均不遇。高子谷、庞芝阁均来。晚,卞子沐来。达粹伯送苏州信来,云周亲事已定也。临《星凤楼》二纸,《穆氏先茔记》一纸。

**5月8日(四月初五日)**　清晨大雨,午后小雨。约杨让堂来,为谭华事也。同子衡至义丰议西山事,至哲美森处签股票字。晚,约二三侄女金隆吃晚饭。回寓,临《封龙山碑》六纸。

**5月9日(四月初六日)**　阴。早起,候杨让堂来。尤小溪送《小晚香堂》《宝晋帖》各一部,价太昂,谢谢。周谨生送刘燕庭藏碑一包来,内有汉断碑两纸,阳文"尉杨君之铭",阴文"门下计上"云云,一排只余上两字也,为《三访碑录》所无,又番文造像一纸亦甚奇。晚,写程少周信、淮安两姐信,撰高信臣信稿、哲美森信稿。睡时三钟后矣。

**5月10日(四月初七日)**　阴,不雨。待杨让堂来吃饭,同往谭华处,浙事议妥。尤小溪送《皇甫碑》来。徐道壶来,《乙瑛》《竹珊》两种议妥,廿二元。徐送帖一包,选《兰亭》一本,其祖同《星凤楼》第二本,然较《星凤楼》为优,索价百廿元,拟酬以廿元也。下午,唐仁斋寄帖六本来,内《虞恭公》甚旧,《大爨》沈韵初题出土本,然拓极不精,《小爨》拓甚精可爱也。录伊、森,高三函,故亦未能习字。子衡来,姚、汪,庞事均说定。

**5月11日(四月初八日)**　阴。程冰璇从苏州来,携《兰亭考》一部,值徐道壶《兰亭》买成,携同上船。因为时尚早,至庞芝阁处所(取)赵六扎并《元公姬氏》以归船。夜看姜白石《兰亭偏旁考》与新得本吻合,亦可喜也。

**5月12日（四月初九日）** 晴。寅刻,到苏州。卯刻,下船。至胭脂桥,皆未起也。午后,游考棚,买《词选》一部、《明诗别裁》一部以归。

**5月13日（四月初十日）** 早,与汪若老请吃茶,遂至师范学堂午饭。唐仁斋送《郙阁颂》去,得之,价二十元也。归途买《山堂考汇》一部,价三十二元;《左海后篇》,四元;《庾子山集》,五元。夜间雨。

**5月14日（四月十一日）** 阴。做诗钟。傅贡禹自沪来,商量数事。

**5月15日（四月十二日）** 晴,甚热。游考棚,买《高青邱集》一部,八元;《艺海珠尘》一部,十二元。沈君送《礼器碑》来看。本日酷热。

**5月15日（四月十三日）** 清晨,大雷雨,午后天气颇凉。

**5月16日（四月十四日）** 阴,凉。午后,买《律吕正义》等三种,五十元。《大清会典》一部,《通鉴纪事本末》一本。买竹笥二只以备装书,犹不足也。

**5月17日（四月十五日）** 晴。午后,乘小船赴大东公司。罗叔耘已先至矣。

**5月18日（四月十六日）** 晴,暖。回寓后同罗叔耘、汪、范九华楼吃茶。水泻,午前五六解,午后稍减。未刻,访谭华。下午,至吴印臣处,为仲素填同知衔执照也。暖。

**5月19日（四月十七日）** 晴,早起骤冷,复御棉衣。因夜间受凉,头痛腰痛。吴楚生来。午后,同子衡访谭华。申刻,沙标纳来,谈甚畅。程宾璇送《河南侯》一纸、《白石神君》一本、《武氏阙》一纸来。晚写对联两副。

**5月20日（四月十八日）** 晴。午后,罗家过嫁装,往昌寿里观之。兼在家候谭华,竟未至也。

**5月21日（四月十九日）** 晴。本日为大绅儿吉期,早起即往昌寿里,贺客已有数人来矣。未时,发轿。酉时,新娘来。戌刻,礼成,予亦归矣。天甚热。

▲ 四月,长女适丹徒刘氏。（《罗振玉年谱》第30页）

▲ 第四子大绅娶妇,妻为罗振玉长女罗孝则。

按我母名孝则,字孟实。是罗雪堂长女。生周岁,母亡。由她外祖母颜抚养成人,至将遣嫁,才回家中。母亲来到我家时,方十七岁。1941年十月初七日殁于北京南官坊口寓所,年五十三岁。生六子、四女。长、次子及次女均早殇。第三女十五岁亦病殁于天津寓所。存四子、二女,今厚滋、厚泽、厚祜、厚禄及女厚端、厚礽均成长。厚泽七十年代初期受迫害致疾死,厚端1980年病故。（《铁云年谱》第119页）

**5月22日（四月二十日）** 晴。早起,吴楚生来,借三十元去。程军门来,着马车来接,往晤谈后,海天春吃饭,饭后谢客。晚至新鼎升,同程军门九华楼晚饭,便道至张家小坐。归寓，子衡来谈，子刻去。天气仍热时也。

**5 月 23 日（四月二十一日）**　阴，微寒。约继美来，同往新鼎升，陪程姻伯也，即往高昌庙散步。晚，宴于张四宝家。子衡又翻至妙香阁。归十二钟矣，蚊子闹甚，彻夜不眠。

**5 月 24 日四月（二十二日）**　阴。清早，李少穆来，云马海要合同用印，横挑剔也，然局甚危矣。午后，同子衡复访谭华，纡道鼎升栈，下午归。刘升今日送帖来。

**5 月 25 日（四月二十三日）**　晴。本日为大哥开吊之期，早起即往京江公所，五钟后归。客到者三十余人。归，约罗叔耘来看书帖，子刻去。临《泰山》廿九字一遍。今日如至亲密友、千里相逢，喜可知也。

**5 月 26 日（四月二十四日）**　晴，热甚。午后，至马小眉家。午饭，高逵九来。晚，请仲素九华楼，兼看蜡人院。夜临《卫景武公碑》一纸。

**5 月 27 日（四月二十五日）**　雨。本日仲素回苏。看其动身后，即往吴印臣处看金石。计金文十本，不甚可爱。石刻有赵扬叔题郑长猷、孙秋生、朱岱林三本，又造像十七种一本，携之以归。闻更有《范式仓颉庙碑》两种，为沈砚传携去。已请印老索回也。晚临《元秘塔》一纸，《智永千文》一纸。

**5 月 28 日（四月二十六日）**　雨。程宾璇送《昭代名人尺牍》来，又《张迁碑》一本、《夹雪尹宙》一本、《墨池堂》残本一，皆徐子静家物也。周佩卿送《寇谦之》来，虽残本，而缺处独合，至为可贵矣。晚，请范于金等海天村晚饭。

**5 月 29 日（四月二十七日）**　晴，暖甚。午前，范子金同寿卿来。寿卿拟回苏也。午后，同子衡晤马海。四钟后，赴李阀之约。昨闻吴印臣云日本海军大胜，闻之甚喜。今早阅报，云计伤俄舰十九只之多，犹恐未尽确。午后，遇狄兰土，云适间传单，俄舰第三队全军覆没。今日股票已复至十八个半先令，前日落至十六先令也。晚，临《智永》一纸，《石鼓文》纸。

▲　按：如日记所记，可以看出铁云先生对日俄战争的看法和上海金融市场的变化。可见国人对日俄战争的态度。（《铁云年谱》第 119 页）

**5 月 30 日（四月二十八日）**　晴，热甚。早起读报纸，俄舰第二队沉六只，获四只，第三队全军覆没。午后，闻第四队已回西贡矣，喜甚。并知俄海军总司令官已为日本所获，此真非常之辱也。李少穆云，俄有遣黑海队来之说，愈谬矣。

王星农遣李文卿送出土本《范式碑》来，精极，此又一快也。日晡，同程宾璇往看徐子静家碑帖，已无甚可选矣。宾璇取已买者《李秀残碑》一、《萧憺碑》一、《礼器碑侧》明拓本一、《封龙山》出土本一、《高贞碑》一、六朝造像十二种册一、《三级浮图》一,拓本皆旧。又宋拓《荐季直表》一,共价二百元。节下甚窘,而为此不急之务,何哉? 然实未有急于此者也,一笑。前日送来《张迁》,愈看愈有味,不典春衣,岂可得乎!

**是日** 得《荐季直表》并跋。

▲《荐季直表跋》

《荐季直表》世推华氏真赏斋本为第一,爵冈斋本次之,其余皆不足道矣。乙巳四月廿八日,予既得此本,取真赏、爵冈两本详校一过,仙凡迥隔。此本"民"字不缺笔,系从真迹上石。彼二本"民"字缺笔,可证其墨迹为唐临本矣。〔铁云审定金石书画〕(《刘鹗集》第 635 页)

**6 月 1 日(四月二十九日)** 晴。子衡今日动身也。本日料理诸侄事。晚,唤敦宜来言之。夜,写屏风四幅,临《礼器碑侧》二、《范式》二也。寿卿信寄无锡北门外怡昌钱庄转寄顾山盐分栈。买宋、元画三幅。一米元晖山水、一方方壶山水、一顾定之墨竹,皆佳,共洋二十元,可谓廉矣。

**是日** 与友人谈《荐季直表》。

▲《荐季直表跋二》"次日(四月二十九日)与友人谈及此本之妙,客曰:'即淳熙阁秘本也。'……"(《刘鹗集》第 636 页)

**6 月 2 日(四月三十日)** 晴,间作雨,热甚。程宾璇送徐家碑帖来。计《邓完伯分书》一册、《百汉砚碑》一册、《汉阙四种》一册、《精拓十三行》一册,皆精。

贾子咏住南京王府园。

▲ 按《精拓十三行》系端溪何瑗玉旧藏,签题《原刻初拓十三行》后归徐氏。墨光如玉,妆池精美。铁云先生得此帖时,先母来归未久,爱其精巧,先生就给了我母亲。1928 年我妻来归,先母又用此帖作为新妇的"觌仪"。现尚存在我手。我曾用与紫江朱桂莘先生所藏宋拓《十三行》相较,不相上下。诚如铁云先生所说:"'虽不敢确指为宋拓,然不远矣。"《淳熙秘阁续帖》,因系在南方所买,家难时没有失去,折产时分归我房。1919 年我家由沪迁津,川资不足,以四百元售归金颂清先生,时我十岁,尚记得是一个黄布套,装帖四本,每逢星期日先父常拿出来临摹。金先生是金石家金吉石的公子,当时经营书业,书帖皆为过眼云烟,现又死了多年,这帖不知落在谁家了。(《铁云年谱》第 131 页)

**5 月(四月)** 跋思古斋本《兰亭序》。

▲ 编著者按:2012 年 1 月 22 日彭长卿先生手抄刘鹗题跋朱拓颖井思古斋本《兰亭序》:

"此镇海本也。思古斋黄庭兰亭以此本为第一,足以乱真。世之收藏即以为颖井本者,比比然也。乙巳首夏月铁云漫志。['铁云审定金石书画'(朱文印)]"

**5月(四月)**　存题跋一则。

▲　此志原石久佚,孙渊如《寰宇访碑录》据仁和赵晋斋家藏旧拓本录入。近来吴中有翻刻本,不精也。此本唐鹧安先生所藏,有沈朗倩跋,盖元拓本,故精神能如此静穆也。〔蝶翁〕

姑苏贝容斋墉千墨堂《宝严集帖》覆刻本无一笔不劣矣。后附三跋,王敬美云:"宋仲温书,国初第一《七姬帖》,又宋书第一。杨用修绝重此书,特为重修,而记其后七姬死事。用修论之详且当矣。至其书则稍稍失真。"据此可知,又有杨刻本,亦不精也。乙巳四月铁云〔铁云〕(《刘鹗集》第 636 页)

**6月3日(五月初一日)**　晴,午后北风,稍凉。昨夜,接乔茂轩乘新济来电报发苏州告。申刻,抱《张迁碑》至祝少英处较之,虽不及,亦差堪自慰矣。晚,宝廷请李阀、既济诸人于左英台家。归,临《尹宙》二纸。

▲　编著者按:李阀、既济均为福公司中人。既济先任英语翻译,后为义丰洋行大班。

**6月4日(五月初二日)**　晴。午后,访王子展,为看其收藏也。见之,得睹北宋拓《化度寺》为第一、《越州石氏刻小楷》次之,不能及吾至宝也。《张旭郎官壁记》又次之。又《群玉堂帖》《英光堂帖》《绛州帖》二十本者皆宋拓也。又《鼎帖》残本似在《绛帖》上。又《西楼帖》四本,皆精。渠并有游丞相藏《兰亭》十种,约异日再看也。下午,至秋月楼,应礼拜之会也。雅叙园晚饭。归,临《尹宙》三纸。草大房析产书。

**是日**　再跋《荐季直表》。

▲《荐季直表跋二》

次日与友人谈及此本之妙,客曰:"即淳熙阁秘本也。"急归,较之,淳熙阁本"民"字亦缺笔,愈见此本之可贵矣。五月二日〔蝶翁〕(《刘鹗集》第 636 页)

▲　编著者按:刘鹗三次跋《荐季直表》,第三次未署时日。录于后:世人好侈谈宋拓。一若帖之佳者至宋拓而止。不知南宋家家有石,不独兰亭然也,其中优劣等级相悬甚远。此本系北宋拓中致佳者,勿当寻常宋拓观世。抱残〔铁云〕(《刘鹗集》第 636 页)

**6月5日(五月初三日)**　晴。汪剑农约看西人赛船,两钟去,候至五钟不至。饮秋月楼,饭广东馆以归。临《尹宙》两纸。

邓完伯八分册、赵吴胡篆书册、吴让之篆书册、百汉研碑、唐荆州藏宋拓乐毅论、张叔未藏武梁祠签子、沈韵初藏汉墓阙四种、徐紫珊初刻精拓兰亭题记、六朝小拓片一大册、唐庞德威墓志、精刻十三行,虽未敢确指为宋拓,然不远矣。

**6月6日(五月初四日)** 阴。午后,拜王稷堂不遇。晚,李阀请吃饭。乔茂轩自天津来。

**6月7日(五月初五日)** 晴。午后,茂轩来。下午,至大嫂处,命允张茂贞亲事也。茂老夜去。为卞子新手拓汉砖条幅题诗三首。跋出土本《爨龙颜》一。

▲ 为卞子新题诗三首　　　道在瓦甓

庚子长虹夜竟天,香灰血水满幽燕;几声炮火京城陷,闻说端王失重权。

东华门外榷场开,无数英雄尽发财;只有痴人刘老铁,断砖残瓦拾将来。

更有痴人卞子新,竟将瓦甓当奇珍;一方毡子一丸墨,坐对晴窗较拓频。(《刘鹗集》第 574 页)

▲ 编著者按:《爨龙颜碑》,全称《宋故龙骧将军护镇蛮校尉宁州刺史邛都县侯爨使君之碑》。《老残游记资料》和《刘鹗集》都未收入刘鹗《爨龙颜碑跋》。但近日友人送来抄有"乙巳五月端阳铁云识"跋文一纸,全文如下:

此碑于道光十二年壬辰为阮文达公访得。邱君恩适作州牧,拓数本,携至粤西。此本有石琢堂先生跋,距壬辰仅二年耳,又无阮文达刻跋于后,可见是邱公出土时拓本,展转流入吴中者。刻下碑已经石匠凿过,欲求原石拓本,希如星凤。况出土本耶!乙巳五月端阳铁云识。

此跋文中没有提及"爨龙颜碑"。但文后落款日期与日记相符,所记内容亦与《爨龙颜碑》情况相符,故断定上文为《爨龙颜碑跋》。

**6月8日(五月初六日)** 雨。未刻,下船,毛潜之所雇大快船也。江月三、王寿征俱送上船。鲁漱华、舒明远来送,不得上船,隔雨谈心而已。五点,开船。十一点,机器坏。戴生昌船闻机器屡坏仍用之。

**6月9日(五月初七日)** 阴,无雨。九钟,机器修好,开船。下午三点钟,到苏。

**6月10日(五月初八日)** 阴。无事。

**6月11日(五月初九日)** 游虎丘,船大迂道城根,风景绝佳。出齐门,烟雨迷蒙。予曰:"此所谓雨丝、风片、烟波、画船也。"相与大笑。先至山脚,游李公祠,布置俗而无意境,不值一笑。山腰有厅,卖茶,每碗一角。堂中正对狮子山,俗所谓"狮子回头望虎丘"也。堂东为千人石,生公说法处也。石中有金刚经幢,明太监所立,其字酷似赵文敏。石之北略高,为剑池。石东北为二仙亭。石之南,真娘墓在焉。过千人石东行数十武,平阶直上五六十级,为虎阜禅林正殿。殿后为御碑亭,凡御碑三通屹立。亭之北有塔,不得登也。正殿后转而东行,过南平屋三间,接东屋三间,有东轩,苏州城全景在目,一壮观也。

**6 月 12 日(五月初十日)** 晴。辰刻,至蒋伯斧富仁坊巷,与叔耘约同拜费西蠡太史,观碑帖也。巳刻,同到桃花坞费宅。先观其鼎彝数十事,皆精,后纵观碑帖,以颜字为最,《多宝塔》如新发于铏,称北宋拓,恐五代拓也。宋拓《大麻姑》极精,出土本《宋广平碑》次之。其海内孤本则王玄宗《茅山碑》及《刘熊碑》也。又元拓《石鼓》黄帛字侧完好无破。《八鼓》有一"微"字,余与敝藏相埒。宋拓《鲁峻》甚精。其新得之《尹宙》则远不及夹雪本也。《张迁碑》拓极精,而时代似在予本后数年。其《刁遵》《元公姬夫人》《崔敬邕》皆出土本也,极精。《常丑奴》甚精,不知是出土本否?碑版拓片当推海内第一家矣。铜造像有一具极精,字类分书也。本日看叔耘得北宋拓《丰乐亭记》,极精。

**6 月 13 日(五月十一日)** 晴。引乔茂老行礼。

▲ 光绪三十一年乙巳(1905):时任监察御史乔树枏由刘鹗引荐,至苏州拜从黄葆年。(《张积中年谱》第 174 页)

▲ 编著者按:乔树枏(1850—1917),四川华阳人。字孟仙,又字茂萱,号损庵。光绪二年举人,光绪三十二年,以御史授学部左丞,至清亡止。戊戌政变,谭嗣同、刘光第、杨锐、林旭、杨深秀、康广仁遇难,他仗义收尸,一时名动京城。

**6 月 14 日(五月十二日)** 晴。斋戒。

**6 月 15 日(五月十三日)** 晴。征赏斋送吴平斋家所藏《淳熙秘阁续帖》三本来,其第一本去年归吾,今又得此三本,喜可知也。议定价二百二十元,商借于罗叔耘。凡右军一本,大令一本,六朝至唐人共一本也。

▲ 编著者按:吴平斋(1811—1883):名云,字少甫。晚号退楼。安徽歙县人。举人,曾官苏州知府。善书画,精鉴赏,好收藏,篆刻宗秦汉,功力深厚。著有《两罍轩彝器图释》《二百兰亭斋金石三种》。

**6 月 16 日(五月十四日)** 晴。本日为先慈冥寿,在家行礼后,请客拙政园吃面,游西园、留园以归。

**6 月 17 日(五月十五日)** 晴。送《淳熙帖》给叔耘观,相与叹赏久之。

▲ 按:太谷学派的规矩:入门者名为"拜从",须有"引见人"。铁云先生这一次到苏州的目的,就是去为乔茂轩先生引见。茂老名树枏,此次在苏曾游虎丘,并拜访费屺怀,看他家的碑帖鼎彝。"(《铁云年谱》第 120 页)

**6 月 18 日(五月十六日)** 晴。午后,上船。发杭州信。

**6 月 19 日(五月十七日)** 晴。辰刻,到沪。晚间,较《淳熙帖》第二本。

**6 月 20 日(五月十八日)** 晴。午后,至义署签字,兼到大嫂处。晚,至海天村吃饭,遇王稷堂,畅谈。本日濮君寄到《吉金文述》,一乐也。

**6月21日(五月十九日)** 晴。四姑娘来辞行,赴苏也,并告小爱子八字:十七岁,八月廿八日子时也。小停云馆送《淳化阁帖》来,真赏斋所藏,题为宋拓本,然而非也。下午,至沙彪内处畅谈。晚间,王稷堂请百花里陆琴仙处。十钟归,较《淳熙秘阁续帖》两本竟。

**6月22日(五月二十日)** 晴。夏至,祭祖。顾家表妹来,五姑母之女也,孀居抚孤甚可敬,赠以四十元。下午,回拜杨吉丞。纡道至吴印臣处取顾刻阁帖以归。临《荔子丹》二纸、怀素《自叙》一纸、《尹宙》一纸,又临赵扨叔篆书一纸。于用笔颇有所悟,将以赵笔写吴字也。

**6月23日(五月二十一日)** 晴。颜柳塘、王宝和来。其学皆有眉目,甚可喜也。其言织布两月可以卒业,即可得十五元一月工资,而机器价值不过五十元,则又为吾开一活人生计矣,致可乐也。函达苏州,劝谢祖石学染色。晚间,请王稷堂、杨杏臣于洪天香家。本日在汲修斋见《鼎帖》一本,《宣和秘阁帖》一本,皆不精,可知邵伯英所藏即此类也。

▲ 编著者按:邵伯英(1849—1923),名松年,号息盦。江苏常熟人。清光绪九年(1883)进士,授编修。工小楷,能画,笔墨娴雅,为时人所好。著有《琴庐谈苍》。

**6月24日(五月二十二日)** 晴。尤小溪将《鼎帖》等送来。邵伯英《古墨萃缘》中有《宣和秘阁续帖》即是此种,实因谊斋所作伪者耳,而收藏家秘为鸿宝,真可叹也!亦可见考碑易,考帖难,惜不见吴荷屋《帖镜》为若何也。晚间,乔序东约在丝香仙馆酒叙。欧阳钜元谈胡宝王家有古帖数本,亟往观之。一《鲁峻》在费本之上远甚,一《西狭颂》,一《天发神讖》,一《瘗鹤铭》,皆精品也。云客人欲质银一千两。予告以愿质五百金,未必就绪耳。

▲ 编著者按:吴荷屋(177—1843),名荣光,原名燎光,字殿垣,一字伯荣,号荷屋。南海人。嘉庆四年(1799)进士。授刑部员外郎,任湖北按察使,湖南巡抚等。著名鉴藏家、金石学家,于金石书画,鉴别最精。著有《辛丑销夏记》《吾学录初编》《白云山人文稿》《绿伽楠馆诗稿》《筠清馆金石录》等。

**6月25日(五月二十三日)** 晴,暖甚。午后,至胡宝玉处,其帖四本一千元允售,甚喜。携至林家细阅,《鲁峻》描失太甚,几无一字不描,虽系旧拓,未免扫兴矣!退还之。本日请沙彪内也。

**6月26日(五月二十四日)** 天极热,至九十度。即济请吃午饭。程少周来。下午,至海天村,请少周不至。恐有雷雨,早归。

**6月27日(五月二十五日)**　阴,晴,热逊于昨只八十四度。遣王忠全赴苏州。写篆书三纸,楷书三纸。发龚哲卿信。

**6月28日(五月二十六日)**　晴。程少周送元、亨二字地图来,适差官来报星尊翁已至。张骈仲邀江南村午饭,为晤方君燮尹也。本日大绅儿移至东宅,予亦与青城对调房间。事粗完,应于继美海天村之约,陪田边等也。得乔茂轩来沪之信。

▲《程文炳年表》:光绪三十一年(1905)　是年(程文炳)与刘鹗合伙购买了江浦县九濮洲元、亨两个地块的全部六股土地和永生洲的一小部分——一股二毫五,合计约三八九〇亩,人各一半。(《程文炳》第316页)

**6月29日(五月二十七日)**　阴或雨。清晨,乔茂轩到,与之往九华楼早茶。晚间宴王佩香家,请李阀、既济俱未到。晚归,临《龙华寺碑》一纸。

**6月30日(五月二十八日)**　阴或雨。九钟,田边来看字画。计看唐、五代各四卷,宋十五卷。因已十二钟,匆匆去。晚间,一枝香应田边之招也。据云,其国藏唐、宋、元者为浅野侯爵,明及国朝者为岩崎男爵,铜器则住友氏为最富矣。

**7月1日(五月二十九日)**　雨。午后,请从老于林素珍家。临《孟法师》一纸。连日天气皆八十一二度。

**7月2日(五月三十日)**　阴。子谷来自京师。午后,月三、光河、仲和来,晚饭于九华楼。极凉时至七十四度。

**6月(五月)**　为梁刻宋拓本《王右军黄庭内景经》题跋。

▲　近见海宁陈氏《大玉□堂》及《秀餐轩》两帖,抚刻《黄庭》,皆祖是本。《玉□》得其虚和,而失之薄弱;《秀餐》惩王炳之病,力求坚卓,殊乏晋人风度,而其不逮原本之丰腴圆湛,则一也。合观参证,益见古刻古拓之不易及。　乙巳五月(《刘鹗集》第634页)

**7月3日(六月初一日)**　晴,南风如吼。午后,刘荔生约吃午饭,所居即跑马厅侧,异常开爽。饭后回寓,卓辛伯来看茂轩。晚间,王湘臣约吃晚饭。天气七十至八十。临《孟法师碑》一纸。

▲　编著者按:刘荔生(1872—?),名崇惠。直隶大兴人。廪生。京师同文馆俄语课毕业,并任教该馆。又遵黄遵宪嘱,为《时务报》翻译文章。

**7月4日(六月初二日)**　晴,有风不大。罗叔耘自苏来。今日开铜器箱,罗列满前,亦一乐也。下午,至陈哲甫总会一观。钱晋甫约吃晚饭于憺云楼。归,临《孟法师碑》一纸。天气七十至八十四。

▲　编著者按:陈哲甫(?—1920),名明远。浙江海宁人。号銷翁,室名红叶馆。廪贡生,以道员候补广东。曾任日本使馆参赞。工诗文,善书法。

**7月5日(六月初三日)** 晴,热甚天气八十八度。巳刻,曹让之来,代俞厚卿请客。至则居于法界边境中国地土,凡三楼三底,平房六间。据云每幢合银八百两。问其地价,云目下三千两以外也。甚矣贵哉,上海之地也。晚间撰女工织布局章程。

▲ 六月初在上海徐家汇独资设"坤兴织布厂",共布机五百张,出品商标"女士幅"牌。又在陈家滨设一小厂,织条纹布。(《铁云年谱》第120页)

**7月6日(六月初四日)** 晴,热与昨日等。晚间,应陈哲甫小花园之招。

**7月7日(六月初五日)** 晴,极热至九十度。午前,至义署签字。赴半间楼午饭尚早,先至义丰取银后赴陈约。回寓,有沈君携来《东庙堂》甚佳,未知其价也。晚叔耘来,同步至张园。归,取其新押之《十七帖》,致精本也,与吾旧藏两叠轩本争席,各临一纸而睡。

**7月8日(六月初六日)** 晴,申正,小雨一阵而止,天气更热。吾家九十三度,四马路恐过百度矣。在小花园吃饭,为叔耘祝寿也。亥刻归,临分书两纸,篆书一纸。

▲ 编著者按:罗振玉生于同治五年(1866)六月廿八日。

**7月9日(六月初七日)** 晴。早起,赴永年里,为诸侄分书签字也。朱晋卿之妻来,率其子求为谋事也。午后,候黄益斋来,与商议女工织布事,大致以定,将前日所议更正矣。晚间,在半间楼为子谷陪律师也。下午,秋月楼礼拜会,到者八人。天气极热,九十四度。

▲ 编著者按:朱晋卿(咸丰至光绪间),原名允衡,号椒石,室名它石山房。浙江宁波人。光绪二年举人。善诗词。著有《它石山房诗稿》。

**7月10日(六月初八日)** 晴。早间热,睡不住。起来往半醉居吃点心。买藤椅两张,东洋珠帘二挂。继美来,谈至五钟去。薄暮,天阴。夜雷雨,雨不大。极热时九十五度,雨后落至八十度。

**7月11日(六月初九日)** 阴,时有雨,天气退至极热九十度,极凉八十度。程冰璇来相助理书画。下午,黄益斋来,由德律风邀之也,甚矣,其有益也。晚间,子谷请沙彪内,邀予作陪。劳泮颉来。

**7月12日(六月初十日)** 半阴晴,天气至九十一度。午前理手卷,午后,圆山来看铜器花纹盘,出我四百元,不售也。下午,黄益斋来,又罄谈。晚送叔耘下船,并晤傅子汉,议织布事。

▲ 编著者按:傅子汉,名范钜。杭州人。清末外交家傅云龙之子。曾任陆军部军实司财政处郎中。

**7 月 13 日(六月十一日)**　晴,有风,天不甚暖至九十度为止。马太太闻予创织布局,拟将华纶局盘给予。晚间,与陶捷三议之,明知其折本而为之,岂狂态复作乎! 发高、毛二函。写字四纸。

▲ 按:马太太指马眉叔的夫人。

按:徐家汇厂,即马眉叔家所办的华纶织布局故址。陈家滨的小厂则是积山书局故地,因华纶系旧厂更东,所以不用十分筹借即能出品。(《铁云年谱》第 120 页)

**7 月 14 日(六月十二日)**　晴,有风,极热九十度。午后,同继美往徐家汇看布厂,荒芜满地,无人经理之征也。

**7 月 15 日(六月十三日)**　晴,有风。小停云馆送六朝碑两匣来,内有《巩宾》《董美人》《元公姬氏》,皆难得之品。索价二千两。予以此时无暇及此,却之。圆山来,将花纹盘买去,计净得洋六百三十元也。夜作大章书及子衡书。徐显明约松月阁也。

**7 月 16 日(六月十四日)**　晴,有风,此两日风著身皆不舒服。天气昨日九十度,今日八十九度也。唐伯谦来,计买连阴释迦本《龙藏寺》一本卅六元;旧拓《刘碑墓志》四十元,旧拓《嵩山三阙》三十元,明拓《叶慧明碑》廿元,旧拓《郙阁颂》廿四元,《十三行》十元,李景升、皇甫骦、吴高黎共十元,旧《琅琊台》十元,共一百八十元。前两日买小停云馆明拓《圣教序》卅四元,《汝南公主墓志铭》四元,《石淙诗》廿二元,共六十元也。本日临《刘碑》一纸,《龙藏寺碑阴》一纸,《圣教序》一纸。秋月楼饮茶,金隆吃饭,礼拜会也。

**7 月 17 日(六月十五日)**　晴。继美送阔布局帐来,大约可以不赔。昨日与安香议窄布局,亦可不赔。午刻,至永年里行礼,大哥冥寿也。下午,至胜业里看屋。仲尹言积山书局故址可用,往看,颇合式也。晚间,黄溢斋来。劳泮颉来,温琴两段。写字三纸。

**是日**　为珍藏之《李北海云麾碑》第二次题跋。

▲ 编著者按:1901 年从廉泉处易得《云麾碑》。1904 年 12 月 25 日第一次为之题跋。此为第二次题跋:

张叔未云:有"夫人窦氏"者,明拓。有"并序"二字者,宋拓也。乙巳六月十五日又志。

王子展观察收藏极富,鉴别亦精。吴荷屋之所藏,尽归南海伍氏。伍氏之衰,强半归子展矣。据云生平所见《云麾碑》,无有及此本者。同日又记。(《刘鹗集》第 633 页)

**7 月 18 日(六月十六日)**　晴,燥热至九十三度,下午雷雨,退至八十度。午前,看积山书局屋子,以开织布所至相宜也。计平房五大间,厢房四间,厨房一间,门房一间,恰合吾用,亦一奇也。临《李秀》残碑一纸,题《通鉴》三十本,读温诗一首。

**7月19日(六月十七日)** 晴,燥热异常,寒暑不过九十度而人颇不适。昨日郑霞舟之子少舟来,于是为赊布百匹,使霞舟售之,或可得余利也。下午,访吴印臣,买对联四付,赵扨叔二,朱竹垞、何子贞各一也。《平沙落雁》温竟。临《右军》一纸。

▲ 刘大钧在《〈老残游记〉作者刘铁云先生轶事》中记载了刘鹗弹奏《平沙落雁》的事:"有一年夏夜,我们坐在小有楼前面花园里。月明星稀,凉风习习。先生在楼中弹古琴。只听得钩、挑、抹弦声铮铧。一会儿风声,一会水声,一会儿更听见飞鸟落地、两翅扑拂之声。我竟忘却身在园中,仿佛初秋天气清晨在江边闲步,看见许多飞雁,空中盘旋。先有一两个慢慢落下来,渐渐地越落越多,成群结队,沙上遂有许多的雁。有叫唤的,有展翅扑拂的,也有几个落下后又飞起的。正看得有兴趣,忽然风声、水声、鸣声、翅声同时停止,眼前风景霎时消灭,才想起是在小有楼前,听先生鼓琴!"(《老残游记资料》第125页)

**7月20日(六月十八日)** 晴,热甚。午前,华某来云,高仰之所有沈韵初帖三箱,计汉碑五十余种,六朝造像七八十种,唐石百余种,宋石三百余种,多刘燕庭之拓本也。已议定二百五十元,当嘱仲尹携钱往取。虽无甚精之品,然极近亦五十年前拓本矣。最得意者,中有柳诚悬《复东林寺碑》,唐鷦安所藏归沈韵初者。此碑正续《金石萃编》所不载,孙渊如《寰宇访碑录》亦不载。惟赵扨叔《补隶》称《后东林禅寺碑》,注:"江苏吴江王氏拓本。"是其石已佚,可想而知矣。拓且极精,至可宝也。

**7月21日(六月十九日)** 晴。午前,李少穆来电话,云伊德已到,嘱电速子衡,并约午后三点半会晤。归寓,临《王征君口援铭》两纸。李文卿来,携王白姜壶并马远、戴文进画以去。连日下午皆略有雷雨。

**7月22日(六月二十日)** 晴,热甚。午前,程冰璇来,与之理《郑文公》。午后,与继美游辛家花园,不能凉于小斋也。临《张迁碑》二纸。本日天气至九十二度,入夜尚不回凉。作沈质仲书,发乔茂先、赵森甫信。

**7月23日(六月二十一日)** 晨起即九十二度,为今年之最热度矣。下午子衡到,同往吃金隆。晚访谭华。略有风。本日极热至九十六度,罗家九十八,想四马路必一百〇七、八也。临《琊琊台》二纸。

**7月24日(六月二十二日)** 晴。午前,同子衡访伊德。午后,子衡赴浙江全省之会。三钟半,予上北京船,船头热度一百〇四,舱中九十八,幸有冰水可饮。四钟,谭华到。四钟半,伊德到。五钟后,开船。夜有风而不凉,计西南第五日也。

**7月25日**(六月二十三日)　晴。五点钟,后到宁波。九点钟,赴领事署。十一钟,回船,两点半,又去议定,回船。本日热稍减,舱内九十四,船头九十八。五钟二十分,开船。六钟二刻,出口。傍晚天气渐阴,夜中四面电光灼灼,不闻雷声。

**7月26日**(六月二十四日)　晴。五钟,到上海。天气不甚热。据大绅云,二十二热至九十八度,二十三日仅八十八度,盖夜间大风略有小雨也。午刻,子衡来,为与汪穰卿呕气,拟告白稿,予劝去其已甚者。夜连梦惺来,拟发传单也。

▲ 高子衡与汪康年呕气,因汪与《新闻报》有关拟发告白并传单,并联络《时报》馆、《南方报》馆及《申报》馆相杭,又投资《南方报》馆与欲自办报馆。

按高子衡和汪镶卿争执的是一件什么事,日记语焉不详。经查光绪三十一年(1905)七月初六日上海《时报》高子衡告白原文,知系在杭州绅商筹办全浙铁路会议中,有留学生曾某攻击高子衡组织宝昌公司与洋商借款开矿,是属"卖矿",拼不与会,指事为汪穰卿所指使,乃公开函致该会领头绅士张菊生(元济)、叶浩吾,向汪穰卿反攻。这件事的性质,本系官僚地主阶级内部的争夺排挤的攻讦行为。但也可以借此看出当时办洋务新政的侧面。高子衡因汪与《新闻报》有关,除联络了《时报》《申报》,在两报登广告相稽外,又入股狄兰士的《南方日报》,出钱为《南方日报》增购一批铅字,用作自己的据点。还打算自开报馆,铁云先生和连梦惺都曾与闻其事,与报馆联络,则先生为之活动。先生和汪穰卿本来很好,后来汪氏著作中对铁云先生颇多微词,有些完全是"莫须有"的谰言。以汪的关系,不应轻信传闻如此,故蒋逸雪先生写的年谱疑其存有私憾。假使有私憾的话,大概就是因为这一件事。

**附:高子衡告白原文**

(一)高子衡致张菊生刑部、叶浩吾广告文函

菊生、浩吾两先生鉴:

二十二日同乡诸公会议自办"全浙铁路"。伊(高尔伊即子衡名)承发起人之召赴。曾留学生言伊曾卖矿,实有凭据,不得与议。伊请申、朱二君同声不许,留学生破口谩骂。伊见无理可讲,遂趋出。二君以伊为卖矿,无非据留学生之言。留学生之风潮,实主动于汪穰卿癸卯之秋赴东演说,任意诬蔑,人所共知,非伊一人之意想也。用将伊与穰卿之交涉,为二君陈之。

戊戌六月,伊奉克定中丞之命,议办浙矿,商诸穰卿,亦以借洋债为然,竭力赞成;有函致廖帅,代为申请。二君如不信,有人在幕府,亲见斯函,可引以为证。己亥之冬,穰卿与瑞嘉洋行白萧思、邵依克,议办湖南全省矿务,立有合同,各出资三

千两为勘矿之费。其洋商之银,亦交穰卿。未及两月,金尽请益,无矿苗矿图为已勘之据。洋商大疑,索归付款。穰卿以合同载明,湘抚如一时不允,当俟机会再办,至今未了。二君如不信,伊处尚有底稿,可送呈请览。

当年办矿,伊与穰卿意见相合。时事变迁,立言者可以按时立言,行事者乌能按时行事。不得已之情,非笔墨所能尽述。惟有奉奏定之部章,不稍移易,遵奉旨核准之,不越范围。他人不谅犹可说也。穰卿以毁友而邀一己之名誉,其心真不可测。

照章借款,何得谓卖;奉旨准办,何得谓之卖乎?前年冬月至日报馆,诘问穰卿,浩兄在座,亲聆斯语;菊丈亦常至报馆,岂竟绝无所闻耶?何其待穰卿则恕,待伊则苛也。穰卿此次南旋,人言籍籍。二君如已知之,伊忠厚待人,不复揭其隐事,倘或未知,当举所闻以告。此事如果属实,穰卿不独浙人不能公认,凡为大清臣民皆不能公认。惟其在疑似之间,尚得为全浙京官代表。然伊卖矿之谤,亦在疑似之间,何以遂不得与议。倘以前年日报所登,便为实据,穰卿之事,亦见北京某报矣。兹以二事奉询:一,伊之私卖浙矿,既属有据,其据何在? 一,被诬不准申弁,是何公例?请登报见复。高尔伊谨启。

(二)再致张刑部书

菊生姻丈鉴:

授函敬悉。奉询二事,未曾明白赐覆。伊不得不就复函先行申说。

美领事照会商会有"只认商会,不认他绅"之语,与初次照会抚院:"沪上浙绅,金云事关商务,应由商务绅士集议。"语意相同。此皆出美领事之口,非出之于商会。此语何来?不妨查究。非特不能因之诬商,并不能因之诬伊。凡人于疑似之间,必考察明确,方可使人折服。断难凭臆度之词,损人名誉。至于宝昌之事,准驳之权,操之外部,伊不过为之承转,更与商会无干。试问粤汉铁路,岂盛宫保所抵诸?再证诸"杭甬",伊与穰卿交涉,浩兄亲聆斯语,自难以不知见复。丈云不知为朋友讳,深得古人交际之道。伊与穰卿,亦累在姻世谊,何忍揭其隐事?惟屡受诬蔑,伊忍无可忍,不得不为之宣布矣。北京报所载穰卿之事,亦访有确闻,统容陆续联报奉告。先此肃复,伏祈鉴察。

　　　　姻愚侄高尔伊顿首　光绪三十一年七月初六日(《铁云年谱》第122页)

**7月27日(六月二十五日)**　阴。早起晤伊德,为子衡登报事也。午后,又往大东公司,托香月梅外。未刻大雨,申刻至《时报》馆、《南方报》馆两处。子衡来,子正去。温《平沙落雁》一曲。天气九十二度。

**7月28日(六月二十六日)**　晴,热,微有东风。午后,为子衡报馆入股事,至

《时报》馆候二狄。四钟，兰大方来。五钟，至半间楼，会齐上船也。八钟，开船。异常热蒸，薄暮雨至，天气稍凉，而舱板全闭，又入蒸笼矣。雨两三阵即已蚊虫如麻，夜不成寐，坐船头候天明。直至日出后，蚊虫甫退，苍蝇又来，困极矣。

**7 月 29 日**（六月二十七日）　晴。十一下至嘉兴，蒸热较昨日更甚，天气不过九十四度，而人至不堪者，加以夜不得睡也。薄暮方抵石门。夜雷电无雨。十一钟下杭州，命刘贵取蚊帐悬之。热不能卧，与子衡船头闲话，斟酌开报馆事。至三钟睡，汗如铜龙，滴沥不至。然困极，但无多数蚊虫，即酣眠矣。

**7 月 30 日**（六月二十八日）　晴。七钟起，买肉包四个食之。呼轿赴工艺传习所。以礼拜日也，傅子汉往灵隐纳凉，晤王幼云、罗凤洲、周月三。见织布机器，踏力初起颇费，大约既熟之后，甚不费力矣。因在暑假，各色机器皆收藏，为我取出装试也。故铁器枢钮皆锈涩不灵，然以理揆之，不过半日则灵矣。织毛巾器，全木，有两格撑轴子，一管紧，一管松者。快手一日可织十六条，慢手织八条，大概十条、十二条者居多也。每打费棉纱二十两。一人不能经纱，大约经纱之功居三之一。如有十人，则每月可出毛巾二千条，为一百六十六打半也。在清淮做则有利，因每打批价一元三角。若上海则必无利，因纱本需五角五分，若批价一元，则一月仅得余利七十五元，以开支房、饭、工资，必不足也。又见其染色标本尚佳。然一年卒业，断可不必，因见其学一月者，已有成效可观也。申刻回船，八钟开。本日九十四度。麦、伊、谭往谒仲帅。汗如雨注也。

▲　按：杭州工艺传习所，是杭人傅云龙的儿子傅子汉所办。傅云龙曾总办江南制造局，和铁云先生交好，傅子汉又在南洋公学与先父同学。现傅子汉先生的公子傅祖德君在我校（福建师范大学）地理系任教。铁云先生这次去杭的主要目的系陪伊德等谒见浙江巡抚聂仲芳，故日记有"麦、伊、谭往谒仲帅，汗如雨注也"的话。参观传习所是附带的，不知系为上海织布厂参考或者是打算在杭州办铁机织绸厂。至于办织布厂的意图，五月二十一日日记："颜柳塘、王保和来。其学皆有眉目，甚可喜也，其言织布两月可以卒业，即可得十五元一月工资，而机器价值不过五十元。则又为吾开一活人生计矣，致可乐也。函达苏州劝谢祖石学染色。"完全是为了养活太谷学派子弟及亲戚故旧。王保和为颜实甫先生的女婿，颜柳塘是他什么人，不详。谢祖石则是谢平原先生的孙子。麦为麦哈德，伊为伊德，谭为谭华。（《铁云年谱》第 121 页）

**7 月 31 日**（六月二十九日）　晴。九钟，至嘉兴。十钟，开。午前九十二度，午后三钟顷至九十六度。昨日看表时在一钟，恐三、四钟时亦不止九十四也。田间秧苗大概长尺许，一绿盈眸，一快观也。叶之大者如慈菇之类，为日所萎，小叶则无惧焉。可见人之枝叶盛者为可危也。四钟后东风徐起,舒舒然来舱中,热度顿减,亦一乐也。人世快乐之境皆生于困难也。

**8月1日(七月初一日)** 晴。船四钟到埠,步行马路以待天明。行至石路口,有东洋车来,坐以归。睡至九钟,李少穆、连梦星来。子衡十二钟至自杭州。两钟电召少穆来,子谷亦来。酉刻至《南方报》馆。戌刻宴于半间楼。临《六朝写经》一纸,《刘碑造像》一纸。极热九十度。据大绅报,昨日九十二,前日九十度,二十七日八十八度也。

**8月2日(七月初二日)** 晴,热极点九十三度。午前,子衡来,约同往海天村晤《申报》馆主笔也。三钟,晤伊德,约同赴京,明日候信。连梦星约看传单。

▲ **编著者按:** 从1905年2月《申报》改版,金榴任总主笔。金榴(?—1925),名咏榴,字剑花,晚号可无老人。上海青浦县人。曾任苏州知府。1905年2月—1907年秋任《申报》主笔。曾任《时报》主笔。民国后任众议院议员。

**8月3日(七月初三日)** 晴,仍九十三度。午前,二高来。午刻,江若老来。酉刻,沙彪内来辞行。随即往洪天香家,为晤朱福田也,留之饭。连梦星约王佩香家,晤魏伯琴,为粤汉事也。

**8月4日(七月初四日)** 晴,昨夜直至天明皆九十度,正西风也。下午风息,故人颇不堪。今早略有西风,得安眠一觉。十点半,晤伊德,十二点半,晤柏士。下午,与子衡拟照会稿子。酉刻,沈仲礼来,六钟,晤朱福田,议铅字事也。即往贺六龄家,应魏伯琴之召,兼议粤汉核款事也,代议条款三则。本日天气九十一度。夜八十四,有生气矣。

**8月5日(七月初五日)** 晴。接濮瓜农来函,寓南昌省城内高桥濮公馆。午前十一时,晤培世。十二时半,赴魏伯时之约,吃湖南菜也,不甚佳。接宝廷来函,李阀约会。饭后待马车不至,往《南方报》馆发电话。行烈日中,脑几欲裂,热度约在百十度内外也。到馆饮冰水两瓶,稍好。两钟半车至,归寓,寓中仅九十三度也。宝廷至,同访李阀,畅谈甚洽,最可喜者,劝其与詹、沙合办,从吾也。四时半,往礼查为沙镖送行,兼告以李阀事。五时,回寓候子衡不至,少穆来候至六时半。方时劝其签字后即往海天春,已无隙地。乃至洪天香家折东,招魏、连两君,至已八时。稍坐,同往培世处,因议单有添改处,不能签字,约明日上午九时谈。至十钟同往洪天香家,十二时散。过子衡,子衡拟函稿,予不谓然。归寓,子衡来,谈至两钟去。本日和军门发差官来索款,作函覆之。李阀送美酒一打来,类香冰而美过之,作函谢之。又李平孙汇函,又作为大绅出洋致罗叔耘函。逮睡时,鸡已鸣矣。中夜后转北风,天气骤凉,落枕酣睡。

**约是日**  致盛宣怀谈泽道铁路事。

▲ 刘鹗致盛宣怀函

宫保大人钧座：敬禀者，职道于前月面奉训示后，即作详函告知哲美森，嘱其迅将泽道用款先造大略清册，恭呈钧核。一俟外部有公文到沪，即可开议。职道旋往普陀山进香。迨回沪，接哲美森来电云：已由英使照会外部，请宪台开议。哲美森于本月初来沪听候示谕祇遵，并嘱职道在沪相候。理合禀明。恭请勋安，伏乞垂鉴    职道刘鹗谨禀

原信封：七月六日    宫保大人    安禀    刘鹗谨呈（《盛宣怀档案》106017）

▲ 《张积中年谱》：李平孙（1871—约 1927），名泰阶。人称白沙先生、真州先生、李大先生。李光炘次子李汉文（原名道生）之子。因李光炘长子李汉章（原名元生）无子，遂出嗣汉章。后娶黄葆年幼女为妻。常随侍李光炘左右，深得李光炘器重。苏州归群草堂建立之后，移居苏州，成为归群首席弟子。1924 年黄葆年逝世，李泰阶继承道统，主讲归群草堂，是为太谷学派第四传。不久，亦归道山。其确切卒年，史无明载。方宝川先生根据刘厚泽《双桐书屋诗抄跋》推断约为 1927 年。其主要著作有《双桐书屋文集》二卷（已佚）、《双桐书屋诗抄》一卷、《双桐书屋诗余》。（《张积中》第 171 页）

**8 月 6 日（七月初六日）**  阴。八时起，检点行装。九钟，赴《南方报》馆，同魏、连至培世处签字。十钟，复回报馆，因闻"连升"有十二钟开之说，即同少穆、剑农上船。至则仲尹、陈贵先至。方上船，大雨如注。雨后，送客人去，三时启碇。九钟，过佘山，看晚霞甚美。

**8 月 7 日（七月初七日）**  晴，北风甚凉爽，风不大，海中无浪，日落时霞彩奇丽可观。

**8 月 8 日（七月初八日）**  晴，早起看日出。航海看日出屡矣，不及今日，因多有黑云也。日未出时，半天皆红，日出处红愈甚，色极艳，微有薄薄白云也。停立看日上于海，复归舱卧。午后一时半至威海，饬刘贵发上海、北京电报。口内泊英国大兵船五，鱼雷艇九。三时半启碇，四时许又遇到英国鱼艇四，第三艇有人立船头，执两小旗施号令也。其泊威海之船，亦见其悬旗发令，他船答之，但不知作何语耳。

有挖泥船一艘，方挖，又见有舳析悬人入海，着铜帽、橡皮皮衣也。八时至烟台。

**8 月 9 日（七月初九日）**  阴。午前七时开烟台。

**8 月 10 日（七月初十日）**  阴。三时到大沽口外。天明小火轮即来候潮开行。

七钟将启碇矣,适青岛船至,又候之,自八钟始至,风雨大至。九钟半到塘沽候中车。二时二十分上车,三时半到天津。先入永和栈,后移入报馆。王孝禹闻信来谈。

**8月11日(七月十一日)** 阴。黄歇之约吃午饭,有黄慎之同座,益清癯矣。午后,访英敛之,后同药雨访孝禹,复看其《曹全》未断本与初断本,不甚异也。见其汉碑七八种,皆明拓。

▲ 编著者按:黄慎之(同治、光绪年间),名思永。江苏江宁人。光绪六年状元。授撰修。光绪十二年、十六年,曾任丙戌科会试、庚寅恩科会试同考官。戊戌政变曾被拘入狱中,放出后绝口不言时事。后官复原职。曾创设工艺厂于京东。

**8月12日(七月十二日)** 雨。午前,访哲美森,已往山海关,云两礼拜方回也。冒大雨归。午后阅天津花。先见贾金红,明艳憨媚,赠联云:"艳入宝钗金蛱蝶,香生玉颊红蔷薇。"又访贾玉文,落落大方,珠圆玉润,赠联云:"阆苑月来都是玉,瑶池风过自成文。"末至福喜处,赠联云:"昨夜福星临槛郎,今朝喜子拂帘至。"晚间即宴于福喜家,复洪鞠农午饭之东也。

**8月13日(七月十三日)** 晴。巳刻,吃饭上火车栈。午刻展轮,酉初到。方吃点心后,启匣看《嵩山三阙》,真可宝也。忽报子衡至,龚氏昆仲来。

**8月14日(七月十四日)** 晴。巳初,同往六国饭店看伊、谭二君。午后往保安寺街看龚亲家。

**8月15日(七月十五日)** 晴。午后,同药雨游厂肆,得瞿一、朱雀瓦一,甚喜。

**8月16日(七月十六日)** 晴。张炳枢来,午后往报之。龚亲家来看。晚间仙舟请吃斌升楼,热甚。

**8月17日(七月十七日)** 阴。早起,龚家女儿来,午后去。遂往看赵子珩、乔茂轩。晚同子珩、稷堂宴于翠芬班金桂处。十钟归。本日得马和之《独乐园图》一,马远山水一,皆娟秀宜人也。

**8月18日(七月十八日)** 雨。八钟起,赴依德之约,十二钟回。午后小憩。送潞琴至清晖阁上弦。访稷堂不遇,至乔茂轩处小坐。赴赵小鲁便宜坊之约,议山东抑制德国路矿也。

**8月19日(七月十九日)** 阴。早起,乔茂轩来。午初,访王稷堂,遇之。午刻,赴伊德之约。三时,回寓,剃头。天气晴,日出。五时,赴茂先之约。夜,检点汉碑。

**8月20日(七月二十日)** 晴。早起,乔茂先来,下午去。赵小鲁来。薄暮,王孝禹来,晚饭后去。检点六朝碑竟。发家信。

**8 月 21 日(七月二十一日)**　晴。买定黄山谷行书一卷，赵仲穆马一卷，共洋五十五元。黄信甫来谈。下午，千佛岩落成，招王、赵来观，并吃晚饭。

▲ 在北京寓所假山上装设历代"造像"，戏名为"千佛岩"。岩成之日，曾约赵子衡、王孝禹及琴师张瑞珊来观，共摄一景。

按此照曾经贴在所藏《崔敬邕碑》首，家中也存有副本，先父认识的除铁云先生本人外，为王孝禹、赵子衡、张瑞珊三先生。张瑞珊先生是北京的有名的琴师，铁云先生在沪从劳洋頡学琴，在京就从张先生学，张先生他在琴学方面造诣很高。(《铁云年谱》第 127 页)

▲ 编著者按：上引刘蕙孙先生《铁云先生年谱长编》。但是此段文字有误。详见本年谱 1906 年 9 月 25 日。

**8 月 22 日(七月二十二日)**　晴。辰起，访伊德，告以现在情形。遂访沙彪内〔纳〕，屡寻而后得，畅谈，已未初矣。同少穆至小饭馆吃饭。饭后约沙往会伊，畅谈，遂归。晚饭后，孟松乔来谈吉奉事，娓娓可听。

**约是日**　为泽道铁路事致信盛宣怀。

▲ 刘鹗致盛宣怀函

宫保大人钧座：敬禀者　窃职道前奉面谕，泽道保款已蒙允准，当即电告哲美森。兹接来函，所有定立合同等情，应请宪示，是否由柯道在北京商办。抑或电召哲美森来沪？恭请钧谕。以便祗遵。肃此具禀。敬请　勋安　　　职道刘鹗谨禀二十二日

原信封：刘道鹗　廿二　宫保大人　安禀　　指分直隶试用道刘鹗谨呈(《盛宣怀档案》106016)

**8 月 23 日(七月二十三日)**　阴，明前三钟，大雨如注，天明未止。巳初起，回拜赵小鲁，并看龚家女儿病。午后进城，同沙彪内访詹生，因谈至西山煤矿已为比国人所得，并云英马凯定约有准洋人办矿之权。出城访子珩、稷堂，遂到饭馆吃饭。赵、王均来敝寓，邕谈，丑刻去。

▲ 与李阅议京西矿事，劝李与沙彪纳、哲美森等合作。但后来这一处矿权为比商所得。

按自辛丑年与孟松乔、龚仙洲等人筹办京西矿事，至此告一段落。(《铁云年谱》第 117 页)

**8 月 24 日(七月二十四日)**　晴。早起，检赴火车。十一点二十分开，五点到天津。往访郑君，云已往北京，约三两日可回。无事，遂作寻花之举。初到贾金红家，同宴楼吃晚饭。饭后至富顺班访福喜，不遇。见玉仙，人甚蕴藉。

▲ 编著者按:"郑君"系郑永昌。据《近代来华外国人名辞典》:郑永昌(1855—1931),日本外交官,驻华外交官郑永宁之长子。1872 年随其父来华,1874 年任使馆书记官。1877 年赴美留学,在日本驻纽约领事馆任书记生前后七年。1887 重任驻华使馆书记官。1887—1893 年任随员,1893—1894 年任参赞。甲午战争时从军,日本占领旅顺后曾任当地"民政官"。1895—1896 年复任使馆参赞。1896 年调任驻天津领事。1902 年辞职,就直隶总督袁世凯任顾问。1913 年任直隶长庐盐务稽核所协理,1921 年转任奉天盐务所稽核所协理。1923 辞职返日,死于日本。其先世为明朝遗臣,原籍福建。

**8 月 25 日(七月二十五日)**  晴。午前访哲美森,已来,约礼拜四见。谈及江伯虞事,渠颇有抱歉之意,究竟非尽昧良心者。午后,访王孝禹,不遇。药雨约潇湘馆吃饭。归途过三合班,遇张四宝。

**8 月 26 日(七月二十六日)**  晴,暖甚。无所事事,闻孝禹、翰甫俱到,约之吃晚饭也。夜宴于富顺班,王翰甫亦到。

**8 月 27 日(七月二十七日)**  晴。早起,郑永昌君来谈,下午去。同药雨、菊农宴于潇湘馆。八、九钟顷雷雨,归时雨已止矣。

**8 月 28 日(七月二十八日)**  晴。午前街道泥泞,未出门。午后,孝禹、翰甫同来。谈及王文敏当时有不断本《曹全》两分之多,均于此次失去,计四十余本,皆精品。孝禹知之,不便购买,以告翰甫。翰甫至琉璃厂大噪,而卖者飏去矣,令人惋惜不置。薄暮,接京电,伊德促予回京,报以次日午车去。又电来坚促早车去,允之。晚宴于三合班小乔处。小乔者,上海之张四宝也。

▲ 编著者按:此王文敏系指王懿荣。

**8 月 29 日(七月二十九日)**  晴。五时半起,吃面一碗。往车栈太早,候至七时二十分开车,十二钟到京。郑斌来接,云少穆已在伊德处,属(嘱)勿回寓,即到伊德处。至,则因外部驳回也。议抵制之法,约各回寓拟稿,明日会酌。

**约 8 月 24 日到 8 月 29 日之间**  与方药雨谈好《老残游记》在天津《日日新闻》发表。

▲ 编著者按:天津《日日新闻》1905 年 9 月 22 日(乙巳八月二十四日)有消息说"七月间,百炼生过津,本社主人再三婉商,始蒙将(《老残游记》)初集 20 卷全稿交来。"刘鹗乙巳年七月两次到天津。第一次 8 月 6 日离开上海、8 月 10 日经过天津、8 月 13 日去北京。第二次是 8 月 24 日到天津,8 月 29 日回北京。与方药雨谈《老残游记》发表约在 5 天内。

**8 月(七月)**  影印庚子年所得刘燕庭撰《长安获古编》并题跋。

▲ 编著者按:《长安获古编》为铜器图录书。清代刘喜海编。二卷。有光绪三十一年(1905)刘鹗补刻标题并题跋。全书后收入《续修四库全书》。

《长安获古编跋》

《长安获古编》乃刘燕庭方伯所撰,一金一石皆有识跋,金甫刻图,而方伯殇,故仅存此稿。其原本四册,潘伯寅侍郎云借来,失于澄怀园。侍郎云:石亦无甚奇品。书板为徐姓所得,遂印。此赵孟甫致魏稼生书中语也。

徐姓印行后,书板遂归福山王文敏公懿荣,自同治初年至未印。北京都正文斋谭笃生告予也。庚子后板归予。其标题原缺者,乞铜梁王孝禹观察书补。刊印百部分赠同好也。乙巳秋七月　丹徒刘铁云　识〔铁云手笔〕(《刘鹗集》第 639 页)

**约 8 月(七月)**　王孝禹得《长安获古编》后写信给刘鹗。

▲ 编著者按:刘鹗将《长安获古编》装印分赠同好。王瓘收到后给刘鹗有回信。从信中可以知道,此书装印不止一次。

铁云仁兄大人阁下:昨由论古交来《长安获古编》二册,装印均精,远胜初印多多矣。《书谱》审是戏鸿堂刻纸,墨尚旧。戏鸿、停云二刻,大约皆从太清楼翻刻而出,神采全失。就中停云稍胜,转不如安麓印所刻。尚(?)是墨迹上石,故能转折灵通,毫芒毕现。未知精鉴以为何如?弟今日午车赴津,三数(日)回都,再趋领大雅矣。此请升安　弟瓘顿首

附卤拓本二纸,呈上希鉴纳。其器已归北通州张氏矣。(据原信手稿)

**8 月 30 日(八月初一日)**　晴。早起,赴伊处议大略。午后,张啸山来,云有好琴一张,佛鹤汀六琴之一也。下午,有人送黄鹤山樵着色山水来,甚精。酬以三十元,未允也。

**8 月 31 日(八月初二日)**　晴。早起,复至伊德处,稿议定即告以将往天津。饭后上车。行至廊房,遥看墨云沉地,知东北有雨,行至落筏而雨至。七点三刻到津,雨稍止也。冒雨至报馆,饥肠雷鸣。甫食毕,日本总领事知予至,坚约至神户馆饮酒,大醉。座中为小村、高尾、坂速、小西、河合也。华人则药雨、敛之及予三人。郑永昌后至,至亦醉矣。

约是月(八月),《天津日日新闻》报道:有人未经许可在刘鹗书写对联上,用铅笔批语。

▲ 在刘鹗对联上批语的有关报道:

嫖界中有一种最恶俗之人,动辄送赠联对。所费者只数百钱耳,自为荣耀,字句不通。不通不计也,毫无见解,自鸣得意,不顾他人之讥笑,吾又何责焉。乃有最不通之对,最恶劣之字,自己不忍出钱买对以赠,而用铅笔书在别人所送最佳之

对,直下流不知公德之尤者也,天津人谓之"缺德"。有鸿都百炼生赠富顺玉仙之对,系泥金笺,精致绝伦。十八日,甫经悬挂,午后,有甲乙二人入室,用铅笔将对上书十六字句曰"玉出昆山,为吾最爱;仙游福地,唯我独眠。"其讹字不通,尚在不屑之列。所可怪者,有意毁坏他人之物,其存心实不可问。中华、同乐各下处,尚留心察看,勿使此人溷迹也。(2010年12月1日(日本)《清末小说》第33期第134页)

**9月1日(八月初三日)** 晴。病酒不怿,又未得畅眠,人甚乏。午后,访哲美森,知伦敦电音尚未至也。有人持《陶夫人》《邓太尉》来卖,喜极,留之。

▲ 刘鹗《陶夫人墓志铭跋》:乙巳八月得于天津。(《刘鹗集》第633页)

**9月2日(八月初四日)** 晴。午前,郝君送出水本《刁惠公》来。前次议定价七十元也。"父雍雍"字不坏,亦极难得。旅居无聊,得此不亦乐乎。午后,拜伊集院君,谈三时之久。访莫楚帆不遇。夜沐浴于男女盆塘,闻日日下午有妇人来浴云。

**9月3日(八月初五日)** 晴。午前,郑君永昌来谈。午后王姓送《张敬石柱》,字甚精。又《曹望憘造像》一字三画皆佳,陈寿卿藏石也。夜同药雨吃羊肉馆。

▲ 编著者按:陈寿卿(1813—1884),名介祺,字蘸青。山东潍县人。道光二十五年进士。金石学家,收藏家。其收藏时人谓之甲于海内。与吴大澂、王懿荣等多有交往。著有《封泥考略》等。

**9月4日(八月初六日)** 晴。午前,郑君来谈,合同定议矣。午后访哲美森,伦敦电仍未到,闻海线有断绝之说。夜间郑君请金城馆饮酒,妓女有三十余人,以金松为最,金龙次之,盖皆以金字为排也。

**9月5日(八月初七日)** 晴。郑君来谈。于午前买《郑玄果》《韦夫人》《鄘州钟铭》《葬马铭》四种。晚间在富顺吃饭,听中华园落子。

**是日** 天津《日日新闻》刊出刘鹗送玉仙对联一副。

▲ 编著者按:从此文"迭记"二字中知刘鹗撰联尚有许多未知者。此录对联约本日为富顺班撰写。方药雨主办之《天津日日新闻》报道如下:

乙巳八月七日(1905年9月5日)《天津日日新闻·天津之花·花世界》栏:

刘君铁云赠富顺班福喜、玉仙、银喜之对,迭记《花世界》中矣。今又见刘君又合撰一联,送玉仙、银喜,益见别出心裁。句云:玉山半侧银海眩,仙碟双栖喜自飞。(2010年12月1日(日本)《清末小说》第33期第132页)

**9月6日(八月初八日)** 晴。早起,郑君来,合同盖印,开发帐目,拟行矣。午刻,刘班侯来,遂不果行。又买《孙佑墓志》一,虞匡伯字极精,不在崔、董下也。夜听落子。

▲ 按此系与郑永昌签订合作合同。《关于老残游记》七说:"至天津与郑永昌

先生创设海北公司,制炼精盐,运销朝鲜。"即指此事。郑永昌的通信处:一为营口西北街成功号,一为大连市关东州民政厅财务所长二宫转。(《铁云年谱》第 125 页)

▲ 编著者按:刘班侯,太谷学派学人。

**是日** 《天津日日新闻》刊出刘鹗诗一首。

▲ 乙巳八月八日(1905 年 9 月 6 日)天津《日日新闻·天津之花·花世界》栏:闸口金城馆艺妓三十余人,皆以金字其名。其中金龙、金松者兄弟也。金龙当美洲赛会时,随商人同往,艳名噪美国。其貌不过中人。而肌肤之莹白,实出雪字之上矣。金松则秀外慧中,媚行迹。坐中有刘君者,尤击节赞赏之,戏赠以诗云:我所思兮在金松,欲往从之隔远风。天台路渺白云封,刘郎惆怅蓬山蓬。金松出纸笔索书,得诗甚喜,曰:"持归以耀人。"刘君乘势以语之曰:"能为我一舞之乎?"金松曰:"我辈例不应人……"(下缺)(2010 年 12 月 1 日(日本)《清末小说》第 33 期第 132 页)

**9 月 7 日(八月初九日)** 晴。为穆寿山撰《印谱序》一纸。午后,匆匆赴车栈,至则知为三钟一刻车也。遂步车栈地势,长约一百丈,宽约三十丈,而栈车之所不与焉。车未至时,雨一阵,过黄村时,望南天正雨也。七钟到京。

▲ 编著者按:刘鹗撰《穆寿山印谱序》,未见。穆寿山(1875—?),字云谷。1925 年 7 月、1926 年 10 月被选为天津回教联合会委员会委员。为清末民初"津门三印人"之首。早年习印喜徐三庚,曾自集《徐三庚印存》一部。后致力于古玺、汉印、封泥、瓦当等。涉猎既广,食古能化,自出机杼,自成面目。其印作苍古拙重,气魄宏大,与江南吴昌硕印风神合。民初吴昌硕游津门,得见《寿山印存》十册,击节称赏,为作题记,广为赞誉。"中华民国第一届全国美展参展的国画西洋画家作品人名录"中国画部分有"穆寿山 山水 临板桥墨竹"。1905 年刘鹗撰穆寿山《印谱序》,穆 30 岁。现在能见到 1923 年穆寿山"润格"如下:铁笔润格:牙章,每字一元六角。石章,每字八角。字过大过小者加倍,劣石及文字不雅者不刻。工写花卉润格:

堂幅,八尺三十二元,六尺二十四元,五尺二十元,四尺十六元,三尺十二元。册页尺方每幅三元。纨摺扇每柄三元。横幅照堂幅加半。屏幅照堂幅减半。山水照工写花卉加半。写意照工写减半。以上均按大洋核算,润资先惠。癸亥六月,寿山重订。

**9 月 8 日(八月初十日)** 阴。午前,哲卿婿来。午后,往晤伊德,薄暮归。龚仙洲来。临《陶夫人》一纸。检校唐墓志五十余种。

**9 月 9 日(八月十一日)** 阴。早起,张啸山来谈琴理。午检字画,为晋邦庵也,居然得之。高子白来。晚间孟松乔来。临《刘懿》一纸。早,尤小溪来,云铜器三件,日本人还二千五矣。当作函售之也。夜大雨如注。

▲ 编著者按：高子白(1885—1940)名尔登。浙江杭州人。日本陆军士官学校毕业,曾任浙江财政厅厅长、浙江银行总理等。

**9月10日(八月十二日)** 阴。龚家女儿来。午后于继美到。申刻,晤伊德。晚临《刁惠公》一纸。

**9月11日(八月十三日)** 阴。午后,至乔茂先处,谈至夜归。议举罗叔耘入学务处,允为作函。临《巩宾》一纸。

▲ 清政府将设立"学部"。与乔树枏议举罗振玉入"学务处",已与罗洽妥善并经奏调,因罗丁父忧而止。但次年仍由南洋调任学部参事兼农科大学监督。

《清史稿·职官志》:"光绪二十七年更命尚书张百熙充管学大臣,管理大学堂事。二十九年改学务大臣。三十二年,始设学部。"《德宗本纪》:"三十一年十一月己卯:诏置学部,以国子监归并之,调荣庆为尚书。"

按据罗雪堂先生《集蓼编》:"幸子职已尽,意欲遂被发入山。然'我瞻四方,戚戚靡骋'。方徘徊无计。忽得端忠敏电,谓学部初创,相国荣公已奏调君,请即入都。予时既决计不复入世,乃以居丧固辞。公援满人百日当差例为言。予复以汉臣无此例,不可自某始。公迫以即不就职,亦当入见荣公。不得已,乃入都上谒。……宁知由此竟不获遂初意耶。"云云,没有说明奏调根由,似乎出于偶然。得日记才知道这件事的前因后果。据表弟罗君继祖考明,乔荐在乙巳年,系荐入学务处,入京则在丙午年学部成立以后。是事虽动议于铁云先生及乔茂轩,成其事者则为端方。(《铁云年谱》第128页)

▲ (清光绪三十二年丙午罗振玉)忽得端忠敏电,云学部初创,荣相国庆长部,已奏调君到部行走,请即入都。先生辞以居丧,忠敏援满人百日当差例怂恿之,先生复以汉人无此例,不可自某始。忠敏迫以即不就,亦当入都一见荣相。不得已入都上谒,荣相慰勉曰:君不欲援百日当差例,听以素服出入。君所不欲,皆不相强,但必助予。先生见荣相意恳切,诺以暂留数月。派在参事厅行走,月致饩七十元,坚却之。至服阕始受饩(按先生入学部,《集蓼集》但云得端点。刘铁云光绪三十一年乙巳日记云"八月十三日,午后至乔茂轩处谈,至夜归,议举罗叔蕴入学务处,允为作函。"又"十月十四日,再拜,乔茂轩之奏调折自己发。""三十日,接上海信,知罗叔蕴丁忧,官运可谓不佳矣。"则此事发轫尚在上年八月。其年先生曾入都,学部尚未正式成立。殆未成立前,先设学务处,乔则学务处主持人之一也。乔、刘皆推毂者。十月奏调,忽则丁忧,故刘记云云。及翌年春卜葬毕返沪,似尚在百日前,又猝值江苏教育处逐客,辞职离苏州时日虽未详,要必在春末夏初矣)。(《罗振玉年谱》第32页)

**9 月 12 日(八月十四日)**　晴。午前,郝姓送《元公姬氏》来,六十金购之。本日买黄鹤山樵一轴,甚精,价三十五元。

是日　跋《元公姬夫人墓志铭》。

▲《元公姬夫人墓志铭》跋一:此志于嘉庆初年关中出土,为毗陵陆氏购得。二十三年夏,载之江左,藏于家,见太仓陆增祥《金〔石〕续编》。兵燹后二石皆碎,所存不及半,当时旧拓传世无多,虽不能如《崔敬邕》《常丑奴》之绝无仅有,所见亦罕矣。苏州有翻刻本二,皆足乱真。而日本写真版本尤为精妙,最难辨别。此本是原石初拓本,盖《姬夫人志》拓略后,墨又过重,与《元公志》未能一律。然予求之数年,今始幸得,不敢过于吹求矣。乙巳中秋前一日,丹徒刘铁云识于北京佛岩洞。

(《刘鹗集》第 637 页)

**9 月 13 日(八月十五日)**　阴。午前,龚哲卿来。午后董绶金、伊德来。临《元公姬氏》一纸。张宝廷来电。检匣筒。郑永昌寄信法:

营口西北街成功号　大连市关东州民政厅　财务所长　二宫大人转寄。

**9 月 14 日(八月十六日)**　晴。午前,学《良宵引》一段。午后,晤伊德。归途看龚家女儿病,为换方焉。本日得初拓《高湛》一纸,精拓《朱岱林》《郭休》各一纸。《郭休》碑阴字绝佳也。

是日　再跋《元公姬夫人墓志铭》。

▲《元公姬夫人墓志铭》跋二:隋人墓志当以《元公姬氏》为第一,《常丑奴》为第二,《张贵男》第三,《苏孝慈》第四,《陶贵》第五,《虞匡伯》第六,《龚宾》第七(改第十),《宋永贵》第八,第九《王根之孙》,第十《李富娘》(升第八)。其他不能记忆矣。若《妙辩墓志》虽耳其名,未得寓目,不敢论也。八月中秋后一日铁云漫笔。(《刘鹗集》第 637 页)

**9 月 15 日(八月十七日)**　晴。早起,郝某来,买原石《李富娘》《陶贵》各一,又不断本《马鸣寺》一。午后偕继美上火车。六钟三刻到天津。先到佛照楼,次到同宴楼。饭后晤方、张二公,同听莲花落。

**9 月 16 日(八月十八日)**　晴。午前继美来。药雨为炖肥鸭一只以供午餐。下午继美检行李上船。予访哲美森,遇之,云伦敦电已到,约礼拜二再会。晚间吃赵桂兴,不佳。天仙听戏。子正继美上船,“新丰”也。明早开行。

**9 月 17 日(八月十九日)**　晴。午后浴。郝姓来,买得出土本《司马景和妻》,二十二元,未刻,冯敏昌跋时拓本也。又旧拓《葬马铭》一纸。又《文安县主》一纸,此石已没。又《杨智积》一纸,“杜君夫人朱氏”字迹颇近《砖塔铭》。又旧拓不断本《庞德威墓志》,甚精。此外,则《大智禅师塔铭》《李夫人宇文氏》《黄夫人刘氏》

《裴茂绍》《石忠政》《西门珍》《姚元之》《张师儒》《处士王仲建》。又旧拓《贾使君》,旧拓颇多字,确数须校而后知也。吴鹿苹约浙江会馆晚饭。

**9月18日(八月二十日)** 晴。午后至王孝禹处看《刁遵》,一字不缺,真琦宝也。又《广武将军碑》亦难得之品。薄暮,玉仙请吃螃蟹酒,微醺矣。孝公赠我《司马升》,喜甚。

**是日** 天津《日日新闻》刊出刘鹗《留别富顺班玉仙》诗两首。

▲ 乙巳八月二十日(1905年9月18日)《天津日日新闻·天津之花·花世界》栏:

> 玉露横空淡若烟,一钩新月托遥天。
> 金风驱暑酒初醒,铁笛吟秋人未眠。
> 密意已通相见后,深情追问数年前。
> 蕊珠宫里曾相晤,知是瑶池被谪仙。

> 玉不如温花让妍,一回含笑一嫣然。
> 若非子建难留枕,为遇洪崖许拍肩。
> 一水隔天情脉脉,乱云随雨意绵绵。
> 金风玉露鸳鸯宿,只羡鸳鸯不羡仙。

右鸿都百炼生留别富顺班玉仙之所也。诗以玉字起,仙字止。计四首。今录其二。所有其三、其四,明日续登。(2010年12月1日(日本)《清末小说》第33期第133页)

**9月19日(八月二十一日)** 晴。午前,李少穆来。子谷拟指哲款抵偿万款,断做不到,电谢谢矣。午后买《嵩高灵庙》一纸,多数十字,旧拓也。《清河公主》原石本,石久佚,拓本甚难得。又刘子重藏六舟手拓小造像屏四幅,精致可爱。夜地震。

**是日** 天津《日日新闻》刊出刘鹗《留别富顺班玉仙·其三其四》诗两首。

▲ 乙巳八月二十一日(1905年9月19日)《天津日日新闻·花世界》栏:鸿都百炼生《留别富顺班玉仙》诗,其三云:

> 玉女池边月正圆,丈人峰下起寒烟。
> 鲲鹏小住人间世,鱼鸟相忘自在天。
> 树里秋蝉犹嘒嘒,柳梢凉露已涓涓。
> 此情此景休孤负,无恨无愁便是仙。

其四云:

玉骢维系小桥前,把酒临风意惘然。

莫道欢欣成往昔,可知尘梦总缠绵。

万里离恨连云锁,一颗香心彻底圆。

门外马嘶留不住,天生依是地行仙。

又集唐联云:

莫道风流无宋玉,始知地上有神仙。

上联韩偓,下联白居易。鸿都百炼生者,即前本报所登之铁君。篆书古劲。其人本金石家,故无一毫尘俗气也。(2010 年 12 月 1 日(日本)《清末小说》第 33 期第 134 页)

**9 月 20 日(八月二十二日)**　晴。午前访哲美森未遇。午后,复访,遇之,所事办结。因清晨宝廷有电云,二等股票价二十一镑。故发电去卖二百五十镑。下午得《净业法师灵塔铭》,明拓也。又《文安县主墓志》文字不损本,较昨日所得更旧矣。又《长孙夫人罗氏》,魏志也,未见过。晚宴贾玉文家。

▲　与哲美森结束"福公司"的关系。

按铁云先生自壬寅年冬摆脱了北京福公司经理后,与福公司还有不少藕断丝联的关系。有许多事尚须他签字。如《乙巳日记》三月十一日、五月十八日、六月初五日均记:"午前至义署签字。"到这一年夏秋间,才和伦敦方面商定结束。(《铁云年谱》第 128 页)

**是日**　《天津日日新闻》刊出对联两副。一副赠刘鹗——"中华蝶云"。一副为"铁君"——刘鹗所作。

▲　编著者按:"蝶云"是刘鹗笔名之一。《天津通志》记载:"清光绪二十四年(1898)农历三月二十四,宝复礼、丁家立创办天足会天津分会,提倡去除妇女缠足的陋习。"

▲　乙巳八月二十二日(1905 年 9 月 20 日)天津《日日新闻·花世界》栏:中华蝶云,天足会中人也。有英姿飒爽之概,闻有客集唐诗赠之曰:蝶衔红蕊蜂衔粉,云想衣裳花想容。

铁君游览花丛,多有赠联,闻赠中华大金铃云:燕赵悲歌出金石,汉唐歌舞叶铃铙。一洗陈腐之气,是为难得。(2010 年 12 月 1 日(日本)《清末小说》第 33 期第 134 页)

**9 月 21 日(八月二十三日)**　晴。午前,至义善源化银票。午刻,程绥予来,恰好多年积款四百金还之,亦一快也。魏兰芬请吃午饭。下午,送银票至哲美森处,赎股票也。遇高尾。至建筑公司议修报馆事。晚宴小乔家。

**9 月 22 日(八月二十四日)**　晴。辰刻上火车,遇陆勤伯,午刻到京。饭后晤伊德,回寓。至义善源取款,赎《九成宫》等四帖。王稷堂、赵子珩来。夜发上海电。

是日　天津《日日新闻》刊出将发表《老残游记》的广告。广告披露了《老残游记》的写作计划和严复、梁启超、王晋庵（王国维）等人对《老残游记》评价。

▲ 乙巳八月二十四日（1905 年 9 月 22 日）《天津日日新闻》：

### 中国第一白话小说《老残游记》出现

《老残游记》一书，鸿都百炼生所撰也。分初、二、三、四等集，每集 20 卷，曾一现于《绣像小说》，海内欢迎。后因绣像馆主人将其第十卷尾改换半页，百炼生遂不发稿。故至十三卷而止。好书不传，人皆惜之。严几道先生云："中国近一百年内无此小说。"梁任公出重价购其全稿，拟编入《新小说》印行。王君晋庵深通英文，曾译心理、伦理、物理等学教科书者，能读英国最深文理之书。读《老残游记》叹曰："不意中国亦有此人！可与英国最高小说平行。"此三子者，皆中国文界最上乘也。其推崇如此，则此书价值可想矣。

七月间，百炼生过津，本社主人再三婉商，始蒙将初集 20 卷全稿交来。二集稿，面允四个月内交期。今定于九月初一日起，先印百炼生《自叙》一篇，以后每日付印初集一版，以餍海内君子之望。（2010 年 12 月 1 日（日本）《清末小说》第 33 期第 136 页）

▲ 本年所引天津《日日新闻》所刊刘鹗对联等文字都过录自郭长海《刘铁云的佚诗和几件联语》。对上录《中国第一白话小说《老残游记》》广告，郭长海尚有一段说明：

天津《日日新闻》在刊出这则广告之后，连载了几天。从九月一日起，刊出《老残游记·自序》，内容与文字都与今本相同。然后是方药雨题字的《老残游记》封面，以下是《老残游记》初集目录。可惜的是九月一日以后的报纸至此缺，下文如何，便不可知了。恰好日本樽本照雄先生收藏有《天津日日新闻》本的《老残游记》，正是本文此后的情况，读者完全可以从中知道其后的刊出情况，这里不必饶舌了。（2010 年 12 月 1 日（日本）《清末小说》第 33 期第 137 页）

▲ 刘德隆

### 从"文界上乘"人物"王晋庵"说起

郭长海先生以掌握近代文学人物资料为学人所叹服。近日其大作《刘铁云的佚诗和几件联语》（刊日本《清末小说》第 33 期 2010 年 12 月 1 日）又披露了《老残游记》作者刘鹗 1905 年在天津的一些活动情况，材料 10 则，有记有述再现刘鹗生活状况，弥足珍贵。本文试就其中一则展开议论，以期引起对刘鹗、王国维、刘大绅之关系的探讨。为叙述方便，录全文于下（本书略）：

一

现存《老残游记》初集二十回、二集九回、外编残稿若干。刘大绅曾说：二集计有 14 回。此说尚无实证明。然上引之消息披露《老残游记》"分初、二、三、四等集，每集 20 卷"，也就是说《老残游记》曾有计划写作 80 卷。那么《老残游记》究竟已经写了多少卷，实在是值得再探讨的问题。故若再有《老残游记》显于天壤之间，切不可立断其为"伪作"，仍须认真鉴定，方可以结论。

## 二

对《老残游记》的评价已经不少，上引之消息增添了严复、王晋庵二人的直接评价和梁启超对《老残游记》所持的态度，这又一次使研究者眼界大开。而这些评价都是在《老残游记》仅完成初集十三卷且人们只读到了前十一卷的情况下就做出了如此评价，实在令人惊叹。更有甚者的是，其发表时日先于目前所有对《老残游记》的评价。因此其意义更远于目前所有评价之上。

## 三

此则消息提出"皆中国文界最上乘也"的三个人物。严复、梁启超被人们所熟悉，不必赘述。王晋庵为何许人也？

此则消息说："王君晋庵深通英文，曾译心理、伦理、物理等学教科书者，能读英国最深文理之书。"

郭长海先生说：第三人是王晋庵，此人稍生疏一些，但据广告所介绍的文字最多、最详，可见此人来历也不小。聪明而博见如郭长海先生者只用了"稍生疏一些"，却不肯直接写出他的姓名。此含而不露的做法实在是一个研究者在尚未找到直接证据前最妙的语言。然笔者可以断言：王晋庵就是王国维。闪入近代文史专家张人凤先生脑际的"王晋庵"的第一反应，也是王国维。

## 四

2010 年 10 月 25 日在电话中，郭长海先生问：说王晋庵就是王国维你有什么根据？笔者回答如下：

1. 查遍笔者手边所有工具书，在 1905 年，能够与严复、梁启超并肩而被人称为"文界最上乘"的人物中，并无"王晋庵"其人。但是天津《日日新闻》又断不会为混淆视听而凭空捏造出一个"王晋庵"。故"王晋庵"必有其人。

2. 与"王晋庵"三字字音相近者，仅有一个人名：王静安。"晋"与"静"音相近，区别在于前后鼻音不同。"庵"与"安"则字音完全相同。近代著作中用相近音的字代替一个人名的情况比比皆是：狄楚青、狄楚卿；刘味青、刘渭清、刘渭卿等。那么用"王晋庵"代替"王静安"也不是没有可能。

3. 根据王国维研究专家陈鸿祥的原文："王国维，初名国桢，取字静庵（安），又字伯隅"（《王国维年谱》齐鲁书社 1991 年 12 月初版），明确的说明王国维字"静庵"。"静安"只是另一种写法。且王国维著译最早的单行本名就是《静庵文集》。

4. 此则消息说"王君晋庵深通英文,曾译心理、伦理、物理等学教科书者"。王国维 1903 年翻译有英国西额惟克的《西洋伦理学史要》,刊于《教育丛书》。1902 年《教育世界社》出版的《哲学丛书》四种,王国维翻译其中三种《哲学概论》《心理学》《伦理学》。1905 年出版的《静庵文集》更是汇集了他的哲学、文学、教育论文。前述为王国维 1905 年前撰述、翻译的简单情况。与上录消息所书完全吻合。

因此王晋庵就是王静庵,就是王静安,就是王国维。但不得不说,1905 年,49 岁的刘鹗因多种原因,已入"名人"之列,而 29 岁的王国维尚属"后起初秀",与名声大振尚有一段距离。

## 五

王国维谈《老残游记》"不意中国亦有此人! 可与英国最高小说平行。"。寥寥数语,前者赞人,后者赞书。那么"此人"——鸿都百炼生——刘鹗与王国维有何关系么? 回答是:有关系,但不明朗。因为目前并无直接的材料证实之。但是可以从以下关系推测:

1. 就社会活动而言:刘鹗是东文学社的主要创办人(或说资助人)之一,王国维是东文学社的"学员"。

2. 就人际关系而言:刘鹗与罗振玉是儿女亲家,王国维与罗振玉亦是儿女亲家。

3. 就学术研究而言:刘鹗是甲骨学的开山之人,王国维是"甲骨四堂"之一。

更可以证明的是,刘鹗 1886 年娶侧室茅氏夫人(1870.1.22—1917.4.26),1909 年病逝于新疆乌鲁木齐。1916 年 2 月王国维从日本回到上海,多次去探望刘鹗遗孀茅氏夫人——季英太夫人。试举例:

1. 1916 年 7 月 1 日王国维致罗振玉函:季英太夫人昨、今病势又亟,恐不测即在日内。今日内人往始知之。病人神思尚清,昨日遗命一切,今日已不能语,恐不得愈也。如何如何!

2. 1916 年 7 月 4 日王国维致罗振玉函:季英太夫人病势甚剧,维于初二日晚始知。亟往问讯,则闻是日发晕二次,已预备寿衣等。次早渐有转机,昨日又较平复。

3. 1916 年 7 月 8 日王国维致罗振玉函:季英太夫人之病前晚往候,已稍轻减,看来势虽凶险,尚可无妨。

4. 1916 年 7 月 11 日王国维致罗振玉函:季英太夫人已稍愈,可以无妨。

如此记载数十处,可见王国维、罗振玉与刘鹗之关系。

## 六

　　王国维与刘鹗的关系尚难叙述清楚，但是王国维与刘鹗之子刘大绅（亦即上文之季英）、刘鹗之侄刘大猷（秩庭）、刘大钧（季陶）关系密切。1916 年 2 月 9 日（正月初七日）王国维从日本回到上海便与刘大绅等频频见面。其约两个月 50 余天的日记中记与刘氏兄弟见面 20 次左右，或晤谈、或散步、以至于同饮、摄影，关系自非同一般。试举数例：

　　正月初八日（2 月 10 日）：归寓已四时余，则抗公已返，季英亦在。晚膳后九时，季应辞去。（笔者说：前后五个小时，自然有内容可说，惜无记载。）

　　正月十一日（2 月 13 日）：访刘秩庭于久兴里，并晤其弟季陶，坐一时许……游徐园……季陶携照相具为四人摄影。（笔者说：登门拜访并同游摄影，关系亲密。）

　　正月十四日（2 月 16 日）：与敬公、季英谈。上灯后，敬公、季英招饮于"满庭芳"……（笔者说：不是"请"，而是"招饮"，随意而亲切。）

　　二月初二日（3 月 5 日）：抗公与秩庭来谈，同出散步。（笔者说：又是摄影、又是散步，其关系岂是一般？）

　　二月初三日（3 月 6 日）：午时，季陶来……午后四时出、至蟫隐晤敬公、凤洲，季英等，五时余归。（笔者说：一日之内，连晤兄弟二人；连续两天，你来我往。关系可谓亲密）

　　另：王国维为近代学术大家，其《人间词话》影响巨大。人多未注意《人间词话·原稿卷首题诗》题名为《戏效季英口号诗》。季英即刘大绅。刘大绅有诗词存稿名《春晖轩心痕残稿》，惜其早年诗词仅存三四首，未见"口号诗"。

2010 年 11 月 12 日改毕

　　▲ 编著者按：上文初稿，曾请郭长海、刘德符等先生过目。从美国回来的任光宇先生 11 月 12 日来信，就本文上述所引天津《日日新闻》消息《中国第一白话小说〈老残游记〉》的作者和所述内容的真实性提出问题，录于下：

　　《日日新闻》的那篇新闻出自何人手？看口气可能是方药雨？这样的话，对好朋友、大股东（甚至是后台老板？）难免溢美之词，此文的可靠程度可能要打点折扣了，希望还能找到其他更多资料来支撑。（《清末通讯》第 101 期第 15 页）

　　天津《日日新闻》的这则广告连载了几天。从九月一日起，刊出《老残游记·自序》，内容与文字都与今本相同。然后是出版了方药雨题字的《老残游记》。

　　**9 月 23 日（八月二十五日）** 晴。巳刻，同任之赴义善源取银，遂至伊德处。饭后至工艺局访黄慎之，不遇。又至王稷堂处，亦不遇。与赵子珩畅谈。又至乔茂轩处，送昨日接叔耘电报也。晚孟松乔来。

金铃菊,一名荔枝菊,出范至能《菊谱》。玉蝶梅出《云间府志》。

**9月24日(八月二十六日)** 晴。检点字帖。买《陈德碑》一幅,汪喜孙旧藏,归刘子重者也。又《崔颋墓志》一,此石久已佚,其难仅下《崔敬邕》,一等也。夜吴楚生来。本日巳刻论古斋陈君来云,火车头等突发炸弹。急派人往询,云弹发于包房。泽公爷、端午帅俱伤面,血淋淋然。闻死者三人,伤者十余人。前日之地震殆为此欤?

▲ 光绪三十一年(1905)六、七月间,清廷决定派出大臣到外国去考察,说是"为将来实行立宪之准备"……被派出国的五个大臣,在八月二十六日北京站遭到吴樾的炸弹袭击,这一袭击只炸毁了车壁,吴樾自己却被炸死了。吴樾是保定高等学堂学生,受革命书刊的影响,决定以暗杀手段来反对清朝政府。(《鸦片战争·下》第887页)

▲ 编著者按:刘鹗本日日记还有如下一段话,与日记全文无关,录于下:"道光三年癸未,元氏教谕刘君之仆名刘黄头者所发与碑末所题姓名相合,惟后一千三百之说尚早一百三十七年耳。吉父。

**9月25日(八月二十七日)** 晴。买柳子厚琴一张,又纯古琴一张,共六十金。又艾宣《蛱蝶》一卷,十元。午刻,义善源来请,为接沪电等二票价二十一镑九先令也。光梅生请天和堂。夜作于、沈、高三、贾三、平孙、大德、通至等汇信。

《华字汇报》本日新闻:奉天五项大臣请派唐绍仪交涉大臣,李家驹学务大臣,廷杰垦务大臣,史念祖赈抚大臣,而练兵大臣尚未指定何人。次帅则专司地方一切事宜。已奉旨准,如所请矣。

▲ 柳子厚琴,我曾见过,琴腹刻"柳子厚琴"等隶书数字。据先父说琴材及音响均不佳,恐系伪托。我家由南北迁时,除把"春潮带雨"及曾祖母琴携来外,余琴均存在上海蟫隐庐书店,后均为刘惠之(体智)先生让去,柳琴亦在其中。(《铁云年谱》第132页)

▲ 编著者按:刘鹗是广陵琴派传人,其收藏古琴数量尚无完整记录。2010年10月30日天津市委宣传部主办"乡情·海河儿女系列"之《箫声琴韵——李凤云、王建欣琴箫埙音乐会》。《今晚报》在10月22日经报道音乐会上将使用刘鹗珍藏过的明代古琴"惊涛":李凤云是广陵派古琴传人、天津古琴会会长,在国内举办过若干场古琴独奏音乐会,更于近年来在海内外举办音乐会和讲座四十余场。……音乐会上有两宝,一是李凤云使用的宋代古琴"梅梢月",二是她用来弹《广陵散》、制于六百年前的明代古琴"惊涛"。"梅梢月"曾是著名学者王世襄先生的旧藏,琴音含蓄蕴藉、古意盎然。而"惊涛"则是李凤云的恩师、广陵名家张子谦

先生的旧藏,此琴还曾经被《老残游记》作者刘鹗珍藏。由于年代久远,存世古琴均各有性格,声音特征也不尽相同,李凤云正是反复揣摩每张琴的不同特点,精心选择曲目,使乐器、乐曲相映成趣、相得益彰。(2010 年 10 月 22 日《今晚报》)

**9 月 26 日(八月二十八日)**　晴。午后大风,震震有声。张瑞山来,学得《良宵引》一段。买得古琴两张,一为佛鹤汀之第四琴也。两琴均亚瑞山经手也,以《毛诗》两部易得。午,复买旧拓《西豹祠堂碑》二册,十二元。旧拓《王僧》《淳于俭》《李富娘》《王俭》各一纸,二十元。又零碎旧拓十余种,皆可喜也。

▲ 编著者按：张瑞山,又作张瑞珊。广陵琴派传人。刘鹗的琴师。

**9 月 27 日(八月二十九日)**　晴。买王迪山水中堂一轴,绝精。午后至伊德处,告以将行也。买小墓志四十三本。有《董美人》《随清娱》。又接药雨函,已代购《少昊国》。为喜可知也。

**9 月 28 日(八月三十日)**　晴。买《昭陵全碑》八本,又《颜如夫子庙堂记》,绝无仅有之物也。又乾隆拓《思恒律师志》,真妙品也,字实不在《砖塔铭》下。又买旧拓《郙阁颂》一本尚佳。

**9 月 29 日(九月初一日)**　晴。学《耕莘钓渭》一操成。张君瑞山以赵㧑叔书画扇面寿予。李崇山赠赵㧑叔花卉屏六幅,隶书条一幅为礼。赵执斋自山东来,赠我"千秋万岁"当一,"万岁万岁"当一,"家常贵富"缸边一。本日为予初度,三老者来祝,实佳兆也。

**是日**　《老残游记·自叙》在天津《日日新闻》刊出。《老残游记》停止在《绣像小说》发表后又一次开始连载。

▲ 乙巳八月二十四日(1905 年 9 月 22 日)天津《日日新闻》:《中国第一白话小说〈老残游记〉出现》"今定于九月初一日起,先印百炼生《自叙》一篇,以后每日付印初集一版,以餍海内君子之望"。

▲ 编著者按：《老残游记》在《绣像小说》发表时无《自叙》。此《自叙》应完成于是年 8 月 29 日(七月二十四日)之后,9 月 22 日(八月二十四日)之前。

### 《〈老残游记〉自叙》

#### 刘　鹗

婴儿堕地,其泣也呱呱;及其老死,家人环绕,其哭也号咷。然则哭泣也者,固人之所以成始成终也。其间人品之高下,以其哭泣之多寡为衡。盖哭泣者,灵性之现象也,有一分灵性即有一分哭泣,而际遇之顺逆不与焉。

马与牛,终岁勤苦,食不过刍秣,与鞭策相始终,可谓辛苦矣,然不知哭泣,灵性缺也。猿猴之为物,跳掷于深林,厌饱乎梨栗,至逸乐也,而善啼;啼者,猿猴之哭泣也。故博物家云：猿猴，动物中性最近人者，以其有灵性也。古诗云："巴东三峡巫峡长，猿啼三声断人肠。"其感情为何如矣！

灵性生感情，感情生于哭泣。哭泣计有两类：一为有力类，一为无力类。痴儿呆女，失果则啼、遗簪亦泣，此为无力类之哭泣；城崩杞妇之哭、竹染湘妃之泪，此有力类之哭泣也。有力类之哭泣，又分两种：以哭泣为哭泣者，其力尚弱；不以哭泣为哭泣者，其力甚劲，其行乃弥远也！

《离骚》为屈大夫之哭泣、《庄子》为蒙叟之哭泣、《史记》为太史公之哭泣、《草堂诗集》为杜工部之哭泣；李后主以词哭、八大山人以画哭，王实甫寄哭泣于《西厢》、曹雪芹寄哭泣于《红楼梦》。王之言曰："别恨离愁，满肺腑难陶泄。除纸笔代喉舌，我千种想思向谁说？"曹之言曰；"满纸荒唐言，一把辛酸泪；都云作者痴，谁解其中意？"名其茶曰"千芳一窟"、名其酒曰"万艳同杯"者：千芳一哭，万艳同悲也！

吾人生今之时，有身世之感情、有家国之感情、有社会之感情、有种教之感情。其感情愈深者，其哭泣愈痛：此鸿都百炼生所以有《老残游记》之作也！

棋局已残，吾人将老，欲不哭泣也得乎？吾知海内千芳，人间万艳，必有与吾同哭同悲者焉！（《刘鹗集》第 410 页）

**9 月 30 日（九月初二日）** 晴。午前，论古斋来议定阎立本、周文矩两幅，二百二十金。邓顽伯篆书屏四幅，一百二十金，此老笔力坚实，真不可及也。薄暮，徐、罗二姓来告，云陈君田之《崔敬邕》半部可卖，须持二百金往取，否者则勿议。徘徊良久，竟付二百金去取来，精彩照人，真名不虚传也。本日又得全本《砖塔铭》一，亦希世之珍矣。

▲ 按所藏《砖塔铭》，均曾付上海有正书局石印。《崔敬邕》丙午年旅行日本时，曾在日本用玻璃版影印，原拓家难后失去。1934 年住在天津的时候，请了一位广东陶玉春先生教六弟厚禄国文，陶先生告竹在蒋彬侯二公子家见到此帖。（《铁云年谱》第 132 页）

**是日** 《老残游记·序》连载结束。

**10 月 1 日（九月初三日）** 午后上车。看炸弹所伤之车，坏处在夹道，朝外一面已碎，里面板壁无微伤，但血迹模糊而已。显系刺客被推触窗，怀中弹发无疑义也。七钟到天津。

**约是日到 10 月 8 日（九月初十日）** 天津《日日新闻》连载《老残游记·卷一》"土不制水历年成患 风能鼓浪到处可危"。

**10 月 2 日（九月初四日）** 晴。午后往拜张君祖笏，大哥之新亲家也。晚间同乐园吃饭，之后听落子。高子衡到。发郑永昌电。

**10 月 3 日（九月初五日）**　晴。午后至日本使馆，乞领事作函也。晚间宴于贾玉文家，大醉。复电，郑在大连。

**10 月 4 日（九月初六日）**　晴。为股票事将往福公司，有事而止。午后登王孝禹兄之堂，金石联盟也。孝哥赠我唐碑二十二种。晚宴于小乔家。夜大风扬沙。

**10 月 5 日（九月初七日）**　晴。午后至福公司签字，不行。归寓，复发郑君电，约之十一日营口会也。张砚翁约同宴楼晚饭。早间闻刺客党羽已就获，晚间知皆莫须有也。夜高尾、速水同来，已醉矣。

**10 月 6 日（九月初八日）**　晴。报馆机器初四夜毁，修理三日不能用。决计购新机器一部，予贴费一千金，并汇沪二千金为浦口税契之用。本日买唐墓志二十种。有人送宋元画八卷来观，甚精。索价三千金，还之矣。夜，孝禹兄约紫仙班晚饭。

**10 月 7 日（九月初九日）**　重阳节。晴。上午羊肉馆吃饭。下午宴于富顺家大吉利行。

**10 月 8 日（九月初十日）**　晴。北风颇寒。早起赴车栈。骤冷。至塘沽午饭。七点半至山海关，寓世合栈。栈中本日来客一百七十余人。夜一钟接药雨来电，郑君已到津，又折回焉。

**10 月 9 日（九月十一日）**　晴甚冷，重夹不足以御，饮勃兰地一杯以敌之。三钟复至天津，戏作诗曰："二十八点钟，往返一千五，依旧在天津，未离一寸土。"郑君来报馆，值药雨他出，门不得开。遂至通喜房中坐。未几，高、李、张、方陆续至，王孝禹兄亦至。夜聚于同宴楼。秦姓来，又买小唐碑八种。

**约是日到 10 月 16 日（九月十八日）**　天津《日日新闻》连载《老残游记·卷二》"历山山下古帝遗踪　明湖湖边美人绝调"。

**10 月 10 日（九月十二日）**　晴。暖。午前郑君来，拟合同竟，倩子衡代书。午后同郑君往领事馆将正合同盖印。夜子衡约吃羊肉饭，有扒翅子，味甚佳。

**10 月 11 日（九月十三日）**　晴。巳刻复往车栈，郑君亦来，往滦州也。三点至滦州分手，将至关，同车有王稚言者，雨香先生之孙也，在赤十字会局中。本日更无客栈，得王君相助，仅而后得焉。本日受热头痛，服正气丸一粒。

**10 月 12 日（九月十四日）**　阴。异常燥热，知必有雨矣。五点起，六点至车栈。人叠于车栈之栅外，约有千人。至六点三刻开栅，人争上车如坌猪。然行李不得上。持片诉诸栈长，始得入铁车。七点半开山海关，八点至前所。四十分至前卫，停十分。九点二十五分至中后所，巡兵皆绥中县号衣。十点七分至沙后所，雨至。十点四十六分宁远县，大雨，有雷，北风骤寒。以白兰地敌之不胜也。十一点二十五分至连山,等来车,停三十二分之久。五十七分开,十二点二十五分至□□。一点十分至锦州,停十分。二点十七分至石山砧。二十八分至羊圈子,醉矣。三点一刻至满帮子换车,来车已久候于此,到则过车。三点四十分赵家屯,十分至青堆子,四点十五分高山子。五点二分开,待来车也。五点廿五分至打虎山,甚冷,多饮,大醉矣。呕吐,眩晕,小憩。八点至新民屯。未至沟帮子雨即至,而北风甚怒矣。

作联一副。

▲ 本日日记天头有"九月十四日即景:车行竟与雨争急,河势紧因山助流"。

**10 月 13 日(九月十五日)** 晴。歇一日。午后至军政署送信。井户川不在,见太田宪兵大尉,取护照一纸。雇车三辆,每辆十二元三毛。

**10 月 14 日(九月十六日)** 清晨小雨。天色甚沉,颇思不行,然腥燥难受,不如着雨,遂启行。约十里雨渐大,潇潇然矣。廿五里至辽河边,有官局,收费每车一毛五分。抵河,河夫不肯为渡。不得已,用势力压之乃渡。船破板断,甚危险也。五里至蓝旗堡子打尖。衣衾尽湿矣。此地店饭,每人六角,住宿七角,七盘一汤。自山海以至新民屯俱每顿四角,此地以往皆六角矣,岂不发财?据云,盈亏无定也。盖督标兵至,食、宿皆不付钱而必须备肉。客数多于兵则盈,兵数多于客则亏矣。午后冒雨行廿里,宿兴隆店。

**10 月 15 日(九月十七日)** 阴。六点半开车,八里至于家窝棚,又二里至老边,又十里至板桥,又五里至大方生打尖,十点半也。十二点半开车,五里至马三家子,又十里至大石桥,又八里至转湾桥宿,惟时三点半不敢行矣。此地店一饭一菜,粉条素汤而已,每人五角。粮价:高粱斗重二十八斤,每斗一元半;白米每斗三元半,重三十二斤。雇工每年约百元,故粮虽贵而民益困。

**10 月 16 日(九月十八日)** 阴。六点半开车,八点半八里至塔湾。此八里最难行,粘泥淖泽,车屡陷也。至塔湾则沙泥,足能履地,乐不可支。连日下床上车,下车上床,遍地稀泥,黑而粘脚,不得动也,困闷异常,如被拮梏。忽得散行数十步,如登仙然。乐生于苦,谁曰不然?吃面卷子三个。车行十二里,九点三刻抵沈阳西门,过将军署至南门。先住有德店,颇□躅。薄暮散步,见东首有永昌栈甚洁净,遂移居之。临《张贵男》一纸。

**10 月 17 日(九月十九日)** 阴。午后晴。早起发电不通。往正金取款,值休业。午后刘君翊阁来,云现有振贝子款四十万,拟开银行也。晚饭后题唐志年月。临《刁惠公》一纸。

**是日** 跋《刁惠公帖》。

▲《刁惠公帖》跋一

碑以《张猛龙》为第一，摩崖以《郑文公下碑》为第一，造象以《始平公》为第一。沈阳南门永昌栈。（《刘鹗集》第 635 页）

**约是日到 10 月 24 日（九月二十六日）**　天津《日日新闻》连载《老残游记·卷三》"金线东来寻黑虎　布帆西去访苍鹰"。

**10 月 18 日（九月二十日）**　晴。午前临《刁惠公》一纸。午后拜钱少云，不遇。拜顽奇，遇之。归寓小憩，又临《刁惠公》一纸。拟禀稿说帖。

▲ 编著者按：刘鹗北上是为与日本驻天津总领事郑永昌订立"合股经营辽东半岛盐业合同"事。本日日记所述"禀稿"全文如下：

<h3 style="text-align:center">为与日本前驻天津总领事郑永昌订立<br>"合股经营辽东半岛盐业合同"事致赵尔巽禀</h3>

（光绪三十一年）

为旅大沿海利权尽失，亟宜设法收回，以安民业，仰祈宪鉴事：

以日本席俄国光绪二十四年三月、闰三月两次之约，则旅大海岸非吾华人所得有也。而煮海为盐之利尽失矣。目下收回利权有绝好之机会，敬为我宪台陈之。

去年日本既得利益辽东半岛之后，其盐即收归民政厅官办。数月之久，诸多窒碍。故于今年七月决计改归商办，此机会一也。日商之请承办者文书盈尺，独批准前天津总领事郑永昌及平野新太郎二人而已。而平野新太郎分得运销日本之盐，郑永昌分得运销东三省及高丽之盐，此又一机会也。

郑永昌与铁云多年交契，适相遇于天津，渠乃详告其奉准及拟改良制盐，集股大办之法，而招铁云入股。铁云辞以入股则不可，合办则可，此机会之至不可失者也。故铁云与之磋商多日，始与订立合同十条。经现任天津总领事伊集院彦吉盖印做见证。原件恭呈宪鉴。

夫盐业本我华人自有之权利也。今一隅归之洋人，而制造运销之巧，华商实非其匹。而与之商战，于此不但旅大商户失业而已，而锦州等处之商受亏亦不在小。况既准运盐，则日商到处滞留，不受华官节制，流弊有不可胜言者，小有不慎便成交涉。至于暗中损伤国课甚巨，有不言而喻者矣。铁云之与严定合同，实为收回利权并潜销交涉起见。将军洞察隐微，必有以见其□也。伏以钧旨崇尚真实，故朴质真陈。是否可行，恭候钧示祗遵。　　　　　　　　指分直隶试用道刘铁云谨禀

是日再跋《刁惠公》帖。

▲《刁惠公帖》跋二

当称魏志，碑字误书也。若《张猛龙》《贾思伯》则碑矣。九月初，得《崔颜》亦罕

见之品,稍亚于两司马耳,其精实远逊此二志也。福山王文敏所藏半本《崔敬邕》亦在抱残守缺斋。崔饶神韵,刁工结体。　九月二十日(《刘鹗集》第635页)

**是日**　上海《消闲报》有《天津之花》一文谈刘鹗冶游及撰写对联消息。

▲《天津之花》:

中华茶园大金铃,前者百炼生以联句撰成,尚为书。某日,方伸纸濡墨书就,适有客至,见之,曰:"联中只嵌'金铃'字,无'大'字。故上款只可曰'金铃校书'云云。亦不可有'大'字也。请如此书。"书毕,客人曰:"下联宜署'长剑倚天客'方合。"百炼生曰:"何故?"客曰:"姑书之,吾当告汝。"遂如言。书毕,客乃曰:"'大金铃'与'金铃'判两人也。公之相知,乃大金铃,而金铃乃仆之相知也。故下联应署仆名,'长天倚天客'仆之别号也。费心,谢谢。"乃长揖,卷之而去。有曰:"公如再撰,当嵌'大金铃'字,方不至为人所夺。此吾所报公矣!"百炼生曰:"被君骗去对联一副,又出难题以窘我,有是理乎!"相与大笑。

翌日,百炼生竟如说撰成一联云:中夜仙生双玉枕　华轩秋对大金铃

嵌入加"大"字,其难百倍,况又须钳入"中华"二字,而能布置妥帖如此,真不易也。

注云:大金铃,菊花名。见刘蒙《蜀花谱》也。客之骗联者,亦秀亦雅,可以传为佳话矣。(2010年12月1日(日本)《清末小说》第33期第138页)

**10月19日(九月二十一日)**　阴。午前小雨,午后小雪。往同乐听落子,未及见妓而去。访刘翙阁、钱绍云俱不遇。临《刁遵》一纸。唐志签题年月毕工,编其等第,得一等十八种。

**10月20日(九月二十二日)**　阴。午前编唐志,计第二等二十八种,第三等四十种。午后本拟见阁部,值楚生来,须候其归,遂先拜钱绍云畅谈。钱云禀帖界限不清,须加一禀可以望准。三钟出大东门,见阁部畅谈,事机有可望矣。归寓编唐。值绍云来,晚饭后去。计编第四等四十种,五等四十种。

▲ 编著者按:本日日记云"钱云禀帖界限不清,须加一禀可以望准"。于是在原禀后并后又添加如下文字:

再,此合同本专为运销租借界内之盐而立。其第二款所称金复海盖四属,因其时尚未查明租借界限,故略约言。今已查得,实系至复州之南为止。自当遵守界限,不敢逾越,合并声明。　　　　　　　　　　职道铁云又禀

(1992年《历史档案》第1期第59页)

**10月21日(九月二十三日)**　阴。略飘雪,夜间已结冰也。午前覆勘唐志题名录,升降数名,已定案矣。遣郑斌投将军禀帖。午后拜叶揆初不遇。往西关外看

戏，未终而回，又步至同乐园，已散矣。夜作药雨函，成五纸。临《刁惠公》二纸。

是日　三跋《刁惠公》帖。

▲《刁惠公帖》跋三

魏碑必以《崔敬邕》为第一，此为第二。其余诸山皆培嵝矣。乙巳九月记于奉天。（《刘鹗集》第 635 页）

10 月 22 日（九月二十四日）　晴。早起谒将军，值挑旗缺，未见。午后步至落子馆，始见诸妓，参差错落皆不堪。已将去矣，有金玉者上台，与前诸人相衬，直神仙矣。拟去打茶围，无兴而返。临《刁惠》二纸。本日上街买得小说二种，晚读《水浒》一本。

▲ 编著者按：将军，系盛京将军赵尔巽。

10 月 23 日（九月二十五）　晴。异常暖。往见将军，见言盐务为中国利权，不能让与外人。与之略作辩论而退。旋至财政处，见史都护，云昨日已商过将军，非不愿准，不敢准耳。若能得本初一函，得矣。晚间至钱绍云处，知禀已驳，托其抄出，批云：“盐务为国家专利。察阅所禀各节，于全国课税诸多窒碍，未便准行。合同发还。”

▲ 编著者按：为与日本前驻天津总领事郑永昌订立《“合股经营辽东半岛盐业合同”事致赵尔巽禀》现在存中国第一历史档案馆（见 1992 年《历史档案》第 1 期第 59 页）。其后有赵尔巽批文“盐务为国家专利，察阅所禀各节，于全国课税诸多窒碍，未便准行。此批。合同发还。”与日记所记完全相同。

10 月 24 日（九月二十六日）　晴。暖甚。午前，原合同领得，遂上院挂号禀辞。午后至史都护处辞行。吴君不在家。又往拜小山亦不在家。写《阳嘉残石》二纸。

10 月 25 日（九月二十七日）　阴。闻人说营口车路已卖票。早起亲往探之，果然已通，拟即改乘火车去。回寓，刘秉鲁来谈许久。因思小山，不可不一往晤之。三钟半去，小山相待甚殷，其翻译中岛旧曾识予也。谈及营口验疫，许入不许出，大惊，幸未自蹈罗网。中岛苦留多住两日，从之。回寓见孟松乔来，更不能行矣。钱绍云约吃晚饭。

约是日到 11 月 1 日（十月初五日）　《天津日日新闻》连载《老残游记·卷四》“宫保爱才求贤若渴　太尊治盗疾恶如仇”。

10 月 26 日（九月二十八日）　阴。东北风。稍冷，前两日颇热，人不适也。孟松乔来。忽思与之作小贩，通吉林之盐也。午后又访中岛，拟令荐一人保护盐车。申刻往听落子，在金玉房打一围茶猎。晚中岛来请，云其友约明午会也。临《张贵男》一纸。

**10 月 27 日(九月二十九日)** 阴。午前,至军政署,中岛云田锅君已至,约午后相晤。薄暮,中岛来约至南城下酒馆内聚谈,晤田锅,所议者,即药雨所说之甲乙也。其地不同,似无妨碍。晚撰《老残游记》一纸。

▲ 编著者按:《老残游记》一书从 1903 年 9 月 21 日开始在《绣像小说》连载,至 1904 年 2 月 16 日。刘大绅说:翌年(1905 年),先君至津,方药雨询不作原委,先君语之。方先生劝续作,在《天津日日新闻》逐日发表。为此直至第二十卷为止,始告一段落,是为初编。故此初编之稿,前后两半描写,俨若分界者,实缘于非一气呵成。至后半之稿,写作地址,则有在天津报馆,有在北京寓所,事隔多年,现已无法指定也。

**10 月 28 日(十月初一日)** 晴。午前等孟松乔不至。午后访中岛,并复田锅席。薄暮,约之俱来,宴于东升楼。叫金玉、顺宝佑酒。孟松乔寓于本寓。

**10 月 29 日(十月初二日)** 阴。早起,雨潇潇然。访大原,议运盐事,定以阿部充选。午后大雪,不久便止。松乔出城,纠合田锅事也。临《张贵男》一纸。

**10 月 30 日(十月初三日)** 阴。不雨。天气仍暖。午后至中岛处一行。归寓,撰《老残游记》卷十一告成。

▲ 编著者按:《老残游记》因《绣像小说》连载到"卷十一"而终止,至此重起炉灶,又需与前衔接,所以会有"《老残游记》卷十一告成"之说。

**10 月 31 日(十月初四日)** 晴。《老残游记》卷十五。

▲ 编著者按:《老残游记》因《绣像小说》连载到"卷十一"而终止。但是刘大绅已经说明:商务未经刊出者,尚有数卷也。至此可以明确《天津日日新闻》连载的第十二卷、十三卷、十四卷是使用刘鹗原已经给《绣像小说》,后又索回的三回稿件。第十五回是 1904 年没有完成的稿件,现继续完成。

**11 月 1 日(十月初五日)** 晴。决计回京,约松乔来,合同签字。撰《老残游记》卷十六。晚间钱绍云来。

**11 月 2 日(十月初六日)** 阴。清晨起身,北风大作。四十五里,大方生打尖。又二十里,兴隆店宿。

**约是日到 11 月 9 日(十月十三日)** 《天津日日新闻》连载《老残游记·卷五》"烈妇有心殉节 乡人无意逢殃"。

**11 月 3 日(十月初七日)** 阴。大北风。二十里至辽河边。御重裘犹战栗也。午刻至新民屯。本日,日本天长节,街市悬灯。

**11 月 4 日(十月初八日)** 晴。四点钟至车栈候车。五点上车,六点开,十点至沟帮子。待二十分钟,营口车至,行李上慢车,予则由快车行。六点至山海关,仍寓四合店。八点行李至。

**11 月 5 日(十月初九日)**　晴。此两日皆北风,不大。七点上车,三点至天津。予下车,刘贵等使回京也。

**11 月 6 日(十月初十日)**　晴。午后,徐麟臣来,约之吃羊肉馆。晚玉仙请听戏,甚佳。

**11 月 7 日(十月十一日)**　晴。由天津三车起身,八钟到京,月色皎然。

▲ 按此事(运销精盐)自八月初与郑永昌签定合同至此一共六十多天。最初系打算制炼精盐运销日本,既被驳,就改变方向,改为运销吉林及朝鲜边境。据 1907 年清政府驻韩总领事马廷亮禀称:"韩在盔甎南浦私设盐运会社。合同内载华人刘铁云、刘大章均为发起人。"云,则这种盐运带有走私的性质。但因不在清政权势力范围之内,无可如何罢了。我听先父说当时盐场在旅顺附近的貔子窝,运销地则为朝鲜。(《铁云年谱》第 127 页)

**11 月 8 日(十月十二日)**　晴。早起,张啸山来,温《耕莘钓渭》。午后游璃琉(琉璃)厂,无所得。

**11 月 9 日(十月十三日)**　晴。午后拜乔茂先,未遇。游王广福斜街,遇德全、喜凤。

**11 月 10 日(十月十四日)**　晴。午后再拜乔茂先,知奏调折子于十九日已发,又知毛实君署藩台,十五接印。晚游百顺胡同,遇小荣,山海旧相识也。

**约是日到 11 月 17 日(十月二十一日)**　天津《日日新闻》连载《老残游记·卷六》"万家流血顶染猩红　一席谈心辩生狐白"。

**11 月 11 日(十月十五日)**　阴。时有小雨。此数日,午前皆温琴《良宵引》,节奏粗偕矣。知王小斋来,午后访之。昨日在乔君处见旧藏《砖塔铭》,宝瑞臣寄来,托乔转交者。故人重遇,喜可知矣。本日买旧锦三条又四十二尺,琴囊足用矣。

**11 月 12 日(十月十六日)**　晴。午前论古斋来,买得明拓整幅《麓山寺》一轴,四十金。午后赴车栈,至落筏久候,为日本钦差小村寿太郎之专车也。七点到津,见街市甚为泥泞,始知天津昨日大雨也。夜北风怒号。

**11 月 13 日(十月十七日)**　晴。骤冷。午后出门。昨日街市之泥泞今日尽化峻嶒矣。晚,英方请客于义和成,座中为梶村吉路君,《同文时报》社主,日华大药房主也,人极和蔼可亲。次即曾根啸云,撰《俄国暴状志》者,其人本海军大尉,被逸辞职,抑郁人也。本日郑永昌君至自日本。又买范姓龟骨三百余片,公子招造载一,商字币四十枚,共价洋一百五十元。

**是日**　三跋《元公姬夫人墓志铭》。

**是日**　郑永昌致信刘鹗,请其携款去日本东京并准备一起去韩国。

▲《元公姬夫人墓志铭》跋三

方药雨云:嘉庆间为武进陆劲闻耀遹所得,携归故里。咸丰庚申遭兵燹,二志尚存四段。再归大兴恽孟乐毓嘉家,《元公志》缺十之二三,《姬夫人志》仅存百七十余字。德清俞曲园樾云:长沙徐氏早有重刻木。

近来又得《董美人》《惠云法师》两种,皆极精妙。

近日屡闻友人云:二志未归武进陆氏时,石藏两家,故墨色不一,凡墨色一律者,皆已归陆氏后拓本也。然则此拓前矣,幸甚、幸甚。十月十七日志于天津日日新闻社。(《刘鹗集》第 637 页)

▲ 吴振清《刘鹗致祸原因考辨》:马廷亮所呈交外务部的"郑永昌致刘铁云函",署日期阳历 1905 年 11 月 13 日,即光绪三十一年十一月十七日,函中说:"望早日携款北来,弟在东京专候,一有电示,立即启行,同往韩国经理一切。"(2001 年第 1 期《南开学报》第 94 页)

**11 月 14 日(十月十八日)**　晴。犹冷。午后至城内浴。临《张贵男》一纸,抄孝禹兄碑景一本。接罗叔耘及秩庭侄来函。买插屏一架,象牙棋子一付,牙牌两付,古铜无字带钩一枚,花制极精,恐三代器也。

**11 月 15 日(十月十九日)**　晴。午前临《张贵男》一纸。午后药雨自领事署来,嘱其入京。予亦无事,拟暂归也。昨日金铃嘱撰联,得二首,曰:"美子宜居铸金屋;阿侬原是系铃人。"又"大泽金银出宝气,高台铃铎吟秋凤"。夜撰《老残游记》二纸。

**11 月 16 日(十月二十日)**　晴。往福公司拟签字,知哲美森往平定州,约一月可归也。晚宴于贾金铃家。

**11 月 17 日(十月二十一日)**　晴。午后同药雨趁三车来京,七钟至。

是日《天津日日新闻》刊出刘鹗撰写对联消息两则。第一则有对联二副,第二则有对联三副。消息作者为方药雨。

▲ 乙巳十月二十一日(1905 年 11 月 17 日)《天津日日新闻·花世界》栏:
鸿都百炼生赠中华贾金铃联云:彼美宜居铸金屋　阿侬原是系铃人。
写的是钟鼎文字,古气磅礴。又联云:大泽金银出宝气　高台铃铎起秋风。
嵌金铃二字,尤为落落大方。(2010 年 12 月 1 日(日本)《清末小说》第 33 期第 135 页)

▲ 乙巳十月二十一日(1905 年 11 月 17 日)《天津日日新闻·花世界》栏:
予前在京,百炼生招至百顺胡同富顺班玉仙房小酌。玉仙貌极美丽,而房中所

悬对联无一佳者。予身惜之。百炼生撰以赠。生曰:"可!"顿撰联云:玉人何处月满地　仙子来时云入楼。

同院有双喜者,貌亦佳。有友号梅生者眷之。梅对百炼生曰:"公再撰双喜一联,可乎?"生曰:"诺!"即撰云:为看梅萼开双蕊　却剪生绡画喜神。

嵌"梅生　双喜"四字满座皆叹其自然。时有绿香仙馆者,吴产也。前张艳帜于上海,今来北京,寓万喜店。是日亦在坐侑酒,其客向生曰:"嵌四字甚难。公今日诗兴方浓,何妨再咏仙馆一联?"百炼生应曰:绿鬟几迷仙血海　香云曾扩馆娃宫。举坐拍手叫绝。(2010 年 12 月 1 日(日本)《清末小说》第 33 期第 135 页)

▲ 编著者按:本年所引《天津日日新闻》消息与对联都过录自郭长海《刘铁云的佚诗和几件联语》。对 11 月 17 日的两则消息,郭长海有如下议论:

这一则和上一则同日见报,是撰稿者即方药雨的口述(由此可知,以前各则新闻也都出于此公笔下)。故真实可靠。但所记系前在北京之事。《抱残守缺斋日记·乙巳日记》七月二十四日(8 月 24 日)条下记云:无事,遂作寻花之举。初到贾金红家,同宴楼吃晚饭。饭后至富顺,访福喜,不遇,见玉仙,人甚蕴籍……

这是在天津。不知此处所记,两者是否同一件事。两处都是富顺班,都有玉仙。但是此日记未记赠玉仙联语之事。而且,说玉仙"人甚蕴籍",显然是初次见面应当有联相赠。方药雨的新闻,刘鹗的日记,不知二者孰是。(2010 年 12 月 1 日(日本)《清末小说》第 33 期第 136 页)

**11 月 18 日(十月二十二日)** 晴。巳刻,张瑞山来,温已学之琴。午后听戏,小叫天唱《举鼎观画》。夜宴小容处,撰联:"曾随苏小青骢后;得近昭容紫袖旁。"

**约是日到 11 月 25 日(十月二十九日)** 天津《日日新闻》连载《老残游记·卷七》"借箸代筹一县策　纳楹闲访百城书"。

▲ 编著者按:小叫天(1846—1917),谭鑫培的艺名,又名培,字望仲。湖北江夏人。其父谭志道,艺名"叫天子"。1900 年前后京剧艺术的主要代表人物,被誉为"伶界大王"。

**11 月 19 日(十月二十三日)** 晴。午前学琴。午后听戏,叫天唱《天雷报》。夜宴福顺班玉仙处,得晤胡君泽山。

▲ 编著者按:胡泽山(? —1942),名位咸,别号黄山懒禅。安徽绩溪人。光绪二十九(1903)年进士。精鉴别,富收藏,工书画。

**11 月 20 日(十月二十四日)** 晴。午前学琴。午后听戏,叫天唱《四郎探母》。

**11 月 21 日(十月二十五日)** 晴。暖。接上海信,知王保和病故。前闻周月山故,已自伤神,兹王保和又故,令人难以为情矣。药雨回天津。

▲ 按王保和是颜实甫先生长女颜复清姑的丈夫。铁云先生因王死而念及实甫先生,念及颜姑失所依赖,故觉难以为情。颜姑自此至解放后病殁,抚孤守节,在困苦艰难中挣扎了将近五十年。(《铁云年谱》第129页)

**11月22日(十月二十六日)** 晴。午后至蕉雨轩袁回回家,买校致攻坚本《郙阁颂》一纸,未刻嘉庆跋《吕望表》一纸。

**11月23日(十月二十七日)** 晴。午前学《高山》。午后龚家女儿来,述其病状,拟请邓嘉生看也。买顾从义本《阁帖》一部。

**11月24日(十月二十八日)** 晴。午前学《高山》。午后拜邓嘉生,兼往子珩处祝寿,饮其寿酒以归。

**11月25日(十月二十九日)** 午前学琴。午后梁秀额一枚,《扈志碑》一纸。买宣德炉两枚,子母石一座。

**11月26日(十月三十日)** 晴。接上海信,知罗叔耘丁忧,官运可谓不佳矣。

▲ (罗振玉年谱)十月十三日(1905年11月9日)丁尧钦公忧。

**约是日到12月3日(十一月初七日)** 天津《日日新闻》连载《老残游记·卷八》"桃花山月下遇虎 柏树峪雪中访贤"。

**约12月4日(十一月初八日)到12月11日(十一月十五日)** 天津《日日新闻》连载《老残游记·卷九》"一客吟诗负手面壁 三人品茗促膝谈心"。

**12月上旬(十一月中旬)** 回到上海。大病。

**约12月12日(十一月十六日)到12月19日(十一月二十三日)** 天津《日日新闻》连载《老残游记·卷十》"骊龙双珠光照琴瑟 犀牛一角声叶箜篌"。

**约12月20日(十一月二十四日)到12月27日(十二月初二日)** 天津《日日新闻》连载《老残游记·卷十一》"疫鼠传殃成害马 痫犬流灾化毒龙"。

**约12月28日(十二月初三日)到1906年1月4日(十二月初十日)** 天津《日日新闻》连载《老残游记·卷十二》"寒风冻塞黄河水 暖气催成白雪辞"。

**12月下旬(十二月下旬)** 友人赵凤昌探询刘鹗。

**约12月31日(十二月初六日)** 写信答谢赵凤昌,并制"狮帽"送给赵凤昌子赵尊岳。

▲ 刘鹗致赵凤昌

泰西诸国惧哦德人之如狮。令郎头角峥嵘他日气象当为泰西所惧,内子特作狮帽为令郎寿。因弟病未成,呼舍侄女补成之兹□送上者哂纳。弟病近更支离,前虑入物既吐,今日果然。半月来生气渐促,阴气渐至,天气骤寒更觉难支。中西医虽云无碍,所言不知是真是假。弟半生业此,岂不自知大约凶多吉少,委填沟壑时

虽不在目前,其亦不远乎。弟至沪上已近三年,新交知己只有足下一人,不能不为足下告也。近承步询,谢谢。专此敬请

竹君仁兄大人钧安　　　　　　　　　　世弟刘鹗伏枕拜手上六日

▲　编著者按:赵凤昌(1856—1938),字竹君,号松雪道人,又号惜阴,惜阴主人,室名惜阴堂。江苏武进人。深为两广总督张之洞的赏识,延为侍从、首席幕僚,遇事必与他商量,大小事务习惯由他负责办理,被人戏称"一品夫人"。后遭人忌,被弹劾"揽权",朝廷勒令永不叙用。张之洞为安抚他,派驻上海。从此,擅长社会活动的赵凤昌更是如鱼得水,遍交江浙沪等社会名流。赵凤昌是近代历史研究中一位不可忽视的特殊人物,尤其是辛亥革命前后这段历史,许多重要事件都会提到他,研究者称其为"山中丞相""民国诸葛""民国产婆"。赵凤昌之子赵尊岳(1897—1956),字叔雍,又名赵志学、赵乃谦,室名珍重阁、高梧轩。江苏武进(今常州)人。词人。况夔笙弟子,词才为朱彊村推重。历任《申报》馆经理秘书、复兴银行董事、新亚药厂董事长。抗战时历任汪伪国民党中政会延聘委员、铁道部政务次长、宣传部部长、上海特别市政府秘书长等职。抗战胜利后被捕。获释后出走新加坡,以教书为生而终。

**是年**　得宋拓《太清楼书谱》。

▲　宋拓《太清楼书谱》跋:乙巳年得,丙午合装。狄平子题签。(《刘鹗集》第638页)

**是年**　冬《要药分剂补正》完稿。是书以《要药分剂》为基础,由刘鹗撰稿、汪铭业抄写并序。共收药物 592 种,较原书增加 172 种。篇幅约为原书的百分之一百六十。《要药分剂补正》对各药阐述体例从主治功用、药物归经、组方、先贤论说、禁忌、产地、炮制等七方面论述与《要药分剂》不同。凡引述均有出处,涉及我国医学家和医学著作约 400 余人(种)。

▲　编著者按:《要药分剂补正》一书是刘鹗完成的第二部医学著作,由汪铭业抄写在"抱残守缺斋著书稿"稿笺上,并由汪铭业做序。汪铭业《要药分剂补正·序》全文如下:

《本草》著自神农。汉唐以降,药品日增,经义日晦,编辑成书,代不乏人。濒湖出,搜罗遗品,阐发功能;区分名实,考究异宜;综览大纲,详分细目,集成千七百余种,嘉惠后人。既周且唐,原卷帙繁多,学者望洋,咨嗟兴叹。他如《主治指掌》《药性歌赋》《本草从新》《本草备要》等书,逐末忘本,拘泥鲜通;谬误丛生,奚裨实用。近世俗医,竟视若津梁,奉为矩则。父以训子,师以授弟,以讹传讹。医者病者,举世梦梦,甘受其毒而不知谁过。

夫用药如用兵,不能将兵,焉能制敌;不明药性,率然治病,无惑乎? 虚实莫辨,攻

补妄施;温凉杂撮,寒热倒置;方不成方,动辄得咎,草菅人命也。余窃悲焉。

癸卯识先生于沪上。先生博雅人也,书藏富有,好古敏求,心期齐世,研理务精;朝夕过从,颇多裨益。一日出《要药分剂》以示余。曰:古今本草,以斯为善,惜乎门类不全,尚多遗憾。我欲搜集群书,补而正之。汝能助我参考否? 余生也晚,不及见先大父 特庵公亲承医旨,暇检残篇,略知门径,遂自不揣,怡然允诺。先生亦欣欣,有疑必问,三易其稿,越二年而书成。

余读之,见夫精核种物,博采群书,分门别类,有美必搜。实足使学者识名辨性,治病处方,奉为圭臬,不再舛误。 先生殆为神农之功臣,濒湖之良友。沈氏有知,当亦心折。先生之读书得间,而自晦剩义之独留乎。将付梓人,爰为之序。

光绪　　年　月　山阳　剑农汪铭业谨序

▲ 编著者按:《要药分剂补正》原手稿现存北京中医院历史文献研究所图书馆。原书抄稿约 26 万字。2000 年中国文化研究会编辑《中国本草全书》由华夏出版社出版、影印《要药分剂补正》。

《中国本草全书·要药分剂补正·题解》如下:

此书问作者在沈金鳌《要药分剂》基础上补订而成。全书依身沈氏原编,仍以宣、通、补、泻、轻、重、滑、涩、燥、湿、十类分十卷,共收药物近六百种,较原书增加百余种。各药均先述主治功能,次记药物归经、组方、先贤论说、禁忌、产地、炮制等。凡引述皆有出处。

今据《抱残守缺斋著书稿》原抄本影印。此本有浮签,现斜置于原上方影印。

▲ 编著者按:笔者在编辑国家清史文献《刘鹗集》时,标点全书后约 36 万字。《要药分剂补正》知之者甚少,简介如下:

《要药分剂补正》以《要药分剂》一书为基础,增订、补充,自成体例的一部医药著作。它借用了《要药分剂》的药物分类,但是在药物的收录和具体论述又自成一体。

《要药分剂》的作者沈金鳌(1717—1776),字芊绿。江苏无锡人。早年习儒,博闻强记,涉猎广博,经史诗文、医卜星算,皆有涉猎。然屡试不中,遂矢志攻医,于临证各科,均甚精通。又研习《灵》《素》、仲景之学及历代医学名家,互相参订。撰有《脉象统类》《诸脉主病诗》《杂病源流犀烛》《伤寒论纲目》《妇科玉尺》《幼科释迷》《要药分剂》,总其名曰《沈氏尊生书》。现有多种刊本行世。

《要药分剂》分宣、通、补、泻、轻、重、滑、涩、燥、湿等十剂予以分类,共选药 420 种,分为十卷,分别对各药的性味、七情、主治、归经、禁忌等五方面予以详细论述。

《要药分剂补正》根据沈金鳌《要药分剂》全书补正。

《要药分剂补正》全书依沈氏原编，仍以宣、通、补、泻、轻、重、滑、涩、燥、湿等十类分十卷，共收药物 592 种，较原书增加 172 种，篇幅约为原书的百分之一百六十。《要药分剂补正》对各药阐述体例从主治功用、药物归经、组方、先贤论说、禁忌、产地、炮制等七方面论述与《要药分剂》不同。凡引述均有出处，涉及我国医学家和医学著作近 400 余人（种）。

《要药分剂补正》撰写开始于光绪癸卯（1903 年，）"三易其稿，越二年而书成"。全书分八册，计有总目录、序、正文三大部分十卷。每卷有分目录。全书作者署名：无锡　沈金鳌　原辑　　丹徒　刘铁云　补正。

刘鹗怎样评价《要药分剂》呢？为什么要对前人的医药著作进行"补正"呢？山阳汪剑农在《要药分剂补正·序》中回答了上面的问题。

刘鹗对《要药分剂》的评价是：1. "古今本草，以斯（《要药分剂》）为善"，2. "惜乎门类不全，尚多遗憾"。刘鹗给自己定的任务是"搜集群书，补而正之"。

刘鹗为了"补正"《要药分剂》，究竟使用了多少医书、药方？参考了那些医学家的论述呢？粗略的记录、统计：

A：1. 艾元英、2. 安常

B：3.《本经》、4.《别录》、5.《抱朴子》、6.《备要》、7.《本草括》、8.《百一选方》、9.《本事方》、10.《本草述》、11.《笔锋方》、12. 保庆、13. 炳（萧炳）、14. 保升（韩保昇）、15.《博济方》、16.《博物志》、17.《宝鉴》、18. 保昇（韩保昇）、19.《笔峰杂兴》、20.《便民图纂》、21.《保命集》、22.《必鉴》、23.《备急方》、24.《本草汇》、25.《便民方》、26.《补肺阿胶方》、27.《宝爽》、28. 扁鹊、29.《博救方》

C：30. 陈藏器、31. 成旡己、32. 承（陈承？）、33. 崔氏、34. 仇远、35. 陈士（仕）良、36. 陈修园、37. 褚澄、38.《产宝》、39.《崔氏方》、40.《产乳方》、41. 陈氏、42. 崔豹、43. 陈师古、44. 存中

D：45. 大明、46. 东垣、47.《得宜本草》、48. 丹溪（朱震亨）、49. 戴元礼（元礼？原礼？）、50.《道藏经》、51. 当之、52.《地理志》、53.《痘疗便览》、54.《丹房鉴源》、55.《斗门》、56.《多能鄙事》、57.《东医宝鉴》、58. 段成式、59.《澹疗方》

E：60.《儿医方》、61.《尔雅》

F：62.《妇科》、63. 范至能、64.《妇人经验方》、65. 范志字号、66.《扶寿》、67. 飞霞（韩飞霞）、68.《妇人良方》

G：69. 郭佩兰、70.《广利》、71.《古今录验》、72.《闺阁事宜》、73.《干便》、74. 葛可久

H：75. 好古、76.《活人书》、77. 海藏、78. 弘景（宏景？）、79. 河间（刘河间？）、

80.《和剂局方》、81.《海上方》、82. 韩悉、83. 华佗、84. 回春、85. 韩保昇、86. 皇甫嵩、87.《活幼新书》、88.《淮南子》、89. 胡冷居士、90.《鸿飞集》、91. 洪忠宜、92. 洪迈、93. 何氏、94.《活法机要》、95. 胡氏、96. 皇甫功

J：97.《经疏》、98.《经验方》、99.《简便方》、100.《经验后方》、101.《济生方》、102.《金匮要略》、103. 洁古、104.《精义》、105.《经效济世方》、106.《经虚》、107.《急救方》、108.《集效方》、109.《集验方》、110.《集简方》、111. 节斋、112.《简要方》、113.《嘉祐本草》、114.《集玄》、115.《镜源》、116.《集要》、117.《捷径》、118.《集元方》、119.《局方》、120.《救急良方》

K：121.《开宝本草》、122. 寇宗奭

L：123. 雷敩、124. 罗天益、125. 刘若金、126. 李珣、127. 刘河间、128.《灵苑方》、129. 李仲梓、130. 雷敩、131. 李廷飞、132.《类明》、133. 刘禹锡、134.《类要》、135. 李绛、136. 李挺、137. 刘氏、138. 卢复、139. 李思训、140. 陆氏、141. 李杲、142. 李言闻、143. 陆佃、144.《龙术论》、145.《录验》、146. 陆机、147. 刘守贞、148. 娄金善、149. 李象先、150. 罗谦甫、151.《临海异物志》、152.《龙骨牡蛎汤》、153. 刘完素、154. 李先知、155. 李楼

M：156. 缪希雍、157.《秘传外科方》、158. 孟诜、159.《梅师方》、160. 马志、161.《明目经验》、162.《名医别录》、163. 门、164.《蒙鉴》

N：165. 能、166. 倪维德、167. 宁原、168.《农书》、169.《难经》、170.《女贞丹》

P：171.《普剂方》、172.《普剂消毒引》、173. 庞安常

Q：174. 芋绿、175.《千金方》、176.《千金翼》、177.《奇疾方》、178. 权、179.《奇效方》、180.《乾坤秘韫》、181.《全幼心鉴》、182.《启瘨集》、183.《乾坤生意》、184.《齐东野语》、185. 钱氏、186. 钱乙

R：187. 日华子、188. 汪切庵、189. 瑞、190.《仁存堂方》、191. 若金、192.《儒门事亲》

S：193. 时珍、194.《伤寒论》、195. 苏恭、196.《圣惠方》、197. 孙琳、198. 素颂、199.《圣济方》、200.《伤寒本病论》、201. 士瀛、202. 颂、203. 士良（仕良）、204. 孟诜、205. 损之、206. 唐慎微、207. 素简、208. 孙用和、209.《蜀本》、210. 守贞、211. 孙真人、212.《食疗》、213. 思邈、214. 士济、215. 苏海峰、216.《事林广记》、217.《寿亲养老》、218. 胜金、219.《三十六黄方》、220. 史国信、221.《素问注》、222.《食鉴本草》、223. 深师、224. 僧但、225.《神农本草》、226.《山海经》、227.《生生编》、228. 沈存中、229. 苏东坡、230. 邵真人、231.《删繁》、232. 苏原、233.《食医心源》、234. 摄生、235.《摄生众妙》、236.《蜀图经》、237.《伤寒蕴要》、238. 士才（士材）、239. 孙

氏、240.《三因方》、241. 孙兆、242.《神农本经》

T：243.《图经》、244.《太平圣惠方》、245. 陶隐居、246.《唐本草》、247.《汤液》、248. 谈野翁、249. 唐氏、250.《通玄》、251. 汤衡、252. 陶九城、253. 廷飞、254. 陶九城、255.《胎产须知》

W：256.《卫生简易方》、257. 汪昂、258.《外台秘要》、259. 文清、260. 汪机、261.《外太秘要》、262.《外台方》、263. 王好古、264. 王子接、265. 万全、266.《物类相感志》、267.《王龟龄集》、268.《威灵仙传》、269. 危氏、270. 吴猛、271. 汪颖、272. 吴瑞、273.《外科精义》、274. 275. 王祯、《卫生宝鉴》、276. 吴谱、277. 王贶、278. 王节斋、279.《外科发挥》、280. 吴球、281. 王太仆、282. 王执中、283. 吴机、284. 吴志、285.《正要》、286.《卫生歌》、287. 完素、288. 王佐、289. 韦宙、290. 王易简、291.《外科方》

X：292. 徐之才(材)、293.《小品方》、294. 修园、295. 徐灵胎、296. 薛立斋、297. 心镜、298. 宣明、299.《先哲》、300.《仙科外传》、301.《小儿秘诀》、302.《袖珍方》、303. 鲜于枢、304.《心源》、305.《香谱》、306. 夏子益、307. 许真君、308.《信效方》、309. 许誉乡

Y：310.《异谱》、311. 衍羲、312.《易简方》、313.《药性论》、314.《医方摘要》、315.《永类钤方》、316.《婴孩宝鉴》、317.《御医方》、318.《夷坚志》、319. 元礼、320.《养生》、321.《医通》、322. 虞搏、323. 喻嘉言、324.《虞谱》、325.《医殻》、326.《医略》、327. 原礼、328. 杨氏、329.《医学集成》、330.《养老书》、331. 原、332.《医垒》、333. 姚和象、334.《医镜》、335. 严用和、336. 杨诚、337.《酉阳杂俎》、338. 俞琰、339. 叶氏、340.《医林集要》、341. 杨起、342.《医学纲目》、343.《医林正宗》

Z：344. 甄权、345.《肘后方》、346. 张元素、347. 朱震宇、348. 张仲景、349.《朱氏集验方》、350.《子母秘录》、351.《直指方》、352. 之颐、353. 仲醇、354. 朱天溪、355. 仲梓、356. 张隐庵、357.《摘玄方》、358. 张鼎、359. 周颠仙、360.《贞元广利方》、361.《总微论》、362. 张从正、363. 朱二允、364.《指述》、365. 张司空、366.《资生经》、367. 姿常、368. 郑氏、369.《指南》、370. 仲阳、371. 朱氏、372. 周密、373.《杂病治例》

以上记录,并不准确,原因是：① 原稿毛笔手写,字迹间有模糊难于辨认,② 作者引用、使用人名、或用书名、方名,难于分辨,③ 文中各种署名杂乱不一如有名无姓：慎微(又有唐慎微)、宗奭(又有寇宗奭)、希雍(又有缪希雍);或有姓无名：陆氏、崔氏、杨氏;或一人多写：雷、敩、雷敩、雷公;守贞、刘守贞、刘氏守贞;保升、

保昇、韩保昇;或名、字并用,如丹溪、震亨、朱震亨;或名同字异,如宏景、弘景;仲梓、中梓等。虽然上述署名须一一推敲、考证,方能确切了解刘鹗在补正《要药分剂》时所参考的著作及其作者情况、数量,但是说刘鹗浏览、参考了300多种著作应为可信。

刘鹗在《要药分剂补正》中引用如此多的医学家、医学著作难于一一考证,择其9人(种)简介如下:

1. 陈藏器(《要药分剂补正》中多用"藏器"),唐代医学家。四明(今浙江宁波)人。尝任京兆府三原县尉,对本草学甚感兴趣,但有感于《本经》《唐本草》等之漏误,遂另撰《本草拾遗》。原书早佚,李时珍赞其"博极群书,精赅物类,订绳谬误,搜罗幽隐,自本草以来,一人而已",然所记载之人肉入药,亦颇遭后世非议。

2. 唐慎微(《要药分剂补正》中多用"慎微"),宋代医药学家。字审元。成都华阳人。世代为医,曾从师于李端伯。为人诊疾,且不论贵贱,不避寒暑风雨,有召必往。经多年收集整理,编成《经史证类备急本草》(简称《证类本草》)三十一卷,目录一卷。该书总结前代药物学成就,举凡经史百家,佛书道藏中有关医药记载,均加择录,收药达一千七百四十六条。明李时珍编写《本草纲目》主要以此为蓝本。

3. 寇宗奭(《要药分剂补正》中多用"宗奭"),宋代药学家。里居未详。曾任通直郎。重视药性之研究,历十余年,采拾众善,诊疗疾苦,谓:"疾病所可凭者医也,医可据者方也,方可恃者药也。"撰《本草衍义》二十卷。李时珍曰:"参考事实,核其情理,援引辨证,发明良多,东垣、丹溪诸公,亦尊倍之。"又指出:"以兰花为兰草、卷丹为百合,是其误也。"

4. 王好古(《要药分剂补正》中多用"好古"),元代医学家。字进之,号海藏,赵州(今河北赵县)人。王氏自小聪明好学,成年后博通经史,究心医道。他少时曾经与李杲一同受业于张元素,一生著述较多,可考者达20余种,其中《医垒元戎》12卷、《阴证略例》1卷、《汤液本草》3卷、《此事难知》2卷,乃王氏代表作,备受后世医学家之推重。

5. 李杲(《要药分剂补正》中多用"东垣"),金代医学家。字明之,晚号东垣老人。金朝真定人,他富家出身,曾担任济源盐税官,其为人乐善好施。主要著作有《内外伤辨惑论》三卷、《脾胃论》三卷、《兰室秘藏》三卷、《用药法象》一卷及《医学发明》一卷等。

6. 《神农本草经》(《要药分剂补正》中多用"本经"),又名《神农本草》,简称《本草经》或《本经》,我国现存最早的药学专著。撰人不详,"神农"为托名。其成书年代自古就有不同考论,或谓成于秦汉时期,或谓成于战国时期。原书早佚,现行本为后世从历代本草书中集辑的。历代有多种传本和注本,现存最早的辑本为明卢复辑《神农本经》、流传较广的是清孙星衍、孙冯翼辑《神农本草经》等。

7.《大明本草》（《要药分剂补正》中多用"大明"），原名《日华子诸家本草》，简称《日华子本草》或《日华本草》。著作年代不详。据宋代的掌禹锡说本书是："国初开宝中四明人撰，不着姓氏，但云日华子大明序，集诸家《本草》近世所用药，各以寒、温、性、味；华、实、虫、兽为类，其言功用甚悉，凡廿卷。"将诸家本草结合当时所常用的药物编纂而成。对每药的性状、功用序述比较全面。本书早已散佚，但其内容，还可从《证类本草》《本草纲目》中见到。明代李时珍认为《千家姓》有大姓，"日华子盖姓大名明也"，故本书又称为《大明本草》。

8.《本草纲目》（《要药分剂补正》常用"纲目"），是明朝李时珍以毕生精力，对本草学进行了全面的整理，历时 27 年编成。全书共有 190 多万字，记载了 1 892 种药物，分成 60 类。其中 374 种是李时珍新增加的药物。收药 1 892 种，绘图 1 100 多幅，并附有 11 000 多个药方。是书集我国 16 世纪以前药学成就之大成。

9.《得宜本草》（《要药分剂补正》中多用"得宜"），又名《得意本草》《绛雪园得宜本草》。一卷。清王子接撰。刊于 1732 年。本书收录古今常用药物 362 种，按《神农本草经》旧制，分上、中、下三品，记述扼要。现有《四库全书》抄本等。

刘鹗的《要药分剂补正》主要是引用前人的著作，对中药的各种作用进行详细的分类陈述。那么刘鹗本人又如何评价这些药物和著作呢？因为刘鹗撰写《要药分剂补正》时，我国各类书籍都不分段亦无标点。因此要了解哪些是《要药分剂》原有的文字、哪些是刘鹗根据其他著作增补的文字、哪些是刘鹗本人论述的文字，必须与《要药分剂》和 300 多种引用的书籍一一对照，才能了解其全部情况。这需要专业人才耗费大量时间精力才能完成的工作。

本文试举《要药分剂补正》与《要药分剂》两书中的一例进行对比，可见两者之不同：

| 要药分剂补正 | 要 药 分 剂 |
|---|---|
| 硫黄<br>味酸温。主妇人阴蚀，疽痔恶血。《本经》大热有毒。疗心腹积聚邪气，冷癖在胁，脚冷疼弱无力，下部䘌疮，杀疥虫。《别录》　下气，治腰肾久冷，除冷风顽痹，生用治疥癣。甄权　　主阳气暴绝，阴毒伤寒，久患寒泄，脾胃虚寒而命欲垂尽者，用之，亦救危妙药也。治寒痹冷癖，暖精壮阳。《备要》 | 硫黄<br>味酸温。大热有毒。禀火气以升也，阳也。畏细辛，朴硝中硫黄毒，黑铅煎汤解之。 |

| | 要药分剂补正 | | 要 药 分 剂 |
|---|---|---|---|
| | | 主治 | 主妇人阴蚀,疽痔恶血。《本经》 大热有毒。疗心腹积聚邪气,冷癖在胁,脚冷疼弱无力,下部蟨疮,杀疥虫。《别录》 主阳气暴绝,阴毒伤寒,久患寒泄,脾胃虚寒而命欲垂尽者,用之,亦救危妙药也。治寒痹冷癖,暖精壮阳。《备要》 |
| 经络 | 禀火气以生。气味俱原。纯阳之物,升也。入手厥阴经。《经疏》<br>入命门心包二经。为补阳之品,专补命门真火不足。芊绿 | 归经 | 入命门心包二经,为补阳之品。专补命门真火不足。 |
| 合化 | 《经验》曰:得青盐治元脏久冷,腹痛,虚泄里急。 《圣惠》曰:研末能扑诸疮努肉如蛇出者。 《救急良方》曰:得鸡子煎,香油调,搽疥疮有虫。 《得宜》曰:得半夏治久年哮喘。得艾叶治阴毒伤寒。得乌鲗五味,傅妇人阴脱。 | | |
| 论说 | 寇氏曰:硫黄为救急妙药,但中病便当已,不可尽剂。世人盖知用之为福,而不知其为祸也。 | 前论 | 寇氏曰:硫黄为救急妙药,但中病便当已,不可尽剂。世人盖知用之为福,而不知其为祸也。 |
| 禁忌 | 《经疏》曰:古方未有服饵,近世遂为常服。然非真病虚寒,胡可服此大热毒药?即便虚寒证,亦当补气回阳,何须藉此毒石。世人只知取效捷,而不知为害之酷烈也,戒之。之才曰:畏细辛、朴消、铁醋。 | | |
| 出产 | 《图经》曰:生东海泰山、河西山矾石液,今出南海诸番、岭外州郡。以色如鹅子初出壳者为真。时珍曰:凡产石硫黄地,必有温泉。《魏书》盘盘国有火山,山旁皆焦,溶流数千里乃凝坚,即石硫黄也。石硫黄生南海琉球山中,土硫黄生广南,以嚼之无声者佳。舶上倭硫黄亦佳。今人作烽燧,为军中要物。 | | |
| 炮制 | 雷公曰:凡使勿用青赤色及半白半青,以有黄色内莹净者为佳。<br>时珍曰:凡入丸药,须以萝卜剜空,入硫在内,合定,缓火煨熟,去其臭气,以紫背浮萍同煮,消其火毒。以皂荚汤淘之,去其黑浆,方可用之。 | | |

　　根据上表对比《要药分剂补正》与《要药分剂》可见：① 对于药物的作用，《要药分剂补正》和《要药分剂》相同，只是《要药分剂》单列了"主治"一项。②《要药分剂补正》中的"论说"与《要药分剂》中的"前论"内容相同。③《要药分剂》引用前人著作有《本经》《别录》《备要》、"寇氏"4 种，《要药分剂补正》引用前人著作除《本经》《别录》《备要》、"寇氏"4 种外，增加有"甄权"、《经疏》《经验》、"芊绿"、《圣惠》《救急良方》《得宜》、"之才"、《图经》《魏书》、"雷公"10 种。引用书目数量是《要药分剂》的 350%。④《要药分剂补正》中合化、出产、炮制四个部分，《要药分剂》所无。

# 1906 年(丙午　光绪三十二年)　50 岁

4 月　京汉铁路全线通车。

6 月　章炳麟出狱。蔡元培等举行欢迎会。后去日本,中国留学生在日本举行欢迎大会。

9 月　慈禧太后下令准备"仿行宪政",宣布"大权统于朝廷,庶政公诸舆论,以立国家万年有道之基"。

是年　孙中山在日本提出"五权宪法"的理论作为未来共和国的具体方案。后又制定《革命方略》,供革命党人在国内举行起义时使用。

太谷学派学人:蒋文田 64 岁、黄葆年 62 岁、毛庆蕃 61 岁。罗振玉 41 岁、王国维 30 岁。

约 1 月 4 日(乙巳十二月初十日)　天津《日日新闻》连载《老残游记·卷十二》"寒风冻塞黄河水　暖气催成白雪辞"结束。

约 1 月 5 日(乙巳十二月十一日)到 1 月 12 日(乙巳十二月十八日)　天津《日日新闻》连载《老残游记·卷十三》"娓娓青灯女儿酸语　滔滔黄水观察嘉谟"。

1 月 7 日(乙巳十二月十三日)　因有人上奏程文炳与刘鹗"私集洋股,揽买洲地"。上谕:著两江总督周馥"彻底清查"。

▲《程文炳年表》:光绪三十一年十二月辛亥,谕军机大臣等:有人奏长江水师提督程文炳因铁路筑造有期,私集洋股,揽买洲地,请饬彻底清查等语。著周馥按照所奏各节,确具查奏。毋稍徇隐。原折抄给阅看。(《程文炳》第 316 页)

约 1 月 13 日(乙巳十二月十九日)到 1 月 20 日(乙巳十二月二十六日)　天津《日日新闻》连载《老残游记·卷十四》"大县若蛙半浮水面　小船如蚁分送馒头"。

1 月 20 日(乙巳十二月二十六日)　两江总督周馥得上谕"彻底清查"程文炳与刘鹗在浦口"私集洋股,揽买洲地"事。

▲ 见周馥《查明长江水师提督被参各节据实覆陈折》。(《程文炳》第 351 页)

约 1 月 21 日(乙巳十二月二十七日)到 1 月 28 日(丙午正月初四日)　天津

《日日新闻》连载《老残游记·卷十五》"烈焰有声惊二翠 严刑无度逼孤孀"。

**1 月(乙巳年十二月)** 题跋一则。

▲ 编著者按：刘鹗有题跋一则，未知题于何帖。全文录于下：

此处纸破缺一"丞"字。刘燕庭方伯《三巴香古》"贯"字下已有"光"字，不知何时为妄人所补。此本未刻"光"字，旧拓极可宝也。光绪卅一年腊月得于北京。铁云识〔铁云〕

此帖还有王懿荣跋一则："刘燕庭《布政招表章》，此象有七绝纪之，摹入《长安获古编》。刻本未完，因未具也。懿荣记"(《刘鹗集》第 639 页)

**是年 1 月(乙巳年十二月)** 盛京将军赵尔巽致外务部报告九月刘鹗所呈"盐务合同"一事。外务部回复赵尔巽"辽东半岛旧有盐滩归我国管理，日本商民不得占买，并不能与中国人合股开晒贩运"。指示奉天将军直接与日本商量办理。

▲《盛京将军赵尔巽为批驳刘鹗所呈盐务合同致外务部》：

王爷、中堂大人钧鉴：

敬肃者。顷据直隶试用道刘铁云呈盐务合同一件，已经尔巽批驳，牌示、禀批、合同一并抄呈钧鉴。

查盐务为我完全无缺自由之利权。从前俄人垂涎要索，迄未允许，现在必须以拒俄者拒日，以拒日者拒后来通商之各国。此事关系非小，尔巽当替全力争之。郑永昌春间来奉逗留调查此事，于时日军官禁止商人入境，迫令折回。此人见重于该国政府与否未能深悉。此事为我所断不能允。该政局讵不之知，此次合同未始非姑为尝试之计，稍一迁就，诚恐入其彀中。刘铁云媚狐伥虎，情极可恶，而此时此地又不能不纡与委蛇，以稍杀巫臣教吴之毒。

窃计此批行后，难保不搀入国际交涉，向我提议。仍求大部一力主持，以保利权，而维盐政。敬候卓裁。专肃 敬请

钧安 赵尔巽谨肃

《外务部为辽东半岛盐滩不得与日商合股经销事复赵尔巽咨文：

榷算司呈，为咨复事。前准咨称，辽东半岛旧有盐滩归我国管理，日本商民不得占买，并不能与中国人合股开晒贩运。请径向驻京日使速为磋商。等因。当经本部查，此事经前总理衙门曾与俄使往返协商。俄使允酌付中国银两，以为补赏。总理衙门未经照允。初请仍归中国派员征课，继拟与奉省华官和平商办去后，该使尚未见复。兹接准来电，日总领事已奉林使之命，与奉商办。除电复外，相应抄录本部照会并二十五、六年间总署与俄使来往各文函，咨行归将军查照酌核对办理，仍将商议情形随时达知本部可也。须至咨者奉天将军(1992 年《历史档案》第 1 期

第 58 页)

约 1 月 29 日(正月初五日)到 2 月 5 日(正月十二日)　天津《日日新闻》连载《老残游记·卷十六》"六千金买得凌迟罪　一封书驱走丧门星"。

**春**　为儿子的留学和观光,带大章、大绅游日本。

▲ 编著者按:是年春刘鹗东游日本,程恩培赠诗《送人游日本》:"万里沧溟东复东,君垂楂去畅皇风。须思汉水汪洋碧,莫恋珊枝璀璨红。"

约 2 月 5 日(正月十二日)　从上海乘船去日本。

▲ 按此行没有经过下关门司,直接就到长崎,应系由上海乘海船直放。可以计算出由上海启程,最早不过正月十三。回程则二十四日后仅有诗两三首,估计在二月上旬。赴日的目的则口号诗说:"学堂政界余无与,更不工商苦调查,借问此行何所事,半游名胜半看花。"(《铁云年谱》第 134 页)

▲ 吴振清《刘鹗致祸原因考辨》:三十二年正月,刘鹗由上海赴日,应当为携款入股,商办运销食盐的事。"同往韩国经理一切",显然指的是筹办盐运会社。(《南开学报》2001 年第 1 期第 92 页)

约 2 月 6 日(正月十三日)到 2 月 14 日(正月二十一日)　天津《日日新闻》连载《老残游记·卷十七》"铁炮一声公堂解索　瑶琴三叠旅舍衔环"。

**2 月 7 日(正月十四日)**　到日本长崎。

▲ 正月十四夜到长崎。(《刘鹗集》第 568 页)

**2 月 8 日(正月十五日)**　游茂木。存诗二题三首。

▲《正月十四夜到长崎。十五日游茂木,距长崎十三里有奇也》:最高岭上野人家,花面丫头会卖茶。隔海有山青似黛,穿林开辟曲如蛇。松杉影里丛丛竹,波浪声中簇簇花。此水此风忘不得,七弦琴上觅期牙。《十五日夜眺》:山势双排照眼青,两丛灯火灿繁星,东风一夜真奇幻,吹立南朝许道宁。(《刘鹗集》第 568 页)

**2 月 9 日(正月十六)**　经过日本四国九州。存诗一题一首。

▲《十六日过四国九州》:海程千里岛联绵,茂树无垠望落烟;孤屿中川居不得,亦无隙地尽山田。(《刘鹗集》第 568 页)

**2 月 10 日(正月十七日)**　日本到神户。存诗一题一首。

▲《十七日到神户,游布引观泷》:南宋丹青写照真,仙山松柏四时春;可知布引飞泷下,有个支那采药人。(《刘鹗集》第 568 页)

**2 月 11 日(正月十八日)**　到日本奈良。当晚宿大阪。存诗二题二首。

▲《十八日到奈良,游春日神社看驯鹿》:清和人物本同洲,唇齿相依大业遒;求友不妨行万里,劳君为我再呦呦。

《十八日宿大阪惠比寿桥丸万馆》：月光如水水如波,桥上佳人走似梭;鬓影衣香都不见,无端触起艳情多。(《刘鹗集》第 568 页)

**2 月 12 日(正月十九日)**  游清水寺。存诗一题一首。同日日本《大阪朝日新闻》报道刘鹗赴日本消息。

▲《十九日游西京清水寺》：清水寺前云万顷,高峰瞻仰劳腰颈;茂树蒙茸似重裘,回头却念家山冷。(《刘鹗集》第 568 页)

▲ 1906 年 2 月 12 日《大阪朝日新闻·栏外记事》：观光来的中国人  昨天 11 日道台刘铁云为了观光从上海来到日本。今天早上他们到奈良去了。在京都住一宿,明天上东京去。刘铁云曾是福公司的总办,是一位实业家。他和日本人的交往非常广,有不少日本人蒙他照顾。他也是有名的藏书家,对金石文的理解很深,有很多古铜器、骨董、古书古画,叫人吃惊。这次为了留学,他带着两个儿子一起来的。(《研究集稿》第 26 页)

**2 月 13 日(正月二十日)**  游岚山。存诗一题一首。

▲《二十日游岚山》：松毛泉水嫩芽茶,小憩山坳碧玉家;毳绿锦屏参淡赭,野人指点说樱花。(《刘鹗集》第 568 页)

**约 2 月 15 日(正月二十二日)到 2 月 22 日(正月二十九日)**  天津《日日新闻》连载《老残游记·卷十八》"白太守谈笑释奇冤  铁先生风霜访大案"。

**2 月 17 日(正月二十四日)**  存诗二题二首。

▲《二十四日口号》：绝代佳人许定情,名山胜迹半游经;平生乐事知多少,第一风流哑旅行。学堂政界余无与,更不工商苦调查;借问此行何所事？半游名胜半看花。(《刘鹗集》第 569 页)

**2 月中下旬(正月下旬到二月上旬)**  在日本江户(今东京)游览,有诗三首。

▲《吉原纪游》：泥金镂凤大屏风,绣帔佳人一字红;八尺铁栅当面立,嘉名应锡野鸡笼。维新服色紫裙长,粉板高悬大改良;一度春风钱四十,恼人偏作学生装。上等佳人不见人,平悬小像借传神;许多引手平茶屋,专待渔人去问津。

《新桥地游》：征歌选舞酒亭中,真个销魂别有宫;参透禅宗欢喜法,春宵二十五圆通。

《红叶馆》：红叶馆中最高舞,散雪回风应节鼓;漫天枫叶落樽前,仿佛天花随红雨。制度虽精理未全,过于严峻失天然;风流不得真销受,怨女啼红二十年。(《刘鹗集》第 569 页)

**约 2 月 23 日(二月初一日)到 3 月 2 日(二月初八日)**  天津《日日新闻》连载《老残游记·卷十九》"齐东村重摇铁串铃  济南府巧设金钱套"。

约 3 月 3 日(二月初九日)到 3 月 10 日(二月十五日) 天津《日日新闻》连载《老残游记·卷二十》"浪子金银伐性斧　道人冰雪返魂香"。

约 3 月 10 日(二月十五日) 天津《日日新闻》连载《老残游记·初集》20 回结束。曾单独装订二十册以存留子女,此为《老残游记》最早单行本。

▲ 编著者按:因未能见到天津《日日新闻》《老残游记·初集》的原件。《老残游记》在天津《日日新闻》发表的日期仅知开始于 1905 年 9 月 29 日,无法确定发表结束日期。根据在天津《日日新闻》发表《老残游记·二集》每卷发表需要 8 天的推测。《老残游记·初集》二十卷加《自叙》全部发表完毕约需 162 天。

▲ 刘大绅《〈老残游记〉之仿作·注一》:《老残游记》初编,吾家迄今从未印有单行本。仅先君在时,曾嘱《日日新闻》将副刊所登装订二十部,给家中卑幼,当时曾经先君寓目。此即所谓最初之原印本矣。此前只有《绣像小说》及《日日新闻》之零散回页也。今此所谓最初原印本者,吾家尚存二部。(《关于〈老残游记〉》手稿)

约 3 月(二月) 经营之海船失踪。陪抚恤金。

▲ 海船失踪。

先父说:大江南北富家经营航海贸易业务的行规,驾长、司货领东出海,东家就不再过问,亦无从过问。到每年除夕,则须回航缴帐,分红回家过年。二月风信过后再领东出海。万一除夕前赶不回来,正月十五以前一定也赶回,到正月半未回,就凶多吉少,二月二不回,决定是遇风飘没,或为海盗所掠。船员与东家立有契约,双方生命财产损失,各凭天运。我家与杨让堂合营的海船,丙午春,全部没有回来,后来也始终没有消息。按照契船员家属并无要求,但两家仍出了一笔抚恤云。(《铁云年谱》第 133 页)

4 月(三月) 合装《太清楼书谱》题跋并请狄平子题签。

▲《太清楼书谱》跋:

王星农大令定此为太清楼本。予未见太清楼他帖,无从证其否。然明以后刻本,如停云馆,如安麓村,如三希堂等所拓,皆偏中互用之笔。惟薛绍彭刻于元祐年者,纯用中锋,与此符合。据此则为宋刻无疑。所拓又系宋纸,然则非太清楼其谁归欤?光绪丙午三月铁云识。〔天下第一江山渔樵〕

附:书谱旧刻见存者有:元祐河东薛氏本、大观太清楼本,皆宋拓也。康熙间安麓村刻本盛有名,然真是宋人抚写,与原本波磔迥异。薛刻传拓久,往往缺中间一二叶。日本覆薛刻亦然,乃从副本补足。今岁吴中出太清楼本虽前缺七百余字,而薛所阙者完然俱存,字书瘦劲,转折毕肖,尤在薛本之上,惟卷尾缺"垂拱三年"一行,此可异也。铁云使君见,熹之,亟属购致,尽聚诸本,详校十日,以《佩文斋书画谱》、冯氏《书法正传》、朱氏《书学捷要引》所引暨陈香泉释文，审其同异，并著鄙见逐写一本，附太清残拓以存孙谱刻真面，更候博识为理董之。乙巳五月秀水王宝莹。（《刘鹗集》第838页）

**7月3日（五月十二日）**　两江总督周馥上《查明长江水师提督被参各节据实覆陈折》奏明，程文炳与刘鹗并无"私集洋股，揽买洲地"情况。

▲ 周馥《查明长江水师提督被参各节据实覆陈折》：

头品顶戴兵部尚书衔、署理两江总督、山东巡抚臣周馥跪奏：为查明长江水师提督被参各节据实覆陈，恭折仰祈圣鉴事。窃于光绪三十一年十二月二十六日，承准军机大臣字寄光绪三十一年十二月十三日奉上谕：有人奏参长江水师提督程文炳因铁路建造有期，私集洋股，揽买洲地，请饬彻底清查等语。著周馥按照所参各节，确查具奏，毋稍徇隐。原片著抄给阅看。将此谕令知之，钦此。

遵旨寄信前来，并抄片到臣。遵即派员前往逐一确切查明。如原参长江水师提督程文炳，因浦信铁路建造有期，辄于浦口地方私集洋股，揽买洲地至数十里之广，俱用静乐堂字样，并编立元、亨、利、贞、福、禄、寿各字号，初无买主姓名，系为转售洋人地步一节。查江浦县沿江各口洲地，计共十有余处，大小不等。其较著者有九袱、永生等洲之名。按九袱洲地段约广一万三百余亩，跨居浦口河道东西两岸，洲户向分十二大股，轮流执业，分股不分段。早年本有元、亨、利、贞字号，并非新编。地有肥瘠，每字三股，所有各股业户，静乐堂程传鼎执一股零，徐、王两姓各执一股，刘姓、沈姓、于姓等执四股零，马姓族众及马得陞共执四股零，内有一股原系救生局产，由马得陞以磨盘洲产捐换。又，永生洲地亩，广不及九袱洲之半，分为三十小股，向亦分股轮执，原编福、禄、寿等字，兹系仍其旧名。股分则以静乐堂程姓为多。查有程冰如、程心田、程永仁，俱名静乐堂，共执二十三股半。田姓、赵姓、郑姓共执六股半。此外如柳州、永定洲、鸡心洲、粽子洲、荷包洲、大麦信洲、磨盘洲、蒋小洲、相府洲、秀才洲等处，均无程静乐堂置产。而静乐堂业户程姓等，访闻均系程文炳之族，显揭姓名，似非集有洋股。复遍询乡民，并询取税书切结，咸称本邑洲产，委无洋股集买事情。此江浦洲地，查无程文炳私集洋股揽买之情形也。

又如原参为该提督出面代买者，系劣弁马贡三，即马得陞。该弁本无军功，私买他人保札，朦混投标。平日凶横贪狡，甘为鹰犬。该提督复为营干，令署理浦口营都司，以酬其劳，兼为照料洲地，以为压制本地商民之计一节。查马得陞即马贡三，籍隶上元，丁多族大，祖遗洲产浦境为多，如柳州、永定洲、九袱洲各股内，半系马姓及该弁产业。其平时居乡行为，访查尚无凶横实迹。第以本地居人，一旦为本地官长，不免稍自矜异，开罪乡邻。稔知静乐堂程姓等系程文炳近族，又稍买有该弁族众洲产,更不免经手交结,欲存见好之心。虽查无籍以压制等项劣迹,然究属不知远嫌。原参谓为该提督代买照料,当即指此。此访查程文炳族人买有马得陞族众洲产之情形也。

又,原参谓为该提督召集洋股者,闻系镇江人刘鹗,串通福公司及镇江丰和洋行,均入该提督股分,自江浦之新江口、二漾口至六合之梅官营、卸甲店一带,洲地俱已栽树立石,势非将江北要口,悉数售与外人,不足以填其欲壑一节。查静乐堂所置洲产,除江浦境内九袱洲、永生二洲,执有股分外,六合县境并无程姓产业。惟梅官营至卸甲店一带,查有静乐堂、均福堂买地多处,树石画界,初无业户姓名,访闻系由镇江人茅姓以及卓姓、陈姓、刘姓等经手代买,饬查价银共有七千三百四十两,均由茅金声经手,赴县投税印契,当饬丹徒县饬传茅金声到案讯明有无洋股在内。旋据该县以饬差查传茅金声未到,并准英领事函称,据英商施德纪禀称,茅金声系伊行司事,该地是本国福公司所买,与茅金声无涉,已详请本国驻京大臣知照福公司出面声明情节,请将差票取销等语,申复前来。查洋商照约,不准在内地置产,六合系不通商内地,该洋商在该处买地,且以静福堂、均福堂朦混出名,又由茅金声赴县投税,并未声明系属洋人置产。事后始行出面争执,实属有违约章,自应饬县驳复不认。至刘鹗系属何人? 访查未得,或指执九袱洲股古风堂刘姓而言,然与六合之静福堂、均福堂置产相隔甚远,实难牵合。此六合查有华人代洋商朦混置产,现已饬查驳复,与江浦、九袱等洲地无涉之情形也。

又,原参谓该提督遮掩劣迹者,则为江苏道员温忠尧与刘鹗丰和洋行均有交情,因该员影射洋商,恐被告发,创议设立拍卖江宁地皮公司,先从下关入手,托为官招商股,兼可请领公款。其实该道托名之商股,仍属该提督旧有之洋股,即如该弁马得陞盗换江宁救生局善堂洲产,先经该府绅董在江宁府力阻争控有案。厥后卒由该府知府罗章朦混批准,闻皆温忠尧为之道地一节。查江苏候补中并无道员温忠尧其人,而江宁下关亦无温姓设立拍卖地皮公司。至马得陞捐换救生局产一案,据江宁府知府查复系由该弁捐银二千五百两,以已置磨盘洲产互换,禀经该府批令救生局各绅议复,会委查明所换洲地,较原产每年可多收花息数十元,有益局款,众绅公愿始行照准。此查明江苏道员实无温忠尧其人,江宁下关亦无拍卖地皮公司,及马得陞捐换局产,出自局董公愿之情形也。

伏查此案,初因建造浦信铁路,在浦口发轫,两旁隙地,均为商贾行栈之区,而沿江洲地,正当其要。提督程文炳之族人程传鼎等,所执洲股共名静乐堂,恰与六合县之静福堂、均福堂置产名似实非,事为江宁府属京官所闻,遂有浦口公司之设,并刊有公司文牍册本,文内指摘其事颇严,核与原参情节相仿,但大半得之传闻,初无实据。且静乐堂程姓洲产,姓名备列,与静福堂、均福堂俱无姓氏者迥异,其为并无集合洋股,希图影射情事,尚属可信。且访询程姓,均系程文炳族人,集资置产,事所恒有。拟请毋庸置议。至静福堂、均福堂所置六合地亩,既经英商施德纪称为该国福公司所买,有违约章,已饬常镇道督同丹徒县,按照约章,驳复不认,以杜洋人在内地置产之渐。其九洑洲内刘姓股产,仅有刘古风堂名,是否即系刘鹗之产,容再饬县彻查。但与六合洋商朦购之地,远不相属。至该弁马得陞与其族众,本执洲地多股,既有售与静乐堂程姓之事,则代买结交,自所不免。惟查并无欺压等项劣迹,其捐换善局洲地,在马得陞,系因地相连,得以合成片段,故肯捐银二千五百两;在局董,系因可使局产多收洲利,且获捐资,是以会议允许,出自彼此公愿,毫无勉强。但捐资易地,不知底蕴者,不能不滋疑虑。该员前署浦口都司,业于上年十一月经臣撤任,应再随时查看。至江浦设立之浦口公司,原为振与农工商业起见,亟应绅商合力,以期早日发达。照章,华民无论何人,均准入股。应谕令九洑洲各业户,将就近合用之地,酌拨附股,以保公益。不得过分界限,已饬江宁府谕饬绅民,遵照至铁路将来需用地段,无论官地民地,中外何人产业,照各国办法及现在铁路章程,均准收买应用,不得有所抗阻。除六合县境洋商托名所置之产,饬令地方官彻查办理,另行议结外,所有查明提督程文炳并无私集洋股,揽买洲地缘由,理合据实陈明。伏乞皇太后,皇上圣鉴训示。谨奏。

朱批:知道了。(《程文炳文集》第 351 页)

▲ 陈浏《〈浦铎〉叙》:

长江水师提督程文炳父子浦口之地皮贼也,南京士大夫眩于地皮贼之金钱盗换九洑洲之救生局地,浦口人集金钱赎之,谋于农工商部、邮传部,得在铁路车站两旁圈购洲地,自立民埠以求与洋埠争胜。于是有禀准报效之地,有特旨充公之地,皆铁案也。遂先后有地五千余亩而国贼端方尼之。乃敢于违悖德宗景皇帝谕旨,创为精华糟粕之说,以与地皮贼狼狈为奸,欲将浦口民埠之公地赖去十分之地,无耻极矣。较之含糊复奏之周馥殆犹不堪焉。或曰,周亦洲户也。张人骏督两江,天性懦弱,然能不受地皮贼之贿,非周馥、端方比也。故其对于匀摊四百丈地价一案略能持正乎。惜乎,其所委任之交涉司,心理猥劣一地皮贼也。贼有肺腑、有枢要、有将疆圻,若卿有贰监司其小焉者也,嘻——何浦口地皮贼之多耶? 一浦口且如此,全国可知矣,国欲不亡得乎? 浦口民埠诚立其终于效乎? 抑犹有效乎? 是所望于力保主权之良政府矣! 辛亥子月浦铎宣和第一集十三篇写竟。

**约 7 月(六月)**　罗振玉到北京学部赴任,刘大绅夫妇随行。刘鹗一起去北京。

▲ 编著者按:1906 年罗振玉去北京学部赴任,先祖父大绅夫妇随去。刘鹗

同去。

**7月(六月)** 在北京与罗振玉鉴赏、探讨苏轼书原石拓《丰乐亭记》《醉翁亭记》,并为《醉翁亭记》题跋。

▲ 原石拓《醉翁亭记跋》:

苏文忠公《醉翁亭记》《丰乐亭记》二石相传皆毁于南宋,世行尽翻刻本也。凡有原石本皆北宋拓。罗叔耘学部得此北宋拓《丰乐亭记》,出以夸耀,予出此本敌之,相与掀髯大笑,亦艺林一段佳话也。丙午六月铁云。〔蝶云〕(《刘鹗集》第633页)

▲ 刘鹗此跋涉及罗振玉《北宋拓苏书丰乐亭记跋》。将罗振玉两跋附后:

一、罗振玉《北宋拓苏书丰乐亭记·跋》:苏文忠公以书法雄视北宋,穹碑巨碣,遍满寰宇。殆亦如唐人称李泰和所谓碑版照四裔者。顾以党禁,公所书石刻毁灭无存。《丰乐亭记》明人虽有重抚本,然仅存形似,笔法全无。此本纸墨精,亦神采欲飞,不异出之豪杰,确为当时拓本。壬戌春,准生学部出以见示,敬书其后,以志眼福。上虞罗振玉记。

二、罗振玉《宋拓苏书丰乐亭记跋》:

苏文忠公书法为有宋第一。顾以党禁,致丰碑巨碣,一时毁坏殆尽。除《两楼帖》偶见宋拓本外,《姑苏帖》尚存断石。其余当时妙斫,殆不存一字。此记明代复刻,几不存形□,尝以为憾。今年夏中于吴门得此北宋初拓,笔墨起转之迹,跃然纸上,无异墨迹,唐风楼刻,此为第一矣。虽碑首缺十九字,无损其为环宝也。乙巳装潢竟题。上虞罗振玉〔罗振玉印〕(《刘鹗集》第634页)

▲ (罗振玉光绪乙巳得)北宋拓《苏书丰乐亭记》,首缺十九字,以"丰乐"名堂。(《罗振玉年谱》第31页)

**8月(七月)** 与王瓘一起欣赏苏轼《醉翁亭记》《丰乐亭记》拓本。

▲《醉翁亭记》后有观款"光绪丙午七月铜梁王瓘敬观",《丰乐亭记》后有观款"光绪丙午七月丹徒刘铁云、铜梁王孝禹同观"。(《刘鹗集》第633页)

**8月(七月)** 得《刘熊碑》。

▲ 七月,刘铁云得汉《刘熊碑》于京师。存字独多,出四明范氏、松江沈氏本上。先生推为海内第一,为篆首并作跋尾。(《罗振玉年谱》第33页)

**9月15日(七月二十六日)** 得《崔贞公墓志铭》,在扉页题识。

▲ 崔贞公墓志铭(扉页):光绪丙午七月二十六日归抱残守缺斋铁云记〔蝶〕(《刘鹗集》第643页)

**9月下旬(八月上)** 罗振玉在抱残守缺斋观看《崔贞公墓志铭》。

▲ 崔贞公墓志铭:光绪丙午八月上澣在抱残守缺斋观。上虞罗振玉(《刘鹗集》

第 643 页)

**9 月 20 日左右(八月初)**　携《崔贞公墓志铭》到天津,与友人同观。

▲ 崔贞公墓志铭:抱残守缺人携此册至天津出示,增我眼福。丙午□月(《刘鹗集》第 643 页)

**9 月 25 日(八月八日)**　在北京请王瓘鉴赏《崔贞公墓志铭》并题观款。

**约是日**　与王瓘、罗振玉、方若四人在北京寓所合影一张。

▲ 崔贞公墓志铭:光绪丙午八月八日。铜梁王瓘观于京师。(《刘鹗集》第 643 页)

▲ 八月,铁云又得扬州成氏所藏《魏崔敬邕墓志》,石久佚,流传者一两本而已。招同好铜梁王孝禹瓘,定海方药雨若及先生赏于其抱残守缺斋斋,各题名册尾(按此志刘氏曾在日本影印百本,首冠四人小像,册尾先生题名,独无印记,以在制中也)。(《罗振玉年谱》第 33 页)

▲ 编著者按:刘蕙孙先生在《铁云先生年谱长编》(第 127 页)说 1905 年 8 月 21 日:刘鹗在北京寓所假山上装设历代"造像",戏名为"千佛岩"。岩成之日,曾约赵子衡、王孝禹及琴师张瑞珊来观,共摄一景。但是,刘蕙孙先生的长子刘德威珍藏此照片。2006 年 8 月 6 日,刘德威来信说四个人是王孝禹、罗雪堂、方药雨、刘鹗。原信如下:

龙弟:

千佛岩照片上的四人,左起王孝禹、罗雪堂、方药雨、刘鹗。这个名单应该是准确的。记得《长篇》错了。罗继祖曾来信说父亲怎么会自己的外公都不认得,后来父亲做了更正。我也和一些资料核对,左二是罗雪堂绝不会错了。　　　　德威

故根据照片所摄人物和《崔敬邕墓志铭》的题跋,刘德隆以为,此照片摄于本年(1906 年)9 月,而非 1905 年 8 月 21 日。

**约 9 月(七月下旬)**　从北京回到上海。后家中一部分迁居苏州。

▲ (刘鹗)八月返沪,全眷迁出安庆里,移居苏州。只先祖父的生母一房留上海,仍居安庆里。(《吾家家世》第 107 页)

▲ 家由上海安庆里迁出。大部均移居苏州,一部迁居北京,一部留沪。

据先父说:丙午全眷迁出安庆里,郑氏继祖母等大部分均移居苏州,就黄公馆听讲。只有我生祖母茅氏因未拜从太谷学派并为留沪照料铁云先生,仍居昌寿里未动。我父母因罗家移居北京,就住在北京罗家。(《铁云年谱》第 134 页)

**9 月(八月)**　韩国政府特准设立韩国盐运会社。

▲ 吴振清《刘鹗致祸原因考辨》:三十三年(1907 年 4 月),日本公使林权助致

函清政府外务部:"据韩国盐运会社代表,副社长郑永昌禀称,上年九月,即华历八月间,禀经韩国政府特准设立韩国盐运会社,运辽东租界内之盐输入供韩人日用。"因辽东所产之盐不敷用。"闻中国直隶长芦芦台场积盐甚多,恳请转商中国政府,每年允借二三十万包,有敝会社备价购运,并行咨山东示禁私盐贩韩。"(《南开学报》2001 年第 1 期第 93 页)

**9 月下旬(八月中旬)** 经平壤、汉城、仁川赴日本。在朝鲜半岛有诗三首。

**约 9 月 30 日(约八月十三日)** 到达平壤

▲《平壤道中口占》:千里清江水,迢迢赴客亭。国殇何处是? 社鬼久无灵。风雨闻人哭,山川带血腥;孤臣无涕泪,惨对一灯青。险境神难妥,新诗韵不谐;茫茫何所见,天地两无涯。(《刘鹗集》第 571 页)

**10 月 2 日(八月十五日)** 登韩国京城城楼并饮于茶楼。存诗了两首。

▲《八月十五日京城楼望雨》:心泉泪泪绕阶流,雨脚斜飞飞满楼;怅望云山寄遐想,故乡今日是中秋。布衾寒澈梦难成,旅馆危灯半灭明;三四五更人语寂,听风听雨听松声。(《刘鹗集》第 569 页)

▲ 编著者按:日本大阪经济大学樽本照雄教授考证:刘鹗《东游草》中《八月十五日京城城楼望雨》中的"京城",系指韩国汉城。

▲ 按《东游草》有"八月十五日(1906 年 10 月 2 日)京城城楼望雨""八月十六日(1906 年 10 月 3 日)夜相模丸玄海望月""马关春帆楼观潮"等诗,可以知道是从东北去朝鲜,然后由釜山渡海到下关。回国时在冬初,去日目的不详。(《铁云年谱》第 134 页)

**约 10 月 3 日(八月十六日)** 到达仁川。存诗一首

▲《仁川待渡诗》:蓬莱西望隔苍烟,独立山楼意惘然;海气蒸成云五色,乱山无数总浮天。鲜花含露满妆台,玉女窗扉四扇开;天际一丝青似发,美人遥指海潮来。罟师集网暮潮新,倚槛临风看逼真;正值斜阳山口挂,得鱼都是粉红鳞。角声惊梦三更醒,海气嘘人六月寒;正是寂寥无遣处,多晴明月上栏杆。三更以后静无声,风息天高夜气清;灯塔旋光时隐现,两三萤火海中明。(《刘鹗集》第 571 页)

**10 月 3 日(八月十六日)** 当夜乘相模号轮船去日本。存诗一首。

▲《八月十六夜相模丸玄海望月》:天上无纤云,地下无纤尘,海水黑于墨,月色白于银。波涛争上下,船行急于马,成连来不来? 我亦移情者。(《刘鹗集》第 569 页)

**约 10 月 5 日(八月十八日)** 到达日本马关。游春帆楼。存诗一首。

▲《马关春帆楼观潮》:潮随天时来,不受地约束。溅波飞上楼,余沫洒山麓。

吼挟蛟龙声,翛翛满林木。帆樯竞西驰,万羽蜉蝣白。(《刘鹗集》第 569 页)

**约 10 月 10 日(八月二十三日)**　到达日本大阪。

**10 月 11 日(八月二十四日)**　日本《大阪朝日新闻》刊刘鹗到日本的消息。

▲ 此则消息仅"清客刘铁云氏　(同上)泽文"数字。(《研究集稿》第 5 页)

▲ 编著者按:樽本照雄教授考证:"泽文"是日本京都一个饭店的名字。

**是月(八月)**　游神社别院。存诗一首。

▲《春日神社别院,七木寄生一本,枝条并茂无枯菀之殊,对之有感》:七木非同类,相依一体成。高枝能挹露,低叶藉敷荣。异种通呼吸,殊源共死生;吾将师事汝,日月鉴精诚。(《刘鹗集》第 570 页)

**10 月 12 日(八月二十五日)**　在日本东京为《崔贞公墓志铭》题跋。

▲《崔贞公墓志铭跋》:此志久佚,拓本传世甚稀,而书法实为北魏碑之冠。流传人间,都所知者,一两本而已,直与《西岳华山碑》等重。丙子八月此本得于京师,扬州成氏所藏也。用日本写真版印百部,分赠同好。共欣赏者:铜梁王孝禹、上虞罗叔耘、定海方药雨。下方写真由左而右是也。光绪丙午八月二十五日,丹徒刘铁云记于日本东京芝区乌森町吾妻屋旅馆。(《刘鹗集》第 643 页)

▲ 秋,复游日本。《崔敬邕墓志铭》,志石久佚,拓本传世甚稀,鹗用日本写真版印行,跋文下书:"光绪丙午八月二十五日,刘铁云记于日本东京。"为鹗此次东游之证。鹗有白文闲章,上镌"壮游八次渡重洋"数字,鹗之出国,难于尽考。本年两度赴日,意向不明,或谓行销精盐,或谓出售古物,未知孰是。(《刘鹗年谱》第 48 页)

▲ 罗振玉《五十梦痕录》:(中华民国四年乙卯三月)二十八日　药雨来,约午餐。闻王孝禹观察璨以去年卒,往日谈金石学旧交也。闻所藏书画佳者鬻之垂尽,诸墨本中则《魏崔敬邕墓志》得之丹徒刘君者,今以千金售之都市,其余尚存衍。(《罗振玉学术论著集·第十一集》第 169 页)

▲ 编著者按:樽本照雄先生发来 1976 年 3 月台湾艺文印书馆影印《崔敬邕墓志铭》写真本照片,其版权页署名"收藏者　刘铁云"。

**约 10 月中旬(八月底)**　去日光、箱根等地游览。有诗 5 首。

▲《无题》:些子嫣红褪海棠,东风不任一宵狂。朝来笑向菱花说,今日应梳堕马妆。清香细细影悠悠,烦恼无缘到枕头。半醉半醒云雾里,此乡无地不温柔。

《昨夜》:脸霞红到鬓云边,静敛双蛾未是眠。低唤檀郎休息罢,一丝丝气软于棉。

《酬丹波雪子》：玉手琼厄制未茶，去年晴雪扫梅花；诵郎佳句酬佳茗，纪取西溪第五家。来岁郎来再品茶，山前山后尽樱花；瑶函先日云中下，迎到今村阿姐家。

《日光中禅寺道中》：绝壁悬岩不可攀，翠屏掩抑几重关；马蹄激涧飞湍上，人影朱黄紫碧间。缨络垂天松穗穗，回纹盘岭路湾湾；天公缔造非容易，合是东都第一山。

《华严泷》：飞泉直下一千尺，旋入深渊不可测；涌出喷湍白似银，洄澜旋转玻璃碧。源高势急不见水，朵朵白云堕空紫。危矶伫望心骨惊，硠硠雷声震人耳。

《白龙泷》：早岁胎簪见盛容，今年此地又重逢（淮源胎簪山白龙潭有泷）。可知刘累云孙在，世职还应袭豢龙。蜿蜒直下几何里，曲折盘旋至于此。我穿云气踏天根，直自龙头迄龙尾。

《汤泷》：枫叶满碧山，片片赤如火。银河几时颓？遥从半天堕。却如侠美人，权奇复婀娜。吐气成虹霓，花压云鬓鬌。溅沫洒须眉，溪边石上坐。佳兴谁最多，一个支那我。（樽本照雄教授注解：华严泷、白龙泷、汤泷三个都是日光以瀑布有名的游览名胜。）

《塔之泽往箱根道中》：峻坂陡天阶，时时走绝崖。白云迷望眼，红叶衬芒鞋。竹箭低如醉，松针净似揩。泉声长在耳，俗虑总忘怀。（《刘鹗集》第 570 页）

**约 10 月下旬（九月中旬）**　娶日女榎目夷真为妾，有诗两首。后回国。

▲ 秋又去日本。并娶日女榎目夷真为妾，冬天曾相随前来中国，不久归国未返。（《铁云年谱》第 134 页）

▲《无题》：些子嫣红褪海棠，东风不任一宵狂。朝来笑向菱花说，今日应梳堕马妆。清香细细影悠悠，烦恼无缘到枕头。半醉半醒云雾里，此乡无地不温柔。

《昨夜》：脸霞红到鬓云边，静敛双蛾未是眠。低唤檀郎休息罢，一丝丝气软于棉。

《酬丹波雪子》：玉手琼厄制未茶，去年晴雪扫梅花；诵郎佳句酬佳茗，纪取西溪第五家。来岁郎来再品茶，山前山后尽樱花；瑶函先日云中下，迎到今村阿姐家。（《刘鹗集》第 570 页）

▲ 编著者按：1977 年之后，刘鹗的这些诗多次被刊印、出版、转载。1983 年美国《哈德森周报》翻译部分刊行：

1983 年美国《哈德森周报》，选译了《铁云诗存》中若干首，并有乔纳森·切夫斯的序。序文如下：

在过去的五年里，紧随着"四人帮"的垮台，中华人民共和国因放宽了限止而有了真实性进展。在传统的中国文学领域，出现了大量评论文字、研究论文和传记文章,这些文字在文化革命(1966—1976)中是不可能见天日的。

在最近的出版物中,最有意思而也是重要的之一是一本刘鹗(1857—1909)所著的小诗集。刘鹗又名铁云,以是《老残游记》的作者而闻名。《老残游记》一书即是最后的中国传统小说名作,也是一本很明显具有影响的"过渡"小说。哈罗德·谢迪克极为出色的英译本于 1952 年由康乃尔大学出版。而现在,一直由刘鹗后人保存的诗集也问世了。刘鹗的孙子刘蕙孙,原来准备 1965 年将诗集出版,但由于文化革命的爆发打破了这计划。随着这场革命的告终,这本书的准备工作又得以进行,1980 年 2 月由济南齐鲁书社出版,并附有刘蕙孙的注释。

这些诗是按照中国的传统格律所写成的最出色的一些诗作。由于这些诗的清新和有主见,使刘鹗被认为是为数不多的擅长写诗的小说家之一。这儿所评的诗作,均为首次,是写于两次日本、朝鲜之行时。

1906 春和秋。只有两首——《我记得》和《除夕》,不是这次的作品。也译了刘鹗早期诗作的《自序》。除了上述两诗外,这儿其余译作当然写于《自序》之前了。

《哈德森周报》选录本目录如下:

1. 在仁川等候渡船——仁川待渡诗

2. 我记得——记得一首

3. 游新桥——新桥地游

4. 红叶的房子——红叶馆

5. 8 月 15 日:从汉城的一座塔上看暴雨——八月十五日京城楼望雨

6. 沸腾的瀑布——汤泷

7. 新年之夜——除夕

按: 1.《哈德森周报》除了译有诗外,还译有刘鹗在《芬陀利室存稿》的"自序"。

按: 2. 乔纳森·切夫斯的序文由刘德平译为中文。

按: 3. 刘德平曾将乔纳森·切夫斯的英语译诗再译成中文,选摘两首原诗对照。

| 红　叶　馆 | 红　叶　的　房　子 |
| --- | --- |
| 红叶馆中最高舞, | 最好看的舞蹈在红叶馆内 |
| 散雪回风应节鼓; | 雪花飞舞,风也飞转,及时敲响了鼓; |
| 漫天枫叶落梅前, | 漫天的枫叶飘落在酒杯前, |
| 仿佛天花随红雨。 | 就好像仙女正在散花,从天上降下了一阵红雨。 |

| 除　　夕 | 新　年　之　夜 |
|---|---|
| 北风吹地裂, | 北风狂吹,地面进裂 |
| 萧瑟送残年。 | 在悲哀中送走了旧年。 |
| 仆告无储米, | 仆人告知米已吃完了, |
| 人来索贯钱。 | 债主已上门等候还钱。 |
| 饥乌啼暮雪, | 晚上一只饥饿的乌鸦啼叫着, |
| 孤雁破寒烟。 | 一只野雁冲破了寒冷的空气。 |
| 念我尚如此, | 我现在的生活就是如此, |
| 群生更可怜。 | 那其他人甚至就更差了。 |

（《清末小说》1994 年第 17 期第 51 页）

**12 月 25 日(十一月十日)**　开始临《圣教序》于九宫格纸。

▲ 刘厚康《刘鹗与书法》:《圣教序》字数较多,近二次开发千字从丙午十一月十日开始,至十二月十三日计一个月零两天,《圣教序》共写九宫格仿纸 57 页 114 面。这是一部数量较大的巨作。(《清末通讯》第 14 期第 7 页)

**是年**　坤兴织布厂停办。

▲ 按据继祖母郑说,坤兴织布厂因经营不善,赔钱;移家苏州,更无人照料,就停办了。(《铁云年谱》第 134 页)

**是年**　运作盐业失败,损失甚巨。

▲ 据先父说:这年铁云先生曾派我二伯父宸仲去貔子窝照料盐务。二伯父其时已吸鸦片,不务正业。盐场司事舞弊,诱其游荡,亏款甚巨;又教他用茶拨向盐坨,盐坨溶化,以便蒙混交帐,以致造成极大的损失。(《铁云年谱》第 135 页)

▲ 所营坤兴织布厂、海被精盐公司,本年尽败。(《刘鹗年谱》第 48 页)

**是年**　第三孙兰孙生。四子刘大绅长子。

▲ 按兰孙是我的大哥,是年生于北京外家。铁云先生名为兰孙。1909 年病白喉死,才四岁。(《铁云年谱》第 135 页)

**约是年冬**　撰写《老残游记·外编》未尽稿而搁笔,然手稿尚存。

**约是年**　读《迦因小传》。在四子刘大绅的建议下,停笔《老残游记·外编》动笔撰写《迦因别传》,惜未成稿。

▲ (《老残游记》)《外编》稿,共 16 页,现手迹尚存绅处。先君因不惬意于原作改编。继因阅林琴南氏所译之足本《迦因小传》(商务出版),颇赞美之。惟结局迦

因投水，殊不能令人满意，谕绅以须如何作法方佳。绅因进言何不续之，先君谕曰："续人小说，为无聊笔墨；如欲重作，我当写一《迦因别传》耳。"言后，未数日即起草，而废《老残游记》《外编》不作，然《迦因别传》实亦未写得若干，今亦遍觅不得矣。（《关于老残游记》手稿）

▲ 《老残游记外编》全稿约 4 300 字。手稿现存于刘蕙孙先生子女处。1929 年刘蕙孙先生于天津勤艺里旧宅书箱中发现刘鹗《老残游记·外编（残稿一卷）》手稿，但无作者署名。刘鹗生前从未示人。《老残游记·外编（残稿一卷）》约写于光绪丙午（1906）秋后至丁未（1907）年初。生前未公开发表。关于《老残游记·外编》与《老残游记二集》写作前后至今研究者意见不一。

原手稿现存计十五页，为第一到第十六页，其中缺第十三页。《老残游记·外编》有马衡先生题签，胡适先生、顾廷龙先生观款和刘蕙孙先生跋。内容如下：

马衡先生题签：刘铁云先生老残游记外编残稿　马衡

1935 年 11 月胡适先生观款：民国廿四年十一月胡适得见刘铁云先生的小说手稿，敬记年月以志欢喜。

1960 年 9 月刘蕙孙先生跋：

《老残游记外编》，先王父铁云公鹗遗稿。属草于何年不详。家人父老亦本不知有是帙。公元一九二九年僦居天津小营门勤艺里楼下，有斗室辟之为书垒，余朝夕讽咏其中。藏书十余笥，则庋其南墙下。岁暮祀东厨毕，俗拂拭屋宇几席名为扫尘。余亦随家人尽出笥中书一一整洁之。入夜书毕整，自以箕篝粪其余纸，暗中见有蓝绸带束纸委地。取而启视，乃石印题跋数纸而外编十余页赫然在其中，不禁狂喜，奔告先君子于楼。先君子亦诧为未知，□盖老人偶然兴到之笔，随手束之，未再赓续者。

顾自一九〇八年家难前数月，京寓藏书十九皆先君子手自装箱南运。难作，先王父遣戍新疆，长物遂皆散失。劫余物析产时，诸父各分散数箱。先君子及胞叔涵九先生名下者悉庋一处。加以先君子己物共二十余箱，初置苏州，移家至沪，先置打铁浜润德南里楼，后移合兴里六号、祥瑞里九十号、霞飞路宝康里五十七号。一九二〇年迁居天津，又装载至天津吉野街侨寓，时叔父在京，遣老仆王少庵取其所分大半以去。此劫余之余也。又自吉野街而协昌里而花园街，而后之勤艺里。前后盖十余迁矣。

初以书箱入大板箱，复入书箱亦一再易。且藏书先君子十九手自点勘，即厚滋亦无不披卷页者，乃皆未之见，亦迄未遗失，而是日忽然出，奇已。其第三页原缺，则千方百计求之不得。因付天津葆萃全齐君殿华装池为此册，今又三十年矣。

三十年中,惟在北平研究院日,绩溪胡适之取看题观款相还及吾师马叔平先生衡为署一签。它虽先君子亦未尝着一字于册。今约付景印,因记其因缘。得此卷时,年初弱冠,两大人皆在盛年。吾妇初来,尚未有子。今老人久委吾去,有外孙三而发皆种种矣。慨夫!

一九六〇年人民第一庚子十二月十一日丹徒刘厚滋题

1982 年 9 月顾廷龙先生观款:

吾友蕙孙先生一别四十余年。去冬偕令侄德隆过访寓斋,畅叙旧情,积愫为之冰释。顷德隆以先德《老残游记外编》手稿见示。夙闻其名,无缘寓目。今得留置案头,展读再三,曷胜欣幸!

一九八二年九月一日苏州顾廷龙敬记时年七十又九

▲ 编著者按:《老残游记·外编》写作年月诸说不一:一说写于 1906 年。一说写于 1906 年末 1907 年初。一说写于 1907 年 9 月以后。刘蕙孙先生考证如下:

刘蕙孙《关于〈老残游记〉外篇写作年代问题》:

《外篇》残稿写作的时间是在公元 1907 年 9 月 5 日至 11 月之间,因为稿中写到北京取消了兵马司改为巡警的事。据《清史稿·职官志》,清末设置内外城巡警总厅,是光绪三十三年即公元 1907 年的事。在此之前,北京还没有巡警。

又稿中还有一段描写巡警局委员在街上小便为巡警干涉,回局要坐堂打革那巡警,与局中同时争论的清洁说"内中有一个明白的同时说道:'万万不可以乱动,……若被那项宫保知道,老兄这差使就不稳当了。'那委怒道员:'项城便怎样,难道他不怕大军机么?'"其中的项宫保、项城便是影射袁世凯。袁是河南项城人。当时官场中尊称为袁项城,据《清史稿·军机大臣年表》,袁在光绪三十三年七月二十八日丙辰由北洋大臣直隶总督调京任太子少保军机大臣、外务部尚书。一般口头称谓,太子太保称太保,太子少保称宫保。故稿中称项城为宫保。

按光绪三十三年七月丙辰是公元 1907 年 9 月 5 日。据此则《外篇》只能写在此后,不能写在此前。至于后到什么时后? 则铁云先生这年 5 月去汉口,7 月回京,9 月份回南没有再去北京。光绪三十三年的夏历 9 月是起于公元 1907 年 10 月 7 日,止于 11 月 5 日。这篇残稿又是在我家中杂物中遗留而非在南方长物中所遗留,说明其写作时间应在 1907 年 9 月 5 日与同年 11 月 5 日之间。(1983 年《清末小说·中文版》第 23 页)

**约是年** 忧患余生(连梦青)撰写小说《红茹花》四十五回,由《香港商报》刊印出版,刘鹗以"蝶隐"为名为之作评。此系刘鹗为《老残游记》《邻女语》后为第三部小说作评。

▲ 郭长海《刘铁云事迹零拾·刘铁云写过批语的第三本小说》：令人高兴的是，最近又知道了刘铁云写过批语的第三部小说，这就是连梦青的《红茹花》。此书在阿英《晚清戏曲小说目》中未见著录，所以长期以来不为人知，原本更是难得一见。此书的发现，得感谢萧相凯先生。他走遍全国，访求珍籍，终于在广州，将这本沉入书海之底已久的《红茹花》打捞上来，有益于书林，其功不小。……我在辑录《中国近代人物名字号索引》一书时注意到，近代有两个署名蝶隐的人：一个是在《侯靖新录》上发表过《武林游曲》（套曲）的蝶隐主人；另一个便是连梦青的朋友，《老残游记》的作者刘鹗刘铁云，此外，再没有第三个蝶隐。……为《红茹花》写评语的蝶隐正是刘铁云。（《文学史证》第 211 页）

▲ 1998 年 6 月 12 日中山大学吴锦润先生函：今天复印机已修好，插在其他人的印件中，先将（《红茹花》）题封、目录和第一回及评第 2—10、12—15、45 的回评印出（其他回并无评文），从邮付出，请查收。全书三册，内容似无甚特色，故暂不印出。

▲ 编著者按：笔者所见上述《红茹花》复印件，封面右上为题签"临池小隐斋主人题"，封面中为魏碑"红茹花"，左下为"香港商报刊印翻刻必究。"无版权页。其目录为：

第 一 回　志祸根王孝廉代娼优作伐　悲末路魏头儿喜妖孽降生
第 二 回　运舛时乖侯太国君受难　宵深人寂楚宗室女留宾
第 三 回　还明珠客魏始订交　谱南腔王侯再相见
第 四 回　魏进忠辱在仆御　程士宏贿通皇亲
第 五 回　武当道院毒计杀人　汉口江滨群奸落水
第 六 回　父子相汉逢[逢汉]阳驿　君臣重见慈宁宫
第 七 回　李娘娘大兴养春园　客巴巴屡遇旧时客
第 八 回　感旧情客氏卧病　立新君进忠被参
第 九 回　妖言惑众游方道士被诛　幻术愚人主持和尚说法
第 十 回　双凤堂利口丁差一夕话　九龙寺惊心僧俗五更钟
第十一回　白莲教自立大成国　黄河汛兵败邹县城
第十二回　隐士遣人平大乱　功臣杀贼反遭诛
第十三回　卜喜遭殃王安竟中计　父昇复职士原得美差
第十四回　举行内操大皇帝论功行赏　闲居外宅小妮子察隐辨微
第十五回　崔翰林求官称义子　杨御史上折击权奸
第十六回　施辣手杖毙苏工部　粗巧计图画新梁山

第 十 七 回　毒备五刑一中书首先受祸　侦骑四出六君子相继罹殃

第 十 八 回　意气干云患难之中结亲戚　血肉成腐忠良无那太凄凉

第 十 九 回　是诚庸才犹念杨胡子　难得解人痛骂魏乞儿

第 二 十 回　转祸为福只消一纸投名状　假公济私是谁联属认家门

第二十一回　高总宪投池毕命　众豪杰仗义诛奸

第二十二回　苏州城大建五人墓　北京道路劫七千金

第二十三回　含血愤奸拼此傲骨　引颈受戮何来妖害

第二十四回　发公愤薇署快吟诗　诈私财椒房受奇辱

第二十五回　两个系冤家假戏变成真戏　一场没结果鲫形直陷非形

第二十六回　游方外道同斥权奸　夜静更深何来剑侠

第二十七回　兴土木大开捐例　括资财肆意诛求

第二十八回　妻离子散灾象已成　天怨人怒谣言大起

第二十九回　直言遭祸尚书御史罢田归　冶容诲淫嫖客乌龟同入狱

第 三 十 回　蟒玉满门小儿作都督　豺狼当道豪奴结貂珰

第三十一回　冠裳扫地恶厮养获中书　罪恶弥天智寡妇陪主事

第三十二回　羞恶尚存都小年竟死烈　廉耻道丧李太监创声祠

第三十三回　丧心病狂魏忠贤配享孔子　随声附和李瑛日上拟周公

第三十四回　书生习气游戏杀身　女子长舌商量夺妇

第三十五回　椒房之戚不及乳臭小儿　芝草之祥竟使心贪大宝

第三十六回　初入世途便逢佳偶　藉谈家族又动离情

第三十七回　汴梁城做成漫天怨案　保定府献出盖世娇娥

第三十八回　大聚天下奇宝万寿尊荣无此豪富　何来方外闲人两足立定不可动摇

第三十九回　僧道行权儌奸竖　神仙恶梦嚇愚顽

第 四 十 回　冒边功滥杀猎户　求恩荫辱骂尚书

第四十一回　魏爷爷中心如焚　客巴巴内库作道

第四十二回　天日重明信王即位　阴霾不散应元受恩

第四十三回　科道呶呶论往事　权阉惘惘出都门

第四十四回　天下快心元凶自杀　空中震怒女戎亡身

第四十五回　有冤报冤冤仇有主　以法断法法外无情

▲ 刘鹗评语：

第一回"志祸根王孝廉代娼优作伐,悲末路魏头儿喜妖孽降生",蝶隐加评：赵太祖言：宰相须用读书人。此语实迂而近理。此书专写魏珰出身，以明无根底之无赖子不足以掌国。魏丑驴、侯一娘两人历史，均照《明季稗史》及《胜国丛谈》纂入。进忠感淫厉之气而生，焉得有亢宗之子。西人改良人种之学，读此益足发明，甚矣！人之不可不读书也。不读书之种子，误人家国，如是如是。《计倪经》云：慧种生圣，痴种生狂。岂不然哉！岂不然哉！写魏甄儿、侯一娘之不堪，正以形异日进忠之无赖。所谓其父杀人，其子行劫是也。明季宦途荟集，屠贩亦封侯。魏甄儿以一花旦而后日受极品封诰。即以此观，国乌得不亡。

　　第二回"运舛时乖侯太国君受难，宵深人寂楚宗室女留宾"蝶隐加评：一娘之脱离，由于救车夫。可见，救人即救己。世人惟知作自了汉者，并一娘而不如。一娘之送车夫，甚有胆识。不然，跟了车夫逃走，又多一番周折。进忠恋着强盗，说在这里很好。幼年即有无赖底子，日后焉得不残忍凶狠。一娘当时说：我还有天宫。这天宫二字，岂知竟成忏语。进忠是强盗抚养成人。足见其来历不爽。写逃□夜景，如亲历其境，神来，神来。进忠向六娘所发议论，尚有人心。然跋扈之状，已流露于天性矣。

　　第三回"还明珠客魏始订交，谱南腔王侯再相见"蝶隐加评：客氏幼年，因失去珠子，至于六七日不吃饭，以性命相拼。即知是一宗贪货。客氏见进忠便叫哥哥长、哥哥短，写出一种浪态，便知他年不是个安分女子。客氏撒娇撒痴，的是一个有钱人家孩子的模样。一娘匆与意中人相见，不肯再留。哪知客氏一对小小妖人，不肯轻易放过。一老一小，真是一对绝好的影子。三伙（颗？）明珠，系一娘从强盗身上搜出，即为后来魏客订交之媒介。作者随笔牵缀，皆有起伏照应，不肯放一闲笔。写一娘进京后寻找魏甄儿彷徨情景，历历如绘。欲找甄儿，而先找着王都老爷。未见王都老爷，先碰着王都老爷之管家。笔势曲折，令人玩味。

　　第四回"魏进忠辱在仆御，程士宏贿通皇亲"蝶隐加评：魏进忠生得品貌出众，又能先意逢迎，是祸根种子。进忠掌管凡百出入，是揽权的影子。进忠在程中书前后，一派勤恳，俨然一个柔顺女子。不知从何处体会得来？程中书骂杨太监把持。汝亦知田太监之时如何把持乎？此等处偏借若辈口中说出。妙，妙！进忠一夕话，感悟做官人不少。殷太监一派女子小人妒忌的话，的是实情实景。殷太监骂"小狗才得了意，见钱便抓"，殷太监独非其人乎？小人肇祸，多半是轿夫流品。

　　第五回"武当道院毒计杀人，汉口江滨群奸落水"蝶隐加评：道士圈套咄咄可畏。然非进忠念念求财，道士虽有利口，何得乘隙而入？进忠初次当跟人出差，对吏目声口便如此老辣，真是天生一副小人材料。其恐吓手段，的是嫡传到于今。均州吏目骂黄同知儿子"不知安分东西"。古今几个当公子的是安分的？老人家一番劝戒之言,亦确有见地。奏了恭折,必要写几封京信。今日做官要诀。冯应京之代黄同知报复,非出公心,实由私怨。观牌示自见。冯应京处置程中书,另是一派无赖行为。虽快一时之人心,不足为法。进忠看见捕官,只好把他当蚂蚁。定知后日又将朝臣作鱼肉乎?一哭。

第六回"父子相汉逢(逢汉?)阳驿,君臣重见慈宁宫"蝶隐加评:魏进忠之阉割,史书多有微词,此书竟直揭其隐。然则宫闱中何必定以此等秽人供奔走。魏进忠巴结李选待,何异在郑贵妃前,想做两面好人。魏进忠劝太子到皇上面前说情,是结纳内监,不是劝太子了事。

万历二十五年不见群臣,宜其为亡国之罪魁。

万历一味包庇内监,昏庸无识,可谓第一。万历对群臣一派昏话,不知作者如何体会得来。万历所说的昏话,不如进忠教太子面奏之语。万历帝喜太子所说的话,是喜太子保全贵妃。不是喜太子顾全父子。

第七回"李娘娘大兴养春园,客巴巴屡遇旧时客"蝶隐加评:海内海外,只知有李娘娘,不知中国尚有皇帝。诸公试思,此是何时,交结进忠为莫大喜事。真是病狂发呓。"进忠是花柳种子"一语骂绝。看完了戏便心志昏迷,当时宫中淫乱可想。斗笔骂蝶,神情如绘。弹琴女子,又是一样写法。客巴巴之美丽可想。进忠鬼混宫女,却从平淡中写出。进忠处处防备太子,是乖巧,不是惧怕。

第八回"感旧情客氏卧病,立新君进忠被参"蝶隐加评:客巴巴之相思病,是曲笔,非正面文字。客巴巴在帐中看病,一见进忠便觉神气清爽,写得颊上添毫。张差之白木棍,李选待之居乾清宫,类如小儿嬉戏。足征当时之无识。岂有谋大事者如此做法。李选待之骂魏进忠,是良心发现之时。谁知即以此惹进忠之祸。魏进忠与客巴巴称"我们两个",无意中拉他一把。真是好手段。

第九回"妖言惑众游方道士被诛,幻术愚人主持和尚说法"蝶隐加评:客巴巴晋王安皇帝,是他做的含血喷人,令人莫辨。妇人长舌,如此如此。徐鸿儒之白莲教,亦因女子而起。甚矣,女戒之易亡国也,悲夫!玉支引动鸿儒,纯用白描法。鸿儒愦愦,哪知底蕴。明时无赖,即苏州一隅已多至二三十万。天下游民多,焉有不亡之理?跋李一斋,便助百万之富,真是小往大来。好生意,好买卖。白莲教原与今日义和团同源异派。此回借题发挥,不过是证明邪术。

第十回"双凤堂利口丁差一夕话,九龙寺惊心僧俗五更钟"蝶隐加评:丁差之手段,于此略见一斑。不要把他吃了甜头。确有见地。愚人之愚,真不可及。玉支只用此法愚人,焉的不自愚。照镜之法,用药水镜故也。

第十二回"隐士遣人平大乱,功臣杀贼反遭诛"蝶隐加评:煌煌谕旨谓白莲教为"国家义民"，与西太后、荣禄、端、刚诸人容纵团匪，后先同揆。明代卒招流寇之祸，至屋宗社。庚子之役，联军破京，乘舆出走，偿款数百兆，至惹起今日日俄两国之战争。东三省地，遂非吾有，而后祸仍未有艾。种恶因者结恶果，上下数百年间再循覆辙。阅至此回，令人废书三叹。

第十三回"卜喜遭殃王安竟中计，父昇复职士原得美差"蝶隐加评：魏忠贤之玩弄天启帝，如小儿一般。又助之以客氏，济之以巧言，王安乌得不死。天启帝谓王安待自己诸多好处。又云"我去办他也觉不忍。"是其心地间尚有一隙之明。其奈忠贤一计不行，又生别计，卒乃不得不听从。天启只愚懵，可笑而可怜；忠贤之奸狡，可骇而可畏。忠贤一旦得权，则淫朋赌友。家丁下人，皆得美缺。小人类进，群霾蔽天，尚复成何政体哉。忠贤选三千净身男子入宫，编为禁军，而以私人统领之。至此则天启帝之生死性命，皆在权阉掌握中矣。自古阉寺之弄权，其始无不工于迎合，巧于蒙蔽。及羽翼已成，则主人虽欲除之，而莫奈伊何。观于忠贤之事，可为太息痛恨悚无穷也。方近地球万国，皆无阉竖之秕政，独中国尚有之。不裁阉竖，不能革新。奈何欲蹈前明覆辙哉！

第十四回"举行内操大皇帝论功行赏，闲居外宅小妮子察隐辨微"蝶隐加评：崔呈秀认忠贤为父，无忌惮之小人廉耻尽丧，至于如此，真可骇叹！忠贤马惊天启，又不向天启前谢罪。目无人主，于此可见一般。

第十五回"崔翰林求官称义子，杨御史上折击权奸"蝶隐加评：一部《红茄花》，写不尽忠贤一生逆迹。如必欲一一叙出，又未免多费笔墨。借杨涟一折叙出之，是亦一法。盖如此方可提出笔墨，再叙他事也。田尔耕对刘侨说："刘老爷，你做官真是个外行。做了官，你还要存好心么？"此是实话、是调侃语，是伤心语。

第四十五回"有冤报冤冤仇有主，以法断法法外无情"蝶隐加评：按明史逆案既定，始尽逐忠贤党，东林党人复得进用。诸丽逆案者，日夜图报复。未几温体人、薛国观辈，相继柄政，潜倾正人，为翻逆案地。帝厌廷臣党比，复委用中珰。而阮大铖等，卒肆毒江左至于灭亡。观此而崇祯帝之昏庸。诚有取亡之道也。明代受权阉之毒最甚。如刘瑾、如王振，其肆毒于天下，亦几与忠贤等。乃明代诸帝覆辙相寻，至国亡而不悟。可哀也矣！然自来权阉之害，垂诸史册，实在足以昭炯戒。而历朝无不以召乱，则不独明代为然矣。由今论之，则后人读史者，莫不哀明帝其慎，毋令后人复哀后人也。方今环球各国，皆无此秕政，独中国沿明之制，因袭不改。读陶子方请除宦官一疏，未尝不一自叹息也夫！

**是年**　乔树楠上书慈禧太后，请求重审同治五年太谷学派在山东黄崖被冤杀一案。未果。

▲ 乔树枏上书慈禧太后，请求重审同治五年黄崖山案。事下山东巡抚杨士骧，杨士骧亦知黄崖案系冤案，但为维护前任巡抚阎敬铭的名誉，昭雪黄崖案一事，就此不了了之。（《张积中年谱》第 174 页）

▲ 何圣生《檐醉杂记》对上述情况记录如下：

道、咸之间，石埭周太谷星垣讲学于扬州。其学尊良知，尚实行，于陆乏为近，又旁通老佛诸说。弟子记其遗言，号《太谷经》，故世又称为太谷教。以仪征李晴峰、张石琴，福建韩子俞，安徽陈子华为高弟。太谷殁，传道于晴峰，世称龙川先生，再传于泰州黄隰朋葆年。后在苏州讲学颇久，及门多显达者。当咸、同之际，张石琴则讲学于山东，四方来归者甚众，所居黄崖山俨成都市，其徒用古衣冠祭孔子，蜚语由是大作。巡抚阎文介公敬铭以檄召石琴，且曰："不来当加以兵。"石琴挥涕，谢遣学者，欲孑身出而自白，众攀之不得出。狱益急，乃与其徒阖户自绝。兵至，死者数千人，当时称奇冤焉。

光绪三十二年泗州杨文敬公巡抚山东，奉寄谕有人奏同治五六年间黄崖山教匪一案，至今人言尚有异词，请饬查访等语，著杨士骧将此案详细情形确查具覆。文敬属余草奏，其略云：此案巅末具载官书，据奏报之文，几成铁案。采稗官所记，诚有异词，但骈戮士民至千百人之多，在当日自关信谳。至平反疑狱于四十年以后，在今日只取舆评，自非略迹原心，知人论世盖不能议是狱也。同治初年山东捻乱方炽，黄崖山当肥城西北，为贼踪所不到。张积中即张石琴由省城徙居是山，避地自娱，弦诵不辍。一时东南士绅，下至贩夫厮养，遭乱离而相附约数十百家。张积中同是侨寓，度不过泛然相值，当无所用其勾结之谋。至匪徒王小花被获于潍县，冀宗华被获于益都，皆供有勾通黄崖山之事，虽讯无确据，而事属可疑。其时前抚臣阎敬铭督兵东平州，剿匪正急，究办不容不严，于是有驰檄黄崖山之举。山中之人本为避乱而来，则平日增市兵仗，练团习战，亦为御寇而设。翕集既众，品类自不能齐，至闻大兵骤临，群情急迫，其中桀悍不驯之辈，遂起铤而走险之心，于是有黄崖山匪徒抗官之事。

张积中之在黄崖，雅负物望，阎敬铭亦深知之，屡经派员招致，实不忍其锢身匪党，玉石难分。张积中自信无他，初亦拟奋身表白，而山中徒众以死攀留，不得自出。相持既久，疑忌交乘，陷逆就歼，被兵而伤，亡者至于无算，于是张积中几被黄崖匪首之名。是案详细情形，博访周谘，隐曲略具。大抵黄崖山实有抗官之举，而张积中委无悖逆之形。闻其当年避乱入山，优游讲学，人皆比于魏禧之在翠微峰，孙奇逢之居五公山，声称至今未沫，即其发明性理，尊尚良知，亦以儒先陆王为宗，而不可与邪说惑民同日而语。拟恳准照原奏雪除张积中叛逆之名，以顺舆情而伸幽抑。既脱稿，自谓尚属平允，文敬宅心忠厚，以案情过重，恐与文介身后以非常之谴，阁置未发，枢府亦未催询也。（按：原奏系乔慕萱京卿树楠所上，荣华卿相国主之）

**约是年下半年**　汪大燮致汪康年信论及太谷学派，喻乔树柟、毛实君、刘鹗等为"革命派"。

▲ 汪大燮致汪康年函：

空同派前略知之，即周太谷学派。周于乾隆时伏诛。同治初年，阎文介在东洗一土寨，其魁群谓之张七先生，即此派也。谭仲修等有《吊张七文》也，曾见此文。道光、咸丰有李龙眠，诗集刊行如谶语。今此派大弟子姓黄，在山东云。乔实此派。毛实君亦此派，刘鹗亦此派，杨三亦此派。或云杏城亦是，不知其详。质而言之，此革命派也。相传有传为相五传为帝之说云。今此满口说排满皆胡说耳，此则真是。（《汪康年书札》第一册第 861 页）

▲ 编著者按：上函中提及"乔实此派"，乔即乔树柟，时任监察御史；毛实君应为毛庆藩，时任直隶布政使；杨三即杨蔚霞，名士最，行三。其弟杨士骧行四，时任山东巡抚。上述三人及刘鹗均太谷学派第四代学人。杏城，名杨士琦，杨士骧之弟。

**约是年**　天津《日日新闻》出版单行本《老残游记》。此为《老残游记》第一个单行本，上下册。由方药雨（即方若）题签。无出版年月。

▲ 编著者按：此单行本，虽存世甚稀，但国内和日本均有保存。1960 年刘厚泽记录如下：我手边尚有天津《日日新闻》单行本一种，共线装两册，上册从第一卷到十二卷，下册从十三卷到二十卷。扉页上题《老残游记》四字，下角有药雨两字印章，即是报馆主持人方药雨。后面印"印刷所：天津日日新闻；发行所：天津孟晋书社。每部定价大洋三角半"。惟无出版年月可考（可能是《老残游记》最早的一种单行本）。（《游记资料》第 95 页）

# 1907 年(丁未　光绪三十三年)　51 岁

4 月　于右任、杨守仁等在上海创立《神州日报》。

7 月　光复会领袖徐锡麟枪杀安徽巡抚恩铭,率巡警学堂学生起义,事败被杀。同盟会员秋瑾在浙江绍兴准备起义,事泄被捕。后被杀于绍兴古轩亭口。

太谷学派学人:蒋文田 65 岁、黄葆年 63 岁、毛庆藩 62 岁。罗振玉 42 岁、王国维 31 岁。

**1 月 24 日(丙午十二月十一日)**　临《圣教序》一纸。

▲ 编著者按:笔者所见刘鹗临于"抱残守缺斋学古"稿笺者一页半,每页 16 格,每格 36 小格。临"类于三途遗训遐宣导群生于十地然而真教难仰莫能一其"24 字。

**1 月 26 日(丙午年十二月十三日)**　自上年 12 月 25 日至本月 26 日临《圣教序》一遍。

▲ 见刘厚康《刘鹗与书法》。(《清末通讯》第 14 期第 10 页)

**3 月 3 日(丁未年正月十七日)**　道清铁路通车。

▲ 编著者按:刘鹗 1898 年开始于修造铁路,至此仅建成道清铁路一条。

**约 4 月中下旬(三月十五之前)**　为《广陵散》题签。前款为"光绪丁未三月"落款署名"蝶云署"。同时为刊刻之《广陵散旧谱》题跋。

▲《广陵散旧谱》跋

《广陵散》古谱四十六段,今此谱只得十段。想先辈高贤于古谱中择出此数段耳。上有"真趣"二字,为明潞藩所刻,则非中散之谱明矣。

▲ 按《十一弦馆琴谱》是大兴张瑞珊的著作。其中包括其所订正的古谱《广陵散》和所自制的《天籁》《武陵春》《鹧鸪天》《小普庵咒》等四种。琴在音乐中是最难的一种,七弦十三徽,基本音阶就有九十一个,加上"徽半",加上挑、抹、吟、揉、按指、轮指、过弦等等不同手法,不同的音节不止数十百个,工尺谱已无法表现,制谱时必须记手法。所以不懂弹琴的人,看琴谱,一字不识。因之自制琴曲也十分艰

难。张所制数曲在琴学界均评价很高。刘半农、郑颖孙均对我说过。(《铁云年谱》第135页)

**4 月 27 日(三月十五日)** 完成《十一弦馆琴谱·序一》:

▲《十一弦馆琴谱》序一:

嵇叔夜《广陵散》绝传于世,固人人所得而知也。嵇叔夜《广陵散》实未绝传于世,则非人人所得而知也。《晋书·嵇康传》临行东市顾视日影,索琴弹之,曰:昔袁仲尼尝从吾学《广陵散》吾固靳之。《广陵散》今绝矣!此《广陵散》绝传之证也。

《太平御览》引《文士传》"嵇康临死,颜色不变。谓其兄曰:向以琴来否? 兄曰:已至。康取调之,为《太平引》。曲成叹息曰:《太平引》绝于今日耶!"此绝传者是《太平引》,非《广陵散》之证也。《琴历》曰:琴曲有《大游》《小游》《明君》《胡笳》《广陵散》《白鱼叹》《楚妃叹》。《陈氏乐书》曰:《广陵散》小序三段,本序五段,正声十八拍、乱声十拍。又袁孝尼续后序八段。此唐以前各家琴书俱载有《广陵散》,其果未绝传之又一证也。杨抡《太古遗音·抚琴转弦歌》云:"试作广陵歌晋室,慢商弦徽同第一。"是明初其谱犹未失也。《广陵散》传世既历历可考如此,则嵇中散临刑所弹者为《太平引》可无疑矣。

窃意中散临刑鼓琴必有寓意,或者鼓《太平引》言己死,而天下之太平亦与之俱死,与义有合。袁仲尼从中散学琴为一事,中散临刑鼓《太平引》为又一事。史书误合为一耳,

此书吾友杨周君济川家藏本。闻予好琴,邮寄见赠。系金陵汪安侯从潞藩刻本手录。而关中云在青较勘者也。汪安侯为较《五知斋琴谱》黄仲安之师(见《五知斋·序》),又为著《松风阁琴谱》之程松涛所推崇者也(见程谱《释谈章注》)。云在东("东",原文如此。疑为"青"之误)则辑《蓼怀堂琴谱》者。二公皆国初琴学专家,所鉴当无误。

吾琴师大兴张瑞珊先生取而操之,以旧谱稍有不谐,为之订正数处。音韵铿然矣。

兹将两谱并刊传世,亦吾抱残守缺之职。乐书所载四十四段,此仅十段,或者正拍后之乱声欤。光绪丁未三月望日丹徒刘铁云识(据《十一弦馆琴谱》)

**约 5 月上中旬(三月中下旬)** 完成《十一弦馆琴谱·序二》

▲《十一弦馆琴谱》序二:

琴之为物也,同乎道。《参同契》《悟真篇》传道之书也,不遇名师指授,犹废书也。琴学赖谱以传,专恃谱又不足以尽琴之妙,不经师授,亦废书也。故琴学重谱,尤重师传。张君瑞珊,得传于庆辉山、孙晋斋二君。孙得于庆,庆得传于李澂

宇。李澄宇得传于徐越千、周子安之徒。

张君曰:"琴学真不易也。昔日游孙先生门者数十百人,而得其传者,寥寥无几。吾所知者,其哲嗣汝亭先生、代州贾修五、福建黄菊三与予数人而已。而予以琴学授徒,二十余年间,仅蓬莱王桐君女史一人尽吾之学。其他一知半解,未足重也。"

铁云漫游吴楚秦晋燕齐之郊,见操缦者多矣,无如张君善。张君又工琵琶,能以琵琶合琴曲,无不叶者。琴之妙用在吟揉,在泛音,张君悉能于琵琶得之。谓非神乎技耶? 琴之传,得诸孙氏,若琵琶,则张君所独创也。张君亦颇自喜其琵琶,故颜所居曰"十一弦馆"。

昆明赵君子衡,文恪公哲嗣也,与予为二十余年之莫逆交。于声光、化电、伦理、物理之学无不研究。工算,尤精音律,金石丝竹,匏土革木皆能之。从张君学琴,兼学其箫,亦能以箫叶琴曲。

京师者名利渊薮也。四方豪杰之士,轶尘绝足,竞奔富且贵。于软红十丈中,车轮马足之声不绝。乃于最繁盛之区之侧,有蝶园焉,铁云所赁以居者也。园有山、有池。有楼以望月,有台正对西山之爽翠,有大树合三人抱。室中有三代秦汉以来金石文字,有唐宋元明书画,有四朝古琴。每当辰良景美,铁云鼓琴,张君弹琵琶,赵君吹箫,叶《广陵散》等曲,三人精神与音韵相融化。如在曲江天下第一江山山顶,明月高悬,寒涛怒涌,嚣尘四绝,天籁横流。人耶? 琴耶? 情耶? 景耶? 俱不得而知矣! 苏若兰之言曰:"非我佳人,莫之能解。"陶靖节之言曰:"此中人语,不足为外人道也。"铁云又识(据《十一弦馆琴谱》)

▲ 编著者按:《老残游记·外编》写作年月诸说不一:一说写于 1906 年。一说写于 1906 年末 1907 年初。一说写于 1907 年 9 月以后。刘蕙孙先生考证如下:

刘蕙孙《关于〈老残游记〉外篇写作年代问题》:

《外篇》残稿写作的时间是在公元 1907 年 9 月 5 日至 11 月之间,因为稿中写到北京取消了兵马司改为巡警的事。据《清史稿·职官志》,清末设置内外城巡警总厅,是光绪三十三年即公元 1907 年的事。在此之前,北京还没有巡警。

又稿中还有一段描写巡警局委员在街上小便为巡警干涉,回局要坐堂打革那巡警,与局中同时争论的情节说"内中有一个明白的同事说道:'万万不可以乱动,……若被那项宫保知道,老兄这差使就不稳当了。'那委员怒道:'项城便怎样,难道他不怕大军机么?'"其中的项宫保、项城便是影射袁世凯。袁是河南项城人。当时官场中尊称为袁项城,据《清史稿·军机大臣年表》,袁在光绪三十三年七月二十八日丙辰由北洋大臣直隶总督调京任太子少保军机大臣、外务部尚书。一般口头称谓,太子太保称太保,太子少保称宫保。故稿中称项城为宫保。

按光绪三十三年七月丙辰是公元 1907 年 9 月 5 日。据此则《外篇》只能写在此后,不能写在此前。至于后到什么时后? 则铁云先生这年 5 月去汉口,7 月回京,9 月份就回南没有再去北京。光绪三十三年的夏历九月是起于公元 1907 年 10 月 7 日,止于 11 月 5 日。这篇残稿又是在我家中杂物中遗留而非在南方长物中所遗留,说明其写作时间应在 1907 年 9 月 5 日与同年 11 月 5 日之间。(1983 年《清末小说·中文版》第 23 页)

**5 月中下旬(四月上中旬)**　完成《十一弦馆琴谱·序三》。

▲《十一弦馆琴谱》序三:

《广陵散》之初见于世也,得诸鬼。《琴谈》引古说:嵇康游会稽,入王伯通家新馆内投宿。弹琴至三更,有八鬼出现,曰:"吾是黄帝时乐官伶伦也。我教先生弹《广陵散》。"鬼取琴弹一遍,康即能弹。其后,康以是曲弹之,鬼神皆泣,金铁皆鸣。《广陵散》之再见于世,又得诸鬼。《世说》会稽贺思令,善弹琴。常夜在月中坐,林风鸣弦。忽有一人,形貌甚伟大,著械有惨色,在中庭称善。便与共语,自云"嵇中散"。谓贺云卿手下极快,但于古法未备,因授以《广陵散》,遂传之于今不绝。

然则《广陵散》其真为鬼曲矣乎? 古来琴曲传于今者所矣,从未有离奇傥恍若《广陵散》者。岂真为鬼曲也耶? 唐《卢氏杂说》:韩皋闻鼓琴,至于息。叹曰"妙哉! 嵇生之为是曲,其在魏晋之际乎? 其音商,商主金。晋承金运。此所以知魏季晋将代也。慢其商弦与宫同音,是臣夺君之义也。王陵、毋丘俭、文钦、诸葛诞继为扬州都督,咸有兴复之谋,皆为司徒所杀。康以扬州广陵地,故名《广陵散》,欲避晋祸。故托之鬼神焉。"呜呼,此说确矣! 司马氏之心,路人知之。中散伤魏室之将亡,故借广陵观涛之意,而写如沸如羹之象,其寓意深矣。而卒以此贾祸,故后之传其曲者益更不敢彰,皆托诸鬼神云。学者不能得中散之用意,焉能识此曲之妙哉!

凡曲之妙在叶。此曲之妙在不叶。犹诗之拗韵也。丁未四月铁云又识。

**5 月(四月)**　日本公使林权助致函清政府外务部请求批准请借直隶长芦芦台场盐运往韩国。

▲ 吴振清《刘鹗致祸原因考辨》:光绪三十三年(1907)四月,日本公使林权助致函清政府外务部"据韩国盐运会社代表、副社长郑永昌禀称:上年九月,即华历八月间,禀经韩国政府特准设立韩国盐运会社,运辽东租界内之盐输入供韩人日用。"因辽东所产盐不敷用,"闻中国直隶长芦芦台场积盐甚多,恳请转商中国政府,每年允借二三十万包,由敝会社备价购运,并行咨山东示禁私盐贩韩。"(2001 年第 1 期《南开学报》第 94 页)

**6月(五月)** 由南方搬到北京。住板章胡同。准备创办自来水公司和办电灯、电车。

▲ 刘大绅《〈游记〉作者之事业及家族》:"又北走平津,与高子谷先生拟于北平创设自来水与电车,仍不成。"(《关于老残游记》手稿)

▲ 五月由南方到北京,住板章胡同。重议创办北京自来水,又拟办电灯、电车皆不成。(《铁云年谱》第 135 页)

**约本年 5 月(四月)—6 月(五月)** 再议撰写《老残游记·二集》事。

**约本年 6 月(五月)—7 月(六月)** 动手撰写《老残游记·二集》。

**夏** 装成《张夫人墓志铭》并题跋。

▲ 张夫人墓志铭跋:此志近年出土,石即归铜梁王孝禹观察。旋归端午桥制军。此初归王时所拓,孝禹先生同客天津时见赠也。丁未夏装成。铁云志。〔铁云手毕〕(《刘鹗集》第 633 页)

**7 月 2 日(五月二十二日)** 外务部答复日本公使,不准借盐运往韩国。

▲ 吴振清《刘鹗致祸原因考辨》:五月二十二日外务部答复日本使馆"查中国食盐照约不准贩运进出口,且东盐运销海参崴一案业经议驳,今韩国借运芦盐,事同一律,碍难照准。"(2001 年第 1 期《南开学报》第 93 页)

**7 月(六月)** 与韩国人合办盐运会社。

▲ 光绪三十四年六月十九日军机处电报:"上年六月据驻韩总领事马廷亮禀:韩在甑南浦私设盐运会社。合同内载华人刘铁云、刘大章均发起人。"(《铁云年谱》第 135 页)

**7 月(六月)** 赴汉口,随即回京。

▲《关于老残游记·二十三》:"先君于清光绪三十三年六月间赴汉口。"

**8 月 18 日(七月初十日)** 以鸿都百炼生为笔名发表《老残游记·二集·自序》发表于天津《日日新闻》。

**8 月 19 日(七月十一日)** 《老残游记·二集·自序》发表于天津《日日新闻》结束。署名"鸿都百炼生"。

▲《〈老残游记二集〉自序》:

人生如梦耳。人生果如梦乎?抑或蒙叟之寓言乎?吾不能知。趋而质诸蜉蝣子,蜉蝣子不能决;趋而质诸灵椿子,灵椿子亦不能决。遂而叩之昭明。昭明曰:"昨日之我如是,今日之我复如是。观我之室,一榻、一几、一席、一灯、一砚、一笔、一纸,昨日之榻、几、席、灯、砚、笔、纸若是,今日之榻、几、席、灯、砚、笔、纸仍若是。固明明有我,并有此一榻、一几、一席、一灯、一砚、一笔、一纸也。非若梦为鸟而厉乎天，觉则鸟与天俱失也；非若梦为鱼而没于渊，觉则鱼与渊俱无也。更何所谓厉与没哉？顾我之为我，实有其物，非若梦之为梦，实无其事也。"

然则人生如梦，固蒙叟之寓言也夫！吾不敢决，又以质诸杳冥。杳冥曰："子昨日何为者？"对曰："晨起洒扫，午餐而夕寐，弹琴读书，晤对良朋，如是而已。"杳冥曰："前月此日，子何为者？"吾略举以对。又问："去年此月此日，子何为着？"强忆其略，遗忘过半矣。"十年前之此月此日，子何为者？"则茫茫然矣。推之二十年前、三十年前、四五十年前，此月此日子何为者？缄口结舌，无以复应也。杳冥曰："前此五十年之子，固已随风驰云卷，雷奔电激以去，可知后此五十年间之子，亦必随风驰云卷，雷奔电激以去。然则与前日之梦、昨日之梦、其人、其物、其事之同归于无者，又何以别乎？前此五十年间之日月，既已渺不知其何之，今日之子固俨然其犹存也。以俨然犹存之子，尚不能保前此五十年之日月，使之暂留，则后此五十年后之子，必且与物俱化，更不能保其日月之暂留，断断然矣！谓之如梦，蒙叟岂欺我哉？

夫梦之情境，虽已为幻为虚，不可复得，而叙述梦中情境之我，固俨然其犹在也。若百年后之我，且不知其归于何所，虽有此如梦之百年之情境，更无叙述此情境之我而叙述之矣。是以人生百年，比之于梦，犹觉百年更虚于梦也！呜呼！以此更虚于梦之百年，而必欲孜孜然，斤斤然，骎骎然，狺狺然，何为也哉？虽然，前此五十年间之日月固无法使之暂留，而其五十年间，可惊，可喜，可歌，可泣之事业，固历劫而不可以忘者也。夫此如梦五十年间，可惊，可喜，可歌，可泣之事，既不能忘；而此五十年间之梦，亦未尝不有可惊，可喜，可歌，可泣之事，亦同此而不忘也。同此而不忘，世间于是乎有《老残游记续集》。

鸿都百炼生自序

**8 月 20 日（七月十二日）**　天津《日日新闻》发表《老残游记·二集·卷一》"元机旅店传龙语　素壁丹青绘马鸣"未完。

**8 月 21 日（七月十三日）**　天津《日日新闻》继昨日发表《老残游记·二集·卷一》"元机旅店传龙语　素壁丹青绘马鸣"未完。

**8 月 22 日（七月十四日）**　天津《日日新闻》继昨日发表《老残游记·二集·卷一》"元机旅店传龙语　素壁丹青绘马鸣"未完。

**8 月 23 日（七月十五日）**　天津《日日新闻》继昨日发表《老残游记·二集·卷一》"元机旅店传龙语　素壁丹青绘马鸣"未完。

**8 月 24 日（七月十六日）**　天津《日日新闻》继昨日发表《老残游记·二集·卷一》"元机旅店传龙语　素壁丹青绘马鸣"未完。

8 月 25 日(七月十七日)　天津《日日新闻》继昨日发表《老残游记·二集·卷一》"元机旅店传龙语　素壁丹青绘马鸣"未完。

8 月 26 日(七月十八日)　天津《日日新闻》继昨日发表《老残游记·二集·卷一》"元机旅店传龙语　素壁丹青绘马鸣"未完。

8 月 27 日(七月十九日)　天津《日日新闻》继昨日发表《老残游记·二集·卷一》"元机旅店传龙语　素壁丹青绘马鸣"结束。

8 月 28 日(七月二十日)　天津《日日新闻》发表《老残游记·二集·卷二》"宋公子蹂躏优昙花　德夫人怜惜灵芝草"未完。

8 月 29 日(七月二十一日)　天津《日日新闻》继昨日发表《老残游记·二集·卷二》"宋公子蹂躏优昙花　德夫人怜惜灵芝草"未完。

8 月 30 日(七月二十二日)　天津《日日新闻》继昨日发表《老残游记·二集·卷二》"宋公子蹂躏优昙花　德夫人怜惜灵芝草"未完。

8 月 31 日(七月二十三日)　天津《日日新闻》继昨日发表《老残游记·二集·卷二》"宋公子蹂躏优昙花　德夫人怜惜灵芝草"未完。

9 月 1 日(七月二十四日)　天津《日日新闻》继昨日发表《老残游记·二集·卷二》"宋公子蹂躏优昙花　德夫人怜惜灵芝草"未完。

9 月 2 日(七月二十五日)　天津《日日新闻》继昨日发表《老残游记·二集·卷二》"宋公子蹂躏优昙花　德夫人怜惜灵芝草"未完。

9 月 3 日(七月二十六日)　天津《日日新闻》继昨日发表《老残游记·二集·卷二》"宋公子蹂躏优昙花　德夫人怜惜灵芝草"未完。

9 月 4 日(七月二十七日)　天津《日日新闻》继昨日发表《老残游记·二集·卷二》"宋公子蹂躏优昙花　德夫人怜惜灵芝草"结束。

是日　天津《日日新闻》发表《老残游记·二集·卷三》"阳偶阴奇参大道　男欢女悦证初禅"未完。

9 月 6 日(七月二十九日)　天津《日日新闻》继 9 月 4 日(七月二十七日)发表《老残游记·二集·卷三》"阳偶阴奇参大道　男欢女悦证初禅"未完。

9 月 7 日(七月三十日)　天津《日日新闻》继昨日发表《老残游记·二集·卷三》"阳偶阴奇参大道　男欢女悦证初禅"未完。

9 月 8 日(八月初一日)　天津《日日新闻》继昨日发表《老残游记·二集·卷三》"阳偶阴奇参大道　男欢女悦证初禅"未完。

9 月 9 日(八月初二日)　天津《日日新闻》继昨日发表《老残游记·二集·卷三》"阳偶阴奇参大道　男欢女悦证初禅"未完。

**9 月 10 日(八月初三日)** 天津《日日新闻》继昨日发表《老残游记·二集·卷三》"阳偶阴奇参大道 男欢女悦证初禅"未完。

**9 月 11 日(八月初四日)** 天津《日日新闻》继昨日发表《老残游记·二集·卷三》"阳偶阴奇参大道 男欢女悦证初禅"未完。

**9 月 12 日(八月初五日)** 天津《日日新闻》继发表《老残游记·二集·卷三》"阳偶阴奇参大道 男欢女悦证初禅"未完。

**9 月 13 日(八月初六日)** 天津《日日新闻》继昨日发表《老残游记·二集·卷三》"阳偶阴奇参大道 男欢女悦证初禅"结束。

**9 月 14 日(八月初七日)** 天津《日日新闻》发表《老残游记·二集·卷四》"九转成丹破壁飞 七年返本归家坐"未完。

**9 月 15 日(八月初八日)** 天津《日日新闻》继昨日发表《老残游记·二集·卷四》"九转成丹破壁飞 七年返本归家坐"未完。

**9 月 16 日(八月初九日)** 天津《日日新闻》继昨日发表《老残游记·二集·卷四》"九转成丹破壁飞 七年返本归家坐"未完。

**9 月 17 日(八月初十日)** 天津《日日新闻》继昨日发表《老残游记·二集·卷四》"九转成丹破壁飞 七年返本归家坐"未完。

**9 月 18 日(八月十一日)** 天津《日日新闻》继昨日发表《老残游记·二集·卷四》"九转成丹破壁飞 七年返本归家坐"未完。

**9 月 19 日(八月十二日)** 天津《日日新闻》继昨日发表《老残游记·二集·卷四》"九转成丹破壁飞 七年返本归家坐"未完。

**9 月 20 日(八月十三日)** 天津《日日新闻》继昨日发表《老残游记·二集·卷四》"九转成丹破壁飞 七年返本归家坐"未完。

**9 月 21 日(八月十四日)** 天津《日日新闻》继昨日发表《老残游记·二集·卷四》"九转成丹破壁飞 七年返本归家坐"结束。

**9 月 22 日(八月十五日)** 为张瑞珊自制四曲《天籁(三段)》《武陵春(正调·三段)》《鹧鸪春(紧五弦一徽·凡三段)》《小普庵呪(正调·凡三段)》作序。

▲《张瑞珊自制曲序》：

琴操之传于今者,大概非古也。诗三百首衍为汉之乐府、唐之诗、宋之词、元之曲、明之传奇,至国初之管弦。乾隆以前用逸谱、道光朝尚清工,近来皆戏工矣,去古不綦远乎,然而三百篇之遗意犹未失也。孟子曰:今乐犹古乐。唐以前之琴操不可得而闻矣。然相传之古曲,虽不与古尽合,得其遗意焉。

前明琴学家多好自制曲,诸王中如希仙之《思夫吟》《涵虚吟》,臞仙之《飞鸣吟》

《秋鸿》。又若中州尹芝仙作《崆峒引》《归来曲》《夏峰歌》《苏门长啸》《烂柯行》《参同契》《安乐窝》之类。三山庄蝶庵作《太平奏》《禹凿龙门》《释谈章》《梨云春思》《瑶岛问长生》《早朝吟》《空山磬》《修竹留风》《临河修禊》《八公换童》《云中笙鹤》《钧天逸响》《梧叶舞秋风》《栩栩曲》之类。

古今各家所制之曲,传于今有谱可稽者,大概二百三十六操,国初人所制者居其半。近百年内自制曲者未之有闻,有之仅我大兴张瑞珊先生一人而已。先生自制凡四操:曰《天籁》,曰《武陵春》,曰《鹧鸪天》,曰《小普庵咒》。音节各极其妙,或如凤哕,或比龙吟,洵佳制也。

常考古人制曲之道不出三端:一曰以声写情最上,如《汉宫秋月》《石上流泉》《高山》《白雪》《胡笳》《平沙落雁》之类;二曰按律谐声次之,如《梅花三弄》《一撒金》之类;三曰依文叶声又次之,如《释谈》《秋声赋》《赤壁赋》之类是也。张先生所制之曲大概按律谐声之类。节奏则采之于古,妙用则独出心裁。宜古宜今,亦风亦雅。

予既刻《广陵散》竣,劝先生以自制四谱附之。先生肃然曰:"吾何敢上比中散哉?"予固请而后可。先生今年七十二矣。魏文侯时,有窦公者善鼓琴,年百十八岁。先生与之嗜好既同,寿亦必同数。数十百年后,天下人人鼓先生自制之曲。先生闻之,当亦掀髯微笑曰:"此盖刘子校刻之功也!"

丁未八月中秋日丹徒刘铁云识（据《十一弦馆琴谱》）

**是日** 天津《日日新闻》发表《老残游记·二集·卷五》"俏逸云除欲除尽　德慧生救人救彻"未完。

**9月23日（八月十六日）** 天津《日日新闻》继昨日发表《老残游记·二集·卷五》"俏逸云除欲除尽　德慧生救人救彻"未完。

**9月24日（八月十七日）** 天津《日日新闻》继昨日发表《老残游记·二集·卷五》"俏逸云除欲除尽　德慧生救人救彻"未完。

**9月25日（八月十八日）** 天津《日日新闻》继昨日发表《老残游记·二集·卷五》"俏逸云除欲除尽　德慧生救人救彻"未完。

**9月26日（八月十九日）** 天津《日日新闻》继昨日发表《老残游记·二集·卷五》"俏逸云除欲除尽　德慧生救人救彻"未完。

**9月27日（八月二十日）** 天津《日日新闻》继昨日发表《老残游记·二集·卷五》"俏逸云除欲除尽　德慧生救人救彻"未完。

**9月28日（八月二十一日）** 天津《日日新闻》继昨日发表《老残游记·二集·卷五》"俏逸云除欲除尽　德慧生救人救彻"未完。

**9月29日（八月二十二日）** 天津《日日新闻》继昨日发表《老残游记·二集·

卷五》"俏逸云除欲除尽　德慧生救人救彻"结束。

**9 月 30 日(八月二十三日)**　天津《日日新闻》发表《老残游记·二集·卷六》"斗姥宫中逸云说法　观音庵里环翠离尘"未完。

**9 月(八月)**　第四孙桂孙生,为第四子大绅次子。

▲ 桂孙本年生于北京外家,因时在八月,铁云先生书为桂孙。1910 年,因白喉夭殇。(《铁云年谱》第 137 页)

**9 月(八月)**　将 1905 年得到的《陶夫人墓志铭》与已装成的《张夫人墓志铭》合装成一册并题跋于后。请狄楚卿题眉。

▲ 合装一册《初拓张陶二夫人墓志铭跋》:

陶夫人墓志,不知何时出土,亦不知石藏谁氏,拓本颇多,皆翻刻也。原石拓本不易见,罗君叔耘求之十年不可得。赵扨叔《续寰宇访碑录》题云陕西咸宁。询之陕西贾,据云访之咸宁,实无此石。徐积盦观察云石藏其家,叔耘有徐所赠拓本,盖即"竹镜"二字泐之覆刻本也。覆刻本中自当以"竹镜"泐本为第一,然较此真本仙凡迥别矣。乙巳八月得于天津。丁未八月同《张夫人志》合装一册,附志。丹徒刘铁云。(《刘鹗资料》第 99 页)

**10 月 2 日(八月二十五日)**　天津《日日新闻》继 9 月 30 日发表《老残游记·二集·卷六》"斗姥宫中逸云说法　观音庵里环翠离尘"未完。

**10 月 3 日(八月二十六日)**　天津《日日新闻》继昨日发表《老残游记·二集·卷六》"斗姥宫中逸云说法　观音庵里环翠离尘"未完。

**10 月 4 日(八月二十七日)**　天津《日日新闻》继昨日发表《老残游记·二集·卷六》"斗姥宫中逸云说法　观音庵里环翠离尘"未完。

**10 月 5 日(八月二十八日)**　天津《日日新闻》继昨日发表《老残游记·二集·卷六》"斗姥宫中逸云说法　观音庵里环翠离尘"未完。

**10 月 6 日(八月二十九日)**　天津《日日新闻》继昨日发表《老残游记·二集·卷六》"斗姥宫中逸云说法　观音庵里环翠离尘"未完。

**10 月 7 日(九月初一日)**　天津《日日新闻》继昨日发表《老残游记·二集·卷六》"斗姥宫中逸云说法　观音庵里环翠离尘"未完。

**10 月 8 日(九月初二日)**　天津《日日新闻》继昨日发表《老残游记·二集·卷六》"斗姥宫中逸云说法　观音庵里环翠离尘"未完。

**10 月 9 日(九月初三日)**　天津《日日新闻》继昨日发表《老残游记·二集·卷六》"斗姥宫中逸云说法　观音庵里环翠离尘"结束。

**10 月 10 日(九月初四日)**　天津《日日新闻》发表《老残游记·二集·卷七》

"银汉浮槎仰瞻月姊　森罗宝殿伏见阎王"未完。

10 月 12 日(九月初六日)　天津《日日新闻》继 10 月 10 日发表《老残游记·二集·卷七》"银汉浮槎仰瞻月姊　森罗宝殿伏见阎王"未完。

10 月 13 日(九月初七日)　天津《日日新闻》继昨日发表《老残游记·二集·卷七》"银汉浮槎仰瞻月姊　森罗宝殿伏见阎王"未完。

10 月 14 日(九月初八日)　天津《日日新闻》继昨日发表《老残游记·二集·卷七》"银汉浮槎仰瞻月姊　森罗宝殿伏见阎王"未完。

10 月 15 日(九月初九日)　天津《日日新闻》继昨日发表《老残游记·二集·卷七》"银汉浮槎仰瞻月姊　森罗宝殿伏见阎王"未完。

10 月 16 日(九月初十日)　天津《日日新闻》继昨日发表《老残游记·二集·卷七》"银汉浮槎仰瞻月姊　森罗宝殿伏见阎王"未完。

10 月 17 日(九月十一日)　天津《日日新闻》继昨日发表《老残游记·二集·卷七》"银汉浮槎仰瞻月姊　森罗宝殿伏见阎王"未完。

10 月 18 日(九月十二日)　天津《日日新闻》继昨日发表《老残游记·二集·卷七》"银汉浮槎仰瞻月姊　森罗宝殿伏见阎王"结束。

10 月 19 日(九月十三日)　天津《日日新闻》发表《老残游记·二集·卷八》"血肉非腥油锅炼骨　语言积恶石磨研魂"未完。

10 月 20 日(九月十四日)　天津《日日新闻》继昨日发表《老残游记·二集·卷八》"血肉非腥油锅炼骨　语言积恶石磨研魂"未完。

10 月 21 日(九月十五日)　天津《日日新闻》继昨日发表《老残游记·二集·卷八》"血肉非腥油锅炼骨　语言积恶石磨研魂"未完。

10 月 22 日(九月十六日)　天津《日日新闻》继昨日发表《老残游记·二集·卷八》"血肉非腥油锅炼骨　语言积恶石磨研魂"未完。

10 月 23 日(九月十七日)　天津《日日新闻》继昨日发表《老残游记·二集·卷八》"血肉非腥油锅炼骨　语言积恶石磨研魂"未完。

10 月 24 日(九月十八日)　天津《日日新闻》继昨日发表《老残游记·二集·卷八》"血肉非腥油锅炼骨　语言积恶石磨研魂"未完。

10 月 25 日(九月十九日)　天津《日日新闻》继昨日发表《老残游记·二集·卷八》"血肉非腥油锅炼骨　语言积恶石磨研魂"未完。

10 月 26 日(九月二十日)　天津《日日新闻》继昨日发表《老残游记·二集·卷八》"血肉非腥油锅炼骨　语言积恶石磨研魂"未完。

10 月 27 日(九月二十一日)　天津《日日新闻》继昨日发表《老残游记·二

集·卷八》"血肉非腥油锅炼骨　语言积恶石磨研魂"结束。

**10 月(九月)**　搬回南方，仅留四子刘大绅在北京。从此再没有到过北京。

▲《关于老残游记·二十三，又注十四》："吾家自清光绪二十八年(1902)即全眷南迁。惟先君时往返南北，至三十二年，绅复随侍北上。翌年秋，先君南下，即留绅夫妇守平寓。自此即未再北，而绅亦遂永抱终天之恨，未再面先君矣。"

按当时北京家中租有住宅，我父母及老仆郑斌均留北京，但铁云先生不来京时，我父母多住在外家。先父因乔茂萱先生荐，以留学生派在学部图书局工作。（《铁云年谱》第 137 页）

**11 月 4 日(九月二十九日)**　天津《日日新闻》发表《老残游记·二集·卷九》"德业积成阴世富　善缘发动化身香"未完。

**11 月 5 日(九月三十日)**　天津《日日新闻》继昨日发表《老残游记·二集·卷九》"德业积成阴世富　善缘发动化身香"未完。

**11 月 6 日(十月初一日)**　天津《日日新闻》继昨日发表《老残游记·二集·卷九》"德业积成阴世富　善缘发动化身香"未完。

**11 月 7 日(十月初二日)**　天津《日日新闻》继昨日发表《老残游记·二集·卷九》"德业积成阴世富　善缘发动化身香"未完。

**11 月 8 日(十月初三日)**　天津《日日新闻》继昨日发表《老残游记·二集·卷九》"德业积成阴世富　善缘发动化身香"未完。

**11 月 9 日(十月初四日)**　天津《日日新闻》继昨日发表《老残游记·二集·卷九》"德业积成阴世富　善缘发动化身香"未完。

**11 月 10 日(十月初五日)**　天津《日日新闻》继昨日发表《老残游记·二集·卷九》"德业积成阴世富　善缘发动化身香"未完。

**11 月 11 日(十月初六日)**　天津《日日新闻》继昨日发表《老残游记·二集·卷九》"德业积成阴世富　善缘发动化身香"结束。

▲ 刘大绅《著作《〈老残游记〉》之源委》》：此后先君因创设海北公司，奔走平、沪、东三省及朝鲜、日本等地，席不暇暖，《老残游记》亦复置之度外。暨海北公司失败，乃复着手写之，是为二编。乃逐日发表于天津《日日新闻》，共计十四卷。……又原稿前十四卷之后，皆有评语，亦先君自写，非他人后加。今坊本多去之，实大误也。（《关于〈老残游记〉》手稿）

▲ 刘大绅《著作《〈老残游记〉》之源委》》注十三：当时所写确为十四卷。先君子于清光绪三十三年(1907)六月间赴汉口，临行曾谕绅剪留，并嘱登完后向报馆多索数份。且谓已语方叔，不再续写云云。虽曾遵办，但自家难后，百计寻求，迄不可

全，今仅存八卷，良友所印，系因从弟剪存者只有六卷。故据以为断耳。(《关于〈老残游记〉》手稿)

**是年** 开始出售抱残守缺斋所藏部分古器物，并报纸刊出《国粹求沽告白》。

▲ 编著者按：刘鹗1908年5月为《宋拓云麾碑》的归属事，在给廉惠卿的信中说"故去年《国粹求沽告白》独无此帖价目，可证非有善价求之心也。"知《国粹求沽告白》已经在1907年开始见报。现在所见《国粹求沽告白》见于1910年10月29日《时报》(《文学史证》第201页)

**12月(十一月)** 因在浦口集资购沙滩荒地，拒绝当地巨绅陈浏要求，被诬蔑为"汉奸"。

▲ 刘大绅《游记作者被祸始末》：先君南归，复共戚党集资购荒地于浦口。谓此地将来必为商货吐纳之所，勿候外人索辟商埠，我先自经营之。后数年，津浦路议起，浦口实为终点。一时地价大起，先君与戚党集资所购者，又为人注目。会江浦县有巨绅陈浏者，以言官致仕于家，强欲得地，先君拒之。陈乃致书于言官吴某，揭先君为外人购产。时世、袁诸氏已入军机，衔宿憾，密令逮先君。会外母舅丁衡甫先生以晋抚入觐，闻之，以全家保于庆邸之前，事得暂寝。

▲ 刘大绅《游记作者被祸始末·注十五》：丁觐见毕，谒庆亲王奕劻。庆询丁曰："刘某为汉奸，汝知之否？"丁曰："汉奸之名系忌者诬加，王爷久知之，何以今日又相问？"庆曰："汝与为亲戚，确知其不为汉奸乎？"丁曰："少同学，长同游，即不为亲戚，亦敢保其不为汉奸也。"庆曰："知否刘某现为外人在浦口买地，汝敢保乎？"丁曰："决无此事。虽令全家相保，亦敢任之。"庆乃详语以故，并谓："我亦疑其不确也。"丁出，即招绅相告，并令电禀先君自慎，勿为仇者中伤。时先君方在申也。"(《关于老残游记》手稿)

▲ 按据先父说：此事发生在1907年，阴历十一月间。丁衡甫名宝铨，是我母的从舅父，与铁云先生及雪堂均总角之交。袁指袁世凯，世指世续。关于世、袁和先生的嫌隙，据说世续先辈曾与先曾祖子恕公同寅。先曾祖在河南时，世家道式微，世及第时送其墨卷及砚石一方来打秋风。先曾祖馈银退卷，并以正言相规。这样不受墨卷，是一种很不客气的做法。世续就衔恨在心，把怨毒泄在铁云先生身上。袁世凯的关系，先父说是铁云先生在山东河工时与袁同在张曜手下，铁云先生屡委优差，袁则久留不出。怀疑先生有所中伤。故留有隙然，其事详见《关于老残游记·六》文及注中。惟袁事罗雪堂和我说，我曾祖及袁甲三均和张曜在河南同僚，并甚相得。袁世凯是袁甲三的侄孙，少时在家乡颇为无赖，赴山东张幕投效时，刚好铁云先生也由张曜函招来东，同在禀见官厅候传，相见之下，也叙了世谊。

铁云先生入见，因张目的在访问河工，谈了较久。后来还是先生说，官厅有袁某候见，请先退。张留勿退，一面叫人请袁相见，一面说："这人听说不大学好。"见面后丝毫不假词色，最后说："你先住在这替我烧烟吧！"袁惶恐万分，铁云先生在旁也为他难受。罗说："这事是你祖父偶然和我说起。袁和你祖父的嫌隙，不知是他怀疑你祖父说了他的坏话，还是后来阔了怕人泄他的底？"罗说与先父讲的略有出入，并记于此。但后来袁确未留张幕，似以罗说为实。（《铁云年谱》第 138 页）

**是年** 为琴学家张瑞珊刊刻之《十一弦馆琴谱》印行。

▲ 编著者按：《十一弦馆琴谱》经过半年时间终于印行。其原版仍保存在中央音乐学院民族音乐研究所。

《十一弦馆琴谱》有 1907 年原印本、1953 年中央音乐学院印本和 1997 年中国书店印本。因原版保存，所以三种印本都用同一刻板，但是又因时代原因而各有增删取舍：

第一种

1907 年原印本

一函四册、线装

四册封面都是黄底素色、无字、无页码。无题签。

第一册共 12 页。每页中缝有字"广陵散旧谱"。

第二册共 11 页。每页中缝有字"广陵散新谱"。

第三册共 13 页。

第四册共 18 页。第 9—18 页中缝有"五知斋琴谱 庄周 卷七 革一——革九

其目录为：

扉页：右上"光绪丁未三月"，中部"广陵散"，左下：蝶云署

第一部分：广陵梦记 金陵 汪安侯 撰（共四页。中缝印有"广陵散旧谱"）

第二部分：广陵散 真趣

慢商调凡拾段

晋 稽中散 谱

明 潞藩 藏刻

闽中 云在青 较

金陵 汪安侯 演正（共四页、十段。中缝有"广陵散旧谱"）

第三部分：刘鹗序言（二段）（共六页。中缝印有"广陵散新谱"）

第四部分：广陵散新谱

大兴 张瑞珊 补正（共五页、十段加尾。中缝印有"广陵散新谱"）

第五部分：古曲二首

耕莘钓渭(共二页、二段。)

平沙落雁(共八页、七段。)

第六部分：刘鹗序言(共三页)

第七部分：张瑞珊制曲四首

天籁(共二页、三段)

武陵春(共二页、三段)

鹧鸪天(共二页、三段)

小普庵咒(共二页、三段)

第八部分：五知斋琴谱卷之七

古琅老人徐　祺大生鉴定

庄周梦蝶(商角音，凡十三段)

第十一段天头有汪孟舒题识

第二种

《十一弦馆琴谱》(1953年中央音乐学院民族音乐研究所本)

此本一册。

封　　面：黄色。题签"十一弦馆琴谱"。无题签人署名。

内封：正面：右上"光绪丁未三月"，中部"广陵散"，左下：蝶云署

反面：十一弦馆琴谱重□定

1953年7月中央音乐学院民族音乐研究所重印二百册。

第一部分：广陵梦记　　　金陵　汪安侯　传(共四页。中缝印有"广陵散旧谱")

第二部分：广陵散　真趣

慢商调凡拾段

晋　　稽中散　　　谱

明　　潞藩　　藏刻

闵中　云在青　　较

金陵　汪安侯　　演正(共四页、十段。中缝有"广陵散旧谱")

第三部分：刘鹗序言(二段)(共六页。中缝印有"广陵散新谱")

第四部分：广陵散新谱

大兴　张瑞珊　补正(共五页、十段加尾。中缝印有"广陵散新谱")

第五部分：古曲二首

耕莘钓渭(共二页、二段)

平沙落雁（共八页、七段）

第六部分：刘鹗序言

（共三页）

第七部分：张瑞珊制曲四首

天籁（共二页、三段）

武陵春（共二页、三段）

鹧鸪天（共二页、三段）

小普庵呪（共二页、三段）

第八部分：重印《十一弦馆琴谱》书后　　　　宋镜涵

第九部分：《十一弦馆琴谱》跋　　　　　　　查阜西

后附：刘厚祜手书鉴定印制情况

第三种

《十一弦馆琴谱》1992 年中国书店印本

一函一九册、蓝色封面、线装、封面有汪孟舒题签。

其目录为：

内容简介

第一部分：广陵梦记　　　金陵　汪安侯　传（共四页。中缝印有"广陵散旧谱"）

第二部分：广陵散　真趣

慢商调凡拾段

晋　　稽中散　　谱

明　　潞藩　　藏刻

闽中　云在青　　较

金陵　汪安侯　　演正（共四页、十段。中缝有"广陵散旧谱"）

第三部分：刘鹗序言（二段）（共六页。中缝印有"广陵散新谱"）

第四部分：广陵散新谱

大兴　张瑞珊　补正（共五页、十段加尾。中缝印有"广陵散新谱"）

第五部分：古曲二首

耕莘钓渭（共二页、二段）

平沙落雁（共八页、七段）

第六部分：刘鹗序言（共三页）

第七部分：张瑞珊制曲四首

天籁（共二页、三段）

   武陵春(共二页、三段)

   鹧鸪天(共二页、三段)

   小普庵咒(共二页、三段)

第八部分：五知斋琴谱卷之七

   古琅老人徐  祺大生鉴定

   庄周梦蝶(商角音,凡十三段)

   第十一段天头有汪孟舒题识

  以上三种,第一种印本,仅知存世一部,2005 年 11 月在天津拍卖。《刘鹗集》编者曾匆匆浏览,摄影。第二种所存无多,已作为图书馆、收藏家作为古籍善本保存。第三种印本,印刷已非止一次。

  笔者在编辑国家清史工程《刘鹗集》时,将三种印本合而为一,可了解《十一弦馆琴谱》印本整体与流传情况。

  ▲ 编著者按：1953 年中央音乐学院民族音乐研究所《十一弦馆琴谱》重印本后有著名琴学家宋镜涵作《十一弦馆琴谱·书后》、查阜西作《十一弦馆琴谱·跋》。又笔者所存一册有刘鹗文孙刘厚祜先生手书鉴定印制情况。三文录于后：

  一、中央音乐学院民族音乐研究所

## 重印《十一弦馆琴谱》书后

  琴曲之取材民歌,周秦已著。下至隋唐之际,楚汉旧声,街陌讴谣,犹赖琴曲以传。当时以其非宫庭郊庙所用,故分列于雅乐。宋明而后,琴工因艺以传曲,文人因曲以成书。异地异时,流传孳变;各成家数,未能汇通;派别纷然,莫衷一是。

  自解放以后,在毛主席、共产党英明领导之下,文化建设亦随经济建设突飞猛进而展开。音乐方面遂有空前之扩展。1953 年春,民族音乐研究所开始筹备,凡属民族音乐之优良传统,无论古代音乐与民间音乐,均得应有之重视。全国琴人闻此消息,莫不感动。北京张莲舫先生乃将刘铁云先生为其先人修山先生所编刊之《十一弦馆琴谱》之镌板全部捐赠于民族音乐研究所作为研究资料。其热心可感。

  此书内容虽琴曲无多,然其中古曲,皆由名家传授而来,可为宝贵。修山先生自制四小曲,则自出新裁,戛然创造。此在清末时代,实如凤毛麟角,亦可贵也。原书当时所印无多,至不易得。民族音乐研究所乃将原板交天津荣宝斋再印二百份,以供琴家之参考。

  盖在音乐文化建设过程中,重视已有之资料,作为借鉴之根据乃重要之事。但借鉴并非硬搬、模仿与替代。毛主席论及对于古人与外国人之借鉴,已有明确指示。吾人之重视资料,正为音乐文化此时此地之发展着想。而资料之价值亦正在其对于此时此地音乐艺术加工方面之能有相当贡献。

在《十一弦馆琴谱》再版之时，鄙见如此，质诸高明，以为如何？

一九五三年六月一日宋镜涵时年七十有四

二、《十一弦馆琴谱》跋：

是谱《老残游记》作者刘铁云(1857—1909)取当时北京厂肆琴工张瑞山之实际弹奏所辑刊。其中十一弦馆琴谱诸谱，为张氏受习及创作之小曲。《广陵散》谱，则张氏就汪安侯托神话抄得之旧谱予以修改者也。读刘《序》，张氏深谢。不敢刻传其谱，此旧时民间艺人纯朴之本色耳。而刘氏能在封建社会下北京，以一知识分子对民间艺人之创作及翻改之旧谱，非惟不予轻视，而且不加掩饰改装，迳为刊传。自今日观之，其能在五十年前，取民间琴艺，播之琴坛，使之从群众中来，到群众中去，一洗旧时某类刊传琴谱者，往往窃食民间果实，或拾取他人牙慧，据为己作之恶习。且刘氏于翻改旧谱之作，以新旧二谱并刊比较，恰似推陈出新。而于采录对象及于三五乐句之小品，亦使百花齐放，则刘氏尤足多矣。

一九五三年六月查阜西识于北京

三、刘鹗文孙刘厚祜手书跋文：

癸亥冬月，查阜西先生为斯谱《序》，曾以显祖考铁云公生平相询。祜于大人方有以报。斯谱固未获见。今年笔耕，为音院迻录汪孟舒先生批注，展卷赫正固先祖所题封内也。识位四篇，亦均为遗墨，拜瞻之余，深以不能宝藏一编为憾。同年秋。音院以一册赠，惊无过望，因以识焉。　　甲午冬月南徐刘厚祜拜志，时居北京辛厂

**是年**　为天津《日日新闻》主笔代拟"时评"《风潮论》。

▲ 编著者按：《风潮论》是 1961 年刘厚泽先生几经周折，寻找到的刘鹗政论性的文章。全文八章，缺其(一)。《风潮论》的刊登年月日不明，但因文中提及"粤汉废约""时已二年"，故知应撰写于 1907 年。全文如下：

风　潮　论

(一)

(缺)

(二)

"天变不足惧，人言不足恤。"历史所记以此亡国者多矣。可见政府能恤人言，是至美之德。今日京外各官，于学生之公电，报馆之论说，莫不畏之、恶之，政府亦然，择其事不干己者，强勉顺从一二事以顺人心，是恤人言而采舆论也。岂不甚善！

吾何以反责政府以鼓励风潮耶？天下人不将责吾为狂悖耶？是不得不申其说

矣。吾之宗旨,惟"核实"二字而已。

吾所以贡诸政府者,贡此"核实"二字也。吾所以为留学生各报馆之诤友者,亦诤此核实二字也。无论何人之言,胥置之于不理者,谓之刚愎;无论何人之言,而轻于信从者,谓之昏庸。俱失当也。

书云"舜好问而好察"。迄言察之一字即核实也,此舜所以为圣人也。其讲求核实之要旨,尤在勿为美名所荧惑,凡妖言耸众听者,必借美名为用。犹记己亥年,吾厕国闻报馆主笔之日,其时义和拳已纷纷于乡野间矣,美其名曰"兴清灭洋"。吾于报纸力诋其非:一则曰地方官不禁,将成大患;再则曰地方官不禁,将成大患。乃言者谆谆,听者藐藐,地方官非惟不禁,且宠异之,卒酿庚子之祸。此鄙人之言不幸而中之一端也。夫以义和拳之鄙俚无道,而王公、巨卿、士大夫相率而信之者,岂有他者哉! 荧惑于其"兴清灭洋"之美名已耳。欲兴清灭洋,忠义之气也,特未核实其果能兴清灭洋与否? 不核实而轻信其言,以致忠义之士化为罪魁,岂不大可痛耶? 不核实之害乃至此。

今日又有近于"兴清灭洋"之说者二语:一曰"排外",一曰"收回利权"。东洋之留学生及各省绅士、京官谈之者莫不兴高采烈,忠义之气勃勃然从喉舌出,吾窃又有所隐忧矣。此二语之用,莫大于铁路、矿务,吾姑试论之,以求教于天下核实之豪杰。

## (三)

风潮之兴,起于路矿。而最大最是者莫如粤汉铁路之废约议。粤汉铁路定约者为美国人,而售其票于比国,不啻美国为比国之代表也。京汉铁路本系比款,倘粤汉又系比款,岂非直贯中国之地干全属之比国耶? 此所以不得不争者也。

比,小国也,乌得如斯之多款? 于是人咸谓系俄皇所借之法款,而使比国人出名。如是则不啻直贯中国之路全入俄皇手矣,此尤所不得不急争者也。由是一时之间,浙江之杭沪,江苏之宁沪,以及安徽、江西、河南、直隶、山东、山西等省莫不群起而兴废约之说矣。果何为也耶? 风潮而已矣。

粤汉废约之后,拟招股二千万,而同时认股,交第一次款者,其数至四千万之多,足以豪矣。废约而措辞正大,粤汉第一;欲废约而竟废约,办事之干能,粤汉又第一。(招股旋踵而有两倍之多,筹款之迅速,粤汉又第一)。由此观之,其路之成可立而待也。何历时已两年之久,据已开工之路,接续为之,甚易为力也。今日虽不能告成,亦当修造过半,乃寂然无闻,何耶? 非第造路之事无闻已也,而办事者之互相攻击之说,不绝于耳。至今矣,殆有何说耶? 譬如有鹿驰于旷野,群虎逐之,未追及鹿之时,群虎或并驱,或先后,其团体固甚结也。及至得鹿,鹿死而群虎相争矣。得鹿之虎默,失鹿之虎吼,鹿少而虎多,吼声盈耳矣,此风潮之所以不息也。

其创始之时,莫不义形于色。其义者,色也,其心则无非欲捃乡愚之钱而润己之身也。一人如是,人人如是,欲求事之成,岂可得耶? 名为收回利权,其实所失之利,已不赀矣,请进其说。

### (四)

何谓名为收回利权,而所失之利实多? 请观废约之款。

先虚掷七百万,一也。数年不能修造,股本利息虚耗,二也。迟成一年则少进数百万,迟成十年即少进数千万,三也。京汉铁路若有粤汉互相灌注,获利不止三倍。以去年所获余利二百六十万三倍计之,每年可增多三百余万。今因粤汉迟延而失其利,四也。凡铁路所过之地,工商各业皆有进步,况湖南安第摩尼等矿遍地皆是。农工商矿因铁路迟延不造,每年所失之利又不下数百万,五也。据此,以上各项核实计之,每年所失之利不下二三千万,十年则二三万万矣。然而且犹不止于此也,请更进其说。

今日中国之穷,穷极矣。然地产之富如此,人民之众如此,乃日就穷迫者何哉? 农工商业不兴,而无业游民太多故也。游民太多,其出于懒惰者固十之六七,而出于无资本、无营业可做者实十之四五。今日收回利权,一切铁路不许用洋款,尽用华款。可知凡此铁路股本之款,皆非闭之箱箧无用之资财也,皆本有所营业者也。一入股于铁路,而旧有之营业失矣。难者必曰:“凡入股之款,大半出于富商,其款不过存诸银行、钱庄而已,本无营业也。其有营业者,断不能废其营业以买股票。”其说近是而实非也。试问银行、钱庄之资,将永藏于库闭置不用耶,抑出放于市面以生息耶? 其出放于市者,即营业之活动资本也。富家虽不能自为营业,而营业者实赖富家之资本以成其生活。故富家陷资本于铁路,则营业者失其来源,以致不能保其营业。资本少则营业少,营业少则游民多,游民愈多,营业愈难,良懦死于饥寒,奸莠狡焉思启矣。谁使之然耶? 风潮害之也。然而且犹不止于此也,请更进其说。

### (五)

自光绪元、二年晋、豫奇荒之后,三十年间水旱偏灾无岁无之。请查上海报纸,历年所办义赈之案可稽也。其故安在?

请海内贤哲之士试一思之。晋、豫奇灾,山西旱荒者五年,河北旱荒者三年,然后民始流离。去年淮北之灾,不过一季无收耳,而难民集清江浦者六十余万,每日死者二三千人,其故又安在?

海内贤哲之士试再思之。古者,圣王之治天下也,使民三年耕有一年之蓄,九年耕有三年之蓄，虽有饥馑，民无流亡。中国当道、咸之间，回匪扰于西北，发逆炽于西南，捻匪乱于中土，十八省之内几无完土矣。然平靖之后，同治十三年间民气大纾，几于复古。何自光绪元年以来，承平日久而百业凋敝，其故又安在哉？

盖同治之朝，外国进口货甚少，而出口货丝、茶为大宗。闻浙江父老云：每年售价四千余万，而余利可获二千余万。南浔一乡村也，以丝起家者有一龙、二虎、八牛、十六狗之称。所谓狗者，家资犹五十万外。观此可验同治初年，虽当大乱之厉，而复元所以易易也。

自己亥、丙子之后，丝茶日衰，而进口货日盛，每年入不敷出者辄二千余万。至庚子之后，又增赔款二千余万，是中国每岁净耗五千余万也。农民每岁衣食之资，不过三十余金，啬之又啬，至二十五金而止，再少则饥寒不免矣。以五千余万核之，每年应有不得衣食者二百余万人，致二百余万人岂真能饥寒以死耶？于是损大户以益中户，损中户以益下户，敷衍以救死，然而处暂可也，处常不可也。计十年应有二千余万人不得衣食者，则补救无术矣。前二年不甚显者，有关内外铁路、京汉铁路、正太铁路、泽道铁路、宁沪铁路皆借洋债，故外款之入中国用者，不下一万余万。借资补缀，所以稍安。

自前年粤汉收回利权之说起，而风潮随之以兴，外款绝而小民之困无以纾矣。然而且犹不止于此也，请更进其说。

## （六）

去年江皖水灾，数月之间，两江总督端午帅所筹赈济之款已四百余万，而外洋协赈之款、本省义赈之款、各省捐助之款尚不在内，然则约略计之，不下七、八百万矣。此七、八百万，固又在每年例耗五千余万之外也。然则去年之耗伤固在六千万也，前年耗五千余万，此至年终之现象，上海倒帐至八百余万，广东、汉口、天津各处潜消暗耗之数，且不知几倍于此。吾闻各处商人莫不咨嗟叹息曰："今年市面不好。"夫今年市面不好尤冀明年市面好，有以补其虚也。商人者，知其当然而不知其所以然者也。去年市面不好，由于前年之耗伤五千余万，而年终如是矣。去年耗伤六千余万，今年年终之现象当若何耶？慧眼人早见之矣。且犹不待年终而偏隅之象已见者，则广东之土匪其一端也。土匪云乎哉，饥民而已矣。岂惟广东有土匪而已哉，东三省之胡匪亦未可轻视也。岂惟广东之土匪及东三省之胡匪而已哉，各省民变次第又见告矣。

老子曰："民不畏死，奈何以死惧之！"民岂不畏死哉？饥寒迫之则不畏死矣。当轴者应知：风潮不足畏，革命党不足畏，而天下之民不聊生为大可畏也。

今年之乱生于去年岁耗六千万也，今年江北灾区赈款尚未止息，而广东剿匪之用款出，东三省剿匪之用款出，各省小乱剿匪之用款出，购军火之费几何？添兵之费几何？因乱而居民所损之费又几何？恐非二三千万所能限也。然则今年之耗损殆八九千万矣。推之明年，又当如何？

夫天下之乱，革命党之利也。革命党孙文一庸才耳，不足为虑也，而附和孙文者，实有奇才异能者在。何以知之，观于其以排外、收回利权二美名，鼓荡留学生以起风潮，鼓荡各省绅士以起风潮，鼓荡在京各省京官以起风潮，风潮之力量，致使政府不得不惧其风潮而顺从之。而其效果，用收回利权之美名，以暗竭天下之脂膏，使民饥寒以生内乱：用排外之美名，激怒各国以生外患。内乱外患，交攻并举，革命党内之以收其利而大事成矣。革命党果可以成大事也耶？曰："否。"

## （七）

读端午帅致军机处电云"孙文勾结盐枭于五七月间起事"。此孙文必败之道也。又译法国《马当报》，革命党之谈论已登前日本报，孙文之说直梦呓也。吾故曰孙文庸才也。总之孙文之布置不足过虑，而四百兆之民日就穷困为大可虑也。诗云："四海困穷，天禄永终。"当民不聊生之日，有孙文亦乱，无孙文亦乱也。当轴诸贤，宜去其忌讳之心，直陈于上，而速筹挽救之法也。不然者，一二年后即不堪设想矣。

救之之法安在？仍不越修路、开矿、兴工、劝农四项而已。而最重者在核实二字。核实云者，核则得实矣，比较之谓也。以用外国款兴路矿与用中国款兴路矿相比较，则用中国款是也。而中国究竟有款与否？其实不可不核也。若中国无款，则路矿遂不能办。路矿不能办，而生利之源绝矣。以无款而路矿不办，与借洋款而路矿速办相比较，则借洋款者是矣。难者曰："子亦欲卖路矿耶？子亦知借外款则事权全落外人之手乎？目下不办，将来犹有可办之日，一落外人手是华人永无可办之日矣。"对曰："此亦许行之流之说也，非通论也。子一日不衣则寒甚，独不虑衣权之落缝工手乎？子一日不食则饥甚，独不虑食权之落庖丁手乎？宫室车马亦一日不可离者，独不虑事权之落匠人、舆人之手乎？夫招商局固皆华人之款也，而船之主洋人，总船主亦洋人也，其事权固在洋人手者也。试问何害于招商局？海关固中国国家之海关也，而事权固在赫德手也，一切分关之主皆洋人也，试问又何害于海关？设若允子之意见，招商局总船主换以华人，海关监督亦换华人，试问能改良耶？抑立见其败耶？试扪子之良心说之，若云借洋款办路即为卖路，借洋款办矿即为卖矿，闻岑宫保将借洋款以兴广东实业，然则谓之卖实业可乎？又闻政府将借洋款以兴海军，然则谓之卖海军可乎？"若此者皆非平心之论，徒鼓风潮以困天下之民，而助革命党为用者也。

## （八）

沿海沿江通商口岸，外国银行鳞次而栉比，一年出入之款不下数万万，此款果何往耶？工商百业莫不用钱庄汇号之款，而钱庄汇号莫不用银行之款。推子之说，是工商百业亦间接而久卖于洋人矣。夫此，各国之银行者每年所获利息之金为款甚巨，皆华人之资也，亦一大漏卮也。推子收回利权之说，假使中国权力可以封禁各国银行，予必以封禁之为便矣。若核其实，倘使竟无银行之溉注，则商业百工皆受其大病，而倒歇之铺户将不可以数计，非深于商情者不能知其蕴也。

吾曰工商矿皆可用洋款者亦自有别。首曰路，路分二种：一曰裕国之路，一曰保国之路，皆不可稍缓者也。何谓裕国之路？如川汉、粤汉是也。宜督饬其绅董迅速筹办，就已有之华款从速修造，能不借洋款固佳。如款项不继，不妨暂借洋款以速其成。但于借款合同声明，以每年余利作为还本，还清之后，洋人即不得与闻。何谓保国之路，一者由西安、兰州过新疆而接俄国铁路。此路宜借英款为之；一者由四川过前后藏而接英路，此路宜借法款为之。此二路者皆由国家保息迅速开办。此外，有厚利之路急修，无厚利之路缓修，大致如是而已。若矿务最不易言，外国人办矿亦失利者多而获利者少。查有把握者集华款为之，且尤宜任土人自为之，官但保护而已。其无把握者不妨招洋股为之，而华人坐收平分之利息，亦计之得也。

若劝工之事，视之似甚细而实为最要之务。国家宜借大宗洋款多设劝业银行，仿日本于高丽之办法，先于各省会开设，次推广至于各府县，劝业银行愈多，则民智之发达愈速。有心世道者盍留意焉！世界评论日法协约不云乎，此约成后，外资输入，必于日本大有利益。然则中国方拒之不暇，何耶？敢曰洋款何尝不可用哉？当筹他日之如何还，勿虑今日之不可借。（《刘鹗集》第 675 页）

**约是年**　赠王伯沆紫毫毛笔，亲笔题辞"象管愧无闲写句，玉尖可捧笑求诗"。

▲ 编著者按：王伯沆（1871—1944），名瀣，一字伯谦，晚年自号冬饮，又别署沆一、伯涵、伯韩、无想居士等。清末至民国年间著名的国学大师。曾先后执教于两江师范学堂、南京高等师范学校、金陵女子大学、东南大学、中央大学等院校。曾作过岭南学者陈寅恪先生昆仲的家学业师，与当时的著名学者和社会名流均有往来。

**是年冬**　开始将在北京的收藏分三次运往南方。第一次运南京，第二次运苏州，第三次则为书籍送南京。前后持续半年之久。

▲ （光绪三十四年戊申）前一年冬，（刘铁云）将京所储悉数运南。（《罗振玉年谱》第 36 页）

▲ 先君在日，眷属大都寓居苏州。惟三家兄大缙等奉命住淮安，守祖居及祭

产。绅夫妇奉命留守平寓所。所藏长物，除先君携在宁寓外，十之六七在苏州，十之一二在平，一小部分碑帖在沪，淮安惟祖遗故书而已。祸起前一年冬，先君命将存平之物全数运南。绅奉谕后，第一次遣老仆郑斌以先君所珍诸物，如甲骨铜器，及较贵重物品径送南京。郑斌回平，携来手谕，命以后送苏。（《关于老残游记》手稿）

**是年**　嫁女给程恩培长子程传镰（百年）。

▲《程恩培年表》光绪三年，丁未（1907 年）：长子百年婚配。妻刘氏（刘鹗之女）。（《程恩培》第 792 页）

▲ 刘德枢《吾家家世·十一、刘、黄、蒋、毛、程家亲世》：刘鹗与程绍周（字恩培）除了同门以外，还是结拜兄弟。更深一层则是刘鹗与其父亲程文炳有过的合作关系。

程文炳是清淮军宿将，后任淮军水师提督（可见《廿五史·清史稿》卷四百九十六，列传二百四十是）。1896 年，刘鹗奔走于京晋间筹划路矿事，后曾一度出任英商福公司华经理（即中方代表），在福公司取得开采权后，与程恩培、吴氏钊等合组豫丰公司，从福公司借外资筑路开矿，1905 年道清铁路建成，1907 年矿成出煤，打算将铁路终点浦口开为商埠，集资收购九洑州、八卦洲等段土地，参股的还有罗振玉、罗凤洲、陆仲宜等，后功败垂成。

这些合作实际上是程绍周与刘鹗在具体操作。刘鹗日记中写到程文炳时避名尊称"军门"或"绍周老翁"。程文炳是长辈，是出资人且有权势，其子程绍周才是经办人。

有着这些关系，刘程两家结亲亦属自然。刘鹗许三女马宝给程绍周长子百年，不料马宝九岁殇，又允四女龙宝，又殇。后刘鹗作伐，至友亲家罗振玉的次女嫁给百年。再后，程绍周的侄孙女程家芬嫁刘鹗孙厚滋（蕙孙）（就是我的伯父伯母）（编著者按：刘、黄、蒋、毛、罗、程等，同门之谊，又结通家之好此是事实。但是目前尚无法理清结亲的具体的关系，故前后所述尚有矛盾，有待厘清。）

# 1908 年(戊申　光绪三十四年)　52 岁①

2 月　盛宣怀合并大冶铁山、汉阳制铁厂、萍乡煤矿,组织汉冶萍厂矿公司。

3 月　黄兴率领华侨发动钦州、廉州、上思起义。

7 月　"户部银行"改称"大清银行"。

8 月　清政府颁布《钦定宪法大纲》

12 月　宣统帝溥仪即位,定明年为宣统元年。

太谷学派学人:蒋文田 66 岁、黄葆年 64 岁、毛庆藩 63 岁。罗振玉 43 岁、王国维 32 岁。

**1 月 26 日(丁未十二月二十三日)**　程恩培因为创办公司得正二品封典。

▲《程文炳年表》:十二月二十三日,以创办公司暨判办实业,予程恩培、刘世珩、许鼎霖正二品封典。(《程文炳文集》第 330 页)

**2 月 2 日(正月初一)**　卯刻起。辰刻谒李府拜年,即至黄宅拜年,兼贺石公寿,乐饮而归。

▲ 在苏州寓所过年。因北京旧案复作,避住上海日本旅馆十余日。清政府明发上谕,革职,永不叙用。(《铁云年谱》第 139 页)

**2 月 3 日(正月初二)**　午后至提署及虞、杨二家。夜作龙虎戏,大胜。

**2 月 4 日(正月初三)**　午后,毛实老来黄宅,晚饭后去。

**2 月 5 日(正月初四)**　本日予请春酒,男女客凡五桌。夜起大风,冷甚。发上海信。

**2 月 6 日(正月初五)**　大北风时起时止。午后,接三井御幡来电,云永昌来电

① 刘鹗《抱残守缺斋·戊申日记》一册原件保存,后收入《刘鹗集》。本年谱长编 1908 年(光绪三十四年)所引用基本是日记原文。凡引用原文处,不再说明资料来源。《抱残守缺斋·戊申日记》中日期原文为农历日期,本书按公元纪年记录日期,( )中为农历纪年。《抱残守缺斋·戊申日记》一册,高 18.7 厘米,宽 11.3 厘米,封面刘鹗自题"戊申日记　归群草堂诗钟所得　铁云"。每页九行,红色框,版心中缝下有"瑞松堂制"字样。《抱残守缺斋·戊申日记》所存为光绪三十三年正月初一(1908 年 2 月 2 日)到三月十四日(1908 年 4 月 14 日)日记。

嘱予速往沪,有要事。晚间接明湖来书,抄《中外日报》两则,言外部将寻吾之隙也。安香夫人劝予早往上海,从之。

▲ 按此为去年十一月弹劾后的又一次风波。当时不甚措意。至今看来,十一月弹劾,议论浦口地,此次则牵连到海北盐、山西福公司及刚毅的弹劾,已比较严重了。(《铁云年谱》第 141 页)

▲ 编著者按:三井是日本在中国开设的洋行,全名为三井物产株式会社上海支店。御幡,全名御幡雅文。据王顺洪《日本明治时期的汉语教师》(《汉语学习》2003 年第 1 期)一文介绍:御幡雅文(1859—1912),生于日本长岐。6 岁学习汉字,8 岁入汉语学塾读"四书五经"。后进入东京外国语学校汉语科。1879 年作为留学生到日本驻北京公使馆学习。回日本后被请到"上海日清贸易研究所"教北京官话及上海话。后在日本刚占领的台湾总督府任翻译,学会了闽南话。1898 年被三井物产聘请到上海职员培训所"三井书院"教授北京官话及中国经济、商业、习俗等课程,兼东亚同文书院汉语教师。1910 年因病回国。1912 年去世。前后编辑有《华语跬步》《沪语便商》《沪语便商意解》《沪语津梁》《官商须知文案启蒙》《生意集话》《逃亡土语读本》等。

▲ 编著者按:明湖:赵明湖,太谷学派学人。

**2 月 7 日(正月初六)**　辰刻至黄宅午饭。饭后,上车,两点三十五分也。五点到沪,往三井访御幡,行中已无人矣。

**2 月 8 日(正月初七)**　已刻起,作书问御幡何处会,答四钟把子路海能路三号本宅会。午后两钟,狄楚青来云:"接京中密电,与《中外日报》之言合,其锋不可当,宜避之。"四钟往晤御幡,出郑永昌来电,凡二,一明一暗。明电云:"上海某处,苏州某处访明刘某,示以第二电。"暗电云:"国有命拿君,速避往日本。"予告以往日本非策,不如在日本客寓稍住,有警再往。并告以狄君有致领事馆村山书,欲往见之。御幡云:"今日礼拜六,村山必不在署。吾当追寻见之,告以详细,约期与公见,公候于此可也。"予遂坐御幡家候之。约一时许,御幡归,云村山已赴友人之约,觅得具告之矣。约明日九钟晤谈。御幡遂同予至东和洋行,选得十六号房。御幡去。予回新鼎升检点行李,同刘贵来。布置已妥,命刘贵次日往苏。夜眠甚安,为多日所无。

**2 月 9 日(正月初八)**　七钟起,早饭后待至九钟,往日本领事署拜村山,晤之,先问案情并布置之法,意见相合。村山亦好书画,纵谈良久。归寓午饭。饭后,村山、狄楚卿俱来看慰。夜间,刘贵自苏州回。

**2 月 10 日(正月初九)**　狄楚青来,云已电告钟笙叔,凡有警信,即密电来告。

午后御幡来。

**2月11日(正月初十)** 狄楚来函,已得最确消息,枢廷蜜(密)电东三省总督云:某某庚子年经都察院具奏,面奉谕旨严拿,在逃未获。兹闻在东运动,饬查云云。

**2月12日(正月十一日)** 将狄言函告苏州及村山君,知事有可解之势,因密查之意重在运动东省也。

**2月13日(正月十二日)** 清晨阅报,见上谕:"开缺山西巡抚胡□□,前在巡抚任内昏谬妄为,贻误地方,著即行革职。其随同办事之江苏候补道贾□□已革职,知府刘□胆大贪劣,狼狈为奸。贾□□著革职永不叙用,刘□著一并永不叙用,以示薄惩,钦此。"午后大缙来问,有此上谕可以无事否? 予云:"天恩高厚,喜出望外,然意外之风波,尚须防也。"

**2月14日(正月十三日)** 江月三自苏州来。高昌庙来传蒲生先生语,劝予早到苏州。予以火势初衰,还宜防烬中之火,宜稍缓出头为是。先是,十一日月三自苏州来,传海陵示文,勉以自责,文云:"蒙难艰贞,负罪引慝,君子之所与也;怨天尤人,倒行逆施,君子之所不与也。呜呼,岂独君子不与也哉,天将厌之矣。"谨拜受命。

▲ 编著者按:"海陵"是指黄葆年。

**2月15日(正月十四日)** 午后,至昌寿里一看。晚间归,接王孝禹来一急字电,诧甚。初九发孝禹书,请其如有警信,示我急字电。已见明谕,何又有此?

**2月16日(正月十五日)** 牙痛。清晨刘贵来,命发电询孝公,云:"除明发谕旨外,尚有严密谕耶? 速电覆。"晚间接来电云:"仅有拘捕之说。"心乃安。当时函告楚青。并示大缙,大缙本往镇江祭扫,因王电而止。故趣之行也。

**2月17日(正月十六日)** 牙痛。一日未出门。夜大雪,一望白无际,景色甚佳,时三钟也。午后,村山来,略谈。

**2月18日(正月十七日)** 张子万自南京来,持陈浏禀稿,云邮传部已行知两江。问当如何办法。予告以无论何国,断无凭白占人土地事,俟制台行县后,据情禀复可也,无甚可虑。请告军门八字曰:"有战无和,有胜无败。"张问予几时赴宁,并云军门廿一、二可以到宁。予对以稍迟一二日即行。天气甚寒。

▲ 正月底二月初去南京与程文炳等全力经营浦地,组织"三洲地皮公司",拟定章程,并与浦绅陈浏斗争甚烈。(《铁云年谱》第141页)

▲ 按浦口地问题斗争对象是浦绅陈浏。陈浏是江浦县土豪劣绅的头子,地头蛇势力甚大。程军门是"长江水师提督",又是淮军宿将,故双方逞对峙的局面,陈

浏等就玩弄从京中下手打击的阴谋。争端之起,《关于老残游记》六注十四说:"浦口荒地,本为江中芦洲,当年定例,占有为产,各地均然。先君及戚友所购者,名九袱州,原为十二户所公有,无疆无界,其后虽分合归并,户数变更,但因原来占有关系,至先君等购时,仍为十二股。先君等购入者,共为七股二毫五。不独先君与戚友等因集资共买关系,无界限可言,即对其地原来业主之未售地者,亦无界址可分。而陈浏氏向先君购地,则索指定四界,此为事实所不能。在陈则谓土地何能无界,必强指之。先君谓历来即为无界公产,买亦不过得其产权。今若指定,无论有平浦之说,多所未便,即使无之,亦不能以一人买卖,而遂将地方数百年习惯之共有地产,不经公议而指出四址也。"我还听家中老辈说。铁云先生初买该地时无人过问,并多目为疯狂。后来津浦筑路议起,地价涨了。陈浏就挟地方绅士的势力向铁云先生按原价购取。铁云先生不愿得罪地头蛇,愿举百数十亩相赠。陈不餍所欲,先生就不限亩数,欢迎共同加入。陈又提出要指定四界。当时先生等合组地皮公司,是资本主义的经营方法,陈浏一定要指索四界,要选取其中最好的地段,先生认为是苦人所难,就决裂了。陈乃以士绅身分出面倡言保护地方产业,掀起大波。1937 年,我在北京图书馆见铅印本《浦铎》后附三册,即陈浏所作,对铁云先生极力攻击,指为替外商洋行买地,而自诩保护国土之功,繁荣浦市之绩。实则自清末至解放前夕,这几个洲子,一直是柴洲,并未起任何作用。(《铁云年谱》第 141 页)

**2 月 19 日(正月十八日)** 往眉寿里一行,居然不胜寒气,急归寓,命下女燃火,良久始舒。夜不成寐。

**2 月 20 日(正月十九日)** 作函与村山、御幡两君,以致谢悃。天气稍和,晚间仍移居新鼎升栈。宴于花凤仙家,为张子万接风兼送行也。子万本日上船。大花回苏。大章自苏来。

**2 月 21 日(正月二十日)** 寒气又少退,然仍着大毛方适体。在眉寿里午饭。吕伯凡自苏州来云,所事尚无把握。为作函致赵明湖并记以诗云:"避风十日荒湾泊,又出荒湾涉怒涛。敢与波臣争上下,一枝萍梗任风飘。"晚间,林蓉圃请在同安坊萍香馆小聚。大章午刻回苏。

▲ 编著者按:刘鹗致赵明湖的诗中所说"波臣",家中人传是暗指袁世凯。袁世凯与刘鹗的关系目前不见正史所载,在刘鹗的著作中,也无任何记载。惟 1909年刘鹗在乌鲁木齐给毛庆藩的信中提到"如执政仍是项城则无望矣。幸南皮仁厚长者,可有赐环之望。且观于起用发废员之诏,则摄政王之豁达大度可见一斑,与南皮济美。或者鹗竟获生入玉门乎。倘有此幸事,计部文到迪,当在七八月之交。彼时即可释放。弟蒙释即行,约到兰州总在十月杪矣。"此将张之洞与袁世凯

进行对比,并矛头直指袁世凯,也是惟一的能正面说明刘鹗对袁世凯的看法的根据。刘鹗与袁世凯交恶的原因已见前述,不赘。我的母亲蒋纫秋女士是太谷学派蒋文田的孙女,曾经对我说过:袁世凯曾拜谒太谷学派山长黄葆年,欲正式拜从。黄归群回答:"我这里缺一个端水扫地的人。"此于朝廷大员袁世凯而言无疑奇耻大辱。此说录以备考。

**2月22日(正月二十一日)** 仍在眉寿里午饭。饭后至大仓洋行,适江子翁来,携红梅两盆,一惠大花,一惠小花也。四钟半始与山田分手。刘健之来,示以《醴泉铭》,携之以去。又要《东海庙残碑》,嘱周济川索于芝阁,不与。急至迎春二凌云阁处,宾朋已满座,而大花仍未至,薄暮始至。七钟入座,山田与胡干卿未至。将阑,二人到,复饮,予乃醉矣。又翻至桂芳阁,予乃大醉。与大花呶呶终夜,殊可笑也。

**2月23日(正月二十二日)** 午刻,范纬君来,以五百五十两庄票交予,备买地也。司徒鸿逵来,嘱书招牌,无纸笔。回寓取纸笔,兼检点行李,使刘贵等上船。本日为请村山、御幡二君,所以致谢者,专请狄楚卿一人作陪。候至九钟不来,盖必误以为西历也。竟与楚青对酌。后赴钱晋甫之招。胡捷三与司徒鸿逵来,谈到一钟去。

**2月24日(正月二十三日)** 十钟起,盥漱毕,啜面一碗。赴车栈,大缙自镇江祭扫归,来送。十二钟半开车,七钟到镇江。乘舆至大观楼,问大章未至,甚诧。函招王幼云。少选与大章偕来。盖大章将行李寄于趸船而至榨油公司晚饭也,甚是。予在大观楼寒甚,买白兰地一瓶,饮之不解寒。十一钟"江永"到,遂上船。十二时半开,五时到下关。

**2月25日(正月二十四日)** 本可一车进城,因天气甚冷,勿冒寒威,径入第二楼宿焉。十一钟起。栈中宿妓甚多,清晨习歌之声聒耳。对窗有金兰者尚佳。十二钟进城,仍住大观楼卅五号。使大章往见马贡三,约来同谒军门。晚至周公馆,候军门院上晚饭归。剀谈,十一钟回寓。草热河铁路禀稿。

**2月26日(正月二十五日)** 午后至下关,应程军门之约,有人离间马贡三,为之说开。宿酒万楼。

**2月27日(正月二十六日)** 未刻进城。到寓,雨,未看马贡三去。

**2月28日(正月二十七日)** 岳母命饭,午刻至纱珠巷。申刻偕大章谒王孝禹,不遇。孝公新得机器局差,上院谢委也。访贡三不遇。

**2月29日(正月二十八日)** 马梓卿来,遂同游商园及商品陈列所。绕道得月台吃茶,春卷甚佳。夜雪。

**3 月 1 日(正月二十九日)**　午后访孝公,遇之,兼遇刘建之观察。归途大雪。白云、钟山,一望无际,不得分也。史伯和约吃饭。肴馔甚佳。座中有林少琴,北京旧友,今充镇江统捐总办也。

**3 月 2 日(正月三十日)**　午后刘建之来,史伯和、马梓卿来。晚饭后无聊。作凌云阁书,仍托程宾泉转交也。诗云:春风冽冽春雪寒,美人迢递隔云端。相思相忆不得见,锦衾角枕眠难安。眠难安,想吴淞,相忆柳眉绿,相思桃颊红。美人自有美人怜与惜,那复更忆憔悴江城一秃翁。

**3 月 3 日(二月初一)**　齿动久不愈,盖两边颠牙俱已活矣。古人云五十始衰,不信然欤。然不忍,遽令西医拔去。清晨倩济川觅《沈氏尊生书》,查得滋阴抑大汤,服之。如无效,则不能顾惜之矣。午后张子万来,知元字号已扎营盘,程军门许之也。草三洲地皮公司条款告成。

**3 月 4 日(二月初二)**　访马贡三。因贡三自下关回,复发痰饮,不能出。故持地皮公司条款往议之也,并告以明日行矣。晚间,张子万来,固约明日饭后去。夜作汪体泉荐函。

**3 月 5 日(二月初三)**　午后,检点行装毕,赴王、郑二宅辞行。因张子万约船上,令刘贵押行李赴下关。予上船,召小桂芬,桂琴二妓。酒后至下关,十钟矣。遇少周自颍州来,谈至三钟寝。

**3 月 6 日(二月初四)**　本日为"江新"踏班,到甚迟,十钟方到。本拟镇江换车,先到苏州。因夜深,况大章感冒风寒,遂迳赴上海。与少周谈至三钟。少周下船,予乃得寝。

**3 月 7 日(二月初五)**　十二钟过通州,六钟进口,八钟泊。仍寓新鼎升。

**3 月 8 日(二月初六)**　至昌寿里午饭,兼访范纬君兄。值四儿媳在彼,待百禄同往京也。

▲ 编著者按:四儿媳:名罗孝则,罗振玉长女,刘鹗第四子刘大绅的妻子。居北京。

**3 月 9 日(二月初七)**　大章往苏,兼取鸣玉琴。午后访狄楚青,为筹款事。

**3 月 10 日(二月初八)**　胡捷三席中遇魏蕃室,遂酒连花接,直至四钟始毕战。大章回。

**3 月 11 日(二月初九)**　早车往苏州,大花亦往苏,遂同行。到苏分途,予至家,值小爱子之子满月。

**3 月 12 日(二月初十)**　看袁伯机病。因少周之说,改用十全大补汤以挽之。不知其果有救否也。

**是日**　絅斋约饮孙宝瑄、高子谷、钟笙叔等人于北京杭州馆。

▲　汪叔子《近代史上一大疑案：刘鹗被捕流放案》：光绪三十四年二月十日薄晚，至杭州馆，絅斋约饮，坐有介轩、伯约、子谷、经才、莘甫、又卿、希洛、笙叔。高子谷，系刘鹗妻舅；钟笙叔，为刘鹗密友。

刘鹗案发之前四个月，光绪三十四年二月十六日、十七日，钟、高先后在京被捕。此事，孙宝瑄尝详记之。

孙宝瑄，浙江钱塘人，为孙诒经之子、孙宝琦之弟、李瀚章（李鸿章兄）之婿。晚清时，在京任部曹。高、钟亦浙人，与宝瑄同乡贯，颇熟稔。故宝瑄所撰日记（注：孙宝瑄《忘山庐日记》下册，上海古籍出版社《中华文史论丛》增刊本，1983 年 9 月第一版，第 1154 至 1160 页，1171 页，1173 页，1177 页，1234 页。高、钟卖密事，另据孔祥吉《晚清佚闻丛考》（巴蜀书社 1998 年第一版，第 140 页）引徐厚祥未刊稿本《俄使行贿纪实》曰："李鸿章病死，遗缺由军机大臣王文韶继任。而机密电码改由王文韶孙婿高子固掌管。高受了璞科第之贿赂，把密电泄露给他，日期一长，满清执政者发觉到，往往很机密的消息，俄国都是先知道，因而生疑，由九门副提督（俗称左堂）乌确锦伪装成哑巴，投到高家充车夫，彼时已有洋车，以勤谨得高信任。某日，高派乌确锦送封密电给璞，乌即以此为证物，把高逮捕。依律应凌迟，清政府因王的情面，从宽远配新疆，永不许赎。清律，罪轻者可以赏赎。高子固罪过重，故不许赎。"按璞科第（D. D. Pokotiloff），即沙俄驻华公使（光绪卅一年五月履任，光绪卅四年二月初五病殁于任）。又按徐厚祥系于清亡后追记，细节容有出入（如九门副提督扮充哑车夫，事类小说；高子谷被捕于二月十七日，已在璞氏殁后十二天；等等），未能如孙宝瑄之当时逐日确记。虽然，高之图利卖密、汉奸行经，于此可补添一参考史料。于高、钟被捕事，极为关心，始末毕备。兹为择要摘出，用究刘鹗案之深层背景。（《明清小说研究》2000 年第四期第 209 页）

▲　编著者按：刘鹗是年被捕并流放新疆，同狱有高子谷、钟笙叔。清政府叙述逮捕刘鹗的原因见诸文字者有三：① 戊戌年垄断矿利，② 庚子年盗卖仓米，③ 丁未年私运韩盐。汪叔子《近代史上一大疑案：刘鹗被捕流放案》分析以上三点都非真实原因。真实原因是刘鹗伙同高子谷、钟笙叔出卖"机密电码"。

▲　编著者按：刘蕙孙先生《铁云先生年谱长编》（第 145 页）"铁云先生被祸的前三天，约在南京制台筱电到时，有军机章京张君，得此消息，以告先父。先父当即和老仆郑斌奔走半夜，找到钟笙叔，从钟处借得时报馆密电本电上海狄楚青转告。""被祸前三天"应是光绪三十四年六月十七日（7 月 17 日），与汪文矛盾。上录日记"絅斋约饮"之絅斋，约指赵昌燮（1877—约 1938），字铁山、铁珊。陕西太谷人。以

书法著称。

**3 月 13 日(二月十一日)**　大毛不能着矣。早起,闻袁君服药有效,喜甚。亟往看之。回宅午饭。饭后上车,两点三十分也。五钟后到沪,大章来接,持军门来电,命少周约予速来沪见午帅。

▲ 编著者按:午帅指两江总督端方。端方(1861—1911),托忒克氏,字午桥,号陶斋,满洲正白旗人。光绪八年(1882)中举人,历督湖广、两江、闽浙,宣统元年调直隶总督,后被弹劾罢官。又起为川汉、粤汉铁路督办,入川镇压保路运动,为起义新军所杀。谥忠敏。金石学家。著有《陶斋吉金录》《端忠敏公奏稿》等。

**3 月 14 日(二月十二日)**　午前脱大毛,夜间已着珠羔矣。本日专写北京信,着刘贵动身也。

**3 月 15 日(二月十三日)**　本日为上海路头日子,故自两钟起胡捷三约花元春,四钟魏蕃室约陆素娥,六钟杨让堂约凌云阁,八钟予约花元春,十钟张宝廷约文素琴,十二钟程宾泉约陈月云,两钟予复约凌云阁家,止矣。本拟明日赴宁,因义丰银行既济君、大仓洋行山田君俱约明日会,故少周先行一日。

**3 月 16 日(二月十四日)**　午刻与宝廷雅宜楼午饭。两钟到义丰、既济君因阅报不放心,安慰之,并云倘有不测,渠能为力云云。予逊辞谢之。晤山田,为前所拟禀稿章程,渠尚未收到也。又至马海洋行,访问福公司股票情形。晚间,司徒鸿翘约陈月云家酒叙。

**3 月 17 日(二月十五日)**　赴十二钟车到镇江。着灰鼠袍,大有不支之势。寓大观楼,寒甚。王幼云、史若梁俱来,谈至十二钟。"大坂"船到,即乘"大坂"赴宁。两钟开行。

**是日**　孙宝瑄在北京再见到钟笙叔。

▲ 汪叔子《近代史上一大疑案:刘鹗被捕流放案》:光绪三十四年二月十五日:至江苏馆。是日,与经才、仲庄、笙叔、彤士等七人公寓同乡。(《明清小说研究》2000 年第四期第 209 页)

**3 月 18 日(二月十六日)**　八钟到下关,即遣行李进城。率大章至第一楼,喫面一碗后进城。遇丁鸿宾参戎,知军门已于十一日回太平矣。仍寓大观楼。

**是日**　高子谷、钟笙叔在北京被捕。

**3 月 19 日(二月十七日)**　衣服带至灰鼠,悔所带者少矣。午后马贡三来,知蒙制军委照料,姜军借以便于浦口地皮也。

**是日**　孙宝瑄得知高子谷、钟笙叔在北京被捕。

▲ 汪叔子《近代史上一大疑案:刘鹗被捕流放案》:光绪三十四年二月十七

日：絅斋过,方闻高子谷被步军统领衙门捕获而去。途遇家人报称,昨日缇骑至仁钱馆,钟笙叔被拘去。(《明清小说研究》2000 年第四期第 209 页)

**3 月 20 日(二月十八日)** 在钓鱼巷饮酒,小醉。

**3 月 21 日(二月十九日)** 天气仍未甚暖。午前三时半,姚少铭、张宝廷自上海来。

**是日** 孙宝瑄得到高子谷和钟笙叔因出卖秘电码而被捕的消息。

▲ 汪叔子《近代史上一大疑案:刘鹗被捕流放案》:光绪三十四年二月十八日：我国与日本捕船之交涉,岌岌可危,几酿衅端,各国罔勿注目。闻辰丸船我国已释放。

光绪三十四年二月十九日：朱桂卿过谈,始悉高、钟二人被捕之原因。盖外部(按谓清廷外务部)为捕日本辰丸一案,与日使开谈判,日使直揭破我国与驻日李钦差(按谓李家驹,时为清廷出使日本大臣)会商密电。袁项城(按谓袁世凯)大惊,严查泄漏者,得电报学生数人,供出高、钟在外勾通,及种种不法事。乃奏明拿办,并搜出秘籍,凡外部(按谓外务部)所有各项密电本皆备。盖每日得外部(按谓外务部)机密电语,辄译抄出售外国使馆,据称有十四国与之交易者。是故,凡政府秘不宣要件,我国人不知,外国人辄早知之。盖其为此已数年矣。志在图利,甘心卖国,不期吾浙出此人物也,噫!(《明清小说研究》2000 年第四期第 209 页)

**3 月 22 日(二月二十日)** 张子万自江浦来,携县署公事,因杨佐臣在江北藏于皮包中,不以示人。晚赴方守六之约。

▲ 编著者按：方守六曾应方敛之之请,任《大公报》第一任主笔。

**3 月 23 日(二月二十一日)** 午后,杨佐臣来,以谕单交彼起草。晚间,杨鸿宾约在金陵春。饭后至小狮子家吃酒,大醉。托少铭往上海筹款,作让堂、楚青二函。

**3 月 24 日(二月二十二日)** 小毛不能着矣。午后陈少梧来,拜谢可也。晚间在中西旅馆请客,为吴汉涛、王孝禹、方守六等人。本有少周,少周闻军门来,往下关接,故未与斯会。夜雨一阵,寓中住客忽满。

**3 月 25 日(二月二十三日)** 午后马贡三来,云军门已到,住官膏局。晚间来召,趋往见之。少周约金陵春,座中有姜军营务处马晓侪君,正欲往逸信购军需物件,吾便为宝廷介绍之。

**3 月 26 日(二月二十四日)** 连日大暖,桃红柳绿矣。杨佐臣稿送来,甚佳。送与军门阅,亦大加叹赏。本晚宝廷在陆芸芳家请客,为马晓侪也。

**是日** 孙宝瑄传言:高子谷、钟笙叔或被监禁、或被已就戮。

▲ 汪叔子《近代史上一大疑案:刘鹗被捕流放案》:光绪三十四年二月二十四

日：诣爽夫许坐谈。又语及高、钟二人事,或云监禁,或云已就戮,传言皆不可信。
(《明清小说研究》2000 年第四期第 209 页)

**3 月 27 日(二月二十五日)**　军门拜寿后拟即回太平,同人劝予阻之,为之说之游半山寺。晚间史伯和请戴四新船,蔡敏斋、黄炳南请戴四老船。同日,同地,同一人之船,两船并泊,亦甚巧也。

**3 月 28 日(二月二十六日)**　午前至官膏局。午后同游半山寺。盖金陵之东北城根也,草草数间,颇饶雅趣。有泉自闸中来,汩汩有声。予与少周随侍军门,饮酒甚乐。夜,吴秋田请金陵春,得晤孙次城观察,其人真能员也。

**是日**　孙宝瑄得知高子谷发往新疆,永远监禁;钟笙叔发往新疆,监禁二十年。

▲ 汪叔子《近代史上一大疑案:刘鹗被捕流放案》:光绪三十四年二月二十六日:访吴佩葱,闻高、钟二人谳成,皆发新疆,高永远监禁,钟监禁二十年。(《明清小说研究》2000 年第四期第 209 页)

▲ 编著者按:高子谷的被发往新疆,其伯父高仲英派一奴仆一路护送。

**3 月 29 日(二月二十七日)**　燥热异常,着单衣犹汗涔涔下。早起,为地事与少周意见不合,反复辩论。午刻军门来唤,问前事意见若何? 予力陈其不可,军门甚以为然,严责少周之非。黄炳南约吃便饭,辞之。

**是日**　孙宝瑄记录高子谷、钟笙叔由陆军部押送流放起程情况,

▲ 汪叔子《近代史上一大疑案:刘鹗被捕流放案》:光绪三十四年二月二十七日:诣江苏馆,三六桥、许季芗等召饮。六桥谈及前日高、钟二君之行,惨不胜言。二人共坐一无幕车,惟携毡席一束,余无长物。由陆军部官役押送,按站而行,以官犯,故不加刑具。人生到此,亦可哀已! (《明清小说研究》2000 年第四期第 209 页)

**3 月 30 日(二月二十八日)**　午后拜船津,因其昨日已来过也。又拜张钰夫,渠来两次未遇,颇有怒意也。晚间同马梓卿吃教门馆子。晚与史若梁邕谈,史昨日来也,少周似与同往颍州故耳。

**是日**　《捷报》刊文论述胡聘之、贾景文、刘鹗被革职。

▲ 光绪三十四年二月二十八日《捷报》:本月十三日发布的上谕,对前陕西巡抚胡聘之及其属员:道台贾景仁、知府刘鹗,严加斥责并予革职。原因是“失职”,即是因为 1898 年批准福公司的采矿权。此事值得特别注意:这三位官僚主吏,今后将永不叙用,以儆效尤。如果我的记忆不错,过去中国官员,从未因批准外国公司的采矿、筑路及其他让与权而被革职的。与罗沙第谈妥并签订原始协议,是前太原商务局总办,他是得到巡抚胡聘之的批准及已故的总理衙门大臣们的许可的。由此而来看来,把一切过错都推在这三位官员的肩上,当然是不公平的。没有

得到北京政府的许可,他们并不能签订这个协议。如果这三名官吏要被革职并且今后永不叙用,对于批准这项协议的总理衙门大臣庆亲王,将受到什么惩罚呢?(《刘鹗小传》第 30 页)

**3 月 31 日**(二月二十九日)　送程军门至下关。本日军门请韩子敬、马小俦等人。予与宝廷在第一楼十号吃午饭,叫局数名。送军门上船后,小坐啜茗,看隔江山色甚佳。暮归,赴吴汉涛之约。

**是日**　吴之瑛为《李北海云麾碑》归属事,在《神州日报》刊出《买〈宋拓李北海云麾碑〉者》"告白",阻止刘鹗出售此帖,并刊出吴之瑛致刘铁云函,准备就此碑归属进行谈判。

▲ 1908 年 3 月 31 日徐芝瑛在《神州日报》刊登的"告白"和致刘鹗信

### "告 白"全 文

买《宋拓李北海云麾碑》者:

此碑系吾小万柳堂所藏,暂抵与刘君铁云,并非刘君之物。芝瑛访得刘君踪迹,即当取赎。望海内好古家万勿轻购买,以免缪辖。　　　　吴芝瑛广告

### 吴芝瑛致刘鹗函全文

刘铁云先生鉴:

宋拓《李北海云麾碑》,芝瑛在京时,由先四挚志甫公借钱购得,当即鉴定为宋拓。辛丑岁阑,家夫子惠卿欲寄五弟留东学费,不得已向尊处借京平银一百两,以此帖做抵,承先生允可随时取赎。次年春,芝瑛移家潭柘山中,先生携帖出京。甲辰之冬,芝瑛到沪,即催家夫子备款赎。先生执不可,谓欲取赎,必偿十倍之息云云。嗣后遂不得踪迹。今闻先生欲将此碑据为己有,定价出售,不胜骇异。芝瑛酷好此碑,视为性命,决不轻弃。应如何认息、取赎之处,望彼此各托公正人谈判,芝瑛无不遵命。请先生见报后,即日清理,勿伤雅道。

至感,至荷!　　　　　　　　　　吴芝瑛敬启(《文学史证》第 180 页)

**4 月 1 日**(三月初一)　马贡三来约,赴蔡和甫花园闲游。六钟赴船津之约。九钟散后,偕王翰甫再到蔡园候景朴孙,至十一钟始入座。少周见予,醉曰:"敢再饮否?"予曰:"何惧?"又同饮白兰地两碗,沉醉。归寓已不知人。书铭座右曰:"不当纵而纵,当止而不止。吁嗟乎,铁云将以醉死。"

▲ 编著者按:景朴孙,名完颜景贤,字任斋,号朴孙。室名三虞堂。满洲镶黄旗人。精鉴赏。清末北京书画收藏大家。

**4 月 2 日**(三月初二)　病酒甚。晚间与宝廷等吃金陵春。日间拜客。

**4 月 3 日**(三月初三)　天气颇凉,又着棉矣。午后孙词臣来辞晚间之酒。下

午,携左莺台游蔡园,即到戴四船上,大雨,客到者为船津、吴汉涛、武仲平、王翰甫。

4 月 4 日(三月初四) 天寒甚,灰鼠复着矣。发道、局、府禀稿。

4 月 5 日(三月初五) 少周本日动身,太平有电来也。蔡敏斋来,知黄炳南往无锡。午后吴剑华来,嘱其代约武仲平晚宴于巧云房。本日尽兴。

▲ 编著者按:黄炳南(1875—1956),字纯青,号晴园。福建安南人。1895 年创办树林早酒公司,后改为树林红酒株式会社。著有《晴园诗草·文存·年谱》。

4 月 6 日(三月初六) 寓中清坐一日。

4 月 7 日(三月初七) 午刻,杨佐臣来,同往花牌楼午饭。史若梁动身赴芜湖。往晤王孝禹,詧谈。

4 月 8 日(三月初八) 午前马贡三来,同往利涉桥素馆午饭。名为素馆,实若荤也。饭后,近水台吃茶。晚间方守六请金陵春。

4 月 9 日(三月初九) 午前,马贡三来为张子万请客。晚间,张元船上酒。

4 月 10 日(三月初十) 冒雨往下关,贡三送至第一楼。一点钟开车,八点半到上海。九华楼吃饭。

4 月 11 日(三月十一日) 马小梅知予来,约在胡玉莲家。午后狄楚卿来晤谈。问子谷事,渠亦不能得其详也。

4 月 12 日(三月十二日) 杨让堂来,告知一切。杨云二十边可到南京矣。本日予在花凤仙家请客。俞三厚卿请在陆琴仙家。

4 月 13 日(三月十三日) 十二钟回昌寿里吃饭,路遇邵依克,挟至其住宅,见其夫人,留午饭。下午晤狄楚卿,议事。

4 月 14 日(三月十四日) 午后,同宝廷至瑞嘉洋行与邵依克詧谈。邵约吾十六日在伊宅内饮酒。予遂请伊十五日凌云阁。

4 月 15 日(三月十五日) 夜间,马维祺先到,邵依克夫妇后至,安矿师最后至。本日尽欢。

4 月 22 日(三月二十二日) 由有正书局影印抱残守缺斋收藏的碑帖刊登广告发售。

▲ 1908 年 4 月 22 日《时报》刊"有正书局碑帖总目·广告"

(一)(大楷)北宋拓苏书醉翁亭记

此石毁于南宋,世所行者皆反刻本也。此为北宋原石拓印,真至宝也。抱残守缺斋藏。每册八角。另裱成条幅四张二元二角。

(二)(草书)宋拓太清楼书谱

安刻乃宋人抚写,非原本也。此本后与薛本端为双璧。《抱残守缺斋》得此二本合而为一函。后附释文,注中考据极详。日本人前此曾反刻薛本而不全,每笑安刻之失真。今得此可以傲日本人矣。每册大洋七角。

(三)(寸楷)宋拓皇甫君碑

此王廉生家藏不断本。碑于明中叶断为二,损四十余字。此本用蜡墨乃宋人法。世人传不断本留世间仅两册,此其一也。现归抱残守缺斋。定价大洋五角。

(四)(行书)金拓蜀先主庙碑

金费华老人书。有王虚州、蒋啄存题志。金碑极少,至可宝也。抱残守缺斋藏。定价大洋五角。

(五)(寸楷)宋拓道因法师碑

此真宋拓本也。王廉生藏本。有郑板桥跋志。现归抱残守缺斋。每册大洋五角。

(六)初拓崔敬邕墓志铭

抱残守缺斋所藏。此海内孤本,久为世所传。有陈香泉题志。至宝也。每册大洋四角。

(七)初拓刁惠公墓志

此石为魏碑中之冠。此本为抱残守缺斋所藏,诚最初本也。定价大洋四角。

(八)初拓元公姬夫人墓志

此石出土即为□陵陆氏所得,兵燹后二石皆碎。苏州有翻刻二本,颇可乱真。此册乃未归陆氏前所拓者,诚难得之本。抱残守缺斋藏。定价大洋四角。

(九)初拓张陶二夫人墓志

抱残守缺斋二夫人墓志,合为一册,隋碑中极佳品也。定价大洋四角。

(十)(行书)北宋李北海麓山寺碑

此帖为李北海碑中之冠,"云麾易得,岳麓难求"非虚语也。王廉生藏。现归抱残守缺斋。照原样大小付印。定价大洋七角。

(十一)(隶书)海内无第二本东海庙残碑

此碑为江南寒碑之冠,石已久佚,此本殆如球璧。抱残守缺斋藏。有梁章钜、张叔末、何子贞、徐渭仁、杨龙石、魏默深、吴让之二十余题志。每册四角。

(十二)(行书)北宋拓圣教序

此帖为海内第一本,有董香光、王觉斯两跋。王廉生得此后经潘伯寅、盛伯熙、吴清卿、王孝禹、诸君精鉴,推为"海内第一"。现归抱残守缺斋。定价大洋六角。

(十三)(寸楷)原拓塼塔铭两种合册

第一种系出土时拓本,诚为难得之本。第二种乃世所传之真本也。抱残守缺斋藏本。每册三角半。

(十四)(篆书)明拓石鼓文

抱残守缺斋藏本,付印以公诸世。每册三角。

(十五)(草书)宋拓河南本十七帖

此为十七帖中至精至美之本。吴平斋旧藏屡题志,叹赏不置。现归抱残守缺斋。定价大洋四角。

(十六)(行书)宋拓苏长公西楼帖

宋时成都西楼下有东坡行书帖十卷。陆放翁择其尤者为一编,号"东坡神髓"。三十年间未尝释手,在宋时已见此帖之价值。近时但闻其名,未见此帖。抱残守缺斋藏。定价大洋五角。

(十七)宋拓淳熙秘阁续法帖

此帖为宋孝宗南渡后,续得晋唐遗迹上石。孝宗精鉴赏,故品在阁帖上。第一卷为天下钟书祖本。右军《洛神赋》亦世所未有。石至理宗时毁于火。此册虽不全,实珍若球图。有吴让之、张叔未题志。抱残守缺斋藏本共四册　定价大洋一元五角。(《刘鹗集》第 645 页)

▲ 编著者按:刘鹗生前与有正书局老板狄楚青友善。刘鹗将抱残守缺斋所藏碑帖供有正书局影印出版并亲自撰写广告说明词。以下十一种散见于广告。广告刊出或有错讹字亦一仍其旧,不加改动。

(一)宋拓苏长长雪堂帖

此为海帆相国旧藏汪圣锡刻本。现归抱残守缺斋

(二)初拓刁惠公墓志

一、此志端楷古秀,去晋未远,风格犹存,由晋开唐,为魏碑中希世之宝。此抱残守缺斋藏最初拓本。

二、此志端楷古秀,去晋未远,风格犹存。且今之书法自唐而溯晋,此志书法则由晋以开唐,诚为希世之宝。此抱残守缺斋藏最初拓本。

(三)宋拓道因法师碑

此欧阳通书,通称小欧阳。克绍箕裘,书法少变兼隶分体。此本点划怯瘦,结构精严。福山玉廉生旧郑板桥题体制其题志,定为真送拓本。南北朝之风流余韵,余此尚可攀留。现归抱残守缺斋。

(四)明拓石古文

此抱残守缺斋藏本。末附录赵钤冈所编《石鼓文续集》及韦苏州、欧阳文忠、苏文忠《石鼓歌》。

（五）刘铁云藏宋拓麓山寺碑

此帖为李北海碑中之冠。"《云麾》难得,《岳麓》难求"非虚语也。王廉洲旧藏。现归抱残守缺斋。

（六）初拓崔敬邕墓志

此海内孤本,为世所传,有陈香泉题志。抱残守缺斋藏。

（七）原拓塼塔铭两本合册

第一种系出土时所拓,诚为难得之本。

第二种乃今传之真本也。抱残守缺斋藏。

（八）唐拓十七帖

抱残守缺斋藏。上虞罗振玉题签

（九）宋拓淳熙秘阁续法帖(共四册)

抱残守缺斋藏第　册　　　宋拓淳熙秘阁续法帖　平等阁主人题。

（十）金拓蜀先主庙碑

抱残守缺斋垒藏　　　　金拓蜀先主庙碑　　　狄平子于平等阁。(《刘鹗集》第644 页)

**4月23日(三月二十三日)**　孙宝瑄知此前所得到高子谷、钟笙叔在流放途中死去的消息不确。

▲ 汪叔子《近代史上一大疑案:刘鹗被捕流放案》:光绪三十四年三月二十三日 外间谣传高、钟路毙之说,今乃访闻其事属虚。(《明清小说研究》2000 年第四期第209 页)

**4月26日(三月二十六日)**　孙宝瑄又得到高子谷、钟笙叔确实在流放途中去世的消息。

▲ 汪叔子《近代史上一大疑案:刘鹗被捕流放案》:光绪三十四年三月二十六:是日,闻沈雨老道及高、钟路毙乃确有其事,闻之颇惊。(《明清小说研究》2000 年第四期第209 页)

**4月(三月)**　第二次将在北平的收藏运往苏州。

▲ 第二次运南之字画手卷碑帖,于次年(1908 年)三月间,浼徐月楼学兄携苏。继奉先君谕,言已令戚某点收。……迨祸事既起,绅仓皇南归,家已荡然,宁寓及产业为官家抄没,靡有孑遗。苏寓亦一空如洗。运南之平物,徐月楼携去者,至戚云未见。

　　　　　　　　　　　　　　　　　　　　　(《关于老残游记》手稿)

▲ 编著者按:刘鹗第二次运往南方的书画下落不明,"徐君月楼,铁云先生

门客。1908 年先生自北京移居江宁,徐押送图书、字画二百箱由京赴宁。中途闻先生得罪,流放新疆,人物皆不知所终。抱残守缺斋长物遂散。"(《程恩培》第767 页)

**5 月 4 日(四月初四日)**　高仲英派护送高子谷的仆人从太原回到北京。

▲ 汪叔子《近代史上一大疑案:刘鹗被捕流放案》:光绪三十四年四月初四日:至仁钱馆小坐,见钟希洛。闻高、钟事,外间所传仍虚,盖子谷之伯父仲英遣一奴送至太原已归,乃云在正定毕命者,岂非讹乎!(《明清小说研究》2000 年第四期第 209 页)

**5 月 17 日(四月十八日)**　《神州日报》全文刊出刘鹗上月给廉惠卿建议将《宋拓李北海云麾碑》归还原主王懿荣家的信。此后廉惠卿致函王懿荣之子王汉章,澄清此帖来源,并复函刘鹗提出公断此帖归属。但自此《宋拓李北海云麾碑》下落不明。

▲ 刘鹗致廉惠卿函先生鉴:

廉惠卿先生鉴:

铁云昨到上海,蒙友人留示嫂夫人所登告白,为《云麾碑》事。记辛丑残腊,阁下持此碑至敝处求售,索价二百金,或质押百金。仆云何妨持向友商办,如有出百金以外者,请迳售之。否则,愿以百金见惠。此日,尊自送帖来,取百金以去。当时彼此俱认为为买为卖也。事隔数年,晤阁下于上海。忽云将取赎此帖。仆云何有赎?未克此命,并无十倍之说。仆因甚爱此帖,故去年《国粹求沽告白》独无此帖价目,可证非有善价求之心也。今嫂夫人云甚爱此帖,似应物归原主。然阁下此帖系庚子年得诸王氏空宅中,亦非尊府旧藏也。推复本之谊,请代还王氏以息纷争,如何?　　　　刘铁云启(《文学史证》第 182 页)

廉惠卿致王汉章函:

福山王观察鉴:

庚子之变,先公殉难时,执事时不在京,贵本家与贵同乡丁孔章等数人来商,欲将先公所集两朝名人真迹百数十册,名曰《海岱英灵集》,寄存敝寓,以免散失。鄙人为保存国粹起见,当即与约:须有人留此看守。贵本家应之,遂开清单,亲自交来。即日移居敝寓,看守此帖。执事到京,仍由贵本家手缴。顷阅刘铁云所登告白,因吾与有《云麾碑》交涉,谓此帖系庚子年得之王氏空宅中云云。似此情同窃取。鄙人即好古,尚不若是之甚!鄙人于前事不敢言功,亦何无端蒙此不白!已电约当时售此帖之人来沪作证,以质公论。然不知此帖是否尊处旧藏,或曾托刘君物色。乞赐示为幸!　　　　　　　　　　廉惠卿谨白廉惠卿复刘鹗函：

刘铁云先生鉴：

《云麾碑》本非敝处旧藏。系庚子年得之于京师琉璃厂宏荣堂,价六十金。时与吴先生同居,内子向挪款购得,即请题签,至今不知曾藏福山王氏也。节外生枝此不足较。惟当时向尊处暂质、及到沪赎取各情,皆仆与执事当面交涉。鄙处前登《告白》,无一字欺饰。尊论与实情不符。区区一帖,何必用此伎俩? 仍请彼此各约公证人公断此事,以免争执,勿再延搁。

至感,至荷!

廉惠卿启事

（《文学史证》第 181 页）

**5 月 18 日**(四月十九日) 《神州日报》大字刊出吴芝瑛第二次阻止有人购买《宋拓李北海云麾碑》"启事"。

▲ 关于《宋拓李北海云麾碑》的启事：

吴芝英启事：敝处所藏《云麾碑》,暂质于刘君铁云。前闻刘军与人议价六百金出售。敝处查悉,登报声明已经两月。而刘君忽登报强辩,全翻前议。区区一帖,芝瑛岂真不能割爱! 特刘君如此强夺,并诬质为卖,又欲损人名誉,心实不甘。枝瑛誓死必赎回此帖。容当日经售此帖之人到沪,芝瑛当力疾赴宁,面邀王观察来沪公议此事。今再登报广告,请海内鉴赏家勿购此碑,以免纠葛。千万注意! (《文学史证》第 183 页)

**6 月 29 日—7 月 15 日之间**(六月初一日—六月十七日之间) 曾在江宁参加汪子翁寿筵。毛庆藩参加。

▲ 编著者按：刘鹗 1909 年 6 月 9 日(四月二十二日)信"实君老哥亲家垂鉴：自去年六月汪自翁寿筵一晤,……"(《刘鹗集》第 759 页)

**7 月上中旬**(六月上中旬) 第三次将北平珍藏书籍等运往苏州。未送达目的地被人吞没。

▲ 第三次则为书籍与未裱碑帖及不甚重要之物。系命仆人刘贵送苏者,时为五月间,即祸作之前十数日也。……刘贵送回者,至中途闻变寄存戚家,大先兄大章(字著伯)命也。刘贵返平言之。其后此所谓戚,亦云未见。沪寓一部分碑帖,大先兄浼另一至戚照料,某悉携返己家。事后向索,某谓先君有欠彼款,已以之折偿矣。此外因诸兄在宁谋救,为人恐勒吓诈逼写契纸字据等事,亦屡见不一。又前数年疏浚秦淮河,掘出玉插一座,当时报纸喧传,谓发现六朝古物,登载摄影,轰动一时者,实为先君案头常置文玩。大先兄冤愤之极,不愿人得,手投之河中也。(《关于老残游记》手稿)

**7 月 15 日(六月十七日)**　军机大臣、外务部尚书袁世凯派杨文骏到南京面见两江总督端方口头传达"秘捕刘鹗"。端方电询袁世凯。

**是日**　刘大绅在北京得到要秘捕刘鹗的消息,通过上海狄楚青转告苏州黄仲素。但未能通知到刘鹗。

▲ 两江总督端方给袁世凯电文:"北京袁宫保:杨道文骏本日到宁,面述遵谕,嘱拿革员刘鹗即刘铁云解京。刻查得该革员适因浦口议开商埠来此。具呈声明,应用地段全行报效公家。其铁路码头应用地亩,亦全行报效。应否即行捕获,请示遵行。再该革员就获后,应如何奏明起解,并解交何处? 祈示。方,筱。"

▲ 按铁云先生被祸的前三天,约在南京制台筱电到时,有军机章京张君,得此消息,以告先父。先父当即和老仆郑斌奔走半夜,找到钟笙叔,从钟处借得时报馆密电本电上海狄楚青转告。狄因先生已离沪赴苏宁,不知确在何处。即专人送电至苏州面交我姑丈黄仲素,请其立即通知暂避。黄姑丈竟将此电压置未即送宁,第三天就出了事。后来先父与黄姑丈格格不入,即因此事。甚至有人说黄姑丈是故意压置。(《铁云年谱》第 145 页)

▲ 编著者按:关于袁世凯及外务部要秘密逮捕刘鹗的电报,原见蒋逸雪《刘鹗年谱》(第 54 页)共五通,后见刘蕙孙先生《刘铁云先生年谱长编》(第 143 页)共七通。2005 年 9 月 6 日,笔者在北京国家图书馆分馆(文津街)地方志阅览室查阅光绪十九年袖海山房石印本《历代黄河变迁图考》(索书号:721/597)以外发现在此书后订有秘密逮捕刘鹗的电报手抄稿。共四页。其中第三页左第二行第三字"部"为红笔添加,故可知此为原电底稿。与刘蕙孙先生所录,除少量字外,基本相同。本书根据笔者所见录入。

**7 月 16 日(六月十八日)**　袁世凯将端方"筱"电收入档案。

▲ 汪叔子《近代史上一大疑案:刘鹗被捕流放案》:六月十八日袁世凯收到端方"筱"电后,将之归入外务部档案。(《明清小说研究》2000 年第四期第 209 页)

**7 月 17 日(六月十九日)**　外务部密电两江总督端方密捕刘鹗,拟定罪名为"戊戌年垄断矿利""庚子年盗卖仓米""丁未年私运韩盐"。端方当日收到电报设法并将通过王孝禹转告刘鹗,未成。

▲ 外务部给两江总督端方"筱"电的回电:"急。南京制台宁密。筱电悉。革员刘鹗系光绪二十四年四月都察院据云南举人沈鋆章、山西京官邢邦彦等先后联衔具呈代奏称:'该员垄断矿利,贻祸晋沂。请查拿递解回籍,交地方官严加管束'各摺片。军机大臣面奉谕旨'著总理各国事务衙门查明办理钦此。'当经查拿未获。

庚子之乱,伊更名在京盗卖仓米。上年六月,据驻韩总领事马廷亮禀:'韩在甑南浦私设盐运会社。合同内载刘铁云、刘大章均为发起人,又勾结外人,营私罔利,迄未悛改。该革员既在江宁,希即密饬查拿,先行看管,获后电复。俟酌定办法,再电达。外务部。'

▲ 刘大绅记录刘鹗被捕过程如下:

按据王孝禹先生曰:端接袁具名之军机传电,即招王入署示之。王力请相救,端莞尔曰:此事在君。我何能为力?王欲辞出,端留之。且言将宴客,请其作陪。言已即令请巡警道段某。王时不识端意,颇惶急。未几段至,端与纵谈碑帖,膳后仍然。至下午,端始出电示段。段请即行。端曰:"此袁宫保奉密旨交办时间,宜夜往。"段请先归预备。端曰:"此时预备,若有漏泄,谁任其咎!"端始不复言。端复语之曰:"可在此夜膳。"并谓王曰:"如无公事,亦可膳毕再去。"王答曰:"略有小事,料理毕即来。"端颔之。王遂辞出。归寓即密书致先君,阻于阍人陈贵,位达。晚间复令人来视,有为陈贵所阻。王入督署,不知先君尚未知道。且以为已离宁也。端见王入纵谈有顷。始告段曰:"此时可预备矣,然必过十二时再往,早恐未归也。"段唯唯辞出,王亦偕辞。夜二时顷,段来寓所,先君遂为所执,王犹不知。翌晨王入见端,端点首微叹。王莫喻其意,出始知之。急究所以,并谋救,则已无从着力矣。(刘厚泽注:当时的巡警道名何繩章,非段某。此文中之"段"字均应改为"何"字。)(《关于老残游记》手稿)

▲ 先君与端(方)本为旧友,端未贵时,常相过从。先君既南,在扬州一旧肆故纸中,以五百文购得一孤本《刘熊碑》。事为端闻,介友相让,先君初不与,后亦赠之。端报先君一千金,先君不受,端执不可,相持经年。最后乃由王孝禹先生调停,以先君所藏之宋拓《道因碑》、宋拓王书《圣教序》、宋拓《醴泉铭》及秦汉铢印并售七千金。此即外人所谓之古玩争执也。(《关于老残游记》手稿)

**7月20日**(六月二十日) 清晨刘鹗在南京被捕。两江总督端方电告外务部。

**同日** 外务部将端方"号"电收入档案。

▲ 两江总督端方致外务部电报:"北京外务部钧鉴:宁密。十九日电悉。革员刘鹗,已派巡警总监何道繩章带同委员许炳璈设法在宁拏获看管。应如何办理,候电示祗遵。号。光绪三十四年六月廿日发。"

▲ 汪叔子《近代史上一大疑案:刘鹗被捕流放案》:六月二十日:当日外务部收到端方"号"电并予入档。(《明清小说研究》2000年第四期第209页)

▲ 据先伯著伯和我说:十九日电到南京之日,端方特召王孝禹先生入督署,出电相示。孝禹恳请大帅设法援手,端微笑说:要看你了。时在下午,至四五

点钟始令人请巡警道何公入署,出电相示。何请回衙预备。端说白天准备,万一泄漏,谁任其咎,不如入夜为妥。何不敢违,端又留何晚饭,同时向王说:你没事,可以一道吃了晚饭去。王喻旨,请先退再来。回家即派专人条告,自己又回督署,端见王回,知已通知,三人就纵谈碑帖至夜十二时始散。王回家,知送信人为我家仆人所阻,没有见到铁云先生的面。使者到了我家,仆人陈贵坚持说老爷睡了,天大的事也不能叫。其人惶急无法,最后叹了一口气,将一个纸条,送入口中嚼烂而去。此系出事后先伯到宁,陈贵悔恨自白云。巡警总监何黼章亦与铁云先生相熟,并知和端、王均系把兄弟,知端有意成全,回厅后,直等到天明七点钟,宁沪班船开后。始派员用马车至我家,说大帅请刘老爷进署有事相商。铁云先生不知所以,欣然登车,遂被捕。此事不但出端、王意外,亦出何道意外。何回报后,王不久亦至,端叹说:"命也如何!"即命王代送程仪二千两。消息到苏,继祖母郑即奔至上海觅狄楚青营救。狄等乃商之日本驻沪总领事,籍借郑永昌巨款,请予缓解。电到后铁云先生已经起解,端回电拒绝了日本领事,但仍将情况电京,暗示其中牵涉外交,并请送邸阅,仍是有意挽回。外间传说铁云先生因与端争《刘熊碑》为端所害,确是误会。1940 年端家要出售督署电稿,我为之介绍于故宫博物院文献馆,价七百余元。陈援庵先生从中找出有关之事的以上往来电底,借给我抄存了一份,事实真相大明。铁云先生出事前后不久,高子谷、高子衡、钟笙叔都先后得罪遣戍。这些人均李鸿章、王文韶掌外部时候的活动人物。现一网打尽,是除去个人嫌隙外,其中还有派系之争意味。铁云先生之事,自三十三年冬起,忽张忽弛,并未解决。他倘如黄归群戒,杜门养晦,可望无事。听郑永昌言亡命日本,亦可无事。(《铁云年谱》第 145 页)

**7 月 20 日(六月二十二日)**　外务部上奏刘鹗已经被逮捕请示处置方法。军机大臣面奏,奉旨"著发往新疆永远监禁;该犯所有产业,著两江总督查明充公,办理地方要政。该部知道。钦此"。并传知外务部、度支部、法部及两江总督、新疆巡抚。

　▲　汪叔子《近代史上一大疑案:刘鹗被捕流放案》:六月二十二日外务部上奏折,附片专陈刘鹗罪状,"贪鄙谬妄,不止一端",列举戊戌矿、庚子米、上年盐三款,谓"均系营私罔利,勾结外人,贻患民生,肆无忌惮,若任其逍遥法外,实不足以惩奸慝以儆效尤"。奏报"现接准南洋大臣端方电称,'该革员因浦口议开商埠,来宁具呈报效地亩'。经臣等电复密饬查拿、先行看管";请示"应如何惩办之处,伏候命下,即由臣部电知南洋大臣遵照施行"。

　折上,军机大臣面奏谕旨:"外务部奏已革知府刘鹗贪鄙谬妄、不止一端、请旨惩处一片。革员刘鹗违法罔利,怙恶不悛,著发往新疆永远监禁;该犯所有产业,著两江总督查明充公,办理地方要政。该部知道。钦此。"

当日,军机处遵录谕旨,片交外务部、度支部、法部及两江总督、新疆巡抚,传知遵办。

当日,外务部发"至急"电,向江督兼南洋大臣端方、新疆巡抚联魁先行转告鹗案已经奏明得旨,本日军机处录旨交片传知遵办事;"希钦遵办理";并告原奏(即外务部请旨惩鹗奏片)另密咨。(《明清小说研究》2000年第四期第209页)

**7月21日**(六月二十三日)  两江总督接到外务部电报:将刘鹗发往新疆永远监禁,产业充公。

**同日**  端方回电北京军机处与外务部报告请代奏所有情况,并报告刘鹗起解将由河南经由陕甘赴新疆。

**同日**  端方电报湖广总督、河南巡抚、陕西巡抚请"一体饬派员弁接解前进"。

▲ 外务部致两江总督端方与甘肃新疆抚台联魁电报:"至急!南京制台、迪化抚台(申):本日军机处片交称:军机大臣面奉谕旨:外务部奏,已革知府刘鹗贪鄙妄谬,不止一端,请旨惩处一片。革员刘鹗违法罔利,怙恶不悛,著发往新疆,永远监禁。该犯所有产业,著两江总督查明充公,办理地方要政,该部知道。钦此。希钦遵办理。原奏另密咨。外务部(六月二十三日到)"

"北京军机处钧鉴,申密。二十三日奉电旨。革员刘鹗违法罔利,怙恶不悛,著发往新疆,永远监禁。该犯所有产业著两江总督查明充公,办理地方要政等因,钦此。遵查前接外务部电业经饬派巡警局道员何道黼章,委员许炳璈设法在宁将刘鹗拿获看管。谨即遵旨派员将刘鹗解往新疆,永远监禁,并查明产业充公。除起解时另行咨报军机处外务部查照外。所有拿获革员刘鹗缘由,谨请代奏。端方叩。漾。六月廿三日"

"北京外务部钧鉴:申密。顷电请军机处代奏文曰:'云云'敬闻。叩。六月二十三日。"

▲ 汪叔子《近代史上一大疑案:刘鹗被捕流放案》:六月二十三日外务部发出密咨,向南洋端方、新抚联魁咨送军机处恭录谕旨交片,附钞外务部原奏,以备"钦遵办理"。

当日,端方发漾(廿三日)电,致军机处、外务部,请代奏前接外务部电、业经饬员将鹗拿获看管缘由;告本日奉到电旨,"谨即遵旨派员将刘鹗解往新疆永远监禁,并查明产业充公","起解日期另行咨报。"

当日,端方向外务部发送咨文,咨报"革员刘鹗起解日程";"兹经饬派巡警局参事候选知县赵椿林、副将李东武,管解该革员刘鹗,于即日起程解赴湖广督部堂衙门,投候饬派员弁接解前进,取道河南陕甘,赴新疆抚院衙门投收,听候饬发永远监禁"。

当日,端方并分咨湖广总督、陕甘总督、河南巡抚、陕西巡抚,咨请"一体饬派员弁接解前进"。(《明清小说研究》2000 年第四期第 209 页)

▲ 编著者按:刘鹗被捕,产业充公。现在所知,其被充公的产业最确切的数字是浦口九洑洲沿江的土地五百五十七亩。现存 1934 年 7 月 12 日,蔡元培曾为刘鹗三子刘大缙申请发还浦口地产的呈文给当时的国民政府主席林森的介绍信仍保存。将其蔡元培介绍信和刘大缙呈文全录于下:

一、蔡元培呈林森函:

子超先生钧鉴:

迳启者,清末丹徒刘铁云先生鹗,博学嗜古。首先研读甲骨文字,有功文化。所著《老残游记》风行一时,为今日语体文之巨镬,其中隐刺时事椅间接助成革命。以近来政府表彰柯凤荪、廖季平诸先生之例推之,刘先生实有特被表彰之资格。惟刘先生在日以《游记》曾映射权要姓名遂遭搆陷诬,以卖太仓米谷遣戍新疆,卒于戍所。又将浦口九洑洲地产及古玩书画一律没收,当世冤之。迄本事二十余年,刘先生后嗣幸得成立。念沉怨□白,拟情

中央复查原案,明令昭雪,并将浦口九洑洲私有地五百五十七亩发还,藉申枉屈。特为函达,敬希

钧座追怀往哲,复俯念寒微,准如所请。使前清冤谳得平反于今日。不胜同感。附

刘大缙军 所具节略一份 祈

垂览 专颂

钧绥                          蔡元培 敬启 七月十二日

(《四大小说》第 182 页)

二、刘鹗三子刘大缙呈文:

呈为 清廷暴虐,民父含冤,没于戍所,产地充公。拟恳复查原案,俯赐明令昭雪并准发还私有浦口九洑州地产权,以张公道而申冤抑事。

窃民父名刘鹗,字铁云,又字云臣。前清以知府分发山东候补。生平好学,著述甚多,尤以发现三代甲骨文字有功于我国文化非浅。当时目睹满人弄权辱国,愤激于心,乃作《老残游记》讽之。书中以玉贤影射毓贤、以刚弼影射刚毅,指为酷吏,残害忠良。当时读此书者无不称快。又孰料祸根即肇于此乎!谨将被诬事及受害情形分别陈之。

甲、被诬事项:

一、晋矿案件　　民父思想维新,深知我国藏富于地,非利用外资不足启发,以兴实业。乃向清廷建议,招西人开发晋矿,以三十年为期,期满无条件收回自办。清廷权要令民父向西人索取贿赂,民父未允,致无成议。嗣民父后向晋抚建议,晋抚然之,耐乃为上奏。权要恚此甚,托辞褫晋抚与民父之职。转令总理衙门直接与西人交涉,所得回扣甚巨。遂不惜牺牲国家主权,将有利我国之条件大半取消。此事详罗著《五十梦痕录》。事实昭然,绝非虚构。

二、太仓案件　　庚子之役,联军入北京。京中食粮,贫民饥饿待毙。民父在申,筹办义赈,集款汇京。迨抵京后,得悉太仓为俄军占据而西人不食米谷,乃备价向俄人购取,一面以平价转售与饥民,其赤贫者并得施舍,因之万千生命赖以存活。此事在民父纯为义举,岂知日后又为权奸之口实,目为盗卖仓粟。民父因此丧命,家产因此充公。夫以一人生命、一家私产换得万千生命,在民父死虽无憾,在后裔贫亦甘心。但死于诬陷、含冤未莫伸。民父有知,当难瞑目,后裔亦深蒙奇耻大辱也。

乙、受害情形:

一、强迫捐地　　光绪三十四年初,值津浦铁路兴筑。当时权奸侦知民父置有产地于浦口九洑洲沿江地段,乃强迫捐出四百于亩,以为兴筑车站栈房之用。时民父本有报效国家、促成交通事业之心。慨然如数允之。呈由江督端方派员核收。今案存南京市政府,不难复核。

二、遣发新疆、家产充公　　民父因晋矿事,虽经参革,嗣曾仍后复原官。然终因《老残游记》风行一时,遭权奸之忌。乃将旧案重提议处,先褫官职,又藉收买太仓米谷救济灾民事,指为刀卖。将民父发往新疆,永远监禁。一面有将九洑地产,除一报效者四百余亩外,其私有余地五百五十七亩一律充公(南京市政府亦有案可稽)。所存之古玩字画亦为江督端方没为私有。当此家产荡然,后裔无以存活。此均光绪三十四年春夏先后举发之事也。尤可哀者,民父被戍新疆后,因孱弱之身,不堪其苦,未及一年即患中风身故。呜呼,人生之惨痛曷过于此。民等合家老少数十口,忍辱偷生,赖亲友周郪借助者二十余年。自清室灭亡,民国成立,屡经求人代为伸雪,均以人微言轻,恐下情不能上达。未克进行。

今幸党治清明,训政大举,而久延未决官民界址未能划分之浦口九洑洲地,又经南京市政府于二十二年十一月实测完竣。其中滨江市地内有九百余亩,即民父当年报效及充公之地也。公私积案既均清了,惟民父沉冤至今未雪。查柯绍忞、廖平诸学者既经明令褒扬,如盛宣怀、张謇等家产被没收且蒙赦宥发还。政令宽大、薄海同钦。为此呈恳钧府俯赐明令昭雪,并准将因冤充公之浦口九洑洲私有地产五百五十七亩概予发还。以伸奇耻大辱而维后裔生存。不胜惶悚，迫切待命之至。
除分呈行政院暨南京市政府外，谨呈

国民政府　　　　　　　　　　　　　具呈人　刘大缙云 叩（刘大缙章）
江苏镇江（丹徒）县人 寓上海静安寺路延年坊四十二号

（《四大小说》第 185 页）

　　▲ 编著者按：刘鹗被捕，产业充公。"产业"应只是一部分，其丰富的收藏亦在被"充公"之列。《铁云藏龟》《铁云藏陶》《铁云藏货》《铁云藏印》四书记录了刘鹗所收藏的龟甲、陶器、钱弊、印玺只是其中的一个部分。专门研究中国近代收藏家的《文汇报》记者郑重先生在出版《收藏大家》之后对刘鹗有了部分了解，说：刘鹗绝对是中国近代的收藏大家，应予以注意与研究。

　　▲ 编著者按：对古器物多有研究的刘鹗同时代人鲍鼎访求刘鹗的收藏（1903 年刘鹗《铁云藏龟》原拓本无释文。1931 年蟫隐庐本《铁云藏龟（释文）》及《铁云藏龟·释文凡例》均由鲍鼎完成），1933 年 12 月将其所知、所见刘鹗的收藏铭文汇为《抱残守缺斋藏器目（附瓦当目）》一书印行。此书鲜见，全文录于后：

### 《抱残守缺斋藏器目》序

　　吾邑储藏书画尽代不乏人。宋则有苏氏颂、米氏芾，元代则有石氏巖、郭氏畀，明则有唐氏成、靳氏贵、陈氏大年、张氏覲宸，最近则笪氏重光、张氏若筠、王氏文治、蒋氏宗海则尤著矣。而甄集有裨经史之古器物则自刘氏鹗抱残守缺斋始。上自殷契、下及隋碑；巨若鼎彝，纤如泉鉥；□罗当甓，广及罂登，藐古为俦，后来居上。顾刘氏手订印行者仅有《藏龟》《藏陶》两种及《藏印》四集耳。其瓦当之精好者，罗氏振玉秦汉瓦当文字中已采之，第亦未尽所藏。独其藏金，宜有专录，而刘氏及身，未克成书，是用惋惜。年来流浪南北，游踪所至，必叩藏家，索观墨本。每见钤"老铁""铁云藏金""抱残守缺斋所藏三代文字"等印者，皆存其目。且援攗古之例，兼录全文。又仿《南村丛钞》，依其行字，当亦为考古者之所欲知，非第一邑一乡之文献已也。嗟乎！近日治路者，镕铁造轨，发掘亘数省，河南、陕西所出古物尤多昔人所未见，而每岁随市舶流出海外，如水赴壑，并一纸墨拓之文字、图像不留。恐百年吾国几如荒野大漠，欲求一见三代文字之迹岂可得哉？刘氏嗜古，又值庚子兵燹之后旅居京师，故家珍祕，充溢海王村市，肆值又至廉。刘氏竭其力之所至，不以营田宅治生产，惟古器物是求。福山王文敏数十年所畜，强半在其箧中，龟甲兽骨亦文敏古物。自《铁云藏龟》印行，而后瑞安孙氏诒让、上虞罗振玉氏筚路蓝缕以辟讲解之途径。浸至今日，后学能识古文，知殷礼，刘氏之功又何可没也？刘氏暮年，以两江总督端方欲夺其孤本《刘熊碑》，不时得，因事龃龉，遂论遣戍。刘氏、端方皆已矣,过眼烟云,何莫不然? 独有位者既不当窃嗜古之名行黩货之实,而私家又懔懔于匹夫怀璧之罪,几何不使吾国变为荒野大漠也乎? 余成是目,不禁为之浩叹也。丹徒鲍鼎

▲ 编著者按:刘鹗被捕、所有产业查明充公。所抄产业未见记录。现编著者珍藏有关刘鹗所藏书画、碑帖、书籍目录两种。录于后:

### 一、《抱残守缺斋中头等碑帖》(残页)

海内第一本刘熊碑

海内第一本圣教序　　又宋拓二本

海内孤本东海庙碑

海内孤本西岳泰华灵庙碑

宋拓扬淮表

宋拓九成宫　　　　　皇甫碑

麓山寺　　　　云麾碑

智永千文二　　道因法师

出土本　崔敬邕墓志铭

出土本　砖塔铭

鹤寿本 瘗鹤铭

明拓石鼓文

初断本曹全碑

色字本张迁碑

景君碑

郑固碑

刁遵碑

元公姬氏

### 二、《抱残守缺斋书画碑帖目》

字画目录

条幅

墨迹

高宗纯皇帝御笔　　　　　　高宗纯皇帝御笔

世宗宪皇帝御笔　　　　　　苏东坡行书

张照临米帖　　　　　　　　林文忠公书太白诗

山水

米元晖山水　　　　　　　　　刘度山水

王石谷着色山水　　　　　　　　沈石田山水

吴虞山山水　　　　　　　　　　徐幼文山水

张宏山水　　　　　　　　　　　查梅鹤山水

章声山水能品　　　　　　　　　云西老人山水

张积素山水　　　　　　　　　　石溪上人山水

董文敏仿僧繇没骨山水　　　　　王廉州仿黄鹤山樵山水

董东山仿文敏笔意

人物

钱舜举洪厓先像　　　　　　　　仇十州士女

元贞期生人物　　　　　　　　　改七香士女

花卉

赵子固水仙　　　　　　　　　　张松庵□丹

年希尧花卉

图

宋徽宗鹡鸰图　　　　　　　　　关同雪山图

文待诏江干草阁图　　　　　　　仇十州天台刘阮图

朱泽民五福　　　　　　　　　　邹原褒繁花斗雀图

闵正斋五鬼闹判　　　　　　　　龚圣予芦舟渔隐图

崔青蚓洗象图　　　　　　　　　陈老莲斗豆草图

关山雪霁图　　　　　　　　　　杨妃出浴图

名人扇方


中堂

墨迹

圣祖仁皇帝御笔　　　　　　　　史忠正公书大风歌后

梁山舟行书

人物

任渭长人物

山水

邵僧弥山水　　　　　　　　　　吴虞山设色山水

花卉

边寿民芦雁　　　　　　　　　李复堂黑蕉

恽正叔小中堂　　　　　　　　恽南田花卉中堂

陈松亭画竹板桥道人题　　　　板桥道人兰竹

八大山人荷花鸬鹚　　　　　　旧缂丝花卉

林良双鹰　　　　　　　　　　朱沦瀚指墨云龙

周昆来云龙

图

仇十州开山图　　　　　　　　蓝田叔雪山图

唐子畏滕王阁图　　　　　　　蔡霖苍种蕉学书图

钱叔宝岳阳大观


手卷

墨迹

元鲜于伯机墨迹　　　　　　　文待诏秋声赋

张文敏真迹　　　　　　　　　琼山道人真迹

董思白宗伯行书

人物

唐六如汾阳王小像

山水

唐六如山水　　　　　　　　　董文敏山水

董文敏山水墨迹　　　　　　　毕焦麓山水

诏研斋所藏钱村宝山水真迹　　文待诏书画合璧

周钰画卷　　　　　　　　　　张篁村仿黄大痴笔意

花卉

管夫人墨竹　　　　　　　　　夏仲昭墨竹

李息斋先生墨竹　　　　　　　竹叶梅花

戴淳士墨竹（横披）

图

宋陈居中文姬归汉图　　　　　赵子昂渔樵耕读图

沈石田松溪图咏　　　　　　　唐文合璧洛神赋图

马扶羲灵治图　　　　　　　　仇十州维摩说法图

明钱禺方渔村图　　　　　　　钱叔美桐绵图

陈沱江松树图陈眉公查二瞻跋　　　　陆子传亲交赠别图
姚云东松树图　　　　　　　　　　　姚云东五台山图
萧尺木仿宋人朱陈嫁娶图　　　　　　研旅先生度岭图（上下）
石涛老松墨芝图　　　　　　　　　　渔隐图


碑帖目录
册页
墨宝
蔡中郎墨宝　　　　　　　　　　　　宋孝宗书赞
苏文定公真迹　　　　　　　　　　　文待诏真迹
赵子昂临淳化阁帖墨迹（八本两箱）　元各家墨迹（两部）
国朝各家墨迹
人物
历代圣贤画像　　　　　　　　　　　刘祝合璧
元明各家人物山水花卉　　　　　　　华梁合璧
瘿瓢子画
山水
文待诏山水　　　　　　　　　　　　李若昌水山
吴墨井山水　　　　　　　　　　　　叶荣木山水
朱昂之山水　　　　　　　　　　　　张桂岩山水
泥金纸山水两部
花卉
金雪塘花果　　　　　　　　　　　　夏丕雉朱竹
六溪花卉（谢）　　　　　　　　　　董慎斋花卉（谢）
恽清于花卉
图
黄小松访碑图　　　　　　　　　　　眠琴绿阴图
恽清于蛱蝶图
碑铭
旧拓瘗鹤铭（一本）　　　　　　　　中兴颂（一本）
旧拓颜家庙碑（二本）　　　　　　　旧拓龙藏寺（一本）
旧拓山寺碑（一本）　　　　　　　　初拓兴福寺碑

国初拓庙堂碑(一本)　　　　旧拓钱弥勒像颂(一本)

明拓道因碑(一本)　　　　　唐段志玄碑(一本)

字帖

初拓定武本兰亭五种(一本)　　初拓神龙本兰亭五种(一本)

朱拓思古斋兰亭黄庭(一本)　　元拓圣教序(一本)

明拓圣教序(一本)　　　　　旧拓同州圣教序

唐拓崔敬邕(一本)　　　　　石印崔敬邕(一本)

宋拓争坐位帖(一本)　　　　旧拓星凤楼丛帖十二本(一函)

戏鸿堂丛帖(两函)　　　　　旧拓大观帖(八本)

建拓决雪堂丛帖(五本)　　　六十帖五本(一函)

样本宝晋斋帖　　　　　　　晋江马蹄帖(十本)

宝晋斋帖(十本)　　　　　　宋拓十七帖(一本)

宋拓怀素临十七帖(一本)　　宋拓绛帖残本

秘阁帖残本　　　　　　　　石淙帖(四本)

宋拓宝晋斋小楷(一本)　　　三希堂赵吴兴帖(二本)

宋拓东方画赞(二本)　　　　宋拓皇府君碑(一本)

宋拓道因碑(一本)

书籍

宋版昌黎文集(二十本一函)　　宋版六臣注文选(六十本两函)

宋版两汉详节(十本一函)　　宋版攻媿集(四十八本两函)

宋版史记残阙本(十本)　　　宋版中和集(四本)

原版何评文选(三十二本)　　武英殿版历代诗余(四十本)

汲古阁唐人选唐诗(八本)　　楞严经(二本)

钦定词谱(四十本二函)　　　六十种曲(十函)

茅评淮南子(六本)　　　　　古逸丛书(四十一本两函)

大清会典(四百四十本六十函)　御制数理精蕴(六十八本六函)

浙西名印(六本)


古今名人墨迹目录

左上一

圣祖高处见山多　　　　　　高宗纯皇帝御笔

高宗纯皇帝御笔　　　　　　虞东木山水

刘登荷花 王时敏山水真迹
左上二
八大山人小鱼真迹精品 徐俟斋山水
朱英酒中读书图 马文璧山水
董文敏画仙山志 张桂岩兰花
蓝次公山水 黄瘿瓢判官
周月如之恒洗象图 成亲王
左上三
马江香摹宋人花卉 汪退谷书
王勤中落花鸣鸠图 徐时显鹰犬
两峰子南极老人 张雪鸣月桂
左上四
新罗山人端阳景物图 刘文清公行书
蒋文恪公蜀葵 李复堂兰花真迹
青藤老人法书 曹地山行书
左中一
管幼孚美人
左中二
东云仕女 张桂岩山水
文待诏行书 顾定之墨竹
尤子求监制锦衣图 王概设色山水
左中三
鼎
左下一
朱素人仕女 高且园鹰
秦谊亭山水 赵文敏天马图
王娄东墨山水真迹 子昂马
吴历山水 张研夫山水
左下二
松岩垒翠歗吴南芗青绿绢本立轴
左下三
各家字屏 邓完白吴让之篆联

朱影梅人物（四付）

左下四

南田摹文待诏松萱图　　　　　陈老莲陆羽评水图

赵松雪行书诗真迹　　　　　　赵子固水仙

仇实父西园雅集图　　　　　　宋林椿黎花鸳鸯

右上一

诒晋斋书合璧　　　　　　　　叶绍庭梅花

联西林调鼎图　　　　　　　　李从训

荆浩　　　　　　　　　　　　赵子昂

宋懋晋山水　　　　　　　　　黄小松对子

江南星花卉　　　　　　　　　元法源师花卉

屏（四幅）　　　　　　　　　方环山杨存一

对一

右上二

翁覃溪先生法书　　　　　　　改画

马和之　　　　　　　　　　　王梦楼行楷真迹

翁方冈中堂　　　　　　　　　王綦山水

愚园雅集图　　　　　　　　　五子图

五丹麓画梅鹤

右上三

辽东副使画像　　　　　　　　奚钱生花卉

丁南羽罗汉　　　　　　　　　白阳山人花石

黄左田花卉　　　　　　　　　王叔明先生山水真迹

老迟听阮图　　　　　　　　　杜宗一顾文恪题元人画槐花真迹逸品

伊墨卿先生宝翰真品　　　　　阮文达公自书法源寺小记行书

萧一芸山水条　　　　　　　　奚铁生仿黄鹤山樵松溪高逸图

右上四

彭雪芹联　　　　　　　　　　吴芷舲行书屏四

右中一

明代尧峰山人真迹　　　　　　李某生先生斗方

钱选人物　　　　　　　　　　成亲王对

奚业泉山水　　　　　　　　　王退谷高简山水

顾定之墨竹石头　　　　　　　　吴翊清花卉横幅二
右中二
王汉藻连景山水（四幅）　　　　陈老莲神品（四幅）
吃有菜饭　　　　　　　　　　　著可补衣
无钻营态　　　　　　　　　　　无贪利心
赵叔行书对　　　　　　　　　　张桂岩山水
四器集锦　　　　　　　　　　　吴让之隶书对
曾忠襄联　　　　　　　　　　　钱保屏二
陈鸿寿行书
右中三
郑板桥墨竹　　　　　　　　　　倪文节真迹
倪文正公山水精品　　　　　　　李复堂荷花
蒋矩亭兰花真迹　　　　　　　　王雅宜行书
女史李因花卉　　　　　　　　　黄石屏花卉
法若真行书　　　　　　　　　　胡冕山水真迹
倪迂枫林萧瑟图　　　　　　　　乾隆御笔斗方
右中四
莫友芝隶书百宜室额　　　　　　合拓屏四幅
吴让之八言篆对　　　　　　　　王觉斯诗屏
邓顽伯篆书联上下　　　　　　　董思白诗屏
倪鸿宝诗屏　　　　　　　　　　"四时佳卉即天花，午夜钟声皆佛偈"覃溪
赵㧑叔联上下　　　　　　　　　陈眉公诗屏
得读人间未见书　　　　　　　　崇林至静快引天风初日将兴犹带水气
　　　　　　　　　　　　　　　蝯叟
"窗前北苑春山，架上南华秋水"㧑叔　仙露明珠自在心黄花翠竹常相住
汤文端横披　　　　　　　　　　黄小松七言分书上下
赵之谦对一付　　　　　　　　　青斋墨花卉
右下一
宋人人物　　　　　　　　　　　黄鹤山人山水
文衡山兰竹石　　　　　　　　　潘恭寿山水
金画蝶猫图　　　　　　　　　　文衡山酒醒图
刘相国墨宝　　　　　　　　　　冷李合璧

右下二

| | |
|---|---|
| 莲溪果景 | 吴让之篆书屏（四幅） |
| 姚元之横披 | 张叔未隶字联（二幅） |
| 明拓武烈陵碑颂 | 邓石如行书对（二幅） |
| 朱椒堂隶书联（一付） | 吴让之对二付 |
| 翁叔平屏 | 姜宸英手卷 |
| 吴大澂对（一付） | 赵之谦对一付 |
| 曾文正公对一付 | |

右三下

| | |
|---|---|
| 陈老一莲眠石图 | 谢时圣真武像 |
| 王丹麓费小楼扇面 | 黄华道人茄豆图 |
| 王铎大草真迹 | 刘文清公行书 |
| 文点行书 | |

| | |
|---|---|
| 景贤大师塔记（楞伽山民） | 簠斋所藏诏量瓦拓本 |
| 旧拓姚懿碑 | 宝善斋法帖卷第二 |
| 汉新丰令交师都尉沈府君神道 | 李秀残碑旧拓本 |
| 宋司隶校尉（讳惟字伯邳帖计十六页翁方纲题过） | |
| | 旧拓宋河南穆氏先生茔表 |
| 王行淹郑准 | 魏始平公造像记 |
| 文安县主墓志 | 那龙姬郑长猷造像 |
| 广东光孝寺东西两铁塔刻文旧拓至精至足之本张廷济题 | |
| 杨大眼 | 盛昱复刻石鼓文 |
| 复齐刘碑造像记 | 三希堂第一册魏晋 |
| 隋全利塔铭孟弼书 | 隋陆使君碑萃编 |
| 唐镇年大将军吴文碑（话雨楼王氏鉴藏） | 爨宝 |
| 李仁德 | 魏季超墓志铭陵字不泐本 |
| 旧拓三坟记 | |

（据原件过录）

▲ 编著者按：刘鹗被捕，家产被抄。刘厚泽先生说"我家被籍没家产后，剩余的收藏仍不少，但是大半被一些亲戚隐匿占据，又有部分被不肖子弟滥卖。例如其是宋版书尚有二百余箱，就被二伯父大黼以不许开箱挑选作为条件，每箱二十两银子作价卖出了不少。"（《老残游记资料》第119页）

▲ 刘德馨《我的回忆》：李贵说："二太爷那年在扬州买到《刘熊碑》非常高兴，夜里也睡不着。我一面给他老人家送点茶水，一面催他老人家早点安歇。我问二太爷怎么这样高兴，他说：'你要晓得，这《刘熊碑》全国只有两部，我今天能买到一部，怎能不高兴呢？'

李贵说："二太爷先在苏州旧货摊上买到一只像爵杯样子的古铜器，他的上部有一个突出像鸭嘴的下腭形状，两旁各竖一钎，下有三足。买的时候以爵杯论价。卖的人也是个行家，说是上面应有盖子，如果齐全就是宝贝了。过了一年多，他老人家在北京琉璃厂看到一只盖子，也是古铜的。盖子上雕塑着一只雄鹰，神态凶猛，而且雕工细致有力。他当时心想可能是在苏州买的那个爵杯盖子。卖的人也是个行家，说是下面应有个爵杯样子丹徒下部，可惜没有收到，不然的话，我就发财了。二太爷以贱价买了。回到家后，找出那个爵杯，把盖子盖上去，正合适。正扣合适，反扣也合适。真是原物重聚。他老人家高兴的得不得了，后来产查书，知道这叫'飞鹰锅'。后来把这完全的飞鹰锅带到了苏州的家里。"有一次，李贵又谈起此事，适逢宸仲（大黼）住在我家（当时我已经十八九岁）。他接着说："这件古董本应保存好，但后来因老太爷在南京遇祸，家被查抄，浦口地产被收。苏州、淮安等地的房屋田产虽未遭没，但是当时家里人心惶惶。听说是著伯（大章）把它扔到平门外苏州河了。"（《刘鹗资料》第 349 页）

▲ 亲属亦有谈及刘鹗收藏散落之事。罗振玉以为"其抱残守缺斋长物本分储宁、苏、京三处。前一年冬，将京所储悉数云南，至是除抄者外，悉为戚属干没无遗失。"（《罗振玉年谱》第 36 页）

**7 月 22 日（六月二十四日）**　长子刘大章从上海赶到南京，见一面。

**同日**　外务部收到端方和新疆巡抚 7 月 21 日电报。

▲ （先君遂被祸），家人时均在苏，绅在平，大先兄在沪。闻讯后先仓皇奔赴，仅大先兄先赁乘专车，行较速，得一面，余未及至，先君以为军舰送汉口。（《关于老残游记》手稿）

▲ 汪叔子《近代史上一大疑案：刘鹗被捕流放案》：六月二十四日外务部收到端方漾电并予入档。

当日，新疆巡抚发电致外务部，告二十二日外务部来电收悉："革员刘鹗容俟解到，谨遵照办"。（《明清小说研究》2000 年第四期第 209 页）

**7 月（六月）**　程文炳派人探视刘鹗并设法营救，未果。

▲《程文炳年表》：六月，刘鹗在南京被捕，程文炳派人探视并从中斡旋，未果，旋流放新疆。（《程文炳文集》第 331 页）

**7月23日**(六月二十五日)  两江总督端方派人押送刘鹗登福安号官轮赴武汉,并向北京报告。家仆李贵一路随行。

**同日**  回复日本驻上海总领事永泷拒绝其"缓解"刘鹗的要求。

▲ 两江总督端方复日本驻上海总领事永泷电报:"上海大日本总领事永泷鉴:电悉,查刘鹗系奉旨押解之犯,业已钦遵起解,未便转请,特奉复并达歉忱。南洋大臣端方印。光绪三十四年六月二十五日发。"

两江总督端方给北京的电报:"急。北京。龛:刘鹗一犯,今日已派员乘坐福安官轮押解赴汉,咨请鄂督派员接解前进。顷接日本驻沪永泷总领事来电以据本国人郑永昌电禀:刘鹗前因盐务贸易尚欠伊款四十万元,恳请电北京缓解,以免巨款无著等语。现已电复该总领,告以刘鹗系奉旨拿要犯,业已起解。未便转请去后。惟查该犯素与外人勾结,往来纵迹诡秘。现虽电复日领,难保不复来干涉。若由一处派员长解,治装远征,不无耽延。拟请钧处电知沿途经过鄂、豫、陕、甘各督抚预先派定委员,一俟该犯解到,即日接护,押解前进,以期妥速,而免枝节。径印转致邸相前祈送阅,并盼电复。"

▲ 铁云公南京遇祸时,他(李贵)坚决追随铁云公,甚至被押送的兵役殴至血流满面,始终不肯离铁云公一步。他随侍铁云公直至迪化。(《刘鹗资料》第347页)

▲ 汪叔子《近代史上一大疑案:刘鹗被捕流放案》:六月二十五日端方派员登乘福安官轮押解刘鹗赴鄂;并咨请鄂督派员接解前进。

日本驻沪总领事永泷电致端方,"据本国人(日人)郑永昌电禀,刘鹗前因盐务贸易,尚欠伊银四十万元,恳请电商北京缓解,以免巨款无着"。端方电复永泷,"告以刘鹗系奉旨饬拿要犯,业已起解,未便转请"。

当日,端方发径(廿五日)电,急致"北京袁宫保"(袁世凯),并请转致"邸相"(奕劻、那桐)。告派员押鹗乘轮发解赴鄂,及日领来电、已经电复情形。建议:"惟查该犯素与外人勾结往来,踪迹诡秘,现虽电复日领,难免不复来干涉。若由一处派员长解,治装远征,不无耽延。拟请钧处(外务部)电知沿途经过鄂豫陕甘各督抚,预派妥员,一俟该犯解到,即日接护押解前进,以期妥速而免枝节"。(《明清小说研究》2000年第四期第209页)

▲ 编著者按:刘鹗被捕从南京下关起解。长子刘大章赶到南京,见了父亲一面。二子大黼后搭船赶到武汉,陪同父亲刘鹗一起踏上流放的路途,直到兰州。后刘鹗长子刘大章、三子刘大缙和在北京的四子刘大绅通过各种关系希望营救都未成功。刘大绅提出愿"子代赴戍"当然也未能获准。

▲ 编著者按:押送刘鹗赴武汉的"福安号官轮",是属于长江水师的运输舰。

**7 月 25 日(六月二十七日)** 外务部发电给刘鹗流放新疆所经各省督抚派人押送刘鹗。

▲ 汪叔子《近代史上一大疑案：刘鹗被捕流放案》：六月二十七日 外务部将端方径电归入本日收档。

外务部收到新抚联魁廿四日来电，归入本日收档。

外务部发电致湖广总督、陕甘总督、河南巡抚、陕西巡抚、新疆巡抚，转知端方径电；命此二督三抚，"希即预派妥员，于该犯解到时，迅速接护，妥慎押解，勿稍延误为要；并电复"。

外务部发电答复端方，"径电悉。刘鹗事，已电鄂甘豫陕新各督抚预派妥员，接护妥速押解"。(《明清小说研究》2000 年第四期第 209 页)

**7 月 26 日(六月二十八日)** 湖广总督、河南巡抚电致外务部，已经准备好押送刘鹗人选与地址。

▲ 汪叔子《近代史上一大疑案：刘鹗被捕流放案》：六月二十八日 湖广总督陈夔龙，发俭(廿八日)电致外务部，告廿七日来电收悉，"已派委文武妥员，候刘鹗一到即解行。铁路中阻，饬按驿前进；并电豫抚派员赴交界接解"。

河南巡抚林绍年，亦有勘(廿八日)电致外务部，称接悉外务部廿七日来电："已由司派请补孟县奎印豫左右营管带杨树德，带兵二十名，即赴信阳候，接护押解"。(《明清小说研究》2000 年第四期第 209 页)

**7 月 27 日(六月二十九日)** 外务部收到湖广总督、河南巡扶电报入档。

▲ 汪叔子《近代史上一大疑案：刘鹗被捕流放案》：六月二十九日 外务部收到陈夔龙俭电、林绍年勘电，予入归收档。(《明清小说研究》2000 年第四期第 209 页)

**7 月 28 日(七月初一日)** 新疆巡抚得到外务部通知对刘鹗"希即预派妥员，于该犯解到时，迅速接护，妥慎押解，勿稍延误为要；并电复"。

▲ 汪叔子《近代史上一大疑案：刘鹗被捕流放案》：七月初一日 新疆巡抚联魁收悉外务部六月廿七日来电。(《明清小说研究》2000 年第四期第 209 页)

**7 月 29 日(七月初二日)** 刘鹗被押送到武汉，立即从陆路押送河南。

▲ 汪叔子《近代史上一大疑案：刘鹗被捕流放案》：七月初二日 晨，刘鹗自宁被押解到鄂。

当日，鄂督陈夔龙发冬(初二日)电，致外务部，告"官犯刘鹗，今晨由宁解到。当派文武妥员又警察兵二十，即时起解由驿赴豫"。

当日，外务部收到陈夔龙冬电并予入档。(《明清小说研究》2000 年第四期第 209 页)

**7 月 30 日(七月初三日)** 新疆巡抚电致外务部，计划派人到甘肃、新疆交界处接解刘鹗。

▲ 汪叔子《近代史上一大疑案：刘鹗被捕流放案》：七月初三日 新抚联魁致电外务部，谓六月廿七来电接悉，"已饬派文武员弁，计期驰赴甘新交界伺候接解"。（《明清小说研究》2000年第四期第209页）

**8月2日（七月六日）** 上海《申报》发布刘鹗被捕并流放新疆的消息。

**是日** 两江总督端方的咨文收入外务部档案。

▲《严惩刘鹗之朝议》（北京）：

外务部片奏略云：前准两江督臣端方电称：革员刘鹗以浦口开作商埠，在本县具禀，将自有地亩报效。经该督臣电饬拿，旋即弋获，电询办法到部。查该员劣迹不止一端，未便任其逍遥法外。应如何严加惩处之处，伏候圣裁。折上，慈宫曾谕枢堂：该革员罪恶满盈，应从重治罪。某尚书亦云：胡聘之抚晋时所办各事，大半误于该革员之手。某中堂亦云：非重办不可。遂请旨，将刘鹗发往新疆监禁，永不释回。一面并电致江督，将刘鹗家产一并查抄，充作该省公益之用。并饬迅速押解起程。（1908年8月2日《申报》）

▲ 六月，刘铁云在南京以庚子擅售太仓粟及购浦口地事，枢府电两江缉捕，旋戍新疆。铁云尝谓扶衰振敝当从造铁路始。路成然后实业可兴，国可富。既议建京镇铁路不成，又佐晋抚开晋铁。名佐欧人，受其廪饩，服用豪侈。于是群目一"汉奸"。庚子，刚毅遂以通洋人告。在沪获免。乡人屡以危行远言进规。铁云尵之而不能用。谓其子季缨曰：汝师为我甚至，我岂不自知。而乡人亦语季缨：而翁不听人言，今何世乎！奈何甘蹈危机。晚年几至避面而交谊无他。其抱残守缺斋长物分储宁、苏、京三处。前一年冬，将京所储悉数运南，至是除抄没者外，悉为亲属干没无遗。（《永丰乡人》第32页）

▲ 汪叔子《近代史上一大疑案：刘鹗被捕流放案》：七月初六日 外务部收到新抚联魁初三日来电，并予入档。

外务部收到江督端万六月廿三日咨报"革员刘鹗起解日期"之咨文，并予入档。（《明清小说研究》2000年第四期第209页）

**8月25日（七月二十一日）** 刘鹗流放应已进入陕西境内。《神州日报》以手书原稿制版刊出吴芝瑛启事，希望能为《宋拓云麾碑》留一影本。但《宋拓云麾碑》下落不明。

▲ 得《宋拓云麾碑》者鉴：

此芝瑛之物，以百金押刘铁云。闻此碑将入官，敬乞当道垂察，许芝瑛备执赎回。倘以为海内好古家购去，能以原价见让，固感雅谊。即不能，亦乞示知，以便携

写真器来，留一影本。幸鉴愚悃，勿自秘藏，为叩。吴芝瑛　谨白（《神州日报》1908 年 8 月 25 日）

▲ 编著者按：关于《宋拓云麾碑》的下落，长春师范大学郭长海有如下论述：

刘铁云遣戍后，其大部分家产被充公。所搜求古物悉数为端方所得。其时端方为两江总督，驻节南京，正奉命受理刘铁云一案。近水楼台，宜其干没入私。端方垂涎刘氏古物已久，此次不过寻得了藉口而已。刘廉两家为鹬蚌之争，端午桥（方）坐收渔翁之利，这却是世人所不及料的事。再加上吴芝瑛为脱卸葬秋（瑾）罪迷宫，也曾以数种宋、元碑版为厚赂，向端方疏通求情。则此一役中，受惠者只端方一人。吴芝瑛虽有小厄，但未伤员气。刘铁云则弄家产荡然，充架古物悉数化为乌有，竟至"身向阳关那畔行"，终而死于戍所。

刘氏已殁，吴氏已隐，《李北海宋拓云麾碑》如神龙入云，石沉大海，消息杳然。直待过了若干年之后，始透出一些迹象。辛亥武昌首义，端方受命入川。军次资州为义军所包围，端方当即身首异处。其后虽保其财产，但所藏古物经年后即已散出，《李北海宋拓云麾碑》曾为松江高燮吹万先生所见，并撰文称：

余生平所见《宋拓云麾碑》有罗原觉本（即吴荷屋本）、端匋斋本（即王弇州本）、赵声伯本（即吴清卿本）及陆廉夫藏本数种。其陆氏所藏，乃为近拓，故缺字最多，可不论。若端、赵两本，久称于时，而赵本存字 927，端本存字 970。吴挚甫、刘铁云、杨惺吾诸跋皆极推许，定为宋拓……

这段文字对端本《云麾碑》评价之高，我们暂且不论。从其题跋，我们倒可以看到此碑的保存嬗递关系：吴挚甫跋当即廉泉、吴芝瑛所藏；后归铁云，刘后有题跋；刘后又归端方，而有杨惺吾跋。此碑的隐现不是很清楚了吗？（《清末小说》第 13 期第 62 页）

**8 月 29 日（八月初三日）**　孙宝瑄作古风《玉关怨》一首以怀高子谷、钟笙叔。

▲ 汪叔子《近代史上一大疑案：刘鹗被捕流放案》：八月初三日：是夕，成《玉关怨》古风一首，代高、钟二人闺中作。诗云：

空庭多落叶，萧瑟天气凉，蟋蟀鸣前除，白露已为霜。

君子远行役，相思天一方，何时复来归，涕下空沾裳。

忆君未别时，绸缪共一床，华镫照缇幕，金炉焚夕香。

君本慷慨人，奋翼志八荒，愿为鸿鹄飞，不随燕雀翔。

胡为自迷罔，淹忽离刑章？故交莫能救，亲戚空嗟伤。

昔为园中华，今为粪土英，身名岂足惜，何以答高堂？

皇恩本浩浩，送子以远行。二月出郊圻，六月达新疆，

盐车困峻阪，匹马度关梁，黄河千里曲，漫漫道路长，

溽暑不可避,汗出如流浆。念子征途苦,忧思岂能忘?

凉秋八九月,金风动清商,边笳中夜起,塞草日以黄。

悲君在万里,岂不怀故乡?如何金玉躯,沦弃于戎羌?

悠悠无归期,感念摧中肠。往者不可谏,愁思徒徬徨。

顾得长寄书,慰妾守空房。

注:孙宝瑄《忘山庐日记》下册,上海古籍出版社《中华文史论丛》增刊本,1983年9月第一版,第1154至1160页,1171页,1173页,1177页,1234页。(《明清小说研究》2000年第四期第209页)

**8月下旬—9月上旬(七月下旬—八月上旬)** 在南京营救失败后,王孝禹嘱咐刘大绅返北平通过乔茂萱、罗振玉、丁宝铨等营救,希望能在流放中途阻止。但无结果。

▲ 绅至宁遵王孝禹先生嘱,返平谋救。姻丈乔茂萱先生,拟以绅往代戍。罗(振玉)、丁(宝铨)两先生均谓宿憾,与寻常不同,不先事疏解,恐徒多陷一人,或且致他变。

王先生语绅曰:"南京已无可为,所幸沿途督抚,皆与汝家有姻世年谊,不致有意外变,行亦不至过速。汝速返京谋救,幸而得济,犹可止于途中。"(《关于老残游记》手稿)

**约9月7日(八月十二日)** 进入甘肃。到达甘肃的第一个驿站瓦云驿。

▲ 编著者按:此据甘肃社会科学院文学所原所长颜廷亮先生曾考察刘鹗流放期间在甘肃行走的路线,著有《刘鹗〈宿秤钩驿〉诗的几个问题略辨》。(据颜廷亮自存稿)

**9月10日(八月十五日)** 到达甘肃平凉,致信表弟卜子沐约其翌年来新疆。

▲ 致表弟卜子沐信:

子沐老弟大人手足:

兄来新疆,毛公又放甘肃布政,天眷西顾,不言可喻矣。新疆米为天下之冠,鸡猪果蔬,无一不佳。人以其远,皆不肯去,其实名利之捷径也,去者无愿回者也。我思此其吾弟功成名遂之时乎?我记得弟无内顾忧,大致可托诸幼云等,机会不可失也。如愿来,兄明年夏间派人接凤仙花,弟可同来,阿珠其亦可携之来乎?务望三思。即请

升安

愚表兄刘鹗顿首 中秋平凉发

回信寄新疆省六道巷王成亨转交。(《刘鹗集》第757页)

**9月18日左右(八月二十三左右)** 途经安西县秤钩驿作诗《宿秤钩驿》。

▲ 编著者按：刘鹗《宿秤钩驿》,又有一个题目《宿戈驿》有两种版本：

其 一

万山重叠一孤村,地僻秋高易断魂。流水潺潺硷且苦,夕阳惨惨淡而昏。

邮亭屋古狼窥壁,山市人稀鬼叩门。到此几疑生意尽,放臣心事复何云。

其 二

乱峰丛杂一孤村,地僻秋高易断魂。流水涔涔咸且苦,夕阳惨惨淡而昏。

邮亭屋古狼窥壁,山市人稀鬼叩门。到此几疑生气尽,放臣心绪更何言。

▲ 编著者按：甘肃社会科学院文学所原所长颜廷亮先生在《刘鹗〈宿秤钩驿〉诗的几个问题略辨》一文中如此写到：

经查,找到了一个以秤钩为名的驿站。这个以"秤钩"为名的驿站,位于进甘肃定西县城西北六十里处,属于定西县管辖。请康熙十九年抄本《安定县志》卷二《建制·驿所》云："秤钩驿在县西北六十里。"同上卷三《赋役·驿站》云："秤钩驿额马七十五匹。"《大清一统志》卷二五六《巩昌府二》云："秤钩驿在安定县西北六十里的秤钩湾镇。有驿丞,今裁。有秤钩湾递运所。西至兰州府金县清水驿六十里。"

今定西县境内的这个秤钩驿的自然景观,与《宿秤钩驿》诗中的描写,仍然大致相符。……略成东西长约四百米,南北宽约二百米的不规则长方形的驿城。四周确是"乱峰丛杂",驿之南面确有名为秤钩水或周家河,其水甚苦的"流水涔涔"……

(据颜廷亮自存稿)

▲ 编著者按：1987 年 12 月 6 日颜廷亮先生将其考察秤橙钩驿的照片寄赠笔者。信云：

其实,秤钩驿这个地方,就在铁路边上。铁路西行,过了定西、巉江、梁家坝(小站)后,路边有一列破旧的古墙,离铁路不过二三十米的样子……是当年的驿站的具体地点。现在这里已经盖了新的房子,是一个小小的百货店。

照片的说明是：

有一老人站立的那间房子,即当年驿站所在的地方。房子是新盖的,现在是百货店。站立的老人即是百货店主任杜玉宏……此房子,坐南向北。对面是驿站的马号。……

**9 月 22 日(八月二十七日)** 到达兰州。时太谷学派学人毛庆藩任甘肃布政史、护理陕甘总督。在兰州停留 10 天。

**10 月 1 日(九月初七日)** 毛庆藩派典史刘玉亮押解从兰州起行继续西行。

▲ 编著者按：刘鹗二子刘大黼是当时护理陕甘总督毛实君的女婿。到兰州后刘鹗嘱咐刘大黼留在兰州。毛实君也以为父子同往成所无益,刘大黼遂未再西

行。离开兰州跟随刘鹗再起行的是家仆李贵。毛实君派出押解委员典史刘玉亮沿路照料。

**10 月 2 日(九月初八日)—10 月 12 日(九月十八日)** 从兰州到武威(凉州)流放途中。

**10 月 13 日(九月十九日)** 到达凉州府(今武威)。

**10 月 14、15 日(九月二十日、二十一日)** 因押解委员刘玉亮家住在此,停留 5 天。

**10 月 16 日(九月二十二日)** 给四子刘大绅信,感叹山水壮观。

▲ 刘鹗在流放途中给第四子刘大绅的信:

大绅儿览:

父九月十九日到凉州府,古之武威郡也。因委员家住在此,耽阁五日,始行启程。途中南望雪岭,直西不绝,以达昆仑,真壮观也! 京中古玩,凡可卖者悉卖之,不必存也。惟倪云林小山水一幅,可留则留,卖之不可过贱,难得品也。九月二十二日。 父书。

上信据刘鹗手迹抄录,原件存编者处。刘厚泽先生 1961 年 7 月 12 日裱贴此信,有跋云:"祖父于戊申年(清光绪三十四年)六月被放逐新疆,七月初启程,此信系九月下旬抵甘肃武威时寄父亲家书,现存被祸后最后手迹也。"但是根据最近的资料可知,刘鹗在此后有给毛实君的手稿存世。(《刘鹗集》第 759 页)

▲ 编著者按:刘鹗鉴赏珍藏书画无数。前已记录抱残守缺斋所藏情况。此信又谈及"倪云林小山水一幅"。2011 年 1 月彭长卿先生信告:2010 年上海天衡秋拍石涛《乱石堆云》图一幅,末有署时日刘铁云题跋,为《刘鹗集》所未收。全文录于下:

云为石之腴,石为云之根;岩乱石间,日夕山气,如洪荒之浑噩,肤寸而起;皓然而合,若黄山之云海,汪洋浩瀚。远而瞩之,若波涛之汹涌,初知其蠕蠕然自石罅出也。兹卷飞动流□,巧合自然,而能一炉冶之,打成一片,非石公其谁能臻此绝诣? 蒲团中得来固有异。又观止矣不? 大涤子《乱石堆云》诗卷未能尽其美也。

刘铁云题(铁云长寿)(白文印)

**约 10 月 25 日(十月一日)** 到达张掖。

**约 11 月 5 日(十月十二)** 经过酒泉。

**约 11 月 8 日(十月十五日)** 经过嘉峪关。在甘肃境内身体虚弱,有低热、眩晕、耳鸣、耳聋、手足蠕动,甚则抽搐等症。

▲《老残医记(二)传略》:过甘肃时,患水不涵木之症,以当地验方治之,颇有效验,得以继续前行。(《咽喉传灯》第 160 页)

**11 月 15 日(十月二十二)左右**　到达布隆吉。写信给表弟卞子沐,叙述"邮局止于此,以后信息稍难矣"。

▲ 刘鹗致表弟卞子沐信:

致子沐表弟大人手足:

前者一函,由幼云兄转寄,想已蒙青鉴矣。兄八月二十七日到兰州,九月初七日起身兰州。近来天气甚热,此数日间,皆七十度上下也。兄匆匆离南京,公令所逼,刻不容缓。湖北、河南两省并寄信维艰,故家中情况不可得而知矣。至兰州,因制服食等物,准十日限期,故得电达苏州,催速寄款新疆。始知浦口之地充公矣,不禁惘然! 人生得失,原不足计,惟前一函所寄老弟之云云,俱成梦话矣。

兄已函告家中,以后毋庸寄款。兄拟温习医理,到新疆后,尚有数月吃用,此数月间,谋一□饭法,当不难也。兰州以西,道中无饭店,故须自备炊活也。玉门关外,平沙千里无人,左文襄设栈屯水,以便行人,然尚有三四站无法屯水,行人须自带也。无论关外,即甘肃境内缺水之处甚多,不足奇也。前月《宿秤钩驿》诗一首,亦足见其概矣:"乱峰丛杂一孤村,地僻秋高易断魂。流水潺潺咸且苦,夕阳惨惨淡而昏。邮亭屋古狼窥壁,山市人稀鬼叩门。到此几疑生气尽,放臣心绪更何言。"幸喜沿途有电局,每到一大站,即发一电到苏,可以得吾消息也。邮局止于此,以后信息稍难矣。即请

升安

铁云顿首(《刘鹗集》第 757 页)

▲ 编著者按:颜廷亮先生考证"邮局止于此"的"此"是布隆吉:清时甘肃驿道以皋兰县之兰泉驿为中心,分东、西、南三路。……西路又分三大干线:一起自皋兰,经永登、古浪、武威、永昌、山丹、张掖、高台、酒泉出嘉峪关而终于布隆吉。

**约 12 月上旬(十一月上旬)**　进入新疆。

**约 12 月中旬(十一月中旬)**　经过哈密。

**约 12 月下旬(十二月上旬)**　经过吐鲁番。

▲ 编著者按:刘鹗流放途中,从 11 月 15 日离开布隆吉到迪化(今乌鲁木齐)约 50 天,无任何记录。笔者在新疆多年,知道进入新疆有两条路线,一经过尾亚到哈密,一经过星星峡、烟墩到哈密,所以只能说刘鹗在 11 月下旬进入新疆。上述日期时间,系笔者根据刘鹗行进速度与距离推算所得。颜廷亮先生在《刘鹗〈宿秤钩驿〉诗的几个问题略辨》中推算刘鹗"到达乌鲁木齐戍所,最早也已是十二月七日(1908 年 12 月 29 日)"与实际情况仅差三天。

# 1909 年(己酉　宣统元年)　53 岁

1 月　清政府因袁世凯权势日盛,难以驾驭,罢斥其"回籍养疴"。

6 月　爱新觉罗·溥仪登基,改元"宣统"。

10 月　中国自建之京张铁路行正式开车典礼。

11 月　革命文学团体"南社"在苏州虎丘成立。

太谷学派学人:蒋文田 67 岁(本年病逝)、黄葆年 65 岁、毛庆藩 64 岁。罗振玉 44 岁、王国维 33 岁。

**1 月 1 日(戊申十二月初十日)**　到达新疆迪化,交迪化府收禁。

▲《甘肃新疆巡抚联魁为奏刘鹗在监病故事片稿》:"刘鹗……光绪三十四年十二月初十日押解到新,比经饬司发交迪化府牢固收禁在案。"(1992 年第 1 期《历史档案》第 60 页)

▲ 我 1950 年在杭州见高子衡,已七十八岁。谈到戍所情况。高说因历来发往军台效力的人,多系大员。监狱并不像监狱,而是一所所的小院子,房三间另有厨、厕。门上还贴着红纸条,写某某公馆。遣戍人员除有时委差外,不能随意乱跑而已。所苦的是南方人生活习惯不便云。(《铁云年谱》第 146 页)

▲ 刘鹗流放新疆居住迪化城隍庙,时有照片留存,家人都曾见过。刘德枢在《刘鹗的祖居与寓所小考·迪化戍所管探》中有详细述说:

迪化戍所是甚么样子呢? 说法不一。

曾见一刘鹗年谱的书中说:"监狱不像监狱,而是一所所的小院子,房三间另有厨、厕。门上还贴着红纸条,写某某公馆。"

新疆宿耆张昀先生在一篇文章中写道:"刘鹗到了新疆只能自投城隍庙,寻一栖身之处。当时的城隍庙位于迪化大西门(原新中剧院故址,今新拓大厦),刘鹗被庙内主事收留,安顿在戏台底下左侧的第三间小房内居住。为维持生计在庙里应诊,重患者送医上门,遇有贫穷患者,还免费给药,因而声誉传遍全城,各地患者慕名前来求他治病,但于 1909 年底消声敛迹了。"言之凿凿。

上个世纪的五六十年间,在先父书桌的中间抽屉里,一直放着两张照片,一张是刘鹗着西装,手扶自行车;一张是刘鹗在迪化戍所的门前。由于抽屉里有一册稿本,宣纸线装,先父随时将自己的即兴诗咏誊录在那上面,我常去翻看,同时也就常常看到这两张照片,印象深刻。

那张照片上,刘鹗端坐在中间,后面是两扇闭着的宅门,较之外墙凹在里面,其上有檐。左扇门的左上角上贴一纸条,写"刘公馆"三字。刘鹗的左边立着两个"丫头"模样的女子,右边立着两个"书生"模样的男士。那丫头自是服侍主人的,那男士呢? 先父告诉我说叫做"清客",就是有闲而无着,陪主人吟咏敲棋、空议清谈的文人墨客。

根据这张照片,看这宅门的形制和陪同的人,我推断这里实际上是一处普通的民居,上面的两个说法都有可取,又都有失偏颇。

显然,《长编》的作者定是见到过这张照片的,因为那"红纸条"上的三个字实出意外,不是能够想象得出来的,作者也注意到了那两扇门,不像牢房的小门,进而推测门里定是一个小院子,既是院子,至少要三间房才能围拢,因此又说"房三间另有厨厕"。但流犯不只一个,于是再想象出监狱里有"一所所的小院子",可是这哪还像牢房呢? 自己都疑惑了,于是又说"不像监狱"——无法自圆其说。(《吾家家世》第108 页)

**2 月 20 日(己酉年正月初一)**　与同狱高子衡起卦。刘鹗自己得出"永远监禁"的结论。

▲ 那年高子衡见我时说:"己酉正月初一,刘二哥(指铁云先生)起了一个易经卦,是:'归妹,永终知敝。'我开玩笑说;'天禄永终,四海困穷。'他拂然说:'那里,是永远监禁终止。'当时大家都已知改元当有大赦,赐环有望,相与一笑而散。想不到不幸而言中,就是他竟没有回来。"(《铁云年谱》第 149 页)

**2 月(正月)**　读医书《内经》等,为撰写《人寿安和集》作准备。

**3 月 8 日(二月十七日)**　《甘肃新疆巡抚联魁为刘鹗已解到配事致外务部咨文》报告刘鹗已交迪化府牢固监禁。

▲《甘肃新疆巡抚联魁为刘鹗已解到配事致外务部咨文》:头品顶戴陆军部侍郎衔兼都察院副都御史、甘肃新疆巡抚联,为咨呈事。光绪三十四年十二月初十日准陕甘总督部堂升咨,派委试用典史刘玉亮等,押解发往新疆官犯已革知府刘鹗到配,请查照见复。等因。到本部院。准此,查该官犯系因贪鄙谬妄不止一端,经贵部奏奉谕旨发往新疆永远监禁之犯。前准贵部电咨,即经派员迎解,并行令经过地方文武派拨兵役护解在案。兹准前因,该官犯即于十二月初十日到配,当已发交

迪化府牢固监禁。除分咨外,所有遣犯到配收禁日期,应相咨呈。为此咨呈贵部,谨请鉴照施行。须至咨呈者,右咨呈外务部。(1992 年第 1 期《历史档案》第 59 页)

约 3 月—4 月(二月—三月)　在狱中录完关于古文字的旧作,名《金石考录》。

▲ 编著者按:刘鹗撰写的《金石考录》是至今未全文披露的刘鹗考释古代文字的著作,其内容未见于任何记载。此著作现为私人收藏。2002 年 8 月收藏者与堂兄刘德威联系,希望能够为其鉴定是否刘鹗亲笔。2002 年 8 月 19 日刘德威得见此书照片 6 张,当时打印并致信笔者说"今天×××通过因特网传来六幅照片。打印给你。不是很清楚。我已复信"。笔者于 2002 年 8 月下旬见到照片。2005 年 9 月 2 日笔者为编辑"清史工程"《刘鹗集》,在北京亲见这部刘鹗的手稿,全书系毛边纸装订为十三册,因未得收藏者同意,未便过多叙述。刘德威 2010 年 6 月 29 日信说:"究竟是谁将《金石考录》赠予外人的,希望有一天能搞清楚。据说,赠送的人,当时即将出国,与《金石考录》同时赠送的还有很多刘鹗的往来信件。"

约 3 月—5 月(二月—四月)　在狱内为人看病,被人称为"刘侠医"。根据交友、世情撰写诗词、对联。

▲ 邓波著《刘鹗在迪化赋诗题联》:刘鹗一直住在城隍庙戏台下第三间小房内。房门自书海瑞"人心莫高,自有声成造化;事又前定,何须巧用机关。"对联。与一位号称"刘长腿"的道士切磋医学并赠诗一首:

### 赠 刘 道 士

道人居市不居山,治病救人岂等闲。

凭得阳春两只脚,一生几度玉门关。

### 给李文谨理发店题联

流水小桥催钓影,春风深巷卖花声。

### 给油条豆浆店题联

白面生入油锅,浑身金甲;胖小子进磨口,柏水窦章。

### 给染布店题联

财源黑手莫黑心,生意白来没白去。

### 给烤肉店题联

一扦串起若干块,红火烧来百味香。(《昆仑采玉录》第 32 页)

▲ 编著者按:严薇青先生 1994 年 3 月 28 日给笔者的信:最近看到《文史笔记丛刊》新疆卷《昆仑采玉录》(上海书店出版),载有铁云先生轶事。其中所记诗联,不知是否真出于铁云先生之手。看其风格与《诗存》迥异,而该书系新疆文史研究馆所编,《后记》中又陈执笔者多半是七八十岁的老人,看来不似虚构。现复制一

份寄上,以备浏览。容寄奉蕙孙先生,请予鉴定,以辨真伪。

▲梁涣环《刘鹗流放迪化》:刘长腿便与刘鹗共同合作行医。一人外出采药,一人在庙内应诊。所得诊费,除了对那些贫穷的患者免费诊病赠药外,还对饥寒交迫的穷苦人给予周济。久而久之,一传十,十传百,"二刘侠医"的美称就在迪化远近传名了。由于刘鹗的医术高明,学问渊博,前来求医求学的人络绎不绝。刘鹗也借此聊以自慰。当时流传着这样一首诗:刘鹗原籍苏丹徒,流放迪化真凄楚。巧遇长腿共行医,为民治病传千古。(1985 年 1 月 4 日《乌鲁木齐晚报》)

**5 月(三月)**　太谷学派山长蒋文田因病逝世。黄葆年撰写祭文。

▲蒋文田去世,太谷学派失去一重要人物,黄葆年祭文如下:

呜乎,蒋子,事师如事亲,从友如从兄,爱弟如爱子。人之有技,若己有之;人之彦胜,其心好之,不啻若自其口出。呜乎,可谓胜残去杀之善人,而以仁存心,以礼存心之君子矣。其于年也,始终诱掖而成全之者四十有余年,其情谊周挚譬则生死人而肉白骨也。呜乎,蒋子去矣,我将奈何?惟有心夫子之心,任蒋氏之任,一息尚存,此志不敢稍懈而已。呜乎,我友去矣,我将奈何。(《太谷学派遗书》第一辑第四册第564 页)

**6 月 3 日(四月十六日)**　因爱新觉罗·溥仪登基,改元宣统,"颁诏天下,罪非常赦所不原者,咸赦除之"。新疆巡抚联魁开单请赦 32 人,刘鹗名在其内。

**6 月 8 日(四月二十一日)**　《人寿安和集·第二卷·安内篇》编成。

**6 月 9 日(四月二十二日)**　因知改元大赦,给亲家毛庆藩写信,叙述在迪化监狱生活情况,并表达准备东归的心情。信中明确指出与袁世凯的矛盾。

▲刘鹗致毛庆藩信全文

实君老哥亲家垂鉴:

自去年六月江子翁寿筵一晤后,忽忽已逾岁矣。弟江宁获罪起解,七月初历鄂境,昼夜兼行。天气炎热,袁氏表高至一百十五度之多,再五度水则沸矣。及至冬腊之交,行迪化道中,法伦表至负三十余度,水银在玻璃垂珠内已缩十分之二,再缩,汞将结冰矣!备尝寒暑极境,虽未至赤道、冰洋之冷热,或几乎近之矣。弟体气素壮,公所知也。此行骤添十岁而有余,除须发未白外,其余衰象悉见,天将玉吾于成耶!抑将殛之俾死于穷边也。近因跼曲日久,以致两腿麻痹日益,再数月恐成痿躄,纵获重生,亦成废弃,言之惨然。

去腊到狱,以读书写字为消遣。计腊尽,忽思狱中若得病必无良医,殊为虑。故今年正月为始,并力于医。适同狱高君携有石印二十五子,借其《内经》潜心研究,三两月间颇有所得。又觅得《伤寒》《金匮》诸书,又得徐灵胎医书八种,及《医宗金鉴》《医方集解》《本草从新》等书,足资取财。迩来颇有进步。

默计人之死于病者恒十之一二,死于医者恒十之八九;又外感之病不过十之一二,内伤之病恒十之八九;病之坏于消导发散者十不得一,坏于补药失当者十之八九也。有感于斯,慨然著书,详考内伤、外感诸病状并治法,凡五卷。初名《灵台伤感集》,以其嫌于怨也,改名《人寿安和集》。其目第一卷"论说",皆发明经义前人所未发者。第二卷"安内篇",内伤以安五脏为主也。第三卷"和外篇",外感以和营卫为主也。第四卷"妇孺"。第五卷"运气"。运气者,五运六气即《黄帝阴阳大论》七卷(篇),王冰取之以补《素问》之缺者也。其书精粹绝伦,古今来医家得其解者,汉张机、唐王冰数人而已。宋已后识者盖寡。或有之,吾特未之见耳。汉以前人大约无不熟此。观《左传》晋侯有疾,秦使医和视之。和云:天有六气,降生五味,发为五色,徵为五声,滛生六疾等云,皆本诸此也。鹗能粗通其义,然欲精其术,不知此生有望否耳?第二卷昨已编成,再修润数日即付钞胥。其余四卷,七月内可一律告成矣。

本月中旬,联大师以奉改元大赦恩诏,将新疆所有京外发来监禁及效力赎罪人员共计三十二名,一律开单奏咨请旨。闻十六日折已拜发。如执政仍是项城则无望矣。幸南皮仁厚长者,可有赐环之望。且观于起用废员之诏,则摄政王之豁达大度可见一斑,与南皮济美。或者鹗竟获生入玉门也乎。倘有此幸事,计部文到迪,当在七八月之交。彼时即可释放。弟蒙释即行,约到兰州总在十月杪矣。谨将所著《人寿安和集》面呈鉴定,幸赐教正为盼。兼得从公作平原十日之饮,并与诸友作五泉之游,心向往矣。

弟去年来时,兰州押解委员典史刘玉亮沿路照料甚周,尤可感者不以待盗贼之法相待,获福多矣。该委员生返计程万余里,经时八阅月,可谓劳矣。甘省凡当此类苦差者,如平稳无过失,例得酌委,调剂差缺,非弟所敢与闻议。惟与其人周旋四五阅月之久,理合陈诸冰案前也。刘典史其人颇有干济才,且不贪小利。如治路索州县马匹、草料钱等弊,皆不屑为,在佐杂中佼佼出众者矣。至如何循例调剂之处,则非鹗所敢妄有干求也。

尊处幕宾同来者几人?叔平、班侯想俱来也。赵六先生亦能随行否?念念。余容续备。敬请

升安

诸同仁均此请安

姻愚小弟刘鹗顿首

(《刘鹗集》第 759 页)

▲ 编著者按:1993 年 10 月刘蕙孙先生持此信原件,赴济南参加"刘鹗与《老残游记》国际学术讨论会"。本文过录自原信复印件。此信信封仍存,开写如下:

　　敬求

　加封递至甘肃兰州省城

藩台

毛大人　勋启

　　　　　　刘鹗拜下

四月二十二日由迪化府刘太尊转寄

**6 月 16 日(四月二十九日)**　按计划《人寿安和集·第二卷》草稿完成。

**约 6 月(五月)**　与同狱钟笙叔诗词唱和,存诗一首。

▲《七叠同狱钟君笙叔饯宋侍御芝栋之乌孙原韵;用以自嘲,亦相嘲也》

　　　　勘破华严五十三(鹗今年正五十三岁),

　　　　皈依净土日和南。

　　　　半弓拓地培新绿,

　　　　一井窥天见蔚蓝。

　　　　太史书从宫后作(太史公下蚕室。注宫刑也),

　　　　昭明经在狱中参(用佛家言昭明太子因分《金刚经》下地狱事)。

　　　　纵横驰道无千寸,

　　　　辜负良朋惠脱骖。

　　　　车幕残毡当曛裯,

　　　　余温保命学凝神。

　　　　骨如太古之前物(西人掘山,往往见太古以前骨殖,与近世不同),

　　　　心是羲皇以上人。

　　　　瓦缶汲泉朝供佛,

　　　　沙瓶煮酒夜留宾。

　　　　时时勤拂菩提树,

　　　　明镜台空不染尘。

　　按:此二诗附先祖致毛实君太姻丈函后。考信文当在清宣统己酉公元 1909 年五六月间,是年七月初八日公卒。则此二诗为所见公诗之绝笔。(《刘鹗集》第 574 页)

　　**6 月下旬或 7 月上中旬(五月)**　"忽患风痰,时醒时昏"。

　　▲ 高子衡先生说:当时与先生邻居,前晚尚畅谈。翌早起床,失足滑倒,遂不起。戍所没有好医生,有病均系请当时的迪化县知县,即后新疆督军杨增新诊治。

杨并与先生是医友。杨断系类中,竭力挽救,均无效。(《铁云年谱》第148页)

**7月1日(五月十四日)** 第四孙厚滋生。第四子刘大绅第三子。

▲ 我于1909年7月1日生于北京。时铁云先生已远戍迪化,未得见。因在前生我二哥桂孙时,铁云先生曾有"再生一孙,即名蕙孙,以取兰蕙齐芳"之言,遂名。入学后始为定谱名厚滋。(《铁云年谱》第148页)

▲ 六月,第三孙厚滋生。大绅之子,字蕙孙,精考订,能嗣其家学。(《刘鹗年谱》第57页)

**7月24日(六月初八日)** 刘鹗致毛庆藩信到达甘肃兰州,距离写信时间45天。此时距离刘鹗病逝前仅一个月。

▲ 编著者按:刘鹗被捕、流放,最后病卒于乌鲁木齐。表因是为浦口地等事,其实原因复杂。与袁世凯之矛盾为内因之一,前有简述。另一原因见刘大绅所述:"方此时世谊中有世某者,为先祖子侄辈,新及第,持其墨卷并砚石一方来谒。先祖见之,并训之曰'少年前程无限,奈何效世俗所为?家即不充,须膏火,书来,我当相济'云云。帆其墨卷及砚石,赆以二十金,并遣人护之归。此事在先祖不过惓怀故人,期其弟子远大,不以陋习自封。不虞竟因好成怨,为先君后来被祸一因。"(《关于老残游记》手稿)

▲ 世某名世续,满洲人,光绪元年举人。由内务府郎中提升尚待。庚子乱后入直军机。《清史稿》有传。(《老残游记资料》第103页)

**8月23日(七月初八日)** 因病去世。由镇迪道兼按察使衔荣霈、迪化知县魏霖泽验讯定为"在监病故"。被迪化商界暂厝于水磨沟。前往吊唁之人有同是被流放新疆的收藏家裴景福。

▲《甘肃新疆巡抚联魁为奏刘鹗在监病故事片稿》(宣统元年七月初八日,8月23日)

据署迪化知府刘文龙申报,监禁官犯刘鹗于宣统元年五月间忽患风痰,时醒时昏,医治罔效,延至七月初八日在监病故。等情。当经批由镇迪道兼按察使衔荣霈饬署迪化县知县魏霖泽赴监验讯明确,取结申转详复前来。查该官犯已革知府刘鹗系江苏镇江人,前因贪鄙谬妄不止一端,经外务部奏请惩处,奉旨发往新疆永远监禁之犯。光绪三十四年十二月初十日押解到新,比经饬司发交迪化府牢固收禁在案。兹据前情,奴才复查无异。除分咨外,谨附片具陈,伏乞圣鉴。谨奏。(1992年第1期《历史档案》第60页)

▲ 七月初八日,卒于迪化。

鹗圆面浓眉,目炯炯有光,而特短于项。至是以脑充血卒。毛庆藩时为甘肃巡

抚,闻耗,解组护其丧以归。(《老残游记资料》第186页)

　　▲ 编著者按：裴景福《唐颜鲁公三表墨迹真本长卷跋语》：

### 裴 睫 庵 跋 语

　　铁云久以鉴赏名海内。戊申,谪戍西域,与余同难,一见如旧相识,时过从畅叙。次年四月病,八月故,余往哭之悲。未几,东归,过兰州,遇其长公子宸仲于毛实君方伯署内。询之知所藏散失殆尽,并云《鲁公三稿》已质于人,闻之噉叹。去秋避地沪上,从狄楚卿处购得之,后附铁云一跋,词翰均草草。又幅式特高,与墨迹装潢不合。然良友已故焉,忍并其鸿爪泥印而没之?因酌易数语,重录于拙著辩证之后,正以不朽吾铁云也。掷笔惘惘。

　　　　　　　　　　　　　　癸丑九月睫庵识于梁溪西水关寓斋

　　▲ 编著者按：裴景福(1854—1924),字伯谦,又字安浦,号臆闇,安徽霍邱新店人。光绪十二年(1886)进士。曾任广东陆丰、番禺、潮阳、南海县县令。1905年流放新疆,曾代理新疆电报局局长。1909年大赦回到故乡。裴景福收藏丰富,鉴赏精深,为我国近代文物收藏家之一。其著作有《壮陶阁书画录》《河海昆仑录》等。

　　**约9月(八月)**　因毛庆藩委托新疆巡抚袁大化照顾,由家仆李贵扶灵,开始东归。二子大黼(年)迎至兰州,毛庆藩从兰州亲自护送到潼关。三子大缙、四子大绅迎至洛阳。长子大章迎至武汉。

　　▲ 刘大绅《〈游记〉作者被祸始末》：先君既殁,家人谋归丧。间关万里,资无从出。赖毛实君先生电新抚袁,并力助之。灵榇至兰州,由二先兄奉以返,三家兄及绅迎于洛阳,大先兄迎于汉口。以舟车之易,不能不有人预洽也。抵里之次年,乃永安于先茔。(《关于老残游记》手稿)

　　▲ 刘大绅《〈游记〉作者被祸始末·注解二十一》：先君灵榇,由迪化至于兰州,为毛先生电托新抚袁大化及沿途官照料。由兰州至潼关,则二先兄扶丧舆从毛先生行。以毛先生亦谢官归也。(《关于老残游记》手稿)

　　▲ 翌年秋铁云公病疫,他(李贵)披麻戴孝,并与当地官府力争为铁云公身穿官服入棺。后悬枢于天平驾(登山涉水保持棺木平衡的装置),车行半年有余始抵淮安。(《刘鹗资料》第347页)

　　**10月19日(九月初六日)**　甘肃新疆巡抚联魁向外务部报告刘鹗病逝,并附《甘肃新疆巡抚联魁为奏刘鹗在监病故事片稿》

　　▲《甘肃新疆巡抚联魁为抄呈刘鹗在监病故片稿事致外务部咨文》(宣统元年九月初六日,10月19日)：

头品顶戴陆军部侍郎衔兼都察院副都御史、甘肃新疆巡抚联,为咨呈事。窃照本部院于宣统元年八月二十三日,在新疆省城由驿附奏监禁官犯刘鹗在监病故一片,除俟奉到朱批恭录另呈外,相应抄录片稿咨呈。为此咨呈贵部,谨请鉴照施行。须至咨呈者,右咨呈外务部。

**是年** 太谷学派山长黄葆年撰《祭刘铁云文》。此后黄葆年曾以刘鹗为例警戒太谷学派弟子。

▲ 黄葆年《祭刘铁云文》:

君有游侠之豪,有长者之义,有亲师取友之学识,而以不能贫贱之故,卒至守法赴边以死。

吾不能讳其罪也,吾不能不颂其德也,吾不能不思其功也。记有之,瑕不揜其瑜,瑜不揜瑕,忠也。呜乎,其终不失为崆峒之人欤!(《太谷学派遗书》第一辑第四册第561页)

▲ 编著者按:黄葆年的弟子解琅谨记录黄葆年讲述稿《归群草堂语录》中有如下一则:

刘铁云误于成家、学道两事双全。现在道既未成,家又何如? 汝等不可不赶紧醒梦也。(《太谷学派遗书》第一辑第五册第19页)

**是年** 刘鹗从弟刘梦莲作《凄凉犯·哭铁云哥》以纪念之。

▲ 刘梦莲《凄凉犯·哭铁云哥》:

寒鸿信杳伤心处,荆花树又摧倒。雌鸣祸水,王孙饮恨,汉家恩少。文章虽好,反惹是非烦恼(为《老残游记》遭忌被谪)。记当年,诗成谶语,身世慨坡老(少时分咏《海棠》诗,有"人去黄州"之句)。

特筑黄金屋,小住秦淮,画窗眉埽。被据拘蒙叟,问河东,囹圄曾到。追念师言,风浪知几未早(龙川夫子谓二哥曰"满面红光,如雷部神,急宜早自警悟")。果如今,断角怨笛诉不了。(《太谷学派遗书》第二辑第七册第301页)

▲ 编著者按:刘梦莲为刘鹗之从兄弟,亦太谷学派中人。其血缘关系如下:

克巘┬文寅 —— 成信 —— 恩远(梦莲)
　　└文定 —— 成忠 —— 震远(梦鹏)

二人同一曾祖,祖父是亲兄弟。族谱中刘鹗排行第七、刘梦莲排行第八。刘梦莲有《点红轩词草》收入太谷学派的《归群词丛》。

▲ 编著者按:曾任安徽巡抚,有江南才子之誉的冯煦(1842—1927)为《点红轩词草》作序:

刘君梦莲，余亡友韩少启同邑人也。少启父讳叔启，前清部曹。梦莲胞伯讳子恕，前清豫省南汝光道，俱道光丙午科举人。两家有年谊焉。润州甲族也。民国初，少启幕于徐州张营，梦莲幕于九江戈署，皆不得已为贫而出岫。越数年，徐州盟会未宣布，而少启假归且死九江枪械甫发生，而梦莲退遂于逊医。

呜呼！梦莲抱黎州游说才倦飞知还，藉青主活人技，采微耐饿，操益坚，境益窘。有时牢骚酒后发泄于诗词，所谓伤心人别有怀抱者也。少启尝对余曰：词友刘君《银杏》《金山》等唱，豪放如坡老；《中秋》《重九》诸歌疏宕如稼轩；《闺中四影》清丽如子野，《瘗花》《扑絮》沉郁如梦窗。他若六禽言、小令寄托遥深。前清竹垞、西堂鼓吹于熙隆时代，刘君独哀丝怨竹泣诉于绪统坠后，为倚声诸家殿，是又一继起者焉。如此少启为梦莲钟期可乎！戊午冬，余舟次邗上，梦莲以《点红轩词草》奉余为成连。悲夫，牙琴犹存而钟期之墓已宿草累累矣。忆亡友而弗忍置，因赠以序。金沙梦华冯煦（《太谷遗书》第二辑第七册第239页）

▲ 刘大骕、刘大骅《点红轩词草跋》：

吾父从二伯祖子恕公学算，作《代数一隅》。从七伯父铁云公学医，做《医□存古》《医径悟新》。从龙川夫子问道，作《素学二十篇》。前清拳匪状外，上李文忠书，民国顽库负固上刍议，皆万言。足迹遍吴楚，交游皆名士：如常熟许氏、江阴吴氏皆算友也；如顾山王馨湖、方蔚茇，莲水刘梦华、真州程青岳、丹徒包素人，皆诗词友也；如海陵蒋子明、丹阳谢石溪、真州赵明湖皆道友也。今吾父老矣，舌如木而读英文，目如雾而写小楷，孜孜终日，手不释卷。惜商官远游，著作皆散佚。所存一二诗词皆其余也。男大骕、大骅谨识。（《太谷遗书》第二辑第七册第351页）

**是年**　春，太谷学派以教天下为主要职责的山长蒋文田病逝世；夏，太谷学派以养天下为主要职责的刘鹗迪化病故。连续有学人去世引起太谷学派学人的伤感与深思。

▲ 朱玉川《上黄（归群）先生书》：

今春自蒋（文田）先生遽归道山以后，学堂内变故迭出，而云二先生（刘鹗）又作古新疆，诚令人惶恐之至。夫惶恐非怕死，怕死而枉死也。然欲死不枉死，必先生不徒生，物与物交之时，趋外则死，回顾则生。这个关口最为要紧，是不可不留神也。《书》曰"顾諟天之明命。"諟者，是也，顾即是天之明命也。人顾而神留，神留而命即得矣。《大学》言"致知在格物"者，以命度身之说也；"格物而后知至"者，摄身归命之说也。圣人教人只此二事。身不离命则生，命若去身则死。学人于此，其初也，忽合忽离，所谓时死时生也；到得有合无离，则庶乎可以不死矣。至于无合无离，则身受命，命归身；身即命，命即身。身命浑化，不但无死，亦且无生，而生死了矣。弟近见如此,果何日体行到手也?年届就木而无衣无褐,其何以卒岁乎?其何以卒岁乎?谨书与言明质之。是否有当,乞直以复为祷。(《太谷学派遗书》第一辑第五册第73页)

▲ 编著者按:蒋文田是年去世。秋,其子蒋廷玉病中致大哥蒋念皋长函:……"写至此,接圩上哀启,知陈姻母已上昇矣。谅吾兄亦已接信。前接吴门刘府哀启,知刘二叔已于七月初八日新省大去。数月以来,死亡相继。对此正有厌世之想。前顾茫茫,后顾茫茫,不识如何是好。"(据原信手稿)

# 谱　后

# 1910年（庚戌　宣统二年　去世一年）

**2月**　清政府颁布"中国红十字会试办章程"，命盛宣怀为红十字会会长。是月"光复会"在日本东京成立总部，推章炳麟为会长。

太谷学派学人：黄葆年67岁、毛庆蕃65岁。罗振玉45岁、王国维34岁。

**是年春**　归葬于江苏淮安曹围。郑氏夫人随刘大绅生活，衡氏夫人长住淮安。李贵长住淮安。

▲ 编著者按：刘鹗去世后，归葬于江苏淮安。2008年3月19日，生于淮安的刘娴（刘味青的曾孙女，时年84岁）告诉刘德枢（刘鹗的曾孙）：淮安祖茔在石塘，有十亩地，有三百多棵树。这树的数目为什么记得这样清楚呢？因为有一天，坟主子来报告，说有人偷树。我爸爸（刘味青的长孙刘伯宽）在树上一棵一棵地编了号。坟主子叫张登鳌，又叫坟亲。味青公葬在这里。

铁云公葬在淮安曹围，资料上说的是对的。那附近有一个袁小庄。我小时候去过，是日本鬼子丢炸弹的时候，日本鬼子在淮安连丢过两次炸弹。（刘德枢推测是1938年）

那块墓地有一个篮球场大，是我们家买下来的，那时是一块平地。我看到的是三个墓，一个是铁云公的，一个是大奶奶家的，就是大章的。还有一个较小，记不得是谁了。

我们家（刘味青）的堂名叫歌（古?）风堂，二房（刘鹗）的堂名叫大有堂。那两块地就分别是歌风堂和大有堂的堂产。

▲ 编著者按：张登鳌的后人张永宽，现居住在淮安市楚州区上河镇大后村韩庄组，依然在照顾着刘鹗墓地。

**10月29日（九月三十一日）**　《时报》刊出《国粹求估告白》，出售刘鹗抱残守缺斋所藏珍品。

▲ 编著者按：1908年刘鹗被捕，产业充公并流放迪化。1909年病逝于狱中。

一年后有赵鹤舫、程宝权出售抱残守缺斋遗物,其"告白"全文如下:

### 国粹求估告白

抱残守缺斋主人收藏金石书画为海内巨观。主人居京师,积二十年之久,当百宝荟萃之区,经无限名家考订,故诸品皆为稀世之珍。近因宿债日重,故全数出售,由小号经营,凡鸿鉴大家祈早购为幸。

一、商太卜藏龟,计大小一万二千片,价银一万二千元:此品系商朝太卜所掌之物,刀笔所书。每卜一次,记之于龟。洵中国最古老之文字也。于己亥年河南汤阴县出土,全书均为抱残守缺斋主人所得。

一、三代秦汉印章,二千余方,价洋六千元:三代古玺钵,大者每方五六百以至千金。此中大钵十余方,小钵六七百方;汉官印百余方,私印数百方。至精至纯,稍有可疑者即行剔去。印谱分四集,计四十八本。

一、周秦汉三朝瓦当,价银五百元:汉瓦恒见,秦瓦即稀,周瓦尤罕。此中如道德羽觞,千年井干、石流等,皆周瓦之至精者。其他为世所不见者,约数十品,内有画瓦十余品。共计一百九十余品,无一同范。比之潍县陈氏奇品为多。海内藏瓦推为第一。

一、宋拓碑板:北宋拓怀仁圣教序,共推海内第一本,三千元;宋拓九成宫,壹千六百元;宋拓皇甫碑,未断本,壹千二百元;宋拓麓山寺,壹千元。

一、唐宋名人书画:颜鲁公三表原稿,二千元;宋米元章送李愿归盘谷序,壹千元;五代董源巨然山水,两幅合装一卷,二百元;五代徐熙水禽图卷,壹千二百元;五代周文矩琉璃墨人物图卷,壹千五百元;宋许道宁云出山腰图卷,三千元;宋刘松年宋九老图卷,二百元;宋赵昌花鸟图卷,壹千二百元;宋夏珪寒山图卷,八百元;宋米友仁临安山水图卷,壹千元;宋赵千里仙山楼图卷,七百元;宋郭熙山水卷,八百元。

小花园第九号　赵鹤舫

三马路汲修斋　程宝权　白

(《文学史证》第 200 页)

# 附 录

## 附录 1　抱残守缺斋藏器目

### 鲍　鼎

**编著者按：**

刘鹗以其收藏拓印成《铁云藏龟》《铁云藏陶》《铁云藏货》《铁云藏印》四书传世，通称为"抱残守缺斋所藏三代文字"。1908 年刘鹗被捕流放新疆迪化，其收藏散尽。

丹徒鲍鼎以为"其（刘鹗）瓦当之精好者，罗氏振玉秦汉瓦当文字中已采之，亦未尽所藏。独其藏金，宜有专录，而刘氏及身未克成书，是用惋惜。年来流浪南北，游踪所至，必叩藏家，索观墨本。每见钤'老铁''铁云藏金''抱残守缺斋所藏三代文字'等印者，皆存其目"并集录编辑为《抱残守缺斋藏器目（附瓦当目）》一书收入于鲍鼎编《默厂金石三书》。

癸酉冬十有一月（1933 年 12 月—1934 年 1 月）《抱残守缺斋藏器目》印行。

鲍鼎（1898—1973），字扶九，号默庵、云中君、晚年号"蒜山耕者"。丹徒人。九岁丧父，幼从母亲张氏、表兄柳诒徵读书。1928 年，应出版家罗振常的邀请，前往上海蟫隐庐书店当编辑，负责书店的书目编写任务。后至中国书店任编辑，正风文学院任教员。居客海上，寓沪西槟榔路玉佛寺旁之金城里与罗振常为邻。1933 年为刘体智整理家藏金石，编辑《善斋吉金录》《小校经阁金文拓本》。1938 年应无锡丁福保之邀将《说文解字诂林》择要编辑为《说文解字诂林简编》，书成而未见印行。1941 年后任课于大夏大学、无锡国专等。鲍家本是镇江书香门第，藏书亦多。1960 年，鲍鼎从上海返回镇江，将其所藏的六大箱古籍捐赠给了镇江绍宗藏书楼。此后，他又在绍宗藏书楼帮助管理藏书，将藏书楼 9 万多古籍全部分类编目成善本书目。1973 年 8 月去世于家乡镇江。鲍鼎精书法、善诗文，于文字学、音韵学研究更为精深，为现代著名金石甲骨学专家。著有《目录学小史》《愙斋集古录校勘》《国朝集古录校勘记》。

1904年刘鹗《铁云藏龟》原拓本，无释文。1931年蟫隐庐本《铁云藏龟（释文）》及《铁云藏龟·释文凡例》均由鲍鼎完成。

《抱残守缺斋藏器目》分为两个部分。第一部分是拓印刘鹗曾经收藏的三代秦汉鼎彝所著录的文字，第二部分是刘鹗曾经收藏的瓦当文字。

本书附录《抱残守缺斋藏器目》是《抱残守缺斋藏器目》第一次排印本。可以作为刘鹗研究三代文字的《铁云藏金》《铁云藏瓦》读。

## 抱残守缺斋藏器目序

### 鲍 鼎

吾邑储藏书画，代不乏人，宋则有苏氏颂、米氏芾，元则有石氏岩、郭氏畀，明则有唐氏成、靳氏贵、陈氏大年、张氏觐宸，最近则笪氏重光、张氏若筠、王氏文治、蒋氏宗海则尤著矣。而甄集神经史之古物，则自刘氏鹗抱残守缺斋始。上自殷契，下及隋碑，巨若鼎彝，纤如泉铢，网落当甓及罍登。藐古为俦，后来居上。顾刘氏手订印行者，仅《藏龟》《藏陶》两种及《藏印》四集尔。其瓦当之精好者，罗氏振玉秦汉瓦当文字中已采之，亦未尽所藏。独其藏金，宜有专录，而刘氏及身未克成书，是用怃惜。

年来流浪南北，游踪所至，必叩藏家，索观墨本。每见钤"老铁""铁云藏金""抱残守缺斋所藏三代文字"等印者，皆存其目。且援攈古之例，肩录全文，又仿《南村丛钞》依其行字，当亦为考古者之所欲知，非第一邑一乡之文献已也。

嗟乎，近日治路者镕铁早轨发掘亘数省。河南陕西所出古器物尤多。昔人所未见而每岁随市舶流出海外如水赴壑，并一纸墨拓之文字图像不留。恐不及百年，吾国几如荒野大漠。欲求一见三代文字之迹，岂可得哉？

刘氏故嗜古，又值庚子兵燹之后，旅居京师，故家珍秘充溢海王村肆，值又至廉。刘氏竭其力之所至不以营田宅、治生产，唯古器物是求。福山王文敏数十年所畜，强半在其箧中。龟甲兽骨，亦文敏故物。自《铁云藏龟》印行而后，瑞安孙氏诒让、上虞罗氏筚路蓝缕，以辟讲解之途径。浸至今日，后学能识古文、知殷礼，刘氏之功又何可没也。刘氏暮年，以两江总督端方欲夺其孤本《刘熊碑》，不时得因事龃龉，遂论遣戍。刘氏、端方皆已矣，烟云过眼何莫不然。独有位者既不当窃嗜古之名，行黩货之实，而私家又懔懔于匹夫怀璧之罪，几何不使吾国变为荒野大漠也乎！余成是目，不禁为之浩叹也。丹徒鲍鼎

## 抱残守缺斋藏器目
刘鹗藏器　鲍鼎集录

# 三代

### 钟

嘉宾编钟　钲二行鼓左二行十七字　　反书

　　　　　舍武于

　　　　　戎攻霝𧪎

　用乐嘉宾父

　□大夫朋友

虢叔旅编钟　钲一行鼓右二行二十字

　虢叔旅休对𤯔

　　　　　鲁休

　　　　　扬用乍朕

　　　　　皇考叀叔

　　　　　大䣁龢钟

者□编钟　钲一行鼓左右各一行存二十六字

　佳五月初吉丁亥工戲

　王皮难之子

　者减自𤎡钟

　其子孙孙永保用


### 鼎

亚弓鼎　一行二字

　亚弓

子父辛鼎　一行三字

　子夫辛

木父辛鼎　一行三字

　木父辛

𠨑父癸鼎　二行三字

　𠨑

　父癸

乍宝鼎　一行三字

乍宝鼎

乍旅宝鼎　一行三字

乍旅宝

取它人之善鼎　二行六字　　左行

之譱鼎

取它人

乍[illegible]妇鼎　二行六字

乍[illegible]妇尊

彝[illegible][illegible]

大师人鼎　三行十三字

大师人[illegible]

乎乍宝鼎

其子子孙孙用

交君子夶鼎　四行存十五字

交君子夶

肇乍宝鼎

□眉寿万

年永宝用

辅白[illegible]父鼎　三行存十六字

辅白[illegible]父乍

丰孟娟賸鼎

子子孙孙永宝用

中义父鼎　三行十七字

中义父乍新

客宝鼎其子子

孙孙宝用[illegible]

番中吴生鼎　四行十八字

番中吴生

乍尊鼎用

亯用孝子子

孙孙永宝用

虢文公子[illegible]鼎　四行二十字

虢文公子㊟

乍叔妃鼎其

万年无彊子

孙孙永宝用㊟

戉叔朕鼎　五行二十七字

佳八月初吉

庚申戉叔朕

自乍饋鼎其

万年无彊子子

孙孙永宝用之

淮白鼎　四行二十八字

淮白乍㊟㊟宝尊

彝其用戉粥㊟大

牢㊟其㊟入㊟子

孙㊟之夙㊟㊟夕

㊟鼎　八行七十字

唯王九月丁亥王客

于般宫井白内右㊟

立中廷被乡王乎乍命

内史册命㊟曰易女赤

㊟市㔾旆用事㊟拜稽

首对扬天子不显皇休

用乍朕文考配白尊鼎

㊟其万年子孙永宝用


鬲

雯人守鬲　二行五字

雯人守

乍　宝

白㊟父鬲　一行七字

白㊟父乍姞尊鬲

㊟㊟鬲　一行十一字

〇〇乍叔〇〇尊鼏其永保用

甗

妇甗　一行二字　妇字反书

〇妇

尊

乍旅彝尊　一行三字　乍字反书

乍旅彝

〇父庚尊　二行四字

〇父庚

〇

父癸〇正尊　一行四字

父癸〇正

乍季尊　二行五字

〇乍季

尊彝

〇白尊　二行七字

〇白乍父

乙 寶 尊

卣

肇彝卣　盖器各一行二字　盖反书器正书

肇彝　盖

肇彝　器

〇父乙卣　盖器各一行二字　盖反书器正书

〇父乙　盖

〇父乙　器

子庙图卣　盖器各一行三字

子庙图　盖

子庙图　器

父已卣　盖器各二行七字

[丵][异]父己　盖

乍寶尊彝

[丵][异]父已　器

乍寶尊彝

静卣　四行三十七字

佳[三]月初吉丙寅王在

[异]京王锡静弓静拜

稽首敢对扬王休用乍

宗彝其子子孙孙永寶用

壶

緐妇壶　盖一行二字　器两耳内各一行一字

緐妇　盖

[象]

[象]　器

瓢

史瓢　一行一字　反书阳识

史

[狨]瓢

[狨]

鱼[壽]瓢　一行二字

鱼

[壽]

帚[妣]瓢　一行二字

帚[妣]

父乙孟瓢　一行三字

父乙孟

皿合瓢　二行六字

[㓞]皿合

乍尊彝

妣乍乙公瓢　二行七字

妩乍乙公
賓彝卌♀


觯

史农觯　一行二字

　史农

囸𣢒觯　二行五字

　絮父辛

囸𣢒乍


爵

𤔔爵　一行一字

　𤔔

𠦪爵　一行一字

　𠦪

叔爵　一行一字

　叔

𢎨爵　一行一字　一作角

　𢎨

𢍰爵　一行一字　一作角

　𢍰

父壬爵　一行二字

　父壬

父癸爵　一行二字　癸作卐

　父癸

山且壬爵　一行三字

　山且壬

�父丁爵　一行三字

　父丁

杀牲形父已爵　二行三字

　父

巳

▼父癸爵　一行三字　父字反书

　　▼父癸

父癸一爵　一行三字

　　父癸一

父癸⋔爵　一行三字

　　父癸⋔


角

飞燕角　一字

　　⊞

父丁角盖　一行三字

　　父丁⊞


觯

庙图觯　一行三字

　　庙图

　　觯

女⋏觯　一行二字

　　女⋏

⋈父辛觯　一行三字　父辛合文

　　⋈父辛

串父辛觯　一行三字　父辛合文

　　串父辛

□父辛□　一行三字　第一字蚀

　　⌒父辛

乍从觯　一行三字

　　乍从觯

⊞巳▲觯　盖器各一行四字

　　⊞巳▲大　盖

　　⊞父巳大　器

君妻子觯　二行四字　左行

子◇

君妻

白乍旅彝　各一行四字　乍字反书

白乍旅彝

〈叔彝　各二行五字

〈叔乍

◇尊

郑嚳遶父彝

乍宝尊彝

◇白彝　三行十六字

◇白从王伐反

㭉孚金用乍

宗室宝尊彝

小臣乍父丁彝　三行存二十三字　小臣三朋父丁俱合文

◇□曰趞叔休于

小臣贝三臣三家对厥

休用乍父丁尊彝


敦

戈敦　一行一字

戈

◇父丁敦　一行一字

◇父丁

白乍宝敦　二行四字

白乍

宝敦

阠敦　二行六字　乙字反书

阠敦父乙

尊　　彝

白◇父敦　二行六字

白◇父

乍彝彝

白敦　二行六字

　白乍寶

　用尊敦

🐾入敦　三行十七字

　🐾入其肇乍敦

　其万年眉寿

　子子孙孙永寶用

姞氏敦　盖器各三行十八字

　姞氏自钕为

　寶尊敦其迈　盖

　年子子孙孙永寶用

　姞氏自钕为

　寶尊敦其迈　器

　年子子孙孙永寶用

丰分乁敦盖　盖四行二十字

　丰分乁乍朕

　皇考酉敦乁

　其万年子孙

　永寶用匄考

白中父敦　四行二十一字

　佳五月辰在壬

　寅白中父殁

　夜事𢟼考用

　乍厥寶尊敦

叔皮父敦　五行二十八字

　叔皮父乍朕文

　考井公㝬朕

　文母季姬尊

　敦其万季子子

　孙孙永寶用之

𨤲敦　盖器各五行四十字

　佳三月初吉丁亥王

在周各于大室王蔑

□历锡幺衣赤□□　　　盖

对扬王休用乍文考父

丙鬶彝其万年寶

佳□月初吉丁亥王在周

各于大室王蔑□

历锡幺衣赤□□对　　器

易王休用乍文考父丙鬶

彝其万年寶

同敦　九行九十一字

佳十又二月初吉丁丑王

在宗周各于大庙艾白右

同立中廷北乡王命同□

右吴大父嗣易林吴牧自

□东至于□□乃逆至于幺

水世孙孙子子□右吴大父母

女又闲对扬天子乃休

用乍朕文丂叀中尊寶敦

其万年子子孙孙永寶用

大敦盖　十行百又六字

佳十又二年三月既

生霸丁亥在韫侲宫王

乎吴师召大锡□□□里王令

蠤夫□曰□□曰余既锡大

乃里□宾□章□□帛令□曰

天子余弗敢□□以□页大锡

里大宾□□章马两宾□□

章帛□大拜稽首敢对扬天

子不显休用乍朕皇考刺

白尊敦其子子孙孙寶用

颂敦盖　十五行百五十字

佳三年五三月既四霸甲戌

王在周康邵宫旦王各大

室即立宰弘右颂入门立

中廷尹氏受王令尤王乎

史虢生册令颂王曰颂令

女官䚉成周賷監䚉新䀠

賷用宫御锡女幺衣带屯

赤市朱黄鋚旂攸勒用事

颂拜稽首受令册佩以出

反入堇章颂敢对扬天子

不显鲁休用乍朕皇考龚

叔皇母龚始寶尊敦用追

孝蕲匄康虔屯右通录永

令颂其万年眉壽无彊眈

臣天子霝冬子孙孙寶用


篡

鲁士𣄢父篡　三行十字

　　鲁士𣄢父

　　乍飤篡

　　永寶用

又　三行十字

　　鲁士𣄢父

　　乍飤篡

　　永寶用


篡

𣄢比篡　十二行存百二十三字　小臣小宫三邑二邑三邑皆合文

　　佳王廿又五年七月既□□□

　　后师田宫令小臣成友逆□□

内史无𤔲，大史𧼈曰章厥𤇾惠

　　夫𣄢比田其邑畜能𤇾䁗亘

　　友𣄢比其田其邑复𨒪言言㝉

冥罍比复小宫罍比田弓
邑彶众句□兒眾膚儶眾弌复
象余罍比田其邑精棘十
三邑州淛二邑氏復友復友南
比日十又三邑厥右罍比讟夫月罍
比乍朕皇且丁公文考弓公
籃其子子孙孙永寶用弓

盉

亚中龜形盉　一行一字　阳识

且己盉　一行二字　阳识

　　且己

般

鮇二匕妊般　三行十六字

　　鮇二匕妊乍虢

　　妃鱼母般子子

　　孙孙永寶用

杂器

白公盂　三行十五字　父盂二字反书

　　白公父乍旅

　　盂其万季

　　子子孙孙永寶用

曾大保盆　三行二十一字　反书

　　曾大保鼺周叔

　　用其吉金自乍旅行

　　盆子子孙孙永用之

兵

薛戈　一行一字

薛

乙戈　一行二字

乙戈

郱戈　一行二字

郱戈

阿武戈　一行二字

阿武

高🀄左戈　一行三字

高🀄左

南宮左戈　一行三字

南宮左

🐟子戈　一行五字

🐟子之䚦戈

陳🐟戈　二行七字

🀄🀄己🀄陳

🀄戈用

郾王戈　二行七字　左行　第一字蝕鋸字反書

🀄🀄鋸

郾王䛇乍

又　二行七字　左行鋸字反書

□🀄鋸

郾王䛇乍

又　二行六字

郾王䛇乍

🀄鋸

郾王戎人戈　二行八字　左行

乍🀄🀄鋸

郾王戎人

🀄字句兵　一行一字

🀄

龙文劍　面背各一行一字

面

背

又　面一行一字背一行二字

面

背

攻𫘤王劍　二行十字

　攻𫘤王元載

　自乍其寶用

寶刀　两面各一行两字

　寶

　坿

癸斧　一行一字

　癸

甄斧　一行一字

　甄

秦

廿六年诏八斤权　十五行四十二字　八斤二字阳识

　廿六年

　皇帝尽

　并兼天

　下诸侯

　黔首大

　安立号

　为皇帝

　乃诏丞相

状　绾

灋度量

剚　不

壹歉疑

者皆明

壹之

八　斤

又十六斤权　　十四行四十三字

廿六年

皇帝尽

并兼天

下诸侯

黔首大

安立号

为皇帝

乃诏丞

相状绾

灋度量

剚不壹

歉疑者

皆明壹

之

六　斤

汉　　汉以后附

　　　　　鼎

频共鼎　　盖二行二十一字　器一行七字

　频一斤四两二升

　频共今二斤八两十二朱二升半升　　盖

　频六斤一升　频共　　　　　　　　器

量

容六升量　三行十字　或作锺　按此器未见著录究为何器不可知或说是钟亦无显证姑以量名之

容六升李升

重八斤

十四两

利成家钟　三行十六字

利成家家官銅

钟一容二斗重

九斤六两

鈎

十二神鈎　二行四字

十二神

鈎

鐙

真定鐙　一行八字

真定重十斤十四量

永光四年鐙　二行十八字

永光四年寺工工弜纪譙弓

建省重二斤二两

杂器

四錞于　一行一字　阳识

四

五錞于　一行一字　阳识

五

十三錞于　一行二字　阳识

十三

十八錞于　一行二字　阳识

十八

廿三錞于　一行二字　阳识

廿三

廿四镎于　一行二字　阳识
　　廿四

廿六镎于　一行二字　阳识　六字反书
　　廿六

廿七镎于　一行二字　阳识
　　廿七

廿九镎于　一行二字　阳识
　　廿九

世镎于　一行一字　阳识
　　世

大吉利铃　面背各五字　阳识
　　　　五
　　大吉利　　面
　　　　五
　　　　五
　　宜子孙　　背
　　　　五

　　　　　兵

幼衣斧　二行四字　阳识
　　幼衣
　　幼衣

　　　　兵符
军督符　二行存四字
　　军督⺌
　　□庄

　　　　泉范
半两范　泉二十八共五十六字
　　半两半两半两半两半两半两半两（编著者说明：本行全部左侧倒）
　　半两半两半两半两半两半两半两（编著者说明：本行全部左侧倒）
　　半两半两半两半两半两半两半两（编著者说明：本行全部右侧倒）
　　半两半两半两半两半两半两半两（编著者说明：本行全部右侧倒）
又　泉四十共八十字

两半两半两半两半两半两半两半两半两半两半（编著者说明：本行全部左侧倒）
两半两半两半两半两半两半两半两半两半两半（编著者说明：本行全部左侧倒）
两半两半两半两半两半两半两半两半两半两半（编著者说明：本行全部右侧倒）
两半两半两半两半两半两半两半两半两半两半（编著者说明：本行全部右侧倒）

三铢范　面泉四共八字背二行二字　阳识

面

金　　　　　　背

大泉五十范　泉八共三十二字

又　泉面幕四共八字　阳识

又　泉面幕四共八字　阳识

又　泉面幕四共八字　阳识

大布黄千范　四字　阳识

　大布
　黄泉

货泉范　泉面幕四共八字　阳识

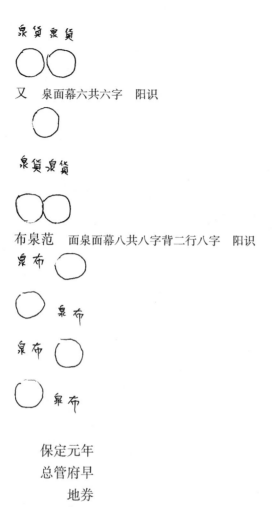

又　泉面幕六共六字　阳识

布泉范　　面泉面幕八共八字背二行八字　阳识

　　　保定元年
　　　总管府早
　　　　地券
诸葛敬买地铅券　三行一百三十字　阳识
黄龙元年壬申五月丙子朔八日乙亥诸葛敬从南阳男子马吉庆买所名有青攀埠罗佰
田一町直钱二万一千钱即日毕田东北贺方男沈大义西近大道北比郑江生根生土毛
物皆属诸葛敬田中若有尸男即当为奴女即当为婢皆为诸葛敬趁走给使田东西南被
以大石为界畤旁人丁阳郭平皆知卷约沽酒各半

**附瓦当目**
幹簹羍贾瓦　四字

羽阳临渭瓦　四字

羽阳万岁瓦　四字

羽阳千岁瓦　四字

又　四字

又　四字

汉并天下瓦　四字

　汉并
　天下

汉廉天下瓦　四字　左行回环讀

折风阙当瓦　四字
折风
阙当

橐泉宫当瓦　四字

鼎胡延寿宫瓦　五字

又　五字

又　五字　寿字反书

鼎胡延寿保瓦　五字

佐弋瓦　二字

佐

弋

又　二字

佐

弋

益延寿瓦　三字

益延

　　寿

甘泉上林瓦　四字

上林瓦　二字
　　上林

上林半瓦　二字
　　上
　　林

又　二字　林作□
　　上
　　林

黄山瓦　二字
　　黄山

转婴柞舍瓦　四字　回环讀　柞字反书

泰灵嘉神瓦　四字
　　泰靈
　　嘉神

又　四字
　　泰灵

嘉神

卫瓦　一字
　　卫

又　一字
　　卫

宫瓦　一字　四角有□
　　宫

便瓦　一字　阴款如印　山下左右有□
　　宫

高安万世瓦　　四字

高安
世瓦

又　四字

高安
世瓦

石室朝神宫瓦　　五字

八风寿存当瓦　　五字

又　五字

孝大□□　瓦　四字

□□后深殘瓦　存二字

长陵东裳瓦　四字

长陵西神瓦　四字

治冢官当瓦　四字

都司空瓦　四字　字皆在中如印上下左右有□

都司

空瓦

右空瓦　二字　两旁有□

右空

又　二字
　右空

右将瓦　二字
　右
　将

宫瓦　一字
　宫

守祠堂当瓦　四字

马氏万年瓦　四字　字在内缘中有□

巨杨冢当瓦　四字

万岁冢当瓦　四字

冢上瓦　二字
　冢上

冢瓦　一字

冢

墓瓦　一字
　墓

焦瓦　一字
　焦

薪世所作瓦　四字

永受嘉福瓦　四字　鸟虫书
　永受
　嘉福

道德顺序瓦　四字
　道德
　顺序

飞鸿延年瓦　四字　下有飞鸿形
　延
　年

又　二字　下有飞鸿形　延字殘
　延
　年

延年半瓦　二字
　延
　年

又　二字
延
年

又　二字
延
年

延年益寿瓦　四字

益延
壽年

万歳未央瓦　四字　平列
万未
歳央

长生未央瓦　四字
长生
未央

又　四字　回环讀

长
未央

长乐未央瓦　四字
长乐
未央

又　四字
长乐
未央

又　四字

又　四字

又　四字　左行

富昌未央瓦　四字
　　富昌
　　未央

安乐未央瓦　四字　回环讀

又　四字

未央殘瓦　存二字
　　□未
　　□央

安乐富贵瓦　四字　左行回环讀

宜富贵千金当瓦　六字

寿老无极瓦　四字　左行

寿老无极瓦　四字
　寿老
　无极

长生无极瓦　四字　长作

常生无极瓦　四字

與天无极瓦　四字
　與天
　无极

又　四字　回环讀

與天毋极瓦　四字

　與天

　毋极

與天久长瓦　四字

　與天

　久长

延壽万崴常與天久长瓦　　九字

延壽万崴常與天久长

又　九字

延壽万崴常與天久长

延壽万崴瓦　四字

万岁半瓦　二字

　岁万

万崴万崴瓦范　四字　阴文　反书顺逆相间

万秋瓦　二字

　万秋

千秋瓦　二字
　　千秋


千秋半瓦　二字
　　千秋


千秋万年瓦　四字　樹干界其中左右亦有小樹□旧释岁
　　千秋
　　万年


千秋万岁瓦　四字　岁上从屮屮
　　千秋
　　万岁


又　四字　中无界格岁作⺳不从止
　　千秋
　　万岁


又　四字　千作�
　　千秋
　　万岁


又　四字
　　千秋
　　万岁


又　四字
　　千秋
　　万岁


又　四字
　　千秋

　　万岁

又　四字　岁作（small seal character）
　　千秋
　　万岁

又　四字　岁作（character）
　　千秋
　　万岁

又　四字　秋作（character）

（seal characters）

又　四字

（seal characters）

又残瓦　存二字
　　千秋
　　□□

又　存二字
　　□□
　　秋岁

又　存二字
　　□岁
　　□秋

又　四字　四角有字狭而长
（见图）

又　存三字　同上

千秋万岁餘未央瓦　七字　回环讀

千秋利君瓦　四字　回环讀

千秋利君长延年瓦　七字

宜侯王富贵饮酒瓦　八字　四角有

延寿长相思瓦　五字

长毋相忘瓦　四字
　　长毋
　　相忘


千秋万世瓦　四字

又　四字　上下左右有□
　　千秋
　　万世


青龙瓦　以下无文字
又
白虎瓦
元武瓦
又
双虬瓦
凤瓦
兽瓦
又
鹿瓦
又
又
子母鹿瓦
双鹿半瓦
又
双鹤瓦
⌒⌒瓦

　　右瓦当目一卷,皆采自罗氏秦汉瓦当文字及同邑吴氏定破帖斋所藏刘氏瓦当全拓,凡罗氏未著录者则取拓本足之,依罗氏原次以成斯目,附之藏器目后,吴氏尚藏有宋拓淳化阁帖第七卷残本,及郁冈斋帖初拓本,皆抱残守缺斋中物,刘氏手自签署及跋尾,盖精品也。刘氏藏泉亦甚夥,齐刀百数十家,铁泉四十余千,他泉布称率为北京云松阁转售,藏镜虽不浮,而多难得之品,罗氏镜话中曾称之,惜皆散失,无由存目,姑附识于此云,鲍鼎

# 附录 2　明 盐 杂 考

## 刘厚泽

**编著者按：**

1943 年刘厚泽根据刘鹗遗存的盐业史的资料撰写了《明盐杂考》。

《明盐杂考》原手稿存于国家图书馆分馆普通古籍阅览室。发表于《中和杂志》1943 年第 4 卷第 2 期刊，手稿和发表稿均署名：刘厚泽。

刘厚泽是刘鹗哲孙。生于 1915 年，病逝于 1970 年。字审言、季同，笔名执中。1919 年五岁入家塾读国学，后求学于天津工商学院附属中学读高中。1938 年毕业于北京辅仁大学社会经济系，获学士学位。后继续进入辅仁研究院文科研究所历史学部，1940 年获硕士学位。曾任北京大学法学院讲师，北京中国大学讲师、副教授。1949 年后，在上海华东军政委员会交通部内河航运管理局、上海市建筑工程局科技处做文秘、编辑等工作。1960—1970 年筹建上海建筑工程局技工学校并负责全面教务工作。刘厚泽国学基础深厚，学识渊博，英语纯熟，兼通日、俄、法语。生前保存刘鹗及《老残游记》资料，编著有《老残游记资料》。撰写有《刘鹗与老残游记》等。1962 年将刘鹗和太谷学派的部分资料捐赠给南京博物院。

刘厚泽根据刘鹗遗存的资料还用英文撰写了《黄河历史概述、治理和治河技术》等。

## 一、引论

我国盐政，由来已久，周官煮海为盐，远在三代，已有滥觞。齐地滨海，管仲倡煮盐课赋，遂为国有富源，民不得盗。西汉之世，专卖制度大昌，遂视为国家田赋以外，唯一收入。以后朝代兴替，盐法亦随之嬗变。其间惟六朝以后，隋唐之间，一度豁为民利，恢复上古民有制度，实为仅见。但为期仅数十年，又复前制。虽历朝制度不同，或为民制官卖，或为官制官卖，或为就场专卖，或为一部分官卖，然大抵皆恃为国家重要富源，以支持政府之命脉，未容稍忽者也。

历代变法，嬗变甚多，而头绪繁复，制度综错，沿革因袭，利弊迭生，因之朝令夕更，棼如乱丝，虽以复杂繁琐之田粮地丁等次相较，未能相拟。然欲求制入常轨，惟须鉴往，乃可知来，则个别分析财赋之子目，盐政虽繁，亦为研究中国经济史者不可放弃之对象。

有明一代,继元朝之后,当破坏割据之余,凡百庶政,如棼丝待理,盐政当亦不能例外。然以头绪纷繁,改革愈亟,愈不能健全,欲求收纲举目张之效,几如缘木求鱼。故其间凡历三百七十余年,改革变迁之多为诸朝冠,且始终未能完善。顾不善之政,亦足为善政之资,非但不能漠视,且正应以为对象而认识之,亦所谓前车之鉴也。故摘录信史所著,分析排比,草为杂考,亦以供今日参证耳。

### 二、明代之盐务官制

明代盐务制度,概括而言,大抵上承元制而扩充改善使其略臻完备,然以国家频年多变故,外侮内乱,□□鉴(自建国以)至灭亡,几于无日无之,故一切建设,朝兴夕改,胥未能尽善,盐务官制,自亦如是,事权既未能专一,政令复紊而无纲,然大要言之,可分为中央与地方两部。兹分别述之。

### (甲)盐务中央官制之沿革

历代以还,盐政大抵隶于户部,明代亦然。以户部尚书总司盐政,然其所以异于历朝者,则名义虽归于户部,实际巡盐施政不尽属之,而大要反属之于言官都御史及御史,间亦有时由刑部管理官吏主持权政,则在历朝尤为鲜见。考《明史·职官志》云:

"户部尚书掌天下户口、田赋之政令,仕郎式之,稽版籍,岁会赋役实征之数。"

"十三司各掌其分省之事,兼领所分两京直隶贡赋及诸司衙所禄俸。边关粮饷并各仓场盐课钞关,条为四科,曰民科,主所属省府县地理人物图志,古今沿革,山川险易,土地肥瘠宽狭,户口物产多寡,登耗之数。曰度支科,主会计夏税秋粮存留起运及赏卖禄秩之经费。曰金科,主市舶鱼盐茶钞税课及臧罚之收折。曰仓科,主漕运军储蓄出纳料粮。"

是项制度,由于明初承袭前制而来,当时盐务事项,各以其地域之不同,分别执掌于所谓以省划分之十三清吏司,每司各设郎中一人,员外郎一人,主事二人,处理所属地方所有盐钞税收厘定审核事项,各不相混,而总之于尚书侍郎,系统尚称不紊。其间虽迭有增减设施,大抵未有变迁。至宣宗宣德十年,因各司管理各地,固属事权明晰,惟有统筹一事,又未免有不能纲举目张之弊。于是十三清吏司各司其事之外,更缕析户部综司各事,别为一目,各隶一司,俾能纵横划一,俾收指臂之效,而所有盐务职司,则总之于山东司。《明史·职官志》云:

"宣德十年,革交阯司,定为十三司,其后归并职掌,凡宗室勋戚文武官吏之廪禄陕西司兼领之,北直隶府州衙所福建司兼领之,南直隶府州衙所四川司兼领之,天下盐课山东司兼领之,关税贵州司兼领之,漕运及临德诸仓云南司兼领之,御马象房诸仓广西司兼领之……"

故迄明末,盐务虽各分区域。而综掌于户部山东清吏司,以上达于尚书侍郎。

盐务职司,于户部官吏职掌之外,兼理监督纠察事宜者,则多属之风宪之官,都御史副金都御史与御史,其中有冠以巡盐二字衔者,有则不冠衔而为执行兼理者,其冠衔之御史,大多为制定巡视纠察之官,以岁代更,无固定任所。而不冠衔之御史,则多为整顿盐务而设置,例有所属,以资管理。《明史·食货志》云:

"洪永时,尝一再命御史视盐课,正统元年始命侍郎何文渊王佐,副都御史朱与言提督两淮长芦两浙盐课,命中官御史同往,未几以盐法已清,下敕召还,后遂令御史视醶,依巡安例,岁更代以为常。"

又:"十一年以山东诸盐场隶长芦巡盐御史。"

又:"成化中特遣中官王允中金都御史高明整治两淮盐法,明请增设副使一人,判官二人。"

御史以外,其纠察督理盐务者,则由特旨派遣,以刑部官为多,盖以其职掌天下刑名,司法抉弊故也,然有时以职权行使不便,则或诏令兼御史衔,以利职务。《明史·食货志》云:

"弘治十四年金都御史王璟督理两淮盐法,正德二年两淮则金都御史王瓊,闽浙则金都御史张宪,后惟两淮赋重,时遣大臣,十年则遣刑部侍郎蓝章。"

又:"孝宗初盐法坏,户部尚书李敏,请简风宪大臣清理,乃命户部侍郎李嗣于两淮,刑部侍郎彭韶于两浙,俱兼都御史,赐敕遣之。"

明代职掌盐务之中央官制,大抵如上,兹更列表以明之(表一):

表一

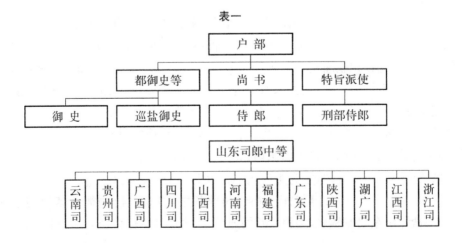

### （乙）盐务地方官制之组织

明洪武元年统一中原，天下底定，即起始整理产场签民为灶户，按户计丁，按丁课盐，而设官以临之，即仿唐制民制官收之遗意。当时官制，综理地方盐政者为都转运盐使，其所掌区域，至为广袤，例如两淮，两浙，河东，长芦等大例皆一省或二省地方，其下又分为盐场官，盐仓官，批验所官等，考《明史·职官志》云：

"都转运盐使司，都转运使一人，同知一人，副使一人，判官无定员，其属经历司经历一人，知事一人，库大使，副使各一人，所辖各场盐课司大使副使，各盐仓大使副使，各批验所大使副使并一人。"

其地方较小，而盐产不逮极盛之区者，则设综理盐务之官吏曰盐课提举司以管理之，其所属亦如运盐使司。考《明史·职官志》云：

"盐课提举司提举一人，同提举一人，副提举无定员，其属吏目一人，库大使副使一人，所辖各盐仓大使副使各场各井盐课司大使副使并一人。"

提举司与运盐使司，虽名称不同而职掌初无二致，其下直接管理盐政者，则为提举分司与批验所，分司之职掌与提举司同，而辖境范围较小于提举司，批验所则权利所及，仅批盐验引而已。考《明史·职官志》云：

"批验所大使一人，副使一人，掌验茶盐引。"

此外司场务者，另有场官，大抵为盐监督制造，管理场务等琐杂事项，不与盐课司同。考《明史·职官志》云：

"盐场设司令，司丞，百夫长。"

上列诸职外，后又有盐法道之设置，其职掌大抵为掌执法令，与课税巡盐略有出入，《明史·职官志》云：

"其外又有协堂道，水利道，屯田道，管河道，盐法道，抚治道，监军道，招练道等。"

故综合以上官职之管理分配，大致组织，尚称严密。兹更列表于逅，以明其事权之系属与统制（见表二）：

明代盐务官制组织条理，大致虽尚称详尽，然事实上行政效率，以职名既多，则反而不免有政出多方与法令重复之弊，例如各盐区既设都转运盐使综理一切，则应以所有事权统属之而使听命于户部，不应又有御史，以相抵触，更无须再设盐法道以乱政令。《明史·职官志》云：

"……分副使若副判莅之，督各场仓盐课司总于都转运使，共奉巡盐御史或盐法道之政令。"

表二

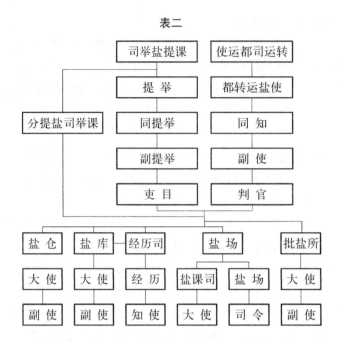

以盐法道与御史既职权相似，则抵触之处，当不可免，未尝非弊。又如中央组织以刑部官吏巡盐，山东清吏司总盐政，固皆未尝不可。然盐课为国家大本，当统筹密计，因事设官，不应为敷衍之性质，故综观其官制，虽大旨不殊，而事实未能健全，固皆不足取法者也。

### 三、明代盐场之分布及其引岸区域

明代之行盐区域，以版图广袤，故行销亦至为邈远。东南至海滨诸州，西迄关中，北抵长城，均在范内，盐场分布，亦达乎四境，当时盐务官制，已详前节。以都转运盐使及盐课提举司马地方组织之统制者，所有盐场即隶属之，亦有隶提举分司，然皆总属之于运司或提举司，各运提司举司所辖盐场之多寡，以区域之大小，产量之多少与行销之远近为标准，当时盐场之总数约一百七十三处，惟河东都转运盐使司不详，其所隶属机关则为：

长芦都转运盐使司　　　　　　辖场二十四

山东都转运盐使司　　　　　　辖场十九

河东都转运盐使司　　　　　　辖场不详

福建都转运盐使司　　　　　　辖场七

两浙都转运盐使司　　　　　　辖场三十五

两淮都转运盐使司　　　　　辖场三十

四川盐课提举司　　　　　　辖场十七

云南盐课提举司　　　　　　辖场十二

海北盐课提举司　　　　　　辖场十五

广东盐课提举司　　　　　　辖场十四

　　成祖时并设交阯提举司,当时组织不详,然不久即废撤,要亦无关宏旨。上述各场,大抵区域各别,产量亦异,行销区域,即所谓引岸区域,亦各有路线,与今日之制度,大致相同。其盐引限制,或专在本省,或兼及他省。兹将当时各部都转运盐使及盐课提举司所辖各场销盐引岸,列表以明之(见表三)

表三

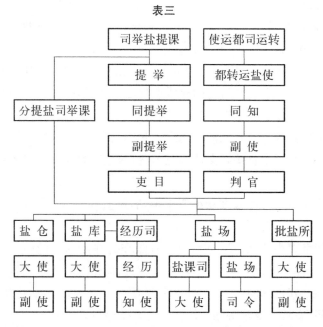

　　以上诸销盐引岸,大抵已遍及全国,关中方面,则有范围较小之陕西灵州盐课司,产盐专销鞏昌临洮二府及河州等西北之地。故明代盐场之分布,与其行销引岸,大体尚称完备,至产地与销地为密迩之区,则当时交通未臻发达所至,时代使然,未足为病也。

#### 四、明代盐税岁入概况

　　中国古代典籍,于数字记载,恒多略而不详,即有详细数字者,其准确性亦每为人所怀疑而不能致信,揆诸历代户口数字之差异悬绝,即可觇其大概,盐税收入之

数字,自亦不能例外,兹据《明史·食货志》所列数字,略为计核排比于下,而以岁入之多寡,为其顺序

| | |
|---|---|
| 两淮都转运盐使司 | 岁入六十万两 |
| 河东都转运盐使司 | 岁入十九万八千两 |
| 两浙都转运盐使司 | 岁入十四万两 |
| 长芦都转运盐使司 | 岁入十二万两 |
| 四川盐课提举司 | 岁入七万一千两 |
| 山东都转运盐使司 | 岁入五万两 |
| 陕西灵州盐课司 | 岁入三万六千两 |
| 云南盐课提举司 | 岁入三万五千两 |
| 福建都转运盐使司 | 岁入二万四千五百两 |
| 海北盐课提举司 | 岁入一万六千两 |

以上各场,岁入概况,除广东盐课提举司所辖各场收入不详以外,总计数字约一百二十八万一千两,在当时自为国家所重视之巨额收入。然此项数字收入,当仅为约数,以当时既无预决算制度,史籍所载仅此一项数字,且年代亦未指明,自系历年约数,故仅可觇其税收岁入之概况而已。此项收入,大都为解交国库以供行政支出之需,然其中亦有指定直接解交地方充军费,或地方政府补助费者,如《明史·食货志》云:

"河东盐运使司……岁入太仓银四千余两,给宣府镇及大同代禄府粮,抵补陕西饷银,共十九万两有奇。"

"陕西灵州有大小盐池,又有漳县盐井,西和盐井,洪武时岁办盐,西和十三万一千五百斤有奇,漳县五十一万五千六百斤有奇,灵州一百八十六万七千四百斤有奇,弘治时同,万历时三处共办千二百五十三万七千六百余斤,盐行陕西之鞏昌,临洮二府,及河州,岁解宁夏延绥固原饷银三万六千余两。"

此外如福建岁入中有二千三百四十四两,解交泉州军饷。海北岁入中有四千七百九十两留本处备用,四川岁收全部七万一千四百六十四两解交陕西镇军饷皆是,其余则大部解交国库。

总核以上数字,当时盐税,每岁收入总计,约一百二十八万一千余两,而其中解付区别则为:

(一)解交国库者,九十六万七千八百二十二两。

(二)解交军镇卫所官军折支俸银及留本处备用三十一万三千一百七十八两。

明代盐税岁入概况,大抵如上述,然其中又有应予注意者,如长芦都转

运盐使司所辖各盐场产盐数量,当占多数,而税收数额,反而居于第四位,其原因则由于明代奠都燕京,产盐区域,以长芦所隩为密迩,当时上供郊庙,百神祭祀,内府馐膳,以及百官有司之盐皆属之,故产量虽高而税收额数不能居首,其故固在此也。

### 五、明代盐引税率之变迁

盐引之源,由来已久,其始仅用于运销之时,商人执为凭照,亦犹路引之意义,其后即为盐政专用之名词,凡例论盐之数量单位曰引,行销区域,亦即名之为引岸,所谓引之意义,于明代盐引文字形式中,犹可得见,《明会典》云:

"南京户部见为盐法事,照到奏准各项事例,除钦遵外,本部合行开坐半印勘合引目付客商收执,照盐前去发卖,须至引者。"

故是项盐引当时谓之引目,盐引二字相连者,仅指盐之数量而言,凡商人运盐时,给价后与以引目,引目纸为二联式,盖印于骑缝间,半引留存,半引付给客商,凭引取盐;凭引运销,盐非卖毕与引不得相离,卖毕后须五日内缴回,以清手续,《明会典》云:

"两淮运司凡遇客商贩卖盐货,每引二百斤为一引,给付半印引目,每引纳官本米收入场,随即给引支盐。"

此项引目,依法须缴回有司,起初仅缴回原引,至景泰以后又行截角法,由商先行将引截角,以示废弃再行缴销,立意固愈臻完备,但当时事实,盐引一出,即转徙相失,缴销者固如麟角凤毛,虽诏令频施,始终未能尽如定律也。《续文献通考》云:

"永乐十年,令各运司提举司查勘过限未缴盐引,及客商贯址造册送部行各巡按盐御史及各按察司追究缴销。"

"景泰元年令商人支盐,卖毕截角退引,过期不缴者,行各处巡盐御史按察司查提。"

明代定额,以盐引志盐量,凡计盐之单位,以引言之,亦如今日之以包担为运盐之单位,然所谓引者,亦以其生产区域产量之多寡而异,大别之明初制定盐引为每引四百斤,亦即所谓大引制,其后又改行小引制,则以每引二百斤为一引,当时计算皆以产若干引或若干引为言,实即以四百斤与二百斤为单位而已。

明代盐税税率,改革甚少,太祖定鼎以后,首定盐税为值二十取一,其后以当时四边未靖,军饷需切,遂改为值十取一,较原税率倍之。继以王府参军胡深言税率过重,商贾利薄,盐有壅滞之患,故未久即改复初制,仍为值二十取一,即百分之五率,后遂定为常例,终明之世,未尝变易也。

### 六、明代盐法之种类及其兴革

明代盐政,虽大体承袭元制,为民制官收之就场专卖制度,而二百七十年间,新政迭出,最初仅以税收为原则,其后为边饷不继,改为充实边储之纳米开中法,即所谓盐谷互易制度,又后则改为京卫开中,遂置边储于不顾。继之以出钞过多,物重钞轻,又行食盐纳钞法,以资调节币制,其间并曾制定以物易盐诸法,节要言之,即以盐为交换媒介物,与币制相辅而行,国家之需要,即以此天然富源之产物,以相交易,新制屡兴,法令时易,政无常轨,虽欲其不紊乱,岂可得乎。故当时盐制,依其征收交易之异同,可分为五种方式,兹分别述之如下:

### (甲)食粮与食盐交换制度

有明初年,以边廷不靖,粮饷需要孔殷,而濒西北诸境,地处高原,农作物稀少,军储尤虞缺乏,以政府之力,虽不难行远以致,然劳民费时,计殊不善,故于太祖御极未久,洪武三年,创立开中法,即定以食粮与食盐互易办法,有纳粮于边区者,挈得引目,赴盐产区域支盐运销,获利倍蓰,当时最初制定,食粮易盐区域仅大同,太原两地,《明史·食货志》云:

"有明盐法莫善于开中,洪武三年,山西行省言大同粮储自陵县运至太和岭,路远费烦,请令商人于大同仓入米一石,太原仓入米一石三斗,给淮盐一小引,商人鬻毕,即以原给引目,赴所在官司缴之,如此则转运费省而边储充,帝从之,召商输粮而与之盐,谓之开中。"

当时开中法,仅为初创,条例未定,故输运饷仅限于大同太原两地,纳粮数量亦仅有一石与一石三斗之别,次年即推广至凡军州仓储,均由商人中盐,纳粮数量,亦以道路远近,运输难易,与需要缓急,而时时变易其数,其道远难运而需要孔亟者,则纳粮少而得盐多,使民趋利,反之则纳粮多而得盐少,固定纳米自一石以至五石不等。《明史·食货志》云:

"四年定中盐例,输米临濠开封陈桥襄阳安陆荆州归州大同太原孟津,北平河南府陈州北通州诸仓,计道里远近,自五石至一石有差,先后增减,则例不一,率视时缓急,米值高下,中纳者利否,道远地险,则减而轻之,编制勘合及底簿,发各布政司及都司卫所,商纳粮毕,书所纳粮及应支盐数,赍赴各转运提举司照数支盐,转运诸司亦有底簿,比照勘合相符,则如数给予,鬻盐有定所,刊诸铜版,犯私盐者,罪至死,伪造引者,如之,盐与引离,即以私盐论。"

此种盐米互易之政策,原意仅为充实边储而设,已如前述,惟事实则历时既久,去本意愈远,由输边一变而为凡缺米之处,皆由商人纳米而后,依照手续,给引支盐,国家漕运及米谷之分配,皆转入盐商之手,食盐仅成国家易米之交换媒介

物,《明会典》洪武二十八年令云:

"二十八年定开中纳米则例,出榜召商于缺粮仓分上纳,仍先编制勘合并底簿发该布政司并都司卫分所收粮衙门收掌,如遇客商纳粮完填写所纳粮并该支引盐数目付客商齐付各该运司及盐课提举司照数支盐,其底簿发各运司及盐课提举司收掌,候中盐客商纳米完齐执勘合到比对朱墨字号相同,照数行场支盐。"

盐粮互易之制度,渐失本意,于此可见,其后迭经改易,至宣德年间又恢复原制,然主要目的,由输边一变而为供给京城需要,定律为凡输米易盐,以百分之六十归京仓,四十输边防各地,且减少纳粮额,使民踊跃,《明史·食货志》云:

"宣德元年,停中钞例,三年原吉以北京官吏军匠粮饷不支,条上预备策,言中盐旧制太重,商贾少至,请更定之,乃定每引自二斗五升至一斗五升有差,召商纳米北京,户部尚书郭敏中言,中盐则例已减,而商来者少,请以十分为率,六分支与纳米京仓者,四分支与辽东永年山海甘肃大同宣府万全。"

当时以粟易盐者,不仅限于一处,淮盐浙盐多有之,且亦不仅属于米一项,大都以地域而分,如《明史·食货志》云:

"令甘肃中盐者,淮盐十七,浙盐十三,淮盐惟纳米麦,浙盐兼收豌豆青稞,因淮盐直贵,商多趋之,故令淮浙兼中。"

明代以盐与食粮互易制度,大略即如上述,且为当时所特有之制度,故实行甚久,又革而又兴者再,实为明盐之惟一特殊点也。

### (乙)钞银与食盐交换制度

明代于洪武之初,即开始实行开中法,以食粮输边或输京师以易盐,故盐与钞银直接发生关系之时甚鲜,迨仁宗时,以发钞过多,物重钞轻,宝钞价值,日益跌落,当时筹所以敛钞之法,于是制定以钞易盐,定所谓"食盐纳钞法",始为盐钞交换制度之嚆矢。

所谓"食盐纳钞法"当时实行,大抵以积极消极两种方法行之。所谓积极方法,即逐户计授盐,每户每口月必须食盐一斤,纳钞一贯,以抵盐价,小口月半斤,钞半贯,以折盐价,逐户计口核算,不得遗漏,故事实即强迫以盐易回行钞而已。消极方法,即凡中盐者,不必纳米谷或其他物品,必须纳钞,而制定其价格,某处每引若干贯,其价亦以地域之远近,运输之难易,而定其高下,与纳米同。《明史·食货志》云:

"仁宗立,以钞法不通,议所以敛之之道,户部尚书夏原吉,请令有钞之家中盐,遂定各盐司中盐则例,沧州引行三百贯,河南山西半之,福建广东百贯。"

其目的皆为清理钞法,而事实即成为一种钞盐交换制,此项制度实行至宣德初年,结果以钞弊未清,盐弊益重,始诏令停止纳钞,仍改为纳粮制。

**(丙) 牲畜与食盐交换制度**

盐与食粮钞银交换制度,既如上述,此外更有持异者,则为牲畜与食盐交换制度,此项制度之起源,最初亦与食粮输边目的相同,以马为战争所必需,边疆有事,马为作战要素,故运销食盐者,有时制定以马匹易盐,其交换价值,以马之优劣,为易盐多寡之标准,最初良马一匹甚至有易盐百引者,以后递减,实行既久,则又成具文,由纳马一变而为纳银于官以市马,久之则银既尽而马亦不购,则尽失原意矣,《明史·食货志》云:

"正统三年宁夏总兵官史昭以边军缺马,而延庆平凉官吏军民多养马,乃奏请纳马中盐,上马一匹,与盐百引。次马八十引,既而定边诸卫递增二十引,其后河州中纳者上马二十五引,中减五引,松潘中纳者上马三十五引,中减十引,久之复如初制,中马之始,验马乃掣,盐既而纳银于官以市马,银入布政司宗禄屯粮修边振济,展转支销,银尽而马不至,而边储亦自此告匮矣。"

又《明会典》云:

"弘治十五年,陕西东路盐价发庆阳府,西路盐价发固原州,各收贮分解各边卖马。"

以马易盐之外,驴牛羊等牲畜,亦有时引为交换媒介物,然大多为粟不足时,以上项牲畜补充,凭值易盐。《续文献通》考云:

"行盐之地,东至庆阳,南至凤翔汉中,西至平凉,北至灵州,募商人入粟中盐,粟不足则以金银布帛,马驴牛羊之类,验值准之,如此则军饷不乏,民获其利。"

**(丁) 布匹与食盐交换制度**

明宣德以后,钞盐交易制度既废,大多仍实行盐粮互易制,然产盐区域不同,制度亦略有差异,山东淮海等地,则多行布匹与食盐交换制度,《明会典》云:

"宣德五年题准山东信阳等场盐课每二大引折浊白布一匹,运司委官总催赴登州府交收□远东支用。"

"成化六年题准海盈等十三场陆路宏远,商人不支盐课,定自本年为始,每二大引合为四小引,折浊白布一匹,征解通济库交纳,以备折俸使用。"

其他如庆阳凤翔汉中平凉诸地,亦有制定以帛易盐者,如前节末条所引《续文献通考》所记即一例也。

**(戊) 食盐代俸制度**

明代盐制之直接与商民交换媒介者,大体已如上述,其以国家为付方,视为通货之用途者,有代替官俸饷给之用,此项办法大抵始于景泰年间。《明会典》云:

"初诸王府,则就近地支盐,官民户口食盐,皆计口纳钞,自行开支,而官吏食盐,多冒增口数,有一官支二千余斤,一吏支五百余斤者,乃限吏典不得过十口,文武官不过三十口,大口钞十二贯,支盐十二斤,小口半之,景泰三年,始以盐折给官吏俸粮,以百四十斤当米一石。"

则食盐在当时,其性质即可谓为代替货币之交换媒介物,与后世之视为货物财富者,其意固相去远矣。

### 七、明代之特殊盐法

明代盐制几经变迁,然均有其特性,同时种种特异之名词术语,亦即于此特殊之盐制下产生,称谓各殊,性质亦异。大别之有所谓开中盐法,常股存积法,预征执抵季掣法,及余盐与工本盐之称,而事实后者均由开中法衍变而来,或即开中盐法之一支一节,兹分目述之:

### (甲) 开中盐法

开中盐法,创始于明初洪武三年,大抵为承袭宋代折中法而略加变革者,其法令商人运输米谷食粮等于边区,以备兵患粮饷缺乏时应用,此项食粮,由商人供给国家,而国家对商人之报酬,即以食盐为交换,其手续及方法系由国家规定开中区域并颁布其交换率,出榜召商,然后由商人自运米谷,迳赴开中地交纳于粮库有司,然后由有司付给已编就底簿字号之引目勘合,详记已纳粮数目与应支盐引数,交由商人持赴盐课转运或提举司核勘印相符,到场支盐,自行运销。(参看上引《明史·食货志》所述。)

此项办法,终明之世,大体未变,然行久则弊生,且纳粮地与支盐地相距甚远,中盐时间必长,官吏弄权,商民粮已纳甚久,而不得支盐者,辗转流传既久,并引目亦不每有知流于何处,弊害乃不可胜言矣,当时情形归纳言之,有纳粮已数十年,祖纳粮而孙尚不得支盐者有之,年深代远,引目流入族人甚至于路人手者有之。《明史·食货志》记正统年间情形云:

"当其时,商人有自永乐中候支盐,祖孙相代不得者。"

《明会典》亦云:

"弘治三年奏准,凡客商未支引盐,不分存没已未到官,但过三十五年者俱不准告关,其流通底簿并勘合文簿尽行缴销。"

"弘治元年令,上纳引盐客商病故无子,父母现在,兄弟同居同爨,不系别籍异财,妻能守支,不愿适人,孙非乞养过继者,保勘明白俱准代支,妻若改嫁,仍追还官,其伯叔妾侄,并在室出嫁之女,及远族异爨之人,不许代支。"

弊端流行既甚,虽三令五申,未能改善,不得不谋彻底改善之策,于是定常股与存积之制。

**(乙) 常股存积法**

所谓常股与存积法者,仍为开中法之改善者,其大要因纳粮者不得支盐,于是统筹全部产盐,分为两部,一部与普通商人之纳粮守支者,一部囤积不动,专于边廷需粮孔急时,令召商中纳,粮纳即支盐,无守候之弊,前者名曰常股,后者名曰存积,常股率低而存积率高,例如常股纳粮一石即可支盐一引,而存积则需纳粮一石五斗或二石不等,然前者仍如前弊,纳粮而未必得盐,后者则粮既纳,盐即可得,是项常股与存积之分配方法,初行时每盐十分中常股八分,存积仅二分,其后以人到即可得盐,中常股者少,中存积者多,于是逐渐改为每十分中,常股四分,存积六分。《明史·食货志》云:

"当是时商人有自永乐中候支盐祖孙相代不得者,乃议仿洪武中例而加钞锭(?)以偿之,愿守支者听,又以商人守支年久,虽减轻开中,少有上纳者,议他盐司如旧制,而淮浙长芦以十分为率,八分给守支商曰常股,二分收贮于客曰存积,遇边警始召商中纳,常股存积之名由此始,凡中常股者价轻,中存积者价重,然人甚苦守支,争超存积,而常股壅矣,景帝时,边围多故,存积增至六分。"

又《明会典》云:

"正统五年令两淮两浙长芦运司各岁额办盐课以十分为率,八分给予守支客商,二分另为收积在官,候边方急缺粮储召中,以所积现盐人到即支,谓之存积,其八分年终挨次给与支守客商谓之常股。"

常股与存积制,综上所述,可谓为救济一般开中不得支盐之弊,然究其实在,虽一时不无小效,然久而久之,人皆趋存积而不趋常股,则无异仅增加盐粮交换之价率而已,固未能真正彻底解决开中之积弊也。

**(丙) 预征执抵季挈法**

预征,季挈,执抵诸法,大体亦皆为救济开中之弊而设,创始于嘉靖十六年,盖当时盐法既乱,执引者不能得盐,于是复创是法,以图清理。《明史·食货志》云:

"先是十六年,令两浙僻邑,官商不行之处,由商每百斤纳银八分,给票行盐,其后多侵夺正引,官商课缺,引壅二百万,候挈必五六载,于是有预征执抵季挈之法。"

所谓季挈预征执抵诸法之解释。《明史·食货志》云:

"预征者先期输课,不得私为去留。"

"执抵者,执现在运盐水程,复持一引,以抵一引。"

"季挈则以纳课先后为序,春不得迟于夏,夏不得超于春也。"

综括言之,皆以积压守之商既多,新开中者亦夥,新旧相羼,混而莫辨,乃定诸法,以求制定程序,彻底清理,然结果未尝有效也。

### (丁) 余盐与工本盐

余盐与工本盐,皆有明盐制紊乱之一大原因,二者实一而二二而一者,所谓余盐者,以明初制定每场产盐有定额,定额以外,由灶户送场司存积,每引给盐一石为赏资,由官劝商民以米麦相易用济贫灶,至孝宗时,以余盐所积既多,于是行正引与余盐并行法,久而久之,余盐行,正课壅,甚至有专支余盐而弃正课者,其原因以余盐存积既多,引到即支,而正课则候支不得故也。《明史·食货志》云:

"弘治时,以余盐补正课,初以偿逋,课后令商人纳价输部济边,至嘉靖时,延绥用兵,辽左缺饷,尽发两淮余盐七万九千余引于二边开中,自是余盐行,其始尚无定额,未几两淮增引一百四十余万,每引增余盐二百六十五斤,引价淮南纳银一两九钱,淮北一两五钱,又设处置科罚名色,以苛敛商财,于是正盐未派,先估余盐,商灶俱困,奸黠者藉口官买余盐夹贩私煎,法禁无所施,盐法大坏。"

孝宗末年余盐之弊既多,遂停之,未久又行工本盐法,所谓工本盐者,实余盐之变相,仍令正课与工本盐兼中,所谓换汤不换药之政策,而欲求去其弊,非自欺欺人乎。《明史·食货志》云:

"三十一年,令河东以六十二万引为额,合正余盐为一,而革余盐名,时都御史王绅御史黄国用,议两淮灶户余盐,每引官给银二钱,以充工本,增收三十五万引,名为工本盐,令商人中额盐二引,带中工本盐一引。"

是项制度,实行未久复兴余盐,于是正盐余盐工本盐并行,至永乐开始罢工本盐,然盐制已紊如乱丝矣。


### 八、明代私盐之情况与刑法

终明之世,盐未尝一日纳于轨道,则私盐之充斥,亦自在意中,然揆诸列朝,皆未有如明代私盐之猖獗无忌者,故知制度之善否,实为流弊大小之关键,苟制度完美,则流弊自小,否则如癞疽在背,直不可终日,虽法峻刑严,未能收效于万一也。

明代禁贩私盐之刑法,始于洪武初年,盐引式既定,私盐处罚条文即列举而印于引纸之上,条目清晰,重者罪至死。《明史·食货志》云:

"洪武四年定中盐例……鬻盐有定所,刊诸铜版,犯私盐者,罪至死,伪造引者,如之,盐与引离,即以私盐论。"

但是项法制,仅收效于一时,既而盐法渐坏。私盐渐侵正课,然尚未敢有大举贩私者,故当恐人铤而走险,刑法亦不趋过峻,英宗正统年间定私盐凡在十斤下者,有引无引,不以私盐论,及宪宗成化间,豪权垄断,盐法大坏,贩私之徒,愍不畏死,其势猖獗不已,于是不得不重申前令,以图遏止。《明史·食货志》云:

"成化初,岁洊灾,京储不足,召商于淮徐德州永次仓中盐,旧例中盐(?),户部出榜召商,无径奏者,富人吕铭等讬势要奏中两淮存积盐,中旨允之,户部尚书马昂不能执正,盐法之坏自此始,势豪多挼中,商人既失利,江南北军民因造遮洋大船,列械贩盐,乃为重法,私贩窝隐,俱论死,家属徙边卫,夹带越境者充军,然不能遏止也。"

当时猖獗情形有如此者,此种情形,主因当然由于制度之不善,而执政者不思彻底解决之策,惟努力缉私,不求其本而齐其末,则愈演变愈严重,至孝宗时,以私盐充斥,乃立剋限法,以求奏效,结果压迫之下,缉私者更从而贩私,变本加厉,直不可收拾矣。所谓剋限法者,《明史·食货志》云:

"弘治……乃立剋限法,每卒一人,季限護私盐有定数,不及数辄削其催役钱,乃卒经岁有不得支一钱者,乃共为私贩,以牟大利,甚且劫估舶,诬以盐盗而执之,流毒遍海滨矣。"

贩私情形,至此已臻极峰,于是至武宗正德初年,刑法不得不稍宽,无引未税之盐,三百斤以上者始为私盐,否则不论,以求减少贩私情形,然流毒已深,非扬汤止沸,所能奏效者矣。《明史·食货志》云:

"正德二年,以引目积滞,私盐通行,乃用户部郎中丁致祥请复紘旧法,而他处商人夹带余盐,掣割纳价,惟多至三百斤者始罪。"

其后,私盐之流行,虽不至执械列舰公行,然仍充斥不已,终明之世,未尝有彻底之解决方法也。

### 九、明代盐政败原因之分析

明代盐政之窳败,为前史所无,二百七十余年中,几于未尝一日能开明完善,此革彼兴,此倡彼拒,故间有善策,亦行之未久而流弊迭生,于是此有限之资源命脉,遂付于不可收拾之局面,其原因固不胜屈指而书,但综合归纳,可列为以下三点:

**(甲)制度之不健全**

明代盐法,大体别之,可谓为就场专卖制,开中之意,不过以粮易盐,仅交换媒介形式之不同,固与其他无别,然以粟输边,而支盐于淮浙,地方相去不止于千里,边民之近于输粟者,必远于输盐,淮浙之民,近于支盐者,则远于输粟,今使二者为一，则往返周折之劳不可胜言，国家方面，固节时省费，而商民则多涉劳苦，且获利已微，粟既纳盐即应支与，虽利微尚有可图，而事实则祖孙相继而不得盐者有之，引目流转无下落可寻而尚不得盐者亦有之，人民输边纳粟之后，了无所得，本且尽蚀而况微利，迨创守支存积常股季擎执抵诸法，亦不过使民之未纳粟者，再蹈覆辙，已纳粟者，仍守支无期，更益以输盐工本盐等新法，扬汤止沸。愈趋愈劣，以至不可收拾而后已，故主要之原因，首即在制之根本未能健全，虽迭经改善，亦如头痛医头，脚痛医脚，未尝谋彻底之解决也。

### （乙）法令之更易

国家行政，首重法令，法令不行，民不听命，明代盐政法令，朝定夕更，或定而不行，或置而复废，欲求其奏效，诚自欺欺人，例如《明会典》云：

"二十七年令公侯伯及文武四品以上官员，不得令家人奴仆行商中盐侵夺民利。"

立意固善，而武宗时，庆宁侯周寿、寿宁侯张鹤龄各令家人请买长芦两淮盐引，户部尚书韩文执不可，中旨许之，继而织造太监崔果又奏乞芦盐二万引，户部以半予之，帝欲全予，则前令皆成具文矣。又如《续文献通考》云：

"江西行省商沮坏盐法，刑官拟以乱法罪当死，上曰，愚民无知犯法，犹赤子无知入井，岂遽以死罪论之，法司执奏不已，上曰有罪而杀，国之大典，然有可以杀可以无杀，彼愚民沮坏盐法，原其情不过贪利耳，初无他心，乃悉免死。"

法令悉成具文则盐政之窳败，又岂不宜乎。

### （丙）巨室之操纵

综上所述明代盐制之情形，商民输边中盐，所得已非厚利，而又为势家豪富所操纵垄断，如上节所述，巨室家人，与阉宦近臣竞相报运，宣德间，富室吕铭请中两淮两浙盐引，无形中由出榜招商开中之法，又一变而为巨室垄断之局面，制度益紊，嘉靖中，给事中管怀理言，盐法之坏，势豪大家，专擅权利，为主因之一，以根本未能健全之制度，更益以巨室之摧残，则求其尽善尽美，不亦犹缘木而求鱼乎。

### 十、结论

综合全文前节所述，明代盐制之大概与利弊情形，已可见一斑，故归纳言之，明代盐政，亦正如明代其他各项政治之情形，紊乱无章，且幸臣阉宦，弄权舞弊，虽开国之初，立意甚善，结果则日久弊深，愈趋愈烈，以致不可收拾而后已，然其纲制虽紊，而终二百七十余年之时间，大体未尝变更，制度之特性亦，为历朝所未有，其性即明代之盐在一切物资与钞银以外，独具一交换媒介物之性质，介于政府与人民之间，故此亦为在中国货币史上被人所忽略之一点，颇有研究之价值也。

# 附录3　黄河历史概述、治理和治河技术

## 刘厚泽　英文原稿　刘德平　翻译

**编著者按：**1940 年，刘厚泽根据刘鹗遗存的治理黄河的资料用英文撰写了的《黄河历史概述、治理和治河技术》，但是刘厚泽生前并未发表。1967 年，"文革"中原文作为抄家物资被抄走。1985 年发还抄家物资一并归还，惜其中两幅河工图已不见。

本文按照原文翻译，未加任何考证、不作任何改动。文中人名、地名凡就所知力求准确，其余为音译。白银计量单位用盎司。

《黄河历史概述、治理和治河技术》的翻译者是刘厚泽的四子刘德平。

刘德平关于刘鹗与《老残游记》的翻译有：美国夏威夷大学马幼垣著《刘鹗》，美国康奈尔大学哈罗德·谢迪克《老残游记·序》和我国著名学者杨宪益的《关于老残游记》等。

《刘鹗集》收录本文题名为《历代黄河之治理》。本书收录的《黄河历史概述、治理和治河技术》系这一篇论文的英文原文（《HISTORICAL SKETCH OF THE RIVER-REGULATIONS OF THE HUANG HO AND THE TECHNICAL WORK》）。

## 前　　言

黄河，中国原始文化的发源地，横卧于中国的北方。从远古时代开始，这个地区已盛开了民族之花。夏文化产生于河套地区，殷文化产生于河南安阳地区。周朝人民所居住的山西地区同样在她那源流之上。在中国历史的书籍中很容易找到有关黄河的记载。可是，在历代中国，黄河也给人民带来了灾难。由于黄河河道的变迁和经常的泛滥，给予了人类活动以巨大的影响。自古以来黄河吞噬了民族的巨量财富，在一定程度上也阻碍了文明的发展。

鉴于上述情况，各个历史朝代为了解决灾害问题采取了不同的政策，设置了管理机构。可是现在大多数有关黄河的著作和文章都集中于现代水利研究科学和古建筑科学，有时甚至丝毫没涉及历史性的研究。大多数作者忽视了很重要的一点，即治河工作的人类活动。而正是这一点是产生现时技术的基础。

本文资料来源于历史上不同朝代的记录与有关这一问题的文件。清朝的材料收集于当时官方机构的手写文书，以及治河官员的私人笔记（我祖父刘鹗就留下了

very many方面材料)——这实际上是比其余文字更有价值的材料。

但是这项工作在某些方面由于材料的缺乏而不能令人满意。特别是在早期,除了古书上一点记录外就无法找到更详细的材料了。

## 第一章　黄河的自然特征及历史概述

### 一、黄河的地貌概况

黄河发源于东经 95.8°,北纬 34.5°的青海省巴颜喀拉山的星宿海。它偏东流去连接了鄂陵湖和扎陵湖。然后它转向东北穿过甘肃、宁夏、内蒙古、绥远,形成了有肥沃农田的河套平原。

在归绥(现呼和浩特)和包头的中间,黄河的流向转向南方的陕西和山西的边界直到东关。从那儿开始,它首次向东沿着河南和山西的边界,经过河北南部,再转向东北方向至山东半岛在利津县入海。它从东关的两道大堤中入海。

黄河是中国的第二大河,总长约八千八百里。由于上游地段黄土的淤积,在西北形成了大平原,尤其是可耕地。但与此同时这些黄土成了下游的祸害。由于河水在平原上流动,无法冲走黄土,于是它们就沉积于河底,使河床越来越高。这也就是黄河为什么经常改道并在河南、河北、山东平原地区造成巨大灾害的原因。

但从另一观点看,黄河也带来了灌溉和贸易的便利。灌溉利益尤体现于上游,即宁夏、甘肃和内蒙。下游就受益不大了。

河流运输从河套到山西前端发展得很好。平底船、皮革筏子,甚至汽船被用来运输着各类货物。在河流转向东西的东关下游航行着一些木舢板。

黄河的主要利用在上游,最后流经大平原的二千里是通过大堤形成的河道。在这一段几乎没有什么支流了,这也是黄河经常泛滥的另一主要原因。

黄河上游有许多支流:甘肃洮河,陕西无定河、延水、渭河、北洛河和泾河,山西汾河,河南洛河和易水。这些是在夏秋加快水速,易于造成决口的主要环境。上述为黄河总的地理情况。下文进入历史性的研究。

### 二、在历史上黄河的重要政治、经济作用及其社会影响

从历史文献中可以看出黄河对中国的各方面均有着巨大影响。黄河的洪水历来危害着两岸无数人民的生命。自周朝以来,黄河几次改变河道,而每一次改道都致使几百万人民失去了生命和财产,国家也遭受重大损失。总之,下面我们将尽量收集黄河历次泛滥与人类为之而进行的斗争。

政治方面,黄河的五次改变河道均与当时的政治灾难紧密联系在一起的。

第一次改道发生于公元前 602 年的周朝。当时诸侯混战,当然他们中的多数

都遭到军事进攻。一些坐落于黄河边的国家,用筑堤迫使河流改道冲击敌营的手段作为他们作战的法宝。据说,这是河道改迁的主要原因。历史记载中的第二次改道发生于公元 11 年西汉时期。当时王莽篡权,内战遍及整个中国,根本无人关心大堤。因此,洪水到达时,甚至以前的决口处尚未有人检查过。第三次改道发生于 1194 年,当时女真(Juchen)占领了中国北方,正与宋朝交战,他们以黄河为界对峙,直到第三次改道的发生。第四次发生于 1494 年。当时元人想使黄河改道向南,可是明人想运用它北运粮食,正是这对立的政策影响了河流,使其无法沿原河道正常东流,直至这次 15 世纪末的大水灾发生。最后一次发生于 1853 年太平天国起义期间,此时也是忙于作战,无人顾及黄河的管理,又一次导致了改道。

除了这几次规模巨大的改道外,文献上所记载的多数洪灾均与政治活动是有关联的。

经济方面,黄河的管理,保护和大灾的救济需要大量钱财。在《史记(卷二十九)河渠书》第七中曾提到,在汉朝,一场大灾发生之后,倾国家贮存之所有的粮食都不足以救济无家可归的人民,因此还必须向富户借粮。同样的情况也可见于《汉书(卷二十四)》。这些记录表明了早期的洪水灾害与国家财富的得失有着紧密的联系。据清朝历史的详细记载,大约有四百万盎司白银花费在黄河的管理和治理上。这数目还不包括救济工作的支出和富人所捐赠的钱财。

很明显,民族财富大量地消耗于黄河中。不但如此,黄河对社会的和平和安宁也有极大的影响。

在一场洪水泛滥之后,所有的受灾平民百姓无家可归,无吃无穿,于是有人被迫为盗,在这种情况下,各种社会问题也应运而生。

大量历史记录说明,尽管在洪水和干旱之后政府和人民做了许多救济工作,但是造反的事件仍不断发生。

从上面的分析中我们可以清楚地看到,黄河对整个国家的社会活动起着特殊重要的作用。


## 第二章　历代治水的对策

由于黄河对整个中国有着巨大的影响,因此治理这条河流的对策也影响到各个朝代的政治措施。各朝代的代表人物执行了不同的治河对策,有的成功了,有的失败了。现将一些最重要的有代表性的政策阐述如下。

### 一、大禹和汉朝的贾让

据说禹是中国古代治河的先驱。他生活于公元前 2300 年。在那时,洪水遍及全国,人民生活于原始的环境之中,或住在山洞里,或在树上搭巢而居。对他们来说,要获得粮食和过舒适一些的生活是相当困难的。洪水和野兽不断骚扰着他们。在那时,舜处死了治水失败的鲧而起用禹继承其父职务。禹一心考虑如何拯救正在忍受灾难的人民。他决定先治理黄河,然后是其他河流,使他们能畅通入海以防止泛滥。

禹所采取的基本对策是"疏"和"导"。"疏""导"的基本含义是清除所有在河道里的障碍,使河水能急流入海。他离家八年之久,从冀州到兖州走遍了黄河的下游。然后从青州到徐州的淮河最下游。再从扬州到荆州走遍了汉水下游和长江。如果所有的水流能集中于能直接入海的河道,那么土地就能露出水面,形成干燥的地区让人能居住。

大禹用"疏"和"导"的方法治了黄河。他从青海积石山开始工程,然后到陕西华阴的龙门,河南孟津洛河,再到河北大平原。然后分水至九条河道。这些河流都向东流,最后再次汇合直入海洋。对这一过程,有人提出了问题,大禹是否用筑堤的方法来阻止河流泛滥?有些学者否定此说。可是在《禹贡》卷六第一章中曾提到"九泽既陂",我们可以设想,"陂"可能就是河堤的原始形式,因此在早期已用了"堤"是有可能的。

禹利用水的自然流势,用"导"的办法治河,大约于公元前 2278 年,尧 80 年完成了工程。作为中国第一位治水先驱和建筑大师,禹闻名于历史。

禹治水之后黄河是如何变化的,史书上就没有明确的记载。在《竹书纪年》中提到过:"在夏朝少康帝 11 年,帝曾命商王,名叫商侯冥,治黄河。"但既未提供他所采取的对策,也未提成败。黄河第一次大泛滥发生于周朝周定王五年(公元前602)。在汉朝时也发生了几次洪灾,可是当时除了堵缺口之外别无他法。在汉武帝时,一次特大水灾发生于瓠子(现河南省,濮阳县),当时朝廷的丞相田蚡以为河灾是天意所为,人力是无法抗拒的。因此,在其后两百年间,既没有组织人力堵塞缺口,也没引水重回河床。

在汉成帝之初,公元前六年,人们再也无法忍受灾害所造成的沉重损失,朝廷只得张榜:凡能治河者给予奖励。一个名叫贾让的官吏提出了建议,分上、中、下三策,其主要内容为:

上策,为了逃避灾害而迁走黄河两岸和其他灾区的居民。

中策,在上游多开支流,引水灌溉可耕地,来避免下游决口。

下策,修缮和建筑高堤挡水,以防止将来的河水泛滥。

他向皇帝进言,当时汉王朝有地万里,不必与黄河争咫尺之地。所以迁移是避灾的最好办法。这一学说不仅在汉朝,甚至一直沿袭到清朝仍被一些知名治河者所赞同。

由于执行了贾让的迁移政策,黄河每年都决口,并逐渐南移。第二次大变发生于公元 11 年王莽统治时期。后来,在东汉末年,一名朝鲜建筑家被选派治河,他成功地深挖了河道,整修了所有大堤。迫使水流注入大海。那时,黄河又被控制了。

**二、宋朝的治河政策和争论**

在宋朝初,中国首都迁至河南开封府。而它正处于黄河每次决口的要地,经常有水灾发生。宋朝太宗八年,黄河首次与淮河汇合。在神宗十年,黄河在魏州决口,河水分为两支。一支北流与北清河汇合然后流入大海。第二支向南流与淮河汇合。这就是宋朝著名的双河。

宋朝的治河政策主要争论集中在这一点:一些专家认为黄河应沿着禹的故道走,而一些人反对,认为必须挖掘新河道。下面列举一些有代表性的人物的主张。

认为应走故道的主要人物是李仲昌(Li Chung Chiang)。他认为黄河必须与六塔河(Niu Ta Ho)在澶州汇合,走 1048 年的黄河故道。

反对这一意见的主要代表是欧阳修,他是宋仁宗时的主要官员。他列举了大量河流走故道而失败的例子,这可见于《宋史》他本人的传(三一九卷列传七十八)。他说:黄河含有大量的泥沙,下游经常发生沉积。如果下游淤积了,水流不畅通,上游就会决口。但水的特性是从高处向低流,因此如果旧河道被遗弃的话,就不应再用。我研究过天禧年间(1017 年)后水灾的原因。起先黄河从京东起转入所谓的古河道,然后下游就淤积了,导致发生了天台埽(Tien Tai San)的决口。后来,黄河又回到了故道,在王楚埽(Wang Chu San)又发生了决口。最后,一场特大洪水发生了。鉴于上述事实,很清楚地表明,迫使黄河走故道除了花费钱财和时间外,一无所获……。因此完全正确的方法是挑选有能力僻出几条新河道引河入海的水利官员。

后来,当河流分为两个河道时,都水监丞李立之(Li Li Zhi)和宋昌言(Sung Chang Yen),屯田都监程昉(Cheng Fang),根据水的自然流势贯穿了两个河道,使其流速加快。这方法在短时期内奏效了,可是北河道又渐渐淤积了。

在这一时期许多名家如王安石等认为必须截断北河道。但有一些人,以司马光为首直接反对第一种意见。最终,北河道被截断了,河水仅仅通过南清河,淮河入海。因此,在河北南部和山东北部平原的大名府、恩州、德州、沧州等处发生了几次严重灾害。

宋朝的情况就是如此：只有理论存在，而没有真正的对策和新建议的实践。实际上无数新的支流不断从决口处伸展出来。河床阻塞、越升越高。国家的财力、物力不断消耗，新政策的提倡者又为人所反对。因此致使河工发展停滞，在治河政策上更无新见。

可是，在另一方面，宋朝的技术工作却出现了特别的进步，比过去时期进了一大步。"堤埧"的作用很受重视，有些大堤直伸三、四百里，木笼挂在堤外护堤，使堤免受洪水冲击。另一些设备，如铁龙耙、挖泥机，是新发明用来疏通河道，清除淤泥的技术机械。

所有这一些，在汉朝和唐朝是没有的。因此，可以将其看作是河工设备的第一时期。就这一观点而言，我们可以把宋朝看作是从理论向实践转化时期。使用先进技术是潮流，这比无用的争论有价值和受到重视。

**三、从元朝的贾鲁到明朝时期**

元朝最有成效的治河者是贾鲁。元朝初期贾鲁为运粮官。当时黄河经常泛滥于不同的地点，皇帝期望能在朝廷听到百官的建议，可是连一条有价值的建议都未被提出。此时贾鲁立刻呈递了两条提议：一是扩大护河堤以防将来的决口，二是检查所有旧决口和挖掘淤泥，使水尽速返回旧河道归入大海。尽管第二条建议为许多官员所反对，但最后还是实行了。贾鲁于至元十一年（1335）四月开始工程，六个月之后于十一月底完成，洪水进入河道南流与淮河汇合入海。

贾鲁的政策是用理论和技术工作并举的方法来治理河流。这与以前是不同的，过去技术工作总是被忽视的。贾鲁非常明智地了解了河流的自然流势。他将其对策归纳为三点："疏通""深挖"和"阻挡"。他说：管理河流是一回事，"疏通""深挖"和"阻挡"则是另一回事。使水流速度加快叫"疏"，挖掘淤积叫"挖"，而阻止泛滥叫"阻"。这是能用诸如石堤和各类新改进的设备和不同材料的先进技术工程来实施的最重要的政策，并最后取得了成功。

自从元朝末年起，贾鲁的河策就被奉为楷模。在清朝初期，著名的管理河工的官吏徐有贞（Hsu Yu Chen）重复了贾鲁的对策，并将其作为唯一可能实现治黄的政策推荐给皇帝。

通过河流管理的实践，明朝末年著名的防护堤——"坝"的对策被提出了。第一个创立这理论的是潘季驯——嘉靖年间的一位工部尚书。他所提出的对策的核心是用相当厚的大堤来锁住河流，使河水无法从大堤溢出，顺着河道很快流下去，并将淤泥也带入海洋。他称自己的理论为"自然主义"。"自然主义"认为河流是无法为人力所引导的，因此为了阻止泛滥而注意自然流势是必要的。唯一的办法是加固所有的堤坝,防止决坝。如果能做到这一点,河水只能在河道里流,并冲走淤积物。因此如果所有的堤坝建筑很牢固,保护的很好的话,治理河道也随之没有必要了。

这个政策与古代的对策正相反。它与宋、元名家所用的"疏"的方法截然不同:认为堤坝是唯一重要的治河设施。他创造了各种各样形式的防波堤坝,一个接一个沿河连接来提高防洪能力。

除了这些发展,在这个时期,最完善的治河组织形式也逐渐在形成。此后,明朝所有的治河者都在"堤坝政策"的特别发展下致力于发展他们的理论。例如刘天和(Liu Tien Ho)的《问水集》(Wen Shui Chi)中讨论了堤坝和河的距离,是近一些还是远一些合适呢?后来,著名的文恭(Wen Kung)在其著作里描绘了各种各样的堤坝。

"堤坝政策"可以被视为明朝时期的中心问题。总而言之,治河在这一时期不仅是使用了抽象的理论,并且倾向于研究具体的实质对策了。

**四、清朝不同的进步政策**

清朝的治河政策是继承了明朝的一套。在这一时期"堤坝政策"发展了,纯理论政策几乎消失了。每位治河者都用技术思想从不同的方面来制定对策。如:大堤用什么原材料最合适,"埽"应该用多少比例的各种材料制成,如何排列堤坝以增加强度,等等。他们的著作中都讨论和描绘了这些内容。下面举一些例子。

清朝最重要的治河者是康熙时期的河道总督靳辅。他师承了明朝的潘季驯。他所主张的对策也继承了明朝的所谓"堤坝政策"。在他的著作《千古治河方略》(《Chih Ho Kwai Chien》)中写道:治河的第一重要步骤是在将来修堤坝和埽来抵御堤外的波涛,防止危险,减弱水势,以减少损坏大堤的可能性。第二是建坝来阻止湍急的水流,使其转向,从而避免河水与大堤的直接接触。第三是开挖支道,使水流向指定的方向来避免旧河道容量不够或大堤决坝引起的泛滥。从这一观点看来,靳辅的政策很明显的是特别偏重于"堤坝政策"的。在他的著作中,有单独一章是以修堤结束的。靳辅以后的治河者尽管有少数几个同意贾让(Chia Jang)和王景的思想,但大多数都寄希望于明朝的"堤坝政策"了。

晚清河工的主要代表是刘成忠,他是同治时期河南省副河督。他的政策与其他学者一样强调保护措施。但是他的政策高明一着之处在于"保护河滩"。他在《治河刍议》中写道:"河滩必须加以保护。因为根据黄河的水势。大量的泥沙,黄土会留在河流经过的地方。当洪水暴发时,河水第一步是冲上河滩。如果所有的河滩被淹没了,水就将直接冲击大堤。这样就会发生大祸,任何补救都将来不及了。以前的河工专家不懂如何保护河滩,因此水淹河滩后,大堤直接与河水接触,这种做法是愚蠢的。保滩的唯一办法是在水位升高或浪冲之前就建埽或筑简单的防波堤。险象到时,这些部分先与水接触,主堤和土地也就能被保住。因此我们说堤护土地,滩护堤。"

这个理论甚至现代水利专家也给予高度评价。

到清朝末年,"堤坝政策"全面发展了。挖泥船的雏形也由苏凤文(Su Feng Wen)发明了。许多其他新材料和一些设备在19世纪末也被应用。光绪年间治河总督之一吴大澂在实践中还使用了混凝土。在不同的朝代使用了不同的治水方法。但是很清楚,方法的演变也是从空想主义到现实主义的进展过程。在古代,直到创立了完整的"堤坝政策"之前,河工一直在纯理论和技术领域的范围内发展着。

## 第三章　河流管理组织的进程

### 一、早期中国的自发自由体制

古代既不设专职官员,也没有管理河流的机构。能找到的只是一些没有官职和专门责任的治河者。他们多数是搞其他工作的一般人或一般官吏,根据朝廷的命令或当灾害发生后人们的需要才搞治河工作。大禹就是一例。当时河流卫士和民工(苦力)尚未组织。地方百姓只在他们本身居住地关心水流。治水的费用也不由政府所开支。这一切流行于古代中国,一句话,那时的一切均是"自由"的。周朝末年之后,封建制度在中国逐渐形成。这时发明了"堤",并已广泛使用。每个诸侯都在自己的边界筑堤,由地方官或者当地居民把守。但有无专职官员还不清楚。每人都是随自己的意志行事,是独立自由的。

### 二、中世纪的半官方组织

河官(管理河流的官吏)的职位首先是在汉朝设立的。到后来三国、晋、唐、宋时期逐步完善起来。这一时期的特点就是等级的形成,证明之一就是设置了河工的高级官员。但低层的河流卫士和民工还未组织和训练。碰到发生了意外的事件或灾害发生,就临时招募大批民工来做制止灾害的工作或重建大堤。有时灾害发生于一个村庄或某一片平原,这一工作就由当地的居民完成。所以此时河流工作的管理是半官方,半自由的。我们可以称其为半官方组织。

在汉朝的初期并未设官吏。汉武帝时,瓠子这地方发生了大泛滥。汉武帝和所有的官员都参加了救灾工作。此后,就固定设立了管水道的官职——都水监丞。

这是最初的专职治河官。在安帝时期,这一官职被废除,设置了另一种官职河堤谒者(Ho Ti I Che)以替代。

在晋朝,晋武帝意识到河工的重要性,又设置了新官职都水台(Tu Shui Tai)专司水道都水台(Tu Shui Tai)是负责河流、运输和所有的船只。

公元六百年,隋朝初期,隋文帝统一了五胡之乱后的各地区,在这时期较完整的组织产生了。工部建立,直属中央,领导人称工部尚书,由他掌管所有的技术工作、包括河工。另外官吏是都水监,这是当时设置的专司水道的官吏。后来第二个皇帝隋炀帝即位,他又设了都水少监,负责协助都水监工作。并设置了水道局和船舶局,也由他们领导。

在唐朝,这就变得更完全了,中央机构仍为工部。总管称工部尚书,两个副职叫侍郎。在这两个官员之下,司水道的机构叫水部,也归工部。设两个官员,正职叫郎中,副职叫员外郎,他们掌管水流、船只、大堤、水道、运输和渔业。派出机构设在地方。都水监使者与两个助手都水监丞,一个书记主簿有权管辖地方官吏。

地方官员分在不同的地方,这机构叫河渠署,主管河流和河道。主管官员叫河渠署令,副职叫河渠署丞,主管地方河流和捕鱼等等。

另一类官员叫河堤谒者(Ho Ti I Che),职责专管河堤。他一处一处的检查大堤,决定其重建和修理。

到宋朝,河流机构又有了改进,设置了更多的官职。他们仍然归工部总管。工部的主要负责人为尚书,副职为侍郎。在这两官员之下负责河工的称为水部郎中和员外郎,他们掌管河渠,桥梁、堤坝及其修理和经费。他们有奖惩权,他们的权力可分为由13个低级官吏组成的六个部分。

派出机构主要由都水判监事(Tu Shui Chien Pan Shih)和两个副职,丞(Chen)和主簿(Chu Pu)掌管。丞(Chen)的职责是视察堤坝,任期1至2年。在特别地方和北方另外设了外都水监(Wai Tu Shui Chien)——外放的水利官。除此之外,沿河设置了八个都提举官(Ti Chu Kwan)负责河工,一百三十五名临界埽官(Chien San Kwan)负责检查堤坝。

南外都水监丞(Tu Shui Chien Cheng)设置于应天府,北外都水监丞设于东京。

宋朝的最后几十年沿黄河的省份全被北方的女真(Ju Chen)部族所占领。在中国历史上记载为金的王族占领的黄河沿岸不断为灾害所侵扰,因此,更完善的组织比以往就更需要了。

河工依然由工部所负责。这个部由负责人尚书,一个副职侍郎,一个书记员外郎(Yuan Wai Lang)和两个官员主事(Chu Shih)所组成。他们掌管有关河流,水道,桥梁和运输各方面的所有事务。

省一级的政府机构仍然存在,前一个王朝所设的都水监(Tu Shui Chien)仍然设立。它包括一个都水监(Tu Shui Chien)一个副职都水少监(Tu Shui San Chien),两外都水丞(Tu Shui Chen),四个劾弹官(Ko Tan Kwan)(主管材料)和一个督询河官(Tu Hsun Ho Kwan)(专查河流),以及二十六个查询河官(San Hsun Ho Kwan)(一般河流检查员)。这个机构掌管一切河工,将河流分为二十五个堤防区。每一区派 12 名河流卫士负责保卫和防止将来发生的事故。

如上所述这些朝代的组织机构是第二阶段。官方系统完善了,河工被看成是政治体系的一个重要组成部分,这是因为这给予其他各方面以很大的影响。可是在这一时期的前半叶,组织机构仅仅还只有内部活动,并没真正实施下去。沿河的各项工作,诸如修堤,堵决口,防洪等等仍由地方居民所做。最完善的组织形式出现于清朝。它不仅是这一时期的最先进系统,也是第三阶段的标志。

**三、从元朝到清朝的完全官方体系**

最完善的组织机构建立于元朝到清朝。在这一时期里,不仅官职设置的齐全,并且多数的条例和法规在历史文件中有了详尽描绘。

官方系统在元朝就较完备了。最高行政单位是工部,尚书、侍郎、郎中、员外郎是根据过去的系统所设。但是派出的机构大大加强与扩大了。都水监(Tu Shui Chien)是地方最高权力机构。由两个都水监(Tu Shui Chian),一个都水少监(Tu Shui Shao Chian),两个都水监丞(Tu Shui Cheng)和一个经历(Ching Li),一个知事(Chi Shi)组成。后来,由于事务的繁多,又增补了许多新的官职,如少监(Sao Chien),前丞(Chien Cheng),司水(Chih Shih)和两个都水判官(Tu Shui Pan Kwan)来帮助处理事务。此外新设置了专管大城市水道的大都河道提举司(Ta Tu Ho Tao Ti Chu Shih),他们负责大城市的河工。负责官员称提举(Ti Chu),同提举(Tung Ti Chu)和一个副提举(Fu Ti Chu)。

除了这些特设的官员外,从工部里每年要派出一名大员视察所有的堤岸工作。沿河的府、县必须参与本地区的河工,并派一名官员从六月到八月参加检查。河流卫士,名义上是很完善的组织了,但由于缺乏史料,他们的人数和详情就不太了解了。但在史料上可见河防卒(Ho Fang Chun)和河防伕(Ho Fang Fu)的名称(即河流卫士和民工)。

到明朝,这些机构稍有了变化。工部由名为司(Ssu)的四个部门组成:营缮司(Ying Shan Ssu),负责建造;虞衡司(Yu Heng Ssu),负责度量衡器具;屯田司

(Tun Tien Ssu),负责耕地;都水司(Tu Shui Ssu),负责水道和堤坝。每一部门由郎中(Lang Chung)掌管。他们的上司是尚书和侍郎。由于河工的重要性和复杂性,都水司(Tu Shui Ssu)又增加了三个郎中。

前机构都水监(Tu Shui Chien)被废除了。实际上河工由尚书亲自掌管。有时御史(Yu Shih)——省级检查官,也有此责。1542年嘉靖帝时都御史(Tu Yu Shih),被授于新职位提督(Ti Tu),管理河南、山东、直隶河道(Ho Tao),负责河工。1570年军务也交给了他。七年之后,这官职又被废除了,设置了特别的河官,名为总理河漕兼提督军务(Tsung Li Ho Tsao Chien Ti Tu Chun Wu),掌管河道和军务。

除了这些官员外,管理地方的知府(Chih Fu),知县(Chih Hsian)和省级官员都有责任准备所有的河工工程。

河工的最下层是卫士。他由民工,士兵和地方百姓组成。士兵负责种树,捕捉破坏堤坝的野兽,收集像秫秸一类的材料修补大堤。民工负有护堤和备料的任务。百姓协助他们工作。他们的总人数不详,每隔三里建一工棚,住三十名民工,每人负责180尺的大堤。这就是明朝制度的概况了。

17世纪20年代,满族统治了中国,建立了清王朝。这一时期的历史文献留存很多,也比较完整了,我们有条件了解更多的情况。

清朝所有的河工仍掌握于工部之下,与明朝几乎相同。细小的差别在于多设了一个尚书和侍郎。他们均为一满,一汉。机构的设置则与明朝相同。一个重要的部门是都水丞理司(Tu Shui Ching Li Ssu),在这一部门设置了六个郎中(Lang Chung),六个员外郎(Yuan Wai Lang)和六个主事(Chu Shih)。在郎中和员外郎中只各有一名汉族人。而主事中有四名满族,二名汉族。他们掌管营造船只、建桥、水闸、河道和堤坝等等。

省级机构始于1644年建于济宁(Tsining),主要官吏是总河(Tsung Ho),另外是称为县吏(Hsieh Li)的助手。1700年废除了县吏(Hsieh Li)。二十四年之后,又设置了副总河(Fu Tsung Ho)。后来任命了三个河道总督(Ho Tao Tsung Tu),一个掌管大运河,两个掌管黄河。可是,这在清末也被废除了。

东河河道总督(Tung Ho Ho Tao Tsung Tu)是黄河的总管。他手下掌握有三个道(Tao)。第一个是兖沂曹济道(Yen I Tsao Chi Tao),兖(Yen)州、益(I)州、曹(Tsao)州和济宁(Tsining)的首脑,设置在山东省黄河下游的地段。包括一个检查机关厅(Ting)和两个巡(Hsun)(观察所)。另一个是河北道(Tao)——河北省的首脑。他掌管黄河中部。下属包括三个厅(Ting),四个营(Ying)和九个巡(Hsun)。

第三个是开归郑许道（Kai Kwai Cheng Hsu Tao），是开封，归德（Kwai te），郑州，许昌的首脑。他掌管黄河的上段。他属下有四个厅（Ting），四个营和十五个巡（Hsun）。

河工的最下层是河防营。每营总人数为五百，另二百民工不计在内。五百人分为五哨（Shao），为前、后、左、右、中。每哨一百人，负责防卫六十七里的地段。在春、夏、秋河水上涨有可能泛滥时，他们包办了一切工作。而在冬天他们要进行军训，剿匪和保护百姓。这些护河人员的数字逐渐减少，到晚清时，一个营只有二百四十人了。

除了上述机构外，省级官员和地方官员都有管河的责任，这和明朝相类似。

这一时期的河流管理机构可以称为第三期。组织已经很完善了，无论是朝廷或地方比较合理地设置了官员。一般的百姓，除非是在大泛滥发生而缺乏人力的情况下是没有责任的。有时，河工需要征募百姓，并付一定的工资。这可视为中国河流管理史上的完全官方体制了。

## 第四章　河流管理、修缮和救济的经费

### 一、年度管理和修理经费

黄河的治理每年要花费大量经费。由于这直接或者间接的原因，使国家经济蒙受极大的影响。直接损失是技术工作开支，工资支出和官方的经费；间接损失是对于无家可归的人的救济和国家收入的减少，即减少税收。尽管在这方面的记录在历代文件上不太完全，但还能略见一斑。

由于中国早期河流管理机构的不完全，政府机构的开支也不清楚。可是它是作为国家开支的整体被计算的。河流机构的总开支被分为三个不同方面。第一是工资。第二是粮食供给开支。第三是一般的政府开支。

早期河官的工资与其余官员一样从国库中领取钱粮。后来和其余官员一样按不同等级领取。

除了官员之外，民工的工资总数不清。在明朝之前民工是从农民之中招集的。也就是说有一百亩土地的农户必须至少出一名劳力。这样，河工他们看成是自己的事，也不须付工资。到清朝，从康熙年间开始（1677年）建立了这样的制度：民工的征集变成雇佣制。这样一来就需要大量的钱，另外河流士兵也需大量工资。当然，这些支出是十分必要的。

食物供应，即河工的供给，也需要大量的花费。确切的数字缺乏。在《南河成案》（Nan Ho Cheng An）一书中提到（据某些主要机构提供），在清朝初期，大约一

年需要二万盎司白银。在同一书中也提到,仅在河南省,于 1800 年一年的口粮供给达 19 300 盎司白银。在历史记载中,官方开支的记录不多,但可以推测到,各朝代均需要大量的钱财。唯一详细的记载可见于《大清会典》(Ta Ching Hui Tien)卷六十,河南省的河流机构用去六十万盎司白银,其中四十八万盎司是由政府开支的。

早期中国并无年度开支,只有在灾害发生后才有河工进行。到了中期,尽管组织及任命都比较完全了,但是没有确切的记载。后来,到清朝,年度开支确定了并实行了管理。

大量钱财来源之一是地方税收,是由地方官吏指派征收的。存放于河工的金库——河道库(Ho Tao Ku)备用。《大清会典》(Ta Ching Hui Tien)曾记载付于河工开支山东省达 620 788 盎司白银,河南达 908 824 盎司白银,至于河北省则无记载。

财源之二是由富商全部或部分捐款——视这条河流对他们的有关利益大小而定。在《南河成案》(Nan Ho Cheng An)中提到:对于盐商来说河流是重要的,而重要的河流支道均由商人每年修理。

这些钱部分用来河流管理机构的扩大,剩下的积存以备购置砖、钉、竿、草等等材料修堤防灾。这就是每年的开支,是年度河工修理所必需的。

**二、意外决口的特殊开支**

很明显,一大笔钱要用于意外的洪水。在《史记》中提到,在汉朝汉武帝时期,河南黄河大坝决口,成百万花了下去,但无确切数字。以后的不同朝代也有重大损失,但直到清朝为止,均无详细记载。

为意外工程的特殊开支称为"宁安"(Nin An)(特殊情况),或"大工"(Ta Kung)。《大清会典》(Ta Ching Hui Tien)提到,为这种情况的支出是不固定的。通常,从初步估计和受灾地的一般调查出发,拟一报告呈送皇帝。然后再送上详细的预算表。到皇帝批下来并指明从何处提取资金后,河工得以开始。

绝大多数的大工程需要大量资金,清朝记录中可找到些确切的数字。在《清史稿》(Ching Chih Kao)中记载清末 1887 年河南郑州大水灾花费一千二百万。而道光时期的花费仅一百五十万。从这材料中可看到,每年付于意外决口的经费大约四百五十万盎司白银。

从上述情况中可看出河工的重要性,它对于整个国家的经济有着极大的影响。

下表是 1678—1887 年清朝特别支出的情况:

| 年　代 | 年　号 | 支　出 | 受灾地点 |
|---|---|---|---|
| 1678 | 康熙　16 年 | 2 500 000 | |
| 1753 | 乾隆　18 年 | 2 000 000 | 南河 |
| 1779 | 44 年 | 5 600 000 | Yi Feng |
| 1782 | 47 年 | 9 450 000 | 南阳 Nan Yang |
| 1806—1810 | 嘉庆　11—15 年 | 40 990 000 | |
| | 道光 | 1 550 000 | 东河 East river |
| | | 2 750 000 | 南河 South river |
| | 咸丰 | 4 000 000 | |
| | 同治 | 2 000 000 | Chia Tsun |
| 1887 | 光绪　13 年 | 12 000 000 | 郑州 Chen Chow |

**三、在特大灾害之后善后工作的特别开支**

鉴于黄河不规则的流向和洪水的特点，泛滥易发生于下游地区，即河南、山东和河北，这些大灾后的救济工作要花费大量的国库财物，有时可能十倍甚至更多的钱财用于河工的其他需要上。下面叙述中国历史上大灾救济工作的不同方式。

早期中国，在《汉书》和《史记》上都提到汉初水灾之后的救济工作计划。其一是将受灾地区的无家可归的灾民搬迁到另一地区，依靠他们自己的劳动而取食。其二是由国家或向富户募捐的方式给予救济。有时这两种方法在重灾后并用。自然，尽管无详细的数字，但可以肯定开支是极大的。

到唐朝，各种机构更完善了，一类新的贮粮体系也相应建立。从不同地区的每年土地捐税中取出固定的一份粮食贮存，以备洪水和干旱后的救济工作。另一方法是在灾害后的数年之内免去土地税作为间接救济。免税的年数根据受灾的轻重而定。这种做法在宋朝末年特别通行，其时中国北方正在女真统治之下。

在清朝，最初几十年是用钱、粮来做救济工作的。后来这类救济多数只用粮食了。这类巨额的金钱来自于国库和百姓的捐赠。到清朝末年，这样的捐赠由工部掌管，捐赠一定的金钱酬以一定的官衔，或者实授一个官职。

清朝水灾后的救济工作开支在清史中有详细记载。每次水灾后的救灾开支平均为四百万盎司白银左右。确切数字可见于《清史稿》(Ching Shih Kao)。

### 清朝水灾后救济工作开支表

| 年　代 | 年　号 | 受灾地区 | 钱 开 支 | 粮 开 支 |
|---|---|---|---|---|
| 1704 | 康熙 | 陕西 | 5 500 000 | |
| 1742 | 乾隆　7 年 | 江苏、安徽 | 5 050 000 | 1.560 000 |
| 1753 | 18 年 | 高邮 | 4 000 000 | 1 100 000 |
| 1796 | 嘉庆　1 年 | 曹县(Tsao Hsien) | 3—4 000 000 | |
| 1801 | 6 年 | (Chih Li) | 1 000 000 | 600 000 |
| 1814 | 19 年 | 江苏、安徽 | 2—3 000 000 | |
| 1831 | 道光 | | 1 000 000 | |
| 1847 | 27 年 | 河南 | 1 000 000 | |
| 1890 | 光绪 16 年 | | 7 500 000 | |
| 1899 | 25 年 | 淮、徐(Huai Hsu) | | |
| | | 海州(Haichow) | 5 500 000 | |
| 1901 | 27 年 | 山西、陕西 | 7 600 000 | |

注：此表未包括地方支出和捐款。粮食单位为石(dan)。

## 第五章　在河流管理机构中法规的实施

### 一、奖赏和提升有功的官民

中国早期,由于机构不完全,管理河流的官员也就没有特别的职责。对他们说来干好、干坏是无关紧要的。有时,由于对人民有所贡献,皇帝给予一定的嘉奖,有时根本什么也没有。《书经》上提到,第一个受奖励的是禹。由于禹的特殊功绩,舜将王位传予了他。其后,没有文献再提到奖励规定了。

在元朝,一种新的规定在《河防通议》(Ho Fang Tung I)中被提及:有特别能力搞好河工或阻止了洪水危害的,必须报给皇帝请赏。这规定一直实施到清朝末年。通常的行赏方式和其他有功是一样的,即加官晋级。并且由于功绩的大小而加以一、二、三甚至更多的品级。这由省的首脑,总督,或钦差来实施。

而在河工方面有功的平民所受的奖励有两种方法。由主管官员奖一大笔金钱,或授于一定的官职。这样的制度从中世纪到清朝末年一直未变。

### 二、惩处有过失的官员

在这一点上如同奖励一样无法找到特别的规定。

第一个治河的鲧——禹的父亲，由于治水失败而被舜处死。其后，在早期就再也找不到记载了。

元朝的《河防通议》(Ho Fang Tung I)上也同样有了记载，玩忽守堤职守或未能防止水害的均须禀报皇帝受罚、革职、下狱或充军。

到清朝，惩处条例就比较完善了，分为六个方面：

1. 工程安全期的长度。修筑堤坝的官员至少要保证一年。如果在半年里就决了口，负责施工者要降四级而总河督降三级。如果在一年半的时间决口，修堤者降三级、其上级降两级而总河督降一级。如果二年过了发生水灾，就将解散河流卫士与民工，高一级官员降两级，总河督降一级。

2. 工程的拖延。如果在规定时间内未完成规定的防洪工程，工头将被鞭笞十五下。如果发生了意外，损失了人民财产，要被鞭笞六十。如果有人死亡，则须鞭笞八十。有时也以停发半年到一年的官俸来替代鞭笞。

3. 报告不确实。报告必须在决口发生后十天内送到。如果报告迟到，地方官就要受降一级的处分。如果报告不确实，地方官降三级，使者降一级。如果决口处在保证期内，但报告中改动到其他地点，则护堤人解散，高一级的官员降三级。

4. 在规定期限内完成工作。所有堤坝限于六个月之内完成。如果在期限内不能完成，负责官员的薪金扣发一年而地方官扣六个月。然后再给予三个月的新期限。如果再完不成，负责官员就要降一级，而地方官停薪一年。

5. 移交手续不清。当河官移交时必须有地方官在场监督。所有一切必须在三个月之内交割完毕。一切房子，现金，材料，工具由双方清点。如果确实数字不符，继任官员可拒绝接受，由前任官员赔偿一切损失。

6. 计算的期限。年度的一般修理预算在一年的十月到次年四月算出。意外工程也须从工程开始到次年四月为止算出。如果迟于规定日期，一切费用要由负责修理的官员赔偿。特殊情况技术工程，在四个月内算出。如果特大的技术工程，三年时间已是很长了，如果再完不成就得丢官。

这些条例在清朝中期就实施了，到末期就更严格。未能治理水害的官员会立即正法，或脖子上戴上木枷在河边示众。这些惩处措施可见于历史文件。

### 三、河工的待遇和假日

治河官员和中国其他官员的待遇是相似的。他们根据级别的高低得到钱粮的报酬。在清朝一般官员都是支取金钱。河官的假期与其他一样。在汉朝，每五天休息一天；到唐朝，每十天休息一天，也就是说一个月里休息三天。

一般工人——即士兵和民工的待遇，在历史上不太清楚。能发现的最早记录在元朝。据记载,尽管工资很低,但所有底层河工待遇尚好。由官方派出的医生免费治病。每月月初和月盈时放假。春节,皇帝生日、清明、立秋和冬至也放假。生病、结婚,家里有人死亡等也能告假。到明朝,一切规定均继承以前做法。每五天有一天休息,此外刮风下雨也休息了。

到清朝,河工法规更完全更严厉了。所有的河工干着繁重的劳动,在危险季节尤其是这样。除了冬天和安全的季节就很少有休息了。而其余的待遇和口粮基本承袭了前一朝代的做法。可以说,如果河工能胜任工作的话,待遇还是可以的。

## 第六章　河工防护技术的历史叙述

在中国的历史进程中,可以很容易看到河工技术的进步。在不同的朝代实施了许多更新的工作流程和改进了的设施。下面,我们仔细地从历史上追根并研究其变化过程,概括地看一下他们的特殊作用和价值。

### 一、历史总貌和河堤设备

在周朝首次建筑了河堤。古书中也提及齐、赵和魏都以黄河为界,在自己一方筑堤使水冲向对方邻国。在汉朝王景用堤作为手段来防止洪水泛滥取得了成功。后来,过了相当长的一段时期,各个朝代的设计者都有效地筑了堤,但是其方式还是简单的。直到明朝潘季驯——"堤坝政策"创始人——的坚持:除了建堤以外别无他法以治洪。因此,在这一时期堤有了特别的发展。不同性质的材料,不同形式的建筑,甚至各种各样的设备都在不同的情况下被采用了。

清朝的管理政策继续发展,更趋于完善。人们能有效地建筑河堤,直到这一阶段的最后。

a) 河堤的简单介绍和分类

河堤多用沙、泥土、泥浆筑成,有时也用岩石。它被筑于河流两岸,起抵制洪水的作用。在古代中国,沿河只建一道简单的大堤。自从元朝末年,河堤发展的就很好了。许多不同名目,不同形式,不同用途的堤被使用着。由一道变两道,甚至使用了系列的堤。

下面介绍分类名称并作些注释:

沿河所筑第一道堤叫缕堤(Lou Ti)。它是与水直接接触的第一道防线。

筑在第一道堤内侧的叫夹堤(Chia Ti),也叫重堤(Chung Ti)。

筑在第一道堤内更远的叫遥堤,在元朝被称为大夯堤(Ta Hang Ti)。

另一类较短的堤是筑在上面所提的长堤之间的。一种叫格堤(Go Ti),另外一种叫月堤(Yueh Ti)。这些堤是筑以提防洪水漫过长堤的。

格堤(Go Ti)也称为横堤(Heng Ti),或者城堤(Chen Ti)。月堤之名来源于它的形状如同新月。如果月堤重复建筑就叫鱼鳞堤。

还有一类堤是在意外事件发生后建筑的,由于它是斜筑的,就叫斜堤。

下为示意图。

(原图已失)

b) 埽的历史发展与简介

埽是一种堤的保护物,在中国早期是没有的。它可能发明于宋朝,宋史中提到陈遥周(Chen Yao Tso)使用这种装备于1221年防止了河南的水灾。后来到元朝、明朝直至清朝,埽在河工上显出了其重要性。特别是元朝的贾鲁(Chia Liu)所取得的成功应归功于埽的作用。

埽一般说来是用柳树枝,草秸和一些木料制作而成。把这些混合材料用粗绳子或竹篾卷起来,就可以了。通常将其放在堤外用很长的木杆固定,然后用绳子拴在岸上,再用泥土盖上。

下为埽的示意图

(原图已失)

建埽的目的是保护大堤。由于埽是由软性材料制成,能避免或减少水与大堤的直接接触,从而使大堤能有效地抵抗洪水冲击。

埽由于不同的用途也有不同的名目。一种叫龙尾埽,这是将好几棵树结在一起,将树枝伸入水里,分散水浪。如果将它们水平地排列起来就叫丁泽(Ting Tse)埽。如果垂直排列叫南头(Nan Tou)埽等等。总而言之,埽是保护大堤的特别设施。

c) 坝的历史发展和介绍

坝,是堤外抗水的特别设施。在早期中国很少发现。可能迟到明朝的"堤坝政策"时发明。在明朝记录中有不少关于坝的描绘。到清朝,它成了护堤的重要设施。在晚清的河道机构中流传着这样一句话:"堤不如埽,埽不如坝。"这是古代中国对坝高度评价的证据了。

坝建于堤外几里之远。用砖、土、植物制成不同形状。到清末,大约1888年吴大澂任河南河道总督时,使用了许多新材料,例如那时水泥制的坝已使用了,并根据坝的形状起了不同的名字。如鱼鳞坝、扇面坝、拦河坝等等。

坝的特殊作用是防止大潮流的巨大力量直接冲击大堤。当洪水冲下时,先冲在坝上,水流立刻改变方向,减弱了水势,保住了大堤。

d) 关于木龙的介绍和作用

木龙是宋朝陈遥周(Chen Yao Tso)发明的一种神妙的河工设施。公元1021

年他在河南省华州(Hua)任职时制造了木龙。这一年,大水冲向了华州(音译)城,他用木龙成功地保住了大堤。在元朝贾鲁(Chia Lu)也以木龙为主要设施阻止了黄河北段的上升。可是后来在河工历史上就很少提到它了。直到清朝时期中国的南方发生大水,河官李兵(Li Ping)按历史书重新制造了木龙,并获得成功。灾后乾隆皇帝亲自视察,并誉之为治河的有效设施。自此,木龙像以前一样恢复了重要地位。

木龙是由数百片木头构成挂于堤外。它的作用是粉碎浪头,减弱水势。这样洪水的力量就不能给大堤造成严重损害,甚至没有损害。

### 第七章　河道挖掘设备的历史叙述

黄河的特殊性质是黄土的大量沉积。沉积物会阻碍河道,并使河道越来越高,直至泛滥。这是治理黄河的中心问题,自古就被人民所重视。既然这问题是公认的,于是解决这一问题的工具设备也是十分必需的。下面介绍这些工具。

**一、铁龙爪(宋朝的挖泥耙,元朝的五齿耙、杏叶铲)**

这种最初的工具铁龙发明运用于宋朝。发明者名叫李公义(Li Kung Yi),是11世纪20年代的人物。他用数斤铁铸成耙的形状,然后拴在固定于船上的绳子上扔到河底,船前进后退时就会清除积土,让河水冲走。

挖泥耙也是他(李公义)发明的,黄丕(Huang Pi)做了改进。它是一个铁耙,每个齿有两尺长,有八尺长的柄。这些耙固定在船上,用人力借助滑轮操纵向前或向后。

除了这两种器械外,挖掘淤泥的另一方面是将特制的船排成一行,成一方形,成千的民工使用长柄耙挖掘淤泥。这些器械和不同的流程是历史上可找到的最先进的技术了。以后的朝代就与这一时就有所不同了。

在元朝,使用了方船和两种新工具。

五齿耙,类似农业用的钉耙,用铁制成。由站在船上的民工操持,掘起淤泥让河水冲走。

杏叶铲,是铁制勺子样的工具,用以挖起河底的淤泥。没人知道杏叶铲是谁发明的,可能是根据宋朝的初级工具改进的。

很清楚,因为使用的人力和黄河的自然特性相比是太小了,所以这些工具是不足以制服黄河的。显然,元朝是倒退的,因为宋朝使用的滑轮和技术手段到后来都没有了。

**二、搅河龙,明朝的铁帚和清朝先进的挖泥船**

搅河龙是明朝万历年间御史官陈彭年(Chen Pan Yen)所制,后来由另一名叫程双(Chu Shan)的做了改进。这种机械是由几只和宋朝铁龙耙类似的部件构成。铁帚就像一把扫帚。这些工具安装在船的尾部。当船向任何方向移动时,它均能搅起泥浆让水流冲走。

在清朝的初期,仍用这些工具在黄河挖泥。可是后期,一种相当先进的器械诞生了,即苏凤文(Su Fong Wen)所发明的挖泥船。为了发明这从河底挖泥的机器,他从1870—1875花了五年的时间。这机器叫罗西车(Lo Chi Che)。它是用铁、木很灵巧完善地制成,我们可以将其看作为现代挖泥船的初级阶段。

除晚清发明的极先进的机器外,这一时期的机械是继承了前几个朝代的。至于那些不但在河工中使用,在其他行业中共用的工具如铲、锄、梯等等,这儿就不再提。

## 结　论

综观中国治黄的工作、法规和机构,基本上是代代进步的。但经过仔细研究,也能发现每个朝代都有其特点。总的说来,中国的河工明显分为两个时期。第一时期是从有史以来到18世纪,第二时期是十九世纪初到末,也就是晚清时期。

在第一时期内,河流管理机构和法规的设立、制定都是很粗糙的。工具和技术都处于初级阶段。但是,河策理论却特别发展。那些没有自然科学与河工专门知识经验的名人由于其治河理念而被选派治河。除了像汉朝王景等少数几人外,大多数人都失败了。这一现象在第一时期末叶,即宋朝的前半叶特别突出。那时由于河渠混乱,破坏了黄河的体系,导致水灾的不断发生。因此,只是用抽象的理论指导河工,找不到实质的治理方法。"空想主义"是这一时期的特点。

在第二时期,河工的理论空谈就很少发现了。建筑堤坝系统被认为是治理黄河的唯一手段,这也就是著名的"堤坝政策"。完全的机构和详细的规定在这一时期也建立了。特别是自从宋朝末期以后设备和技术的发展被视为是有价值的。

这一阶段的官员发明了许多新设备和系统,例如河工和河流卫士组织完善了,宋朝的陈遥周(Cheng Yao Tso)(音译)发明了埽和木龙,筑堤坝使用了水泥,晚清的先进的挖泥船等等。总而言之,可以将第二时期称为"现实主义"时期了。

很清楚,这两个特点包括了中国黄河治理工作的积极现象。也以此作为本文的结束。

# 主要引用书目

| | | | |
|---|---|---|---|
| 江苏丹徒刘氏族谱 | | 原件复印件 | |
| 韩文百篇编年 | 刘成忠 | 手稿 | |
| 韩文百篇编年 | 刘成忠 | 石印本 | |
| 刘成忠杂稿 | 刘成忠 | 手稿 | |
| 吹台随笔 | 刘成忠 | 手稿 | |
| 因斋诗存 | 刘成忠 | 石印本 | |
| 河防刍议 | 刘成忠 | 石印本 | |
| 芬陀利室存稿 | 刘 鹗 | 手稿 | |
| 壬寅日记 | 刘 鹗 | 手稿 | |
| 乙巳日记 | 刘 鹗 | 手稿 | |
| 庚戌日记 | 刘 鹗 | 手稿 | |
| 三省黄河全图（简称：黄河全图） | 刘 鹗编绘 | 鸿文书局石印 | 1891 年秋 |
| 历代黄河变迁图考（简称：变迁图考） | 刘 鹗 | 袖海山房石印 | |
| 治河七说 | 刘 鹗 | 自印 | |
| 弧角三术 | 刘 鹗 | 自印 | |
| 天元勾股草 | 刘 鹗 | 自印 | |
| 温病条辨歌括 | 刘 鹗 | 抄稿 | |
| 要药分剂补正 | 刘 鹗 | 抄稿 | |
| 铁云藏龟 | 刘 鹗 | 石印 | |
| 铁云藏陶 | 刘 鹗 | 拓印 | |
| 铁云藏印初集 | 刘 鹗 | 拓印 | |
| 铁云藏印续集 | 刘 鹗 | 拓印 | |
| 铁云藏印（官印选） | 刘 鹗 | 拓印 | |
| 十一弦馆琴谱 | 刘 鹗 | 中央音乐学院 | 1957 年 |
| 关于《老残游记》 | 刘大绅 | 手稿 | |
| 铁云藏龟之余 | 罗振玉 | 蟫隐庐本 | 1931 年 |
| 铁云藏龟零拾 | 李旦丘拓编 | 孔德图书馆 | 1939 年 |
| 铁云藏龟拾遗 | 叶玉森拓编 | | 1925 年 |

| 铁云藏印选 | 徐敦德选　拓印 | | 1990 年 8 月 |
|---|---|---|---|
| 铁云藏货 | 刘　鹗 | 中华书局 | 1986 年 6 月 |
| 老残游记 | 刘　鹗 | 人民文学出版社 | 1957 年 |
| 刘鹗年谱 | 蒋逸雪 | 齐鲁书社 | 1980 年 6 月 |
| 铁云先生年谱长编 | 刘蕙孙 | 齐鲁书社 | 1982 年 8 月 |
| 铁云诗存 | 刘蕙孙标注 | 齐鲁书社 | 1982 年 12 月 |
| 刘蕙孙论学文集 | 刘蕙孙 | 福建教育出版社 | 2000 年 2 月 |
| 老残游记资料 | 魏绍昌 | 中华书局 | 1962 年 4 月 |
| 刘鹗与老残游记资料 | 刘德隆等 | 巴蜀书社 | 1985 年 7 月 |
| 刘鹗集 | 刘德隆等 | 吉林文史出版社 | 2007 年 12 月 |
| 刘鹗小传 | 刘德隆等 | 天津人民出版社 | 1987 年 8 月 |
| 刘鹗散论 | 刘德隆 | 云南人民出版社 | 1997 年 3 月 |
| 刘鹗·刘鹗故居 | 刘德威等 | 自印 | 1997 年 10 月 |
| 吾家家世 | 刘德枢 | 自印 | 2009 年 11 月 |
| 救济日记 | 陆树藩 | | 1907 年 |
| 救济文牍 | | 苏省刷印局 | 1907 年 |
| 严薇青文稿 | 严薇青 | 齐鲁书社 | 1993 年 5 月 |
| 盛宣怀档案 | 盛宣怀等 | 上海图书馆盛宣怀档案 | |
| 清末小说研究集稿 | （日本）樽本照雄 | 齐鲁书社 | 2006 年 1 月 |
| 硕园先生遗集 | （日本）西村天囚 | 怀德堂纪念会 | 1936 年 10 月 |
| 保荐人才·西学·练兵 | 台北"中央研究院"史语所编印 | | 1991 年 10 月 |
| 中国近代文学史证 | 郭长海 | 吉林人民出版社 | 2005 年 3 月 |
| 永丰乡人行年录 | 罗继祖 | 华宝斋书社 | 2000 年 12 月 |
| 罗振玉学术著作全集 | 罗继祖 | 上海古籍出版社 | 2010 年 12 月 |
| 罗振玉年谱 | 罗继祖 | 台北文史哲出版社 | 1986 年 11 月 |
| 张曜年谱 | 张怀恭 | 浙江古籍出版社 | 2009 年 12 月 |
| 李鸿藻年谱 | 李鸿藻 | 台北商务印书馆 | 1981 年 10 月 |
| 张积中年谱 | 朱季康等 | 南京大学出版社 | 2009 年 12 月 |
| 吴汝纶尺牍 | 吴汝纶 | 黄山书社 | 1990 年 2 月 |
| 丹徒三愿堂印谱 | 赵凤来 | 西泠印社 | |
| 王国维在一九一六 | 虞坤林 | 山西古籍出版社 | 2008 年 1 月 |
| 太谷学派遗书 | 方宝川编撰 | 广陵古籍刊印社 | 1998 年 |
| 周太谷评传 | 陈　辽 | 南京出版社 | 1992 年 4 月 |
| 程文炳文集 | 程文炳 | 黄山书社 | 2010 年 4 月 |
| 程恩培集 | 程恩培 | 黄山书社 | 2010 年 4 月 |

| | | | |
|---|---|---|---|
| 郑孝胥日记 | 郑孝胥 | 中华书局 | 1993 年 10 月 |
| 张荫桓日记 | 张荫桓 | 上海书店出版社 | 2004 年 2 月 |
| 琴志楼诗集 | 易顺鼎 | 上海古籍出版社 | 2004 年 4 月 |
| 姚锡光江鄂日记 | 姚锡光 | 中华书局 | 2010 年 7 月 |
| 平等阁笔记 | 狄葆贤 | 弥勒出版社 | 1984 年 1 月 |
| 方家园杂咏纪事 | 王 照 | 自印 | 1928 年夏 |
| 沈荩 | 黄中黄 | 第一荡房社 | 1903 年 |
| 汪康年师友书札 | 上海图书馆 | 上海古籍出版社 | 1989 年 12 月 |
| 名家书简百通 | 彭长卿 | 学林出版社 | 1994 年 6 月 |
| 咽喉科传灯录 | 耿鉴庭 | 中国中医药出版社 | 1992 年 6 月 |
| 先秦铸币文字考释和辨伪 | 郭若愚 | 上海书店出版社 | 1901 年 6 月 |
| 亦佳庐小品 | 徐一士 | 中华书局 | 1983 年 1 月 |
| 晚清四大小说家 | 魏绍昌 | 台北商务印书馆 | 1993 年 7 月 |
| 五味杂陈说刘鹗 | 叶立生 | 中国文史出版社 | 2009 年 3 月 |
| 自立会史料选 | 杜迈之 | 岳麓书社 | 1983 年 1 月 |
| 昆仑采玉录 | 新疆文史馆 | 上海书店出版社 | 1993 年 7 月 |
| 中国近代报刊史 | 方汉奇 | 陕西教育出版社 | 1981 年 6 月 |
| 戊戌变法人物传稿 | 汤志钧 | 中华书局 | 1961 年 4 月 |
| 从鸦片战争到五四运动 | 胡 绳 | 上海人民出版社 | 1982 年 6 月 |
| 刘鹗诞辰一百三十周年纪念册 | | 江苏淮安 | 1987 年 11 月 |
| 明清小说研究(杂志) | | 江苏省社会科学院文学研究所主编 | |
| 清末小说(杂志) | (日本)樽本照雄 | 日本清末小说研究会 | 1977—2011 年 |
| 清末小说通信(杂志) | (日本)樽本照雄 | 日本清末小说研究会 | 1979—1986 年 |
| 清末小说通讯(杂志) | (日本)樽本照雄 | 日本清末小说研究会 | 1986—2011 年 |

# 后　记

　　因时间所限,《刘鹗年谱长编》的写作不得不收笔了。虽然停笔了,但毫无轻松之感。因为虽有三十多年的积累准备,但是动笔之后才发现写作"年谱"如此之难,才体验到什么是"力不从心"。深知目前的《刘鹗年谱长编》存在许多的不足和缺陷,但又希望尽快完稿,目前的我就处在这一矛盾之中。

　　2009 年 11 月在张人凤先生的介绍下,在北京我愉快地接受了上海交通大学出版社任雅君老师的建议:撰写《刘鹗年谱长编》。2010 年 3 月在上海,任雅君老师、冯勤老师、我的弟弟刘德平和我四个人商谈,计划按上面交通大学出版社的要求在 2011 年 5 月完成《刘鹗年谱长编》全稿。虽然有思想准备,但是动笔后还是发现,资料缺乏的确是一重困难,而有时所得资料相互矛盾,须费时考证、且不一定有所结果,更难免使人产生无所适从之感。两年来单位和社会又有许多无法推辞的新工作,致使交稿日期多次推迟。虽然任、冯二位老师对我表示理解,于我而言,不能按时交稿而影响编辑们的工作更感到歉意和压力。这就是我决定停笔写作的原因。否则慢慢修改,细细琢磨,再加之不断发现的新资料,完稿日期会一拖再拖,永无休止。但我真希望今后能够有对《刘鹗年谱长编》再认真推敲、再细"磨"的机会。

　　我的本心是希望《刘鹗年谱长编》能尽力给读者勾勒出一个真实的刘鹗。

　　刘鹗是一个凡人,因此应把他的七情六欲、他的喜怒哀乐反映在《年谱》中。

　　刘鹗出身于官宦书香家庭,因此应把他所具有的这个阶层的特征反映在《年谱》中。

　　刘鹗素以国事为己任,刘鹗颇多行善,刘鹗善于河工,刘鹗酷好文史,多才多艺,涉猎极广,刘鹗不拘等级,交往广泛,这些应反映在《年谱》中。

　　刘鹗屡次与他人在文物收藏中发生矛盾,刘鹗不讳言曾经将善款用于文物收藏,刘鹗愿与寡妇结交等琐事也应反映在《年谱》中。

　　刘鹗是个饱受争议的人物,甚至对刘鹗所做的同一事件,研究者也会持不同的看法,这些也应该反映在年谱中。

　　我希望《刘鹗年谱长编》不是官方档案的组合、不是官僚书信的编年;我希望

《刘鹗年谱长编》不仅是研究者的参考资料,而也能让读者在看到某一部分情节时,有产生继续读下去的兴趣。

刘鹗一生的结局是悲惨的,他匆匆走完了自己短暂的53年的人生之路。但是世人并没有忘记刘鹗。争论刘鹗的功、过、是、非,是刘鹗研究的一个方面,仅仅我个人所见的国内外学者研究刘鹗和《老残游记》的专著约30本、论文800余篇;而搜寻整理刘鹗对国家贡献的事实是又一个方面,《抱残守缺斋藏器目》《明盐杂考》《黄河历史概述、治理和治河技术》等后人的著作就是明例。

在此《刘鹗年谱长编》完稿之时,有一些我不得不提及和由衷感谢的人。

我首先要记的是尊敬的周汝昌先生。周汝老是人们所尊敬的"红学家"。在红学研究方面,先祖刘大绅先生、先伯父刘蕙孙先生、先父刘厚泽先生,都与周汝老有许多默契。以至于我偶有一篇关于"红学"的短文发表,也得到周汝老的肯定和鼓励。但是我以为对"红学"的研究,只是周汝老的诸多研究课题中的一个,简单地称周汝老为"红学家"无法概括他对中国文化研究的贡献。他的学识涉猎之广博,他对问题洞察之深刻,他极具个性特征的语言及感染力、他的大度及幽默,岂是一个"家"字能概括的?上一世纪80年代,周汝老就告诉我,他曾经将《老残游记》改写成杂剧并得到顾随先生的肯定。2009年11月,我到北京拜望周汝老,谈到当今的人们调侃知识界"从前是文化太多,大师太少;现在是文化太少,大师太多"。确实在我的心目中,当今能被誉为"大师"的专家学者可谓寥寥。周汝老不假思索地回答我说:"大道无名,大师无界。""说者无意",那时,我立刻想到,我不正是与一位大师在对话么?周汝老被誉为"大师"应是当之无愧啊!周汝老不断把自己创作的有关刘鹗和《老残游记》的诗词赠送给我。2010年,应我之请,周汝老又以《奉题铁云先生年谱长编》惠我以为《刘鹗年谱长编》的"序"。因此在《刘鹗年谱长编》完稿之时。我简单叙述周汝老对我的关心,以表示我的谢意。

张人凤先生是我国近代出版事业奠基人张元济先生的文孙,他完成了《张元济年谱长编》并促使我走进了"晚清以来人物年谱长编系列"的队伍。在编著《刘鹗年谱长编》的过程中我们不断交流。我们的共同体会是,写作"年谱"如同"破案",根据一些蛛丝马迹,可能会牵出意想不到的新的资料;几个孤立的事件被前后串联起来,才有恍然大悟的感觉;如做几何题目,几个"因为"之后,才能得出一个"所以"。在写作过程中,张人凤先生还不断将他发现的新资料提供给我。所以在这里要对他说一声"谢谢"。

日本大阪经济大学的樽本照雄教授是研究晚清小说、研究刘鹗的专家。《刘鹗年谱长编》中的许多基本资料,都录自他所编辑的《清末小说》杂志和《清末小说通讯》杂志。在编著《刘鹗年谱长编》的过程中,我不止一次地向樽本照雄先生请教,都能得到及时的回答。

长春师范学院的郭长海教授是研究刘鹗的专家。《刘鹗年谱长编》中许多资料都来源于他多年对资料的搜集、整理。

上海长宁教师进修学院的蒋人杰先生,他用自己丰富的古文字知识,为我解决了《刘鹗年谱长编》中关于"文字"的许多困难。

应该感谢的还有更多的人。北京的丁进军先生供职于中国第一历史档案馆,上海的彭长卿先生喜爱书画收藏,上海的柳和城先生是"晚清以来人物年谱长编系列"的作者之一,梨花大鼓的传人左玉华女士最能体味《老残游记》中的白妞说书的章节……他们在发现了新的材料之后,都会立刻将材料发送给我。这样的同事、朋友不是一个两个,无法一一写出他们的名字,但是我会永远记住他们。

从1980年起,我与我的姐夫朱禧、弟弟刘德平开始了对刘鹗与《老残游记》资料的搜集、整理和研究。1984年出版了《刘鹗及老残游记资料》,1987年出版了《刘鹗小传》,1998年出版了《刘鹗散论》,2007年出版了《刘鹗集》。现在的《刘鹗年谱长编》,也是我们集体工作的成果。我的兄弟姐妹刘德隅、刘德符、刘德枢、刘德棻、刘德明、刘德威、刘德焕、刘德康,表哥朱松龄都是我们研究的支持者,也是我的著作最严格的检查者。

我无法一一的写出所有支持鼓励我的人的姓名。但是我必须提及我的父亲刘厚泽先生。

先父刘厚泽先生是一个知识渊博、国学根底深厚、乐观、幽默、心地善良、多才多艺的人。可惜的是他的少年、青年时期生活在战乱中;他的中年、晚年又在压抑中度过,1970年,仅仅55岁的父亲就倒在那"史无前例"的混乱年代里。尽管障碍重重,整理研究有关刘鹗和太谷学派的遗物资料一直是他的心愿。先父生前历经波折编辑了《老残游记资料》(1962年4月中华书局出版)并将刘鹗和太谷学派的一些珍贵文物资料捐献给了国家。近年我们根据父亲与蕙孙伯父通信手迹,自印了《也无风雨也无晴——沪榕书札》;搜集父亲的文稿,自印了《一蓑风雨任平生——厚泽文存》两书作为对父亲的纪念。编辑《刘鹗年谱》是父亲的心愿,他用保存下来的刘鹗资料,写出了《黄河历史概述、治理和治河技术》《明盐杂考》等长篇论文。两篇长文不是刘鹗的著作,但确是刘鹗遗留给后人的宝贵财富。我们将这两篇文章收录在《刘鹗年谱长编》中,一方面是让读者从另一个侧面,看到刘鹗的所作所为,另一方面是表达我们对父亲的缅怀。

我们是幸运的,上海交通大学出版社的领导和编辑们在出版事业并不景气的情况下出版《刘鹗年谱长编》,任雅君、冯勤两位先生热情与认真使父辈与我们的心愿得以实现,我们要大声对他们说:谢谢你们!

我们要对读者说:《刘鹗年谱长编》还存在许多不足和问题,请你们批评,请你们指正。如有机会,我们一定认真的修改,使它更符合史实、更趋完善。

刘德隆